# 中 国 口 岸 年 鉴

（2023年版）

国家口岸管理办公室指导
中 国 口 岸 协 会 主 编

中国海关出版社有限公司
中国 · 北京

**图书在版编目（CIP）数据**

中国口岸年鉴：2023 年版 / 中国口岸协会主编. —北京：中国海关出版社有限公司，2023. 11
ISBN 978-7-5175-0715-4

Ⅰ.①中… Ⅱ.①中… Ⅲ.①通商口岸—中国—2023—年鉴 Ⅳ. ①F752. 5-54

中国国家版本馆 CIP 数据核字（2023）第 217894 号

**中国口岸年鉴（2023 年版）**

**ZHONGGUO KOU' AN NIANJIAN（2023 NIAN BAN）**

作　　者：中国口岸协会
责任编辑：熊　芬
出版发行：中国海关出版社有限公司
社　　址：北京市朝阳区东四环南路甲 1 号　　邮政编码：100023
网　　址：www. hgcbs. com. cn
编 辑 部：01065194242-7528（电话）
发 行 部：01065194238/4246/5616（电话）
社办书店：01065195616（电话）
https：//weidian. com/?useried = 319526934（网址）
印　　刷：北京新华印刷有限公司　　经销：新华书店
开　　本：889mm×1194mm　1/16
印　　张：45. 5　　字数：1314 千字
版　　次：2023 年 11 月第 1 版
印　　次：2023 年 11 月第 1 次印刷
书　　号：ISBN 978-7-5175-0715-4
地图审图号：GS 京（2023）2051 号　　地图编制：中国地图出版社集团有限公司
定　　价：300. 00 元

# 《中国口岸年鉴》（2023 年版）编辑委员会

# 编 辑 说 明

一、《中国口岸年鉴》（2023 年版）是由国家口岸管理办公室指导、中国口岸协会主编的一部融政策性、指导性、实用性和史料性于一体的大型资料工具书，本版年鉴是自 2002 年首刊以来的第 22 版。

二、本版年鉴收录内容时限为 2022 年 1 月 1 日至 12 月 31 日。本版年鉴收录了 2022 年度国家口岸管理工作概要、查验管理工作概要和重要贸易统计数据；全国 30 个省级行政区（除青海省、港澳台地区）口岸分布示意图（不含港区信息）、对外开放口岸建设发展情况和主要数据等内容。

三、本版年鉴按类目、分目、条目 3 个层级进行阶梯设置，有口岸综合、口岸查验监管、各地口岸运行管理、口岸相关法规、全国口岸运行主要数据及附录 6 个类目，内容以条目为基本记述单元。

四、本版年鉴资料内容主要由各有关部门及各省、自治区、直辖市、计划单列市口岸办公室提供。

五、本版年鉴在编辑过程中，力求精选材料，宏观与微观相结合，做到用事实和数据说话，对各部门、各单位提供的稿件只做技术上修改，不做史实上修改。由于各部门、单位统计口径、范围、方法不同和数据四舍五入原因，所以本书中有些同类数据不尽一致，敬请谅解。

# 序

口岸是国家的门户。党中央、国务院历来十分重视口岸工作。改革开放以来，为满足日益增长的对外经贸、人员往来的需要，国家投入了大量人力物力进行口岸建设，已经形成沿海沿江水运、航空和内陆边境立体化的开放口岸体系。口岸开放与全方位、宽领域、多层次的对外开放格局基本相适应，为促进对外经济贸易和国际交往的发展起到了重要的保障作用。

当前，进一步提高口岸工作效率的要求更为紧迫。经济全球化对口岸工作必然会提出更多更高的新要求，为适应参与国际竞争的需要，我国口岸工作要全面贯彻“三个代表”重要思想，落实十六大提出的“发展要有新思路，改革要有新突破，开放要有新局面，各项工作要有新举措”的要求，结合我国口岸工作的实际，紧紧围绕提高口岸工作效率，加快通关速度，处理好把关与服务的关系，为促进对外经济贸易和国际交往发展做出新贡献。为提高口岸工作效率，国务院曾在深圳进行口岸管理体制改革试点。1998年政府机构改革，对口岸管理体制作了重大调整。2001年，国务院办公厅为推广口岸电子执法系统和提高口岸工作效率相继发出了两个文件。2002 年5月，国务院批准海关总署等八部门在上海召开了提高口岸工作效率现场会。我国口岸要通过建立“大通关”机制，提高工作效率，改变传统管理模式，整顿和规范进出口秩序，促进口岸管理各部门转变职能、改进服务、提高管理水平，形成适应我国社会主义市场经济发展需要的新的口岸管理和运行机制，提供与发达国家相类似的口岸通关服务。

中国口岸协会从新世纪开始组织编撰《中国口岸年鉴》，是一件很有意义的工作。它不仅直接记录口岸管理运行的资料和数据，而且是在我国加入“WTO”以后，书写中国口岸深化体制改革、努力提高工作效率、为“大通关”服务的历史。

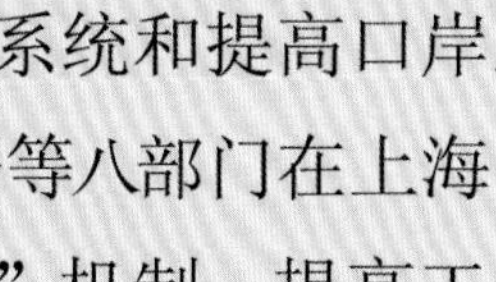

二〇〇二年十二月

中国免税品（集团）有限责任公司（简称“中免集团”）于1984年成立，是获得授权在全国范围内开展免税业务的国有专营公司。经过近40年的快速发展，中免集团先后与全球逾1 300个世界知名品牌建立了长期稳定的合作关系，在全国以及柬埔寨等地设立了涵盖机场、机上、边境、客运站、火车站、外轮供应、外交人员、邮轮和市内（离岛、离境）等类型的200余家免税店。中免集团的主要销售渠道覆盖北京、上海、广州、成都、杭州等地的大型枢纽机场，香港、澳门等地的亚太国际机场，北京、上海、青岛、厦门、大连、香港、澳门等地的市内免税店，歌诗达大西洋号、鼓浪屿号邮轮免税店，国内主要边境口岸以及海南地区免税店等，每年为近2亿人次的国内外游客提供免税商品服务，已发展成为世界上免税店类型全、单一国家零售网点多的旅游零售商。

# 中国建设银行股份有限公司简介

中国建设银行股份有限公司（简称“建设银行”）是一家中国领先的大型商业银行，总部设在北京，其前身中国人民建设银行成立于1954年10月。建设银行于2005年10月在香港联合交易所挂牌上市（股票代码939），2007年9月在上海证券交易所挂牌上市（股票代码601939）。2022年年末，建设银行市值约为1 585.41亿美元，居全球上市银行第4位。按一级资本排序，建设银行在全球银行中位列第二。

建设银行为客户提供公司金融业务、个人金融业务、资金资管业务等全面的金融服务，截至2022年年末，设有14 356个分支机构，拥有352 588位员工，服务7.39亿名个人客户和935万家公司客户。在基金、租赁、信托、保险、期货、养老金、投行等多个行业拥有子公司，子公司员工24 094人。境外机构覆盖31个国家和地区，拥有各级境外机构近200家。

建设银行坚持完整准确全面贯彻新发展理念，服务构建新发展格局，推动高质量发展，自觉践行金融工作的政治性、人民性，聚焦“三大任务”，不断增强“三个能力”，持续深化新金融行动，纵深推进住房租赁、普惠金融、金融科技“三大战略”，深耕智慧政务、乡村振兴、绿色发展、养老健康、消费金融、大财富管理、科技金融、县域业务拓展等国计民生重点领域，实现客户、股东、员工和社会等利益相关体的价值最大化，奋力谱写中国式现代化的金融新篇章。

建设银行秉承“以市场为导向、以客户为中心”的经营理念，致力于成为最具价值创造力的国际一流银行集团，达到短期效益与长期效益的统一、经营目标与社会责任目标的统一，最终实现客户、股东、员工和社会等利益相关方的价值最大化。

# 国际业务概况

建设银行坚持创新引领，助力外贸稳增长。2023年，建设银行以增强参与国际竞争能力为总体目标，深入践行新金融理念，扎实推进国际业务产品创新与数字化建设，风险防控与合规管理能力不断增强，外汇网点服务效能持续提升。

## 一、落实国家高水平对外开放决策部署，支持“双循环新发展格局”

一是持续加大外贸信贷投放。有效统筹境内外两个市场两种资源优势，持续加大外贸信贷投放力度，保障外贸企业资金需求。截至2023年6月底，建设银行进出口贸易融资余额较上年末增速超20%，有力支持外贸实体企业开拓国际市场。

二是支付创新服务外贸新业态发展。针对不同场景、不同渠道、不同客群，持续推动与境外账户行和头部支付机构合作，与境外

主流跨境电商平台系统、国内各地市场采购贸易联网平台系统对接，创新推出“跨境易支付”“跨境易收款”等系列支付产品，为外贸新业态市场主体提供速度更快、成本更低的线上支付结算服务。

三是依托“区块链贸易金融平台”开展福费廷、国际保理、再保理、跨境融资等业务，平台交易量已超1.3万亿元，成为业内首个突破万亿级交易量的区块链平台，凭借在“区块链+贸易金融”领域的创新实践，建设银行连续四年入围《福布斯》“全球区块链50强”，并获得《亚洲银行家》“中国最佳区块链应用”等奖项。

四是外贸普惠金融服务质量明显提升。发挥“跨境快贷”线上外贸贷款产品优势，利用大数据对中小外贸企业进行精准画像，解决小微外贸企业融资难、融资贵问题，截至2023年6月末，已累计发生近10万笔业务，投放近300余亿元人民币，市场反响良好。

## 二、坚持数字化经营理念，赋能贸易金融服务

一是银政合作助力贸易便利化水平提升。积极深化与中国国际贸易单一窗口平台合作，通过系统互联、用户互认、数据互通，支持外贸企业在进出口通关环节一站式办理预约开户、跨境汇款、跨境快贷等10余项银行金融业务，并依托海关报关数据简化贸易背景资料审核；创新“单一窗口”与企

业网上银行用户身份互认机制，实现客户单点登录企业网上银行即可与“单一窗口”交互同步数据；创新“关银一KEY通”业务，开创性地将海关电子口岸卡与银行网银盾合二为一，作为登录“单一窗口”和银行网上银行的共用介质，便利企业就近选择建设银行网点办理海关入网业务。

二是铁路电子提单赋能货运高质量发展。长期以来，铁路货运缺少物权凭证，传统物流金融难以介入。建设银行把握中欧班列等跨境铁路运输快速发展机遇，与铁路承运单位合作创新铁路电子提单，实现铁路货运凭证的数字化和资产化。建设银行已配合客户先后在中欧班列、中老班列、中亚班列、西部陆海新通道、境内铁海联运、国内铁路运输、国内汽车运输等多场景成功试点铁路电子提单，并创新一系列配套本外币结算和贸易融资服务，助力构建双循环新发展格局、建设全国统一大市场。

三是搭建“区块链物流金融平台”。通过与行业头部供应链科技服务平台对接、批量覆盖数字化仓储设施，实现了大宗商品押品数字化和动态实时监控，突破了大宗商品融资市场中货物确权难、质权实现难、货物监管难等痛点问题。境外端加强跨境贸易数字生态合作，对接多个行业主流区块链金融服务平台，与行业龙头企业共建大宗商品数字贸易区块链基础服务设施。

四是研发企业手机银行外贸专版。在集成移动端跨境金融功能的基础上，优化用户旅程、产品排序和功能引导，增设外贸课堂、船讯查询、汇率分析等非金融功能，对外汇汇款模板、跨境快贷等进行迭代升级，为外贸小微企业客户提供更加便捷的优质服务体验，有效提升手机银行对进出口企业的专业支持能力。

## 三、有效提升监管报送质量，坚守合规经营底线

强化跨境人民币业务系统管理，持续丰富系统功能和优化系统流程。系统管理方面，进一步加强全行跨境收付信息管理系统（RCPMIS系统）管理，提升监管数据报送质效，促进业务健康发展。功能优化方面，一是完善申报信息数量统计和申报信息旅程查询功能，支持实时统计申报信息数据量和查询到每条申报信息每个环节的数据特征；二是启动人民币跨境汇款客户名录监管信息查询功能开发，依托RPA机器人开发查询重点监管企业名单功能，帮助基层提升业务处理效率；三是完成了由单证业务中心集中进行进口信用证和进口代收RCPMIS信息申报的系统改造。

## 四、迭代升级“建行全球撮合家”平台，持续优化平台功能与用户体验

搭建“建行全球撮合家” B2B跨境智能撮合平台，为境内外企业跨境贸易与投资提供商机发布、智能精准匹配及综合金融服务解决方案。持续丰富平台功能，一是汇集海量跨境商机，提供跨境项目、服务和商品的双语信息发布、撮合匹配和智能推送；二是打造数字会展服务场景，提供线上线下融合的数字会展解决方案，提供线上参展、观展和数字化体验；三是支持线上线下跨境撮合活动，依托端到端活动流程管理，支持撮合会、研讨会、

论坛、沙龙等活动形式。截至2023年6月末，“建行全球撮合家”平台注册企业用户数超24万家，覆盖49个国家和地区，已为36个国家和地区举办了250余场线上数字会展和跨境对接活动。

**五、持续优化“建行全球同业e家”合作平台功能，赋能全球同业客户互惠往来**

持续优化“建行全球同业e家”合作平台功能，赋能全球同业客户互惠往来。在境外同业互惠往来中发挥重要信息媒介作用。2023年，持续迭代优化，上线风险偏好查询、合规问卷下载等场景及功能。截至2023年6月末，“建行全球同业e家”已吸引110余家境外同业客户近240名用户注册使用，发布近220项合作商机，成功促成贸易融资、保函、资产转让等多种类型合作。

## 展望未来

未来，建设银行将以新金融理念加速数字化转型，继续推进与中国国际贸易单一窗口的密切合作，推动贸易投融资便利化和人民币国际化，扎实提升建设银行参与国际竞争能力和服务实体经济能力。

尼康

# NIKKOR Z

## 尼克尔 Z 镜头

# Nikon 尼康

## 尼康简介

株式会社尼康自1917年创建以来，以光学和精密技术为基础，通过FPD曝光装置、半导体曝光装置、显微镜、测距仪等产品，为社会及科技的发展做出了应有的贡献；此外，通过影响产业，记录人们的情感，为人类的发展贡献自己的力量。尼康创造了“Nikon”这个国际品牌。“信赖与创造”这一企业理念，实现起来并非容易，尼康将这一理念作为持之以恒主题永远传承下去。

现在，尼康已把中国作为全球最重要的市场之一。在不断发展的中国市场上，完善从市场运作到销售、服务的整套经营体制。在“信赖和创造”的企业理念下，尼康还将通过自身的先进技术，积极推动中国的影像事业，为中国市场带来更多魅力产品和优质服务。

## 事业内容、产品介绍

尼康以光利用技术和精密技术为基础，致力于发展应用广泛的先进技术、产品和服务。通过这样的方式，尼康在全球范围内为社会提供支持，推动孕育未来的前沿事业发展，实现各地人们的梦想。

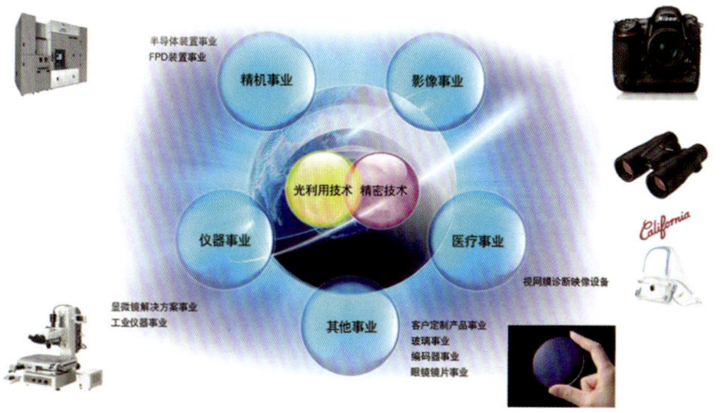


## 备案商标（商标权利人：株式会社尼康）

| 尼康 | Nikon | Nikon |
|---|---|---|
| 第09类 T2016-44972 第21类 T2011-21668 | 第09类 T2015-38964 第21类 T2015-38965 | 第09类 T2014-35132 第21类 T2014-35133 |

## 重点监控的侵权产品类别

### 电池、充电器类

从危险性的角度看，假冒品对消费者的危害大

### 镜头形状水杯

人体接触类产品，有危害健康的可能性

KERING

# 开云·中国

开云集团成立于1963年，总部位于法国巴黎，汇聚了一系列知名的时装、皮具及珠宝品牌：古驰 （Gucci）、圣罗兰（Saint Laurent）、葆蝶家（Bottega Veneta）、巴黎世家（Balenciaga）、亚历山大·麦昆 （Alexander McQueen）、布里奥尼 （Brioni）、宝诗龙 （Boucheron）、宝曼兰朵 （Pomellato）、都都 （Dodo）、Qeelin、Ginori 1735、开云眼镜（Kering Eyewear）及 Kering Beauté 。

古驰 （Gucci），1921年成立于意大利的佛罗伦萨，是全球精品品牌之一，借由其独特的创意和革新，以及精湛的意大利工艺闻名于世。古驰不断追求革新与卓越，以独有的现代视野重新演绎与影响时尚演进，重新阐述21世纪精品，巩固其全球精品品牌的地位。古驰创作同时代表了意大利手工艺对细节、品质的重视，呈现浪漫、当代与令人激动的美学理念。

圣罗兰（Saint Laurent），为法国著名奢侈品牌，由1936年8月1日出生于法属北非阿尔及利亚的伊夫圣罗兰先生创立，是20世纪知名的时装品牌之一，也是同时具备革命性与华丽感的时尚品牌，多年来的创意与作品不断引领着时尚潮流，成衣、包袋、鞋履等设计作品闻名世界。

葆蝶家（Bottega Veneta），是意大利奢侈品牌，其产品均采用传统意大利皮革工艺制造，经营范围已由最初的皮包扩展至服装、高级珠宝、眼镜、香水、家具及家居用品等不同领域。

巴黎世家（Balenciaga），是时尚界较有影响力的品牌之一，1917年由克里斯托伯尔·巴伦西亚加（Cristobal Balenciaga）于西班牙创立，1936年落户巴黎。其品牌认知无疑与其概念性的女装成衣系列紧密相连，同时其手袋、鞋履、配饰和男装在全球也取得了巨大成功。

亚历山大·麦昆（Alexander McQueen），成立于1992年，其创始人Alexander McQueen于1969年出生于英国伦敦，被誉为英国时尚教父，其英式定制剪裁、精湛时装工艺与完美的意大利手工制作卓然一体。

布里奥尼 （Brioni），是1945年创建于意大利罗马的著名男装品牌，品牌风格源自其独有的精裁技术诀窍和对卓越用料的持续探索，秉承浑然天成的摩登优雅。

宝诗龙 （Boucheron），是法国传统高级珠宝品牌，由设计师Boucheron于1858年在巴黎创立，以大胆前瞻精神著称，将高瞻远瞩的创作理念注入每款作品之中，致力于保护行业知识、手工艺和技术，并不断与时俱进。

## 主要品牌备案商标

古驰主要注册商标

GUCCI

## 主要品牌备案商标

### 圣罗兰主要注册商标

YVES SAINT LAURENT

SAINT LAURENT

YSL

SAINT LAURENT
PARIS

### 巴黎世家主要注册商标

BALENCIAGA

FLORABOTANICA
BALENCIAGA

BB

ROSABOTANICA

### 葆蝶家主要注册商标

BOTTEGA VENETA

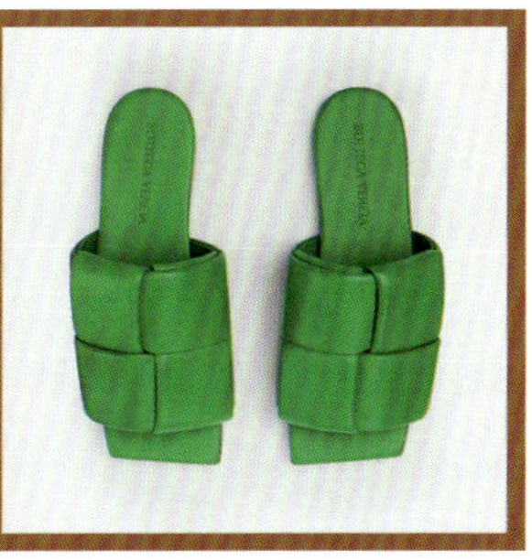

### 亚历山大·麦昆主要注册商标

McQ
ALEXANDER MQUEEN

ALEXANDER MCQUEEN

### 宝诗龙主要注册商标

B
BOUCHERON

BOCHERON

### 布里奥尼主要注册商标

Brioni

HDMI®
HIGH-DEFINITION MULTIMEDIA INTERFACE

HDMI®（High-Definition Multimedia Interface）是指高清多媒体接口，是当下电子业界先进的高清（HD）设备连接技术及标准，各种消费类电子产品如高清电视、个人电脑、相机、摄像机、平板电脑、蓝光播放器、游戏机、智能手机等，都能够发送或接收高清信号。

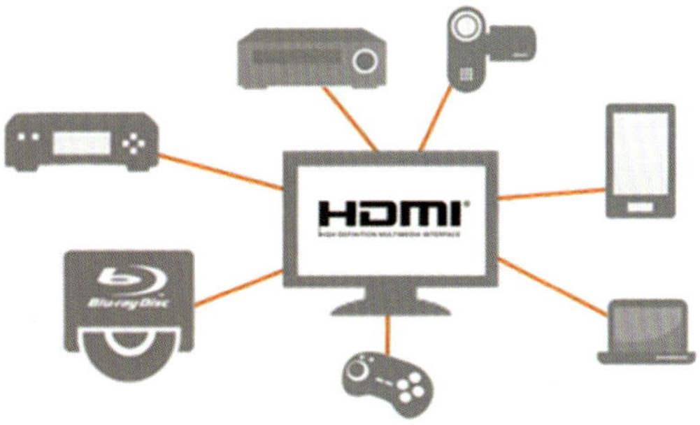

HDMI®技术继续作为领先的数字化视频、音频和数据接口技术，将超高清显示器与广泛的消费电子、个人、移动、汽车和商业音视频设备连接起来。自2002年推出该规格以来，HDMI®设备的出货量已累计超过100亿个，近几年来，每年的出货量超过10亿个。

## HDMI® 的注册商标

| | |
|---|---|
| HDMI® HIGH-DEFINITION MULTIMEDIA INTERFACE | 商标注册号：10251088 / 海关备案号：T2014-34955 |
| HDMI® | 商标注册号：10251085 / 海关备案号：T2014-34954 |

## 采用 HDMI® 界面的产品

- 平板电视
- DVD和蓝光播放器
- 机顶盒
- 媒体棒
- 家庭影院/商务投影仪
- 音视频接收器
- 音箱
- 电缆
- 视频游戏机
- 数码相机
- 数字摄录机
- VR头盔
- 无人机

- 分离式适配器解决方案
- 台式电脑
- 移动电脑
- 平板电脑
- 液晶电脑显示器
- 移动PC对接站
- 媒体平板电脑
- 汽车
- 医疗
- 数字标牌
- 航空航天
- 工业自动化

## 确定未授权HDMI® 产品的步骤

第一步：中国海关备案系统；

第二步：HDMI®网上授权名单（ https://www.hdmi.org/adopter/enforcement）；

第三步：提供查扣货品资料给REACT CHINA及HDMI®协会（ customs@HDMI.org ）以进行确认。

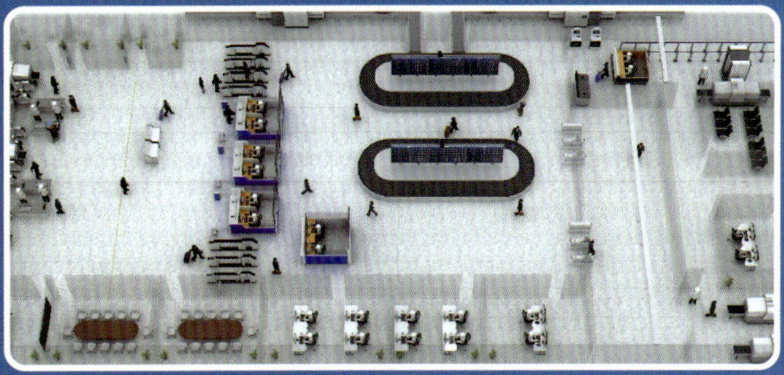

航空口岸旅客行李物品监管解决方案

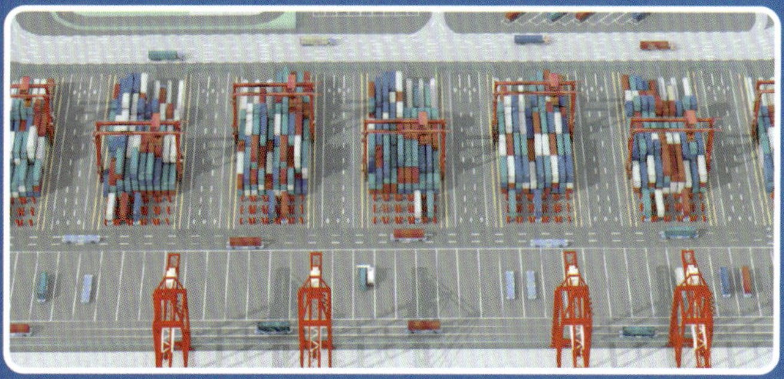

水运口岸货物通关解决方案

公路口岸货物通关解决方案

铁路、水运、公路口岸多式联运解决方案

特殊监管区域解决方案

寄递物品海关监管中心解决方案

WWW.CUSLINK.CN
**400-885-5623**

中海通 CUSLINK

## 服务及解决方案 SERVICES & SOLUTIONS

### ■ 通关信息化服务

作为信息化建设实践专家，中海通在通关业务及其信息化建设方面积淀了丰富经验。近年来，中海通落实“一带一路”倡议，对接中国海关“互联网+”战略，准确把握政府治理体系和治理能力现代化、区域产业转型升级、企业创新变革所形成的数字化转型刚需，聚焦通关信息化领域，在政治经济发展新格局下致力于打造全新的通关服务平台，把握数字经济先机，为中国海关提供丰富的产品、服务及整体解决方案。

**典型案例**　新一代海关信息系统工程、全景业务监测与展示系统、海关业务运行监控平台、海南自贸港信息化建设工程

### ■ 跨境贸易服务

中海通在特殊区域及物流、数字指挥、信息交换共享平台、数字化转型等领域积淀了丰富经验，成为跨境贸易服务领域引领者。中海通响应国家发展战略，激活国际贸易数据价值，促进数据生产要素的汇聚与融通，致力于构建全球贸易大数据生态，着力整合国际贸易全链条资源，积极打造数字经济新引擎，形成信息化产业链合作生态圈，吸引人工智能、区块链、物联网、大数据、协会商会等领域合作伙伴，共同建设跨境贸易服务大平台。

**典型案例**　福建平潭综合实验区信息化建设、南宁国际铁路港二期工程海关监管作业场所信息智能化系统、柳州市柳东新区保税物流中心（B型）海关智能化工程项目

# 杭州综合保税区

## HANGZHOU COMPREHENSIVE BONDED ZONE

2021年，杭州综合保税区实现规模以上工业总产值106.94亿元，同比增长10.6%；规模以上工业企业累计实现利润总额3.56亿元，同比增长22.1%；实现税收总额20.50亿元，货物进出口总值269.97亿元，全年跨境零售进口额76.95亿元。在2022年发布的综合保税区发展绩效评估结果中，杭州综合保税区在全国127个海关特殊监管区中获得全国第十二和浙江省第二的成绩。

杭州综合保税区在园区内推广一般纳税人资格试点政策，累计叠加试点政策企业已达11家，通过打通国内增值税“免抵退”链条，降低企业税负成本、提升企业经营效益。2021年，全年累计试点企业内销金额达2亿元，合计降低经营总成本约700万元。

在杭州综合保税区内创新完成适合“9610”（B2C小包出口）出口模式业务开展的软硬件设施建设，在园区中心监管仓设有5 000平方米的仓库平台，日监管跨境电商货物可达10万件。2021年3月3日，杭州综合保税区首批“9610”出口11 189个包裹顺利通关，3月22日，成功退运全国首批“9610”出口包裹。2021年，杭州综合保税区跨境“9610”包裹出口达到1.15亿美元。

2021年7月15日，全国首个淘宝直播保税仓基地授牌仪式在杭州综合保税区举行，区内企业杭州海库供应链管理有限公司成为淘宝直播基地官方授权的合作伙伴，这标志着杭州综合保税区跨境电商产业与直播元素深度融合。

2021年9月27日，杭州综合保税区天猫国际新世界工厂（日化洗护工厂）举行启动仪式。该工厂由新西兰企业新毛利 Te Atua 集团投资建设，主要为入驻天猫国际的个人护理、家居清洁等日化类海外品牌提供分装加工、中小样灵活生产、新品定制等服务。

SENTURY

森麒麟轮胎

# 青岛森麒麟轮胎股份有限公司

青岛森麒麟轮胎股份有限公司，于2007年12月注册成立，2020年9月在深圳证券交易所挂牌上市（股票代码：002984）。公司专注于绿色、安全、高品质、高性能子午线轮胎及航空轮胎的研发、生产与销售。公司拥有森麒麟（SENTURY）、路航（LANDSAIL）、德林特（DELINTE）三大核心轮胎品牌，目前已建成中国青岛、泰国罗勇两大轮胎生产基地，其中青岛工厂设计产能1 200万条半钢子午线轮胎、罗勇工厂设计产能1 000万条半钢子午线轮胎，同时公司正在建设泰国二期600万条半钢胎及200万条全钢胎项目，并积极谋划西班牙工厂及摩洛哥工厂建设。

公司坚持“用真诚合作铸造紧密、长久的共赢关系，成为彼此最值得信赖的合作伙伴”合作理念，积极开拓国内外市场，不断提升品牌影响力，客户网络遍布美洲、欧洲、亚太及非洲等区域，产品远销150多个国家和地区。

公司结合全球轮胎行业发展趋势及公司发展实际制定了适应未来发展路径的“833Plus”战略，即在未来10年左右时间内最终形成8座数字化轮胎智能制造基地（中国3座，泰国2座，欧洲、非洲、北美各1座）、3座全球化研发中心（中国、欧洲、北美各1座）、3座全球用户体验中心的格局，“Plus”即择机并购一家全球知名轮胎制造商。公司将继续坚持“聚焦、精益、高效、稳健、创新、责任”的经营理念，着力打造高科技、高效能、高品质、高定位的轮胎产业高端智能制造引领者，做专、做精、做强主业，希望通过10年左右的努力奋斗，成为一家全球领先的科技型、数字化型的轮胎智能制造商和轮胎工业工程技术标准供应商，将公司打造成全球轮胎工业的新高地——技术研发高地、数字智造高地、卓越产品高地。

“我们的所有努力都是为了提供一种更绿色、更安全、更舒适的生活体验，持续将最优质产品呈现给每一个人。”这是森麒麟始终坚持的企业使命，也是森麒麟始终如一的郑重承诺。

森麒麟轮胎入驻丹吉尔科技城

森麒麟泰国生产基地

森麒麟产品展厅

# 目　　录

**辽宁省**



**吉林省**



**黑龙江省**



**上海市**



**江苏省**

## 浙江省



## 安徽省



## 福建省



## 江西省



## 山东省



## 河南省

## 湖北省



## 湖南省



## 广东省



## 广西壮族自治区

## 海南省



## 重庆市



## 四川省



## 贵州省



## 云南省



## 西藏自治区



## 陕西省

# 各地区开放口岸索引

## 黑龙江省开放口岸



## 上海市开放口岸



## 江苏省开放口岸

## 浙江省开放口岸



## 安徽省开放口岸



## 福建省开放口岸



## 江西省开放口岸



## 山东省开放口岸



## 河南省开放口岸



## 湖北省开放口岸

## 湖南省开放口岸



## 广东省开放口岸



## 广西壮族自治区开放口岸

## 海南省开放口岸



## 重庆市开放口岸



## 四川省开放口岸



## 贵州省开放口岸



## 云南省开放口岸



## 西藏自治区开放口岸



## 陕西省开放口岸



## 甘肃省开放口岸

## 宁夏回族自治区开放口岸



## 新疆维吾尔自治区开放口岸

# 第一篇

## 口岸综合

# 第一章

# 2022年国家口岸管理工作概要

国家口岸管理办公室

2022年，国家口岸管理办公室统筹口岸疫情防控和保障跨境货运畅通，确保口岸防疫安全，优化口岸作业流程，提升边境口岸过货量，保障边境口岸运行安全顺畅。按照国务院联防联控机制决策部署，落实边境口岸“客停货通”工作要求，压实属地口岸管理责任，加强口岸运行常态化监测。指导各地多措并举完成重点边境口岸专项任务，推进边境口岸有序稳妥恢复开通。

年内，国家口岸管理办公室强化口岸开放规范管理，推进口岸开放（临时开放）、口岸验收、口岸关闭等工作。围绕共建“一带一路”倡议和粤港澳大湾区建设、西部大开发、东北全面振兴等重大国家战略，持续优化全国口岸开放布局。推进口岸基础设施建设，大力提升口岸过货效能，保障口岸通关畅通。持续打造市场化、法治化、国际化一流口岸营商环境。会同相关部委协同推进各项优化口岸营商环境政策措施落实到位，牵头组织开展2022年促进跨境贸易便利化专项行动，巩固压缩进出口货物整体通关时间，规范和降低进出口环节合规成本，做好世界银行营商环境新评估体系概念书专题研究，提升跨境贸易便利化水平。深化国际贸易“单一窗口”建设，拓展口岸执法服务功能，推进口岸跨部门信息共享、业务协同和流程优化，推动“单一窗口”向金融、物流等跨境贸易全领域拓展，打造跨境贸易“一站式”综合服务平台。持续深化口岸国际合作，发挥常态化双边口岸合作机制作用。组织召开中俄总理定期会晤委员会运输合作分委会口岸工作组第25次会议，稳步推进农副产品快速通关“绿色通道”和示范口岸项目建设，推进与共建“一带一路”重点国家和地区“单一窗口”互联互通和数据交换，营造口岸发展环境。

## 一、口岸开放与发展

推动落实《国家“十四五”口岸发展规划》，严把口岸准入退出关，做好口岸开放工作。服务中俄构建新时代全面战略协作伙伴关系大局，推进中俄黑河公路口岸和同江铁路口岸如期开放。服务中朝传统友好合作关系大局，指导做好丹东铁路口岸恢复货运工作，畅通中朝经贸往来。推进海南自由贸易港建设，加快海南自由贸易口岸和“二线口岸”建设。服务粤港澳大湾区建设，制订内澳口岸合作计划，推动内澳口岸通关模式创新。支持内地支援香港抗疫工作，指导地方恢复启用深圳铁路口岸，增加供港运输保障能力。落实国家新冠疫情防控工作部署和国务院联防联控机制要求，研究制订边境口岸恢复开放管理细化方案，制定优化调整边境口岸恢复开通措施和优化毗邻港澳口岸有序稳妥全面恢复开通措施。落实国家“十四五”规划重大决策部署，推进国家“十四五”规划102项重大工程18个重点边境口岸建设改造按计划实施。健全口岸管理制度体系，细化《国家“十四五”口岸发展规划》任务分工，编制2022年度口岸开放审理计划，制定《边民通道管理办法（试行）》，编印《口岸工作手册》。

年内，国家口岸管理办公室持续优化全国口岸开放布局。重庆万州机场对外开放，辽宁葫芦岛港、福建福州港、浙江舟山港、广东广州港、辽宁丹东港、广西硕龙公路口岸、云南金水河公路口岸7个口岸扩大开放，组织完成云南天蓬公路口岸、黑龙江同江铁路口岸2个口岸对外开放国家验收。截至年底，全国共有经国务院批准对外开放口岸314个，形成水陆空立体化、东中西全方位口岸开放格局。其中，水运口岸129个、航空口岸82个、铁路口岸21个、公路口岸82个。

**（一）口岸新冠疫情防控体系完善**

贯彻中央“疫情要防住、经济要稳住、发展要安全”要求，统筹口岸疫情防控和保障跨境货运畅通。落实国务院联防联控机制部署，压实属地口岸疫情防控责任。指导各地落实边境口岸“客停货通”工作要求，完善口岸闭环管理、疫情防控方案和应急处置预案，推广甩挂、接驳、吊装等非接触式货物交接模式，最大限度地避免人员交叉感染。密切监测全国口岸运行情况，完善边境口岸运行动态监测机制，会同中国电子口岸数据中心建设全国口岸综合管理平台口岸数据报送系统，实施“日监测”“周报告”，不间断编报1 000余期，为各级决策和对外交涉提供参考。动态调整边境口岸开放状态，做好边境口岸开放、关闭工作。年内，先后批准9个口岸（通道）临时开放，营造安全畅通口岸运行环境。

**（二）重点边境口岸专项任务**

多措并举完成重点边境口岸专项任务，服务国家大局。海关总署协调解决甘其毛都口岸820万吨蒙煤积压，推动解决中俄满洲里口岸、中哈霍尔果斯口岸工程机械出口拥堵、尼泊尔节庆物资通关等问题。密切关注中越边境口岸通关工作，协调督促地方政府落实主体责任，指导成立工作专班，建立对越信息沟通机制及口岸日报告、日调度制度，推动中越边境口岸浦寨通道实施甩挂模式，缓解中越边境口岸货车积压问题。

**（三）口岸综合绩效评估**

创新口岸管理模式，以实施口岸综合绩效评估为抓手，深入推进平安、效能、智慧、法治、绿色“五型”口岸建设，提升口岸管理法治化、规范化、制度化水平。编制《口岸综合绩效评估管理办法（试行）》《口岸综合绩效评估实施细则》《口岸综合绩效评估指标体系（试行）》，开发“口岸综合绩效评估系统”，从硬件设施、通行能力、投入产出、运行安全、口岸通关便利化等方面对94个典型口岸进行模拟测评，总结评估经验，完善评估指标体系，为全面开展口岸综合绩效评估打下基础。

## 二、优化口岸营商环境

落实优化口岸营商环境系列政策措施。牵头组织开展2022年促进跨境贸易便利化专项行动，海关总署、国家发展和改革委员会、财政部、交通运输部、商务部、国家市场监督管理总局六部门推出10项改革创新措施。在北京、上海等8个省市的10个重点城市集中开展为期5个月的促进跨境贸易便利化专项行动，采取多种措施巩固压缩进出口整体通关时间，为市场主体提供相对稳定的通关预期。加强跨部门协同，按职责推动落实《清理规范海运口岸收费行动方案》，规范和降低进出口环节合规成本，促进企业进出口减负降费。做好世界银行营商环境评估“跨境贸易”指标迎评应对准备工作。

**（一）促进跨境贸易便利化专项行动**

2022年1月至5月，国家口岸管理办公室聚焦外贸企业关切，主动对标国际先进，会同国家发展和改革委员会、财政部、交通运输部、商务部、国家市场监督管理总局，在北京、上海、天津、重庆等8个省市的10个重点城市集中开展为期5个月的促进跨境贸易便利化专项行动，推出国际贸易“单一窗口”服务功能优化完善、全面推广通关物流全程评估系统等10项改革创新措施。国家口岸管理办公室每月开展工作调度，推动国家层面“规定动作”和各地结合实际配套出台的501项“自选动作”落实到位，10项成熟经验在全国口岸进行复制推广。

**（二）压缩进出口货物整体通关时间**

统筹疫情防控与促进通关便利，在落实防疫措施基础上，全面落实各项通关便利化措施。优化口岸通关流程，推动重点港口公布作业时限，进出口整体通关时间压缩成效明显。2022年12月，全国进口、出口货物整体通关时间分别为

32.02 小时、1.03 小时，较 2017 年分别压缩 67.13%、91.6%。

**（三）规范降低进出口环节合规成本**

推动实施《清理规范海运口岸收费行动方案》。督促口岸收费目录清单公示制度落实并动态更新，促进口岸收费公开透明。协调云南省解决瑞丽口岸弄岛丙冒通道乱收费问题，落实超范围收费“应减尽减”、不合理收费“应退尽退”，瑞丽口岸弄岛丙冒通道和畹町芒满通道共取消 8 项不合理收费、降低 5 项收费标准，将收费细项由 32 项调整为 8 项。

**（四）应对世界银行营商环境评估**

推动做好世界银行营商环境新评估体系“国际贸易”指标初步概念书和正式概念书磋商、培训、应用工作。商相关部委和重点省市口岸管理部门提出该指标与世界银行磋商的具体意见；会同财政部、北京市共同组织专家授课，开展“跨境贸易指标营商环境国际先进标准”专题培训；建立健全跨境贸易迎评协调联络工作机制，会同相关部委和有关地方共同做好对标国际通行规则工作。

## 三、国际贸易“单一窗口”建设

深化国际贸易“单一窗口”建设，持续完善口岸执法服务功能，打造“一站式”便企利民服务平台。推进口岸跨部门信息共享、业务协同和流程优化，依托“单一窗口”建设上线进口关税配额联网核查系统和棉花、粮食进口关税配额审批系统，加强与银行、保险等相关行业机构对接，持续向金融、物流等领域拓展跨境贸易服务功能。支持区域“单一窗口”建设，上线区域特色服务功能，促进区域协调发展战略实施。强化“单一窗口”制度建设和运维服务，提升安全管理水平和用户体验。截至 2022 年年底，国际贸易“单一窗口”与 30 个部门系统对接，上线 22 大类 819 项服务，注册用户 620 余万家，日申报业务量1 700万票，服务覆盖全国所有口岸和各类特殊监管区域，企业使用“单一窗口”申报完全免费，惠及生产、贸易、仓储、物流、电商、金融等各类企业。

**（一）“单一窗口”功能拓展**

升级优化出口退税、进口食品境外生产企业注册、掌上“单一窗口”等功能，开发上线危险货物申报、船舶联合登临、进出口商品检验采信、边民互市贸易、出境检验检疫证书申领、属地查检服务等新功能，在全国海运口岸推广应用海关查验信息推送系统和通关物流全程评估系统。开发上线技贸措施服务企业点对点直通车系统，帮助出口企业化解国外技贸措施风险。推进口岸跨部门信息共享、业务协同，会同有关部委建设上线进口关税配额联网核查，实现进口关税配额申领、发放、通关、核销全流程在线无纸化办理；会同有关部委建设棉花、粮食进口关税配额审批系统，实现棉花、粮食进口关税配额线上申请、在线签发。

**（二）“单一窗口”向跨境贸易全链条延伸**

创新“外贸+金融”服务模式，推动“单一窗口”全链条延伸。国际贸易“单一窗口”对接大型金融机构 20 家，为企业提供跨境结算、授信融资贷款、出口信用保险等各类普惠金融服务，截至 2022 年年底累计办理国际结算 579 亿美元，国际融资 465 亿元人民币，出口信用保单 34 万份，惠及企业 30 余万家。创新“外贸+物流”服务模式，持续推进“单一窗口”航空物流公共信息平台建设，在福建、广东、海南、陕西、浙江等地试点，推动航空口岸各市场主体间标准融合、信息共享、业务协同和流程优化，提升航空物流便利化水平。试点地区航空口岸进出港物流作业效率提升 70%~90%。

**（三）区域“单一窗口”建设**

支持依托“单一窗口”建设上合经贸合作综合服务平台，建设 8 大应用模块、73 项子功能，为企业提供集通关便利、智慧物流、贸易撮合、金融服务于一体的全流程综合服务，为中国与上合组织国家企业经贸合作提供一站式解决方案。推动“单一窗口”西部陆海新通道平台建设，上线智能通关、业务协同、数据应用、国际合作 4

大板块 11 项服务功能，为新通道国家区域发展战略赋能。推动粤港澳大湾区“单一窗口”互联互通，开展粤澳货物“一单两报”试点，建设“港车北上”“澳车北上”信息化系统，助力粤港澳深度融合发展。支持海南自由贸易港建设，会同海南省编制《优化升级海南“单一窗口”建设规划》，推动海南自由贸易港特色服务功能整合集成，建设上线“一线放开、二线管住”加工增值扩区试点等特色服务功能，便利企业“一站式”办理海南自由贸易港特色业务。支持在深圳前海合作区依托国际贸易“单一窗口”试点建设跨境贸易大数据平台。

## 四、口岸国际合作

持续巩固拓展中俄、中蒙、中越等现有双边口岸合作机制，克服新冠疫情不利影响，保持双边日常信函往来和顺畅沟通，组织召开中俄总理定期会晤委员会运输合作分委会口岸工作组第 25 次会议，加强与蒙古国、越南、哈萨克斯坦等周边国家各层级沟通交流，推动与毗邻国家在口岸设立、工作制度、便利通关和基础设施等方面的务实合作，解决口岸通关存在的问题。推动口岸国际合作提质升级，稳步推进中哈边境口岸农副产品快速通关“绿色通道”和中越边境“示范口岸”项目建设优化工作，打造口岸国际合作精品项目。践行“智慧海关、智能边境、智享联通”合作理念，推动与共建“一带一路”重点国家和地区“单一窗口”跨境互联互通和对外交流合作，参与世界海关组织《经修订的京都公约》及其指南、《海关与港口合作指南》等国际标准和规则制修订工作，提升中国“单一窗口”国际影响力和话语权。

### （一）中俄边境口岸整车出口滞压问题疏解

针对中俄边境口岸整车出口滞压问题，国家口岸管理办公室成立工作专班，组织召开中俄边境口岸专题视频会议，沟通促进整车出口事宜，推动俄方优化口岸基础设施和货物运输模式，共同推进解决出口整车滞压问题。协调有关部门给予支持，利用各自对口渠道加强对外协调。指导地方采用临近口岸分流、“每日多次统一班车”入境新模式等，完成满洲里口岸积压的 1 810 辆工程机械出口工作，保障中俄边境口岸通关顺畅。

### （二）中哈边境口岸新增 3 条农副产品快速通关“绿色通道”

稳步推进中哈边境口岸农副产品快速通关“绿色通道”建设，在中哈已开通巴克图—巴克特公路口岸、霍尔果斯—努尔饶尔公路口岸农副产品快速通关“绿色通道”的基础上，落实“中国同中亚五国建交 30 周年视频峰会”元首外交成果，协调新疆维吾尔自治区口岸办、乌鲁木齐海关共同推动阿拉山口—多斯特克、都拉塔—科尔扎特和吉木乃—迈哈布奇盖公路口岸开通农副产品快速通关“绿色通道”，年内实现中哈边境口岸“绿色通道”全覆盖。

### （三）“单一窗口”跨境互联互通和合作交流

落实“智慧海关、智能边境、智享联通”合作理念，推进与共建“一带一路”重点国家和地区“单一窗口”互联互通和数据交换。与巴基斯坦、蒙古国、伊朗签署“单一窗口”合作框架协议。与东盟、哈萨克斯坦、泰国、古巴、柬埔寨、印度尼西亚、白俄罗斯等开展常态化合作磋商。与新加坡深化“单一窗口”合作，共同发布《关于“单一窗口”互联互通联盟链及通关物流全程状态信息共享功能上线的联合声明》，打造国际合作示范工程。我国青岛、大连、厦门、深圳等海关与韩国、日本、南非等国家和我国港澳地区依托“单一窗口”开展跨境信息交流与合作。

# 2022年国家口岸工作大事记

## 国家口岸管理办公室

1月1日

国务院批复同意辽宁葫芦岛港口岸扩大开放。

1月20日

时任海关总署署长倪岳峰主持召开促进跨境贸易便利化专项行动部署会。时任海关总署党委委员、国家口岸管理办公室主任黄冠胜出席会议。

4月6日

“单一窗口”西部陆海新通道服务专区上线，提供智能制单、通关物流业务协同、铁路订舱与物流追踪、新加坡港物流动态共享等服务。

4月26日

国务院批复同意广西硕龙公路口岸扩大开放。

4月28日

国家口岸管理办公室副主任党晓红出席国务院政策例行吹风会，介绍助企纾困稳外贸相关情况。

5月5日—6日

时任中共中央政治局委员、国务院副总理胡春华到黑龙江省黑河市考察调研口岸建设等工作。海关总署副署长王令浚陪同。

6月4日—7日

时任中共中央政治局委员、国务院副总理胡春华到新疆维吾尔自治区考察调研口岸建设和综合保税区、中哈霍尔果斯国际边境合作中心运行发展情况以及推动对外开放等工作。海关总署副署长王令浚陪同。

6月16日

国务院批复同意云南金水河公路口岸扩大开放。

6月28日

时任海关总署党委委员、国家口岸管理办公室主任黄冠胜主持召开2022年促进跨境贸易便利化专项行动专题会议。

6月30日

国务院批复同意福建福州港口岸扩大开放。

7月12日

国务院批复同意重庆万州机场对外开放。

7月12日

国务院批复同意浙江舟山港口岸扩大开放。

7月18日

时任海关总署党委委员、国家口岸管理办公室主任黄冠胜通过视频方式与俄罗斯交通运输部副部长伊万诺夫共同主持召开中俄总理定期会晤委员会运输合作分委会中俄口岸工作组第25次会议，并在线签署会议纪要。

7月19日

时任海关总署党委委员、国家口岸管理办公室主任黄冠胜前往中国工商银行总部与中国工商银行副行长张文武见证签署《国际贸易“单一窗口”金融服务联合创新实验室合作共建协议》，海关总署中国电子口岸数据中心主任白建军与中国工商银行业务研发中心总经理毛卫东交换签署合作协议。国家口岸管理办公室、海关总署中国电子口岸数据中心负责同志参加活动。

7月20日

时任海关总署党委委员、国家口岸管理办公室主任黄冠胜出席与中国建设银行深化国际贸易“单一窗口”合作协议签署仪式。

7月21日—22日

海关总署总检验师孙文康在重庆出席第四届西洽会开幕式暨2022陆海新通道国际合作论坛、国际贸易“单一窗口”西部陆海新通道平台启动上线仪式并到重庆铁路口岸调研。

8月8日

“单一窗口”棉花进口关税配额管理系统上线，实现棉花进口关税配额申请、审批、下达全流程在线办理。

8月24日

云南田蓬公路口岸对外开放通过海关总署会同外交部、国家移民管理局等部门组成的验收组的验收。

9月4日

国务院批复同意广东广州港口岸扩大开放。

9月25日

黑龙江同江铁路口岸对外开放通过海关总署会同外交部、国家移民管理局、国家铁路局等部门和国铁集团组成的验收组的验收。

9月30日

“单一窗口”粮食进口关税配额管理系统上线，实现粮食进口关税配额申请、审批、下达全流程在线办理。

10月28日

时任海关总署党委委员、国家口岸管理办公室主任黄冠胜参加国家口岸管理办公室党支部党的二十大精神专题学习研讨党员大会。

10月31日

海关总署署长俞建华与巴基斯坦联邦税务委员会海关成员穆卡拉玛签署《中华人民共和国海关总署和巴基斯坦海关关于国际贸易“单一窗口”合作的框架协议》，作为国家主席习近平同巴基斯坦总理夏巴兹·谢里夫会晤成果之一发布。

11月1日

《中华人民共和国海关总署和新加坡关税局关于“单一窗口”互联互通联盟链及通关物流全流程状态信息共享功能上线的联合声明》作为中新双边合作联委会第十七次会议成果之一发布。

11月8日

“单一窗口”技术贸易措施服务企业点对点直通车功能上线，作为“非关税贸易措施高质量发展论坛”四项创新措施之一发布。

11月14日

国务院批复同意辽宁丹东港口岸扩大开放。

11月25日

“单一窗口”上合地方经贸合作综合服务平台（专区）上线，提供集通关便利、智慧物流、贸易撮合、金融服务于一体的全流程综合服务。

11月28日

海关总署署长俞建华在京参加国家主席习近平为蒙古国总统呼日勒苏赫举行的欢迎仪式、会谈和欢迎宴会，并在习近平主席和呼日勒苏赫总统的共同见证下与蒙古国国家大呼拉尔议员、财政部部长扎布赫楞共同签署了《中华人民共和国海关总署与蒙古国海关总局关于蒙古天然饲草输华卫生与植物卫生要求议定书》《中华人民共和国海关总署和蒙古国海关总局关于国际贸易“单一窗口”合作的框架协议》。

12月26日

海关总署、国家发展和改革委员会、商务部发布联合公告，于2023年1月1日起，依托“单一窗口”全面实施进口关税配额联网核查、无纸化通关。

12 月 26 日

《海关总署 国家发展改革委 商务部关于全面实施〈中华人民共和国农产品进口关税配额证〉等 3 种证（明）联网核查的公告》（2022 年 132 号）由三部委联合印发。

12 月 28 日

“单一窗口”海南自由贸易港服务专区上线，海南自由贸易港特色业务一站式服务。

# 第二篇

## 口岸查验监管

# 2022 年海关工作概要

中华人民共和国海关总署办公厅

2022 年，全国海关深入学习贯彻习近平新时代中国特色社会主义思想，深刻领悟“两个确立”的决定性意义，增强“四个意识”、坚定“四个自信”、做到“两个维护”，围绕迎接学习宣传贯彻党的二十大主题主线，认真落实党中央重大决策部署，按照疫情要防住、经济要稳住、发展要安全重要要求，铸忠诚、担使命、守国门、促发展、齐奋斗，高效统筹口岸疫情防控和促进外贸稳增长，各项工作取得新成效。

## 一、落实政治机关建设要求，深入学习宣传贯彻党的二十大精神

从讲政治的高度认真做好迎接党的二十大工作，加强口岸监管把关，促进外贸保稳提质，特别是组织开展全面风险排查、安全整治，加强口岸反恐应急和网络攻防演练，开展“国门勇士”“使命”“清邮”等打击枪支弹药和反宣品专项行动，切实维护国门安全和社会稳定。第一时间组织传达学习党的二十大精神，研究制订学习宣传贯彻方案，开展系列宣传活动，迅速兴起学习热潮。各级党委理论学习中心组充分发挥领学促学作用，总署党委召开中心组扩大学习 5 次，组织干部培训 29.3 万人次，各级基层党组织充分利用“三会一课”、网络平台等多种形式，深入学习研讨，做到入脑入心、走深走实。认真组织学习《习近平谈治国理政》第四卷和习近平经济思想，加深对习近平新时代中国特色社会主义思想的理解和认识。认真贯彻党的二十大精神，研究提出“铸忠诚、担使命、守国门、促发展、齐奋斗”工作要求和“12 个必”重点工作，切实把思想和行动统一到党的二十大精神和决策部署上来。扎实推进“学查改”专项工作，认真开展政治机关专项教育，全国海关上下进一步提高了政治判断力、政治领悟力、政治执行力，进一步深化了对新时代十年伟大变革里程碑意义和“两个确立”决定性意义的认识，始终在思想上政治上行动上同以习近平同志为核心的党中央保持高度一致，做到“两个维护”有感悟、有表达、有情感、有行动、有成效。

## 二、落实疫情要防住要求，坚决筑牢外防输入第一道防线

全国海关坚决落实“外防输入、内防反弹”总策略和“动态清零”总方针，在非常之时采取非常之举，建立上下协同、运转高效的指挥体系，总署党委加强指挥调度，因时因势优化防控措施，各级海关健全口岸公共卫生体系，构建起“人、物、环境”同防、多病同防、水陆空同防立体防控网，科学精准实施检疫，坚决守住外防输入关口。坚持口岸疫情防控和内部疫情防控双线作战，从严从紧做好安全防护和封闭管理。加强关心关爱，向抗疫一线广大党员干部职工发送慰问信，对封闭 5 轮次、105 天以上人员进行通报表扬，出台关心关爱 17 条措施，及时发放临时性工作补助，提升基层一线人员年度考核优秀比例。组织开展“关长走进口岸封管区”工作，140 名直属海关关领导深入基层、靠前指挥，与关员们朝夕相处，同吃、同住、同战斗，及时发现解决问题，做到工作严格、流程严密、作风严谨、关员严管，确保疫情零输入、关员零感染、操作零失误、通关零延误。采取“长牙齿”措施，取消、暂停 114 家企业输华资质，对 393 家

境外生产经营单位采取紧急预防性措施，为全国疫情防控大局做出积极贡献。

## 三、落实经济要稳住要求，大力促进高水平开放高质量发展

全力做好元首外交服务保障工作，45 份协议纳入重大外交活动成果。推动“三智”理念纳入世界海关组织战略规划，签署海关国际合作协议 80 份。加强与共建“一带一路”国家和地区机制化合作，支持中欧班列等国际物流大通道建设，与 5 个国家（地区）完成 AEO 互认磋商，累计互认数量继续保持世界第一。深度参与和引领国际规则标准制修订、议题谈判，加强实施效果分析，推动 RCEP 等优惠贸易协定落地见效。落实区域重大战略和区域协调发展战略，新开 1 个、扩大开放 7 个口岸。聚焦“放、管、建、立、试”，推进海南自由贸易港海关监管制度创新取得新进展。深化自由贸易试验区海关监管制度创新，备案 33 项、评审 53 项创新举措。出台支持横琴粤澳深度合作区建设若干措施。制定实施海关综合保税区管理办法，严格设立审核、事中事后监督和发展绩效评估，新设 1 个、整合优化 1 个、验收 4 个。认真落实中央稳住经济大盘政策措施，出台“10+7+6”促进外贸保稳提质、助企纾困降成本措施。完善服务企业长效机制，开展“关长送政策上门”，切实为企业办实事、解难题。认真执行减税、进口税收优惠政策和自贸协定关税减让等措施，减（退）税2 850亿元，148 项税政调研建议被采纳。综合运用关税、非关税等措施化解经贸摩擦，切实维护我国产业利益。持续优化口岸营商环境，跨境贸易便利化专项行动取得积极成效，国际贸易“单一窗口”功能更加完善、跨境互联互通稳步推进。推广企业集团监管模式，有力推动加工贸易转型升级。加大市场准入力度，准许 30 个国家和地区的 47 种食品农产品输华。促进跨境电商、海外仓、市场采购、保税维修等新贸易业态健康规范发展。建立外贸形势月度分析例会制度，持续开展跟踪分析研究，提升首报、首发、首用能力，服务宏观决策，127 份报告获中央领导同志批示。2022 年，我国货物贸易进出口总值达 42.1 万亿元，首次突破 40 万亿元，同比增长 7.7%，连续 6 年保持全球货物贸易第一大国地位。强化口岸运行态势监控，加大内外协调力度，积极调配海关监管资源，加强现场督战，有力推动解决中俄、中蒙、中尼、中越等口岸货物滞留问题。推广“船边直提”“抵港直装”“联动接卸”“甩挂吊装”和出口拼箱货物“先查验后装运”等便利措施，提升口岸通行能力。支持大宗商品战略储备基地建设，服务保供稳价。落实减免税措施，创新对芯片等高科技产品查验模式，优化商品检验抽检比例，助力先进技术、重要设备、粮食、能源资源等进口。

## 四、落实发展要安全要求，有效防范化解重大风险

以时时放心不下的责任感，聚焦危险品监管、执法作业安全、系统数据网络安全、值班值守、舆情应对、信访事件处置和海关监管作业场所、实验室等重点风险领域，深入开展大检查，加强突发事件应急演练，采取“加强版”措施，扎实推进安全生产专项整治 3 年行动圆满收官，坚决守牢安全底线、监管红线。加强对各类风险的排查、排序、排除，全面梳理形成“7+21”项重大、系统性风险防控方案和防范措施，做到有预判、有预警、有预案、有预演，风险防范的意识和能力进一步增强。全年实现重特大安全事故零发生。组织开展“口岸危险品综合治理”百日专项行动，聚焦“滞留”和“瞒报”两个突出问题，“以快防患、以严治乱、依规履职、综合治理”，危险品在口岸停留时间缩短 63%，实现“动态清零”，查发伪瞒报危险品 1 569 批。坚持长短结合，启动进出口危险化学品检验监管模式调整试点，巩固专项行动成效。推进全领域风险要素一体化防控，畅通“选、查、处”闭环管理回路，大数据实战应用深入推进，货运渠道人工

分析布控查获率提高1.6个百分点至16.3%。深化综合治税，依法科学征管，全年海关税收入库2.29万亿元，同比增长13.6%，超额完成税收预算目标。深入推进全业务领域智能审图研发应用，查发问题线索同比增长超过5倍。加强监管作业场所管理，完善三级监控指挥体系，新一代通关管理系统上线，检查作业效能进一步提升。认真做好北京冬奥会、冬残奥会监管通关和安保服务工作。落实贸易管控措施，加强知识产权海关保护，查获侵权货物6.1万批次。统筹推进"多查合一"，深入推进稽查改革，查发率提升34.5个百分点达83.5%。严格进出境动植物检疫，严防重大疫情传入和外来物种入侵，"国门绿盾""跨境电商寄递'异宠'综合治理"行动成效明显，检出检疫性有害生物6.3万种次，查获"异宠"111种、7 311只。加强进出口食品安全监管，"国门守护"行动深入推进，对82个国家（地区）的2 863批进口食品化妆品实施退运或销毁。加强进出口商品检验，聚焦重点敏感商品、"安卫环"项目，检出不合格进出境工业品4.7万批。开展"国门利剑""风雷"联合行动，严厉打击重点涉税商品和"洋垃圾"、象牙等走私，综合整治"水客"、海南离岛免税"套代购"、粤港澳海上跨境等走私，立案侦办走私犯罪案件4 509起，案值1 210亿元，同比分别增长5.8%、25.6%。

## 五、落实全面从严治党要求，锻造忠诚干净担当的准军事化纪律部队

三级党委领导机制更加完善，深化拓展"强基提质工程"，健全基层党组织书记抓党建工作述职评议考核制度，基层党建实现"双提升"。推进党史学习教育常态化长效化，持续开展海关史研究。强化准军事化纪律部队建设，加强实干实训和纪律作风养成，深入开展精神文明创建，大力培树先进典型，3名个人、1个集体获得全国人民满意的公务员和集体称号，推动党员干部律己要严、履职要严、平常要严，树正气、易俗气、遏邪气，塑造"求实、扎实、朴实"海关文化。坚持严管厚爱，落实落细支持边远艰苦地区海关22条措施。落实新时代好干部标准，坚持"一把尺、一张单、一盘棋"，综合考虑人岗适配、结构合理、区域平衡等因素，在急难险重任务中考察识别干部，大力培养选拔优秀年轻干部，选优配强各级领导班子。树立重政治、重品行、重基层、重担当、重实绩的鲜明导向，选拔任用、职级晋升、关衔评授、考核评优坚持向艰苦边关和基层一线倾斜。从严监督管理干部，完善领导干部能上能下制度机制，个人报告事项如实报告率进一步提高。用心用情做好老干部工作。一体推进"三不腐"，各级党委和纪检机构同向发力，推动"两个责任"贯通联动、同频共振。严格落实中央八项规定精神，建立总署部门对直属海关单位反映请示问题推诿扯皮情况记录报告制度。加强对"一把手"和领导班子监督，深入开展"海关重点项目和财物管理以权谋私"专项整治，强化打私反腐"一案双查"，用好监督执纪"四种形态"，严肃查处违纪违法行为。深化"制度+科技"规范权力运行，加强内控机制建设，上下联动推进巡视巡察、督察审计，切实推进问题整改和成果转化。深入开展廉政警示教育，加强廉洁文化建设，推进以案促改，营造风清气正的良好政治生态。

# 2022年出入境边防检查工作概要

国家移民管理局边防检查管理司

2022年是党和国家历史上极为重要的一年。在以习近平同志为核心的党中央坚强领导下，在公安部党委指挥下，全国移民管理系统紧紧围绕打赢党的二十大安保维稳硬仗，全力以赴防风险、保安全、护稳定、战疫情、促发展，捍卫国家政治安全坚决有力，维护国门边境安全稳定成效显著，促进服务高水平开放成绩斐然，移民管理工作高质量发展迈上新台阶，队伍革命化正规化专业化职业化建设取得长足进步，移民管理事业在新时代新征程上阔步前进。2022年，累计查验出入境交通运输工具963.8万架（列、艘、辆）次，出入境人员1.16亿人次。

## 一、服务大局、保通保畅，支持保障稳住经济大盘精准高效

坚决贯彻落实党中央、国务院部署要求，研究深化改革举措，优化口岸营商环境，服务保障产业链供应链稳定畅通。

一是持续优化口岸营商环境。全面推行上下外轮、搭靠外轮边检行政许可“一网通办”“随到随办”“一地办证、区域通用”，有效减少中外服务对象办理手续等候时间。强化诚信管理，为信用良好的修造船企业和中外修造船舶提供上下外轮、搭靠外轮必要便利，为修造完成、出港试航后即交付的国际航行船舶直接办理出境边检手续，精准助力修造船企业和中外修造船舶降成本、提效率。简化加注保税燃油后直接出境国际航行船舶边检手续，节约加注保税燃油时间，服务保税燃油供应产业发展。

二是深化口岸通关便利化改革。改革优化海陆空口岸边检通关模式，对国际货运船舶实施到港“零等待”作业、离港“零延时”验放，一次办妥靠泊不足24小时的国际货运船舶入境、出境边检手续近3万艘次，简化国际货运船舶在中国境内港口间移泊边检手续9.2万艘次，允许国际集装箱班轮在国内港口间航行临时改港260艘次，节约船舶通关时间，有效提升港口集疏运效率。对国际货运列车实施随到随检、即验即放，开设跨境运输车辆快速检查通道和“一带一路”专用通道，全力保障运输鲜活产品、抗疫物资、民生物资和农耕生产等物资的货运列车高效通关，有力保障重要物资陆上运输畅通无阻。对国际货运航班实施“好来快走”检查模式，在全国空港口岸设立国际货运航班边检验放专区，实行“重要货机、紧急货机先办，直接往返、中转连飞简办”边检手续，平均每架次节省通关时间30分钟，保障国际货运航班快捷抵离出入境，促进提升空港物流运输实效。

三是聚焦解决人民群众“急难愁盼”问题。完善边检通关应急响应机制，保障安全形势恶化国家紧急撤回的我国公民高效顺畅通关，保障境外滞留员工顺利入境。坚决贯彻党中央援港抗疫工作要求，开通“绿色通道”，保障援港抗疫人员、交通工具、生活医疗物资顺畅通关。为国际航行船舶船员开通换班“专用通道”，保障海运“关键工人”应换尽换。主动收集、回复服务对象意见建议，运用国家移民管理机构12367服务热线，为服务对象提供24小时多语种、多方言移民管理政务咨询服务，及时准确解答服务对象通关问题。

## 二、分级分类、精准施策，口岸疫情防控安全高效

2022年，坚持将国门口岸作为外防输入重点关键，会同海关、卫健等部门精准施策、精细操作，铸造安全高效的闭环管理模式。

一是实行分级分类检查。先后采取空港口岸“国际国内分流、入境出境分流、旅客员工分流、客运货运分流”，水运口岸非必要“不登轮、不登陆、不搭靠”，陆地口岸“非接触式”通关查验等针对性检查监管措施，严密跨境货运司机、接返包机、边境自首人员、港澳流动渔船民等重点群体检查管理，严防不同等级风险人员混合查验、交叉感染。

二是强化数据预警推送。推出入出境数据“三提前三共享”措施，全面加强入境人员询问核查、信息采集，提前评估入境涉疫风险，掌握入境后去向轨迹，为检疫部门开展针对性检查、属地精准流调溯源提供大数据支持。

三是严格执勤查验防护。创新实施独立作战单元勤务模式，对直接接触入境人、车、物、货的移民管理高风险岗位人员，实行小单元全闭环执勤、最高等级防护消杀，确保队伍内部“不感染、不扩散”。

## 三、忠诚为党、勇担重任，捍卫国家政治安全打击跨境违法犯罪活动坚决有力

始终将维护国家政治安全置于首位，全面加强口岸查缉和边境管控，主动谋划打击整治新思路新举措，严打严惩严防严治各类跨境违法犯罪活动。

一是圆满完成系列重大安保任务。聚焦党的二十大安保维稳任务主线，统筹北京冬奥会、冬残奥会等系列重大安保活动，从严从实从细抓好安保措施落实，严密防范打击敌对势力渗透破坏，防范化解各类安全风险隐患，坚决打赢系列安保维稳硬仗。

二是专项斗争成果丰硕。统筹推进严厉打击妨害国（边）境管理犯罪“獴猎”行动—2022、“三非”外国人治理等专项行动，深入开展陆地边境清剿、海上偷渡防控、涉证件犯罪起底、追逃“捕蛇”攻坚、涉网偷渡信息肃清“五大战役”，全年共查办妨害国（边）境管理违法犯罪案件3.23万起，抓获、查处各类违法犯罪人员11.78万人，其中在逃境外“蛇头”及骨干158人，打掉犯罪团伙1 544个，采取刑事强制措施6.72万人、行政查处5.06万人，捣毁中转窝点964个。

三是打击跨境违法犯罪成效显著。坚决贯彻落实党中央决策，按照公安部部署，充分发挥移民管理职能作用，深入开展涉赌诈人员专项拦阻，严格出入境证件审批管理，加大口岸依法阻止力度，强化边境封堵拦截，坚决将不法分子查在口岸、堵在边境，有力阻断违法犯罪人员出境渠道。

# 2022 年海事工作概要

中华人民共和国交通运输部海事局

2022 年，全国海事系统在交通运输部党组的全面正确领导下，深入贯彻落实“12395”总体工作思路，奋力加快建设交通强国，努力当好中国式现代化的开路先锋。聚焦服务好宏观经济大盘和社会大局稳定，重点保安全、保畅通，推动国家战略举措有效实施，在现代化建设新征程中有为有位；以民为本，坚持把人民对美好生活的向往作为奋斗目标，有效解决群众关心关切的急事难事，民生答卷更加温暖；把基层基础作为“第一抓手”，把基层满意作为“第一口碑”，重点解难题、促发展，确保海事现代化发展新格局向纵深推进。

全年，安全保障国内航行船舶进出港 2 406.13万艘次、国际地区航行船舶进出口岸 39.49 万艘次、水上货物运输 168.23 亿吨、水上客运 2.91 亿人次。组织协调水上搜救行动1 588 次，救助遇险船舶 969 艘、遇险人员9 748人，水上交通安全形势总体稳定。

## 一、坚持党的领导，党建引领作用充分发挥

一是政治意识持续增强。严格落实“第一议题”制度，及时传达学习习近平总书记重要讲话和重要指示批示精神。深入学习宣传贯彻党的二十大精神，开展“百名书记宣讲下基层、千名支部书记讲党课、万名海事党员谈体会”活动。全面总结党史学习教育成果，深入推进“学查改”专项治理活动，推进建立党史学习教育常态化长效化制度机制。严格落实意识形态工作责任制，守牢意识形态阵地。

二是党的建设更加有力。深入推进政治机关教育、模范机关创建，印发党建工作高质量发展意见，持续推动党建与业务深度融合。建立领导班子基层党建工作联系点、党支部评星定级制度，推进基层党支部全面进步、全面过硬。党员干部积极参与重点工作、重大活动和急难险重任务，先锋模范作用在疫情防控、保通保畅等实践锻炼中充分发挥。

三是精神高地旗帜高扬。聚焦党的二十大，加强重要主题宣传策划，主流媒体影响力不断提升。规范新媒体运行管理，建立闭环式舆情应对机制，海事舆论环境总体平稳。深入推进文明创建工作，12 家单位新获评 2020—2021 年度全国交通运输行业文明单位、文明示范窗口，1 家单位入选中国科协第一批全国科普教育基地。大力推进典型培树，1 名同志列为“时代楷模”候选人，1 名同志荣获全国“人民满意的公务员”称号，2 名同志获评“感动交通十大年度人物”。

## 二、坚持战略驱动，重点任务推进实现突破

一是战略规划任务全面落实。制订海事系统“十四五”发展规划、建设规划任务分工方案，建立项目清单动态调度机制，累计完成“十四五”前期项目投资约 37 亿元。持续落实交通强国建设试点任务，开展试点成果阶段性评估。建立完善战略研究工作制度机制，聚焦国家重大战略、交通发展前沿开展研究。

二是安全保障体系稳步构建。推进“陆海空天”一体化水上交通运输安全保障体系建设，积极开展全要素水上“大交管”试点运行。加快推进监管指挥系统落地，完成平台相关功能开发。

国家重点研发项目“高精度时空海事服务系统关键技术及应用”项目立项实施。北斗系统成为第3个通过国际海事组织认可的全球海上遇险与安全系统卫星通信系统，正式加入国际中轨道卫星搜救系统。

三是重点领域改革加快推进。《海事衔条例》纳入部立法计划。编制部海事局本级权责清单，厘清履职执法边界。三沙永暑、渚碧、美济3个岛礁海事处挂牌成立。

## 三、坚持标本兼治，水上交通安全持续稳定

一是风险防控机制持续完善。推动国务院安委办调度沿海重点地区水上运输和渔业船舶安全风险防范工作，推动沿海沿江省级、地市级人民政府建立健全水上交通安全议事协调机制，一批困扰水上交通安全的突出问题、重大隐患得到地方人民政府关注并协调解决。联合开展“商渔共治2022”专项行动，商渔船碰撞风险得到进一步管控，事故数量和死亡人数同比分别下降78%、75%。

二是源头治理管控持续加强。组织开展全国沿海水域交通资源普查。琼州海峡、厦门水域船舶定线制和报告制发布实施。强化船籍港管理，完善海事执法协查，建立健全中国籍船舶闭环管理机制。完善航运公司管理制度，修订航运公司分级分类管理办法。调整海事劳工条件检查及发证管理模式，发布海船船员考试大纲，严肃查处船员考试作弊和各类资历造假行为。强化水上交通安全教育，开展“安全生产月”“双进”“水上安全知识进校园”等活动。

三是重点领域整治持续深化。开展内河船舶非法从事海上运输专项整治活动，统一开展船舶载重线和货物装载、船员履职、船检质量、船舶载运危险货物、涉客船舶等重点领域专项治理，全力消除事故隐患。圆满完成党的二十大、中国国际进口博览会、中国—东盟博览会等重大活动、重点时段水上安保和服务保障任务。

四是航海保障作用持续凸显。开展曹妃甸港、厦门港、琼州海峡航标配布调整。完成2.8万换算平方千米港口航道测量和航路测量任务。建设应用多功能航标，海事“一张图”基础地理信息服务逐渐完善。北斗三代水上交通运输分理服务中心基础设施建设工程有序开展。北斗安全信息播发业务开通。

五是地方执法履职持续平稳。建立定期调度工作机制，制定地方水上交通安全监督管理事项指引，部省地方水上交通安全工作协调顺畅。探索共管和相邻水域执法合作，滇黔桂三省（区）建立天生桥库区执法联合联动联勤机制，川滇两省共管水域通航安全规范文件印发实施。京津冀内河船员“一证畅行”大运河。

## 四、坚持依法行政，法治海事建设提档升级

一是执法标准日臻完善。深入推进《中华人民共和国海上交通安全法》贯彻实施，制定工作任务清单，推动《中华人民共和国海上交通安全法释义》出版发行。修订发布《中华人民共和国海船船员适任考试和发证规则》等规章6部、《吨位丈量规则（2022）》等技术规范和标准10余项。配合开展《中华人民共和国海洋环境保护法》《中华人民共和国内河交通安全管理条例》等法律、行政法规的制修订工作。联合印发公务船舶检验管理相关规定。积极推进地方立法，江苏省长江船舶污染防治条例、福建省海上搜寻救助条例、上海市船舶污染防治条例等地方法规相继出台。

二是联动机制持续健全。加强海事执法协查管理，完善执法协查工作机制，完成3 000余件历史遗留协查任务。加强与农业农村（渔业渔政）、水利、公安、海警部门协作，开展打击“三无船”、非法采砂、海上走私、长江禁捕联合执法。推进船舶检验区域合作，试点长三角地区船舶营运检验通检互认，实现新建船舶联合检验发证。沪苏海事开展监管执法一体化合作。

三是执法行为更加规范。建立三级执法督察委员会全覆盖的执法督察工作机制。加强执法记录仪配备使用管理，全面实施行政执法全过程记录。建立海事行政执法案卷评查标准，常态化开展线上评查活动。加强海事行政执法领域风险隐患排查防范，开展突出问题专项治理“回头看”。完善群众监督评价机制，组织开展行政执法社会满意度测评。

## 五、坚持主动担当，服务发展能力稳步提升

一是服务国家战略举措有效实施。持续推进长三角海事一体化融合发展，12 项具体举措落地见效。探索实施渤海湾交通流一体化组织。与澳门海事及水务局签署《粤澳智慧海事管理合作安排》，合作推进智慧海事系统（澳门版）建设和应用。建立深港引航员资质互认机制，实现大鹏湾水域“一次引航”。科学划分钦州湾水域航区，服务西部陆海新通道建设。积极打造海南海事服务特区，持续扩大船舶证书“多证合一”试点，与香港海事处签署琼港游艇便利出行安排。

二是服务绿色发展能力明显增强。推进碳中和碳达峰海事行动，发布船舶能耗数据和碳强度管理办法。深化船舶大气污染物排放控制监测监管试验区建设。开展氢燃料、生物燃料、蓄电装置等在船安全应用研究，推广船舶靠港使用岸电，推进新能源清洁能源“上船下海”。推行长江船舶污染物“零排放”治理模式，长江经济带船舶和港口污染突出问题整治成效持续巩固。

三是国际交流合作成果不断丰富。参加海事国际会议 77 次、417 人次，提交提案 186 份，其中向国际海事组织提交提案 94 份，位列 A 类理事国首位，提案数量和质量实现“双提升”。推动国际海事组织通过《国内渡运安全示范导则》，渡运安全全球共治取得重要阶段性成果。开展第四届东盟地区论坛渡运安全研讨等双边多边合作交流活动 20 次。成功承办第二届北外滩国际航运论坛“安全与合作”专题论坛，助推全球海事治理。

## 六、坚持优化服务，海事为民底色更加厚重

一是服务供给守正出新。持续深化“放管服”改革，实施海事行政许可事项清单管理，编制海事行政许可实施规范、办事指南。试点海船转籍登记“不停航”办证服务。落实国务院优化营商环境试点要求，扩大游艇船籍港登记范围，推进试点城市游艇“多证合一”，试点优化进口游艇检验流程。印发海事电子证照管理办法，统一启用“海事电子证照专用章”，海事证照办理更加便捷。持续推进小型船舶检验及其监督管理优化试点，试点检验船舶 8 536 艘次，节约社会成本逾千万元。

二是保通保畅成效显著。全力保障物流供应链稳定畅通，加强交通流组织疏导，实施“优先锚泊、优先进港”措施，保障能源、粮食、化肥等重点物资运输船舶进出港安全高效。组建国际航行船舶船员换班工作专班，推动优化船员境外换班隔离政策，服务船员换班 17 万人次。积极推进船员新冠病毒疫苗接种。

三是行业队伍发展有力。支持船员队伍发展，及时调整发布疫情防控期间便利船员培训、考试、发证管理制度，开通运行全国船员业务咨询热线，发布船员从业及维权指南和船员职业百问百答。支持船舶检验人员培养，调整验船师资格考试条件和科目，报考人数同比增长 46%，培训拟从事船舶检验人员近 6 000 名。优化船载危险货物“两员”职业资格管理，持续充实“两员”队伍。

## 七、坚持夯基固本，发展内生动力持续增强

一是综合管理提质增效。优化目标管理工作，开展年度重点工作任务执行情况督查，开发运行直属海事系统综合办公平台，全系统政令畅

通、运转有序、落实有力的垂直管理合力进一步发挥。推进“互联网+监管”项目实施，升级“一网通办”和“一网通管”两门户，相关数据对接国务院政务数据共享平台。数据共享平台上线运行，政务数据共享目录进一步完善，实现一体化数据库下发和共享。实施通信链路一体化运维，海事一级数据中心网络安全和数据安全得到保障。

二是设施装备完善升级。2 个海事基地码头投入使用，4 个船员评估中心开工建设和完成，1 个船舶交通管理系统改扩建，8 个监管指挥系统工程开工建设，6 个溢油设备库项目开工建设，2 个海岸电台升级改造，“陆”基装备体系更加健全；南海、台湾海峡大型巡航救助船“海巡 03”轮、“海巡 06”轮，深远海大型测量船“海巡 08”轮 3 艘大型船舶交船列编，“海”基装备更趋完备；2 组无人机投入使用和建设，“空”基平台初见雏形，海事装备支撑保障力度更加凸显。

# 第 三 篇

## 各地口岸运行管理

# 北 京 市

# 北京市口岸分布示意图

| 图例 | | |
|---|---|---|
| 口岸 | 铁路口岸 | 水运口岸 |
| 空运口岸 | 公路口岸 | 境外口岸 |

| 序号 | 类型 | 口岸名称 | 批准开放时间 | 开放状态 |
|---|---|---|---|---|
| 1 | 空运口岸 | 北京空运口岸<br>（北京首都国际机场）<br>（北京大兴国际机场） | <br>1958.3<br>2019.1 | 国际常年 |
| 2 | 铁路口岸 | 北京铁路口岸 | 2009.11 | 国际常年 |

## 口岸数量及分布

截至2022年年底，北京市有经国务院批准的对外开放口岸2个，分别为北京空运口岸（北京首都国际机场、北京大兴国际机场）和北京陆路（铁路）口岸（北京西站铁路口岸）。

## 口岸运行数据

2022年，据北京出入境边防检查总站统计，北京口岸出入境人员57.44万人次，同比增长8.26%。其中，入境22.48万人次，同比增长31.52%；出境34.96万人次，同比下降2.79%。出入境飞机总数25 112架次，同比减少24.18%。火车为0列次。

据北京海关统计，北京口岸海关监管进出口货物4 552.27万吨，同比下降27.93%，进出口贸易总值1 099.74亿美元，同比下降2.99%。其中，进口货物4 484.43万吨，同比下降28.04%，进口贸易总值825.07亿美元，同比增长12.88%；出口货物67.84万吨，同比下降19.44%；出口贸易总值274.66亿美元，同比下降31.80%。海关实征税款669.99亿元人民币，同比增长4.48%。

据北京市商务局统计，首都国际机场完成海关监管货物4 466.92万吨，同比下降28.28%，出入境航班25 018架次，同比下降26.33%；大兴国际机场完成海关监管货物0.17万吨，同比下降60.51%，出入境航班8架次，同比下降91.11%；北京朝阳口岸完成海关监管货物66.95万吨，同比增长1.73%；北京平谷国际陆港完成海关监管货物3.50万吨，同比下降18.79%；北京丰台货运口岸完成海关监管货物0.09万吨，同比下降94.27%，北京西站铁路口岸因疫情防控要求临时关闭，出入境火车0辆。全年共申请办理离境退税单201张，同比下降33.00%；办理离境退税额513.42万元，同比下降33.24%，涉及的商品销售额6 253万元，同比减少26.52%。

据首都机场集团货运部门统计，首都国际机场完成货邮吞吐量95.61万吨。其中，国际45.59万吨、国内（除港澳台地区）43.52万吨、港澳台地区6.5万吨，分别占比47.68%、45.52%和6.8%；进港约45.28万吨、出港约50.33万吨，分别占比47.4%和52.6%。全货机完成航班28 141架次，货邮吞吐量为68.9万吨（含客改货）。大兴国际机场完成货邮吞吐量11.87万吨，其中国际货量0.01万吨、国内货量11.86万吨，分别占比0.08%和99.92%；进港8.5万吨、出港4.3万吨，分别占比66.4%和33.6%。全货机完成航班2 335架次。货邮吞吐量为1.86万吨，均为国内。

截至2022年年底，北京“单一窗口”本地累计注册企业9 887家，主要业务办理数量为：货物申报2 225 320票，舱单申报8 112 848票，运输工具（航空器）297 410票，企业资质1 465票，贸易许可570票，原产地证1 832票，税费支付105 463票。2022年全年北京“单一窗口”专家热线累计服务43 162人次；按照企业类型提供服务支持的微信群共12个，累计服务企业人数3 089人，微信在线受理问题上万条，热线邮箱受理邮件360封，通过在线客服受理问题711个；通过“一对一”远程或上门服务27次，排除企业碰到的各类问题与困难。全年北京“单一窗口”微信公众号发布文章170篇，门户网站发布资讯290条。

## 口岸综合管理

**【北京市商务局调研恢复经北京口岸进口冷链食品工作】** 按照北京市领导调度会精神，为加快推进适时恢复经北京口岸进口冷链食品工作，2022年9月14日，北京市商务局副局长李燕凌带队到首都机场口岸现场调研，实地察看海关查验中心、进口货品防疫消杀车间及五类指定监管场地等场所设施运行情况，并主持召开座谈会，就适时恢复经北京口岸进口冷链食品，进行现场设施条件评估、防疫和通关政策分析、企业诉求和预期研判，研究提出“分品类、分步骤”恢复方案建议。北京市商务局、市冷指办、北京海关、首都机场临空区管委会、顺义区商务局相关同志参加调研。

**【北京市商务局赴大兴国际机场调研航空货运工作】** 为落实北京市领导关于大兴国际机场恢复国际货运航班有关工作的批示指示精神，2022 年 11 月 4 日，北京市商务局副局长李燕凌带队到大兴国际机场调研航空货运工作。与大兴临空区管委、大兴机场海关、首都机场集团货运办等单位负责同志共同分析了制约北京航空口岸国际货运发展的主要因素，探讨了大兴国际机场国际货运航班复航的软硬件条件；与南方航空北京公司、东方航空物流公司等国际货站实操部门负责人了解东航、南航在京投入运力情况、疫情对客货运输影响及企业在全国布局情况，倾听企业面临的困难和诉求，就大兴国际机场恢复国际货运问计于企，希望两航司积极争取在京投入更多的运力，支持北京口岸发展；就落实北京市领导关于大兴国际机场海关监管场地建设的批示指示精神，加快推进口岸功能基础设施建设，为全面恢复国际货运航班做好硬件保障，提出明确要求；与北京海关负责同志就解决大兴国际机场海关技术实验楼等非现场设施建设遗留问题、工程结算等事宜，交换意见，达成共识。

**【北京市商务局联合北京海关到丰台口岸开展综合指导和调研服务】** 为做好新年度重点企业“服务包”工作，推动丰台货运口岸创新发展，提升陆港口岸通关便利化水平，落实好北京市进口非冷链货品疫情防控以及商务领域重点行业防疫纾困促进发展工作要求，北京市商务局联合北京车站海关多次到丰台口岸实地调研指导工作。一是与丰台口岸运行主体北京外运陆运公司进行座谈，就陆运公司重点提出的中长期规划、发展构想以及面临的主要困难和诉求，北京市商务局均给予指导并提出建议；车站海关就口岸监管、进口非冷链货物疫情防控、提升通关便利化水平等工作提出要求。二是到丰台口岸指导督促疫情防控工作。北京外运陆运公司介绍了 2022 年第一季度企业发展、口岸监管区和铁路专用线运营情况，汇报了落实常态化疫情防控要求以及面临的实际问题；北京市商务局传达了全市和局疫情防控工作相关要求，对企业提出的诉求给予回应；车站海关就口岸监管区进口非冷链集装箱货物存储、查验和采样等提出要求；各方就如何落实好“进口非冷链货品常态化疫情防控指引”进行了讨论研究。三是召开海关政策线上宣讲沟通会，积极为丰台口岸运营企业出谋划策、把脉开方。围绕运营主体北京外运公司的进出口业务有关情况及面临的困难，以及对开展跨境电商、保税物流等新兴业务的发展构想和政策诉求，北京海关结合其实际情况为企业拓展口岸功能、引入新兴业态，提出了切实可行的实现路径；并对开展相关业务的政策做了详细解读。政企双方还对落实疫情防控措施等一些细节问题进行了深入交流，取得了良好效果。

**【推进跨境贸易便利化全环节改革】** 按照“两区”建设“重点领域全产业链开放、关键要素全环节改革”的要求，对接国际高标准经贸规则，印发北京市推进跨境贸易便利化全环节改革行动相关方案，推出共 6 个方面 31 项措施，简化单证办理手续，推进口岸通关监管改革，提升口岸综合服务能力，完善政策支撑体系，优化外贸企业经营环境，聚焦市场主体遇到的痛点、堵点开展攻关，取得良好成效。2022 年 9 月 29 日，召开“两区”建设贸易投资便利化专场新闻发布会，向新闻媒体介绍了跨境贸易便利化全环节改革的显著成效。

**【开展“双枢纽”空港口岸营商环境优化提升行动】** 在巩固前期空港口岸营商环境改革成效基础上，制订进一步提升空港口岸贸易便利化相关工作方案，推出 20 项改革措施。方案已经北京市政府同意并印发实施，进一步优化空港口岸物流监管流程，完善口岸信息化系统，统一规范货运物流服务标准，加快获批大兴机场指定监管场地资质，各项改革任务有序推进。

**【深入研究做好世界银行迎评工作】** 针对

世界银行新一轮营商环境评价国际贸易指标颠覆性变化，完善专家团队，补齐服务贸易、数字贸易专业领域短板。建立每周一次的会商机制，邀请国际贸易领域专家共同探讨国际贸易指标考评点。深入研究国际规则，将国际规则与世界银行新评价指标进行对比分析。在深入分析世界银行营商环境新评价概念书的基础上，梳理考评点79个，会同各有关单位梳理本市良好实践、国家口径、下一步改革措施等内容。加强沟通对接，邀请中国人民银行营管部、北京银保监局、北京市金融监管局、北京市委网信办等部门共同研究迎评工作思路。

**【完成“发挥协同效应利用天津港打造北京出海口”课题研究】** 按照北京市委市政府推进京津冀协同发展领导小组会议要求，北京市商务局课题研究组通过实地调研、座谈、调查问卷以及文献梳理、资料收集分析等方式，结合北京市、天津市以及天津港的实际情况，全面、具体、客观地分析了发挥协同效应利用天津港打造北京出海口的重要意义、主要优势及面临的挑战，并提出了科学合理、切实可行的政策建议。该研究项目已于2022年8月通过专家组评审，完成结题。该研究项目作为市委主要领导牵头的现代化首都都市圈课题研究的22个专题报告之一，已按要求报市委研究室。

**【北京市口岸涉企违规收费专项整治工作成效明显】** 北京市口岸清理收费工作领导小组认真落实国务院《优化口岸营商环境促进跨境贸易便利化工作方案》（国发〔2018〕37号）、《2019—2020年度对标世界银行评估标准优化营商环境任务台账》及财政部等六部委《关于整治口岸乱收费问题的通知》（财税〔2019〕64号）等要求，持续开展清理规范口岸收费工作，推动降低进出口环节合规成本。一是突出重点，着重对口岸运营主体收费清单公示制度落实情况、港口和检验检疫环节减税降费政策落实情况等进行检查。二是精准摸排，对照涉企违规收费专项整治要求，对口岸收费情况进一步摸排，查漏补缺，做好相应迎检准备。三是抓好整改，对个别企业存在的线上线下公示收费信息更新不及时及公示内容不规范等情况，现场责令改正。四是解读政策，引导企业提高依法经营意识、自律意识，为北京市航空口岸国际货运航班有序恢复创造条件。五是按照国家口岸管理办公室要求，积极做好“单一窗口”全国口岸收费及服务信息发布系统上线推广工作。

**【北京“单一窗口”为企业提供专业服务通道】** 为了更好地为外贸企业提供高效、优质的服务，北京“单一窗口”向企业提供了更加专业、快捷的服务通道。一是在95198统一热线服务基础上，专门开通北京“单一窗口”专家热线作为有效补充，为本地企业提供专业、快捷的问题解决通道。二是在线服务方面，向企业提供“7×24小时”在线服务。三是远程服务方面，提供即时远程技术支持服务，通过VPN远程、Windows远程等方式，高效解决企业各类疑难问题。四是上门服务方面，组织专业技术骨干，根据企业需求，免费为企业提供上门服务，“一对一”为企业提供使用指导，及时排除企业碰到的各类问题与困难。2022年，北京“单一窗口”全年专家热线累计服务共计43 162人次，“一对一”远程或上门服务27次，排除企业碰到的各类问题与困难。

**【北京“单一窗口”中介服务评价系统试运行】** 2022年，北京“单一窗口”中介机构服务评价系统上线试运行。该系统定位于跨境贸易中介服务领域，通过建立对中介服务企业多维度的评价体系，展示中介服务企业的运营情况及服务质量，为广大货主企业和中介服务企业搭建一个更全面、客观、便捷的中介机构评价平台。

**【北京市商务局联合北京海关等单位开展高质量推广培训工作】** 2022年，北京“单一窗口”服务团队共计组织各类线上培训会13场，参加培训企业986家，近1 436人；同时，培训还增加直播的形式，邀请全市进出口企业观看直播培训，惠及近万家企业。

**【海关特殊监管区域建设】** 北京天竺综合保税区毗邻首都国际机场与临空经济核心区，规划面积 5.46 平方千米，于 2008 年 7 月经国务院批复设立，2009 年 7 月正式通过国家十部委联合验收封关围网运作，是全国首家空港型综合保税区，是北京独家海关特殊监管区。北京天竺综合保税区分为口岸操作区与保税功能区，区港一体。口岸操作区与首都国际机场货运停机坪无缝连接，拥有现代化的航空地面处理设施，承担着首都航空货运口岸通关职能。保税功能区通过区港联动通道连接口岸操作区，具有区内企业之间货物流转免税、进口货物入区保税、国内货物入区退税等功能。

自封关运作 14 年以来，园区以建设首都对外开放新高地为目标，利用自贸试验区、服务业扩大开放综合试验区、综合保税区、临空经济等多区叠加优势，累计实现跨境电商销售进口医药产品、保税免税政策相衔接等 35 项政策创新，打造了国家对外文化贸易基地、国家文化出口基地、国家进口贸易促进创新示范区、国家外贸转型升级基地（医疗健康）、空港型国家物流枢纽等特色功能平台；园区从加工制造业占经济总量的 90% 转型发展为第三产业占 95%；医药器械进口规模占全国的五分之一，其中疫苗进口更是占到全国进口总量的 95%。2022 年，北京天竺综合保税区实现进出口值 871.0 亿元，位于全国空港型综合保税区第二位，五年平均增长率为 17.8%。

北京天竺综合保税区

## 口岸监管与服务

**【北京海关开展“四优四提促五子”服务工程全力促进外贸稳增长】** 2022 年，北京海关出台《北京海关“四优四提促五子”促进外贸保稳提质工作方案》，细化 4 个方面 28 项具体措施，实施项目化、清单式管理，每月督办各项措施进展情况，开展“回头看”，全面总结梳理成效。发挥机关、隶属海关两级力量，收集到 100 项实践案例，在《北京日报》等媒体刊登相关新闻稿件 145 件，形成良好社会反响。一是优平台改革提效能，加快助力中关村、亦庄综合保税区申建工作，打造“四个一”港区一体化监管模式，加快推动形成“空运双枢纽”+“四个综保区”的“两场四区”大开放、大平台、大集群。二是优通道通关提速度，持续畅通“双枢纽”空运通道，推动空港口岸物流系统的升级改造，实现通关物流全链条数据共享；持续畅通京津“无水港”海运通道，推进“船边直提”“抵港直装”；持续畅通跨境电商贸易通道，充分发挥北京版跨境电商医药类海关监管方案的样本示范作用，努力打造最具竞争力的跨境电商海关监管服务机制。三是优环境服务提质量，开展海关政策进万家、窗口作风百日提升活动，为企业办实事、解难题，做到沟通零距离、咨询零等待、问题零积压，统筹做好迎接世界银行营商环境新评价等“五个专项”，着力打造市场化、法治化、国际化的一流营商环境，树立可亲、可敬、可靠的海关形象。四是优产业政策提优势，深化集成电路六位一体“芯”模式、生物医药企业进口研发“白名单”制度、综合保税区文化保税展拍等监管模式创新，为首都高新技术和优势产业提供嵌入式海关政策支持，以政策落地的“细功夫”培育产业发展的“硬实力”。

**【北京海关持续优化口岸营商环境】** 2022 年，北京海关持续优化口岸营商环境。一是做好世界银行营商环境新评价准备工作。在市级层面发挥商务海关双牵头作用，建立完善市级迎评机制，深入研究世界银行营商环境新评价概念书，梳理考评点任务清单；在关级层面组建并扩充迎评专班，细化梳理涉及海关任务，形成扎实成果；聚焦货物贸易监管，对标世界贸易组织《贸易便利化协定》，借助国际经合组织贸易便利化指标工具，扎实提升世界银行营商环境新评价迎评能力。2022 年 5 月，北京海关在国际经合组织优化营商环境国际培训班跨境贸易指标交流培训会上做主题发言。二是推进北京市营商环境创新试点城市建设和优化营商环境 5.0 版改革工作任务。明确改革路径和落实举措，倒排工期、挂图作战，跨境贸易领域主牵头的 4 项任务均提前完成，并形成 3 篇典型案例。三是推进跨境贸易便利化专项行动。2022 年 1 月至 5 月，连续第 5 年开展跨境贸易便利化专项行动，围绕“简单证、优流程、降成本、提效率”，出台 26 项重磅改革举措均取得扎实成效。深入推广“两步申报”“提前申报”，为企业提供多元化通关选择；推进税款担保模式改革，扩大“一保多用”“全国通用”受众范围；全国首创跨境电商销售医药产品试点，并逐步扩围增量。四是开展“双枢纽”空港口岸营商环境优化提升行动。依托中国（北京）国际贸易单一窗口打造“双枢纽”电子货运平台，完成提交货预约管理、查验管理、区港通道、退运退库、特殊监管等主要功能模块设计开发工作，串联海关、综合保税区、口岸运营主体等 9 类主体 65 项关键数据，空港口岸数字化服务实现“0 到 1”的突破。五是率先开展跨境贸易便利化全环节改革。联合北京市商务局出台《北京市推进跨境贸易便利化全环节改革实施方案》，推出一系列突破性举措，重点支持生物医药、跨境电商、集成电路、文化会展等行业产业高质量发展。2022 年 9 月，参加北京市“两区”建设贸易投资便利化专场新闻发布会，介绍北京海关推进跨境贸易便利化情况。

**【北京海关加强知识产权海关保护】** 2022 年，北京海关开展 2022 年知识产权保护“龙腾”行动、寄递渠道知识产权保护“蓝网”行动、出口转运渠道知识产权保护“净网”行动。做好北京冬奥会、冬残奥会等重大赛事活动知识产权海关保护，编发政策解读、执法要点，加强联系合作。推广商标智能识别、“云确”远程确权等科技工具应用。摸底调研关区出口知识产权优势企业，主动收集、解决企业问题困难，针对多家企业产品在海外市场被侵权风险，提供专题研判、动态跟踪、维权指导的“服务套餐”，为企业“走出去”保驾护航。以“专精特新”企业为重点，提供政策解读和培训服务，鼓励指导多家中小企业就知识产权申请海关备案。联合举办“双十一”促销行政指导会，提示企业关注侵权风险、规范进出口行为。多渠道、多形式开展“4·26”知识产权宣传周和日常宣传活动，建成知识产权保护成果展厅，通过实物、图文等呈现方式，展示工作成效，打造宣传阵地。2022 年，北京海关各渠道共查扣涉嫌侵权商品3 299批次，63.4 万余件。推荐案例入选 2022 年上半年全国海关知识产权保护典型案例。

**【北京海关实施海关服务京津冀协同发展国家战略】** 2022 年，北京海关开展京津冀海关服务京津冀协同发展专项工作。5 月 20 日，北京海关、天津海关、石家庄海关联合印发关于新冠疫情期间通关工作保通保畅相关措施，建立重点企业名单 257 家，建立重点企业重点物资通关“绿色通道”，加速京津冀地区进出境货物跨关区流转，全力保障京津冀地区产业链供应链安全畅通。为进一步优化京津冀区域营商环境，会同北京市商务局与津冀两地共同协商，签订《京津冀营商环境一体化发展跨境贸易领域合作框架协议》并积极推进落实。

**【北京海关圆满完成北京冬奥会、冬残奥会保障】** 2022 年，北京海关全方位发动、全要素协同、全流程提速、全队伍参战，坚持“一刻也不能停，一步也不能错，一天也误不起”，实现了通关零延迟、检疫零遗漏、服务零投诉，打造了国家重大活动通关服务保障的成功样板。成立冬奥保障突击队党总支，各工作队设立临时党支部，以“党组织带突击队”的方式，充分发挥党组织战斗堡垒作用。设立冬奥会工作指挥部，形成“一部一办十一组”的组织架构。在首都机场海关成立“7×24 小时”实体化运作的三级运行监控指挥中心，形成“小组决策—中心调度—现场执行”的工作机制。创建海关入驻机场运行控制中心（TAMCC）开展联席作业，建立“海关—边检信息互通”“海关—机场信息发布”工作机制，与口岸各联检单位密切协同。制订并发布13个北京海关冬奥会专项工作方案与10个应急预案，进一步规范工作流程。扩容改造首都国际机场T3-D航站楼作业现场，对进境人员实现分区域监管、分通道验放、分时段引流。深入开发“智慧旅检集成化应用平台—卫生检疫模块2.0”系统，配备普通版自助申报核验一体机64台、助残版自助申报核验一体机16台，提供12种文字版本显示和8个语言版本，开发智能测温闸机，实现自助健康申报、远程验核、闸机自动放行、测温无感录入等功能，提升现场核验旅客速度。针对冬残奥会人员的特殊需求，增加可升降辅助台面便于轮椅旅客使用，提供“一对一”精准服务，帮助残奥会人员高效通关。成立值机柜台前移工作组派员进驻冬奥村，开展柜台前移海关申报及验核工作。冬奥会暂时进境物资由冬奥组委统一提供担保，免于逐票担保；开通冬奥无纸化通关管理系统，可线上完成物资清单和物资证明函的审批办理；对冬奥会物资实施专用窗口、专用通道、专人对接，做到即来即放、快速通关。建立系统“专家智囊团”，研提口岸疫情风险防控措施和保障建议。按照“一机一策”“一团一策”原则，提前制订通关方案。应用口岸传染病快速筛查技术及装备等多套现代化智能装备，提升口岸传染病人员的快速筛查鉴定能力。建成全国首个控制区内生物安全二级实验室，协调两辆海关移动生物安全二级实验室进场协助检测，实现口岸样本即采即送即检。开展专项培训和应急演练，应用智能审图等先进技术严格查验，提升各类危险品、违禁品查缉水平，做好北京冬奥会、冬残奥会通关安保工作。建立疫情防控“一线人员、预备人员、应急人员”三个梯队，组织4批次218人的北京冬奥会、冬残奥会应急支援力量。在主要媒体平台发布涉及北京海关服务保障冬奥会新闻稿件252篇次。

**【北京海关全力以赴做好口岸疫情防控工作】** 2022年，北京海关坚持“四严”“四零”目标，坚持“人、物、环境”同防，全力打赢口岸疫情防控工作。一是面对病毒持续变异，传染力不断增强，入境航班人员增加等情况，坚持“外防输入、内防反弹”总策略和“动态清零”总方针，牢记“坚持就是胜利”，每天有900多名干部职工奋战在抗疫一线，有近300人穿着防护服直面病毒，有100多名同志实施封闭管理，切实筑牢首都口岸检疫防线。二是进一步健全完善“境外、口岸、境内”三道防线，继续协同外交、民航等部门在境外防线完善远端防控和预警机制，充分发挥“境外防线”风险先导作用；在口岸严格卫生检疫，不断优化检疫措施，提升监测能力及检测技术，加大内外同防力度，严防境外疫情输入；在境内继续协同卫健等部门完善跨部门多元共治、信息共享机制。三是坚持“人、物、环境”同防、多病同防、人病兽防，做到源头严防、一线严查、全程严管、协作严密。同步落实埃博拉、猴痘、鼠疫等疫情防控要求，严防疫情叠加。

**【北京海关全力织牢国门安全“防护网”】** 2022年，北京海关严把多病同防关，对各类重大传染病实施主动式监测、针对性管理、一体化预防，荣获“全国消除疟疾工作先进集体”称号。严把生物安全关，开展跨境电商寄递“异宠”综合治理，查获量居全国海关第3名。组织“国门绿盾2022”行动，修订进出境重大动植物疫情应急处置预案，在重点口岸组织应急演练，开展动植物检疫专题培训和督导检查。严把食品安全关，落实“四个最严”要求，有关工作获国务院食安办肯定。深入推进“国门利剑”“蓝天”“护卫”“国门勇士”“净边”，打击“水客”、淫秽物品走私，打击骗取留抵退税和出口骗退税等专项行动，始终保持打击走私高压态势。

**【北京出入境边防检查总站圆满完成北京冬奥会、冬残奥会边检安保工作】** 北京出入境边防检查总站牢记“主场、主责、主力”政治担当，超前谋划、主动对接、统筹推进、狠抓落实，为北京冬奥会、冬残奥会圆满举行创造了安全、顺畅、高效的出入境环境。坚持最强力度抓好口岸管控，开展专项数据排查行动，加强重点人员查验查缉，坚决防范涉政涉恐人员潜入潜出，确保国门安全无虞。坚持最细措施抓好疫情防控，自 2021 年 1 月冬奥安保机制启动以来，配合处置入境染疫旅客 1 160 人次，推送人员信息 3.8 万余条，为冬奥组委精准排查管控密接人员提供数据支持。坚持最优标准抓好通关服务，累计服务保障外国元首和政府首脑专包机 80 架次、1 092 人次入出境，查验冬奥航班 900 架次、涉奥人员 3.8 万人次、枪支 884 支、子弹 48.3 万发，特别是与北京冬奥组委建立身份注册快速核验机制，稳妥处置卡证信息不符等情况 7 170 人次，保障冬奥人员“好来快走”，边检服务保障工作得到蔡奇同志 4 次批示肯定和公安部通令嘉奖，北京出入境边防检查总站被公安部记集体一等功，2 个集体、6 名个人获荣誉称号。

**【北京出入境边防检查总站圆满完成党的二十大安保维稳任务】** 北京出入境边防检查总站紧紧围绕打赢党的二十大安保维稳硬仗，全面加强组织领导，强化口岸管控，严格队伍管理，有力构筑了坚固的国门安全防线。以最高站位加强组织领导，成立领导小组，搭建“一办七组”运行指挥机构，建立专题研商、例会讲评、检查通报、跟踪督办推进机制，形成责任明确、上下贯通、执行有力的安保指挥落实体系。以最高标准严密口岸管控，紧盯涉政涉恐现实威胁，深入开展反颠覆、反渗透、反恐怖、反分裂斗争，强化排查研判、重点管控、应急处突、协作配合，及时发现查处重点人员，搜集可能影响党的二十大安全的行动性、苗头性线索，第一时间通报地方公安机关，坚决把涉政涉恐风险查在国门、堵在境外。以最严要求抓好队伍教育管理，坚持党建引领，全面强化思想教育、战时宣传、综合保障，确保队伍始终保持最佳战斗状态，坚决维护国家政治安全和社会大局稳定，北京出入境边防检查总站 1 个集体被公安部记集体一等功、1 名个人被国家移民管理局记个人一等功。

**【北京出入境边防检查总站坚决筑牢疫情防控国门防线】** 北京出入境边防检查总站坚决贯彻落实首都联防联控机制和国家移民管理局部署要求，坚持精准防控、精当操作、精细落实，为首都外防输入筑牢了坚实国门防线。坚持强化组织指挥，总站疫情防控领导小组及 5 个专项工作组始终保持激活状态，严格落实排查研判、请示报告、应急处置机制，动态调整完善 9 个方案预案和 80 版防护规定要求，确保疫情防控组织有力、响应快速、落实到位。坚持强化口岸防控，严格执行出入境管制政策，加强出入境人员询问盘查、证件检查、信息采集，配合有关部门落实闭环管理，特别是发挥边检数据优势，向首都联防联控机制及有关部门推送入境人员预报信息 22 万余条，为属地做好医学排查、转运隔离、落地管控提供精准数据支持。坚持强化执勤防护，严密组织实施独立作战单元勤务模式，严格区分一般勤务、重点勤务、专区勤务，实施分级分类精准防护，2022 年全年累计平稳转运 50 余批次、4 000余人次，未发生一起因执勤防护不当造成民警染疫事件，未发生一起因边防检查环节失误造成失控破环问题，北京市有关部门评价边检机关发挥了“不可或缺”“不可替代”的重要作用，首都联防联控机制给予“严、全、细、实”的充分肯定。

**【北京出入境边防检查总站全力打击跨境违法犯罪活动】** 北京出入境边防检查总站坚决贯彻习近平总书记关于打击跨境违法犯罪、加强“三非”外国人治理的重要批示指示精神，紧密围绕“打团伙、断通道、斩‘蛇头’、摧网络”工作目标，强化研判预警，严密口岸查缉，深化执法合作，深入推进严厉打击妨害国（边）境管理犯罪“獴猎”行动—2022 和“三非”外国人治理专项工作，2022 年全年查处非法居留外国人 161 人次，搜集妨害国（边）境等重要案件线索近 600 条，被公安部认定 A 级线索 490 余条，地方公安机关根据线索通报刑事立案 240 余起、行政查处 30 余起，其中 3 起重特大案件被纳入公安部“百日行动”全国集群战役集中收网，有力维护了出入境管理秩序，促进了首都安全稳定。

**【北京出入境边防检查总站大力提升管理服务工作效能】** 北京出入境边防检查总站充分发挥平安北京、北京“两区”建设成员单位作用，持续深化“放管服改革”，有力策应首都“四个中心”和京津冀协同发展战略。坚持深化法治建设，完善执法制度，规范执法行为，严格执法监督管理，把严格规范公正文明执法落到实处，不断提高执法公信力。坚持强化科技引领，推动建设应用出入境人员监测预警平台、出入境证件鉴别一体化平台、执法办案信息系统，迭代更新 68 条快捷通道，更换升级 64 组智能验证台，全面提升口岸查验智能化、便捷度和安全性。坚持优化管理服务，出台落实疫情期间系列便利货物通关举措，推动首都国际机场边检现场改造、设施设备升级换代，全面优化功能布局、改善通关环境。持续推进“12367”服务平台建设，全年累计为境内外人员提供移民出入境咨询服务 2. 9 万次，15 秒接通率及满意度居全国边检机关前列。

## 开放口岸

**【北京空运口岸（北京首都国际机场、北京大兴国际机场）】** 北京首都国际机场位于北京市区东北方向顺义区境内，距离天安门广场 25. 35 千米，距离北京大兴国际机场 67 千米，是首都北京的空中门户和对外交往的窗口，也是中国民航重要的航空枢纽之一。

北京首都国际机场

北京首都国际机场于 1958 年 3 月 1 日投入使用，是中华人民共和国成立后我国自行设计、自行施工的第一座大型民用运输机场，现共有 3 座航站楼：1 号航站楼于 1980 年 1 月 1 日启用，经扩容改造于 2004 年 9 月 20 日恢复使用，建筑面积 7. 8 万平方米，设计年旅客吞吐量为 900 万人次；2 号航站楼于 1999 年 11 月 1 日投入使用，2015 年完成升级改造，改造后总面积达到 35. 9 万平方米，设计年旅客吞吐量 3 624 万人次；3 号航站楼于 2008 年 2 月 29 日投入使用，建筑面积 100. 1 万平方米，设计年旅客吞吐量 4 700 万人次。北京首都国际机场拥有远近机位 372 个（2022 年数据），1 条 4E 级跑道和 2 条 4F 级跑道。北京首都国际机场是中国第一个拥有 3 座航站楼、双塔台、3 条跑道同时运行的机场。此外，还有位于 3 号航站楼西侧的首都国际机场专机候机楼以及位于专机候机楼东南侧的首都国际机场公务机候机楼。

2022 年，北京首都国际机场客货运航点覆盖全球 47 个国家和地区的 203 个城市，通航点总数达到 207 个，其中国内航点 144 个（含港澳台地区）、国际航点 63 个。全年共 85 家航空公司在北京首都国际机场运行，其中国内（含港澳台地区）航空公司 26 家、国外航空公司 59 家。首都国际机场始终坚持“最高规格、最强部署、最严措施、最佳状态”，北京冬奥会、冬残奥会期间，首都机场公安局全力克服安保战线长、保障标准高、防疫压力大等前所未有的困难和压力，统筹抓好运动员抵离安保、闭环专区管理、涉奥物资运转保障等重点工作；首都国际机场共保障涉奥航班 1 087 架次、旅客 42 958 人次、行李 113 288件，各保障环节总体平稳有序，实现了“零事件、零失误、零投诉、零感染”目标。

2022 年，首都国际机场在国际机场协会（ACI）旅客总体满意度达到 5. 0；荣获 2021 年度中国民用机场服务质量评价“1 000 万以上量级服务质量优秀机场奖”；获得 2022 年度三星级“双碳机场”称号，成为中国民航首批通过“双碳机场”三星级认证的机场。

北京大兴国际机场位于京冀两地交界处，是京津冀协同发展“交通先行、民航率先突破”的重点工程，是以组织机制为保障，集中力量办大事的体现。北京大兴国际机场定位为大型国际航空枢纽、国家发展一个新的动力源，将世界一流的先进建设技术与传统的工匠精神相结合，代表了国际领先水平，打造了多个世界一流的全新建设标杆，再次向世界展示了“中国制造”的精湛。作为大型国际枢纽机场，大兴国际机场全力打造“平安机场、绿色机场、智慧机场、人文机场”的“四型机场”行业标杆；是国家发展一个新的动力源，肩负着落实民航强国战略、服务雄安新区发展、服务京津冀协同发展等国家战略的重大责任。

北京大兴国际机场

北京大兴国际机场地处京津冀三地的核心地带，距离北京城市副中心 54 千米，距离雄安新区 55 千米，距离北京首都国际机场 67 千米，距离天津机场 85 千米，这对于促进京津冀的临空产业发展具有得天独厚的优势。随着北京大兴国际机场的快速发展，将逐渐促进和深化京津冀城市群的联动合作和外向发展，在京津冀综合交通网络和产业升级转移两个率先发展的重点领域发挥作用。

北京大兴国际机场俯视图

依托北京大兴国际机场航空枢纽的建设，国家规划了约 150 平方千米的临空经济区，以机场发展带动和引领京津冀协同发展，以民航助推城市群发展，全面提升综合国际竞争力，实现民航强国战略。北京大兴国际机场的建成和投运，为北京南部地区、京津冀乃至环渤海经济圈的产业升级及产业融合发展提供了难得的历史机遇。

大兴国际机场于 2012 年 12 月 22 日正式立项，2014 年 12 月 26 日开工建设，2018 年 9 月 14 日定名“北京大兴国际机场”，2019 年 9 月 25 日正式通航，为 4F 级大型国际枢纽机场。大兴国际机场远期规划 6 条跑道，可满足旅客年吞吐量 1 亿人次以上、货邮年吞吐量 400 万吨、飞机年起降量 88 万架次的使用需求。近期按照 2025 年旅客年吞吐量 7 200 万人次、货邮年吞吐量 200 万吨、飞机年起降量 63 万架次的目标设计。

2022 年 6 月，首都机场集团有限公司货运发展办公室制定了《北京首都、大兴国际机场货运区作业服务质量评价办法》；10 月，《首都、大兴机场货运服务质量评价指标体系》编制完成，涵盖了多项评价指标与赋值办法等内容。2022 年 12 月，面向航空公司和货运代理人开展了首次货运区服务满意度调查。

2022 年，大兴国际机场航班始发正常率 97. 24%、放行正常率 97. 35%、起飞正常率 96. 83%；累计实现始发、放行、起飞正常率“三百”天数 131 天，达到历史新高。大兴国际机场 ACI 整体满意度三年保持满分 5 分；蝉联 ACI“最佳机场”和“最佳卫生措施奖”，获得民航旅客服务测评“最佳机场”、航旅纵横“最佳综合服务机场”。

截至 2022 年年底，大兴国际机场正式通航以来，累计实现旅客吞吐量 5 455. 50 万人次，保障航班 47. 12 万架次，累计在大兴国际机场执飞的国内外航司总计 40 家，累计开通航线 273 条，覆盖全球航点 187 个。其中，国内航线（不含港澳台地区）257 条，国内航点 172 个；港澳台地区航线 2 条，港澳台地区航点 2 个；国际航线 14 条，国际航点 13 个。此外，国航、南航、东航、首都航、河北航等共计40家国内外及地区航司已入驻大兴国际机场运行，枢纽网络逐渐形成。

**【北京陆路（铁路）口岸】** 北京西站铁路口岸位于北京市丰台区，是北京唯一的铁路客运口岸。2003年10月1日，为落实《内地与香港关于建立更紧密经贸关系的安排》（CEPA），经国务院批准，北京西站临时开放铁路口岸。2009年11月24日，国务院批复北京西站铁路口岸正式对外开放。北京西站铁路口岸运行北京西往返九龙的T97/98次京港直通车次，隔日到发各一对，全程运行近24小时。乘T97/98次列车旅客的出入境手续，均在北京西站出入境联检大厅办理，中途无须换车或下车接受口岸检查。2014年，北京西站铁路口岸通过原国家质检总局口岸核心能力建设验收，可以满足口岸卫生应急准备和应急处置能力的要求。北京西站口岸出入境联检大厅2 600平方米，其中公共区域1 160平方米；设置海关出境测温通道1条、入境测温通道4条、出入境安检通道2条，边检出入境人工通道10条、自助通道8条（出境3条、入境5条）。口岸驻有北京车站海关和北京铁路西客站出入境边防检查站。

北京西站铁路口岸

2022年，北京西站铁路按疫情防控要求，处于临时关闭状态。

## 原二类口岸

**【北京朝阳口岸】** 北京朝阳口岸位于北京市朝阳区东南四环，与北京亦庄经济技术开发区相邻，是1994年由北京市政府批准建立的具有办理海运进出口货物监管、查验、通关等口岸功能的海关后续监管场所。北京朝阳口岸占地78.2万平方米，进出口监管仓库1.7万平方米，冷藏库960平方米，监管装卸平台3 600平方米，集装箱堆场3.2万平方米，设有海关H986集装箱检测系统、检验检疫隔离区及熏蒸处理系统、海关电子闸口等设施。多年来，北京朝阳口岸与天津港密切合作，在快速转关运输模式上不断探索创新，进出口集装箱量高峰时曾经突破12万箱，成为北京重要的“出海通道”。口岸驻有朝阳海关。

北京朝阳口岸

2022年，北京朝阳口岸海关监管进出口货物66.95万吨。

**【北京丰台货运口岸】** 北京丰台货运口岸位于北京市丰台区，是1994年由北京市政府批准开放的铁路货运口岸，东距广安门9千米，西离卢沟桥2千米，南依京广铁路线，北临京港澳高速公路，是北京铁路运输进出口货物的重要集散地。北京丰台货运口岸总占地面积36.6万平方米，建有4.5千米铁路专用线，铁路站台2座、站台货位60个，接驳北京石景山南站联入全国铁路网。北京丰台货运口岸查验基础设施完备，建有2 700平方米海关监管库、1万平方米海关监管集装箱堆场、19台集装箱操作等大型设备。口岸驻有北京车站海关部分人员。

北京丰台口岸

2022 年，北京丰台货运口岸完成海关监管货物 940 吨。

**【北京平谷国际陆港】** 北京平谷国际陆港位于北京市平谷马坊物流基地内，地处京津冀交界处，距天津港 135 千米，距北京首都国际机场 35 千米，于 2010 年 3 月 12 日正式启动运行，以陆海联运方式与天津港联通，畅通了海运货物入京通道。2014 年 11 月 17 日，国家口岸管理办公室正式批复北京平谷国际陆港为临时对外开放口岸，2014 年 11 月获批国家进口肉类指定口岸，2015 年 4 月获批国家进口冷冻水产品指定口岸。近年来，北京平谷国际陆港不断加强查验基础设施建设，建有近 2 万平方米的联检业务楼、2 000 平方米现场查验楼、1.8 万平方米监管仓库和查验平台、5.1 万平方米监管堆场和 1.8 万吨全自动冷库；建有检疫无害化处理中心与 X 光大型集装箱检测系统等现代化查验设施。口岸驻有平谷海关。

北京平谷国际陆港

2022 年，北京平谷国际陆港海关监管货物 3.50 万吨。

## 2022 年北京市口岸大事记

1 月 2 日

国务院联防联控机制督查组到首都国际机场实地督导检查北京冬奥会、冬残奥会疫情防控工作，并在首都联防联控机制机场前方指挥部举行座谈会，对首都国际机场整体疫情防控工作表示肯定。

1 月 5 日

大兴国际机场荣获“天选 · 2021 年度航旅榜单”全国唯一“年度创新机场奖”。

1 月 21 日

时任北京市委书记、北京冬奥组委主席蔡奇到首都国际机场实地检查北京冬奥会、冬残奥会机场疫情防控和抵离服务保障工作。

1 月 26 日

中国民用航空局副局长崔晓峰带领工作组到首都国际机场实地检查北京冬奥会、冬残奥会民航安保及疫情防控工作。

2 月 2 日

大兴国际机场荣获国际机场协会（ACI）颁发的“客户之声”认证，该认证对机场收集旅客意见、洞察旅客需求方面付出的努力予以高度认可。

2 月 4 日—20 日

冬奥会进口物资平台为来自世界各地的奥运物资提供了一站式通关便利服务。

2 月 9 日

北京市成立天竺综合保税区规划调整及二期围网验收工作专班，每日调度天竺综合保税区二期围网建设验收备案以及规划面积核减批复事项。

2 月 11 日

海关总署副署长王令浚到北京海关调研，对北京海关北京冬奥会通关服务保障工作给予高度评价。

2 月 17 日

时任公安部部长赵克志签署公安部命令，对北京出入境边防检查总站圆满完成北京冬奥会外国政要代表团入出境通关保障任务予以通令嘉奖。

2 月 20 日

中国民用航空局局长冯正霖到首都国际机场督导检查北京冬奥会出港高峰保障工作，要求各保障单位提高政治站位和思想自觉，确保涉奥人员“好来快走”目标圆满完成。中国民用航空局副局长吕尔学一同参加督导检查。

2 月 20 日—24 日

首都国际机场落实中国民用航空局指示，将 T3-C 所有区域用于北京冬奥会出港保障，T3 其他国内航班全部转至 T2 运营；利用 32 小时完成非涉奥航班转场、流程调整、人员增配、设备部署、施工改造等工作，确保北京冬奥会航班顺利出港。

2 月 23 日

海关总署副署长孙玉宁、国家安全部负责同志在北京海关调研，实地察看口岸风险布控中心。参会领导还与首都机场海关关员进行视频连线，听取现场工作汇报。

3 月 10 日

大兴国际机场荣获国际机场协会（ACI）颁发的 2021 年亚太地区旅客年吞吐量 2 500 万至 4 000万人次“最佳机场奖”以及亚太地区“最佳卫生措施奖”。此为大兴国际机场连续第二年斩获的 ACI 两个全球性奖项。

3 月 30 日

海关总署副署长王令浚到北京海关缉私局调研，实地察看执法办案区、刑事技术实验室等地，亲切看望慰问一线民警。

4 月 8 日

在北京冬奥会、冬残奥会总结表彰大会上，北京出入境边防检查总站民警张浩被授予“北京冬奥会、冬残奥会突出贡献个人”称号。

4 月 19 日

北京首都国际机场股份公司荣获“北京冬奥会、冬残奥会北京市先进集体”称号。

4 月 19 日

在北京冬奥会、冬残奥会北京市 · 北京冬奥组委总结表彰大会上，北京出入境边防检查总站数据研判室预警排查组、执勤一大队执勤一队被授予“2022 年北京冬奥会、冬残奥会北京市先进集体”称号，4 名民警被授予“2022 年北京冬奥会、冬残奥会北京市先进个人”称号。

4 月 21 日

在全国公安机关北京冬奥会、冬残奥会安全保卫工作总结表彰大会上，北京出入境边防检查总站荣获集体一等功，民警付迪被授予“全国公安系统二级英雄模范”称号。

4 月 25 日

北京大兴国际机场综合保税区实现首批货物通关，进入实质运营阶段。

4 月 26 日

首都国际机场凭借“绿色装配式建筑的应用——零耗能塔台休息室项目”荣获国际机场协会亚太地区分会 2022 年度 5 000 万量级①以上“绿色机场表彰”项目银奖。

4 月 29 日

原北京临空经济核心区、天竺综合保税区充分整合后，北京首都国际机场临空经济区工委、管委会挂牌成立。

5 月 1 日

中国民用航空局副局长、中国民航工会主席董志毅到首都国际机场检查疫情防控和生产运行工作情况。

5 月 24 日

首都国际机场主导编制的《运输机场机坪管制设施设备配备》（T/CCAATB 0027—2022）由中国民用机场协会正式发布实施。这是民用运输

① 根据评选规则，机场旅客吞吐量量级划分参照 2019 年旅客吞吐量进行。因此，首都国际机场按照旅客吞吐量“5 000万量级以上”标准参与评选。

机场机坪管制行业发布的首个团体标准，为民用运输机场机坪管制标准化建设与发展提供了重要支撑。

5 月 25 日

北京出入境边防检查总站出入境证件研究室被授予“全国优秀公安基层单位”称号。

6 月 7 日

海关总署署长、党委书记俞建华到北京海关调研，听取北京海关工作情况汇报，到首都机场海关调研，视频连线首都国际机场 T3-D 旅检现场、货物查验现场，以及正在进行封闭管理集中隔离的一线关员，向同志们致以慰问和感谢。海关总署党委委员、办公厅主任黄冠胜参加调研。

6 月 10 日

天竺综合保税区完成规划调整（二期）1.82 平方千米现场验收。

6 月 14 日

北京市商务局印发《跨境贸易便利化全环节改革行动方案》。

6 月 20 日

大兴国际机场荣获“CAPSE2021 最佳机场奖”（中国内地机场吞吐量 1 000 万级以上）及“CAPSE2021 机场商贸服务提升卓越奖”两大奖项。

6 月 22 日

由京津商务局、海关联合举办跨境贸易便利化措施线上联合宣讲会，超 200 家企业共 300 人参加会议。

6 月 24 日

北京“单一窗口”数字资产保管箱应用实践宣讲会召开，有 38 家企业、124 人次参加。

6 月 25 日

大兴国际机场廊坊城市航站楼正式启用。这是继固安、涿州城市航站楼之后，大兴国际机场启用的第三座跨省异地城市航站楼，也是首次在地级市设立城市航站楼。

6 月 26 日

北京海关保障 914 件故宫文物通过“单一窗口”申报赴港展览，其中七成文物为首次赴港参展，展品覆盖书法、青铜器、陶瓷、图书典籍等类别。

6 月 28 日

首都国际机场东西区停车楼场旅客无线网上线试运行，与航站楼旅客无线网无缝衔接，实现首都国际机场旅客区域无线网全覆盖。

7 月 1 日

自 2022 年 7 月 1 日起，北京市蛋白同化制剂和肽类激素进出口准许证业务使用电子口岸“单一窗口”申报和办理。

7 月 9 日

时任北京市委书记蔡奇、市长陈吉宁赴北京大兴国际机场临空经济区调研，实地察看大兴机场综合保税区一期保税公共服务平台项目、公共库、空侧联络道工程建设情况，听取综合保税区总体建设进展情况汇报，北京海关关长、党委书记张格萍陪同。

7 月 12 日、25 日、31 日

大兴国际机场圆满完成 3 次中国商飞 C919 大型客机功能可靠性试飞保障任务。

7 月 24 日

北京市顺义区政府组织建立机场地区涉疫风险人员“8 小时”应急处置指挥部，由首都机场公安局统筹负责，北京首都国际机场股份有限公司、主要航空公司及相关保障单位作为成员单位。

7 月 29 日

首都国际机场旅客捷运系统车辆增购及配套信号升级项目顺利通过竣工验收。该项目通过增购 9 辆新一代 APM 300R 型车辆、改造现有 18 辆 CX100 型车辆、升级信号系统，有力补充了 APM 系统整体运行资源，有效提升了运输效能和系统安全性能，逐步扩大了系统部件国产化率，进一步改善旅客乘车体验。

7 月 31 日

大兴国际机场顺利保障首班南航北京大兴—杜尚别国际货运单出港航班。

7 月

商务部批复在中国（北京）自由贸易试验区

开展汽车平行进口试点工作，北京首都国际机场口岸具备了汽车平行进口口岸功能。

8 月 2 日

公安部直属机关全国公安系统英雄模范立功集体先进事迹报告会在大兴机场出入境边防检查站举行。

8 月 5 日

海关总署署长、党委书记俞建华赴海关总署北京缉私犬基地调研。时任海关总署党委委员、办公厅（国家口岸管理办公室）主任黄冠胜，海关总署缉私局局长孙志杰，北京海关关领导张格萍、周中华陪同调研。

8 月 22 日

北京航空发动机维修有限公司（BAESL），正式落户首都国际机场临空经济区。

8 月 25 日

首都国际机场临空经济区管委会成功举办“提升新能级 释放新动能——中国临空经济创新发展国际论坛暨北京首都国际机场临空经济区全球招商推介会”。

9 月 2 日

“贸易科技联盟”在 2022 服贸会高峰论坛之 2022 中国电子商务大会上正式成立。联盟将加快研究可信贸易协作网络的数据标准、共识机制和应用架构，推动构建安全高效的贸易数据共享技术体系。

10 月 13 日—25 日

首都国际机场顺利完成党的二十大重要保障任务，其间共保障航班 52 架次、代表 2 724 人次、行李 3 888 件。

10 月 19 日

海关总署副署长孙玉宁到首都机场海关调研，在首都机场海关监控指挥中心视频查看旅检现场、货管现场、危化品库监管画面，听取党的二十大召开期间防风险保稳定、安全生产和“口岸危险品综合治理百日专项行动”有关情况汇报，充分肯定首都机场海关工作。

10 月 27 日

首都国际机场主导制定的《民用机场地理信息平台建设指南》和《民用机场物联网平台建设指南》团体标准由中国民用机场协会正式发布实施，填补了国内民用机场地理信息平台和物联网平台建设标准的空白。

11 月 3 日

北京首都国际机场临空经济区（北京天竺综合保税区）获批成为国家进口贸易促进创新示范区，成为北京市首个国家进口贸易促进创新示范区。

11 月 22 日

中央政治局委员、北京市委书记尹力赴首都国际机场检查调研口岸疫情防控工作，充分肯定北京海关所做工作和贡献，强调机场是承载国际交往中心功能的重点部位，要坚持外防输入、内防反弹，根据疫情变化和旅客需要，不断优化工作流程，强化信息技术手段支撑，为保障首都“四个中心”建设，实现防住疫情、稳住经济、安全发展做出更大贡献。北京海关关长、党委书记张格萍陪同。

12 月 26 日—27 日

海关总署组织上海、广州、南京、黄埔、拱北 5 个海关的 10 名专家分成两个专业组，采用远程视频方式对大兴国际机场进境食用水生动物、进境植物种苗指定监管场地完成终验。

12 月 27 日

北京天竺综合保税区获得海关总署对二期围网验收的批复。

12 月 29 日

京津冀通关物流数据共享平台成功入选国家服务业扩大开放综合示范区最佳实践案例。

（撰稿人：徐凤武、董琦、陈其忠、赵晗、马俊杰、方蕾、管彤、金品旭、王娉珊、张廷军、孙林、张筱曼、胡静涛、闻迪、侯薇、杨猛、王毓晓、杨丽、左冬冬、代振鑫、文涛）

# 2022 年北京市口岸流量统计表

| 口岸类型 | | 口岸名称 | 货运量（万吨） | | | | 集装箱量（万标箱） | | | | 人员（万人次） | | | | 交通工具（辆、艘、架、列次） | | | |
|---|---|---|---|---|---|---|---|---|---|---|---|---|---|---|---|---|---|---|
| | | | 出口 | 进口 | 合计 | 同比（%） | 出口 | 进口 | 合计 | 同比（%） | 出境 | 入境 | 合计 | 同比（%） | 出境 | 入境 | 合计 | 同比（%） |
| 空运口岸 | | 首都机场 | 54.30 | 4 412.62 | 4 466.92 | -28.28 | | | | | 35.94 | 22.48 | 58.42 | 10.10 | 12 673 | 12 345 | 25 018 | -26.33 |
| | | 大兴机场 | 0.02 | 0.15 | 0.17 | -60.51 | | | | | 0.02 | | 0.02 | -69.42 | 8 | 0 | 8 | -91.11 |
| | | 分计 | 54.32 | 4 412.77 | 4 467.09 | -28.29 | | | | | 35.96 | 22.48 | 58.44 | 10.00 | 12 681 | 12 345 | 25 026 | -26.50 |
| 陆路口岸 | 公路口岸 | 朝阳口岸 | 11.35 | 55.59 | 66.94 | 1.73 | | | | | | | | | | | | |
| | | 平谷国际陆港 | 0.07 | 3.44 | 3.51 | -18.79 | | | | | | | | | | | | |
| | | 分计 | 11.42 | 59.03 | 70.45 | 0.47 | | | | | | | | | | | | |
| | 铁路口岸 | 丰台货运口岸 | 0.01 | 0.08 | 0.09 | -94.27 | | | | | | | | | | | | |
| | | 北京西站 | | | | | | | | | | | | | | | | |
| | | 分计 | 0.01 | 0.08 | 0.09 | -94.27 | | | | | | | | | | | | |
| 合计 | | | 65.75 | 4 471.88 | 4 537.63 | -27.98 | | | | | 35.96 | 22.48 | 58.44 | 10.00 | 12 681 | 12 345 | 25 026 | -26.50 |
| 同比（%） | | | -19.08 | -28.10 | -27.98 | | | | | | -0.20 | 31.50 | 10.00 | | -25.69 | -27.32 | -26.50 | |

备注：此统计表中货运量为海关监管货物量。

（北京市商务局提供）

# 2022 年北京海关主要数据统计表

| 项　目 | | 2022 年 | 2021 年 | 同比（%） |
|---|---|---|---|---|
| 进出口货运量（万吨） | 合计 | 4 552.27 | 6 316.40 | -27.93 |
| | 进口 | 4 484.43 | 6 232.19 | -28.04 |
| | 出口 | 67.84 | 84.21 | -19.44 |
| 进出口贸易总值（万美元） | 合计 | 10 997 389.62 | 11 336 592.42 | -2.99 |
| | 进口 | 8 250 747.96 | 7 309 506.65 | 12.88 |
| | 其中：江、海运输 | 1 807 738.85 | 2 196 196.96 | -17.69 |
| | 铁路运输 | 8 306.44 | 52 570.18 | -84.20 |
| | 汽车运输 | 12 323.96 | 17 027.05 | -27.62 |
| | 航空运输 | 6 321 697.54 | 4 944 935.11 | 27.84 |
| | 邮件运输 | 80 568.32 | 97 811.47 | -17.63 |
| | 其他运输 | 20 112.85 | 965.88 | 1 982.33 |
| | 出口 | 2 746 641.66 | 4 027 085.77 | -31.80 |
| | 其中：江、海运输 | 125 945.91 | 101 638.27 | 23.92 |
| | 铁路运输 | 500.84 | 115.40 | 334.00 |
| | 汽车运输 | 14 772.26 | 8 034.88 | 83.85 |
| | 航空运输 | 2 541 960.68 | 3 904 636.64 | -34.90 |
| | 邮件运输 | 3 598.15 | 9 982.76 | -63.96 |
| | 其他运输 | 59 863.82 | 2 677.82 | 2 135.54 |
| 税收（万元） | 两税合计 | 6 699 964.80 | 6 412 835.87 | 4.48 |
| | 关税入库 | 1 023 080.07 | 997 193.04 | 2.60 |
| | 进口环节税入库 | 5 676 884.73 | 5 415 642.83 | 4.82 |

（北京海关提供）

# 2022 年北京市口岸出入境主要数据表

| 项目 | | | 2022 年 | 2021 年 | 同比（%） |
|---|---|---|---|---|---|
| 出入境人员（人次） | 出入境人员总数 | | 574 371 | 530 531 | 8.26 |
| | 入境人员 | | 224 789 | 170 916 | 31.52 |
| | 出境人员 | | 349 582 | 359 615 | -2.79 |
| | 出入境旅客 | | 462 375 | 397 948 | 16.19 |
| | 出入境员工 | | 111 996 | 132 583 | -15.53 |
| | 中国公民 | 小计 | 474 387 | 485 280 | -2.24 |
| | | 内地居民（因公） | 119 016 | 136 986 | -13.12 |
| | | 内地居民（因私） | 310 022 | 322 595 | -3.90 |
| | | 港澳居民 | 19 592 | 18 204 | 7.62 |
| | | 台湾同胞 | 25 757 | 7 495 | 243.66 |
| | 外籍人员 | | 99 984 | 45 251 | 120.95 |
| | 从海港出入境人数 | | | | |
| | 从陆港出入境人数 | | | | |
| | 从空港出入境人数 | | 574 371 | 530 531 | 8.26 |
| 交通运输工具（辆、艘、架、列次） | 总计 | | 25 112 | 33 122 | -24.18 |
| | 船舶 | | | | |
| | 飞机 | | 25 112 | 33 122 | -24.18 |
| | 火车 | | | | |
| | 机动车辆 | | | | |

（北京出入境边防检查总站提供）

# 天　津　市

# 天津市口岸分布示意图

| 序号 | 类型 | 口岸名称 | 批准开放时间 | 开放状态 |
| --- | --- | --- | --- | --- |
| 1 | 空运口岸 | 天津空运口岸 | 1995.10 | 国际常年 |
| 2 | 水运口岸（2个） | 天津水运口岸 | 历史延续 | 国际常年 |
| 3 | | 渤中水运口岸<br>（海面油田交货点口岸－渤中28-1）<br>（海面油田交货点口岸－渤中34-2/4）<br>（海面油田交货点口岸－渤中25-1/25-1S） | 1988.7 | 国际常年 |

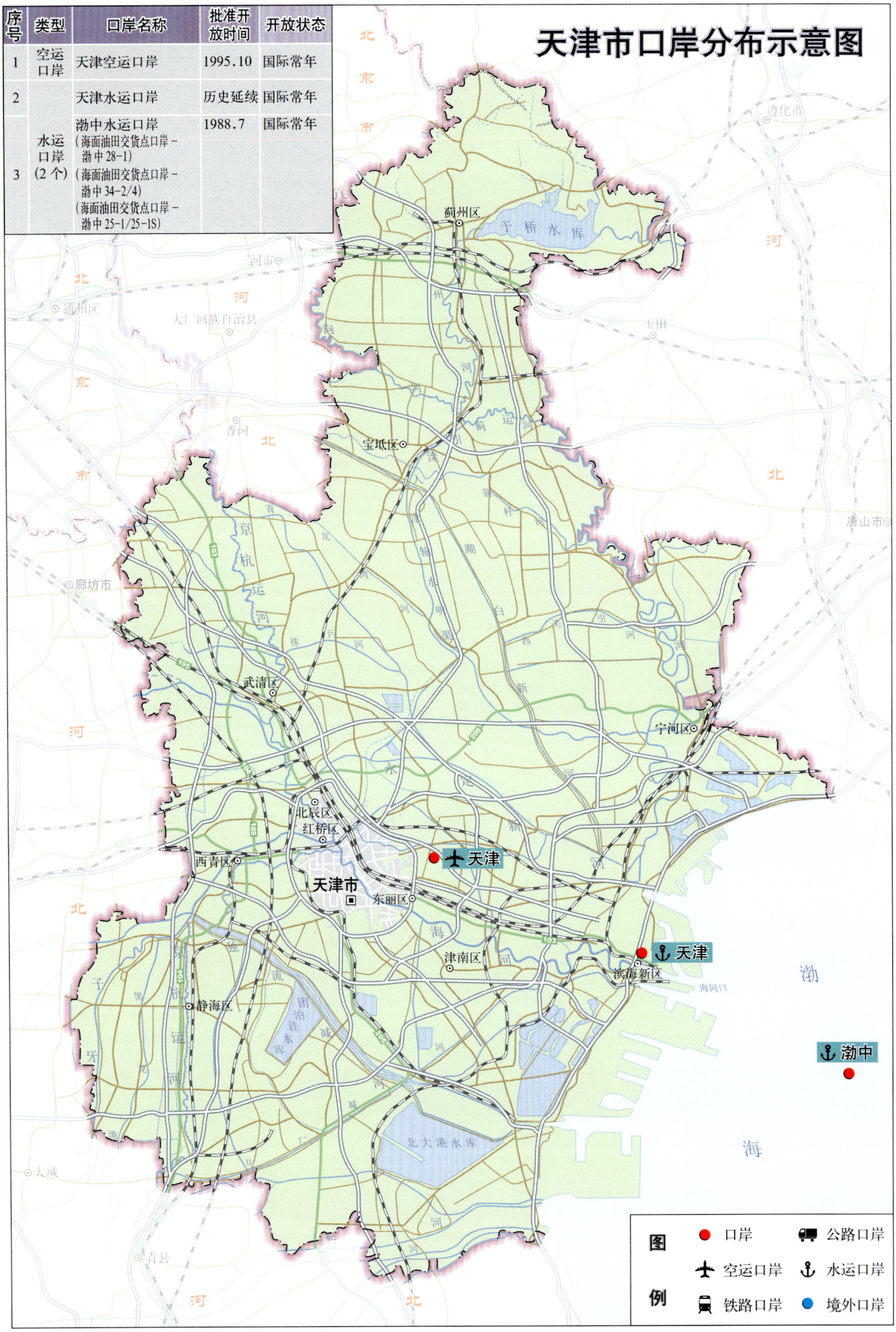

## 口岸数量及分布

截至2022年年底，天津市有经国务院批准的对外开放口岸3个。其中，空运口岸1个，即天津空运口岸（天津滨海国际机场）；水运（海港）口岸2个，分别为天津水运（海港）口岸和渤中水运（海面油田交货点）口岸。

## 口岸运行数据

2022年，天津口岸完成进出口贸易值2.01万亿元，同比增长21.1%。其中，进口9 500.31亿元，同比增长14.2%；出口1.06万亿元，同比增长28.0%。

天津港货物吞吐量完成5.49亿吨，同比增长3.7%；集装箱吞吐量完成2 102.13万标箱，同比增长3.7%。天津港口岸外贸货物吞吐量3.05亿吨，同比增长3.8%。其中，外贸进口2.05亿吨，同比增长1.9%；外贸出口1.00亿吨，同比增长7.9%。口岸外贸集装箱完成964.39万标箱，同比增长8.7%。

天津机场货邮吞吐量完成13.15万吨，同比减少32.5%。进出境货邮吞吐量7.33万吨，同比减少16.4%。其中，进境3.04万吨，同比减少17.2%；出境4.28万吨，同比减少15.7%。

天津口岸出入境人员31.80万人次，同比减少0.43%。其中，出境13.77万人次，同比增长6.6%；入境18.03万人次，同比减少5.2%。出入境旅客方面，空港口岸出入境旅客10.80万人次，同比减少4.3%；海港口岸出入境旅客0人次，同比持平。

空港口岸出入境飞机2 524架次，同比减少11.6%。海港口岸进出境船舶1.50万艘次，同比增长0.6%。天津国际邮轮母港累计接待国际邮轮0艘次，同比持平。

## 口岸综合管理

**【口岸承载能力和服务功能不断增强】** 天津海港口岸北疆港区海嘉滚装汽车码头实现口岸正式开放，新增商品车年通过能力50万辆。航空口岸大通关基地申请的进境水果、进境冰鲜水产品、进境食用水生动物、进境肉类、进境植物种苗指定监管场地全部通过海关总署验收，东疆综合保税区申请的进境粮食、进境植物种苗指定监管场地获得海关总署批复设立，为海空两港口岸物流聚集和产业集群培育创造积极条件。口岸单位赴天津市各区及腹地企业上门服务，促进适港产业要素在津集聚。优化雄安新区通关服务，2022年，天津港服务雄安新区绿色通道操作量超1.3万标箱。

**【跨境贸易便利化水平持续提升】** 落实海关总署部署要求，开展天津市2022促进跨境贸易便利化专项行动，实施12项重点任务32条具体措施并取得预期成效。落实天津市第十二次党代会“深化关港合作，提升口岸通关效率”重要任务，推动落实“直提直装”流程等6项举措，兑现完成海空两港公布的各类作业时限服务承诺。2022年，天津口岸整体通关时间出口0.57小时、进口34.30小时，分别位居全国各主要沿海省市第一、第四位，通关效率稳步提升和口岸营商环境持续优化为企业提供稳定通关预期。天津市开展促进跨境贸易便利化专项行动优化口岸营商环境工作做法，被国务院推进政府职能转变和“放管服”改革协调小组优化营商环境专题组编发的《全国优化营商环境简报》（第135期）刊发。

**【口岸信息化服务功能不断丰富】** 在新加坡—天津经济贸易理事会框架下，会同天津海关完成“中国进口、新加坡出口”模式的实单验证测试，实现中新（加坡）“一次录入、双方共享‘一单两报’通关模式”制度创新，为推动口岸国际合作、促进跨境贸易便利化提供了“天津方案”。建设试运行“京津国际贸易‘单一窗口’通关物流协同服务平台”，服务企业对20余项通关物流信息“一窗”查询，打造“单一窗口”跨省通办服务品牌。上线RCEP专区、京津协同、金融服务等模块，为160余家企业提供融资支持超1.5亿元。实现免除查验没有问题外贸企业吊装移位仓储费用服务平台迁移至天津市港口统一收费管理服务平台，为企业提供海关查验结果信息查询、费用信息线上审核等功能和服务。

**【口岸治理体系进一步完善】** 提请天津市人民政府建立天津市口岸工作联席会议制度，推进《国家“十四五”口岸发展规划》任务实施，平安、效能、智慧、法治、绿色“五型”口岸建设取得阶段性进展。在天津市口岸工作联席会议框架下建立运行天津口岸安全联合防控工作机制，口岸安全联合防控工作体系进一步完善。

**【统筹口岸疫情防控和保障货运畅通】** 建立疫情形势下外贸企业跨省市运输保障“白名单”，帮助企业履约保单，保障港口正常运转。推动中远海运公司与百余家企业“直客对接”，提供集装箱2万余个，满足企业航运需求。保障天津口岸进口冷链运转顺畅，2022年保障进口冷箱11.04万柜。向运输企业发放通行证1万余张。协调解决天津口岸查验部门一线工作人员集中住宿及通勤问题，保障疫情期间口岸正常运转，货物顺畅通关。

## 口岸监管与服务

**【天津海关强化监管，守住国门安全防线】** 加强入境人员检疫，实现旅客“一码到底”自助验核通关。织紧织密联防联控网，妥善处置“天鲲号”船舶检出新冠病毒阳性船员事件。检疫出入境交通工具1.2万架（艘）次，检出病毒性肝炎、肺结核等传染病60余例。检测进口冷链商品样本64.9万份；开展境外生产企业视频检查，发现问题450项；督促企业录入进口冷链食品追溯数据27万条。加强国门生物安全体系建设，检疫入境大中动物9.7万头。开展“国门绿盾2022”，检出检疫性植物有害生物6 787种次、1 945批次。聚焦海关总署提出的“7+21”项重大、系统性风险，细化防控措施106条。开展“清邮”“阻源”等专项行动，查获违禁品6 111件。开展“口岸危险品综合治理”百日专项行动，建立“一中心、两平台、三库”危险化学品智慧管控体系，查获伪瞒报情事68起。检出不合格进口食品306批次、3 259吨。落实海关总署安全监督抽检和风险监测计划，检测样品2.1万份项目91.1万次。检出不合格汽车2 719辆，同比增长43.4%。首次查发逃避商检犯罪案件，查获非法出口化肥约8.5万吨，案值约1.7亿元。查办侵权案件连续8年入选“全国海关知识产权保护典型案例”。打击“洋垃圾”走私，查获涉案国体废物3 033吨，首次在邮递渠道查发走私废物刑事案件。打击象牙等濒危物种及其制品走私行政立案14起。查获违禁印刷品音像制品5万余件，同比提升2.4倍，其中多种为全国首次查获。

**【天津海关创新模式，优化口岸营商环境】** 实施进口冻品“智能分流”模式，冻品通关时长较年初下降62.8%，进口量增长16.1%。创新“港场直通”作业模式，海铁联运过境货物作业时间从2至3天压缩至3小时以内。实施“先放后检”“依申请检验”，大宗资源商品通关时长同比压缩75%。年内进、出口边境合规时间分别为34.3小时和48.8小时，同比分别压缩1.8%和19.7%，通关效率进一步提升。建立急需货物绿色通道，做好民生能源物资、防疫物资等通关保障。“船边直提”“抵港直装”比率分别达38.1%和29.3%，同比分别增长12.4%和27.4%，单周最高已分别突破40%和30%。“关港集疏港智慧平台”认证司机2.5万名、车辆2.2万辆，撮合245万箱，辐射29个省区市。打造口岸智慧管控系统，东疆港区新增集装箱作业超110万箱，助力天津港集装箱吞吐量再创历史新高。创新“维修改装+租赁”模式，推动自贸试验区内、综合保税区外保税维修再制造项目落地，保税租赁、保税维修业务货值分别达757.7亿元和146.1亿元。实现“9810”“快速退税”全国零的突破，B2B出口达878亿元，同比增长3.5倍。平行进口汽车约3.5万辆，占全国的70%以上。创新“保税专列+班列”模式，监管中欧班列746列、8万标箱，同比分别增长

49.7%和50.1%。加强自贸试验区协同创新，天津海关备案28项，海关总署备案2项。

**【天津海关多措并举，服务外经贸发展大局】** 认真落实海关总署“10+7+6”各项措施，细化30条帮扶举措，为企业解决问题1 000余个。建设RCEP关税政策查询公共服务平台，全国首次实现原产地累积规则自动计算；RCEP项下进出口享惠货值60.3亿元，关税减让7 400万元。率先开展阳性货物后续分级分类处置，处置集装箱220个，为企业节省费用逾千万元。推广集团加工监管模式，为企业减免保证金5 000余万元。发挥统计分析职能，编写研究报告693件。培育高级认证企业54家。支持京津冀协同发展，在风险监控、实验室检测、通关保障等领域建立跨关区协作机制。开展“综合保税区政策大宣讲”395次，辅导企业18 327家次。推动海关特殊监管区域全部升级为综合保税区。吸引2家企业建立保税研发中心，实现零的突破。王兰庄国际商贸城获批全国市场采购贸易试点，并完成首单业务，天津口岸已建成国务院提出的全部6种新业态模式。用好税收减免政策和自贸协定关税政策，2022年减免、减让税款78.6亿元。

**【天津出入境边防检查总站持续优化口岸通关环境】** 贯彻落实“三零举措”“速审直推”便利措施，协助国家移民管理局做好“高频次入出境员工入出境查验手续一次办结”“简化外轮改港手续”等便利措施政策研究和落地实施，全力保障口岸通关安全高效顺畅。借助边检“网窗”系统，全面实现港口边检行政许可网上申办、无纸化签发。创新推出“津心换”一站式船员换班救助平台，打通疫情期间船员换班、救助边检手续线上办理渠道。2022年，共启动船员换班、救助流程1 100余次，保障1.5万余名中外籍船员安全顺畅换班，为100余名伤病船员开通紧急救助通道。2022年，天津出入境边防检查总站政府网站留言互动平台解答留言咨询170余条，答复率和满意度均为100%。

**【天津出入境边防检查总站推进平安口岸建设】** 坚持“外防输入、内防反弹”疫情防控总策略和“动态清零”总方针不动摇，制定天津出入境边防检查总站疫情防控工作体系，明确疫情防控组织领导架构和工作机制，坚决构筑口岸疫情“外防输入”坚固防线。立足天津首都海上安全门户定位，推动将平安口岸建设纳入2022年平安天津建设工作安排，国家边海防委员会以简报形式刊发天津出入境边防检查总站海防工作举措和成效。动员港口航运企业参与口岸网格化管理和群防群治，建立覆盖天津港口岸全域的600余人的边检协管员队伍。在海、空港口岸全面推广边检调处中心工作模式，持续提升口岸风险隐患综合治理能力。2022年，累计化解各类口岸安全风险隐患70余个。

**【天津出入境边防检查总站全面优化边检政务服务】** 通过多种途径对外公开服务热线和服务承诺，提供24小时咨询服务。梳理来电咨询变化趋势和政策咨询热点128个，形成数据报表，为把握规律、精准服务、辅助决策提供坚实数据支撑。2022年，天津出入境边防检查总站12367热线平台共接处来电6 351通，15秒响应率99.81%、群众满意度100%，话务总量位居全国第七，各项指标排名均名列前茅，相关工作举措得到国家移民管理局12367服务平台的高度认可。

**【天津海事局创新服务举措，优化口岸营商环境】** 创新实施“港内作业船舶航次日报”服务举措，实施国际航行船舶远程监督检查“非必要、不登轮”机制，利用“互联网+”等手段开展检查工作，保障水上交通和物流秩序稳定畅通。助力东疆国家租赁创新示范区建设，升级完善“东疆事东疆办”举措，推动开展属地船舶“不停航办证”业务。建立“任一窗口、同城通办”的政务服务一体化新模式，全面推行“一网通办”和“最多跑一次”，22项政务办理事项实现全程“一网通办”、25项实现“一次不用跑”，压缩办结时限，为航运企业累计节省2.2万余个工作日。开发推广“现场执法信息化系统”，实现现场检查任务自动化指派、检查报告无纸化生成、检查结果智能化校核。

**【天津海事局加强机制建设，提升港口枢纽功能】** 推进渤海湾船舶交通流一体化组织试点和天津海事局两级水上“大交管”建设工作，编制渤海湾水域船舶交通流一体化组织建设及运行相关方案以及5个配套工作机制，印发天津海事局全要素水上“大交管”建设及运行相关方案，建立两级全要素水上“大交管”运行架构体系，并在天津南疆海事局和大沽口海事局试点运行。推进商渔船碰撞常态化治理工作，按照《水上联勤联动合作框架协议》开展“商渔共治”专项行动和商渔船防碰撞宣传，与渔政、港航等相关执法部门加强联合巡航执法，加大各类商渔船违法行为查处力度。

**【天津海事局推进绿色口岸建设】** 全面建成“陆海空天”一体化船舶大气污染防治监管“天津模式”，通过在码头建设固定式船舶尾气嗅探系统实施“陆域”盯防、以海事巡逻船移动式船舶尾气嗅探系统实施“海域”监控、以无人机搭载嗅探设备实施“空域”巡航、以船舶 AIS 定位信息实施“天域”跟踪，实现对进出港船舶全时段、天津辖区所有航道及“一港八区”全方位100%覆盖，天津成为国内第一个实现进出港船舶尾气监测全覆盖的城市。

## 开放口岸

**【天津空运口岸（天津滨海国际机场）】** 天津滨海国际机场位于天津市东丽区，是国内干线机场、国际定期航班机场、国家对外开放航空口岸、中国主要的航空货运中心之一。在京津冀民航协同发展的国家战略背景下，天津滨海国际机场积极打造“一中心两枢纽”（中国国际航空物流中心、区域航空枢纽和国家综合交通枢纽）。2022 年，天津滨海国际机场持续推进国际及地区开辟与加密，推动塞尔维亚航空恢复在华运行首条航线“贝尔格莱德至天津”客运定期航线，恢复至日本大阪、泰国曼谷以及我国香港航线，加密至日本东京、新加坡、韩国首尔航线。出口货物种类以电子产品及配件、机械设备、医疗器械、航材、国际邮件等为主；进口货物种类以电子产品及配件、医药产品、汽车及汽车配件、冰鲜产品、植物种苗、活体动物、水果、服装、跨境货物等为主。

**【天津水运（海港）口岸】** 天津港地处渤海湾西端，坐落于天津滨海新区，背靠国家新设立的雄安新区，辐射东北、华北、西北等内陆腹地，连接东北亚与中西亚，是京津冀协同发展的重要支撑、服务“一带一路”建设的重要支点、陆海深度融合的重要平台、现代化的国际航运枢纽。作为中国重要的现代化综合性港口，天津港是世界人工深水大港，码头等级达 30 万吨级，主航道水深 22 米，拥有集装箱、矿石、煤炭、焦炭、原油及制品、钢材、大型设备、滚装汽车、液化天然气、散粮、国际邮轮等各类泊位 213 个。天津港同世界上 180 多个国家和地区的 500 多个港口有贸易往来，每月航班 550 余班，集装箱班轮航线达到 140 条，联通世界各主要港口。内陆腹地物流网络体系持续完善，在京津冀及“三北”地区设立百余家直营店、加盟店。

**【渤中水运（海面油田交货点）口岸】** 渤中水运口岸是中国海洋石油集团有限公司渤海海上油田的出口终端，下辖 6 个海面油田交货点，包括渤中 28-1 油田、渤中 34-2/4 油田、秦皇岛 32-6 油田、PL19-3 油田、渤中 25-1/25-1S 油田、曹妃甸 11-1/11-2 油田。其货物种类为海上油田所产原油。

## 2022 年天津市口岸大事记

1 月 5 日

天津市人民政府批准建立天津市口岸工作联席会议制度。

2 月 22 日

天津市商务局印发《天津口岸 2022 年促进跨境贸易便利化专项行动实施方案》，开展 2022 年促进跨境贸易便利化专项行动。

2月28日

天津港首条澳洲远洋航线正式开通，是天津至澳大利亚首条直航航线。

3月9日

天津市口岸工作联席会议印发《天津市口岸安全联合防控工作机制》。

3月

天津市商务局会同天津港集团开展“春雨行动”，对接重点企业港口物流和口岸通关需求，建立常态化服务沟通机制，及时解决解答企业问题，保障产业链供应链稳定。

4月29日

天津市口岸工作联席会议印发《天津口岸贯彻落实〈国家“十四五”口岸发展规划〉实施方案》。

5月30日

时任天津市委副书记、市政府党组书记张工赴天津港调研。

5月

中新（加坡）“一次录入、双方共享‘一单两报’通关模式”，实现突破性制度创新，为服务促进跨境贸易便利化提供“天津方案”。

6月24日

天津市商务局联合山西省商务厅共同举办“天津—山西口岸经贸合作视频会”，服务山西企业在天津口岸便捷通关，促进两地贸易高质量发展。

6月30日

天津市人民政府任命孙剑楠为天津市人民政府口岸服务办公室主任（兼），中国（天津）自由贸易试验区管理委员会副主任（兼）。

7月1日

天津海事局正式运行“船员服务专用电话”。

7月21日

天津市商务局组织召开天津口岸服务雄安新区联席会议，加强对雄安新区通关服务保障，支持雄安新区建设发展。

8月11日

天津港首次LNG船舶应急夜航进港实船试验取得成功，在全国率先完成LNG船舶应急夜航进出港双向测试。

8月17日

“天津港—中亚”国际联运直达班列恢复运行。

8月31日

2022年中国国际服务贸易交易会在北京开幕，由天津市商务局会同天津港集团举办的“蓬勃兴盛天津港”展亮相京津冀联展。

9月10日

天津市人民政府批复同意天津港口岸北疆港区天津港海嘉汽车码头有限公司滚装码头N15、N16泊位口岸正式对外开放。

9月19日

时任天津市委书记李鸿忠，市委副书记、市长张工在深入天津市滨海新区调研海岸线生态保护修复工作时强调，要全力支持天津港打造世界一流智慧港口、绿色港口，加强组织领导和工作统筹，着力打造北方国际航运核心区。

10月10日

海关总署批复同意在天津港东疆港区设立进境粮食、进境植物种苗指定监管场地。

10月17日

天津新港重新开港70周年。

10月25日

天津港集团2022年海铁联运量突破100万标箱，比2021年提前64天，同比增长21.1%。

10月31日

天津海事局组织开展2022年度京津冀“四类重点船舶”检验质量专项检查活动。

11月

天津海关、天津市商务局联合建设的“天津市RCEP关税政策查询公共服务平台”在中国（天津）国际贸易单一窗口上线运行。

12月9日

天津港中欧（中亚）班列首次突破9万标箱，同比增长60%。

（撰稿人：王洋）

# 2022年天津市口岸流量统计表

| 口岸类型 | | 口岸名称 | 货运量（万吨） | | | | 集装箱量（万标箱） | | | | 人员（万人次） | | | | 交通工具（辆、艘、架、列次） | | | |
|---|---|---|---|---|---|---|---|---|---|---|---|---|---|---|---|---|---|---|
| | | | 出口 | 进口 | 合计 | 同比（%） | 出口 | 进口 | 合计 | 同比（%） | 出境 | 入境 | 合计 | 同比（%） | 出境 | 入境 | 合计 | 同比（%） |
| 空运口岸 | | 天津 | 4.28 | 3.04 | 7.33 | -16.40 | | | | | 5.07 | 7.83 | 12.86 | -6.24 | 1 320.00 | 1 204.00 | 2 524.00 | -11.60 |
| | | 分计 | 4.28 | 3.04 | 7.33 | -16.40 | | | | | 5.07 | 7.83 | 12.86 | -6.24 | 1 320.00 | 1 204.00 | 2 524.00 | -11.60 |
| 水运口岸 | 海港口岸 | 天津 | 10 048.46 | 20 481.81 | 30 530.27 | 3.80 | 477.49 | 486.90 | 964.39 | 8.70 | 8.70 | 10.20 | 18.94 | 3.80 | 7 497.00 | 7 519.00 | 15 016.00 | 0.60 |
| | | 分计 | 10 048.46 | 20 481.81 | 30 530.27 | 3.80 | 477.49 | 486.90 | 964.39 | 8.70 | 8.70 | 10.20 | 18.94 | 3.80 | 7 497.00 | 7 519.00 | 15 016.00 | 0.60 |
| 合计 | | | 10 052.74 | 20 484.85 | 30 537.60 | 3.76 | 477.49 | 486.90 | 964.39 | 8.72 | 13.77 | 18.03 | 31.80 | -0.43 | 8 817.00 | 8 723.00 | 17 540.00 | -2.85 |
| 同比（%） | | | 7.87 | 1.86 | 3.76 | | 4.83 | 12.84 | 8.72 | | 6.60 | -5.20 | -0.43 | | -3.43 | -2.26 | -2.85 | |

（天津市人民政府口岸服务办公室提供）

# 2022 年天津海关主要数据统计表

| 项　目 | | 2022 年 | 2021 年 | 同比（%） |
|---|---|---|---|---|
| 进出口货运量（万吨） | 合计 | 25 131.2 | 25 264.1 | -0.53 |
| | 进口 | 17 727.8 | 17 962.7 | -1.31 |
| | 出口 | 7 403.4 | 7 301.4 | 1.40 |
| 进出口贸易总值（万美元） | 合计 | 30 143 423.9 | 25 694 701.8 | 17.31 |
| | 进口 | 14 252 570.9 | 12 871 838.4 | 10.73 |
| | 其中：江、海运输 | 12 318 234.3 | 10 857 943.8 | 13.45 |
| | 铁路运输 | 36 375.3 | 18 115.8 | 100.79 |
| | 汽车运输 | 105 089.3 | 124 306.3 | -15.46 |
| | 航空运输 | 1 671 302.3 | 1 711 044.9 | -2.32 |
| | 邮件运输 | 2 416.4 | 3 074.3 | -21.40 |
| | 其他运输 | 119 153.3 | 157 353.4 | -24.28 |
| | 出口 | 15 890 853.0 | 12 822 863.5 | 23.93 |
| | 其中：江、海运输 | 14 872 954.5 | 11 825 021.4 | 25.78 |
| | 铁路运输 | 53 383.0 | 26 814.7 | 99.08 |
| | 汽车运输 | 27 137.8 | 38 798.8 | -30.06 |
| | 航空运输 | 637 155.5 | 662 035.7 | -3.76 |
| | 邮件运输 | 836.5 | 1 675.2 | -50.07 |
| | 其他运输 | 299 385.7 | 268 517.6 | 11.50 |
| 税收（亿元） | 两税合计 | 1 707.09 | 1 362.52 | 25.29 |
| | 关税入库 | 403.92 | 326.69 | 23.64 |
| | 进口环节税入库 | 1 303.17 | 1 035.83 | 25.81 |

（天津海关提供）

# 2022年天津市口岸出入境主要数据表

| 项目 | | | 2022年 | 2021年 | 同比（%） |
|---|---|---|---|---|---|
| 出入境人员（人次） | 出入境人员总数 | | 318 071 | 319 451 | -0.43 |
| | 入境人员 | | 180 364 | 190 264 | -5.20 |
| | 出境人员 | | 137 707 | 129 187 | 6.60 |
| | 出入境旅客 | | 108 968 | 113 000 | -3.57 |
| | 出入境员工 | | 209 103 | 206 451 | 1.28 |
| | 中国公民 | 小计 | 171 547 | 173 685 | -1.23 |
| | | 内地居民（因公） | 4 682 | 73 364 | -93.62 |
| | | 内地居民（因私） | 164 001 | 96 524 | 69.91 |
| | | 港澳居民 | 771 | 1 652 | -53.33 |
| | | 台湾同胞 | 2 093 | 2 145 | -2.42 |
| | 外籍人员 | | 146 524 | 145 766 | 0.52 |
| | 从海港出入境人数 | | 189 449 | 182 262 | 3.94 |
| | 从陆港出入境人数 | | | | |
| | 从空港出入境人数 | | 128 622 | 137 189 | -6.24 |
| 交通运输工具（辆、艘、架、列次） | 总计 | | 12 176 | 12 395 | -1.77 |
| | 船舶 | | 9 413 | 9 179 | 2.55 |
| | 飞机 | | 2 763 | 3 216 | -14.09 |
| | 火车 | | | | |
| | 机动车辆 | | | | |

（天津出入境边防检查总站提供）

## 2022 年天津海事局进出港船舶统计汇总表

| 船舶类别 | 进港船舶 | | | | | | | 出港船舶 | | | | | | |
|---|---|---|---|---|---|---|---|---|---|---|---|---|---|---|
| | 艘数（艘） | 总吨（吨位） | 总载重量（吨） | 载客量（客位） | 船员人数（人次） | 货物到达量（吨） | 旅客到达量（人） | 艘数（艘） | 总吨（吨位） | 总载重量（吨） | 载客量（客位） | 船员人数（人次） | 货物发送量（吨） | 旅客发送量（人） |
| 总计 | 174 740 | 468 105 458 | 644 886 522 | 42 903 | 1 788 636 | 249 533 517. 99 | 68 311 | 175 792 | 464 875 589 | 641 416 361 | 41 240 | 1 797 842 | 220 755 251. 88 | 77 051 |
| 中国籍船舶 | 168 175 | 192 509 808 | 258 442 132 | 42 608 | 1 655 183 | 53 290 834. 48 | 68 311 | 169 217 | 189 467 064 | 254 836 348 | 40 945 | 1 664 349 | 130 823 319. 74 | 77 051 |
| 其中：外贸船 | 255 | 7 684 099 | 10 860 268 | 0 | 5 399 | 5 340 394. 02 | 0 | 230 | 6 783 261 | 11 096 998 | 0 | 4 895 | 4 430 603. 69 | 0 |

（天津海事局提供）

# 河 北 省

# 河北省口岸分布示意图

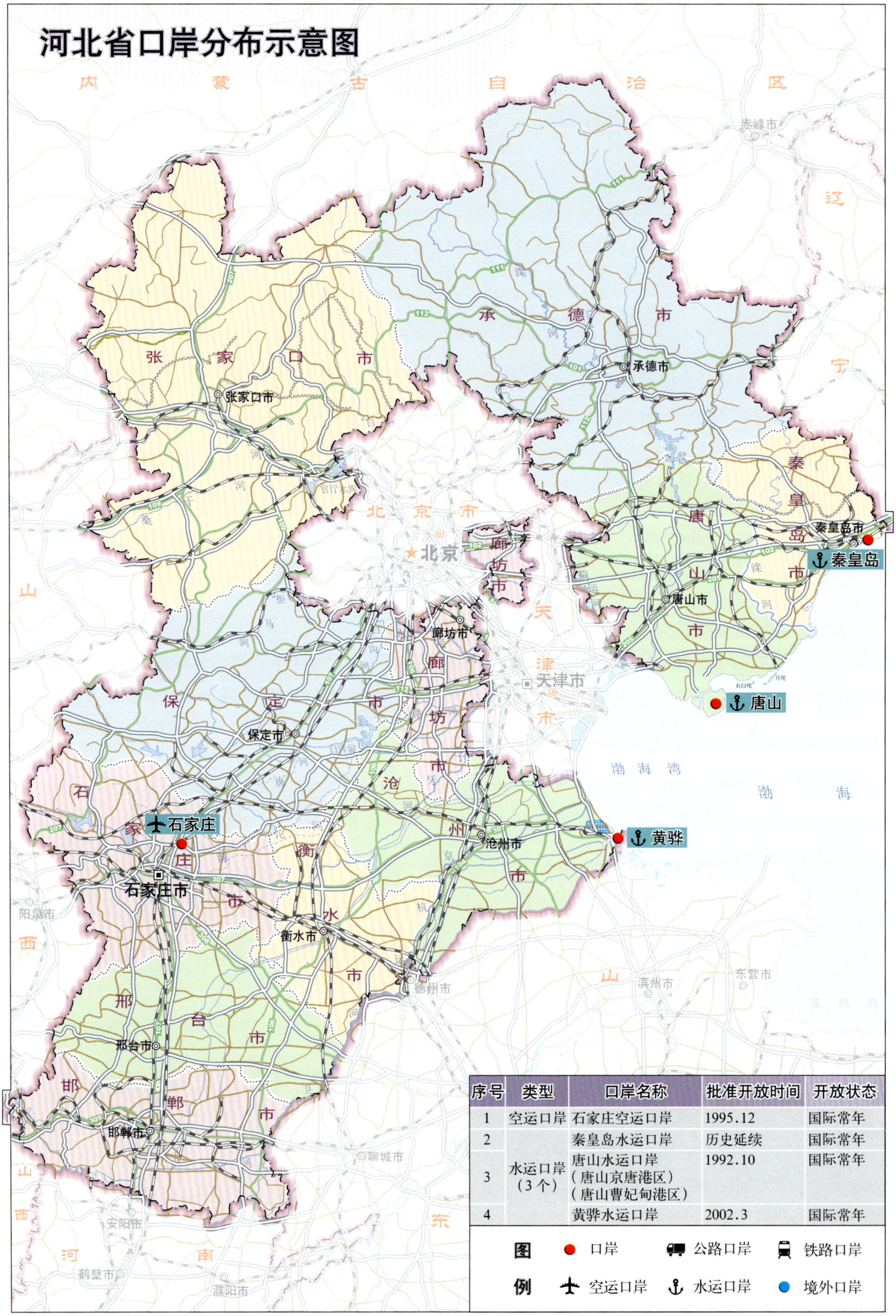


| 序号 | 类型 | 口岸名称 | 批准开放时间 | 开放状态 |
|---|---|---|---|---|
| 1 | 空运口岸 | 石家庄空运口岸 | 1995.12 | 国际常年 |
| 2 | 水运口岸（3个） | 秦皇岛水运口岸 | 历史延续 | 国际常年 |
| 3 | | 唐山水运口岸（唐山京唐港区）（唐山曹妃甸港区） | 1992.10 | 国际常年 |
| 4 | | 黄骅水运口岸 | 2002.3 | 国际常年 |

图例：● 口岸　公路口岸　铁路口岸　空运口岸　水运口岸　境外口岸

## 口岸数量及分布

截至2022年年底，河北省共有经国务院批准的对外开放口岸4个。其中，空运口岸1个，即石家庄空运口岸（石家庄正定国际机场）；水运（海港）口岸3个，分别为秦皇岛水运（海港）口岸、唐山水运（海港）口岸（包括京唐港区、曹妃甸港区）和黄骅水运（海港）口岸。

## 口岸运行数据

2022年，河北省港口吞吐量完成12.8亿吨，同比增长3.4%（秦皇岛港完成19 269.3万吨，同比下降3.9%；唐山港完成76 887.4万吨，同比增长6.4%；黄骅港完成31 510万吨，同比增长1.2%）。其中，外贸吞吐量完成34 768.5万吨，同比增长7.3%（秦皇岛港完成473.9万吨，同比下降9.7%；唐山港完成27 279.4万吨，同比增长6.7%；黄骅港完成7 015.2万吨，同比增长11.1%）。

2022年，河北省港口集装箱运量完成498.3万标箱，同比增长3.7%（秦皇岛港63万标箱，同比下降1.8%；唐山港334.3万标箱，同比增长1.5%；黄骅港101万标箱，同比增长16%）。其中，外贸集装箱量完成10.9万标箱，同比下降44.3%（秦皇岛港4.9万标箱，同比下降19.8%；唐山港6万标箱，同比下降55.4%）。

2022年，受疫情影响，石家庄空运口岸国际（地区）客运航班全年继续停飞；10月25日，国际（地区）货运航线开通，首飞石家庄—俄斯特拉发航线，截至年底共执行18班，完成货邮吞吐量920.88吨。

## 口岸综合管理

**【口岸运行安全平稳，营商环境持续优化】** 一是加强疫情防控管理。落实口岸安全和口岸疫情防控工作要求，切实筑牢国门第一道安全防线，疫情防控期间河北省口岸实现了“零感染、零传播”。推行口岸全链条精准防控和“闭环”管理，落实“客货分离、分段运输”工作要求，推广实施甩挂、接驳、吊装等非接触式货物交接模式，力促口岸平稳运行。二是加强评估结果应用。组织口岸相关部门对2021年河北省口岸运行情况进行了系统评估，推动口岸查验设施集约建设、补齐短板，提升口岸服务质量和水平。三是加强政策支持引导。研究制定了跨境贸易便利化专项行动18条政策措施，从深化“单一窗口”建设、聚焦通关流程优化、巩固提效降费成效、支持跨境电商发展、健全服务保障机制5个方面，对进一步深化跨境贸易便利化改革，持续优化口岸营商环境提出具体工作举措。国家口岸管理办公室对河北省推进跨境贸易便利化工作时时给予悉心指导，并将河北省取得的工作成效在相关载体专篇刊发。四是加强文明口岸共建。为持续优化口岸营商环境，推动实现更高水平对外开放，自2008年起全省组织开展省级文明口岸共建活动，2022年是第三次评比表彰。通过连续多年的评比表彰，持续激发了口岸各部门的工作热情和积极性，达到了以评促优、以评创优的目的。

**【口岸开放稳步推进，通道建设不断创新】** 一是创新服务促开放。2022年，克服疫情影响港口新建泊位开放无法进行现场验收的困难，创新工作方法，首次以视频形式，对唐山曹妃甸港中物码头2个5万吨级和2个3万吨级通用泊位进行验收，并经省政府批准正式对外开放；年底前再次以视频形式推动沧州黄骅港矿石港务有限公司2个20万吨级矿石泊位对外开放验收；提前介入曹妃甸新天液化天然气LNG船舶接卸泊位开放验收前期工作，组织海关、边检、海事等部门进行现场指导服务。二是协同高效畅通道。省口岸办牵头组建机场国际货运保障前方指挥部，压实属地、行业和企业各方责任，仅用时1个月推动石家庄正定国际机场顺利恢复国际货运业务，10月25日捷克俄斯特拉发—石家庄—俄斯特拉发国际货运航线开通，搭建起联通亚欧的空中走廊。同时，省政府进一步加大了对国际航线的补贴力度，该航线已实现常态化运行，日本、韩国及东南亚等国际航线也在积极谋划运作中。三是融合发展拓航线。加强与上海港合作，10月30日沧州黄骅港首条外贸集装箱航线（黄骅港—上海港—泰国林查班港）正式开通，有效补齐沧州及周边区域面向欧美与东南亚等主要贸易区域直航舱位不足的短板，对于河北省打造交通便捷、物流高效、贸易便利的国际物流运输新通道具有重要意义，全省国际集装箱班轮航线就此增至9条。

**【口岸通关便捷高效，改革成效逐步释放】** 一是推动优流程。石家庄海关围绕“促发展”“保通畅”“促项目”制定多项措施，持续推进“提前申报”“两步申报”“先验放后检测”等多项惠企改革举措走深走实走细；河北出入境边防检查总站锚定“减环节、缩时间、降成本”目标，实施港口边检行政许可“一地办证、区域通用”，全面推行国际航行船舶入境出境手续“一次办妥”，实现外籍船舶在国内港口间移泊不再办理出入港边检手续；河北海事局推出的“大数据+船舶交通智能服务系统”成为国务院自由贸易试验区工作部际联席会议办公室专题交流推介的创新案例，国际航行船舶智能化检查模式成效明显，单船平均检查时间由4小时缩短至2.5小时。二是落实减单证。精简通关单证，扩大改革适用范围，进出口环节监管证件由86种减至41种，按照“应上尽上”原则，除保密事项外，应纳入“单一窗口”受理的38种监管证件全部实现“单一窗口”受理。三是持续提效率。巩固压缩通关时间取得积极成效，2022年12月，河北省进出口整体通关时间分别压减至24.93小时和0.8小时，优于全国平均水平7.09小时和0.23小时；较2017年分别压缩84.42%和95.08%，分别高于全国平均水平17.29个百分点和3.48个百分点，在沿海省份处于较好水平。

**【口岸功能布局优化，服务效能稳步提升】** 一是统筹用好口岸资源。积极服务基层，破解制约基层发展难题，妥善解决京唐港区再设指定监管场地的政策制约，会同石家庄海关协调驻地海关用足用好现有政策，合理合规确定了对原有进境粮食指定监管场地进行扩容的工作方案，京唐港区粮食进口制约难题得到妥善解决。二是稳步拓展口岸功能。2022年9月1日石家庄航空口岸增设药品进口口岸，10月25日首批进口药品顺利通关，结束了河北省没有药品口岸的历史。11月7日，国家邮政局正式批准设立石家庄国际邮件互换局（交换站），待完成海关验收后即可正式运营。三是着力推动功能共享。积极支持石家庄航空口岸和石家庄综合保税区协同联动发展，赴北京大兴国际机场综合保税区学习经验，与石家庄海关、石家庄综合保税区和河北机场集团等部门深入探讨，拟订了以指定监管场地建设为突破口的工作方案，激活航空口岸功能与综合保税区保税功能的叠加潜力，推进石家庄机场与石家庄综合保税区、中国（河北）自由贸易试验区正定片区融合发展。

**【“单一窗口”功能延伸，特色服务智慧升级】** 一是深化“单一窗口”建设。推动系统功能向整个贸易链条延伸，监管证件在线办理新增的棉花进口配额、粮食进口关税配额等9项子功能及时推广应用，通关物流全程评估系统直连企业。二是积极开展试点测试。推进国家“掌上单一窗口”App系统在河北省试点工作，与相关企业进行了报关单详情查询、出口退税联网查询等应用测试，为企业便捷、高效、智能通关提供基础服务。三是持续增强特色服务。服务打造河北省数字化外贸金融产业链，开创地方版“口岸E贷”纯信用融资产品，便捷企业凭借贸易额度获得银行授信，自2022年6月上线以来深受外贸企业欢迎，有力推动了“互联网+外贸+金融”的融合。省政府相关载体予以刊发，并上报国务院办公厅。

## 口岸监管与服务

**【石家庄海关聚焦通关便利，力促口岸营商环境不断优化】** 首编通关便利化指标体系，对标京津制定进口提前申报率、原产地证书签证量、加工贸易手册备案时间3类14项具体指标，覆盖从货物申报到放行全流程。2022年，河北省进出口整体通关时间分别为33.43、0.90小时，同比分别压缩10.88%、43.75%，优于全国平均水平，也是河北省历史最好水平。其中，12月进口整体通关时间优于北京0.74小时，优于天津6.06小时。用足用好RCEP政策，企业享惠4 516万元；推进大宗资源类商品“先放后检”及依企业申请实施重量鉴定等改革措施，为企业节省费用1.49亿元。

**【石家庄海关聚焦功能承载，力促开放型平台建设持续赋能】** 会同商务厅制定河北省首个综合保税区高质量发展的指导性文件，明确各综合保税区的功能定位、发展目标和具体支持措施。出台促进综合保税区和自由贸易试验区发展的“22+25”项措施。推进49项自由贸易试验区海关监管创新制度复制推广，“口岸物流车辆服务平台”创新举措通过海关总署备案，车辆数据申报实现“秒放”。推动雄安综合保税区加快启动审批，提前入驻开展涉企服务。2022年，全省综合保税区备案企业进出口750.9亿元，同比增长18.7%，连续4年保持快速增长态势。力促石家庄国际邮件互换局和药品口岸获批，支持辛集进口肉类指定监管场地开展进口冷链食品业务，全省功能性口岸已达13个，涵盖进境水果、肉类、汽车整车等7大类，形成了更加完备的口岸功能体系。

**【石家庄海关聚焦精准施策，力促开放型项目提质增效】** 实施企业“问题清零”机制，2022年全年解决问题200余个。制定促外贸稳增长“15+6+7”措施，建立京津冀海关保通保畅工作机制，将全省101家企业纳入“京津冀地区产业链供应链重点企业名单”，开通统一的“绿色通道”，对大型骨干外贸企业实施“一企一策”帮扶。大力推进“铁路快通”业务，助力石家庄国际陆港开通“京石欧”“津石欧”等8条新线路，全年保障中欧班列515列，运量50 624标箱，同比分别增长125%、131%。保障机场国际货运航班恢复运行52架次。全年新增AEO认证企业29家，截至年底全省AEO认证企业累计已突破百家。积极支持资源型农产品进口及特色农产品出口，联合制订推动农业对外开放合作方案及促进农产品出口10条硬核措施。2022年，河北农产品进口449亿元，同比增长18.3%；出口143亿元，同比增长16.7%。

**【石家庄海关聚焦依法把关，力保国门安全万无一失】** 科学精准实施口岸疫情防控，“一口岸一方案”做好“人、物、环境”同防，2022年检疫查验出入境人员116 453人次，检出入境有症状人员同比增加57%。严防重大动植物疫情疫病传入传出，严把进口食品、商品质量安全关，全年检出种牛二类传染病阳性91头，发现54种外来入侵物种，截获有害生物278种、8 050种次。侦办毒品走私刑事案件16起、涉枪刑事案件13起，查扣疑似冰毒1 012.13克、疑似气动力枪支5支。开展“口岸危险品综合治理”百日专项行动，检出不合格危险品89批。持续做好核生化有害因子监测，查发核辐射超标情事2起，总重20 700.93吨，均已妥善处置。

**【河北出入境边防检查总站履行核心职能法定职责，全面筑牢口岸安全屏障】** 一是坚决织密口岸查控网络，严守前台查验“三条底线”，严格落实口岸查控制度，刚性执行实质性审查标准，扎实开展查疑查假查伪“三查”工作。组织召开全省边控工作会议，强化与有权交控单位的协作配合，2022年全年未发生失管漏控问题，确保了查控工作万无一失。二是扎实推进口岸治理系统战，动态清零口岸管控各类风险隐患，持续推进夏季治安打击整治“百日行动”，高频次、高质量开展口岸限定区域巡查检查，深化与海事、海警等部门的协作配合，加强对锚地等开放水域检查管理，全面清查和严厉打击非法搭靠等非法出入境活动，有效净化了口岸环境。三是聚力提升应急处置能力，认真学习贯彻公安部部长王小洪在出席国家移民管理机构“国门铸盾—2022”演练上的讲话精神和国家移民管理局统一部署，坚持实战导向，组织开展“国门铸盾—

2022”应急演练，邀请地方应急管理专家开展预案编制授课及预案库会审，完善方案预案，开展常态化演练拉动，进一步检验和提升队伍应急处突能力。

**【河北出入境边防检查总站严厉打击跨境违法犯罪活动，全力维护正常出入境管理秩序】** 坚持打防管控并举，统筹“獴猎”行动—2022、“三非”外国人治理、打击跨境违法犯罪等专项工作，深入推动专项行动追击战。组织召开“专项行动追击战”视频调度会和打击跨境违法犯罪经验交流，定期通报全省打击跨境违法犯罪活动赋分积分情况，提升数据研判、线索查缉和联合执法办案能力水平。深化“边检+出入境”联合办案模式，抽调精干力量全程参与案件办理。充分运用大数据分析排查手段，全量起底嫌疑人员信息，形成了全方位防范、全要素管理、全链条打击的工作格局。

**【河北出入境边防检查总站坚决做好疫情防控工作，全力构筑外防输入口岸防线】** 一是执行从严从紧的出入境检查措施，严格落实执法执勤期间“五个一”“四个到位”“三不”要求，优化完善高风险岗位执勤人员独立作战单元勤务模式，最大限度地降低境外疫情经口岸输入的风险。党的二十大安保期间，各海港边防检查站抽调59人，组建8支登轮检查突击队及预备队，严格执行独立作战单元模式，落实高风险岗位闭环管理制度，有效防范了境外疫情输入风险。二是充分发挥边检“大数据”优势，推广应用“中国边检登轮码”“港口通微信小程序”，全面采集入境人员相关信息，为精准防控提供支撑。常态化开展综合研判，及时向省疫情防控领导小组、海关等部门推送数据2万余条，配合实现对入境人员“从国门到家门”的闭环管理。三是从严加强内部防疫管理，制定内部防疫指南，分级强化防疫培训，每日监督调度疫情防控工作情况，应疫情形势动态调整疫情防控举措。

**【河北出入境边防检查总站持续深化边检管理服务改革，全力服务促进高水平高质量发展】** 着力构建开放便利的通关服务机制，全方位的支持经济社会高质量发展。一是深度融入地方发展，精准把握全省经济运行稳定恢复、回升向好新态势，找准边检机关定位，总站长姚承军带队走访各海港口岸驻地党委政府，副总站长张宝善走访省发展与改革委员会，积极征求对边检工作的意见建议，研究新形势下边检机关服务地方经济社会发展的切入点。二是积极助力航班复航，主动联系河北机场管理集团，建设了全国首个货运查验专区。结合口岸实际，完善细化勤务保障方案，购置了生命探测仪等货运航班检查装备，选拔业务骨干组建货运检查队，优化查验流程，全面落实疫情防控措施，在保障货运航班“好来快走”的同时，牢牢守住“外防输入”的疫情防线。三是持续优化营商环境，认真贯彻落实各项便民利民举措，2022年开展船员离船换班5 753人次、伤病紧急救助47人次，高效运转12367出入境管理服务平台，受理解答群众咨询电话1 693通，满意率100%，深受群众好评。

**【河北出入境边防检查总站着力提升边检队伍实战能力，全力夯实业务工作基础】** 着眼强化检查员“三个专业本领”，提升“三个实战能力”目标，先后组织开展两期全省边防检查和法制业务轮训班，对《出境入境重点人员边防检查手册》进行系统强化学习；积极参加国家移民管理局边检基础业务、警务数据分析实战应用、经验交流视频培训，2022年参训民警3 500余人次。扎实推进检查员专业能力等级评定工作。组织全省检查员专业能力等级评定经验交流，推动完善培训考核机制，健全奖惩配套制度。开展检查员专业能力等级评定轮训，选派业务骨干组建授课分队，赴基层单位开展“送教上门”活动。编制考核题库，完善全警实战大练兵系统功能，强化培训考核，为实现“年底前从事边检业务人员100%通过初级评定”目标打下良好基础。

**【河北海事局完善“智慧海事远程执法工作室”及远程视频执法系统】** 以智慧海事监管为主攻方向，进一步探索非接触式检查、“5G+”及云直播执法模式在更广泛领域的运用，持续提升船舶安全检查效能和服务保障水平，为保障船舶安全、保障航运业健康发展提供良好助力。2022年利用远程视频执法系统共开展远程PSC检查89艘次、船舶审核8艘次、公司体系审核8次、海事调查16次、安全管理知识宣贯17次。

**【河北海事局业务全流程在线办理，实现不见面和无纸化审批】** 鼓励进出口岸船舶“提前申报”，提前办理进出口岸手续，24小时受理审批船舶进出港申报，减少船舶锚泊和滞港时间。大力推进优化国际贸易“单一窗口”建设，积极协调海事、海关、边检进出口岸查验网上申报审批信息的互联、互通、互认，进出口岸查验申报“单一窗口”利用率已达到100%，完全实现了船舶进出口岸审核无纸化，大大提高了船舶通关效率，降低了通关成本。

**【河北海事局扎紧内外防控闭环毫不放松】** 充分发挥外防、内控两个职能，管好人、看好门、履好职，实现了疫情防控的“零输入、零外溢、零感染”。突出“常”“长”二字，严格落实船舶动态管控措施，畅通涉疫信息渠道，进一步细化国内航行船舶识别和管控要求，协调保障船员换班和核酸检测。建立并持续完善疫情内防预案和操作指南，组建全局应急工作专班，针对2022年本土疫情，启动应急响应、排查溯源、人员管控“三及时”，把牢信息掌握、核酸检测、外出审批“三道关”，抓好岗位动态调整、后勤服务保障、职工人文关怀“三落实”。

**【河北海事局优化船员换班“一站式风险评估”模式】** 全面落实上级和地方政府疫情防控有关要求，按照“应换尽换、迎接尽接”的原则，积极推进疫情防控特殊形势下船员管理与服务工作，开展船员换班风险评估“线上+线下”新模式，实现了船员换班工作的“无缝对接、闭环管理”。保障了国际物流链安全畅通。2022年，共开展国际航线船舶换班1 430艘次，任职9 003人、解职9 009人，集中隔离8 009人，妥善处置156起船员伤病就医。

**【河北海事局坚决保障服务地方经济发展】** 坚持问需于民，积极推进唐山京唐港区第四港池25万吨级航道（内航道）工程建设。该工程计划建设全长7.3千米、宽230米的25万吨级航道（内航道）。项目建成后，将有效提升港区船舶通过能力和通航安全水平，工程建设正按照时间节点稳步推进。在河北海事局大力推进下，黄骅港综合港区20万吨级矿石码头已完成预验收，黄骅港泰地液化码头、河钢物流码头已基本满足口岸开放海事要求。助力沧州黄骅港首条外贸集装箱航线顺利开航，进一步织密黄骅港海上航线网络，为黄骅港腹地企业开辟了一条低成本高效率的出海大通道。

**【河北海事局实施远程监督检查，减少船舶在港作业影响】** 一是主动开拓创新，运用5G执法装备和执法人员自主集成的云直播App开展“5G+远程港口国监督检查”，建立了新冠疫情期间港口国监督检查工作指南和远程港口国监督检查工作程序，实现了推动疫情常态化防控期间港口国监督检查工作提质增效的突破，切实履行了港口国监督义务，保障了到港国际航行船舶安全。二是科学安排检查时间。充分利用内部协同管理平台，提前确定目标检查船舶，提前对船舶证书信息进行检查，尽早对来港国际航行船舶开展检查，确保发现缺陷时，船舶能尽快在不影响正常离港的情况下及早纠正，避免船舶因纠正缺陷耽误时间，延误出港，影响港口船舶进出港效率。

## 开放口岸

**【石家庄空运口岸（石家庄正定国际机场）】** 石家庄正定国际机场位于河北省石家庄市正定县，距市区32千米。1995年12月，石家庄正定机场获批准对外开放；2008年7月，石家庄正定机场更名为石家庄正定国际机场。机场飞行区等级4E，跑道全长3 400米，可保障世界各类大型飞机起降；航站楼总面积21万平方米，客运保障能力满足2 000万人次；货运区总面积22万平方米，共有7个货机专用停机位，货邮年吞吐量保障能力25万吨。

受疫情影响，2022年石家庄机场国际（地区）客运航班全年停飞；10 月，启动国际货运恢复工作；10 月 25 日石家庄—俄斯特拉发国际货运航线开通，截至 2022 年 12 月 31 日，共执行 18 班，完成货邮吞吐量 920.88 吨。

**【秦皇岛水运（海港）口岸】** 秦皇岛港占用自然岸线长 15.9 千米，码头岸线 15.6 千米，水域面积 222 平方千米，陆域面积 13.7 平方千米，经过多年的发展和调整完善，划分为西港区（含新开河港）、东港区（含秦山化工港）、山海关港区（含山海关修造船厂）和秦西大浦河港点的总体格局。其中，西港区以集装箱、杂货运输为主，拟结合城市发展需要逐步调整为邮轮、游艇、帆船等旅游客运功能；东港区以煤炭、油品运输为主；山海关港区主要满足 LNG 运输和服务临港产业发展；秦西大蒲河港点主要服务旅游客运。秦皇岛口岸现有生产泊位 84 个，其中开放泊位 72 个。

秦皇岛港现有库场面积 130 多万平方米，拥有专业化的港口设施、高效的装卸机械、先进的生产工艺，可承运各类件散杂货。集装箱码头拥有 5 万吨级专用泊位 3 个，可接卸第六代集装箱船，码头堆场宽敞，设计年通过能力达 65 万标箱。2 条总长 2 000 米的铁路装卸线，可直达码头和场站，货运成本低廉，具备危险品货物作业资质。国际海上直达航线 2 条，分别为日本关东集装箱航线、韩国仁川客货混装班轮航线；国内海上航线 6 条，有外贸公共内支线中转到达世界主要港口，内贸航线覆盖全国主要沿海港口。口岸集疏港条件优越，各港区均可与京沈高速路、102 国道、205 国道及秦承公路相接。秦山、京山、京秦、京沈、大秦铁路集疏港货物可直达港内堆场、仓库、码头泊位船前，最大限度地减少物流环节，降低物流成本。经济腹地包括东北、华北和西北各地。秦皇岛港拥有全国第一家煤炭现货交易市场，形成了集煤炭现货交易服务、信息服务、物流服务及金融服务于一体的市场体系，交易市场发布的环渤海动力煤价格指数已成为全国唯一的、涵盖国内外的煤炭价格指数，煤炭枢纽港的地位得到了巩固。

2022 年，秦皇岛港货物吞吐量完成 19 269.6 万吨，同比下降 3.9%。外贸吞吐量共完成 479.82 万吨，同比下降 9.7%。其中，外贸进口完成 353.3 万吨，同比下降 9%；外贸出口完成 126.52 万吨，同比下降 11.3%。集装箱完成 63 万标箱，同比下降 1.8%。其中，外贸集装箱完成 4.9 万标箱，同比下降 19.7%。出入境人员 1.48 万人次，同比下降 13.9%；出入境交通工具 654 艘（辆、架、次），同比下降 16.3%。秦仁航线完成集装箱 2.9 万标箱，同比下降 15.4%。客运受疫情影响停航。

**【唐山水运（海港）口岸】** 唐山港是我国沿海的地区性重要港口，是我国能源、原材料等大宗物资专业化运输体系的重要组成部分，是华北及京津冀地区重要综合运输枢纽，下辖京唐港区、曹妃甸港区。唐山港作为国家对外开放口岸，京唐港区、曹妃甸港区分别于 1992 年和 2009 年批准对外开放。截至 2022 年年底，唐山港已建成矿石、煤炭、杂货、LNG、原油等各类生产性泊位 143 个，其中对外开放泊位 77 个。2022 年，新增曹妃甸港区中物港务有限公司 4 个对外开放通用泊位。唐山市有唐山海关、京唐港海关、曹妃甸海关、唐山出入境边防检查站、曹妃甸出入境边防检查站、唐山海事局、曹妃甸海事局 7 家驻唐口岸查验单位，共同担负唐山口岸的监管监护任务。

2022 年，曹妃甸至京唐港集装箱航线稳定运行，两港区共享内外贸航线资源。现共有内外贸集装箱班轮航线 46 条，其中外贸航线 6 条，实现日韩 10 个基本港和日本 26 个偏港的全覆盖。支干线密切配合，可与天津港、上海港、广州港资源共享，实现唐山港通达世界各港口。年内在河南郑州、黑龙江绥芬河、山西文水清徐、内蒙古多伦新建 5 个内陆港，全市内陆港总数达到 50 个，口岸辐射范围进一步扩大。

2022 年，唐山港统筹疫情防控与运营生产，坚持稳字当头，稳中求进。全年完成货物吞吐量 76 887.4 万吨，同比增长 6.43%，稳居世界沿海港口第二位；集装箱吞吐量完成 334.3 万标箱，同比增长1.5%，稳居全省首位；水路货运周转量完成487亿吨公里，同比增长15%，位居全省第一。全年进口粮食90.1万吨、木材82.9万立方米、进口活牛17 141头，进口汽车和摩托车共3 532辆。

**【黄骅水运（海港）口岸】** 黄骅港位于沧州市以东约90千米处，东经117°48′、北纬38°17′,是河北省沿海地区性重要港口、我国北方主要的煤炭装船港、“三西”煤炭外运第二通道的重要出海口、津冀沿海港口群的重要组成部分和能源枢纽港。2018年，《河北雄安新区规划纲要》正式将黄骅港列为雄安新区重要出海口。《沧州黄骅港总体规划（2016—2035）》明确将黄骅港建设为现代化综合服务港、国际贸易港和共建“一带一路”重要枢纽。

截至2022年年底，黄骅港建成万吨级以上生产性泊位39个，最大靠泊能力20万吨。实现开放泊位16个。其中，煤炭港区3个，为专业化煤炭泊位；综合港区13个，为多用途、散杂货及矿石泊位。黄骅港口岸全年无休，进出口货物主要为矿石、煤炭、化肥、大豆等。黄骅港口岸为进境粮食指定口岸，并拥有进境屠宰牛资质。

黄骅港口岸不断巩固“西北内陆—东南沿海”集装箱海铁联运示范工程建设，充分依托朔黄、太中银、邯黄等铁路线开通多条海铁联运线路，实现对陕、晋、蒙、新及冀中南等地区的覆盖。2022年，通过海铁联运共卸重班列145列，装空144列，完成集装箱3.6万标箱。内陆港方面：黄骅港已在山西、石家庄高邑、邯郸等地建设内陆港10个。内外贸航线方面：2022年10月，黄骅港口岸开通了“黄骅港—上海港—泰国林查班港”集装箱外贸航线，为黄骅港首条外贸集装箱航线。截至2022年年底，已开通黄骅港—天津港、黄骅港—京唐港、黄骅港—大连港、黄骅港—锦州港、黄骅港—上海港、黄骅港—华东地区等内贸集装箱航线。散杂货航线方面：散货内贸航线主要有3条，分别为黄骅港至上海港、宁波舟山港、广州港，货物主要为出港煤炭。散货外贸航线可以通达全球各大港口，进港货物主要为进口铁矿石、铝矾土、大豆等，出港货物主要为化肥、钢材等。

2022年，黄骅海港口岸完成外贸货物吞吐量7 015.2万吨，同比增长11.1%。其中，进境货物6 847.47万吨、出境货物167.73万吨；货类分别为煤炭89.98万吨、矿石6 445.94万吨、其他货类（粮食、钢材、矿建材料等）479.27万吨。

## 2022年河北省口岸大事记

1月27日

秦港股份公司获评国务院国资委“国有企业公司治理示范企业”荣誉称号，河北省共2家企业入围，全国港口行业共3家企业入围。

4月13日

曹妃甸海关办理石家庄海关关区首票“一保多用”业务。企业使用一份海关税款担保同时办理纳税期限担保及征税要素担保，该模式可实现税款担保业务办理“零接触、零等待”，有效降低了企业融资成本，简化了业务办理流程，大幅压缩了通关时间。

5月15日

跨境电商出口海外仓（9810）业务模式在雄安新区落地实施。

5月25日

曹妃甸新开通至俄罗斯后贝加尔斯克中欧班列。

5月28日

唐山港口岸曹妃甸港区中物港务有限公司2个5万吨级和2个3万吨级通用泊位正式对外开放。

7月3日

秦皇岛港开启河北省首列外贸多式联运铁路箱下水新模式，首列班列从保定京雄保国际智慧港货场运达秦皇岛港集装箱码头，直接搭载秦仁航线“新郁金香”轮运往韩国仁川。

8月1日

河北省口岸办下发《关于表彰2017—2021

年度共建文明口岸活动文明口岸、先进单位和先进个人的决定》，表彰省文明口岸 1 个、先进单位 36 家、先进个人 124 人。

9 月 1 日

经国务院批准，国家药品监督管理局、海关总署联合发布公告，增设石家庄航空口岸为药品进口口岸，河北省首个药品进口口岸获批。

9 月 22 日

石家庄海关参加石家庄药品进口口岸建设情况新闻发布会，回答记者提问，向媒体通报了石家庄海关支持药品进口的便利化措施。

9 月 22 日

40 万吨级“远津海”轮首次满载直靠唐山曹妃甸港，标志着河北省渤海 40 万吨船深水航路“新通道”全面贯通。

10 月 25 日

石家庄至捷克俄斯特拉发国际货运航线开通，石家庄航空口岸国际货运业务正式恢复，并实现了石家庄药品进口口岸的首单业务。

10 月 30 日

沧州黄骅港首条外贸集装箱航线（黄骅港—上海港—泰国林查班港）正式开通，为黄骅港腹地客户开辟了低成本、高效率的出海通道，为河北向海经济发展再添助力。

11 月 7 日

国家邮政局正式批准设立石家庄国际邮件互换局（交换站）。

12 月 18 日

“石家庄国际陆港—秦皇岛港—韩国仁川”多式联运线路开通，这是新河北港口集团成立后开通的首条国际多式联运线路。

12 月 30 日

河北省口岸办会同石家庄海关、河北出入境边防检查总站、河北海事局、河北省交通运输厅等有关部门组成开放验收组，对黄骅港口岸综合港区 2 个 20 万吨级矿石泊位进行了对外开放验收。

（撰稿人：刘卅男、高超、冯志博、陈鹤、邢志刚、张培）

# 2022 年河北省口岸流量统计表

| 口岸类型 | | 口岸名称 | 货运量（万吨） | | | | 集装箱量（万标箱） | | | | 人员（万人次） | | | | 交通工具（辆、艘、架、列次） | | | |
|---|---|---|---|---|---|---|---|---|---|---|---|---|---|---|---|---|---|---|
| | | | 出口 | 进口 | 合计 | 同比（%） | 出口 | 进口 | 合计 | 同比（%） | 出境 | 入境 | 合计 | 同比（%） | 出境 | 入境 | 合计 | 同比（%） |
| 空运口岸 | | 石家庄 | | | 920.88 | | | | | | | | | | | | | |
| | | 分计 | | | 920.88 | | | | | | | | | | | | | |
| 水运口岸 | 海港口岸 | 秦皇岛 | 126.52 | 353.30 | 479.82 | -9.60 | 2.35 | 2.51 | 4.86 | -19.70 | 0.79 | 0.69 | 1.48 | -13.90 | 361 | 293 | 654 | -16.30 |
| | | 唐山 | 1 053.00 | 26 226.00 | 27 279.00 | 6.71 | 3.08 | 2.87 | 5.95 | -55.40 | | | | | | | | |
| | | 黄骅 | 167.73 | 6 847.47 | 7 015.20 | 11.06 | | | | | 1.07 | 1.09 | 2.16 | 8.53 | 652 | 654 | 1 306 | 7.20 |
| | | 分计 | 1 347.25 | 33 426.77 | 34 774.02 | 7.30 | 5.43 | 5.38 | 10.81 | -44.30 | 1.86 | 1.78 | 3.64 | -12.78 | 1 013 | 947 | 1 960 | -12.00 |
| 合计 | | | 1 347.25 | 33 426.77 | 35 694.90 | 10.06 | 5.43 | 5.38 | 10.81 | -44.30 | 1.86 | 1.78 | 3.64 | -12.78 | 1 013 | 947 | 1 960 | -12.00 |
| 同比（%） | | | | | | | | | | | | | | | | | | |

（河北省口岸办提供）

# 2022年石家庄海关主要数据统计表

| 项　目 | | 2022年 | 2021年 | 同比（%） |
|---|---|---|---|---|
| 进出口货运量（万吨） | 合计 | 32 713.8 | 31 233.17 | 4.74 |
| | 进口 | 31 270.81 | 30 083.47 | 3.95 |
| | 出口 | 1 442.99 | 1 149.7 | 25.51 |
| 进出口货物总值（万美元） | 合计 | 6 756 105.82 | 7 130 036.14 | -5.24 |
| | 进口 | 5 295 368.48 | 5 909 989.52 | -10.40 |
| | 其中：江、海运输 | 5 259 103.06 | 5 860 191.71 | -10.26 |
| | 铁路运输 | 4 652.9 | 5 535.43 | -15.94 |
| | 汽车运输 | 78.06 | 8 316.49 | -99.06 |
| | 航空运输 | 31 534.39 | 35 945.89 | -12.27 |
| | 邮件运输 | 0.07 | 0 | — |
| | 其他运输 | 0 | 0 | — |
| | 出口 | 1 460 737.34 | 1 220 046.62 | 19.73 |
| | 其中：江、海运输 | 1 335 494.26 | 1 122 330.65 | 18.99 |
| | 铁路运输 | 79 605.36 | 53 235.97 | 49.53 |
| | 汽车运输 | 3 500.24 | 2 716.65 | 28.84 |
| | 航空运输 | 21 886.73 | 20 904.62 | 4.70 |
| | 邮件运输 | 0 | 0 | — |
| | 其他运输 | 20 250.76 | 20 858.75 | -2.91 |
| 税收（亿元） | 两税合计 | 461.43 | 492.99 | -6.40 |
| | 关税入库 | 18.08 | 18.94 | -4.54 |
| | 进口环节税入库 | 443.35 | 474.05 | -6.48 |

（石家庄海关提供）

## 2022 年河北省口岸出入境主要数据表

| 项目 | | | 2022 年 | 2021 年 | 同比（%） |
|---|---|---|---|---|---|
| 出入境人员（人次） | 出入境人员总数 | | 122 652 | 119 866 | 2. 32 |
| | 入境人员 | | 62 915 | 64 231 | -2. 05 |
| | 出境人员 | | 59 737 | 55 635 | 7. 37 |
| | 出入境旅客 | | 658 | 682 | -3. 52 |
| | 出入境员工 | | 121 994 | 119 184 | 2. 36 |
| | 中国公民 | 小计 | 57 362 | 51 429 | 11. 54 |
| | | 内地居民（因公） | 56 924 | 51 056 | 11. 49 |
| | | 内地居民（因私） | 35 | 18 | 94. 44 |
| | | 港澳居民 | 14 | 23 | -39. 13 |
| | | 台湾同胞 | 389 | 332 | 17. 17 |
| | 外籍人员 | | 65 290 | 68 437 | -4. 6 |
| | 从海港出入境人数 | | 121 674 | 118 843 | 2. 38 |
| | 从陆港出入境人数 | | | | |
| | 从空港出入境人数 | | 978 | 1 023 | -4. 4 |
| 交通运输工具（辆、艘、架、列次） | 总计 | | 5 792 | 5 691 | 1. 77 |
| | 船舶 | | 5 752 | 5 663 | 1. 57 |
| | 飞机 | | 40 | 28 | 42. 86 |
| | 火车 | | | | |
| | 机动车辆 | | | | |

（河北出入境边防检查总站提供）

## 2022 年河北海事局进出港船舶统计汇总表

| 船舶类别 | 进港船舶 | | | | | | | 出港船舶 | | | | | | |
|---|---|---|---|---|---|---|---|---|---|---|---|---|---|---|
| | 艘数（艘） | 总吨（吨位） | 总载重量（吨） | 载客量（客位） | 船员人数（人次） | 货物到达量（吨） | 旅客到达量（人） | 艘数（艘） | 总吨（吨位） | 总载重量（吨） | 载客量（客位） | 船员人数（人次） | 货物发送量（吨） | 旅客发送量（人） |
| 总计 | 151 309 | 936 300 936 | 1 538 922 287 | 908 422 | 1 905 573 | 410 358 027 | 372 089 | 154 790 | 931 015 428 | 1 528 421 888 | 919 451 | 1 944 041 | 893 710 046 | 365 524 |
| 中国籍船舶 | 147 666 | 705 826 811 | 1 115 165 910 | 870 926 | 1 829 647 | 90 548 342 | 372 089 | 151 132 | 698 604 298 | 1 100 561 981 | 881 955 | 1 867 548 | 872 191 210 | 365 524 |
| 其中：外贸船 | 136 | 5 117 420 | 9 113 244 | 0 | 2 823 | 7 102 668 | 0 | 137 | 4 814 982 | 8 468 298 | 0 | 2 877 | 1 410 462 | 0 |

（河北海事局提供）

# 山 西 省

| 序号 | 类型 | 口岸名称 | 批准开放时间 | 开放状态 |
|---|---|---|---|---|
| 1 | 空运口岸（3个） | 太原空运口岸 | 1993 | 国际常年 |
| 2 | | 大同空运口岸 | 2019.11 | 国际常年 |
| 3 | | 运城空运口岸 | 2020.1 | 国际常年 |

# 山西省口岸分布示意图

## 口岸数量及分布

截至2022年年底，山西省共有经国务院批准的对外开放口岸3个，分别为太原空运口岸（太原武宿国际机场）、大同空运口岸（大同云冈机场）和运城空运口岸（运城张孝机场）。

## 口岸运行数据

2022年，山西省空运口岸出入境人员3 958人次，出入境飞机82架次。受新冠疫情影响，运城、大同空运口岸全年无出入境旅客和航班。

## 口岸综合管理

**【充分发挥联席会议作用增强口岸工作合力】** 2022年9月2日，山西省口岸工作会议暨省口岸领导小组会议召开，副省长汤志平出席并讲话。汤志平指出，加强口岸建设，对于山西省打造内陆地区对外开放新高地、推动全方位高质量发展意义重大；各口岸市和各相关部门要认真落实《国家“十四五”口岸发展规划》，扎实推进口岸建设各项重点工作，加快推动太原航空口岸建设及大同、运城航空口岸正式开放，着力提升中欧班列运行效率，加快“单一窗口”地方特色功能建设，持续优化口岸营商环境，不断提升跨境贸易便利化水平；要统筹抓好疫情防控和口岸畅通，既要从严把好“外防输入”防线，认真履行综合管理、协调服务的职能，又要以优化口岸通关环境、促进经济发展为中心，强化通关服务、提升通关效率，为全省对外开放和经济发展提供有力支撑。

**【牵头制订《山西省落实〈国家“十四五”口岸发展规划〉工作方案》】** 认真贯彻落实党中央、国务院决策部署，根据领导批示精神，牵头起草《山西省落实〈国家“十四五”口岸发展规划〉工作方案》，并经山西省口岸领导小组会议审议通过印发。方案提出25条务实举措，为落实《国家“十四五”口岸发展规划》奠定了基础，为山西口岸高质量发展高水平开放提供了支撑。

**【推动太原航空口岸高水平开放】** 落实《太原航空口岸高水平开放工作推进方案》，提升太原航空口岸承载能力和服务水平。稳妥推进太原至澳门客运航线和太原至旧金山国际货运航线复航工作。

**【加快推进大同、运城航空口岸正式开放验收工作】** 在顺利推进大同、运城航空口岸省级预验收的基础上，山西省口岸办积极与国家口岸管理办公室请示汇报，协调推进大同、运城航空口岸正式开放验收工作。

**【优化口岸营商环境】** 一是推动提升口岸通关效率。持续巩固压缩进出口整体通关时间成效，进一步优化口岸通关流程，深化“提前申报”“两步申报”“两段准入”改革，推行“一站式作业”，进一步提高货物通关效率，降低物流成本。2022年，山西省口岸进口整体通关时间31.14小时、出口整体通关时间1.13小时，较2017年分别压缩78.54%和93.55%。二是持续推动降低进出口环节合规成本。巩固进出口环节提效降费成果，进一步完善口岸收费目录清单制度，强化收费目录清单动态管理。加强监督检查，做到“阳光收费”，确保清单之外无收费，切实为企业减负增效。

**【国际贸易“单一窗口”应用】** 一是完善“一站式”口岸服务功能。积极拓展地方特色应用功能建设，推动口岸和国际贸易领域相关业务逐步纳入“单一窗口”，推广口岸收费目录和通关状态全流程查询等新功能应用，打造“一站式”贸易服务平台。2022年，通过“单一窗口”申报各类单证累计28万余票，主要业务覆盖率（货物申报、空运舱单、运输工具）持续保持100%，其他业务应用率持续提升。二是开展宣传培训工作。积极组织业务培训，大力推广“单一窗口”最新功能应用。充分利用传统主流媒体和网络新媒体加强宣传报道，多途径、多形式扩大宣传工作的覆盖面和影响力，提高业务应用率，推动山西省“单一窗口”创新发展。三是开展企业应用调查。会同海关、税务等部门深入企业走访，服务企业讲政策，了解企业诉求，解决企业实际问题，持续提升用户体验。推进建设国际贸易“单一窗口”山西特色版，切实发挥“单一窗口”平台作用，促进通关效率提升，增强企业获得感。

**【持续做好口岸疫情防控工作】** 认真贯彻落实国务院应对新型冠状病毒感染肺炎疫情联防联控机制精神，按照山西省疫情防控领导小组安排部署，坚持依法防控、科学防控，做好口岸通关疫情防控工作。巩固新冠疫情口岸联防联控成果，建立常态化的联合防控机制，完善口岸重大公共卫生突发事件应急处置方案，全力维护人员交流、经贸往来重要通道安全，确保国门安全。

**【推动中欧班列稳定开行】** 2022年，开行中欧班列91列。2021年以来，新增和恢复法国巴黎、土耳其梅尔、德国杜伊斯堡、蒙古国乌兰巴托等精品线路，形成以太原中鼎物流园为中心，以大同、侯马、长治为侧翼的发运布局，通过满洲里、二连浩特、阿拉山口、霍尔果斯4个口岸，打通了北、中、南3条主要国际通道，常态化开行中欧中亚线路10条，通达13个国家和地区的28个城市，直通白俄罗斯、俄罗斯、波兰、捷克等国，实现对共建“一带一路”主要国家和地区的基本覆盖，打通了连接主要边境口岸和欧亚大陆的重要物流与贸易通道。

## 口岸监管与服务

**【太原海关服务山西航空口岸高水平开放】** 2022年1月，配合省口岸部门对运城航空口岸进行省级预验收，原则上通过。8月，向海关总署反馈同意运城机场、大同机场对外开放进行国家验收的意见。提前介入太原武宿国际机场三期改扩建和新建国际货运监管库项目，为场所规范建设提供指导意见。严格落实口岸疫情防控各项要求，做好太原武宿国际机场3条国际货运航线（太原—旧金山、太原—布鲁塞尔、太原—马德里）的通关保障工作。

**【太原海关促进跨境电商新业态多元发展】** 大力支持跨境电商综合试验区发展，加大对1个综合保税区、3个保税物流中心（B型）以及运城市跨境电商平台建设的指导支持力度。大同国际陆港保税物流中心于2022年6月顺利开展“1210”网购保税进口业务；2022年11月运城市获批跨境电商综合试验区。全面推广跨境电商B2B出口试点，支持并积极指导辖区企业开展B2B出口业务，截至2022年年底，已为26家跨商企业办理跨境电商出口海外仓业务模式备案。9月20日和10月15日，太原海关所属武宿海关先后完成山西省首单跨境电商“9710”出口和首单“9810”出口海外仓业务。

**【太原海关支持太原国际邮件互换局（交换站）扩容升级】** 参与山西省商务厅组织的太原国际邮件互换局扩容升级项目可研报告制定前期沟通会，指导邮政企业按照海关监管要求进行可研报告制定。为解决该项目配套CT机检设备需求问题，向海关总署申请从其他海关调配1台CT机检设备到太原国际邮件处理中心进口分拣线，以实现进出口邮件全流程自动分拣，推动通关更加高效顺畅。指导邮政企业对现有太原国际邮件处理中心分拣线进行升级改造，并完成对改造项目的验收工作。积极协调畅通出境邮路。支持邮政企业开通郑州的临时邮路，加强与郑州海关的联系配合，保障进出境邮路畅通。支持邮政企业新开通太原—新疆—俄罗斯汽运出境邮路，加强与口岸海关的联系配合，确保邮路畅通。

**【太原海关深化“放管服”改革，优化口岸营商环境】** 持续用力巩固压缩整体通关时间成效。2022年，山西省进口整体通关时间31.14小时、出口整体通关时间1.13小时，均优于全国平均水平，较2017年分别压缩78.54%和93.55%。推进行政审批制度改革。2022年，共办理优化审批服务501家，其中以“审批改为备案”方式办理56家。

**【山西出入境边防检查总站全力以赴“保安全”，平安口岸格局加速升级】** 始终围绕中心、服务大局，圆满完成党的二十大、香港回归祖国25周年和北京冬奥会、冬残奥会等一系列重大活动安保任务。始终牢固树立总体国家安全观，加强与省委统战部、公安厅、国家安全厅等相关部门协作联动，细化工作措施，持续抓好口岸反恐“防回流”“防渗透”，实现以主动工作赢得工作主动。始终注重转变理念，主动延伸空港边检管控触角，数据赋能、数字作战以“单点位、零突破”向“多层次、全方位”加速转变。始终强化“平安山西”“平安口岸”建设，积极与省公安厅出入境部门联合执法，纵深推进“固边”、“獴猎”、“三非”外国人治理等专项行动，“小口岸、大管控”格局初步形成。2022年，圆满完成82架次、3 958人次入境航班验放任务，连续29年实现口岸安全稳定。利用信息数据，发掘各类案件线索并转交相关公安机关，直接查获违法犯罪嫌疑人多人次，综合战果位居内陆省份边检机关前列，先后16次得到上级通报表扬。

**【山西出入境边防检查总站全力以赴“防疫情”，外防输入关口坚实稳固】** 坚持“外防输入、内防反弹”总策略、“动态清零”总方针不动摇，不断健全完善“1+4”防疫工作机制，持续优化处置方案、预案，通过“周调度、月讲评”，全面拧紧“国门、营门、家门”联动管理链条。坚持优化“小单元、独立作战、闭环管理”的勤务模式，强化防护技能专题培训和日常督导检查，全面做到“人、物、环境”同防，最大限度地降低一线民警、高风险点位的染疫风险，一直是疫情防控的“优等生”。坚持发挥边检数据优势，全量实施入境人员预查，及时通报相关部门，逐一落实针对性重点检疫，圆满完成北京、上海分流航班及客改货航班验放任务，确保所有输入型病例全部闭环受控。2022年，山西出入境边防检查总站民警夜以继日，严防死守，共承担分流航班、临时航班、复工复产航班等检查任务60余架次，查验出入境人员3 000余人次，累计向省、市两级联防联控机制推送信息数据1万余条，全面实现山西口岸涉疫重大案事件“零发生”、境外疫情非法入境渠道“零输入”的工作目标。特别是在驻地连续出现重大疫情、持续封控、安保任务的关键期，各级领导干部靠前指挥，民警职工连续奋战，确保了疫情防控平稳过渡、机关工作有序运转、复航勤务万无一失。

**【山西出入境边防检查总站全力以赴“稳经济”，服务发展路径不断拓展】** 全力融入山西打造对外开放新高地战略，协同推进大同、运城航空口岸通过省级验收和太原国际机场三期改扩建工程，助力加快山西对外扩大开放进程。全力克服跨地执勤、警力短缺的困难，以一站之警力，保障4个口岸勤务安全高效完成；针对太原多条国际货运航线，专门开设“绿色通道”，优化验放流程，赢得服务对象一致好评。全力打造“12367”山西边检服务平台，做到“政策咨询、宣传引导、问题解决”相结合，为广大出入境旅客提供“7×24小时”贴心暖心舒心咨询服务，2022年累计接处理话务、工单3 000余件，切实为广大人民群众和中外出入境人员排忧解难，凝聚理解支持。全力做好运城站筹建，高效科学、配齐配强站党委班子、民警队伍，主动支持驻地经济转型、新兴产业链发展培育。

**【山西出入境边防检查总站全力以赴“固根基”，队伍履职能力持续增强】** 2022年，深刻把握发展山西边检事业“1+1+4”发展布局，围绕“做精机关、做强基层、做实基础”目标，全面部署开展了复合型执勤队建设，一线作战单位质量变革、效率变革、动力变革得到实质性推动。深入推进队伍正规化建设，定期开展内务条令、内务管理规定专题学习教育，出台配套实施细则，队伍教育管理制度体系逐步健全。深入推进全警实战大练兵和执法执勤、机要通信、政工、财务会计等专业岗位练兵，狠抓士兵转改民警学历提升，分期分批组织新警艰边实践锻炼，队伍履职能力明显增强。深入推动“文化警营”建设，激发群团组织活力，鼓励“走出去、请进来”，不断改善图书室的软、硬件基础设施条件，文化建设水平持续提升。总站民警除新入职外，基本执法资格通过率已达到100%，“两证”（公安民警高级执法资格证、国家法律职业资格证）取得率已突破13.98%，提前3年超额完成国家移民管理局规划的5%以上的目标任务。

## 开放口岸

**【太原空运口岸（太原武宿国际机场）】** 太原武宿国际机场位于太原市东南方向，为国内省会级干线机场。太原空运口岸于2004年经国务院批复同意扩大对外国籍飞机开放，并于2005年1月通过国家正式验收。2007年11月，太原武宿机场更名为太原武宿国际机场，是北京首都国际机场的备降机场。太原武宿国际机场场区占地面积为588.7万平方米，飞行区等级指标为4E级，跑道长3 600米、宽75米，机位43个，可起降B747机型，同时满足F类A380备降需要。T2航站楼于2008年7月投入使用，面积为5.5万平方米，其中国际厅面积1.8万平方米。新货运楼于2010年4月投入使用，国际物流海关监管作业场所571平方米，二期国际物流监管场所约5 000平方米。

**【大同空运口岸（大同云冈机场）】** 大同云冈机场位于大同市云州区倍加造镇北南环东路，距大同市中心16千米，于2006年1月正式通航，飞行区等级为4C，跑道长3 000米、宽45米，现有T1国际（6 328平方米）和T2国内（10 854平方米）两座航站楼，总面积达1.7万平方米；停机坪面积3.8万平方米，可同时停放7架飞机，可保障B737-800（含）、A321（含）以下机型。2019年11月8日，国务院批复同意大同机场航空口岸对外开放。

作为大同市的空中门户，大同云冈机场不断完善航线网络结构，国内航线基本覆盖了东北、华北、华东、中南、西南、西北等国内大区主要枢纽城市，实现了直飞国内主要枢纽城市，并通过枢纽城市中转国内外的航线网络布局。截至2022年年底，合作航空公司达13家，通航城市30多个，已成为大同市乃至周边地区经济社会发展及对外开放的重要平台。

**【运城空运口岸（运城张孝机场）】** 运城张孝机场位于山西省运城经济技术开发区舜帝街1号，距运城市中心城区11.5千米，为4D级国内支线机场，于2005年2月建成通航。2020年1月14日，国务院批复同意运城机场航空口岸对外开放。机场现有跑道长3 000米、宽60米，可起降B767-300以下系列机型，机坪面积6万多平方米，可同时停放10架飞机。

2018年，为满足航空口岸正式开放的需要和迅猛增长的吞吐量发展需求，运城市围绕打造“区域性中心国际机场”战略目标，开始实施机场改扩建工程，工程总投资32.84亿元。其中，航站区扩建工程投资6.94亿元，2020年年底竣工；飞行区扩建投资25.90亿元，新建一条长3 200米、宽60米的跑道，现有跑道改为平滑。扩建完成后，航站楼面积达到5.5万平方米（国际厅1.5万平方米），可满足旅客年吞吐量450万人次需求；飞行区等级升级为4E级，机坪9万多平方米，可同时停放30架飞机。机场运营以来，始终秉持“安全第一、优质服务”的企业宗旨，大力引进国航、东航、南航等航空公司，开通航线30条，通往北京、上海、广州、成都、银川等35个国内城市。

## 2022年山西省口岸大事记

1月26日

山西省口岸办组织太原海关、山西出入境边防检查总站、山西航产集团等省级航空口岸对外开放预验收成员单位，对运城机场航空口岸对外开放进行了省级预验收。

2月

为坚决守好口岸入境防线，确保太原机场国际货运航线稳定运行，山西省口岸办多次协调相关单位，为太原海关增配协检人员15名。

3月1日

山西省口岸办向国家口岸管理办公室请示对运城机场对外开放进行正式验收。

5 月 24 日

山西省口岸办向国家口岸管理办公室请示对大同云冈机场对外开放进行正式验收。

9 月 2 日

山西省口岸工作会议暨省口岸领导小组会议召开，副省长汤志平出席并讲话。

9 月 10 日

太原至旧金山国际货运航线复航。

9 月

山西省口岸办牵头制订印发《山西省落实〈国家“十四五”口岸发展规划〉工作方案》。

11 月 24 日

国务院批复同意在运城设立跨境电商综合试验区。

12 月 23 日

太原至澳门航线复航。

12 月

中国国际贸易“单一窗口”（地方版）建设工作项目通过评审。

（撰稿人：宋晓徽、宋阳、张跃）

## 2022 年山西省口岸流量统计表

| 口岸类型 | 口岸名称 | 货运量（万吨） | | | | 集装箱量（万标箱） | | | | 人员（人次） | | | | 交通工具（辆、艘、架、列次） | | | |
|---|---|---|---|---|---|---|---|---|---|---|---|---|---|---|---|---|---|
| | | 出口 | 进口 | 合计 | 同比（%） | 出口 | 进口 | 合计 | 同比（%） | 出境 | 入境 | 合计 | 同比（%） | 出境 | 入境 | 合计 | 同比（%） |
| 空运口岸 | 太原 | 0. 11 | 0. 000 13 | 0. 110 13 | -6. 17 | | | | | 544 | 3 414 | 3 958 | -75. 24 | | | 82 | -66. 12 |
| | 分计 | | | | | | | | | | | | | | | | |
| 合计 | | | | | | | | | | | | | | | | | |
| 同比（%） | | | | | | | | | | | | | | | | | |

（山西省口岸办提供）

# 2022 年太原海关主要数据统计表

| 项　目 | | 2022 年 | 2021 年 | 同比（%） |
|---|---|---|---|---|
| 进出口货运量（万吨） | 合计 | 320.2 | 544.1 | -41.16 |
| | 进口 | 300.9 | 519.7 | -42.10 |
| | 出口 | 19.2 | 24.4 | -21.18 |
| 进出口贸易总值（万美元） | 合计 | 472 776.4 | 915 109.4 | -48.34 |
| | 进口 | 376 481.4 | 609 406.5 | -38.22 |
| | 其中：江、海运输 | 134 130.9 | 221 470.3 | -39.44 |
| | 铁路运输 | 1 568.8 | 1 069.6 | 46.66 |
| | 汽车运输 | 131 814.4 | 297 695.3 | -55.72 |
| | 航空运输 | 108 963.2 | 89 166.4 | 22.20 |
| | 邮件运输 | 4.1 | 4.8 | -14.63 |
| | 其他运输 | | | |
| | 出口 | 96 295.0 | 305 703.0 | -68.50 |
| | 其中：江、海运输 | 15 831.8 | 23 419.0 | -32.40 |
| | 铁路运输 | 28 415.2 | 46 197.6 | -38.49 |
| | 汽车运输 | 4 033.6 | 163 276.7 | -97.53 |
| | 航空运输 | 48 014.4 | 72 809.5 | -34.05 |
| | 邮件运输 | 0 | 0.226 5 | -100.00 |
| | 其他运输 | | | |
| 税收（万元） | 两税合计 | 214 529.2 | 237 858.0 | -9.81 |
| | 关税入库 | 16 467.3 | 17 789.8 | -7.43 |
| | 进口环节税入库 | 198 061.9 | 220 068.1 | -10.00 |

（太原海关提供）

# 2022 年山西省口岸出入境主要数据表

| 项　目 | | | 2022 年 | 2021 年 | 同比（%） |
|---|---|---|---|---|---|
| 出入境人员（人次） | 出入境人员总数 | | 3 958 | 15 983 | -75.24 |
| | 入境人员 | | 3 414 | 10 789 | -68.36 |
| | 出境人员 | | 544 | 5 194 | -89.53 |
| | 出入境旅客 | | 3 106 | 13 390 | -76.80 |
| | 出入境员工 | | 852 | 2 593 | -67.14 |
| | 中国公民 | 小计 | 3 594 | 15 255 | -76.44 |
| | | 内地居民（因公） | 976 | 1 765 | -44.70 |
| | | 内地居民（因私） | 2 574 | 12 038 | -78.62 |
| | | 港澳居民 | 40 | 1 303 | -96.93 |
| | | 台湾同胞 | 4 | 149 | -97.32 |
| | 外籍人员 | | 364 | 728 | -50.00 |
| | 从海港出入境人数 | | | | |
| | 从陆港出入境人数 | | | | |
| | 从空港出入境人数 | | 3 958 | 15 983 | -75.24 |
| 交通运输工具（辆、艘、架、列次） | 总计 | | 82 | 242 | -66.12 |
| | 船舶 | | | | |
| | 飞机 | | 82 | 242 | -66.12 |
| | 火车 | | | | |
| | 机动车辆 | | | | |

（山西出入境边防检查总站提供）

| 序号 | 类型 | 口岸名称 | 批准开放时间 | 开放状态 |
|---|---|---|---|---|
| 1 | 空运口岸（6个） | 呼和浩特空运口岸 | 1991.12 | 国际常年 |
| 2 | | 满洲里空运口岸 | 2009.2 | 国际常年 |
| 3 | | 海拉尔空运口岸 | 1993.7 | 国际常年 |
| 4 | | 鄂尔多斯空运口岸 | 2016.1 | 国际常年 |
| 5 | | 包头空运口岸 | 2019.11 | 国际常年 |
| 6 | | 二连浩特空运口岸 | 2021.9 | 国际常年 |
| 7 | 公路口岸（12个） | 满洲里公路口岸 | 1989.4 | 国际常年 |
| 8 | | 二连浩特公路口岸 | 1990.6 | 国际常年 |
| 9 | | 策克公路口岸 | 2005.6 | 双边常年 |
| 10 | | 乌力吉公路口岸 | 2016.1 | 双边常年 |
| 11 | | 甘其毛都公路口岸 | 1992.3 | 双边常年 |
| 12 | | 珠恩嘎达布其公路口岸 | 1992.3 | 国际常年 |
| 13 | | 满都拉公路口岸 | 2009.2 | 双边常年 |
| 14 | | 额布都格公路口岸 | 2009.2 | 双边常年 |
| 15 | | 阿日哈沙特公路口岸 | 1992.3 | 双边常年 |
| 16 | | 黑山头公路口岸 | 1989.4 | 双边常年 |
| 17 | | 室韦公路口岸 | 1989.4 | 双边常年 |
| 18 | | 阿尔山公路口岸 | 2012.3 | 国际季节 |
| 19 | 铁路口岸（2个） | 满洲里铁路口岸 | 历史延续 | 国际常年 |
| 20 | | 二连浩特铁路口岸 | 1956 | 国际常年 |

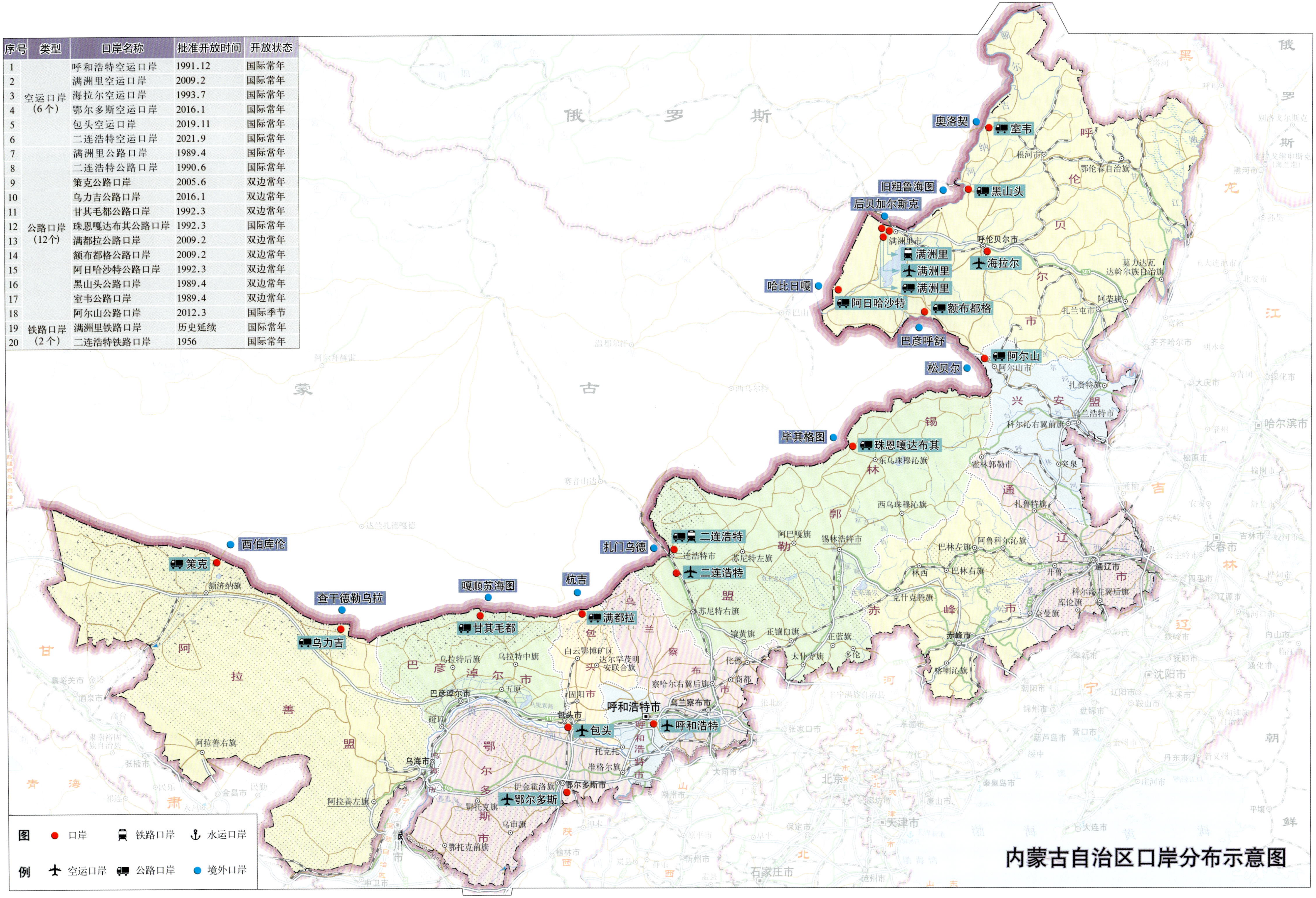


内蒙古自治区口岸分布示意图

# 内蒙古自治区

## 口岸数量及分布

截至2022年年底，内蒙古自治区共有经国务院批准的对外开放口岸20个。其中，空运口岸6个，分别为呼和浩特、海拉尔、满洲里、鄂尔多斯、包头、二连浩特空运口岸；陆路（铁路）口岸2个，分别为二连浩特、满洲里铁路口岸；陆路（公路）口岸12个，分别是满洲里、二连浩特、策克、甘其毛都、珠恩嘎达布其、满都拉、额布都格、阿日哈沙特、黑山头、室韦、阿尔山、乌力吉公路口岸。其中，边境陆路口岸中对俄罗斯口岸有4个，对蒙古国口岸有10个。

## 口岸运行数据

2022年，内蒙古自治区口岸进出境货运量5 842.2万吨，同比增长14.7%。其中，进境货运量5 176.7万吨，同比增长20.9%；出境货运量665.5万吨，同比下降18.2%。全区口岸进出境客运量74.1万人次，同比增长32.5%。其中，进境客运量37.1万人次，同比增长33%；出境客运量37万人次，同比增长32.1%。全区口岸进出境交通工具68.7万架（辆、列）次，同比增长43.5%。其中，进境交通工具33万架（辆、列）次，同比增长43.5%；出境交通工具35.7万架（辆、列）次，同比增长43.5%。

## 口岸综合管理

**【统筹推进口岸疫情防控和保畅通提运量工作】** 全力支持配合内蒙古自治区疫情指挥部口岸城市工作专班工作，对口岸地区“三道防线”建设情况进行复核和检查。将67%的口岸经济发展专项资金用于支持重点口岸基础设施和疫情防控设施建设。指导各盟市做好非冷链疫情防控工作，在全区范围内开展专项整治行动。指导各口岸创新通关作业模式，在有效防控疫情输入的同时保证通关顺畅。对口岸运行情况日调度月通报，研判口岸运行走势，及时发现问题、分析原因、精准施测。推行提升口岸货运量奖励机制，从2022年6月开始，发放进出境货运量奖补资金，累计发放1 416万元。

**【协调推进向北开放工作】** 调整内蒙古自治区向北开放工作领导小组成员，起草关于建设国家向北开放重要桥头堡实施相关方案和建设国家向北开放重要桥头堡2022年重点任务清单，有针对性地研究提出一系列需要国家支持的政策项目；积极推进口岸区域合作。以自治区政府名义印发《内蒙古自治区落实〈中新（重庆）战略性互联互通示范项目“国际陆海贸易新通道”合作规划〉实施方案》。推动中西部8个盟市及二连浩特市积极参与陆海新通道建设。与宁夏回族自治区口岸部门对接，共同推进口岸协作；主动服务中欧班列扩容增量，协调呼和浩特铁路局集团公司解决了鄂尔多斯、巴彦淖尔市开行班列计划。2022年，过境中欧班列共7 337列，同比增长19%；满洲里和二连浩特铁路口岸过境班列分别为4 818列和2 519列，同比分别增长40.7%和下降8%。务实开展口岸国际合作。积极筹备中国内蒙古自治区人民政府与蒙古国外交部常设协商工作组第五次会议。协助筹备中蒙两国《边境口岸及其管理制度协定》执行情况特别会晤等重要会议。与外事部门共同完成内蒙古自治区主席王莉霞与蒙古国驻华大使视频会晤，蒙古国驻华大使与甘其毛都、策克、满都拉口岸视频会晤会议。与蒙古国驻呼总领馆就推进AGV无人驾驶项目等进行交流。解决满洲里铁路口岸俄方货车车皮滞留情况。落实“中俄总理定期会晤”议定事项。协助筹办“中俄边境和地方间经贸合作和经济特区合作工作组第二次会议”。牵头召开大图们倡议东北亚地方合作委员会第十次会议，中俄蒙日韩等国地方成员政府、物流领域企业和相关国际组织代表出席会议。

**【服务泛口岸经济发展】** 安排口岸经济发展专项资金1.677 6亿元。结合国家口岸规划任务分工细化自治区“十四五”口岸发展规划任务分工。支持乌力吉口岸临时开放，完成满洲里口岸进境肉类海关指定监管场地的申报工作，协调推动包头、二连浩特航空口岸验收前的准备工作，推进乌兰察北方陆港进境肉类、冰鲜海关指定监管场地的申报工作，持续推动甘其毛都、策克、珠恩嘎达布其、满都拉铁路口岸建设工作。制订综合保税区发展工作计划，结合“大起底”和综合保税区发展绩效评估情况，持续指导推进综合保税区整改提升工作，从口岸经济发展专项资金中拨出 2 000 万元用于支持综合保税区建设。2022 年，呼和浩特综合保税区进出口值 41.54 亿元，同比增长 18.9%；鄂尔多斯综合保税区进出口值 68.92 亿元，同比增长 171.9%；满洲里综合保税区进出口值 34.9 亿元，同比增长 190.7%。

**【持续优化口岸营商环境】** 会同全区 13 个部门成立了全区优化口岸营商环境领导小组，制定印发了关于推进跨境贸易便利化优化口岸营商环境的实施意见、关于进一步促进口岸通关便利化若干措施等。印发了关于复制推广借鉴 2022 年促进跨境贸易便利化专项行动推出的改革创新措施的清单等。编制疫情常态化防控形势下全区重点口岸通关模式和流程图册。规范口岸收费目录清单管理，督促指导各口岸收费目录清单动态调整，做到清单之外无收费，全区口岸收费项目精简至 45 项。会同区发展和改革委员会等部门指导各口岸初步建立起政府、防疫企业、货运主体多方共担的疫情防控成本分担机制。开展国际贸易“单一窗口”推广应用培训。利用中国国际贸易单一窗口平台，对相关单位进行出口退税系统使用、原产地自助打印、运输工具申报、跨境电商出口申报等业务线上培训。协调自治区大数据中心对国家口岸管理办公室“单一窗口”规划相关修订工作。

## 口岸监管与服务

**【呼和浩特海关筑牢祖国北疆“两个屏障”】** 一是强化底线思维严密防范重大风险。组建风险管理委员会，细化“8+19”项任务，应急指挥体系始终处于激活状态。建立与地方安全部门的口岸安全风险联合防控机制。扎实开展“口岸危险品综合治理”百日专项行动，实现监管全链条、无缝隙、零等待，“滞”的隐患和“瞒”的风险有效防范化解。二是综合施策全面筑牢口岸检疫防线。坚持“人、物、环境”同防、多病同防，三级疫情防控常态化督导督查机制高效运行，各口岸现场科学精准实施检疫。2022 年，检疫入境航班 98 架次，保障北京冬奥会备降航班 1 架次；检疫入出境人员 34.61 万人次；11 月进口冷链食品业务恢复后，监管进口冷链食品 353 批次，监督实施预防性消毒货物 99 997件；检出其他传染病 39 例，首次检出呼吸道腺病毒。切实加强动植物检疫，全年截获有害生物 138 种 3 306 次，含检疫性有害生物 7 种 26 次，2 种属内蒙古地区首次监测截获；在出口赛马中检出二类及其他类传染病 12 匹次。“跨境电商寄递‘异宠’综合治理”行动扎实开展。三是精准发力持续强化全链条监管。货运渠道人工分析布控查获率超目标值 3.22 个百分点，业务现场即决式风险布控实现业务现场全覆盖。提前 25 天完成税收预算目标，估价征补税位居全国前列，陆运和空港旅客征税率均位居全国第一。严格食品“两个一律不准进口”，首次在进口葵花籽中检出铅超标。政治安全保卫持续强化，3 起典型案例和经验在全国海关通报交流。知识产权海关保护专项行动入选内蒙古“2022 年十大法治事件”，查扣侵权货物数量同比增长 91.45%，连续 2 年入选“全区打击侵犯知识产权和制售假冒伪劣商品十大典型案例”。“以查发为导向”的稽查改革稳步推进，稽查作业有效率 82.8%，同比增长 23.09%。四是高压震慑不断加大打私力度。全年，立案刑事案件 47 起，同比增长 147.4%；查办行政案件数量 204 起，同比增长 124.2%；办理署批行政大要案 1 起。

**【呼和浩特海关加快打造我国向北开放重要桥头堡】** 一是全面打造对外开放新格局。支持二连浩特、包头航空口岸和乌力吉公路口岸对外开放，完成鄂尔多斯航空口岸进境水果、冰鲜水产品、食用水生动物指定监管场地预验收。关区2个综合保税区进出口值连续3年保持高速增长，2022年1至11月，同比分别增长11.2%和165.2%。探索“保税+”发展新模式，区外加工贸易值同比增长43.25%。指导内蒙古首批2家铁路运输类海关监管作业场所正式投入使用。二是有力激发外贸主体新动能。制定36项赋能外贸发展细化措施，深入开展“百人联千企、力行促外贸”专项活动，切实为企业办实事、解难题。改革效应持续放大，“两步申报”应用率同比提高10个百分点，进出口提前申报率超50%；“多证合一”企业应用比例持续居全国前列。关区AEO企业平均查验率仅为0.4%，约为普通企业的十分之一。关区新增报关单位2 307家，增幅历年最大，增速历年最快。三是不断塑造特色产业新优势。助力形成螺旋藻、籽仁类、脱水蔬菜、乳制品、番茄制品、调味品6大优势出口品类，更多“蒙”字号远销全球。支持优异动植物种质资源引进，检疫进口冷冻牛精液数量创历史新高。推动蒙古国乳品实现准入。四是持续优化口岸营商新环境。相关做法得到自治区政府领导批示肯定，并被海关总署重要载体刊发。2022年，进口、出口整体通关时间分别为16.97小时和0.03小时，压缩比位居全国前列。进口减免税货值、免征两税同比分别增长3.24倍和3.04倍。

**【呼和浩特海关主动担当善谋善为】** 一是高效服务共建“一带一路”。率先在全国落实“铁路快速通关”模式，2022年中欧班列线路扩至64条，货运量同比增长10.82%，搭载汽车整车出境列次跃居整车类班列首位。“三智”示范项目在世界贸易组织、世界海关组织等重要多边场合对外展示，得到积极评价。研究型海关建设取得新成效，深度参与卫生检疫课题研究，牵头、参与署级课题14篇；11篇“打造我国向北开放重要桥头堡系列研究”成果为内蒙古融入“一带一路”建设提供决策参考，内蒙古与日、韩两国经贸研究课题为内蒙古高质量实施RCEP提供有力支持，得到自治区党委政府领导批示肯定。二是有力维护产业链供应链安全稳定。率先启动进口煤炭检验采信试点，进口煤炭通关时间由10个工作日缩短至1个工作日；率先试运行无人驾驶车辆（AGV）跨境运输模式，监管进口煤炭连续6个月同比、环比“双增长”，3个口岸单日进口峰值创2021年以来新高。创新思路推动二连浩特口岸有序恢复粮食进口业务。推动内蒙古建设首个农产品技术性贸易措施评议基地。三是主动服务中蒙外交外贸大局。狠抓《中华人民共和国和蒙古国关于新时代推进全面战略伙伴关系的联合声明》27条具体措施落实。蒙古国餐桌上80%的新鲜果蔬经二连浩特口岸“绿色通道”鲜快供应。中蒙边境地海关两级会晤机制运行高效，中蒙AEO互认稳步推进。

**【满洲里海关持续筑牢口岸疫情防线】** 调整优化指挥部机构设置及组成人员，组建口岸防控监控组，确保规定动作、规定程序100%落实到位。强化疫情监测预警，2022年编发国内外疫情快报365期。开展入境交通工具无接触式检疫试点，规范做好进口非冷链物品新冠病毒监测。坚持“多病共防”，全年检出病媒生物携带病原体3种53例。严格落实安全防护自查督查、一线疫情防控人员封闭管理、定期核酸检测等工作要求，严防职业暴露感染风险。有序开展“关长走进口岸封管区”，传递海关总署党委关心关爱，提出的6条合理化建议均被海关总署采纳。不动摇、不走样地抓好内部防控各项措施落实，有效应对本土疫情冲击，确保人员安全、工作不断、通关顺畅。

**【满洲里海关切实维护国门安全】** 健全防范化解重大、系统性风险工作机制，梳理排查关区重大、系统性风险“9+16”项，制定防范化解措施60条，扎实推进防范措施落地落实。有力有效开展“口岸危险品综合治理”百日专项行动，实现口岸危险品“动态清零”。建立二、三级监控指挥中心每日会商、双向互联监控检查机制，口岸检查规范化水平有效提升。2022年，入库税款45.64亿元，同比增长43.81%。深入推进“国门绿盾2022”，截获进境有害生物4 391

种次。严格落实食品安全“四个最严”要求，检出进出口食品不合格 5 批次。持续加强矿产品、煤炭、危险品、化肥等重点商品进出口检验监管，检出不合格商品 131 批、9.6 万吨。优化完善关区内外稽查协作机制。加强知识产权海关保护，查获侵权案件 12 起，案值 13.97 万元。保持打击走私高压态势，全年立案办理刑事案件 10 起，案值 1.04 亿元；行政案件 38 起，案值 1 933.8万元。

**【满洲里海关促进外贸保稳提质】** 深入开展调查研究，4 篇调研报告获得海关总署署领导批示。创新工作方法，推动实施“甩挂”“接力驾驶”等非接触式货物交接模式，建立进境粮食、矿产品、钾肥等重要物资“绿色通道”保障机制，高效统筹防疫情、保畅通，降低疫情对跨境物流的冲击。针对铁路口岸进口货物拥堵、公路口岸出口工程机械滞压聚集等问题，主动担当、积极作为，建机制、疏堵点，促合作、强力量，优流程、提效能，多措并举、多点发力，及时恢复口岸正常运转。建立口岸货运监测预警、整体通关时间监测预警、进口货物企业申报提醒催办机制。2022 年 12 月，关区进口、出口整体通关时间分别为 32.93 小时、0.53 小时，较 2017 年分别压缩 57.55%、75.77%。完善企业问题清零机制，出台 20 条促进外贸保稳提质、42 条优化口岸营商环境细化措施并持续推动落实。建立关长联系企业机制，“一企一策”解决企业发展难点问题。推动 RCEP、减免税政策落地生效。举办中俄海关、铁路区域性双边“四方会谈”，协调解决跨境通关问题，实施“7×24 小时”预约通关，持续提升通关便利化水平，全年监管进出境中欧班列 4 818 列，同比增长 37.6%。大力推广应用“铁路快速通关”模式，创新运用出境俄籍列车运载出口班列货物，进一步压缩全程运输时间。

**【内蒙古出入境边防检查总站决战决胜口岸安保和国门防疫】** 牢固树立总体国家安全观，紧盯口岸安全和疫情防控工作实际，发挥边检部门外防输入“第一线”和“最前沿”职能作用，全力确保口岸安全稳定。一是“管理优先”强化转变。坚持管理优先是边检机关履行中央事权的根本遵循和根本保证，第一时间研究制定总站落实全国边检工作会议精神全面加强边防检查工作的实施意见，精心搭建“主官讲堂”平台，部署开展“班子成员进‘闭环’”“公共关系四个一”等系列学习讨论活动，强化理念接轨、行动转变。持续加强对安保工作的动态研究、重点部署、针对措施，统筹部署打击跨境赌博、电信网络诈骗、走私贩枪贩毒等违法犯罪活动，构建共建共治共享的口岸防控格局，提升口岸查缉打击精准度。二是“能开尽开”服务大局。积极推动策克、额布都格口岸恢复货运通关，力促乌力吉口岸实现临时过货，全面跟进满都拉、二连浩特“吊装”作业场地扩容，提前介入中蒙经济合作区、呼和浩特国际机场转场运营等方案设计，主动参与甘其毛都跨境铁路等重点项目前期规划工作，高标准保障“中欧班列”和“中蒙绿色通道”常态正常运行，全力护航能源动脉通道安全畅通。持续对警力配置、通道设置、硬件设施、查验装备等基础工作进行全面梳理，做好口岸硬件建设、业务培训考核等工作，常备不懈做好恢复正常通关的软硬件准备，全力确保全区口岸应开尽开、能开尽开。三是“归零心态”严防疫情输入。深度参与自治区防指口岸专班工作，推动限定区域“三区划分、分级管控”“谁审批、谁负责、谁管理”纳入自治区“三道防线”验收方案，推动全区口岸实现“应围尽围、真围实围”。实时跟进疫情形势变化和防疫政策调整，前瞻谋划、实操推演口岸极端情况全区警力支援和接管口岸勤务机制，第一时间出台了个人防护工作指引、隔离管理指引、独立作战单元工作指引等 10 余份指导性文件，严格陆路口岸“客停货通”和“五个全闭环”管理，加强高风险岗位独立作战单元勤务组织，科学调整换勤周期频次，实现了口岸阳性病例边检处置“零疏漏”、限定区域边检管理“零失误”、执勤隔离边检人员“零感染”，外防输入的主力军作用更加凸显。四是“一站一策”跟进指导。直插一线加强边检业务指导，项目化推进、清单化运作。全程跟进俄罗斯莫斯科、美国纽约、意大利米兰、白俄罗斯明斯克、蒙古国乌兰巴托入境国际分流航班及专包机特殊勤务，刚性落实空港口岸“四分流”和陆地口岸“客停货通”政策。高标准保障中蒙边境“绿色通道”运行，年内验放外交、商务、物流、生产和技术服务等领域以及参与重大合作项目的急需必要入出境人员136人次，在做好疫情防控的前提下，助力保通保畅和稳经济大盘。

**【内蒙古出入境边防检查总站服务自治区向北开放桥头堡建设】** 充分发挥现代移民管理保驾护航作用，持之以恒推动主责主业提档升级，营造安全顺畅口岸通关环境，不断提升服务发展能力。一是创新中欧班列查验新举措。坚持通关服务“做加法”、管理模式“做减法”、智能查验“做乘法”、纾困化险“做除法”，立足铁路口岸常态化疫情防控实际和“大进大出”“快进快出”通关需求，在满洲里、二连浩特铁路货运口岸因地制宜推行列车“磁条封控车门、镜头采集资料、探头检查厢体、证件分区录入”和“提前备案、定人定岗、互不登临、封条互认”等非接触式查验模式，保证一线执勤人员24小时值守待命，确保通关“零等待”、查验“零延时”。在遂行任务中不断完善边检“一事一案”保障预案，确保载运抗疫、民生、特种物资装备和大宗商品及煤炭能源等列车出入境顺畅通关，单列列车查验时间平均缩短在25分钟以内，有力提升了中欧班列通关效率和疏运能力。二是创新便利通关新模式。按照“一口岸一特色、一边检站一品牌”加强分类指导，着力打造对俄对蒙窗口、战略运输通道、勤务规范样板、北疆边检品牌。在实践中优化升级非接触查验勤务流程和闭环管理措施，全力支持二连浩特、策克、满都拉等口岸吊装场地改扩建，形成陆地口岸定式经验，7个“客停货通”陆地口岸日均出入境车辆3 500辆次，甘其毛都、满都拉、策克口岸单日出入境车辆、单日进出口货运量屡创年内历史新高。组织召开全区边检重点业务建设推进会，深入贯彻中蒙两国政府关于加强双方能源合作、扩大口岸货运量等合作共识，主动跟进AGV、智能重卡、跨境空轨等新型无人驾驶跨境运输项目规划、可研分析，在勤务组织、岗位设置、查验流程、信息录入、问题处置、安全管理等方面创新手段、积累经验，推动AGV改革试点工作全面铺开。三是创新勤务改革新样板。按照“最少够用、精准用警”的原则，区分高、低风险岗位设置独立作战单元，平时互不接触，战时转换支援，全面遂行“独立作战单元”勤务模式，国家移民管理局刊发简报推介工作经验做法。坚持全区边检一盘棋，建立全区警力统筹调度机制，前瞻谋划、实操推演口岸极端情况全区警力支援和接管口岸勤务机制，研究制定跨边防检查站助勤支援办法，分级分类制订完善各类应急处置预案，区分东中西3个方向整建制、常态化备勤3支机动支援力量，在承压环境下检验预案、磨合机制、锤炼队伍，重大任务警力调配更加科学合理、机动高效。面对年内多轮次口岸城市本土疫情，先后组织3批次131名民警跨区域支援、整建制轮换、跨边防检查站助勤，保障口岸不间断运行、通关顺畅。四是创新对外警务合作新内涵。发挥边检涉外工作优势，主导建立中俄、中蒙边检机关联合管控、联动通关协作机制，持续巩固深化“边检站联合办公”“跨境紧急救助”等常态化业务合作内涵，及时协商解决影响口岸通关的实际问题，共同推动口岸边检通关“双向提速”。分别致函俄罗斯后贝加尔边疆区边防局和蒙古国边防总局，持续深化在口岸安保、疫情防控、口岸通关等领域的警务执法合作，协助解决大宗物资跨境联运、滞留商品车出口等通关事宜，全方位、深层次、多领域优化口岸通关和安全管控环境。

**【内蒙古出入境边防检查总站持之以恒推进职业化专业化建设】** 一是坚持在全警实战练兵上持续发力。加快训考、考评2个体系和3个培训区域分中心建设，实行区内外教员聘请制度，与北京、上海、新疆等总站建立双向教学合作。细化检查员专业能力素质建设方案，明确应试过关、应检达标、应赛争先任务目标，提升检查员对边检业务知识的理解与认识，不断强化实战化技能练兵，努力形成队伍前后衔接、梯次接续、压茬成长的良好局面。二是坚持在专业骨干队伍建设上持续发力。配齐建强、实体运行总站边检数据核查中心、证件研究中心和12367服务平台，“1314”层级证研核查体系初步建立，对俄对蒙业务重点方向研究初具特色。以检查员专业能力等级评定和大比武为抓手，加强边检骨干型、研究型、专家型人才培养锻炼，带动整体业务工作提档升级。三是坚持在党建与队建深度融合上持续发力。坚持以党的建设引领中心工作，推动党建与业务的深入融合，把深入学习贯彻党的二十大精神作为当前和今后一个时期首要政治任务，找准党的二十大精神与边防检查工作的结合点，始终坚定政治立场、政治信仰、政治方向，坚决做到上级部署的重要工作专题研究、上级领导做出的指示批示全程督办、落实上级决策部署情况及时报告，确保事事有着落、件件有回音。

## 开放口岸

**【呼和浩特空运口岸（呼和浩特白塔国际机场）】** 呼和浩特白塔国际机场位于内蒙古自治区首府呼和浩特，距市中心14千米。机场于1958年10月1日建成通航。1991年12月，国务院批准呼和浩特机场对外开放。1992年3月，开通至蒙古国首都乌兰巴托的航线，成为我国起降国际定期航班的机场之一。2004年，呼和浩特白塔国际机场进行扩建，新建机场建筑面积37.4万平方米，可供35架飞机同时停放；航站区新建航站楼5.45万平方米，设计年吞吐量为300万人次，新站坪机位达32个，机场飞行区等级为4E级。2020年，呼和浩特空运口岸新建一座国际航站楼，面积约8 500平方米，缓解了呼和浩特白塔国际机场日常客流量带来的保障压力，满足了国际分流航班所需的独立场地要求。2022年，根据疫情防控总体安排和部署，呼和浩特空运口岸暂停正常通关，保障北京首都国际机场分流国际航班98架次。

**【满洲里空运口岸（满洲里西郊国际机场）】** 满洲里西郊国际机场距满洲里市区9千米，与中俄国界线最近距离约7千米。机场于2004年11月28日启用；2005年2月正式通航；8月29日实现临时开放，开通了满洲里至俄罗斯伊尔库茨克、赤塔的临时包机业务。机场候机楼面积2万平方米，跑道2 800米，机场飞行区等级为4D级，3条廊桥，可满足国内国际进出港旅客200万人次、高峰小时1 400人次的需求。2009年2月4日，国务院批复同意满洲里西郊机场对外开放；2月24日通过自治区验收组预验收，5月22日通过国家验收组正式验收对外开放；2010年9月被中俄双方正式纳入了国际航线直飞点。2020年，完成俄罗斯伊尔航空公司临时增加的满洲里—伊尔库茨克包机，从满洲里接载出境旅客返回伊尔库茨克。2022年，受疫情影响，满洲里空运口岸暂停通关。

**【海拉尔空运口岸（呼伦贝尔海拉尔机场）】** 呼伦贝尔海拉尔机场距市区5千米。1953年3月，中苏间正式开通并成立中苏航空股份公司海拉尔航空站，航线为苏联赤塔—中国海拉尔—朝鲜平壤。1955年苏方将股份移交中方，由中方单独经营。1959年该航线取消，口岸随之关闭。1988年，呼伦贝尔盟开展经济体制改革试验区建设，恢复海拉尔空运口岸。1992年和1993年，内蒙古自治区政府2次向国务院申请重新开放该口岸。1993年7月6日，国务院批复同意海拉尔航空口岸对外开放。1995年9月15日，海拉尔航空口岸正式对外开放。1996年5月3日，正式开通海拉尔至俄罗斯赤塔国际航线。经过多年的建设，机场口岸基础设施已日趋完善。海拉尔机场已经成为内蒙古东部地区规模最大、功能最完善、业务最繁忙的机场，飞行区达到4D级标准，跑道达2 800延长米，可起降波音767-300以下机型的飞机。2022年，受疫情影响，海拉尔空运口岸暂停通关。

**【鄂尔多斯空运口岸（鄂尔多斯伊金霍洛国际机场）】** 鄂尔多斯伊金霍洛国际机场坐落于

鄂尔多斯市康巴什新区东南方16千米处，机场占地面积约353.33万平方米，飞行区等级为4E级，跑道长度3 200米、宽60米，可满足波音747等大型客货机的起降。2005年3月25日，国务院批准内蒙古自治区人民政府筹建鄂尔多斯民用机场的申请；2007年7月26日，鄂尔多斯机场正式通航。鄂尔多斯机场是内蒙古自治区唯一由地方全资建设、自主管理的机场。新航站楼工程于2013年1月30日投入使用，航站楼建筑面积10.03万平方米，可满足旅客年吞吐量1 200万人次需求。2008年开始，伊金霍洛机场申请设立空运口岸。2012年，国务院同意将鄂尔多斯伊金霍洛机场补列入国家“十二五”口岸发展规划。2013年4月，获批临时开放；7月19日，开通直飞香港的航班。2016年1月18日，国务院批复同意鄂尔多斯伊金霍洛机场作为航空口岸对外开放；11月8日，通过国家验收组对外开放验收。2022年，受疫情影响，鄂尔多斯空运口岸暂停通关。

鄂尔多斯伊金霍洛国际机场

鄂尔多斯综合保税区于2017年2月14日经国务院批复同意设立，2018年12月28日通过国家验收，2019年3月28日正式封关运作。鄂尔多斯综合保税区位于鄂尔多斯空港物流园区内，规划面积1.21平方千米，其中一期规划建设0.79平方千米、二期建设0.42平方千米。2019年11月20日，海关总署批复设立进境水果、食用水生动物和进口冰鲜水产品指定监管场地。2022年，实现进出口值68.9亿元，同比增长172%。

**【包头空运口岸（包头东河机场）】** 包头东河机场位于包头市东河区，距包头主城区23千米，距包头东站8千米，为4D级国际支线机场。机场始建于1934年，由当时国民政府交通部与德国汉莎航空公司合作成立的欧亚航空邮运股份有限公司筹建。1956年，正式建立中国民用航空包头站。2006年，飞行区由4C升为4D级，跑道长2 800米，可满足B737（200座）以下机型起降及B767（260座）以下机型备降要求。2014年12月，包头机场新航站楼启用，其中T1航站楼（国际）面积1.1万平方米、T2航站楼（国内）3万平方米，设计旅客年吞吐量300万人次。2016年6月，国家口岸管理办公室批复同意中外籍临时客运包机从包头二里半机场出入境，时间为2016年7月1日至12月31日。2016年8月3日，包头二里半机场开通首条国际航线，由蒙古国匈奴航空使用福克50型飞机执飞乌兰巴托航线。2018年3月，包头二里半机场更名事宜正式获得中国民用航空局批复，更名为“包头东河机场”。2019年11月，国务院批复同意包头东河机场对外开放。2022年，受疫情影响，包头空运口岸暂停通关。

**【二连浩特空运口岸（二连浩特赛乌素机场）】** 二连浩特赛乌素机场位于二连浩特市中心东南约27千米处赛乌素镇，距中蒙边境约36千米。2008年6月机场开始动工建设，2010年4月机场正式启用，飞行区等级为4C，跑道长度为2 400米，可满足波音737-800、空中客车320、A310等客机起降。2011年8月26日，国家口岸管理办公室批准二连浩特机场临时对外开放。2021年9月22日，国务院批复同意内蒙古二连浩特赛乌素机场对外开放。2022年，受疫情影响口岸暂停通关。

**【满洲里陆路（铁路）口岸】** 满洲里铁路口岸位于中俄38-41号界标处，与俄罗斯后贝加尔边疆区后贝加尔斯克铁路口岸相对应，是中国规模最大的铁路口岸，换装能力8 000万吨，是中俄贸易最大的通商口岸，承担了中俄贸易60%

的货运量。满洲里铁路口岸于 1901 年开通，距今已有百年的历史。2002 年，被国务院确定为重点建设和优先发展的两个铁路口岸之一。满洲里铁路口岸联检大楼集中了铁路交接所、海关、代理公司等国际联运部门。现有宽准轨到发编组线 74 条，口岸站换装线、专用线等线路 100 余条，宽轨列车会让站 1 个，换装场地 20 余个。满洲里铁路口岸查验手段先进，通关作业信息化程度高，配有钴 60 火车自动检查系统、列车电子监控系统、放射性检测仪等现代化设备设施；建立了覆盖各监管场区的网络系统，实现了进出口货物远程监控和查验信息的同步传输。各货代报关企业与海关、铁路车站实现了微机联网。海关与铁路车站实现了舱单的网络传输。满洲里铁路车站与俄后贝加尔车站间实现了电子数据交换。配备了多种性能先进的现代化换装设备，能够满足各种进出口货物的换装仓储需求。

满洲里铁路口岸进口货物主要有木材、原油、化工、纸类、化肥、铁矿砂、合成橡胶等，货物流向全国 29 个省（自治区、直辖市）；出口货物以轻工产品、机电产品、矿产品、石油焦、食品、建材等为主。利用口岸优势，满洲里口岸扩大口岸跨区域合作，形成了以“苏满欧”为代表的 57 条中欧班列线路，年接发中欧班列能力 2 500列。

2022 年，为严防疫情输入，对 13 个铁路作业场区实施闭环管理。全年经满洲里铁路口岸出入境中欧班列 4 818 列，同比增长 40. 7%。满洲里铁路口岸进出口货运量 1 556. 5 万吨，同比下降 15%；进出境客运量 2. 55 万人次，同比下降 2. 6%；进出境列车达 1. 27 万列次，同比下降 2. 3%。

**【二连浩特陆路（铁路）口岸】** 二连浩特铁路口岸位于内蒙古自治区正北部集二线终端，中蒙 815 号界标附近，与蒙古国扎门乌德市相距 9 千米，是中国与蒙古国接壤的唯一铁路口岸，对应蒙古国东戈壁省扎门乌德铁路口岸，自古就是中国内陆通往北亚、东欧最近最便捷的通道。1956 年，随着中、蒙、苏（北京—乌兰巴托—莫斯科）三国国际联运通车，口岸正式对外开放。通过京包线与天津港相连，是日本、东南亚及其他邻国开展对蒙古国、俄罗斯及东欧各国转口贸易的理想通道，是蒙古国走向出海口的最便捷通道，也是中国向北开放的前沿阵地和重要的进出口商品集散地。该口岸进出口货物主要有铁矿石、木材、铜矿粉、原油、水泥等，蒙古国 70% 的果蔬和日用品经由该口岸运入。

二连浩特铁路口岸功能齐全，查验设备先进，现有宽准轨线路 169 条，建有世界上最大的散堆装货场、列车换轮库，拥有世界一流的 H986 货运列车检验系统。2006 年起口岸实行 24 小时通关，年吞吐能力 1 200 万吨。建有 4 条旅客自助通道、2 套自助通道信息采集点，方便旅客通关。2022 年，经二连浩特口岸运行中欧班列线路 64 条；全年进出境中欧班列 2 519 列，同比下降 8%。进出境货运量 1 326. 72 万吨，同比下降 17. 4%；进出境客运量 2. 72 万人次，同比下降 9. 6%；进出境列车 1. 35 万列次，同比下降 8%。

**【满洲里陆路（公路）口岸】** 满洲里公路口岸位于中俄 42 号界标附近，与俄罗斯后贝加尔边疆区后贝加尔斯克公路口岸相邻，是中国唯一实行 24 小时通关的国际公路口岸。满洲里公路口岸原为中苏两国铁路员工通勤通道，于 1989 年经原国务院口岸领导小组批准开通，1990 年改建为有 1 条客货混用通道的口岸。1992 年中俄两国政府换文确认其国际口岸地位。1993 年开始移址新建，1998 年 6 月 30 日投入使用。口岸分为旅检区和货检区，旅检通关大楼共分为三层，一层为出入境人员的候检大厅、二层为出境大厅、三层为入境大厅，楼内共开设 10 进 10 出人员通道；货检通道北卡口规划 6 进 6 出 12 条通道，南卡口规划 3 进 3 出 6 条通道。2017 年，公路口岸新货检通道正式启用，口岸年通关能力达到人员 1 000 万人次、车辆 100 万辆次、货物 1 000 万吨。货检区出口主要是以蔬菜水果为主，占出口总量的 85%；进口主要是以废钢和木材为主，占进口总量的 90%。截至 2022 年年底，我国有 29 个省（自治区、直辖市）的蔬菜水果经由这里出口到俄罗斯。公路口岸主体建筑有货检大楼、旅检大楼、会晤站、国际邮件互换局兼交换站，以及相配套的公路口岸交易市场、海关监管场所等。口岸封闭区集通关、查验、仓储运输、生活服务于一体，可一次性完成报关、税费征缴业务。

2022年，满洲里口岸办认真落实公路口岸疫情防控工作，对2个公路口岸场区实施闭环管理。全年，出境货运量61.8万吨，同比增长54.6%；进出境客运量9.84万人次，同比增长15.2%；进出境车辆7.8万辆次，同比下降0.9%。

满洲里综合保税区于2016年9月13日通过国家十部委联合验收，2016年12月20日正式封关运作，是内蒙古自治区首家综合保税区，规划面积1.44平方千米。2022年，实现进出口值34.9亿元，同比增长190%。

**【二连浩特陆路（公路）口岸】** 二连浩特公路口岸位于中蒙边界815号界标处，与蒙古国东戈壁省扎门乌德隔界相望。二连浩特公路口岸旧通道于1992年开通试运营，是在中蒙两国铁路员工通勤通道的基础上改建的，只有一条客货混用通道，基础设施、查验条件非常简陋。2000年6月，为改变二连浩特口岸的落后面貌，二连浩特扩建公路口岸。2010年至2012年再次对公路口岸进行了改扩建，实现了客货分流、通关与查验分开，设计年过客能力500万人、过货能力1 000万吨。公路口岸货运通道建成智能卡口系统，车辆经智能卡口通关平均用时40秒。

二连浩特公路口岸

2022年1月11日，二连浩特公路口岸恢复货运通关。全年，进出境货物91.38万吨，同比下降54.2%；进出境人员8.85万人次，同比增长22.6%；进出境车辆8.14万辆次，同比增长30.8%。

**【甘其毛都陆路（公路）口岸】** 甘其毛都公路口岸位于中蒙第703号界标处，距乌拉特旗政府海流图镇133千米，与蒙古国南戈壁省汉博格德县嘎顺苏海图口岸相对。“甘其毛都”蒙语里意为“一棵树”。1989年12月20日，经内蒙古自治区人民政府批准为中蒙边境贸易的临时过货点；1990年2月23日，实现了首次过货；1992年3月，经国务院批准为双边季节性开放口岸，并于同年7月正式进行首次季节性开关。2007年9月，国务院批复同意甘其毛道口岸更名为甘其毛都口岸，并扩大为中国和蒙古国双边常年开放的边境公路口岸。2009年6月，通过了国家常年开放验收。2016年12月，被自治区政府批准为自治区级重点开发开放试验区。2018年5月21日，设立了巴彦淖尔市甘其毛都口岸管理委员会，甘其毛都口岸上划巴彦淖尔市直管。甘（甘其毛都）泉（万水泉）铁路与包神铁路、神朔铁路、朔黄铁路、黄骅港、天津港形成路港联网联运的矿产资源运输大通道，是蒙古国TT煤田、OT铜金矿最便捷的出海通道。口岸对应蒙古国南戈壁省总面积60%以上的地下都有煤矿资源，已探明煤储量530亿吨，铜矿储量位居世界前列。其中，塔本陶勒盖煤田探明储量64亿吨，奥云陶勒盖铜矿初步探明为亚洲最大的铜矿，名列世界第4位，该铜矿平均品位0.63%，最高品位4%。

2022年，甘其毛都公路口岸设置7个闭环作业区，防控区域面积4.1平方千米、封闭围栏全长51千米。启动AGV车辆测试扩大煤炭进口，口岸日均测试运行AGV车辆由20辆次提升至60辆次。全年，口岸进出口货运量1 906.78万吨，同比增长144.68%；出入境人员30.4万人次，同比增长52.26%；出入境车辆30.4万辆次，同比增长52.26%。

【策克陆路（公路）口岸】 策克公路口岸位于内蒙古阿拉善盟额济纳旗中蒙572号界标处，距额济纳旗府所在地达来呼布镇60千米，与蒙古国南戈壁省西伯库伦口岸相对。“策克”蒙语里意为“河湾”。1992年3月，经内蒙古自治区人民政府批准为季节性对外开放原二类口岸；2005年6月，经国务院批准为中蒙双边性常年对外开放口岸。2016年12月，被自治区政府批准为自治区级重点开发开放试验区。嘉（嘉峪关）策（策克）铁路和临（河）策（克）铁路在口岸交汇，与京包、包兰、兰新等铁路共同形成贯通的能源运输通道。策克口岸是中蒙两国最为重要的贸易通道之一，对外辐射蒙古国南戈壁、巴音洪格尔、戈壁阿尔泰、前杭盖、后杭盖5个畜产品、矿产资源较为富集的省区，这些地区蕴藏着金、铜、铝、铅等多种丰富的贵金属矿藏资源，距蒙古国那林苏海特煤田仅46千米。

策克口岸

2022年5月25日，策克口岸恢复货运通关，口岸管委会不断完善闭环管理措施，严格落实“一环、两线、三区、四要素、五方责任”工作要求。合理增扩作业区面积，将中蒙边境线零公里处作业区面积由原来的1.5万平方米增扩至3万平方米，满足单日进口煤炭10万吨作业场地需求。全年，口岸进出口货物539.46万吨，同比增长31.19%；进出境人员8.08万人次，同比增长5.92%；进出境车辆8.08万辆次，同比增长6.88%。

【黑山头陆路（公路）口岸】 黑山头公路口岸位于呼伦贝尔市和俄罗斯后贝加尔边疆区交界的额尔古纳河东岸，中俄边界91号界标处，与俄罗斯后贝加尔边疆区旧粗鲁海图口岸相望，向南连接满洲里口岸，向北与室韦口岸相连，向东距额尔古纳市区62千米，距黑山头镇12千米，距口岸22千米的俄罗斯普里阿尔贡斯克区有公路、铁路通往俄罗斯腹地，口岸临界的俄罗斯后贝加尔边疆区拥有极其丰富的森林、石油、天然气、铅锌矿石、煤炭、木材等矿产资源。1989年4月，经国务院批准为双边性常年对外开放口岸。1990年，经国家口岸管理办公室批准正式对外开放；1991年，正式实现双边性常年开放。根据当时贸易的需要，采取边开通边建设的办法，口岸过货经历了冰上—木桥—永久性水泥桥过货的发展过程。经过多年的发展，逐步形成了以进出口贸易为主，以旅游、服务业为辅的口岸经济发展模式。2009年，黑山头口岸新建口岸联检楼、货检楼，口岸年过货能力达100万吨、过人达100万人次。2022年，根据疫情防控需要，口岸暂停通关。

【室韦陆路（公路）口岸】 室韦公路口岸位于中俄界河额尔古纳河中游东岸第111号界标处，南距额尔古纳市区168千米，北距莫尔道嘎镇90千米，西隔额尔古纳河与俄罗斯奥洛契口岸相对，两口岸相距1千米，两口岸码头相距仅200米。1989年4月，经国务院批准为双边性常年对外开放口岸。1991年2月1日，口岸正式对外开放。2001年10月，建成室韦—奥洛契口岸界河大桥，实现了常年通关过货。口岸年过货能力50万吨。室韦口岸相对应俄罗斯赤塔州东北部9个市区，矿产资源十分丰富，以黄金开采最为发达，铅、锌、铁、铜等矿产资源也有相当储量，森林资源更为丰富，木材储积量达4.5亿立方米，该地区公路发达，与西伯利亚大铁路相距200多千米，内陆交通也十分便利。2022年，根据疫情防控需要，口岸暂停通关。

【阿日哈沙特陆路（公路）口岸】 阿日哈沙特公路口岸位于呼伦贝尔市新巴尔虎右旗阿日哈沙特镇境内，中蒙边界1495号界标处，与蒙古国东方省克尔伦县哈比日嘎口岸相对应。“阿日哈沙特”蒙语里意为“后院”。1989年9月，内蒙古自治区人民政府批准开辟阿日哈沙特为对蒙边境临时过货点。1990年9月，实现了首次过货。1992年3月11日，经国务院批准为双边季节性开放口岸。2015年，由原来的集中延长开关调整为临时常年开放。2017年7月，经国务院批准为双边性常年开放公路客货运输口岸。2019年4月，经国家口岸管理办公室授权，通过了内蒙古自治区口岸办等部门联合的验收。口岸年通过能力为货运150万吨、客运50万人次。阿日哈沙特公路口岸进口货物主要为铅锌粉、铁矿石和民族工艺品服饰，出口货物主要为农蔬、建材、家电、摩托车、机械设备和日常生活用品。2022年，根据疫情防控需要，口岸暂停通关。

**【额布都格陆路（公路）口岸】** 额布都格公路口岸地处内蒙古自治区呼伦贝尔新巴尔虎左旗阿木古郎镇西南18千米，中蒙边界1423界标处，与蒙古国东方省巴彦呼舒口岸隔河相望。“额布都格”蒙语里意为“膝盖”。1991年5月，经内蒙古自治区批准为边境贸易原二类口岸。1995年，升格为季节性对外开放口岸。2006年2月，经海关总署正式批准自当年起实行全年临时集中开放。2009年2月，经国务院批准为双边季节性公路客货运输口岸；9月，通过国家验收。2017年7月，经国务院批复为双边性常年开放公路客货运输口岸。2019年4月，经国家口岸管理办公室授权，通过了内蒙古自治区口岸办等部门联合的验收。口岸年通过能力为货运50万吨、客运30万人次。额布都格口岸对应的蒙古国东方省石油、盐、畜产品和水产品等资源极为丰富。口岸进口货物以饲草、水产品、煤炭、废旧金属、大庆塔木察格油田设施设备为主，出口货物以副食品、电器、建材、农机产品为主。2022年6月20日，额布都格口岸恢复货运通关。全年，进出境货运量36.97万吨，同比下降11%；进出境人员2.1万人次，同比下降6%；进出境车辆2.1万辆，同比下降6%。

**【阿尔山陆路（公路）口岸】** 阿尔山公路口岸位于兴安盟阿尔山市天池镇，距离阿尔山市45千米，在中蒙边境1382-1383号界碑之间，与蒙古国东方省松贝尔口岸相对应。“阿尔山”全称“哈伦·阿尔山”，蒙语意为“热的圣水”。1992年，经内蒙古自治区人民政府批准开放为原二类季节性口岸。1993年1月17日，实现开关过货。2012年3月，经国务院批准为国际性季节开放口岸；2012年12月，通过国家级验收。2013年7月15日至10月1日，阿尔山口岸实现首次临时集中开放。2016年，阿尔山口岸实现延长开放，每年4月1日至11月30日开放。口岸定位为“生态、文化、旅游”口岸。规划建设的阿尔山—乔巴山铁路是第4条连接欧亚大陆的铁路大通道，也是连接东北亚地区的重要枢纽，可以形成东起图们，西连蒙古国、俄罗斯，贯通整个东北亚新的欧亚大陆桥。2022年，根据疫情防控需要，口岸暂停通关。

**【珠恩嘎达布其陆路（公路）口岸】** 珠恩嘎达布其公路口岸位于内蒙古自治区锡林郭勒盟东乌珠穆沁旗嘎达布其镇境内，中蒙边境1046号界标处，与蒙古国苏赫巴托省毕其格图口岸相对应。“珠恩”意为“东”，“嘎达布其”意为“门槛”，历史上称为“蒙马处”。1992年3月11日，经国务院批准为双边季节性开放口岸。2004年9月，经《中蒙边境口岸及其管理制度协定》确认为国际性常年开放口岸。2006年8月，经国务院批复同意扩大为国际性常年开放的边境陆路口岸。2008年1月，正式实现国际性常年开放，成为内蒙古自治区继二连浩特、满洲里之后第3个实现常年开放的国际性口岸。2014年7月，锡林郭勒盟珠恩嘎达布其—霍林郭勒市珠斯花铁路线通车，年运输能力1 200万吨，从珠恩嘎达布其可直达辽宁锦州港。2016年，被列为自治区重点开发开放试验区。珠恩嘎达布其口岸对内辐射东北、华北，具有连接东西、纵贯南北的地缘区位优势；对外辐射矿产和动植物资源极为丰富的蒙古国苏赫巴托省、东方省、肯特省，是蒙古国便捷的出海口之一，也是京、津、唐地区通往俄罗斯、蒙古国最便捷的通道。口岸进口货物主要为原油、煤炭，出口货物主要为机械设备、建筑材料。

2022年7月30日，珠恩嘎达布其口岸恢复货运通关。全年，口岸进出境货运量12.83万吨，同比下降74.56%；出入境人员0.46万人次，同比下降72.78%；出入境车辆0.46万辆次，同比下降72.78%。

**【满都拉陆路（公路）口岸】** 满都拉公路口岸位于内蒙古自治区包头市达尔罕茂明安联合旗满都拉镇，中蒙边境757界标处，对应蒙古国东戈壁省杭吉口岸。“满都拉”蒙语意为“兴盛、兴旺”。1992年，经内蒙古自治区人民政府批准为季节性对外开放原二类口岸。2002年12月23日，实现首次开放。2009年2月，经国务院批准为双边性季节性开放公路客货运输口岸。2012年12月，正式通过国家验收。2015年4月，经国务院批复同意扩大为双边性常年开放公路客货运输口岸；12月1日，正式开放。口岸年过货能力达到1 500万吨。满都拉公路口岸处于呼（和浩特）包（头）鄂（尔多斯）经济辐射圈内，是距首府呼和浩特市最近的陆路口岸，区位优势十分明显。口岸对应的蒙古国杭吉口岸位于蒙古国东戈壁省，矿产资源非常丰富，有额勒苏泰铁矿、阿嘎如特铁矿、杭格呼德尔铁矿、艾勒巴音焦煤矿。口岸进出口货物主要为电煤、焦煤、原材料、铁矿石、无烟煤等，出口货物以机械设备、建材为主。

满都拉公路口岸于2022年1月3日起实行集装箱吊装作业，做到货物中途不离地、人员无接触。全年，进出口货物309.77万吨，同比增长89.44%；出入境人员9.08万人次，同比增长113.36%；出入境车辆9.05万辆次，同比增长143.37%。

**【乌力吉陆路（公路）口岸】** 2004年，阿拉善左旗开始申报开放乌力吉口岸。2006年7月，乌力吉口岸被列入《国家“十一五”口岸发展规划》。2014年年初，蒙古国政府同意中蒙乌力吉—查干德勒乌拉口岸开放，并照会我国。2014年8月22日，国家主席习近平与蒙古国总统额勒贝格道尔吉在乌兰巴托签署《中华人民共和国和蒙古国关于建立和发展全面战略伙伴关系的联合宣言》，明确提出加快推进乌力吉—查干德勒乌拉口岸开放。2015年4月召开的《中蒙边境口岸及其管理制度协定》执行情况第五轮司局级会晤上，中蒙双方同意增设乌力吉—查干德勒乌拉口岸。2015年12月9日，中蒙两国外交部门负责人在乌力吉口岸634界标处对口岸开放位置进行实地踏勘，并磋商和确认一致认为根据水源勘探情况确定口岸坐标。2016年1月31日，国务院批复同意乌力吉公路口岸对外开放，口岸性质为双边性常年开放公路客货运输口岸。2016年5月27日，阿拉善左旗人民政府批准成立乌力吉口岸建设指挥部。2020年12月22日，国家口岸管理办公室批准同意口岸临时开放。2022年7月20日，口岸再次实现临时开放通关过货，出口援建物资26.03吨。

## 2022年内蒙古自治区口岸大事记

1月1日—2日

内蒙古自治区政府副主席包献华在二连浩特口岸调研口岸疫情防控、中蒙集装箱吊装场建设、闭环管理等情况。

1月27日

时任海关总署党委书记、署长倪岳峰视频连线慰问乌拉特海关、满洲里车站海关干部职工。

2月2日

内蒙古自治区党委书记、人民代表大会常委会主任石泰峰到满洲里公路口岸调研。

2月4日

内蒙古自治区党委书记、人民代表大会常委会主任石泰峰在二连浩特调研督导疫情防控和口岸通关工作。

2月9日

内蒙古自治区政府副主席包献华在满都拉口岸调研疫情防控工作。

3月1日

内蒙古出入境边防检查总站与蒙古国边防总

局司令部举行视频会谈，双方就共同加强边境口岸安全管控、共同深化疫情联防联控、共同保障双边口岸高效顺畅通关、共同创新丰富交流合作方式等内容进行磋商并达成共识，共同签署了会谈纪要。

4月6日

时任海关总署政治部主任、党委委员许大纯在海关总署通过视频方式出席满洲里海关关长、党委书记黄国华任职仪式。

5月16日

内蒙古自治区党委书记孙绍骋在策克口岸调研。

6月9日

内蒙古自治区党委副书记、政府主席王莉霞在二连浩特口岸督导疫情防控和口岸通关工作。

6月17日

内蒙古自治区党委书记孙绍骋在满洲里公路口岸、铁路口岸调研。

8月1日

内蒙古自治区党委副书记、政府主席王莉霞在阿尔山口岸调研，了解口岸城市工作专班运行情况，要求统筹抓好疫情防控和口岸通关保畅，推动口岸应开尽开、能开尽开。

8月3日

呼和浩特海关与呼和浩特市人民政府签署《加快推动首府外向型经济高质量发展合作框架协议》。

8月4日—9日

内蒙古自治区党委书记孙绍骋调研策克、乌力吉、满都拉口岸，深入了解口岸通关、规划、建设和疫情防控情况。

8月6日

满洲里海关关长、党委书记黄国华在呼和浩特市分别向内蒙古自治区主席王莉霞、内蒙古自治区常务副主席黄志强作工作介绍。

8月16日

满洲里海关关长、党委书记黄国华与到访的一汽进出口公司党委副书记、总经理于长信一行座谈。

（撰稿人：崔振杰、纪斌、苏惠、郭娉婷）

# 2022 年内蒙古自治区口岸流量统计表

| 口岸类型 | | 口岸名称 | 货运量（万吨） | | | | 集装箱量（万标箱） | | | | 人员（万人次） | | | | 交通工具（万辆、艘、架、列次） | | | |
|---|---|---|---|---|---|---|---|---|---|---|---|---|---|---|---|---|---|---|
| | | | 出口 | 进口 | 合计 | 同比（%） | 出口 | 进口 | 合计 | 同比（%） | 出境 | 入境 | 合计 | 同比（%） | 出境 | 入境 | 合计 | 同比（%） |
| 空运口岸 | | | | | | | | | | | | | | | | | | |
| 空运口岸 | | 分计 | | | | | | | | | | | | | | | | |
| 陆运口岸 | 公路口岸 | 满洲里 | 61.80 | 0.00 | 61.8 | 54.6 | | | | | 4.92 | 4.92 | 9.84 | 15.2 | 4.89 | 2.91 | 7.80 | -0.9 |
| 陆运口岸 | 公路口岸 | 二连浩特 | 77.84 | 13.54 | 91.38 | -54.2 | | | | | 4.42 | 4.43 | 8.85 | 22.6 | 4.40 | 3.74 | 8.14 | 30.8 |
| 陆运口岸 | 公路口岸 | 甘其毛都 | 25.77 | 1 881.01 | 1 906.78 | 144.68 | | | | | 15.20 | 15.20 | 30.40 | 52.3 | 15.20 | 15.20 | 30.40 | 52.3 |
| 陆运口岸 | 公路口岸 | 策克 | 0.94 | 538.52 | 539.46 | 31.19 | | | | | 4.04 | 4.04 | 8.08 | 5.9 | 4.04 | 4.04 | 8.08 | 6.9 |
| 陆运口岸 | 公路口岸 | 珠恩嘎达布其 | 1.430 | 11.40 | 12.83 | -74.56 | | | | | 0.23 | 0.23 | 0.46 | -72.8 | 0.23 | 0.23 | 0.46 | -72.78 |
| 陆运口岸 | 公路口岸 | 黑山头 | | | | | | | | | | | | | | | | |
| 陆运口岸 | 公路口岸 | 室韦 | | | | | | | | | | | | | | | | |
| 陆运口岸 | 公路口岸 | 满都拉 | 3.80 | 305.97 | 309.77 | 89.44 | | | | | 4.54 | 4.54 | 9.08 | 113.4 | 4.54 | 4.51 | 9.05 | 143.4 |
| 陆运口岸 | 公路口岸 | 额布都格 | 2.96 | 34.01 | 36.97 | -11 | | | | | 1.05 | 1.05 | 2.10 | -6.0 | 1.05 | 1.05 | 2.10 | -6.0 |
| 陆运口岸 | 公路口岸 | 阿日哈沙特 | | | | | | | | | | | | | | | | |
| 陆运口岸 | 公路口岸 | 阿尔山 | | | | | | | | | | | | | | | | |
| 陆运口岸 | 公路口岸 | 分计 | 174.54 | 2 784.45 | 2 958.99 | 78.54 | | | | | 34.40 | 34.41 | 68.81 | 36.88 | 34.35 | 31.68 | 66.03 | 46.50 |

续表

| 口岸类型 | | 口岸名称 | 货运量（万吨） | | | | 集装箱量（万标箱） | | | | 人员（万人次） | | | | 交通工具（万辆、艘、架、列次） | | | |
|---|---|---|---|---|---|---|---|---|---|---|---|---|---|---|---|---|---|---|
| | | | 出口 | 进口 | 合计 | 同比（%） | 出口 | 进口 | 合计 | 同比（%） | 出境 | 入境 | 合计 | 同比（%） | 出境 | 入境 | 合计 | 同比（%） |
| 陆运口岸 | 铁路口岸 | 满洲里 | 206. 30 | 1 350. 20 | 1 556. 50 | -15 | | | | | 1. 27 | 1. 28 | 2. 55 | -2. 60 | 0. 64 | 0. 63 | 1. 27 | -2. 3 |
| | | 二连浩特 | 284. 69 | 1 042. 03 | 1 326. 72 | -17. 4 | | | | | 1. 35 | 1. 37 | 2. 72 | -9. 6 | 0. 68 | 0. 67 | 1. 35 | -8. 0 |
| | | 分计 | 490. 99 | 2 392. 23 | 2 883. 22 | -16. 09 | | | | | 2. 62 | 2. 65 | 5. 27 | -6. 39 | 1. 32 | 1. 30 | 2. 62 | -5. 75 |
| 合计 | | | 665. 53 | 5 176. 68 | 5 842. 21 | | | | | | 37. 02 | 37. 06 | 74. 08 | | 35. 67 | 32. 98 | 68. 65 | |
| 同比（%） | | | -18. 2 | 20. 9 | 14. 7 | | | | | | 32. 1 | 33. 0 | 32. 5 | | 43. 5 | 43. 5 | 43. 5 | |

（内蒙古自治区口岸办提供）

# 2022 年呼和浩特海关主要数据统计表

| 项　目 | | 2022 年 | 2021 年 | 同比（%） |
|---|---|---|---|---|
| 进出口货运量（万吨） | 合计 | 4 669.3 | 3 857.5 | 21.04 |
| | 进口 | 4 389.7 | 3 567.8 | 23.04 |
| | 出口 | 279.6 | 289.7 | -3.50 |
| 进出口贸易总值（万美元） | 合计 | 1 338 522.3 | 1 197 617.6 | 11.90 |
| | 进口 | 978 044.1 | 867 218.0 | 12.78 |
| | 其中：江、海运输 | 110 445.9 | 149 917.8 | -26.33 |
| | 铁路运输 | 228 134.9 | 300 391.0 | -24.05 |
| | 汽车运输 | 607 066.7 | 406 345.0 | 49.40 |
| | 航空运输 | 32 226.0 | 10 240.6 | 214.69 |
| | 邮件运输 | 170.6 | 267.9 | -36.32 |
| | 其他运输 | 0.0 | 55.8 | -100.00 |
| | 出口 | 360 478.2 | 330 399.6 | 9.59 |
| | 其中：江、海运输 | 91 208.3 | 94 920.8 | -3.91 |
| | 铁路运输 | 78 549.8 | 69 354.8 | 13.99 |
| | 汽车运输 | 149 271.5 | 137 127.0 | 9.67 |
| | 航空运输 | 28 678.6 | 14 842.9 | 93.21 |
| | 邮件运输 | 899.6 | 1 410.1 | -36.20 |
| | 其他运输 | 11 870.4 | 12 743.9 | -6.85 |
| 税收（万元） | 两税合计 | 854 001.8 | 719 916.0 | 18.63 |
| | 关税入库 | 34 199.6 | 63 848.9 | -46.44 |
| | 进口环节税入库 | 819 802.1 | 656 067.1 | 24.96 |

（呼和浩特海关提供）

# 2022年满洲里海关主要数据统计表

| 项　目 | | 2022年 | 2021年 | 同比（%） |
|---|---|---|---|---|
| 进出口货运量（万吨） | 合计 | 1 157.4 | 1 391.2 | -16.8 |
| | 进口 | 1 011.1 | 1 281 | -21.1 |
| | 出口 | 146.3 | 110.3 | 32.7 |
| 进出口贸易总值（万元） | 合计 | 6 317 896.7 | 4 236 113.5 | 49.2 |
| | 进口 | 3 553 767.3 | 2 443 876.2 | 45.4 |
| | 其中：江、海运输 | — | — | — |
| | 铁路运输 | — | — | — |
| | 汽车运输 | — | — | — |
| | 航空运输 | — | — | — |
| | 邮件运输 | — | — | — |
| | 其他运输 | — | — | — |
| | 出口 | 2 764 129.3 | 1 792 237.3 | 54.4 |
| | 其中：江、海运输 | — | — | — |
| | 铁路运输 | — | — | — |
| | 汽车运输 | — | — | — |
| | 航空运输 | — | — | — |
| | 邮件运输 | — | — | — |
| | 其他运输 | — | — | — |
| 税收（万元） | 两税合计 | 456 449.4 | 317 405 | 43.8 |
| | 关税入库 | 51 253.8 | 30 853.6 | 66.1 |
| | 进口环节税入库 | 405 195.6 | 286 551.4 | 41.4 |

（满洲里海关提供）

## 2022 年内蒙古自治区口岸出入境主要数据表

| 项目 | | | 2022 年 | 2021 年 | 同比（%） |
|---|---|---|---|---|---|
| 出入境人员（人次） | 出入境人员总数 | | 757 458 | 505 816 | 49.75 |
| | 入境人员 | | 387 315 | 255 607 | 51.53 |
| | 出境人员 | | 370 143 | 250 209 | 47.93 |
| | 出入境旅客 | | 43 762 | 25 708 | 70.23 |
| | 出入境员工 | | 713 696 | 480 108 | 48.65 |
| | 中国公民 | 小计 | 259 327 | 25 736 | 907.64 |
| | | 内地居民（因公）<br>内地居民（因私） | 259 317 | 25 729 | 907.88 |
| | | 港澳居民 | 9 | 7 | 28.57 |
| | | 台湾同胞 | 1 | 0 | |
| | 外籍人员 | | 498 131 | 480 080 | 3.76 |
| | 从海港出入境人数 | | | | |
| | 从陆港出入境人数 | | 739 569 | 498 594 | 48.33 |
| | 从空港出入境人数 | | 17 889 | 7 222 | 147.70 |
| 交通运输工具（辆、艘、架、列次） | 总计 | | 685 081 | 450 445 | 52.09 |
| | 船舶 | | | | |
| | 飞机 | | 172 | 103 | 66.99 |
| | 火车 | | 26 127 | 27 858 | -6.21 |
| | 机动车辆 | | 658 782 | 422 484 | 55.93 |

（内蒙古出入境边防检查总站提供）

# 辽宁省口岸分布示意图

| 序号 | 类型 | 口岸名称 | 批准开放时间 | 开放状态 |
| --- | --- | --- | --- | --- |
| 1 | 空运口岸（2个） | 沈阳空运口岸 | 1989.4 | 国际常年 |
| 2 | | 大连空运口岸 | 1985 | 国际常年 |
| 3 | 水运口岸（9个） | 大连水运口岸 | 1960.6 | 国际常年 |
| 4 | | 旅顺新港水运口岸 | 2006.8 | 国际常年 |
| 5 | | 庄河水运口岸 | 2007.9 | 国际常年 |
| 6 | | 长兴岛水运口岸 | 2011.7 | 国际常年 |
| 7 | | 丹东水运口岸 | 1985.4 | 国际常年 |
| 8 | | 锦州水运口岸 | 1989.3 | 国际常年 |
| 9 | | 营口水运口岸 | 1984 | 国际常年 |
| 10 | | 葫芦岛水运口岸 | 1999.1 | 国际常年 |
| 11 | | 盘锦水运口岸 | 2015.6 | 国际常年 |
| 12 | 公路口岸 | 丹东公路口岸 | 1955 | 国际常年 |
| 13 | 铁路口岸 | 丹东铁路口岸 | 1954 | 双边常年 |

# 辽 宁 省

## 口岸数量及分布

截至2022年年底，辽宁省有经国务院批准的对外开放口岸13个。其中，空运口岸2个，分别为沈阳空运口岸（沈阳桃仙国际机场）、大连空运口岸（大连周水子国际机场）；水运（海港）口岸9个，分别为大连、庄河、旅顺新港、长兴岛、营口、丹东、锦州、盘锦、葫芦岛海港口岸；陆路（铁路）口岸1个，为丹东陆路（铁路）口岸；陆路（公路）口岸1个，为丹东陆路（公路）口岸。

## 口岸运行数据

2022年，辽宁省口岸货物吞吐量73 396.1万吨，同比减少5.8%。外贸进出口货运量24 236.5万吨，同比减少11.1%。其中，外贸进口18 374.9万吨，同比减少15%；外贸出口5 861.6万吨，同比增长4.1%。集装箱运输完成1 196.5万标箱，同比增长5.5%。其中，外贸335万标箱，同比增长11.6%。

## 口岸综合管理

**【稳步推进口岸对外开放，服务辽宁打造对外开放新前沿战略部署】** 全省“渤海翼”“黄海翼”水运口岸协同发展，沿海6市“一城一口岸”布局基本完成；沈阳、大连2个国际空运口岸南北布局、功能互补，构建起全省对外开放空中通道；陆路（公路、铁路）口岸逐渐成为畅通双边贸易往来的载体，全省经国务院批准的对外开放口岸达到13个。2022年，丹东铁路口岸顺利复通，国家前方工作组对辽宁工作给予高度评价，葫芦岛港口岸、丹东港口岸扩大开放双双获国务院批复，丹东进境食用水生动物指定监管场地获海关总署批复，大连港口岸汽车码头3#、4#泊位和长兴岛港口岸大连港10万吨级原油码头获省政府批复启用，辽宁省口岸开放水平持续提升，口岸布局进一步优化，口岸功能不断拓展完善。

**【有序推进跨境贸易便利化，持续优化口岸营商环境】** 全省口岸系统优化通关流程、创新监管方式，不断提升跨境贸易便利化水平，持续优化口岸营商环境。辽宁省口岸办制定2022年辽宁省海运、空运、铁路口岸通关及作业主要流程参考，指导各口岸市分别细化本地口岸通关流程及作业时限标准化，并在国际贸易“单一窗口”公示。各口岸查验单位创新监管方式，不断提升监管效能。截至2022年年底，各口岸收费主体在中国（辽宁）国际贸易单一窗口发布收费公示信息4 948条。

**【提高智能化信息化水平，全面加强国际贸易“单一窗口”建设】** 2022年以来，辽宁省围绕“数字辽宁”不断深化拓展国际贸易“单一窗口”建设应用，为全省外贸企业提供集约化、一站式的服务功能。在地方特色应用专区增设辽宁“税优选”“问题清零”系统，加挂“RCEP综合服务平台”。在金融服务功能上新增信步天下、普惠融资等服务。圆满完成国家口岸管理办公室组织的国际贸易“单一窗口”企业跨境贸易档案系统试点推广工作任务。稳步推进国际贸易“单一窗口”与大物流平台试点验证工作。联合大连海关、沈阳海关完成海关查验信息推送系统项目立项，积极推进项目建设。联合中国信保辽宁分公司在国际贸易“单一窗口”网站开通2022年出口信用保险普惠政策申领通道，服务小微外贸企业申领保单3 072张。

## 口岸监管与服务

**【沈阳海关促进外贸保稳提质，推动辽宁经济高质量发展】** 沈阳海关积极融入辽宁经济发展大局，高质量融入共建“一带一路”，促进辽沈地区外向型经济发展。一是创新通关监管模式。做好中欧班列全天候优先通关服务，创新出口班列监管模式，统筹利用辽沈各地场站资源，实施“多点查检、集中发运”顺势监管，缓解当前班列节点作业能力瓶颈。持续优化“区港直通”改革，为国内及日韩等国货物北上、西进通达欧洲等国家和地区，提供更加便利便捷高效的服务。2022年，沈阳海关共监管申报中欧班列443列、57 143箱次，同比分别增长9.4%、3.5%，开行列数稳居东北第一。二是持续优化口岸营商环境。巩固压缩进出口整体通关时间成果，提升跨境贸易便利化水平。2022年，沈阳海关进口、出口货物整体通关时间分别为22.62小时、0.4小时（12月当月分别为14.12小时、0.35小时），进口比2021年压缩25.69%、出口同2021年持平，稳居全国海关第一梯队。三是落实一揽子外贸保稳提质措施。迭代升级海关“助企纾困”政策包，持续推动“问题清零”。支持企业加强海关信用管理、参与AEO国际互认，用好RCEP优惠措施享受关税减让红利，参与“安智贸”试点促进通关便利。助力企业抢订单、拓市场，“轻装上阵”、驰名海外。四是推动口岸通关改革。全面推广“提前申报”业务模式，深化“两步申报”“两段准入”业务改革。凸显政策红利，积极引导企业叠加运用“提前申报”和“两步申报”。联合东北相关海关开展进口粮食跨关区附条件提离改革，企业从入港卸货到准许使用整体时间缩短约三分之一。五是提高口岸规范化管理。建立“视频监控、UC连线、系统核查、执法记录仪检查”的“四位一体”口岸检查作业督导检查机制，发现问题及时处置的“三查一处”工作机制。

**【沈阳海关支持中国（辽宁）自由贸易试验区沈阳片区发展】** 聚焦海关监管制度创新主责主业，耕好自贸“试验田”，持续优化营商环境，助推中国（辽宁）自由贸易试验区沈阳片区发展。一是首创“进口冷链食品防疫信息采集新模式”和“大数据模型辅助监控布控监管新模式”2项创新举措并通过海关总署备案，优化海关监管，提升通关效率。二是以艺术品保税展示新业态为重点服务对象，助力比利时艺术品首次搭乘“沈满欧”中欧班列“直通”沈阳综合保税区，支持企业自主选择多种保证金缴纳模式开展保税艺术品巡展，助推艺术品保税展示交易新业态进一步发展。三是与中国（辽宁）自由贸易试验区沈阳片区管委会、沈阳市税务局等部门协同建设的中国（辽宁）自由贸易试验区沈阳片区RCEP一站式服务平台揭牌运行，共同打造“RCEP原产地累积规则惠企服务平台”微信小程序，助力企业抢抓RCEP新机遇。四是自主创新“跨境出口商品清单布控自动分拣新模式”等6项创新经验并报送参选新一批辽宁省内借鉴推广案例，促进辽沈地区高水平对外开放。

**【大连海关优化口岸营商环境，促进外贸保稳提质】** 2022年，大连海关制定并落实优化营商环境27条措施，全力提升跨境贸易便利化。建立“作业效率提升”等工作机制，全流程压缩整体通关时间，2022年关区进口、出口整体通关时间分别为35.83小时、0.95小时，较2017年分别压缩70.3%、94.5%，均低于全国平均时长，创历史最优水平。深入开展“我为群众办实事”，建立“业务问题清零”长效机制，上线“问题清零”系统，打造“百人千企”升级版，提升12360海关热线处置能力，组建重点项目专班和专家服务团队助企纾困解难。加大稳外资力度，支持宝来—利安德巴赛尔石化、SK海力士百亿美元芯片产业等项目落地。结合关区贸易特点和产业优势，制定并落实促进外贸保稳提质20条措施。支持东北海陆大通道建设，打造“港铁联通”新监管模式，全年监管出口中欧班列和过境商品车班列列数同比分别增长24.4%、79.2%。实行先放后检、靠泊检疫等措施，保障矿产、粮食等产业链供应链安全稳定。支持鞍山西柳市场采购贸易新业态发展，推出“指尖通关”等系列措施，服务中小微企业6 100余家，出口额达3.62亿美元。加强与鞍钢、辽港、辽渔集团等重点企业战略合作。加强技术性贸易措施研究，助力企业抢订单拓市场，关区10余种农食产品首次出口14个国家或地区。

**【大连海关服务构建新发展格局，推动高水平对外开放】** 2022年，大连海关制定并落实深化业务改革创新30条措施，持续深化通关模式改革，“云签发”模式在全国范围推广应用。创新实施“联动备勤”“异地通签”应急通关模式，在应对数次本土疫情中发挥重要作用。推广散货“直提直装”模式实现口岸全覆盖。积极推进区域监管一体化，牵头构建东北六关进出口商品质量安全风险监测体系，全国率先试行进境种球跨关区协同监管，推动东北五关进境粮食跨关区附条件提离，进境粮食通关时间同比大幅压缩。推动辽宁共建“一带一路”高质量发展，支持“辽满欧”“辽蒙欧”“辽海欧”多式联运国际通道建设，优化中欧班列监管模式。围绕辽宁沿海经济带发展，支持大连东北亚航运中心、物流中心、区域性金融中心建设和大连新机场、太平湾建设；支持中日（大连）地方合作示范区建设、大连恒力石化和大连海力士项目；推动庄河港新泊位启用，支持大连汽车码头、长兴岛10万吨原油码头等扩大开放。支持自由贸易试验区和特殊区域高质量发展，推出12项自贸创新重点项目，其中“委托加工出口产品检验监管”“综保区零配件便捷通关”两项监管模式获海关总署备案；巩固特殊区域仓储货物按状态分类监管等10余项措施成效。支持跨境电商综合试验区建设，备案出口海外仓4个，培育外贸发展新动能。助力700余家企业享受RCEP项下关税减让6 000余万元，享惠货值61亿元。配合做好“单一窗口”特色项目建设，开展“单一窗口”与国家物流大数据平台互联互通验证。

**【辽宁出入境边防检查总站主动融入全省口岸发展规划，促进地方外贸发展】** 坚决落实习近平总书记关于东北、辽宁振兴发展的重要讲话和指示批示精神，充分发挥身处对外开放最前沿、服务发展第一线优势，深度融入辽宁“十四五”口岸发展规划，积极参与丹东港、大连西中岛、太平湾港、葫芦岛绥中港区等口岸开放及扩大开放事宜，配合属地完成大连地区6个泊位开放验收，助力大连长海、庄河、金石滩海域延长海上过鲜业务时限，全面服务保障了辽宁新一轮开放发展。坚持分船分类、因情施策，完善“快事快办、特事特办”服务机制，打造民生物资快速验放“快捷通道”、新造船舶靠前验放及大宗商品优先验放“绿色通道”、受伤患病船员救助“紧急通道”3条查验服务通道，促进外贸经济稳定增长，全年累计保障共建“一带一路”国家和地区中欧班列103列、10 300标箱，圆满完成远海捕捞出境、跨境运输能源、跨境电商、丹东口岸铁路货运复通等边防检查任务，为助推“一圈一带两区”开放、打造现代化临空经济示范区，助力中国（辽宁）自由贸易试验区建设提供了可靠的边检力量。

**【辽宁出入境边防检查总站持续优化口岸营商环境，建设、打造一流服务品牌】** 认真贯彻落实辽宁省服务稳住经济大盘目标要求，按照辽宁省优化营商环境推动改革创新实施方案部署，进一步优化辽宁边检机关服务营商环境建设12项工作措施。深入贯彻全国边检工作会议精神，主动走访两级党委政府及相关职能部门，就口岸基础设施建设、科技手段应用、数据资源共享等方面研提工作意见，助力辽宁口岸营商环境建设高质量发展。紧跟辽宁“十四五”规划提出的努力形成在全国具有一定影响力的“辽宁服务”区域品牌要求，不断巩固深化“我为群众办实事”成效，面向40余家口岸大中型企业公司开展“背靠背”式问卷调查活动，征求服务对象对边检机关工作意见和建议，满意度达100%。持续聚焦构建与我国全面对外开放和经济社会发展水平相适应的移民管理服务体系，全天候24小时运行12367出入境服务平台，为广大群众提供出入境业务咨询等服务，服务满意率达99%，成为直面企业和群众的“前哨”热线，打造了具有移民管理特色的服务品牌。

**【辽宁出入境边防检查总站结合实际推出便民利企举措，促进跨境贸易便利化】** 加快推进“数字化”边检应用，发挥“登轮码”“单一窗口”等手段效能，开通“绿色通道”，提供全天候24小时通关服务，做到货运船舶“随申随办”“随到随办”。研发疫情期间“入境人员行程申报”小程序，推行一次办妥出入境手续、免办移泊手续措施，进一步简化船舶通关流程，实现边检申报、行政许可办理等手续“网上办”“掌上办”，先后为1 600余艘次船舶一次办妥入出境手续，免办移泊手续4 200余艘次，累计为服务对象节省时间2万余小时，节省企业费用5 000余万元。迅速落实货机专区验放、机组手续一次性办结等便企抒困措施，以“好来快走”为原则，为德国宝马汽车配件、双汇集团种猪引进等系列货包机开通“绿色通道”，实现航班通关零等待、货物接卸零延时。依托专用互联网邮箱，为有货运航班任务航司提供电子申报便利，实现机组“少跑腿”、航班“快清舱”，平均为每架航班节省20分钟通关时间。为复工复产、中韩跨境电商货运、国际生鲜货运等各类重点航班提供24小时“零等待”通关服务保障，有力保障了运输大宗商品、鲜活商品、抗疫物资、民生物资跨境交通运输便捷高效。

**【辽宁出入境边防检查总站不断创新口岸通关监管模式，提高口岸规范化管理水平】** 以大连地区“一地多站”改革为契机，进一步细化完善出入境手续办理、巡查监护、查缉管控等工作流程，推进口岸通关监管模式更加科学合理、贴近实战。持续深化管理服务改革创新，全面推进大数据、人工智能等先进技术手段应用，实现从传统查验模式向自动化智慧监管模式的变革，在省内重点海港点位部署建设光电监控系统、锚地管控雷达系统，在重点港区建设智能梯口、行李物品检查中心，部署应用边检勤务综合管理平台，实现对边检勤务的实时调度和口岸限定区域动态管理，构建了主动预防、精准打击、高效运行的“智慧边检”管理服务体系，不断创新通关监管模式，大幅提升边检管理服务效能。对接能源、粮食等国家战略安全供应链，高位谋划，精准推出“网上申报+到港作业+优先通关+专职保障”全链条、全流程安全通关模式，工作方法入选中国（辽宁）自由贸易试验区第六批制度创新案例，相关经验在全省自贸片区复制推广。针对码头泊位开放性质不明确、临开码头泊位时限过长、临开码头泊位停靠国际航行船舶“一船一议”等历史遗留问题开展码头泊位清理，敦促政府机构发函撤废27个临时准予停靠国际航行泊位，助推3个满足正式开放条件的泊位完成正式开放验收，口岸规范化管理水平进一步提升。

**【辽宁海事局全力助推口岸高质量发展】** 一是主动融入口岸开放工作。提前介入主动服务辖区内码头企业达成口岸开放条件，为支持地方口岸开放发展，推动辽宁省口岸高质量发展保驾护航。全力支持太平湾港区建设，为太平湾港口岸建设提出海事监管需求，积极推动丹东港口岸及葫芦岛港绥中港区口岸扩大开放、盘锦港口岸开放范围内新建泊位启用工作，推动大连汽车码头及长兴岛10万吨级原油码头完成验收。二是提升口岸应急保障能力。加强一案三制建设，修订实施《辽宁省海上搜救应急预案》及各类应急手册，构建基本覆盖沿海重点区域的“1+6+15”省内三级搜救体系。建设完成辽西地区首个中型国家级溢油应急设备库，一次性综合溢油清除控制能力达500吨。三是保障水上物流供应链高效畅通。持续推进全要素水上“大交管”建设，实现船舶动态统一协调管控，形成水上交通全要素安全管理新格局，更好地服务船舶“快进快出”、货物“好进好出”，充分释放港航经济潜能。畅通重点物资海上运输“绿色通道”，24小时全时段办理船舶进出口岸手续，针对煤炭、液化气、粮食、化肥等重点物资运输船舶实行“五优先”举措，确保进出港“零待时、零延误”。全年保障能源和民生物资运输1.2亿余吨。

**【辽宁海事局提升口岸通关效率，优化口岸营商环境】** 一是推进制度创新提升口岸通关效率。深入推进“国际航行船舶进口岸审批告知承诺制”，以信用申报提高口岸通关便利化水平，2022年累计实施告知承诺制4 955艘次。实施国际航行船舶“云监管”安全检查新模式，全年共实施无接触查验154艘次，大幅提升了疫情期间国际航行船舶通关效率。开通“海洋污染物运输绿色通道”，帮助相关企业以非限制性货物方式出口海洋污染货物，通过节省物流成本提高了产品国际竞争力。据估算，外贸出口企业因此项政策可降低 20%至 50%运费、杂费、保险费等费用。推广口岸危险货物“谎报瞒报四步稽查法”，进一步提高稽查精准度，全年通过四步稽查法共查处案件 13 起，行政处罚 39.1 万元。二是落实便民举措持续优化营商环境。深入推进政务服务事项一体化办理，推广使用海事系统“一网通办”电子政务平台，积极推进船舶安全管理体系审核全国通办、船舶临时审核发证业务“一日办结”、船舶登记业务“四证并联”办理等惠企便民举措，行政审批时效提速至法定时限的 40%，部分许可项目实现“零待时”，为航运企业大幅节约了经济成本和时间成本。深化落实国际航行船舶“一条船一次查”“一张清单”现场检查要求，提高船舶检查效率，最大限度地减少对船舶营运影响。

## 开放口岸

**【沈阳空运口岸（沈阳桃仙国际机场）】**
沈阳桃仙国际机场位于辽宁省沈阳市浑南区南郊的桃仙街道，距沈阳市中心 20 千米，为国家民用一级机场。机场于 1985 年开始筹建，1989 年 4 月 16 日正式启用。机场跑道长 3 200 米、宽 45 米，飞行区等级为 4E，现有停机位 81 个，其中登机桥位 30 个、远机位及公务机位 51 个。机场净空条件良好、功能齐全、设备先进，可保障国内外大型客、货机使用。机场现有 3 座航站楼（T1、T2 航站楼停用）。T1 航站楼设计旅客年吞吐量 90 万人次。1995 年开始二期工程扩建，2001 年 12 月 T2 航站楼投入使用，T2 航站楼设计旅客年吞吐量 606 万人次。2011 年开始 T3 航站楼施工建设，2013 年 8 月 T3 航站楼投入使用，T3 航站楼设计旅客年吞吐量 1 750 万人次。

2022 年，沈阳空运口岸通航城市 118 个，其中国内城市（地区）106 个、国际城市 12 个；航线 254 条，其中国内（地区）航线 241 条、国际航线 13 条。

沈阳桃仙国际机场

2022 年，沈阳桃仙国际机场旅客吞吐量累计 938.7 万人次，同比下降 32.6%。货邮吞吐量 13.3 万吨，同比下降 23.8%，其中国际货邮量 0.34 万吨，同比下降 75%。

**【大连空运口岸（大连周水子国际机场）】**
大连周水子国际机场位于大连市西北部，始建于 1972 年 10 月，从军民合用机场发展建设成为民用机场。1973 年 4 月开航，1985 年经国务院批准对外开放。该机场距大连市中心 10 千米，距沈大高速公路 5 千米，交通运输网络十分便利，机场占地面积 345 万平方米，飞行跑道长3 300 米，候机楼面积 13.6 万平方米，停机坪面积 66 万平方米，符合 4E 级 Ⅰ 类国际机场标准，可供除 A380 外各种大型飞机安全起降。2022 年，大连周水子国际机场围绕贯彻落实民航强国和大连市建设东北亚航运中心的总体要求和战略部署，着力构建航线网络、大力开发客货市场，以“创建一流机场”为总体目标，全力推进区域枢纽机场建设。但受疫情影响，机场运输生产数据出现了断崖式的下降，面对不利情况，根据省、市疫情防控指挥部以及民航局各项工作指示精神，大连周水子国际机场做到了“严防输入，确保安全”工作要求。截至 2022 年年底，48 家航空公司在大连开通 275 条国内外航线，与 8 个国家 3 个地区的 121 座城市通航，国内通航城市 102 个，国际通航城市 16 个，地区通航城市 3 个，形成了覆盖全国，辐射日韩俄，连接东南亚的航线网络。

大连周水子国际机场

2022 年，大连周水子国际机场旅客吞吐量 636.8 万人次，同比下降 38.6%；货邮吞吐量 12.7 万吨，同比下降 8.1%；航班起降 6.6 万架次，同比下降 28.4%。

**【大连水运（海港）口岸】** 大连港地处辽东半岛最南端，背负东三省，辐射东北亚，位于环渤海经济圈和东北亚经济区的中心地带，是东北三省及内蒙古东部地区进入太平洋，面向世界的重要海上门户，也是转运远东、南亚、北美、欧洲货物最便捷的港口。大连港始建于 1899 年，距今已有百余年的历史，于 1960 年 6 月经国务院批准正式对外开放。大连港港阔水深，不淤不冻，自然条件非常优越，港区规划陆域面积约 35.4 平方千米，拥有生产性泊位 82 个，泊位岸线总长 20.6 千米，最大航道水深 25 米。截至 2022 年年底，大连港口岸共实现开放泊位 61 个，其中万吨级及以上 52 个，开放泊位设计年通过能力总计包括散杂货物 1.47 亿吨、集装箱 410 万标箱、旅客 160 万人次、滚装车 50 万辆。大连港与世界上 160 多个国家和地区的 300 多个港口建立了海上经贸航运往来关系，开通集装箱航线 98 条，其中外贸航线 86 条、内贸航线 12 条，航班密度 400 班/月，基本覆盖全球主要航区。外贸航线中远洋干线 5 条，包括欧洲 3 条、美洲 1 条、中东印巴 1 条；近洋航线 81 条。商品汽车主营大连至上海、广州、宁波、烟台 4 条班轮航线，每月 50 班以上；日本进口班轮航线 1 条，每月 6~7 班；欧洲出口班轮航线 1 条，每月 2 班；外贸不定期航线 3 条。运营 1 条大连至韩国仁川的国际客货班轮航线，每周 3 班。东北地区 98.5%以上的外贸集装箱经大连港转运。大连港与美国奥克兰港、休斯顿港，加拿大的温哥华港，日本的北九州港、横滨港、伏木富山港等港口结为友好港。大连海港口岸以冷链物流为重点的海铁联运，辐射东北、覆盖全国的冷链物流网络逐步形成。大连港是全国业务最全的综合性港口，可为客户提供油品液体化工品、集装箱、杂货、汽车、矿石、散粮、客运滚装等港口物流服务，以及港口增值与支持业务。

大连港按区域划分为 8 个生产作业区。一是大港区，位于大连市中山区，靠近繁华的人民路地段，是大连港的发源地，现拥有客滚船及邮轮泊位 6 个，其中包括 1 座 15 万吨国际邮轮泊位，主要从事国内、国际旅客运输，设计年通过能力 558 万人次。二是大连湾港区，拥有杂货泊位 15 个，主要从事煤炭、钢材、设备、粮食、特资等散杂货物装卸，设计年通过能力 2 170 万吨；拥有客运滚装泊位 4 个，主要从事旅客和滚装货运输，设计年通过能力包括旅客 133 万人次、滚装车 40 万辆。三是大窑湾港区，是我国规划建设的四大国际深水中转港之一，是大连港运输国际集装箱的专业化港区，拥有 14 个集装箱泊位，码头设计年通过能力 410 万标箱；拥有 4 个汽车滚装泊位，设计年通过能力 107 万辆；拥有 4 个散货泊位，主要从事粮食及其他散货装卸，设计年通过能力 525 万吨。四是鲇鱼湾港区，拥有原油泊位 4 个，其中包括 2 座 30 万吨级及以上原油码头，可靠泊全球最大 45 万吨级油轮，设计年通过能力 6 000 万吨；拥有成品油及液体化工品泊位 15 个，设计年通过能力 1 746 万吨。五是大孤山南港区，拥有散货泊位 2 个，其中包括 1 座国内第一批经交通部核准且是东北唯一可满载停靠 40 万吨散货船舶的专业化泊位，主要从事金属矿石、煤炭等货物的装卸，设计年通过能力 2 800万吨。六是大孤山西港区，大连港石化码头公司码头有 4 个油化品泊位，年通过能力 661 万吨。七是长兴岛港区，拥有原油泊位 2 座，其中

1座为30万吨级，设计年通过能力358万吨；拥有散货泊位3座，主要从事矿建产品、木材、粮食等货物装卸运输，设计年通过能力358万吨。2022年10月，大连港汽车码头3号、4号泊位通过省级验收。

大连港

2022年，大连港完成货物吞吐量30 613.1万吨，同比下降3%。其中，外贸进出口货运量13 061.6万吨，同比下降5.8%。集装箱445.9万标箱，同比增长21.4%。其中，外贸集装箱327.9万标箱，同比增长13%。

**【营口水运（海港）口岸】** 营口港位于渤海湾东北岸、辽河的入海口。口岸包括营口港区、鲅鱼圈港区和仙人岛港区。营口港区于1861年对外开埠，至今已有160多年的历史。鲅鱼圈港区是营口港的核心港区，以矿石、煤炭、集装箱、钢材、油品、粮食等运输为主，1984年经国务院批准建设，1988年对外开放。仙人岛港区于2008年经国务院批准建设，2018年10月9日通过国家正式验收，主要以油品、化工品等液体散货和通用散、杂货运输为主。2019年1月4日，经过近两年的重组整合，辽宁港口集团正式挂牌成立。

营口港现有生产性泊位62个（鲅鱼圈、仙人岛），万吨以上泊位57个，其中矿石、原油码头分别为30万吨级，集装箱码头可靠泊第五代集装箱船。鲅鱼圈港区主航道为25万吨级，仙人岛港区为30万吨级，鲅鱼圈港区是全国最大的单体港区。鲅鱼圈港区铁路长90.73千米，装卸线共计72条。航线方面营口港已经同50多个国家和地区建立了通航业务关系，现有4条外贸直航航线（营口至韩国仁川、营口到日本关东、营口至韩国釜山、营口至东南亚）和3条外贸内支线；作为内贸集装箱枢纽港共有航线42条，内贸集装箱航线已覆盖中国沿海30多个主要港口，航班密度达到每月300班次以上，运量占东北港口的三分之二。其中，上海、广州班期可达每天两班以上，宁波、太仓、烟台班期可达每天一班以上。

营口港交通便捷，沈大高速、哈大公路沿港区而行，长大铁路直通码头前沿，依托铁路便利条件持续发展海铁联运，在全国海铁联运中的地位突出。截至2022年年底，在营口港和东北内陆之间运营班列线路132条，广泛连接东北三省及内蒙古东部共计27个地级市，覆盖东北全域。其中，以淀粉、粮食、化工、钢材等为主的全年常态化整列往返循环运输的班列线路和成组运输线路，合计超过20条。同时，紧密依托营口港密集的集装箱班轮航线和班列密度优势，实现班列对班轮的无缝衔接，全面辐射华东、华南主要港口并向内陆腹地延伸，成功构建了以营口港为核心枢纽的贯通南北、连接铁海的大型多式联运物流服务网络体系。

营口港

2022年，营口港完成货物吞吐量21 417.4万吨，同比下降6.9%。其中，外贸进出口货物吞吐量7 454.6万吨，同比下降7.3%。集装箱吞吐量499.5万标箱，同比下降4.1%。其中，外贸集装箱3.9万标箱，同比下降31.6%。

**【丹东水运（海港）口岸】** 丹东港是中国海岸线最北端的国际贸易商港，是天然不冻良港，辖大东港（海港）和浪头港（河港）两个港区。现有生产性泊位29个，拥有粮食、矿石、煤炭、油品、集装箱、客滚、散杂、通用等专业泊位和配套的专业化、自动化装卸系统及货物存放库场，港口年综合吞吐能力达亿吨。截至2022年年底，已与日本、韩国、俄罗斯、美国、巴西、印度等70多个国家和地区的90多个港口开通了散杂货、集装箱、客运航线。2014年丹东港步入全国大型港口行列。

2022年，丹东港完成货物吞吐量3 381.4万吨，同比下降18.7%。其中，外贸进出口货运量1 371.5万吨，同比下降28.7%。集装箱吞吐量19.7万标箱，同比下降2.6%。其中，外贸集装箱2.9万标箱，同比下降21.6%。

**【锦州水运（海港）口岸】** 锦州港位于渤海辽东湾北岸，地处“咽喉之地”，上接蒙古国及俄罗斯西伯利亚大陆，下联东南沿海及日韩地区，是距蒙古国、俄罗斯远东地区最便捷的进出海口，是辽西走廊与东北陆海新通道“十”字交叉的物流枢纽，是辽宁省重点发展的北方区域性港口，是中国内贸散粮中转第一大港，是辽东湾世界级炼化基地的能源保供港，是京津冀重大产业转移物流配套承接港，是东北陆海新通道的“桥头堡”和门户港，是中国获得蒙俄能矿资源最近的国际通道枢纽。

锦州港于1985年12月经国务院批准建设，1986年10月开工建设，1990年10月正式通航，同年12月被国家批准为开放口岸。2017年9月21日，国务院批复同意锦州港口岸扩大开放。港口现有泊位27个，其中包括1个30万吨级油品泊位、5个10万吨级散杂货泊位、4个10万吨级集装箱泊位，年通过能力超亿吨，集装箱年通过能力360万标箱。货物进出口种类主要为石油、天然气及制品、金属矿石、非金属矿石、钢铁、粮食、集装箱等。

港口资质日臻完善，是经国家批准的全国进境粮食指定口岸；是大连商品交易所指定的玉米、粳米期货交割库；具备沈阳海关批准的原油储罐保税资质，可为客户提供货物保税、国际中转等服务；具备海关总署等四部委联合批准设立的保税物流中心（B型）；是财政部、海关总署、国家税务总局批准的海南自由贸易港起运港指定口岸，具有多元化的退税模式以及高效的时效性。锦州港现已与亚洲、欧洲、大洋洲、美洲、非洲的100多个国家和地区建立通航关系。国内散货班轮开通漳州、蛇口、赤湾、防城、茂名以及长江流域靖江、扬州等航线，集装箱班轮国内已构成贯通南北沿海主要港口，全面辐射珠江和长江水系。

锦州港

2022年，锦州港完成货物吞吐量10 050.1万吨，同比下降3.2%。其中，外贸进出口货运量1 383.5万吨，同比下降33.1%。集装箱吞吐量187.9万标箱，同比增长2.6%，其中，外贸集装箱0.3万标箱。

**【盘锦水运（海港）口岸】** 盘锦港位于辽东湾湾底，是辽宁沿海地区性重要港口和东北及蒙东地区最近的出海口之一。港口规划利用11.7千米自然岸线，形成陆域面积44.7平方千米、岸线35.6千米，规划布置泊位90个，年通过能力达2.56亿吨。港口的防波堤、围堰和后方陆域已基本形成。港区已建成28个5万吨级泊位（已投入运行18个，其中开放泊位12个）和60万立方米油品储存罐区。另有9个5万~30万吨级泊位正在建设。10万吨级航道已建成并投入试运行。港口现有2万平方米查验仓库，6万平方米保税仓库、出口监管仓及50万平方米保税物流中心，保税物流中心于2016年10月通过验收，2017年9月正式开展业务。

盘锦港拥有便利的公路、铁路网络，火车可直接入港。重点发展油品、液体散货、粮食、集装箱等货物运输，将逐步发展成为多功能、现代化的综合性港口。目前港口主要作业货种有粮食、化工原料及制品、化肥及农药、建材、钢铁等。依托港口优势，盘锦港发展多元产业，构建集物流、经贸、燃供、保税、仓单质押、大宗商品电子交易等业务为一体的港口综合服务功能。其中，大宗商品电子交易平台可为客户提供全国沿海各港口的煤炭、玉米、钢材、矿石、化工品、油品等大宗商品市场行情及交易信息，可进行交易、仓储、结算业务，享受税收减免等优惠政策。

为满足外贸货物进出及港口发展的需求，从2011年开始，盘锦海港口岸共完成6次临时对外开放。2015年6月7日，国务院批复同意盘锦港口岸对外开放。2015年，盘锦港纳入了《辽宁省参与建设丝绸之路经济带和21世纪海上丝绸之路实施方案》中的“辽满欧”“辽蒙欧”“辽海欧”三大国际通道。2015年6月16日，盘锦市政府与满洲里市政府签订了口岸合作协议。2015年10月18日，“盘满欧”集装箱国际班列正式开通，发出首列“盘锦港—满洲里—莫斯科”班列。2015年12月3日，盘锦港口岸对外开放通过省级预备验收。2015年12月21日，盘锦市政府与二连浩特市政府签订口岸合作协议。2016年9月6日，盘锦港口岸通过国家级验收。2017年5月10日，盘锦港开通东北首班“辽蒙欧”中欧班列。2019年，盘锦港新增至温州集装箱航线，航线总数达到16条，已建成通辽、法库、辽中、齐齐哈尔、佳木斯等7个陆港。2019年3月14日，盘锦港进境粮食指定监管场地顺利通过海关总署现场考核验收，5月8日海关总署正式对外发布新增盘锦港为进境粮食指定监管场地。

盘锦港

2022年，盘锦港完成货物吞吐量4 640.8万吨，同比下降17%。其中，外贸进出口货运量852万吨，同比下降32.6%。集装箱吞吐量43.5万标箱，同比增长0.7%。

**【葫芦岛水运（海港）口岸】** 葫芦岛港位于辽东湾北岸的辽西走廊，三面环山，素有北方不冻良港之称，背靠102国道、京沈高速公路、京哈铁路和秦沈客运专线，东距营口港60海里，西距秦皇岛港90海里，处环渤海经济圈、东北和华北经济连接点。葫芦岛港历史悠久，于1908年开始筹划建设，1937年开始通航。中华人民共和国成立后，葫芦岛港建设成为一个重要造船基地。1984年8月，葫芦岛港获批开展内贸运输。1995年，葫芦岛市进行港口扩建工程，开始建设1万吨级泊位1个，1999年竣工进行试营运，同年国务院批准葫芦岛港对外开放（国轮外运）。2000年，万吨级码头通过营运验收和口岸开放验收。2002年，葫芦岛港一期工程移址柳条沟港区建设。2007年，国务院批准葫芦岛港对外国籍船舶开放；2010年11月，葫芦岛港通过国家口岸扩大开放验收。2014年，葫芦岛港升级为地方重要港口。2022年1月，葫芦岛海港口岸扩大开放至绥中港区获国务院批复同意。

葫芦岛港

葫芦岛港规划一港四区，即柳条沟港区、绥中港区、北港港区和兴城港区，具体情况如下。

葫芦岛港柳条沟港区，葫芦岛港集团有限公司现拥有码头泊位 7 个，港区综合设计年通过能力 725 万吨。2022 年，完成货物吞吐量 1 763.3 万吨，同比下降 14.32%。其中，外贸 108.4 万吨，同比增长 13.3%。主要货种为钢材、矿建材料、金属矿石和粮食。外贸进口 106.9 万吨，同比增长 11.7%；外贸出口 1.5 万吨，新增业务。

葫芦岛港绥中港区，拥有 3 个港口企业，分别是绥中港集团有限公司、绥中 36-1 原油终端处理厂和绥中电厂。拥有货主专用码头 6 个和公共码头 5 个，港区综合年通过能力 2 759 万吨。其中，绥中港集团有限公司已建成 5 个 5 000 吨级通用泊位（水工结构 3 个 5 万吨级）。货主专用码头：绥中电厂有 3 000 吨级、1 万吨级 5 万吨级煤炭专用泊位各 1 个，主要货种为煤炭，设计年通过能力 750 万吨；绥中 36-1 原油终端处理厂 5 000 吨级、3 万吨级和 5 万吨级原油专用泊位各 1 个，主要货种为原油，设计年通过能力 1 570 万吨。2022 年，绥中港集团完成吞吐量 652.7 万吨，同比增长 4.0%，主要货种为煤炭、粮食、矿建材料；绥中发电有限责任公司完成吞吐量 485.8 万吨，同比增长 50.0%，单一货种煤炭；绥中 36-1 原油终端处理厂完成吞吐量 980.1 万吨，同比增长 7.3%，单一货种原油，主要输出到天津港、南京港等十多个港口。

葫芦岛港北港港区，是北港工业园区的配套港区，主要有东宝集团船舶制造有限公司、葫芦岛北龙物流集团和渤海船舶重工有限责任公司。东宝集团船舶制造有限公司有 5 个舾装码头。葫芦岛北龙物流集团有 3 个舾装码头，分别为 2 个 5 万吨级散杂货船舾装泊位和 1 个 7 000 吨级舾装泊位。2022 年，葫芦岛北龙港口有限公司完成吞吐量 365.9 万吨，同比增长 35.2%，主要货种为钢材、水泥和矿建材料。

葫芦岛兴城港区，是葫芦岛港的预留发展港区，主要以客运为主。兴城港区现有码头主要是觉华岛陆岛交通码头，在兴城海滨建有 7 个 500 吨级陆岛交通码头，综合年通过能力 50 万人次。

2022 年，葫芦岛港货物吞吐量为 3 267.4 万吨，同比增长 3.2%。其中，外贸进出口货运量 108.4 万吨，同比增长 13.3%。货种主要有原油、矿建材料、金属矿石、钢材和粮食。

**【旅顺新港水运（海港）口岸】** 旅顺新港位于辽东半岛最南端，与山东半岛隔海相望，是天然不冻港，海岸线长度 169 千米，是沟通辽东半岛和山东半岛的“黄金水道”。2006 年 8 月 16 日获得国务院批准对外开放，2009 年 11 月 20 日通过国家验收，2010 年 1 月 6 日正式对外开放。旅顺新港口岸拥有 2 个开放杂货泊位，辖区内中远川崎船舶工程有限公司、大连今冈船舶工程有限公司、大连滨海船舶修造有限公司码头实现口岸临时开放。旅顺新港已开通旅顺至烟台、旅顺至蓬莱、旅顺至龙口、旅顺至东营 4 条国内省际客货滚装航线；进口货物主要为钢材、机械零部件、水产品等原材料，出口货物主要为成品货船、船舶分段、大型机械设备等各种加工贸易成品。

2022 年，旅顺新港累计完成旅客吞吐量 51.6 万人次，同比下降 41.14%；完成货物吞吐量 2 372.21 万吨，同比增长 5.4%，其中外贸吞吐量 179.81 万吨，同比增长 47.6%。

**【庄河水运（海港）口岸】** 庄河港位于辽东半岛东侧南部，是黄海、渤海距日、韩最近的港口，滨海公路横贯东西。2007 年 9 月 12 日获国务院批准对外开放，2009 年 11 月 18 日通过国家验收，2010 年 1 月 20 日正式对外开放。庄河港区共有泊位 27 个，其中已建成投入使用泊位 14 个、在建泊位 13 个。按区域分：将军石作业区已建成泊位 6 个、在建泊位 10 个；黑岛作业区已建成泊位 1 个；石城港已建成泊位 4 个；王家港已建成泊位 2 个、在建泊位 3 个；寿龙岛港已建成泊位 1 个。

2022 年，庄河港完成货物吞吐量 320 万吨。

**【长兴岛水运（海港）口岸】** 长兴岛港主要包括长兴岛、西中岛、凤鸣岛 3 个自然岛屿，与陆地以海沟、浅滩相隔，长兴、西中、凤鸣三岛间形成了葫芦山湾和董家口湾两个海湾。长兴岛地区深水岸线资源丰富，港口建设条件优良。港址南距旅顺新港约 59 海里，北距营口港约 101 海里。2011 年 7 月 30 日国务院批复同意长兴岛港对外开放。2019 年 10 月 9 日长兴岛港口岸通过国家验收，正式对外开放。

长兴岛港区分为长兴岛北岸作业区、南岸作业区和西中岛作业区。北岸作业区：恒力石化项目 1 个 2 万吨级散货泊位（已升级为限制船长的 5 万吨级泊位）、3 个 5 万吨级散货泊位、2 个 10 万吨级液体散货泊位及 1 个 5 000 吨级液体散货泊位；防波堤外侧大连港长兴岛 30 万吨级原油码头、内侧 10 万吨级原油码头及后方原油库区一期工程已建成。南岸作业区：公共港区西侧 0#~3#通用泊位（5 万~7 万吨级）；西中岛作业区：南防波堤工程基本完工。货物以原油、液体化学品、散货为主。2022 年 11 月，长兴岛 10 万吨级原油码头通过省级验收。

2022 年，长兴岛港完成货物吞吐量 7 559 万吨，同比下降 6%。

**【丹东陆路（铁路）口岸】** 丹东铁路口岸通过中朝友谊大桥与朝鲜新义州口岸相对应。口岸地点设在铁路丹东站，分为客运和货运两部分。1954 年，中朝两国签订铁路联运协定，开通北京至平壤、平壤至莫斯科往返直通国际联运旅客列车，经停丹东站，每周二、四、五、日出境，每周一、三、四、六入境，经中朝协商，每天都有丹东铁路口岸至朝鲜新义州口岸旅客列车。国际联运货物列车每天往返 4 对。2001 年 11 月 24 日，中朝两国签订《中朝边境口岸及其管理制度的协定》，明确规定：铁路口岸允许持有效护照及签证或边境通行证的双方公民、货物和运输工具通过；允许持有效护照及签证的第三国公民、货物和运输工具通过；铁路口岸每日的开放时间按中朝双方间有关协议中的铁路运行时刻表执行，不受双方规定的节假日和边境口岸每天开放时间的限制。2006 年 8 月，铁路丹东站改造建设；2008 年年底，铁路丹东站新站舍竣工并投入使用。2022 年，受疫情影响，丹东铁路口岸暂停客运通关。货运功能累计恢复运行 196 天。

**【丹东陆路（公路）口岸】** 丹东公路口岸通过中朝友谊大桥与朝鲜新义州口岸相连。口岸地点设在中朝友谊桥旁。丹东公路口岸是 1955 年经中朝双方商定批准的对外开放口岸，也是我国与朝鲜半岛接壤的口岸中可通行第三国人员的口岸。丹东公路口岸分为客运和货运两部分。1966 年关闭，1981 年恢复通关。2004 年 6 月，公路口岸扩建改造；2005 年 6 月 20 日，改造后的公路口岸正式投入使用。丹东公路口岸公路客运班车由中朝双方共同营运，主要接送两国边民。2022 年，受疫情影响，丹东公路口岸暂停客货通关。

中朝友谊桥

## 大连市

**【口岸对外开放取得新进展】** 支持长兴岛

世界级石化基地和商品车海陆通道建设，2022 年完成了长兴岛 10 万吨级原油码头和大连港汽车码头新建泊位省级开放验收。巩固发展“大连特色”口岸功能，完成了 2022 年“海上过鲜”临时开放申报批复工作。组织开展大连海港口岸泊位清理，完成 113 个临时停靠国际航行船舶码头泊位逐一清查确认工作。服务太平湾重大项目建设，推动太平湾港口岸基础设施与主体工程同步建设。

**【跨境贸易便利化水平稳步提升】** 出台《大连口岸进一步深化跨境贸易便利化改革优化口岸营商环境工作实施方案（2022—2024）》，常态化开展了大连口岸跨境贸易便利化动态监测和第三方评估，针对口岸运行基本要素、合规成本、通关时效等进行深入研究，构建口岸运行统计指标体系。建立口岸营商环境社会监督员制度，口岸监督渠道进一步拓宽，口岸监督质量和效率有效提升。组织开展大连市清理规范海运口岸收费专项行动，口岸收费环境持续改善，通关便利度和市场满意度持续提升。

**【区域枢纽机场建设持续推进】** 大连周水子国际机场加快推进大连空港高质量发展，稳妥有序推进国际定期客运航班恢复与增班，截至 2022 年年底每周增至 16 班。充分发挥补贴政策刺激作用，全年发放航空运输业地方财政补贴 973.94 万元，促进航空运输稳步回升。抢抓航空货运市场机遇，组织邮航加密大阪货运专线，恢复南航首尔客改货航线，国际货运航班每周由 14 班增至 25 班以上，航空国际货量在东北四机场占比由 70%提升至 85%以上。

**【口岸疫情防控精准有效】** 把好空港、海港“两个关口”，织密织牢口岸疫情防控网。2022 年，空港共管控保障重点地区来连航班 10 468班，旅客总人数 102.3 万人次；科学精准做好空港进口货物管控工作，管控进口货物 4.04 万吨，保障临时货包机 21 班。海港及时发布进出港国际航行船舶预报信息及冷链食品集装箱预警信息；严格实施国际航行船舶船员换班工作要求，全年共办理船员换班 480 艘次、5 800人次。

## 2022 年辽宁省口岸大事记

1 月 1 日

国务院印发《关于同意辽宁葫芦岛港口岸扩大开放的批复》。

1 月 17 日

丹东陆路（铁路）口岸货运功能复通，全年累计运行 196 天。

1 月 28 日

国家药品监督管理局批复同意沈阳市市场监督管理局增加药材进口备案职能，沈阳空港口岸正式成为进口药品和进口药材双职能的药品进口口岸。

2 月 23 日

辽宁省委副书记、省长李乐成就港口发展相关工作到营口港调研，强调营口港要找准定位、完善功能，锻造长板、补齐短板，加快建设步伐，实现发展更绿色、更智慧。

3 月 8 日

辽宁省委常委、省纪委书记刘奇凡一行调研锦州港，强调要加快港口建设步伐，不断提升港口能级、增强港口吞吐能力，打造现代化国际枢纽港及辽宁沿海经济带新的增长极。

7 月 16 日

全球最大集装箱公司——地中海航运首条航运公司东北至东南亚直航航线投入运营，辽宁出入境边防检查总站大连出入境边防检查站以优质、高效的服务圆满完成了首航边检勤务工作。

8 月 16 日

首趟“锦州港—赫尔辛基”中欧班列在内蒙古自治区锡林郭勒盟的珠恩嘎达布其口岸顺利通关、驶离国门。

9 月 16 日

辽宁出入境边防检查总站圆满完成第九批在韩志愿军烈士遗骸专机及相关人员入境通关保障任务。

11 月 3 日

满载华晨宝马进口货物的海航 747 全货机从

阿姆斯特丹飞抵沈阳桃仙国际机场。该航线成功首飞标志着一条华晨宝马全新供应链体系的建立，打通了欧洲至沈阳的航空货运通道。

11 月 14 日

国务院印发《关于同意辽宁丹东港口岸扩大开放的批复》（国函〔2022〕128 号），批准丹东港口岸 3 个港区 22 个泊位扩大开放。

11 月 16 日

以锦州港为主体申报的建设东北陆海新通道、打造双循环战略支点、服务中蒙俄经济走廊锦州港公铁海多式联运示范工程成功入选国家第四批多式联运示范工程创建项目。

12 月 30 日

国内最大内贸集装箱船“中谷福州”轮首航锦州港，标志着锦州港集装箱干线运输服务网络更趋完善。

（撰稿人：刘小苹、陈鸿华、王钧书、武兴鹏、王男、辛玲、徐林、王景阳、张学忠、秦玮、李国纲、尹君）

# 2022 年辽宁省口岸流量统计表

| 口岸类型 | | 口岸名称 | 货运量（万吨） | | | | 集装箱量（万标箱） | | | | 人员（万人次） | | | | 交通工具（辆、艘、架、列次） | | | |
|---|---|---|---|---|---|---|---|---|---|---|---|---|---|---|---|---|---|---|
| | | | 出口 | 进口 | 合计 | 同比（%） | 出口 | 进口 | 合计 | 同比（%） | 出境 | 入境 | 合计 | 同比（%） | 出境 | 入境 | 合计 | 同比（%） |
| 空运口岸 | | 沈阳 | 0. 14 | 0. 19 | 0. 33 | −74. 6 | | | | | | | | | | | | |
| | | 大连 | 2. 9 | 1. 72 | 4. 62 | 7. 4 | | | | | | | | | | | | |
| | | 分计 | 3. 0 | 1. 9 | 5. 0 | −11. 6 | | | | | | | 13. 5 | −74. 7 | | | 14 848 | 394. 9 |
| 陆路口岸 | 公路口岸 | 丹东 | | | | | | | | | | | | | | | | |
| | 铁路口岸 | 丹东 | | | | | | | | | | | | | | | | |
| 水运口岸 | 海港口岸 | 大连 | 3 837. 1 | 9 224. 5 | 13 061. 6 | −5. 8 | | | 327. 9 | 13. 0 | | | | | | | | |
| | | 营口 | 1 367. 3 | 6 087. 3 | 7 454. 6 | −7. 3 | | | 3. 9 | −31. 6 | | | | | | | | |
| | | 丹东 | 140. 0 | 1 231. 5 | 1 371. 5 | −28. 7 | | | 2. 9 | −21. 6 | | | | | | | | |
| | | 锦州 | 377. 2 | 1 006. 3 | 1 383. 5 | −33. 1 | | | 0. 37 | | | | | | | | | |
| | | 葫芦岛 | 1. 5 | 106. 9 | 108. 4 | 13. 3 | | | | | | | | | | | | |
| | | 盘锦 | 135. 5 | 716. 5 | 852. 0 | −32. 6 | | | | | | | | | | | | |
| | | 分计 | 5 858. 6 | 18 373. 0 | 24 231. 6 | −11. 1 | | | 335. 1 | 11. 7 | | | | | | | 14 848. 0 | 394. 9 |
| 合计 | | | 5 861. 6 | 18 374. 9 | 24 236. 6 | −11. 1 | | | 335. 1 | 11. 7 | | | | | | | 14 848. 0 | 394. 9 |

（辽宁省口岸办提供）

# 2022 年沈阳海关主要数据统计表

| 项　目 | | 2022 年 | 2021 年 | 同比（%） |
|---|---|---|---|---|
| 进出口货运量（万吨） | 合计 | 1 500.5 | 2 057.8 | -27.08 |
| | 进口 | 1 211.3 | 1 706.5 | -29.02 |
| | 出口 | 289.2 | 351.3 | -17.68 |
| 进出口贸易总值（万美元） | 合计 | 2 037 898 | 2 195 123 | -7.16 |
| | 进口 | 1 648 530 | 1 803 039 | -8.57 |
| | 其中：江、海运输 | 1 531 123 | 1 630 806 | -6.11 |
| | 铁路运输 | 55 335 | 116 999 | -52.70 |
| | 汽车运输 | 2 468 | 473 | 421.78 |
| | 航空运输 | 58 215 | 53 376 | 9.07 |
| | 邮件运输 | 1 388 | 1 356 | 2.36 |
| | 其他运输 | 1 | 30 | -96.67 |
| | 出口 | 389 369 | 392 084 | -0.69 |
| | 其中：江、海运输 | 246 256 | 172 483 | 42.77 |
| | 铁路运输 | 81 821 | 76 016 | 7.64 |
| | 汽车运输 | 3 137 | 92 | 3 315.50 |
| | 航空运输 | 32 303 | 75 024 | -56.94 |
| | 邮件运输 | 1 992 | 2 630 | -24.26 |
| | 其他运输 | 23 860 | 65 839 | -63.76 |
| 税收（亿元） | 两税合计 | 190.9 | 201.6 | -5.30 |
| | 关税入库 | 39.0 | 42.0 | -7.06 |
| | 进口环节税入库 | 151.9 | 159.6 | -4.84 |

（沈阳海关提供）

# 2022年大连海关主要数据统计表

| 项目 | | 2022年 | 2021年 | 同比（%） |
|---|---|---|---|---|
| 进出口货运量（万吨） | 合计 | 20 826. 42 | 23 939. 25 | -13. 00 |
| | 进口 | 16 264. 12 | 18 830. 87 | -13. 63 |
| | 出口 | 4 562. 32 | 5 108. 38 | -10. 69 |
| 进出口贸易总值（万美元） | 合计 | 14 423 628. 69 | 13 889 956. 74 | 3. 87 |
| | 进口 | 8 234 662. 46 | 8 094 603. 71 | 1. 75 |
| | 其中：江、海运输 | | | |
| | 铁路运输 | | | |
| | 汽车运输 | | | |
| | 航空运输 | | | |
| | 邮件运输 | | | |
| | 其他运输 | | | |
| | 出口 | 6 188 966. 23 | 5 795 353. 03 | 6. 83 |
| | 其中：江、海运输 | | | |
| | 铁路运输 | | | |
| | 汽车运输 | | | |
| | 航空运输 | | | |
| | 邮件运输 | | | |
| | 其他运输 | | | |
| 税收（亿元） | 两税合计 | 778. 86 | 654. 07 | 19. 08 |
| | 关税入库 | 74. 28 | 79. 51 | -6. 58 |
| | 进口环节税入库 | 704. 58 | 574. 56 | 22. 63 |

（大连海关提供）

## 2022 年辽宁海事局进出港船舶统计汇总表

| 船舶类别 | 进港船舶 | | | | | | | 出港船舶 | | | | | | |
|---|---|---|---|---|---|---|---|---|---|---|---|---|---|---|
| | 艘数（艘） | 总吨（吨位） | 总载重量（吨） | 载客量（客位） | 船员人数（人次） | 货物到达量（吨） | 旅客到达量（人） | 艘数（艘） | 总吨（吨位） | 总载重量（吨） | 载客量（客位） | 船员人数（人次） | 货物发送量（吨） | 旅客发送量（人） |
| 总计 | 139 203 | 831 915 859 | 982 649 883 | 7 133 797 | 1 959 011 | 325 630 656 | 2 788 954 | 139 510 | 835 930 269 | 986 182 022 | 7 237 354 | 1 977 407 | 400 126 811 | 2 925 958 |
| 中国籍船舶 | 131 804 | 597 599 809 | 599 005 674 | 7 021 547 | 1 820 132 | 155 130 301 | 2 788 954 | 132 045 | 598 427 463 | 597 095 939 | 7 125 104 | 1 837 299 | 342 539 732 | 2 925 958 |
| 其中：外贸船 | 510 | 12 292 724 | 20 830 957 | 0 | 10 234 | 11 090 872 | 0 | 559 | 12 537 474 | 21 402 442 | 0 | 11 011 | 4 951 316 | 0 |

（辽宁海事局提供）

# 吉林省口岸分布示意图

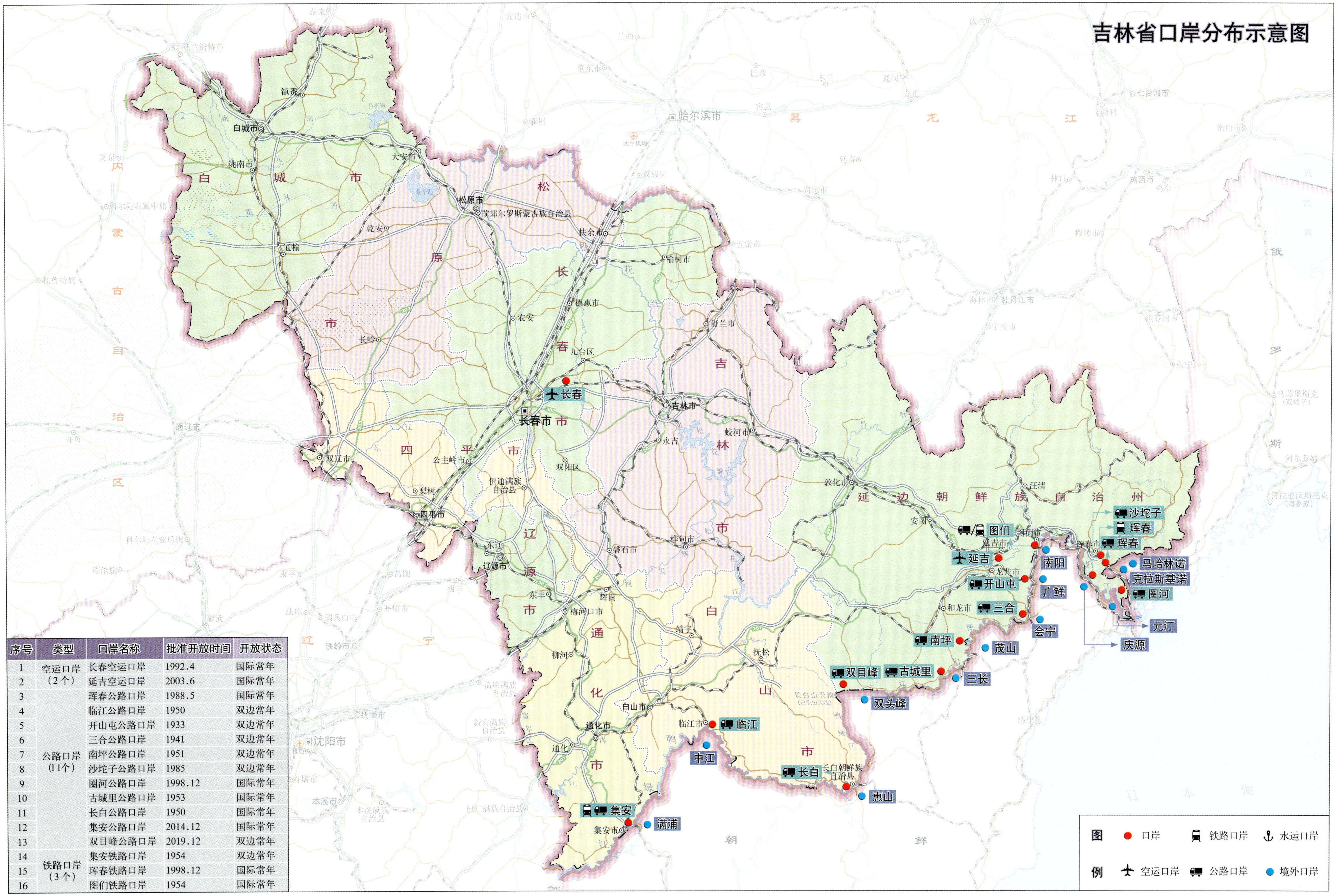


| 序号 | 类型 | 口岸名称 | 批准开放时间 | 开放状态 |
|---|---|---|---|---|
| 1 | 空运口岸（2个） | 长春空运口岸 | 1992.4 | 国际常年 |
| 2 | | 延吉空运口岸 | 2003.6 | 国际常年 |
| 3 | 公路口岸（11个） | 珲春公路口岸 | 1988.5 | 国际常年 |
| 4 | | 临江公路口岸 | 1950 | 双边常年 |
| 5 | | 开山屯公路口岸 | 1933 | 双边常年 |
| 6 | | 三合公路口岸 | 1941 | 双边常年 |
| 7 | | 南坪公路口岸 | 1951 | 双边常年 |
| 8 | | 沙坨子公路口岸 | 1985 | 双边常年 |
| 9 | | 圈河公路口岸 | 1998.12 | 国际常年 |
| 10 | | 古城里公路口岸 | 1953 | 国际常年 |
| 11 | | 长白公路口岸 | 1950 | 国际常年 |
| 12 | | 集安公路口岸 | 2014.12 | 国际常年 |
| 13 | | 双目峰公路口岸 | 2019.12 | 双边常年 |
| 14 | 铁路口岸（3个） | 集安铁路口岸 | 1954 | 双边常年 |
| 15 | | 珲春铁路口岸 | 1998.12 | 国际常年 |
| 16 | | 图们铁路口岸 | 1954 | 国际常年 |

# 吉 林 省

## 口岸数量及分布

截至2022年年底，吉林省共有经国务院批准的对外开放口岸16个。其中，空运口岸2个，分别为长春空运口岸（长春龙嘉国际机场）、延吉空运口岸（延吉朝阳川国际机场）；陆路（铁路）口岸3个，分别为集安、图们、珲春铁路口岸；陆路（公路）口岸11个，分别为珲春、集安、圈河、南坪、长白、临江、三合、开山屯、古城里、沙坨子、双目峰公路口岸。中朝边境口岸12个，中俄边境口岸2个。

## 口岸运行数据

2022年，吉林省口岸进出境货运量365万吨，同比增长17.4%；出入境人员7.3万人次，同比下降6.9%；出入境交通工具28 582辆（列、节、架）次，同比增长37.1%。

## 口岸综合管理

**【强化口岸疫情防控，严防境外疫情输入】**

一是统筹指导到位。建立省、州、市“三级应急机制”，时刻保持口岸应急响应机制始终处于激活状态，坚决做到严防严控；编制、修订吉林省口岸疫情防控工作手册，明确责任分工、细化工作流程、完善应急预案，将其作为口岸防疫行动指南。二是常态防控到位。落实国务院联防联控机制口岸“闭环管理”要求，坚持“人、物、环境”同防。狠抓关键人员管理，加强入境俄籍司乘人员管理，通过视频监控对俄方司乘人员实施监督；严抓闭环人员监管，实行点对点、工作场所到隔离宾馆监管无缝对接；聚焦关键部位防控，严格落实进口冷链食品和非冷链高风险集装箱货物口岸监测检测。强化口岸区域消杀，做好口岸区域的环境消毒及消毒评价，对口岸每日产生的废弃物依据医疗废弃物管理有关规定分类处置，确保口岸内不发生“物传人”事件。扩建珲春公路口岸工作人员消杀区，开展圈河公路口岸疫情防控措施规划建设；新建长春空运口岸边检防护装备脱卸区；指导延吉空运口岸入境通道建设有序推进。三是督导检查到位。按照国务院联防联控机制要求，组织24次常态化督查，开展2次口岸城市“闭环管理”专项检查，组织口岸城市开展“三有三不”问题排查，针对问题指导口岸所在地政府立行立改。为强化“十一”国庆节假期及其前后口岸疫情防控工作督导力度，派出工作组赴珲春和长春开放口岸驻点办公。

**【加强口岸建设、管理，提升对外开放水平】**

一是全面推进《吉林省口岸发展“十四五”规划》实施。制订并印发了《吉林省口岸发展“十四五”规划》任务分工方案，建立“十四五”口岸基础设施改造项目清单，加强指标分解和绩效考核，推进重点项目按规划开工。二是有序推进重点口岸建设项目。指导安图县政府完成安图双目峰公路口岸项目建设详细规划，推进项目按照规划开工建设；推进圈河公路口岸联检楼竣工并顺利通过验收；推进珲春铁路口岸场站全封闭、铁路沿线视频监控设备安装，完成集装箱监管场所建设和验收。三是进一步强化口岸安全管理。为完善口岸安全联防联控机制，增强口岸突发公共事件应急能力，印发吉林省关于健全口岸安全联合防控工作制度的相关实施方案，筑牢严密坚实的国门安全防线。四是持续提升珲春对俄口岸服务对俄经贸发展能力。协调召开有长春海关、吉林省发展和改革委员会、珲春市政府、东北亚铁路集团（珲春铁路口岸运营主体）等部门参加的提升珲春铁路口岸通关能力专题会议，将珲春铁路口岸纳入粮食进境指定口岸名录，完成珲春铁路口岸冰鲜水产品指定监管场所申报并获得海关总署批准；珲春公路口岸中药材进口口岸顺利通过国家药品监督管理局考核评估，审批工作取得突破进展。

**【推进口岸通道建设，提高通行过货能力】**

一是推动“长满欧”“长春—汉堡”班列持续运行。帮助运营企业解难题，针对疫情交通管制限制，周边地区货物无法运抵长春，导致班列发运停滞这一情况，及时协调沈阳铁路局争取班列计划支持，提高中欧班列运行稳定性。二是支持开通“长珲欧”班列，推动制定经珲春口岸出境的班列货运规则。“长珲欧”已有28列班列从珲春铁路口岸进出境，承运货物2 810标箱，承运货物2.12万吨，经由俄罗斯，最终抵达波兰、德国等欧洲腹地。打通内贸外运堵点难点，积极协调省政府和相关部门向国家申请将俄罗斯符拉迪沃斯托克港作为新的中转港、舟山甬舟集装箱码头和嘉兴乍浦港作为复运进境港，开辟内贸外运新航线。三是积极推进珲春铁路口岸实行“7×24小时”工作制。为保证珲春铁路口岸服务全省，协调珲春市政府和口岸运营方制定经珲春铁路口岸出境的班列货运规则；协调珲春市政府根据查验需求完善铁路口岸查验设施和安全设施，解决海关检验人员不足、实验室设备短缺问题，协调海关、边检部门予以支持。经国家口岸管理办公室批准已于2022年9月1日开始实行“7×24小时”工作制。四是全力优化航空口岸查验流程。改造长春空运口岸旅客入境海关查验通道，简化旅客入境行李物品消杀流程，每航次节约消杀时间1小时以上，有效提升旅客入境查验效率。

**【加强口岸交流合作，确保口岸平稳运行】** 一是加密中俄沟通频次。利用中俄总理定期会晤口岸工作组会晤机制从国家层面推进吉林省对俄罗斯口岸相关问题解决；充分发挥吉林省对俄罗斯口岸会晤机制作用，组织口岸联验单位、珲春市政府、口岸运营方对口与俄罗斯边境建设局符拉迪沃斯托克分局、口岸查验部门、滨海边疆区政府、滨海边疆区国际合作旅游厅、俄铁路部门，建立信函、视频磋商机制，通报中方疫情防控和通关保障措施，督促俄方提高公路口岸单向验放车辆数，共同推进疫情防控、口岸运行、通关效率、贸易便利化。二是全面提升口岸保障能力。优化珲春公路口岸“甩挂”“吊装”货物交接模式，组织中俄双方运输企业对接，降低俄方空车头进出境比例，口岸单向日通行能力100辆，达到“俄方口岸放行多少，中方就能接收多少”，出境做到随到随放；与俄方密切配合全力做好珲春铁路口岸24小时通关保障工作，开通对俄口岸清洁能源班列、集装箱制整车班列、俄罗斯宽轨笼车整车发送业务；积极协调俄方口岸管理部门提升口岸查验效率，将克拉斯基诺公路口岸放行数量提升至日40辆以上，将马哈林诺铁路口岸列车放行数量提升至日4列以上。

**【优化口岸营商环境，服务区域经贸发展】** 一是积极推进铁路口岸预约通关模块建设，进一步提高通关效率，已完成长春兴隆铁路集装箱场站的系统开放和运行，已完成吉林保税B区系统的测试。二是与联检部门沟通协调，就优化应用便捷度，向物流节点推送查验指令。三是与技术运营团队一起，通过微信群、公众号、QQ群等方式，在线解答企业在使用“单一窗口”中遇到的问题，宣传国家政策、推介“单一窗口”的使用。四是积极开展各种培训活动，2022年4月28日为40余家企业进行“单一窗口”全国口岸收费及服务信息发布系统应用培训，12月14日联合吉林省药监局、长春海关、吉林省商务厅外贸发展处和长春兴隆综合保税区，为吉林省内20余家从事药品进口业务的生产企业和贸易企业进行“单一窗口”药品药材进口业务操作培训。

**【推广、完善国际贸易“单一窗口”平台，提高服务能力、水平】** 一是丰富、完善国际贸易“单一窗口”应用项目，成功上线运行吉林市保税B区铁路口岸预约通关模块。二是不断提升运维服务能力水平，与技术运营团队密切配合，通过微信群、公众号、QQ群等方式，在线解答企业在使用“单一窗口”中遇到的问题，宣传国家政策，年服务企业超2 000家，累计业务量79 361票。三是完成2022—2023年度系统运维招标工作，保障“单一窗口”系统的持续稳定运行。

**【长春兴隆综合保税区建设成绩显著】** 长春兴隆综合保税区2022年业务额大幅增长。全年，园区一线进出口额实现73.6亿元，同比增长319%。总量在东北内陆综合保税区中位列第2位，增速在全国168个海关特殊监管区域中排名第14位。一是园区建设进一步完善。长春兴隆综合保税区于2011年12月经国务院批准设立，总面积2.518平方千米（规划面积4.89平方千米，2020年12月海关总署批复同意缩减至2.7平方千米以内）。长春兴隆综合保税区分为两期：一期1.536平方千米，于2013年10月通过国家验收，2014年3月封关运作；二期0.982平方千米，于2022年12月23日通过国家验收。二是招商引资实现较好成效。全年完成新签约及落位项目78个，包括年进出口额3亿元的中稀进出口矿石粉项目及龙洋食品保税加工项目、年进出口额超10亿元的一汽进出口物流中心项目、年进出口额超8 000万元的汽车零部件跨境电商基地项目、年进出口额6 000万元的粤港特色商品出口及煤炭木材进口项目、年进出口额6 000万元的康润汽车零部件进出口项目等重点项目。完成实际利用域外内资20.15亿元，实现新开工项目13个。对接一汽大众公司创新汽车零部件供应链体系，进口发动机、电动机、变速箱等1 200个品类，预计全年可实现进口320个集装箱、7亿元的进口额。引进龙洋食品保税加工项目、恒龙国际贸易公司平行车进口、汇谷贸易公司整车出口项目，均已注册。开展"一带一路贸易产业园"规划编制工作。谋划并向上级上报吉林省外贸孵化基础建设请示。谋划进境粮食保税加工产业园、广东跨境电商产业园、"一带一路"食品产业园、汽车零部件保税加工及跨境电商基地等平台型项目，以及围绕汽车零部件、农产品深加工、医药、国际贸易等方向的20个项目，总投资额预计25亿元，进出口额预计15亿元。

**【珲春综合保税区实现快速发展】** 一是园区业务实现较大增长。2022年，实现进出口贸易额56.3亿元，同比增长165.6%，其中跨境电商贸易额35.2亿元，同比增长63.7%。二是多措并举促进跨境电商业务迅速增长。2022年，根据海关总署数据统计，珲春对俄陆路口岸跨境电商进出口贸易额稳居全国第一。珲春综合保税区利用增设的关区代码"1567"，成功将综合保税区内跨境电商贸易额全部纳入珲春综合保税区数据统计，全面提升珲春综合保税区进出口贸易额度；珲春综合保税区在吉林省率先完成跨境电商B2B"9810"模式的出口业务，并成功完成首单业务试单；推动珲春畅达电子商务有限公司开通新业务，建立数字贸易官方服务平台，进一步完善珲春跨境电商产业链条，平台交易2 000万元，主要以电子产品为主；全力支持"TIR"中俄国际道路运输新模式常态化运行，全年通过"TIR"运输跨境电商产品300余车次，跨境电商货物5 000吨左右，货值16亿元。三是创新性开展整车出口业务情况。截至12月31日，珲春综合保税区实现整车出口2 843辆，出口贸易额11.37亿元。其中，12月份单月出口整车894辆；一汽集团出口整车563辆，占当月整车出口份额的63%。四是引进韩国独资企业入驻园区经营汽车整车销售、汽车零配件批发及销售，二手车鉴定评估及相关的认证服务。填补了园区无外资企业的空白。

**【延吉国际空港经济开发区保税物流中心（B型）平稳运行】** 一是优化产业结构，实现延吉国际空港经济开发区保税物流中心（B型）运营常态化。已实现"境外货物入区保税""境内区外货物入区退税"等业态的驻区展业工作，顺利开展加工贸易出口、进口保税仓储、一般贸易属地申报等业务，进入封关运作常态化阶段。二是协调海关监管落地，助推企业绿色通关。与海关密切配合，加强宏观管理，在依法行政的前提下，实现绿色通关，提高监管和服务水平。在RCEP延边跨境进出口项目中，与延吉海关建立周例会的沟通机制，根据海关对跨境电商监管仓库的标准，完成海关监管查验平台功能性用房的改造；向延吉海关申请开通保税跨境贸易电子商务"1210"模式，全力推进依托延吉国际空港经济开发区保税物流中心（B型）的现代服务业，并将跨境电商作为重点加以培育和发展，于2022年7月28日实现"1210"业务首单申报成功。

**【吉林市保税物流中心稳定运营】** 2022年，保税仓储、出口退税、"保税一日游"等功能在中心持续推进。统计申报进出口报关单61票，申报货物数量6 586吨，监管货值1亿元，业务量比2021年有所上升。园区跨境电商工作稳步推进。一是中国（吉林）跨境电子商务综合试验区核心示范区O2O体验店及直播基地项目已基本建设完成并进入最后验收阶段。中心积极配合政府相关部门推进招商工作。接待来访企业，为企业享受的政策及业务操作流程提供充分的咨询答疑服务。同时进一步完善核心示范区相关数据、针对体验店及展示区制定台账标准及出入区流程。二是按照市跨境电子商务综合试验区建设领导小组决定，在保税物流中心启动并实施跨境电商“9610”模式。已完成前期申报及招标工作，等待财政拨款。三是配合市商务局完成跨境电商公共服务平台项目结算。

## 口岸监管与服务

**【长春海关加强口岸疫情防控】** 2022年，长春海关坚决贯彻落实习近平总书记关于疫情防控工作的重要指示批示精神，毫不动摇坚持“外防输入、内防反弹”总策略，扎实推进“人、物、环境”同防、“多病共防”，精准实施口岸卫生检疫，坚决守牢外防输入关口。严格落实“四严、四零”要求，健全巩固“境外、口岸、境内”三道防线，持续完善“一口岸一方案”“一机一方案”，做好新冠病毒感染口岸防控转段工作。持续优化检疫流程，在主要口岸配备健康申报自助验核一体机和卫生检疫自助闸机通道，积极推广应用“无接触式核验”的卫生检疫模式及测温闸机等智能设备，实现旅客“无感通关”。扎实做好入境人员卫生检疫，严格规范开展健康申明卡核验、体温监测、医学巡查、采样检测和移交处置，加强对机组人员及陆路口岸司乘人员的精准检疫，强化对变异株流行国家和地区的入境人员检疫措施。全年，共检疫出入境人员7.6万人次。结合陆路口岸复开运行情况，进一步推动实施“甩挂”“吊装”“接驳”等非接触式货物交接模式。严格按照海关总署布控指令和要求开展入境客运航空器终末消毒和固液体废弃物处理监督，以及进口冷链食品、农产品、高风险非冷链集装箱货物抽样检测和预防性消毒监督。全年，共抽检进口冷链样品4.6万份。加强进出境动植物检疫，筑牢国门生物安全防线。加强非洲猪瘟、高致病性禽流感、沙漠蝗、红火蚁、松材线虫等重大动植物疫情防控，积极推进智慧动植检建设，深入开展“国门绿盾2022”行动，提高外来入侵物种防控及进境动植物疫情截获成效。顺利完成3.3万只美国种鸡进境检疫以及24吨法国进口冷冻猪肉监管和安全检测。

**【长春海关强化实际监管】** 2022年，长春海关坚定不移全面落实总体国家安全观，紧紧围绕政治安全、意识形态、文化安全等重点领域，规范口岸检查作业，提升现场主动查发能力，加强涉恐、涉爆、涉枪、涉毒物品及反宣品、违禁音像制品的监管查缉，严格落实禁限管控措施。充分发挥风险防控分局、监控指挥中心和各工作专班的作用，加强对业务运行的监控、分析和预警，突出精准防控，着力提升实际监管效能。货运渠道人工分析布控查获率、高质量查获占比均高于全国水平。落实海关总署相关境外输华食品检疫准入制度，从源头保障进口食品安全，开展进口食品“国门守护”行动。全年，检验检疫入境不合格食品及化妆品13批次。稳步推进改革创新，严把进出口商品质量安全关。优化进出口商品检验模式，聚焦“安全卫生健康环保”要求，加强汽车、旧机电、医疗器械、大宗资源类商品和危险品等重点敏感商品检验监管。全年，检验检疫进出境不合格工业品37批次。深化“互联网+稽核查”运用，加大稽核查工作力度，提升精准查发能力。稽查作业有效率、核查作业按时办结率均达100%。保持打击走私高压态势，聚焦重点区域、重点领域、重点商品，开展“国门利剑2022”联合行动，严厉打击“洋垃圾”、象牙等濒危物种及其制品走私。巩固海南离岛免税“套代购”走私整治成效，破获“水客”走私高档手表进境及离岛免税“套代购”走私化妆品案件。全年，侦办走私犯罪案件数量、案值、涉税金额，同比分别增长1.5倍、4.7倍和19.6倍。慎终如始防范化解重大、系统性风险，从严从实压紧安全生产主体责任，扎实开展“口岸危险品综合治理”百日专项行动。建立口岸危险品综合治理常态化工作机制，优化危险品监管流程，实现口岸危险品“零积压”。百日专项行动期间，共检验监管进口危险化学品109批次，检验监管出口危险品及其包装644批次，检出进出口不合格危险品14批次。全年，发布长春海关工作简报20期，向海关总署报送长春海关专项行动信息34条。

**【长春海关提升跨境贸易便利化水平】** 2022年，出台长春海关促进外贸保稳提质16条细化措施，落实海关总署进一步助企纾困降成本7项举措，长春海关各隶属海关结合当地产业特点、地方发展需求和企业诉求，制定细化支持措施152条，确保各项政策应出尽出、精准滴灌、直达快享。建立长春海关关领导与企业直接对接和“问题清零”机制，深入企业调研70余次，帮助企业解决各类问题140个。实行“一企一策”“一事一策”，跟踪服务保障汽车等重点行业产业链供应链循环畅通，为企业减免税款2.2亿元，同比增长4.3倍，大力培育新形势下重点企业参与国际竞争的新优势。加强研究型海关建设，建立外贸形势分析会议工作机制，持续强化统计监测预警，研提更好助力外贸保稳提质的新思路、新举措。统计分析及监测预警信息被海关总署、吉林省委省政府等部门采用34篇。

**【长春海关推动融入共建“一带一路”】** 2022年，主动围绕中心、服务大局，保障“长满欧”“长珲欧”等中欧班列、“珲春—马哈林诺”铁路常态化运行。助力推进吉林省“一主六双”高质量发展战略，确保管得住、通得快，为591家外贸企业开通电子口岸应用权限，鼓励企业通过国际贸易“单一窗口”实现“一站式申报”，全面推广“两步申报”“提前申报”及海关税款担保改革，为23家进出口企业办理税款担保备案，金融机构提供担保金额超20亿元。大力推广“顺势监管”，提高非侵入式查验方式应用率，支持“无障碍”跨境运输，实现通关再提速。2022年，长春关区进口、出口货物整体通关时间较2017年分别压缩61.2%和92.3%，较同年全国平均水平分别快8.22小时和0.8小时，达到历史最佳水平。支持煤炭等能源类大宗商品战略储备，推动进口煤炭取样送检比率降低近50%。积极推进“秸秆变肉”暨千万头肉牛工程，为企业自丹东东港口岸进口种牛提供便利，全程跟踪指导指定隔离场建设。积极落实中俄总理会晤成果，加强对俄货运通道建设，全力保障珲春铁路口岸“7×24小时”运行。

**【长春海关持续打造高水平对外开放平台】** 全力保障东北全面振兴“十四五”有关部署落地，加快推进长春兴隆、珲春综合保税区及珲春海洋经济发展示范区等重点平台建设，完成珲春铁路口岸海关监管作业场所验收及注册登记，推动珲春获批进境冰鲜水产品、食用水生动物指定监管场地，支持珲春东北亚国际商品城获批市场采购贸易试点。复制推广自由贸易试验区海关监管创新制度，推进各项优惠政策在综合保税区内落地实施。2022年，吉林省综合保税区进出口额130亿元，同比增长2.4倍。

**【吉林出入境边防检查总站强化保障服务】** 吉林出入境边防检查总站统筹经济社会发展和疫情防控大局，聚焦中央复工复产和加强对俄口岸通关部署，联合中直、省直有关部门制定《吉林省推进深化跨境贸易便利化改革若干措施》《稳外贸稳外资工作协调机制》，就稳经济大盘政策、支持经济高质量发展等献计献策。在珲春铁路口岸、珲春公路口岸同步开通鲜活产品“快捷通道”、抗疫物资“绿色通道”、危化物品“专用通道”、重要物资“预约通道”。2022年，累计延时闭关79次、413小时，验放货运汽（列）车1.78万余辆（列）次，同比增长27.10%，保障350余万吨货物顺畅通关，同比增长14.91%。俄滨海边疆区边防管理局专门致信感谢。为承担救援、医疗等任务24小时内短暂停留的航班即时办理临时公务机预检预录、出入境手续等边防检查业务。严格执行陆路口岸“客停货通”、空港口岸“四分流”“五个一”政策措施，调整完善吉林出入境边防检查总站保障通关工作方案、一线勤务工作手册等各类措施3类57种，最大限度地降低境外疫情输入风险。推广实施“小单元”独立作战、无接触隔窗查验、货运车辆吊装甩挂等勤务模式，圆满完成阳性旅客入境查验、隔离转运任务，保障3名重病中籍旅客安全顺利入境，实现对入境人员“从国门到家门”的闭环管理。

**【吉林出入境边防检查总站优化口岸营商环境】** 吉林出入境边防检查总站坚持助力发展与维护稳定齐抓共管，部署开展平安国门、口岸限定区域隐患排查、执勤差错问题整治、反恐专项自查、风险隐患再排查再化解5个专项行动，圆满完成党的二十大口岸安保维稳任务，持续打造安全稳定、通关顺畅的口岸营商环境。推动恢复珲春公路口岸一汽商品车出口业务、助力珲春铁路口岸实行“7×24小时”工作制，会同吉林省商务厅、吉林省卫健委等部门，研究制订专勤方案，助力企业营利创收。指导空港出入境边防检查站优化勤务组织、严格防疫管理，确保国际航线平稳运行，推动仁川、釜山、济州岛等国际航班陆续复航。加强信息开放共享，建立一站式综合信息审核制度，通过中国（吉林）国际贸易单一窗口平台上传备案材料，实行备案手续网上办、预约办。发挥中韩重要商务、物流、生产和技术服务急需人员往来“快捷通道”作用，做好预检预查工作，缩短急需人员排队候检时间。对国际货运航班入境后24小时内随原航班直接出境、不下飞机或不离开口岸限定区域的机组人员，实施入境出境手续一次性办理，确保高效快捷通关。吉林出入境边防检查总站加快12367服务平台建设，为地方外贸发展提供“全天候、不打烊”热线服务，建立“每周汇总、每月分析、每季度总结”制度，对来电工单进行总结分析、归纳梳理，全面掌握服务对象关注热点和困难诉求，持续细化来电类别和接询方法，实时提供最新的政策解读和咨询服务。持续加强话务培训，明确情形、范围、材料、时限细节，确保应询安全高效、规范严谨。2022年，累计提供咨询服务2 200余人次，解决急难愁盼问题500余件，边检应询满意率达到100%。

**【吉林出入境边防检查总站创新通关监管模式】** 吉林出入境边防检查总站主动下沉一线警力，严密口岸限定区域、两翼及桥梁周界管理，设置隔离墩、破胎器等物理拦阻设施，综合运用人防、物防、技防手段，高强度布设“口岸分界线”“入境查验区”“口岸限定区”三道管控防线，投入专项资金改造珲春铁路口岸边检执勤用房，建成封闭拦阻设施1 800米4万余平方米，引入火车空箱检测系统、火车底盘拍照系统，增设铁路沿线62路监控探头、全线电子围栏，有效提升铁路口岸物防、技防能力。

**【吉林出入境边防检查总站提高口岸规范化管理】** 吉林出入境边防检查总站持续推进勤务规范化建设，出台加强交控工作实施意见、边控岗位保密管理规定，制定勤务质量抽查、口岸视频巡查两项制度，坚持每天对勤务情况进行视频督察、记录倒查和数据核查，先后复核2020年以来梅沙系统数据47万余条，下发勤务质量通报10份，全年勤务科学规范，未发生执法执勤差错事故。

## 开放口岸

**【长春空运口岸（长春龙嘉国际机场）】** 长春龙嘉国际机场地处长春市九台东湖镇与龙嘉镇交汇处，距长春市和吉林市区分别为32千米和76千米，南侧紧邻珲乌高速公路，西侧距龙双公路1.5千米，北侧距101省道和龙家堡火车站9千米，东北距饮马河约2千米，东南距石头门水库约6.5千米。

长春龙嘉国际机场为国内干线机场，占地约306.67万平方米，飞行等级为4E，跑道长3 200米、宽45米，可起降大中型客机，共有停机位63个。机场航站楼现有1号（T1）航站楼和2号（T2）航站楼。其中，T1航站楼属于国际厅，位于飞行区南侧、跑道中段，平行于跑道，航站楼面积6.23万平方米，可满足旅客年吞吐量500万人次；有登机桥3个，出境通道10个，入境通道8个，设有海关报关大厅，监管仓库。T2航站楼共4层，地上3层、地下1层。一层为到达层，主要用作行李提取，迎接国内到达航班旅客；二层为旅客到达通道及中转流程办理区域；三层为国内航班出发大厅，主要用作旅客值机、国内安检；地下一层为地下换乘通道，通往龙嘉高铁站和地下停车楼。地下停车楼共设有两个出入口，可直接步行通往T1航站楼和T2航站楼。2004年10月，国务院正式批准长春空运口岸开展落地签证业务。

长春龙嘉国际机场

机场现有9家国内外航空公司共12条航线与8个国家（地区）通航。9家航空公司分别为南方、东方、青岛、春秋、华信、韩亚、香港、乌拉尔和越捷航空公司，12条航线（不含包机航线）分别为长春—仁川—长春、长春—济洲—长春、长春—东京—长春、长春—名古屋—长春、长春—台北—长春、长春—香港—长春、符拉迪沃斯托克（海参崴）—长春—曼谷—长春—符拉迪沃斯托克（海参崴）、长春—扬州—曼谷—扬州—长春、新加坡—上海—长春—上海—新加坡、符拉迪沃斯托克（海参崴）—长春—伊尔库茨克—长春—符拉迪沃斯托克（海参崴）、长春—芽庄—长春、长春—茨城—长春，8个国家（地区）分别为韩国、日本、俄罗斯、泰国、越南、新加坡和中国台湾、香港地区。2022年，受疫情影响，只有韩亚一家航空公司首尔—长春—首尔OZ303/4航班在执飞，其他航空公司停止运行。

2022年，长春空运口岸出入境旅客2.57万人次，同比下降28.92%；出入境航班完成114架次，同比下降10.94%；货邮吞吐量完成5.77吨，同比下降99.48%。

**【延吉空运口岸（延吉朝阳川国际机场）】** 延吉朝阳川国际机场位于延吉市西南郊区，距市区5千米，机场占地面积3.7万平方米。

机场跑道长2 600米，道面厚34厘米，现已达到国际4c级机场标准，可供空客321、波音737-900同类及以下机型起降。通信、导航系统均采用国外较先进设备，性能优良。延吉机场国际口岸面积5 901.84平方米，功能齐全，查验通道设有出入境各6条，能够满足70余万人次/年的旅客出入境需求。

延吉朝阳川国际机场

截至2022年年底，延吉朝阳川国际机场已开通延吉至韩国仁川、青州、釜山、大邱、务安，俄罗斯符拉迪沃斯托克，日本大阪定期航班。2022年，受疫情影响，仅韩国德威航空公司大邱—延吉往返航班在执飞，平均每周仅执行1个国际航班。

2022年，延吉空运口岸出入境旅客1.1万人次，同比下降28%；起降航班116架次，同比下降9.4%。

**【集安陆路（铁路）口岸】** 集安铁路口岸位于吉林省集安经济开发区，对面是朝鲜满浦铁路口岸，有铁路大桥相连，铁路桥全长589.23米（中方324米）。过货品种有木材、水泥、金矿粉、钢坯、钢锭、杂货等。

集安市位于鸭绿江中朝经济合作带的中心位置，东与白山市接壤，东南隔江与朝鲜“一市三郡”（满浦市、慈城郡、渭源郡、楚山郡）相望，西南与辽宁省宽甸县、桓仁县毗邻，西北与通化市、通化县以浑江为界。集安铁路口岸与朝鲜满浦市隔江相望，距朝鲜平壤市400千米，是我国对朝三大铁路口岸之一，设计年过货能力30万吨、年过客能力10万人次。

集安铁路口岸

2022年，受疫情影响，集安铁路口岸处于停运状态。

**【珲春陆路（铁路）口岸】** 珲春铁路口岸位于珲春边境经济合作区南侧，距市区7千米，对面是俄罗斯马哈林诺口岸。过货品种出口主要有机械过滤器、鱼类、农副产品，进口主要有煤炭、铁精粉、板材、木制品、纺织品、面粉、厨房用品等。

珲春铁路口岸

珲春铁路口岸是吉林省唯一对俄铁路口岸，距俄罗斯卡梅绍娃亚铁路口岸23.7千米（境内8千米，境外15.7千米），距马哈林诺口岸约20千米，是继满洲里、绥芬河之后的对俄第三条大通道。

2022年9月1日前，工作时间实行每周7天、每天24小时预约通关制；自9月1日起，实行每周7天、每天24小时通关制。

2022年，珲春铁路口岸进出口货物345.49万吨，同比增长29.8%；出入境人员4 878人次，同比增长0.4%；出入境车辆2 368列，同比增长23.8%。

**【图们陆路（铁路、公路）口岸】** 图们陆路（铁路、公路）口岸位于图们市市区内，长白山东麓，图们江下游，城市因口岸而生，临江而建，因图们江而得名，素有“图们江畔第一城”之美誉，对面是朝鲜南阳（铁路、公路）口岸。铁路口岸过货品种出口主要有煤炭、粮食、机械设备、水泥等，进口主要有钢锭、生铁、硅铁等；公路口岸过货品种出口主要有炼焦煤、建材、生活用品、食品、药、辣椒干、日杂、化肥等，进口主要有钢锭、生铁、硅铁等。

图们铁路口岸

图们公路口岸

图们陆路（铁路、公路）口岸与朝鲜咸镜北道稳城郡隔江相望，距朝鲜罗津港 158.8 千米，距朝鲜清津港 171.1 千米，距中俄边境 100 千米，距日本海 130 千米，是吉林省发展对朝、对俄贸易和借港出海的主要通道。

2022 年，受疫情影响，图们（铁路、公路）口岸处于停运状态。

**【南坪陆路（公路）口岸】** 南坪公路口岸位于和龙市东南部，距市区 50 千米的南坪镇，对面是朝鲜茂山口岸。过货品种出口主要有矿山设备、日杂、建材、车辆等，进口主要有铁矿粉、淀粉等。

南坪公路口岸

南坪公路口岸距离茂山郡 12 千米，距离朝鲜北部最大港口城市清津市 84 千米。

2022 年，受疫情影响，南坪公路口岸处于停运状态。

**【珲春陆路（公路）口岸】** 珲春公路口岸位于珲春市区东南部，距市区 14 千米，对面是俄罗斯克拉斯基诺口岸。过货品种出口主要有服装、轻工产品、调料及食品、粮食、水果、蔬菜、日用品、机械、建材等，进口主要有海产品、板材、日用品、辅料、机械设备等。

珲春公路口岸

珲春公路口岸是吉林省唯一对俄国际公路口岸，距波谢特港 43 千米，距扎鲁比诺港 71 千米，距斯拉夫扬卡港 105 千米，距符拉迪沃斯托克（海参崴）直线距离 170 千米（公路里程 285 千米），距纳霍德卡港 340 千米，距东方港 350 千米。

口岸工作时间实行每周 7 天、每天 10 小时通关制（北京时间 7：00—17：00）。

2022 年，珲春公路口岸进出口货物 19.87 万吨，同比增长 35.4%；出入境人员 3.18 万人次，同比增长 41.3%；出入境车辆 2.60 万辆，同比增长 39.1%。

**【圈河陆路（公路）口岸】** 圈河公路口岸位于珲春市区东南部，距市区 43 千米，对面是朝鲜元汀口岸。过货品种出口主要有服装、工业品、生活用品、办公用品、粮食产品、建材、装饰材料、食品、电器、小型轿车、中型轿车等，进口主要有海产品、轻工产品、山菜、手工艺品、木材、电子产品等。

圈河公路口岸

圈河公路口岸是我国直接进、出朝鲜罗先特别市的唯一陆路通道，距图们江入海口 36 千米，距先锋港 36 千米，距罗津港 51 千米，距清津港 127 千米。

2022 年，受疫情影响，圈河公路口岸处于停运状态。

**【长白陆路（公路）口岸】** 长白公路口岸位于长白朝鲜族自治县长白镇，对面是朝鲜惠山口岸。过货品种进口主要有铜、铅、锌、钼等各种矿产品，板方材等木制品，松子、蓝莓等野山果、海产品；出口主要有大米、白面等粮食，电力，机器设备，机电产品，纺织服装，钢铁制品，建材，装饰材料，各种日用品等。

长白公路口岸

长白公路口岸总占地面积 6.66 万平方米，建筑面积 1.48 万平方米，口岸作业现场主要由进出境联检楼、国门、检疫处理区、口岸监管货场构成。口岸于 1952 年设立，原为地方二类口岸，于 2007 年 8 月 10 日经国务院批复升格为国家一类开放口岸，2018 年 10 月 18 日顺利通过国家验收组验收。

长白县是吉林省对外开放的前沿，也是东北亚经济圈的优势据点，发展边境贸易的区位优势十分明显。县城与两江道首府惠山市通过长惠国际公路大桥零公里连接，惠山市有铁路直通平壤、开城、清津和朝鲜最大的工业城市咸兴；有国家级公路直通罗津港、清津港，长白至罗津港口直线距离为 196 千米，距清津港口 140 千米，距金策港 116 千米，距新浦港 145 千米，距咸兴港口 175 千米，通过长白口岸与朝鲜腹地相连接，将成为吉林省借港出海的新通道。

2022 年，受疫情影响，长白公路口岸处于停运状态。

**【临江陆路（公路）口岸】** 临江公路口岸位于临江市西南部，对面是朝鲜中江郡口岸。过货品种进口主要有木制雪条棒、硫酸、其他矿产品、石英表机芯，出口主要有日用百货、水泥、小麦细粉、精米、建筑材料、石英表机芯配件等。

临江市地处鸭绿江中上游的祖国边陲，是吉林省对外开放的前沿，也是东北亚经济圈的优势据点，发展边境贸易的区位优势十分明显。

2022 年，受疫情影响，临江公路口岸处于停运状态。

临江公路口岸

**【三合陆路（公路）口岸】** 三合公路口岸位于龙井市东南部，距市区 48 千米的三合镇，与朝鲜咸镜北道会宁市隔江相望，距朝鲜清津港 86.8 千米，对面是朝鲜会宁口岸。过货品种进口主要有铁矿石、铁粉、干鱿鱼，出口主要有食品、药品、瓷制品、纺织品、塑料制品、自行车、汽车及配件等。

三合公路口岸

三合公路口岸是从中国进入朝鲜东海、进出日本海和太平洋的理想通道，也是延边州与朝鲜咸镜北道进行人员交往和开展边境贸易的良好通道。

2022 年，受疫情影响，三合公路口岸处于停运状态。

**【开山屯陆路（公路）口岸】** 开山屯公路口岸位于龙井市东部，距市区 37 千米的开山屯镇，与朝鲜咸镜北道稳城郡广鲜工人区隔江相望，对面是朝鲜广鲜口岸。过货品种进口主要有干鱿鱼、松茸，出口主要有食品、药品、瓷制品、纺织品、塑料制品等。

开山屯公路口岸

开山屯公路口岸距离罗津港 96 千米，距离朝鲜北部最大港口城市清津市 120 千米，是朝鲜华侨进出咸镜北道的首选通道，被誉为“华侨口岸”。

2022 年，受疫情影响，开山屯公路口岸处于停运状态。

**【古城里陆路（公路）口岸】** 古城里公路口岸位于和龙市崇善镇，距和龙市区 80 千米，对面是朝鲜三长口岸。过货品种进口主要有木材、淀粉、蓝莓、蓝靛果、松子仁、芸豆、红小豆等，出口主要有日杂、建材等。

古城里公路口岸

古城里公路口岸距朝鲜大红丹郡 24 千米，距朝鲜惠山市 175 千米，是延边州通往朝鲜两江道的唯一陆路口岸。

2022 年，受疫情影响，古城里公路口岸处于停运状态。

**【沙坨子陆路（公路）口岸】** 沙坨子公路口岸位于珲春市区西部，距珲春市区 11 千米，对面是朝鲜庆源口岸。过货品种进口主要有海产品、酒、服装、纸、药品、白垩等，出口主要有办公用品、日用品、服装原料、食品、杂货、建材等。

沙坨子公路口岸

沙坨子公路口岸是传统的民间贸易口岸，对面为朝鲜柳多岛，是一座天然封闭的图们江江心岛，岛屿地形为平原。此处交通便利，地势平坦，适宜修建市场，便于开展互市贸易及各项工作，现已开通柳多岛旅游线路。

2022 年，受疫情影响，沙坨子公路口岸处于停运状态。

**【集安陆路（公路）口岸】** 集安公路口岸位于集安市太王镇下解放村，距离市区 7 千米，对面是朝鲜满浦公路口岸。口岸总占地面积约 10.28 万平方米，分为 4 个区域，其中客检场地占地面积 2 万平方米、货检场地占地面积 6.8 万平方米、营房区占地面积约 1.33 万平方米、边境国门区占地面积约 1 466.67 平方米；总建筑面积 12 138.84 平方米，其中边境国门 1 623.3 平方米、客检大楼 4 001.54 平方米、货检大楼 1 583.53平方米、边检营房 3 536.38 平方米，以及次卡口、查验库房、检查用房、熏蒸房等其他部分1 394.09平方米。建设标准为年进出口货物 50 万吨、出入境人员 20 万人次。2014 年 12 月 4 日，国务院正式批复集安公路口岸对外开放。2015 年 9 月 7 日，国门项目开工建设。2016 年 8

月 10 日，客检、货检、边检营房等其他单体建筑同时开工。2019 年 4 月 8 日，完成验收工作，正式开通运行。

集安公路口岸

集安市位于鸭绿江中朝经济合作带的中心位置，作为吉林省通化地区唯一的边境口岸城市，集安公路口岸的建成，将使集安市成为全国县级城市中拥有口岸数量、类别最多的城市。

2022 年，受疫情影响，集安公路口岸处于停运状态。

**【双目峰陆路（公路）口岸】** 双目峰公路口岸位于延边朝鲜族自治州安图县境内，中朝边境双目峰西侧 55 号界桩 150 米处，对面是朝鲜双头峰边境工作站。与朝鲜两江道三池渊郡相对，距长白山天池 20 千米，距安图县二道白河镇 65 千米，距朝鲜三池渊郡 35 千米，是中朝两国边界线上唯一的陆路通道，是《中华人民共和国政府和朝鲜民主主义人民共和国政府关于边境口岸及其管理制度的协定》中所列的 15 个边境口岸之一。

双目峰公路口岸

1985 年，被国家批准为双边公务通道，只允许中朝双方公务人员和文化体育交流人员通行。2009 年 9 月，双目峰公务通道被国家口岸管理办公室批准为临时口岸，通行范围扩大到允许中朝双方因私旅游人员过境，季节性开放。2019 年 12 月 26 日，双目峰公务通道被国务院批准为双边常年开放公路客货运输口岸。

## 原二类口岸

**【老虎哨水运（河港）口岸】** 老虎哨河港口岸位于集安市榆林镇地沟村，老虎哨电站（渭源电站）大坝下游，距集安市市区 68 千米，对面是朝鲜渭源界河口岸。过货品种主要有钢坯、钢锭、机电设备、钢铁制品、硅石、杂货等。

老虎哨口岸

老虎哨口岸位于集安市西南 60 千米处榆林镇境内，这里一面傍山，三面环水，鸭绿江绕老虎哨东、南、西面流过形成纺锤形山脉，九曲回旋鸭绿江在这里形成独特的自然景观，2002 年被水利部列为鸭绿江国境旅游区，与辽宁省宽甸县、桓仁县毗邻，隔江是朝鲜渭源郡。中朝合资的老虎哨水电站位于老虎哨口岸上游 800 米处，也因此得名，电站归朝鲜运行管理，可向中朝两国供电。

2022 年，受疫情影响，老虎哨河港口岸处于停运状态。

## 2022年吉林省口岸大事记

1月25日

吉林出入境边防检查总站南坪出入境边防检查站获批“全国民族团结进步示范区示范单位”。

3月23日

经珲春铁路口岸首次进口俄罗斯液化天然气，为吉林省液化天然气进口提供了新的物流渠道。

6月30日

经珲春铁路口岸首次出口国产车，共51箱102辆，货值145.59万元。

7月10日

国务院联防联控机制督导检查组对长春市龙嘉国际机场空运口岸新冠疫情防控工作情况进行督导检查。

7月27日

“长珲欧”班列锦湖轮胎专列经珲春铁路口岸出境。

8月1日

吉林省口岸疫情防控组赴珲春公路口岸、珲春铁路口岸督导。

8月19日

吉林省委副书记、省长韩俊赴图们公路口岸视察指导工作。

8月30日

新建圈河公路口岸联检楼全面竣工。

9月1日

俄罗斯清洁能源珲春转运中心项目正式落成。

9月1日

首列珲春—莫斯科整车集装箱班列抵达莫斯科。

9月1日

珲春市举行“集中展示口岸建设成果、献礼延边州成立70周年庆祝活动”。

10月20日

国务院疫情防控督导组到珲春铁路口岸和圈河公路口岸督导。

10月26日

吉林省副省长刘凯赴集安公路口岸调研。

11月8日

长春国际陆港打造陆海空立体式智能化联运服务网络多式联运示范工程获交通部批复。

11月10日

珲春铁路口岸进出口货物突破300万吨，同比增长14.1%。

11月18日

“长春陆港型国家物流枢纽”获批。

12月3日

中组部工作组组长、浙江省政协主席黄莉新一行赴圈河公路口岸调研。

12月23日

长春兴隆综合保税区二期围网通过海关总署验收。

12月下旬

吉林出入境边防检查总站荣获国家级“节约型机关”称号。

12月29日

延吉空运口岸进境临时通道（T2）竣工启用。

（撰稿人：马静、张丽娜、单良）

## 2022 年吉林省口岸流量统计表

| 口岸类型 | | 口岸名称 | 货运量（万吨） | | | | 人员（万人次） | | | | 交通工具（辆、艘、架、列次） | | | |
|---|---|---|---|---|---|---|---|---|---|---|---|---|---|---|
| | | | 出口 | 进口 | 合计 | 同比（%） | 出境 | 入境 | 合计 | 同比（%） | 出境 | 入境 | 合计 | 同比（%） |
| 空运口岸 | | 长春 | 0.000 6 | 0.000 0 | 0.000 6 | -99.5 | 1.18 | 1.39 | 2.57 | -28.90 | 55 | 59 | 114 | -10.90 |
| 空运口岸 | | 延吉 | | | | | 1.06 | 0.04 | 1.10 | -28.00 | 58 | 58 | 116 | -9.40 |
| 陆路口岸 | 公路口岸 | 珲春 | 12.01 | 7.85 | 19.87 | 35.4 | 1.59 | 1.59 | 3.18 | 41.30 | 12 992 | 12 992 | 25 984 | 39.10 |
| 陆路口岸 | 铁路口岸 | 珲春 | 3.76 | 341.73 | 345.49 | 29.8 | 0.24 | 0.24 | 0.49 | 0.40 | 1 184 | 1 184 | 2 368 | 23.80 |
| 合计 | | | 15.77 | 349.58 | 365.35 | 17.40 | 4.07 | 3.27 | 7.34 | -6.90 | 14 289 | 14 293 | 28 582 | 37.10 |
| 同比（%） | | | | | | | | | | | | | | |

（吉林省口岸办提供）

# 2022年长春海关主要数据统计表

| 项　目 | | 2022年 | 2021年 | 同比（%） |
|---|---|---|---|---|
| 进出口货运量（万吨） | 合计 | 590.2 | 779.6 | -24.29 |
| | 进口 | 510.1 | 726.3 | -29.77 |
| | 出口 | 80.1 | 53.3 | 50.28 |
| 进出口贸易总值（万美元） | 合计 | 2 337 779.9 | 2 325 366.3 | 0.53 |
| | 进口 | 1 586 238.8 | 1 778 101.7 | -10.79 |
| | 其中：江、海运输 | 1 075 651.9 | 1 313 495.9 | -18.11 |
| | 铁路运输 | 83 667.1 | 77 336.6 | 8.19 |
| | 汽车运输 | 89 721.7 | 62 084.2 | 44.52 |
| | 航空运输 | 305 462.8 | 319 000.0 | -4.24 |
| | 邮件运输 | 29 619.4 | 5 238.6 | 465.41 |
| | 其他运输 | 2 115.9 | 946.4 | 123.57 |
| | 出口 | 751 541.1 | 547 264.6 | 37.33 |
| | 其中：江、海运输 | 487 190.4 | 415 862.7 | 17.15 |
| | 铁路运输 | 26 645.3 | 23 012.6 | 15.79 |
| | 汽车运输 | 45 317.2 | 21 495.8 | 110.82 |
| | 航空运输 | 150 949.6 | 64 531.2 | 133.92 |
| | 邮件运输 | 809.5 | 1 583.7 | -48.89 |
| | 其他运输 | 40 629.1 | 20 778.6 | 95.53 |
| 税收（万元） | 两税合计 | 930 478.0 | 913 362.8 | 1.87 |
| | 关税入库 | 279 112.0 | 278 002.5 | 0.40 |
| | 进口环节税入库 | 651 366.0 | 635 360.3 | 2.52 |

（长春海关提供）

# 2022 年吉林省口岸出入境主要数据表

| 项　目 | | | 2022 年 | 2021 年 | 同比（%） |
|---|---|---|---|---|---|
| 出入境人员（万人次） | 出入境人员总数 | | 4.35 | 5.91 | -26.34 |
| | 入境人员 | | 1.94 | 2.95 | -34.19 |
| | 出境人员 | | 2.41 | 2.96 | -18.54 |
| | 出入境旅客 | | 2.21 | 4.01 | -44.95 |
| | 出入境员工 | | 2.15 | 1.90 | 12.96 |
| | 中国公民 | 内地居民 | 1.90 | 3.74 | -49.01 |
| | | 港澳居民 | 0.000 8 | | |
| | | 台湾同胞 | 0.000 1 | 0.000 2 | -50 |
| | 外籍人员 | | 2.45 | 2.18 | 12.55 |
| 交通运输工具（万辆、艘、架、列次） | 总计 | | 1.80 | 1.43 | 26.28 |
| | 船舶 | | | | |
| | 飞机 | | 0.012 8 | 0.018 9 | -32.28 |
| | 火车 | | 0.178 | 0.150 6 | 18.19 |
| | 机动车辆 | | 1.61 | 1.26 | 28.12 |

（吉林出入境边防检查总站提供）

# 黑龙江省口岸分布示意图

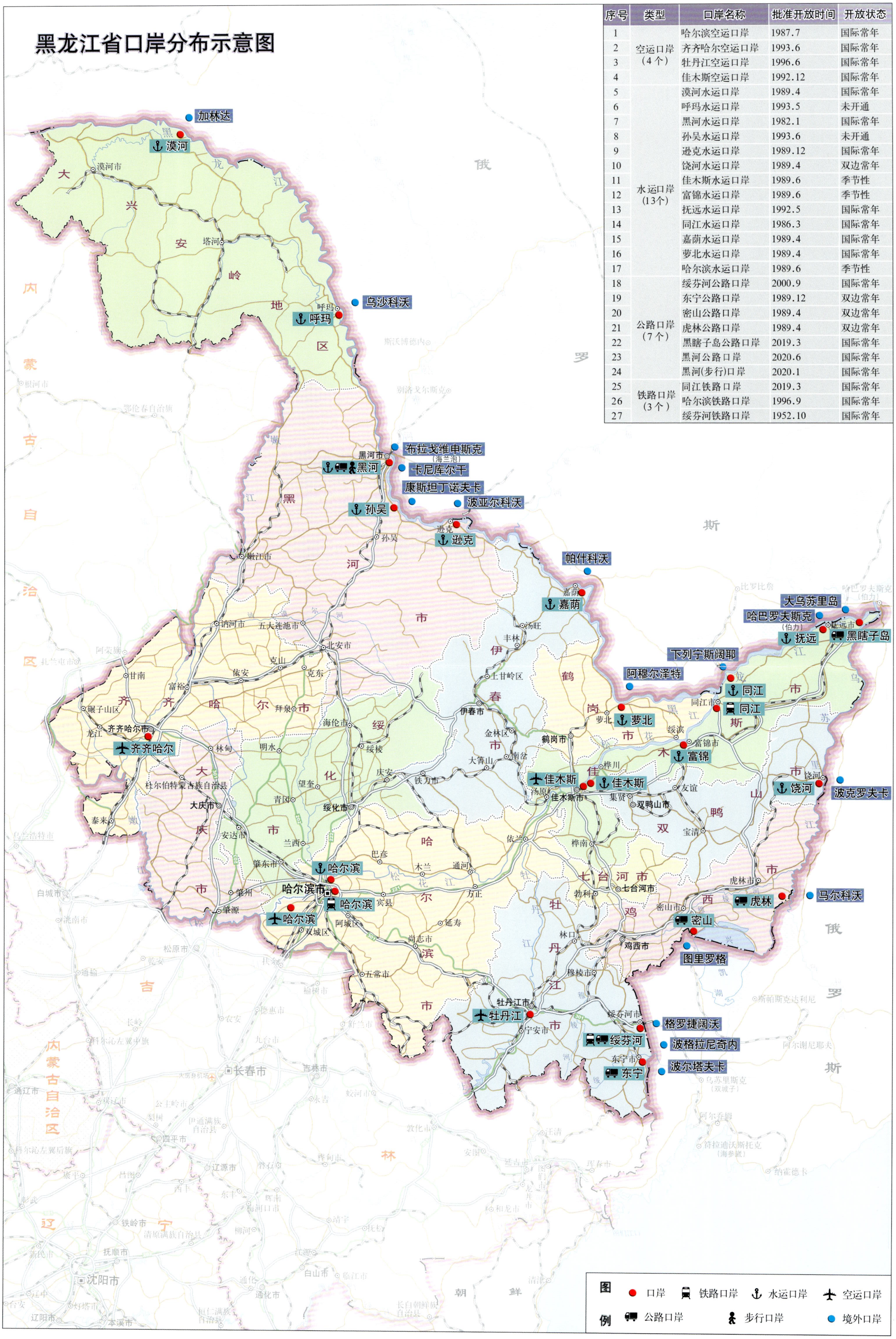


| 序号 | 类型 | 口岸名称 | 批准开放时间 | 开放状态 |
|---|---|---|---|---|
| 1 | 空运口岸（4个） | 哈尔滨空运口岸 | 1987.7 | 国际常年 |
| 2 | | 齐齐哈尔空运口岸 | 1993.6 | 国际常年 |
| 3 | | 牡丹江空运口岸 | 1996.6 | 国际常年 |
| 4 | | 佳木斯空运口岸 | 1992.12 | 国际常年 |
| 5 | 水运口岸（13个） | 漠河水运口岸 | 1989.4 | 国际常年 |
| 6 | | 呼玛水运口岸 | 1993.5 | 未开通 |
| 7 | | 黑河水运口岸 | 1982.1 | 国际常年 |
| 8 | | 孙吴水运口岸 | 1993.6 | 未开通 |
| 9 | | 逊克水运口岸 | 1989.12 | 国际常年 |
| 10 | | 饶河水运口岸 | 1989.4 | 双边常年 |
| 11 | | 佳木斯水运口岸 | 1989.6 | 季节性 |
| 12 | | 富锦水运口岸 | 1989.6 | 季节性 |
| 13 | | 抚远水运口岸 | 1992.5 | 国际常年 |
| 14 | | 同江水运口岸 | 1986.3 | 国际常年 |
| 15 | | 嘉荫水运口岸 | 1989.4 | 国际常年 |
| 16 | | 萝北水运口岸 | 1989.4 | 国际常年 |
| 17 | | 哈尔滨水运口岸 | 1989.6 | 季节性 |
| 18 | 公路口岸（7个） | 绥芬河公路口岸 | 2000.9 | 国际常年 |
| 19 | | 东宁公路口岸 | 1989.12 | 双边常年 |
| 20 | | 密山公路口岸 | 1989.4 | 双边常年 |
| 21 | | 虎林公路口岸 | 1989.4 | 双边常年 |
| 22 | | 黑瞎子岛公路口岸 | 2019.3 | 国际常年 |
| 23 | | 黑河公路口岸 | 2020.6 | 国际常年 |
| 24 | | 黑河(步行)口岸 | 2020.1 | 国际常年 |
| 25 | 铁路口岸（3个） | 同江铁路口岸 | 2019.3 | 国际常年 |
| 26 | | 哈尔滨铁路口岸 | 1996.9 | 国际常年 |
| 27 | | 绥芬河铁路口岸 | 1952.10 | 国际常年 |

# 黑 龙 江 省

## 口岸数量及分布

截至2022年年底，黑龙江省共有经国务院批准的对外开放口岸27个。其中，空运口岸4个，分别为哈尔滨空运口岸（哈尔滨太平国际机场）、齐齐哈尔空运口岸（齐齐哈尔三家子机场）、牡丹江空运口岸（牡丹江海浪国际机场）、佳木斯空运口岸（佳木斯东郊国际机场）；水运（河港）口岸13个，分别为哈尔滨、佳木斯、富锦、同江、抚远、饶河、萝北、嘉荫、逊克、孙吴、黑河、呼玛、漠河河港口岸；陆路（公路）口岸6个，分别为东宁、绥芬河、密山、虎林、黑瞎子岛（客运）、黑河公路口岸；陆路（铁路）口岸3个，分别为绥芬河、同江、哈尔滨铁路口岸；步行口岸1个，即黑河客运步行口岸。其中，有19个为中俄两国政府确认的边境口岸。

## 口岸运行数据

2022年，黑龙江省口岸货运量实现5 200.84万吨，同比增长10.1%。其中，进口5 073.58万吨，同比增长9.1%；出口127.26万吨，同比增长77.2%。黑河、东宁口岸货运量实现高速增长，增幅分别为52.8%和80.2%。过货量达到500万吨以上的口岸共3个，分别为漠河3 023.85万吨、黑河1 215.97万吨、绥芬河869.28万吨，3个口岸的货运量占全省比重达98.4%。全年，逊克口岸增幅到达431%，过货量15.17万吨，创造自1990年口岸开通以来最高纪录。

## 口岸综合管理

**【集中攻坚破难，全力推动口岸开放】** 一是推动黑河公路口岸开通运行。2022年4月，俄方复照我国外交部同意中俄双方在各自做好准备工作的前提下正式开通黑河公路口岸。黑龙江省口岸办积极组织有关单位成立黑河公路口岸开通工作专班，并作为专班办公室牵头抓总，制订、印发黑河公路口岸开通工作方案、防疫工作方案，并协调中省直有关单位赴口岸现场实地指导黑河市口岸办反复进行“全链条”演练，确保各环节衔接有序，全力做好开通准备工作。各单位密切配合，形成合力，黑河公路口岸于2022年6月10日顺利开通。二是推动同江铁路口岸开通运行。建设阶段，黑龙江省口岸办牵头组织中省直有关单位成立技术指导组赴口岸现场进行技术指导，通过6次现场督导检查，累计发现并整改15项问题，推进相关设施整改到位，确保其具备口岸对外开放验收标准。验收阶段，黑龙江省口岸办及时向国家口岸管理办公室汇报工作进展，并取得高度认可，同意赴黑龙江省进行正式验收；同时组织中省直有关单位赴口岸现场指导验收准备工作，反复进行“全链条”演练，完善短板，把控细节。2022年8月25日，同江铁路口岸完成省级预验收；9月25日，国家正式验收一次性通过。在最短时间完成外交换文后，11月16日同江铁路口岸顺利通车。

**【扩大口岸对外开放，打造向北新通道】** 一是推动漠河水运口岸扩大开放进程。黑龙江省口岸办积极做向上工作，经国家口岸管理办公室批准，漠河水运口岸扩大开放已列入国家口岸开放2022年度审理计划。在征得中省直有关单位同意后，代省政府于2022年9月7日向国务院呈报《黑龙江省人民政府关于黑龙江大兴安岭漠河水运口岸扩大开放兴安镇木材码头作业区的请示》，并实时跟踪国家审批进程。不断通过视频调度会督促漠河市政府在2023年年底前完善口岸相关设施，及时听取汇报做出指导，加速推进扩大开放进程。二是推动黑瞎子岛公路客运口岸开放进程。持续推进口岸开放工作，正谋划调整、增加货运功能，协调俄方同步考虑除涉及安全准入抵边建设外，其他大部分口岸设施设在岛下的可能性。该议题已纳入第25次中俄总理定期会晤委员会运输分委会口岸工作组会议议题，黑龙江省口岸办同时积极做好准备。三是推动同江水运口岸东部作业区扩大开放进程。2022年7

月 25 日至 27 日，黑龙江省口岸办会同中省直有关单位及同江市人民政府成立预验收工作组，顺利完成对同江港口岸东部作业区预验收工作，同江东港作业区现已具备申请对外开放验收条件，待国家验收工作组进行正式验收。四是促进明水期水运口岸开通运行稳定高效。在确保口岸疫情防控安全的前提下，制订明水期水运口岸开关及疫情防控工作方案，组织、协调中省直有关单位对开通货运功能准备工作进行评估验收，自 6 月 11 日起，同江、抚远、黑河、逊克、萝北、饶河 6 个水运口岸陆续获批开关并实现安全稳定运营。2022 年明水期，黑龙江省水运口岸货运量 80.4 万吨，同比增长 7.3%；贸易额 58 亿元，同比增长 104.3%。逊克水运口岸明水期进出口货运量 14.9 万吨，同比增长 472%，通关货运量创 30 年以来历史新高。

**【强化对俄联络机制，双方合作迈上新台阶】** 2022 年以来，共与俄方就口岸开通、投资合作等领域双方多次互通信息，召开视频会议 1 次。双方交流与合作不断深化，更好实现互利共赢。10 月 3 日，经双方密切配合，中方企业 23 车鲜活海产品在东宁—波尔塔夫卡公路口岸开辟“绿色通道”，顺利通关，保航企业免受损失上千万元；黑河公路口岸在省内首创“自走机械”出口模式，截至 10 月 24 日，已累计对俄出口自走机械 1 388 辆，货值 5.6 亿元，为疫情下稳经济、稳外贸提供有力支撑。

**【坚决扛起防疫重任，筑牢外防输入第一道防线】** 坚定不移贯彻“外防输入”总策略和“动态清零”总方针，毫不松懈、连续奋战，按照省防疫指挥部外事外经口岸组安排，深入口岸一线实地督导检查 15 次，视频督导检查 4 次，建立“二十大专报”微信工作群，每日提醒各口岸做好常态化疫情防控工作，确保做到全省各口岸城市口岸关联疫情零发生。

**【优化口岸营商环境，助力跨境贸易开放发展】** 一是履行专班办公室职责推动落实。黑龙江省口岸办作为省跨境贸易和市场开放工作专班办公室，强化沟通联络机制，2022 年组织哈尔滨海关、省税务局等 9 个成员单位召开专班会商会 10 次、业务研讨会 3 次，推动全省重点工作任务全部完成；强化统筹协调机制，接受省督导考评问责专班检查 2 次，得到省优化营商环境领导小组高度认可；强化宣传引导机制，受到省级媒体（黑龙江省新闻法治频道）报道 1 次，推动工作整体提升。二是多措并举创新口岸发展新局面。围绕口岸营商环境提档升级，协调各成员单位不断争先创优：自由贸易试验区企业出口退税时间由 6 天压缩至 5 天；“先过货、后申报”模式首次在同江水运口岸实现；“船边直提”“抵港直装”装卸模式推广至全省水运口岸；“快速通关”业务模式在哈尔滨铁路口岸试点成功，中欧班列运行时间提速 2~3 天，压缩整体通关时间效果显著。三是持续开展口岸收费专项整治。目前除企业备案的自主经营第三方收费外，口岸无任何行政事业性收费，2022 年以来，黑龙江省口岸办在“单一窗口”更新口岸收费清单 8 次，督促各口岸办（委）加大收费监督检查力度 2 次，实现全年口岸收费监督举报电话“零投诉”。四是深化“单一窗口”惠企服务功能。首先是拓展“单一窗口”覆盖面，指导中国（黑龙江）自由贸易试验区哈尔滨片区应用入驻“单一窗口”地方特色板块进行试运行。其次是加强运维监督和指导，在省外办、省交通运输厅、黑龙江出入境边防检查总站、哈尔滨海关、黑龙江海事局、哈铁集团等单位的共同努力下，采取有效措施，推动边境口岸保持高效运转。创新监管方式，推广“提前申报”“两步申报”通关模式；实施进口货物“船边直提”和出口货物“抵港直装”便利措施；实行每周 7 天工作制，推出 24 小时预约通关服务。2022 年，黑龙江省口岸进口整体通关时间为 27.13 小时，全国进口整体通关时间为 40.18 小时，较全国平均值节省 13.05 小时，列全国第 10 位；出口整体通关时间为 0.33 小时，全国出口整体通关时间为 1.26 小时，较全国平均值节省 0.93 小时，列全国第 7 位。

## 口岸监管与服务

**【哈尔滨海关增强履职把关能力，筑牢国门**

**安全防线】** 一是科学精准防控口岸疫情。始终践行党中央确定的总策略总方针和人民至上、生命至上理念，坚决落实海关总署党委、省防指关于疫情防控工作部署要求，坚持科学精准防控，2022年召开关区疫情防控指挥部会议10次，因时因势优化调整航空口岸、边境陆路口岸、水运口岸防控措施，持续完善“一口岸一方案”，保障疫情严密防控和通关安全畅通。二是全力保障能源、粮食安全进口和国门生物安全。发挥科技创新的支撑作用，上线管输能源智慧监管系统，在线监测原油、天然气，保障大宗能源资源类商品顺畅通关，天然气量价齐增、原油稳定进口。2022年，监管进口原油3 022万吨、天然气160亿立方米、煤炭208.4万吨。与大连、沈阳等5个海关协作，对口岸检疫未发现重大疫情或质量安全等异常情况的进口粮食允许跨关区提离，减少滞港时间。推动优良农作物种子出口，2个大豆品种获俄方登记，为农业“走出去”解决用种难题。严密防控非洲猪瘟等重大动植物疫情疫病传入和外来物种入侵。三是严打走私维护经济社会秩序。开展“国门利剑2022”联合行动，侦办走私案件197起，案值4.75亿元。持续强化反走私综合治理，召开全省打击走私综合治理工作会议，筑牢“口岸、边境、物流、市场”四道防线，构建多方联动、高效有力的反走私综合治理体系，成功将1名在逃“红通”人员从俄罗斯劝返回国。

**【哈尔滨海关发挥职能作用，精准发力服务，激发龙江扩大开放活力动力】** 一是推动对外开放新通道、新平台建设。争取海关总署和黑龙江省技术设备和专项资金支持，统筹监管机构、人力资源调配，支持中俄黑河公路大桥、同江铁路大桥建设并正式开通运营。积极参与黑瞎子岛中俄国际合作示范区规划，提出海关对策建议，形成向国家层面汇报的规划建议和上报海关总署的专题报告。二是保障口岸运行安全畅通。优化大宗商品查验模式，设立鲜活易腐、农食产品“绿色通道”，中欧班列畅通运行，省内边境口岸全年无拥堵滞留积压问题。三是持续优化口岸营商环境。全面落实好海关总署促外贸保稳提质和助企纾困系列措施，出台细化落实的“20+11”条措施，坚持问题导向、目标导向和结果导向，在保畅通、稳增长、优环境、提质量方面综合施策，打好助企纾困政策“组合拳”，持续打造“办理海关事项不求人”服务品牌。落实中央各项减税降费措施。2022年，关区税收入库204.35亿元，首次突破200亿大关；共为省内企业和科研机构减免税款1.47亿元，为企业返还进口天然气增值税7.42亿元；助力企业抢抓RCEP实施机遇，签发原产地证书968份，享受进口国（地区）关税优惠909.4万元。四是推动自由贸易试验区、综合保税区协同发展。持续推动7项创新举措在自由贸易试验区落地实施，与南宁、昆明海关共同提出“出境竹木草制品检疫监管新模式”并通过海关总署审核备案。全年，省内自由贸易试验区实现进出口总值397.65亿元，同比增长48.5%。指导推进哈尔滨综合保税区二期规划调整，通过国家验收。全年，全省综合保税区进出口总值84.29亿元，同比增长53.8%；保税物流中心（B型）进出口总值16.87亿元，同比增长1.6倍。

**【黑龙江出入境边防检查总站强化口岸查验查控效能】** 紧紧把握党的二十大安保维稳主线，紧盯北京冬奥会、冬残奥会和香港回归25周年等重大活动安保任务，严格依法履行查疑查假查伪职责，完善接布控工作规范，持续强化边控资料审核批办和周期全量复核机制，比对分析排查多重身份人员5人，压实勤务督导复查机制，资料录入差错实现阶段清零，达到历史最好水平，在全国边检业务技能抽考中位居第三，绥芬河陆路口岸车体检查模式全国推广介绍，勤务质量和查验能力稳步提升。聚焦反恐、赌诈、偷渡等重点，深化“边检+出入境”联合办案模式，完善询问核查指引，组建数据核查专班，建强分析模型，严密防范、精准打击。2022年，查获在控对象22人，同比上升12.5%；查获违法违规人员19人，同比上升46.2%；查获跨境赌诈人员4人，同比下降76.5%。有效遏制形成跨境违法犯罪通道可能，架起防风险、保安全、护稳定的口岸屏障。

黑河出入境边防检查站民警利用生命探测仪检查入境车体是否藏匿偷渡人员

**【黑龙江出入境边防检查总站强化新冠疫情外防输入】** 紧紧把握“外防输入，内防反弹”总方针和“动态清零”总策略，不断调整完善外防输入措施，积极参与省委、省政府防疫指挥机构疫情决策，促进推动涉边检职能任务有效落实。严格落实独立作战单元勤务模式，常态运行“小单元、分批次、零接触”警力轮换机制，健全警力模块化递补投放和跨地勤务支援机制，常备应急支援力量。全力服务保障省委省政府关于口岸“应开尽开”的工作部署，细化完善口岸管控方案，加强实战演练，确保口岸安全有序顺畅通关，系列做法得到省委省政府领导表扬肯定，并刊发简报推介总站防疫经验。

绥芬河出入境边防检查站落实非接触式查验模式，持续严密外防输入措施

**【黑龙江出入境边防检查总站强化口岸通关管理服务】** 深刻把握中央赋予黑龙江“五大安全”的重要战略定位，全力保障口岸开发开放，全力服务支持驻地经济建设，开设人员“快捷通道”、货物“绿色通道”，为运输能源等大宗商品，以及鲜活产品、抗疫物资、民生物资的跨境交通运输工具提供预约通关服务，优先快速办理出入境边检手续。水运口岸国际航行船舶停泊不超过 24 小时的，入境时一次性办结出境手续。空港口岸货运包机实行“零等待”验放、“7×24 小时”通关“零延时”保障服务，最大化提升运力保障效能，全力保障全省供应链、产业链循环畅通。2022 年，验放出入境人员 14.1 万人次、交通运输工具 9.1 万辆（架、列、艘）次，保障货物 3 886 万吨顺畅通关，同比分别增长 24.8%、58.1%、8.8%。

黑河出入境边防检查站创新公路口岸通关模式，实现“自走机械”出口模式从无到有、从有到优的历史性突破，口岸运力大幅提升

**【黑龙江海事局保障水路口岸跨境贸易便利化货运通道安全畅通】** 一是做好对俄边境水路口岸复开。自 2020 年疫情以来，黑龙江省水路口岸开通的货运通道在运行过程中受条件所限，有关口岸未能实现轮渡搭载汽车运输方式。2022 年，俄方多次致函请求使用轮渡汽车运输方式增加通关能力。黑龙江海事局根据省政府指示，积极向上级争取、请示并最终获得上级同意在饶河口岸采取轮渡搭载汽车的运输方式，比照黑龙江省公路口岸运输方式疫情管控手段进行管理。黑

龙江海事局向黑龙江省口岸办提出，俄方车辆、司机登船后，做好轮渡搭载汽车固（绑）定作业和人员车辆疫情防控等措施和建议，以保障船舶航行安全。二是做好口岸船舶、船员疫情防控工作。为贯彻交通运输部、黑龙江省委省政府关于口岸船舶船员的疫情防控工作部署，黑龙江海事局制订了口岸船舶疫情防控工作方案，督促各口岸分支局从严、从紧、从细落实防控各项举措，加强与口岸属地政府和有关单位的沟通协调，强化口岸船舶、船员有关信息共享和疫情应急处置等工作的协同联动，坚决履行口岸疫情外防输入海事相关责任。全年黑龙江省水路口岸船舶船员疫情“零输入零感染”。三是保障进出口岸船舶安全航行。为保障进出口岸船舶安全航行，在升级国际航行船舶入境管控措施的基础上，充分利用技防手段，实施远程监管查验管理模式，通过在全辖区推广实施网上申报审批、动态监控（CCTV）、远程监督查验、执法船联合巡查、网络视频检查、签署防控责任状、提交承诺告知书、船员健康监测、入境提前申报、船舶定点管控等一系列管控措施与服务手段，落实落细对船舶和船员的各项防疫监管措施，最大限度地缩减进入封闭区的执法人员数量，减少输入感染风险，保障了中俄两国国际航行船舶快速、高效、安全地进出口岸。四是强化对俄务实合作。黑龙江海事局加强与俄方有关部门的沟通联络，并通过中俄国境河流航行联合委员会年度例会这一平台，以航行安全条件工作组组长单位身份牵头与俄方讨论并通过了2022年航期航行安全保障工作计划草案，并就共同推进中俄界河船舶交通管理系统（VTS）建设、中俄双方界河航行船舶使用统一的甚高频无线电话通信频率、黑河—布拉戈维申斯克港区水域国际航行船舶专用锚地保障等问题，进行磋商形成会议纪要。同时，作为中俄总理定期会晤机制交通运输合作分委会委员单位，认真落实《中俄总理第二十六次定期会晤联合公报》中关于中俄国境河流航行船舶安全适航条件互认标准工作。五是浮箱固冰通道搭建期间的安全监管和服务保障。紧盯浮箱固冰通道搭建准备工作，督促指导浮箱施工单位认真制订搭建方案和应急预案；为浮箱和施工船舶证书换发和水工许可申请开通绿色受理通道；调集人员提前开展安检工作，排查施工船舶及浮箱安全隐患，保障搭建工作安全开展。搭建期间，海事执法人员克服极寒天气，对施工作业船舶及人员实施全天候现场监督，并加强与气象、水文等部门沟通和信息共享，密切关注上下游冰情、水位变化，做到风险提前预知预判，隐患及时排查治理，切实保障了浮箱固冰通道的安全、顺利搭建。

**【黑龙江海事局巩固压缩整体通关时间成效，提升跨境贸易便利化水平】** 一是以“预报早、确报精”的“两步申报”为核心，进一步推进“提前申报”的新型通关模式。充分运用网上申报的快捷优势，拟进境的国际船舶从境外港口离港时，船舶代理公司通过网上提前向入境口岸海事管理机构进行“预报”，报告船舶的基本信息、拟入境时间和货物信息等，入境口岸海事管理机构接到报告后提前安排查验审批顺序，保障船舶入境前申报确报手续后第一时间实施查验审批。二是进一步简化申报手续，推行中国籍国际船舶的证书证件材料在首次出境前一次报备后，后续入境时可免于提交，有效减少了船舶代理公司的申报时间和申报手续。三是坚持驻口岸海事管理机构夏航期实施“7×24 小时”的值守制度，建立紧急情况的绿色快速通道，确保随时受理审批船舶的进出口岸申报申请工作。

**【黑龙江海事局优化政务服务和基本公共服务工作程序】** 以“一站式服务”改革为契机，持续推进审批服务便民化和政务服务标准化，深化政务服务“一网、一门、一次”改革，深入开展“互联网+政务服务”政务服务“好差评”优化政务服务便民热线、推进政务数据和电子证照，电子印章共享应用，强化业务协同，提升网上政务服务能力和企业群众满意度。按职责从船舶登记、船员发证、水上水下施工作业许可等方面，加大服务力度提升基本公共服务群众满意度。

## 开放口岸

**【哈尔滨空运口岸（哈尔滨太平国际机**

场）】　哈尔滨空运口岸是1987年7月1日经国务院批准的对外开放口岸，1989年9月22日正式对外开放使用。2019年哈尔滨太平机场海关自旧国际航站楼升级改造工程后，新增查验设备均来源于政府采购且为海关独立使用。一是成立跨境电商科，助推空港跨境电商物流园业务发展。哈尔滨航空口岸现有国际及地区航线23条，已初步形成以哈尔滨为中心，连接俄罗斯、日本、韩国、新加坡、泰国、马来西亚、印度尼西亚等国家的空中交通网络。自2019年1月初物流园首批跨境电商进口商品顺利通关放行以来，高度重视跨境电商业务，积极为物流园招商助力宣传，积极提供政策解读服务，优化口岸营商环境。二是助力保税航油业务落地空港。哈尔滨太平机场海关相关责任人就保税航油业务多地考察访问，就免税航油业务实施过程中存在的问题进行沟通和协商，力争尽早实现免税航油业务在机场全面落地的工作目标。

2022年，哈尔滨空运口岸进出口货物0.59万吨，同比下降9.9%。

**【齐齐哈尔空运口岸（齐齐哈尔三家子机场）】**　齐齐哈尔空运口岸是1993年6月4日经国务院批准的对外开放口岸，齐齐哈尔三家子机场为军民合用机场，2010年1月通过国家验收。

2012—2016年，连续五年对韩国的首尔、釜山、清州飞行了107个国际临时客运航班，累计运送出入境旅客3.37万人次。2017年，齐齐哈尔航空口岸暂停了对韩国飞行临时国际航班。2018年6月4日，正式签约开通齐齐哈尔至俄罗斯符拉迪沃斯托克（海参崴）临时国际航线，这是齐齐哈尔航空口岸首次开通俄罗斯国际航线。

**【牡丹江空运口岸（牡丹江海浪国际机场）】**　牡丹江海浪国际机场位于黑龙江省牡丹江市区西南，距市中心约9千米，机场为军民合用机场。牡丹江机场于1996年6月经国务院批准对外开放，1998年12月正式对外开通使用。

1998年8月成功试航牡丹江至俄罗斯符拉迪沃斯托克（海参崴）航线，2000年6月正式开通包机航线，2002年1月转为定期国际航班，每周飞行2班；2003年11月开通牡丹江至俄罗斯雅库茨克国际航线，每月飞行2班；同时还开通牡丹江至俄罗斯哈巴罗夫斯克的定期国际航班，每周2班；2005年9月开通牡丹江至韩国首尔的国际航班，每周4班。

截至2022年年底，牡丹江机场开通2条国际航线，分别是首尔和符拉迪沃斯托克（海参崴）。首尔航线每周由南方航空和大韩航空分别执飞5班，夏季淡季分别执飞3班；符拉迪沃斯托克（海参崴）航线每周由奥罗拉航空执飞2班。牡丹江航空口岸于2018年7月15日正式恢复牡丹江至符拉迪沃斯托克（海参崴）航班，助力牡丹江社会经济发展形势和对外开放步伐，航班进出境整体上座率50%以上；12月20日，牡丹江航空口岸货运作业区通过验收，这标志着牡丹江海浪国际机场成为继延吉朝阳川国际机场之后东北第二家国际客运、货运功能齐全的支线机场，在民航发展史上具有里程碑意义。

**【佳木斯空运口岸（佳木斯东郊国际机场）】**　佳木斯东郊国际机场位于黑龙江省佳木斯市东风区，距离佳木斯市中心约10千米，于1992年12月经国务院批准对外开放，2009年年末通过国家正式验收。

2010年，开通佳木斯至韩国首尔临时包机；2012年，恢复佳木斯至哈巴罗夫斯克航线；2014年，中韩两国民航部门会谈中，佳木斯至韩国首尔临时包机航班被批准为正式航班。这两条国际航线每周各2班。2018年，佳木斯航空口岸有2条国际航线，每周4班，分别为韩国首尔2班、俄罗斯哈巴罗夫斯克2班。2018年8月末，韩国首尔航线增加了1班，口岸国际航线每周达到5班。

**【哈尔滨水运（河港）口岸】**　哈尔滨港地处松花江中游南岸、哈尔滨市东北部，是我国东北内河最大的水陆换装枢纽港。哈尔滨港年营运期210天左右、冰封期约150天，是典型的季节性生产港口，由哈尔滨港经松花江、黑龙江水道与俄罗斯的哈巴罗夫斯克、共青城、尼古拉耶夫斯克和布拉戈维申斯克等 7 个大中城市港口相通。根据中俄两国协议，中方国际船舶可经俄罗斯阿穆尔河段由尼古拉耶夫斯克港出海，再经鞑靼海峡进入日本海，开展国际江海联运业务。哈尔滨水运口岸于 1987 年 7 月经国务院批准对外开放，并经中国与苏联两国政府确认开通使用，1992 年 10 月又经国家批准开通国际客运业务。近年来，因松花江枯水停航及边贸政策调整影响，该口岸无客货运量。

**【饶河水运（河港）口岸】** 饶河港位于黑龙江省东北部边陲饶河县饶河镇南 7.5 千米，地处乌苏里江中段西岸，为中俄乌苏里江流域唯一水运口岸。饶河水运口岸于 1989 年 4 月经国务院批准对外开放，1993 年 9 月正式开通使用，1994 年 1 月经中俄两国政府确认为双边客货运输口岸，与俄罗斯哈巴罗夫斯克边疆区比金市波克罗夫卡口岸隔江对应，直线距离只有 760 米。俄方对应口岸波克罗夫卡是俄远东地区建设规模较大，基础设施较完备的口岸之一。明水期开展水上船舶运输，以汽车轮渡运输为主，冰封期开展冰上汽车运输。

饶河口岸建有可停靠 2 艘千吨级货轮的码头和适应明水期轮渡运输、冰封期汽车运输的两用码头，还备有 2 艘大马力轮渡船，年吞吐能力在 60 万吨以上。建有 3 个泊位、3 个海关临时监管库房，共计 6 300 平方米。饶河口岸旅检大楼建筑面积 4 600 平方米，二层建筑。一楼建有入境旅客查验大厅，设有 2 条人工查验通道和 1 条智能自助查验通道；出境旅客查验大厅，设有 2 条人工查验通道和 1 条智能自助查验通道。

2022 年，饶河水运口岸进出口货运量 0.17 万吨，其中进口 0.01 万吨、出口 0.16 万吨；出入境人员实现 1 844 人次。

**【佳木斯水运（河港）口岸】** 佳木斯港位于黑龙江省佳木斯市，地处松花江中下游南岸，是该地区较大的水陆换装枢纽港。佳木斯水运口岸于 1989 年 7 月经国务院批准对外开放，并经中国与苏联两国政府确认开通使用，1991 年 10 月开通国际客运航线。佳木斯港年航行期在 210 天左右，为季节性生产港口。港区现有陆域面积 10 万平方米，立式码头岸线总长 510 多延长米，拥有千吨级泊位 5 个，铁路专用线 2 条，全长 740 米，装卸设备 43 台（组），年吞吐能力为 100 万吨。

佳木斯港的国际航行船舶，沿松花江上行可达哈尔滨港，下行可达富锦、同江港，进入黑龙江后可直达俄罗斯的下列宁斯阔耶、哈巴罗夫斯克、共青城等开放港口。根据中俄两国协议，中国国际航行船舶可经俄罗斯的尼古拉耶夫斯克港出海，再通过鞑靼海峡进入日本海，开展国际江海联运业务。交通部已确定佳木斯港为江海联运港口，并于 1992 年 7 月 12 日进行了首航。

近年来，因松花江枯水及边贸政策调整影响，该口岸客货运量较少。

**【富锦水运（河港）口岸】** 富锦港位于松花江下游南岸，黑龙江省富锦市城区北部，为松花江干流中型港口。富锦水运口岸于 1989 年 7 月经国务院批准对外开放，并经中国与苏联两国政府确认开通使用，1993 年 10 月又经国家批准开通国际客运业务。由此沿松花江上行可达佳木斯、哈尔滨等松花江沿岸各港口，下行距中俄界河黑龙江 78 千米，从三江口入黑龙江（阿穆尔河）可直航俄罗斯的下列宁斯阔耶、哈巴罗夫斯克、共青城等口岸，继续下行可通过尼古拉耶夫斯克入海，进入鞑靼海峡及日本海，江海联运的货物可直达日本、韩国等太平洋沿岸国家和地区。市内交通十分便利，铁路、公路、水路畅通，福前铁路、哈同公路贯穿该市。

港口基础及配套设施建设日趋完善，现有码头岸线长 1 000 余米，设有简易趸台 3 处，可同时停靠千吨级驳船 5 艘装卸作业。港区面积近 5 万平方米，拥有各类装卸设备近 30 台套，日装卸能力 3 000 吨以上，年货物吞吐量 30 万吨。港区建有铁路专用线 7.62 千米，已经形成水铁联运一条龙。

**【同江水运（河港）口岸】** 同江水运口岸于 1986 年经国务院批准恢复为国家一类口岸，包括东部作业区和西部作业区，简称东、西两港。两港拥有各类泊位12个，港口年吞吐能力达460万吨。其中，同江口岸西部作业区，岸线总长1 991.8米，口岸陆域面积70万平方米，港口码头现拥有泊位10个，建有4.8千米铁路专用线、3万平方米各类仓储库房、3 669平方米货检综合业务用房；同江口岸东部作业区于1988年经国务院口岸领导小组批准开通运营。2018年12月27日，国务院批复同意同江港口岸扩大开放东部作业区。为尽早通过国家验收成为正式作业区，已按照有关规定，对口岸软硬件设施设备进行相关完善工作。同江口岸东部作业区，规划岸线总长度9 157.71米，建设5 542平方米旅检楼、7 000平方米联检查验业务用房及附属用房、2 100平方米边检办公及宿舍楼、120平方米公安签证大厅、3 800平方米货检查验现场等，拥有滚装泊位1个、客运泊位1个、浮箱固冰通道1条，年过客能力50万人次，年货物吞吐能力60万吨。夏季有船舶运输、汽车轮渡运输，冬季有国际汽车运输，流冰期有气垫船运输，实现了全年通关。

2022年，同江水运口岸进出口货运量19.84万吨；出入境人员876人次，同比下降7.98%。

**【抚远水运（河港）口岸】** 抚远港地处黑龙江、乌苏里江的三角地带，距俄罗斯哈巴罗夫斯克市航道距离仅65千米，拥有268千米中俄界江黄金水道，是黑龙江省唯一的天然深水良港。抚远港于1992年5月8日经国务院批准为国际客货运输对外开放口岸，1993年8月8日正式开关。由抚远港出境，经俄罗斯一直驶向鞑靼海峡，有“东方水上丝绸”之路之称，丰水期能直接停靠5 000吨级以上船舶。

抚远莽吉塔港距离对应俄罗斯哈巴罗夫斯克河运货运口岸航道65千米，建有1个多功能散杂码头，可装卸木材、煤炭、机械设备。2016年11月，通港铁路专用线投入使用。莽吉塔港设计年吞吐量114万吨，配备了门机10吨级1台、16吨级2台、40吨级1台，仓库面积4 000平方米，露天货场22万平方米港口的基础设施包括292延长米1个多功能散杂码头，配备4台门式起重机。

2022年，抚远水运口岸进出口货运量5.72万吨，同比下降56.8%。其中，进口4.12万吨，同比减少65.1%；出口1.6万吨，同比增加10.9%。客运量340人次，同比下降43.14%。

**【萝北水运（河港）口岸】** 萝北水运口岸位于黑龙江省萝北县名山镇，与俄罗斯犹太自治州阿穆尔泽特口岸相对应，于1989年4月8日经国务院批准为国际客货水运口岸，1993年5月正式开通。萝北口岸地理位置优越，与俄方阿穆尔泽特口岸相距1.5千米（冬季浮桥运输距离仅1千米），明水期船舶航行10分钟、冰封期汽车行驶5分钟即可到达彼岸。萝北口岸运输条件良好，哈萝公路（哈尔滨—萝北）全长500千米，全程高等级路面，是省内距哈尔滨最近的边境口岸，进出口货物集、疏运快捷便利，现已开通鹤岗至俄罗斯比罗比詹直达客货运输双向延伸。萝北港丰水期可航行5 000吨级船舶，上行可至黑河、漠河、布拉戈维申斯克、加林达等口岸，下行可达同江、抚远、下列宁斯科耶、哈巴罗夫斯克、共青城等港口，经江海联运沿黑龙江（阿穆尔河）出海，开展对第三国的外贸运输。

萝北口岸前沿长度为140米，有3个停船泊位，可停泊3 000吨驳船进行装卸，有100吨汽车吊车1台和起重船5吨浮吊1艘，有2条查验通道，为1进1出，对进出口车辆进行查验。萝北口岸有海关监管库8万平方米、库房1.2万平方米，对进出口货物进行监管和集散。

2022年，萝北水运口岸进出口货运量0.43万吨，其中进口0.4万吨、出口0.03万吨；出入境人员96人次。

**【嘉荫水运（河港）口岸】** 嘉荫水运口岸于1989年4月8日经国务院批准对外开放，1993年5月1日通过国家验收并正式对外开放。1994年，俄方帕什科沃口岸正式开关。2012年6月1日至今，俄方帕什科沃口岸因俄联邦政府令维修暂时闭关。嘉荫口岸开通以来，累计投入3.2亿元用于口岸基础设施建设。嘉荫口岸整体规划面积为50万平方米，口岸现场占地面积18万平方米，封闭硬化面积8万平方米，拥有办公场所5栋，分别为旅检大楼3 511平方米、货检厅643平方米、综合服务楼533平方米、海关免税商店182平方米、监管仓库1 000平方米。修建口岸公路21.8千米，拥有港口1个、客运码头1个、立壁码头3个和1个滚装码头，配有10吨门吊1台、25吨汽车吊1台、3台装载机、1台叉车、2台平板车、2台百吨电子秤，旅检通道5条、货检通道1条。嘉荫口岸货物年吞吐量达到100万吨，旅客年运输能力达到20万人次。

**【黑河水运（河港）口岸】** 黑河水运口岸位于黑龙江省北部边陲，中俄界河黑龙江上游末端南岸黑河市内，隔江与俄罗斯阿穆尔州首府布拉戈维申斯克口岸相对，双方货运码头相距3 500米，客运码头相距750米，是中俄边境水运口岸中运输距离最近、城市规格最高、通过能力最强的对应口岸。黑河水运口岸于1982年1月经国务院批准对外恢复开放，1983年3月经中国与苏联两国政府换文确认为边境地方贸易口岸，1986年9月经中国与苏联两国政府补充换文确认为国家贸易口岸，当月正式对外恢复开通使用，1990年3月经中国与苏联两国政府换文确认为国际客货运输口岸，1994年1月经中俄两国政府再次确认为国际客货运输口岸，2004年4月经国务院批准开展口岸签证工作。

黑河水运口岸运输方式随着季节变换，明水期开展水上船舶运输和轮渡运输，冰封期开展冰上汽车运输，流冰期开展气垫船运输和航空运输，可谓运输方式多元，确保四季运行。近年来，该口岸对基础及配套设施进行了不断改造和建设，现有货运码头、客运码头及明水期汽车轮渡与冰封期汽车运输兼用码头各1处，共有千吨级泊位12个。货运码头岸线长612延长米，场地面积8万平方米，仓库面积1万平方米，装卸机械18台（套），运输船舶26艘，年货物吞吐能力120万吨。客运码头岸线长98延长米，场地面积8 000平方米，旅检大厅3 600平方米，候船大厅2 400平方米，旅检通道14条，年过客能力100万人次。

2022年，黑河水运口岸进出口货物共计44.15万吨。其中，进口26.65万吨，同比下降10.7%；出口17.5万吨，同比增加48.7%。进出境人员0.37万人次，同比增长19.39%。

**【逊克水运（河港）口岸】** 逊克港位于黑龙江省北部边陲，黑龙江中游南岸逊克县城，与俄罗斯阿穆尔州波亚尔科沃口岸隔江对应。1989年12月17日，国务院批准逊克水运口岸对外开放；1992年，国务院批准逊克口岸开通边境旅游，交通部批准为江海联运国际航运口岸；2013年，开通边境旅游异地办证业务；2015年，获批为进境粮食指定口岸。逊克水运口岸陆域面积1.7万平方米，联合报关大厅200平方米，旅检大厅1 400平方米；内设进出境通道7条，用于货物运输的千吨级泊位2个，客运码头1处，滚装码头1个，码头岸线300延长米；旅客年通关能力10万人次，货物年吞吐能力100万吨。出口货物包括服装、鞋帽、纺织、家电、建材、农用机械、工程机械、各型车辆等产品，进口货物以木材、煤炭、大豆为主。

2022年，逊克水运口岸进出口货运量15.17万吨，同比增长431%。其中，进口10.66万吨，同比增长387.1%；出口4.51万吨，同比增长574.7%。出入境人员实现2 866人次，同比增长384.94%。

**【孙吴水运（河港）口岸】** 孙吴港位于黑龙江省北部边陲孙吴县，黑龙江中游南岸的四季镇，距孙吴县城54千米，距俄方阿穆尔州对应口岸康斯坦丁诺夫卡27千米，上行可达黑河港及俄方布拉戈维申斯克港，下行可抵逊克港及俄方波亚尔科沃港。孙吴水运口岸于1993年6月经国务院批准对外开放，1994年1月经中俄两国政府确认为国际客货运输口岸。孙吴港江面水丰宽阔，为天然深水港，枯水期也可停靠千吨驳船，建有综合性客货栈桥式码头及粮食、石油、煤炭、木材专用码头，可同时停靠5个千吨级驳船作业，装卸及相关设备齐全，货物年吞吐量30万吨。除明水期开展水上船舶运输外，冰封期可开展冰上汽车运输，流冰期还可开展气垫船运输。口岸集疏运条件较为方便，口岸至县城的黑嘉公路已建成水泥路面，黑大公路和北黑铁路通过县城。该口岸目前尚未正式开通使用。

**【呼玛水运（河港）口岸】** 呼玛港位于黑龙江省西北边陲呼玛县呼玛镇内，是黑河口岸以北黑龙江段的最大县级港口，有较为完善的基础设施，港区全长4 060米，可同时停泊千吨货轮10余艘。口岸开通后，货物年吞吐能力可达50万吨，年客运量10万人次。呼玛口岸实行明水期江上运输可直航哈尔滨，转运全国各地。通过黑龙江可进入鞑靼海峡，实现江海联运，通往世界各地。呼玛县呼玛镇距韩家园火车站100千米，货运便利，中俄双方都有极其便利的运输条件和得天独厚的地缘优势，资源丰富，互补性强。呼玛口岸于1993年5月15日经国务院批准对外开放，开展对外客、货运输业务，明水期利用船舶运输，封冻期利用汽车运输。2004年11月，呼玛县人民政府与俄罗斯施玛诺夫斯克市达成了在明水期开通呼玛与乌沙科沃口岸协议。2005年1月，大兴安岭地区行政公署代表团与阿穆尔州行政机关代表团在俄布拉戈维申斯克达成正式开通呼玛至乌沙科沃口岸共识，并在中俄总理定期会晤委员会交通分委会北京会议上通过。该口岸目前尚未开通。

**【漠河水运（河港）口岸】** 漠河水运口岸位于漠河县兴安镇（连崟），距漠河县城190千米，是1989年经国务院批准设立的对外开放口岸，设计年过货能力10万吨以上。1993年9月1日，口岸正式开通过货。1994年2月16日，外交部确认漠河—加林达口岸为国际客货运输口岸，并具体规定该口岸明水期进行船舶运输，封冻期进行汽车运输。1997年，国务院批复同意漠河口岸对俄罗斯开展国际旅客运输业务，并允许第三国人员通行。1998年4月21日，原国家旅游局同意开通加格达奇—俄罗斯腾达市5日游，漠河旅行社为承办单位。至此，漠河口岸完全具备了既可开展国际客货运输，又可开展边境旅游的全部功能。目前该口岸仅限中俄原油管线人员和设备通关。

因漠河口岸设计为舟桥过货，地处浅滩无法修建码头，2011年，漠河县委托省航运设计院重新选址建设新口岸，口岸建设工程规划占地29.5万平方米，其中联检楼设计为三层建筑，建筑面积10 754平方米，占地面积5 438.16平方米，主体工程已完工。二期配套规划建设货检现场、进出境检验通道、监管仓库、查验、监管区域封闭、综合楼、部队营房等配套设施。漠河口岸水运码头项目规划建设千吨级泊位2个、滚装码头1个、客运码头2个，设计年过货能力100万吨。

**【哈尔滨陆路（铁路）口岸】** 哈尔滨铁路货运口岸即哈尔滨内陆港，位于哈尔滨市道外区先锋路148号，场地宽阔，环境优美，是国务院1996年9月批准的全国第一个作为内陆铁路货运口岸的试点对外开放，办理国际集装箱运输业务，1997年8月正式对外开通使用，1997年月10月通过验收。2016年，哈尔滨市政府研究决定哈尔滨铁路货运口岸迁入哈尔滨国际集装箱中心站。2018年1月，黑龙江省人民政府批复同意哈尔滨铁路货运口岸迁址至哈尔滨国际集装箱中心站（哈尔滨市香坊区香明街1号）。哈尔滨国际集装箱中心站新增口岸功能工程项目总投资约1.04亿元，其中，中央预算补助资金为1 306万元，其余为地方预算资金。

2022年，哈尔滨铁路货运口岸进出口货运量2.83万吨，同比下降22.7%，货值13.92亿元，同比下降38%。其中，进口货运量573.55吨，同比下降37.7%，货值3.19亿元，同比下降54%；出口货运量2.77万吨，同比下降22.3%，货值10.73亿元，同比下降30.9%。

**【绥芬河陆路（铁路）口岸】** 绥芬河铁路口岸位于黑龙江省绥芬河市，是黑龙江省唯一的对俄边境铁路口岸。绥芬河站建成于1899年6月，距今已有一百多年历史，1994年1月经中俄两国政府确认为国际铁路客货运输口岸，2003年5月经国务院批准开展口岸签证工作。绥芬河站距俄滨海边疆区对应的波格拉尼奇内铁路口岸国境站格罗捷阔沃26千米，该铁路口岸地处要道，陆海联运可到达日本的新潟、横滨，韩国的釜山，美国的西雅图等地区，处于东北亚经济区中心位置，被黑龙江省人民政府确定为对外经贸的主通道，地缘优势十分突出。

绥芬河铁路口岸作为一等铁路车站，主要办理国际联运货物运输和国际、国内旅客运输，以及自站货物的到发、装卸等业务，设有南、北两个站场，管辖绥阳（二等站）、宽沟两个中间站，设计年综合运输能力 1 000 万吨。南站场占地 10 万多平方米，建有线路 40 条，其中宽轨 27 条、准轨 13 条；建有国内、国际旅客候车室各 1 座，国内候车室于 1899 年兴建，是原中东铁路较有代表性历史建筑；国际客运联检大楼2 800平方米，设有出入境通道 16 条（出入各 8 条）；建有国内、国际旅客站台各 1 个，总面积为 4 451 平方米；还建有集查验、运输、货代于一体的6 800平方米联合报关大楼及铁路口岸电子监控系统，为加快通关速度，提高通过能力，打下坚实基础。北站场距南站场 2.4 千米，占地 17 万多平方米，建有线路 44 条，其中宽轨 14 条、准轨 30 条；设有 1 组原油换装线、4 组机械换装线、17 台龙门吊、70 余台汽车吊；建有人力站台 2 个，货物站台 1 170 平方米，货物仓库 697 平方米。

2022 年，绥芬河铁路口岸进出口货物 824.61 万吨，同比增长 0.9%。其中，进口 809.54 万吨，同比增长 1.3%；出口 15.07 万吨，同比下降 16.5%。出入境人员实现 1.8 万人次，同比增长 9.69%。

**【同江陆路（铁路）口岸】** 同江铁路口岸于2019 年3 月13 日经国务院批复同意对外开放。按照口岸验收应具备的条件，除口岸查验设施尚未全部建设完成外，其余包括铁路口岸开放获得国务院批准、口岸各查验机构人员编制核定、口岸区域划定清晰等事项均已完成。同江铁路口岸查验设施中与大桥同步开工建设的查验设施已基本完工，结合已完成情况，同江铁路口岸还将新增建设换装站、放射性物质处理场地等口岸查验设施。口岸边检场站新建房屋主要设置守桥中队综合楼、瞭望塔、边检场综合楼、H986 采集中心与检测中心、消杀灭房屋与海关检查检疫查验室，给水所、锅炉房和人行钢天桥 3 座，共计 14 处建筑结构，形成集办公、生活及生产类的综合性场所。宽轨场进口货物查验场地面积 6.5 万平方米，用于进境矿产品制样检测、有害生物病媒生物检测、进境货物查验暂扣。查验库 1 599 平方米，用于进境货物查验。进口高风险非冷链集装箱冷冻和冷链食品预防性消毒及查验库 1 890 平方米，用于进境高风险非冷链、冷链货物查验、消毒。检疫处理用房 292 平方米，用于进境货物检疫处理。换装站其功能是开展进出口货物换装作业，由准轨场、换装场、宽轨场三部分组成，其中，准轨场有准轨线路 16 条，换装场有准轨线路 6 条、宽轨线路 6 条，宽轨场有宽轨线路 16 条，准轨线路 1 条。

2022 年，同江铁路口岸进出口货物 7.41 万吨，进出境人员 120 人次。

**【绥芬河陆路（公路）口岸】** 绥芬河公路口岸位于黑龙江省绥芬河市东部，是 301 国道（绥满公路）的起点，距牡丹江市 153 千米、哈尔滨 460 千米，与俄罗斯滨海边疆区波格拉尼奇内公路口岸相对应，距该口岸所在的波格拉尼奇内区 16 千米。绥芬河公路口岸于 1988 年 12 月经国家主管部门批准进行汽车临时过货运输；1990 年 3 月经中国与苏联两国政府换文确认为汽车运输口岸；1993 年 1 月经中俄两国政府再次换文确认为汽车过往口岸；1994 年 1 月经中俄两国政府确认为国际公路客货运输口岸；2000 年 9 月经国务院批准为对外开放口岸，开展国际客货运输；2003 年 5 月经国务院批准开展口岸签证工作。绥芬河公路口岸客运查验通道 12 条，包括进出境各 2 条旅客自助查验通道，货检进出境查验通道各 5 条，车辆专门查验通道各 2 条，车辆专门查验通道 2 条。旅客年通关能力 600 万人次，货物年通关能力 550 万吨，海关监管仓库面积 5 290 平方米，其中入境商品监控库 2 645 平方米、出境货物监管库 2 645 平方米。

2022 年，绥芬河公路口岸进出口货运量 44.68 万吨，同比增长 32.4%。其中，进口 5.15 万吨，同比下降 60.9%；出口 39.53 万吨，同比增长91.9%。出入境人员实现4.53万人次，同比增长40.59%。

**【东宁陆路（公路）口岸】** 东宁公路口岸位于黑龙江省东南边陲东宁市，与俄罗斯滨海边疆区波尔塔夫卡公路口岸隔瑚布图界河相对应。瑚布图河架有永久性桥梁，连接双方口岸过境公路。东宁公路口岸于1989年12月经国务院批准对外开放；1990年3月经中国与苏联两国政府换文确认为双边公路汽车运输口岸，同年5月正式开通使用；1992年11月经中俄两国政府换文确认开展旅客运输，陆续开通了至俄邻近城市的旅游业务；1994年1月经中俄两国政府再次确认为双边客货公路运输口岸。东宁公路口岸封闭监管区占地面积6.2万平方米，建有旅检综合办公楼4 210平方米，内设出境旅检通道6条、入境旅检通道3条、车检通道2条。货检区设出入境检查通道各2条，同时配有查验部门现场办公用房及附属设施。口岸年货运通过能力120万吨，客运通过能力60万人次。

2022年，东宁公路口岸进出口货运量35.14万吨，同比增长80.2%。其中，进口3.5万吨，同比下降28.4%；出口31.64万吨，同比增长116.5%。出入境人员实现4.18万人次，同比增长66.22%。

**【密山陆路（公路）口岸】** 密山公路口岸位于黑龙江省密山市档壁镇，中俄界湖兴凯湖的西北岸1.5千米处，距密山市38千米，与俄罗斯滨海边疆区图里罗格口岸隔白棱河相对应，相距仅有1千米。密山公路口岸于1989年4月经国务院批准对外开放，1992年10月经中俄两国政府换文确认为双边公路客货运输口岸，1993年5月正式开通使用，1994年1月经中俄两国政府再次确认为双边客货运输口岸。密山公路口岸基础及配套设施日臻完善，功能齐全。联检大厅建筑面积约2 700平方米，作业区建筑面积约1 100平方米，待检区建筑面积约1 200平方米，设有4条客运通道、4条货运通道，监管仓库面积约3.8万平方米。中俄双方共同在白棱河界河上修建了一座长33米、宽12米的永久性公路桥梁，可常年过客过货。该口岸年过货能力在50万吨以上，年过客能力在30万人次以上。

2022年，密山公路口岸进出口货运量7.26万吨，同比增长36.9%。其中，进口5.87万吨，同比增长13.9%；出口1.39万吨，同比增长853.6%。过客6 710人次，同比增长52.78%。

**【虎林陆路（公路）口岸】** 虎林公路口岸位于黑龙江省虎林市，与俄罗斯马尔科沃口岸相对应，于1989年经国务院批准对外开放，1993年5月18日正式开通。中俄双方共同在松阿察河界河上修建了一座长207.08米、宽13.96米，桥下可通航的永久性公路桥梁，使口岸不受季节影响，可全天候过客过货，年过货能力可达260万吨，过客能力可达100万人次。口岸基础及配套设施日趋完善，客货通过能力不断增强。建有2 600平方米口岸办公楼、1 600平方米口岸现场办公楼、1 000平方米旅检厅、250平方米双向车道货检厅，修建了1 640延长米二级水泥面口岸过境公路、5万平方米口岸现场仓储设施、近8万平方米海关监管仓库基地、2万平方米硬化地面露天货场。

**【黑瞎子岛陆路（公路）口岸】** 2016年9月20日，中俄两国通过外交换文方式完成1994年《中俄边境口岸协定》修订工作，确认增设黑瞎子岛—大乌苏里岛国际公路客运口岸。2018年10月，黑龙江省口岸办代表团与哈巴罗夫斯克边疆区国际与区域合作部代表团在哈巴罗夫斯克市就黑瞎子岛（大乌苏里岛）口岸位置问题举行工作会晤，商定俄方黑瞎子岛（大乌苏里岛）口岸的最佳坐标位置。2019年3月13日，黑瞎子岛公路口岸对外开放正式获国务院批复，口岸性质为国际性常年开放公路客运口岸。2019年7月，中俄运输合作分委会口岸工作组第二十二次会议就黑瞎子岛公路口岸选址等相关问题进行了研究和明确。2022年3月，由于口岸获批后3年未完成建设任务，国家口岸管理办公室批准口岸延期验收。按照黑瞎子岛保护与开放开发建设总体部署，根据黑瞎子岛中俄国际合作示范区工作方案精神，全岛拟采取“一线放开、二线管住、全岛自由”的开放模式。规划设计将黑瞎子岛公路口岸位置由岛上调整为岛下，岛上抵边设置前置区。岛下主体区与前置区通过封闭通道连接。岛下主体区位于东湖以北、通乌堤防以内，距离上岛桥检查站760米，距离黑瞎子岛游客服务中心约2 500米。总用地面积10万平方米，总建筑面积约3.6万平方米。按照预测客流量日均最低8 000人次进行测算，旅客通道拟设置24条。口岸已进入实质性建设和推进阶段。

**【黑河陆路（公路）口岸】** 黑河公路口岸于2020年6月23日经国务院批准对外开放，口岸性质为国际常年开放公路客货运输口岸。黑河公路口岸是黑河黑龙江大桥附属配套工程，该项目位于中方境内黑河市东郊7千米长发屯、黑龙江大桥下引桥1千米处。口岸联检区域由旅检区和货检区两部分组成，包括出入境旅检楼、入境货检楼、出境货检楼及配套附属设施。货检楼设有出入境通道各4条；旅检楼设有出入境通道各13条，其中自助通道各3条。项目占地面积28.4万平方米，主体建筑面积4.35万平方米，设计年过客能力285万人次、过货能力620万吨。中俄双方现开展进出口集装箱吊卸运输、进出境货物甩挂运输和自走机械方进口运输业务。

2022年6月10日，黑河公路口岸货检通道正式开通过货，截至12月10日，口岸过货量稳步提升，口岸运行态势平稳。黑河公路口岸自开通起，口岸进出境运输工具由开关初期的13辆次/日增长到近期的110辆次/日（含自走型工程机械），进出口货运量由开关初期的每日100吨左右增长到近期的1 300吨左右。全年，货物贸易进出口总值23.19亿元，其中进口0.35亿元、出口22.84亿元。进口商品主要为木板材、中药材、植物油及预包装食品等，出口商品主要为工程机械、汽车零配件、橡胶轮胎、计算机与通信技术设备等。

2022年，黑河公路口岸进出口货运量12.13万吨。其中，进口0.96万吨，同比增长12 909.5%；出口11.17万吨，同比增长4 511%。出入境人员实现1.59万人次。

**【黑河（步行）口岸】** 2011年9月28日，黑河市政府与阿穆尔州政府会晤动议共同建设跨江索道项目。2015年9月3日，中俄两国政府签署了《中俄跨境索道建设协定》，该项目的提出，开创了全球跨境索道建设的先河。跨境索道项目历经国家元首级会谈5次、总理级会谈11次以及部长级、省州级会谈40余次后，在两国州省政府大力推动下于2019年7月18日正式开工。2020年1月28日，国务院批准中俄边境的黑龙江黑河（步行）口岸对外开放，口岸性质为国际常年开放客运（步行）口岸，允许人员经中俄黑河跨黑龙江索道出入境。黑河（步行）口岸建设是深入对接国家“一带一路”倡议，健全对俄互联互通，又一重要跨境基础设施。口岸建设地点位于黑龙江省黑河市大黑河岛，项目总投资为4.6亿元。截至2022年年底，黑河（步行）口岸建设已完成投资3.1亿元，占总投资的67%。项目建设已完成整体施工进度的60%。口岸建成后将解决游客冬走浮桥、夏乘轮船、春秋乘坐气垫船的不便，可以安全、方便、快捷、舒适地实现两国两市之间人员输送，显著提升人员通关效率，缩短通关时间，促进旅游业和互市贸易产业的发展。

索道主体工程：两岸设置高约60米的钢结构塔架，索道水平总长度972米，主跨长度720米，通航净空高度不低于18.15米。索道设备型式为“双线双承载单牵引往复式客运架空索道”，设2个轿厢，单个轿厢承载110人，最快运行速度为12.0米/秒，单程运送仅需6~8分钟，每小时单向运输能力为1 788人次，设计年运输能力为250万人次。在索道两端设置有索道站房、海关联检大厅、免税店和其他配套设施。

## 2022年黑龙江省口岸大事记

3月18日

黑龙江省副省长王一新到饶河口岸调研。

3月19日

黑龙江省副省长王一新到密山口岸调研。

3 月 20 日

黑龙江省委书记、省人民代表大会常委会主任许勤到黑河公路口岸调研，省委常委、常务副省长李海涛，省委常委、秘书长徐建国，黑河市及省直有关部门负责同志参加调研。

5 月 25 日

哈尔滨海关 2022 年口岸监管环节涉恐事件应急处置实战演练在逊克海关口岸码头监管现场举行。

6 月 10 日

黑河公路口岸货检通道正式开通过货。时任国务院副总理胡春华与俄罗斯副总理兼总统驻远东联邦区全权代表特鲁特涅夫以视频方式共同出席中俄黑河—布拉戈维申斯克公路桥开通仪式并致辞。

6 月 10 日

黑龙江省委副书记、省长胡昌升一行到黑河公路口岸、水运货检口岸调研指导工作。

8 月 10 日

海关总署口岸监管司组织专家组，依据《海关指定监管场地管理规范》要求，采取远程视频方式、对哈尔滨海关辖区哈尔滨综合保税区进境肉类指定监管场地和海关检疫监管能力进行评估和验收。

8 月 16 日

黑龙江省委常委、副省长王一新同志率调研组一行到东宁口岸调研指导疫情防控工作。

8 月 16 日

公安部党委委员、副部长，国家移民管理局党组书记、局长许甘露同志一行到绥芬河口岸调研指导工作。

9 月 21 日—22 日

海关总署口岸监管司组织专家组，通过远程视频方式，对绥芬河进境肉类指定监管场地和海关监管能力进行评估验收。

9 月 25 日

同江铁路口岸货运部分通过国家口岸验收。

10 月 1 日

中俄完成外交换文，标志同江铁路口岸正式开通。

10 月 9 日

哈尔滨综合保税区进境肉类指定监管场地获批。

10 月 19 日

黑龙江省副省长、省政协副主席李海涛到同江铁路口岸调研。

11 月 7 日

绥芬河进境肉类指定监管场地获批。

11 月 16 日

首列俄罗斯列车进境，同江铁路口岸正式开始运营。

（撰稿人：刘金成）

## 2022 年黑龙江省口岸流量统计表

| 口岸类型 | | 口岸名称 | 货运量（万吨） | | | | 集装箱量（万标箱） | | | | 人员（万人次） | | | | 交通工具（辆、艘、架、列次） | | | |
|---|---|---|---|---|---|---|---|---|---|---|---|---|---|---|---|---|---|---|
| | | | 出口 | 进口 | 合计 | 同比（%） | 出口 | 进口 | 合计 | 同比（%） | 出境 | 入境 | 合计 | 同比（%） | 出境 | 入境 | 合计 | 同比（%） |
| 空运口岸 | | 哈尔滨 | 0. 59 | | 0. 59 | -9. 9 | | | | | | | | | | | | |
| | | 分计 | | | | | | | | | | | | | | | | |
| 水运口岸 | 河港口岸 | 漠河 | | 3 023. 85 | 3 023. 85 | 0. 4 | | | | | | | | | | | | |
| | | 黑河 | 28. 68 | 1 187. 29 | 1 215. 97 | 52. 8 | | | | | | | | | | | | |
| | | 绥芬河 | 54. 59 | 814. 69 | 869. 28 | 2. 2 | | | | | | | | | | | | |
| | | 东宁 | 31. 64 | 3. 5 | 35. 14 | 80. 2 | | | | | | | | | | | | |
| | | 同江 | 4. 08 | 23. 17 | 27. 25 | 11. 8 | | | | | | | | | | | | |
| | | 逊克 | 4. 51 | 10. 66 | 15. 17 | 431 | | | | | | | | | | | | |
| | | 密山 | 1. 39 | 5. 87 | 7. 26 | 36. 9 | | | | | | | | | | | | |
| | | 抚远 | 1. 6 | 4. 12 | 5. 72 | -56. 8 | | | | | | | | | | | | |
| | | 萝北 | 0. 03 | 0. 4 | 0. 43 | | | | | | | | | | | | | |
| | | 饶河 | 0. 16 | 0. 01 | 0. 16 | | | | | | | | | | | | | |
| | | 鹤岗 | | 0. 02 | 0. 02 | | | | | | | | | | | | | |
| | | 冰城 | 0. 000 2 | 0. 000 2 | 0. 000 4 | | | | | | | | | | | | | |
| | | 分计 | | | | | | | | | | | | | | | | |

续表

| 口岸类型 | | 口岸名称 | 货运量（万吨） | | | | 集装箱量（万标箱） | | | | 人员（万人次） | | | | 交通工具（辆、艘、架、列次） | | | |
|---|---|---|---|---|---|---|---|---|---|---|---|---|---|---|---|---|---|---|
| | | | 出口 | 进口 | 合计 | 同比（%） | 出口 | 进口 | 合计 | 同比（%） | 出境 | 入境 | 合计 | 同比（%） | 出境 | 入境 | 合计 | 同比（%） |
| 陆路口岸 | 公路口岸 | 绥芬河 | 39.53 | 5.15 | 44.67 | 32.4 | | | | | | | | | | | | |
| | | 黑河 | 11.177 | 0.962 7 | 12.139 7 | | | | | | | | | | | | | |
| | | 分计 | | | | | | | | | | | | | | | | |
| | 铁路口岸 | 同江 | | 7.417 5 | 7.417 5 | | | | | | | | | | | | | |
| | | 绥芬河 | 15.07 | 809.54 | 824.61 | 0.9 | | | | | | | | | | | | |
| | | 分计 | | | | | | | | | | | | | | | | |
| 合计 | | | | | | | | | | | | | | | | | | |
| 同比（%） | | | | | | | | | | | | | | | | | | |

备注：表中空运、水运数据来源于海关统计。

（黑龙江省口岸办提供）

# 2022 年哈尔滨海关主要数据统计表

| 项　目 | | 2022 年 | 2021 年 | 同比（%） |
|---|---|---|---|---|
| 进出口货运量（万吨） | 合计 | 5 200. 85 | 4 724. 22 | 10. 09 |
| | 进口 | 5 073. 58 | 4 652. 41 | 9. 05 |
| | 出口 | 127. 26 | 71. 81 | 77. 22 |
| 进出口贸易总值（万美元） | 合计 | 3 966 724 | 3 085 435 | 28. 56 |
| | 进口 | 3 153 777 | 2 392 862 | 31. 8 |
| | 其中：江、海运输 | 683 109 | 547 101 | 24. 86 |
| | 铁路运输 | 252 012 | 237 524 | 6. 1 |
| | 汽车运输 | 21 981 | 18 609 | 18. 12 |
| | 航空运输 | 34 047 | 25 900 | 31. 46 |
| | 邮件运输 | 810 | 1 063 | -23. 8 |
| | 其他运输 | 2 161 819 | 1 562 666 | 38. 34 |
| | 出口 | 812 948 | 692 573 | 17. 38 |
| | 其中：江、海运输 | 533 428 | 437 196 | 22. 01 |
| | 铁路运输 | 33 438 | 30 413 | 9. 95 |
| | 汽车运输 | 178 000 | 189 265 | -5. 95 |
| | 航空运输 | 50 875 | 16 475 | 208. 8 |
| | 邮件运输 | 7 309 | 4 064 | 79. 85 |
| | 其他运输 | 9 897 | 15 160 | -34. 72 |
| 税收（万元） | 两税合计 | — | — | — |
| | 关税入库 | — | — | — |
| | 进口环节税入库 | — | — | — |

（哈尔滨海关提供）

# 2022 年黑龙江省口岸出入境主要数据表

| 项 目 | | | 2022 年 | 2021 年 | 同比（%） |
|---|---|---|---|---|---|
| 出入境人员（人次） | 出入境人员总数 | | 181 989 | 134 502 | 35.31 |
| | 入境人员 | | 88 585 | 67 781 | 30.69 |
| | 出境人员 | | 93 404 | 66 721 | 39.99 |
| | 出入境旅客 | | 44 266 | 45 773 | -3.29 |
| | 出入境员工 | | 137 723 | 88 729 | 55.22 |
| | 中国公民 | 小计 | 49 024 | 48 899 | 0.26 |
| | | 内地居民（因公） | 9 662 | 4 461 | 116.59 |
| | | 内地居民（因私） | 39 351 | 44 409 | -11.39 |
| | | 港澳居民 | 10 | 27 | -62.96 |
| | | 台湾同胞 | 1 | 2 | -50.00 |
| | 外籍人员 | | 132 965 | 85 603 | 55.33 |
| | 从海港出入境人数 | | 9 392 | 4 978 | 88.67 |
| | 从陆港出入境人数 | | 128 413 | 78 587 | 63.40 |
| | 从空港出入境人数 | | 44 184 | 50 937 | -13.26 |
| 交通运输工具（辆、艘、架、列次） | 总计 | | 116 333 | 71 154 | 63.49 |
| | 船舶 | | 1 558 | 734 | 112.26 |
| | 飞机 | | 735 | 770 | -4.55 |
| | 火车 | | 8 082 | 7 868 | 2.72 |
| | 机动车辆 | | 105 958 | 61 782 | 74.50 |

（黑龙江出入境边防检查总站提供）

## 2022 年黑龙江海事局进出港船舶统计汇总表

| 船舶类别 | 进港船舶 | | | | | | | 出港船舶 | | | | | | |
|---|---|---|---|---|---|---|---|---|---|---|---|---|---|---|
| | 艘数（艘） | 总吨（吨位） | 总载重量（吨） | 载客量（客位） | 船员人数（人次） | 货物到达量（吨） | 旅客到达量（人） | 艘数（艘） | 总吨（吨位） | 总载重量（吨） | 载客量（客位） | 船员人数（人次） | 货物发送量（吨） | 旅客发送量（人） |
| 总计 | 1 683 | 1 050 165 | 990 881 | 0 | 4 669 | 553 634. 89 | 0 | 1 683 | 1 050 165 | 990 881 | 0 | 4 669 | 289 573. 85 | 0 |
| 中国籍船舶 | 1 170 | 654 614 | 534 381 | 0 | 3 276 | 323 565. 78 | 0 | 1 170 | 654 614 | 534 381 | 0 | 3 276 | 195 975. 99 | 0 |
| 其中：外贸船 | 513 | 395 551 | 456 500 | 0 | 1 393 | 230 069. 11 | 0 | 513 | 395 551 | 456 500 | 0 | 1 393 | 93 597. 86 | 0 |

（黑龙江海事局提供）

# 上 海 市

# 上海市口岸分布示意图

| 序号 | 类型 | 口岸名称 | 批准开放时间 | 开放状态 |
|---|---|---|---|---|
| 1 | 空运口岸 | 上海空运口岸<br>（虹桥国际机场）<br>（浦东国际机场） | <br>1963.5<br>1999.8 | 国际常年 |
| 2 | 水运口岸 | 上海水运口岸<br>（黄浦江沿岸）<br>（长江上海段）<br>（杭州湾北岸）<br>（洋山深水港区） | 历史延续 | 国际常年 |
| 3 | 铁路口岸 | 上海铁路口岸 | 2009.11 | 地区（沪港）常年 |

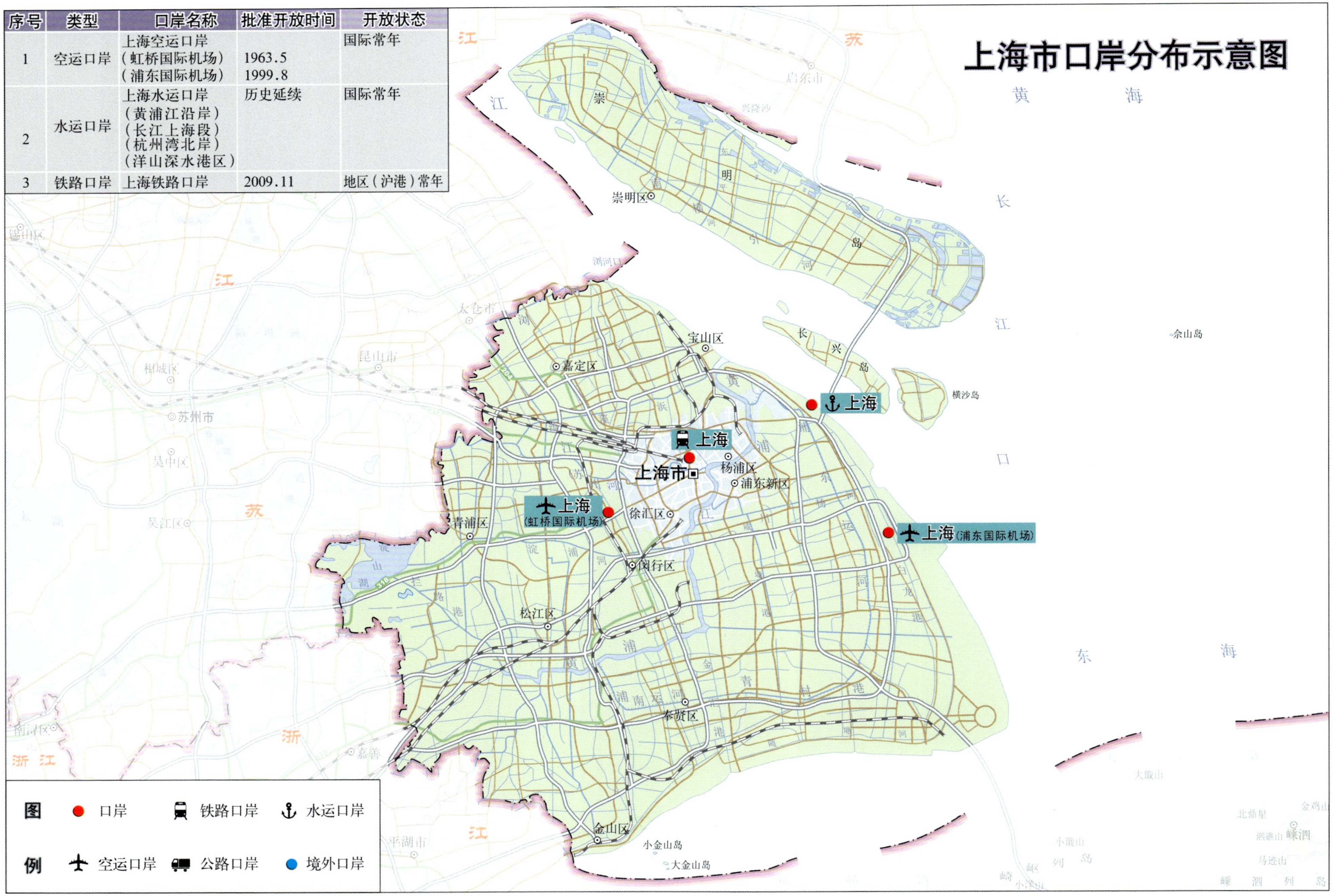

## 口岸数量及分布

截至2022年年底，上海市共有经国务院批准的对外开放口岸3个，分别为上海空运口岸（上海虹桥国际机场、上海浦东国际机场）、上海水运（海港）口岸和上海陆路（铁路）口岸。

## 口岸运行数据

2022年，上海口岸货物贸易总值10.4万亿元，同比增长3.5%，占全国进出口总值的24.8%。其中，出口6.1万亿元，同比增长6.3%；进口4.3万亿元，同比下降0.3%。上海口岸海运货物贸易6.2万亿元，同比增长4.4%；空运货物贸易4.2万亿元，同比增长2.1%。

2022年，上海口岸货物吞吐量40 160.2万吨，同比下降4.1%；外贸集装箱吞吐量3 986.6万标箱，同比增长0.8%。上海港完成集装箱吞吐量4 730万标箱。浦东国际机场完成出入境旅客吞吐量163.8万人次，同比下降3.8%；起降出入境航班7.7万架次，其中货邮航班6.8万架次。

2022年，受新冠疫情影响，上海口岸出入境旅客和交通工具总量持续走低。全年，出入境人员205.9万人次（入境92.3万人次、出境113.6万人次），同比减少17.5%。其中，旅客135.4万人次，同比减少20.6%；员工70.5万人次，同比减少10.8%。出入境交通运输工具9.8万架（艘）次，同比减少14.0%。其中，飞机7.7万架次，同比减少17.2%；出入境船舶2.1万艘次，出入港船舶1.7万艘次，均与2021年基本持平。

## 口岸综合管理

**【上海口岸各项工作有序开展】** 2022年，在国家口岸管理办公室的指导和大力支持下，上海市商务委积极贯彻落实中央和市委市政府的决策部署，上海口岸各项工作有序开展，统筹口岸安全防控和经济社会发展，全力做好上海口岸保通保畅工作，进一步畅通了跨区域物流链、供应链，助力打赢大上海保卫战。

**【推动上海口岸数字化转型】** 上海市商务委牵头会同8家委办局制定并印发了关于全面推进口岸数字化转型实施意见，包括“加强口岸数字化基础设施建设、优化口岸数字化服务能力、提升口岸数字化监管水平、增强口岸区域辐射能级、打造国际互联互通合作新载体和保障措施”等6个方面共15项任务。牵头设立上海智慧口岸数字化专班，建立专班运营和会议协调推进机制。发布了2022年度上海口岸数字化转型重点工作安排，会同上海海关、上港集团等各有关部门，推动口岸数字化转型重点应用场景建设，加强项目化推进，及时跟踪和总结。

**【积极深化国际贸易“单一窗口”特色功能建设】** 一是成功举行“单一窗口”金融服务季活动，助力上海外贸企业发展，并取得较好成果。截至2022年9月底，国际结算量超465亿元，同比增长168%，是2021年全年交易额的1.15倍，企业用户突破5 500家。二是上线信保绿色通道，开展线上快速理赔的帮助贸易企业渡过风险难关。三是上线中欧班列专区，大力推进建设中欧班列“一站式”服务平台。四是上线RCEP服务专区，包括RCEP最优关税查询系统和原产地规则（东盟版块）查询等功能。五是上线“单一窗口小助手”移动App，做到随时办、随身查。

**【优化跨境贸易营商环境】** 一是会同9部门编制印发了上海市2022年跨境贸易营商环境政策文件，截至2022年5月底，推出的30条改革措施已全部落实到位。二是深化改革创新推动“提前申报”“两步申报”，持续提升跨境电商公共服务平台水平，提升跨境电商便利度，持续开展“船边直提”“抵港直装”作业模式试点，通关全链条全流程进一步优化。三是清理规范收费，开展跨境贸易服务收费专项检查，优化“单一窗口”收费公示系统，减免疫情期间货物堆存费和滞箱费等相关费用，进出口环节费用进一步降低。四是推进港口基础设施和电子系统升级，深入推进长三角通关一体化改革，口岸服务能力进一步提升。五是加强政策宣贯，开展多场线上线下 RCEP 政策宣讲会，助力企业用好 RCEP 贸易便利化措施，持续做好 AEO 制度宣传，加强对浦东新区、临港新片区等重点区域、集成电路等重点产业和“专精特新”等重点企业的信用培育。

**【增强口岸区域合作】** 与长三角三省口岸部门就推进建立长三角口岸协调机制进行沟通，已达成召开联络员会议共识。推进长三角“单一窗口”运维保障一体化，已实现与浙江“单一窗口”热线工单系统互联。上海国际贸易“单一窗口”RCEP 最优关税查询系统已与云南国际贸易“单一窗口”对接，为其“单一窗口”建设提供上海经验。

**【加强国际化互联互通合作】** 上线“RCEP 协定最优关税税率查询系统”，已覆盖 RCEP 成员范围经济体的最优关税税率查询功能。加强同新加坡“单一窗口”系统对接，并开展了前期沟通等。在上海市设立了 4 个 RCEP 企业服务咨询站，采用线上线下方式提供服务，推动企业提升在 RCEP 协定下的通关便利化水平。

**【海关特殊监管区域建设】** 上海共有 10 个 3 大类海关特殊监管区域：1 个保税区，即外高桥保税区；1 个特殊综合保税区，即洋山特殊综合保税区；8 个综合保税区，即外高桥港、浦东机场、漕河泾、奉贤、松江、青浦、金桥、嘉定综合保税区。2022 年，上海市海关特殊监管区域经营总收入 3.6 万亿元，同比增长 8.49%；实现进出口值 1.64 万亿元，同比增长 5.1%，占全市进出口值的 39.2%。在 2022 年公布的 2021 年度全国海关特殊监管区域发展绩效评估中，全市有外高桥保税区和松江、浦东机场、漕河泾综合保税区 4 个特殊区域获评 A 类。

## 口岸监管与服务

**【上海海关全力推动国家重大战略任务落地落实，服务高水平开放高质量发展取得新突破】** 一是支持浦东引领区建设取得重大进展加快推进 6+25 项重点任务，研究出台支持集成电路产业发展一揽子措施，为国产大飞机量身定制“一司两地”监管方案，率先开展保税油气加注、外资班轮“沿海捎带”业务，海关 15 项支持措施基本落地。加大高资信企业、总部经济培育力度，浦东地区高级认证企业达 236 家，占上海关区的 51.6%。2022 年全年浦东新区进出口总值达 2.5 万亿元，占上海全市的近六成。二是支持科创中心建设工作成效显著。充分发挥全国首家科创中心海关、首个科创企业知识产权海关保护中心作用，持续加强海关制度供给和改革集成，完善跨境科创监管服务体系。支持在沪国家重点实验室发展，定制配套监管制度措施。支持生物医药等重点产业发展，推广生物医药进口研发用物品“白名单”制度、特殊物品联合监管机制。三是支持临港新片区和洋山特殊综合保税区建设成果丰硕。创新实践以“一线径予放行、二线单侧申报、区内不设海关账册”为核心的进出境监管制度体系，获评临港新片区制度创新一等奖。推动洋山特殊综合保税区二期封关运作，推进三期扩区工作，推动南港口岸纳入径予放行政策适用范围。会同地方政府召开海关特殊监管区域现场会，推动实体经济、先进制造业发展，外高桥保税区在全国综合保税区发展绩效评估中蝉联首位。推出 8 项措施支持新片区高水平开放，促进集成电路、生物医药、人工智能、民用航空等战略新兴产业集聚发展。四是支持长三角高质量一体化发展工作纵深推进。发挥龙头海关作用，健全一体协同工作机制。长三角一体化上升为国家战略四年来，海关累计推出 104 项支持措施，有力保障区域产业链供应链安全畅通。支持长三角世界级港口群建设，“联动接卸”“离港确认”等创新模式广受社会各界好评。出台支持虹桥国际开放枢纽建设工作方案，推动打造长三角一体化的枢纽和引擎。全年长三角地区外贸总值占全国的三成以上。五是保障第五届中国国际进口博览会“越办越好”。累计为五届中国国际进口博览会出台 79 项海关支持措施，形成了文物参展留购、展车变商品等一系列中国国际进口博览会亮点。推动保税展示展销常态化规模化发展，持续放大中国国际进口博览会溢出带动效应。第五届中国国际进口博览会海关监管展品金额达 3 亿美元，较上届增长 40%，创历届新高。

**【上海海关探索创新监管模式，努力提升制度创新和治理能力建设水平】** 一是持续优化跨境贸易营商环境。开展优化口岸营商环境专项行动，提前申报、无陪同查验等改革叠加效应进一步增强。落实中央减税降费部署，2022 年全年减税 663.5 亿元，同比增长 7.8%。推动 RCEP 高质量实施，助力 489.6 亿元进出口货物享受政策红利。培育跨境电商、海外仓、保税维修、绿色再制造等新业态新模式，“中欧班列—上海号”已联通共建“一带一路”7 国（地区）的 30 余个城市和站点，外贸发展新动能持续壮大。二是治理数字化转型实现新突破。深入推进跨境贸易大数据平台建设，探索应用大数据实现海关治理数字化转型，已建成汇集 131 亿条数据的大数据池，1 500 家企业的 2.2 万条供应链通过安全评估，76 万批货物自动快放，智能风控模型的风险覆盖度达九成。构建临港新片区、外高桥保税区大数据管理子平台，实施长三角区域供应链风险评估，大数据在重点领域的应用更加成熟定型。获批建设全国首家大数据海关应用创新示范点，组织制订 2023—2025 年大数据平台建设规划。三是科技引领支撑作用进一步增强。推进“三智”建设，洋山自动化码头海关智慧机检项目成为首批示范项目，代表海关总署获评亚太贸易便利化论坛贸易创新奖。推进业务科技一体化建设，形成智能审图、“智旅 Pro”等一批科技创新应用成果。推进孙桥检测技术中心建设，整合优化实验室资源，提升实验室检测能力。积极推动科技创新，制定科技成果评定办法，完善科技管理和激励机制。年内上海海关获评海关科技成果 9 项，4 个课题获国家立项，12 项科技成果参评上海市科技进步奖。

**【上海海关高效统筹口岸疫情防控和促进外贸稳增长】** 一是坚决筑牢“外防输入”口岸防线。坚持“科学研判、党委决策、专班落实、专门监督”的组织机制，应急指挥体系始终保持激活状态。强化科技赋能，航班检疫通关时间压缩 10 倍。持续提升实验室检测能力，连续多次在全国海关率先检出奥密克戎最新变异株。加强研判分析，提前做出预警，为防疫决策提供支持。落实新冠病毒感染“乙类乙管”部署，实现平稳转段。二是促进外贸保稳提质成效显著。2022 年上海本土疫情发生后，海关第一时间发布通告，明确海关窗口正常运行，稳定口岸秩序和企业预期。先后发布 7 批 51 项惠企措施和 9 项加速通关验放措施，精准助企纾困降成本，推动口岸大提速，促进产业链供应链循环畅通。

**【上海海关统筹发展和安全，全面依法履职取得新成效】** 一是风险防控体系更加完备。牢固树立总体国家安全观，成立风险管理委员会，建立覆盖关区全领域、全渠道的业务风险防控联动机制，统筹力量防范化解重大、系统性业务风险，累计排查重大业务风险隐患 12 项。强化风险整体防控和精准防控，关区人工布控查获率达到抽样类布控的 7.7 倍。二是实际监管效能全面提升。强化正面监管，全面规范监管作业场所，建设智慧物流监控体系，口岸检查标准化、智能化水平进一步提升。加强后续监管，全面推进稽查改革，统筹推进“多查合一”，关区稽查、核查查发率分别达到 80.2%和 84.3%。三是综合治税创历史最好成绩。坚持依法征管、科学征管、综合治税，健全税收征管协同模式，实现税收质的有效提升和量的合理增长。2022 年，上海海关征税入库 4 495 亿元，同比增长 4.6%，创历史新高，占全国的 19.7%，为国家财政做出重要贡献。四是海关检验检疫防线更加牢固。严防猴痘、埃博拉等疫情疫病传入，有效防范疫情叠加。严守国门生物安全，检出检疫性有害生物 2 867种次，截获进境“异宠”879 只。落实“四个最严”要求，拦截进口不合格食品化妆品 297 批。严把进出口商品质量安全关，检出不合格车辆 1.2 万辆、不合格旧机电1 278批。五是海关坚决筑牢安全生产底线。深入开展安全生产大检查，坚决防范遏制重特大事故发生。建立健全安全生产“吹哨人”预警机制，高效处置21条预警信息。率先成立口岸危险品清理和改革专班，深入开展“百日行动”，推进进口危化品检验模式改革试点，实现口岸危险品“动态清零”。

**【上海出入境边防检查总站创新政策，优化流程，打造长三角通关保障新引擎】** 一是建立长三角海港“一站式”查验模式。紧紧围绕港航企业“急难愁盼”的难点问题，出台“一地办证、区域通用”的便民举措，外籍船舶在长三角地区港口间移泊时免予查验船员出入境证件、免收纸质申报单证，大幅度提高船舶通关和货物周转效率，降低企业的时间和经济成本，取得良好反响。二是简化长三角国际船员换班手续办理。敏锐把握“国际船员换班难”这一影响长三角航运经济发展的痛点，牵头简化外籍船员在长三角地区换班手续，确保疫情期间船员点对点闭环转运至出境口岸，为提升长三角航运枢纽整体竞争力提供了关键支撑。疫情以来，长三角各海港出入境边防检查站累计为11.8万名船员办理换班手续，此项便民措施得到了国务院联防联控机制的充分肯定。三是主动服务虹桥国际开放枢纽建设发展战略。坚决贯彻“越办越好”的办会理念，全力确保中国国际进口博览会期间口岸通关顺畅、秩序井然；紧紧围绕强化国际航空运输服务功能等重点任务和“一核两带”发展格局要求，持续加强电子通关建设，全面实现航班申报材料无纸化，进一步提升通关效率，全力助推虹桥国际开放枢纽建设。

**【上海出入境边防检查总站深化放管服改革，推动移民管理服务提档升级】** 一是始终站稳“为民服务”立场，不断着力提升移民管理工作“放管服”水平。优化推广直接往返机组人员简化边检手续便利措施，最大限度地降低疫情随机组人员传播扩散风险，浦东国际机场已有超过50家航空公司享受该政策。依托12367服务平台全天候受理解答中外人员出入境问题咨询，便利中外人员获取移民管理信息、享受便捷政务服务，2022年累计接听咨询话务3.9万余通，同比增长61.2%，话务总量位居全国边检机关第二位；顺利完成12367服务平台与12345市民热线话务转接机制，累计受理回复12345转办热线、工单251件，进一步增强了人民群众的获得感、幸福感、安全感。不断探索创新移民领域政策法律宣传和国际传播工作，推出面向外国人的“SH-iMMi”视频号，受到在沪外国人群体及相关机构广泛关注，已上线的9期视频全网点击量达50万次以上，为服务上海引才引智，外国人来沪创新、创业、投资，营造了良好环境。二是探索“互联网+”移民边检政务新途径。不断做优做强12367服务平台，及时为出入境旅客和市场主体提供清单式信息指引和一号接听、接听即办、一办到底的即时互动交流服务，打通边检管理服务“最后一公里”。加强新时代移民管理领域对外话语体系建设，强化“SH-iMMi”视频号法律法规解读与移民管理政策宣介，提升海外高层次人才“从上海出入、在上海融入”的意愿和黏性。

**【上海出入境边防检查总站建立健全更加便捷高效的通关保障机制】** 做好航班、邮轮全面复苏准备工作，研究优化口岸便利化通关模式，提升申报、办证、查验等信息化水平。指导上海机场出入境边防检查站优化货机机组查验模式，协同开展浦东国际机场西货运区联合查验中心建设，进一步提升货运航班查验效率；指导虹桥出入境边防检查站优化公务机查验模式，将虹桥国际机场公务机查验打造为虹桥国际中央商务区亮点品牌；指导各海港出入境边防检查站试点推行海港口抵前查验模式，优化登轮搭靠网上报备流程，助力上海港航运发展提档升级。启用对外开放口岸边检现场标志，优化查验现场功能布局，提升通关效率。

**【上海出入境边防检查总站打赢重大安保维稳攻坚战，努力做好进博会服务保障】** 深入贯彻总体国家安全观，以“确保口岸持续安全稳定、确保全年重大活动安全顺利”为总体目标，坚持“精益求精、万无一失”的工作标准，统筹推进党的二十大，北京冬奥会、冬残奥会，第五届中国国际进口博览会等重大活动安保维稳工作，实现了全年各项安保工作任务的全胜、完胜，相关工作多次得到上级领导的批示肯定。一是严密口岸管控，全力以赴织密第五届中国国际进口博览会安保屏障。全面强化“主场、主责、主力”政治担当，从严从紧从细落实各项工作措施，圆满完成第五届中国国际进口博览会出入境边防检查和安保工作任务。严格实质性审查，严防不法分子利用中国国际进口博览会参展商等身份蒙混入出境。提升海港管控等级，加强码头辖区全时段巡查，累计巡查 2 000 余次；出动边检 3 166 艇巡航巡检 4 次，进一步提升码头、水域见警率。牵头多部门组建中国国际进口博览会口岸管控联合工作专班，累计核查入境人员近 2 万人次、出入境航班千余架次，有力发挥口岸管控“尖刀班”作用。主动对接中国国际进口博览会总体应急处突体系，建立口岸限定区域突发事件快速联动响应机制。强化多部门联合管控，与候机楼派出所开展 30 余次联合巡逻，联合海事、海警等涉水执法单位开展 10 余次海上联合巡航执法。二是优化勤务组织，全力做好第五届中国国际进口博览会通关服务保障工作。自 2022 年 10 月 1 日起，在浦东国际机场边检执勤现场设立 6 条“第五届进口博览会边检专用通道”，成立“百人外语志愿服务队”，科学严密组织勤务，细化完善通关保障措施，为参展参会人员提供通关便利。全力服务第五届世界顶尖科学家论坛外宾入出境保障工作，为多名与会嘉宾提供边检礼遇，得到上海市领导高度肯定。持续推进直接往返免办航班“单一窗口”网上办理、船舶查验“一船一策”“非接触办证”“靠前查验”等口岸通关系列措施，积极服务保障运载中国国际进口博览会展品的船舶快速安全通关。截至 11 月 10 日，各边防检查站累计为搭载中国国际进口博览会物资的 21 架货机、3 艘船舶提供快速通关。三是强化跨部门跨警种协作。深化“边检+出入境”联合办案模式，开展联合专案打击。牵头市公安局、市教委、市科委等 13 家单位组建“上海口岸入境重点外国人联合审查机制”，加强口岸重点人员联合审查。牵头多部门组建党的二十大安保及中国国际进口博览会联合工作专班，有力发挥口岸管控“尖刀班”作用。

**【上海出入境边防检查总站持续加强信息化建设，提升管控服务效能】** 一是努力提升口岸管控水平。空港方面，持续推进机场智眼系统、梯口核查系统、证件样本库等系统建设，进一步加强对空港口岸出入境人员和交通运输工具的预警研判、轨迹核查、风险评估能力。海港方面，大力推进锚地预警管控系统、海港数据研判平台、移动警务视频监控系统等建设，不断推动海港口岸管控智能化、精准化、自动化。二是抓好内部应用系统和基础设施建设，构建智慧边检应用体系。全国性业务系统建设方面，大力推进生物识别系统三期建设，建设首个全国双胞胎人员库，全面强化生物识别系统的支撑保障能力。开发上线公务员考核系统，不断推进 e 督系统建设，持续开发办公一体化系统，顺利完成电子政务外网联网接入工作，统筹推进音视频指挥通信系统、语音专网、机房监控系统、运维一体化平台、虚拟化平台、PDT 集群系统、视频综合应用管理平台等建设升级工作，信息化保障体系更加完善。三是强化分析研判，切实提升大数据应用效能。构建边检总站大数据平台资源池，将业务数据、开源信息、生物信息，以及来自船讯网、北斗定位、执法记录仪定位等数据汇聚碰撞，为数据研判拓宽维度，增加碰撞深度。以业务需求为导向，建立一船一档、重点人员等主题库、专题库，常态化开展大数据分析研判，梳理总结模型实战应用经验和问题，完善固化模型成果，进一步提高大数据实战应用能力。

**【上海出入境边防检查总站持续做好疫情防控工作】** 一是深度融入上海疫情防控大局。坚决落实国家移民管理局和上海市委市政府的部署要求，立足条线，顾全大局，在数据共享、场地设置、入境人员转运等方面最大限度地满足联防联控工作需要。坚决落实“三提前、三共享”工作要求，发挥边检机关大数据信息排查优势，2022 年全年向各部门推送涉疫数据 20 余万条，为外防输入提供有力支撑。每日定时向上海联防联控机制报送 4 类 15 项出入境数据，为上海市委市政府宏观决策、精准防控提供有力的数据支撑。准确把握“大上海保卫战”前后疫情防控形势变化，建立完善“一键激活、扁平高效”的战时应急指挥体系，科学、及时调整防疫手势及勤务运行模式，在 3 月底疫情防控最紧张阶段，果断实行为期 4 个多月的“封闭执勤模式”，保证了队伍绝对安全和战斗力可持续输出。二是持续优化空港涉疫勤务组织模式。系统总结“大上海保卫战”经验做法，固化实践“最小作战单元”“气泡式管理”“防火墙”等全新轮岗轮班模式，紧盯防护服穿脱、一证一消杀等个人安全防护关键环节，持续抓牢执勤现场、营区安全防护，不断提升分区分级科学精准防控水平。严格入境人员询问检查，实行分区查验、专区验放、非接触式检查，推动建立独立作战单元执勤模式，最大限度地适应外防输入策略调整变化需要、降低境外疫情经空港口岸输入风险。三是持续创新优化通关保障流程。动态跟踪货运航班逆势增长走势，以生产要素的快流通助力产业链、供应链稳定畅通，完善国际贸易“单一窗口”网上申报制度，以电子化申报规避染疫接触风险，实现货运航班货物“快装卸”、机组员工“少跑腿”，全年共查验货运航班 6.8 万架次。优化升级“货机风险等级管理系统”，严密公务机、专包机、货机、直飞免办航班查验和监护流程，减少人员接触的同时，提前开展审核排查，做到“人、物、事”清舱见底，坚决筑牢疫情防控屏障。四是严防海上疫情输入风险。严格执行“三不”政策，严格审查登轮搭靠对象资质，结合港卫管理系统、中国边检登轮码、抵近监控等技术手段积极推进码头梯口、卡口、窗口之间的实时通联，从严实施登离轮管理，全年共办理登轮许可 3.6 万余份，搭靠外轮许可 1 400 余份；累计查获多起无证登轮、无证搭靠、违反防疫规定等案事件，对多家防疫要求落实不力的港区单位约谈提醒。全面推进中国边检登轮码推广使用，动态掌握登离轮人员信息和登离轮环节轨迹，截至年底上海港已有 1.2 万人成功注册申领，共实施登离轮登记 60 余万人次。加强换班船员全流程闭环管理，全年共办理船员调换手续 1.88 万人次，为伤病船员开启“绿色通道”181 人次。五是持续优化海港涉疫勤务组织模式。立足上海港勤务特点和总站海港队伍实际，不断深化海港勤务改革，优化综合执勤队工作模式，以“执勤力量综合化”“口岸管控体系化”为两个根本发力点，推动指挥中心实体化运作，组建综合执勤队，推行“全域协同、点位投送”警力调配模式，进一步提高用警效能和查验效率。六是持续推进海港管控体系化建设。积极推进港口锚地预警管控系统、海港数据研判平台等信息平台建设，以数据支撑和延展边检机关对船舶和人员的检查监管工作，有力阻断疫情经水路通道入境的风险隐患。结合辖区特点，通过“单一窗口”、厅外终端机、手持终端等信息化手段将正检窗口前移至办证大厅外或码头现场，采取“现场核验+后台办理”的模式实现边检手续前置办理，同时积极探索无人机应用等非接触抽巡查勤务模式，最大限度地减少与外部人员接触概率，降低交叉感染风险，保障营区安全。主动响应执勤一线需求，设计研发智能喷消一体化防疫通道、证件消毒柜等防疫设备，为抗疫一线提供更为安全、高效的消杀环境，其中智能喷消一体化防疫通道系国家移民管理系统首创，并获得国家知识产权局下发的实用新型专利证书。

**【上海出入境边防检查总站认真组织开展法治宣传教育】** 研究制定总站法治宣传教育实施意见，推动落实“谁执法谁普法”责任制，营造良好法治环境。加强内部普法，依托法律人才队伍，加强新法新规学习培训，推动全警学法守法用法；拓展普法阵地，积极利用“SH-iMMi”新媒体和 12367 服务平台宣讲移民政策法规，推动社会面普法；丰富普法形式，将法律宣传与定点支教相结合，推动法律法规走进学校、走近村民并组织开展法律知识咨询，积极构建良好法治环境。

**【上海海事局持续优化口岸营商环境，助力港航经济发展】** 一是主动融入上海市营商环境创新试点任务，协同推进游艇“多证合一”改革试点政策率先落地。会同海关、边检等口岸监管单位，联合印发优化上海口岸国际航行船舶联合登临检查工作机制。大力推进政务服务预约办、网上办、邮寄办，创新实施海事政务“帮办”和“极简”政务服务模式，持续打响上海海事“心·STAR”政务服务品牌。创新全国海员证制证工作机制，入选全国水运服务船员十佳典型案例。牵头深化小型船舶检验及监督管理优化试点工作，试点检验船舶 8 536 艘次。将临港新片区附近水域纳入特定航线江海直达船舶适用范围，助力上海港“水水中转”比率达 53.5%。二是创新贸易监管制度。出台《中国（上海）自由贸易试验区临港新片区国际船舶登记管理规定》，持续优化举措，推动实现“中国洋山港”国际登记船舶首次增值税退税，批量开展“中国洋山港”籍国际船舶登记工作。截至 2022 年年底，“中国洋山港”籍国际登记船舶已达 34 艘、登记总吨位达 173 万总吨。主动融入上海国际航运中心、国际贸易中心建设，“打造跨境运输船员集聚发展新高地”“创新开展船舶‘不停航办证’海事服务”两项工作举措入选 2022 年上海市服务贸易创新实践案例。制定《上海海事局液化天然气加注管理办法》，完成液化天然气加注报告信息系统开发工作。助力上海港实现保税 LNG 加注服务“中国首单”，船船同步 LNG 加注服务常态化运营。三是深化拓展自由贸易试验区功能。持续推进海员外派机构落户新片区，2022 年为上海鑫裕盛船舶管理有限公司、上海海丰海事服务有限公司 2 家公司签发海员外派机构许可证，片区内海员外派机构有 5 家，截至 2022 年年底，已有 1 116人次海员经由临港新片区外派从业。支持在新片区开展使用气体和其他低闪点燃料船舶（双燃料主机船舶）船员培训，2022 年开展普通培训 4 期 126 名学员、高级培训 1 期 33 名学员。

**【上海海事局持续提升口岸通关便利化】** 一是在船舶口岸通关查验中推行“7×24 小时”全天候、无纸化办理。推出船舶远程港口国监督检查、海运危险货物集装箱远程智慧管理等远程核查、智能监管手段。在洋山深水港常态实施“四双”服务举措，组织实施洋山港大型集装箱船舶在大风浪条件引航/助航作业，助力洋山深水港集疏运能力进一步提升。2022 年，累计实施双向通航 665 艘次、双档靠泊 1 326 艘次、双套泊作业 1 844 艘次、双窗口离泊 360 艘次、四期码头全模式套泊作业 415 艘次。二是深化区域大通关合作。加强长三角区域立法联动，推动《上海市船舶污染防治条例》出台，于 2022 年 3 月 1 日正式施行。持续推进长三角海事一体化融合发展，与江苏海事局签订沪苏海事监管服务保障一体化合作协议；推动“不停航”转籍登记在江浙沪区域率先实施；牵头推进船舶营运检验“通检互认”，实现全国首例新建船舶联合检验发证。推进落实长三角部分地区试点海船转籍登记“不停航办证”试点工作，截至 2022 年年底，共办理试点海船转籍登记“不停航办证”29 件次，提高航企运力效率。

**【上海海事局支持口岸开放建设，保障水运通道安全畅通】** 一是做好建设项目实施与开放管理。联合做好开放码头泊位的现场核查、信息梳理工作，为实施开放口岸动态管理夯实基础工作。积极支持落实口岸开放项目，主动与码头单位联系，指导码头单位做好口岸开放的前期准备工作。参与金山孚宝码头、崇明华润大东船务工程有限公司改扩建码头临时开放申请、审核工作。二是支持口岸基础设施建设。精准衔接部支持系统“十四五”建设规划，统筹推进重点项目前期工作，涉及投资规模约 11.85 亿元。大型巡航救助船建造项目顺利落户上海，绿华山海事监管基地、上海洋山临港基地前期工作取得实质性进展，10 艘趸船浮码头建设工可编制工作顺利推进。船员评估示范中心基本建成。3 艘 30 米级 A 型巡逻艇正式入列，20 米级新型铝合金巡逻船建造项目顺利通过部海事局竣工验收。优化 VTS 雷达布点，实现与江苏、浙江交界水域雷达信号无缝衔接。优化黄浦江、长江上海段重点水域视频监控布点，推进水域态势感知设施建设。三是口岸安全联合防控。率先在系统内成立闭环管理工作专班，率先恢复 PSC 登轮检查工作，排查安全风险，保障进出上海口岸的船舶安全。电子巡航、水域巡航、无人机巡航相结合，VTS 及指挥中心及时发布安全预警信息，有效应对水上突发事件，为上海口岸水运贸易通道物流进出提供全天候保障。开展联合执法，严厉打击水上船舶各类违法违规行为。构建危险化学品伪瞒报及逃漏检智能排查模型，实施船载危险货物作业现场检查和集装箱开箱查验，严厉打击危险品谎报瞒报等违法行为，降低口岸安全风险。开展洋山港、长江上海段等区域水上综合应急演练，提高口岸协同联防能力，保障上海口岸安全。

**【上海海事局加强船舶监管及危险货物管控】** 一是发布关于加强机电设备故障船舶安全管理的相关通告，深化在航机电设备故障船舶监管。建立机电设备故障船舶数据信息统计系统，推进分类分级信用管理，督促企业落实船舶维护保养和进港前机电设备自查要求，推动船舶机电设备故障艘次同比下降 16.8%。二是克服疫情影响，在系统内率先成立闭环工作专班，高效实施新冠疫情期间的港口国监督登轮检查工作，并率先实现后疫情时代常态登轮检查工作。强烈打击和震慑低标准国际航行船舶，督促外国船级社严格履行法定责任，为保障疫情期间港口和航运物流链安全筑起坚实屏障。三是完成海事危险品货物申报随附单证电子化自动审核，并已在船载外贸集装箱危险货物选箱预检系统实现功能应用。申报系统实现与“上海港海运危险货物集装箱装箱远程智慧管理系统”的数据联动，实现装箱异常识别筛选报警功能。初步完成申报系统电子装箱证明书发送系统升级工作。四是有序推进上海海事局承担的国际海事专委会、分委会和研究室相关工作，积极做好国际海事组织（IMO）成员方履约模拟审核迎审工作。深化国际海事交流合作，承办海事系统“政产学研用”一体化国际海事研究平台建设调研。加强国际海事热点议题跟踪研究，全年共向国际海事组织（IMO）、国际航标协会（IALA）等国际组织提交提案 17 篇，并全部被采纳，助推我国深入融入全球海事治理。

**【上海海事局严格做好疫情防控工作】** 一是认真落实国务院、交通运输部及上海市关于疫情防控的工作部署，积极参与市、区两级水路口岸疫情联防联控机制建设，协同推动上海港船员换班“应换快换”，伤病船员救助“应救尽救”。2022 年，全局月均发布疫情防控提醒信息逾万次；协同处置船员健康异常的船舶 125 艘次；为伤病船员提供紧急医疗协助或救助“绿色通道”157 人。二是发挥防疫专班的作用，服务港口生产运营，解决上海口岸港作船船员核酸检测、船舶物资补给以及核酸筛查期间船舶通行中的实际困难。协调外籍邮轮“蓝梦之星”停靠码头作为码头作业人员隔离住所落实安全和防污染管理措施。统筹船舶船员疫情防控和口岸通关工作，为载运重点物资船舶开辟口岸通关“绿色通道”。三是推出 12 项疫情期间保通保畅举措，统筹把握计划安排、交通组织、动态协调、口岸许可、应急处置等环节，切实保障航运物流供应链稳定畅通。坚持“保峰控流、错峰分流”的管控举措，科学均衡船舶流和交通组织，合理安排大型船舶进口计划，优化集装箱、危险品等重点船舶编队航行，提高深水航道通航效率。四是及时调整优化疫情防控措施，助力水运物流快速恢复。坚持“深槽深用、北进南出”，保障长江黄金水道“大动脉”高效畅通。开辟“绿色通道”，用足用好中国香港籍集装箱船自引、沪苏 VTS“一次性船位报告”、CAPE 型船“直进直靠、直离直出”等政策，保障上海港全年完成水路运输煤炭 4 054.5 万吨、LNG405.2 万吨、粮食 328.7 万吨。

**【上海海事局积极推进口岸数字化建设】** 一是加强口岸数字化智能化建设。构建码头泊位数据管理系统，整合全港码头泊位全要素属性信息，融合卫星 AIS 信号、雷达信号、全比例尺海图数据、上海港水文气象潮汐数据等，形成上海水运全域、全要素的监管系统，为水运口岸安全高效运转提供科学的数据支撑和决策依据。与海关共建“危险化学品谎报瞒报智能排查监管平台”，构建船载集装箱危险货物谎报瞒报及危化品逃漏检筛选模型。上线“上海长江口深水航道交通管控申报平台3.0版”，进一步优化船舶进出长江口深水航道秩序。建设洋山港小洋山岛、大洋山岛、小岩礁等视频监控和光电站点，完成洋山港区的视频监控和船舶联动跟踪，提升洋山深水港区船舶态势感知能力。以金山智慧海事二期建设为契机，建立了完整的风险隐患全要素、全流程的信息化数据库，开发船岸安全和防污染远程检查模块，为后续由目前对单个船舶安全作业核查“点对点”核查向辖区所有危险品船舶安全作业“全面核查”，打通了数据融合通道。二是优化口岸数字化服务能力。上线“中国籍国际航行船舶能效数据和碳强度管理系统”，具有船舶能效管理计划验证、船舶能耗数据报告和船舶碳强度评级功能，将有力支撑海事管理部门对相关船舶履约情况的监管工作，服务碳达峰碳中和行动。联合上海海关、上海出入境边防检查总站，修订印发上海口岸国际航行船舶联合登临检查工作机制。会同上海市口岸办、上海亿通国际股份有限公司，对“单一窗口”联合登临模块进行维护，丰富船舶预约登记和基础信息维护功能，推动船舶联合登临由人工单向联系向系统预约登记转变，更好地服务于船舶便利通关。实施“海上通”一期工程，推广海上通移动服务平台应用，继续扩展办事和服务功能完善部分办事申报流程、深化智能助航服务、优化界面及交互操作设计，稳步推进数字浦江与智慧海区建设。三是提升口岸数字化监管水平。优化海事危险品货物申报智能审核。申报系统实现与“上海港海运危险货物集装箱装箱远程智慧管理系统”的数据联动，实现装箱异常识别筛选报警功能。推进上海海上安全预警及应急反应平台建设，依托上海海事局“一网统管”平台，推进航行警告模块建设，完成航行警告上线运行；整合资源建设危险品应急流程，完善事故应急模块，稳步推进辖区动态管理整体智治。搭建全要素大交管东海协调中心信息化平台，上线外国籍船舶进入中华人民共和国领海报告模块，实现进入领海船舶的动态识别，启动未报告船舶信息流转功能的开发，为行政处罚做准备。

**【上海海事局服务国际航运中心】** 克服疫情困难，协助部海事局成功承办2022北外滩国际航运论坛“安全与合作”专题论坛，来自政府间和非政府间国际组织、国外海事主管机关、交通运输行业管理部门、相关国家驻华使领馆、上海市相关政府部门、航运产业链相关企业、科研院所、行业协会等130名中外嘉宾出席论坛，这是直属海事系统年内举办的规格最高、规模最大的国际会议和外事活动。

## 开放口岸

**【上海空运口岸（上海虹桥国际机场、上海浦东国际机场）】** 上海空运口岸涵盖浦东国际机场和虹桥国际机场，包括4座开放航站楼、1座全球最大单体卫星厅、5个货运区、7条跑道和1个公务机基地、435个停机位，设计年客货能力分别为1.2亿人次和520万吨。

2022年1月，浦东国际机场四期扩建工程正式开工，主要包括航站区、飞行区、旅客捷运等6大项目，建成后预计可满足2030年浦东国际机场旅客年吞吐量1.3亿人次的需求；11月，浦东国际机场四期扩建工程智能货站项目也正式启动，预计2024年10月底竣工，将为上海口岸提供每年超过100万吨的出入境货物保障能力。

**【上海水运（海港）口岸】** 上海水运口岸涵盖洋山深水港区、杭州湾北岸、长江上海段和黄浦江4大开放水域，共有开放码头97个、泊位314个。公共集装箱码头主要分布于洋山、外高桥、吴淞3大港区，共有集装箱泊位49个。其中，洋山港区已建成23个集装箱深水泊位，岸线总长7 950米，主要从事大型远洋干线船舶装卸作业；外高桥港区有19个集装箱泊位，岸线总长5 784米，主要从事近洋航线和中型远洋航线船舶装卸作业；吴淞港区有7个集装箱泊位，岸线1 641米，主要从事近洋班轮航线和内河航线船舶的装卸作业。散杂货码头及其他特种码头主要分布在罗泾、吴淞、龙吴、外高桥港区。邮轮码头2个，9个泊位。

**【上海陆路（铁路）口岸】** 上海铁路口岸位于铁路上海站，开行上海站至香港红磡站的沪港直通旅客列车。2003 年 9 月，为落实《内地与香港关于建立更紧密经贸关系的安排》（CEPA），经国务院同意，在上海火车站设立临时口岸。同年 10 月 1 日，铁路上海站临时口岸开行沪港直通旅客列车。2009 年 11 月，国务院批准设立上海铁路口岸；2013 年 4 月，上海站铁路临时口岸通过国家联合验收组验收，正式对外开放。这是我国境内第一个直通香港长途铁路客运口岸，实现了从上海至香港一站式城际列车直达。受疫情影响，沪港直通旅客列车暂停开行。

## 2022 年上海市口岸大事记

1 月 4 日

2022 年中国（上海）国际贸易单一窗口金融服务季暨 RCEP 最优关税查询系统启动仪式在虹桥进口商品展示交易中心举办。启动仪式上发布了上海国际贸易“单一窗口”专享金融服务方案，这是国内首个国际贸易“单一窗口”上发布的助企金融服务产品包，同时上线了 RCEP 最优关税查询系统。

1 月 5 日

上海海事局印发上海海上搜救应急预案和上海海上船舶污染事故专项应急预案，健全上海海上搜救和船舶污染事故应急处置机制。

2 月 16 日

上海出入境边防检查总站党委书记、总站长任英超与到访的上海市商务委党组书记、主任顾军一行座谈交流。上海出入境边防检查总站党委委员、副总站长聂仁东，上海市商务委办公室和通关协调处、口岸管理处、驻机场办领导参加座谈。

2 月 16 日

国务院服务贸易发展部际联席会议办公室印发全面深化服务贸易创新发展试点第二批“最佳实践案例”，上海海事局国际船舶登记管理制度创新案例入选。

3 月 1 日

上海、江苏海事局船舶交通管理系统（VTS）覆盖水域正式实现“一次性船位报告”。

3 月 3 日

上海海上搜救中心宝山分中心在上海市宝山区人民政府揭牌成立。上海市副市长、上海海上搜救中心主任张为，上海海事局局长、上海海上搜救中心常务副主任谢群威出席仪式。

3 月 15 日

上海海事局服务保障全球最大 LNG 加注船“海港未来”轮在洋山深水港为大型集装箱船“CMA CGM SYMI”轮加注约 7 000 立方米 LNG。这是中国港口首次为大型 LNG 双燃料动力集装箱船舶提供 LNG 燃料加注，标志着上海港成为全球第三个具有 LNG 加注服务能力的港口。

4 月 5 日

公安部党委委员、副部长林锐到上海出入境边防检查总站机关调研检查工作，对总站筑牢外防输入防线、维护口岸安全稳定的工作成效表示肯定并致以关心慰问，对进一步加强疫情防控工作提出要求。上海出入境边防检查总站党委书记、总站长任英超做工作汇报。

4 月 15 日

上海市商务委成立保链专班。以保链、保通、保畅为主要目标，深入调研，排摸企业复工复产需求和问题，依托中国（上海）国际贸易单一窗口，及时掌握上海口岸运行情况；主动支持商务委其他处室保供工作，进一步支持产业链和供应链的稳链和固链。

4 月 15 日

时任中共中央政治局委员、国务院副总理孙春兰到浦东国际机场调研检查疫情防控工作。时任上海市委书记李强、上海市委市政府有关领导和上海出入境边防检查总站、上海海关、上海机场集团主要负责同志陪同调研检查。上海出入境边防检查总站党委书记、总站长任英超参加调研活动。

4 月 22 日

时任交通运输部副部长赵冲久到上海海事局慰问指导，充分肯定疫情防控期间上海海事局保安全、保畅通、保稳定等方面工作成效，强调要坚定信心、持续奋战，全力保障水上物流供应链安全稳定畅通，坚决打赢疫情防控攻坚战。

4 月 20 日、26 日

上海市商务委分别会同上海海关、上海海事局、上海边检等单位，特殊时期特事特办，最终顺利完成雪龙号、雪龙 2 号极地科考船的靠泊。

5 月 15 日

上海海事局牵头长三角区域省级船检机构共同印发长三角区域船舶检验合作实施相关方案。

5 月 18 日

上海、江苏海事局线上签署沪苏海事监管服务保障一体化合作协议，双方将围绕海事监管、交通组织、信息数据、服务保障、信用管理、绿色发展 6 个方面加强合作，深化服务长三角一体化国家战略。部海事局局长李国平线上出席签约仪式并讲话。

5 月 28 日

上海出入境边防检查总站党委委员、副总站长聂仁东参加上海市政府研究口岸疫情防控工作专题视频会议。上海市副市长张为主持会议并讲话。

6 月 2 日

上海海事局发布关于加强机电设备故障船舶安全管理的相关通告，自 7 月 1 日起正式实施，加强上海港在航机电设备故障船舶的安全管理。

6 月 14 日

上海市商务委召开上海金山化工区孚宝码头 E2、E4 泊位临时接靠国际航行船泊会议，形成会议纪要；协调推进查验监管设施设备的落实，具备开放条件后进行对外开通启用工作。

6 月 14 日

上海海事局成立“港口国监督检查”工作专班，实施闭环管理模式，加强疫情影响下港口国监督登轮检查工作。

6 月 17 日

上海市商务委联合印发《上海市商务委员会等 11 部门关于建立健全上海口岸安全联合防控工作制度的若干意见》。

6 月 22 日

上海、江苏、浙江、安徽出入境边防检查总站举行长三角边检党建协作区“云签约”仪式暨首次线上主题党日活动。上海出入境边防检查总站党委书记、总站长任英超出席活动并致辞，总站党委副书记、政委吴长福主持活动。

6 月 23 日

上海海事局印发《第五届中国国际进口博览会上海海事局服务保障工作总体方案》以及 6 个专项工作方案，全面部署落实第五届中国国际进口博览会服务保障工作。

7 月 15 日

上海“海上通”App 正式上线试运行。陆续实现防污染作业申报、行政处罚远程办理及在线缴费等海事业务掌上办理功能。

8 月 12 日

上海出入境边防检查总站党委副书记、副总站长陈杰和总站党委委员、副总站长聂仁东参加上海市政府召开的研究当前空港口岸相关工作市长专题视频会议。上海市委副书记、市长龚正出席会议并讲话。上海市委常委、副市长、市空港管理委员会主任张为，副市长宗明出席会议。

8 月 22 日

上海市副市长、公安局局长舒庆一行到上海出入境边防检查总站调研指导工作。总站党委书记、政治委员吴长福，总站党委副书记、副总站长陈杰参加会谈，市公安局副局长祝新军、市公安局出入境管理局局长丁斐平等领导陪同调研。

8 月 22 日

上海出入境边防检查总站在洋山出入境边防检查站召开海港口岸管控工作现场会。总站党委书记、政治委员吴长福出席会议并讲话，总站党委副书记、副总站长陈杰主持会议，总站党委委员、副总站长聂仁东、程锦分别做工作部署。

8 月

上海海事局联合交通运输部天津水运工程科学研究院等 7 家单位共同完成的“基于多维感知与立体融合的主动式船舶监管关键技术研究及应用”，获 2021 年度中国航海学会科技进步奖二等奖。

9 月 1 日—2 日

交通运输部安全总监，部海事局党组书记、局长李国平在沪调研指导，充分肯定上海海事局工作成效，要求上海海事局在服务国家战略和经济社会发展中强化示范引领，在开创海事现代化发展新格局中当好开路先锋。

9 月 7 日

上海出入境边防检查总站党委委员、副总站长聂仁东参加上海市政府召开的研究上海口岸安全联合防控相关工作专题视频会议。上海市副市长宗明出席会议并讲话。

9 月 13 日

上海海事局向“鼎衡 25”轮签发“海事劳工证书”（临时）。这是上海海事局首次为辖区内中国籍国际航行船舶开展海事劳工条件检查并签发证书。

9 月 23 日

上海市副市长宗明会见上海出入境边防检查总站党委书记、政治委员吴长福和总站党委副书记、副总站长陈杰一行，并听取工作汇报。上海市政府副秘书长顾洪辉，上海市商务委副主任张杰，总站党委委员、副总站长聂仁东参加会见。

9 月 27 日

上海城市数字化转型工作领导小组办公室召开 2022 年第九次会议，研究《关于全面推进口岸数字化转型实施意见》有关事宜，常务副市长吴清、副市长宗明出席会议并做讲话。会议听取了上海市商务委的汇报，并原则同意制定该文件。

9 月 27 日

上海市“人民满意的公务员”、五一劳动奖表彰大会举行，上海机场出入境边防检查站执勤十五队被评为全国“人民满意的公务员集体”。

9 月 29 日起

上海海事局联合市交通委、市公安局开展黄浦江水域通航安全集中治理行动。

10 月 12 日

上海出入境边防检查总站党委委员、副总站长聂仁东参加上海市顶尖科学家论坛口岸交通保障工作专题会议。上海市政府副秘书长尚玉英主持会议并讲话。

10 月 13 日

上海出入境边防检查总站党委书记、政治委员、领导小组组长吴长福出席由总站牵头召开的上海口岸入境重点外国人联合审查机制领导小组会议并讲话，总站党委副书记、副总站长陈杰主持会议，另有 13 家成员单位参加会议。

10 月 21 日—11 月 10 日

上海海事局根据第五届中国国际进口博览会安保工作要求，对上海黄浦江闵行发电厂至 101# 灯浮之间水域实施分时分区的 3 个等级水上交通管控，对拟进入该区域船舶开展入沪船舶专项安全监管。

11 月 1 日

游艇登记证书“多证合一”改革试点工作在上海海事局正式实施。

11 月 2 日

“沪应-2022”危化品船舶应急处置综合演练在上海金山水域成功举行。上海海事局、市应急局等 30 余家单位参加。

11 月 3 日

时任交通运输部副部长戴东昌一行在沪督导检查第五届中国国际进口博览会交通运输服务保障工作，听取上海海事局水上安保和入沪船舶监管工作情况汇报，实地查看指导黄浦江核心区水上交通管控。

11 月 4 日

上海出入境边防检查总站党委书记、政治委员吴长福，总站党委副书记、副总站长陈杰陪同国家移民管理局党组成员、副局长曲云海到总站检查指导第五届中国国际进口博览会安保工作。

11 月 11 日

上海长江口深水航道交通管控申报平台 3.0 版正式上线，优化平台功能和管理模式，更好地支撑保障长江口深水航道安全畅通。

11 月 16 日

上海市委常委、副市长，上海海上搜救中心主任张为到上海海上搜救中心专题调研指导工作。

11月22日

交通部海事局印发《船舶能耗数据和碳强度管理办法》，授权上海海事局具体负责全国船舶能耗数据的统计、分析和验证和中国籍国际航行船舶碳强度管理有关实施工作。

11月23日

以“航运与环境：共探航运安全发展未来之路”为主题的2022北外滩国际航运论坛“安全与合作”专题论坛在沪成功举办。

11月24日

中国籍国际航行船舶能效数据和碳强度管理系统正式上线。

12月21日

《上海市船舶污染防治条例》获市人民代表大会审议通过，于2023年3月1日正式实施。该条例的出台，是以实际行动践行长江大保护战略，也是长江流域海事管理机构共同推进长三角船舶污染防治一体化的重要里程碑。

12月30日

上海出入境边防检查总站党委委员、副总站长聂仁东应邀参加2022年长三角区域警务一体化领导小组视频会议。公安部党委委员、副部长刘钊，上海、江苏、浙江、安徽三省一市公安厅（局）有关负责同志出席视频会议。

（撰稿人：李楠橹、范锋、鹿佳）

# 2022 年上海市口岸流量统计表

| 口岸类型 | | 口岸名称 | 货运量（万吨） | | | | 集装箱量（万标箱） | | | | 人员（万人次） | | | | 交通工具（辆、艘、架、列次） | | | |
|---|---|---|---|---|---|---|---|---|---|---|---|---|---|---|---|---|---|---|
| | | | 出口 | 进口 | 合计 | 同比（%） | 出口 | 进口 | 合计 | 同比（%） | 出境 | 入境 | 合计 | 同比（%） | 出境 | 入境 | 合计 | 同比（%） |
| 空运口岸 | | 上海（虹桥、浦东） | 178.9 | 118.8 | 297.8 | -20.2 | | | | | 94.2 | 69.6 | 163.8 | -20.5 | 38 607.0 | 38 762.0 | 77 369.0 | -16.5 |
| | | 分计 | | | | | | | | | | | | | | | | |
| 水运口岸 | 海港口岸 | 上海 | | | 39 862.4 | -3.9 | 1 692.9 | 1 660.0 | 3 989.6 | 0.8 | 19.5 | 22.6 | 42.1 | -3.1 | 11 037.0 | 9 574.0 | 20 611.0 | -4.4 |
| | | 分计 | | | | | | | | | | | | | | | | |
| 合计 | | | | | 40 160.2 | -4.1 | 1 692.9 | 1 660.0 | 3 989.6 | 0.8 | 113.6 | 92.3 | 205.9 | -17.3 | | | 97 980.0 | -13.9 |
| 同比（%） | | | | | | | -5.3 | 1.9 | | | | | | | | | | |

（上海市口岸办提供）

# 2022 年上海海关主要数据统计表

| 项　目 | | 2022 年 | 2021 年 | 同比（%） |
|---|---|---|---|---|
| 进出口货运量（万吨） | 合计 | 18 314.71 | 21 919.05 | -16.44 |
| | 进口 | 8 052.72 | 10 255.23 | -21.48 |
| | 出口 | 10 261.99 | 11 663.82 | -12.02 |
| 进出口贸易总值（万美元） | 合计 | 156 150 524.5 | 156 035 594.24 | 0.07 |
| | 进口 | 64 924 164.5 | 67 334 093.37 | -3.58 |
| | 其中：水路运输 | 28 069 366.52 | 30 069 903.46 | -6.65 |
| | 铁路运输 | 0 | 0 | — |
| | 公路运输 | 0 | 0 | — |
| | 航空运输 | 36 744 108.46 | 37 189 506.09 | -1.2 |
| | 邮件运输 | 18 021.86 | 26 823.96 | -32.81 |
| | 其他运输 | 92 667.65 | 47 859.86 | 93.62 |
| | 出口 | 91 226 360 | 88 701 501 | 2.85 |
| | 其中：水路运输 | 65 788 850 | 62 481 156 | 5.29 |
| | 铁路运输 | 0 | 0 | — |
| | 公路运输 | 0 | 38.413 5 | -100 |
| | 航空运输 | 25 324 367 | 25 771 180 | -1.73 |
| | 邮件运输 | 10 682.89 | 33 132.52 | -67.76 |
| | 其他运输 | 102 460.2 | 415 994.5 | -75.37 |
| 税收（亿元） | 两税合计 | 4 494.67 | 4 297.12 | 4.6 |
| | 关税入库 | 905.44 | 920.63 | -1.65 |
| | 进口环节税入库 | 3 589.23 | 3 376.49 | 6.3 |

（上海海关提供）

# 2022 年上海市口岸出入境主要数据表

| 项目 | | | 2022 年 | 2021 年 | 同比（%） |
|---|---|---|---|---|---|
| 出入境人员（人次） | 出入境人员总数 | | 2 059 408 | 2 495 475 | -17.47 |
| | 入境人员 | | 923 308 | 1 227 823 | -24.80 |
| | 出境人员 | | 1 136 100 | 1 267 652 | -10.38 |
| | 出入境旅客 | | 1 353 855 | 1 705 269 | -20.61 |
| | 出入境员工 | | 705 553 | 790 206 | -10.71 |
| | 中国公民 | 小计 | 1 595 646 | 2 012 225 | -20.70 |
| | | 内地居民（因公） | 422 232 | 440 798 | -4.21 |
| | | 内地居民（因私） | 998 013 | 1 312 511 | -23.96 |
| | | 港澳居民 | 52 469 | 72 139 | -27.27 |
| | | 台湾同胞 | 122 932 | 186 777 | -34.18 |
| | 外籍人员 | | 463 762 | 483 250 | -4.03 |
| | 从海港出入境人数 | | 421 431 | 435 096 | -3.14 |
| | 从陆港出入境人数 | | 0 | 0 | — |
| | 从空港出入境人数 | | 1 637 977 | 2 060 379 | -20.50 |
| 交通运输工具（辆、艘、架、列次） | 总计 | | 97 980 | 114 190 | -14.20 |
| | 船舶 | | 20 611 | 21 563 | -4.41 |
| | 飞机 | | 77 369 | 92 627 | -16.47 |
| | 火车 | | 0 | 0 | — |
| | 机动车辆 | | | | |

（上海出入境边防检查总站提供）

## 2022 年上海海事局进出港船舶统计汇总表

| 船舶类别 | 进港船舶 | | | | | | | 出港船舶 | | | | | | |
|---|---|---|---|---|---|---|---|---|---|---|---|---|---|---|
| | 艘数（艘次） | 总吨（吨位） | 总载重量（吨） | 载客量（客位） | 船员人数（人次） | 货物到达量（吨） | 旅客到达量（人） | 艘数（艘次） | 总吨（吨位） | 总载重量（吨） | 载客量（客位） | 船员人数（人次） | 货物发送量（吨） | 旅客发送量（人） |
| 总计 | 181 388 | 1 265 765 765 | 1 429 396 504 | 1 242 176 | 2 303 577 | 435 066 325.9 | 359 492 | 180 982 | 1 267 380 659 | 1 438 807 503 | 1 265 963 | 2 285 787 | 279 794 815.4 | 364 200 |
| 中国籍船舶 | 164 091 | 450 261 965 | 516 237 657 | 1 240 776 | 1 942 012 | 296 354 606.4 | 359 492 | 163 642 | 447 662 333 | 520 332 743 | 1 264 563 | 1 924 938 | 84 936 270.05 | 364 200 |
| 其中：外贸船 | 1 551 | 36 067 423 | 48 765 703 | 17 595 | 33 749 | 10 159 888.36 | 188 | 1 563 | 36 443 780 | 49 364 083 | 17 250 | 34 055 | 10 367 044.54 | 180 |

（上海海事局提供）

# 江苏省口岸分布示意图

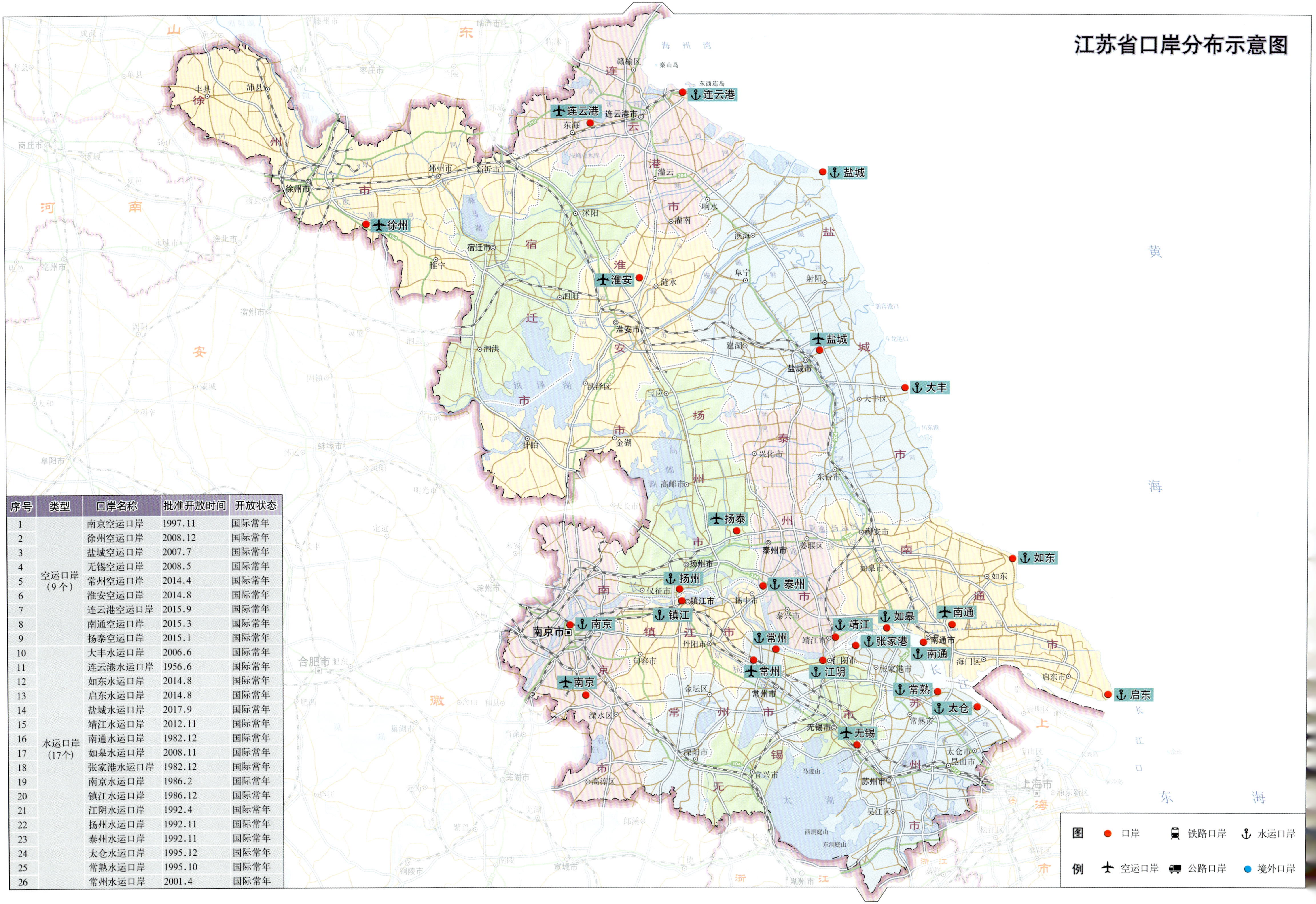


| 序号 | 类型 | 口岸名称 | 批准开放时间 | 开放状态 |
|---|---|---|---|---|
| 1 | 空运口岸（9个） | 南京空运口岸 | 1997.11 | 国际常年 |
| 2 | | 徐州空运口岸 | 2008.12 | 国际常年 |
| 3 | | 盐城空运口岸 | 2007.7 | 国际常年 |
| 4 | | 无锡空运口岸 | 2008.5 | 国际常年 |
| 5 | | 常州空运口岸 | 2014.4 | 国际常年 |
| 6 | | 淮安空运口岸 | 2014.8 | 国际常年 |
| 7 | | 连云港空运口岸 | 2015.9 | 国际常年 |
| 8 | | 南通空运口岸 | 2015.3 | 国际常年 |
| 9 | | 扬泰空运口岸 | 2015.1 | 国际常年 |
| 10 | 水运口岸（17个） | 大丰水运口岸 | 2006.6 | 国际常年 |
| 11 | | 连云港水运口岸 | 1956.6 | 国际常年 |
| 12 | | 如东水运口岸 | 2014.8 | 国际常年 |
| 13 | | 启东水运口岸 | 2014.8 | 国际常年 |
| 14 | | 盐城水运口岸 | 2017.9 | 国际常年 |
| 15 | | 靖江水运口岸 | 2012.11 | 国际常年 |
| 16 | | 南通水运口岸 | 1982.12 | 国际常年 |
| 17 | | 如皋水运口岸 | 2008.11 | 国际常年 |
| 18 | | 张家港水运口岸 | 1982.12 | 国际常年 |
| 19 | | 南京水运口岸 | 1986.2 | 国际常年 |
| 20 | | 镇江水运口岸 | 1986.12 | 国际常年 |
| 21 | | 江阴水运口岸 | 1992.4 | 国际常年 |
| 22 | | 扬州水运口岸 | 1992.11 | 国际常年 |
| 23 | | 泰州水运口岸 | 1992.11 | 国际常年 |
| 24 | | 太仓水运口岸 | 1995.12 | 国际常年 |
| 25 | | 常熟水运口岸 | 1995.10 | 国际常年 |
| 26 | | 常州水运口岸 | 2001.4 | 国际常年 |

# 江　苏　省

## 口岸数量及分布

截至2022年年底，江苏省共有经国务院批准的对外开放口岸26个。其中，空运口岸9个，分别为南京空运口岸（南京禄口国际机场）、无锡空运口岸（苏南硕放国际机场）、徐州空运口岸（徐州观音国际机场）、常州空运口岸（常州奔牛国际机场）、南通空运口岸（南通兴东国际机场）、连云港空运口岸（连云港花果山机场）、淮安空运口岸（淮安涟水国际机场）、盐城空运口岸（盐城南洋国际机场）、扬泰空运口岸（扬州泰州国际机场）；水运（海港）口岸5个，分别为如东、启东、连云港、大丰、盐城海港口岸；水运（河港）口岸12个，分别为南京、江阴、常州、张家港、太仓、常熟、南通、如皋、扬州、镇江、泰州、靖江河港口岸。

## 口岸运行数据

2022年，江苏省空运口岸出入境旅客165 090人次，同比增长4.91%；外贸货邮量87 910.56吨，同比增长11.16%。水运口岸外贸货运量53 779.63万吨，同比下降6.78%；外贸集装箱运量10 173 994.5标箱，同比增长15.20%。

2022年，江苏边检机关共检查出入境人员656 941人次，同比下降8.29%。其中，检查中国籍人员378 858人，同比下降4.25%；检查外籍人员278 083人，同比下降13.27%。检查出入境交通运输工具27 096架（艘）次，同比下降14.05%。其中，检查飞机3 020架次，同比下降28.37%；检查船舶24 076艘次，同比下降11.84%。

**2022年江苏省空运口岸出入境旅客及外贸货邮量情况表**

| | 出入境旅客（人次） | | 外贸货邮量（吨） | |
|---|---|---|---|---|
| | 自年初累计 | 同比（%） | 自年初累计 | 同比（%） |
| 全省合计 | 165 090 | 4.91 | 87 910.56 | 11.16 |
| 南京空运口岸 | 150 911 | 38.52 | 65 529.3 | 25.02 |
| 无锡空运口岸 | 1 495 | -89.19 | 14 917.1 | 2.85 |
| 徐州空运口岸 | 0 | / | 0 | -100 |
| 常州空运口岸 | 10 011 | -65.77 | 2.27 | -99.68 |
| 南通空运口岸 | 2 673 | -47.26 | 7 461.89 | -1.13 |
| 连云港空运口岸 | 0 | / | — | — |
| 淮安空运口岸 | 0 | / | 0 | -100 |
| 盐城空运口岸 | 0 | -100 | 0 | -100 |
| 扬泰空运口岸 | 0 | -100 | — | — |

备注：“/”表示无法计算，“—”表示暂未开展该业务，下同。

**2022年江苏省水运口岸外贸货运量和外贸集装箱运量情况表**

| | 外贸货运量（万吨） | | 外贸集装箱运量（标箱） | |
|---|---|---|---|---|
| | 自年初累计 | 同比（%） | 自年初累计 | 同比（%） |
| 全省合计 | 53 779.63 | -6.78 | 10 173 994.5 | 15.20 |
| 如东水运（海港）口岸 | 715.76 | -1.56 | — | — |
| 启东水运（海港）口岸 | 363.45 | -19.89 | — | — |
| 连云港水运（海港）口岸 | 13 407.24 | 3.71 | 2 879 565 | 17.58 |
| 大丰水运（海港）口岸 | 623.4 | -36.88 | 27 826 | -5.71 |
| 盐城水运（海港）口岸滨海港区 | 142 | -18.86 | — | — |
| 南京水运（河港）口岸 | 2 619.6 | -16.19 | 878 000 | -4.46 |
| 江阴水运（河港）口岸 | 6 364.04 | -4.42 | 26 821 | 21.32 |
| 常州水运（河港）口岸 | 1 149.14 | -4.74 | 122 640 | 24.39 |
| 张家港水运（河港）口岸 | 6 427.68 | -2.52 | 560 045.5 | -4.28 |
| 太仓水运（河港）口岸 | 9 736.85 | 5.73 | 4 798 523.75 | 24.17 |
| 常熟水运（河港）口岸 | 1 153.7 | -11.06 | 136 335 | -0.88 |
| 南通水运（河港）口岸 | 2 394.04 | -28.58 | 259 675.5 | -13.98 |
| 如皋水运（河港）口岸 | 894.05 | -12.09 | 60 054 | 27.43 |
| 扬州水运（河港）口岸 | 1 376.72 | 0.70 | 163 262.75 | 22.43 |
| 镇江水运（河港）口岸 | 3 947.57 | -16.55 | 151 709 | 11.33 |
| 泰州水运（河港）口岸 | 1 356.2 | -7.44 | 109 537 | 1.59 |
| 靖江水运（河港）口岸 | 1 108.19 | -20.88 | — | — |

## 口岸综合管理

**【持续扩大口岸开放，提升完善口岸功能】** 江苏省坚持服务重大发展战略和高水平开放，全省9个机场均实现了对外国籍飞机开放，沿海沿江有17个港口实现对外国籍船舶开放。2022年，新获批对外开放的码头（泊位）1批次，为连云港港徐圩港区128#、129#泊位。

2022年，江苏省口岸管理工作以习近平新时代中国特色社会主义思想为指导，深入贯彻党的二十大精神，按照省委省政府决策部署和省口岸工作领导小组工作要求，坚持“布局合理、特色鲜明、服务一流、运转高效”的发展目标，着力强化口岸运行管理，完善口岸功能布局，优化口岸营商环境，推动口岸创新发展，稳步推进平安、效能、智慧、法治、绿色“五型”口岸建设，奋力提升江苏口岸开放服务水平，积极在双循环中发挥口岸功能作用，为促进全省经济社会高质量发展提供有力支撑。

**【国际贸易“单一窗口”建设】** 2022年，按照国家口岸管理办公室和江苏省委省政府相关要求，江苏省商务厅指导江苏省电子口岸紧扣“强富美高”新江苏现代化建设总目标，突出高质量发展导向，立足推进贸易便利化改革，加快推广中国（江苏）国际贸易单一窗口标准版。持续推进江苏特色电子口岸建设，积极参与长三角国际贸易“单一窗口”合作共建。

一是高效发挥江苏“单一窗口”服务保障作用。2022年，江苏“单一窗口”标准版申报系统覆盖率继续保持100%，平台核心业务系统整体可用性始终保持在99.9%以上，对外提供“7×24小时”不间断服务，客户服务热线受理用户咨询3.43万人次。截至2022年12月31日，江苏“单一窗口”平台累计为11.95万家企业提供服务，企业通过江苏“单一窗口”累计完成各类申报超过11 848.51万票（2022年全年完成货物申报526.69万票、舱单申报423.21万票、运输工具申报39.72万票），累计为企业节省成本约6亿元。

二是加快推进江苏“单一窗口+”建设。充分发挥江苏省电子口岸外贸数据枢纽优势，加快推进江苏“单一窗口+”建设，积极创新业务发展。2022年，江苏“单一窗口”建成省级“FTA智慧应用公共服务平台”，实现“海关查验信息推送”功能，升级改造“运输工具申报系统”，推出“跨境贸易数据服务平台”，创新“通关+物流”“外贸+金融”服务模式。按照国家口岸管理办公室部署要求，江苏省电子口岸开展海运口岸通关物流全程评估系统建设工作。已完成省级平台系统建设，并同步推进连云港、盐城、南通等地方海运口岸的数据采集工作，进一步深化完善江苏“单一窗口”重点功能。

三是积极参与长三角合作共建。2022年，江苏“单一窗口”完成长三角国际贸易“单一窗口”客服工单系统对接，实现长三角地区客服工单一体化，为异地申报的江苏企业提供便利。同时，不断深化长三角国际贸易“单一窗口”合作，推进通关物流、金融服务等区域一体化项目建设，推动完善数据安全管理规范，积极探索长三角区域多维度、深广度合作。

四是进一步完善安全运维体系。根据《中国（江苏）国际贸易单一窗口数据安全管理实施细则》要求，落实数据安全技术规范与标准、数据安全管理工作规章制度，更新国产防火墙等安全设备，改善优化网络结构，不断提高数据中心基础平台安全性、稳定性。持续更新ISO 20000、ISO 27001资质证书，新增获得ISO 9001资质证书。公司门户网站及江苏“单一窗口”系统达到三级等级保护要求，江苏省电子口岸基础平台相关软硬件质量指标维护合格率和机房维护准确率均达100%，对外提供“7×24小时”不间断服务，为服务外贸企业提供了强有力的基础支撑。

## 口岸监管与服务

**【南京海关全力筑牢口岸安全防线】** 南京海关坚决贯彻习近平总书记重要指示批示精神，坚持人民至上、生命至上，构建“人、物、环境”同防、多病同防、水陆空同防的立体防控网，对国家卫生健康委员会通报的输入性确诊病例实现口岸100%拦截，落实新冠病毒感染“乙类乙管”措施，确保口岸通关平稳有序；科学规范做好进出口环节冷链食品、高风险非冷链集装箱货物新冠病毒监测检测，2022年全年预防性消毒监管货物3 251.7吨。开展“蓝天2022”专项行动，保持打击固体废物走私高压态势，监管查发固体废物1 741.1吨，打私查证各类废物876.7吨，阻截2 617.8吨固体废物。维护生态文明建设，严厉打击象牙等濒危动植物及其制品走私，查获疑似濒危物种及其制品4 573件、总重26.63吨，其中濒危仙人球百余株，象牙制品84件、3.8千克。在“国门绿盾2022”等专项行动中检出植物有害生物1 733种15.01万种次。

**【南京海关着力抓好口岸实际监管】** 2022年，南京海关监管进出境货物4.3亿吨，同比减少6.5%；监管邮递物品（不含各类快件）56.6万件，同比下降80.1%；监管邮政快件75.7万件，同比下降52.2%；监管非邮政快件0.2万件，同比下降99%；监管进出境人员75.7万人次，同比下降10.5%；监管运输工具10.8万辆（艘、架）次，同比下降2.7%；检疫出入境船舶2.3万艘、飞机0.3万架，检疫进出境人员63.3万人次。深化综合治税，全年税收入库1 952.3亿元，同比增长10.3%。卫生检疫构建口岸常态防控体系，研发“口岸卫生检疫控制系统”，对接海关旅客通关系统、地方联防联控机制“宁搏疫”系统、实验室信息管理系统等信息化系统，加强与地方联防联控的信息互通。强化口岸一线、卫生检疫实验室联合防控，增强“多病同防”能力，严防猴痘、拉沙热等疫情叠加输入；提升基因测序能力，在全国海关系统首次检出新冠病毒变异株 3 株次。动植物检疫保障进出口农产品安全，共监测取样 727 批次，送检 9 887 项次，检出不合格 10 项次；深入开展“跨境电商寄递‘异宠’综合治理”专项行动，截获“异宠”1 597只。进出口食品检验强化民生保障责任担当，在“国门守护”行动中，检出不合格食品 42 批，全年共对 23 批出口食品境外通报事件开展调查。进出口商品质量检验强化进出口危险货物及包装检验工作，检出不合格 830 批，同比增长 119%；打击出口防疫物资违法行为，查获不合格出口口罩 351 万只；退运、销毁 26.8 万件不合格消费品，8 万余件不合格医疗器械监督技术整改。加强口岸查缉，开展“国门勇士”“使命”“清邮”等专项行动，共计查获麻醉及精神类管制药物案件 150 起，查获仿真枪 7 支、非成套枪支散件 12 件、BB 弹 1.6 万发、管制刀具 182 把，查获违禁印音制品 30 083 件，在“龙腾行动 2022”中查获侵权货物 62.9 万件。聚焦重大安全生产风险，处置到港危险品货物 871 批次，保持“动态清零”无积压，涉危集装箱堆存场所（场地）清理率达 87.5%。

**【南京海关持续保持打私高压态势】** 在“国门利剑 2022”、夏季治安打击整治“百日行动”等专项打击中重拳出击，共刑事立案 201 起，案值 8.81 亿元。聚焦精准打击，查证走私重点涉税商品案件 72 起，案值 5.81 亿元。其中，查证走私成品油 7 150 吨、煤炭 1 万余吨、高速精密自动机床 2 255 台；查证走私农产品案值 1.21 亿元，查证走私白糖 1 300 余吨、香烟 5 万余条。开展打击海南离岛免税“套代购”走私专项行动，案值 2 519 万元。坚持毒品零容忍，查证甲基苯丙胺 9.8 千克、γ-羟基丁酸 332 克、LSD 邮票 220 张、大麻 51.2 克、合成大麻素 6.2 克、各类麻精药品片剂 1 087 粒、注射剂 55 支。加强反走私综合治理，突出上下游全链条打击，强化多层次、全维度合成作战，查证非设关地走私犯罪案件 11 起，案值 1.8 亿元。

**【南京海关不断优化口岸营商环境】** 扩大“船边直提”“抵港直装”覆盖范围和业务规模，进一步压缩整体通关时间，2022 年关区进口、出口整体通关时间分别为 28.66 小时、0.67 小时，较 2021 年同期分别缩短 11.22 小时、1.59 小时。协同推进监管新措施扩面增效，“联动接卸”验放货物 9.47 万标箱，同比增长 15%；开通“离港确认”模式，共计办理转关单 3.22 万票。推动长三角区域海关联合建立通关异常和疑难处置机制，全力保障江苏 1 719 家“白名单”企业通关，协助江苏 1.8 万家企业解决口岸积压问题，及时提货 2.2 万批，货值 29.36 亿元。保障粮食顺畅通关，推进自由贸易试验区进口粮食品质检验模式改革，免检粮食共 37 批；全面实施进境粮食流向更改电子化，货值 187.54 亿美元，总重3 413.08万吨。立足国内能源保供，阶段性允许氟含量超标的动力煤进口，共放行 14 批、52.9 万吨；开展铜精矿“保税混矿”业务试点工作，进口铜精矿 10.14 万吨、2.01 亿美元；对矿产品和原油实行“先放后检”模式，共放行 3 935批、1.89 亿吨、227.15 亿美元，为企业减费 3.38 亿元。

**【南京海关积极助力更高水平开放】** 保障江苏口岸开放布局进一步优化，支持连云港水运口岸、如东洋口港、启东港扩大开放，指导盐城港射阳港区、响水港区做好国家验收准备。2022 年，共参与省级验收开放码头 5 个，办理临时启用 2 个、延期临时启用 6 个，临时开放 1 个、延期临时开放 4 个。加强与共建“一带一路”国家和地区海关协作配合，中欧班列班次、货值持续增长，全年关区 23 条中欧班列共计开行 1 973 列、货值 280.02 亿元，同比分别增长 9.6%、9.5%；推广“关铁通”“铁路快速通关”便利模式，监管货物 640 标箱、5 243.95吨。支持市场采购贸易健康发展，合力打造“江苏模式”，共计出口 4.3 万票、货值 259.6 亿元，同比分别增长 67.44%、67.02%。支持口岸复开、航班调增，优化旅客通关体验，实现入境旅客无感通关。指导徐州、盐城和连云港海关规范推进国际航站区改扩建工程。

**【江苏出入境边防检查总站切实筑牢口岸查验主阵地】** 以党的二十大安保，北京冬奥会、冬残奥会，香港回归25周年等重大活动安保为工作主线，以严厉打击妨害国（边）境违法犯罪活动等为重要抓手，充分运用新兴查缉工作手段，严格加强口岸出入境询问检查和口岸限定区域管理，严密防范打击敌对势力捣乱破坏活动，从严查处各类非法出入境行为，确保口岸始终保持安全稳定，维护了良好出入境通关秩序。

**【江苏出入境边防检查总站坚决扛起疫情防控“外防输入”责任】** 严格落实疫情防控边检各项制度机制，从严执行高风险执勤岗位作战管理措施。密切跟踪国际疫情形势变化，及时优化调整总站边检勤务、民警防护两个工作指南。密切与联防联控成员单位沟通合作，固化完善工作机制，派员参加省级疫情防控各类会议30余次，提升口岸协同应对能力。积极参与江苏省水路口岸疫情防控应急预案、江苏港口口岸国际航行船舶登轮作业操作指南（第四版）研究制定工作。先后组织6批次70余名民警参加省水路口岸常态化疫情防控专项督查，全力助推口岸疫情防控政策措施落地见效。2022年，圆满完成境外滞留人员接返包机专项勤务28架次，验放旅客5 511人次，完成8 334名中国籍船员换班离船任务。

**【江苏出入境边防检查总站持续推动港口边检勤务改革】** 坚持向科技要警力，向改革要警力，整体规划、系统推进港口边检勤务改革，从打造扁平高效的勤务指挥平台，科学灵活编制警力，优化勤务组织模式，加强“滤网”、梯口智能精准管控服务等信息化系统融合应用，强化人员素质培训等多个方面入手，进一步加强港口边检管理体系化建设，不断提升港口边检机关勤务运行效能和口岸监管水平。

**【江苏出入境边防检查总站全力服务口岸开放大局】** 紧盯江苏口岸发展规划，认真做好省十三届人民代表大会五次会议代表建议和省政协十二届五次会议提案中涉及口岸开放相关内容回复工作，积极建言献策，提供边检智慧。主动对接地方经济发展，向地方党委政府提供出入境边防检查数据分析报告12期，为优化口岸营商环境提供边检参考。严格执行部省决策部署，指导南京、常州机场、无锡、南通出入境边防检查站做好国际客货运航班恢复、加密等工作，协同地方相关部门共同做好码头（泊位）临时启用工作，指导启东出入境边防检查站做好台湾渔船、小额贸易商船停泊点设置及边检管理相关工作，进一步促进口岸开放。

**【江苏出入境边防检查总站竭力保障驻地企业发展】** 认真贯彻落实国家移民管理局服务促进长三角航运枢纽建设10项措施、服务便利企业生产经营活动若干举措等政策，提供24小时全天候、零待时通关服务，全力保障船舶顺畅通行。总站创新推出的优化简化“外轮换港”“新造船舶查验”手续两项便民措施被国家移民管理局纳入全国边检机关便民利企举措。2022年，共计为2 024艘次靠泊不足24小时的国际航行船舶一次性办理入出境手续；免办国内港口移泊边检手续7 651艘次，累计缩短船舶在港时间40 840.5小时；为新造船舶出海试航简化手续，每艘船舶平均节约等待时间4至24小时。

**【江苏出入境边防检查总站不断提升为民服务质效】** 坚持“以人民为中心”理念，为因突发疾病、受伤等急需送医的73名船员快速办理离船救治手续。签发区域有效通用行政许可1 934件，开设大宗商品、鲜活产品、抗疫物资、民生物资出入境边检“快捷通道”202次。高效高质运转12367服务平台，共承接各类咨询热线3 588通，累计受理各类疑难问题和诉求事项2 283次，为人民群众提供非边检业务类有效咨询途径932次，首呼解决率98.88%，15秒接听率98.69%，有效接通满意率100%，办结率、接通率、满意率等关键指标均位列全国边检机关前列。

**【江苏海事局进一步深化口岸功能扩展】** 一是全力支持码头对外开放。会同省商务厅、海关、边检等部门指导码头对外开放，支持沿江6

个码头对外开放、6 个码头临时启用，支持启东港、如东港口岸扩大开放，协同推进南通港通州湾港区扩大开放验收工作。二是完善口岸功能建设。支持沿江港口功能优化和转型升级，保障 12.5 米深水航道后续完善工程建设，持续释放黄金水道效能。服务南京区域性航运物流中心建设，提升现代航运服务功能。支持太仓港集装箱近洋直达集散中心和远洋中转基地建设，打造集装箱干线港。服务保障南通港通州湾港区新出海口建设，支持开辟江河海联运航线。推动长江至通州湾航线纳入江海特定航线范围，争取通州湾港区河海交界水域划分为相当 A 级航区尽快获批。三是推动口岸联动发展。深化落实服务自由贸易试验区建设 10 大举措和支持自由贸易试验区联动创新发展区建设 12 项举措，推动航运创新发展经验向口岸复制推广，助力港口口岸与自由贸易试验区、联动创新发展区联动改革、联动创新、联动发展。

**【江苏海事局持续优化口岸营商环境】** 一是落实优化口岸营商环境措施。认真落实交通运输业助企纾困扶持政策，深入实施江苏海事局优化营商环境激发航运活力工作举措，协同相关部门制定《关于进一步提升全省船舶与海工装备产业竞争力的若干政策措施》。协调解决南通中远海运船务修理的美国籍“科迪亚克”轮 26 名外籍船员上下船难题，为企业成功承接 1.38 亿美元的系列外贸修船订单创造了条件。为泰州大洋海装承建的两艘 1.3 万吨化学品船协调办理“转级换旗”手续，帮助企业挽回损失近 2.2 亿元。协调查处意大利船级社涉嫌与国外船东欺诈招商局金陵重工的行为，为企业避免经济损失近 8 亿元。二是开展促进跨境贸易便利化专项行动。贯彻落实省口岸工作领导小组工作部署，印发《江苏海事局关于开展 2022 年促进跨境贸易便利化专项行动的通知》，持续优化通关流程，提升口岸信息化水平，加大便民惠企政策力度。三是优化通关监管模式。建立海事、海关船载危险货物联合查验工作机制。加强口岸监管协作，探索建立“信息互换、监管互认、执法互助”通关监管模式。巩固通关便利化成效。完善“远程+自助”政务服务模式，优化国际航行船舶进出口岸、船舶载运危险货物进出港口等审批流程，提高审批效率。深化国际航行船舶进出口岸诚信管理，实施“容缺办理”“绿色通道”“直进直靠、直离直出”等服务。

**【江苏海事局不断提升口岸信息化水平】** 一是全面应用国际贸易“单一窗口”，实施国际航行船舶进出口岸“不见面”审批和远程查验，进出口岸通过“单一窗口”受理和自主打印。积极参与长三角“单一窗口”合作共建，完善数据安全管理，支持国际航行船舶转港数据复用，助力实现长三角区域货物通关及物流状态全流程查询。二是支持江苏特色电子口岸建设，重点拓展贸易促进、防疫、监管服务等功能，实现相关业务“一站式”服务，提升口岸数字化、精细化、智能化管理水平。深化智慧口岸建设试点，开发太仓港集装箱智能选箱系统，整合海关报关数据和船载危险货物申报数据，建立船载集装箱大数据人工智能预检系统，提高事前预防和事后追查的能力。推进太仓港船舶调度综合服务系统建设，以信息共享形式，实现船舶作业全过程的动态跟踪，有效提升太仓港船舶、货物的服务能力和监管水平。三是全面运用全要素“水上大交管”智慧江海大数据管理平台，充分利用 VTS、AIS、CCTV、无人机等科技手段，深化移动执法、远程抽核、电子巡查等智慧监管模式，提高海事现场监管的信息化、精准化和立体化水平。

**【江苏海事局切实加强口岸疫情防控】** 一是认真贯彻落实省委省政府工作部署，按照以“防得住”确保“放得开”的总体防控策略，会同省有关部门修订《港口口岸非登轮作业人员防护要求》等 4 个指南，健全“1+5+4”水路口岸涉外疫情防控体系，在全国率先建立熔断机制，为水路口岸疫情防控工作提供了有力的制度保障。二是根据省政府要求，牵头船员换班省专班工作，畅通船员换班和伤病船员救助通道，协调解决换班问题 54 起，2022 年共服务保障换班船舶 1 044 次、换班船员 12 514 人次，救助伤病船员 186 人次。三是协同有关部门督促各地严格船岸船船界面管控、严格国际航行船舶污染物按照医疗废弃物处置、严格高风险岗位人员闭环管理，开展船岸界面检查 10 360 次，船船界面检查 6 771 次，对违反疫情防控要求的码头、代理、船舶等实施熔断惩戒 51 起，压紧压实四方责任。配合地方联防联控机制妥善处置国际航行船舶船员染疫突发情况 36 起，未发生一起水路疫情输入扩散事件。四是统筹做好疫情防控和保通保畅工作。2022 年，保障 5.7 亿吨煤炭、9 881 万吨石油和 LNG 等能源物资、7 023 万吨粮食等重点物资安全、高效进出港。

**【连云港海事局全方位守护水上安全】** 2022 年，共实施巡航 1 402 艘次，巡航里程 34 348海里，巡航时间 4 285.8 小时，出动执法人员 3 517 人次。组织船舶安全管理体系公司审核 315 项。查处违法违章处罚起数 488 起，金额 1 450万元，查扣证书 13 件。组织实施海上搜救行动 56 起，协调 205 艘次船舶和 13 架次飞机参与海上救助，救助遇险人员 384 人、遇险船舶 29 艘，人命救助成功率 95.49%，水上交通安全形势保持基本稳定。

**【连云港海事局切实筑牢水路疫情防线】** 加强船舶疫情防控相关信息核查和通报，严格核查国际航行船舶进口岸申请信息，口岸防控部门实现船舶异常信息共享，推动联防联控机制有效运行，2022 年以来，核查发现目的港非连云港、非中国主要港口（中国港口）、未按规定日期申报等异常情况共计 338 艘次。严格执行市水路口岸单位关于锚地搭靠业务联合审批机制，对锚地非法搭靠船舶实时监控，做好《船舶船员新冠肺炎疫情防控操作指南（十二版）》等新版疫情防控文件的宣贯工作。推动成立船员换班专班，公布换班热线，积极与地方政府和口岸单位加强协调，推动换班船员“应换快换”，伤病船员“应救快救”。全年辖区共完成换班 313 艘次，换班船员 5 128 人次，救治伤病船员 11 人，切实保障了船员的合法权益。

**【连云港海事局不断推进海事监管智能化】** 构建“陆海空天”一体化水上交通运输安全保障体系，全力构建“多维感知、全域覆盖、高效协同、智能处置”的现代化、智能化水上交通动态管控新格局。印发《连云港海事局全要素水上“大交管”建设工作方案》，加快推进全要素“水上大交管”建设，成功实现盐城 VTS 正式运行。加强科技智能系统建设应用，加快“海之翼”海事监管系统功能完善，于盐城海事局开展相关试用工作。首次运用固定翼无人机开展空中巡航工作，构建现代化水上交通安全监管体系。

**【连云港海事局进一步优化海事监管模式】** 对列入海事监管诚信名单的国际航行船舶，实施“直进直靠”“直离直出”等服务。完善船载危险货物联合查验工作机制，探索成立自由贸易试验区海事海关联合查验通关服务点，提供报关、船载危险货物申报信息咨询服务，为诚信代理开辟绿色审批通道，压缩船载危险货物审批时限。建立健全“六项机制”，保障重点物资水路运输安全畅通。针对重点物资运输船舶，实行“六优先”举措，确保进出港“零待时、零延误”。

**【连云港海事局全力支持口岸扩大开放】** 全力支持连云港港徐圩港区扩大开放和辖区新建泊位对外开放。推动连云港港徐圩港区 128#、129#泊位于2022 年8 月正式对外开放，推动盐城滨海港区 LNG 码头于 2022 年 9 月临时启用，并成功靠泊满载 21.7 万立方米液化天然气（LNG）的“阿尔卡莎米亚”（ALGHASHAMIYA）轮，刷新 3 项历史纪录（全国规模最大液化天然气储备基地在盐城投产、盐城港进船史上最大尺度船舶、盐城港首次接卸 LNG 运输船）。

**【连云港海事局积极完善海事涉企服务】** 根据《江苏省口岸工作领导小组关于印发促进跨境贸易便利化专项行动方案的通知》，开展为期 5 个月的促进跨境贸易便利化专项行动，持续优化口岸通关流程，提升口岸营商环境。完善“远程+自助”政务服务模式，对船舶登记部分事项中申请人身份信息远程校核简化流程，破除所有人因到不了现场便无法办理船舶登记的桎梏。开通船舶国籍证书、最低安全配员证书核发网上办理渠道，深度推进“不见面办理”。海事证明事项实施告知承诺制，行政相对人在办理部分海事业务时，可以按要求签署告知承诺书，视为该项证明材料已符合要求。将高速客船操作安全证书改为高速客船安全备案制度，进一步促进辖区旅游业的发展。开通船舶抵押登记信息网上在线查询通道，便利开展船舶动产担保融资。

## 开放口岸

**【南京空运口岸（南京禄口国际机场）】**南京禄口国际机场位于南京市江宁区禄口镇，在《国家“十四五”口岸发展规划》中定位为区域枢纽口岸。1997 年 7 月 1 日，机场正式通航，是中国重要的干线机场。1997 年 11 月，经国家批准对外开放。2005 年 4 月，南京禄口国际机场被世界卫生组织（WHO）评为国际卫生机场；2008 年 12 月 5 日，通过国家航空安全审计。2014 年 7 月 12 日，机场 T2 航站楼正式启用。2020 年 7 月 29 日，机场 T1 航站楼完成改造升级，正式投用，与 T2 航站楼“双楼合璧”开启新航程。机场拥有 2 座航站楼，1 条长 3 600 米、宽 45 米的跑道，1 条长 3 600 米、宽 60 米的跑道，2 条长 3 600 米、宽 45 米的滑行道，脱离跑道 6 条。飞行区等级为 4F，可起降包括 A380 在内的所有机型。设计旅客年吞吐量 3 000 万人次、货邮年吞吐量 80 万吨。南京空运口岸拥有进境植物种苗、水果、冰鲜水产品、食用水生动物共 4 个指定监管场地，已获批药品进口口岸资质。2019 年 12 月 23 日，机场宣布实现“7×24 小时”通关保障。2020 年 5 月 8 日，南京空港保税物流中心（B 型）封关运作。2022 年 1 月，启用禄口国际机场入境专用航站区。截至 2022 年年底，累计开通国际（地区）客运航线 40 条和货运航线 14 条。

2022 年，南京禄口国际机场安全保障运输航班起降 12.5 万架次，同比下降 22.2%，其中国际（地区）2 143 架次，同比下降 8.5%；旅客吞吐量 1 214.1 万人次，同比下降 31%，其中出入境旅客 15.09 万人次，同比增长 38.52%；货邮吞吐量 37.8 万吨，同比增长 5.2%，其中外贸货邮量 6.55 万吨，同比增长 25%。

南京空运口岸（南京禄口国际机场）

**【无锡空运口岸（苏南硕放国际机场）】**苏南硕放国际机场位于无锡市东南方硕放镇，距无锡市中心 16 千米，距苏州市区 25 千米，始建于 1995 年，2004 年 2 月 18 日正式开通民用航班。2006 年 1 月 26 日，获批临时对外开放，开通无锡—香港地区客运航线。2008 年 9 月 19 日，机场口岸通过国家级验收，实现口岸限制性开放，允许中国籍飞机执飞国际航线。2009 年 4 月 9 日，开通首条国际航线，由深航执飞无锡—大阪国际航线。2014 年 7 月 15 日，机场口岸获批扩大对外国籍飞机开放。2015 年 1 月 19 日，二期新航站楼全面投入运营。机场拥有 2 座航站楼，1 条长 3 200 米的跑道。飞行区等级为 4E，能够满足 B747 全载及 A340 等远程宽体客机运行。新老航站楼合计 10.6 万平方米，货站处理面积 2.6 万平方米，客货年吞吐量保障能力分别为1 000万人次和 20 万吨，硬件设施达到大型机场保障能力。无锡空运口岸拥有进境食用水生动物、冰鲜水产品共 2 个指定监管场地，已获批药品进口口岸资质。截至 2022 年年底，累计开通国际（地区）客运航线 42 条和货运航线 16 条。

2022 年，苏南硕放国际机场安全保障运输航班起降 3.76 万架次，同比下降 42.5%，其中国际（地区）358 架次，同比下降 13.1%；旅客吞吐量 376.9 万人次，同比下降 47.1%，其中出入境旅客 0.15 万人次，同比下降 89.19%；货邮吞吐量 9.80 万吨，同比下降 40.0%，其中外贸货邮量 1.49 万吨，同比增长 2.85%。

**【徐州空运口岸（徐州观音国际机场）】** 徐州观音国际机场位于徐州市东南方向睢宁县双沟镇境内，距离徐州市区 45 千米，南临 104 国道，北靠盐徐高速公路，地面交通十分便利。观音国际机场是淮海经济区的中心机场，于 1997 年 11 月 8 日正式通航，2007 年 12 月获批临时对外开放，2008 年 12 月经国务院批准正式对外开放。机场占地面积约 253.33 万平方米，拥有 2 座航站楼，分别为 T1 国际航站楼、T2 国内航站楼；1 条长 3 400 米的跑道。飞行区等级为 4D，能够起降波音 738 及以下各类型飞机。设计旅客年吞吐量 500 万人次、货邮年吞吐量 5 万吨。2022 年 11 月，T1 航站楼改扩建工程开工建设，T1 航站楼改扩建完成后将全部用于国际客运使用。2022 年 12 月 28 日，临时国际厅（国际货运站）正式开工建设。徐州空运口岸拥有进境食用水生动物、冰鲜水产品、水果共 3 个指定监管场地。截至 2022 年年底，累计开通国际（地区）客运航线 10 条和货运航线 4 条。

2022 年，徐州观音国际机场共保障各类飞行 1.89 万架次，其中运输起降 1.36 万架次，同比减少 42%；旅客吞吐量 134.7 万人次，同比减少 48.5%；货邮吞吐量 0.59 万吨，同比减少 27.9%。受疫情影响，国际（地区）航线暂停运营。

**【常州空运口岸（常州奔牛国际机场）】** 常州奔牛国际机场位于常州市新北区罗溪镇，距市中心 20 千米。1986 年 3 月 15 日，正式建成开通民航业务。2014 年 2 月 21 日，经国务院批准对外开放。机场拥有 1 座航站楼，1 条长 3 400 米的跑道，飞行区等级为 4E，可起降除空客 A380 以外的所有飞机。设计旅客年吞吐量 300 万人次、货邮年吞吐量 10 万吨。常州空运口岸拥有进境食用水生动物和冰鲜水产品共 2 个指定监管场地。截至 2022 年年底，累计开通国际（地区）客运航线 24 条和货运航线 1 条。

2022 年，常州奔牛国际机场安全保障运输航班起降 2.09 万架次，同比下降 24.05%，其中国际（地区）150 架次，同比下降 64.45%；旅客吞吐量 194.73 万人次，同比下降 33.39%，其中出入境旅客 1 万人次，同比下降 65.77%；货邮吞吐量 3.96 万吨，同比增长 21.06%，其中外贸货邮量 2.27 吨，同比下降 99.68%。

**【南通空运口岸（南通兴东国际机场）】** 南通兴东国际机场位于南通市通州区兴东街道境内，距南通市区 10 千米、上海虹桥国际机场 100 千米。在机场西南端 3.5 千米处有沪陕高速和沈海高速入口，贯通苏通大桥和崇启大桥。地面交通设施较为发达，出入机场十分便捷。机场于 1993 年正式通航，是江苏省最早通航的民用机场，也是上海周边空域条件最优的支线机场，总体定位为“上海国际航空枢纽辅助机场”。2015 年 3 月 11 日，经国务院批准对外开放。2015 年 10 月 2 日，首航韩国仁川。2016 年 7 月 22 日，“南通兴东机场”正式更名为“南通兴东国际机场”。机场拥有 3 座航站楼，1 条长 3 400 米的跑道，飞行区等级 4E，能够满足波音 747 飞机起降。设计旅客年吞吐量 500 万人次、货邮吞吐量 14 万吨。2022 年 8 月 31 日，民航华东地区管理局向江苏京东货运航空有限公司正式颁发运行合格证。10 月 28 日，由机场集团参与投资的京东航空正式投运。截至 2022 年年底，累计开通国际（地区）客运航线 12 条和货运航线 7 条。

2022 年，南通兴东国际机场安全保障各类飞机起降 2.29 万架次，同比下降 15.93%，其中国际（地区）560 架次，同比下降 6.82%；旅客吞吐量 171.86 万人次，同比下降 31.95%，其中出入境旅客 0.27 万人次，同比下降 47.26%；货邮（不含行李）吞吐量 5.43 万吨，同比增长 2.32%，其中外贸货邮量 0.75 万吨，同比下降 1.13%。

**【连云港空运口岸（连云港花果山机场）】** 连云港空运口岸原为连云港白塔埠机场，现为花果山机场。白塔埠机场是 1984 年经国家批准使用的军民合用机场，于 1985 年 3 月 26 日开航，是江苏省内第二家开航的机场。2015 年 9 月 12 日，经国务院批准对外开放，限中国籍飞机起降。2017 年 5 月 18 日，连云港白塔埠国际机场通过国家验收并正式对外开放。2021 年 4 月 25 日，国务院批复连云港航空口岸扩大开放，明确待花果山机场建成后，将白塔埠机场的口岸功能迁至花果山机场并扩大对外国籍飞机开放，同时取消白塔埠机场的口岸功能。2021 年 12 月 2 日，连云港民用航空由连云港白塔埠机场整体搬迁至连云港花果山机场运营。连云港花果山机场拥有 1 座航站楼，1 条长 2 800 米、宽 45 米的跑道，1 条长 1 800 米、宽 23 米的滑行道，垂直联络道 3 条，飞行区等级为 4D，可起降 B757-200 及同类机型。设计旅客年吞吐量 250 万人次、货邮年吞吐量 2.4 万吨。其中，航站楼国际区域面积为 8 000平方米，设计旅客年吞吐量 30 万人次，国际机位 2 个；国际货运站面积为 1 300 平方米，设计货运年吞吐量为 7 500 吨；配套海关综合办公楼 2 740 平方米，边检备勤楼 2 523 平方米，满足海关边检办公、备勤及实验室用房需求。2022 年，完成边检、海关查验设备及信息化系统项目，查验设备调试工作完成 95%以上，项目累计完成投资 4 000 万元。截至 2022 年年底，连云港花果山机场累计开通国际（地区）客运航线 3 条，通航城市为曼谷、大阪、静冈。连云港空运口岸在积极推进扩大开放验收筹备工作，国际（地区）航线暂停运营。

**【淮安空运口岸（淮安涟水国际机场）】** 淮安涟水国际机场位于淮安市涟水县陈师镇，距淮安市中心 22 千米。机场于 2010 年 9 月 26 日正式通航。2012 年 11 月，经国家口岸管理办公室批准临时开放。2014 年 8 月 10 日，经国务院批准正式对外开放。机场拥有 1 座航站楼、1 条长 2 800 米的跑道，飞行区等级为 4D，可满足 A321、B737-800 机型飞机起降要求。机场航站楼改扩建工程于 2021 年 3 月 19 日通过民航华东局行业验收。航站楼总面积 1.77 万平方米，设计旅客年吞吐量 300 万人次。货站面积 5 300 平方米，设计货邮年吞吐量 1.3 万吨。2021 年 4 月，开通了淮安经郑州空空中转至欧洲的首票国际货运出港业务；5 月，开通了淮安机场首条（淮安至河内）国际全货机航线，实现国际货运航线零的突破。截至 2022 年年底，累计开通国际（地区）客运航线 8 条和货运航线 1 条。

2022 年，淮安涟水国际机场安全保障运输航班起降 0.96 万架次，同比下降 36.4%；旅客吞吐量 80.85 万人次，同比下降 42.44%；货邮吞吐量 1.54 万吨，同比下降 21.34%。

受疫情影响，国际（地区）航线暂停运营。

**【盐城空运口岸（盐城南洋国际机场）】** 盐城南洋国际机场始建于 1958 年，系军民合用机场，位于盐城市亭湖区南洋镇境内，距市中心 8.3 千米。2000 年 3 月 29 日，正式开通民航航班。2007 年 7 月，经国务院批准对外开放。机场现有 T1、T2 两座航站楼，共 4.32 万平方米，其中 T1 航站楼 1.3 万平方米（正在改造）、T2 航站楼 3.02 万平方米（2018 年投入运营）；拥有 1 条长 2 800 米的跑道；飞行区等级 4C，机坪 15 万平方米，停机位 20 个，可保障波音 737、空客 320 等中等机型全载起降。2021 年 10 月 11 日，T1 航站楼改造工程正式开工建设。T1 航站楼改造工程以满足 2030 年国际旅客年吞吐量 34 万人次、高峰小时人数 272 人次为基础设计，改造后总建筑面积约 13 850 平方米，功能改为纯国际旅客航站楼，与 T2 航站楼发挥协同效用。截至 2022 年年底，累计开通国际（地区）客运航线 7 条货运航线 2 条。

2022 年，盐城南洋国际机场安全保障航班起降 0.95 万架次，同比下降 50.32%；旅客吞吐量 87.6 万人次，同比下降 50.06%；货邮吞吐量 0.32 万吨，同比下降 67.79%。

受疫情影响，国际（地区）航线暂停运营。

**【扬泰空运口岸（扬州泰州国际机场）】** 扬州泰州国际机场位于扬州市江都区，占地面积约 246.73 万平方米，是扬州、泰州两市共同投资合建的民用机场。机场于 2012 年 5 月正式通航，2015 年 9 月经国务院批准对外开放，2016 年 2 月升级为国际机场。机场拥有 1 座航站楼、

1条长3 200米的跑道，飞行区等级4E，可起降波音747、空中客车A340等四发远程宽体客机。设计旅客年吞吐量200万人次、货邮年吞吐量3.6万吨。机场二期扩建工程初步设计及概算于2022年11月24日获批，将新建一条3 200米的平行滑行道、约9.7万平方米的T2航站楼。该工程于2022年6月实现先导段工程开工。截至2022年年底，累计开通国际（地区）客运航线14条。

2022年，扬州泰州国际机场安全保障运输航班起降1.41万架次，同比下降27.01%；旅客吞吐量139.4万人次，同比下降37.29%。

受疫情影响，国际（地区）航线暂停运营。

**【如东水运（海港）口岸】** 如东港位于江苏东部江海交汇处，地处长三角北翼，距南京约300千米、上海120千米，位于上海一个半小时经济圈，陆路距苏通大桥70千米、崇启大桥84千米、沪苏通长江公铁大桥86千米，海上距上海港约150千米。随着“一带一路”建设和“长江经济带”“长三角一体化”“江苏沿海开发”等重要战略全面实施，如东洋口港以独特的区位优势、强有力的发展态势开启了江苏出江入海的新通道，成为集石油化工、能源开发、装备制造、仓储物流、建筑新材料产业等为一体的多元化产业型港口。

2014年8月，国务院正式批复同意如东洋口港对外开放，对外开放岸线共6 910米、15个泊位，2015年11月17日通过国家验收。同时10万吨级LNG码头、万吨级重件码头正式对外开放。2016年，洋口港5 000吨级液体化工码头通过国家验收，正式对外开放。2022年6月8日，国家口岸管理办公室印发2021—2022年度口岸开放审理计划的通知，如东洋口港水运口岸扩大开放列入其中。

2022年，如东港实现货物吞吐量783.81万吨，实现外贸运量715.76万吨。其中，接卸LNG船舶81艘，接卸量707.5万吨，外输天然气98.37亿立方米。

**【启东水运（海港）口岸】** 启东港位于江苏东部、长江下游入海口，地处长江、黄海、东海“T”形结合部，由沿海吕四港区和沿江启海港区两部分组成。港区与临海高等级公路、崇启大桥、沪陕高速、336省道、宁启铁路等相连成网，是承接江海联运和水陆联运的重要枢纽，具备良好的货物集疏运条件。启东水运口岸与上海相距仅50多千米，有崇启大桥与之相连，直接纳入上海1小时经济圈。2014年8月10日，启东水运口岸经国务院批准为对外开放口岸。截至2022年年底，共有各类开放码头7座、开放泊位15个，均为业主码头。2022年6月8日，国家口岸管理办公室印发2021—2022年度口岸开放审理计划的通知，启东港水运口岸吕四港区和启海港区列入其中。

2022年，启东海港口岸完成外贸货运量363.45万吨，同比下降19.89%；国际航行船舶进出启东港口岸406艘次，同比增长25.70%。

**【连云港水运（海港）口岸】** 连云港港地处我国沿海中部，江苏省东北部、黄海海州湾西南岸。港口始建于1933年，1956年对外国籍船舶开放，1973年开始大规模建设。经过多年的建设与发展，连云港港现已成为全国沿海25个主要港口、12个区域性主枢纽港，长三角地区7个国家级综合运输枢纽之一。港口依托独特的区位优势，成为苏北、鲁南及中西部地区最便捷的出海口岸，对外贸易和交通运输的重要通道，是亚欧大陆间国际集装箱水陆联运的重要中转港口。连云港海港口岸南联长三角，北接渤海湾，隔海东临东北亚，西连中西部地区以至中亚，是“沟通东西、连接南北”的重要战略枢纽。以郑州为起点，中西部到连云港，铁路运距比到青岛近500千米，比到日照近300千米，比到上海近480千米。从连云港经陆桥运输到欧洲，相比原有的陆上运输通道缩短了2 000千米运距，比绕道印度洋和苏伊士运河的水运距离缩短了1万千米。连云港海港口岸是江苏最早对外开放的口岸。截至2022年年底，连云港海港口岸拥有69个开放性生产泊位，两翼赣榆、徐圩、灌河港区实现对外开放。口岸大通关效率全国领先，口岸功能延伸至中西部及中亚主要地区。

2022 年，连云港港累计完成货物吞吐量 30 019.03万吨，同比增长 8.34%，其中外贸货运量完成 13 407.24 万吨；集装箱完成 556.83 万标箱，同比增长 10.59%，其中外贸集装箱运量 287.96 万标箱，同比增长 17.58%。

**【大丰水运（海港）口岸】** 大丰海港口岸位于江苏 1 040 千米海岸线港口空白带的中心位置，利用此海域特有的潮汐通道“西洋深槽”建设深水码头，“西洋深槽”水深稳定，15 米等深线宽 3 至 4 千米、长 55 千米，与外海深水贯通，可进出 10 万吨级船舶。大丰港区位优势明显，集疏运体系完善，是交通运输部规划填补沿海港口空白带的项目，是江苏省沿海重点建设的三大港口之一。2006 年 6 月 13 日获国务院批准为对外开放口岸，2007 年 9 月 20 日正式对外开放。

截至 2022 年年底，大丰港已建成海港泊位 19 个，其中5 000吨级泊位 7 个、1 万吨级泊位 3 个、5 万吨级泊位 4 个、10 万吨级泊位 5 个；已开通至韩国仁川港、釜山港的国际集装箱班轮航线，至日本的门司港、博多港航线，至俄罗斯的木材航线，与中国台湾基隆港直航，可经上海港、宁波港中转至世界各大港口的国际航线，并开辟了大丰港至宁波港、上海港、青岛港、连云港港、华南（泉州、厦门、南沙）、周口、蚌埠、凤阳、山东济宁、太仓、重庆的集装箱班轮航线以及至营口的汽车滚装航线。

2022 年，大丰港完成货物吞吐量 8 470.16 万吨，同比增长 19.87%，其中外贸货运量 623.4 万吨，同比下降 36.88%；集装箱吞吐量 52.65 万标箱，同比增长 40.16%，其中外贸集装箱运量 2.78 万标箱，同比下降 5.71%。

随着海洋生物、风电新能源、汽车相关产业的迅猛发展，以及盐城港一体化，预计到 2025 年大丰港吞吐量将达到 1 亿吨，集装箱 100 万标箱。“十四五”期间，为应对港区进出港传统货物和新兴货种增长需求，大丰港已启动了新一轮的港口码头建设计划，重点是码头大型化、专业化和仓储中转堆存能力提升。预计到 2025 年年底，大丰港将新增海港生产性泊位 7 个，其中 5 万吨级以上泊位 6 个，最大可靠泊 15 万吨级。

**【盐城水运（海港）口岸】** 盐城海港口岸滨海港区位于黄海之滨，是淮河流域最直接出海门户，地处江苏东部沿海最凸出岸段，港口 10 米等深线距岸 2 千米、15 米等深线距岸 3.95 千米，均为江苏沿海距岸最近点，是江苏沿海建设 10 万~15 万吨级航道码头条件最好、投资最省的深水港址；20 米等深线距岸 43 千米，建设 20 万~30 万吨级航道码头的条件在江苏沿海的比较优势非常突出。2020 年 10 月，江苏省政府正式批复滨海港区总体规划，滨海港 20 万吨级航道、30 万吨级码头工程建设取得规划支撑。港区规划岸线 13.1 千米，其中深水岸线 7 千米，规划泊位 78 个，设计年吞吐能力可达 2 亿吨。2017 年 9 月 7 日，国务院正式批复同意滨海港区对外开放；2020 年 9 月 3 日，滨海港区对外开放口岸正式通过国家验收。

近年来，盐城港滨海港区依托深水良港、多式联运、资源富集等独特优势，已建成 10 万吨级为主的码头泊位 7 个，综合通过能力约 4 800 万吨。已完成开放的泊位 3 个，分别为盐城港北区通用码头 1#泊位、国电投煤炭码头 1#和 2#卸船泊位。2022 年 9 月 26 日，中海油江苏滨海 LNG 专用码头成功完成临开申请并接卸首船液化天然气。随着 20 万吨级航道防波堤一期工程、滨海港区铁路专用线、滨淮高速、海河联运作业区码头等工程加快建设，港区集疏运体系日益完善，“十四五”期间，港口开发争取形成以 20 万吨级航道和 30 万吨级泊位为龙头、5 万~10 万吨级泊位为主体，以千吨级内河码头为支撑的总体格局。

2022 年，盐城海港口岸滨海港区完成货物吞吐量 1 745 万吨，同比增长 45.42%，其中外贸货运量 142 万吨，同比下降 18.86%，外贸货种主要为煤炭、镍铁、木片和液化天然气，主要来自印度尼西亚、俄罗斯、菲律宾、越南、卡塔尔、澳大利亚等国家。

**【南京水运（河港）口岸】** 南京港地处长

江下游，距吴淞口 360 余千米，港辖区沿长江两岸分布，南岸全长 104.2 千米，北岸全长 91.0 千米，航道维护水深至 2018 年已达 12.5 米，满足 5 万吨级海轮可直达南京港、10 万吨级海轮也可减载抵达。南京港是我国沿海 25 个主枢纽港之一。1986 年 3 月，经全国人民代表大会常委会批准，南京港对外国籍船舶开放。截至 2022 年年底，南京港（长江港口）共有生产性泊位 201 个，年通过能力 2.15 亿吨，接靠国际航行船舶的正式开放泊位达 58 个。南京河港口岸有近洋航线 3 条，其中日本线每周 5 班、韩国线每周 4 班、越南泰国线每周 1 班。外贸内支线 3 条，其中，外高桥方向和洋山方向每周合计 60 班，宁波方向每周 5 班。

2022 年，南京河港口岸完成外贸货运量 2 619.6万吨，同比下降 16.19%；外贸集装箱运量 87.8 万标箱，同比下降 4.46%。

**【江阴水运（河港）口岸】** 江阴港东距上海 180 千米，西至南京 204 千米，沿江深水岸线长达 35 千米，处于长江 A、B 级航道分界点，是江海河联运、水公铁换装的天然良港，也是无锡地区唯一的出海通道。1992 年 5 月 20 日，江阴港经国务院批准为对外开放口岸。2009 年，江阴港跨入亿吨级大港行列。

2022 年，江阴港完成货物吞吐量 3.51 亿吨，同比增长 3.86%，其中外贸货运量 6 364.04 万吨，同比下降 4.42%；集装箱吞吐量 53 万标箱，同比下降 12.41%，其中外贸集装箱运量 2.68 万标箱，同比增长 21.32%；进出口货值 141.22 亿美元，同比下降 19%；进出国际航行船舶 3 409 艘次，同比下降 17.89%。

**【常州水运（河港）口岸】** 常州港位于常州市新北区境内，长江南岸，北隔长江与泰兴相望，上距南京长江大桥 167 千米，下至上海吴淞口 180 千米。2001 年 4 月，经国务院批准对外国籍船舶开放。常州河港口岸拥有较完善的开放配套设施和良好的口岸通关服务环境，是长江下游地区重要的集疏运进出口通道。截至 2022 年年底，港口已建成并实现对外开放的万吨级长江深水泊位 10 个。其中，集装箱专用泊位 2 个，年可接卸集装箱超过 35 万标箱；液体化工品专用泊位 3 个，可接卸液体化工品种类 50 多个；散货及件杂货泊位 5 个，最大的散杂货泊位达 10 万吨级。

2022 年，常州河港口岸进出境船舶 727 艘次，同比下降 9.69%；货物吞吐量 4 672.26 万吨，同比下降 10.17%，其中外贸货运量1 149.14 万吨，同比下降 4.74%；集装箱吞吐量 31.23 万标箱，同比下降 12.12%，其中外贸集装箱运量 12.26 万标箱，同比增长 24.39%。同年，常州港—日本直航集装箱班轮运行 49 个航次，完成集装箱运量 13 530 标箱。

**【张家港水运（河港）口岸】** 张家港港东距上海吴淞口 146.5 千米，西离南京港 219.4 千米，南与杭嘉湖地区相连，北通苏北各港；港口面江、傍河、通海，具有水水中转优势；可承接钢材、木材、化工品、粮油、煤炭、集装箱、件杂货等不同货种的中转储运。随着全省大交通格局的形成，港口陆路运输网络不断健全，自港口出发，1 小时车程可覆盖苏州、无锡、常州、南通，2 小时车程可到达上海、南京、杭州。港口岸线西起长山，东至东沙，全长 80.4 千米，其中主江岸线 63.6 千米、深水岸线约 40 千米。岸线顺通，深水贴岸，不冻不淤，并有江心福姜沙作天然屏障，是得天独厚的避风良港。港口年平均气温 15.2℃，相对湿度 76%，每秒风力 3.8 米，属亚热带海洋性气候。作为苏州、无锡、常州地区对外开放的重要门户，港口拥有富庶的经济腹地和区港一体的自然条件，是长江内河流域最早对外开放的水运口岸。截至 2022 年年底，张家港口岸建有泊位 146 个，已拥有对外开放泊位为 86 个，其中万吨级对外开放泊位 74 个。8 月底，保税港务开通 1 条张家港—釜山—符拉迪沃斯托克（海参崴）集装箱航线。张家港口岸已开辟集装箱班轮航线 41 条，其中外贸近洋航线 8 条、外贸内支线 21 条、内贸航线 12 条。

2022 年，张家港港完成货物吞吐量 2.44 亿吨，同比下降5.28%，其中外贸货运量6 427.68万吨，同比下降2.52%；外贸集装箱运量56万标箱，同比下降4.28%；进出国际航行船舶5 764艘次。

**【太仓水运（河港）口岸】** 太仓港位于江苏省东南部、长江入海口南岸，距上海、苏州市区均约60千米，是长江黄金水道和黄金海岸的"T"形交汇点，具有通江达海的区位优势，港口距离长江入海口引航锚地68海里。太仓港是郑和七下西洋起锚地，地处长江和沿海交汇处，拥有38.8千米长江岸线和12.5米深水航道，其中深水岸线约25千米，是难得的天然良港，太仓港距吴淞口仅13海里，是长江入海口最近的港口。港区范围内岸线基本平直且边滩稳定，不冻不淤，深水区开阔、稳定，能满足5万吨级船舶回转水域要求，10万或20万吨级散货船和第五第六代集装箱船乘潮或减载进出，具备建设集装箱枢纽港的各种条件，是长江下游地区最佳港址之一。自1992年开发建设以来，先后被国家定位为上海国际航运中心重要组成部分、集装箱干线港、江海联运中转枢纽港。太仓港共规划港口岸线28.20千米，分为鹿河、新泾、荡茜、浮桥、茜泾5个作业区，主要功能为：重点服务于长三角及长江沿线地区，以集装箱干线运输和铁矿石、煤炭中转运输为主，相应开展石油化工品中转储运，并兼顾临港产业开发。截至2022年年底，太仓港已建成投运各类码头泊位96个（万吨级以上泊位40个），其中集装箱泊位14个，设计年通过能力1.79亿吨、635万标箱，形成了集装箱、件杂货、干散货、液体化工、装备制造5大作业区。

2022年，太仓港完成货物吞吐量2.66亿吨，同比增长9.1%，其中外贸货运量9 736.85万吨，同比增长5.73%；集装箱吞吐量802.59万标箱，同比增长14%，其中外贸集装箱运量479.85万标箱，同比增长24.17%。从货物种类看，太仓港口岸以煤炭、金属矿石、集装箱为主，其中金属矿石吞吐量6 971.1万吨，同比增长15.2%。

太仓水运（河港）口岸

**【常熟水运（河港）口岸】** 常熟港位于苏州市北部长江南岸，地处我国长江经济带与东部沿海经济带的两条主轴线"T"形结构的交汇处、长江三角洲区域一体化发展和长江经济带建设的重要地带，东倚上海、南连苏州、西邻无锡、北与南通隔江相望，拥有32.1千米长江主江堤岸线、总长16.5千米的进港专用航道。1995年10月，常熟水运口岸经国务院批准为对外开放口岸；1996年11月，正式对外国籍船舶开放。常熟港以散货、件杂货、集装箱运输为主，共有开放码头经营企业12家，建有对外开放泊位26个，其中万吨级以上泊位17个，是长三角区域重要的钢材进出口中转基地和华东地区重要的纸浆集散基地和物流中心。2022年，钢材、纸浆、化工原料、煤炭、石油天然气及制品、矿物性建材6大类货物总吞吐量占全港总吞吐量的93.1%以上。

2022年，常熟港完成货物吞吐量6 351.9万吨，同比下降2.80%，其中外贸货运量1 153.7万吨，同比下降11.06%；集装箱吞吐量20.86万标箱，同比增长0.03%，其中外贸货物集装箱运量13.63万标箱，同比下降0.88%。

**【南通水运（河港）口岸】** 南通港地处长江和沿海"T"形经济发展带的交汇点上，是我国发展综合运输的沿海主枢纽港、上海国际航运中心北翼的重要组成部分，1982年经国家批准对外开放，现与世界上100多个国家和地区的300多个港口通航。2022年1月，南通通常港务进境粮食指定监管场地获海关总署批复；5月，南通港扩大开放水域、岸线、航道、锚地范围获相关部门批准同意；6月，如东洋口港、启东港口岸扩大开放被列入国家口岸管理办公室的2021—2022年度口岸开放审理计划；6月和12月，吕四“2+2”码头开放临时启用延期获批。

2022年，南通港完成货物吞吐量28 507.7万吨，同比下降7.6%，其中外贸货运量2 394.04万吨，同比下降28.58%；集装箱吞吐量224万标箱，同比增长10.5%，其中外贸集装箱运量25.97万标箱，同比下降13.98%。全年出入境（港）国际航行船舶3 656艘次，同比下降17.04%。其中，进口岸1 768艘次，同比下降16.84%；出口岸1 888艘次，同比下降17.23%。

**【如皋水运（河港）口岸】** 如皋港位于长江三角洲北翼“长寿之乡”如皋市最南端，与张家港隔江相望，距上游江阴港36千米、南京港200千米，距下游南通港24千米、上海港120千米，距离入海口223千米。如皋港现有长江岸线48千米，其中深水岸线约17.56千米、人工港池岸线14.20千米。截至2022年年底，共有已开放泊位25个，其中公用泊位10个（散杂货泊位6个，集装箱、件杂货泊位4个）、化工品泊位5个、舾装泊位8个、专用材料泊位2个。2022年度，口岸未发生一例疫情输入，相关水域全年未发生一般及以上等级事故，人命救助率100%。

2022年，如皋河港口岸外贸货运量894.05万吨，同比下降12.09%；外贸集装箱运量6.01万标箱，同比增长27.43%。如皋港危化品吞吐量主要来源于阳鸿石化等4家石化企业，全年危化品外贸吞吐量227.04万吨，同比增长1.78%；集装箱量60.08万标箱，同比增长4.47%，其中外贸箱量6万标箱，同比增长27.43%。

**【扬州水运（河港）口岸】** 扬州港位于江苏中部、长江下游北岸、江淮平原南端，地处长江和京杭大运河交汇处。扬州从唐朝开始成为我国对外贸易和国际交往的重要城市，是国务院第一批命名的历史文化名城。扬州是上海经济圈和南京都市圈的节点城市，向南接纳苏南、上海等地区经济辐射，向北作为开发苏北的前沿阵地和传导区域。京杭大运河与长江在扬州南部汇流，构成市域航道主骨，形成了便捷的疏港通道，是长江北岸重要的交通枢纽和货物集散中心。1992年11月29日，扬州水运口岸经国务院批准对外开放。

扬州境内长江岸线有81千米，其中开放岸线近70千米。扬州水运口岸布局为“一港三区”，主港区为六圩港区，江都港区、仪征港区分列两翼，具有广阔的经济腹地和江海河联运的区位优势，共有各类码头泊位121个，其中万吨级以上泊位71个，开放泊位30个。六圩港区以集装箱运输为主，兼顾木材、煤炭、铁矿石、风叶等大宗散货；江都港区距扬州市区36千米，以件杂货为主；仪征港区距扬州市区29千米，是以液体化工为主的专业港区，近年来，港区后方扬州化学工业园区迅速崛起，众多大型化工项目落户园区。

扬州水运口岸已与全球50个国家和地区的120个港口有货物中转往来，每周有30多个航班从扬州至上海外贸集装箱支线运输，40多个航班从事内贸集装箱支干线运输，为江苏苏北、苏中地区从“运河经济”迈向“江海经济”架起了金桥。

2022年，扬州港口货物吞吐量1.32亿吨，同比增长1.09%，其中外贸货运量1 376.72万吨，同比增长0.7%；集装箱吞吐量60.91万标箱，同比下降3.50%，其中外贸集装箱运量16.33万标箱，同比增长22.43%。

**【镇江水运（河港）口岸】** 镇江港位于长江与京杭运河两条黄金水道的十字交汇处，上距南京87千米，下距长江入海口279千米。1986年，镇江水运口岸经国务院批准对外开放，是我国沿海25个主要港口和海峡两岸海上直航大陆63个港口之一，是国家主枢纽港、长江三角洲地区重要的对外开放口岸。镇江市规划港口岸线总长126千米，其中深水港口岸线75千米。截至2022年年底，已利用港口岸线43千米，其中深水岸线32千米。

镇江水运口岸包括高资、龙门、谏壁、大港、扬中、高桥、新民洲7个港区，主要经营矿石、钢材、木材、纸浆、成品纸、水泥、焦炭、元明粉、化工品、油类、沥青、硫黄、化肥、煤炭、肉类等散杂货及集装箱业务，是长江中上游地区大宗物资江海中转效益最佳区段，具有江海直达和海江河转运的区位优势。12.5米水深航道已具备通航能力，5万吨级船舶可常年通航，具备深水码头成片规模开发建设的条件，具有持续发展的广阔空间。镇江港与沪宁城际铁路、京沪高速铁路等铁路主干线相连接，沪宁高速、扬溧高速、沿江高速、312国道、104国道等公路主干线连接各大港区，润扬大桥连接大江南北，泰州长江公路大桥穿越镇江港扬中港区，五峰山长江大桥全面贯通江苏南北中轴公铁线。港口距南京禄口国际机场仅1小时车程，集疏运条件畅通便捷，是多种运输方式交汇的中转枢纽港和物流中心港。

截至2022年年底，镇江水运口岸共有对外开放泊位53个，万吨级以上泊位41个，设计年吞吐能力达8 700万吨，其中集装箱通过能力达100万标箱。已与世界上70多个国家和地区的近300个港口建立外贸运输业务，建有镇江综合保税区、中国镇江外轮代理有限公司公用型保税仓库、江苏润华物流有限公司公用型保税仓库、江苏扬子公路沥青有限公司沥青专用型保税仓库等特殊监管区域和保税监管场所；拥有5个海关指定监管场地，其中3个进境粮食指定监管场地、1个进境肉类指定监管场地、1个进境原木指定监管场地。

2022年，镇江河港口岸完成外贸货运量3 947.57万吨，同比下降16.55%；外贸集装箱运量15.17万标箱，同比增长11.33%。

**【泰州水运（河港）口岸】** 泰州水运口岸地处江苏中部、长江下游北岸，是长江中上游西部地区物资中转运输的重要口岸，是江海河联运、铁公水中转、内外贸运输的节点，是上海组合港中的配套港、国际集装箱运输的支线港和喂给港。泰州水运口岸于1992年11月经国务院批准设立，原隶属扬州口岸运行。2001年8月，随着泰州各口岸查验机构的设立，泰州水运口岸经过批准单列运行。

泰州水运口岸以泰州港高港、泰兴两个港区为主体，共有长江岸线45.38千米，已全线对外开放，常年通航靠泊万吨级海轮，与世界上60多个国家和地区的70多个港口有运输往来，可承接钢材、木材、化工品、粮油、煤炭、集装箱、件杂货等不同货种的中转储运，是全国木材、钢材、粮油、化工品等货物的重要中转港和国际贸易商港。

2022年，泰州港完成货物吞吐量1.27亿吨，同比增长5%，其中外贸货运量1 356.2万吨，同比下降7.44%；集装箱吞吐量32.7万标箱，同比增长2.12%，其中外贸集装箱运量10.95万标箱，同比增长1.59%。

**【靖江水运（河港）口岸】** 靖江水运口岸地处长江下游北岸，上海与南京中间地段，江苏沿海与沿江经济带“T”形交汇处，地理位置优越，拥有开放岸线47.78千米，其中宜港岸线40.1千米，分夹港、八圩、新港3个作业区，规划泊位数达110个，总通过能力达2.1亿吨。靖江水运口岸于2012年11月经国务院批准设立，2013年8月通过国家口岸管理办公室组织的验收后正式对外开放，现有对外开放码头15个共34个万吨级以上泊位，其中盈利港务、龙威粮油港务分别获批设立了进境原木指定监管场地、进境粮食指定监管场地，口岸形成了船舶修造、粮食、木材、能源、金属、矿石6大产业。2021年，靖江保税物流中心（B型）正式封关运作。

靖江水运口岸管理服务体系完善。靖江海关、靖江出入境边防检查站、靖江海事处、长江引航中心靖江引航站、长江靖江航道管理处等机构齐全，全面实施了长三角区域通关一体化改革。2022年，靖江水运口岸进口、出口整体通关时间分别为30.17小时、0.24小时，较2017年分别压缩88.8%、95.16%。

2022年，靖江河港口岸进出境船舶1 019艘次，同比下降 3.3%；船员 19 092 人次，同比下降 7%；完成外贸货运量 1 108.19 万吨，同比下降 20.88%。

## 2022 年江苏省口岸大事记

1 月 5 日

苏南硕放国际机场无锡综合保税区直通货站正式挂牌成立，该货站是无锡市空港与综合保税区联动发展的重要载体，通过空陆联程运输，能缩短货物降落到运抵企业 50%的时间。

1 月 6 日

南京禄口国际机场启用入境专用航站区承接国际（地区）高风险国际航班，并恢复“7·20”疫情后首条国际货运航线。

1 月 19 日

南京禄口国际机场承接首架央企接返人员国际入境包机，保障旅客 201 人。全年共保障央企包机、“减停撤转”包机、留学生包机、复工复产包机等共 35 架次，保障人数 7 022 人次。

1 月

常州奔牛国际机场获评“2019—2021 年度江苏省文明单位”，获 2021 年度深航“优秀代理单位、最佳运行效率”奖。

3 月 14 日

常州奔牛国际机场航站区改扩建工程可行性研究报告（代项目建议书）获得省发展和改革委员会批复。

3 月

常州奔牛国际机场获评“2021 年度省属企业宣传思想工作先进集体”。

5 月 11 日

连云港至俄罗斯东方港专线首航测试成功。

5 月 19 日

南京禄口国际机场恢复首班国际入境定班客运航线，为新加坡酷虎航空执飞的南京至新加坡往返航线。

6 月 5 日

连云港港开通直航秘鲁滚装航线。

6 月 15 日

淮安涟水国际机场三期改扩建工程开工，该项目总投资 42 亿元，分为货站国际区改造、航站区工程、飞行区工程 3 个项目，分别立项、同步推进。

6 月 19 日

“无锡—大阪”国际货运航线正式开航。

7 月 13 日

南京至越南的近洋集装箱班轮开通。

7 月 27 日

苏南硕放国际机场离境退税代办点正式开工建设，截至 2022 年年底建设完成。

8 月 17 日

连云港港 30 万吨级航道二期工程徐圩航道顺利通过交工验收，连云港港 30 万吨级航道全面建成。

8 月 31 日

张家港水运口岸新开辟张家港—釜山—符拉迪沃斯托克（海参崴）近洋航线。

9 月 26 日

中海油江苏滨海 LNG 专用码头成功接卸首船液化天然气，标志着国内规模最大的液化天然气储备基地实现投产。

9 月

江苏省首个船载危险货物进出口岸安全监管海关海事联防联控合作机制在泰州建立。

10 月 13 日

常州奔牛国际机场数据共享运行管理系统上线试运行。

10 月 20 日

常州奔牛国际机场航站区改扩建先行工程圆满完成。

10 月 20 日

连云港花果山机场与天津航空公司在连云港机场空港国际酒店举行战略合作协议签约仪式。

11 月 11 日

徐州观音国际机场组织召开 T1 航站楼改扩建工程第一阶段“百日会战”启动会。11 月 18 日，徐州观音国际机场 T1 航站楼改扩建工程开工建设。

11 月 17 日

连云港港联合 RANDAR LLC 船公司首开黑海航线。

11 月 18 日

无锡—东京定期国际客运航班正式复航。

11 月 28 日

滨海港区至南非德班港国际直达汽车滚装首条航线开启。

11 月

江阴跨境贸易便利化综合服务平台全面上线运行，涉及口岸通关、港口物流协同、外贸综合服务、港口数字化等领域。

12 月 28 日

徐州观音国际机场临时国际厅（国际货运站）正式开工建设。

12 月 28 日

苏南硕放国际机场举行 DHL 快递无锡口岸落成仪式。目前，DHL 快递已开通无锡—德国莱比锡直航货运航班，助力长三角企业货物加速跨境“出海”。

（撰稿人：王永忠、梁东晨、叶晴、蒋苏婕、陈长彬）

# 2022 年江苏省口岸流量统计表

| 口岸类型 | 口岸名称 | 货运量（万吨） | | | | 集装箱量（万标箱） | | | | 人员（万人次） | | | | 交通工具（辆、艘、架、列次） | | | |
|---|---|---|---|---|---|---|---|---|---|---|---|---|---|---|---|---|---|
| | | 出口 | 进口 | 合计 | 同比（%） | 出口 | 进口 | 合计 | 同比（%） | 出境 | 入境 | 合计 | 同比（%） | 出境 | 入境 | 合计 | 同比（%） |
| 空运口岸 | 南京 | | | 6.55 | 25.02 | | | | | | | 15.09 | 38.52 | | | | |
| | 无锡 | | | 1.49 | 2.85 | | | | | | | 0.15 | -89.19 | | | | |
| | 徐州 | | | 0 | -100 | | | | | | | 0 | / | | | | |
| | 常州 | | | 0.000 2 | -99.68 | | | | | | | 1.00 | -65.77 | | | | |
| | 南通 | | | 0.75 | -1.13 | | | | | | | 0.27 | -47.26 | | | | |
| | 连云港 | | | — | — | | | | | | | 0 | / | | | | |
| | 淮安 | | | 0 | -100 | | | | | | | 0 | / | | | | |
| | 盐城 | | | 0 | -100 | | | | | | | 0 | -100 | | | | |
| | 扬泰 | | | — | — | | | | | | | 0 | -100 | | | | |
| | 分计 | | | 8.79 | 11.16 | | | | | | | 16.51 | 4.91 | | | | |
| 水运口岸 海港口岸 | 如东 | | | 715.76 | -1.56 | | | — | — | | | | | | | | |
| | 启东 | | | 363.45 | -19.89 | | | — | — | | | | | | | | |
| | 连云港 | | | 13 407.24 | 3.71 | | | 287.96 | 17.58 | | | | | | | | |
| | 大丰 | | | 623.4 | -36.88 | | | 2.78 | -5.71 | | | | | | | | |
| | 盐城 | | | 142 | -18.86 | | | — | — | | | | | | | | |
| | 分计 | | | 15 251.85 | -6.25 | | | 290.74 | 17.3 | | | | | | | | |

续表

| 口岸类型 | | 口岸名称 | 货运量（万吨） | | | | 集装箱量（万标箱） | | | | 人员（万人次） | | | | 交通工具（辆、艘、架、列次） | | | |
|---|---|---|---|---|---|---|---|---|---|---|---|---|---|---|---|---|---|---|
| | | | 出口 | 进口 | 合计 | 同比（%） | 出口 | 进口 | 合计 | 同比（%） | 出境 | 入境 | 合计 | 同比（%） | 出境 | 入境 | 合计 | 同比（%） |
| 水运口岸 | 河港口岸 | 南京 | | | 2 619.6 | -16.19 | | | 87.8 | -4.46 | | | | | | | | |
| | | 江阴 | | | 6 364.04 | -4.42 | | | 2.68 | 21.32 | | | | | | | | |
| | | 常州 | | | 1 149.14 | -4.74 | | | 12.26 | 24.39 | | | | | | | | |
| | | 张家港 | | | 6 427.68 | -2.52 | | | 56.00 | -4.28 | | | | | | | | |
| | | 太仓 | | | 9 736.85 | 5.73 | | | 479.85 | 24.17 | | | | | | | | |
| | | 常熟 | | | 1 153.7 | -11.06 | | | 13.63 | -0.88 | | | | | | | | |
| | | 南通 | | | 2 394.04 | -28.58 | | | 25.97 | -13.98 | | | | | | | | |
| | | 如皋 | | | 894.05 | -12.09 | | | 6.01 | 27.43 | | | | | | | | |
| | | 扬州 | | | 1 376.72 | 0.70 | | | 16.33 | 22.43 | | | | | | | | |
| | | 镇江 | | | 3 947.57 | -16.55 | | | 15.17 | 11.33 | | | | | | | | |
| | | 泰州 | | | 1 356.2 | -7.44 | | | 10.95 | 1.59 | | | | | | | | |
| | | 靖江 | | | 1 108.19 | -20.88 | | | — | — | | | | | | | | |
| | | 分计 | | | 38 527.78 | -6.99 | | | 726.66 | 14.38 | | | | | | | | |
| 合计 | | | | | 53 788.42 | | | | 1017.40 | | | | 16.51 | | | | | |
| 同比（%） | | | | | -6.75 | | | | 15.20 | | | | 4.91 | | | | | |

备注："/"表示无法计算，"—"表示暂未开展该业务。

（江苏省商务厅提供）

# 2022 年南京海关主要数据统计表

| 项　目 | | 2022 年 | 2021 年 | 同比（%） |
| --- | --- | --- | --- | --- |
| 进出口货运量（万吨） | 合计 | 43 380. 73 | 46 383. 10 | -6. 5 |
| | 进口 | 36 076. 08 | 38 792. 00 | -7. 0 |
| | 出口 | 7 304. 65 | 7 591. 10 | -3. 8 |
| 进出口贸易总值（万美元） | 合计 | 81 775 385. 34 | 80 387 804. 27 | 1. 7 |
| | 进口 | 29 516 168. 31 | 30 279 411. 18 | -2. 5 |
| | 其中：江、海运输 | 16 126 856. 48 | 16 101 008. 80 | 0. 2 |
| | 铁路运输 | 193 544. 92 | 221 611. 19 | -12. 7 |
| | 汽车运输 | 932 426. 65 | 1 371 431. 59 | -32. 0 |
| | 航空运输 | 12 255 612. 30 | 12 573 815. 89 | -2. 5 |
| | 邮件运输 | 3 917. 27 | 5 775. 24 | -32. 2 |
| | 其他运输 | 3 810. 70 | 5 768. 48 | -33. 9 |
| | 出口 | 52 259 217. 03 | 50 108 393. 09 | 4. 3 |
| | 其中：江、海运输 | 37 024 307. 98 | 34 376 981. 47 | 7. 7 |
| | 铁路运输 | 660 835. 68 | 684 572. 08 | -3. 5 |
| | 汽车运输 | 1 742 966. 58 | 2 555 273. 15 | -31. 8 |
| | 航空运输 | 12 419 178. 67 | 12 368 571. 18 | 0. 4 |
| | 邮件运输 | 1 204. 64 | 4 848. 05 | -75. 2 |
| | 其他运输 | 410 723. 48 | 118 147. 17 | 247. 6 |
| 税收（万元） | 两税合计 | 19 522 778. 55 | 17 702 833. 51 | 10. 3 |
| | 关税入库 | 2 243 477. 01 | 2 300 395. 57 | -2. 5 |
| | 进口环节税入库 | 17 279 301. 54 | 15 402 437. 94 | 12. 2 |

（南京海关提供）

# 2022年江苏省口岸出入境主要数据表

| 项　目 | | | 2022年 | 2021年 | 同比（%） |
|---|---|---|---|---|---|
| 出入境人员（人次） | 出入境人员总数 | | 656 941 | 716 303 | -8.29 |
| | 入境人员 | | 316 985 | 344 060 | -7.87 |
| | 出境人员 | | 339 956 | 372 243 | -8.67 |
| | 出入境旅客 | | 165 092 | 157 363 | 4.91 |
| | 出入境员工 | | 491 849 | 558 940 | -12.00 |
| | 中国公民 | 小计 | 378 858 | 395 673 | -4.25 |
| | | 内地居民（因公） | 228 516 | 244 519 | -6.54 |
| | | 内地居民（因私） | 139 293 | 141 774 | -1.75 |
| | | 港澳居民 | 6 813 | 5 639 | 20.82 |
| | | 台湾同胞 | 4 236 | 3 744 | 13.14 |
| | 外籍人员 | | 278 083 | 320 627 | -13.27 |
| | 从海港出入境人数 | | 468 420 | 529 185 | -11.48 |
| | 从陆港出入境人数 | | | | |
| | 从空港出入境人数 | | 188 521 | 187 119 | 0.75 |
| 交通运输工具（辆、艘、架、列次） | 总计 | | 27 096 | 31 525 | -14.05 |
| | 船舶 | | 24 076 | 27 309 | -11.84 |
| | 飞机 | | 3 020 | 4 216 | -28.37 |
| | 火车 | | 0 | 0 | |
| | 机动车辆 | | 0 | 0 | |

（江苏出入境边防检查总站提供）

## 2022 年江苏海事局进出港船舶统计汇总表

| 船舶类别 | 进港船舶 | | | | | | | 出港船舶 | | | | | | |
|---|---|---|---|---|---|---|---|---|---|---|---|---|---|---|
| | 艘数（艘） | 总吨（吨位） | 总载重量（吨） | 载客量（客位） | 船员人数（人次） | 货物到达量（吨） | 旅客到达量（人） | 艘数（艘） | 总吨（吨位） | 总载重量（吨） | 载客量（客位） | 船员人数（人次） | 货物发送量（吨） | 旅客发送量（人） |
| 总计 | 1 021 455 | 1 045 647 554 | 1 457 444 656 | 17 341 522 | 7 879 856 | 1 424 562 522 | 16 683 138 | 1 020 154 | 1 044 847 452 | 1 456 012 583 | 16 583 048 | 7 855 514 | 1 434 597 878 | 16 721 234 |
| 中国籍船舶 | 1 008 233 | 722 144 302 | 910 603 138 | 17 341 522 | 7 642 157 | 1 139 987 410 | 16 683 138 | 1 006 945 | 721 347 441 | 909 198 131 | 16 583 048 | 7 617 913 | 1 387 169 164 | 16 721 234 |
| 其中：外贸船 | 2 496 | 29 490 752 | 44 986 432 | 0 | 37 440 | 37 445 254 | 0 | 2 489 | 29 488 745 | 44 978 452 | 0 | 37 129 | 10 075 214 | 0 |

（江苏海事局提供）

## 2022 年连云港海事局进出港船舶统计汇总表

| 船舶类别 | 进港船舶 | | | | | | | 出港船舶 | | | | | | |
|---|---|---|---|---|---|---|---|---|---|---|---|---|---|---|
| | 艘数（艘） | 总吨（吨位） | 总载重量（吨） | 载客量（客位） | 船员人数（人次） | 货物到达量（吨） | 旅客到达量（人） | 艘数（艘） | 总吨（吨位） | 总载重量（吨） | 载客量（客位） | 船员人数（人次） | 货物发送量（吨） | 旅客发送量（人） |
| 总计 | 76 993 | 292 278 242 | 419 114 071 | 24 226 | 701 348 | 246 353 764. 2 | 14 523 | 77 186 | 294 276 608 | 421 541 513 | 25 071 | 704 978 | 100 074 039 | 19 499 |
| 中国籍船舶 | 72 924 | 167 667 376 | 223 045 843 | 24 226 | 622 587 | 110 407 614. 2 | 14 523 | 73 076 | 168 656 356 | 223 757 558 | 25 071 | 625 298 | 61 201 349. 71 | 19 499 |
| 其中：外贸船 | 293 | 6 608 549 | 8 378 046 | 0 | 6 619 | 6 039 640. 58 | 0 | 302 | 7 017 975 | 8 589 233 | 0 | 6 928 | 1 428 407. 05 | 0 |

（连云港事局提供）

# 浙　江　省

# 浙江省口岸分布示意图

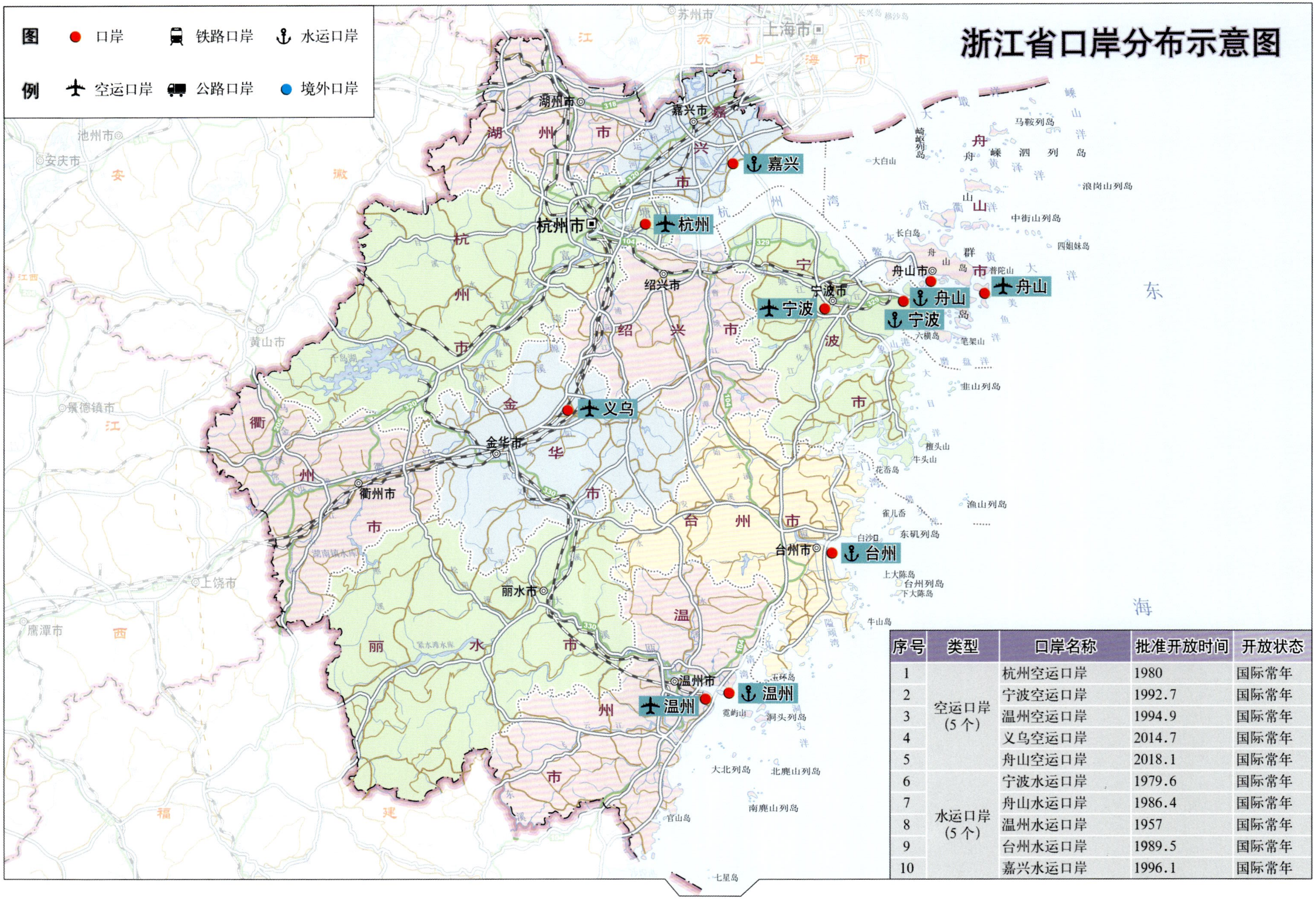


| 序号 | 类型 | 口岸名称 | 批准开放时间 | 开放状态 |
|---|---|---|---|---|
| 1 | 空运口岸（5个） | 杭州空运口岸 | 1980 | 国际常年 |
| 2 | | 宁波空运口岸 | 1992.7 | 国际常年 |
| 3 | | 温州空运口岸 | 1994.9 | 国际常年 |
| 4 | | 义乌空运口岸 | 2014.7 | 国际常年 |
| 5 | | 舟山空运口岸 | 2018.1 | 国际常年 |
| 6 | 水运口岸（5个） | 宁波水运口岸 | 1979.6 | 国际常年 |
| 7 | | 舟山水运口岸 | 1986.4 | 国际常年 |
| 8 | | 温州水运口岸 | 1957 | 国际常年 |
| 9 | | 台州水运口岸 | 1989.5 | 国际常年 |
| 10 | | 嘉兴水运口岸 | 1996.1 | 国际常年 |

## 口岸数量及分布

截至2022年年底，浙江省共有经国务院批准的对外开放口岸10个。其中，空运口岸5个，分别为杭州空运口岸（杭州萧山国际机场）、宁波空运口岸（宁波栎社国际机场）、温州空运口岸（温州龙湾国际机场）、义乌空运口岸（义乌国际机场）和舟山空运口岸（舟山普陀山机场）；水运（海港）口岸5个，分别为宁波、舟山、温州、台州和嘉兴海港口岸。

## 口岸运行数据

2022年，浙江省空运口岸（舟山除外）共完成出入境旅客36.1万人次，同比增长13.99%；出入境飞机10 330架次，同比下降15.8%；进出口货邮量18.08万吨，同比下降20.86%。其中，杭州空运口岸完成出入境旅客32.44万人次、出入境飞机7 478架次、进出口货邮量13.85万吨，同比分别增长28.37%、下降19.04%、22.55%；宁波空运口岸完成出入境旅客2.45万人次、出入境飞机1 711架次、进出口货邮量3.46万吨，同比分别下降47.6%、19.6%、21.63%；温州空运口岸完成出入境旅客1.0749万人次、出入境飞机667架次、进出口货邮量5 166吨，同比分别下降8.21%、增长220.67%、增长1 692.51%；义乌空运口岸完成出入境旅客1 347人次、出入境飞机474架次、进出口货邮量2 490吨，同比分别下降74.3%、41.98%、51.66%。

2022年，浙江省水运（海港）口岸共完成进出口货运量59 138.23万吨，同比增长6.03%；进出口集装箱2 738.83万标箱，同比增长6.54%；入出境船舶29 749艘次，同比增长7.52%。其中，宁波海港口岸完成进出口货运量37 994.4万吨、进出口集装箱2 547.4万标箱、入出境船舶10 696艘次，同比分别增长3.2%、增长5.2%、下降1.0%；舟山海港口岸完成进出口货运量18 223.99万吨、进出口集装箱79.4万标箱、入出境船舶15 377艘次，同比分别增长13.04%、42%、11.11%；温州海港口岸完成进出口货运量439.02万吨、进出口集装箱43.77万标箱、入出境船舶1 571艘次，同比分别增长79.61%、43.86%、49.48%；台州海港口岸完成进出口货运量1 082.33万吨、进出口集装箱20.31万标箱、入出境船舶614艘次，同比分别下降5.59%、增长14.16%、增长3.19%；嘉兴海港口岸完成进出口货运量1 398.49万吨、进出口集装箱47.95万标箱、入出境船舶1 491艘次，同比分别下降2.74%、增长6.13%、增长7.9%。

2022年，义乌铁路口岸（临）往返运行“义新欧”中欧班列1 569列，同比增长22.87%；发运129 334标箱，同比增长22.83%。

**2022年浙江省外贸进出口值统计表**

| | 进出口值（亿元） | 出口值（亿元） | 进口值（亿元） | 同比（%） | | |
|---|---|---|---|---|---|---|
| | | | | 进出口 | 出口 | 进口 |
| 全省合计 | 46 836.56 | 34 325.37 | 12 511.19 | 13.08 | 13.97 | 10.73 |
| 杭州市 | 7 564.81 | 5 140.65 | 2 424.16 | 2.73 | 10.64 | -10.79 |
| 宁波市 | 12 671.26 | 8 230.59 | 4 440.67 | 6.32 | 7.98 | 3.39 |
| 温州市 | 2 949.55 | 2 502.00 | 447.55 | 22.35 | 22.92 | 19.27 |
| 湖州市 | 1 629.57 | 1 500.13 | 129.44 | 9.29 | 10.62 | -4.03 |
| 嘉兴市 | 4 399.99 | 3 213.08 | 1 186.92 | 16.25 | 14.73 | 20.60 |
| 绍兴市 | 3 691.93 | 3 408.98 | 282.96 | 23.34 | 23.67 | 19.51 |

续表

| | 进出口值（亿元） | 出口值（亿元） | 进口值（亿元） | 同比（%） | | |
|---|---|---|---|---|---|---|
| | | | | 进出口 | 出口 | 进口 |
| 金华市 | 6 838.74 | 5 956.57 | 882.17 | 16.32 | 11.84 | 59.40 |
| 衢州市 | 612.51 | 401.93 | 210.59 | 24.32 | 27.28 | 19.05 |
| 舟山市 | 3 381.78 | 1 155.50 | 2 226.28 | 43.55 | 49.00 | 40.88 |
| 台州市 | 2 771.84 | 2 526.69 | 245.15 | 15.50 | 15.01 | 20.89 |
| 丽水市 | 324.57 | 289.26 | 35.32 | -1.35 | 0.75 | -15.72 |

（杭州海关提供）

## 口岸综合管理

**【聚焦重点口岸开放取得新突破】** 水运（海港）口岸方面，2022 年浙江省共验收启用 7 家企业码头、11 个泊位、3 个船坞，实现重点项目临时开放 22 批次。其中，嘉兴口岸创新式一次通过验收开放 9 个泊位，大幅提升了嘉兴港 80%的外贸吞吐能力。尤其是，2022 年 7 月，国务院批复同意舟山口岸 5 个港区、6 个项目扩大开放。浙江省委书记袁家军、省长王浩第一时间做出指示批示。浙江省口岸办按照“一次性建成通过国家验收”要求，高标准推进口岸扩大开放验收工作，批复后一周内即完成开放项目的情况摸排，8 月底组织省级专项督查，反馈整改 36 个问题，9 月中旬组织通过预验收，10 月 21 日正式向国家口岸管理办公室提请国家正式验收，将原则上 3 年完成的准备工作，于 3 个月内完成。2022 年，宁波舟山港完成货物吞吐量 12.61 亿吨，同比增长 3.1%，连续 14 年位居全球第一；完成集装箱吞吐量 3 335 万标箱，同比增长 7.3%，继续位居全球第三；集装箱航线增至 300 条，其中“一带一路”航线达 120 条。陆路（铁路）口岸方面，持续开发“义新欧”特色班列，深化金融服务创新，新开通至意大利米兰、荷兰芬洛、土耳其德柯伊线路，境外线路增至 22 条，总共辐射欧亚大陆 50 多个国家和地区的 160 多个城市，中老班列实现每周常态化开行。2022 年，浙江“义新欧”中欧班列开行 2 269 列，同比增长 19.17%；发运 186 364 标箱，同比增长 18.6%。其中，义乌平台开行 1 569 列，同比增长 22.87%，发运 129 334 标箱，同比增长 22.83%；金华平台开行 700 列，同比增长 11.6%，发运 57 030 标箱，同比增长 10.2%。

**【空运口岸国际航线引导培育跃升新台阶】** 2022 年，浙江省口岸办数十次协调省财政厅、省交通运输厅、杭州市政府、省机场集团等有关单位，指导完善专项资金申报材料，理顺审核把关程序和机制，切实研究解决历史疑难问题，累计审核拨付航线培育补助 15.7 亿元，引导培育力度走在全国前列。持续推动全省机场国际地区客货运航班逐步有序恢复，累计运营定期国际地区客运通航点 24 个，国际地区货运航线 30 条。保障杭州萧山国际机场 T4 航站楼投入使用，为杭州亚运会提前做好准备工作。同时，积极协调推进国际航线培育新政策的制定，在优化原有措施、加大培育力度外，将政策覆盖面从杭州航空口岸扩大到全省航空口岸。相应措施吸收到浙江省政府第 103 次常务会议通过的《民航运输企业纾困解难若干措施》中，并以办公厅名义发文实施。上门调研走访 12 家客货运航空公司，梳理出 26 条困难和建议，报送省领导决策参阅。

**【强化数据服务能力构建跨境贸易数字生态】** 一是探索外贸实时数据分析。深入挖掘国际贸易“单一窗口”平台数据实时性、真实性优势，在全国首创多维度分析模型，快速反应浙江省外贸发展变化趋势，多次为省领导决策提供数据依据。二是以海关总署向浙江省开放通关数据和企业服务集成端口，同意浙江省先行先试为契机，着力构建更高水平的跨境贸易数字生态。2022 年

3月，召开全省口岸工作领导小组会议，29家共建单位签署了建设责任状。已对接10家试点企业，累计申报单量超8.4万票。“外贸+金融”服务不断升级，与30家金融机构开展合作，银行平均放款时间由12天降至1天，授信申请成功率提升80%。2022年，累计为中小外贸企业提供融资超50亿元，实现线上结汇近1 400亿美元。三是“通关+e物流”查询功能持续优化，强化与交通节点业务协同。实现了通关物流状态一指查询，同时进一步牵引出查验预警、截港预警等服务，使用主体超过6.4万人，访问数量达26.8万次，企业反响较好。截至2022年年底，浙江“单一窗口”服务企业用户累计超34万家，居全国第一，申报单量累计超16亿票，居全国第二，帮助企业节约通关成本超50亿元。

**【持续优化口岸营商环境】** 一是顺利完成2022年度跨境贸易便利化专项行动。在杭州、宁波开展为期5个月的促进跨境贸易便利化专项行动，支持杭州营商环境创新试点城市建设，确保浙江省口岸营商环境水平持续走在全国前列。二是继续优化口岸进出口环节作业流程。全面推广进出口货物“提前申报”“两步申报”“船边直提”“抵港直装”等通关作业模式，实施船代免到场登临、收发货人免到场查验等通关便利化措施。开展“离港确认”模式试点，将理货、订舱、转关申报由“串联作业”优化为“并联作业”，节省货物在口岸等待办理转关时间2天以上；推出铁路“快速通关”业务，缩减铁路运输货物整体运行时间1~2天。宁波创新“检疫鉴定一体化”工作模式，平均单船可节省待泊时间3小时以上。三是推进铁路、公路、水路、航空等运输环节信息对接共享，实现运力信息可查、货物全程实时追踪，提升多式联运便利化水平。四是积极保障RCEP贸易便利化措施落地实施，降低企业通关成本。推动《清理规范海运口岸收费行动方案》落实，规范简化收费项目。协调浙江省海港集团出台《宁波舟山港关于实施助企纾困措施的公告》，实施延长外贸进口重箱免堆期、免收部分多式联运出口集装箱库场使用费及港外堆场暂落费减半等7条港口惠企措施，惠企金额近2 000万元。集装箱合规最低成本进口1 292.5元、出口1 441.1元，在全国九大海运口岸中均为最低。

**【口岸基础设施、配套设施建设】** 2022年9月22日，杭州机场三期工程投运。该工程是浙江迄今最大的机场建设项目、浙江省大通道建设十大标志性项目、杭州亚运会重要基础配套项目。新建建筑面积150万平方米，主要建设内容包括新航站楼、交通中心、滑行道、东区货站、能源中心等。其中，新航站楼总面积72万平方米，是原有3座航站楼面积总和的2倍；交通中心总建筑面积48万平方米，包含地铁、快线、巴士等多种交通方式，真正实现空公铁零换乘，是全国换乘最便捷的机场综合交通枢纽之一；配套的能源中心项目拥有亚洲机场中单机规模最大、最先进的分布式能源系统，一次能源综合利用效率在90%以上，每年可节约近6 000吨标准煤，减排约3.15万吨二氧化碳。2022年10月，宁波机场完成2号航站楼国际入境航班相关区域改造。2022年3月15日，温州机场国际候机楼过渡改造工程通过竣工验收，并于4月29日完成移交。9月7日，温州机场三期扩建项目预可研报告取得国家民用航空局行业意见批复，并在10月9日报送国家发展和改革委员会审核。三期扩建工程完成后，温州机场将成为双跑道、多航站楼、空轨联程的大型国际机场。温州机场综合交通中心，外幕墙玻璃、铝板及遮阳板施工基本完成，综合体交通功能部分基本完成，室外南侧停车场及东侧道路完成并开放。舟山机场国际航站楼位于国内航站楼南侧，设计建筑面积6 550平方米，总高度16米，于2019年4月启动建设。截至2022年年底，包括因出入境防疫需要新增的全部航空口岸基础设施建设基本完成。

2022年，宁波穿山、梅山、大榭等深水港区建设提速，梅山港区千万箱级集装箱泊位群雏形初现，协同推进数字化改革与智慧港口建设，梅山港区全域智能化集装箱码头加快建设。舟山六横LNG接收站配套码头等一批重大项目完成港口规划调整和岸线审批，其中铁矿石储运基地、小洋山北集装箱码头、沈家湾 LNG 接收站二期项目顺利开工。新建成海港中奥、华泰石油、甬舟集装箱等 4 个 15 万吨级泊位；新增虾峙门口外 30 万吨级扩建等 3 条高等级航道。温州加快推进乐清湾港区扩大开放，进一步完善口岸查验配套设施，认真落实口岸开放监管所需机构和办公场所，乐清湾港区海洋经济产业配套服务中心建成投用；避风锚地调整方案已报浙江海事局审核通过；初步确定引航检疫锚地近期和远期调整计划；建成乐清湾港区地方岸线清除溢油应急设备库；完成 VTS 海事雷达站项目踏勘、选址工作，并启动建设。状元岙港区进境肉类、水果指定监管场地改造加速推进，已进场施工。台州头门港区 1#、2#、3#泊位，龙门港区 1#、2#泊位和健跳港区 5 万吨级干船坞、5 000兼靠 3 万吨级码头基础设施、口岸查验设施、视频监控等均已建成，查验单位办公场所、配套设施等符合相关要求，3 个港区均能满足国际航行船舶靠泊和生产需要。完成大麦屿港区查验基础设施的建设和提升，能够满足港区安全生产、船舶靠港、货物查验等要求，大麦屿港区 3 万吨级多用途码头对外启用。

**【浙江国际贸易“单一窗口”建设】** 2022 年，浙江“单一窗口”牢牢把握全省数字化改革工作主线，通过横向关联国际贸易监管单位和政府部门、纵向关联国际贸易链条上下游企业，以解决企业痛点和难点为出发点和落脚点，迭代升级特色应用，持续推进口岸领域数字化改革。

一是依托浙江“单一窗口”向浙江省企业提供服务集成接口和部分参数试点，助力企业实现数字化转型。2021 年 12 月 31 日，国家口岸管理办公室下发《国家口岸管理办公室关于开展国际贸易“单一窗口”部分服务试点工作的通知》，同意在浙江先行先试，通过浙江“单一窗口”向浙江省企业试点提供服务集成接口和部分参数。浙江电子口岸通过推动企业与浙江“单一窗口”的数据贯通、丰富业务申报参数查询维度、支持企业个性化需求定制开发等，向企业提供个性化接口服务，助力企业提升数字化水平，提高业务申报效率，提升满意度，增强获得感。2022 年 3 月 1 日至 12 月 31 日，共有 10 家试点企业开展货物申报实单申报约 11.5 万票，通过企业自身管理软件直接对接“单一窗口”进行货物申报，大幅降低企业报关操作时间。据初步测算，平均每票报关单从录入到申报由 5 分钟压缩至 0.5 分钟以内，每票业务至少节约 4.5 分钟。此外，因无须手工录入，节省了人力成本，降低申报错误率，提高了企业效能。

二是建设杭州国际航空物流公共信息平台。围绕杭州萧山国际机场货物和运输工具进出口，依托浙江“单一窗口”建设，深入开展数字化改革，实现多跨场景协同，为航空物流企业提供覆盖通关物流全流程的一站式公共服务。该平台将全面促进杭州空运口岸航空物流全链条信息集成，加强各类市场主体之间信息互通，实现通关、物流协同办理，显著提升企业业务办理便利化水平，提高物流作业效率，降低物流成本。同时，满足海关、民航等管理部门的监管需要，提高口岸监管执法效率。该平台建设将推进杭州空港国际物流信息化和贸易便利化，提升监管服务能力水平，提升口岸治理能力，进一步优化营商环境，助力杭州完成国家营商环境创新试点工作任务。2022 年已完成航空物流跟踪接入浙江“单一窗口”中“通关+e 物流”服务，以及货物一件事大部分功能建设和运输工具一件事业务功能梳理。该平台建成后，将普惠杭州空运口岸进出口企业、航空货运代理企业和报关代理企业。通过该项目建设，加强与空运口岸的数据融合和业务协同作业，为亚运会物资顺畅进出保驾护航。

三是建设运维“义新欧”中欧班列数字服务平台。在 2020 年开展“单一窗口”铁路运输试点的基础上，持续推动浙江“单一窗口”与铁路运输相关系统互联互通，加强与口岸监管部门、铁路部门、班列运营平台、作业场站和重点企业的联动，实现 9 类数据共享交换，支持金华和义乌平台开展班列数字化应用建设，有效提升班列运行主体间的协同效率。2022 年保障了超 2 200

列“义新欧”班列的顺利开行。同时，强化系统迭代升级和经验总结，将相关建设经验推广到台州、绍兴、衢州等地。此外，平台可通过集装箱号关联浙江“单一窗口”申报数据，根据指运港、运抵国构建基于里程数据的运费校验模型，与班列平台公司申报的补贴数据进行比对验证，提升了“义新欧”班列政策补贴的精准度，助力“义新欧”班列实现高质量发展。

四是依托浙江“单一窗口”数据，拓展“外贸+金融”服务。依托浙江“单一窗口”多年来沉淀的数据，积极推进浙江“单一窗口”与政府部门、企业和相关机构等对接，逐步培育和构建集交易、结算、通关、物流、金融、风险控制、品质管理、信息交流于一体的数字化、全链条跨境贸易生态圈；推行“外贸+金融”服务模式，提供更加便利的融资担保、保险理赔、支付结算等，为企业提供更好更全的服务。已对接30家金融机构，累计为中小外贸企业提供融资超60亿元，实现线上结汇超1 400亿美元。

截至2022年年底，共有注册用户34.6万家（含宁波），累计申报总单量超16亿票（含宁波）。2022年，货物申报7 472 033票；舱单申报52 389 569票；运输工具申报331 785票；原产地证申领2 016 965票；许可证件申领35 594票；企业资质办理138 777票；接听热线电话4.9万通；维护企业微信群48个，为企业答疑5.2万次。持续增加运维保障投入，确保系统高质量运维服务，平台全年“7×24小时”高效稳定运行，可用性超过99.9%，成功支持和保障党的二十大期间重保任务，“6·18”“双十一”等活动，用户满意度测评连续8年超90%。

2022年，组织“线上+线下”业务培训近52场，覆盖浙江省企业2 837余家。在巩固浙江“单一窗口”建设成果的基础上，进一步加强浙江“单一窗口”在全国的复制推广工作，主要拓展江西全省“单一窗口”的建设工作，累计为江西省1 000余家企业提供跨境产业链服务，同时为江西省进出口企业以及跨境电商企业提供5 000余万单的业务申报服务；承建了江西景德镇跨境电商综合试验区项目，完成了平台信息化系统部署及企业业务申报工作。

2022年，结合网络安全等级保护2.0的基本要求，全面加强浙江“单一窗口”有关系统的安全管理，严格落实《国际贸易“单一窗口”数据安全管理办法》，全面梳理数据采集、保存、使用、共享、传输和清理等环节，完善对数据的闭环管理，在定期组织网络安全教育培训和自查自纠的基础上，加大网络安全应急演练力度，组织各类应急演练40余次。浙江“单一窗口”顺利通过年度网络安全三级等保测评，顺利完成党的二十大、北京冬奥会和世界互联网大会等重大活动网络安全重保任务，并通过了公安部和浙江省公安厅等各级网络安全主管部门组织的系列网络安全攻防演练。

**【中国（杭州）跨境电子商务综合试验区建设】** 下城园区是杭州市拱墅区数字经济产业园的核心园区，以跨境电商和数字经济产业为主导，2022年招引企业93家，注册金额19.2亿元。园区拥有浙江省大数据通关服务平台浙江电子口岸，为进出口企业提供申报、信息查询、口岸业务代办等综合服务，帮助企业打通跨境电商“关、检、汇、税、商、物、融”之间的信息壁垒；拥有外贸综合服务企业“融易通”、跨境物流服务商泛远、日晟等多功能服务平台，为跨境电商企业在物流、结算、通关、退税等提供成套服务。园区海关统筹调配监管人力资源，落实数字化监管手段，开通咨询热线、线上联络群等服务渠道，保障跨境电商出口商品24小时顺畅通关，最大化提升企业通关效率。

下沙园区2022年实现跨境出口83亿元、跨境进口74亿元。一是创新提能，深挖发展新增潜力。创新进口超期退货商品“上链赋码”。经海关总署批准对“跨境零售进口超30日退换货开展探索，实施探索进口退货商品“上链赋码”项目，构建流程监控体系，创建目标打造“跨境电商进口退货中心”，项目投用后杭州综合保税区的进口退货商品监管能力由每月5万件升至30万件。拓展品类合规存储。发文出台跨境电商进口酒类、香水香氛、喷雾美妆等商品试点文件，支持跨境电商进口零售业务发展，做大业务规模。二是加强宣传，提高产业发展氛围。举办钱塘区“品牌出海”宣介会，鼓励企业做大做强。联合《杭州日报》举办“新大航海时代全球跨境电商品牌出海大会”活动，助力钱塘区迈入跨境电商品牌出海新阶段，共同开启品牌出海黄金时代。在浙江省商务厅的支持下当选省跨境电商产业联盟第一届轮值主席单位，参与首届数字贸易博览会——全球跨境电商直播峰会活动，营造活动氛围。三是深挖潜力，打造跨电省市级园区。参评浙江省商务厅组织的2022—2024年度省级跨境电子商务产业园，成功入选39个省级园区序列。杭州跨境电商供应链产业园成功入选12个杭州市综试办组织认定的2022年度中国（杭州）跨境电子商务综合试验区跨境电商品牌出海基地。钱塘区跨境电商产业发展荣获2022年度杭州市综试办考评卓有成效第一序列档次。出台钱塘“领飞计划”跨境电商专项政策，进一步优化资源配置，提升开放能级。四是持续深化，建设跨电人才生态圈。4月2日，跨境电商学院2022年招生启动仪式顺利举办，依托学院与杭州市自贸委、浙江工商大学进一步深化合作，以高起点、高标准定位，遴选浙江省内优秀高校学子，通过跨境研习营、跨境大讲堂等形式，开辟课堂理论学习与企业实践直联的通道，共同致力于打造杭州乃至全国跨境电商的人才输出高地。11月，会同浙江工商大学跨境电商学院和浙江经贸职业技术学院联合举办第四届跨境电商人才双选会活动，促进政、校、企三方合作，构建支持跨境电商产业发展的良好生态圈。

2022年，空港园区完成传统保税业务监管货值27 979.85万美元，同比增长231.91%；完成跨境出口10.4亿美元，为稳住外贸基本盘做出重要贡献。完成保税一线进出口7.21亿元，同比增长221.0%，其中进口4.26亿元，同比增长108.9%；出口2.95亿元，同比增长1 389.1%。一是党建工作不断取得新突破。园区坚持以党的政治建设为统领，以学习宣传贯彻党的二十大精神为主线，始终坚持思想教育和业务提升“两手抓”，推动“党建+业务”融合发展，以“红色引擎”激活园区发展“一池春水”。园区上报的《暖心区、连心港，开启浙江自贸试验区空港板块营商环境新模式》上榜浙江省国企党建创新样本案例展播。二是自贸建设不断取得新成效。园区全国首创的“一库两码”复合型监管场所入选浙江自由贸易试验区十大进展以及杭州市改革试点创新案例。园区参与的“空港智慧枢纽赋能临空经济产业模式创新”项目入选浙江自由贸易试验区集成创新案例。6月，园区联合萧山区市场监督管理局、萧山区商务局筹划设立的浙江省首个跨境电商品牌指导服务站挂牌成立。三是项目建设不断取得新进展。在做好已落地项目后续跟进工作的同时，紧盯重点项目，通过出台专项政策、定制专项产品、主动上门服务等举措，成功招引广汽传祺整车出口项目、创芯项目等通过B保开展业务，使得业务数据取得显著增长。四是疫情防控取得新局面。针对跨境电商企业因国际贸易环境、疫情防控面临的供应链受阻、资金链压力大等困难，园区出台多项惠企政策。2022年，对承租园区仓储的小微企业和个体工商户免除3个月租金，再减半收取3个月租金，减免金额近千万元。五是园区发展不断取得新成绩。2022年，园区获评浙江省跨境电子商务产业园、杭州市服务贸易示范园区以及中国（杭州）跨境电子商务综合试验区跨境电商品牌出海基地等荣誉，并成功通过浙江省示范物流园区的复审评估。

**【金华、舟山获批设立跨境电子商务综合试验区】** 2022年2月8日，国务院发布《关于同意在鄂尔多斯等27个城市和地区设立跨境电子商务综合试验区的批复》，金华市、舟山市获批设立跨境电子商务综合试验区。至此，浙江共有12个综合试验区（其中金华市有金华、义乌2个），率先实现省域全覆盖。6月，浙江省政府印发《中国（金华）跨境电子商务综合试验区实施方案》《中国（舟山）跨境电子商务综合试验区实施方案》。

中国（金华）跨境电子商务综合试验区，聚焦“产业集群+跨境电子商务”“物流枢纽+跨境电子商务”“开放平台+跨境电子商务”融合发展。空间布局上，按照“一区二带三核多园”的发展模式，打造金华跨境电子商务完整产业链和生态圈。“一区”，指金华全市域范围为中国（金华）跨境电子商务综合试验区；“二带”，指金兰永武发展带和义东浦磐发展带；“三核”指金义综合保税区、义乌综合保税区、义乌保税物流中心（B 型）；“多园”，指以金华市域内各县（市、区）特色产业园区为基础的跨境电子商务线下产业园。功能布局上，舟山全市域范围为中国（舟山）跨境电子商务综合试验区，以建设市级跨境电子商务综合产业园为轴心，采取“一园一区多点”空间布局。“一园”，即市级跨境电子商务综合产业园，集聚跨境电子商务进出口龙头企业；“一区”，即市级跨境电子商务进口产业集聚区；“多点”，即县级跨境电子商务产业分园。

**【海关特殊监管区域建设】** 2022 年 3 月 3 日，绍兴综合保税区正式封关运作，这是杭州关区第 7 个封关运作的综合保税区。绍兴综合保税区位于绍兴袍江经济技术开发区，总规划用地面积 1.72 平方千米，一期验收面积 0.59 平方千米。温州综合保税区二期验收准备工作加快推进。温州市口岸办严格对照验收标准，协调解决面积开发占比制约问题。开展温州综合保税区高质量发展课题研究，初步形成扩区选址方案等，获温州市委市政府主要领导批示。协调设立温州海关瓯江口办公区，做好企业进出口通关、加工贸易等监管服务，保障综合保税区“9610”“9710”出口业务、“9610”海运出口陆运转关业务、跨境电商“9610+0110”集拼出口业务等新业态运行。优化数字综保建设，推动业务办理在线简化、业务数据实时监测、业务监管高效协同。高品质建成温州综合保税区跨境全球直销体验中心线下门店及线上平台，拓展打造新零售模式。积极复制推广自由贸易试验区改革试点经验，推动实施“仓储货物按状态分类监管”，获批“增值税一般纳税人资格试点”。截至 2022 年年底，温州综合保税区完成进出口额 67.22 亿元，同比增长 145.6%；完成跨境电商订单量 1 904.03 万单，销售额 4 254.05 亿元，同比分别增长 111.68%和 100.83%。新增招引落地企业 26 家，开工建设两个亿元以上项目，入驻企业达 51 家。温州综合保税区获批省级进口贸易促进创新示范区，区内 3 家跨境电商头部企业运营平台获评第三批浙江省重点进口平台。台州综合保税区验收准备工作稳步推进。台州市口岸办组建工作专班提前进驻综合保税区，实时对接综合保税区管委会，确保按海关总署时限要求申请验收。截至 2022 年年底，台州综合保税区关区代码、统计地区代码均已设立，技术方案已经杭州海关审批同意。

2022 年，温州市口岸办组织开展温州铁路海关新监管场站搬迁选址研究，提出选址建议供温州市政府决策参考。积极争取中欧（义新欧）班列配额及空箱调运向温州倾斜，着力解决口岸通关、场外堆场建设、班列回程业务、场站续租等问题。招引宁波海利达等 7 家货代企业入驻温州，开通“义新欧温州号数字化服务平台 2.0”，提升配套服务水平，确保中欧（义新欧）班列“温州号”常态化运行。开通“温州号”首趟进口回程班列，进一步拓展与共建“一带一路”国家和地区的贸易交流通道。截至 2022 年年底，温州对接中欧（义新欧）班列整体运量 131 列，服务企业 1 102 家，货值 4.81 亿美元，其中俄罗斯 53 列，回程 8 列。2022 年 8 月 2 日，台州头门港铁路海关监管作业场所监管方案获杭州海关批复同意，该项目已启动建设。2022 年 2 月 28 日，首列中欧（义新欧）班列“台州号”从台州头门港火车站启程，经阿拉山口口岸出境，前往德国杜伊斯堡。

## 口岸监管与服务

**【杭州海关业务概况】** 2022 年，杭州海关结关进出口报关单 199.9 万份，同比增长 14.9%；申报进出口货物 2.3 亿吨、货值 2 326.7 亿美元，同比分别增长 0.7%、22.3%；监管进出境邮递物品2 918.1万件，同比下降32.0%，快件802.3万件，同比下降48.0%；实现税收入库872.2亿元，同比增长28.9%；检验检疫进出口货物78.8万批，同比下降8.1%，货值5 661.0亿元，同比增长46.0%；监管出入境人员66.0万人次，同比增长13.6%；运输工具2.8万辆（艘、架），同比下降0.2%；监管集装箱372.9万箱次，同比增长14.7%。

**【杭州海关全力筑牢口岸安全防线】** 坚决筑牢外防输入第一道防线，完成乌克兰撤侨包机、上海分流国际航班等重大检疫保障任务，高质量实现疫情零输入、关员零感染、操作零失误、通关零延误的目标。牢牢守住安全生产底线，建立“吹哨人”预警机制，落实“口岸危险品综合治理”百日专项行动。牵头做好海关系统专项治理化解输非茶叶行业性潜在风险。严密进出口动植物检疫、食品商品检验监管，2022年截获进境植物有害生物2.2万种次，查获不合格进口粮食、木材、水生动物等322批，查验不合格进出口食品化妆品281批次，检出不合格进出口工业品1 429批。强化知识产权海关保护，查扣侵权货物872.6万件，同比增长47.5%。深化全员打私和反走私综合治理，立案走私违法违规案件1 906起、案值25.9亿元，同比分别增长37.7%、12.0%；查获（查证）涉案进口固体废物1 796.5吨、走私象牙等濒危物种及其制品9.2千克，截获跨境电商寄递“异宠”35种次。

**【杭州海关持续优化口岸营商环境】** 指导支持舟山港口岸扩大开放验收，派员参加验收协调会、开放工作专项督查，确保舟山港口岸扩大开放顺利通过省级预验收。完成台州港口岸扩大开放验收海关准备工作。做好9个口岸临时开放的监管服务。根据海关总署统一部署制定2022年优化口岸营商环境推进跨境贸易便利化专项行动任务清单，形成4个方面23项工作任务，明确职责分工，确保任务落实到位。开展“离港确认”模式试点，将理货、订舱、转关申报由“串联作业”优化为“并联作业”，节省货物在口岸等待办理转关时间2天以上；推出铁路“快速通关”业务，缩减铁路运输货物整体运行时间1~2天。扩大高新技术货物布控查验协同试点范围，为光刻机等特种商品设备“量身定制”通关监管方案。支持杭州市营商环境创新试点，形成海关支持进口科研用物资自由流通工作举措。

**【杭州海关扎实推进促进外贸保稳提质工作】** 全面落实海关总署促进外贸保稳提质系列政策措施，2022年先后出台2批次共31条细化落实举措。开展“十地百团助千企”活动，组建助企服务团157个，走访辖区10个地级市所有区县，调研企业2 424家，累计解决地方和企业困难诉求1 659个，打通政策落地“最后一公里”。支持浙江省稳外贸工作，对接落实浙江省扎实稳住经济一揽子政策措施，参与浙江省“稳进提质八大攻坚行动”，参与浙江省稳住经济大盘督导服务，反馈对海关工作诉求。与浙江省经信厅建立重点产业链供应链“白名单”管理机制，保障“白名单”企业诉求问题高效处置。杭州海关4个集体、6名个人获浙江省政府办公厅“稳外贸成绩突出集体和个人”表彰。

**【杭州海关促进跨境电商健康规范持续发展】** 落实跨境电商进口监管长效工作机制，牵头海关总署跨境电商东部联动监管协作区工作，制定《跨境电商东部协作区监管协同联动工作机制》，召开东部协作区情况分析会，通过工作群、月报等形式强化协同配合，构建跨境电商海关监管区域协作新格局。参与海关总署6个重大课题之一“如何促进新贸易业态健康规范持续发展”的研究工作，牵头开展“如何有效提高跨境电商进口‘三单’真实性和有效性”分课题研究，研究成果和解决方案获海关总署肯定，杭州海关被选为跨境电商零售进口支付信息验核首批试点的两个直属海关之一。

**【杭州海关积极助推两区发展提升开放平台作用】** 一是推进自由贸易试验区创新发展。“国际航行船舶转港数据复用模式”创新制度在全国复制推广，“移动查验单兵集成知识产权商标智能识别应用”和“长三角海关特殊监管区域进境货物木质包装检疫监管新模式”2项创新举措获海关总署备案。杭州海关获评浙江自由贸易试验区建设工作先进集体、先进个人。二是促进综合保税区高质量发展。与浙江省商务厅共研全省综合保税区发展情况、共商《促进全省综合保税区高水平开放高质量发展实施意见》，相关汇报获浙江省领导批示；组织开展综合保税区发展专题调研并配合海关总署自贸区和特殊区域发展司赴综合保税区实地调研，听取相关部门和区内企业意见；参与全国综合保税区发展绩效年度评估工作，工作获海关总署自贸区和特殊区域发展司表扬。2022 年杭州关区综合保税区累计进出口 1 383.2 亿元，同比增长 38.1%，增幅高于同期浙江省进出口 25 个百分点。三是支持地方开放平台申建。助推绍兴综合保税区封关运作，协助温州综合保税区二期和台州综合保税区做好验收准备。

**【杭州海关助推中欧班列发展】** 强化《杭州海关支持中欧班列发展十二项举措》成效，推广二次转关支持“义新欧+”发展，支持开通“义新欧”班列“台州号”“柯桥号”特色专列。加大与口岸海关联系配合，新增开通经喀什口岸发往吉尔吉斯斯坦和通过中老铁路连接老挝的班列线路，拓展“义新欧”班列辐射范围。开展铁路“快速通关”业务试点，提高境内段铁路物流便利化水平。2022 年 6 月 8 日，浙江省首票铁路“快速通关”货物搭乘中欧班列从铁路金华南站装车发运。2022 年，杭州关区监管中欧班列 2 269列，同比增长 19.2%。

**【宁波海关业务概况】** 2022 年，宁波海关共审核验放进出口报关单 593.08 万份，同比增长 2.9%；监管申报进出口货物 1.92 亿吨、货值 2.50 万亿元，同比分别增长 3.1%、21.6%；实现税收入库 976.97 亿元，同比增长 31.3%；监管出入境人员 31.3 万人次、运输工具 2.59 万艘（架）次、集装箱 1 715.34 万箱次，同比分别下降 4.8%、下降 1.4%和增长 4.7%。

**【宁波海关抓好口岸疫情防控】** 根据疫情防控新要求及时调整优化，第一时间抓好落实执行，积极稳妥做好防控措施优化调整，结合宁波实际逐条细化一线操作流程和作业指引，确保规定动作 100%做到位。贯彻科学精准做好疫情防控工作要求，自主开发疫情防控数字化管理平台。参与集中封闭管理 1 085 人次。做好多病同防，严防猴痘、儿童不明原因肝炎等疫情输入，除新冠肺炎外检出其他传染病 18 例。

**【宁波海关助推一流强港建设】** 推进关港合作和杭甬两关协作，签订关港疫情防控合作备忘录，支持港口防疫和生产作业，完成首票国际中转集拼业务，出口拼箱“先查验后装运”模式被海关总署采纳并在全国推广，2022 年监管跨关区保税油 200.8 万吨，同比增长 45%。推广“船边直提”“抵港直装”“离港确认”等便利措施，自动审放核销进出口“水水中转”货物 18.1 万票。助力大宗资源商品储运基地建设，“先放后检”模式节省企业成本超亿元。积极应对上海疫情外溢影响，提前谋划、迅速行动，建立常态化加班机制，落实报关单“日清日结”，2022 年第二季度报关单量环比增加 56.5%。

**【宁波海关支持“两区”建设】** 发挥中国—中东欧国家海关信息中心枢纽作用，中心网站访问量突破 83 万人次，解答问题 592 个，答复率 100%。建设宁波海关中国—中东欧国家 SPS（卫生和植物卫生）联络咨询点，接受咨询 39 次，办结率 100%。推动中东欧国家食品试进口，宁波市与中东欧国家年进口额首次突破 100 亿元。服务自由贸易试验区建设，3 项创新举措获海关总署备案，2 项成果获评浙江省最佳制度创新案例，3 项创新制度被浙江自由贸易试验区复制推广。推动综合保税区发展绩效评估争先进位，宁波保税区列海关总署评估第 8 位，蝉联浙江省第 1 位。

**【宁波海关助力新业态发展】** 支持跨境电商业态创新发展，首创“跨境电商网购保税进口包裹出区嵌入式监管”模式，“6·18”“双十一”宁波网购保税进口商品货值继续位居全国第 1 位。开展“退货中心仓”等多项试点，实现一次接收、一次分拣、一次申报。助力独立站、海外仓、前置仓“一站两仓”功能联动，新增海外仓备案企业70家，宁波企业累计布局全球海外仓152个，占全国的十分之一。

**【宁波海关帮扶市场主体纾困提质】** 推出助企纾困降成本28条细化措施全部落地见效，设置221个企业“问题直报点”，做到“问题清零”，进出口整体通关时间均居长三角区域海关第1位。做好减税降费，落实减免、退税政策，优惠税款118.59亿元。推动自贸协定原产地规则和关税减让落地见效，宁波口岸优惠原产地协定项下进口货物减让税款45.84亿元，出口货物享受国外税收优惠约5.09亿美元。全面推进RCEP实施，累积规则应用成效居全国前列，对8 000余家企业开展政策指导，享受国外税收优惠约1 102万美元。

**【宁波海关保持打私高压态势】** 深化全员打私，深入开展“国门利剑2022”联合行动，刑事立案179起，行政立案1 337起，侦办海关总署挂牌管理案件6起。组织“NB22”系列打击行动，破获一批走私大要案，侦破寄递渠道文物走私系列案，成功从香港追回走私银圆1 500余枚。破获成品油专案，查证走私成品油128万吨，创历史新高。

**【浙江出入境边防检查总站全力服务重大发展战略】** 紧跟浙江高质量建设共同富裕示范区、长三角一体化发展、中国（浙江）自由贸易试验区建设等重大发展战略，助力浙江海洋经济建设，秉持“在管得住的基础上最大限度放得开”的理念，支持地方口岸开放，协同地方政府做好12个港区、7个码头、11个泊位、3个船坞的对外开放工作，核准14个项目26批次临时对外开放，特别是嘉兴港口岸，一次性对外启用泊位9个，为嘉兴经济稳进提质、实现高质量发展注入了新动力。大力支持舟山普陀山机场申请对外开放，提供边检政策支持和指导。按照先试运行再同步整改的原则，全力支持杭州萧山国际机场T4航站楼先行对外启用。2022年7月，国务院批复舟山5个港区扩大开放后，深入贯彻落实中央重要指示批示精神和浙江省人民政府要求，推出重点项目“同步跟进”、新建企业“点对点”服务等定制举措，加快审验效率，仅用4个月时间完成从申请开放到省市级预验收。严格落实服务促进长三角航运枢纽建设10项措施和促进服务航运企业发展16项新举措，2022年累计为外籍船舶在国内港口间移泊免办边检手续17 475艘次；为在口岸停泊不足24小时国际航行船舶一次性办结入出境边检手续4 876艘次；为受伤、患病船员、海上遇险获救人员开设紧急救治生命“绿色通道”485次526人次；为运输鲜活产品国际航行船舶开通快速转运货品“绿色通道”60艘次。

**【浙江出入境边防检查总站全力优化边检服务举措】** 积极助力浙江企业疫情期间更好地“走出去请进来”，参与制订浙江省商务人员出入境便利化服务保障机制实施方案，先后为杭州、宁波、温州、嘉兴、义乌等地市企业24架次商务包机2 450名商务人士提供快捷通关服务。主动参与境外客商入境免隔离闭环接待调研，提出边检专业意见建议，助力浙江为全国稳外资稳外贸工作摸索先行先试经验。围绕浙江自由贸易试验区油气全产业链自由化、便利化，将国家移民管理局为保税燃料油“量身定制”的政策红利全面释放到位，细化推出“五个一”网上直通车、“三便利”服务加油船、“四创新”监管数字化“5+3+4”创新服务举措，助力油气产业战略“弯道超车”，累计服务保税燃料油加注船1 767艘次，获得省政府相关领导批示：“5+3+4”的创新举措，务实有为，为自贸区发展做出了贡献。加快推进边检数字化改革，依托“互联网+”政务服务平台，全面打通国际贸易“单一窗口”数据，推动地方政府将空港“单一窗口”纳入全省航空物流平台建设工程，方便口岸企业“一网通办”。始终绷紧疫情防控这根弦，根据国家政策调整和境外疫情输入形势变化不断健全完善边检配套措施，配合地方政府做好48艘涉疫船舶、173名涉疫船员处置工作，圆满完成27架次央企包机4 923名境外滞留员工、47架次上海分流客运航班9 264名旅客入境通关保障任务。制定总站12367服务平台接处来电事项办理操作指南，研究设定咨询场景23个，接听12367电话6 500余通，解决咨询问题4 400余件，满意度高达99.6%；强化政府服务热线职能，实现与省级12345的语音互转与数据互通，处理转办涉及口岸通关的民生热点问题350余件，确保了民意渠道畅通。“非必要不出境”引发负面舆情期间，创新“4+X”应答策略，确保了接听咨询电话“满意度不降、舆情不发生”，并针对被劝阻出境旅客来电加强解释安抚工作，避免错误解读和矛盾升级，切实维护口岸通关秩序稳定。

**【浙江出入境边防检查总站全力备战杭州亚运安保】** 紧紧围绕浙江省委省政府关于杭州亚运会安保工作部署要求，以主场、主战、主责的政治担当，抢抓杭州亚运会战略机遇期，围绕“四级指挥体系”“七项关键任务”“一个平台中枢”“四类标志性成果”，制订4个专项方案和6类工作指引，“制图列表”推进亚运安保工作有序开展。向国家移民管理局报请参照北京冬奥会做法，将旅客入出境预报数据（iAPI）接入亚运会抵离管理系统，并对达不到礼遇级别的特殊人士，请示国家移民管理局同意按“一人一事”给予特殊政策支持。根据职责任务，积极推动总站纳入省亚运安保贵宾接待协调组、外事与口岸协调组和维稳安保协调组，派出9名民警进驻外联部和抵离服务团队，全面理顺工作关系。在亚运会延期举办后，坚持工作不停、力度不减、标准不降、组织不散、机制不乱，根据新的举办时间，倒排时间节点、进度安排和任务要求，制定下发关于2022年第19届亚运会、第4届亚残运会延期举办后相关工作任务调整的通知，分解细化104项工作任务，压紧压实各层级工作责任。利用延期办赛宝贵的窗口期，自我加压，拉高标杆，进一步完善各专项方案预案。以检查员素质提升工程为抓手加强人员培训。组织基层单位业务骨干赴广州出入境边防检查总站，学习借鉴兄弟单位在常态化办赛模式下，边检通关保障工作的经验做法。利用杭州萧山国际机场T4航站楼启用、出入境双场地运行的时机，指导杭州出入境边防检查站模拟亚运期间边检勤务工作多场地联动的运行模式，在实战中检验勤务运行、指挥调度、案（事）件处置等各方面工作，及时发现问题、解决问题，切实提升服务保障亚运能力水平。

**【浙江出入境边防检查总站全力维护口岸安全稳定】** 紧紧围绕党的二十大安保中心任务，第一时间拟制安保工作方案，建强组织领导体系，健全“一办六组”勤务指挥机制，安保期间落实每日交班、会商、通联、点调等机制，总站领导分赴一线开展督导检查，各级值班值守人员24小时坚守战位，最高标准、最严要求、最实措施，全面实现了“五个严防、三个确保”的工作目标，为党的二十大胜利召开创造了安全稳定的口岸环境。深入推进“百日行动”、“獴猎”、“三非”外国人治理等打击整治专项行动，推动与浙江省公安厅建立“地检协同”警务合作机制，与公安、海关、海事、海警、农业农村等部门建立联合打击处置海上违法犯罪工作机制，切实形成专项行动打击合力，联合查获侦办温州“9·1”特大组织他人偷越国（边）境案、宁波“9·22”特大冻品走私案等跨境违法犯罪案件。部署开展“清港—2022”专项行动，细化5个目标和6类36项工作举措，将远洋渔船及其载运的中外籍船员管理、船员证件“三查”、中国籍船员首次申领海员证并持证出境管控和国际航行船舶航行轨迹筛查等作为重点突破方向，搭建岸线车巡、海面船巡、空中机巡的立体防控平台，严厉打击口岸限定区域和港口锚地违法违规案事件，最大限度地消除海上风险输入隐患，持续筑牢海上防线。

**【浙江海事局业务概况】** 2022年，浙江海事局辖区进出港船舶249.61万艘次，同比下降5.69%，为近5年来首次下降；货物吞吐量17.26亿吨，集装箱吞吐量3 400万标箱，同比分别增加7.38%和5.82%，连续6年实现稳步增长，货物总吞吐量首次突破17亿吨；安全保障水上旅客运输3 602万人次，同比下降30.22%，其中，沿海旅客运输量3 302万人次，同比下降

31.85%，2022年疫情反复发生是浙江辖区旅客运输总量大幅度下降的主要原因；累计办结各类海事政务77.6万件，同比增长13.6%，约74.8万件实现“跑零次”，占总办件量的96%；发生海上险情99起，成功救助遇险人员1 230人，救助遇险船舶58艘，搜救有效率97.2%，同比分别下降21.3%、下降50.4%、增加3.4%。

**【浙江海事局持之以恒做好水路口岸疫情境外输入防控工作】** 一是严格落实口岸疫情防控海事职责，全面加强抵港国际航行船舶动态、在船人员以及船员健康等信息的收集掌握，加强信息通报共享，成功配合地方政府处置船舶染疫事件143件次。二是主动融入属地疫情防控大局。积极参与浙江省防范打击非法入境疫情输入“净海”行动，严厉打击海上走私、偷渡、非法物料供应等违法活动，坚决阻断疫情海上传播链条。三是全力保障船员换班合法权益。全面贯彻上级有关船员换班工作指示要求，进一步发挥在属地联防联控机制中的职能作用，持续推动地方政府提升船员换班服务保障能力，优化换班制度和流程，切实做到“应换尽换，应换快换”。

**【浙江海事局全力服务自由贸易试验区高质量发展】** 一是多项创新制度机制落地实施。持续推进浙江海事局支持中国（浙江）自由贸易试验区深化改革开放建设实施方案各项工作任务，落地实施“在线办理海事电子证照”“抵港国际航行船舶港口国监督检查机制”“政务办理告知承诺制”等6项创新制度。出台实施宁波舟山港核心港区船舶交通组织实施办法、“平安江海 畅行江浙”江海直达航线品牌创建实施方案、浙江籍船舶管理办法3项政策性文件。“数字化航运服务平台”成功入选2022年第一批中国（浙江）自由贸易试验区最佳制度创新案例。二是保障保税燃料油和LNG加注业务平稳发展。强化保税燃料油加注作业锚地资源保障，深入实施保税燃油加注“三个一”通关便利化举措，积极探索舟山北部水域保税油锚地加注试点。2022年，安全保障保税船用燃料油加注达602.5万吨，宁波舟山港成为全国第一大、全球第五大加油港。强化LNG水上加注产业发展动态跟踪，跟踪关注舟山新奥LNG罐柜运输、LNG水上加注需求，保障新奥LNG顺利通过临时开放续批，为新业态发展做好前期服务保障。

**【浙江海事局持续优化口岸营商环境】** 一是扎实推进口岸开放工作。提前介入、主动对接，加强与码头业主单位和相关部门的沟通联系，提出合理化建议，主动帮扶浙江省口岸重大项目稳步推进口岸监管基础设施建设，落实开放前的各项工作，为码头开放和验收做好充分准备，最大限度地减少口岸开放审批时限，进一步助力浙江省口岸外向型经济发展。二是持续深化长三角地区船舶登记“不停航”办理机制。建立“不停航办证”联络机制，指导督促各登记机关开展对外宣贯，鼓励将船舶登记“不停航办证”与现行政务办理便民举措有机结合，持续推动船舶登记“不停航”办理向更高层次、更广范围发展。2022年开展长三角范围内船舶登记“不停航办证”服务90艘次。三是全力推进海事政务服务改革。推进融合“一件事一次办”与船舶“不停航办证”机制，推出“船舶不停航一件事一次办”服务举措。通过“网上申请+双向邮寄”方式，试点国际航行船舶登记业务“不见面”办理。

**【浙江海事局全方位构建安全口岸环境】** 一是全面优化完善浙江海上智控平台功能，提升整体智治水平。以数字化改革为牵引，以构建海陆空天立体感知网络，实现海域“全覆盖、全管控、全智能”为目标，全面加快海上智控平台内建设进程。二是强化海上通航秩序治理。建立并实施海区巡航、船舶值班值守点验抽查、常态化航路远程监督干预、抵港商船航路执行情况必查以及航路实施定期分析评估5大工作机制，依托智控平台开发航路管控典型功能场景，开展沿海公共航路通航秩序专项整治，全面规范和提升沿海公共航路通航秩序。三是保障海上国际物流链安全畅通。全面应对新冠疫情对船舶监督模式提出的新挑战，深化实施远程“非接触”式港口国监督检查，统筹推进疫情防控和水上安全监管工作，有力保障海上国际物流链安全畅通。《远程港口国监督检查指南》获评浙江省数字化改革“最优规则”。四是进一步提高海上应急处置效率，规范海上救助行动。制订搜救应急现场指挥官试点建设方案，成立试点建设课题研究小组，着手编制搜救应急现场指挥官制度指南。全面应用智控平台应急指挥模块。2022 年，成功救助遇险人员 1 230 人，救助遇险船舶 58 艘，搜救有效率 97.2%，同比分别下降 21.3%、下降 50.4%、增加 3.4%。“宇洋 01”轮救助行动获交通运输部领导批示肯定。

## 开放口岸

**【杭州空运口岸（杭州萧山国际机场）】** 杭州萧山国际机场位于杭州市东部，距杭州市中心 27 千米，是国务院确定的国内区域性枢纽机场，是国家对外开放口岸、中国内地十大机场和全球百强机场之一。截至 2022 年年底，机场占地面积 10 平方千米；共有 4 座航站楼，总面积约 99 万平方米；拥有 2 条跑道（北跑道长 3 400 米、宽 60 米，南跑道长 3 600 米、宽 45 米），停机位共 209 个，飞行区等级为 4F，可起降目前世界上最大的民航客机 A380。

杭州萧山国际机场是由原军民合用杭州笕桥国际机场迁址新建机场，原杭州笕桥机场于 1979 年经国务院同意开通至香港的包机航线，于 1980 年经国家批准正式对外开放。杭州萧山国际机场于 1997 年 7 月动工建设，2000 年 12 月建成通航。2003 年 9 月，国务院批复同意杭州空运口岸扩大对外国籍飞机开放。2004 年 3 月，杭州空运口岸通过国家验收正式对外开放。杭州萧山国际机场内建有独立的口岸工作园区和完善的口岸设施及功能（包括落地签证点、台胞签注点、过境 144 小时免签通道、国际邮件交换站等），实行“5+2”工作制，2019 年 9 月 29 日起全面实现 24 小时无障碍通关。

2022 年 9 月 22 日，杭州萧山国际机场三期工程投运。三期工程是浙江迄今最大的机场建设项目、浙江省大通道建设十大标志性项目、杭州亚运会重要基础配套项目。新建建筑面积 150 万平方米，主要建设内容包括新航站楼、交通中心、滑行道、东区货站、能源中心等。其中，新航站楼（T4）总面积 72 万平方米，是原有 3 座航站楼面积总和的 2 倍，设计旅客年吞吐能力 5 000万人次，应用多种新技术、新设备，通过智慧云数据中心，打造资源最优化、治理更高效、出行更美好的数智机场；交通中心总建筑面积 48 万平方米，包含地铁、快线、巴士等多种交通方式，真正实现空公铁零换乘，是全国换乘最便捷的机场综合交通枢纽之一；配套的能源中心项目拥有亚洲机场中单机规模最大、最先进的分布式能源系统，一次能源综合利用效率在 90%以上，每年可节约近 6 000 吨标准煤，减排约 3.15 万吨二氧化碳。2022 年 11 月 23 日，杭州机场（嘉兴）综合试验区货站项目正式落地。该货站是杭州萧山国际机场设立的第 4 个城市货站，也是落户浙北地区的首个异地货站。

2022 年，杭州萧山国际机场因时因势优化调整疫情防控措施，做到既“管得住”又“放得开”。“动态清零”阶段，不断优化国际航班保障流程，最大限度地降低旅客等待时长，单个航班保障用时压缩至 2 小时以内；保障央企包机、乌克兰撤侨等重要入境任务航班 26 架次，承接上海分流国际航班 47 架次。新开 2 条国际全货机航线，引进 8 家货代企业入驻，保障 20 余家航空公司恢复国际腹舱航班运营。优化国内转国际中转运输流程，拓展高时效性货物出口业务，延伸国际卡班业务，2022 年空空中转货量增长近 200%。

2022 年，杭州萧山国际机场稳定运营航点 162 个。其中，国际客运航点 18 个，分别为阿姆斯特丹、罗马、法兰克福、多哈、首尔、开罗、斯里巴加湾、雅加达、胡志明市、马尼拉、吉隆坡、曼谷、马德里、里斯本、河内、新加坡、大阪和东京；地区客运航点 2 个，分别为香港和澳门；国际货运航点 17 个，分别为列日、新西伯利亚、喀山、莫斯科、符拉迪沃斯托克（海参崴）、克拉斯诺亚尔斯克、马德里、纽约、东京、大阪、马尼拉、首尔、新加坡、吉隆坡、洛杉矶、河内、多哈（客改货）；地区货运航点 1 个，为香港（客改货）。

2022 年，杭州萧山国际机场完成旅客吞吐量 2 003.81 万人次、货邮吞吐量 82.98 万吨、航班起降 19.04 万架次，同比分别下降 28.85%、9.22%和 20.09%。杭州空运口岸出入境飞机 7 478架次（入境 3 756 架次、出境 3 722 架次），同比下降 19.04%；出入境人员 37.94 万人次，同比增长 21.07%。其中，出入境旅客 32.44 万人次（入境 16.81 万人次、出境 15.63 万人次），同比增长 28.37%；机组员工 5.51 万人次（入境 2.78 万人次、出境 2.73 万人次），同比下降 9.34%。出入境货邮量 13.85 万吨（出港 9.46 万吨、进港 4.39 万吨），同比下降 22.55%。

**【宁波空运口岸（宁波栎社国际机场）】**
宁波栎社国际机场位于浙东鄞西平原，距宁波市中心约 12 千米，是国内重要的干线机场。宁波栎社国际机场于 1984 年建站，1990 年 6 月 30 日迁至现址，定名为宁波栎社机场；2005 年 11 月 29 日，经原中国民用航空总局批复，更名为宁波栎社国际机场。机场高架路与甬金高速出口相连接，地铁 2 号线将机场与市内火车站、汽车客运中心相连，客流往返与物流运输均十分便利。T2 航站楼于 2019 年 12 月 28 日启用，候机楼面积 11.24 万平方米，机坪面积 53.2 万平方米，机位数量 60 个，现飞行区跑道长 3 200 米，配备有国际先进的通信导航和航行管制设备，达到 4E 级标准，可满足波音 747 等大型飞机起降。机场交通中心面积 5.5 万平方米，直接与 T2 航站楼相连，可同时停靠约 1 040 辆小车和 40 辆大客车。

1992 年 7 月，宁波空运口岸经国务院批准正式对外开放；年底，国际航空货运业务开通。2005 年 4 月 1 日，宁波空运口岸获国务院批准扩大对外国籍飞机开放；9 月 2 日，通过国家验收。口岸拥有冰鲜水生动物及水果指定口岸资质，可满足海鲜、水果等特种货物的进境需求。2016 年 11 月 10 日，成为浙江省首个、全国第十一个国际卫生机场。2018 年，机场旅客年吞吐量突破 1 000万人次，正式迈入全国大型繁忙机场行列。

2022 年 5 月 24 日，宁波、舟山机场互为异地货站项目正式启动。宁波栎社国际机场 7 月 10 日、8 月 30 日、9 月 21 日开通宁波往返布达佩斯商务包机航线，7 月 21 日开通宁波往返米兰商务包机航线，助力本地外贸企业出境稳订单、保订单、拓市场。10 月 30 日，宁波市首条、浙江省第二条第五航权货运航线（纽约—宁波—仁川—纽约）开通。该航线由康尼航空公司使用 B747-400 全货机执飞，把宁波作为中转站，仁川作为中间点，通过利用中、美、韩三国之间的国际第五业务权，有效串联宁波、纽约、仁川三地机场货运航线网络，实现了三地机场自由上下货物并灵活分配货物走向。11 月 30 日，宁波至香港（往返）客运定期航班正式复航。

2022 年，宁波栎社国际机场共开通客运正班航线 115 条（含国内航线 113 条、地区航线 2 条），通航城市 81 个（含国内航点 79 个、地区航点 2 个），开通国际客运包机航线 2 条，国际包机航点 2 个。运营货运航线 10 条，其中客改货航线 1 条、全货机航线 9 条（含国内航线 1 条、地区航线 2 条、国际航线 6 条）。

2022 年，宁波栎社国际机场完成旅客吞吐量 616.56 万人次，同比下降 34.84%；货邮吞吐量 8.53 万吨，同比下降 24.34%；航班起降 5.61 万架次，同比下降 27.74%。宁波空运口岸完成出入境旅客 2.45 万人次、出入境飞机 1 711 架次、进出口货邮量 3.46 万吨，同比分别下降 47.6%、19.6%、21.63%。

**【温州空运口岸（温州龙湾国际机场）】**
温州龙湾国际机场位于温州市龙湾区，地处温州东南瓯江口、濒临东海，距温州市中心约 22 千米。机场于 1990 年 7 月 12 日通航，先后经历民航温州站、民航温州永强机场的发展，2013 年经温州市政府、中国民用航空局批准正式更名为温州龙湾国际机场。1994 年 9 月，温州机场获国家批准对外开放（限中国籍飞机飞港澳地区）。2011 年 6 月，温州机场获国务院批复同意对外国籍飞机开放；2012 年 7 月 24 日，通过国家验收正式对外国籍飞机开放。2018 年，温州龙湾国际机场旅客年吞吐量首次突破 1 000 万人次，成功迈入千万级大型国际机场行列。2019 年 9 月，温州龙湾国际机场轨道交通 S1 线全线开通，温州也成为浙江省内首个实现航空和轨道交通“零换乘”的城市。2022 年，温州龙湾国际机场国际监管场地“硬隔离”改造通过验收，提前完成进境冰鲜水产品、食用水生动物指定监管场地改造。

温州龙湾国际机场飞行区等级为4E，消防保障等级为 8 级，拥有 1 条长 3 200 米、宽 45 米跑道（含道肩 60 米），1 条 3 200 米平行滑行道，高峰小时可起降 28 架次，可保障波音 747-400、空客 A340-600 等同类及以下机型起降。机场现有候机楼总面积 12.95 万平方米，其中 T2 国内候机楼 11.6 万平方米、T1 候机楼国际厅 1.35 万平方米；停机坪 53.4 万平方米，停机位 59 个，登机廊桥 29 座。温州空运口岸客运区国际出发配备海关通道 2 条，值机柜台 9 个，边检通道 5 条（其中 1 条自助通道），安检通道 3 条，登机口廊桥 4 个（5-8 号）、2 个远机位（18-19 号）；国际到达配备海关通道 2 条，边检通道 7 条（其中 2 条自助通道），行李提取转盘 2 个。口岸货运区现有 6 650 平方米的国际监管仓库，设有出境货物区、进境货物区、邮件交换站、海关办公区、查验区和扣留区等，配备电子地磅、集装箱式冷库、生物培育地、视频监控和卡口系统等设施。温州龙湾国际机场进出口货物主要为皮料、服饰、箱包、生鲜产品等，拥有进口冰鲜水产品运输资质、进境食用水生动物指定口岸资质。

2022 年，温州空运口岸开通至罗马、米兰、雅加达 3 条国际定期客运航线。新开至东京、大阪、首尔、马尼拉 4 条全货机航线，并开展国际货机回程进口业务。共有 5 家航空公司运营国际货运航班，分别为中国邮政航空有限公司（东京）、顺丰航空有限公司（大阪）、天津货运航空有限公司（首尔）、中国东方航空股份有限公司（米兰、洛杉矶）、中州航空有限责任公司（马尼拉、大阪）。截至 2022 年年底，温州龙湾国际机场营运航点共 108 个（营运城市 105 个），其中国内 99 个、地区 1 个、国际 8 个；运输航线共 180 条，其中国内 171 条（含自库尔勒、伊宁进港临时包机航线）、地区 1 条、国际 8 条。2022 年，备降航线共 120 条，其中国内航线 119 条、地区航线 1 条。

2022 年，温州龙湾国际机场完成旅客吞吐量 560.79 万人次、货邮吞吐量 6.19 万吨、航班起降 5.30 万架次，同比分别下降 39.25%、15.47% 和 34.24%。其中，国际及地区旅客吞吐量、货邮吞吐量和航班量分别为 10 749 人次、5 166吨、667 架次，同比分别下降 8.21%、增长 1 692.51%、增长 208.80%。

**【义乌空运口岸（义乌国际机场）】** 义乌国际机场位于浙江省中部、义乌市西北，距市中心 5.5 千米，始建于 1970 年，1988 年经国家批准为军民合用机场，1991 年 4 月正式开通民用航班。义乌国际机场历经 5 次改造和扩建。2014 年 7 月 31 日，义乌空运口岸经国务院批复同意对外开放；10 月 13 日，顺利通过国家验收投用。2019 年 11 月 29 日，义乌国际机场顺利通过世界卫生组织专家组实地验收，正式被授予“国际卫生机场”称号，成为全国县级市首个、关检融合后首批、杭州关区内首个国际卫生机场，也是全国第 13 个国际卫生机场。

义乌国际机场飞行区等级为 4D，跑道长 3 000米、宽 45 米，可起降空客 300、波音 767 等大中型客机及波音 757 货机。停机坪面积 5.8 万平方米，11 个中型客机机位；国内候机楼 1.66 万平方米，4 个登机廊桥，设计旅客年吞吐量 100 万人次，高峰小时可满足 800 人次同时候机。国际航站楼面积 1.3 万平方米，2 个登机廊桥，设计旅客年吞吐量 30 万人次，高峰小时可满足 340 人次同时候机。共建有 2 个临时国际货站。国际货站一设计规模仅供国际（地区）航班腹舱带货所需，于 2014 年 10 月改造完成；国际货站二于 2015 年由地方政府筹建，包括 1 个普货通道、1 个邮件通道，该货站设计仅为单一出港功能，能满足保障 1 架 B757 货机，即 30 吨国际货物运输量的要求。2019 年，义乌国际机场旅客年吞吐量首次突破 200 万人次，正式迈入中型机场行列。2022 年，义乌国际机场实际客运通航城市 28 个；营运航线 27 条；实际运营国际全货机航线 1 条，为义乌至大阪全货机航线。

2022 年，义乌国际机场完成旅客吞吐量 86.21 万人次、货邮吞吐量 0.8 万吨、保障航班起降 9 905 架次，同比分别下降 48.6%、44.1% 和 40%。义乌空运口岸完成出入境旅客 1 347 人次、出入境飞机 474 架次、进出口货邮量 2 490 吨，同比分别下降 74.3%、41.98%、51.66%。

**【舟山空运口岸（舟山普陀山机场）】** 舟山普陀山机场位于舟山本岛东南面，地处国家级风景区“海岛生态园”朱家尖岛，距市中心直线距离 16.5 千米，西距著名渔港沈家门仅 1.2 千米（由跨海大桥连接），北邻“海天佛国”普陀山 2.5 千米（由舟山普陀山机场出发到普陀山只需 10 分钟）。舟山普陀山机场原名舟山朱家尖机场，于 1995 年 1 月开工建设，1997 年 3 月底建成，1997 年 8 月 8 日正式通航，1998 年 4 月更名为舟山普陀山机场。机场总占地面积约 200.07 万平方米，拥有 1 条跑道（长 2 500 米、宽 60 米）、1 条平行滑行道（长 2 500 米、宽 38 米），2 座航站楼（不含在建的二期国际航站楼），总面积近 2.2 万平方米；机坪面积 9 万平方米；停机位共 16 个（包括廊桥机位 3 个、远机位 13 个）；1998 年 7 月，飞行区等级升至 4D 级，能满足 B757 以下的机型起降；2014 年，客流量突破 50 万人次，迈入民航中型机场行列。2018 年 1 月，国务院批复同意舟山普陀山机场对外开放。国家口岸管理办公室分别于 2018 年 10 月和 2019 年 5 月批复同意舟山普陀山机场航空口岸临时开放，临时航空口岸开放时限至 2019 年 11 月 8 日截止。舟山普陀山机场国际航站楼位于国内航站楼南侧，设计建筑面积 6 550 平方米，总高度 16 米，于 2019 年 4 月启动建设。截至 2022 年年底，包括因出入境防疫需要新增的全部航空口岸基础设施建设基本完成，机场航空口岸正式开放验收申报工作同步推进。

2022 年，舟山普陀山机场完成旅客吞吐量 78.93 万人次，同比减少 46.8%；货邮吞吐量 717.93 吨，同比增长 14.75%；保障航空器起降 1.85 万架次，同比减少 19.86%。

**【宁波水运（海港）口岸】** 宁波港地处我国大陆海岸线中部、南北海岸线和长江“T”形结构的交汇点上，是中国大陆著名的深水良港，是我国对外贸易的重要海港口岸。宁波港自然条件得天独厚，内外辐射便捷：向外直接面向东亚及整个环太平洋地区，海上至香港、高雄、釜山、大阪均在 1 000 海里之内；向内不仅可连接沿海各港口，而且通过江海联运，可沟通长江、京杭大运河，直接覆盖整个华东地区及经济发达的长江流域，是中国沿海向美洲、大洋洲和南美洲等港口远洋运输辐射的理想集散地。1979 年 6 月，国务院正式批复宁波港对外开放。宁波港域共有已开放港区 7 个，分别为甬江港区、镇海港区、北仑港区、大榭港区、梅山港区、穿山港区、石浦港区（临时开放）。截至 2022 年年底，宁波舟山港已与世界上 100 多个国家和地区的 600 多个港口通航，全球排名前 20 位的国际班轮公司都已登陆宁波海港口岸，集装箱航线增至 300 条，其中“一带一路”航线达 120 条；海铁联运班列增至 23 条，业务覆盖 16 个省（区、市）、63 个地级市，2022 年完成箱量 145.2 万标箱，同比增长 20.6%；新增内陆无水港 2 个，共计增至 34 个；海河联运实现浙北杭嘉湖地区全覆盖，2022 年完成箱量 80.0 万标箱，同比增长 70.6%；义乌“第六港区”2022 年完成通道流量 48.5 万标箱，同比增长 24.4%。

2022 年，浙江省海港集团、宁波舟山港集团研究出台 18 条保通保畅措施和 46 条稳进提质攻坚行动具体举措，宁波舟山港股份有限公司发布宁波舟山港关于实施助企纾困措施的公告，决定阶段性实施港口相关惠企措施，持续优化口岸营商环境，进一步保障口岸畅通和外贸稳定发展。

2022 年，宁波港域货物吞吐量累计 63 721.5 万吨，同比增长 2.2%。其中，外贸进出口运量 37 994.4 万吨，同比增长 3.2%。进口运量

22 136.5万吨，同比增长2.3%；出口运量15 857.9万吨，同比增长4.4%。宁波港域集装箱吞吐量累计3 077.8万标箱，同比增长4.8%。其中，出口1 316.9万标箱，同比增长3.2%；进口1 230.5万标箱，同比增长7.4%；内支线127.3万标箱，同比增长6.4%。宁波海港口岸国际航行船舶出入境10 696艘次，同比减少1.0%，其中外国籍船舶9 545艘次，同比减少3.9%。宁波海港口岸出入境人员22.89万人次，同比增长3.8%，其中外国籍船员14.29万人次，同比减少4.5%。

**【舟山水运（海港）口岸】** 舟山港地处我国东部海岸线与长江水道的交汇处，背靠长三角经济腹地，面向太平洋，是东部地区和长江流域重要的对外开放海上门户和通道。舟山海港口岸是全国唯一的群岛型口岸，共有11个已开放港区，分别为定海港区、岑港港区、马岙港区、白泉港区、金塘港区、沈家门港区、六横港区、岱山港区、衢山港区、嵊泗港区、洋山港区；开放总面积1 457.3平方千米，口岸监管点59个，开放锚地20个；拥有进口粮食、进口冰鲜水产品、进境水果、进口肉类、进口水生动物指定监管场地资质和进口澳洲肉牛指定隔离检疫场，并设有20个保税仓库，其中16个油品保税仓库，大豆、水产品和船用配件保税仓库4个，出口监管仓5个。

1981年5月，国家批准嵊泗县绿华山和普陀区黄兴岛为外轮海产品交货锚地，同时开放沈家门港为国轮外贸运输港。1987年4月1日，国家正式批准舟山港对外开放，其中沈家门、老塘山为对外开放作业区。2014年10月13日，舟山群岛国际邮轮港正式开港。2022年7月，舟山港口岸扩大开放获国务院批复同意，共涉及5个港区的6个项目，其中包括浙石化、新奥LNG、中澳等国家级重大项目，新增开放面积112.5平方千米。2022年，中基船业、普陀长宏码头船坞通过浙江省政府对外启用验收，浙石化、新奥等项目继续获批临时开放。

2022年，舟山海港口岸营商环境持续优化。一是口岸通关效率再提高。深化“提前申报”“两步申报”等新型监管模式，实现铁矿石、粮食、油品三大货种“两段准入”，口岸通关实现“全货种”提速；集装箱转关率先应用“离港确认”模式，宁波舟山港集装箱转关效率提高90%以上。二是通关便利化举措再创新。粮食江海联运业务创新通过在二程粮船的数字化设备改造，实现进口粮食“即卸即离”，减少通关时长2.5天；完成首单保税磨矿业务；实施船舶现场监管“一条船一次查”，每艘船舶现场查证时间平均只需15分钟，2022年累计开展“一条船一次查”13 858艘次；推进港区智能管控系统建设，实现对外籍船员和登船作业人员无感监管，完成23家试点企业的软硬件部署和系统应用培训工作。

2022年，舟山海港口岸进出口货物1.82亿吨，同比增长13.04%；外贸进出口总额3 381.8亿元，同比增长43.6%；征收海关两税512.32亿元，同比增长34%；共监管国际航行船舶15 377艘次，服务国际换班船舶超过2 400艘次、船员3.8万人次。舟山港域货物吞吐量6.24亿吨，同比增长4%，其中外贸货物吞吐量达1.8亿吨，占总吞吐量的将近30%；舟山海事服务总产值达410亿元，同比增长13.9%；保税油供应量突破600万吨，同比增长9.11%；跃升为全球第五大加油港，外轮供应货值超34亿美元，同比增长11.53%。

**【温州水运（海港）口岸】** 温州港处于全国海岸线的中间节点，由状元岙港区、乐清湾港区、大小门岛港区3个核心港区以及瓯江港区、瑞安港区、平阳港区、苍南港区4个辅助港区组成。其中，已开放港区2个，分别为状元岙港区、瓯江港区。1957年，温州海港口岸经国务院批准对外开放，1964年8月27日首艘外轮日本“东宫丸”号抵达温州。“十一五”时期，温州港开始由“瓯江时代”向“东海时代”迈进，实现由河口型港向近海深水港、地区性港向沿海枢纽港、集装箱喂给型港向重要支线港发展的3大历史性转变。2014年2月，温州海港口岸扩大开放获国务院批准，这是温州港由“瓯江时代”

向“东海时代”全面跨越的重要标志。2014年12月，状元岙港区扩大开放通过国家验收。2022年，乐清湾港区扩大开放加快推进。成立乐清市口岸开放事务服务中心，全面做好各项保障工作。认真落实口岸开放监管所需机构和办公场所，乐清湾港区海洋经济产业配套服务中心建成投用。完成乐清湾港务有限公司1号、2号泊位和浙能乐清发电有限责任公司1号、2号泊位临时开放申报和服务工作。状元岙港区进境肉类、水果指定监管场地改造加速推进，已进场施工。

2022年，温州港新增1条东南亚直航航线，新开通马尼拉（南港）等多条近洋集装箱航线，开通温州至洛杉矶远洋干线，外贸航线达到11条。开通“乍浦—温州”直航业务，完成首单“日本—中国—菲律宾”国际中转业务，加密海丰泰越航线班期，海港航线网络布局进一步优化。推进金温铁路集装箱海铁联运，实现每周两班常态化运作，港口服务能力持续提升。

2022年，温州港口岸营商环境持续优化。制订温州市跨境贸易指标赶超提升方案，持续强化跨境贸易指标短板整改、赶超提升工作，大幅缩小与标杆指标的差距。进一步优化进出口货物通关模式，“提前申报”率达95%以上，“两步申报”率达20%以上，6月完成首票“抵港直装”业务。n-TOS集装箱码头操作系统上线运行，有效提升港口无纸化水平。持续清理规范口岸收费，健全口岸收费目录清单制度，延续执行鼓励企业配合压缩整体通关时间奖励政策。按时完成2021年度浙江省跨境贸易营商环境评价填报工作。温州市政府与浙江出入境边防检查总站签署战略合作协议。认真落实新冠疫情防控及消防、安全生产、预防海洋污染等工作，有力保障口岸安全高效通畅运行。

2022年，温州海港口岸完成进出口货运量439.02万吨、进出口集装箱43.77万标箱、入出境船舶1 571艘次，同比分别增长79.61%、43.86%、49.48%。

**【台州水运（海港）口岸】** 台州港位于浙江中部沿海，地处我国海岸带中段，是浙中沿海的水运枢纽，海岸线745千米，占浙江省的28%。2001年，原交通部批准台州市港口统一更名为台州港，实现“一城一港”、港城同名的发展格局。台州水运口岸辖海门港区和大麦屿港区。海门港区位于椒江区，1983年11月经国务院批准开展国轮外贸运输业务，1989年5月获国务院批准对外轮开放，1990年10月正式对外开放，有开放泊位5个，最大靠泊等级为5 000吨级。大麦屿港区位于玉环市，2008年4月获国务院批复同意对外开放，2011年9月通过国家验收，12月正式对外开放，港区有开放泊位5个，最大靠泊能力为10万吨级，港区开通至台湾基隆的客货运直航业务（受疫情影响2020年1月29日至12月31日暂停客运直航业务），航班每周常态化运行。此外，国务院、浙江省政府曾根据台州对外开放需要，先后批准临海红光液化气专用码头、大陈岛海上水产品交货点2个原二类口岸并入台州海港口岸统一管理。2020年7月29日，台州港口岸扩大开放获国务院正式批复同意，扩大开放范围包括头门港区、健跳港区和龙门港区，新增水陆域面积690平方千米。在原有海门港区、大麦屿港区开放基础上，台州港口岸沿海各港区实现全面开放，总开放水陆域面积达970平方千米。2021年12月31日，大麦屿港区进境水果指定监管场地通过海关总署验收，正式获批。2022年，台州港口岸扩大开放通过市级验收；大麦屿港区3万吨级多用途码头对外启用。4月，开通RCEP国家水果进口航线、成为国内第二个新西兰猕猴桃散货船入境口岸；6月，开通首条出口RCEP国家外贸集装箱直航班轮航线——宁波远洋越南线；7月，开通台州大麦屿至台湾台中直航快线；9月30日，海关总署批复同意对海运全程提单显示目的地为台州的集装箱装运的进口再生金属原料在台州口岸实施检验试点。

2022年，台州口岸营商环境持续优化。一是推行跨境贸易便利化行动。落实促进外贸保稳提质10条措施、进一步助企纾困降成本若干措施、2022年台州市跨境贸易便利化行动计划、台州海关压缩货物整体通关时间实施方案。开展口岸收费专项检查和调研，实时掌握口岸收费变化情况。继续深化“提前申报”“两步申报”“两段准入”，实现进口货物“两步申报”全覆盖，应用率超60%。在符合条件的港区深入推进进口货物“船边直提”和出口货物“抵港直装”试点。落实“主动披露”容错机制，对企业主动向海关报告其违规行为并接受海关处理的，从轻或者减轻行政处罚。对符合要求的进口产品，落实口岸直接提离、目的地海关检验检测和“先声明后验证”等便利化措施。全面推广应用国际贸易“单一窗口”，推动大麦屿港区 n-TOS 系统与海关报关系统对接。二是推进惠企改革，大力发展新业态。完成免除查验没有问题外贸企业吊装移位仓储费的统计审核工作。推出原产地“信用签证”+自助打印措施，实现企业签证“一次不用跑”。2022 年，签发优惠原产地证书 4.49 万份，金额25.81亿美元，助企享惠1.29亿美元。加大海关高资信企业培育力度，选取 12 家企业纳入高级认证培育对象。推进跨境贸易、市场采购、二手车出口等新业态发展。2022 年，台州口岸市场采购贸易方式申报出口 28 410 票，同比增加33.5%；出口金额 177.4 亿元，同比增长36.81%；货运量 100.0 万吨，同比增长 45.4%。办理二手车出口 13 696 辆，同比增长 2.6 倍，货值3.19亿美元，同比增长 4.4 倍。三是高质量推动 RCEP 落地，助企畅享 RCEP 政策红利。介入“RCEP 示范区”建设。开展多场 RCEP 政策宣讲，主办浙江（台州）RCEP 经贸合作论坛并发布“RCEP 实务百问”等成果。开展“享惠处方”精准帮扶服务。建立 RCEP 国别（地区）商品减税对比清单，重点调研走访塑料制品、医药化工等特色企业，对可享未享关税优惠的企业开展滴灌式辅导。深挖 RCEP 贸易便利化潜能。全面推行“智能审核”“自助打印”等服务措施，积极推广杭州海关 RCEP 智能享惠服务平台，梳理有原产地签证需求的 AEO 企业，靶向宣介“经核准出口商”制度，指导多家企业获“经核准出口商”认定。四是做好疫情防控工作。压实专班成员单位出入境管控、执法巡航、口岸查验、船员换班、应急处置等职能。出台海上疫情防控提示单、海上疫情防控通告、节假日期间疫情防控工作要求等 21 份文件。妥善应急处置“非洲豹”“大卫轮”“惠安轮”“同茂 1 号”事件。2022 年，共闭环处置 5 起涉疫船舶事件，未发生海港口岸疫情输入。

2022 年，台州海港口岸进出口货物吞吐量1 082.33万吨，同比下降 5.59%，进出口集装箱吞吐量 20.31 万标箱，同比增长 14.16%。完成国际航行船舶船员换班共计 7 704 人；共保障8.09 万吨新西兰进口猕猴桃到港（货值 19.6 亿元），保障9.18 吨远洋渔获物到港（货值约 1.92 亿元）。

**【嘉兴水运（海港）口岸】** 嘉兴港（原名乍浦港），位于浙北地区的杭州湾北岸，地处沪、杭两市中间的嘉兴市境内，是浙江北部唯一的出海门户，是全国海河联运主要港口之一，毗邻上海浦东，陆上距上海 95 千米、杭州 117 千米、嘉兴43 千米；海上距上海 122 海里、洋山港区53 海里、宁波港 74 海里。嘉兴港自东向西由独山、乍浦、海盐 3 大港区组成，其中，乍浦港区于 1993 年 3 月获批准开办国轮外贸运输业务，1994 年 5 月获批临时接靠外国籍船舶，1996 年 1 月经国务院同意对外国籍船舶开放，2001 年 4 月正式通过国家验收对外开放。2014 年 12 月 24 日，国务院批复同意乍浦港口岸更名为嘉兴港口岸并扩大开放独山、海盐港区。2016 年 11 月 25 日，嘉兴港口岸扩大开放通过国家验收，基本实现全港对外开放（除乍浦港区九龙山区域）。2022 年 6 月，乍浦港区 D3、E4 和独山港区 A7、A8、B27、B28、D1、D2、D3 共 9 个泊位集中通过浙江省政府对外启用验收，嘉兴港对外开放泊位增至 37 个，外贸吞吐能力提升 80%。增加煤炭、粮食进境指定口岸资质。新增泰国直航航线，加密俄罗斯、日本直航航线，扩增海河联运航线，增加航线运力，积极推动国内国际双循环相互促进发展。

2022 年，嘉兴持续优化口岸营商环境。一是持续推进口岸贸易便利化。海关全面实施“全程转关、一次办理”，整体耗时压缩 75%。海事推出水路运输保通保畅措施，能源物资保障审批办结时限压缩 30%。边检实施“十项措施”和“十六项新举措”，船舶在港作业时间平均缩短 1~2小时。推广“船边直提”“抵港直装”，单箱港区堆存时间减少 1~2 天。浙江省内率先实施水运进口转关“离港确认”业务，每票节省转关时间超 2 天。落实“7×24 小时”预约通关模式。加大口岸收费执法力度，持续开展免除查验没有问题外贸企业吊装移位仓储费用试点工作。二是不断提高口岸运行效率。加快海河联运建设，建立嘉兴市外贸物流需求对接会议机制，开辟钴镍等新能源材料、LNG 进口通道。国际贸易“单一窗口”推广运用扩面提质，组织 247 家主要外贸企业培训。全面推广“互联网+海关平台”，通关全面实现无纸化。深化海上智控平台本地化应用，实施嘉兴港船舶进出港交通流组织方案，船舶首次直靠效率提升至 70%。增强绿色赋能，全港完成船舶岸电升级改造。持续推进机器换人、科技减人，完成 3 台作业机无人化值守改造。推广清洁能源应用，新增 20 台氢能集卡。三是积极完善口岸安全保障。严格入境人员检疫，实施“零接触”查验。2022 年，检疫出入境船舶1 400余艘次，检疫出入境人员 2.7 万余人次，口岸新冠疫情继续保持“零”输入。严把外贸质量关，维护“嘉兴制造”形象，严查不合格进口品。严把国门安保关，强化口岸安全管控，严厉打击违法犯罪，圆满完成党的二十大和北京冬奥会、冬残奥会等重大活动安保任务。

2022 年，嘉兴港完成货物吞吐量 13 240.48 万吨，同比增长 4.33%，其中外贸货物吞吐量 1 398.49万吨，同比下降 2.74%；集装箱完成 285.39 万标箱，同比增长 28.44%，其中外贸集装箱 47.95 万标箱，同比增长 6.13%。出入境船舶1 491艘次，同比增长 7.9%。其中，出境 728 艘次，同比增长 12.3%；入境 763 艘次，同比增长 4.0%；外国籍船舶出入境1 368艘次，同比增长 5.3%。出入境人员 27 918 人次，同比增长 8.3%，其中外国籍人员 19 454 人次，同比增长 8.0%。

## 宁波市

**【口岸运行主要数据】** 2022 年，宁波口岸进出口贸易额 3 756.1 亿美元，同比增长 18.3%，增幅高于全国进出口 13.9 个百分点，占全国比重为 5.95%，较 2021 年增长 0.7 个百分点。其中，进口 1 057.4 亿美元，同比增长 15.9%，占全国比重为 3.89%；出口 2 698.7 亿美元，同比增长 19.2%，占全国比重为 7.51%；实现贸易顺差 1 641.3 亿美元，扩大 21.5%。在宁波口岸前十大贸易国家（地区）中，进出口贸易额增幅前 3 位分别为荷兰、沙特阿拉伯、印度，同比分别增长 39.6%、31.4%、20.7%；增幅最低为英国，同比增长 4.0%；与美国进出口贸易额 634.5 亿美元，同比增长 12.8%。宁波本地企业在宁波口岸进出口 1 304.9 亿美元，占口岸进出口额的 34.7%，较 2021 年下降 5.2 个百分点。异地（除宁波市以外）企业在宁波口岸进出口 2 451.2 亿美元，占口岸进出口额的 65.3%，较 2021 年增长 5.2 个百分点。其中，浙江省内异地企业进出口 1 379.3 亿美元、省外异地企业进出口 1 072.0 亿美元，分别占宁波口岸进出口额的 36.7%、28.5%。省内异地企业中，杭州、绍兴、金华、台州、温州等地企业进出口额居前 5 位，依次为 271.0 亿美元、248.6 亿美元、239.0 亿美元、229.7 亿美元、171.1 亿美元，合计占宁波口岸省内异地进出口额的 84.1%；嘉兴、杭州、衢州 3 地企业进出口额增速位列前 3 位，同比分别增长 70.7%、29.8%、24.5%。

2022 年，宁波港域货物吞吐量累计 63 721.5 万吨，同比增长 2.2%。其中，外贸进出口运量 37 994.4 万吨，同比增长 3.2%。其中，进口 22 136.5万吨，同比增长 2.3%；出口 15 857.9 万吨，同比增长 4.4%。宁波港域集装箱吞吐量累计 3 077.8 万标箱，同比增长 4.8%，破三千万标箱。其中，出口 1 316.9 万标箱，同比增长

3.2%；进口 1 230.5 万标箱，同比增长 7.4%；内支线 127.3 万标箱，同比增长 6.4%。宁波海港口岸国际航行船舶出入境 10 696 艘次，同比下降 1.0%，其中外国籍船舶 9 545 艘次，同比下降 3.9%。宁波海港口岸出入境人员 22.89 万人次，同比增长 3.8%，其中外国籍船员 14.29 万人次，同比下降 4.5%。

2022 年，宁波空运口岸出入境航班累计 1 711架次，同比下降 19.6%。其中，出境 847 架次，同比下降 12.6%；入境 864 架次，同比下降 25.5%。出入境旅客 24 525 人次，同比下降 47.6%。其中，中国籍旅客 21 289 人次，同比下降 46.6%；港澳台旅客 1 555 人次，同比下降 72.4%；外国籍旅客 1 681 人次，同比增长 31.8%。宁波机场共完成货邮量（含行李）11.31 万吨，同比下降 25.4%。

**【稳步扩大海港、邮路开放，口岸“硬核”实力持续增强】** 海港口岸开放实现近年来开放数量最多、拓展区域最广，宁波 5 个项目共 6 个泊位和 2 个船坞泊位纳入国家口岸开放年度审理计划；新增对外开放泊位 1 个、临时开放泊位 6 个，临时开放/临时启用延期泊位 5 个，临时靠泊 2 个泊位 5 艘次，开展内支线作业 1 个泊位，新增集装箱年吞吐能力近 420 万标箱、货物年吞吐能力近 3 000 万吨。象山港贤庠作业区和石浦港金七门作业区水陆域范围扩大开放获批，象山县可利用水陆域全部获得开放。邮路口岸建设开启新纪元，宁波邮件互换中心开园。

**【实施跨境贸易便利化专项行动，口岸营商环境持续优化】** 制定深化跨境贸易便利化改革工作措施，聚焦市场主体关切，着力营造稳定、公开、透明、可预期的口岸营商环境。国家口岸管理办公室相关载体对宁波市跨境贸易便利化工作进行专题报道。一是深化改革创新。挖掘“提前申报”“两步申报”潜力，实施船代免到场登临、收发货人免到场查验等通关便利化措施。开展 2022 年度 AEO 海关高级认证企业培育工作，向高级认证企业定向增加实施便利措施。创新“检疫鉴定一体化”工作模式，节省船舶待泊时间。开展常态化直升机巡航，节省执法成本。二是坚持科技赋能。积极推动“智慧报关”应用，实现 24 小时自动申报。推动水水中转、海铁联运等多式联运业务全天候自动核销和转场作业自动审放。强化智能审图应用，发挥机检快速查验作用，持续落实“提前预约+随到即检”“集中审单+集中检验”等措施，实现出口拼箱货物自动验放。三是唱响口岸“双城记”。深化杭甬口岸合作，发挥“2+2+X”工作机制，两地共同举办杭州企业通关政策宣讲推介，及时回应解决通关政策诉求，吸引杭州腹地货源集聚。推动两批次杭甬“双城记”惠民利企事项落实。四是强化公开透明。推动宁波空运口岸公示国际货物、国际快件进出港作业流程和操作时限。对涉港企业进行检查，取消港口设施保安费的政府定价，将其纳入港口作业包干费作为子项，降低引航（移泊）费基准费率。畅通企业诉求渠道，线上线下结合，实现“随时在线、立时反馈、及时办理”。

**【开展助企纾困精准服务，口岸企业难点持续破解】** 制定实施宁波口岸推动外贸保稳提质的若干措施，帮扶外贸企业应对困难挑战，助力稳经济稳产业链供应链。在浙江省口岸办的指导和支持下，开通绿色审批通道，支持北仑电厂 3 号泊位顺利进口近 12 万吨进口煤，并为“伟勤”号关键煤船争取船舶延期靠泊时间，有力保障北仑电厂持续生产，有效缓解宁波市保供保电压力；积极支持台塑、冠保等企业通过“一船一议”开展国际航行船舶临时靠泊作业，及时妥善处置外轮涉疫事件，确保海港口岸持续运作，保障口岸企业正常业务运营。北仑电厂、台塑等企业专程登门赠献锦旗。

**【纵深推进数字化改革，口岸科技赋能持续深化】** 完成企业报关一件事、检疫卫生处理一件事、国际贸易趋势分析、进口重点商品溯源、口岸领域企业信用服务 5 个应用场景建设，“甬 e 通”一期上线运行，集成通关、监管、贸易服务、数据分析等功能，打通与世贸通等企业平台的互联，实现国际贸易领域数据汇聚“一张图”，有力提升决策分析辅助能力。持续完善“单一窗口”标准版应用和宁波“单一窗口”地方特色应用建设。宁波地区货物申报、运输工具、舱单申报等主要业务覆盖率均已达到100%。

**【守好疫情防控国门，口岸整体安全持续巩固】** 不断优化宁波市海港防疫情境外输入应急处置机制，迅速、高效、规范处置国际航行船舶染疫事件，保持“零感染”。守好宁波国际航运服务中心“小门”，严格出入人员检查，加强公共区域卫生管理，做好全体核酸检测，确保常态化疫情防控措施落实落细落到位。

## 2022 年浙江省口岸大事记

1 月 2 日

浙江省委书记、省新冠疫情防控工作领导小组第一组长袁家军赴宁波市北仑区检查指导疫情防控工作。在北二集司检查了解港口疫情防控情况及当前主要应对措施，要求港区加强与地方协同配合，在已有工作基础上，全面建立网格化管理模式，完善内部应急处置体系，关注集卡司机、船员等重点人群，在刚性执行上有办法、有手段，切实守好海上大门，在确保安全的前提下维持港区政策生产作业。

1 月 2 日

温州至东京国际全货机航线开通，这是温州机场开通的第 3 条国际货运航线，也是首条采用全货机执飞的国际货运航线，实现了温州货运航线欧美亚三大洲全覆盖。该航线机型为波音 737-400 全货机，由中国邮政航空公司执飞。

1 月 11 日

宁波机场海关完成首票“财关库银”模式行邮税征收。

1 月 14 日

浙江省机场集团、温州市政府与中国东方航空签订战略合作协议；中国联合航空浙江分公司在温挂牌成立；温州机场三期扩建项目机坪工程开工，浙江省委常委、温州市委书记刘小涛出席仪式并宣布开工。

1 月 19 日

浙江中森海运有限公司申办员在台州海事局政务大厅拿到“中森 58”船舶所有权证书、短期国籍证书。这是浙江省首张通过长三角部分地区海船转籍登记“不停航办证”服务机制办理的证书。

1 月 20 日—21 日

宁波海关技术中心顺利通过 CNCA/CNAS 良好实验室规范（GLP）复评审和扩项评审，首次增加了医疗器械领域，成为全国第 4 家、海关系统唯一一家、浙江省第 1 家获得医疗器械领域 CNCA · GLP 资质的机构。

1 月 31 日

交通运输部部长李小鹏除夕视频连线慰问舟山海事局。李小鹏部长充分肯定舟山海事局 2022 年春运口岸疫情防控和水上交通运输服务保障工作，要求海事部门丝毫不能放松，坚决保障旅客平安出行。

3 月 1 日

义乌机场往返澳门航班恢复运行。该航线由澳门航空公司空客 A320 机型执飞，每周往返 3 班。

3 月 3 日

绍兴综合保税区正式封关运作，这是杭州关区第 7 个封关运作的综合保税区。

3 月 4 日

国家口岸管理办公室召开航空物流公共信息平台建设推进电视电话会。浙江省口岸办组织省机场集团、杭州市口岸办、杭州市自贸办和浙江电子口岸有限公司参加会议，沟通讨论航空物流信息平台建设有关事宜。

3 月 19 日

在温州港状元岙港区，从永康东至温州港“海丰号”海铁联运专列上卸下的 40 标箱五金产品，顺利搭乘“海丰卡加延”轮启程前往马尼拉、林查班等东南亚国家港口，标志着温州港集装箱海铁联运直航东南亚业务顺利开通，首次实现海铁联运箱直航出海。

3 月 23 日

浙江省政府组织召开浙江省 2022 年口岸工

作领导小组电视电话会议。会上，浙江省政府办公厅同28家单位签署了《浙江国际贸易“单一窗口”建设责任状》。副省长朱从玖做重要讲话，总结了2021年口岸工作取得的成绩，并就2022年口岸重点工作做了部署，强调2022年要在推进跨境贸易便利化、“单一窗口”建设、口岸开放现代化和绿色口岸建设4个方面狠下功夫，为忠实践行“八八战略”、奋力打造“重要窗口”、高质量建设发展共同富裕示范区贡献力量。

3月29日

浙江电子口岸联合杭州银行滨江支行完成中国（浙江）自由贸易试验区杭州片区滨江区块企业浙江国际贸易“单一窗口”首单数字化跨境汇款业务，实现了企业通过浙江“单一窗口”传输电子化信息即可便捷快速办理货到付款项下汇款汇出业务，帮助企业解决了日常国际贸易结算中面临的跨境汇款“难”、申报资料“多”、业务办理“慢”等难点痛点问题。

3月30日

宁波至河内客改货航线正式开通，这是宁波机场2022年新增的首条客改货国际货运航线。该航线由越南航空公司执飞，计划每周执行3班。

3月31日

“海丰川崎”轮在温州港状元岙港区8号泊位完成93标箱的装船作业后，启程驶向越南胡志明市，标志着温州港再添1条东南亚新航线。

4月8日

宁波邮路口岸正式开通日本方向海运出境国际邮件业务。当日，首批5件113千克海运出境输日邮件，自宁波国际邮件互换局启运，转关运输至北仑港并搭乘国际班轮运往日本横滨。这是继2021年开通南美方向海运邮路后，宁波邮路口岸开通的第2条海运出境邮路。

4月10日

装运5 622吨新西兰猕猴桃的巴拿马籍冷藏船“STAR SPIRIT”轮（船长176.90米、总吨17 164）靠泊台州大麦屿港区对台直航码头，标志着台州港正式开通RCEP国家（地区）间冷链海上航线，实现了进境水果业务的零突破，大麦屿口岸也成为继上海后第2个新西兰猕猴桃散货船入境口岸。

4月14日

“义乌—宁波舟山港”海铁联运班列从铁路义乌西站启程，搭载着从中欧回程班列卸下来的100标箱进口纸制品，驶往宁波舟山港，后续将通过水路转运至天津、大连、青岛等地，标志着“义乌—宁波舟山港”海铁联运班列与中欧回程班列实现首次“整列中转”。

4月15日

搭载着12.7吨货物的顺丰航空（O36993航班）全货机从宁波飞往日本大阪，顺利实现首航。该航线是宁波机场2022年与顺丰航空合作的首条国际货运航线，也是顺丰航空继深圳、香港和台北后执飞的第4条货运航线。该航线每周计划执飞5班，机型为B737-400或B737-300。

4月17日—18日

中国香港籍40万吨级散货船“矿石宁波”轮（英文名：ORE NINGBO）抵达衢山临时锚地开展保税油试加注作业，本次作业共历时28个小时，供应保税油4 700吨，标志着衢山临时锚地正式启用，舟山港域保税油供应“南联北接”格局基本形成。

4月30日

“锦美（AS SERENA）”船驶离温州港状元岙国际集装箱码头，标志着温州港首条直达美国洛杉矶远洋集装箱干线正式开通。

5月13日

浙江数字贸易“单一窗口”门户功能发布上线。

5月20日

宁波海关完成浙江省首票“离港确认”模式水水联运中转业务。该批货物为海宁恒力羊绒股份有限公司进口的一批澳洲羊毛，重21.56吨、货值129.77万元，自宁波舟山港穿山港区进境后，通过内支线船舶转关运输至嘉兴乍浦港。

5月24日

宁波机场、舟山机场互为异地货站项目正式

签约揭牌。

5 月 24 日

在安吉上港集装箱码头，4 个装载黄麻纱的集装箱首次通过“船边直提”模式，从支线驳船卸装至拖车后，径直驶离港口运往企业，整个过程耗时不到 20 分钟，实现了货物从抵港、卸船到装车“零延时”。至此，“直装直提”模式在杭州关区海港、内河港口实现全覆盖。

5 月 26 日

海关总署署长、党委书记俞建华通过海关总署监控指挥中心视频连线宁波海关梅山蓝雪冷链监管场地作业一线查验关员，询问现场关员每天的新冠病毒采样、检测和闭环管理等工作情况，对大家坚守口岸疫情防控一线所作贡献表示肯定，并代表总署党委表示慰问。

6 月 6 日

装载着 80 标箱台州制造货物的“新明州 18”轮缓缓驶离台州港大麦屿港区 5 万吨级码头，标志着台州港首条出口 RCEP 国家（地区）外贸集装箱直航班轮航线——宁波远洋越南线顺利开通。

6 月 7 日

浙江国际贸易“单一窗口”上线萧山机场航空物流跟踪功能，“通关+e 物流”航空物流跟踪功能同步上线。

6 月 8 日—10 日

嘉兴港乍浦港区 D3、E4 和独山港区 A7、A8、B27、B28、D1、D2、D3 共 9 个泊位顺利通过浙江省政府组织的对外启用验收。此次新增 9 个开放泊位后，嘉兴港将大幅提升 80%的外贸吞吐能力。

6 月 10 日

由顺丰航空执飞的温州往返大阪国际货运航班顺利首航，这是温州机场开通的第 4 条国际货运航线，也是顺丰集团与温州签署战略合作协议后，执飞的首条国际货运航线。

6 月 14 日

浙江省委书记、省人民代表大会常委会主任袁家军赴省属国有企业调研经济稳进提质和数字化改革工作。袁家军考察了杭州萧山国际机场 T4 航站楼和交通中心，了解机场三期项目建设、交通多式联运、年度重大投资建设项目情况，就相关工作提出要求。

6 月 17 日

温州—大阪航班返航时带来 300 箱产自日本北海道的进口扇贝，这是温州航空口岸开通国际货运航班后首次开展进口货运业务。

6 月 18 日

苏拉维加亚航空执飞的 SJ3185 航班，从杭州机场起飞，前往印度尼西亚雅加达，这是杭州机场近期集中恢复的首个国际客运航班。首航航班旅客多为雅加达火电站、雅万高铁等“一带一路”项目建设人员，涉及电力、水利、基础设施建设等多个领域。

6 月 24 日

舟山海事局“邵老师热线”正式升级为全国船员业务咨询热线并开通运行。全国船员业务咨询热线号码为 4008566180，该号码将集中受理全国范围内船员从业、培训、考试、发证等相关业务政策咨询，解答解决船员职业政策难点热点问题。

6 月 27 日

浙江省海关系统首个数字化应用场景——“食品标签一件事”上线“浙里办”。

6 月 29 日

杭州萧山国际机场与菜鸟网络签署战略合作协议。双方将在壮大提升物流数智化能力、合作开辟国际货运航线、联合运营新国际货站、探索发展临空经济、共同培育空运环境等方面开展深入合作。

7 月 8 日

浙江出入境边防检查总站与温州市政府在温州隆重举行战略合作协议签约仪式。双方聚焦边检口岸治理现代化开启多领域合作，携手推动温州口岸高水平对外开放和经济高质量发展。

7 月 10 日

全国首架拓市场商务往返包机从宁波机场启航。来自宁波、上海的企业代表，以及由宁波市商务局、市外办等部门组成的公务团组，乘坐该包机飞往匈牙利布达佩斯的李斯特·费伦茨国际机场，开启赴欧稳订单之旅。

7 月 19 日

国家口岸管理办公室和中国口岸协会调研组，在杭州同杭州海关、浙江省口岸办和浙江电子口岸就推进国际贸易“单一窗口”与物流行业平台机构合作事宜进行沟通交流。

7 月 20 日

载有 100 标箱全地形车、摩托车等出口货物的“武义号”中欧班列从铁路金华南站启程，奔赴一万千米之外的荷兰芬洛，标志着中欧班列金华平台荷兰线路成功首发。这是浙江省开行的首列至荷兰的中欧班列，也是 2022 年金华开行的第 400 列中欧班列。该班列到达荷兰芬洛后，将装载荷兰制造的新闻纸、电子仪器、医疗设备等货物返回金华，实现中国金华至荷兰芬洛中欧班列双向开行。

7 月 24 日

在完成隔离并经检验检疫合格后，最后一车乌拉圭进口种牛离开舟山市金塘镇中澳现代产业园。至此，宁波舟山港金塘港区中澳码头顺利完成 6 975 头乌拉圭进口种牛的装卸作业，这也是宁波舟山港迄今为止完成的最大批次活牛进口业务。

7 月 28 日

宁波海关首批“两步申报+区块链”试点货物顺利放行。

8 月 2 日

义乌机场开展浙江省内首票“市场采购+空空转关”业务。该票货物以市场采购贸易出口方式向海关申报，共包含饰品配件等 56 件约重 1 190千克货物，搭乘国内航班从义乌机场起飞，转关至广州白云机场海关，随后将从白云机场搭乘国际航班运往法国巴黎，全程仅需 72 小时。

8 月 4 日

宁波海关首次使用移动检疫脱卸方舱组件实施船舶检疫。

8 月 11 日

浙江电子口岸有限公司同江西省口岸贸易促进中心就依托双方在国际贸易“单一窗口”领域的建设成果以及优势资源，推进重点项目的合作建设，深化数字化改革建设成果，优化营商环境进行沟通交流。

8 月 15 日

来自澳大利亚的“塞维利亚”号 LNG（液化天然气）船在中国海油气电集团浙江 LNG 接收站顺利完成卸货约 6.4 万吨。这是全球首次成功实现“不登轮无接触”接卸 LNG 船。

8 月 26 日

杭州机场新开“杭州—里斯本”洲际直达客运航线。该航线由首都航空运营，每周 1 班，机型为 A330。

9 月 1 日

杭州机场新开“杭州—新西伯利亚—莫斯科”全货机航线。该航线由圆通航运营，每周 2 班，机型为 B757F、B767F。

9 月 8 日

杭州机场新开“杭州—河内”全货机航线。该航线由顺丰航运营，每周 3 班，机型为 B757F。

9 月 14 日

浙江省政府与海关总署在杭州签署《共同推进浙江省高质量发展建设共同富裕示范区合作备忘录》。浙江省委书记袁家军会见海关总署署长、党委书记俞建华一行，省委副书记、省长王浩参加会见并见证签约。在浙期间，海关总署署长俞建华赴杭州、宁波、嘉兴等地调研指导工作。

9 月 15 日

杭州机场新开“杭州—河内”国际客运航线。该航线由越南太平洋航运营，每周 1 班，机型为 A320。

9 月 19 日

宁波海关技术中心成为海关系统首批亚马逊全球官方认可检测机构。

9 月 20 日

交通运输部安全总监，部海事局党组书记、局长李国平一行到浙江海事局调研。

9月21日

宁波海关承办的“动植物检疫业务管理子系统升级（智慧动植检一期）”项目全面上线运行。

9月22日

杭州萧山国际机场三期工程正式投运。浙江省委书记、省人民代表大会常委会主任袁家军出席投运仪式并宣布投运，省委副书记、省长王浩出席投运仪式。

9月22日

天津货运航空开通“温州—韩国首尔”货机航线。该航线是温州机场2022年开通的第5条国际货运航线，由B737-400机型执飞。

9月27日

宁波海关正式上线进境邮件税款信息联网项目。自此，海关系统与邮政系统将全面实现征缴税款信息全面智能化的无缝对接，进境邮件“秒放行”，有效提升邮件通关效率和用邮人缴税便利水平。

9月29日

浙江电子口岸承建的中国（浙江）自由贸易试验区官网正式发布。

10月12日

一艘来自印度尼西亚的货轮靠泊嘉兴港口岸乍浦港区，卸下1万吨从印度尼西亚进口的镍原料，这标志着嘉兴港顺利开通“印度尼西亚—嘉兴”新能源材料海运新通道，并打通了包括氢氧化镍在内的第9类危险货物的接驳通道，进一步助力嘉兴乃至长三角地区制造业供应链稳定。

10月27日

温州空港重点项目签约暨温州至罗马客运定期航班首航仪式举行。浙江省委常委、温州市委书记刘小涛，东方航空总监董波出席活动。当天正式通航的温州至罗马国际定期客运航线，是温州市政府与东航集团战略合作的一项重要成果。该航线计划每周一班。

10月30日

由康尼航空公司B747-400全货机执飞的“纽约—宁波—仁川—纽约”货运航线开通。该航线是宁波市首条、浙江省第2条第五航权货运航线。

11月5日

一架中州航空波音737-800全货机从温州机场起飞前往菲律宾马尼拉尼诺伊·阿基诺国际机场，标志着温州机场正式开通温州往返马尼拉国际货运航线。该航线是温州机场开通的第6条国际货运航线，也是温州首条通往东南亚的国际全货机航线。

11月23日

杭州萧山国际机场（嘉兴）综合试验区货站项目签约授牌仪式在嘉兴举行。该货站是杭州机场设立的第4个城市货站，也是落户浙北地区的首个异地货站。

11月28日

由国航A330机型执飞的CA837航班载着170名旅客，从温州机场飞往米兰马尔彭萨机场。这是温州机场开通的第2条直飞意大利的国际定期客运航线，也是国航在温运营的首条欧洲航线。

12月1日

义乌机场出境免税店正式对外营业，成为浙中地区首家投入运营的口岸出境免税店。义乌机场也成为继杭州、宁波、温州后，第4个开设口岸免税店的机场。

12月1日

杭甬两关保税油跨关区直供无纸化系统正式上线运行。

12月8日

北仑海关在进境空箱夹带物中查发手枪1把、弹夹2个、子弹53发，获海关总署署长俞建华批示肯定。

12月8日

杭州海事局和杭州市交通运输局联合为淳安民福旅游置业有限公司“伯瑞特”游艇颁发“游艇‘多证合一’登记证书”。该证书为全国首本跨部门颁发的游艇“多证合一”证书，标志着游艇登记证书“多证合一”试点改革工作正式在杭州落地。

12月15日

由印度尼西亚苏拉维加亚航空执飞的SJ3145航班载着150名旅客从温州机场飞往雅加达机场。这是温州机场首次开通至雅加达国际定期客运航线，也是2022年开通的第3条国际定期客运航线暨首条东南亚航线。该航线每周1班，由波音737-800机型执飞。

12月16日

在杭州萧山机场海关的监管下，一批价值3 200元、以“9610”跨境电商直购进口模式申报的商品顺利通关放行。这标志着跨境电商直购进口业务在杭州空运口岸正式开通运作。至此，杭州空运口岸实现了“9610”进出口模式全覆盖。

12月29日

浙江省海港集团、宁波舟山港集团大宗散杂货数字供应链服务系统与中国宝武钢铁集团欧贝工业品供应链生态平台正式完成对接。这是国内首次实现港口与钢铁企业间基于区块链技术的数字化联动，标志着国家区块链创新应用试点项目“基于区块链的长三角大宗散货供应链平台”取得了阶段性进展。

（撰稿人：王海华、田一峰、徐晋、王延、张璐、王扶桑、陈滨、王晓玲、汤军、陈坚、於明敏、陈嘉诚、林梦迪、张光华、钟怡辰、陈之英、张海峰）

# 2022 年浙江省口岸流量统计表

| 口岸类型 | 口岸名称 | 货运量（万吨） | | | | 集装箱量（万标箱） | | | | 人员（万人次） | | | | 交通工具（辆、艘、架、列次） | | | |
|---|---|---|---|---|---|---|---|---|---|---|---|---|---|---|---|---|---|
| | | 出口 | 进口 | 合计 | 同比（%） | 出口 | 进口 | 合计 | 同比（%） | 出境 | 入境 | 合计 | 同比（%） | 出境 | 入境 | 合计 | 同比（%） |
| 空运口岸 | 杭州 | 9.46 | 4.39 | 13.85 | −22.55 | | | | | 18.36 | 19.59 | 37.94 | 21.06 | 3 722 | 3 756 | 7 478 | −19.04 |
| | 宁波 | 2.00 | 1.46 | 3.46 | −21.63 | | | | | 1.22 | 1.34 | 2.56 | -53.91 | 847 | 864 | 1 711 | −19.60 |
| | 温州 | 0.43 | 0.09 | 0.52 | 1 692.51 | | | | | 0.70 | 0.74 | 1.44 | 9.66 | 353 | 314 | 667 | 220.67 |
| | 义乌 | 0.00 | 0.25 | 0.25 | −51.66 | | | | | 0.18 | 0.16 | 0.34 | -60.79 | 237 | 237 | 474 | −41.98 |
| | 舟山 | | | 0.00 | | | | | | 0.00 | 0.00 | 0.00 | | 0 | 0 | 0 | |
| | 分计 | 11.89 | 6.19 | 18.08 | −20.86 | | | | | 20.45 | 21.83 | 42.28 | 8.22 | 5 159 | 5 171 | 10 330 | −15.80 |
| 水运口岸 海港口岸 | 宁波 | 15 857.90 | 22 136.50 | 37 994.40 | 3.20 | 1 316.90 | 1 230.50 | 2 547.40 | 5.20 | 10.49 | 12.04 | 22.53 | 2.17 | | | 10 696 | −1.0 |
| | 舟山 | 1 386.14 | 16 837.85 | 18 223.99 | 13.04 | 16.40 | 63.00 | 79.40 | 42.00 | 11.01 | 9.90 | 20.91 | 10.55 | | | 15 377 | 11.11 |
| | 温州 | 221.07 | 217.95 | 439.02 | 79.61 | 21.45 | 22.32 | 43.77 | 43.86 | 0.50 | 0.15 | 0.66 | 10.09 | | | 1 571 | 49.48 |
| | 台州 | 131.24 | 951.09 | 1 082.33 | −5.59 | 10.57 | 9.74 | 20.31 | 14.16 | 0.63 | 0.70 | 1.33 | 3.24 | | | 614 | 3.19 |
| | 嘉兴 | | | 1 398.49 | −2.74 | | | 47.95 | 6.13 | 1.38 | 1.41 | 2.79 | 8.33 | | | 1 491 | 7.9 |
| | 分计 | | | 59 138.23 | 6.03 | | | 2 738.83 | 6.54 | 24.01 | 24.20 | 48.22 | 6.14 | | | 29 749 | 7.52 |
| 合计 | | | | 59 156.31 | 2.18 | | | 2 738.83 | 6.54 | 44.47 | 46.03 | 90.50 | 7.10 | | | 40 079 | 0.30 |
| 同比（%） | | | | 2.18 | | | | 6.54 | | 4.57 | 9.66 | 7.10 | | | | 0.30 | |

（浙江省口岸办提供）

# 2022年杭州海关主要数据统计表

| 项　目 | | 2022年 | 2021年 | 同比（%） |
|---|---|---|---|---|
| 进出口货运量（万吨） | 合计 | 22 873.30 | 22 704.77 | 0.74 |
| | 进口 | 19 272.92 | 19 321.16 | -0.25 |
| | 出口 | 3 600.38 | 3 383.60 | 6.41 |
| 进出口贸易总值（万美元） | 合计 | 23 267 377.03 | 19 029 063.08 | 22.27 |
| | 进口 | 10 652 489.51 | 8 703 919.99 | 22.39 |
| | 其中：江、海运输 | 9 414 457.12 | 7 686 676.53 | 22.48 |
| | 铁路运输 | 187 359.06 | 128 973.24 | 45.27 |
| | 汽车运输 | 254 446.66 | 260 109.66 | -2.18 |
| | 航空运输 | 796 062.82 | 627 872.90 | 26.79 |
| | 邮件运输 | 163.84 | 287.65 | -43.04 |
| | 其他运输 | 0 | 0 | — |
| | 出口 | 12 614 887.52 | 10 325 143.09 | 22.18 |
| | 其中：江、海运输 | 11 778 721.92 | 9 468 118.39 | 24.40 |
| | 铁路运输 | 505 726.43 | 519 533.60 | -2.66 |
| | 汽车运输 | 38 288.90 | 48 259.72 | -20.66 |
| | 航空运输 | 292 019.20 | 289 121.19 | 1.00 |
| | 邮件运输 | 131.08 | 110.20 | 18.94 |
| | 其他运输 | 0 | 0 | — |
| 税收（万元） | 两税合计 | 8 721 864.08 | 6 764 428.46 | 28.94 |
| | 关税入库 | 449 418.44 | 499 064.25 | -9.95 |
| | 进口环节税入库 | 8 272 445.63 | 6 265 364.21 | 32.03 |

（杭州海关提供）

# 2022年宁波海关主要数据统计表

| 项　目 | | 2022年 | 2021年 | 同比（%） |
|---|---|---|---|---|
| 进出口货运量（万吨） | 合计 | 19 170.61 | 18 587.01 | 3.14 |
| | 进口 | 12 984.07 | 12 762.68 | 1.73 |
| | 出口 | 6 186.54 | 5 824.33 | 6.22 |
| 进出口贸易总值（万美元） | 合计 | 37 543 857.34 | 31 755 418.47 | 18.23 |
| | 进口 | 10 561 103.09 | 9 120 192.03 | 15.80 |
| | 其中：江、海运输 | 10 087 482.80 | 8 476 433.01 | 19.01 |
| | 铁路运输 | 988.25 | 637.44 | 55.04 |
| | 汽车运输 | 143 697.22 | 232 204.09 | -38.12 |
| | 航空运输 | 326 651.30 | 409 795.17 | -20.29 |
| | 邮件运输 | 604.68 | 739.05 | -18.18 |
| | 其他运输 | 1 678.85 | 383.28 | 338.03 |
| | 出口 | 26 982 754.25 | 22 635 226.44 | 19.21 |
| | 其中：江、海运输 | 26 759 734.33 | 22 313 572.49 | 19.93 |
| | 铁路运输 | 1 050.23 | 1 632.59 | -35.67 |
| | 汽车运输 | 24 274.54 | 64 437.71 | -62.33 |
| | 航空运输 | 80 851.72 | 89 879.60 | -10.04 |
| | 邮件运输 | 1 067.26 | 1 389.46 | -23.19 |
| | 其他运输 | 115 776.17 | 164 314.58 | -29.54 |
| 税收（万元） | 两税合计 | 9 769 734.56 | 7 439 145.79 | 31.33 |
| | 关税入库 | 697 756.25 | 706 244.03 | -1.20 |
| | 进口环节税入库 | 9 071 978.31 | 6 732 901.77 | 34.74 |

（宁波海关提供）

# 2022 年浙江省口岸出入境主要数据表

| 项　目 | | | 2022 年 | 2021 年 | 同比（%） |
|---|---|---|---|---|---|
| 出入境人员（人次） | 出入境人员总数 | | 904 971 | 844 967 | 7. 10 |
| | 入境人员 | | 460 291 | 419 740 | 9. 66 |
| | 出境人员 | | 444 680 | 425 227 | 4. 57 |
| | 出入境旅客 | | 355 210 | 314 913 | 12. 80 |
| | 出入境员工 | | 549 761 | 530 054 | 3. 72 |
| | 中国公民 | 小计 | 561 519 | 532 181 | 5. 51 |
| | | 内地居民（因公） | 217 133 | 206 600 | 5. 10 |
| | | 内地居民（因私） | 313 798 | 294 977 | 6. 38 |
| | | 港澳居民 | 16 604 | 19 622 | -15. 38 |
| | | 台湾同胞 | 13 984 | 10 982 | 27. 34 |
| | 外籍人员 | | 343 452 | 312 786 | 9. 80 |
| | 从海港出入境人数 | | 482 152 | 454 247 | 6. 14 |
| | 从陆港出入境人数 | | | | |
| | 从空港出入境人数 | | 422 819 | 390 720 | 8. 22 |
| 交通运输工具（辆、艘、架、列次） | 总计 | | 33 140 | 34 271 | -3. 30 |
| | 船舶 | | 22 711 | 21 885 | 3. 77 |
| | 飞机 | | 10 429 | 12 386 | -15. 80 |
| | 火车 | | | | |
| | 机动车辆 | | | | |

（浙江出入境边防检查总站提供）

## 2022 年浙江海事局进出港船舶统计汇总表

| 船舶类别 | 进港船舶 | | | | | | | 出港船舶 | | | | | | |
|---|---|---|---|---|---|---|---|---|---|---|---|---|---|---|
| | 艘数（艘） | 总吨（吨位） | 总载重量（吨） | 载客量（客位） | 船员人数（人次） | 货物到达量（吨） | 旅客到达量（人） | 艘数（艘） | 总吨（吨位） | 总载重量（吨） | 载客量（客位） | 船员人数（人次） | 货物发送量（吨） | 旅客发送量（人） |
| 总计 | 1 060 225 | 2 303 984 936 | 3 093 798 465 | 57 206 119 | 5 756 400 | 1 013 902 599 | 16 567 637 | 1 062 924 | 2 300 162 541 | 3 087 335 952 | 57 299 979 | 5 779 693 | 676 741 807 | 16 456 409 |
| 中国籍船舶 | 1 041 075 | 1 214 865 818 | 1 559 621 739 | 57 201 143 | 5 346 042 | 636 916 042 | 16 567 637 | 1 043 669 | 1 213 228 567 | 1 554 461 283 | 57 294 385 | 5 367 955 | 531 210 208 | 16 456 409 |
| 其中：外贸船 | 1 351 | 23 177 885 | 35 410 533 | 0 | 29 903 | 13 987 387 | 0 | 1 435 | 22 667 189 | 35 726 000 | 0 | 32 104 | 2 789 611 | 0 |

（浙江海事局提供）

# 安徽省

# 安徽省口岸分布示意图

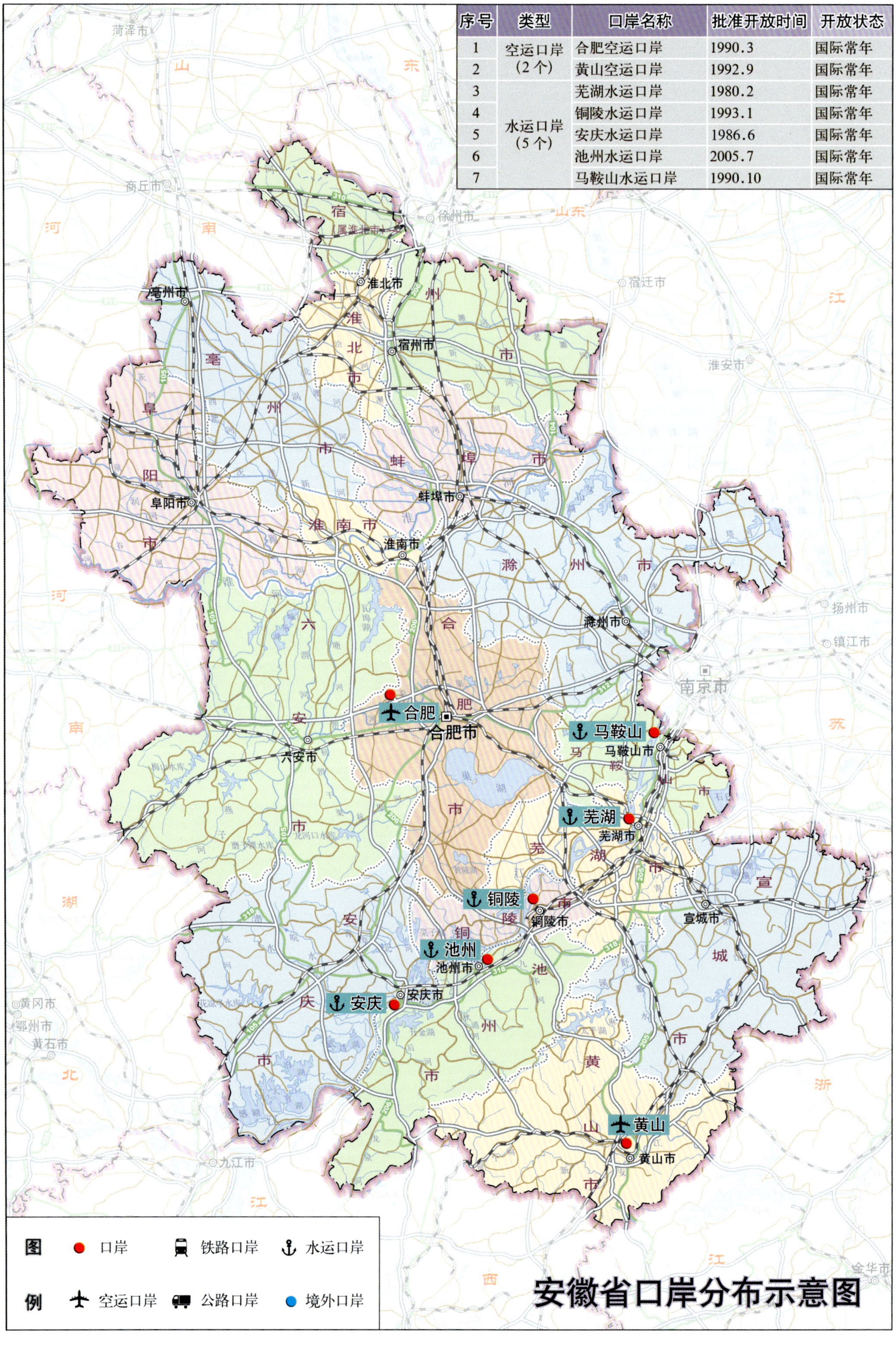


| 序号 | 类型 | 口岸名称 | 批准开放时间 | 开放状态 |
|---|---|---|---|---|
| 1 | 空运口岸（2个） | 合肥空运口岸 | 1990.3 | 国际常年 |
| 2 | | 黄山空运口岸 | 1992.9 | 国际常年 |
| 3 | 水运口岸（5个） | 芜湖水运口岸 | 1980.2 | 国际常年 |
| 4 | | 铜陵水运口岸 | 1993.1 | 国际常年 |
| 5 | | 安庆水运口岸 | 1986.6 | 国际常年 |
| 6 | | 池州水运口岸 | 2005.7 | 国际常年 |
| 7 | | 马鞍山水运口岸 | 1990.10 | 国际常年 |

## 口岸数量及分布

截至2022年年底，安徽省共有经国务院批准的对外开放口岸7个。其中，空运口岸2个，分别为合肥空运口岸（合肥新桥国际机场）、黄山空运口岸（黄山屯溪国际机场）；水运（河港）口岸5个，分别为芜湖、安庆、铜陵、池州、马鞍山河港口岸。

## 口岸运行数据

2022年，据海关统计，安徽省口岸完成货运量1 920.21万吨。受疫情影响，空运口岸进出境人员4 414人次，进出境航班780架次。

## 口岸综合管理

**【省级口岸管理体制调整顺利完成】** 2022年，经中央编办批准，安徽省人民政府办公厅加挂安徽省人民政府口岸管理办公室的牌子，口岸管理处从安徽省商务厅划转到安徽省人民政府办公厅。安徽省统筹推进口岸工作的体制机制不断完善，成立了安徽省人民政府分管负责同志任组长、相关副秘书长任副组长、32个省有关单位负责同志任成员的安徽省口岸工作领导小组，召开第一次全体会议，研究部署安徽口岸建设发展工作。

**【口岸功能建设明显加强】** 2022年，安徽省人民政府印发实施《安徽省口岸建设发展行动方案（2022—2025年）》，对今后几年口岸建设做出总体设计和科学规划，明确了安徽口岸建设发展的指导思想、目标任务、重点工作、责任分工。推动安徽水运口岸与上海港、宁波港合作推进水水联运，芜湖港多式联运示范工程成功入选国家第4批多式联运示范工程创建项目名单。池州港口岸扩大开放项目已获有关部门批复同意。安庆港口岸扩大开放长风港区项目即将竣工，皖河农场港区完成投资1.2亿元，土地报批已获省政府批复，水工工程与陆域建设正在同步推进。合肥新桥机场航站区扩建工程完成投资12.4亿元，二期飞行区及工作区扩建项目预可研报告已报国家发展和改革委员会审批；黄山屯溪机场投资1 500万元的海关作业场所已建成并通过验收，具备开通国际货运的功能；芜宣机场总规编修通过审批。合肥新桥机场新开通3条（大阪、阿姆斯特丹、亨茨维尔）国际货运航线，全年共开通国际货运航线7条，累计执飞366班、同比增长31.18%，国际货邮吞吐量2.5万余吨、同比增长33.1%。合肥中欧班列共发运768列，较2021年增加100列。发运企业定制班列335列、同比增长191.3%，安徽货物本土化率达85.69%，创历史新高，合肥中欧班列集装箱多式联运示范工程成功入选国家多式联运示范工程。

**【口岸疫情防控工作有序推进】** 严格落实"外防输入、内防反弹、人物同防"的要求，紧紧抓住口岸一线人员作业防护"一个关键"，牢牢扭住国际航行船舶（航班）和进口冷链物流"两个环节"，坚决防住人传人、物传人、环境传人"三重风险"，严格执行口岸"三查三排一转运""7个100%"等防控要求，检疫查验出入境航空器780架次，检疫出入境人员4 414人次。推动48种"安徽造"新冠病毒检测试剂对外注册认证，快速验放新冠病毒检测试剂5.5亿人份，全省口岸疫情防控能力和综合管控能力大幅优化提升。铜陵港口岸在海关总署从全国抽取的20个口岸公共卫生核心能力复核验收中，以95.29分排名第一的成绩通过验收。

**【海关特殊监管区域等建设成效明显】** 组织开展综合保税区省级预评估和实地督导服务，安徽省综合保税区在2022年公布的2021年度全国综合保税区发展绩效评估中取得显著成绩，合肥综合保税区由B类晋升为A类，芜湖、合肥经开区综合保税区全国排名分别前移19位、3位。安庆综合保税区通过国家验收封关运作。2022年，全省综合保税区进出口总值合计1 361亿元，同比增长22.1%，占全省进出口总值的18%，比上年提高1.9个百分点。安庆汽车整车进口口岸获批全国汽车平行进口试点，2022年整车进口

1 410辆，居全国第3位。池州皖江江南保税物流中心（B型）获批建设，合肥空港药品进口口岸通过国家药品监督管理局专家组现场评估考核。

**【国际贸易“单一窗口”功能不断完善】** 按照国家口岸管理办公室部署要求，完成国际贸易“单一窗口”标准版各项功能的推广和应用，中国（安徽）国际贸易单一窗口累计申报量突破2 560万票。运维及服务保障水平持续提升，累计服务省内外代理、外贸、生产等各类企业约2.5万家，通过QQ、微信、电话、线下等渠道累计服务企业10万次。积极推广“单一窗口”覆盖率，2022年累计开展培训16次，各类受益企业约达8 000家。积极动员各市企业、港口、机场、铁路场站等单位发布口岸收费信息，全年累计发布收费清单3 312条，远程协助企业处理问题938次。

**【口岸营商环境建设加力推进】** 以跨境贸易营商环境评价为抓手，以评促建，不断优化口岸营商环境。2022年，进一步巩固压缩整体通关时效，其中，进口、出口整体通关时间分别为45.5小时、0.42小时，同比分别下降6.15%、76.4%，均完成较2017年压缩50%的目标。安徽省水运口岸全部落实“船边直提”“抵港直装”改革，“提前申报”通关模式申报率保持90%以上，居全国前列。在“单一窗口”公示口岸收费目录清单并动态更新，做到清单以外不收费。省政府口岸办会同合肥海关、省市场监管局等单位，先后深入盛茗茶叶、吉麦、巨一、芯瑞达等外贸企业，现场协调解决进出口物资通关缓慢等问题20余件。落实国家及省助企纾困部署，2022年6月，省政府口岸办会同省财政厅下达省级口岸促进项目资金1 765万元。2022年12月，省政府口岸办会同省财政厅下达水运口岸外贸企业吊装移位仓储费用中央试点资金159万元。

## 口岸监管与服务

**【合肥海关维护口岸安全取得新成效】** 2022年，扎实推进“国门利剑2022”联合行动和打击走私违法犯罪“百日行动”，刑事立案27起、案值1.3亿元，同比分别增长50%、1.2倍；深入推进“蓝天2022”专项行动，查获“洋垃圾”案件3起；高效打击涉枪涉毒违法犯罪，缴获气动力步枪4支、制弹模具3套、配件若干，捣毁寄递渠道走私贩毒团伙4个；严查海南离岛免税“套代购”走私，立案、成案5起；重点打击涉税商品走私违法，查获涉税走私违规案件55起、货值4.9亿元、涉税4 925万元。扎实开展“国门绿盾2022”行动，截获检疫性有害生物66批次、104种次，同比分别增长88.6%、1.3倍；口岸普查监测发现、非贸渠道截获外来入侵物种共53种。

**【合肥海关千方百计促进外贸稳增长】** 2022年，认真落实党中央、国务院扎实稳住经济一揽子政策，落细落地海关总署促进外贸保稳提质、助企纾困降成本等工作举措，制定合肥关区50条细化措施，开展“合畅2022”“访百企解难题”专项活动和“畅口岸稳外贸”专项行动，解决企业“急难愁盼”问题687个。与长三角直属海关共同出台保障产业链供应链安全畅通5项举措，协调解决异地口岸通关问题170票。加强信用培育，新增高级认证企业16家。用足用好优惠政策，减免关税、进口环节增值税11.7亿元；签发RCEP等出口原产地证书10.9万份，预计可为企业减免关税约4.5亿美元。

**【合肥海关改革创新不停步】** 芜湖港“江海一港通”联动接卸相关业务拓展至合肥港、安庆港，每票货物境内运输费用节省约30%。4项制度创新成果入选中国（安徽）自由贸易试验区建设两周年制度创新“十佳”案例，11个改革创新项目作为中国（安徽）自由贸易试验区复制推广改革试点经验；3项自由贸易试验区监管创新举措通过海关总署备案。推动出台《中国（安徽）自由贸易试验区新型易货贸易试点工作方案（暂行）》，新型易货贸易在合肥、芜湖成功试点。真空包装等高新技术货物布控查验模式扩大试点范围，2022年参与试点商品货值2.4亿元。优化光刻胶、铜精矿、煤焦沥青等资源性商品检验监管模式，验放进口光刻胶 2.8 万升、米拉多铜精矿 49.4 万吨和出口煤焦沥青 2.6 万吨。开展特殊监管区域“分送集报”法检商品监管模式优化试点，对 3 408 个商品编码项下产品强化前置管控。“直装直提”监管改革实现省内全覆盖，“离港确认”业务在 7 个水运口岸全部落地。推进企业集团加工贸易改革双向试点，关区 4 家牵头企业通过该模式流转保税料件 11.5 亿元，减免保证金 9 500 余万元。

**【安徽出入境边防检查总站全力维护口岸安全稳定】** 以党的二十大安保工作为主线，全警动员、全力以赴，突出抓好口岸管控、打击跨境违法犯罪专项斗争和疫情防控工作，严守口岸管控防线。以出入境边防检查、监护管理为核心职责，以最高标准、最严部署、最大力量打赢了北京冬奥会、冬残奥会和党的二十大等安保维稳硬仗，安全高效完成了第三次阿富汗邻国外长会、“1+6”圆桌对话会等系列主场外交活动专项勤务，2022 年全年无执勤差错事故、无投诉复议。高标准建成空港口岸货运站边检执勤点，动态调整常态化疫情防控条件下勤务模式，刚性落实“四分流”“三不”和高风险岗位闭环管理措施，实现内部人员“零感染”、境外人员“零失控”。严打跨境违法犯罪。推进“边检+出入境”执法协作全覆盖，侦办的局督“2022-020”专案成功入选“百日行动”十佳典型案例，工作经验在全国移民管理系统视频会上做交流介绍，相关工作得到公安部、安徽省委省政府等领导批示肯定。

**【安徽出入境边防检查总站全力服务经济社会发展】** 准确把握移民管理工作与安徽融入共建“一带一路”倡议和长三角区域一体化等国家重大战略的结合点，充分发挥安徽出入境边防检查总站在省口岸工作领导小组中的作用，积极服务保障安徽现代化口岸体系、合肥综合性国家科学中心和国家实验室建设。持续跟进服务芜湖芜宣机场、阜阳西关机场临时开放申报，芜湖三山港区、安庆长风和皖河农场港区扩大开放验收，以及合肥新桥机场二期建设，多次与阜阳、芜湖市政府研讨边检基础设施建设等问题，派员赴阜阳、湖北襄阳、恩施、鄂州机场调研 5 次，初步确定阜阳、芜宣机场出入境查验流程、口岸执勤用房规划，有效加快两机场临时开放申建进程。践行“移民为民”的初心使命，主动走访长鑫存储等高新企业 40 余家，出台优化口岸营商环境服务举措和 10 项负责清单，改造升级总站 12367 服务平台。为重大外事活动、世界制造业大会等国际重要会议提供便捷高效的通关保障，为 2.3 万吨“高精尖”设备、光刻胶等紧缺物资入境提供“零等待”边检通关服务。

**【芜湖海事局多措并举提高工作效率】** 芜湖海事局全面落实“春风行动”措施，强化与海关、边检等单位部门沟通协作，深化国际航行船舶进出口岸“单一窗口”应用。截至 2022 年年底，线上审批率达到 100%，全面实现申请材料网上提交、审批进度实时查询、相关单证自助打印的“不见面”进出口岸审批。与海关、边防共同建立了联合登临检查沟通协调机制，由海事牵头，协调各口查验单位查验时间，坚持依法高效、方便船舶、分工合作的原则，不断提高对国际航行船舶的查验能力和服务水平。收集并及时更新了辖区内所有有资质并备案的国际船舶代理企业名录，提前了解进出口岸国际航行船舶相关动态信息，靠前指导船舶代理办理进口岸申请和进出口岸手续，顺应“乙类乙管”常态化防控阶段国际航行船舶进出口岸业务全面复苏新形势，进一步规范国际航行船舶进出口岸业务。

**【安庆海事局深化合作服务当地经济发展】** 安庆海事局严格对照省口岸领导小组成员单位职责，认真履职，确保口岸通航环境、联检锚地、管理秩序、污染防治、海事查验基础设施等方面处于良好状态。成立宣传小组，通过公司走访、流动课堂等形式向辖区航运公司、外贸企业、海船船舶积极宣传口岸政策法规、通关流程、口岸服务等，努力提升辖区口岸影响力。积极走访口岸单位，深化协作机制，促进融合发展；参与安庆口岸反恐应急处置演练，提升口岸成员单位应急处置水平。主动靠前联系地方政府，报告口岸监管情况，提出促进发展的建设性意见，更好地服务安庆港整车出口贸易、集装箱江海联运枢纽建设，有力促进辖区口岸提质增效。大力推行“服务质量有效、服务推进有方、服务措施有力”“三有”服务，通过“点对点、实打实”的海事个性化“监管+服务”措施，服务辖区重点水工及口岸建设。

## 开放口岸

**【合肥空运口岸（合肥新桥国际机场）】** 合肥新桥国际机场位于合肥市肥西县高刘镇。2013年5月29日24时，安全运行36年的合肥骆岗国际机场永久关闭；5月30日，合肥新桥国际机场正式启用。原合肥骆岗国际机场于1990年3月经国务院批准对港澳地区开放，2005年4月经国务院批准扩大对外国籍飞机开放，2006年6月通过国家验收。2007年10月15日，合肥迁建骆岗国际机场、新建新桥国际机场获国家正式批复同意。合肥空运口岸已建成水果、冰鲜水产品和食用水生动物指定监管场地并正常运营。

合肥新桥国际机场距合肥市中心31.8千米，是国内4E级枢纽干线机场，按照满足2020年旅客年吞吐量1 100万人次、货邮年吞吐量15万吨的需要设计。机场跑道长3 400米、宽45米，航站楼面积11万平方米，站坪面积36万平方米，共设机位27个，其中廊桥机位19个、远机位8个；现已开通至美国、俄罗斯、韩国、日本、新加坡、泰国、越南和中国香港、澳门、台湾等国际和地区客货航线和旅游包机。2022年，合肥空运口岸开放水平不断提升，新桥国际机场航站区扩建工程稳步推进，肉类进境指定监管场地主体建设基本完工，西部航空基地项目已签约，合肥航空货运投资平台运营公司组建成立。新开通至大阪、阿姆斯特丹等定期国际货运航线3条，至仁川定期国际货运航线由每周2班加密至3班，截至2022年年底开行国际定期货运航线7条，在疫情紧张期间有效保障了全市及周边地区重点企业光刻胶等重要原材料和生产设备运输需求。

2022年，新桥国际机场旅客吞吐量571.27万人次，货邮吞吐量7.66万吨。其中，客机腹舱载货量4.41万吨；全货机载货量3.25万吨，同比增长16.74%。

**【黄山空运口岸（黄山屯溪国际机场）】** 黄山屯溪国际机场位于黄山市屯溪区，距中心城区5.5千米，为4D级民用运输机场。1992年9月，国务院批准开放黄山空运口岸；2009年8月，国务院批准黄山空运口岸扩大对外国籍飞机开放；2014年11月，公安部授权设立台湾居民口岸签注点。黄山屯溪国际机场是国家重要的旅游机场，也是皖南及皖浙赣毗邻区域重要的空中交通门户、唯一的国际机场。机场占地面积约173.33万平方米，停机坪面积为4.9万平方米；航站楼面积1.48万平方米，规划设计旅客年吞吐量112万人次；现已开通至韩国和中国台湾、香港等国际和地区航线及旅游包机。

2022年，黄山屯溪国际机场承担了3至4月份外交部在屯溪举办的系列外事活动保障任务。整个活动共保障16个国家和地区的30架次航班，成功实现航班保障和疫情防控“零风险、零失误”目标。12月7日至10日，积极为第七次“1+6”圆桌对话会做好服务保障工作，共保障专机（内地）2架次、香港包机2架次。

2022年，受疫情影响，黄山空运口岸未恢复常态化开放，全年共飞行国际和地区航班36架次、出入境人员594人次。

**【芜湖水运（河港）口岸】** 芜湖港位于安徽省芜湖市，素有“皖南门户，长江巨埠”之美誉。芜湖港于1980年2月经国务院批准对外开放；1991年10月，经全国人民代表大会批准为对外籍轮开放港口；2008年11月，被国家批准为首批对台直航内河港口。2012年5月，芜湖口岸扩大开放水域获批并纳入国家口岸“十二五”规划，标志着芜湖长江水域全部纳入扩大开放范围。2014年9月1日，芜湖朱家桥港正式启动启运港退税政策，是安徽省首个试行启运港退税政策的港口。2018年12月23日，国务院批复同意芜湖港口岸扩大开放三山港区。

芜湖港是全国28个内河主要港口之一和国

家对外开放口岸，是安徽省最大的货运、外贸和集装箱中转运输港，是长江溯江而上最后一个深水良港，可常年通航万吨级船舶，是长江干线较早开展集装箱运输的港口之一。2022年，集装箱运量突破125万标箱，位居安徽省第一。

芜湖港辖长江岸线总长193.9千米，其中江北121千米、江南72.9千米，划分为7个长江干线港区和5个支流港区，拥有各类生产性码头泊位144个，其中万吨级泊位9个，设计货物年通过能力达到1.1亿吨，对外籍轮开放泊位6个。现已基本形成布局合理、能力适度、门类齐全、功能完善、设施先进的良好格局。码头泊位已向规模化、集约化、专业化发展，并形成了煤炭转运、水泥建材发运、集装箱中转、成品油转运、商品汽车滚装运输的特色和优势，已发展成为长江干线重要的能源、水泥、矿石、建材、集装箱运输大港。芜湖港口基础设施日趋完善，远洋货轮可直达日本、韩国、朝鲜、新加坡、马来西亚、泰国、柬埔寨和中国香港、台湾等46个国家和地区，口岸运量逐年攀升。

2022年，芜湖水运口岸完成申报货运量280万吨。

**【铜陵水运（河港）口岸】** 铜陵港地处长江中下游南岸，素有皖中南以及中国古铜都对外开放桥头堡之称。1993年1月，国务院批准铜陵港对外国籍船舶开放；1994年8月，通过国家验收；1997年，正式开通国际集装箱内支线航班；2009年，交通运输部确立铜陵港为海峡两岸三通直航港口；2017年12月28日，铜陵进境水果指定口岸正式启动运营；2020年12月23日，铜陵（皖中南）保税物流中心（B型）封关运作。

铜陵港所处陆域平坦，岸线顺直，航道宽阔，水深流缓，河床稳定，是交通运输部《长江干线航道发展规划》确立的万吨级海轮进江终点港，2016年港口吞吐量达亿吨，是安徽省第2个亿吨级港口。铜陵港区位交通条件优越，处在上海—武汉、九江—南京、合肥—黄山以及安徽长江五港的中心点，沿江高速、合铜黄高速、铜宣杭高速、宁铜铁路、铜九铁路和京福高铁交汇于港区及腹地边际，水陆交通四通八达，是皖中南物流集散中心和长江干线重要港口企业。铜陵港按功能布局分为长湖滩港区、长山港区、永丰港区、江北港区、枞阳港区5大港区，岸线全长184.47千米，其中长江岸线131.3千米，航道枯水期最小维护水深为6米，常年可通航5 000吨级中外籍船舶，中、丰水期可通航万吨级海轮。铜陵港现有生产泊位数71个，其中5 000吨级以上泊位23个（含3个1万吨级），对外开放码头4座，已开通日本、朝鲜、韩国、中国香港、东南亚以及欧美等国家和地区的直达或中转航线，常年可通航和靠泊万吨级海轮。铜陵港主要从事国际、国内集装箱和件杂散货的装卸、仓储、中转以及理货、船舶代理、水陆运输、旅游服务等物流服务等业务，是一个多功能、综合性、现代化港口。

2022年，铜陵港完成货物吞吐量9 362.9万吨，水运口岸完成外贸申报货运量390.22万吨。

**【安庆水运（河港）口岸】** 安庆港地处长江中下游，八百里皖江的源头，临江近海，是全国内河28个主要港口之一。1986年6月，安庆港经国务院批准对外开放；1996年1月，对外籍轮开放；2011年7月，获准对台直航。2017年5月28日，安庆港汽车整车进口口岸获得国务院批准建设。2018年12月27日，国务院批复同意安庆港口岸扩大开放长风港区和皖河农场港区。依托开放口岸安庆市推动开放型经济发展。安庆综合保税区于2022年顺利封关运作。汽车整车进口口岸运行良好，2022年成功获批汽车平行进口试点地区。进境粮食指定监管场地运行平稳。

安庆港中心港区上自皖河农场，下至桐城市鲟鱼嘴，岸线长67千米，其中港口岸线13.7千米。《安庆港总体规划》正在修编，中心港区规划有：长风铁水联运综合物流基地、皖河农场作业区。中心港区正在建设长风二期、皖河新港一期等重点项目，其中皖河新港一期建设4个1万吨级泊位，长风二期建设2个5 000吨级泊位，可新增外贸集装箱泊位3个，新增通过能力45万标箱。码头前沿最大靠泊能力1万吨，最大起重能力40吨，集装箱年设计通过能力50万标箱以上。

安庆口岸已开辟集装箱航线11条，主要航线有安庆—九江、安庆—武汉、安庆—太仓、安庆—南京、安庆—南通、安庆—上海，平均每天始发、直航、挂靠班轮2~3班，外贸集装箱通过长江内支线，经由上海中转世界所有国家和地区。安庆水运口岸进口货种主要为大豆、汽车、石英砂、棉花等，出口货种主要为汽车配件、纸品、水泥等。

2022年，安庆港累计完成集装箱18万标箱，其中外贸集装箱量4.38万标箱。

**【马鞍山水运（河港）口岸】** 马鞍山港位于长江下游南岸的马鞍山市，地处安徽省中部东端，与江苏省交界，是安徽长江段的东大门。1990年10月，国务院批准马鞍山港办理国轮外运业务；2007年9月，国务院批准马鞍山口岸扩大对外国籍船舶开放；2009年7月，通过国家验收组验收。马鞍山水运口岸是首批对台湾直航的口岸。2016年7月5日，马鞍山港口岸扩大开放郑蒲港区集装箱码头1至3号泊位通过国家验收组开放验收正式对外开放。

马鞍山港是全国内河主要港口，上毗芜湖，下邻南京，逆江而上至重庆1 959千米，顺流而下至上海440千米。港辖区上起和县的西梁山，下至乌江的驻马河口，全长41千米。港辖区自采石矶翠螺山至慈湖和尚港，全长15.7千米。港口拥有生产性泊位160个，其中5 000吨级以上泊位19个，可兼靠万吨级海轮泊位13个，最大可靠2万吨级船舶。港口以中心港区、郑蒲港区为核心，以慈湖港区、采石矶港区、太平府港区、江心洲港区、乌江港区为骨干，以当涂港区、博望港区、和县港区、含山港区为补充，形成“一江两岸，双核九区”层次清晰、结构合理、功能明确的布局体系。港口规划发展成为以集装箱、矿石、钢铁、能源物资、化工品等运输为主兼顾旅游客运的现代化、多功能、综合性港口。全港拥有长江及支流港口岸线合计62.17千米，已利用港口岸线14.83千米，占比23.85%；未利用47.34千米，占比76.15%。辖区长江段航道36.2千米，常年维护水深9米以上，中洪水位期达10.5米，2万吨级江海轮可常年到港。

2022年，马鞍山水运口岸完成申报货运量1 082.8万吨。

**【池州水运（河港）口岸】** 池州港位于池州市贵池区城北郊，是交通运输部长江重点港口，也是长江溯江而上南岸最后一个万吨级深水港。2005年7月，国务院批准对外国籍船舶开放；2009年7月，通过国家验收。

池州市依江近海，水网发达，长江流经池州市158千米，岸线长162千米，长江池州段水流平稳，岸坡稳定，常年通航5 000吨级船舶，属国家一级航道，江口至梅龙段可建万吨级码头。沿江高速公路贯穿池州，沿江铁路大动脉铜九铁路东接上海、西达重庆，安庆长江大桥连接安庆与池州，池州九华山机场已于2013年7月29日建成通航，发展水陆联运和水铁联运前途广阔。

截至2022年年底，池州港拥有生产性码头泊位9座、工作泊位2座，其中1万吨级泊位2座、5 000吨级散货泊位2座、3 000吨级件杂货泊位5座，货场总面积31万多平方米，海关监管仓储面积1.5万平方米，长江深水岸线2 460米，码头前沿水深11~18米，各类装卸机械设备180余台，最大起重能力45吨，货运年综合通过能力2 000万吨，集装箱年通过能力5万标箱。池州旅游码头是安徽省唯一停靠涉外游轮的旅游码头，每年停靠涉外游轮约130航次，接待入境游客约3万人次。

2022年，池州港完成货物吞吐量1.3亿吨，其中外贸申报货运量95.7万吨。

## 2022年安徽省口岸大事记

3月7日

根据《中央编办关于安徽省人民政府办公厅加挂安徽省人民政府口岸管理办公室牌子的批复》（中编办复字〔2022〕34号），安徽省人民政府办公厅加挂安徽省人民政府口岸管理办公室牌子。

3月31日

国务委员兼外长王毅在安徽屯溪主持召开第三次阿富汗邻国外长会议、阿富汗问题“中美俄+”磋商机制会议等系列外事活动在安徽屯溪举办，安徽省口岸管理部门及黄山市全力做好外宾进出境服务保障工作。

4月21日

安徽省人民政府副省长周喜安主持召开全省口岸工作领导小组第一次全体会议。

4月28日

海关总署公布2021年全国口岸公共卫生核心能力建设复核情况，在参加复核的20个口岸中，铜陵口岸以95.29分位列第一。

5月26日

海关总署、财政部、国家税务总局、国家外汇管理局下达《关于准予设立皖江江南保税物流中心（B型）的函》（署贸函〔2022〕83号）正式批复同意皖江江南保税物流中心（B型）项目建设。

6月5日

铜陵精达里亚特种漆包线有限公司从日本进口塑料线轴的集装箱，在上海办理进口转关手续后，经“离港确认”驳船转关运输至铜陵港，标志着安徽省首单水运转关“离港确认”业务改革在铜陵港正式落地。

12月7日

第七次“1+6”圆桌对话会在安徽黄山举行。安徽省各口岸管理部门圆满、顺畅、高效完成会议有关出入境服务保障工作。

（撰稿人：余洁、康佳佳、刘航航、胡爱民、俞奕、陈宜钧、陈梦平、王广涛、吴业荣）

## 2022 年安徽省口岸流量统计表

| 口岸类型 | | 口岸名称 | 货运量（万吨） | | | | 集装箱量（万标箱） | | | | 人员（人次） | | | | 交通工具（辆、艘、架、列次） | | | |
|---|---|---|---|---|---|---|---|---|---|---|---|---|---|---|---|---|---|---|
| | | | 出口 | 进口 | 合计 | 同比（%） | 出口 | 进口 | 合计 | 同比（%） | 出境 | 入境 | 合计 | 同比（%） | 出境 | 入境 | 合计 | 同比（%） |
| 空运口岸 | | 合肥 | 0.39 | 1.09 | 1.48 | -20.5 | — | — | — | — | 1 968 | 1 852 | 3 820 | 37.91 | 375 | 369 | 744 | 59.31 |
| | | 黄山 | 0.54 | 3.556 0 | 4.09 | -11.2 | — | — | — | — | 301 | 293 | 594 | — | 18 | 18 | 36 | — |
| | | 分计 | 0.93 | 4.65 | 5.58 | -13.9 | — | — | — | — | 2 269 | 2 145 | 4 414 | 59.35 | 393 | 387 | 780 | 67.02 |
| 水运口岸 | 河港口岸 | 马鞍山 | 33.14 | 1 049.65 | 1 082.79 | -13.2 | | | | | 0 | 0 | 0 | — | 0 | 0 | 0 | — |
| | | 铜陵 | 13.75 | 376.47 | 390.22 | -3.8 | | | | | 0 | 0 | 0 | -100.00 | 0 | 0 | 0 | -100.00 |
| | | 芜湖 | 107.09 | 172.85 | 279.95 | 4.2 | | | | | 0 | 0 | 0 | -100.00 | 0 | 0 | 0 | -100.00 |
| | | 池州 | 5.48 | 90.21 | 95.69 | 7.2 | | | | | 0 | 0 | 0 | — | 0 | 0 | 0 | — |
| | | 安庆 | 14.09 | 10.25 | 24.34 | -41.0 | | | | | 0 | 0 | 0 | 0.00 | 0 | 0 | 0 | — |
| | | 分计 | 173.55 | 1 699.43 | 1 872.98 | -8.7 | | | | | 0 | 0 | 0 | 0.00 | 0 | 0 | 0 | -100.00 |
| 合计 | | | 174.48 | 1 704.08 | 1 878.56 | -8.8 | | | | | 2 269 | 2 145 | 4 414 | 35.2 | 393 | 387 | 780 | 67.02 |
| 同比（%） | | | -5.53 | -9.07 | -8.75 | | | | | | 24.33 | 48.96 | 35 | | 40.86 | 105.85 | 67.02 | |

（安徽省口岸办提供）

# 2022 年合肥海关主要数据统计表

| 项目 | | 2022 年 | 2021 年 | 同比（%） |
|---|---|---|---|---|
| 进出口货运量（万吨） | 合计 | 2 143.28 | 2 329.87 | -8.01 |
| | 进口 | 1 820.90 | 2 034.69 | -10.51 |
| | 出口 | 322.38 | 295.17 | 9.22 |
| 进出口贸易总值（万美元） | 合计 | 11 308 173.86 | 10 699 836.84 | 5.69 |
| | 进口 | 4 166 708.46 | 4 362 535.38 | -4.49 |
| | 其中：江、海运输 | 2 766 898.51 | 2 951 960.90 | -6.27 |
| | 铁路运输 | 19 989.00 | 16 317.53 | 22.50 |
| | 汽车运输 | 192 605.81 | 194 570.91 | -1.01 |
| | 航空运输 | 1 177 219.97 | 1 193 005.17 | -1.32 |
| | 邮件运输 | 620.59 | 809.20 | -23.31 |
| | 其他运输 | 9 374.57 | 5 871.67 | 59.66 |
| | 出口 | 7 141 465.40 | 6 337 301.46 | 12.69 |
| | 其中：江、海运输 | 5 564 800.88 | 4 808 688.11 | 15.72 |
| | 铁路运输 | 197 700.73 | 172 609.58 | 14.54 |
| | 汽车运输 | 386 694.20 | 491 463.29 | -21.32 |
| | 航空运输 | 979 667.09 | 852 365.89 | 14.94 |
| | 邮件运输 | 1 205.22 | 4 779.56 | -74.78 |
| | 其他运输 | 11 397.28 | 7 395.02 | 54.12 |
| 税收（万元） | 两税合计 | 2 691 175.92 | 2 286 107.07 | 17.72 |
| | 关税入库 | 131 440.28 | 131 236.50 | 0.16 |
| | 进口环节税入库 | 2 559 735.64 | 2 154 870.57 | 18.79 |

（合肥海关提供）

# 2022 年安徽省口岸出入境主要数据表

| 项目 | | | 2022 年 | 2021 年 | 同比（%） |
|---|---|---|---|---|---|
| 出入境人员（人次） | 出入境人员总数 | | 4 414 | 3 264 | 35. 23 |
| | 入境人员 | | 2 145 | 1 440 | 48. 96 |
| | 出境人员 | | 2 269 | 1 825 | 24. 33 |
| | 出入境旅客 | | 422 | 190 | 122. 11 |
| | 出入境员工 | | 3 992 | 3 075 | 29. 82 |
| | 中国公民 | 小计 | 757 | 1 003 | -24. 53 |
| | | 内地居民（因公） | 209 | 478 | -56. 28 |
| | | 内地居民（因私） | 537 | 514 | 4. 47 |
| | | 港澳居民 | 3 | 7 | -57. 14 |
| | | 台湾同胞 | 8 | 4 | 100. 00 |
| | 外籍人员 | | 3 657 | 2 262 | 61. 17 |
| | 从海港出入境人数 | | 0 | 494 | -100. 00 |
| | 从陆港出入境人数 | | 0 | 0 | — |
| | 从空港出入境人数 | | 4 414 | 2 770 | 35. 23 |
| 交通运输工具（辆、艘、架、列次） | 总计 | | 780 | 495 | 57. 58 |
| | 船舶 | | 0 | 28 | -100. 00 |
| | 飞机 | | 780 | 467 | 67. 02 |
| | 火车 | | 0 | 0 | — |
| | 机动车辆 | | 0 | 0 | — |

（安徽出入境边防检查总站提供）

## 2022 年芜湖海事局进出港船舶统计汇总表

| 船舶类别 | 进港船舶 | | | | | | | 出港船舶 | | | | | | |
|---|---|---|---|---|---|---|---|---|---|---|---|---|---|---|
| | 艘数（艘） | 总吨（吨位） | 总载重量（吨） | 载客量（客位） | 船员人数（人次） | 货物到达量（吨） | 旅客到达量（人） | 艘数（艘） | 总吨（吨位） | 总载重量（吨） | 载客量（客位） | 船员人数（人次） | 货物发送量（吨） | 旅客发送量（人） |
| 总计 | 152 141 | 253 439 302 | 430 193 042 | 4 214 562 | 864 523 | 176 852 594 | 2 744 523 | 152 053 | 253 402 691 | 430 417 766 | 4 205 321 | 864 893 | 154 038 353 | 2 703 347 |
| 中国籍船舶 | 152 141 | 253 439 302 | 430 193 042 | 4 214 562 | 864 523 | 176 852 594 | 2 744 523 | 152 053 | 253 402 691 | 430 417 766 | 4 205 321 | 864 893 | 154 038 353 | 2 703 347 |
| 其中：外贸船 | 0 | 0 | 0 | 0 | 0 | 0 | 0 | 0 | 0 | 0 | 0 | 0 | 0 | 0 |

（芜湖海事局提供）

## 2022 年安庆海事局进出港船舶统计汇总表

| 船舶类别 | 进港船舶 艘数（艘） | 进港船舶 总吨（吨位） | 进港船舶 总载重量（吨） | 进港船舶 载客量（客位） | 进港船舶 船员人数（人次） | 进港船舶 货物到达量（吨） | 进港船舶 旅客到达量（人） | 出港船舶 艘数（艘） | 出港船舶 总吨（吨位） | 出港船舶 总载重量（吨） | 出港船舶 载客量（客位） | 出港船舶 船员人数（人次） | 出港船舶 货物发送量（吨） | 出港船舶 旅客发送量（人） |
|---|---|---|---|---|---|---|---|---|---|---|---|---|---|---|
| 总计 | 111 618 | 131 013 627 | 199 999 349 | 1 978 722 | 274 995 | 35 462 662 | 1 613 211 | 85 616 | 112 503 318 | 200 798 252 | 703 973 | 276 950 | 140 279 119 | 290 272 |
| 中国籍船舶 | 111 618 | 131 013 627 | 199 999 349 | 1 978 722 | 274 995 | 35 462 662 | 1 613 211 | 85 616 | 112 503 318 | 200 798 252 | 703 973 | 276 950 | 140 279 119 | 290 272 |
| 其中：外贸船 | 0 | 0 | 0 | 0 | 0 | 0 | 0 | 0 | 0 | 0 | 0 | 0 | 0 | 0 |

（安庆海事局提供）

# 福 建 省

# 福建省口岸分布示意图

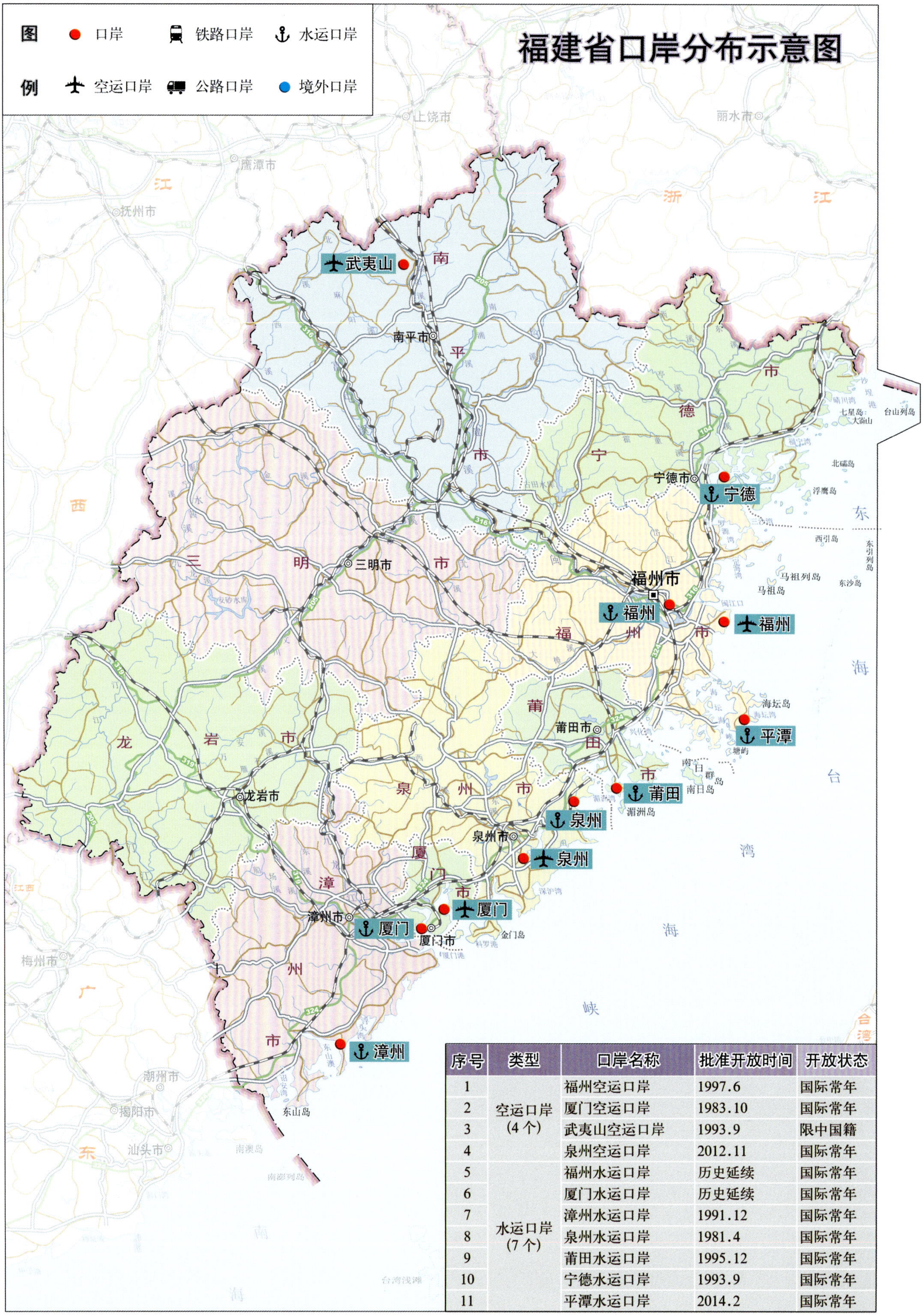


| 序号 | 类型 | 口岸名称 | 批准开放时间 | 开放状态 |
|---|---|---|---|---|
| 1 | 空运口岸<br>(4个) | 福州空运口岸 | 1997.6 | 国际常年 |
| 2 | | 厦门空运口岸 | 1983.10 | 国际常年 |
| 3 | | 武夷山空运口岸 | 1993.9 | 限中国籍 |
| 4 | | 泉州空运口岸 | 2012.11 | 国际常年 |
| 5 | 水运口岸<br>(7个) | 福州水运口岸 | 历史延续 | 国际常年 |
| 6 | | 厦门水运口岸 | 历史延续 | 国际常年 |
| 7 | | 漳州水运口岸 | 1991.12 | 国际常年 |
| 8 | | 泉州水运口岸 | 1981.4 | 国际常年 |
| 9 | | 莆田水运口岸 | 1995.12 | 国际常年 |
| 10 | | 宁德水运口岸 | 1993.9 | 国际常年 |
| 11 | | 平潭水运口岸 | 2014.2 | 国际常年 |

## 口岸数量及分布

截至2022年年底，福建省共有经国务院批准的对外开放口岸11个。其中，空运口岸4个，分别为福州空运口岸（福州长乐国际机场）、厦门空运口岸（厦门高崎国际机场）、泉州空运口岸（泉州晋江国际机场）和武夷山空运口岸（武夷山机场）；水运（海港）口岸7个，分别为福州、厦门、泉州、漳州、莆田、宁德、平潭海港口岸。

## 口岸运行数据

2022年，福建省水运口岸外贸货物吞吐量25 766.45万吨，同比下降0.7%。其中，出口7 763.33万吨，同比增长8.24%；进口18 003.12万吨，同比下降4.18%。外贸集装箱吞吐量1 106.57万标箱，同比增长4.2%。其中，出口549.05万标箱，同比增长2.80%；进口557.52万标箱，同比增长5.67%。

2022年，全省空运口岸进出口货运量累计完成16.39万吨，同比下降25.88%，其中进口4.24万吨、出口12.15万吨；出入境旅客累计完成62.80万人次，同比增长54.80%，其中出境旅客33.32万人次、入境旅客29.48万人次。

2022年，厦门海关监管进出口货物总值12 706.6亿元、货运量1.2亿吨，同比分别增长12.2%、下降8.1%；厦门关区特殊监管区域一线进出口值累计1 976.46亿元，同比增长28.17%；海关税收入库500.95亿元，同比增长27.98%。

## 口岸综合管理

**【推进口岸对外开放】** 一是推动口岸正式开放。宁德港口岸三都澳港区漳湾作业区，已经交通运输部海事局公告正式对外开放。漳湾作业区毗邻的临港工业区投产运行了上汽宁德基地、宁德时代、中铝东南铜业等一大批先进制造业项目，大量产品、原料需要通过海运完成进出口，该作业区的对外开放，对助推闽东北临港产业集群发展、服务周边省份外向型经济均有重大作用。泉州港口岸泉州湾港区锦尚作业区，已完成市级验收，组织通过省级验收，并上报申请国家级验收。该作业区开放后将形成与厦门港优势互补、错位发展的港口发展局面，同时通过泉州厦门“组合港”共享厦门港国际航线资源，有效降低企业组货拼柜和航运成本，为“买全国、卖全球”市场采购贸易方式和泉州外向型经济发展提供便捷的海上航运通道。福州港口岸罗源湾港区环下屿岛作业区，已获得国务院批复同意扩大开放。该作业区服务福州千亿级新材料产业集群，其中申远新材料已建设完成全球最大的己内酰胺生产基地，原辅材料进口将依靠环下屿岛作业区的泊位，预计开放后年进出口量将达80万吨、进出口额将达37亿元。漳州港口岸东山港区城垵作业区，已完成征求意见工作并上报申请列入年度开放审理计划。临港腹地已有旗滨玻璃、光伏及玻璃新材料产业园、海峡两岸（东山）水产品加工集散基地等大项目。其中，漳州旗滨玻璃项目为省重点项目，年纳税额高达6亿元，城垵作业区对外开放后预计每年进口生产原料165万吨。漳州港口岸后石港区隆教作业区，指导有关单位按照有关部门意见完成方案调整，并继续推动征求意见工作。主要服务漳州LNG项目，对优化国家能源结构和布局、确保供气安全、促进闽台经济社会融合、推动金门“新四通”（通水、通电、通气、通桥）目标实现具有重大意义。达产后，预计每年带动的对外贸易额可达90亿元。二是做好新建改建码头泊位省级验收。闽江口内港区军航码头和马尾造船厂2#泊位、后石港区3#泊位、嵩屿港区海通码头4#至6#泊位、古雷港区南15#至19#泊位对外开放通过省级验收。三是临时开放进展顺利。保障罗源湾港区环下屿作业区1#至4#泊位延期临时开放，服务全球最大己内酰胺生产基地。上报申请黄岐港区对台客运码头临时开放，助力两岸经贸人文交往。

**【不断提升口岸运行管理水平】** 实现对全省口岸特别是重点港区、重点码头泊位运行情况的监测，为口岸工作提供数据支撑。

**【做好口岸疫情防控工作】** 全力支持配合福建省疫情防控各专班工作，派出 3 名干部参加外事组口岸防控专班和交通检疫组、冷链防控专班，牵头和参与全省防疫督导共 5 次。

**【优化口岸营商环境】** 协调推进优化通关全链条全流程，福厦跨关区一体化由通关环节拓展到海关全业务领域，实现省内大宗散装进口矿产品分港卸货、跨境电商货物转关等多项合作成效，三明陆地港直通全省各口岸。全省各相关部门加强指导，协调各地口岸积极创造落地条件，推进“抵港直装”“船边直提”试点，进境农产品“两段准入”和“附条件提离”改革、海关进境动植物检疫审批改革加快推进。在海关总署以及国家口岸管理办公室的指导支持下，福建省厦门市列入 2022 年度“促进跨境贸易便利化专项行动”试点城市，带动全省口岸营商环境持续创先创优。2022 年，福建省进口、出口整体通关时间分别为 26.77 小时、1.19 小时，进口、出口整体通关效率在前七大外贸省市中分别列第 3 位、第 4 位。

**【提升“单一窗口”功能服务】** 举办“稳外贸口岸通关便利化政策宣贯”暨“单一窗口”报关技能竞赛活动。上线邮递物品综合服务系统，邮快件进出境作业信息化、系统化、可控化，通关“管得住、管得好、通得快”。推进建设 RCEP 智能服务系统，帮助企业用好用足 RCEP 关税减让红利。服务支持跨境电商新业态，加强“6·18”“双十一”等大促销时间节点运维保障，确保业务“峰值期”系统安全平稳运行，商品快速通关、货物零滞留。新对接厦门国际银行、海峡银行相关线上金融产品，助力企业融资。组织参展第五届数字中国建设峰会，组织多场应用培训、用户孵化沙龙、入户协助，安排人员驻点邮局海关办事窗口。2022 年，新增企业注册用户超 1 500 家、个人用户超 1.7 万个，客服咨询超 1.9 万次，业务量超 6 000 万票。

**【持续拓展中欧班列物流通道】** 协调驻地海关做好中欧班列通关服务，支持服务外贸货物进出口，构建陆运重要通道、重要节点。继厦门、南平武夷山之后，2022 年泉州、龙岩、福州新开行中欧（中亚、中老）班列，省内始发地增至 5 地。

## 口岸监管与服务

**【福州海关全力保障口岸通关顺畅，支持企业复工复产】** 一是深化业务改革，持续压缩通关时间。扎实推进业务改革“五项创新”，“提前申报”“两步申报”已全面推广实施，提前申报容错机制和“先放后改”便利措施等相关配套措施已逐步优化完善，在省内满足条件且有需求口岸开展“船边直提”和“抵港直装”业务。助力整体通关时间再压缩，2022 年 12 月福州关区整体通关时间为：进口 17.98 小时，较 2017 年当月压缩 83.91%；出口 0.62 小时，较 2017 年当月压缩 94.64%，再创新低，实现“五连降”。二是全力保障进口冷链水产品通关顺畅。通过加强通关运行监测，保持对在港水产品集装箱“动态监测+动态清零”，优化采样检测模式，积极探索“1+X”灵活组合的采样检测作业模式，挖潜优化人力资源，通过抽调总关机关、内陆海关人员支援沿海海关现场检查作业、延长作业时间等措施，提升口岸采样检测能力，在全省率先推进检出核酸阳性货物分级分类处置机制，紧盯关键监管环节细化货物途中监管、预防性全面消毒、消毒效果确认等各环节措施。2022 年 4 月份以来福州关区水产品进口量增长且趋势明显。2022 年，福州关区申报进口水产品货值 53.92 亿元，同比增长 30.87%；重量 59.61 万吨，同比增长 12.73%。三是积极助力航空市场复苏，加强与地方政府、有关部门的联防联控，全面启用旅客通关电子系统，融合海关指尖服务小程序、自动测温闸口、人脸识别系统等智能设施设备，实现旅客“一码通关”；行李查验环节启用托运行李先期机检模式，配备新型高速 CT 检查设备，结合配备的VR机器人、智能查验一体机等多种智能监管设施，积极保障进出境旅客高效安全通关，助力企业增开国际航线、复航复飞。2022年，福州长乐国际机场口岸共新增、恢复常规客运航线11条，通达悉尼、墨尔本、雅加达、新加坡、吉隆坡、香港、澳门等地。福州海关共保障进出境航班1 900余架次，进出境旅客约14.5万人次，助力福州机场境外旅客吞吐量排名由2021年的全国第16位提升至第10位。四是大幅压缩进境动植物检疫审批工作时长。顺利获批进境动植物种用和观赏水生动物等11大类共910个CIQ代码的动植物及其产品检疫审批终审权限。进一步加快审批速度，检疫审批工作时限由原来的20个工作日压缩到10个工作日以内。全年累计签发进境动植物检疫许可证658份，审批时间大幅缩短，获企业广泛好评。五是全力保障粮食安全进口。推广进境粮食监管信息化系统应用，实现粮食调运线上审批随报随办。设立进口粮食绿色通道，对进口散装粮食实施免于锚地检疫措施，在新冠疫情期间对粮食船舶实施船边卸货检疫，实现口岸查验快验快放，进境粮食整体通关时长平均7.32小时，同比缩短73.48%。全年关区累计进口粮食280.10万吨、121.24亿元。

**【福州海关提高口岸智慧监管水平，实现更高水平开放】** 一是提升口岸智慧监管水平。创新跨境电商智能审图，在跨境电商监管现场部署18种跨境电商试点算法，联合同方威视自主研发CT智能审图“筹码”识别算法。试点期间，完成智能审图机检图像56 360幅，查获管制刀具等3批次违禁商品和8起共1.06万个赌博用筹码。制定《福州海关口岸物流监控操作规程（试行）》和信息化系统推广应用方案，协商厦门海关共同研究依托安全智能锁和信息化系统实现两关转关货物到港直装。积极推动江阴港智慧监管项目创新，拓展危险品监测功能和整船换载监管功能，相关项目获得福建省“第五届”机关体制机制创新优秀案例二等奖。创新推出“浮码头”海上登临检疫监管模式，保障船厂订单逆势实现正增长10%。“港区货物海关智慧监管模式”创新举措被福建省自贸办列入拟向商务部推荐在全国复制推广名单。二是打造立体互联物流通道。推进中印（度尼西亚）“两国双园”建设，2022年12月6日，福建丰大集团有限公司进境肉类指定监管场地被列入海关总署官网指定监管场地名单。支持元洪作业区进境粮食指定监管场所加快建设。帮扶宁德罗源湾港区环下屿岛作业区获国务院批复扩大开放、福州闽江口内港区华润建材码头通过省级验收正式对外开放，推动国家级（连江）远洋渔业基地建设。持续探索两岸融合发展新路，支持推动“小三通”海上客运直航复航。推动福州新港国际集装箱码头有限公司、福州青州集装箱码头有限公司顺利获得进境原木指定监管场地（B类）资质，解决福建省从松材线虫发生国家进口松木原木的迫切需求。推进“集改散”“散改集”“水水转运”等物流综合模式改革，充分发挥物流通道叠加优化作用，引导企业自由选择最优物流模式。支持福建省中欧班列发展，保障武夷山中欧班列常态化运行，福州首列中欧国际货运班列“闽都号”于7月15日正式开行，福州至万象的中老班列于8月31日顺利首发。福州市中欧（老）班列、武夷山中欧班列共顺利开行22趟次，载运集装箱1 812标箱，货物总值4.09亿元。推出“陆地港出口转关直通业务”，实现三明陆地港至福州、厦门、宁波口岸跨关区、跨省自动审核、自动解封、自动核销、自动放行。2022年，三明陆地港出口转关直通业务模式出口申报1 385票、货值7.8亿元，同比分别增长7.95%、54.9%。

**【厦门海关持续优化口岸营商环境】** 2022年，厦门海关指导厦门关区4个海港口岸14个泊位通过省级验收，1个指定监管场地通过海关总署验收。推动厦门关区新增4条中欧班列新线路，监管班列开行121列、货值41.97亿元。支持开通国内首条“丝路海运”电商快线，中国（厦门）跨境电子商务综合试验区位列商务部评估第一档。加强知识产权海关保护，推动构建“大保护”格局，查获进出境侵权货物1 058批、侵权嫌疑货物530万件；升级全国首个自由贸易试验区海关知识产权保护展示中心；查获的“侵犯外资品牌商标权系列案”入选中国海关知识产权保护十大典型案例，属连续第5年入选。助力厦门港综合效率列全国口岸前列，连续4年获评“中国十大海运集装箱口岸营商环境测评”最高等级。

**【厦门海关多措并举促进外贸保稳提质】** 2022年，厦门海关推进改革创新多点突破，推动厦门海关、福州海关全业务领域一体化改革30项措施落地。保稳提质措施落地见效，率先出台16条细化措施。建立“关企直通车”机制，设立18个保稳提质一站式服务专窗，确保企业“急难愁盼”问题及时得到解决。开展跨境贸易便利化专项行动，出台22项保通保畅细化措施。做好粮食、能矿资源、关键原材料等通关保障，“即报即审”粮食等农产品检疫审批申请3 361批次，“先放后检”进口矿产、原油3 195.8万吨。

**【厦门海关筑牢抗疫防线，落实落细常态化防控要求】** 2022年，厦门海关精准高效做好口岸新冠疫情防控，健全疫情监测预警机制，坚持“7×24小时”应急值守，强化科技保障上线检疫E码通海港版，全关1 968人次参与封闭作战，在全国海关中首先检出奥密克戎BA.4变异株。疫情防控专项考核保持全国海关前列。坚持“多病共防”，累计开展猴痘监测5 127人份，截获2 000只活体美洲大蠊、47只德国小蠊，检出赫氏埃希菌等致病菌。完善口岸核心能力建设联防联控机制，推动口岸突发公共卫生事件应急处置纳入属地应急管理体系。强化口岸卫生监督，截获输入性病媒生物506批次。支持特殊物品平台建设，推行出口远程集中视频查验试点，查获非法入境特殊物品216批次，同比增长1.7倍。

**【厦门海关强监管防风险，筑牢筑实国门安全屏障】** 一是加强口岸食品安全监管。2022年，厦门海关开展进口食品“国门守护”行动，强化境外企业注册信息口岸验核。在全国海关首次检出进口牛肉蓝舌病病毒阳性。开展进口金银箔粉食品、出口植物源性食品等专项排查，发布9项风险预警通报，完成56批出口不合格食品境外通报核查反馈。推动食品安全企业主体责任和地方政府属地管理责任落实，对20家进口商启动通报程序，约谈20家被境外通报不合格的出口食品生产企业。做好治理“餐桌污染”等任务，助力厦门市获“国家食品安全示范城市”称号。二是筑牢进出口商品质量安全防线。2022年，厦门海关检出不合格进出口商品同比增长36.6%，5个典型案例获海关总署采用发布。打击“洋垃圾”入境，退运固体废物1批13吨。开展“口岸危险品综合治理”百日专项行动，检出不合格危险品1 519批，危险品通关时间压缩50%以上。开展出口工业产品退运、不合格商品境外通报/召回调查696起，发布2021年厦门关区进口消费品检验十大典型案例。维护产业链供应链安全，建立进口铜精矿、光刻胶检验监管联系配合机制，保障重点企业铜精矿进口零延迟通关92批次，快速验放、优先检测900批次急需进口货物。三是持续强化正面监管。2022年，厦门海关组织5轮安全生产全覆盖检查、2轮“四不两直”（不发通知、不打招呼、不听汇报、不用陪同接待、直奔基层、直插现场）督导，整改问题136个；“口岸危险品综合治理”百日行动查发危险品伪瞒报167票，危险品抵港提离时间由8.5天压至4天以内。组织反恐演练35场、反恐宣传48场次，开展打击“四涉”（涉恐、涉枪、涉爆、涉反宣品）专项行动，处置核辐射异常情事305起，缴获仿真枪1支、管制刀具33把、弩3把。做好滞港固体废物退运，实现查发固体废物100%退运。运用“制度+情报+科技”手段加强全渠道“扫黄打非”，查获违禁印刷品及音像制品3.95万件，同比增长13.68倍。探索数字监管，推动“一舱三平台”建设，率先实现船舶登临检查准备环节可视化管理。推进综合查验模式试点。推广智能审图算法分类部署试点，查发涉及安全准入、易燃易爆危险品等问题505起。深化旅检智能化改革，部署使用海关总署开发运行的系统与设备。推广“安全智能锁+转关自动核销”。优化集装箱国际转运流程，每箱作业时效由2~3小时压缩到5分钟以内，累计完成监管中转作业量 108.5 万标箱。监管“船边直提”“抵港直装”1.76 万标箱，业务量增长超 4 倍。创新多式联运“一单制”，采用“一单制”累计签发 2 066 标箱，获评 2022 年度厦门市“十佳”营商环境创新举措。

**【厦门出入境边防检查总站服务福建更高水平开放】** 高标准落实国家移民管理局和福建省“十四五”规划，主动融入国家和省市发展战略，深化边检机关促进服务航运企业发展 16 项措施和便利企业生产经营活动若干举措落地运用，全力支持全省相关海港口岸扩大开放，配合福州、厦门机场“海丝”门户航空枢纽建设和厦门国际航运中心、邮轮母港等建设。“国际航行船舶人员精准管理”举措入选中国（福建）自由贸易试验区第 19 批创新举措，12367 服务平台多项关键指标位居全国前列。2022 年，向广西三江县投入帮扶资金 128.4 万元，引进资金 181.5 万元，采购农产品 213.7 万元，帮销农产品 499.5 万元，10 项便民工程陆续竣工并交付使用，在促进加快乡村振兴进程中展现边检作为。

**【厦门出入境边防检查总站服务两岸融合发展大局】** 找准对台工作的切入点，发挥边检总站对台工作 15 条措施更大作用，研提 7 条关于支持两岸融合发展的意见建议，全力策应中央对台工作大局。推动台湾渔船、小额贸易商船停泊点优化整合工作落地，停泊点管理职责和对台工作更加清晰有力。深化与厦门大学台湾研究院合作开展涉台课题研究探索，加强台海方向出入境管理的政策理论和动态研究，助推积极探索海峡两岸融合发展新路。创优 12367 闽南语方言话务品牌，稳妥做好海峡论坛、海峡青年节、海峡两岸文博会、台交会等福建省主场涉台经济文化交流活动通关保障。

**【厦门出入境边防检查总站常态落实疫情防控举措】** 坚定不移落实“外防输入、内防反弹”总策略和“动态清零”总方针，严格落实国务院第九版防控方案，研究出台边检总站贯彻落实 20 条优化措施工作意见。向联防联控机制预警高风险人员数据 10 万余条，为防疫大局提供精准预警支持。推动并启用高崎、福州 2 个机场入境低风险航班查验专区。积极适应进一步优化落实疫情防控措施新形势新要求，平稳有序推进疫情防控措施调整转段，科学调整、精准落实各项安全管理措施，有效织密“外防输入”国门防线。

**【福建海事局努力构建安全稳定口岸发展环境】** 一是建成一流设施装备。“海巡 06”轮顺利列编，执法装备力量实现重大升级，辖区执法力量从近海向深远海迈进。投入使用以来，参与保障党的二十大等重大巡航执法任务 39 次，亮相《新闻联播》并创评市爱国主义教育基地，获得良好社会反响，成为福建海事一张靓丽的新“名片”。二是提供一流海事服务。聚力加快建设交通强国，助力宁德港漳湾作业区通过国家级验收正式开放，完成福州、厦门、漳州港口岸 11 个泊位对外开放省级验收。积极推进共建“一带一路”，全面推进以厦门港和福州港为枢纽的国际航运中心建设，新开通 14 条集装箱班轮、客运航线，内引外联辐射效应不断扩大，为“海上福建”建设提供强劲支撑。三是统筹做好疫情防控和保通保畅。积极发挥保通保畅、船员换班两个工作专班的协调保障作用，实现重点物资运输船舶“即报即审即通行”，确保船员换班和伤病救助“应换尽换”“应救尽救”。协调解决宁德引航站引航员短缺矛盾，开通“绿色通道”服务海运支线航线、集装箱“穿梭巴士”新增新开，保障物流供应链畅通稳定。全省共保障国际航行船舶船员换班 878 艘次、9 591 人次，妥善处置涉疫船舶 51 艘，保持了水运口岸疫情零扩散、无外溢；保障 3.8 亿吨重要生产、民生及防疫物资安全高效运输。内部疫情防控有力有效，确保泉州、宁德、福州等地聚集性疫情期间工作不断不乱。四是改革创新举措更加优质。引导航运企业转变发展理念，平潭推出全国首个航运企业诚信安全管理奖励政策。在海事系统首推“办不成事”兜底服务机制，试行“政务服务全流程评查工作机制”，游艇操作人员适任证书签发、海员证核发等业务实现“全城通办”。专用航标行政许可优化等 3 个项目被认定为中国（福建）自由贸易试验区第 19 批全国首创项目，航运公司综合服务平台等 2 个项目入选中国（福建）自由贸易试验区第 9 批可复制创新成果。

## 开放口岸

**【福州空运口岸（福州长乐国际机场）】**

福州长乐国际机场位于福建省福州市长乐区，距离福州市区约 47.5 千米，车程约 50 分钟，为 4E 级民用国际机场，是中国东南沿海最繁忙的机场和福建省重要的国际机场之一。2015 年，国家“一带一路”倡议中将福州长乐国际机场定位为“海丝门户枢纽机场”，这意味着福州长乐国际机场从一般枢纽机场上升为国家级门户枢纽机场。机场现有一条长 3 600 米、宽 45 米的混凝土跑道，航站楼总面积达 21.6 万平方米，运行机位 62 个，航空公司基地机位 14 个，可保障旅客年吞吐量 2 500 万人次。

福州长乐国际机场于 2015 年 11 月 30 日旅客年吞吐量突破 1 000 万人次，跻身国内大型航空港行列。截至 2022 年年底，在场运营航司共 38 家，运营国内外航线 75 条，其中境内航线 64 条、地区航线 3 条、国际航线 8 条；通航航点 71 个，其中境内航点 60 个、地区航点 3 个［台北桃园（货）、香港（客）、澳门（客）］、国际航点 8 个［东京（客）、雅加达（客）、美娜多（客）、吉隆坡（客）、新加坡（客）、悉尼（客）、金边（客）、曼谷（客）］。

2022 年 2 月 10 日，福州国际机场二期扩建工程项目用地获国务院批复，二期飞行区、航站区、货运区建设稳健推进；6 月 17 日，空管工程举行奠基仪式进入实质性建设阶段。二期扩建工程总投资估算约 205 亿元，按照近期目标年 2030 年的需求规模进行建设，其中飞机年起降 27.7 万架次、旅客年吞吐量 3 600 万人次、货邮年吞吐量 45 万吨；远期规划按照目标年 2050 年的需求规模进行建设，其中飞机年起降 503 574 架次、高峰小时 109 架次，旅客年吞吐量 7 200 万人次，货运年吞吐量 80 万吨。

2022 年，福州长乐国际机场运输起降 5.6 万架次、货邮吞吐量 9.18 万吨、旅客吞吐量 573.94 万人次，其中全年旅客吞吐量国内机场年度排名第 32 位。全年出入境运输起降 1 885 架次、货运量 2.13 万吨、出入境旅客 12.27 万人次，其中出入境旅客吞吐量全国排名第 10 位。

福州长乐国际机场

**【厦门空运口岸（厦门高崎国际机场）】**

厦门高崎国际机场位于厦门岛的东北端，距厦门市中心 10 千米，地处闽南金三角的中心地带，与台湾隔海相望，三面临海，环境优美，净空条件优越，具有良好的区位优势。1982 年 1 月 10 日，厦门高崎国际机场破土动工兴建；1983 年 10 月 22 日，建成并对外开放。1992 年，经国家批准机场进行了大规模扩建，扩建后的厦门空港飞行区等级为 4E 级，可起降 B747－800 等大型飞机。

2022 年，在厦门空港营运的航空公司达 41 家，其中国内航空公司 30 家、国际及地区航空公司 11 家；运营境内外航线 167 条，其中境内 143 条、地区 5 条、国际 19 条；已有航点共 123 个，其中境内 100 个、地区 4 个、国际 19 个（含 4 个货机通航点）。航线网络已基本覆盖了中国所有省会城市和主要二、三线城市，搭建了通往北美、欧洲、澳洲的客运航线。厦门航空口岸已成为华东地区重要的区域性航空枢纽。厦门高崎国际机场的东南亚航线覆盖较广、航班密度较高，在全国位居前列，特别是由于厦门特殊的对台区位优势，厦门两岸直航航班的密度位居大陆地区前3位。

2022年，厦门高崎国际机场保障安全飞行9.98万架次，同比减少22.04%；旅客吞吐量1 012.56万人次，同比减少32.28%，其中，出入境旅客48.11万人次，同比增长57.41%；货邮吞吐量26.21万吨，同比减少12.00%，其中，出入境货邮14.27万吨，同比减少6.25%。

**【泉州空运口岸（泉州晋江国际机场）】** 泉州晋江国际机场位于福建省泉州市晋江市，距泉州中心市区12千米。机场始建于1955年8月，为军用机场。1996年12月，泉州晋江机场正式通航。2012年11月，泉州晋江机场航空口岸正式对外开放。2014年10月，更名为泉州晋江国际机场。机场具备全天候飞行条件，飞行区等级为4D级，能起降波音757等同类机型，可满足旅客年吞吐量400万人次、货邮年吞吐量4.4万吨的保障需求。泉州晋江国际机场已有国内外37家航空公司进场运营，开通国际（地区）、国内客货运航点83个，每周计划进出港航班约1 998架次。

2022年，受疫情影响，泉州晋江国际机场暂未复航。

泉州晋江国际机场

**【武夷山空运口岸（武夷山机场）】** 武夷山机场位于福建省南平市武夷山市南郊，距离市区及武夷山风景区各7千米。1993年9月22日，国务院批准在武夷山设立国家航空口岸。

自2020年2月以来，受疫情影响，武夷山航空口岸已全面停运。

武夷山机场

**【福州水运（海港）口岸】** 福州港位于中国东南沿海、台湾海峡西岸，是中国沿海主要港口。福州全市海域面积10 573平方千米，海岸线长度1 310千米。其中，大陆海岸线长920千米；海岛海岸线长度390千米，约占福建省海岸总长的三分之一。福州是大陆距台湾最近的地区，连江县黄岐半岛距马祖列岛仅4.8海里。福州作为首批对外开放的沿海港口城市之一，地处长三角、珠三角等全国最活跃经济板块的中间地带，具有得天独厚的口岸优势。

截至2022年年底，福州港有生产性泊位108个，其中万吨级以上泊位58个（5万吨级以上泊位27个），而结构按10万吨级以上达到21个，总通过能力14 851.3万吨（含集装箱284.6万标箱）。同时，福州海港与世界上40多个国家和地区的港口开展贸易往来，共有集装箱航线83条（内贸41条、外贸42条），其中，国际及地区集装箱航线29条（含丝路海运航线12条），外贸内支线13条，“两马”（福州马尾琅岐—台湾马祖）、“黄岐—马祖”2条海上直航客运航线。

2022年，福州港共完成外贸货物吞吐量5 468.67万吨，同比下降3.54%；外贸集装箱累计吞吐量148.02万标箱，同比下降4.07%；受疫情影响，从2020年2月10日起至2022年年底“两马”“黄岐—马祖”对台客运停航。

福州闽江口内港区青州作业区

**【厦门水运（海港）口岸】** 厦门港位于我国东南沿海，福建省东南部、九龙江入海处，背靠漳州、泉州平原，濒临台湾海峡，面对金门诸岛，与台湾宝岛和澎湖列岛隔海相望。厦门海岸线蜿蜒曲折，全长 234 千米。港区外岛屿星罗棋布，港区内群山环抱，港阔水深，终年不冻，是我国东南沿海重要的天然深水良港。

厦门港是全国 25 个主要港口、12 个区域性枢纽港、9 个沿海国际集装箱干线港之一和对台航运重要口岸，范围跨厦门与漳州两个地市级行政区共 8 个港区（其中厦门市东渡、海沧、嵩屿、刘五店、客运，漳州市后石、石码、招银）。现共有航线 173 条，其中外贸航线 133 条、内贸线 40 条，通达 55 个国家和地区的 149 个港口。“一带一路”航线 86 条，途经 24 个共建“一带一路”国家和地区的 55 个港口。RCEP 航线 96 条，途经 11 个国家和地区的 57 个港口。

厦门嵩屿码头（吴广宁 摄）

2022 年，厦门港货物吞吐量完成 21 939.62 万吨，同比减少 3.59%，其中，外贸货物吞吐量 11 647.49 万吨，同比减少 0.20%；集装箱吞吐量完成 1 243.47 万标箱，同比增长 3.22%；对台货运直航 35.12 万标箱，同比减少 3.06%。

**【泉州水运（海港）口岸】** 泉州港位于福建省东南部，与台湾一水之隔，毗邻港澳，距香港 357 海里、距高雄港 165 海里，石井作业区距金门仅 5.6 海里。早在 6 世纪的南朝，泉州已开始和国外交往。唐代泉州开埠，宋元时期泉州港海外贸易达到鼎盛阶段，公元 1087 年北宋设置泉州市舶司，元代泉州港成为国际重要的贸易港口。泉州港是我国东南沿海不可多得的天然良港之一。1981 年泉州港口岸恢复对外开放，1983 年泉州海港口岸正式对外开放。

泉州海岸线长 541 千米，现建成生产性码头泊位 92 个，其中万吨级以上泊位 29 个（最大泊位为 30 万吨级专用油码头）。泉州港口岸辖区海岸线 427 千米，由肖厝、斗尾、泉州湾、围头湾和深沪湾五大开放港区组成，对外开放码头泊位 39 个。泉州市港口与世界 19 个国家和地区有海运往来，现已开通集装箱班轮航线 39 条，其中外贸集装箱班轮航线 13 条（含内支线 1 条），主要是近洋集装箱航线，通达菲律宾、越南、日本、俄罗斯以及中国香港、台湾等国家和地区。泉州至金门客运航线 1 条。

2022 年，泉州海港口岸外贸进出口吞吐量完成 3 681.34 万吨，集装箱进出口完成 109 613.75 标箱。泉金客运航线自 2020 年 2 月 10 日起停航，暂未复航。

泉州港石湖港区

**【漳州水运（海港）口岸】** 漳州港地处福

建省南部漳州市行政辖区范围内，由“两湾六区”组成，即环厦门湾南岸和东山湾2个湾区，包含石码、招银、后石、古雷、东山、诏安6个港区。大陆海岸线长715千米，共规划建设泊位250个，规划形成陆域面积3 011万平方米。截至2022年年底，已建成生产性泊位76个，其中万吨级及以上深水泊位25个、集装箱泊位7个。有浮宫、旧镇、礁美、铜陵、冬古和宫口6个对台小额贸易点以及旧镇、冬古2个渔工劳务输出接运点。已开通至美国、加拿大、澳大利亚、新西兰、日本、韩国、巴西等外贸货运航线，以及至香港、台湾、上海、大连、青岛、深圳等集装箱航线。

石码港区是福建省重要的船舶修造基地，以杂货和建材运输为主。招银港区成功培育了木材、粮食、钢材三大市场，是福建最大的粮食中转基地和木材集散地。后石港区是以大宗散货码头为主的大型临港工业港区，承担大宗散货和LNG、石油化工品等液体散货运输。古雷港区是我国八大深水港之一和发展第五代集装箱的优良港址，以原油、石化产品运输为主，兼顾散货、杂货和集装箱运输。东山港区以服务临港工业、城市旅游和地区经济发展为主，发展散杂货和对台客滚运输、兼顾油品运输。诏安港区主要服务地方经济和临港产业发展。除诏安港区外，其他5个港区均为一类开放口岸。

漳州招银港区

**【莆田水运（海港）口岸】** 莆田港东临台湾，西连“两湖一江”，北承长三角，南接珠三角，是福建、长三角和珠三角的中部连接地带，区位优势得天独厚，经济腹地广，是我国东南沿海重要的中转枢纽港口。莆田海港口岸于1999年11月26日经国家批准正式对外开放。2018年12月28日，莆田港口岸东吴港区扩大开放通过国家验收。2019年1月8日，交通运输部正式对外公告，莆田港口岸东吴港区实现正式对外开放。莆田海港口岸查验单位海关（含缉私)、边检、海事设置齐全，港区现场设有分支机构，港政、航运、代理、船务、银行、保险等也都全部配套到位，可全天候开展口岸通关业务。口岸设有海港进口木材检疫除害处理区、国家重点煤炭、鞋革和木材检验检测实验室。

莆田港已与美国、俄罗斯、加拿大、巴西、阿根廷、韩国、泰国、沙特、印度尼西亚、马来西亚等30个国家和地区的50个港口建立了海上航运联系，开通了对台海上客货运直航业务。进出口的大宗货物主要有铁矿石、LNG、木材、煤炭、转基因大豆、钢材、粮食、石化、鞋服原辅材料及成品、机器设备等。2022年，新增货种锂辉石。

莆田海港口岸已建成外贸客货运码头17座，包括：秀屿港区秀屿作业区7座、莆头作业区2座、罗屿作业区2座、东吴作业区3座；东吴港区东吴作业区东1号和2号各1座；湄洲岛港区对台客运码头1座。港内设有25万吨级、20万吨级、5万吨级、2万吨级、1万吨级浮筒各1座，避风避险应急锚地1座，设计年货物吞吐量近亿吨、客运20万人次，可最大适航40万吨级船舶通航。向莆铁路、沈海高速支线直通港区，可实现无转场铁海联运业务，是福建海西重要战略港口。莆田海港口岸现设有1个陆上海关监管场所和11个海港口岸海关监管场所。

2022年，莆田海港口岸累计完成外贸货运量3 297.91万吨，同比下降7.98%。其中，进口货运量2 718.58万吨，同比下降9.02%；出口货运量579.33万吨，同比下降2.73%。累计完成集装箱货柜4 912标箱，同比下降59.73%。其中，进口货柜3 151标箱，同比下降53.79%；出口货柜1 761标箱，同比下降67.27%。

莆田港东吴港区煤炭码头

**【宁德水运（海港）口岸】** 宁德港位于福建省东北部——世界闻名的天然良港三都澳内，东距台湾基隆港145海里，南依省会福州，北距上海390海里，南至福州66海里，距离西太平洋西岸国际主航线30海里，是连接我国中西部地区“一带一路”的重要出海通道，港口优势、区位优势、对台优势凸显。

2022年，宁德港口岸三都澳港区漳湾作业区正式对外开放。通关一体化改革持续深入，口岸环境进一步改善，对外开放程度进一步提升。口岸共开设外贸作业点26个。口岸对外运输航线主要有日本、韩国、印度尼西亚、菲律宾、越南等国际航线和对台直航货运航线。进口货物主要有煤炭、镍矿、铜精矿，出口货物主要有锂电池、新能源汽车KD零部件、水产品、砂石、钢材设备。口岸还开展外国籍船舶维修业务。

宁德三都澳港区漳湾作业区

2022年，宁德港完成进出口货运量1 623.78万吨，同比增长8.39%。其中，进口1 575.38万吨，同比增长9.8%；出口48.4万吨，同比下降23.56%。

**【平潭水运（海港）口岸】** 平潭港地处海峡西岸，处于我国海岸线的中心和海峡经济走廊的中心突出部，东濒台湾海峡，距台湾新竹仅68海里，是大陆距台湾本岛最近的地区，具有优越的自然条件和对台区位优势，是两岸贸易合作和人员往来的重要平台。平潭海港口岸共有2个港区，分别为澳前、金井港区。澳前港区开通平潭至台北、台中、高雄3条客滚直航航线；金井港区开通平潭至台北、高雄、金门、马祖等多条直航及对台“小三通”集装箱货运航线，新开通“印度尼西亚—江阴—平潭”外贸内支线和平潭至巴基斯坦国际航线。进出口货物种类主要有农渔产品、台湾地区食品类、台杂货、电子面板等。

平潭港口岸金井港区

2022年，平潭海港口岸出入境人数1.58万人次，同比增长17.6%；外贸进出口货物75.47万吨，同比增长110.28%；海港国际集装箱11.71万标箱，同比增长33.70%；出入境船舶989航次，同比增长11%。

## 厦门市

**【口岸运行数据】** 2022年，厦门港货物吞吐量完成21 939.62万吨，同比减少3.59%，其中外贸货物吞吐量 11 647.49 万吨，同比减少 0.20%；集装箱吞吐量完成 1 243.47 万标箱，同比增长 3.22%；对台货运直航 35.12 万标箱，同比减少 3.06%。厦门空港保障安全飞行 9.98 万架次，同比减少 22.04%；旅客吞吐量 1 012.56 万人次，同比减少 32.28%，其中出入境旅客 48.11 万人次，同比增长 57.41%；货邮吞吐量 26.21 万吨，同比减少 12.00%，其中出入境货邮 14.27 万吨，同比减少 6.25%。

**【口岸开放工作】** 厦门海港口岸海沧港区海通码头于 2022 年 1 月 19 日通过省级口岸验收正式对外开放。

**【口岸综合管理】** 一是口岸疫情防控有力有效。厦门市口岸办会同口岸查验单位把好海港、空港国门第一关，统筹推进口岸疫情防控和保障口岸畅通，重点做好机场口岸防疫工作。厦门市口岸办作为厦门市外防输入组机场航空工作专班牵头单位，制定各类流程规定 24 个、管控措施 30 余条，与各口岸查验单位密切配合，织密机场口岸的疫情防控网。口岸单位与卫健委、120 急救中心、外办、航空公司、码头等单位加强联合管控与应急处置。坚持“人、物、环境”同防，严格做好进口冷链食品疫情防控及高风险非冷链集装箱货物口岸检测监测及预防性消毒。持续保障口岸单位防疫物资、工作人员核酸检测及新冠病毒疫苗接种。二是在 2022 年度十大海运集装箱口岸营商环境测评中，厦门再次荣获本年度测评最高星级。厦门市人民政府发布《厦门市 2022 年促进跨境贸易便利化优化口岸营商环境专项工作方案的通知》，持续推进优化口岸营商环境。促进跨境贸易便利化专项行动圆满完成。2022 年，厦门首次被国家口岸管理办公室列入“全国跨境贸易便利化专项行动”十个试点城市之一，开展为期 5 个月的专项行动。市政府成立工作专班，出台《2022 年厦门市持续优化口岸营商环境促进跨境贸易便利化专项工作方案》，从提效降费促便利 3 个方面持续推动，深化创新试点，优化通关全流程。持续推动压缩整体通关时间，厦门口岸进出口整体通关时间均位于沿海主要口岸前列。公开港口集装箱进出口环节作业时限，进一步提高口岸作业效率，建设稳定透明的口岸服务环境。三是“单一窗口”建设持续加强。厦门国际贸易“单一窗口”工作被写入《厦门经济特区优化营商环境条例》，自 2022 年 3 月 1 日起施行。平台体制机制建设进一步规范和完善，《厦门国际贸易“单一窗口”数据安全管理暂行办法》《厦门国际贸易“单一窗口”平台项目共建协议》等制度落地实施助推项目建设。圆满完成党的二十大网络安全保障、网络安全应急演练和攻防演练等各项任务。深化航空物流公共信息平台试点，开展航空电子货运平台重点绩效评价，“单一窗口+航空物流”模式作为厦门市改革创新优秀案例得到推广。四是口岸管理水平持续提升。由厦门市口岸办牵头建立口岸工作联席会议制度，加强对口岸工作的领导，统筹协调口岸管理，整合 13 个成员单位，成为口岸工作议事决策的平台。推动口岸减负降费。持续落实免除集装箱查验服务费政策，全年共减免 3.3 万自然箱，减免企业查验费约 2 100 万元。在海港公开作业流程及时限的基础上，推动元翔货站、商舟货站在企业网站公示空港货运作业流程及时限。加强口岸发展规划。根据国家“十四五”口岸发展规划，编制厦门口岸高质量发展规划。完善提高口岸应急保障能力。市口岸办会同厦门港口管理局、海关、边检、海事等相关单位，在邮轮中心组织口岸联防联控应急演练，进一步深化各单位合作，提升邮轮母港港口运营保障能力。

**【对台主要工作】** 邮轮中心码头“进境冰鲜水产品”和“进境食用水生动物”指定监管场地通过厦门关区预验收。探索两岸融合发展新路，加快对台海运快件“南向通道”建设。

## 2022 年福建省口岸大事记

1 月 18 日

泉州中欧国际货运班列首发，助力泉州加强与共建“一带一路”国家和地区经贸往来，促进“泉州制造”走向世界。

1 月 18 日—20 日

马尾军航码头、厦门海通码头、漳州后石 3#泊位新增外贸作业点对外开放通过省级验收。

2 月 9 日

印度尼西亚狮子航空恢复福州至美娜多定期客运航线。

3 月 4 日—5 日

漳州古雷南 15#至 19#泊位新增外贸作业点对外开放通过省级验收。

3 月 17 日

东方航空恢复福州—洛杉矶货运包机航线。

3 月 18 日

福建省商务厅（口岸办）联合福州海关举办首届中国（福建）国际贸易单一窗口报关技能竞赛正式拉开帷幕。

3 月 21 日

交通运输部对外公告宁德港口岸扩大开放三都澳港区漳湾作业区。

3 月 30 日

福建省第十三届人民代表大会常务委员会第三十二次会议通过《福建省优化营商环境条例》要求，优化提升中国（福建）国际贸易单一窗口服务，完善跨境贸易便利化措施，优化口岸作业和物流组织模式，推进口岸物流单证无纸化，提升全流程电子化程度，压缩口岸整体通关时间，通过市场引导、行业规范等方式，降低进出口环节的合规成本，实现口岸收费合理稳定。

3 月 30 日

福建省委常委、常务副省长郭宁宁赴福州长乐国际机场调研，深入现场检查机场检验检疫流程以及入境人员、工作专班闭环管理落实情况。

3 月 31 日—11 月 4 日

根据中国民用航空局安排，东方航空纽约至上海浦东航班分流至福州机场入境。

4 月 13 日

福建省商务厅（口岸办）联合中国信保福建分公司印发《关于加大出口信用保险支持促进外贸平稳发展的通知》，明确继续发挥出口信用保险作用，全力以赴稳定外贸发展；对通过“单一窗口”投保的小微企业案件实行高效理赔，推广“小微出口护航行动”等。

4 月 29 日

龙岩“红古田号”中欧国际货运班列首发，是闽西革命老区开出的首趟跨国货物班列，开辟了内陆地区、革命老区对外开放新通道。

5 月 18 日

《福建日报》头版头条刊发《小微统保，助力外贸企业拓市场》，报道福建省商务厅（口岸办）与省财政厅在全国首创“单一窗口+出口信保”统保平台，为外贸企业提供投保、理赔、资信调查等一系列便捷的在线金融服务。

5 月 19 日

2022 年“丝路海运”夏季（榕城）峰会在福州举行。

5 月 31 日

福建省商务厅（口岸办）联合福州海关举办 2022 年中国（福建）国际贸易单一窗口关税政策宣讲专题培训。

5 月 31 日

交通运输部同意福州港罗源湾港区环下屿岛作业区 1#至 4#泊位临时开放延期。

6 月 18 日

福建省金融办公布 2021 年度福建省金融创新项目名单，“单一窗口+出口信保”服务项目获评福建省金融创新项目。

6 月 19 日

厦门航空恢复福州—香港定期客运航线。

6 月 22 日

福建省人民政府发布《福建省营商环境创新改革行动计划》，指出要完善“单一窗口”服务功能，进一步拓展“单一窗口+”，推进跨境贸易业务“一站式”办理。

6 月 26 日

印度尼西亚巴迪航空开通福州—雅加达定期客运航线。

6 月 27 日

厦门航空恢复福州—悉尼定期客运航线。

6月27日

稳外贸口岸通关便利化政策宣贯暨中国（福建）国际贸易单一窗口报关技能竞赛颁奖仪式在福州举行。

6月30日

国务院批复同意福州港口岸扩大开放罗源湾港区环下屿岛作业区。

7月4日

《福建日报》刊发《保畅出实招口岸通关再提速》，报道福建省口岸通关效率持续巩固提升，进口、出口货物整体通关时间保持前七大外贸省市前列。

7月9日

春秋航空开通福州—香港定期客运航线。

7月15日

福州“闽都号”中欧国际货运班列（福州—莫斯科）首发，进一步发挥江阴疏港铁路支线区位优势，加深“海丝”“陆丝”互动衔接，为福建及周边地区企业出口打造“国际陆海贸易新通道”。

7月23日

福建省商务厅（口岸办）联合福州海关参展第五届数字中国建设峰会，中国（福建）国际贸易单一窗口和口岸通关监管智能化成果共同亮相。

7月

泉州斗尾7#泊位首次临时进靠航行国际航线船舶。

8月10日

福建省委常委、福州市委书记林宝金赴国际航空城调研，指导推进国际航空城建设。

8月11日—12日

马尾造船厂2号舾装码头新增外贸作业点对外开放通过省级验收。

8月31日

福州“闽都号”中老铁路国际货运班列首发。

9月1日

泉州港口岸锦尚作业区扩大开放通过省级验收。

9月8日

2022“丝路海运”国际合作论坛在厦门开幕。

9月8日

四川航空开通福州—香港定期客运航线。

9月21日

印度尼西亚狮子航空开通福州至乌戎潘当定期客运航线。

9月26日

福建省商务厅（口岸办）召开专题协调会推进通关便利化。

9月26日

酷虎航空恢复福州—新加坡定期客运航线。

10月8日

印度尼西亚苏拉维加亚航空开通福州至雅加达定期客运航线。

10月25日

厦门航空恢复福州—新加坡定期客运航线。

10月31日

厦门航空恢复福州—吉隆坡定期客运航线。

11月1日

《福建日报》刊发《“单一窗口+出口信保”政策覆盖面进一步扩大》，报道福建省进一步扩大“单一窗口+出口信保”政策覆盖面，符合条件的小微出口企业，通过中国（福建）国际贸易单一窗口申领2023年出口信用保险保单。

12月2日

厦门航空开通福州—金边定期客运航线。

12月8日

东方航空开通福州—吉隆坡定期客运航线。

12月9日

厦门航空恢复福州—澳门定期客运航线。

12月9日

中国报关协会发布了“2022年十大海运集装箱口岸营商环境测评”结果，福建省厦门口岸再次获评最高星级“四星级”。

12月12日

莆田国际陆港揭牌暨首票出口通关仪式在莆

田市跨境电商监管中心举行。

12月16日

澳门航空开通福州—澳门定期客运航线。

12月20日

东方航空开通上海浦东—曼谷—福州定期客运航线。

（撰稿人：蔡志新、沈昊、张昕欣、许炯锋、吴李鑫、陈润禾、苏丽丽、李瀚铭、叶雅芳、李沛丰、江木秀、周颖杰、杨震、毛蒙恩）

## 2022 年福建省口岸流量统计表

| 口岸类型 | | 口岸名称 | 货运量（万吨） | | | | 集装箱量（万标箱） | | | | 人员（万人次） | | | | 交通工具（辆、艘、架、列次） | | | |
|---|---|---|---|---|---|---|---|---|---|---|---|---|---|---|---|---|---|---|
| | | | 出口 | 进口 | 合计 | 同比（%） | 出口 | 进口 | 合计 | 同比（%） | 出境 | 入境 | 合计 | 同比（%） | 出境 | 入境 | 合计 | 同比（%） |
| 空运口岸 | | 福州 | 1.90 | 0.22 | 2.12 | -68.96 | | | | | 6.49 | 8.19 | 14.68 | 66.84 | 996 | 970 | 1 966 | -39.25 |
| | | 厦门 | 10.25 | 4.02 | 14.27 | -6.25 | | | | | 26.83 | 21.29 | 48.11 | 57.41 | 3 475 | 3 475 | 6 950 | -6.99 |
| | | 泉州 | 0 | 0 | 0 | | | | | | 0 | 0 | 0 | | 0 | 0 | 0 | |
| | | 武夷山 | 0 | 0 | 0 | | | | | | 0 | 0 | 0 | | 0 | 0 | 0 | |
| | | 分计 | 12.15 | 4.24 | 16.39 | -25.88 | | | | | 33.32 | 29.48 | 62.80 | 54.80 | 4 471 | 4 445 | 8 916 | -16.74 |
| 水运口岸 | 海港口岸 | 福州 | 1 292.28 | 4 176.39 | 5 468.67 | -3.54 | 72.54 | 75.48 | 148.02 | -4.08 | | | | | | | | |
| | | 厦门 | 5 157.25 | 5 247.81 | 10 405.06 | 0.02 | 464.51 | 468.94 | 933.45 | 5.04 | | | | | | | | |
| | | 漳州 | 89.44 | 1 152.93 | 1 242.37 | -1.55 | 0.05 | 0.05 | 0.09 | -71.53 | | | | | | | | |
| | | 泉州 | 578.22 | 3 103.10 | 3 681.32 | 3.25 | 5.87 | 5.09 | 10.96 | 29.48 | | | | | | | | |
| | | 莆田 | 579.33 | 2 718.58 | 3 297.91 | -7.98 | 0.18 | 0.32 | 0.49 | -59.73 | | | | | | | | |
| | | 宁德 | 46.75 | 1 577.06 | 1 623.81 | 8.39 | 0.86 | 1.41 | 2.28 | 515.74 | | | | | | | | |
| | | 平潭 | 41.12 | 34.35 | 75.47 | 110.28 | 5.22 | 6.49 | 11.71 | 33.70 | | | | | | | | |
| | | 分计 | 7 784.39 | 18 010.22 | 25 794.61 | -0.86 | 549.23 | 557.77 | 1 107.00 | 4.23 | | | | | | | | |
| 合计 | | | | | | | | | | | | | | | | | | |
| 同比（%） | | | | | | | | | | | | | | | | | | |

（福建省口岸办提供）

# 2022 年福州海关主要数据统计表

| 项　目 | | 2022 年 | 2021 年 | 同比（%） |
|---|---|---|---|---|
| 进出口货运量（万吨） | 合计 | 11 553.40 | 11 718.76 | -1.41 |
| | 进口 | 9 831.60 | 10 067.86 | -2.35 |
| | 出口 | 1 721.80 | 1 650.90 | 4.29 |
| 进出口贸易总值（万美元） | 合计 | 5 773 242.06 | 5 574 927.19 | 3.56 |
| | 进口 | 3 310 068.48 | 3 358 365.86 | -1.44 |
| | 其中：江、海运输 | 3 165 166.70 | 3 205 152.58 | -1.25 |
| | 铁路运输 | 0.00 | 0.00 | — |
| | 汽车运输 | 43 492.38 | 49 922.58 | -12.88 |
| | 航空运输 | 99 965.95 | 100 853.88 | -0.88 |
| | 邮件运输 | 1 425.15 | 2 435.24 | -41.48 |
| | 其他运输 | 18.29 | 0.59 | 3 018.96 |
| | 出口 | 2 463 173.58 | 2 216 561.33 | 11.13 |
| | 其中：江、海运输 | 2 318 708.24 | 2 043 956.84 | 13.44 |
| | 铁路运输 | 6 781.45 | 11 344.73 | -40.22 |
| | 汽车运输 | 34 000.53 | 51 258.53 | -33.67 |
| | 航空运输 | 82 878.79 | 88 166.53 | -6.00 |
| | 邮件运输 | 8 197.60 | 11 710.28 | -30.00 |
| | 其他运输 | 12 606.98 | 10 124.42 | 24.52 |
| 税收（万元） | 两税合计 | 2 618 624.83 | 2 380 320.11 | 10.01 |
| | 关税入库 | 165 866.74 | 156 215.34 | 6.18 |
| | 进口环节税入库 | 2 452 758.10 | 2 224 104.77 | 10.28 |

（福州海关提供）

# 2022年厦门海关主要数据统计表

| 项　目 | | 2022年 | 2021年 | 同比（%） |
|---|---|---|---|---|
| 进出口货运量（万吨） | 合计 | 11 123.78 | 12 103.66 | -8.10 |
| | 进口 | 7 169.03 | 8 272.91 | -13.34 |
| | 出口 | 3 954.75 | 3 830.75 | 3.24 |
| 进出口贸易总值（万美元） | 合计 | 19 088 366.62 | 17 526 498.51 | 8.91 |
| | 进口 | 6 163 169.24 | 5 735 127.58 | 7.46 |
| | 其中：江、海运输 | 4 745 111.02 | 4 365 315.61 | 8.70 |
| | 铁路运输 | 312.12 | 151.01 | 106.69 |
| | 汽车运输 | 369 225.46 | 574 626.05 | -35.75 |
| | 航空运输 | 1 047 017.67 | 793 464.88 | 31.96 |
| | 邮件运输 | 1 229.39 | 1 416.24 | -13.19 |
| | 其他运输 | 273.57 | 153.79 | 77.88 |
| | 出口 | 12 925 197.38 | 11 791 370.93 | 9.62 |
| | 其中：江、海运输 | 11 603 408.76 | 10 318 507.04 | 12.45 |
| | 铁路运输 | 59 315.23 | 105 018.88 | -43.52 |
| | 汽车运输 | 307 913.34 | 437 226.83 | -29.58 |
| | 航空运输 | 841 284.85 | 886 417.81 | -5.09 |
| | 邮件运输 | 3 194.24 | 5 234.80 | -38.98 |
| | 其他运输 | 110 080.96 | 38 965.56 | 182.51 |
| 税收（万元） | 两税合计 | — | — | — |
| | 关税入库 | — | — | — |
| | 进口环节税入库 | — | — | — |

（厦门海关提供）

# 2022年福建省口岸出入境主要数据表

| 项　目 | | | 2022年 | 2021年 | 同比（%） |
|---|---|---|---|---|---|
| 出入境人员（人次） | 出入境人员总数 | | 1 034 148 | 813 886 | 27.06 |
| | 入境人员 | | 497 256 | 418 425 | 18.84 |
| | 出境人员 | | 536 892 | 395 461 | 35.76 |
| | 出入境旅客 | | 612 960 | 383 963 | 59.64 |
| | 出入境员工 | | 421 188 | 429 923 | -2.03 |
| | 中国公民 | 小计 | 847 266 | 634 696 | 33.49 |
| | | 内地居民 | 642 116 | 493 710 | 30.06 |
| | | 港澳居民 | 28 024 | 39 675 | -29.37 |
| | | 台湾同胞 | 177 126 | 101 311 | 74.83 |
| | 外籍人员 | | 186 882 | 179 190 | 4.29 |
| 交通运输工具（辆、艘、架、列次） | 总计 | | 27 914 | 30 184 | -7.52 |
| | 船舶 | | 17 865 | 18 299 | -2.37 |
| | 飞机 | | 10 049 | 11 885 | -15.45 |
| | 火车 | | 0 | 0 | — |
| | 机动车辆 | | 0 | 0 | — |

（厦门出入境边防检查总站提供）

## 2022 年福建海事局进出港船舶统计汇总表

| 船舶类别 | 进港船舶 | | | | | | | 出港船舶 | | | | | | |
|---|---|---|---|---|---|---|---|---|---|---|---|---|---|---|
| | 艘数（艘） | 总吨（吨位） | 总载重量（吨） | 载客量（客位） | 船员人数（人次） | 货物到达量（吨） | 旅客到达量（人） | 艘数（艘） | 总吨（吨位） | 总载重量（吨） | 载客量（客位） | 船员人数（人次） | 货物发送量（吨） | 旅客发送量（人） |
| 总计 | 299 630 | 1 090 493 336 | 1 343 607 889 | 44 316 888 | 2 297 126 | 560 317 013 | 8 484 906 | 292 263 | 1 001 308 869 | 1 245 056 441 | 44 386 357 | 2 286 743 | 364 959 026 | 8 483 949 |
| 中国籍船舶 | 289 222 | 700 491 752 | 812 998 417 | 44 314 112 | 2 089 160 | 399 848 976 | 8 484 906 | 281 772 | 610 933 910 | 714 142 476 | 44 383 581 | 2 077 832 | 300 978 647 | 8 483 949 |
| 其中：外贸船 | 1 960 | 17 385 674 | 27 213 496 | 0 | 30 943 | 14 652 7523 | 0 | 2 055 | 20 062 110 | 31 328 561 | 0 | 32 435 | 7 147 190. 6 | 0 |

（福建海事局提供）

# 江 西 省

# 江西省口岸分布示意图

| 序号 | 类型 | 口岸名称 | 批准开放时间 | 开放状态 |
|---|---|---|---|---|
| 1 | 空运口岸 | 南昌空运口岸 | 1990.3 | 国际常年 |
| 2 | 水运口岸 | 九江水运口岸 | 1980.2 | 国际常年 |

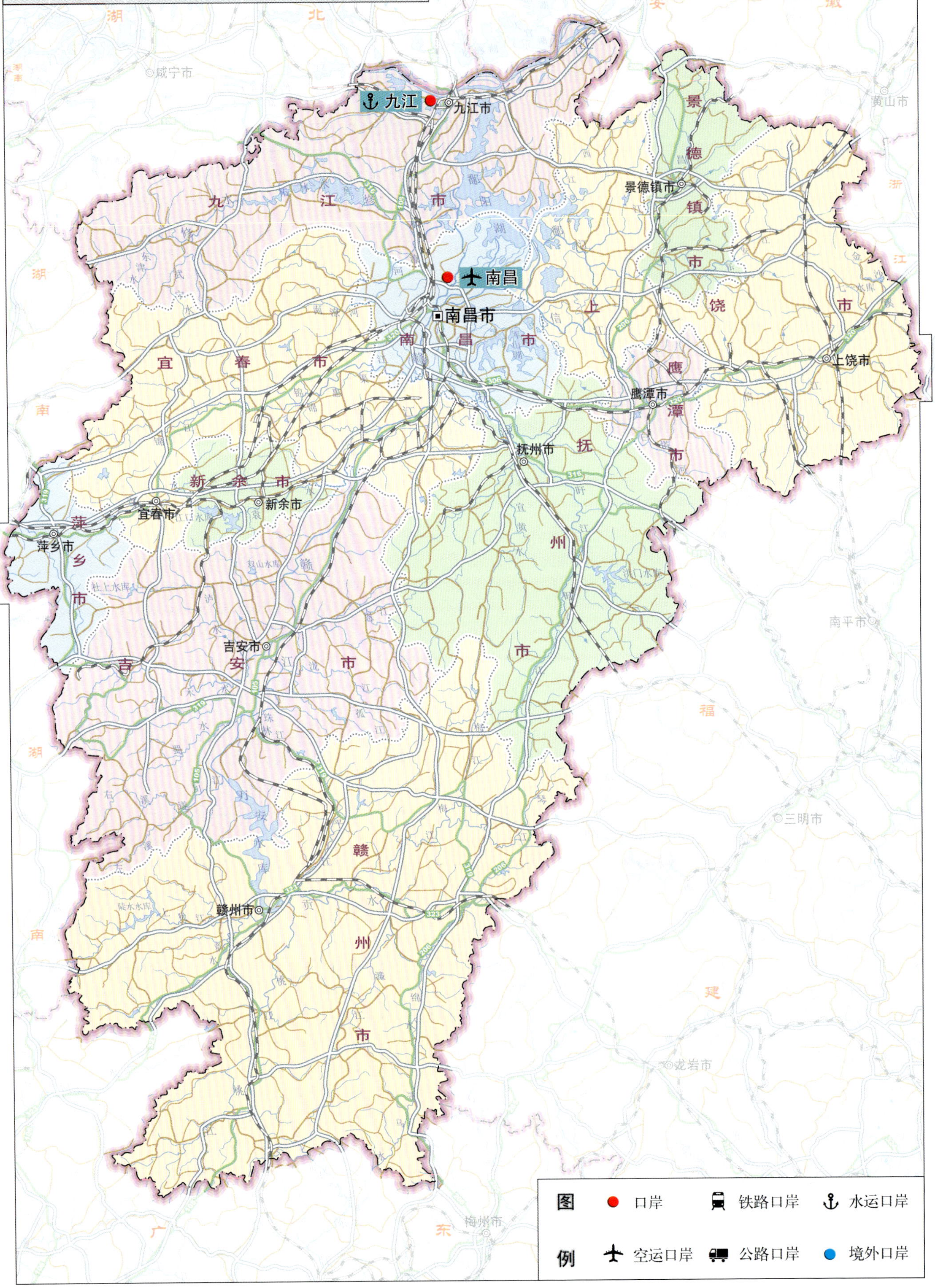

## 口岸数量及分布

截至2022年年底，江西省有经国务院批准的对外开放口岸2个。其中，空运口岸1个，即南昌空运口岸（南昌昌北国际机场）；水运（河港）口岸1个，即九江河港口岸。

## 口岸运行数据

2022年，江西省口岸共完成进出口货运量825.05万吨、国际集装箱52.52万重标箱，同比分别增长25.32%和15.88%；全省赣欧班列累计开行247列，铁海联运班列开行2 290列。

## 口岸综合管理

**【着力保障空港通道】** 2022年，在国际国内疫情多点暴发的情况下，新开通南昌至布鲁塞尔国际货运航线。协调保障由上海分流的入境国际客运航班21架次，完成4 238名旅客的转运、隔离安置等工作。会同各相关单位推动恢复泰国曼谷至南昌国际航线，保障航班的各项工作平稳运行。这是江西省受疫情影响航班停航以来首批复航的定期国际客运航班，在全国同类航空口岸中最早促成了国际客运航班恢复。不断丰富航运物流通道，打造九江区域航运中心。稳定运行九江至上海始发班轮，班期每日达到1.5班以上，全年共承运19.02万标箱。截至2022年年底，九江港始发集装箱航线11条，省内外铁水联运站点开通至27个，江海联运出海口共4个（上海港、宁波港、太仓港、南京港）。

**【全面畅通陆路通道】** 2022年，江西省铁海联运开行2 290列，同比增长32.9%，较试点前（2018年1 064列）实现翻倍，与毗邻江西省的宁波、深圳、广州、厦门、福州5大港口实现全面对接，南昌、上饶至宁波、赣州至深圳3条“天天班”稳定开行，南昌、赣州至厦门线路也由1周1~2班发展成为“2天1班”。赣欧班列开行247列，占南昌铁路局计划的70%以上（南昌铁路局计划供江西、福建两省使用），新增开行“中德”“中老”“中荷”班列，先后开行“汽车专列”“冷链专列”等特色班列，江西省至俄罗斯、乌兹别克斯坦2条精品线路稳定运行，助力全省优势产业加快发展。

**【完善口岸运行机制】** 完善口岸安全联合防控机制，江西省口岸办印发了关于建立健全口岸安全联合防控工作制度的实施意见，明确责任分工，协同形成整体合力，进一步提升口岸治理水平。积极督促各口岸城市落实属地责任，积极配合做好疫情防控各项工作，未发生一起外溢情况。广泛开展“两进”（进园区、进企业）“两送”（送政策、送服务）活动；推动设区市建立完善由商务（口岸）、铁路、银行、海关、企业等参与的口岸服务工作机制，及时化解企业遇到的困难和问题。以国家“十四五”口岸发展规划为指导，认真总结评估江西省口岸“十三五”规划执行情况，结合发展的阶段性特征，编制完成《江西省“十四五”口岸发展规划》，为口岸发展做好顶层设计。

**【优化口岸营商环境】** 贯彻落实好《国务院关于开展营商环境创新试点工作的意见》和《关于进一步深化跨境贸易便利化改革优化口岸营商环境的通知》要求，成立跨境贸易营商环境工作专班，紧紧咬住“跨境贸易”指标在全国位次提档进位这一目标，设置跨境贸易月度监测指标，通过“第三方测评”“部门评”等方式，客观、准确评价口岸城市（南昌、九江）跨境贸易营商环境情况。持续清理规范进出口环节合规收费。全面推广“单一窗口”收费及服务信息发布系统，在政府网站、口岸现场动态公示收费项目清单和标准，规范收费行为。试点水运进口转关“离港确认”改革，进口货物从上海至九江整体运行时间缩短18小时。大力推动“铁路快通”在南昌试点运行，缩短中欧班列整体通关时效。

【推进国际贸易“单一窗口”建设】 支持“单一窗口”拓展、开发地方特色功能。积极开展通关物流数据对接，统筹开发全省统一的口岸物流信息化系统。加快对接港口、航空、铁路等相关物流节点，提升作业、通关效率和跨境贸易便利化水平。建立全省统一的跨境电商线上综合服务平台，平台覆盖全省5个跨境电商综合试验区，实现业务全流程无纸化。该平台获得江西省大数据中心颁发的政务数据共享应用观摩“优秀案例”称号。截至2022年年底，已上线18类115项政务申报功能，可以覆盖国际贸易链条各主要环节，实现外贸企业申报业务“一网通办”，为企业节省申报时间70%以上，通关效率不断提升。

【加快口岸平台升级】 南昌航空口岸进境水果、食用水生动物、冰鲜水产品指定监管场地通过海关总署验收。九江港水运口岸扩大开放到瑞昌港区和彭泽港区通过省级预验收并报请国家口岸管理办公室正式验收。九江港口型国家物流枢纽成功入选25个国家物流枢纽2022年度建设名单。推动南昌国际陆港建设并运行多品名集装箱混装运输平台和电子口岸信息化平台，并入选“十四五”首批国家物流枢纽建设名单；推进赣州国际陆港获批汽车整车进境口岸和“一带一路”多式联运示范工程，并建设电子口岸信息化平台。综合保税区年度发展绩效评估最新排名整体上升；赣州综合保税区完成置换基础设施建设，已通过预验收。上饶设立综合保税区事项海关总署已启动审批程序。

## 口岸监管与服务

【南昌海关抓实“三促一优”，促外贸保稳提质】 南昌海关认真落实海关总署保稳提质“十条措施”和助企纾困“七条措施”，全面融入江西省优化营商环境“一号改革工程”，以促平台、促产业、促整合、优环境“三促一优”为抓手，细化促进外贸保稳提质“33项措施”，开展跨境贸易便利化专项行动，创新实施长江流域通关便利协作、RCEP进企、跨境电商新兴业态、AEO培育、一关一品、洪关一点通、通关可视化等“十大重点项目”，千方百计促进外贸保稳提质。2022年，江西进出口额一年连上5 000亿元、6 000亿元两个台阶，同比增长34.9%，增速在中部地区排名第1位、在全国排名第4位，跑出外贸领域“江西速度”。南昌海关案例入选全国海关外贸保稳提质典型案例，江西省改革创新“十佳典型案例”有4项由南昌海关参与谋划、积极对接。

【南昌海关支持口岸开放平台建设】 南昌海关“一区一策”引导综合保税区提质增效，支持上饶综合保税区申建进入实质性审批阶段，赣州综合保税区置换建设基本完成。2022年，江西省综合保税区进出口额699.5亿元，同比增长54.1%。在2022年发布的2021年度全国综合保税区发展绩效评估中排名显著提升，南昌、赣州、井冈山综合保税区分别上升9位、51位、17位。支持新开“中老班列”，2022年1月12日江西首趟中老班列从赣州港出发。南昌国际陆港铁路监管作业场所正式开通运营。南昌进境食用水生动物、冰鲜水产品2个指定监管场地通过验收，完成进境水果指定监管场地视频验收。九江口岸扩大开放通过预验收，九江红光国际港首票外贸集装箱业务正式启运。鹰潭国际陆港正式运营。推进“跨境电商+中欧班列+海外仓”功能叠加，跨境电商进出口规模居全国第5位。

【南昌海关持续优化口岸营商环境】 2022年，南昌海关落实减税降费措施，为企业减负26.7亿元。上报防火板用装饰纸的税率调整建议被国家关税税则委员会采纳，预计将为企业年度降税1 780万元。实施以企业为单元的税款担保改革，涉及担保金额35.2亿元。推进AEO培育认证，新增高级认证企业12家。支持招商引资，助力以晴、中材锂膜等省级重点项目应享尽享进口设备减免税、快速通关等便利。深化智慧海关建设，自主研发的艺术品“鉴证溯源”技术在中国国际进口博览会上扩大应用，获海关总署认可并在全国海关扩大试点。推动“离港确认”改革全国扩大试点首票落地，压缩整体通关时间近40小时。开通“铁路快通”业务，缩短中欧班列时间2天左右。巩固压缩通关时效，2022年进口、出口整体通关时间分别为16.00小时（不含国内运输段）、0.28小时，通关效率连续3年保持中部第1位、全国前列。

**【南昌海关助企纾困，促进产业稳定发展】** 2022年，唱响“关‘助’发展”服务品牌，南昌海关建立党委班子成员每月走访重点企业联系机制，各基层单位组建“一线服务队”，坚持“问题清零”闭环模式，“线上+线下”覆盖全省各地市、开展政策宣讲8期26个专题，上线“关企e联通”“通关可视化”，助企纾困解决问题501个。实施“一关一品”工程，精准服务稀土、锂电、铜加工等辖区重点产业，2022年锂电、光伏等特色商品出口同比分别增长202.8%、64.7%，江西米粉出口稳居全国第2位。支持江西中药材更好“走出去”，同比增长3.5倍，助力江西成为全国铁皮石斛颗粒出口唯一省份。

**【南昌海关做好新冠疫情防控】** 从严外防输入，2022年3月13日南昌海关收到承接上海分流客运航班入境检疫信息至8月28日最后一班入境，历时169天，圆满完成上海分流国际航班入境检疫监管任务，共检疫航班21架次，检疫入境人员4 567人次，获江西省委省政府高度认可，获海关总署通报表扬2次。认真做好定期国际客运航班监管工作，开展“关长走进口岸封管区”活动，《中国国门时报》专栏首发主要负责同志相关经历体会，所提意见获海关总署采纳并在全国海关推行。注重“人、物、环境”同防，认真做好进口冷链食品、农产品、高风险非冷链集装箱货物监测检测和入境交通工具检疫。

**【江西出入境边防检查总站筑牢口岸查验主阵地】** 一是打赢安保维稳“攻坚战”。圆满完成党的二十大、全国“两会”和北京冬奥会、冬残奥会等重大活动安保维稳任务，确保全年口岸绝对安全稳定。二是打赢分流航班“主动战”。先后完成5批次、21架次入境分流航班和4 250人次旅客的边防检查任务，实现“零失控、零感染”工作目标。航班保障工作获省长叶建春和时任省委书记易炼红等领导批示肯定，工作做法被省相关载体刊发。三是打赢专项行动“协同战”。持续深化“三非”外国人治理、打击妨害国（边）境管理犯罪、依法管控内地人员赴澳门赌博等专项行动，相关工作做法多次被公安部以及国家移民管理局采编。

**【江西出入境边防检查总站服务对外开放和经济社会发展】** 一是服务开放更有深度。精准落实江西省《“十四五”开放型经济发展规划》，积极参与江西营商环境优化升级“一号改革工程”，推动完成九江水运口岸扩大开放瑞昌港区和彭泽港区预验收，精准助力赣州黄金机场二期改造建设，推动国际贸易“单一窗口”信息融合共享，受到地方党委政府高度肯定。二是服务发展更有力度。专题研究停航2年江西的客运航班复航任务，开设大宗商品、鲜活产品、抗疫物资“零等待”边检查验通道，推行“7×24小时”通关保障等便民利企措施，有力促进人员、货物便捷高效流动。三是服务群众更有温度。用好12367服务平台，广泛宣介边检通关手续流程、出入境政策调整、疫情防控要求等，精准提供群众出入境政策所需，接受咨询916人（次）、回复受理问题50余个，平台接听率、满意率位居全国移民管理系统前列。

**【九江海事局持续提升水上安全保障】** 一是牢牢把握监管方向，强化重大风险及安全隐患排查整改。制定落实“五大风险”动态跟踪抽查等近20项针对性措施，对重大风险进行全方位管控。进一步完善隐患排查治理工作制度，实现排查隐患100%动态销号清零。二是牢牢把握监管源头，严抓安全生产主体责任落实。开展船员培训、服务机构监督检查 18 家次；实施船舶安检 801 艘次、滞留船舶 99 艘次；通报验船质量监督检查问题船舶 7 艘次；清退航运公司管理不善船舶 84 艘次，审核不通过 2 艘次。三是牢牢把握监管重点，加强涉客涉危船舶全过程监管。严格落实客船“1+7”和渡船“116”长效管理机制，渡船连续 17 年、客船连续营运 500 余航次零险情事故。强化危化品运输企业安全生产主体责任落实，紧盯夜间危险品船舶过境安全，2022 年累计保障危险品船舶安全过境 1.6 万余艘次。

**【九江海事局持续发力做好美丽长江建设】** 一是巩固铅封“精治”成果，推广“零排放”管理模式。加强船舶防污源头管理，做到登记船、港作船和管理的公司船舶实现 100%“零排放”。加强防污精准管理，做到出港船舶“三个一律”。统一标准，大力推动支流航行船舶生活污水排放管路铅封、盲断。2022 年，开展电子铅封 2 500 余艘次，出港船舶铅封率达 95%。二是健全多方“共管”机制，畅通“船港城”接转体系。完善防污染体制机制，建立码头防污染诚信管理机制、末位通报约谈机制、涉污船舶“黑名单”制度。推动码头防污染接收设施全升级全改造，实现作业船舶生活垃圾、生活污水自主接收、免费接收、便捷接收。三是实施防污“严查”措施，保持“零容忍”高压态势。强化船舶防污染“五步法”（查、验、核、封、录）程序化现场检查，将防污染检查列为必查项。严厉打击“直排、虚假交付”等违法行为，有力提高依法治污的威慑力。全年共开展防污染检查 1 万余艘次，同比增加 44%。

**【九江海事局服务经济发展成效显著】** 一是保畅通，合力攻坚妥善应对历史极枯水情。与九江航道处等部门强化协调联动，牢牢守住了九江水道保通保畅保安全底线。克服水位下降快、船舶流量大、单控时间长种种困难，成功化解了长江九江段断航阻航风险。二是促发展，全力服务九江市长江经济带重要节点城市高质量建设。积极参与以“直航”促“三同”工作，大力支持九江水运口岸瑞昌、彭泽港区扩大开放，推动彭泽港区骨牌洲、棉洲圩锚地建设。壮大九江船舶船员队伍，配合引进航运公司 6 家，新增船舶运力 23.2 万吨、海船船员培训机构 1 家，开展各类船员考试 23 期。三是优服务，持续提升水上营商环境。整合 15 项行政审批下放，实现“受理+审批”一站式办理，船舶登记等 4 项受理政务事项办结周期缩短 50%以上。推出“免费自助打印”“船舶三证并联办理”“局领导政务接待日”等多项利民便民举措，推进政务服务效能升级。严格落实优化营商环境“420”为民办实事工作举措，深化海事“互联网+政务”服务。

## 开放口岸

**【南昌空运口岸（南昌昌北国际机场）】** 南昌昌北国际机场位于江西省南昌市，为 4E 级民用运输机场。机场原址在南昌向塘机场，于 1999 年 9 月搬迁至南昌市新建区境内。1990 年 3 月 5 日，国务院批准南昌机场对外开放。南昌昌北国际机场与昌九高速相连，距离市中心 23 千米，占地面积为 15 平方千米，跑道 3 400 米，可起降包括空客 A380 的所有机型，有 46 个停机位，近 2 000 个停车位。T1 航站楼为国际候机楼，面积为 2.7 万平方米。T2 航站楼为国内候机楼，面积为 9.66 万平方米，主楼宽 222.4 米，进深 90 米。昌北国际机场在南昌市区设有 2 个城市候机楼，在九江、抚州、新余、景德镇、上饶等市设有异地城市候机楼，昌北国际机场地空联运网络已基本覆盖昌北机场东、西、北向的主要客源市场。

2022 年，南昌航空口岸出入境人员 0.67 万人次，同比下降 12.51%；出入境飞机 213 架次，同比下降 84.28%。南昌昌北机场旅客吞吐量

472.46 万人次，同比下降 51.62%；货邮吞吐量 4.02 万吨，同比下降 76.84%。其中，国际货邮吞吐量 0.77 万吨，同比下降 93.17%；国内货邮吞吐量 3.25 万吨，同比下降 46.87%。运输架次 48 205 架次，同比下降 46.26%。

**【九江水运（河港）口岸】** 九江港位于长江中下游结合部南岸、江西省北端的九江市，拥有长江岸线 152 千米，对外开放口岸线 40 余千米。1980 年 2 月 14 日，经国务院批准，九江港正式对外开放。九江河港口岸现有已开放码头 6 座、锚地 2 个。

2022 年，九江河港口岸完成外贸进出口运量 444.78 万吨，同比减少 32.15%。其中，水运直接进口 254.70 万吨，同比增加 37.18%；水运直接出口 190.08 万吨，同比增加 25.96%。集装箱船舶9 620航次，同比增加 2 582 个航次。集装箱吞吐完成 768 999 标箱，同比增加 18.2%。

## 2022 年江西省口岸大事记

3 月 16 日

江西省委常委、南昌市委书记李红军深入南昌口岸入境现场检查指导上海分流入境航班保障准备工作情况，南昌出入境边防检查站政委曾昀陪同。

3 月 22 日

江西省委书记易炼红到南昌昌北机场海关旅检现场调研，实地察看入境分流国际客运航班检疫监管现场，听取相关工作情况介绍并提出要求。

3 月 28 日

江西省委副书记，省政府省长、党组书记叶建春到南昌昌北国际机场督导入境分流国际客运航班检疫监管演练。

4 月 8 日

江西省副省长、省公安厅党委书记、厅长秦义会见江西出入境边防检查总站政委阿日布查，并听取工作汇报。

4 月 25 日

江西省委常委、省委政法委书记张鸿星会见江西出入境边防检查总站政委阿日布查，听取工作汇报。

4 月 29 日

江西省《“五型”政府建设简报》第 189 期刊发《江西边检总站服务大局践行使命 坚决打赢入境国际航班保障攻坚战》工作经验交流文章。

5 月 17 日

海关总署公布指定监管场地名单，南昌昌北国际机场进境食用水生动物指定监管场地正式获批。

6 月 24 日

江西省委书记易炼红到鹰潭国际陆港调研，听取海关支持鹰潭国际陆港建设工作情况介绍，对海关工作予以充分肯定。

8 月 26 日

九江港口岸扩大开放瑞昌港区和彭泽港区通过省级预验收。

10 月 26 日

江西省政府党组副书记、副省长殷美根主持召开南昌昌北国际机场恢复定期国际客运航班推进会，协调推动恢复定期国际客运航班。江西省政府办公厅正厅级督察专员刘晓艺，江西省商务厅党组书记、厅长谢一平出席会议并讲话。

11 月 2 日

江西省政府党组副书记、副省长殷美根拜访民航华东管理局，并走访部分国际航空货运主体。江西省商务厅一级巡视员朱元发陪同。

11 月 3 日

江西省委副书记，省政府省长、党组书记叶建春到鹰潭国际陆港调研，听取海关关于支持鹰潭国际陆港建设工作情况的介绍，对海关工作充分肯定。

11 月 18 日

国家发展和改革委员会印发《关于做好 2022 年国家物流枢纽建设工作的通知》，九江港口型国家物流枢纽成功入选 25 个国家物流枢纽 2022 年度建设名单。

（撰稿人：江斌、江志浩、蔡翌、卢其）

# 2022年南昌海关主要数据统计表

| 项　目 | | 2022年 | 2021年 | 同比（%） |
|---|---|---|---|---|
| 进出口货运量（万吨） | 合计 | 1 379.2 | 1 378.2 | 0.1 |
| | 进口 | 1 210.1 | 1 193.3 | 1.4 |
| | 出口 | 169.1 | 184.9 | -8.5 |
| 进出口贸易总值（万美元） | 合计 | 3 304 580.6 | 2 842 349 | 16.3 |
| | 进口 | 1 856 365.3 | 1 538 589.2 | 20.7 |
| | 其中：江、海运输 | 1 147 140.6 | 847 033.3 | 35.4 |
| | 铁路运输 | 3 393 | 4 999.1 | -32.1 |
| | 汽车运输 | 589 984.7 | 644 267.2 | -8.4 |
| | 航空运输 | 115 847 | 42 289.5 | 173.9 |
| | 邮件运输 | | | |
| | 其他运输 | | | |
| | 出口 | 1 448 215.3 | 1 303 759.8 | 11.1 |
| | 其中：江、海运输 | 565 147.3 | 415 771.8 | 35.9 |
| | 铁路运输 | 62 822.7 | 99 690.4 | -37 |
| | 汽车运输 | 516 612.7 | 572 081.5 | -9.7 |
| | 航空运输 | 303 632.5 | 216 216.1 | 40.4 |
| | 邮件运输 | | | |
| | 其他运输 | | | |
| 税收（万元） | 两税合计 | 1 145 545 | 1 020 515 | 12.3 |
| | 关税入库 | 33 786 | 40 046 | -15.6 |
| | 进口环节税入库 | 1 111 759 | 980 468 | 13.4 |

（南昌海关提供）

# 2022 年江西省口岸出入境主要数据表

| 项　目 | | | 2022 年 | 2021 年 | 同比（%） |
|---|---|---|---|---|---|
| 出入境人员（人次） | 出入境人员总数 | | 6 681 | 7 611 | -12.22 |
| | 入境人员 | | 5 946 | 3 732 | 59.32 |
| | 出境人员 | | 735 | 3 879 | -81.05 |
| | 出入境旅客 | | 4 859 | 73 | 6 556.16 |
| | 出入境员工 | | 1 822 | 7 538 | -75.83 |
| | 中国公民 | 小计 | 1 516 | 1 160 | 30.69 |
| | | 内地居民（因公） | 0 | 0 | — |
| | | 内地居民（因私） | 1 516 | 1 158 | 30.92 |
| | | 港澳居民 | 0 | 2 | -100 |
| | | 台湾同胞 | 0 | 0 | — |
| | 外籍人员 | | 306 | 6 451 | -95.26 |
| | 从海港出入境人数 | | | | |
| | 从陆港出入境人数 | | | | |
| | 从空港出入境人数 | | 6 681 | 7 611 | -12.22 |
| 交通运输工具（辆、艘、架、列次） | 总计 | | 212 | 1 356 | -84.37 |
| | 船舶 | | 0 | 0 | — |
| | 飞机 | | 212 | 1 356 | -84.37 |
| | 火车 | | | | |
| | 机动车辆 | | | | |

（江西出入境边防检查总站提供）

## 2022 年九江海事局进出港船舶统计汇总表

| 船舶类别 | 进港船舶 | | | | | | | 出港船舶 | | | | | | |
|---|---|---|---|---|---|---|---|---|---|---|---|---|---|---|
| | 艘数（艘） | 总吨（吨位） | 总载重量（吨） | 载客量（客位） | 船员人数（人次） | 货物到达量（吨） | 旅客到达量（人） | 艘数（艘） | 总吨（吨位） | 总载重量（吨） | 载客量（客位） | 船员人数（人次） | 货物发送量（吨） | 旅客发送量（人） |
| 总计 | 50 013 | 106 461 344 | 187 878 532 | 168 431 | 340 806 | 56 875 154 | 41 419 | 49 936 | 106 230 968 | 187 439 218 | 172 375 | 338 551 | 82 415 761 | 32 030 |
| 中国籍船舶 | 50 013 | 106 461 344 | 187 878 532 | 168 431 | 340 806 | 56 875 154 | 41 419 | 49 936 | 106 230 968 | 187 439 218 | 172 375 | 338 551 | 82 415 761 | 32 030 |
| 其中：外贸船 | | | | | | | | | | | | | | |

（九江海事局提供）

# 山东省口岸分布示意图

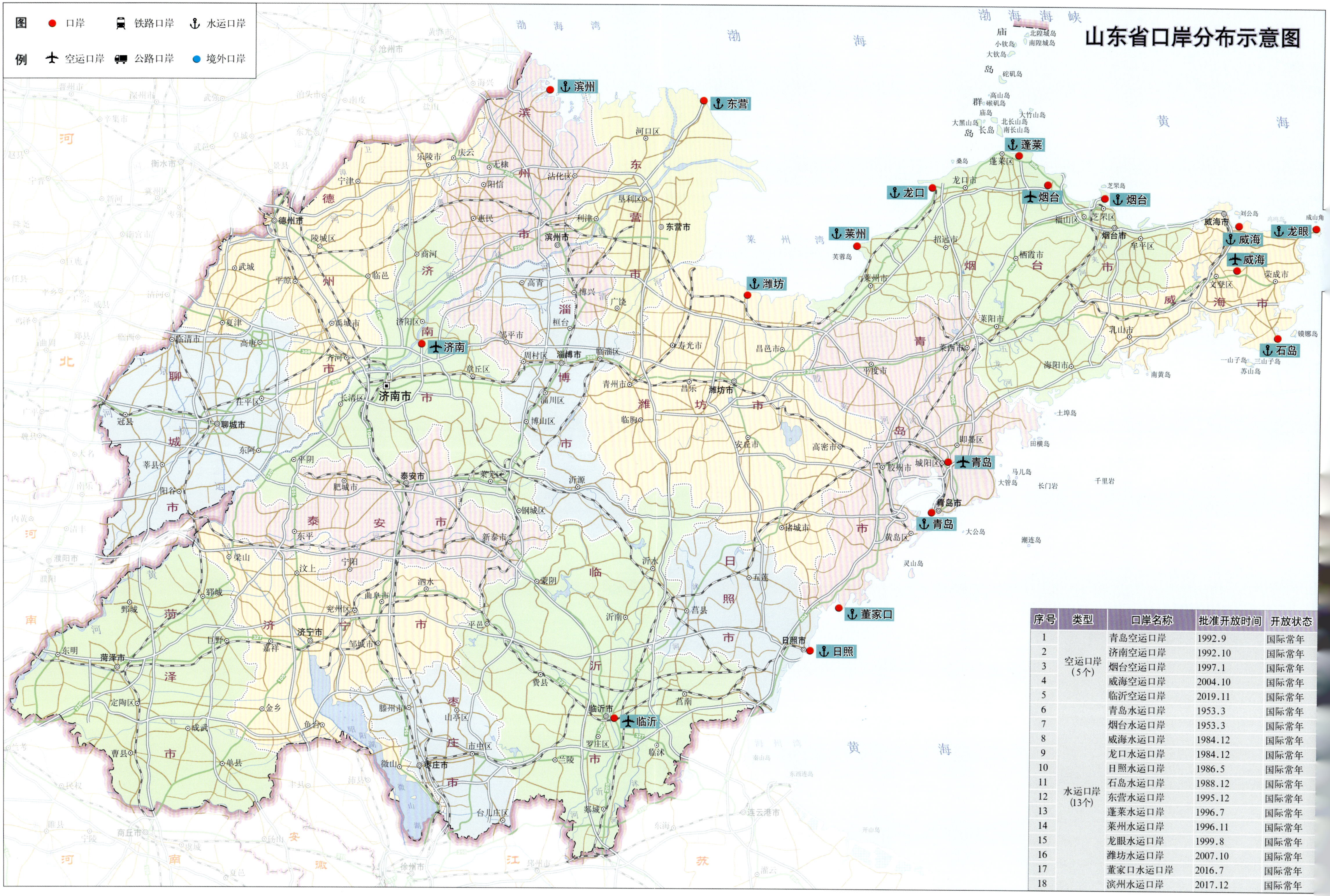


| 序号 | 类型 | 口岸名称 | 批准开放时间 | 开放状态 |
|---|---|---|---|---|
| 1 | 空运口岸（5个） | 青岛空运口岸 | 1992.9 | 国际常年 |
| 2 | | 济南空运口岸 | 1992.10 | 国际常年 |
| 3 | | 烟台空运口岸 | 1997.1 | 国际常年 |
| 4 | | 威海空运口岸 | 2004.10 | 国际常年 |
| 5 | | 临沂空运口岸 | 2019.11 | 国际常年 |
| 6 | 水运口岸（13个） | 青岛水运口岸 | 1953.3 | 国际常年 |
| 7 | | 烟台水运口岸 | 1953.3 | 国际常年 |
| 8 | | 威海水运口岸 | 1984.12 | 国际常年 |
| 9 | | 龙口水运口岸 | 1984.12 | 国际常年 |
| 10 | | 日照水运口岸 | 1986.5 | 国际常年 |
| 11 | | 石岛水运口岸 | 1988.12 | 国际常年 |
| 12 | | 东营水运口岸 | 1995.12 | 国际常年 |
| 13 | | 蓬莱水运口岸 | 1996.7 | 国际常年 |
| 14 | | 莱州水运口岸 | 1996.11 | 国际常年 |
| 15 | | 龙眼水运口岸 | 1999.8 | 国际常年 |
| 16 | | 潍坊水运口岸 | 2007.10 | 国际常年 |
| 17 | | 董家口水运口岸 | 2016.7 | 国际常年 |
| 18 | | 滨州水运口岸 | 2017.12 | 国际常年 |

# 山　东　省

## 口岸数量及分布

截至2022年年底，山东省共有经国务院批准的对外开放口岸18个。其中，空运口岸5个，分别为青岛空运口岸（青岛流亭国际机场）、济南空运口岸（济南遥墙国际机场）、烟台空运口岸（烟台蓬莱国际机场）、威海空运口岸（威海大水泊国际机场）、临沂空运口岸（暂未启用）；水运（海港）口岸13个，分别为青岛、烟台、日照、威海、龙口、蓬莱、莱州、石岛、龙眼、东营、潍坊、董家口、滨州海港口岸。

## 口岸运行数据

2022年，山东省水运（海港）口岸完成进出口货运量98 755万吨，同比下降0.8%；进出口集装箱完成3 757万标箱，同比增长9%。

2022年，山东省口岸完成出入境旅客938 446人次，同比增长9.6%，其中入境490 878人次、出境447 568人次；航空口岸出入境旅客684 108人次，同比增长5.8%；海港口岸出入境旅客254 338人次，同比增长21.4%。

**2022年山东省各地市进出口总值表**

| 地区 | 进出口合计 | | 出口 | | 进口 | |
|---|---|---|---|---|---|---|
| | 金额（亿元） | 同比（%） | 金额（亿元） | 同比（%） | 金额（亿元） | 同比（%） |
| 总计 | 33 324.9 | 13.8 | 20 355.8 | 16.2 | 12 969.1 | 10.3 |
| 青岛 | 9 117.2 | 7.4 | 5 361.1 | 9.0 | 3 756.1 | 5.1 |
| 烟台 | 4 547.4 | 10.5 | 2 750.9 | 12.4 | 1 796.5 | 7.8 |
| 潍坊 | 3 419.9 | 30.6 | 2 477.2 | 36.4 | 942.7 | 17.5 |
| 东营 | 2 626.5 | 27.9 | 674.8 | 21.6 | 1 951.7 | 30.3 |
| 济南 | 2 208.9 | 13.9 | 1 431.8 | 22.0 | 777.1 | 1.5 |
| 威海 | 2 095.6 | 3.1 | 1 567.5 | 4.9 | 528.2 | -1.9 |
| 临沂 | 1 875.1 | 6.7 | 1 711.3 | 8.3 | 163.8 | -7.1 |
| 日照 | 1 397.7 | 20.4 | 545.3 | 35.4 | 852.4 | 12.5 |
| 淄博 | 1 234.1 | 3.0 | 731.6 | 1.0 | 502.5 | 6.2 |
| 滨州 | 1 227.1 | 19.3 | 506.3 | 9.5 | 720.9 | 27.3 |
| 济宁 | 848.2 | 25.0 | 637.8 | 31.4 | 210.3 | 8.9 |
| 菏泽 | 654.3 | 15.1 | 313.0 | 11.0 | 341.3 | 19.2 |
| 德州 | 622.1 | 21.4 | 489.1 | 46.6 | 133.0 | -25.7 |
| 聊城 | 614.0 | 15.7 | 408.3 | 11.4 | 205.7 | 25.2 |
| 枣庄 | 431.0 | 42.8 | 397.5 | 42.9 | 33.5 | 42.3 |
| 泰安 | 405.9 | 39.5 | 352.4 | 82.4 | 53.5 | -45.3 |

备注：经国务院批复同意山东省调整济南市莱芜市行政区划，撤销地级莱芜市，其所辖区域划归济南管理（山东省统计局便函〔2019〕55号），因此从2019年1月起将济南莱芜数据合并，原17地市调整为16地市。

## 口岸综合管理

**【着力抓好口岸资源管理系统建设】** 一是高起点谋划，项目设计顺利通过评审。坚决落实省政府办公厅党组“高水平设计、高标准建设”的指示要求，先后 9 次赴青岛、烟台等口岸一线进行现场调研，深入研究分析国家口岸综合绩效评估指标体系，科学制订项目建设规划。利用信息化、地理信息等技术手段，通过电子地图、数据填报等形成全省口岸动态电子地图和口岸资源数据库，实现全省口岸资源动态直观展示和口岸运行数据自动采集分析目标，为口岸准入退出管理和布局优化、口岸部门数据通报分析和业务协同协作、口岸综合绩效评估和实施口岸分级动态管理提供决策支撑。二是促合力推进，管理系统顺利完成建设。牵头建立管理系统建设会商机制，明确项目承建方和各市口岸管理部门、中央驻鲁口岸查验单位职责任务并定期调度，深入口岸一线协调地图测绘和数据采集等重点难点工作，推进各项任务落实落地。三是高标准核验，管理系统顺利调试运行。按照项目建设目标和实际工作需要，逐项核验地图查验、数据集采、交互分析各项功能，保持和项目承建方密切联系，及时反馈整改发现问题，管理系统已顺利调试运行。

**【着力抓好口岸重点项目推进】** 一是水运口岸，主要是青岛港水运口岸扩大开放至鳌山湾港区、青岛董家口港水运口岸扩大开放至胡家山作业区和烟台龙口港水运口岸扩大开放至西港区。针对青岛港口岸扩大开放至鳌山湾港区项目，指导青岛市做好扩大开放水域划定、口岸查验设施建设等工作，加强向国家口岸管理办公室的汇报请示，协调中央驻鲁口岸查验单位主动向国家部委汇报项目进展情况，加快项目推进速度，该项目已获国务院批复。青岛董家口港水运口岸扩大开放至胡家山作业区和烟台龙口港水运口岸扩大开放至西港区是列入《国家“十四五”口岸发展规划》重点项目，牵头指导项目所在地口岸管理部门制订相关工作推进配套方案，明确时间节点、工作任务和职责分工并督促推进落实。二是航空口岸，主要是临沂航空口岸正式对外开放和威海航空口岸国际航站楼改扩建工程对外开放。临沂航空口岸对外开放是山东省“十四五”期间唯一航空口岸验收项目，多次牵头组织相关单位实地调研、召开协调会、专项业务上门对接等，协调推进解决口岸查验设施改造、查验单位办公保障、查验单位业务不协同等问题，推动临沂机场于 2022 年 8 月份顺利通过省级初验，并第一时间以省口岸办名义申请国家正式验收。2022 年 10 月份，根据国家移民管理局反馈意见，多次与青岛海关、山东出入境边防检查总站进行深入沟通对接，协调双方在各自查验系统信息采集功能不协同问题上达成一致意见，指导临沂市进行整改并将相关情况报国家口岸管理办公室。威海机场国际航站楼改扩建项目已具备对外验收条件，因疫情原因，暂未组织现场验收，为保障威海航空口岸高效运行和客货通关顺畅，2022 年 5 月、11 月，先后两次批复该项目临时对外启用，临时对外启用期间完成出入境旅客服务保障 9 116 人次，监管国际航班 1 032 架次，货运量 0.7 万吨。

**【着力提升口岸辐射带动能力】** 一是督促码头泊位有序对外启用。指导全省 7 个水运口岸 41 个码头泊位制订对外启用配套方案，建设口岸查验配套设施，配备协勤人员，扎实做好验收前准备工作，组织口岸查验单位和省有关部门开展现场检查 3 次，组织省级验收会议 3 次，完成青岛港口岸、日照港口岸 5 个码头泊位对外启用。二是推动码头泊位临时对外启用。积极回应口岸运营企业诉求，大力争取口岸查验单位和省相关部门支持，最大限度地克服疫情对口岸生产经营影响，审核批准 3 个口岸 25 个码头泊位实现临时对外启用，上述泊位临时启用以来实现外贸吞吐量 5 463.46 万吨，拉动外贸增长 920 亿元，为山东省外贸经济持续健康发展贡献了力量。三是不断延伸口岸功能。积极完善和海关及相关省直部门沟通渠道，优化海关指定监管场地申建合作机制、不断延伸口岸功能，完成日照岚桥港进境粮食指定监管场地、烟台综合保税区进境水果指定监管场地可行性评估和申建，完成滨州阳信县进境肉类指定监管场地预验收推荐。

**【着力优化口岸营商环境】** 全面落实国家和省委省政府部署要求，牵头印发《关于深化跨境贸易便利化改革优化口岸营商环境的通知》等文件，推出促进跨境贸易便利化创新举措40余项，持续优化口岸营商环境。2022年12月，全省进口、出口整体通关时间分别为42.21小时、2.02小时，较2017年分别压缩58.14%、90.74%。山东省优化口岸营商环境经验做法被国家口岸管理办公室向全国印发推广。青岛口岸以总分第一名的成绩荣获“2022年十大海运集装箱口岸营商环境测评”四星级最优等次。一是强化改革创新，稳步提升通关效率。协同海关加大通关改革力度，进一步完善进出口货物“提前申报”“两步申报”通关模式，大力推行免到场查验，减少企业跑腿次数，引导企业用好查验预约服务，稳定通关预期。继续扩大“先期机检+船边直提”模式改革实施范围，查验时间较普通货物缩短逾70%，每个集装箱可节省成本逾600元。二是强化综合服务，不断提升企业获得感。积极协调海事、交通运输等部门开展创新服务，提升口岸通关便利化。创新实施国际航行船舶进出口岸“极简审批”新模式，试点运行船载液货“货港海”智能选船机制，下放国际航行船舶登记事权，申办人员就近提交申请，实现“一网通办”，行政相对人“只跑一次腿”。持续加大区块链技术应用，建设GSBN无纸化放货平台，实现主要进口电商货物港航单证平均办理时间由2天缩短至4小时以内，2022年共实现放货2.72万票、10.63万箱。三是强化规范秩序，全力助企纾困减费。督促落实交通运输部等部门关于减并港口收费等部署要求，自4月1日起取消港口设施保安费；同时降低部分海运口岸引航费，山东省青岛、烟台、威海、日照口岸累计降费3 160万元。协调省市场监管局部署开展2022年全省口岸收费检查工作，聚焦机场、港口及其延伸服务，加强空运、海运市场收费监管，全年共检查航运交通领域企业160家，立案查处6件，实施经济制裁225.6万元。定期更新山东口岸收费公示情况，实施口岸收费动态管理，全年共有109家口岸经营单位更新发布9 601条收费信息。指导青岛市利用普惠性金融政策，为符合条件的200余家中小微外贸企业提供60天海运费免费贴息和港航物流约价服务，帮助企业缓解约12亿元现金压力。四是强化协同联动，开展区域口岸合作。支持海关开展胶东半岛区域通关一体化协作，创新实施“水水中转”智能监管模式，码头作业时效提升30%，全年共实现智能监管18.6万箱。加大与省外口岸的协调力度，2022年2月积极协调云南省口岸办，帮助重汽集团22台出口缅甸的车辆顺利通关，避免了因疫情无法按时交付而丢失客户及合同违约的风险；11月，通过国家口岸管理办公室协调新疆、内蒙古、黑龙江口岸部门，就重汽集团年底前出口俄罗斯和中亚国家的近8 000辆重卡通过边境口岸出口通关事宜进行了沟通安排，在边境口岸车辆积压严重、通关压力大的情况下，列入了年底前通关作业计划。积极推动青岛加快开发与俄罗斯“一单两报”“海铁联运”“全程追溯”功能，做法受到国家口岸管理办公室肯定。积极探索与日韩等主要贸易伙伴开展跨境贸易信息国际交流合作，拟订《中韩（青岛）跨境贸易信息国际交流合作方案》，报送国家口岸管理办公室。

**【着力提升“单一窗口”服务效能】** 坚持以建设更高水平“单一窗口”为目标，以企业需求为导向，加强关港税金协同，以数据赋能提升口岸智能化水平。一是聚焦运营机制改革，组建山东省电子口岸有限公司。按照省政府部署，配合省国资委组建山东省电子口岸有限公司，将山东“单一窗口”平台运维模式由政府购买服务转变为实体公司运营。扎实开展平台资产审计和等保测评等工作，顺利完成平台资产划转。制定“单一窗口”建设运营及数据安全管理办法，促进“单一窗口”监管制度化。二是聚焦功能拓展，持续开发上线地方特色应用。先后开发上线跨境贸易档案系统、引航申报、市场采购贸易出口信用综合服务平台等10个系统功能。其中，在全国率先上线引航申报功能，实现海关、海事、边检、引航4家单位申报数据整合共享，合计减少用户录入数据100余项，全年共通过山东“单一窗口”引航申报系统申报引航数据10 901条，线上申报占比100%。与济南海关联合打造上线“电子口岸情景式在线交互平台”，根据企业用户的应用场景，提供业务导览、业务操作指导、业务问题解答等服务，有效助力外贸企业发展。截至2022年年底，“单一窗口”平台累计上线服务系统和功能模块148个，为企业提供服务事项1 119项，服务功能数量稳居全国前列。三是聚焦服务企业，实现关港税金全链条运作。积极开展地方特色金融服务，实现与日照银行、济宁银行技术对接，为企业提供全流程、一站式、全线上的贸易金融服务，全年共签约企业2 977家，办理国际结算31.2亿元，同比增加587%。进一步加大小微线上投保推广应用力度，2022年共有17 990家小微外贸企业通过“单一窗口”开展投保业务。积极扩大口岸物流协同平台应用范围，2022年共有3 035家企业线上办理业务，累计业务量182万余票，青岛港进口集装箱线上换单押箱业务覆盖率达90%以上。采取线上线下相结合，联合驻鲁海关、税务、商务等单位开展以“助企促贸”为重点的政策宣讲培训，共计10场近5万人次参加。2022年，通过山东“单一窗口”申报进出口额4 636.9万美元，同比增长23%；办理跨境电商2 055.5亿元，同比增长112%。

## 口岸监管与服务

**【济南海关全力做好新冠疫情防控工作】** 2022年，济南海关因时因势调整新冠疫情防控措施，在全国海关首批开展新冠病毒基因测序，持续做好“一机一策”“一船一案”，构建“人、物、环境”同防、多病同防、水陆空同防立体防控网，守牢外防输入第一道防线。自主研发智慧旅检智能一体机，实现口岸卫生检疫监管全流程自动化。提供移动方舱实验室支援北京冬奥会、冬残奥会通关保障工作。

**【济南海关全力推进重点改革事项】** 2022年，济南海关承办中国海关与哥斯达黎加海关AEO国际互认合作线上认证观摩，打造了疫情防控背景下AEO国际互认合作新范例。自主开发全国海关首个企业认证智慧培育系统，建成山东省首个“AEO孵化中心”。优化升级“铁海E通”系统，新增卡口危险品拦截预警等功能。关区企业集团加工贸易监管改革扩大至15家企业。“多证合一”申报应用率达47.5%。完成进口棉花智慧重量鉴定系统试点任务。

**【济南海关全力做好口岸监管工作】** 2022年，济南海关扎实开展“口岸危险品综合治理”百日专项行动，查发危险品伪瞒报案件7起，检出出口危化品不合格480批。关区各口岸查获进境固体废物3 318吨，濒危动植物及其制品85.6千克，违禁印刷音像制品1 617件，涉枪涉爆物品242件，管制精神药品2.7万粒。开展“龙腾”“蓝网”等知识产权海关保护专项行动，查获侵权商品34.5万件，同比增长11倍。全面推进稽查业务改革，稽查作业有效率88.7%，提高26个百分点。开展打击化肥出口伪瞒报专项稽查行动，查发8起逃避海关监管情事。2022年，济南海关扎实开展“国门绿盾2022”专项行动和“跨境电商寄递‘异宠’综合治理”专项行动，持续加强非洲猪瘟、高致病性禽流感、红火蚁、松材线虫等重大动植物疫情防控。截获“异宠”等外来物种28种次；截获有害生物187种次，其中检疫性有害生物5种次；检出二类动物传染病4种88次；截获病媒生物5种672只。开展进口食品“国门守护”行动，检出进口不合格食品6批。持续推进进口消费品和重点敏感商品质量安全监管体系建设，开展进口消费品、原油、出口危险品及包装、出口农药等风险监测，检出进口不合格商品577批。

**【济南海关全力做好税收征管工作】** 2022年，济南海关税收入库544.81亿元，同比增长

42.61%。开展RCEP实施“攻坚年”活动，组织专场轮训20余次，惠及企业3 000余家。自主开发“RCEP享惠智选助手”，实现对企业应用自贸协定的“靶向体检”。大力推广签证便利化，落实经核准出口商自主声明制度。落实鼓励类项目进口设备、支持科技创新等进口税收政策，服务享惠主体612家次，为享惠主体减免税款6.04亿元、同比增长205.4%。上线“进境邮件税款信息联网项目”，实现关邮电子对账、税款自动汇缴、用邮人网上支付。提报10项税政调研建议获国务院关税税则委员会采纳。

**【济南海关全力做好查缉走私工作】** 2022年，济南海关扎实开展“国门利剑2022”联合行动，刑事立案42起，案值1.03亿元；行政立案195起，案值4.46亿元。组织开展打击固体废物走私专项行动，查证走私废轮胎1 616吨、扣押411吨，退运废纸浆2 999吨，坚决将“洋垃圾”拒于国门之外。在行邮渠道查获夹带、伪瞒报走私濒危物种制品、雪茄、烟丝、奢侈品等案件，案值2 053万元，有效遏制“水客”走私新变种、新情况。严厉打击走私枪支、毒品、反宣品行为，查缴枪支52支、淫秽物品912件、麻精药品2.7万粒，捣毁制贩枪支窝点一处。以维护国家战略物资安全为主线严打禁限货物走私，查证逃避许可证走私出口易制毒化学品310吨，逃避商检出口化工品2 330吨、竹木草制品760万元。1起案件被海关总署缉私局评为典型案例。

**【济南海关全力服务区域经济发展】** 2022年，济南海关联合青岛海关研究制定19条促进山东省外贸保稳提质措施，形成54项任务100条落实标准。全年，济南关区进口、出口整体通关时间分别为22.23小时、0.97小时，压缩比大幅优于全国平均水平。实施“专精特新”企业、“白名单”企业精准培育，支持23家企业成为海关高级认证企业，新增高级认证企业数量同比实现倍增。提报农食领域贸易关注数量连续三年居全国海关首位，助力9种特色农产品实现关区首次出口。推动中国（山东）自由贸易试验区济南片区创新发展，累计5项创新举措通过海关总署备案。2022年，济南关区5个综合保税区进出口总值1 540.3亿元，同比增长29.4%，首次突破1 500亿元大关，占关区外贸进出口总值的比重为12.5%，同比提升0.7个百分点；区内活跃企业数572家，较2021年同期增加134家，同比增长30.6%，对外开放平台作用发挥更加突出。服务共建“一带一路”，助力“齐鲁号”中欧班列开行2 057列次，同比增长12.7%。支持济南班列集结中心建设，推动开展“班列+”业务模式升级，办理铁路类监管作业场所行政许可2家，支持中欧班列西向出境业务做强。实现关区内陆港“铁海E通”应用全覆盖，打通班列货物东向出海通道。滨州阳信进境肉类指定监管场地高效高质通过海关总署验收。

**【青岛海关全力做好口岸疫情防控工作】** 毫不动摇坚持“外防输入、内防反弹”总策略，抓实抓细口岸疫情防控常态化举措，科学精准推进“人、物、环境”同防、“多病同防”，有效防止重大传染病、动植物疫情通过口岸输入。一是严格口岸疫情防控。重点强化旅客、机组、船员等人员检疫，加强对变异病毒监测和防范，2022年开展应急演练38场次，妥善处置聚集性疫情49起，培训采样人员1 856人次。做好进口冷链食品及包装、高风险非冷链集装箱货物新冠病毒核酸监测检测和预防性消毒监督工作。全年共检疫出入境航空器9 999架次、人员22.37万人次，出入境船舶27 804艘次、船员57.99万人次。二是延伸科技防线。创新“科技+防疫”模式，研发“入境交通工具无接触式卫生检疫监管平台”，试点期间单船检疫时长由70分钟缩短为15分钟。在烟台、威海空运口岸探索应用AR智能眼镜开展“机上亮码、远程扫描、无接触核验”检疫模式，试点期间入境旅客平均检疫时长缩短近70%。三是坚持“多病同防”。同步做好埃博拉、出血热、鼠疫、猴痘等各类重大传染疾病外防输入工作，青岛海关辖区全年共截获输入性病媒生物178批次572只，实施口岸病媒生物监测1 622次，捕获各类病媒生物4 544只。

【青岛海关全力做好海关监管工作】 一是抓改革创新不断提升关区口岸监管效能。深化“先期机检+智能审图”实战化应用，通过智能审图替代逾70%人工审像作业。支持开通中韩陆海联运整车运输，牵头制订监管方案，推动中韩双方签署项目试运行谅解备忘录。二是“口岸危险品综合治理”百日专项行动取得预期成效。实现进口危险品自抵港到放行平均用时由专项行动前的8.8天降至3.1天，降幅达到64.8%，口岸监管区内危险品保持零滞留，口岸环节查获33起、后续稽查发现8起危险品违规情事。三是做好知识产权海关保护，查办的知识产权案件连续16年入选中国海关知识产权保护典型案例，“知识产权状况预确认”创新举措入选国务院知识产权强国建设联席会议发布的第一批知识产权强国建设典型案例。四是突出查发导向，积极开展重点领域专项稽查，牵头2个全国海关专项稽查行动，关区稽查作业查发率79.78%，增长36.84%。

【青岛海关全力做好税收征管工作】 持续推动“关保通”零成本担保模式，在原有银行保函的基础上，引入关税保证保险，为企业提供多样化选择，积极对接地方政府，扩大政策适用区域，已覆盖青岛上合示范区、中国（山东）自由贸易试验区烟台片区100余家企业。全国首创公式定价货物改革试点，开展公式定价货物“通关前取消合同备案、通关后实施汇总审价”的税收征管改革试点，进一步简化通关流程，通关效率较前期提高50%。继续深化“事中分散+事后集中”验估模式改革，事后集中验估中心加强税收风险的举一反三，组建税收风险防控专项团队，实行“验估单证一次性告知制度”试点。

【青岛海关全力做好打击走私工作】 坚决落实总体国家安全观，全力筑牢国门安全防线。认真落实全国深化打击整治枪爆违法犯罪专项行动部署，扎实开展“勇士”“使命”等专项行动，2022年打击枪支走私刑事立案28起，立案侦办走私毒品案件48起。深入开展“国门利剑2022”“蓝天2022”专项行动，开展打击“水客”、海南离岛免税“套代购”行动。开展“以打促税”百日攻坚行动，立案侦办涉税走私犯罪案件121起，涉税3.57亿元。全年刑事立案252起，同比增长27.14%；行政立案2 722起，同比增长7.8%。

【青岛海关全力做好出入境检验检疫工作】 维护国门生物安全，口岸疫情截获水平显著提升。2022年，青岛海关辖区截获有害生物7 226批、71 430种次，同比分别增长19.03%、29.46%；开展“国门绿盾2022”、“跨境电商寄递‘异宠’综合治理”、国门生物安全监测、外来入侵物种普查等重点专项行动，查获寄递美国犀金龟、日本锯锹等外来物种286种次。推进进口食品“国门守护”行动，全年共检出未准入境不合格进口食品232批，查获750余吨肉类、水产品等未获进口准入；推进出口食品农产品品牌建设，鼓励龙头企业办理知识产权海关保护备案和国外商标注册，输韩泡菜量占全国逾七成，新增推荐出口欧盟、俄罗斯等19家宠物食品企业。严把商品检验关，全年检出不合格进出口商品3 076批；开展打击非法医疗美容专项治理工作，查发埋线提拉液、肉毒素、人胎素等700余支，美容缝合针240根，胎盘绒毛分解液150支，玻尿酸针7 806支，手术拉钩30件，多功能红外线理疗舱3个，切实保障了人民身体健康和生命安全。

【青岛海关全力服务经济社会发展】 一是全力做强对外开放平台。深化黄河流域关际合作，牵头推动海关总署12项重点举措落地见效，联合确定27项关际合作项目重点推进。深化自由贸易试验区制度创新，新推出20余项，2项在海关总署备案，10项入选中国（山东）自由贸易试验区新一批制度创新成果。发布新一轮支持上合示范区建设“532”工程，支持建设上合国际道路TIR运输集结中心，建成国内首个服务上合为特色的原产地证书审签中心。深化综合保税区高质量发展，青岛空港综合保税区顺利获批，支持跨境电商网购保税进口、保税研发等业务做大做强。支持山东深化新旧动能转换，量身定制服务措施，助力海关总署出台《支持山东深化新旧动能转换推动绿色低碳高质量发展的若干措施》。二是全力促进特色产业发展。推进进出口食品农产品示范口岸建设，关区三大类（肉类、食用水生动物、冰鲜水产品）指定监管场地、欧盟注册渔船、食农产品检测能力居全国首位。推进现代农业高质量发展，支持优良种质资源安全引进。三是全力保障供应链稳定。“水水中转”模式提升作业时效 30%，保税铁矿混矿“随卸随混”等创新措施压缩进口矿产通关时间 70% 以上。助推物流大通道建设，开展铁路快速通关改革试点，支持过境货物海铁换箱作业，打造“中欧班列+”特色班列。青岛海关辖区全年共监管进出境中欧班列 1 230 列、10.4 万箱，同比分别增长 14.2%、30.2%。支持“客改货”航班、跨境电商包机和快件企业包机出运。复制推广跨境电商 B2B 出口监管试点，新增 3 个国家级综合试验区城市，山东实现综合试验区全覆盖。四是全力激发市场主体活力。出台促进外贸稳中提质 19 条措施，助力外贸保稳提质。实施 AEO 认证提质工程，全年新增高级认证企业 70 家；创新国外注册推荐评审方式，实施远程视频评审，全年共对外推荐注册企业 58 家。加强国外技术性贸易措施影响调研，新获批建立评议基地 3 个，青岛海关辖区基地数量增至 5 个，跃居全国首位。推动 RCEP 等自贸协定实施落地，签发全国首份 RCEP 原产地证书。实施促进跨境贸易便利化“百日冲刺”行动，12 月青岛海关辖区进口、出口整体通关时间较 2017 年分别压缩 54.3% 和 89.85%。青岛海运口岸连续两年获得“十大海运集装箱口岸营商环境测评”第一名。

**【山东出入境边防检查总站全力打赢口岸管控阵地战】** 把党的二十大安保作为贯穿全年、压倒一切的首要政治任务，坚决扛牢“保卫首都、捍卫核心”职责，超前谋划部署、严密实战指挥、落实最严举措，先后打赢北京冬奥会、冬残奥会和香港回归 25 周年、党的二十大等重大活动安保，坚决实现了“五个严防、三个确保”工作目标。坚决贯彻落实党中央决策部署，深入开展“百日行动”、“精准清查打击”、“三非”外国人治理等专项行动，研究出台“九个坚决”实施意见，与省公安厅联合印发《关于进一步加强移民警务深度合作的意见》，充分发挥网上贴靠、关联分析、专线盯控等公秘结合手段，细查数据、精研战法、深挖线索，实现了线索报列量、线索督办量、刑事立案量、清网信息量、战法模型量“五个新提升”。全年查获各类案件 303 起，查获偷越国边境案件 4 起，拦截劝返跨境赌诈及赴韩非法务工等人员 598 人，查获“全能神”“法轮功”骨干 6 名，扩线锁定 480 人，协助海警查获“7·15”海上走私冻品案，“清网”信息类、案件线索类等核心项目指标积分评价分获全国同序列单位第 1 名、第 2 名，1 个执勤队、1 名民警被公安部评为“两个专项斗争”成绩突出集体和个人，“六字工作法”被国家移民管理局推广，工作成效得到公安部和省委省政府领导批示肯定。

**【山东出入境边防检查总站全力打赢疫情防控阻击战】** 深刻认识疫情防控形势的严峻性、复杂性和艰巨性，全面贯彻落实疫情防控各项措施，因时因势调整完善领导架构，研究出台 20 项防控措施，出台总站《关于贯彻落实“优化疫情防控二十条”精准做好防控工作的若干措施》，动态完善跨站支援预案，创新推行风险调级机制，优化调整“X+7”独立作战单元勤务模式，创新建立“三区两点一员”，科学建设防护穿脱“五色五区”，合理布建海港“五固定”专用场地，严格做好执勤现场、办案场所、查验设施“三消工作”，全力打赢疫情防控攻坚战。2022 年，选派 336 名民警驰援云南总站及省驻沪粤口岸专班，筛查推送涉疫信息 39 万余条，联勤处置境外直接输入染疫病例 1 229 人，高效圆满完成接返乌滞留人员包机、央企包机、分流航班 74 架次、1.4 万余人次入境勤务，周密保障 3.7 万名船员顺利换班，坚决守牢了“三零”底线。

**【山东出入境边防检查总站积极服务发展大局】** 深入贯彻以人民为中心的发展思想，精准对接国家重大发展战略和山东强省建设部署，深入贯彻落实国家移民管理局服务便利若干措施，深化推进边检“六个助力”，研议出台服务发展15项清单，助力山东港口集装箱吞吐量稳居世界第三、北方港口之首。密切关注企业和群众需求，持续深化“放管服”改革，全面推行入出境手续“一次办妥”、进出港手续“移泊免办”“一地办证、区域通用”，最大限度节省时间和成本。精准对接保障开放需求，高效推动临沂机场口岸开放验收，有序保障威海机场新入境查验场地启用，跟进保障码头泊位对外启用，为山东高质量发展注入边检澎湃动能。高质量运行12367服务平台，2022年承接热线咨询5 300余通，处理话务工单5 380余件，首呼解决率99.38%，打造便捷规范、亲民务实的口岸通关“总客服”。

**【山东出入境边防检查总站深化提升港口锚地管理水平】** 紧盯港口锚地管控薄弱环节，启动港口锚地预警管控系统建设工作，成立工作组赴基层一线实地调研论证，开展港口岸线、岛礁、锚地、开放水域等部位信息数据摸排，确保底数清、情况明。按照“建用结合”的原则，自建项目加强统筹规划、科学论证评估、精准规划点位，共享共用项目建立协作机制、争取政策支持、全量接入系统，积极推动港口锚地预警管控系统建设纳入省海防基础设施统筹规划，石岛、龙眼港、东营出入境边防检查站海防监控站建成投入使用，威海出入境边防检查站海防监控站建设纳入2023年建设规划。深入研究优化船舶关闭AIS搭靠外轮、双船并行轨迹研判、锚地船舶停靠等数据模型，创新人、船、航次关系研判算法，推动实现精准感知目标船舶、精准预警高风险船舶、精准锁定违法违规船舶，不断提升精准打击管控能力。

**【山东海事局持续加强安全监管工作】** 一是不断强化口岸交通安全治理。扎实开展水上交通安全强化年，实施“3344”海事监管包保责任制，深化“四联”机制，巩固提升“平安海区”攻坚成果，联合开展“商渔共治”等巡航执法行动，联合省交通运输厅发布《关于推动实施沿海港口船舶危险货物运输安全共治“三项措施”的指导意见》，推动构建“共建、共治、共享、共赢”安全治理新格局。深化与海关、港口的货物信息共享融合，开展外贸载货集装箱重量验证检查，提升谎报瞒报危险货物查处效能。2022年，共联合查处谎瞒报案件94起，同比增长141.0%，罚款584.5万元，同比增长345.2%。有力保障辖区4.67亿吨危险货物安全运输，为党的二十大胜利召开营造了稳定的海上交通安全环境。共发生海上险情82起，同比减少6.8%（列全国第7位），发生水上交通事故17件，水上交通安全的四项指标同比“三降一升”。二是持续深化客运安全“四个治理”。开展中韩客货班轮和省际客滚运输安全管理提升行动，落实“双年行动计划”，协调山东省交通运输厅、中国船级社青岛分社对烟台、青岛、日照、威海等重点辖区开展联合督导检查，汲取国外两起滚装船载运汽车货物火灾事故教训，严格落实渤海湾客滚船“人货分离”安全管控政策。严格落实《加强游艇安全管理十二条措施》，建立实施游艇安全包保责任制，推动划定、公布游艇专用停泊水域（停泊点）13处，积极配合省海防委开展快艇专项整治“断链打现”联合行动，严密码头岸线、停泊水域（点）网格化管理，切实强化游艇“以港管船”，持续深化游艇安全专项整治。2022年，共实施涉客船舶安全检查1 800艘次，滞留135艘次，查处违法行为152起，罚款89.8万元，严厉打击、有效震慑低标准、高风险船舶，持之以恒牵牢客运安全“牛鼻子”。三是严格落实恶劣气象海况“七严七防”长效机制，联合辖区300余家涉海单位、1 000余人开展“11·24”海上安全警示日活动，做好冬季“四防一禁”、雾季安全监管、防汛防台和党的二十大期间等重点时段安全监管和值守工作。妥善处置“新昌泰1”轮风灾、“琼昌渔20318”自沉等5起重大险情。共发布海上预警信息575期，接报处置险情82起，同比减少6起，排全国第7位。协调船艇3 949艘次、飞机39架次，成功救助333人、船舶21艘。

**【山东海事局持续加强服务保障工作】** 一

是积极服务黄河流域生态保护和高质量发展，助力小清河复航提质增效。印发《加快建设交通强国山东示范区工作实施方案》，推进实施“七项行动”22项重点任务，主动服务世界一流海洋港口建设，助力港口通航效率提升、服务改善口岸营商环境，全面推行国际航行船舶进出口岸“极简审批”便利通关新模式，持续深化船舶安全检查“云登轮”工作新机制，有效避免执法人员登轮检查感染风险、保障国际航运供应链稳定和船舶航行安全，获评中国（山东）自由贸易试验区国家级改革试点经验。全面推进海船新建及转籍检验、登记“不停航办证”，有力保障25万吨级以上原油码头、渤中海上油气田、海上风电等13个重大涉水项目，高效服务烟台裕龙岛炼化一体化等重大涉水工程。2022年，共实现货物到达发送量14.1亿吨，同比增长6.1%；进出港船舶95万艘次，同比增长25%。二是全力推进疫情期间国际航行船员换班工作。贯彻落实交通运输部等六部委《关于精准做好国际航行船舶船员疫情防控工作的通知》要求，全面开展辖区船员换班需求调查摸底，精准实施在船超期服役船员滚动排查，及时掌握船员换班存在的问题难题，协调推进国际航行船舶船员换班各项工作，努力做到“应换尽换”。2022年，辖区共保障完成了2 484艘次国际航行船舶顺利换班，换班船员3.26万人次，有力保障海上物流供应链安全畅通。及时向省联防联控机制和上级有关部门汇报烟台华航公司派遣的12名中国籍船员因船舶遭遇事故滞留在俄罗斯无法回国的情况，积极稳妥探寻解决方案，帮助滞留的12名船员安全回国。三是持续深化“船舶碧海蓝天”行动。印发《山东海事局深化“船舶碧海蓝天”实施方案（2022—2025）》，指导船舶污染综合治理，推进船舶“减污降碳”。贯彻“双碳”战略，会同科研机构合作编制辖区船舶大气污染物排放清单，开展LNG燃料甲烷逃逸研究和加注LNG燃料作业监管研究。加强船舶岸电使用监管，开展船舶岸电设施安装和使用情况监督检查1 059艘次。严厉打击船舶非法排放、超标排放行为，查处非法排污案件108起、燃油超标案件11起，污染防治攻坚靶向性战果进一步凸显。配合落实地方政府“重点海域综合治理”“湾长制”“四减四增”“碧海2022”等工作部署，加强船舶环保政策宣传，切实保障黄河流域生态保护和高质量发展。

## 开放口岸

**【济南空运口岸（济南遥墙国际机场）】** 济南遥墙国际机场位于济南市历城区遥墙街道，于1992年7月26日建成通航，同年10月经国务院批准对外开放，拥有3 600米、2 600米跑道各1条，飞行等级为4E级。

2022年，济南空运口岸继续以发展国际航空货运为重点，在稳定运营原有航线的同时，新开通墨西哥、东京、特拉维夫3条货运航线，进一步完善了国际货运航线网络。截至2022年年底，济南机场累计运营国际地区航线48条。其中，客运航线28条，分别通往23个国际城市及5个地区城市；货运航线20条，分别通往列日、大阪、纽约、洛杉矶、莫斯科等国际城市。济南空运口岸具备进境水果、冰鲜水产品、食用水生动物、药品等指定口岸功能。

2022年，机场完成国际货邮吞吐量5.54万吨，占济南机场货邮吞吐量的40.23%，较2021年全年提高4.6个百分点。出口货物主要以电商、汽车和防疫物资为主，货源地主要为广州、深圳、上海、杭州、义乌等地。欧洲进口货物主要以机械设备、汽车配件为主，货源地主要为意大利、德国、奥地利、荷兰；美国进口货物以奶粉、化妆品等快件或电商货物为主。

**【青岛空运口岸（青岛胶东国际机场）】** 青岛胶东国际机场位于青岛市所辖胶州市，飞行等级为4F级，于2021年8月12日正式投入运营。

机场一期工程占地16.25平方千米，总投资360.39亿元；建有2条平行远距跑道，长度为3 600米，间距2 184米；机位总数184个（廊桥机位76个）。预计到2025年，可满足旅客年吞吐量5 000万人次、货邮年吞吐量50万吨、飞机年起降35万架次的保障需求。

机场航站楼面积47.8万平方米，采用单体五指廊构型，旅客安检后最远步行距离550米，中转效率相对较高，配有自助托运、自助值机、自助安检、自助通关等全流程自助设备263套，是中国民航“智慧型机场”建设发展示范项目。与之相连的综合交通换乘中心（GTC）总建筑面积20万平方米，停车位3 700个，集高铁、地铁、机场巴士、网约车等多种交通方式于一体，实现“垂直零换乘”目标。1小时通达青岛全域、1.5~2小时通达山东主要城市，资源吸附效能高效辐射苏北、皖北、豫东等市场区域。

货运配套保障方面，青岛胶东国际机场货运区距离新机场高速6千米，距离胶济客运专线和济青高速铁路交汇站胶州北站4千米，距离胶济、胶新、胶黄、青连铁路接轨站胶州站19千米，货运区占地80万平方米，包括机场货站、山航货站、东航货站，其中机场部分占地约56万平方米，国际、国内货运园区均设有冷冻、冷藏、贵重物品和危险品仓库，从事国际、国内货物的收运、仓储、理货分拣、中转等业务。为国内外40余家航空公司、近80家代理公司提供货站操作、货邮行保障等物流服务，具备承接AN-124、波音747等大型全货机的货邮行保障能力。

2022年，青岛空运口岸主要出口货物品类占比分别为服装鞋帽类35.2%、机械电子类34.2%、工艺品及首饰类6.4%、电商类6.0%；主要进口货物品类占比分别为普货91.6%、国际快件7.7%、邮件1%。

**【烟台空运口岸（烟台蓬莱国际机场）】**
烟台蓬莱国际机场位于烟台市蓬莱区，为4E级民用运输机场。烟台机场口岸原位于烟台莱山国际机场。1992年8月，国务院批准开放烟台航空货运口岸；1994年6月，国务院批准开放烟台航空客运口岸；1997年1月，国务院批准对外国籍飞机开放；2015年5月，烟台空运口岸迁至烟台蓬莱国际机场，24小时对外开放。

烟台空运口岸是面向日韩及东北亚的前沿城市口岸，距烟台市中心约43千米，距威海市中心约110千米，距青岛市中心约240千米，距潍坊市中心约250千米，荣乌高速直达候机楼，国道206、省道302线通过机场连接线与机场相通；同时，与烟大铁路轮渡、龙烟铁路、烟台港西港区和沈海、威乌高速相互依托，构成海、陆、空交通枢纽。市场覆盖烟台全市范围，兼顾威海，最大辐射范围至青岛北部、潍坊东部，与青岛胶东国际机场遥相呼应，并与济南遥墙国际机场、青岛胶东国际机场一起，成为山东省民用航空三大干线机场。

2022年，烟台航空口岸共运行至韩国首尔，日本大阪、东京，越南河内，意大利米兰，比利时列日，土库曼斯土库曼纳巴德7条国际客货运航线。其中，新开烟台—比利时列日、烟台—土库曼斯土库曼纳巴德2条国际货运航线。运行航线中，烟台—首尔国际客运航线1条，烟台—首尔、烟台—东京、烟台—大阪、烟台—河内、烟台—列日、烟台—土库曼斯土库曼纳巴德、烟台—米兰国际货运航线7条。

2022年，烟台蓬莱国际机场起降国际航班3 752架次，同比下降15.69%；出入境人员1.72万人次，同比下降23.89%；出入境货运量4.63万吨，同比持平，其中出口货运量2.79万吨、进口货运量1.84万吨。

**【威海空运口岸（威海大水泊国际机场）】**
威海大水泊国际机场位于威海市文登区大水泊镇，于2004年9月经国务院批准对外开放，2005年3月开通国际航线，航站楼面积2.8万平方米、停机坪3.6万平方米、停机位20个，飞行区等级4D，是山东省第4个旅客吞吐量超过200万人次的机场。2022年5月，威海机场国际航站楼新建连廊及改造查验区顺利获批临时对外启用，升级配备了自助通关通道、智能验证台、负压隔离室等口岸查验监管设施，航空口岸作业区域增加三分之一，出境、入境查验实现完全物理隔离，进一步优化了口岸区域布局，极大改善了口岸通关环境。截至2022年年底，威海大水泊国际机场运行国际客货航线 4 条，每周运行 26 班。

2022 年，威海空运口岸出入境人员 21 592 人次，同比增长 4%；国际货邮运量 13 693 吨，同比下降 13.7%；出入境飞机 1 816 架次，同比下降 1%。

**【青岛水运（海港）口岸】** 青岛港位于山东半岛南岸的胶州湾内，始建于 1892 年，是太平洋西海岸重要的国际贸易口岸和海上运输枢纽，是沿黄流域及其腹地外贸物资、能源和原材料运输的重要口岸，是我国重要的大宗原材料进口港、集装箱运输干线港和山东半岛及其腹地重要的物流中心，主要从事集装箱、原油、铁矿石、煤炭、粮食等各类进出口货物的装卸、储存、中转、分拨等物流服务和国际客运服务，具有冰鲜水产品、粮食、肉类、水果、种苗、食用水生动物 6 种特殊商品进境口岸资质。

青岛港由大港港区、前湾港区、黄岛油港区等组成。青岛大港港区以邮轮、散杂货物和集装箱为主，兼顾少量液体化工品和成品油运输；开通有青岛至韩国仁川的客货班轮航线；已建成运营可停靠世界最大的 22.5 万吨级邮轮专用码头。黄岛油港区以接卸外贸进口原油和成品油、液体化工品为主，是我国沿海主要的油品运输、中转、储存基地。前湾港区以集装箱、铁矿石、煤炭等大宗散货中转运输为主，拥有可停靠 2.4 万标箱船舶的最大集装箱码头和 20 万吨级矿石码头、10 万吨级的煤炭码头等专业化大型码头，是青岛港目前现代化程度最高、规模最大的生产性港区，承担了整个港口 50%以上的吞吐量。截至 2022 年年底，口岸开放范围内对外启用泊位 96 个，其中，大港港区 29 个泊位、前湾港区 52 个泊位、黄岛油港区 15 个泊位。与世界上 180 多个国家和地区的 700 多个港口有贸易往来。青岛港现有集装箱航线 220 余条，世界前 20 大集装箱班轮公司都在青岛港开辟了航线，国际直达航线 160 余条，每月来往世界各地航班达到 700 多班，航线和航班密度均位居中国北方港口第一。

**2022 年青岛水运（海港）口岸运输货种统计表**

| 类别 | 港口吞吐量（万吨） | 外贸 | | | |
|---|---|---|---|---|---|
| | | 外贸运输总量（万吨） | 同比（%） | 进口（万吨） | 出口（万吨） |
| 合计 | 65 753.83 | 47 342.79 | 3.2 | 31 721.71 | 15 621.08 |
| 煤炭 | 2 423.69 | 583.54 | -3.4 | 381.21 | 202.33 |
| 原油 | 10 688.66 | 8 994.14 | -3.2 | 8 393.96 | 600.18 |
| 成品油 | 1 205.06 | 595.27 | 11.5 | 138.32 | 456.96 |
| 铁矿石 | 14 584.62 | 10 701.51 | -0.8 | 10 120.34 | 581.17 |
| 钢铁 | 496.43 | 149.40 | 19.5 | 18.50 | 130.90 |
| 水泥 | 143.58 | 82.30 | 21.6 | 82.27 | 0.03 |
| 木材 | 81.79 | 81.09 | -61.3 | 60.09 | 21.00 |
| 非金属矿 | 4.36 | 4.36 | -6.4 | 1.01 | 3.35 |
| 化肥 | 55.13 | 51.11 | -19.6 | 30.42 | 20.69 |
| 粮食 | 939.88 | 900.70 | -13.2 | 884.68 | 16.02 |
| 食盐 | 107.92 | 105.63 | 57.7 | 105.44 | 0.19 |
| 其他 | 27 806.60 | 19 932.73 | 5.9 | 7 336.74 | 12 595.99 |

（青岛市口岸办提供）

**【董家口水运（海港）口岸】** 董家口港位于青岛市黄岛区泊里镇，为正在开发建设的新港区，承载着青岛港转型升级、向“第四代”港口跨越的历史重任，以大宗散货、液体化工品及杂货运输为主，逐步发展港口现代物流及港口物流与临港产业的联动。港区深水岸线及港口资源丰富，规划陆域面积72平方千米，码头岸线长约35.7千米，共规划建设112个泊位，其中琅琊台湾作业区和董家口嘴作业区规划建设79个泊位，全部建成后港口设计年通过能力3.6亿吨。截至2022年年底，对外启用泊位26个（其中6个泊位临时对外启用），设计年通过能力达1.4亿吨。随着港口设施的逐步完善和腹地运输需求的增长，董家口港将逐步拓展服务范围，全面发展港口综合物流、专项物流、商贸、信息、综合服务等功能，成为青岛港南翼新的大型综合性港区和大宗干散货、液体散货运输分拨中心。

2022年，董家口港口岸靠泊外贸船舶3 230艘次，货物进出港量2.02亿吨。

**【烟台水运（海港）口岸】** 烟台港地处山东半岛北端，由芝罘湾港区、西港区、海阳港区、牟平作业区和烟台水产集团码头组成，24小时对外开放。国务院批准自1953年4月起，昼夜开放上海、青岛、烟台三港口。2014年8月，国务院批复同意烟台港口岸扩大开放西港区和海阳港区；2019年12月，烟台港口岸扩大开放通过国家验收。2022年12月，海关总署批复同意在烟台港芝罘湾港区设立进境水果指定监管场地。截至2022年年底，全市已建成指定监管场地共6类12个。

烟台海港口岸主要开放港区位于渤海湾南岸，靠近航运主航道，面向日韩及东南亚经济发达地区，背靠京津鲁豫广阔的经济腹地。居连接环渤海经济区的最佳中转港位置，拥有陆海双向、辐射内外的广阔发展空间。烟台港于1861年开港，与日本、韩国隔海相望，占据东北亚国际经济圈核心地带，已开通至韩国、日本、东南亚乃至欧美、非洲的班轮航线，与世界上100多个国家和地区的150多个港口保持着通航和贸易往来，是中国沿海第八大港口、世界沿海第十二大港口，是中国沿海25个主枢纽港、中国共建“一带一路”倡议15个支点港口之一。

散杂货业务是口岸发展的核心业务。口岸已基本构筑起了以铝矾土、液化油品、金属矿石、煤炭等骨干货种为规模支撑，以化肥、木材、钢铁为效益支撑的货源保障新格局。2022年，烟台港货物吞吐量突破4亿吨、集装箱突破400万标箱，是中国铝矾土进口第一港、中国第一大对非贸易港、中国最大的化肥装船港、中国第三大商品车外贸出口港。

芝罘湾港区是烟台海港口岸的发展起源地和现有的核心港区，位于烟台市芝罘区北部，主营集装箱、客货滚装和散杂货等业务；西港区是口岸规划建设发展的核心港区，地处烟台黄渤海新区东北海域，规划布局液化油品、通用散货、大宗散货、原油和LNG五大作业区；海阳港区位于烟台海阳市，港口濒临黄海，东北为乳山口，西南为丁字河口，主营散杂货。

2022年，烟台海港口岸多措并举提升口岸服务质效，优化口岸营商环境。一是出台《烟台市2022年深化跨境贸易营商环境改革若干措施》，围绕优化通关全链条全流程、降低进出口环节费用、提升信息化水平、优化口岸综合服务环境4个方面出台22条新措施。二是创新推出惠企政策宣讲培训新模式，创建“烟台市跨境贸易营商环境大讲堂”，通过线上方式搭建外贸企业、口岸服务经营企业政策宣讲培训平台，全年共组织5期11个主题的线上宣讲培训。三是创新开展口岸服务比武竞赛活动，在海港口岸开展明星服务大厅大比赛、客服质效大比赛及生产提效大比赛等系列活动，推动港口服务能力和作业效率得到持续提升。四是持续深化国际贸易“单一窗口”功能应用，在中国（山东）国际贸易单一窗口平台开设“烟台龙口专区”，省内率先推广“单一窗口”RCEP专区。截至2022年年底，烟台市企业在“单一窗口”累计注册5 385家，2022年全年，烟台外贸企业通过国际贸易“单一窗口”完成货物报关33.7万单、报检4.3万单、船舶申报2.6万艘次、跨境电商清单量1 108.9万单。五是推进智慧口岸建设不断突破，升级完善烟台港口岸智慧查验平台和智能理货平台，改造查验中心智能闸口，实现无人值守、车辆自动进出闸口，作业信息实时查询，建成省内首个口岸收费监管服务系统，实现口岸收费监管服务全流程移动办理。

2022年，烟台海港口岸出入境船舶7 770艘次，同比增长0.2%；出入境货运量11 250.31万吨，同比增长7.6%；出入境集装箱60.1万标箱，同比增长6.7%。现有烟台至韩国客箱班轮业务、中非班轮航线等，新开通“烟台—中东”件杂货航线。

**【威海水运（海港）口岸】** 威海港位于山东半岛东端，北临黄海，东与朝鲜半岛、日本列岛隔海相望，是我国通往韩国、日本、朝鲜等国家的便捷出海口。港口水深域阔，终年不淤不冻，全年作业天数约330天，水路距韩国仁川港220海里、距平泽港238海里，客滚班轮均可实现“夕发朝至”，是东北亚地区重要的海上枢纽之一。威海港码头功能齐全，集疏运体系完善，主要从事集装箱、散杂货、油品、国际快件、旅客、车辆、行李的装卸、仓储、运输、托运、代理服务，以及港口物流、船舶服务、商业旅游开发等业务。1985年4月，威海港经国务院批准对外开放，现有老港区、新港区、张家埠港区、乳山口港区4个作业区，开放泊位40个，其中万吨级以上泊位28个，最大靠泊能力7万吨；已获批进口冰鲜水产品、肉类、食用水生动物等指定监管场地，以及跨境电商、海运快件等特殊监管场所。截至2022年年底，开通国际班轮航线11条，每周运行16班。其中，客货班轮航线2条（威海至韩国仁川、平泽），每周运行6班；集装箱航线8条，每周运行10班；威海至土耳其伊斯肯德伦1条，每月1班。

2022年，威海海港口岸完成进出口货运量909.6万吨，同比增长3%；进出口集装箱量51.2万标箱，同比下降2.8%；出入境人员31 562人次，同比下降2.4%；出入境国际航行船舶1 267艘次，同比下降6.1%。

**【龙口水运（海港）口岸】** 龙口海港口岸位于山东烟台龙口市，由龙口港、龙口南山屺母岛港码头、龙口胜利码头和龙口渔港码头组成，24小时对外开放。港口地处渤海南岸、胶东半岛西北部，与辽东半岛隔海相望，港湾自然条件良好，北有东西长8千米的连岛天然沙坝为屏障，南有金沙滩环抱，不冻不淤，全年作业天数在300天以上，史有“稳油盆”之称，屺坶岛端部自然水深16米以上，最大水深22米，后方陆域土地广阔，具备优越深水泊位的建设条件。龙口港是首批对台开放直航港口、国内首家拥有原油仓储资质的港口企业、国家规划建设的北煤外运装船港。

龙口海港口岸拥有70多条国内外航线，与世界50多个国家和地区的港口有贸易往来。龙口港现有集装箱航线11条，其中，4条外贸专线、2条内外贸同船支线、3条环渤海航线、2条区间航线，可接载华北、华南及长江水系各港货源。业务主要分为散杂货、液体化工、集装箱、客滚、港口综合物流服务五大板块，其中散杂货板块主要是经营煤炭、铝矾土、铁矿石、粮食、木材（片）、化肥、件杂货班轮（非洲、中东、远东、韩国、朝鲜、南美等流向）等。

2022年，龙口港完成货物吞吐量10 393.44万吨，同比增长2.4%，其中，进出口货物3 042.93万吨，同比下降28.78%；进出口集装箱1.36万标箱，同比下降13.84%；出入境船舶1 311艘次，同比下降5.95%。

**【日照水运（海港）口岸】** 日照港位于山东省日照市，改革开放后，国家批准日照设立了石臼港和岚山港两个一类对外开放口岸。其中，石臼港口岸于1986年5月对外开放，岚山港口岸于1989年9月对外开放。2016年12月，国务院批复同意将石臼港和岚山港口岸合并为日照港口岸，并扩大开放石臼南作业区和岚山北作业区，共25个泊位、1.54万米岸线。日照港口岸是国家重要的能源和原材料运输口岸、煤炭装船港和沿海集装箱运输支线港，主要从事铁矿石、煤炭、原油、粮食、集装箱等各类进出口货物的装卸、储存、中转、分拨等物流服务，是国家重点发展的沿海主要港口、新亚欧大陆桥东方桥头堡。截至2022年年底，日照港口岸合计共有89个泊位，日照港货物吞吐量跨越5.7亿吨，稳居全国沿海港口第6位、世界第9位，集装箱吞吐量同比增长12%。同时，对共建“一带一路”国家和地区进出口增长超50%，对RCEP签署方进出口增长近40%，作为“一带一路”重要支点的日照港在世界大舞台上焕发出蓬勃活力。

石臼港区位于我国海岸线中部，东临黄海，北与青岛港、南与连云港港毗邻，隔海与日本、韩国相望；于1982年正式开工建设，1986年实现对外开放；是我国重点发展的沿海20个主枢纽港之一；包括东港区、北港区、西港区；至2022年年底日照港口岸石臼港区共有泊位49个，年设计能力26 728万吨，已开放煤炭、通用、矿石、散杂、油品、木片、集装箱等泊位49个。

岚山港区位于黄海海州湾北岸，是1977年作为山东省“七五”重点建设项目而兴建的地方港口，1989年实现对外开放；包括南作业区、中作业区、北作业区；日照港岚山港区共有泊位40个，年设计能力15 496万吨，至2022年年底已开放油品、液化、通用、散杂等泊位29个。

2022年，日照港累计完成货物吞吐量5.71亿吨，同比增长5.5%，其中日照港集团完成50 126.11万吨，同比增长6.11%；集装箱吞吐量580.44万标箱，同比增长12.2%。地方海上货运量1 057.27万吨，同比增长19.3%。

**【石岛水运（海港）口岸】** 石岛港位于威海市东南部石岛湾畔，港区水域宽阔，受风浪大雾影响少，岸线资源丰富，自然条件十分优越，主要从事货物装卸储运、旅客运输服务、港机设备租赁、港口拖轮经营、船舶港口服务等业务，于1988年12月经国务院批准对外开放，2014年1月石岛港口岸扩大开放至好当家和俚岛港区。2022年8月，沙窝岛中心渔港1号至7号泊位获批临时对外启用，属于山东省首个对外开放启用的专业渔港。截至2022年年底，石岛海港口岸共有石岛新港、朱口港、好当家港、俚岛港4个作业区，对外启用泊位67个，万吨级以上泊位30个；开通国际班轮航线5条，每周运行9班。其中，客货班轮航线2条（石岛至韩国仁川、群山）、每周运行6班；集装箱班轮航线3条（石岛至日本关东、关西、东京），每周运行3班。拥有进口冰鲜水产品、肉类、食用水生动物等指定监管场地以及跨境电商特殊监管场所。

2022年，石岛海港口岸完成进出口货运量250万吨，同比下降13.8%；进出口集装箱量17.2万标箱，同比下降8.9%；出入境人员42 054人次，同比下降14.3%；出入境国际航行船舶1 805艘次，同比下降16%。

**【东营水运（海港）口岸】** 东营港位于东营市东北部，北邻京津塘经济区，南连胶东半岛，濒临渤海西南海岸，地处黄河经济带与环渤海经济圈的交汇点。东营港始建于1984年，1995年12月经国务院批准为开放口岸，1997年12月正式对外开放。截至2022年年底，东营港已建成泊位57个，其中26个泊位实现了对外开放。东营港已成为山东进口丙烯最大港口和外轮业务增长最快的口岸，是环渤海地区以石油化工货物运输为主，兼顾散杂货、客货滚装、集装箱运输的区域特色港口。

2022年，东营港完成货物吞吐量6 325万吨，同比增长7.6%，其中，进出口货物552万吨，同比下降2.6%。主要货种为原油、燃料油、成品油、丙烯、液化气等液体化工品，兼顾散杂货、客货滚装及集装箱，拥有原油、汽柴油及各类化工品罐区560万立方米，保税罐区100万立方米。持续提升铜精矿、煤炭、石油焦、钢材等高费率货种占比，实现散杂货单吨收入同比增长6.4%；完成砂石料全程物流业务22万吨，新业务、新业态势头良好。以东营港口岸为依托的东营综合保税区2022年外贸进出口总值达2 626.5亿元，同比增长27.9%。其中，出口674.8亿元，同比增长21.6%；进口1 951.7亿元，同比增长30.3%。出口值、进口值均创历史新高。

**【蓬莱水运（海港）口岸】** 蓬莱海港口岸

位于烟台市蓬莱区，由蓬莱新港、栾家口港区组成，24 小时对外开放。1996 年 7 月，国务院批复同意山东蓬莱港对外国籍船舶开放；2003 年 6 月，国务院批复同意山东蓬莱港口岸栾家口港区对外开放。该口岸位于山东半岛最北端，黄渤海交界处，港口终年不冻不淤、浪小涌缓，拥有天然的深水航道，是中国少有的天然良港。2022 年，蓬莱港进境原木指定监管场地通过海关总署验收，蓬莱成为烟威地区首个可经营进境原木的指定口岸，全年进口原木及木制品突破 100 万立方米。

2022 年，蓬莱海港口岸不断加强口岸监管和服务，优化口岸营商环境。海关深入推广应用进口“船边直提”和出口“抵港直装”监管模式，推进口岸快速提离，2022 年 27 票、2 万余吨货物适用该模式通关，节省企业物流仓储费用 200 多万元；开展“口岸危险品综合治理”百日专项行动，首次查发危险品涉检违规案件，涉及危险货物 44 吨，该案获评 2022 年度青岛关区“行政执法十大案例”。边检深度应用“港口通”小程序和视频综合应用管理平台，强化船舶智能监管，多维度覆盖执法执勤盲区；持续深入推行“24 小时随到随检”“一地办证、区域通用”等便利措施，为省内跨口岸开展业务人员累计节约办证时间 2 100 余小时，办理“一次办妥”出入境手续船舶 32 艘次、港口间移泊船舶 24 艘次，节省船舶在港停靠时间 400 余小时。海事持续推进“单一窗口”和“减证便民”举措，高效办理国际航行船舶进出口岸手续 544 艘次，实施“云登轮”远程监管 6 艘次，服务保障国际航行船舶船员换班 254 人次。

2022 年，蓬莱海港口岸完成进出口货运量 335.9 万吨，同比下降 15.81%。出入境人员（船员）8 553 人次，同比下降 7.18%；出入境船舶 544 艘次，同比增长 18.52%。主要贸易国为新西兰、越南、韩国、日本等，主要进出口货物为风电设备、木材、煤炭、矿建材料等。

**【莱州水运（海港）口岸】** 莱州海港口岸位于山东省烟台莱州市，24 小时对外开放。莱州港地处渤海莱州湾东岸，胶东半岛、鲁东地区、鲁中平原和黄河三角洲的结合部，近岸自然水深 7~12 米，所在海域海岸线稳定、泥沙活动弱、底质条件好、水流速度小，常年不冻不淤，是鲁中、鲁西、鲁西北地区最便捷的深水出海通道。由烟台港集团莱州港有限公司经营的莱州港，位于烟台港莱州港区三山岛作业区西一泊位区，现有 12 个生产性泊位，已全部对外启用。海关、边检、海事等口岸查验单位在莱州口岸服务大厅集中办理进出口货物通关、船舶通关、海事申报、船员出入境等业务，口岸查验配套设施完善，实现全高清视频监控和业务系统互通互联，通关条件较为完善、便捷；由华电莱州港务有限公司经营的华电港，位于烟台港莱州港区东作业区，现有 1 个泊位对外启用。港区设有一站式口岸服务大厅，口岸查验配套设施完善，实现全高清视频监控和业务系统互通互联，通关条件较为完善、便捷。

2022 年，莱州海港口岸营商环境优化成效显著。海关推动“提前申报”“两步申报”改革，口岸进口货物整体通关时间位烟台地区第 1 位，出口货物整体通关时间位烟台地区第 2 位。“单一窗口”主要业务应用率达 100%。边检深化移民管理“放管服”改革，健全完善“5+2”即到即办工作制，网上办理登轮证、搭靠证 4 500 余份，网办率达 98%，平均为每名服务对象节约办证时间 30 分钟，累计为船舶企业节省运营成本 500 余万元。海事全面实施国际航行船舶进出口岸无纸化申报，实现进出莱州口岸“无纸化”办公和国际航行船舶进出口岸业务“一单多报”，船舶入境或出境通关“最多跑一次”，通过“单一窗口”审批船舶进出口岸申请 333 艘次，安全保障国际贸易货物进出莱州口岸。

2022 年，莱州海港口岸出入境船舶 584 艘次，同比增长 3.47%；进出口货运量 867 万吨，同比下降 30.08%。主要贸易国为新加坡、澳大利亚、俄罗斯、韩国、委内瑞拉等，主要进出口货物以原油、成品油及各类液体化工品为主，以大宗散货和各类杂货、件货为辅。

**【龙眼水运（海港）口岸】** 龙眼港位于山东半岛最东端，距国际主航道仅5海里，是中韩两国海上交往最便利的港口。1999年8月，龙眼港经国务院批准正式对外开放，现有货场10万平方米、港口仓库3万平方米、保税仓库3万平方米、4万吨油库1个，主要从事工业用煤、水产品、非金属矿、成品油、钢材、粮食等进出口货物物流服务和国际客运服务。截至2022年年底，龙眼海港口岸对外启用泊位11个，其中万吨级以上泊位6个；开通龙眼至韩国平泽客货班轮航线，每周运行3班。

2022年，龙眼海港口岸完成进出口货运量123.3万吨，同比增长33.8%；集装箱量5.5万标箱，同比增长5.4%；出入境人员14 191人次，同比增长4.3%；出入境国际航行船舶988艘次，同比增长1.3%。

**【潍坊水运（海港）口岸】** 潍坊港位于山东半岛中部，渤海莱州湾南岸，于2007年11月经国务院批准对外开放，并于2009年7月28日正式对外开放。港口海岸线约140千米，拥有开放泊位25个，其中，5万吨级泊位10个、3万吨级泊位6个、集装箱泊位5个、1万吨级泊位4个。口岸可停靠5万吨级以下船舶，已建成使用的码头岸线7 196米。潍坊港划分为东、中、西3个港区。中港区作为潍坊港的主港区，总体布局为离岸式港岛码头，依托国家级的滨海经济开发区，是以散杂货运输为主、集装箱、液化品并存的综合性港区。潍坊港初步构成了“一主两辅、功能互补、多点并进、统筹发展”的框架。

2022年，潍坊海港口岸累计完成出入境人员21 524人次，同比增长11.80%；出入境船舶1 647次，同比增长9.07%；出入境散杂货741.83万吨，同比增长5.54%；出入境集装箱37 738标箱，同比增长22.11%，潍坊港口岸泊位年度利用率达到52%，同比提升24%。

**【滨州水运（海港）口岸】** 滨州港位于渤海湾西南岸，是山东海上北大门，处于京津冀和山东半岛两大经济发达地区的连接地带，是济南省会城市群最便捷的出海通道。2017年12月22日，国务院正式批复同意滨州港口岸对外开放；2020年10月22日，滨州海港口岸通过国家验收；2020年11月9日，滨州港口岸正式开放运营。滨州港口岸开放泊位4个，其中2个3万吨级散杂货码头和2个3万吨级化工码头。自口岸开放运营以来至2022年年底，外贸进出口货运量达到45.05万吨，共34船次，为滨州外贸持续健康发展提供了有力保障。其中，进口25.42万吨，货种主要为水泥熟料、石油焦、煤炭和乌拉圭种牛等；出口19.63万吨，货种主要为出口韩国的风电设备、脱硫石膏、氧化铝等。

## 青岛市

**【口岸数量及分布】** 截至2022年年底，青岛市共有经国务院批准的对外开放口岸3个。其中，空运口岸1个，即青岛胶东国际机场；水运（海港）口岸2个，分别为青岛、董家口海港口岸。

**【口岸运行及数据】** 2022年，青岛港完成货物吞吐量6.58亿吨，同比增长4.3%。外贸进出口货运量4.73亿吨，同比增长3.2%。其中，进口货运量3.17亿吨，同比降低0.6%；出口货运量1.56亿吨，同比增长11.8%。外贸运量占港口吞吐量的72%。集装箱吞吐量2 567.18万标箱，同比增长8.3%，其中，外贸集装箱1 817.99万标箱，同比增长8.9%。2022年，青岛胶东国际机场完成航班起降9.45万架次，同比下降31.87%；旅客吞吐量972.01万人次，同比下降39.37%；货邮吞吐量22万吨，同比下降7.39%。其中，国际货邮吞吐量10.1万吨，同比增长4.95%，较2019年增长13.51%。受疫情影响，2022年，入出境飞机起降4 511架次；入出境人员16.91万人次，其中入境8.89万人次、出境8.02万人次。其中，国际及地区旅客吞吐量13.9万人次，同比增长42.6%。

**【口岸营商环境】** 2022年，深入开展促进跨境贸易便利化专项行动，青岛市以总分第一名的成绩荣获“2022年十大海运口岸营商环境测评”最优等次，“青岛经验”获国务院推进政府职能转变和“放管服”改革协调小组、国家口岸管理办公室刊发推广。一是聚合力狠抓机制建设。完善联席会议制度，健全专班主导、部门共建、区（市）协同的联动机制。强化“专家智库”外脑作用，提升优化口岸营商环境专业化水平。研究制定促进跨境贸易便利化30项措施并推动落实，全力保障跨境贸易供应链安全稳定畅通。二是强服务助力外贸发展。聚焦助企纾困，上线“青岛口岸政策通”微信小程序，向社会公众提供口岸政策查询一站式服务。首创“跨境贸易便利化直通车”服务机制，入选2022年度青岛市优化营商环境“十佳案例”，打造企业服务新生态，助力外贸平稳发展。广泛开展走访调研和政策宣介活动，主动为企排忧解难。三是严规范营造更优环境。坚持问题导向，加强督导服务，深入开展口岸领域涉企违规收费自查自纠专项行动，引导近300家口岸骨干企业在山东国际贸易“单一窗口”公示收费标准。市场监管部门向全市普发价格政策提醒告诫短信100多万条。四是提效能打造智慧口岸。创新推出班轮“远程智慧检疫”，每航次在港时间压缩1小时以上；推行进口矿产品“船铁直转”、进口粮食“散改集”铁路运输模式，通关、调运时间缩短2天。青岛口岸“云港通智慧查验平台”预约查验、查询、缴费、提离等业务“一站式”办理，实现查验无纸化、集港完成率、查验兑现率3个100%，提高查验效率30%以上。

**【重大活动保障】** 完成了第三届跨国公司领导人青岛峰会等重大活动保障任务。协助做好2022年北京冬奥会、残冬奥会航班备降保障工作。开设“两院”院士入出境、APEC商务便利通道。

## 2022年山东省口岸大事记

1月12日

青岛港董家口港区海业摩科瑞码头D22和D23泊位顺利通过省政府验收，正式对外启用。

1月28日

日照港石臼港区南作业区14#、15#通用散货泊位工程顺利通过省政府验收，正式对外启用。

2月10日

山东省口岸办联合11个部门、单位印发《关于深化跨境贸易便利化改革优化口岸营商环境的通知》。

4月2日

山东省口岸办印发关于贯彻落实《国家“十四五”口岸发展规划》配套措施的通知。

5月20日

山东省电子口岸有限公司成立大会召开，山东省电子口岸有限公司正式成立。

8月16日

青岛港口岸青岛港前湾港区前湾三期码头冷冻品泊位顺利通过省政府验收，正式对外启用。

8月19日

临沂机场航空口岸通过省政府验收。

12月9日

青岛海运口岸以总分第一名获2022年“十大活动集装箱口岸营商环境测评”四星级最优等次。

12月

山东省口岸资源管理系统正式上线运行。

（撰稿人：陆海军、王浩、王增磊、王智慧）

# 2022 年济南海关主要数据统计表

| 项 目 | | 2022 年 | 2021 年 | 同比（%） |
|---|---|---|---|---|
| 进出口货运量（万吨） | 合计 | 14 638.83 | 15 035.82 | -2.64 |
| | 进口 | 12 668.03 | 13 250.87 | -4.40 |
| | 出口 | 1 970.80 | 1 784.95 | 10.41 |
| 进出口贸易总值（万美元） | 合计 | 8 941 543.25 | 8 033 274.6 | 11.31 |
| | 进口 | 4 015 269.66 | 3 875 856.74 | 3.60 |
| | 其中：江、海运输 | 3 492 629.76 | 3 237 195.12 | 7.89 |
| | 铁路运输 | 25 891.37 | 30 684.79 | -15.62 |
| | 汽车运输 | 144 185.61 | 249 450.79 | -42.20 |
| | 航空运输 | 351 943.92 | 348 595.18 | 0.96 |
| | 邮件运输 | 596.86 | 930.72 | -35.87 |
| | 其他运输 | 22.13 | 9 000.15 | -99.75 |
| | 出口 | 4 926 273.59 | 4 157 417.85 | 18.49 |
| | 其中：江、海运输 | 4 288 962.29 | 3 453 181.58 | 24.20 |
| | 铁路运输 | 82 587.28 | 131 623.2 | -37.25 |
| | 汽车运输 | 69 178.64 | 121 820.3 | -43.21 |
| | 航空运输 | 483 348.40 | 447 186.78 | 8.09 |
| | 邮件运输 | 2 167.20 | 3 605.21 | -39.89 |
| | 其他运输 | 29.77 | 0.77 | 3 766.23 |
| 税收（万元） | 两税合计 | 5 447 439.23 | 3 820 197.75 | 42.61 |
| | 关税入库 | 270 269.17 | 221 872.93 | 21.86 |
| | 进口环节税入库 | 5 177 170.06 | 3 598 324.82 | 43.89 |

（济南海关提供）

# 2022 年青岛海关主要数据统计表

| 项　目 | | 2022 年 | 2021 年 | 同比（%） |
|---|---|---|---|---|
| 进出口货运量（万吨） | 合计 | 80 939.9 | 83 189.5 | -2.70 |
| | 进口 | 67 775.5 | 71 133.9 | -4.72 |
| | 出口 | 13 164.3 | 12 055.6 | 9.20 |
| 进出口贸易总值（万美元） | 合计 | 58 081 345.3 | 50 374 107.0 | 15.30 |
| | 进口 | 28 899 454.5 | 26 284 511.2 | 9.95 |
| | 其中：江、海运输 | 27 363 627.4 | 25 077 244.3 | 9.12 |
| | 铁路运输 | | | |
| | 汽车运输 | | | |
| | 航空运输 | 1 533 449.0 | 1 204 574.8 | 27.30 |
| | 邮件运输 | 1 047.3 | 1 553.3 | -32.58 |
| | 其他运输 | 1 330.9 | 1 138.8 | 16.87 |
| | 出口 | 29 177 266.9 | 24 090 649.7 | 21.11 |
| | 其中：江、海运输 | 27 921 042.7 | 22 705 620.0 | 22.97 |
| | 铁路运输 | | | |
| | 汽车运输 | | | |
| | 航空运输 | 701 530 | 818 957.5 | -14.34 |
| | 邮件运输 | 5 490.8 | 8 441.8 | -34.96 |
| | 其他运输 | 549 203.4 | 557 630.7 | -1.51 |
| 税收（万元） | 两税合计 | 19 813 423.2 | 14 787 356.8 | 33.99 |
| | 关税入库 | 1 600 769.9 | 1 485 171.1 | 7.78 |
| | 进口环节税入库 | 18 212 653.3 | 13 302 185.7 | 36.91 |

（青岛海关提供）

# 2022年山东省口岸出入境主要数据表

| 项　目 | | | 2022年 | 2021年 | 同比（%） |
|---|---|---|---|---|---|
| 出入境人员（人次） | 出入境人员总数 | | 938 446 | 855 987 | 9.63 |
| | 入境人员 | | 490 878 | 441 924 | 11.08 |
| | 出境人员 | | 447 568 | 414 063 | 8.09 |
| | 出入境旅客 | | 192 792 | 148 163 | 30.12 |
| | 出入境员工 | | 745 654 | 707 824 | 5.34 |
| | 中国公民 | 小计 | 497 606 | 449 810 | 10.63 |
| | | 内地居民（因公） | 322 914 | 310 134 | 4.12 |
| | | 内地居民（因私） | 167 285 | 129 572 | 29.11 |
| | | 港澳居民 | 3 106 | 5 373 | -42.19 |
| | | 台湾同胞 | 4 301 | 4 731 | -9.09 |
| | 外籍人员 | | 440 840 | 406 177 | 8.53 |
| | 从海港出入境人数 | | 684 108 | 646 484 | 5.82 |
| | 从陆港出入境人数 | | | | |
| | 从空港出入境人数 | | 254 338 | 209 503 | 21.4 |
| 交通运输工具（辆、艘、架、列次） | 总计 | | 44 700 | 44 639 | 0.14 |
| | 船舶 | | 33 164 | 31 660 | 4.75 |
| | 飞机 | | 11 536 | 12 979 | -11.12 |
| | 火车 | | | | |
| | 机动车辆 | | | | |

（山东出入境边防检查总站提供）

## 2022 年山东海事局进出港船舶统计汇总表

| 船舶类别 | 进港船舶 | | | | | | | 出港船舶 | | | | | | |
|---|---|---|---|---|---|---|---|---|---|---|---|---|---|---|
| | 艘数（艘） | 总吨（吨位） | 总载重量（吨） | 载客量（客位） | 船员人数（人次） | 货物到达量（吨） | 旅客到达量（人） | 艘数（艘） | 总吨（吨位） | 总载重量（吨） | 载客量（客位） | 船员人数（人次） | 货物发送量（吨） | 旅客发送量（人） |
| 总计 | 486 685 | 1 774 126 039 | 2 250 234 217 | 21 947 903 | 3 881 939 | 998 667 820. 7 | 7 515 476 | 485 689 | 1 779 058 081 | 2 257 300 629 | 22 037 677 | 3 749 928 | 490 974 273. 7 | 7 432 894 |
| 中国籍船舶 | 464 683 | 835 126 311 | 858 059 484 | 20 831 496 | 3 261 192 | 309 458 407. 7 | 7 515 476 | 463 576 | 837 204 223 | 860 461 720 | 20 918 727 | 3 298 353 | 341 921 161. 7 | 7 432 894 |
| 其中：外贸船 | 1 345 | 29 516 417 | 39 340 820 | 105 000 | 30 593 | 22 199 535. 58 | 0 | 1 257 | 28 297 065 | 37 017 927 | 105 000 | 28 263 | 7 702 304. 52 | 0 |

（山东海事局提供）

# 河　南　省

# 河南省口岸分布示意图

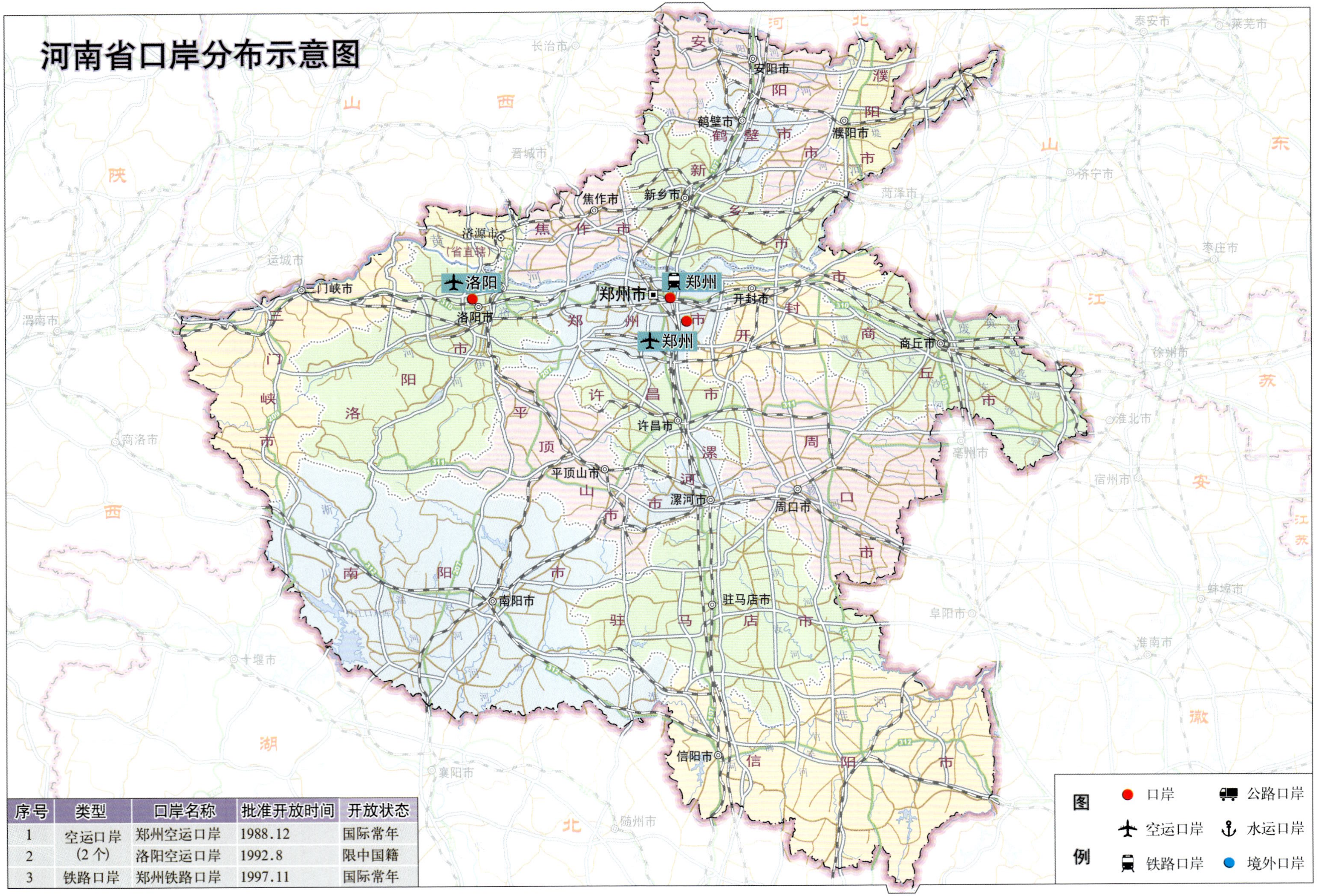


| 序号 | 类型 | 口岸名称 | 批准开放时间 | 开放状态 |
| --- | --- | --- | --- | --- |
| 1 | 空运口岸（2个） | 郑州空运口岸 | 1988.12 | 国际常年 |
| 2 | | 洛阳空运口岸 | 1992.8 | 限中国籍 |
| 3 | 铁路口岸 | 郑州铁路口岸 | 1997.11 | 国际常年 |

## 口岸数量及分布

截至2022年年底，河南省共有经国务院批准的对外开放口岸3个。其中，空运口岸2个，分别为郑州空运口岸（郑州新郑国际机场）、洛阳空运口岸（洛阳北郊机场）；陆路（铁路）口岸1个，即郑州铁路口岸（郑州铁路东站）。

## 口岸运行数据

2022年，河南省进出口总值8 524.1亿元，首次突破8 500亿元大关，同比增长4.4%。其中，出口5 247亿元，同比增长5.2%；进口3 277.1亿元，同比增长3.2%。进出口规模位居全国第9位。

2022年，郑州空运口岸累计完成国际地区货邮吞吐量52.21万吨，同比下降4.23%，占机场货邮总量的83.6%，国际地区货邮吞吐量继续保持全国第5位；受疫情影响，出入境旅客4.5万人次，与上年基本持平。洛阳空运口岸常态化运行洛阳至大阪、呼和浩特经洛阳到曼谷两条国际客运航线，受疫情影响，2022年国际地区客运业务暂停。

2022年，郑州铁路口岸完成货物进出口15.2万标箱，同比增长16%，其中中欧班列12.4万标箱、铁海联运2.8万标箱。

## 口岸综合管理

**【提升郑州航空口岸枢纽地位】** 郑州国际邮件枢纽口岸建设获国家批复并正式开通业务，实现了进出境国际邮件在郑州集散分拨，郑州成为继北上广之后的第4个全国重要国际邮件枢纽口岸。口岸基础设施持续完善，郑州机场北货运区建成投用，水果、冰鲜水产品、进境食用水生动物等海关指定监管场地同步运行。在全国航空口岸中率先探索实施空空中转、海外货站、电子货运三大试点，加快口岸创新发展。

**【加快郑州铁路口岸建设】** 推进以中欧班列为载体的“陆上丝绸之路”建设，研究确定郑州国际陆港新片区选址，委托高水平咨询单位编制航空港片区规划，同步推进郑州国际陆港经开片区扩容升级，建成投用郑州铁路集装箱中心站新建线束。推进中欧班列“五统一”（统一命名、统一开行管理、统一计划申报、统一线路布局、统一政策支持）。拓展国际线路网络，新增布达佩斯、万象、胡志明市、林查班、乌兰巴托、乌兰乌德6个直达站点，形成20个境外直达站点和8个出入境口岸的国际线路网络。对接“海上丝绸之路”，开通至欧洲、中亚、东盟的中欧班列和至天津、青岛、连云港、上海、宁波等港口的铁海联运班列。

**【提升口岸通关和贸易便利化水平】** 完成“单一窗口”二期项目建设，开发完成特殊监管区域综合服务平台，在开封综合保税区试点运行。研究谋划“单一窗口”三期项目。建设全国首个进口非冷链货物信息追溯系统“进快办”，推动进出口环节监管证件统一纳入“单一窗口”受理，实现监管证件电子签发、自助打印。完善口岸收费目录清单制度，落实口岸查验环节相关费用减免政策，持续降低企业进出口环节合规成本。

## 口岸监管与服务

**【郑州海关严密高效推进口岸疫情防控】** 坚持“外防输入、内防反弹”总策略和“人、物、环境”同防、“多病共防”新要求，毫不放松做好常态化疫情防控工作，扎紧扎牢扎实“四个口袋”。坚持多病同防，猴痘病毒检测项目已通过审核备案。强化生物安全管理，实验室检测能力进一步提升。严格做好进口高风险非冷链集装箱货物抽样检测及预防性消毒监督。

**【郑州海关全力促进外贸保稳提质】** 贯彻中央稳经济稳外贸部署，落实海关总署促进外贸保稳提质10条措施，出台郑州海关促进外贸保稳提质15条措施，研究制订支持郑州E贸易核心功能集聚区专项方案、支持南阳建设省域副中心城市专项方案，郑州海关促外贸“1+N”方案拓展至“1+14”共 188 条措施。对 238 家省“四保”白名单企业按需建立“一企一策”，各隶属海关对 964 家重点外贸企业实施“一对一”联络员帮扶，持续推进“问题清零”。编撰《郑州海关 RCEP 百问百答》，强化对企业宣传引导，全力服务 RCEP 实施。建立外贸形势分析会议制度，加强政策研究工作，多维度、多视角强化外贸动态监测与预警分析，开展俄乌冲突等专题分析，有力服务科学决策。

**【郑州海关全面维护国门安全】** 落实总体国家安全观，严格依法行政，履行监管职责。持续加强口岸环节反恐，涉枪爆等违禁品查缉、“扫黄打非”等工作，切实做好党的二十大维稳安保工作。筑牢国门生物安全屏障，严防高致病性禽流感、非洲猪瘟等重大动植物疫情和外来物种入侵，开展进口食品“国门守护”行动，强化进出口食品化妆品监督抽检和风险监测。保持打击走私高压态势，2022 年立案侦办刑事案件 26 起，办理行政案件 62 起。

**【河南出入境边防检查总站服务“十大战略”】** 围绕制度型开放、优势再造等战略，研究支持自由贸易试验区、航空港实验区建设，促进河南省深度融入“一带一路”和 RCEP，助推构建高水平开放型经济新体制。研究支持加快国际航线航班全球布点、增加国际直航航线等措施，有效落实“货检绿色通道”，推出“一站式通关”“边检指导员”“零等待”等便民惠企举措，助力提升郑州—卢森堡“空中丝绸之路”品牌优势。研究建立货运航班分级检查制度，打造 24 小时过境快速查验法，优化完善货物快检审批响应机制，实现对所有进出口岸货运航班“随到随检、快速通关”。

**【河南出入境边防检查总站持续优化通关举措】** 聚焦党和国家新战略、经济社会发展新需求、人民群众新期待，及时发布口岸通关流量、边检政策调整情况，对紧急求助旅客提供口岸通关便利。深化“互联网+”政务服务，推动总站 12367 服务平台与省 12345 热线融合对接，充分发挥“连心桥”功能，努力提供更优质、更高效的移民管理服务。

**【河南出入境边防检查总站扎牢疫情防控口袋】** 坚持“人、物、环境”同防，严格国际货运边防检查，坚持载运冷链货物航空器“非接触式”查验，协调建成涉疫低风险国际（地区）航班查验专区。针对较多航司申请复航复飞的现实情况，充分调研、精心筛选，顺利完成入境现场通道隔离带布置工作，合理调整、规划边检旅客缓冲休息区域，针对入境航班叠加情况，适时启用“蛇形通道”排队候检区域，加强台外人员分流引导，加强对特殊旅客通关帮扶，充分体现人文关怀，切实优化了现场通关环境。

## 开放口岸

**【郑州空运口岸（郑州新郑国际机场）】** 郑州新郑国际机场位于郑州市东南，距市区 27 千米，建设有高速公路直达机场，交通条件优越。机场占地约 466.67 万平方米，飞行区等级 4F，是对外开放口岸和中国国内干线运输机场，是中国民用航空局确定的全国八大区域性枢纽之一。郑州机场于 1997 年建成并通航。郑州空运口岸于 1988 年 12 月经国务院批准开放，当时只限中国籍飞机出入境；2002 年 5 月，经国务院批准可供中国籍和外国籍飞机出入境。2007 年，T1 航站楼进行了一次改扩建，扩建后航站楼建筑面积达到 12.89 万平方米，客机坪 18.25 万平方米，货机坪 7.6 万平方米，机位 43 个，年旅客和货邮保障能力分别可达 1 200 万人次、15 万吨。2013 年 12 月 19 日，郑州机场二期扩建工程开工建设；2015 年 9 月 30 日，完成竣工。同年 12 月 19 日，郑州机场 T2 航站楼启用并开始试运行，郑州机场正式步入“双航站楼双跑道”时代。T2 航站楼建筑面积 48.6 万平方米，南北长约 1 128 米，总投资 191 亿元，其四角拥有 4 条指廊，可增加 79 个机位，客运年吞吐能力 3 000 万人次、货运年吞吐能力 30 万吨。其中，国际区域建筑面积为5.5万平方米，设计满足近期2025年国际旅客320万人次、高峰小时国际1 280人次，远期国际旅客400万人次、高峰小时国际1 440人次的使用要求。国际区域主要包括四层国际办票区、国际出发联检厅；三层国际候机厅；二层国际到达联检厅、国际行李提取厅及国际到达通道；一层国际远机位候机厅等。同时国际查验通道还包括国际同程航班查验通道及国际贵宾离到港查验通道。T2航站楼国际值机岛设置28个行李托运柜台及2个开包间。采用开放式值机，海关及检疫在后台对国际旅客托运行李进行监控。

**【洛阳空运口岸（洛阳北郊机场）】** 洛阳北郊机场位于洛阳市北部，距市中心9千米，于1986年正式开工建设，1987年9月26日正式通航。洛阳北郊机场于1992年8月1日经国务院批准对外开放，只限中国籍飞机出入境，同时批准建立洛阳海关、洛阳出入境边防检查站、洛阳卫生检疫局、洛阳动植物检疫局。洛阳机场净空条件优越，各种设施、设备齐全，可起降B737、B767、MD82等大型客机，是北京机场、郑州机场理想的备降机场。机场候机楼面积1.7万平方米，其中国际部分1.2万平方米。

洛阳是中国7大古都之一，也是河南省的主要工业城市，具有古文化、重化工、高科技和自然资源等优势。尤其是洛阳古老的文化和悠久的历史对国外旅游者有很大的吸引力，一年一度的洛阳牡丹花会，使洛阳对外联系和交流不断扩大，先后与日本冈山市、须贺川市及法国团尔市等结为友好城市，并与70多个国家和地区开展了经济、技术、文化交流活动。

**【郑州陆路（铁路）口岸】** 郑州铁路口岸（郑州铁路东站）于1991年3月经河南省批准为原二类铁路口岸；1994年12月，经原铁道部、海关总署和河南省政府协商，开通了郑州东站至香港九龙的直达集装箱专列；1997年11月28日，经国务院批准为对外开放口岸；2014年，新建了1.066万平方米的铁路口岸联检大楼和5万平方米的监管查验场地及设施。

郑州铁路口岸（郑州铁路东站）所在地——郑州铁路集装箱中心站是全国规划建设的18个集装箱中心站之一，具有年办理36万标准集装箱的承载能力。郑州铁路口岸毗邻的郑州圃田站是全国铁路特等货运站，被原铁道部确定为国际大型集装箱中转站，是国内在新亚欧大陆桥最大的铁路货运站和集装箱集散地。河南依托郑州铁路口岸建成运行汽车整车进口口岸和进境粮食口岸，拓展跨境电商等业务，进一步为郑欧班列提供有效货源支撑。

## 2022年河南省口岸大事记

1月26日

郑州药品进口口岸获批新增中药材进口功能，2022年完成87单273批次药品进口备案业务，进口货值5 047万美元。

1月28日

中欧班列（中豫号）开通至匈牙利布达佩斯线路，2022年共新增8条国际线，新开辟经西部陆海新通道的班列线路，形成20个境外直达站点、8个出入境口岸的国际物流网络。

3月7日

郑州获批全国重要国际邮件枢纽口岸，成为继北京、上海、广州之后的第4个全国重要国际邮件枢纽口岸。

4月11日

我国首单跨境电商零售进口药品在“全球汇”线上平台完成实单交易，这标志着国家跨境电商零售进口药品试点业务在河南省正式启动。

4月16日

中欧班列（中豫号）统一命名暨国际班列统筹开行仪式举行，这标志着河南省中欧班列“五统一”迈出实质性步伐。

5月24日

洛阳综合保税区封关运作，这是河南省第4个封关运作的综合保税区。

8月5日

郑州新郑机场北货运区海关监管场所和水果、冰鲜水产品、进境食用水生动物等功能性口岸通过海关验收。

8 月 9 日

河南首趟“船边直提”海铁保税货物班列抵达三门峡，打通了港口到内地更加快捷的通道。

9 月 28 日

郑州国际陆港新址开工建设，项目位于郑州航空港区，规划面积 55.88 平方千米，总投资超 500 亿元。

10 月 24 日

中欧班列（中豫号）首次始发新能源汽车出口专列，经阿拉山口驶往白俄罗斯明斯克。

（撰稿人：范会卿）

# 2022年河南省口岸流量统计表

| 口岸类型 | | 口岸名称 | 货运量（万吨） | | | | 集装箱量（万标箱） | | | | 人员（万人次） | | | | 交通工具（辆、艘、架、列次） | | | |
|---|---|---|---|---|---|---|---|---|---|---|---|---|---|---|---|---|---|---|
| | | | 出口 | 进口 | 合计 | 同比（%） | 出口 | 进口 | 合计 | 同比（%） | 出境 | 入境 | 合计 | 同比（%） | 出境 | 入境 | 合计 | 同比（%） |
| 空运口岸 | | 郑州 | — | — | 52.21 | -4.23 | — | — | — | — | 3.5 | 7.13 | 10.63 | 11.43 | 5 488 | 5 569 | 11 057 | 3.34 |
| 空运口岸 | | 洛阳 | — | — | — | — | | | | | — | — | — | — | — | — | — | — |
| 空运口岸 | | 分计 | | | 52.21 | -4.23 | — | — | — | — | 3.5 | 7.13 | 10.63 | 11.43 | 5 488 | 5 569 | 11 057 | 3.34 |
| 陆路口岸 | 公路口岸 | | | | | | | | | | | | | | | | | |
| 陆路口岸 | 公路口岸 | 分计 | | | | | | | | | | | | | | | | |
| 陆路口岸 | 铁路口岸 | 郑州 | — | — | — | — | | | 15.2 | 16.03 | | | | | | | | |
| 陆路口岸 | 铁路口岸 | 分计 | | | | | | | 15.2 | 16.03 | | | | | | | | |
| 合计 | | | | | 52.21 | -4.23 | | | 15.2 | 16.03 | 3.5 | 7.13 | 10.63 | 11.43 | 5 488 | 5 569 | 11 057 | 3.34 |
| 同比（%） | | | | | | | | | | | | | | | | | | |

备注：空运口岸52.21万吨为货邮吞吐量。

（河南省口岸办提供）

# 2022年郑州海关主要数据统计表

| 项　目 | | 2022年 | 2021年 | 同比（%） |
|---|---|---|---|---|
| 进出口货运量（万吨） | 合计 | 1 274.90 | 1 107.03 | 15.16 |
| | 进口 | 1 086.45 | 971.83 | 11.79 |
| | 出口 | 188.46 | 135.20 | 39.39 |
| 进出口贸易总值（万美元） | 合计 | 12 790 139.69 | 12 710 093.02 | 0.63 |
| | 进口 | 4 913 662.17 | 4 929 358.47 | -0.32 |
| | 其中：江、海运输 | — | — | — |
| | 铁路运输 | — | — | — |
| | 汽车运输 | — | — | — |
| | 航空运输 | — | — | — |
| | 邮件运输 | — | — | — |
| | 其他运输 | — | — | — |
| | 出口 | 7 876 477.53 | 7 780 734.55 | 1.23 |
| | 其中：江、海运输 | — | — | — |
| | 铁路运输 | — | — | — |
| | 汽车运输 | — | — | — |
| | 航空运输 | — | — | — |
| | 邮件运输 | — | — | — |
| | 其他运输 | — | — | — |
| 税收（万元） | 两税合计 | 3 417 600 | 3 639 547 | -6.1 |
| | 关税入库 | 113 000 | 145 888 | -22.55 |
| | 进口环节税入库 | 3 304 600 | 3 493 659 | -5.41 |

（郑州海关提供）

# 2022 年河南省口岸出入境主要数据表

| 项　目 | | | 2022 年 | 2021 年 | 同比（%） |
|---|---|---|---|---|---|
| 出入境人员（人次） | 出入境人员总数 | | 106 232 | 95 393 | 11. 36 |
| | 入境人员 | | 71 276 | 56 304 | 26. 59 |
| | 出境人员 | | 34 956 | 39 089 | -10. 57 |
| | 出入境旅客 | | 44 818 | 44 789 | 0. 06 |
| | 出入境员工 | | 61 414 | 50 604 | 21. 36 |
| | 中国公民 | 小计 | 57 550 | 57 260 | 0. 51 |
| | | 内地居民（因公） | 8 811 | 8 311 | 6. 01 |
| | | 内地居民（因私） | 46 922 | 46 374 | 1. 18 |
| | | 港澳居民 | 1 499 | 1 855 | -19. 19 |
| | | 台湾同胞 | 318 | 720 | -55. 83 |
| | 外籍人员 | | 48 682 | 38 133 | 27. 66 |
| | 从海港出入境人数 | | | 0 | |
| | 从陆港出入境人数 | | | 0 | |
| | 从空港出入境人数 | | 106 232 | 95 393 | 11. 36 |
| 交通运输工具（辆、艘、架、列次） | 总计 | | 11 057 | 10 700 | 3. 34 |
| | 船舶 | | | | |
| | 飞机 | | 11 057 | 10 700 | 3. 34 |
| | 火车 | | | | |
| | 机动车辆 | | | | |

（河南出入境边防检查总站提供）

# 湖 北 省

# 湖北省口岸分布示意图

| 序号 | 类型 | 口岸名称 | 批准开放时间 | 开放状态 |
| --- | --- | --- | --- | --- |
| 1 | 空运口岸（2个） | 武汉空运口岸 | 1997.12 | 国际常年 |
| 2 | | 宜昌空运口岸 | 2005.7 | 国际常年 |
| 3 | 水运口岸（2个） | 武汉水运口岸 | 1992.6 | 国际常年 |
| 4 | | 黄石水运口岸 | 1993.6 | 国际常年 |

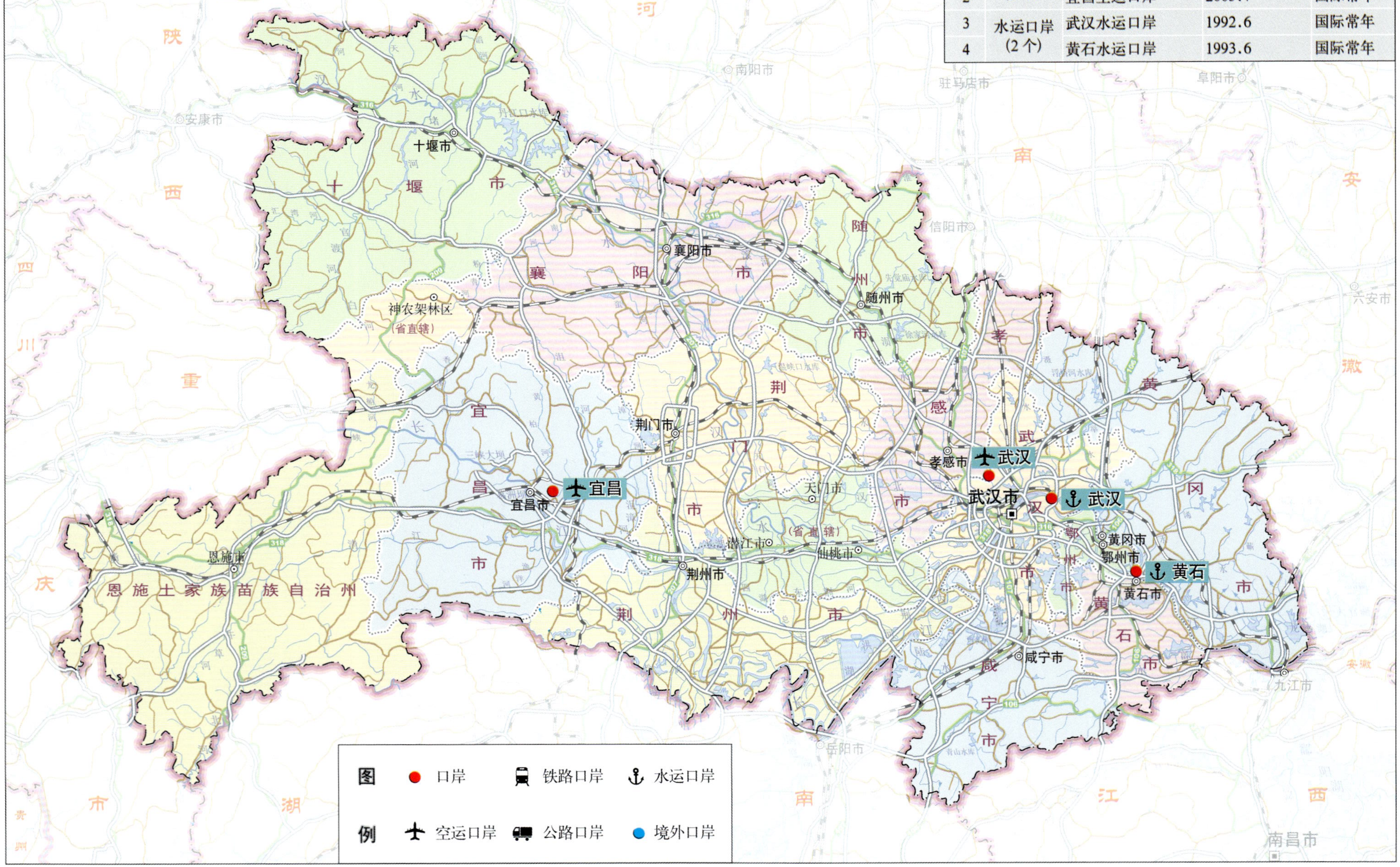

## 口岸数量及分布

截至2022年年底，湖北省共有经国务院批准的对外开放口岸4个。其中，空运口岸2个，分别为武汉空运口岸（武汉天河国际机场）、宜昌空运口岸（宜昌三峡机场）；水运（河港）口岸2个，分别为武汉水运（河港）口岸、黄石水运（河港）口岸。

## 口岸运行数据

2022年，湖北省进出口货运量1 543万吨，同比增长13.96%。其中，进口货运量946万吨，同比增长13.9%；出口货运量597万吨，同比增长14.1%。分运输方式看，水运进出口运量1 480.82万吨，同比增长13.8%，占进出口总运量的96%；铁路进出口运量43.71万吨，同比增长39%；公路进出口运量2.79万吨，同比下降43.9%；空运15.89万吨，同比增长0.3%；邮运11吨，同比下降15.4%。

2022年，受疫情影响，全省航空口岸出入境客运航班、人员流量锐减，运送防疫物资为主的国际航空货运逆势增长。出入境人数13.74万人次，同比增长49.53%；出入境飞机4 276架次，同比下降10.43%。

2022年，水运口岸直接出入境船舶39艘次，货运量5.6万吨，全部通过“单一窗口”申报审批。

## 口岸综合管理

**【口岸开放情况】** 水运方面，武汉港花山、汉南、金口、鄂州、黄州5个港区口岸设施建设基本完成。航空方面，鄂州花湖机场航空口岸临时开放、恩施机场航空口岸正式开放列入国家口岸开放审理计划，宜昌三峡机场、襄阳机场航空口岸设施建设基本完成。铁路方面，不断提升吴家山铁路口岸运行质效。

**【口岸功能】** 配齐建强特殊商品进境海关指定监管场地，覆盖水果、粮食、肉类、食用水生动物、植物种苗、冰鲜水产品、原木、汽车整车和药品9个品类16种商品，数量在中部排名前列。2022年，湖北省特殊商品进境海关指定监管场地商品流通全面恢复活力，9个品类特殊商品中5个实现同比增长，在一定程度上促进了外贸进出口增长。

**【优化口岸营商环境】** 不断优化口岸通关流程、公开办理程序、加快口岸信息化建设，全力营造市场化、法治化、国际化一流口岸营商环境，支持外贸保稳提质增效。湖北省商务厅、武汉海关联合发布进一步提升跨境贸易便利化水平促进外贸降本增效若干措施。2022年，湖北省进口、出口整体通关时间分别为38.12小时、0.75小时，较2021年分别压缩21.89%、31.82%。

**【国际贸易“单一窗口”建设】** 平台的“货物申报、整合申报、两步申报”等功能，将原报关报检单共229个申报数据项精简到105个。原报关报检单据单证整合为一套随附单证，原报关报检参数整合为一组参数代码，大幅提升了外贸企业通关效率。19种原产地证书可通过平台自主打印。全省跨境电商综合服务平台为跨境电商企业提供“秒申报、秒通关”服务。2022年，全省累计申报单量7 411万单，总货值219.68亿元。

**【中欧班列（武汉）】** 截至2022年年底，中欧班列（武汉）拥有44条稳定的跨境运输线路，辐射欧亚大陆40个国家和地区的109个城市。

**【近洋航线和水铁联运】** 支持武汉港依托长江黄金水道建设武汉长江中游航运中心。武汉至上海“天天班”航线稳定运行，武汉至日本、韩国集装箱江海联运航线常态化运行，武汉至日韩近洋国际直航航线班轮化运行并延伸至俄罗斯东方港。

**【航空运输网络】** 2022年，武汉天河机场国际货运吞吐量154 731.3吨、国际旅客吞吐量98 601人次、国际航班4 115架次，同比分别增长 6.2%、增长 72.3%、下降 10.2%。宜昌三峡机场航空口岸全力推动 T1 国际航站楼改扩建项目，完成项目建设、申报各流程，确保项目如期验收。鄂州花湖机场于 2022 年 7 月 17 日正式开航投运。

**【海关特殊监管区域建设】** 2022 年，湖北省有 5 家综合保税区，均已封关运作，分别为武汉东湖综合保税区、武汉新港空港综合保税区（分设东西湖园区、阳逻港园区）、武汉经开综合保税区、宜昌综合保税区、襄阳综合保税区。2022 年，全省综合保税区一线进出口值 724.4 亿元，同比增长 29%，比同期全省进出口值高出 14.1 个百分点，占全省外贸进出口值的 11.7%，较 2021 年提高 1.3 个百分点。

武汉东湖综合保税区由东湖新技术开发区管委会下属东湖综合保税区建设管理办公室管理，是湖北省首家综合保税区，于 2011 年 8 月 29 日获国务院批复设立，规划面积 5.41 平方千米，分两期建设。首期 1.82 平方千米于 2013 年 6 月 29 日正式封关运作，二期于 2018 年 2 月实现整体封关运作。2022 年，武汉东湖综合保税区进出口值 315.8 亿元，同比增长 9.1%。

武汉新港空港综合保税区现由长江新区管委会下属武汉新港空港综合保税区建设服务中心管理，于 2016 年 3 月 11 日由国务院批准设立，2017 年 8 月 9 日正式封关运作，采取"一区两园"模式建设，总规划面积为 4.05 平方千米（含阳逻港园区 1 平方千米、东西湖园区 3.05 平方千米），采取分期建设验收，一期 1.503 5 平方千米已于 2017 年通过国家验收（含阳逻园区 0.679 8 平方千米、东西湖园区 0.823 7 平方千米）。2020 年 9 月至 2021 年 1 月，原武汉新港管理委员会、东西湖区人民政府提出核减面积申请；2022 年 10 月 2 日，国务院批复同意核减面积，武汉新港空港综合保税区核减后规划面积为 1.54 平方千米，其中阳逻园区 0.72 平方千米、东西湖园区 0.82 平方千米。截至 2022 年年底，武汉新港空港综合保税区建设服务中心正会同自然资源部门抓紧推进园区验收工作。2022 年，武汉新港空港综合保税区进出口值 251.9 亿元，同比增长 66%。

武汉经开综合保税区由武汉经济技术开发区管委会下属武汉经开综合保税区管理办公室（副局级单位）管理，于 2018 年 11 月 19 日经国务院批准设立，由武汉出口加工区原址转型升级为综合保税区，规划面积为 1.26 平方千米。2019 年 11 月 8 日，通过省级验收；2022 年 1 月，海关总署批复通过正式验收。2022 年，武汉经开综合保税区进出口值 84.6 亿元，同比增长 3.6%。

宜昌综合保税区位于中国（湖北）自由贸易试验区宜昌片区内，规划面积 1.39 平方千米，分保税加工、物流仓储、口岸作业、综合配套四大功能区块。项目自 2018 年 3 月启动申报建设以来，已建成 40 万平方米标准厂房，10 万平方米综保服务大楼、海关监管设施及配套项目，并于 2020 年 1 月 9 日正式获国务院批复设立，同年 12 月 25 日率先通过国家"云验收"，属湖北省内第 4 家、武汉市外首家获批设立、通过验收的综合保税区。宜昌综合保税区于 2021 年 3 月 22 日正式封关运作，重点发展食品和生物医药、新一代信息技术、高端装备制造三大主导产业，加快培育保税研发、跨境电商等新业态。

襄阳综合保税区位于中国（湖北）自由贸易试验区襄阳片区北端，规划面积 2 平方千米，在襄阳保税物流中心（B 型）基础上拓展升级而成，主要建设口岸作业区、保税加工区、保税物流区及保税服务区等核心功能板块。2021 年 1 月 15 日，襄阳综合保税区获得国务院批复设立；同年 11 月 9 日，顺利通过省级预验收；2022 年 5 月 27 日，通过国家验收。2022 年，襄阳综合保税区进出口值 6.9 亿元。

## 口岸监管与服务

**【建立健全口岸安全联合防控制度机制】** 2022 年 2 月 17 日，湖北省口岸工作领导小组制定印发关于建立健全口岸安全联合防控工作制度的实施意见，明确了责任分工，各市州参照建立了口岸安全联合防控机制，全省构建了职责明晰、分工明确、协同治理、齐抓共管、运行有效的口岸安全联合防控工作机制。省口岸工作领导小组加强统筹协调，各成员单位和相关部门落实本领域口岸安全联合防控任务，加强口岸反恐、出入境人员管控、违法违禁物品查缉以及口岸公共卫生安全、国门生物安全管理等协作，保障口岸安全顺畅运行。疫情防控工作中，省口岸办、省委外办、省卫健委、省交通运输厅、武汉海关等单位成立口岸防控工作专班，开展口岸安全联合防控协作。各口岸所在县市落实属地责任，制定辖区口岸安全联合防控工作机制。各口岸运营主体落实主体责任，对运营范围内安全风险防控负主责。

**【加强口岸信息通报及安全风险研判】** 各口岸相关单位和部门根据自身职责分工，负责本领域安全风险信息收集分析研判工作。在省口岸办统筹下，海关、边检、海事、公安、交通运输、卫生健康等相关部门建立信息情报交换机制和渠道，确保口岸安全领域情报通报及时准确。建立联络员制度，要求口岸安全联合防控相关单位和市州定期报送工作情况，加强对全省口岸安全风险研判。

**【落实口岸安全生产联防联控主体责任】** 持续督促、指导市州口岸、交通运输、铁路等部门有效落实行业主管责任，要求口岸运营主体建立健全安全内控机制，完善内部安全管理制度和应急处置预案，并定期开展应急培训演练。武汉市建立联合共管机制，联合海关、边防、卫健等多部门共同开展疫情防控工作联合检查。2022年，湖北出入境边防检查总站累计组织开展口岸联合演练20余次。开展“多维联动齐筑口岸防线、忠诚履职护航二十大”联合巡航执勤活动，有效提升口岸联检单位协同作战能力。长江海事局根据辖区水运口岸监管实际，组织编制了水路交通突发事件应急预案、水路新冠疫情应急预案、船员境外突发事件应急预案等，构建了较完备的口岸突发事件应急预案体系。2022年，开展水上交通联合执法4次，推动解决隐患480余处。全年，全省口岸未发生重大安全生产责任事故，形势持续稳定。

**【加强突发公共卫生事件联防联控和应急处置】** 为有效应对新冠疫情境外输入风险，省疫情防控指挥部外事口岸工作专班共推送核查入境来鄂人员10万余人，全部实现分类管控。武汉市统筹全市入境人员管控，边检、海关、公安、交通、商务、机场、卫生健康及各相关成员单位共同参与，完善出入境航班、人员、确诊病例、疑似病例、密切接触者等信息收集整理和分发，做到各类信息及时传递、互通互享。2022年，武汉市航空口岸累计检出疟疾、登革热等7大类17例除新冠病毒感染以外的传染病阳性病例，所有检测数据均反馈省指挥部，推动信息共享。2022年，武汉市口岸疫情防控成效显著，取得了口岸工作人员零感染、外部零输入和现场零事故的优异成绩。《湖北省突发事件总体应急预案》发布实施，规范了全省突发事件应急处置，明确了省级专项预案、部门预案和市（州）、县（区）应急预案编制时间表、路线图，省级专项预案已印发实施7个，为口岸应急处置和协作提供了遵循。全面加强口岸现场协调，武汉市、黄石市、宜昌市多次开展跨部门、跨行政区域的口岸安全联合防控应急演练。

**【加强国门生物安全联合防控】** 湖北省印发了《关于进一步做好外来入侵物种防控工作的通知》等技术指导文件，持续推动构建“境外、口岸、境内”三位一体国门生物安全监测预警体系。省农业农村部门牵头持续抓好非洲猪瘟防控和加强植物检疫审批，严控动植物疫情传播。全省已建立各类农业外来入侵生物防治示范点50个，先后组织4次福寿螺、加拿大一枝黄花等外来入侵物种现场灭除和防控科普活动。武汉海关成立入境高致病性病原微生物保障工作专班，及时向省生物安全工作协调机制通报阳性样本入境情况，与卫生健康、公安、交通运输等部门联动落实生物安全后续监管。2022年，在进境粮食、矿砂等货物的装卸码头、堆场、加工场所周边开展外来有害杂草监测104次，在进境指定监管场地开展林木害虫、红火蚁等特定有害生物监测。加强口岸有害生物查获，非贸渠道截获活蚂蚁、锹甲、植物球茎、种子等外来入侵物种 76 批次。武汉市农业农村部门会同海关、边检等相关部门组织开展“国门绿盾 2022”行动，严厉打击非法引进外来物种行为。

**【加强口岸食品安全联合防控】** 湖北省市场监管局及时修订《湖北省食品安全事故应急预案》，从组织指挥体系、风险防控和监测预警、信息报告到应急处置等做出详细规定，健全了口岸食品安全事故应对处置工作机制。推进湖北智慧抽检平台建设，提升口岸食品安全抽检能力。严格开展进出口食品、食用农产品安全监督抽检和风险监测。武汉市市场监管部门会同海关建立武汉市重大食品安全事件应急处置协作机制，全面提升应急响应和现场处置能力。联合武汉海关举办 2022 年“全国食品安全宣传周”主题日活动。持续开展进口食品“国门守护行动”，广泛公布举报热线，严厉打击食品走私行为。持续开展冻库和冻品市场整治、打击冻肉走私违法犯罪，对进口肉类走私行为实行“打头挖根”。

**【加强违禁物品查缉联合防控】** 武汉海关、湖北出入境边防检查总站、湖北机场集团、湖北港口集团等建立口岸通关信息共享机制、执法监管联动机制和查缉违禁物品处置机制，坚决杜绝违禁物品口岸输入。武汉海关紧盯涉毒、涉恐、涉枪爆等违禁品监管，强化口岸“扫黄打非”工作，加强跨境赌博和电信诈骗打击治理。2022 年，共查获各类违禁印刷品和音像制品等共计 1 207件；查获枪支零部件 540 件、管制道具 15 件；查获涉跨境赌博、电信诈骗类物品 1 315 件。2022 年，先后多次查获违规入境的红珊瑚、砗磲、檀香紫檀等濒危野生动植物制品以及禁止入境的肉毒素注射剂、金箔香槟等，累计查处走私案件 27 件，依法惩处一批违法犯罪分子，有效遏制走私态势。

## 开放口岸

**【武汉空运口岸（武汉天河国际机场）】** 武汉天河国际机场位于湖北省武汉市黄陂区，距武汉市中心 25 千米，为中国中部首家 4F 级民用国际机场、中国八大区域性枢纽机场之一、国际定期航班机场；于 1997 年获批对外国籍飞机开放，2003 年获批开展落地签证业务，2015 年在中部六省首家获批实施 72 小时旅客过境免签政策，2019 年实行 144 小时过境免签和“7×24 小时”常态化通关；具有进口水果、食用水生动物、植物种苗、冰鲜水产品、肉类、药品 6 类指定监管场地和口岸功能；现场联检单位为天河机场海关、武汉邮局海关、武汉出入境边防检查站，经营主体为湖北机场集团。据交通部门反馈，2022 年武汉天河机场有国际地区客运航线 7 条，分别为至雅加达、伊斯兰堡、香港、首尔、马尼拉、新加坡、伊斯坦布尔航线；国际地区货运航线 18 条，19 个航点分别为芝加哥、洛杉矶/达拉斯、多伦多、墨西哥城、列日、法兰克福、亚的斯亚贝巴、马尼拉、新加坡、首尔、德里、孟买、金奈、河内、香港、曼谷、蒂华纳、大阪。

**【宜昌空运口岸（宜昌三峡机场）】** 宜昌三峡机场位于湖北省宜昌市猇亭区，距宜昌市中心 26 千米，距三峡大坝 55 千米。该机场是三峡工程的重要配套设施项目，是辐射“三峡城市群”和鄂西、湘西、渝东地区的重要区域性机场。三峡机场于 2005 年经国务院批准对外开放，限中国籍飞机出入境，2007 年通过国家验收。2019 年 3 月，国务院批准扩大对外国籍飞机开放。2022 年，全力推动 T1 国际航站楼改扩建项目，完成项目建设、申报各流程。

**【武汉水运（河港）口岸】** 武汉港地处长江中游，于 1991 年获批为对外开放口岸。武汉阳逻港为长江中上游最大的集装箱枢纽港，铁水公空综合交通优势明显。水运拥有阳逻深水良港，可常年通行万吨级船舶；铁路经武汉新港江北铁路香炉山站，可与京广铁路、京九铁路直接相连；公路与武汉绕城、沪蓉、京港澳 3 条高速公路一线贯通，经 106 国道、318 国道可直接通达鄂东、皖南、豫南地区；空运距武汉天河机场

34千米、鄂州顺丰货运机场60千米。

阳逻港是通江达海、联通全球的对外开放门户，向东可通过近洋直航班轮到达日本、韩国，拥有“武汉—上海洋山”江海直达天天班轮，“武汉—东盟四国”“泸汉台”直达快班，“武汉—日韩”集装箱快班，“中三角”集装箱公共班轮等国际国内集装箱品牌航线，向西可通过中欧（武汉）班列到达俄罗斯等国家和地区。阳逻港区具备进口粮食、肉类、木材、药品4种口岸功能，经营主体为湖北港口集团下属武汉国际集装箱有限公司，建设有3个泊位，设计年吞吐能力70万标箱。

2018年12月，国务院批复同意武汉港扩大开放5个港区、38个泊位的申请。其中，武汉市包括花山、汉南、金口3个港区，28个泊位获批对外开放，已完成汉南港区、金口港区、花山港区14个泊位口岸设施的建设工作并申请正式验收。花山港区经营主体为湖北港口集团下属武汉联合发展港口有限公司，建设有2个泊位，设计年吞吐能力35万标箱。金口港区经营主体为安吉物流有限公司和武汉港金口港埠有限公司，建设有3个泊位，设计年吞吐能力40万标箱。汉南港区经营主体为武汉经开港口有限公司（纱帽作业区）、湖北汉南港实业有限公司（邓南作业区）、武汉和润物流有限公司（水洪口作业区），建设有9个泊位，设计年吞吐能力40万标箱（3个集装箱泊位）。

**【黄石水运（河港）口岸】** 黄石港位于湖北省黄石市，地处长江中游，于1980年9月经国务院批准开办国轮对外贸易运输业务，1993年6月15日经国务院批准对外国籍船舶开放。2015年，黄石成功引进深圳盐田港建成棋盘洲港区；2016年，棋盘洲港区集装箱码头投入运营；2017年，黄石棋盘洲港区多式联运项目入选国家第二批多式联运示范工程；2018年，国务院批复同意黄石港口岸扩大开放棋盘洲港区。2019年，海关总署正式对外公布黄石港口岸扩大开放棋盘洲港区；同年，黄石新港进境粮食指定监管场地正式通过国家验收，国务院批复同意设立中国（黄石）跨境电子商务综合试验区。黄石口岸棋盘洲港区位于黄石市长江水道右岸、阳新县韦源口镇棋盘洲，上距黄石市约29千米，距省会武汉市143千米，下距九江99千米，距上海982千米，水陆交通极为便利。2022年，黄石水运口岸完成货运量285.45万吨，同比增长24.9%。

**【恩施许家坪机场（临时开放）】** 恩施许家坪机场位于湖北省恩施市许家坪，于2019年6月经国家口岸管理办公室批复同意临时对外开放，2019年6月30日实现国际首航。2022年，恩施航空口岸正式开放进入国家审批阶段，国家口岸管理办公室已完成海关总署、国家移民管理局、中编办等相关部委意见征集。

恩施机场国际航站楼面积5 318.8平方米，业务用房、查验设备、查验区和候检区等建筑均能满足口岸查验要求。恩施机场跑道长2 600米、宽45米。机场等级为4C，现有6个停机位，可供波音737-800型、空客320及以下机型全载起降。2022年4月，开始施工建设恩施海关干部周转房（二期），周转房总建筑面积1 615.7平方米，建成周转房20套。

**【武汉铁路口岸（临时开放）】** 2015年，东西湖区吴家山铁路集装箱中心站获批临时对外开放。该中心站是全国18个铁路集装箱中心站之一，监管区占地面积6.5万平方米，设计年运行能力2 000列，具备进口汽车整车、药品等口岸功能，已申报设立进境粮食、肉类、水果等指定监管场地，现场联检单位为汉口海关。经营主体为中铁联合国际集装箱有限公司武汉分公司。

中欧班列（长江号）运营平台公司为湖北港口集团下属武汉汉欧国际物流有限公司。作为对接国家共建“一带一路”倡议和推进湖北向西开放重要载体，中欧班列（长江号）不断拓展通道、扩量提质，截至2022年年底，已拥有41条跨境运输线路，辐射欧亚大陆40个国家和地区的107个城市，基本形成了通道并行、多点直达的国际物流网络体系。2022年，中欧班列（长江号）全年开行610列，同比增长34.07%，创历年发运新高。

## 2022年湖北省口岸大事记

1月13日

武汉经开综合保税区整体验收获得海关总署正式批复。

2月

中欧班列（武汉）开通铁海联运线路新通道。新线路从武汉出发，经满洲里出境，抵达俄罗斯乌斯季卢卡后，部分集装箱换乘驳船前往德国穆克兰，再转乘铁路运往德国汉堡和杜伊斯堡，部分集装箱经铁路直达芬兰赫尔辛基。

3月22日

湖北省委副书记、省长王忠林深入阳逻港区了解港口生产经营情况、调研港口资源整合工作。

3月25日

首列“咸宁—莫斯科”中欧班列开行。该班列自咸宁始发，经满洲里口岸出境至俄罗斯莫斯科，搭载集装箱41个，主要商品为汽车配件、医疗用品等，货重约770吨，货值1 400余万元。

3月

武汉首开直达老挝铁路货运线路。该班列从武汉出发，经云南磨憨出境前往老挝万象火车站，全程耗时8~10天。

4月27日

武汉阳逻港集中查验中心正式启用。

5月27日

襄阳综合保税区通过国家正式验收。

5月28日

首列“武汉—琅勃拉邦”中欧班列顺利开行。该班列自武汉始发，经云南磨憨口岸出境至老挝琅勃拉邦，搭载集装箱标箱50个，主要商品为硫酸铵等，货重1 144吨，货值254.3万元。这标志着湖北打通向西向南对接东盟的国际物流新通道。

6月24日

首列“武汉—里海—黑海—杜伊斯堡”中欧班列开行。该班列自武汉始发，经霍尔果斯口岸出境至德国杜伊斯堡，途经哈萨克斯坦、阿塞拜疆、格鲁吉亚、罗马尼亚等国家，跨越里海、黑海，共搭载50个集装箱，货值5 304万元，货重715吨，主要商品为电子配件、液晶显示器等。

7月1日

“荆州—莫斯科”中欧班列开行。该班列自湖北荆州始发，经阿拉山口口岸出境至俄罗斯莫斯科，搭载100个标箱，主要商品为电冰箱、洗衣机等，货重约800吨，货值750余万元。

7月7日

首列“黄石—杜伊斯堡”中欧班列顺利开行。该班列自湖北黄石始发，经阿拉山口口岸出境至德国杜伊斯堡，搭载集装箱22个，主要商品为钢材，货重495.9吨，货值494万元。

7月31日

首列“武汉—康斯坦察”中欧班列开行。该班列自武汉始发，经霍尔果斯口岸出境至罗马尼亚康斯坦察，搭载标箱100个，主要商品为玻璃钢化炉、纺织用品、机械设备等，货重673吨，货值3 700万元。

9月16日

首列“武汉—圣彼得堡”中欧班列开行。该班列自武汉始发，经上海港水运出境，运至俄罗斯东方港码头，再经铁路运输至圣彼得堡，共搭载标箱72个，主要商品为电烤箱、抽油烟机、燃气灶等小家电，货重约310吨，货值7 700万元。

9月30日

武汉开通至俄罗斯符拉迪沃斯托克港国际水运航，是长江中上游地区乃至中部地区首次开通直达俄罗斯的水运航线。

10月24日

俄罗斯符拉迪沃斯托克港至武汉阳逻港首航成功。从俄罗斯符拉迪沃斯托克港出发，长途航行1 600海里的“华航汉亚1”轮，抵达阳逻港。

11月1日—12日

武汉天河机场跨境电商货量迎来一波高峰，天河机场共保障进出港货物6 000多吨，其中国际进出港货物同比增长70%以上；跨境电商及国际快件环比增长两倍以上，年度跨境电商及国际快件货量近4 400万票。

（撰稿人：周妍君、陆毅、韩伟、何博、陈宇翔、邓腾飞、邓贵莉）

# 2022 年湖北省口岸流量统计表

| 口岸类型 | | 口岸名称 | 货运量（万吨） | | | | 集装箱量（万标箱） | | | | 人员（万人次） | | | | 交通工具（辆、艘、架、列次） | | | |
|---|---|---|---|---|---|---|---|---|---|---|---|---|---|---|---|---|---|---|
| | | | 出口 | 进口 | 合计 | 同比（%） | 出口 | 进口 | 合计 | 同比（%） | 出境 | 入境 | 合计 | 同比（%） | 出境 | 入境 | 合计 | 同比（%） |
| 空运口岸 | | 武汉 | — | — | 17. 30 | 1. 80 | | | | | — | — | 13. 67 | 50. 60 | — | — | 4 276 | -10. 40 |
| | | 宜昌 | | | 0 | | | | | | | | 0 | | | | 0 | |
| | | 分计 | — | — | 17. 30 | 1. 80 | | | | | — | — | 13. 67 | 50. 60 | — | — | 4 276 | -10. 40 |
| 水运口岸 | 河港口岸 | 武汉 | — | — | 730. 55 | 16. 30 | 1. 62 | 1. 53 | 3. 16 | | — | — | 0. 07 | -38. 88 | — | — | 37 | -39. 34 |
| | | 黄石 | — | — | 285. 45 | 24. 90 | | | 0 | | | | 0 | | — | — | 1 | |
| | | 分计 | — | — | 1 015. 99 | 18. 63 | 1. 62 | 1. 53 | 3. 16 | | — | — | 0. 07 | -37. 79 | — | — | 38 | -37. 70 |
| 合计 | | | | | 1 033. 29 | 18. 30 | | | 3. 16 | | | | 13. 73 | 49. 51 | | | 4 314 | -10. 78 |
| 同比（%） | | | | | | | | | | | | | | | | | | |

（湖北省口岸办提供）

# 2022 年武汉海关主要数据统计表

| 项　目 | | 2022 年 | 2021 年 | 同比（%） |
|---|---|---|---|---|
| 进出口货运量（万吨） | 合计 | 1 543 | 1 354 | 13.96 |
| | 进口 | 946 | 831 | 13.86 |
| | 出口 | 597 | 523 | 14.13 |
| 进出口贸易总值（万美元） | 合计 | 5 377 976 | 4 989 747 | 7.78 |
| | 进口 | 2 287 290 | 2 310 117 | -0.99 |
| | 其中：江、海运输 | 980 650 | 878 006 | 11.69 |
| | 铁路运输 | 74 564 | 91 252 | -18.29 |
| | 汽车运输 | 294 081 | 362 790 | -18.94 |
| | 航空运输 | 936 494 | 976 877 | -4.13 |
| | 邮件运输 | 807 | 1 148 | -29.69 |
| | 其他运输 | 693 | 44 | 1 465.21 |
| | 出口 | 3 090 687 | 2 679 630 | 15.34 |
| | 其中：江、海运输 | 1 876 915 | 1 444 783 | 29.91 |
| | 铁路运输 | 115 833 | 101 946 | 13.62 |
| | 汽车运输 | 451 119 | 562 033 | -19.73 |
| | 航空运输 | 637 398 | 558 808 | 14.06 |
| | 邮件运输 | 1 658 | 7 704 | -78.48 |
| | 其他运输 | 7 765 | 4 356 | 78.26 |
| 税收（万元） | 两税合计 | 2 317 232 | 2 060 352 | 12.47 |
| | 关税入库 | 172 820 | 171 719 | 0.64 |
| | 进口环节税入库 | 2 144 413 | 1 888 633 | 13.54 |

（武汉海关提供）

# 2022 年湖北省口岸出入境主要数据表

| 项　目 | | | 2022 年 | 2021 年 | 同比（%） |
|---|---|---|---|---|---|
| 出入境人员（人次） | 出入境人员总数 | | 137 350 | 91 854 | 49.53 |
| | 入境人员 | | 79 148 | 45 739 | 73.04 |
| | 出境人员 | | 58 202 | 46 115 | 26.21 |
| | 出入境旅客 | | 98 924 | 58 307 | 69.66 |
| | 出入境员工 | | 38 426 | 33 547 | 14.51 |
| | 中国公民 | 小计 | 100 704 | 62 046 | 62.31 |
| | | 内地居民（因公） | 17 084 | 11 571 | 47.64 |
| | | 内地居民（因私） | 80 028 | 49 316 | 62.28 |
| | | 港澳居民 | 3 139 | 910 | 244.95 |
| | | 台湾同胞 | 453 | 249 | 81.93 |
| | 外籍人员 | | 36 646 | 29 808 | 22.94 |
| | 从海港出入境人数 | | 698 | 1 093 | -36.14 |
| | 从陆港出入境人数 | | | | |
| | 从空港出入境人数 | | 136 652 | 90 761 | 50.56 |
| 交通运输工具（辆、艘、架、列次） | 总计 | | 4 315 | 4 835 | -10.75 |
| | 船舶 | | 39 | 61 | -36.07 |
| | 飞机 | | 4 276 | 4 774 | -10.43 |
| | 火车 | | | | |
| | 机动车辆 | | | | |

（湖北出入境边防检查总站提供）

## 2022 年长江海事局（湖北）进出港船舶统计汇总表

| 船舶类别 | 进港船舶 | | | | | | | 出港船舶 | | | | | | |
|---|---|---|---|---|---|---|---|---|---|---|---|---|---|---|
| | 艘数（艘次） | 总吨（吨位） | 总载重量（吨） | 载客量（客位） | 船员人数（人次） | 货物到达量（吨） | 旅客到达量（人） | 艘数（艘次） | 总吨（吨位） | 总载重量（吨） | 载客量（客位） | 船员人数（人次） | 货物发送量（吨） | 旅客发送量（人） |
| 总计 | 1 449 | 7 321 163 | 7 466 315 | 0 | 11 560 | 1 606 782.7 | 0 | 1 433 | 7 262 969 | 7 315 116 | 0 | 11 251 | 2 000 367.06 | 0 |
| 中国籍船舶 | 1 448 | 7 318 168 | 7 461 465 | 0 | 11 548 | 1 606 782.7 | 0 | 1 432 | 7 259 974 | 7 310 266 | 0 | 11 239 | 1 997 295.77 | 0 |
| 其中：外贸船 | 28 | 186 235 | 233 915 | 0 | 444 | 19 114.9 | 0 | 12 | 86 980 | 109 563 | 0 | 212 | 36 894.64 | 0 |

（长江海事局提供）

# 湖 南 省

# 湖南省口岸分布示意图

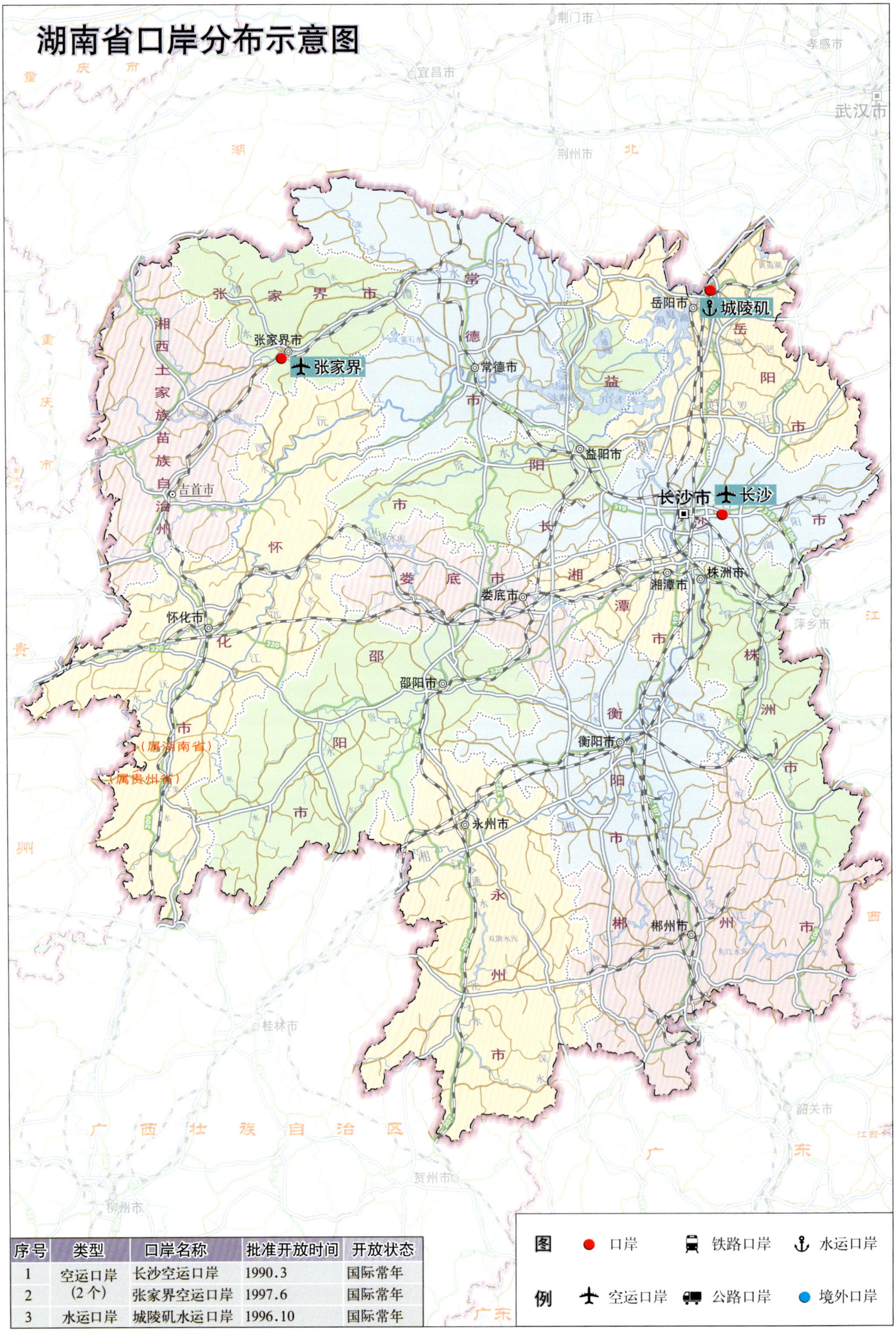


| 序号 | 类型 | 口岸名称 | 批准开放时间 | 开放状态 |
|---|---|---|---|---|
| 1 | 空运口岸（2个） | 长沙空运口岸 | 1990.3 | 国际常年 |
| 2 | | 张家界空运口岸 | 1997.6 | 国际常年 |
| 3 | 水运口岸 | 城陵矶水运口岸 | 1996.10 | 国际常年 |

## 口岸数量及分布

截至2022年年底，湖南省共有经国务院批准的对外开放口岸3个。其中，空运口岸2个，分别为长沙空运口岸（长沙黄花国际机场）和张家界空运口岸（张家界荷花国际机场）；水运口岸1个，即岳阳城陵矶水运（河港）口岸。

## 口岸运行数据

2022年，湖南省外贸进出口总额7 058.16亿元，同比增长20.2%。其中，出口5 154.53亿元，同比增长25.32%；进口1 903.63亿元，同比增长8.28%。东盟、美国、欧盟为湖南前三大贸易伙伴，分别进出口1 496.95亿元、822.12亿元、624.24亿元，合计占全省进出口总额超四成。湖南进出口贸易以一般贸易、加工贸易、保税物流等为主。其中，一般贸易方式进出口5 802.11亿元，占全省进出口总值的82.20%；加工贸易方式进出口670.18亿元；保税物流方式进出口466.61亿元。

2022年，湖南省航空国际货邮吞吐量5.88万吨，同比下降37.23%。岳阳城陵矶港完成集装箱吞吐量100.95万标箱，同比增长68.08%，其中进出口外贸箱27.42万标箱、货重260.05万吨。中欧班列开行1 063列，湘粤非铁海联运开行274列，怀化东盟班列共发运153列。

## 口岸综合管理

**【中欧班列连续两年“稳千列”】** 中欧班列持续推进提前申报、“查验免到场”、铁路快速通关、直装直提等便利化通关改革举措，成功实现铁路快速通关和出口直装，进一步提升了通关效率，2022年中欧班列（长沙）整体出口通关时间由313分钟压缩至16分钟，同时采取多种举措应对新冠疫情、出口指标不足等因素的叠加影响，全年全省中欧班列共发运1 063列，位居全国第三，连续两年实现“稳千列”目标。

**【首创整车笼式铁路专列出口模式】** 采用中铁特货笼式专用运输列车，首创整车笼式铁路专列出口新方式，为企业开辟物流新通道，每辆汽车可节约运输成本1万元左右，运输成本降低超过30%，较海运时间快30~40天。2022年，共计发运吉利、长城等整车笼式铁路专列21列，监管出口汽车整车5 561辆，货值约7.5亿元。

**【推动海关特殊监管区提质升级】** 组织相关园区赴外省学习交流，利用中国国际进口博览会、湖南（岳阳）口岸经贸博览会等平台招商引资，积极开展药品口岸发展调研，深入加强综合保税区发展绩效评估结果分析研究、督促整改和现场调研指导。2022年，5个综合保税区及2个保税物流中心共实现外贸进出口额1 685亿元，同比增长26.6%，占全省外贸进出口值的23.9%。岳阳综合保税区在2022年公布的2021年度全国综合保税区发展绩效评估首次进入中西部地区A类。

**【持续抓好口岸疫情防控】** 认真落实中央和省里各项疫情防控措施，积极指导口岸单位做好疫情防控工作，加强对口岸现场疫情防控督促检查，督促落实“人、物、环境”同防措施，保障了中欧班列、国际货运航线等国际通道的稳定运行，全省无口岸外溢性疫情发生。

**【成功举办第三届湖南（岳阳）口岸经贸博览会】** 湖南（岳阳）口岸经贸博览会是湖南省重点经贸活动之一，已连续成功举办三届。第三届湖南（岳阳）口岸经贸博览会于2022年11月10日至14日在岳阳举行，共21个省份、66个团组、550余名嘉宾参会，投资贸易招商推介会和各分论坛共签约项目57个，投资总额321.22亿元。其中，合同项目43个，投资总额268.32亿元；协议和意向项目8个，投资总额52.9亿元；战略合作协议5个；自贸协同发展协议1个。展会现场近200家企业千余种境内外名优特新产品参展。5天展期，进馆人数10.8万人次，签订意向合同57份，现场销售及意向合同金额2.16亿元。

【口岸通关环境持续优化】 2022年，国际贸易“单一窗口”新增西部陆海新通道服务1大模块及子功能6项，国际贸易“单一窗口”新功能实施外贸服务功能模块共19个，99项功能781项服务；全年总应用量22.35万票，开展线上功能实操培训15次，受众人数达4 350人次；通过“单一窗口”运维服务管理平台递交国家口岸管理办公室工程组2 549个工单、上报国家口岸管理办公室“单一窗口”工程组解决78次，解决率100%，上传率100%。2022年，长沙关区平均进口、出口整体通关时间分别为30.54小时、0.38小时，相比2017年分别压缩84.57%、95.47%。实行口岸收费“一站式阳光价格清单”管理，在省内所有对外开放口岸、重点口岸作业区现场和国际贸易“单一窗口”上公示收费清单。

## 口岸监管与服务

【长沙海关深化口岸通关业务改革】 长沙海关深化船边直提、抵港直装、离港确认等便利措施，全面推进“区港联动”、长株潭集约化通关等通关便利化改革，湖南口岸查验收发货人免到场比率超过90%。推广关税保证保险、汇总征税、自报自缴、预裁定等便利措施，提供多元化税收担保方式。开发上线“出口烟花爆竹辅助监管系统”，2022年为企业节约费用300余万元。对进口汽车实施“第三方检验结果采信”。实施智能审图全渠道监管应用，“零延时”助力湖南首批猴痘病毒核酸检测试剂顺利出口。成功试点“跨境一锁”改革，湖南成为广东以外唯一推行的省份。推广企业集团加工贸易监管模式改革，实现企业保税料件跨省域自由流转，全年减免企业保证金7 000余万元。

【长沙海关服务口岸保通保畅】 长沙海关积极服务湖南融入共建“一带一路”倡议和粤港澳大湾区、西部陆海新通道等国家战略，建设长沙国际航空货运、中欧班列（长沙）、岳阳江海联运、株洲湘粤非铁海联运、怀化东盟货运5大国际物流通道，2022年保障中欧、中老、中越、湘粤非班列发运1 522列。支持航线复航，重点保障面向“一带一路”、RCEP、非洲等重点区域航线，长沙黄花机场国际航线增至10条，助力岳阳城陵矶港建成“三区一港五口岸”，迈入百万标箱枢纽大港行列。长沙海关与武汉、广州、宁波、满洲里、南宁、拱北等8个直属海关签署合作协议或会谈纪要，推进“组合港”通关、多式联运监管等76个合作事项，推动实现“多关如一关”，进一步拓展湖南对外物流通道。创新“监管+交流”工作方式，实施“即出即检”优质监管服务模式，保障供港澳农食产品安全稳定。

【长沙海关严格口岸监管筑牢国门安全防线】 2022年，长沙海关深入开展“国门绿盾2022”专项行动，口岸生物普查发现外来入侵物种52种，截获有害生物178种次、外来物种159种次。强化疫情疫病防控，妥善处置4批次供港活猪中转仓异常死亡事件。妥善应对央视“3·15”晚会“土坑酸菜”曝光事件，化危为机帮扶企业恢复出口。2022年，长沙海关深入推进“国门利剑2022”联合行动，行政立案259起，刑事立案50起，移诉案件数居内陆海关第1位。坚持“一盘棋”思想推进反走私综合治理，湖南省考评获得满分，居内陆省份第1。

【长沙海关开展“优化口岸营商环境”百日攻坚行动】 2022年7月25日至11月5日，长沙海关组织开展“优化口岸营商环境”百日攻坚行动，制定实施“深化通关业务改革、提升口岸通关效能”“服务口岸保通保畅、保障‘两链’安全稳定”“助力开放平台发展、培育外贸竞争新优势”“加大政策帮扶力度、提升助企纾困实效”“主动回应企业关切、提升综合服务水平”5个方面25条措施，有效促进外贸保稳提质。2022年，长沙海关持续巩固压缩整体通关时间成效，湖南进口、出口整体通关时间较2017年分别压缩84.6%和95.5%，均优于全国平均水平。

【长沙海关开展“口岸危险品综合治理”百日行动】 2022年，长沙海关开展“口岸危险品综合治理”百日行动。在百日专项行动中，共排查整治风险隐患32个，实现口岸危险品动态零滞留、零积压，确保绝对安全。出台烟花爆竹出口安全监管18项措施，在全国率先上线出口烟花爆竹检验无纸化系统，与南昌海关推行智慧监管互通等5项合作机制，全面服务烟花爆竹产业安全稳定发展。2022年，湖南省出口烟花爆竹47.1亿元，同比增长59.9%，出口额和增幅均居全国第1位。

**【湖南出入境边防检查总站全力维护国门安全稳定】** 全面规范查验流程，严密勤务组织，严格开展出入境边防检查，2022年共查验出入境人员26 995人次、出入境交通运输工具1 529架次，为出入境人员、货物顺畅通关提供了有力保障。深化“边检+出入境”联合执法办案机制，全力查处“三非”外国人和跨境违法犯罪案件，坚持联合办案、捆绑作业，提升湖南移民管理合力效能，有力净化全省营商环境。在口岸执勤现场开展“反电信网络诈骗”“拒绝跨境赌博”宣传，制作投放各类型展板、宣传资料200余份。加强对出入境旅客的主动提醒，引导劝阻内地居民乱邦危地不去，充分展示了移民管理队伍为民服务、依法履职的良好形象。

**【湖南出入境边防检查总站全力确保人员货物顺畅通关】** 建立客流实时监测预警机制，提前掌握航线、航班及出入境人员数量，科学设置中国公民通道，2022年通过官方微信发布资讯信息255篇，为广大出入境旅客和涉边企业提供实时权威政策发布、全天候资讯支持等服务功能。完善“执勤队分析需求、边检站实时调度，总站跨站统筹”的警力编成调度机制，动态精准投放警力，警力最大限度地下沉一线。积极对接属地联防联控机制，进一步优化完善外航货机机组通关及闭环管理流程，细化防疫工作举措，保障1 376架次货机、6 987人次机组安全顺畅通关。严格落实《关于进一步优化国际航班旅客入境流程提升口岸机场保障能力的意见》，精细化开展入境航班勤务保障工作，动态调整独立作战单元执勤警力，完善应对客流高峰工作预案，切实提升航班保障能力。开通紧急救助、民生物资保障等“绿色通道”“快捷通道”，提供边检“零等待”查验服务，全年为25架（艘）次交通工具通过互联网电子申报办理入出境边防检查手续。

**【湖南出入境边防检查总站全力助推驻地经济发展】** 主动融入湖南“三高四新”，主动对接湖南省口岸发展“十四五”规划、“强省会”等战略，提出边检服务保障方案。建立联检部门和企事业单位协作联动机制，助推形成“共商共建共享”良好格局。落实区域全面经济伙伴关系协定（RCEP）行动计划，配合湖南实施畅通国际物流通道等5项工作，复制推广自由贸易试验区经验，落实“国际航行船舶进出境通关全流程一单多报”和“边检行政许可网上办理”2项工作措施。为湖南通用航空产业博览会等国际大型会议活动提供通关保障，为三一重工、蓝思科技等驻地企业出入境给予全力支持，2022年共保障公务、商务人员363名，商务包机14架次。聚焦湖南“芙蓉计划”，深入用人单位企业，掌握供需清单、搭建对接渠道，在确保安全的前提下，全力保障外国人才来华创业、投资、科技交流的正常入出境。全面分析2 902名在湘非洲人员学习就业等情况，为中非经贸往来提供数据支持。

**【湖南出入境边防检查总站打造专业化边检服务平台】** 主动对接省级12345服务平台，全面畅通话务服务，为群众提供细致的出入境相关的政策咨询。2022年4月，“湖南省12345政务服务便民热线分中心”正式挂牌。制定12367服务平台日常工作规则、12367服务平台辅警量化考核实施办法，全面规范平台日常管理，提升话务人员答复质效。编发“热点速递”“原音点评”“他山之石”3个学习专刊34期，在“潇湘国门”微信公众号发布3期“季度热点问题”，在国家移民管理局及边检总站网页上发布信息4篇，平台影响力进一步彰显。全年，湖南出入境边防检查总站12367服务平台话务总量2 634通，满意度100%。

**【湖南出入境边防检查总站筑牢外防输入防线】** 坚持“人、物、环境”同防，严格落实口岸“四分流”、专区验放等防疫管控措施，扎实做好涉疫勤务应急准备。落实落细第九版防控方案要求，不断调整优化疫情防控措施。严格落实高风险岗位人员的闭环管理、健康监测、疫苗接种、高标准个人防护要求，加强对高风险岗位人员防护穿脱的全过程监督提醒，加强执勤现场、备勤区域的执行设施设备、频繁接触物品的预防性消毒，采购穿戴式空调防护服配发基层一线，提升执勤人员在涉疫条件下执勤执法安全性和舒适度。同时，充分发挥边检职能作用，向省委、省联防联控机制推送疫情防控研判信息 252 期，坚决守住外防输入防线。

## 开放口岸

**【长沙空运口岸（长沙黄花国际机场）】** 长沙空运口岸于1990年3月正式对外开放，1999年开通国际航空货运，是湖南省最早开放的空运口岸。长沙黄花国际机场位于长沙市长沙县黄花镇，飞行等级为4F级，现有3 800 米跑道 1 条、3 200 米跑道 1 条，航站楼面积 21.2 万平方米，是湖南省规模最大的民用机场，也是湖南首个开放口岸。长沙空运口岸实行 24 小时通关，推行无纸化通关、“属地报关、口岸验放”、风险分级管理等措施等。长沙空运口岸已叠加冰鲜水产品、食用水生动物、水果、药品等进境指定监管场地功能。2022 年，长沙黄花国际机场实现货邮吞吐量 15.58 万吨，同比下降 25.50%，其中国际（地区）货邮吞吐量 5.88 万吨，同比下降 35.89%。主要运输货品为跨境电商及邮件、食用水生动物、医疗物资、普货 4 大类；长沙机场指定口岸进境食用水生动物（海鲜）5 027.285 吨、进口水果 678.094 吨。

长沙黄花国际机场

**【张家界空运口岸（张家界荷花国际机场）】** 张家界空运口岸于 1999 年 4 月正式对外开放，2016 年开通国际航空货运，是武陵山片区目前唯一的对外开放口岸。张家界荷花国际机场位于张家界市永定区，飞行等级为 4D 级，现有 2 600 米跑道 1 条，航站楼面积 4.65 万平方米。张家界地处湖南西北部，武陵山腹地，拥有第一个国家森林公园、世界自然遗产、世界地质公园、国家 5A 级旅游景区等多项桂冠，旅游资源富集，是国内外重要的游客集散地，首批国家旅游综合改革试点城市之一。张家界空运口岸已叠加水果、冰鲜水产品、食用水生动物等进境指定监管场地功能。

张家界荷花国际机场

**【岳阳城陵矶水运（河港）口岸】** 岳阳城陵矶河港口岸包括 1996 年 10 月国务院批准的城陵矶港和 2009 年 6 月正式开港营运的城陵矶新港以及华粮、岳化、长炼 3 个开放口岸停靠点，是湖南省唯一的水运开放口岸。城陵矶港全年平均水深 12 米以上，共有客货泊位 37 个，其中 3 000吨级泊位 29 个、3 000 吨级（兼顾 5 000 吨级）集装箱泊位 7 个，拥有进港铁路专线、H986 集装箱机检中心等，可常年停靠 5 000 吨级以上的船舶，是长江八大深水良港之一。岳阳城陵矶水运口岸已叠加汽车整车、肉类、粮食、固体废物等进境指定监管场地功能。2022 年，城陵矶港集装箱吞吐量共完成 100.95 万标箱，其中进出口外贸箱 27.42 万标箱、货重 260.05 万吨。

岳阳城陵矶港

## 2022 年湖南省口岸大事记

1 月 5 日

湖南省口岸及国际物流通道工作座谈会在怀化市召开。

1 月 14 日

岳阳城陵矶水运（河港）口岸二期竣工验收。

3 月 28 日

“湘粤非”湖南吉利汽车出口班列在湘潭综合保税区首发。

4 月 18 日

湖南机场物流股份有限公司揭牌成立。

4 月 26 日

湘粤非铁海联运衡阳集结中心班列首发仪式在衡阳举行，全省“通道进市州、RCEP 进园区”系列宣传推介活动首站同步举行。

5 月 24 日

湖南省政府口岸办和国家粮储湖南局签署合作备忘录。

5 月 27 日

永州—中欧班列、永州—湘粤非铁海联运班列首发仪式在永州北站举行。

6 月 6 日

湖南省副省长陈飞调研湖南省机场管理集团，省政府口岸办主任邓卫平陪同调研。

6 月 7 日

湖南省商务厅党组书记、厅长沈裕谋主持召开长沙药品进口口岸发展座谈会。

7 月 27 日

长沙开通至非洲亚的斯亚贝巴定期国际货运航线。

7 月 29 日

湖南省政府口岸办主任邓卫平拜访国家口岸管理办公室。

10 月 11 日

哈萨克斯坦粮食回程班列首次到达湖南岳阳城陵矶新港站。

11 月 10 日—14 日

第三届湖南（岳阳）口岸经贸博览会在岳阳市顺利举行。

12 月 15 日

“通道进市州、RCEP 进园区”系列宣传推介活动最后一站在张家界市、湘西州举行，覆盖全省 14 个市州的系列宣传推介活动圆满结束。

12 月 26 日

娄底—湘粤非铁海联运班列首发仪式在娄底火车东站举行。

12 月 29 日

岳阳城陵矶进境原木指定监管场地（B 类）正式投入运营。

（撰稿人：张露、王颖、马晴、刘志辉、陈建文、屈瑛）

# 2022 年湖南省口岸流量统计表

| 口岸类型 | 口岸名称 | 货运量（万吨） | | | | 集装箱量（万标箱） | | | | 人员（万人次） | | | | 交通工具（辆、艘、架、列次） | | | |
|---|---|---|---|---|---|---|---|---|---|---|---|---|---|---|---|---|---|
| | | 出口 | 进口 | 合计 | 同比（%） | 出口 | 进口 | 合计 | 同比（%） | 出境 | 入境 | 合计 | 同比（%） | 出境 | 入境 | 合计 | 同比（%） |
| 空运口岸 | 长沙 | 3.75 | 2.13 | 5.88 | -35.89 | | | | | 1.24 | 1.46 | 2.70 | 10.98 | 762 | 750 | 1 512 | -27.7 |
| | 张家界 | | | | — | | | | | | | | — | | | | — |
| | 分计 | | | | | | | | | | | | | | | | |
| 水运口岸 河港口岸 | 城陵矶 | 123.64 | 136.41 | 260.05 | -5.93 | 13.35 | 14.07 | 27.42 | -14.52 | | | | | | | | |
| | 分计 | | | | | | | | | | | | | | | | |
| 合计 | | 127.39 | 138.54 | 265.93 | | 13.35 | 14.07 | 27.42 | | 1.24 | 1.46 | 2.70 | | 762 | 750 | 1 512 | |
| 同比（%） | | | | | | | | | | | | | | | | | |

（湖南省口岸办提供）

# 2022 年长沙海关主要数据统计表

| 项　目 | | 2022 年 | 2021 年 | 同比（%） |
|---|---|---|---|---|
| 进出口货运量（万吨） | 合计 | 2 416.48 | 2 655.84 | -9.01 |
| | 进口 | 2 143.65 | 2 429.73 | -11.77 |
| | 出口 | 272.83 | 226.11 | 20.66 |
| 进出口贸易总值（万美元） | 合计 | 10 543 352.92 | 9 089 841.92 | 15.99 |
| | 进口 | 2 844 124.22 | 2 720 494.01 | 4.54 |
| | 其中：江、海运输 | 1 760 798.04 | 1 700 617.19 | 3.54 |
| | 铁路运输 | 44 888.87 | 37 751.09 | 18.91 |
| | 汽车运输 | 796 888.54 | 797 190.91 | -0.04 |
| | 航空运输 | 240 552.70 | 183 018.82 | 31.44 |
| | 邮件运输 | 492.58 | 822.78 | -40.13 |
| | 其他运输 | 503.48 | 1 093.22 | -53.95 |
| | 出口 | 7 699 228.70 | 6 369 347.91 | 20.88 |
| | 其中：江、海运输 | 5 804 526.59 | 4 581 932.16 | 26.68 |
| | 铁路运输 | 156 611.30 | 110 819.87 | 41.32 |
| | 汽车运输 | 980 649.52 | 1 092 591.13 | -10.25 |
| | 航空运输 | 512 503.72 | 512 065.24 | 0.09 |
| | 邮件运输 | 12 932.28 | 16 344.46 | -20.88 |
| | 其他运输 | 232 005.28 | 55 595.05 | 317.31 |
| 税收（万元） | 两税合计 | 1 279 138.80 | 1 010 149.03 | 26.63 |
| | 关税入库 | 106 088.30 | 90 979.86 | 16.61 |
| | 进口环节税入库 | 1 173 050.50 | 919 169.17 | 27.62 |

（长沙海关提供）

# 2022年湖南省口岸出入境主要数据表

| 项 目 | | | 2022年 | 2021年 | 同比（%） |
|---|---|---|---|---|---|
| 出入境人员（人次） | 出入境人员总数 | | 26 995 | 24 325 | 10.98 |
| | 入境人员 | | 14 570 | 13 655 | 6.70 |
| | 出境人员 | | 12 425 | 10 670 | 16.45 |
| | 出入境旅客 | | 15 683 | 10 269 | 52.72 |
| | 出入境员工 | | 11 312 | 14 056 | -19.52 |
| | 中国公民 | 小计 | 19 282 | 15 665 | 23.09 |
| | | 内地居民（因公） | 4 453 | 3 848 | 15.72 |
| | | 内地居民（因私） | 14 754 | 11 589 | 27.31 |
| | | 港澳居民 | 64 | 81 | -20.99 |
| | | 台湾同胞 | 11 | 147 | -92.52 |
| | 外籍人员 | | 7 713 | 8 660 | -10.94 |
| | 从海港出入境人数 | | 12 | 54 | -77.78 |
| | 从陆港出入境人数 | | | | |
| | 从空港出入境人数 | | 26 983 | 24 271 | 11.17 |
| 交通运输工具（辆、艘、架、列次） | 总计 | | 1 529 | 2 324 | -34.21 |
| | 船舶 | | 1 | 5 | -80.00 |
| | 飞机 | | 1 528 | 2 319 | -34.11 |
| | 火车 | | | | |
| | 机动车辆 | | | | |

（湖南出入境边防检查总站提供）

## 2022 年湖南省进出港船舶统计汇总表

| 船舶类别 | 进港船舶 | | | | | | | 出港船舶 | | | | | | |
|---|---|---|---|---|---|---|---|---|---|---|---|---|---|---|
| | 艘数（艘） | 总吨（吨位） | 总载重量（吨） | 载客量（客位） | 船员人数（人次） | 货物到达量（吨） | 旅客到达量（人） | 艘数（艘） | 总吨（吨位） | 总载重量（吨） | 载客量（客位） | 船员人数（人次） | 货物发送量（吨） | 旅客发送量（人） |
| 总计 | 98 815 | 1.45 亿 | 7 206 万 | 35 万 | 30 万 | 6 946 万 | 28 万 | 98 846 | 1.45 亿 | 8 202 万 | 29 万 | 30 万 | 7 949 万 | 23 万 |
| 中国籍船舶 | 98 815 | 1.45 亿 | 7 206 万 | 35 万 | 30 万 | 6 946 万 | 28 万 | 98 846 | 1.45 亿 | 8 202 万 | 29 万 | 30 万 | 7 949 万 | 23 万 |
| 其中：外贸船 | 0 | | | | | | | 0 | | | | | | |

（湖南省交通厅提供）

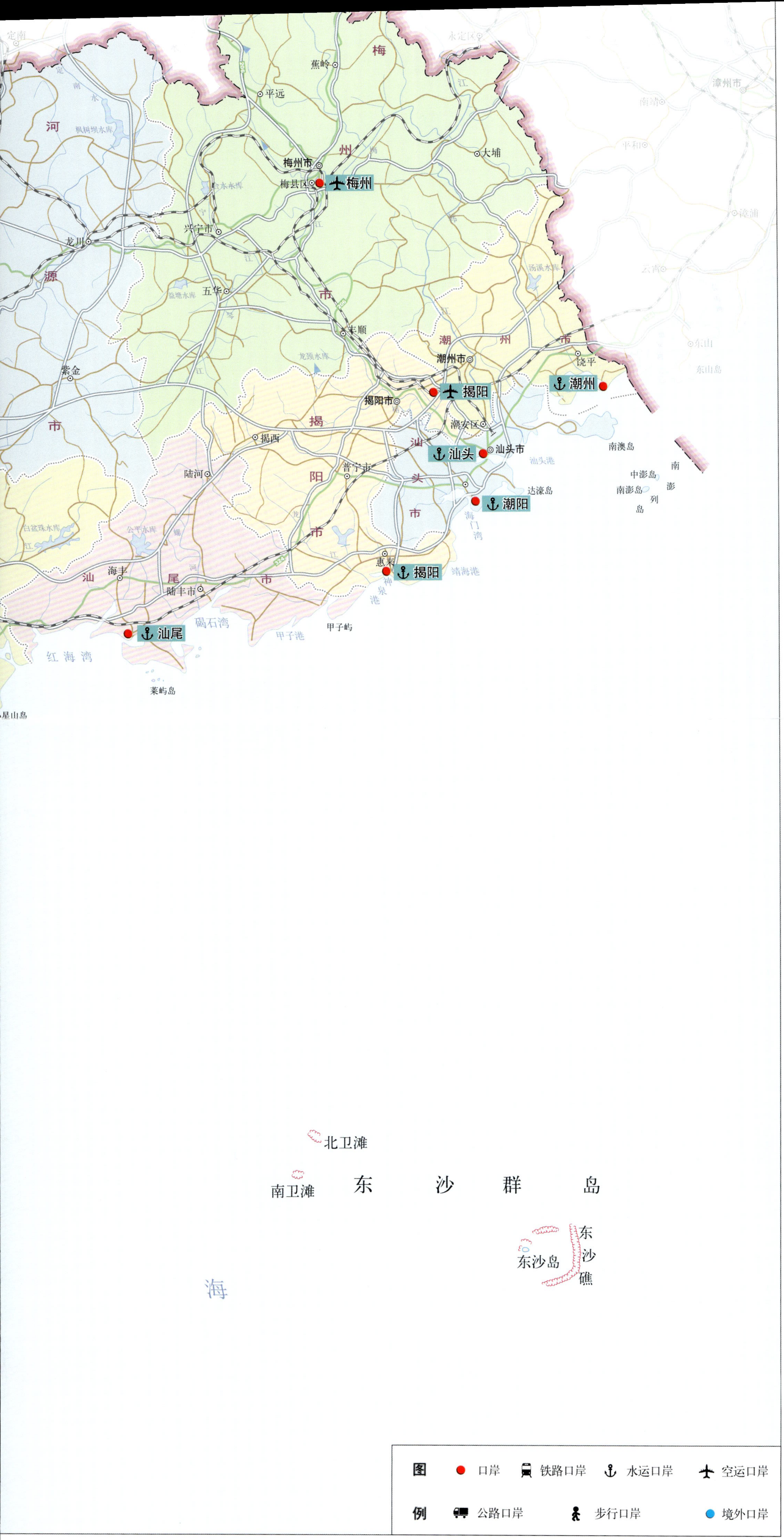
梅州
揭阳
潮州
汕头
潮阳
揭阳
汕尾
梅州市
梅县区
兴宁市
五华
平远
蕉岭
大埔
龙川
紫金
丰顺
潮州市
饶平
揭阳市
揭西
潮安区
汕头市
普宁市
陆河
海丰
陆丰市
惠来
南澳岛
中澎岛
南澎岛
南澎列岛
达濠岛
碣石湾
红海湾
甲子港
甲子屿
神泉港
靖海港
海门湾
汕头港
莱屿岛
梅州市
揭阳市
汕头市
汕尾市
河源市
潮州市
东沙群岛
北卫滩
南卫滩
东沙岛
东沙礁
海
图例
口岸
铁路口岸
水运口岸
空运口岸
公路口岸
步行口岸
境外口岸

# 广　东　省

## 口岸数量及分布

截至2022年年底，广东省共有经国务院批准的对外开放口岸56个。其中，空运口岸5个，分别为广州空运口岸（广州白云国际机场）、深圳空运口岸（深圳宝安国际机场）、梅州空运口岸（梅州梅县机场）、湛江空运口岸（湛江机场）、揭阳空运口岸（揭阳潮汕国际机场）；陆路（铁路）口岸4个，分别为广州天河铁路客运口岸、广深港高铁西九龙站口岸、深圳铁路口岸（笋岗）、东莞铁路口岸；陆路（公路）口岸12个，分别为文锦渡、沙头角、皇岗、罗湖、深圳湾、福田、莲塘、拱北、横琴、珠澳跨境工业区专用口岸、港珠澳大桥珠海公路口岸和珠海青茂口岸；水运（海港）口岸23个，分别为广州、南沙、莲花山、盐田、蛇口、赤湾、妈湾、大亚湾、大铲湾、珠海、九洲、湾仔、万山、汕头、潮阳、潮州、惠州、汕尾、湛江、揭阳、广海、阳江、茂名海港口岸；水运（河港）口岸12个，分别为新塘、斗门、虎门、江门、新会、三埠、鹤山、中山、南海、高明、容奇、肇庆河港口岸。

## 口岸运行数据

2022年，经广东省口岸进出口货运总量约5.14亿吨（不含对港澳水出口），同比下降8.3%。其中，进口3.57亿吨，同比下降9.6%；出口1.57亿吨，同比下降5.3%。出入境人员1.04亿人次，同比下降9.3%。出入境交通运输工具643.2万辆（艘、列、架）次，同比下降36.1%。2022年12月，进口、出口整体通关时间分别为11小时、0.63小时，较2017年分别压缩74.4%、94.7%。

## 口岸综合管理

**【高效统筹做好全省陆空口岸疫情防控】** 按照国家和省指挥办部署，把疫情防控作为重要政治任务，保持24小时值班值守，2022年制定印发37份工作指引，开展188次督查检查，堵塞风险漏洞，坚决守住陆空口岸“外防输入”防线。一是强化国际机场疫情防控。面对入境航班高频输入奥密克戎变异株感染人员的严峻挑战，督促前方使馆和航司落实远端防控和机上防控工作，促请民航部门快速熔断高风险入境客运航班。督促广州、深圳市机场专班和航空公司严格执行机组阳性个案报告机制，严密机组驻外管控，严格实行集中隔离、闭环管理，将入境机组全部纳入省“一码通”，并利用口岸应急指挥网远程监测机场出入境情况，实现机组入境、隔离、健康监测全流程线上监管。二是严格跨境货车司机管理。协调深圳市建立省跨境货车运输管理服务系统，将跨境货车司机和内地接驳司机全部纳入系统监控，创新数字化、信息化、智能化闭环管理模式。及时调整完善防控模式，从“三点一线”闭环管理模式调整到口岸全接驳模式、“点对点”运输模式，有力保障粤港货物运输通道畅通，有效保障粤港产业链供应链安全稳定。三是做好入境人员接转分流闭环管理。严格入境人员接转分流闭环管理，实行专车专运，严格落实人员、车辆配备和“一车次一消毒”，形成恶劣天气不转运、工作人员配置不齐不转运、夜间不跨市转运、人员情况不明不转运、隔离场所准备不充分不转运“五不接转”机制，确保入境人员、工作人员、车辆、运输途中、隔离点“五个安全”。深圳、珠海、东莞、广州等市先后发生本土聚集性疫情，对隔离场所安置带来巨大压力，专班先后40次调整接转分流安排，特殊情况下“一天一调整”，多次妥善应对入境人流高峰，尤其是在春节前香港入境人员返乡高峰期，迅速安排周边地市从深圳湾口岸分流入境人员，合力攻坚成效显著。四是加强粤港联防联控和香港物资保供“双统筹”。香港第五波疫情发生后，及时协调保障援港大规模核酸检测人员进出香港专用车辆便利通关。针对疫情经豁免人员输入风险增加情况，专班迅速暂停办理公商务豁免，对授权深圳审批事项，仅对机要交通和重要紧急公务按“一事一办”原则审批。为统筹保障供港生鲜物资和援港抗疫物资供应，专班协调指定文锦渡口岸为生鲜物资通关口岸，确保生鲜物资供港及时；协调深圳市打通援港抗疫物资陆路运输渠道，保障抗疫物资充足稳定供应，新增莲塘口岸作为供港鲜活类物资跨境货运车辆通行口岸，为跨境货运车辆多口岸通行提供便利。积极开辟援港铁路运输新通道，在国家口岸管理办公室指导下，协调深圳海关、深圳出入境边防检查总站、广铁集团临时恢复深圳（笋岗）铁路口岸货运通关功能，在平湖南铁路货场设置临时作业点，开行铁路援港班列，开通供港物资铁路运输渠道。在水运口岸设置专用供港物资通道，实行“提前申报、抵港直装”模式，确保供港物资现场通关“零延时”，供港物资“零滞留”。五是助力推动广东高质量发展。积极畅通国际贸易通道，有效提升粤港粤澳跨境陆路和水路运输数量，帮助企业打通进出口运输瓶颈，有效应对疫情影响。针对企业人员入出境堵点难点，形成便利国际商务人员往来“1+9”政策体系，辅导企业用好政策，全年保障17班快捷通道包机、13班广东省企业包机1 326名高管和技术骨干入境，7个出境包机139人出境，为23家外资企业80名高管提供入境隔离便利，为全省重大项目建设、外企高管返粤复工复产、广东企业赴海外抢抓订单提供支持。

**【跨境贸易便利化水平稳步提升】** 一是全力推动广州、深圳航空物流公共信息平台试点建设工作，广州试点已进入上线试运行第三阶段，深圳试点3.0版本也已上线。二是开展贸易便利化专项行动。全力推动海关总署部署的10项任务及广东省工作方案16项细化措施落地落实。有关经验做法被国家相关载体刊发全国学习借鉴。联合省发展改革委、财政厅、交通运输厅、卫生健康委、市场监督管理局和海关总署广东分署制定并印发《广东省进一步深化跨境贸易便利化改革优化口岸营商环境的若干措施的通知》，牵头推动28条措施在全省落地落实，持续打造市场化国际化营商环境。三是落实好稳外贸各项措施，研究制订“扩大国际国内海运运力”“提升外贸港口作业效率”2项稳外贸措施的资金支持方案，2022年落实支持金额并拨付到位，增开或加密国际海运航线22条，助力产业链供应链稳定。

**【国际贸易“单一窗口”进一步深化推广】** 截至2022年年底，全省累计上线标准版18大类116项应用功能，地方特色应用12大类34项功能模块，累计申报单量超70亿票，注册用户数超22万个。

“单一窗口”建设推广持续深化，服务全国通关一体化。一是多措并举，全力引导企业通过广东“单一窗口”申报，货物申报覆盖率已提升到91.1%。二是强化宣传，持续开展“单一窗口”标准版推广，2022年全年各地市组织召开37场“单一窗口”宣讲培训会，通过广东“单一窗口”门户发布资讯类文章353篇，微信公众号发布推文362篇，原创推文单篇阅读量最高达2 358次，公众号关注量新增6 139人，有效提升广东“单一窗口”的影响力。

粤港澳大湾区通关便利化项目稳步推进，助力粤港澳大湾区加速互联互通。一是粤港澳大湾区跨界车辆信息管理综合服务平台基本实现两地牌手续“网上办”“协同办”，其“创新粤港澳大湾区跨境车辆备案模式”入选粤港澳大湾区规则衔接机制对接典型案例（第一批）。二是“澳车北上”系统已正式上线运行，首创粤澳通关便利化合作新模式，注册用户已超3万个，日均通关车辆超2 000辆次。“港车北上”系统已完成联调测试。三是粤澳货物“单一窗口”综合服务平台“一单两报”服务已正式上线，并落地横琴粤澳深度合作区。四是粤港“驳船捷运”项目取得突破性进展，粤港双方已实现粤港集装箱动态信息、舱单信息、两地船舶动态信息共享。五是粤港澳大湾区船舶安全检查协同机制信息系统已上线试运行，减少三地船只的重复检验，提升湾区水上通行效率，创新湾区“信息互换、监管互认、执法互助”通关模式。六是中新（中国—新加坡）船舶电子证书合作项目在实现船舶、船员电子证书交换、互认的基础上，持续探索推进海事清关数据的交换和互认。

**【粤港澳大湾区口岸查验模式创新不断深化】** 一是创新人员通关查验模式。深入落实粤港澳大湾区国家战略，推动出粤澳入境人员查验模式从“两地两检”“一地两检”到“合作查验、一次放行”不断优化，通关人员只需排一次队、读一次证件、采集一次生物特征，约10秒即可完成珠澳两地边检查验和自助通关，随到随检随放。“合作查验、一次放行”查验模式将尽快推广至深圳皇岗口岸、罗湖口岸，已与港方达成共识。二是创新车辆通关查验模式。在拱北口岸、港珠澳大桥珠海公路口岸车辆通道，将原先“一站式”手动提交验放升级为自动验放，在不改变边检、海关查验单位的验放流程基础上，共享前端查验设备及通关数据，查验效率较以前提升约30%。推动横琴口岸客货车通道改造升级，实施“联合一站式”创新模式，珠澳两地口岸联检部门共享车道信息采集设备，车辆只需停车一次，即可同时完成珠澳两地查验。三是创新货物通关查验模式。在横琴粤澳深度合作区实施货物“一线”放开、“二线”管住，海关对合作区与澳门之间经“一线”进出的货物实施备案管理，进一步简化货物申报程序和要素，促进跨境贸易便利化。四是创新区域跨境物流监管模式。推进“大湾区组合港”和“湾区一港通”改革，深圳、广州枢纽港与内河喂给港通过水路运输快速通关，真正实现大湾区多港如一港，企业只需“一次申报、一次查验”，可节省约30%的报关成本，效率提高60%。截至2022年年底，“大湾区组合港”已覆盖大湾区近90%城市，并拓展至粤西地区，累计开通航线32条，进出口吞吐量超过40万标箱。“湾区一港通”推广至省内14个内河码头，累计完成15.4万标箱。推进“赣深组合港”创新模式，在江西赣州和深圳两地政府和海关的推动下，深圳盐田港和赣州国际陆港建成“组合港”，实现进出口货物“一次申报、一次查验、一次放行”，在全国首创了“跨省、跨关区、跨陆海港”的通关新模式，为企业节约资金成本30%、时间成本40%。推进东莞—香港国际空港中心建设，打通全球首个跨境海空联运通道，把安检、打板、集拼、报关等核心功能前移至东莞，实现“一次申报、仓内查验、高效流转”，外贸企业在东莞1天内可完成通关查验并跨境运至香港机场，物流成本比陆路成本下降30%，时间比陆路减少20%。

**【粤港粤澳口岸基础设施建设不断完善】** 一是横琴合作区通关工作推进顺利。“一线”横琴口岸（二期）以及“二线”海关监管作业场所建设各项工作取得积极进展。“一线”横琴口岸（二期）已协调粤澳双方查验单位在横琴口岸客货车通道采用“合作查验、一次放行”（联合一站式）创新查验模式，完成相关测试通道建设并开展测试工作。“二线”基础设施建设工作整体推进顺利。二是皇岗口岸重建进展顺利，新皇岗口岸联检大楼基坑工程如期动工。三是拱北口岸联检大楼安全改造顺利推进。拱北口岸联检楼建筑物于2022年7月8日开始实施封闭改造，工期约一年。拱北口岸旧联检楼封闭施工期间，旅客经旧联检楼两侧的新厅通关，施工进展顺利。四是湛江机场安全顺利转场至湛江吴川机场，口岸查验基础及配套设施基本完成，航空口岸扩大开放验收准备工作有序推进。

**【对外开放项目扎实推进】** 扎实推进国家“十四五”口岸发展规划重点项目建设。推动完成东莞市虎门港口岸沙田港区同舟石化码头扩建工程、东莞玖龙散杂货码头、湛江港口岸通用码头泊位（603#）、惠州港荃湾港区5万吨级石化码头等4个项目正式验收启用。推进港珠澳大桥珠海公路口岸珠澳通道货运功能临时开放续期、珠澳跨境工业区专用口岸临时开放续期。推动广州港大屿山锚地、珠海烽火海洋网络设备有限公司配套码头、湛江大唐雷州电厂码头、茂名港博贺港区广港码头、阳江港清湾仔港区华厦阳西电厂配套码头、揭阳港惠来沿海港区资深作业区中委合资广东石化原油码头、“恒通3”船舶在珠海非开放水域延长施工期限7个项目临时开放11批次。共拉动新增原油、煤炭、铁矿石、粮食等重要战略物资和广东省出口产品货运量约 1 800 万吨，进出口货值超过 150 亿元，为企业节约成本约 3 亿元，有效保障上下游企业的复工复产。

**【中欧班列持续健康发展】** 广东省坚持将中欧班列建设作为深度参与“一带一路”建设、推动外贸高质量发展的重要举措，按照“市场主导、政府引导”原则，立足打造大湾区中欧班列集结中心，统筹整合广东省中欧班列资源，推动中欧班列高质量发展。广东省中欧班列已开通经阿拉山口、满洲里、二连浩特到欧洲方向，经霍尔果斯到中亚方向，经磨憨到老挝方向，经凭祥到越南方向，目的地可达欧洲、中亚等 30 多个共建“一带一路”国家和地区，主要运输商品包括电子产品、家电、日用品、家具、玩具、汽配、陶瓷、建材、灯饰、服装鞋帽等。2022 年，广东省中欧班列共发运 967 列，同比增长 122.30%；发送集装箱 86 774 标箱，同比增长 102.90%；出口货值 31.70 亿美元，同比增长 62.73%。

## 口岸监管与服务

**【海关总署广东分署统筹推进口岸疫情防控和促进外贸稳增长】** 2022 年，海关总署广东分署和省内海关坚持以习近平新时代中国特色社会主义思想为指导，以迎接学习宣传贯彻党的二十大精神为主线，认真落实“疫情要防住、经济要稳住、发展要安全”的重要要求，全面贯彻广东省委省政府“1+1+9”工作部署，守国门促发展，各项工作取得积极成效。2022 年，广东外贸进出口值 8.31 万亿元，同比增长 0.51%。全年，省内海关监管进出口货运量 14.10 亿吨，同比下降 3.87%；监管集装箱 3 131.01 万箱次，同比下降 1.10%；监管运输工具 670.19 万辆（艘）次，同比下降 37.23%；监管进出境人员 1.04 亿人次，同比下降 9.26%；监管行邮物品 2 191.87 万件，同比下降 59.96%；监管快件 9 899.83 万件，同比下降 29.64%；税收入库 4 551.9 亿元，同比增长 6.1%；立案查办走私犯罪案件 1 832 起，同比下降 1.9%，涉税案件案值 419.4 亿元，同比增长 15.7%。

**【海关总署广东分署坚定不移防疫情】** 紧盯“四个方向”，落实“五项措施”，筑牢口岸疫情防线。加强入境人员、机组、船员及跨境司机卫生检疫，省内海关每天奋战在抗疫一线的工作人员超过 8 000 人，其中穿着防护服与病毒直接作战的有 500 多人，2022 年省内海关累计接受健康申报 1.69 亿人次。严格落实入境高风险交通工具消毒工作的监督职责，精准优化入境客运航空器终末消毒监督流程。强化进口冷链食品口岸环节新冠病毒监测检测和预防性消毒监督，积极配合地方政府充分运用“冷库通”系统实现进口冷链食品“全链条管理、全过程追溯”，最大限度地阻断疫情经货物渠道传播。巩固完善海关与海警、公安 24 小时联防联控机制，严防疫情经偷渡走私等非法途径输入。落实“多病共防”，防范新冠病毒感染、埃博拉、登革热、猴痘等多种疫情输入造成叠加风险。参与制订疫情防控工作方案、指引等 130 余份政策文件，全面融入疫情防控总体战。大力支持香港抗疫，特事特办保障援港人员、车辆、物资全天候零延时通关，配合做好香港“逆隔离”先导计划相关工作。持续优化“粤康码”通关凭证，不断深化粤港澳疫情联防联控。落实疫情防控“二十条”“新十条”“乙类乙管”等优化措施，做好粤澳常态化通关、粤港恢复人员正常往来准备工作。

**【海关总署广东分署全力支持广东“双区”和三大平台建设】** 全力推进粤港澳大湾区建设，强化与香港、澳门特别行政区政府相关部门合作机制，参与 21 项“湾区标准”的制修订，深化规则衔接机制对接。协调推动“澳车北上”政策落地实施，“港车北上”粤港合作协议签署，大湾区“一港通”“组合港”通关模式范围不断扩大，推动内河中转接驳实现“无感通关”，促进要素跨境便捷流动。积极服务深圳先行示范区建设，首批综合改革试点授权项目持续实施，保税油供应业务在深圳盐田港落地实施，游艇自由行免担保发布海关公告，河套深港科技创新合作区进口科研设备量身打造便利通关监管模式。服务横琴合作区建设，研提监管模式创新思路和20条支持措施建议，积极参与合作区立法、财税政策、检验检疫政策、海关监管办法研究，配合推进监管设施及信息化建设，前瞻开展人力资源保障研究。服务前海合作区建设，推进支持前海深化改革开放18项措施，统筹深港沿线口岸改造和口岸经济带建设，推广蛇口邮轮中心“创新口岸国际中转便捷通关模式”，深化大湾区机场群前海服务中心建设，开通深港驳船航线、“空中快线”，畅通口岸与口岸、口岸与区城间多式联运快速调拨通道。服务南沙重大平台建设，出台服务南沙方案48项措施，支持南沙建设国际分拨业务产业集群，支持全球人道主义仓库和枢纽建设运作，强化南沙物流枢红功能。服务自由贸易试验区建设，配合推进13个联动发展区建设，研究制定海关方面8项措施，实施清单式复制推广和协同创新。推动综合保税区高质量发展，打造加工制造、研发设计、物流分投、检测维修、销售服务“五大中心”。支持汕头经济特区发展，研究支持发展20条措施，配合做好新时代“侨”的文章。

**【海关总署广东分署推动改革措施促进广东外贸保稳提质】** 落实海关总署“10+7+6”措施。促进外贸保稳提质、助企纾困降成本，结合广东实际，2022年省内海关累计细化制定具体措施353项，“一企一策”都扶重大顶目，“一业一策”都扶特色产业。2022年，广东外贸进出口值8.31万亿元，同比增长0.51%，外贸总量再创历史新高。推动省内海关“两步申报”“提前申报”。省内海关“两步申报”“提前中报”应用率全国领先。推广“船边直提、抵港直装”改革至47个港口。推选优化来往港澳小型船舶中途监管站模式、推动粤港海关“跨境一锁”延伸至湖南省。实施“在线预约通关”“查检绿色通道”等一揽子措施，有效应对疫情影响下口岸货运量激增、部分码头暂停服务等异常情况。开展跨境贸易便利化专项行动，会同广东省有关部门先后制定44条措施。推出“海空港畅流计划”，实现智能分流、顺势查验，有效提升海空港堆场、仓库作业效率。在深圳前海试点建设全国首个跨境贸易大数据平台，推动形成跨境贸易服务生态体系。服务企业享受RCEP等政策红利，全年办理各类优惠贸易协定进口税收减让254.9亿元，助力广东拓展新的外贸增长点，支持粤港澳大湾区“菜篮子”建设，为“菜篮子”产品出口量身定制通关放行模式。全力支持创建跨境电商示范省，成立广东外贸形势分析研判专班，制定年末稳外贸工作7条举措，加强监测调度，保障广东2022年外贸正增长。

**【广州海关创新服务措施支持广州南沙进口贸易促进创新示范区发展】** 一是持续优化营商环境。制定实施49条措施，深化改革减单证、优流程，提效率，降成本，深入推进直提直装、智能审图、跨境电商自动分拣，创新实施“一港通”“组合港”内外贸同船运输等监管方式，有效提升通关效率。二是支持打造大型先进技术设备进口核心基地。对高新技术设备进口开展远程监控，推行“分批交装、整体查验”和“随到随检”等灵活监管。创新实施飞机租赁“南沙注册企业、机场异地监管”，支持建设华南地区最大的飞机租赁集聚地。三是支持培育民生消费品集散中心。实行“先入区，后申报”“一区多功能、一仓多形态”等创新制度，“跨境电商+直播”新模式助推南沙跨境电商业务迅速发展，增设进境肉类、水果种苗综合性指定监管场地，增强冷链物流集聚效应，支持进境药品“一次进境，分批清关”通关提速等。四是支持建设大宗商品国际分拨枢纽。创新实施货物状态分类监管、“1+N”保税监管等16项措施，满足企业一站式全球集拼、全球分拨需求。创新“保税+”制度、优化进境散装粮食检疫审批流程等措施。支持企业在南沙综合保税区内开展初级饲料、奶茶基料加工内销业务。对进口矿产品采用“先放后检”检验监管模式。五是支持进口服务集聚发展。实行增值税一般纳税人资格试点、整车保税存储、保税检测、全球维修、委内加工等创新制度。对接车企新能源汽车、智联网项目发展需求，培育认证汽车生产供应链上下游企业，实行“提前申报+归类预审校”。开辟文化艺术品入境、出区保税展示绿色通道，支持企业开展出区展示活动。

广州海关关员在南沙汽车码头对出口汽车进行快速验放

**【广州海关拓展“湾区一港通”增强珠江内河港口群国际竞争力】** 一是支持形成互联互通港口群格局。紧扣大湾区“增强港口群整体国际竞争力”的规划目标，以南沙港为枢纽港、珠江沿江内河码头为支线港，推动组建“两港如一港”“一港多区”的港口群格局。推动利用南沙港国际航线资源和珠江沿江港口腹地制造业货源场地、人力、设备等优势，激活大湾区航运和临港、临江产业新的市场活力。二是优化业务模式强化货物通关监管。优化设计配套的业务流程，共享南沙港的港口代码，实现“一港多区”联动办理海关通关手续。统筹发挥关、港信息系统共享优势，推动港口企业优化物流运行管理，增强“湾区一港通”整体通关效率。三是严密港口间货物调拨和安全管理，建立战略合作协议明确运营和管理责任义务，增强港口单位和属地海关主体责任。按照贸易管制、许可证管理及检验检疫相关规定设置负面清单，落实国门安全准入管理要求。搭建港口物流服务数据共享平台，整合集装箱、船舶轨迹、视频监控等数据，辅助海关监管，切实防控国门安全监管风险。

**【广州海关精准施策服务广州中欧班列稳中向好多点突破】** 主动服务高质量共建“一带一路”大局，完善广州中欧班列海关监管措施，着力降低疫情对进出口贸易的不利影响。一是以企业需求为导向，找准服务切入点。设立中欧班列服务专窗，制订“家电专列”“精品班列”等个性化监管方案，设立“7×24小时”通关机制，确保专列货物即到、即查、即放。指导企业配套设立出口监管仓解决拼配货难题，开展“舱单归并”简化申报，推行“铁路快速通关”业务，不断提升便利化水平。二是以顺势监管为原则，推动集结中心建设。构建以铁路站点为枢纽、串联各类场所的多式联运监管模式，支持中欧班列广州国际港建设，实现广州中欧班列枢纽大朗站与广州南沙综合保税区、临空经济区的联动发展，助推打造粤港澳大湾区班列集结中心。三是以协作共建为支撑，打造优质发展生态。建立与地方政府、铁路部门的联络配合机制，搭建海铁联运通道实现“丝绸之路经济带”与“21世纪海上丝绸之路”直连贯通，支持企业投建揽货平台拓展RCEP国家市场，提升班列可持续发展能力。加强与口岸海关联系配合，拟定联系配合办法和合作备忘录，形成高效的中欧班列业务协调机制。

**【广州海关支持构建“水上应急通道”保障供港民生及抗疫物资安全稳定顺畅出口】** 密切关注香港疫情态势，加强与供港企业的沟通联系，探索构建供港物资“水上应急通道”，全力保障供港民生及抗疫物资安全稳定顺畅供应。一是支持构建“水上高速通道”保障供港物流畅通。针对粤港跨境货车司机紧缺等实际，主动对接供港生鲜企业和援港企业，加强海关政策指导，支持企业构建“佛山南海—香港屯门”“番禺莲花港—香港油麻地”等“水上高速通道”，拓宽供港物流通道。二是优化监管模式，实现口岸高效验放。对接供港蔬菜种植基地、活畜禽养殖基地以及物流企业，协调解决大件货物装运等问题。精简供港通关手续，实现肇庆等集散基地生鲜产品就地申报、直通香港。加班加点开展现场检疫监装抽样、检测出证，实施“提前申报”“抵港直装”等便利措施，实现供港物资当日申报、当日通关。三是强化全程监管，保障产品质量安全。认真落实供港食品农产品安全管理制度，对原料生产、加工、运输各环节开展全程监测。加强对疫情疫病、农兽残及重金属检测，采取针对性强的监管措施。密切与香港的沟通联系，加强产品质量信息跟踪。高效完成援港抗疫物资单货一致性验核，严格保障供港物资质量安全。

**【广州海关“三个强化”创新推动综合保税区高质量发展】** 2022年4月1日，《中华人民共和国海关综合保税区管理办法》正式实施。广州海关认真落实新政，创新监管模式，推动综合保税区高质量发展。一是强化协同联动，落实决策部署。对标综合保税区“五大中心”发展目标，制定推动海关特殊监管区域与自由贸易试验区统筹发展的16项措施和支持新兴保税业态发展的6项细化措施，主动服务发展需求。对接省市商务部门和广州市海关特殊监管区域专项工作小组，加大跨部门统筹协调。二是强化项目落地，推动高质量发展。创新“1+N”保税监管模式，建立保税散货集拼出口基地，打造亚太地区工程塑料粒分拨中心、保税药品分拨中心以及大湾区文化保税创意中心等国际物流分拨中心。首创综合保税区“跨境电商出口退货合包”新模式，推广“跨境电子商务零售进口退货中心仓模式”，力促电商企业创新转型。深入推进“保税+融资租赁”“异地委托监管”等创新举措实施，支持保税租赁业务从飞机整机租赁扩展到飞机、航材交易及处置等，实行粤港澳大湾区中心城市间飞机融资租赁异地委托监管。三是强化底线思维，加强风险防控。全面梳理综合保税区涉及落实国家重大部署、政策叠加实施、海关监管等风险，制定防控措施。开展常态化监督工作，及时防范化解风险。定期通过视频监控对关区内综合保税区开展检查，提升关区综合保税区设置规范性。

**【广州海关强机制深改革优流程全面提升口岸通关效率】** 围绕推动高质量发展和高水平对外开放，一是强机制，构建组织监控体系。成立跨境贸易便利化工作专班，定期总结部署工作任务，加强智能监督指导，及时协调解决难点堵点问题。建立口岸协调机制，持续开展发展绩效评估，增强内外协同提升合力。二是深改革，构建智能高效体系。常态化开展“湾区一港通”业务，支持打造粤港澳大湾区机场共享国际货运中心，拓展“单一窗口”海关应用项目，推广“在线预约通关”功能，实现通关业务“全天候”“全链条”“零接触”“网上办”。深化智能审图应用，实行智能理货、直提直装、低风险货物快速通关。三是优流程，构建快速衔接体系。聚焦监管要求高、环节多、时间长的涉检商品，建立重点产品攻坚工作台账，设立优先审单、查验、处置“绿色通道”，推行“5+2”预约通关，进一步压缩通关时间。加强跨关区协同、口岸跨部门合作，完善沟通配合机制，优化属地查检和取样送检流程，提高一体化通关管理和物流运作效率。

**【广州海关开辟鲜活农食产品属地查检“绿色通道”保畅保通】** 不断提升属地查检监管水平，集中力量解决鲜活易腐农食产品通关过程中存在的难点、堵点、痛点，支持关区农产品外贸企业实现高质量发展。一是瞄准企业堵点痛点，迅速出台便利化措施。第一时间出台“设立进出口鲜活易腐农食产品属地查检绿色通道”措施，快速响应企业需求，保障疫情防控形势下农食产品高效查检、快速验放，切实保障鲜活易腐农食产品绿色通道全方位畅通。二是做实做细惠企纾困措施，增强企业发展动力。建立“绿色通道”企业“一企一档”专属台账，细化“绿色通道”企业保障方案，强化协调对接，实行提前申报、全天候预约、优先送检保障等便利化措施，切实为企业降本减负增效。指导企业加强病虫害监测，落实全链条追溯机制，确保出口蔬菜质量安全。三是创新监管服务形式，守好产品安全底线。创新属地查检监管服务，对出境水果企业实施“线上”“线下”相结合的查验监管模式，优先申报、优先采样、快速出证，在充分保障进出口鲜活易腐农食产品质量安全的基础上，持续推动产业升级发展。拧紧农食产品进出口“安全阀”，深化查检部门与稽核查部门联动，守好农食产品进出口安全“生命线”。

**【广州海关全力服务跨境电商“6·18”“双十一”等大促活动】** 针对大促期间企业作业人员多、商品通关频次高等特点，优化监管服务，帮助企业抵御疫情影响，发挥跨境电商对稳外贸的拉动作用。一是强化关企沟通，优化服务保障。提前对接企业促销计划和通关诉求，引导企业提前做好商品备货、促销商品报备等工作。联合地方政府通过云课堂、座谈会、新媒体等渠道，宣讲海关通关便利措施。加强业务运行与技术保障，全力保障企业通关需求。二是强化统筹联动，保障商品通关。第一时间组建“党员先锋队”解难疏堵，实行预约通关，指导企业运用“提前申报、运抵验放”“两步申报”“简化申报、清单核放、汇总统计”等便利措施，优化出入区、理货、分拣、报关等流程。三是强化业务改革，释放改革红利。深化跨境电商智慧线上服务，支持企业合理调配进口商品物流。依托关区智慧电商项目，支持企业在综合保税区自用仓库运作退货降低成本。深化“合包”监管模式，支持在综合保税区设立全球退货集散复销中心，进一步打通出口退货通道。支持企业依法依规在综合保税区内开展直播业务，扩大业务流量。四是强化正面监管，提升监管效能。加强跨部门、跨关区信息共享，开展联防联控、实施协同监管，打击虚假电商平台、盗用个人身份信息、虚假交易等违法违规行为。

**【广州海关服务粤港澳大湾区重点项目建设取得新进展】** 聚焦“发展平台、物流通道、功能区域、产业企业”，建立“总对总”协调机制，以重点项目为抓手服务粤港澳大湾区建设取得新进展。一是重大平台建设稳步推进，规模效应初显。国家进口贸易促进创新示范区政策实施，全球人道主义应急仓库和枢纽项目落地运作，南沙冷链物流中心、粮食集散中心建成发展，广州南沙国际冷链进境水果、植物种苗指定监管场地获批，广州钻石保税仓库通过验收运营，春、秋季广交会线上线下融合举办实现新突破。二是国际物流通道进一步畅顺，通关便利化水平持续提升。“一港通”扩大至珠江支线码头，南沙港与洋浦港等港口内外贸同船运输常态化运作，南沙大湾区机场共享国际货运中心正式运作。广州中欧班列数量持续增长。邮路运输“一点清关”“跨境快速通关”改革持续推进。粤港澳大湾区“菜篮子”实现肇庆集散基地蔬菜就地申报、直通香港。三是功能区域作用发挥明显，区域经济创新发展。增值税一般纳税人资格试点、整车保税存储、检测维修、委内加工等创新制度在南沙综合保税区落地。广州成功入选首批国家营商环境创新试点城市，航材进出区实行“汇总征税”叠加保税分拨、分送集报，国际航行船舶保税加油许可权下放广州，跨境科研用物资进口试点正面清单管理。四是特色产业稳步发展，力促外贸稳增长。南沙综合保税区跨境公共分拨中心建成运作，市场采购花都试点集聚区顺利拓展至广州市区内 5 家专业批发市场，“一次审批，多次往返”赛马检疫审批制度实施，平行进口汽车滞港问题有效解决，推进企业升级现有 AEO 企业数量稳居全国前列。

**【广州海关持续加强改革创新保香港马会跨境赛马常态化运行 4 年】** 自 2018 年 7 月 12 日香港马会现役赛马启动常态化粤港两地跨境运输 4 年以来，广州海关不断深化改革创新，统筹疫情防控和跨境运输赛马监管，有效保障近 2 万匹次赛马安全畅顺往返粤港两地。一是加强规则对接，完善“一体化”模式。每年联合香港渔护署开展跨境运输赛马疫病监测，统一检测项目、抽样时间、监测方法，互认监测结果，统一处置程序，促进赛马通关检疫监管一体化。二是加强改革创新，输出“样板间”检验。与香港同步实施跨境运输马匹动物检疫“一车一证”新模式，实行进境赛马“一次审批、多次往返”“暂时进口、全时隔离”等 10 项创新监管制度，为支持香港“马照跑”和大湾区马产业发展贡献“样板间”经验，获得世界动物卫生组织专家的认可。三是加强科技护航，创新“一站式”作业。设立赛马车辆专业“一站式”查验台，同时完成“人”“车”“马”全覆盖、全流程检疫监管作业。开发应用“粤港澳大湾区赛马跨境通关检疫监管系统”，实现两地运输全链条监管。四是加强多方共治，实现“零延迟”通关。加强与粤港两地监管机构、疫情防控部门的沟通，做好登记、消毒及监督全链条闭环管理。实施车辆、马匹、马夫等信息提前报备制度，开辟专用通道快速开展应急治疗，实施口岸非侵扰式查验，实现“零延迟”通关。

广州海关关员在香港赛马会从化马场马房进行检查

**【广州海关创新服务措施全力支持第 132 届广交会线上举办】** 2022 年 10 月 15 日，第 132 届中国进出口商品交易会（广交会）线上开幕，展会时长首次延长至 5 个月。广州海关创新线上线下监管服务措施，助力广交会发挥全方位对外开放平台作用。一是推行税收优惠、简化审批等政策措施。对 5 个月展期内成交磋商产生的样品，包括展商连线、预约洽谈结束后进出境的展品仍视同为本届广交会展品，按规定享受免税免证等优惠政策。实行免税款担保金、允许参展企业展览品有条件延期等优惠措施。二是深化海关线上服务。聚焦 RCEP 政策、展会备案等 56 个主题精准开展线上政策解读，邀请企业做客直播间围绕商品归类、自由贸易试验区发展等热点进行深度探讨，优化“广交会海关之窗”“掌上海关 App”“云办事”海关在线平台服务，满足企业咨询、认证、鉴定以及定制“个性化”经贸信息等需求。三是支持广交会做大做强。支持企业借力保税展示、跨境电商等新业态实现内外贸一体化发展，加快推进琶洲物流轮候区海关监管仓建设，提高广交会办展承接水平；支持广州南沙综合保税区平行进口汽车、文物及文化艺术品等商品出区依托展会平台开展保税展示交易。推进广交会于南沙创新示范区、机场综合保税区及空港国际会展中心等项目联动发展，服务外贸企业深度融入“双循环”发展格局。

**【深圳海关抓实疫情防控服务口岸通关】** 2022 年，面对外防输入与本土疫情双重压力，深圳海关坚持“人、物、环境”同防、多病同防、水陆空同防，着力提升多渠道监测预警能力、口岸公共卫生核心能力、科技抗疫实战应用能力、联防联控应急处突能力，全面升级口岸智能检疫软硬件，进一步提升实验室检测和基因测序水平，口岸防疫效率和通关效率大幅提高。全力参与援港抗疫，特事特办保障援港人员、车辆、物资“7×24 小时”全天候零延时通关。43 批 10 794人次参与封闭管理，投身一线抗疫，充分彰显了召之即来、来之能战、战之必胜的过硬作风。扎实稳妥优化调整各项防控举措，未雨绸缪备战口岸全面复通，推动防疫工作安全平稳实现转段。

深圳海关所属文锦渡海关关员冒雨守护“绿色供港生命线”（孟桦 摄）

**【深圳海关强化口岸监管打私维护国门安全】** 2022 年，深圳海关贯彻总体国家安全观，持续打击“洋垃圾”走私、象牙等濒危动植物及其制品走私、“水客”走私、粤港澳海上跨境走私、海南离岛免税“套代购”走私，侦办各类走私罪案数居全国海关首位。深入开展“口岸危险品综合治理”百日专项行动，实现超期未申报、存储危险品“双清零”。严守国门生物安全，全面推进“国门绿盾 2022”和“国门守护”行动，截获动植物疫情疫病及有害生物 2.4 万种次，深入开展跨境电商寄递“异宠”综合治理，截获“异宠”批次位列全国海关第一。强化全链条知识产权海关保护，查获侵权货物批次、件数居全国海关首位。

深圳海关关员对自泰国进口的鲜番荔枝进行病虫害检测（林立 摄）

**【深圳海关优化口岸营商环境促进跨境贸易便利化】** 2022 年，深圳海关开展促进跨境贸易便利化专项行动，制定优化口岸营商环境重点任务 21 项，全面压缩通关时间、降低通关成本。营商环境创新试点首批任务落地见效，3 项措施复制推广到全国。深化“放管服”，持续优化减税降费服务，减免税款增长 2.8 倍。上线航空物流公共信息平台，试点优化入境货物检验检疫证明签发模式，“税收风险防控一体化”“口岸属地协同监管”“打造大湾区供港生鲜链”“推进监管打私一体化”“建设企业一体化管理平台”5 个全业务领域一体化改革项目取得积极进展。创新推出“关企 e 视通”，实施进口粮食协同监管、进口水果顺势监管、“散件组装”加贸监管、涉检商品“分送集报”，打造特殊区域高质量发展和加贸企业综合服务“双平台”，升级保税油和保税 LNG 加注“双通道”，落地关区首单飞机保税融资租赁、首本保税研发账册、首个机场货运安检前置站，有效提升监管服务效能。

**【深圳海关促进外贸保稳提质支持地方经济社会发展】** 2022 年，面对外贸起伏波动大、企业困难多等实际，深圳海关滚动推出 47 条促外贸稳增长系列措施，推行“强企计划”，综合运用 AEO、技贸、税政等政策工具，助力深圳外贸创历史新高，出口实现内地外贸城市 30 连冠。出台 18 条举措支持推动 RCEP 高质量实施，全国首票 RCEP 进口货物在深圳顺利通关。联合市商务局等 4 部门共建深圳 RCEP 服务中心，获评广东省省级 RCEP 企业服务中心。全年深圳市对 RCEP 成员方进出口 1.01 万亿元，同比增长 7.8%。强化技贸应对，推动南非、菲律宾等国家修改、延期电子电气等领域 6 个法规 18 项技术要求，利好国内优势产业超 1 000 亿元产品出口。推进物流一体化改革，实施“海空港畅流计划”，打造深港“陆转水、空”新通道，推动“大湾区组合港”进出口吞吐量、“湾区号”货运量实现翻倍增长。

**【深圳海关深化改革创新服务深圳“双区”建设】** 2022 年，深圳海关大力支持“双区”建设，落地首批综合改革授权项目，推动出台支持前海深化改革开放 18 项措施并压茬实施，试点建设全国首个跨境贸易大数据平台，制定 3 项服务科创、生物医药产业发展的“双改”示范项目，在光明科学城、坪山高新区率先试点。持续推进“大湾区组合港”改革项目拓点上量，航线增至 27 条、吞吐量增长 1.3 倍，妈湾智慧港建设提速升级，“创新口岸国际中转便捷通关模式”获全国复制推广。7 项前海蛇口自贸片区改革试点经验和创新成果在前海合作区全域推广。服务“港澳药械通”政策试点，验核放行医疗器械 6 种 309 个，惠及患者 500 人次。

**【黄埔海关强化精准防控，严防口岸疫情输入】** 毫不动摇坚持“外防输入、内防反弹”总策略，坚决筑牢口岸疫情防线。聚焦国际航行船舶、来往港澳小型船舶船员等疫情防控重点，2022 年检疫出入境人员 20.2 万人次，登临检疫进境船舶 3 675 艘次。强化“人物同防”“多病共防”，严格落实进口冷链食品、进口高风险非冷链集装箱货物监测检测和预防性消毒监督工作。“人防、物防、技防”一体推进，组建业务应急预备梯队，关心关爱长效机制有效落实，防疫物资保障高效到位，核酸检测能力大幅提升，疫情防控综合保障机制更为健全。对接属地联防联控工作指挥部，完善船舶船员信息通报机制，慎终如始抓好疫情防控工作。

**【黄埔海关严密口岸监管链条，筑牢国门安全防线】** 始终坚持将监管放在第一位，持续深化制度“立改废释”，建立健全行政争议化解机制，有力夯实依法履职基础。扎实推进跨境电商进口走私“断链刨根”专项整治行动，“集零为整”“三单造假”等风险有效化解，跨境寄递智慧监管改革成效明显。圆满完成重要时间节点口岸维稳保障任务。加大打击侵犯知识产权违法行为力度，查扣批次、数量、货值实现提升。三级监控指挥中心全面实体化运作，监管作业场所、运输工具、货物“三位一体”智能物流监控体系初步建立。智能审图制图有效性持续保持领先水平。2022 年，监管货运量 9 239 万吨，货值 1.78 万亿元，货值同比增长 16.9%。始终保持打击走私高压态势，打击“水客”走私、粤港澳海上跨境走私取得实效，“洋垃圾”、象牙等濒危野生动植物及其制品走私有效遏制，黄埔海关缉私局荣获联合国“亚洲环境执法奖”。严格进出境动植物检疫，截获有害生物 857 种、3.55 万种次。加强企业合规意识培育，聚焦重点敏感商品和项目，检出不合格工业品1 650批次，有效保障进出口商品质量安全。扎实开展“口岸危险品综合治理”百日专项行动，“清滞”“打瞒”联防联控成效显著。严密全链条监管，海运口岸“三位一体”只能物流监控体系更趋完善，二、三级监控指挥中心实体化运作，检查作业规范性稳步提升。深化跨境电商协同监管，加强身份信息核实、物流派送分析、“清零为整”监控，跨境电商更加健康规范发展。强化知识产权海关保护，查获侵权商品 202.2 万件。稳步推进检验检疫行政处罚案件职能调整。坚决打击粤港澳海上跨境走私，查获案件 33 起，案值 20.4 亿元，切实拦截封堵水上走私通道。持续打击“洋垃圾”、象牙等濒危野生动植物及其制品走私，查证固体废物7 654吨、濒危植物 135 吨。严打“水客”海南离岛免税“套代购”走私，刑事立案 66 起，案值 1.73 亿元，涉税4 870万元。

**【黄埔海关促进贸易便利化，优化口岸营商环境】** 黄埔海关扎实开展促进跨境贸易便利化专项行动，对标对表总署党委要求，细化分解 25 条措施推进落实。充分运用“提前申报”“两步申报”“两段准入”等改革，持续压缩整体通关时间。创新检验检疫证单智能签发、属地检验检疫集约化等系列改革，建立更便捷、更高效的检验检疫作业模式。2021 年，关区进口、出口整体通关时间分别压缩至 11.65 小时、0.9 小时，均位居全国海关前列。以 2021 年度中国营商环境评价等口岸营商环境评价为契机，以评促改，持续优化口岸营商环境。加强与省市商务部门的联系配合，与海关总署广东分署和广州市、东莞市、黄埔区商务局建立联系人机制，定期互通进度情况，助力广州获批首批优化营商环境创新试点城市。2022 年，黄埔海关联合广州海关全力支持配合广州市制订专项工作方案，提出修改和完善意见，促成广州市出台《2022 年广州市促进跨境贸易便利化工作方案》。会同广州市商务局、市发展和改革委员会等 8 部门联合出台《广州市促进外贸供应链畅通若干措施》，提出 13 条直达企业需求的政策措施，并明确三级联络员参与广州市国际供应链畅通专班，一对一协调解决企业难题。将支持广州市建设国家营商环境创新试点城市与 2022 年的跨境贸易便利化专项行动同步研究、有机结合、一体推进，梳理国家、海关总署、广东省、广州市、东莞市各层级跨境贸易便利化措施共 93 条，以政策、需求和问题为导向，结合关区实际制定实施 28 项细化措施，建立一揽子促进跨境贸易便利化的措施储备，并充分能发挥直属和隶属海关两级职能作用，持续巩固深化各层级、各领域关地协同机制。

**【黄埔海关强化精准防控，坚决守住放输入关口】** 坚决贯彻落实习近平总书记重要指示批示精神，毫不动摇坚持“外防输入、内防反弹”总策略，坚决筑牢口岸疫情防线。聚焦国际航行船舶、来往港澳小型船舶船员等疫情防控重点，2022 年检疫出入境船舶约 1.9 万艘次，其中登临检疫进境船舶 2 942 艘次。加强高风险非冷链集装箱货物预防性消毒工作，加大风险监测力度，强化源头管控；严格进出境人员卫生检疫，加强高风险岗位人员闭环管理，将封闭管理主体责任落到实处；积极对接地方联防联控机制，切实做好信息通报和移交转运，形成口岸疫情防控合力。

**【黄埔海关完善整体服务环境，促进外贸保稳提质】** 落实国务院以及海关总署稳外贸文外资系列措施，细化形成黄埔海关 20 条、改革创新“六链”18 条、支持广州市和东莞市若干措施，扎实推进促进外贸保稳提质一揽子政策措施落地见效。主动服务外贸市场主体，建立“重点企业直通车”制度，为 591 家企业量身定制“一企一策”帮扶方案，支持新型显示、生物医药等产业集群发展。加强“专精特新”、头部企业信用培育，高级认证企业数量增长 10%，龙头作用更加明显。推动综合保税区高质量发展，支持手机等保税维修扩大规模，保税研发首个项目顺利落地，助力形成特色产业群。同时支持东莞港进境水果业务落地并通关运作。

**【黄埔海关深化改革创新，提升通关便利化水平】** 2022 年，黄埔海关以“三智”合作理念为引导，围绕畅通外贸航运问题和港口发展需求，深入推进海运智能打通关改革，通过智能卡口、智能装卸、智能验放、智能监控升级迭代，推动海关、港口、企业线上协同，实现货物申报、运抵、装卸、检查、堆存、放行、提离等环节并行作业，加快湾区港口资源互补和要素流通。深入推进“直提”“直装”，关区共 7 个码头常态化开展“直提”“直装”业务，适用商品类型由箱货拓展到重型设备、建筑构件、粮食、化肥、水泥等散货。联合广州港、东莞港开发“直提”“直装”在线办理平台，企业可以通过平台实时查询货物在港作业信息，有效提高货物流转效率。深化“大湾区组合港”“湾区一港通”改革试点，开通“莞盐组合港”等 14 条线路，推动湾区港口资源互补和要素合理分配，促进水运联动发展。

**【黄埔海关支持新兴业态健康发展，深入挖掘外贸增长潜力】** 探索支持跨境电商和邮件出口“陆转水”业务。畅通出境运输通道，持续做好跨境电商货物“陆转水”出口监管新模式，满足电商出口企业快速通关的需求。积极推动企业海外仓业务开展，围绕“跨境电商+海外仓”模式，支持有需求的传统外贸企业转型跨境电商，落实“优先查验”“属地查验”等便利措施，着力降低企业成本、提高通关效率。积极推动市场采购业务健康发展。根据企业需求和监管实际情况，推出市场采购贸易组货拼箱、报关申报和查验放行等“一站式”服务模式，降低企业因口岸拥堵、查验异常处置不便等情况产生的时间成本和经济成本。积极推动市场采购贸易对接东莞港、中欧/中老班列、东莞—香港国际空港中心等，探索市场采购货物通过“海陆空铁”运输出口，为企业提供多方位、立体化的出口渠道，突破企业出口物流瓶颈。

**【拱北海关服务口岸通关】** 2022 年，拱北海关推动新增 4 类食品纳入输内地澳门制造食品安全监管合作安排，助力澳门食品开拓内地市场。开展葡语系国家食品体系研究及准入评估，支持澳门葡语系国家商贸合作服务平台建设。探索以“报检批为标的”的危化品出口属地查验新模式，优化报关报检业务融合。深化健康申报验核闸机等科技应用，强化跨部门联防联控，做好高峰时段人员控流、限流、分流，有力保障日均超 30 万人次平稳高效通关。推动珠江西岸首个“网购保税进口+展示交易”项目落地，助力中山跨境电商进口业务实现“零突破”。加快建设港珠澳大桥经贸新通道，验放粤港跨境货车数量同比增长 47.1%。推广“船边直提”“抵港直装”等便利措施，支持“甩挂”“吊装”等非接触式货物交接模式，配合地方开展粤港、粤澳跨境运输全接驳业务，确保跨境物流安全便捷流动。

**【拱北海关支持服务横琴粤澳深度合作区建设】** 2022年，拱北海关“进口预包装食品标签技术整改移动远程监管”“报关单位海关备案新模式”获海关总署备案为自由贸易试验区海关监管创新举措。联合澳门市政署、合作区执委会研究探索检验检疫监管创新。

**【拱北海关优化口岸营商环境促进跨境贸易便利化】** 2022年4月，拱北海关研究出台《2022年优化口岸营商环境促进跨境贸易便利化工作措施》，围绕“创新监管模式”“强化科技赋能”“搞笑利企惠企”3个方面制定20项重点工作措施。按照“对标先进，先行先试”的原则，立足关区实际，复制推广，参考借鉴海关领域营商环境创新试点7项改革措施。积极支持“跨境电商出口海外仓”新模式发展，优化海外仓备案流程，实现“一地备案、全国通用”。高质量推进RCEP落地实施，实现海关、地方政府、企业商协会三方良好互动。

**【拱北海关支持地方外经贸发展】** 2022年，拱北海关全面组织落实海关总署助企纾困“10+6+7”条工作措施，结合关区外贸实际细化制定“20+16+31”条工作举措。建立完善企业问题收集、处置及反馈机制，关区“问题清零”台账收集企业问题627个，已解决593个。支持横琴粤澳深度合作区“放、管、建、立、试”，扎实推进海关监管制度体系、执法支撑体系、综合治理体系建设。支持拓展口岸功能，推动冰鲜冷冻禽肉经港珠澳大桥快速供港，助力港珠澳大桥打造区域性货物集散配送中心及多是联运新支点。配合港珠澳大桥旅游开发，推动“港车北上”“澳车北上”免担保政策落地实施。

**【拱北海关推动口岸通关改革】** 2022年，拱北海关探索实施供澳冰鲜水产品“三联三同”监管模式创新，加强属地与口岸监管联动。创新供澳水果“集中申报—安全风险监测—属地、口岸海关协同监管”检疫监管模式，保障供港澳食品、农产品安全稳定供应。深入推进进口铁矿“先放后检”“依企业申请”检验监管模式改革，促进优质再生金属原料进口。完善压缩整体通关时间6项长效机制，持续深化“两步申报”“提前申报”“船边直提”“抵港直装”等一系列通关改革，大力支持“大湾区组合港”“湾区一港通”等业务改革，推动通关模式改革从应用率提高向量质并举转变。2022年，关区进口、出口“提前申报”率分别达70%和80%以上，“两步申报”应用率达40%，均稳定在较高水平。据海关总署通报，拱北关区2022年进口、出口整体通关时间分别为6.02小时、0.41小时，较2017年分别压缩84.48%、94.18%。进口整体通关时间在全国排名第二。

**【拱北海关提高口岸规范化管理】** 2022年，拱北海关加快推动海关特殊监管区域整合优化，助推珠海高栏港综合保税区建设并完成预验收，支持中山综合保税区申建和中山保税物流中心规划调整。指导中山中外运码头进境粮食、斗门新环码头进境水果、高栏国际货柜码头进境水果指定监管场地完成整合，指导洪湾港进境植物种苗指定监管场地顺利通过总署专家组验收。

**【汕头海关贯彻落实总体国家安全观，坚决守护粤东国门安全】** 一是新冠疫情防控抓实抓细抓到底。坚持人民至上、生命至上，坚决落实口岸“人、物、环境”同防、多病同防，2022年监管进出境船舶3 944艘次、进出境人员4.3万人次，有效防止境外疫情输入；开展两级“关领导走进口岸封管区”，带着问题进、带着方案出，有效提升疫情防控工作水平。截至2023年1月8日“乙类乙管”正式实施，关区口岸始终保持境外疫情“零输入”，一线疫情防控人员始终保持“零感染”。二是海关执法监管精准有力。开展“口岸危险品综合治理”百日专项行动，处置涉危情事18起，关区口岸保持危险品“零积压”。加强知识产权海关保护，查扣侵权货物47万余件，同比增长14.2%，进出口侵权货物高发得到有效遏制。在全国口岸首次截获外来物种长柔猪笼草，首次检测到外来入侵物种小火蚁，有效防范外来物种入侵和重大动植物疫情疫病传入。落实习近平总书记“四个最严”重要要求，检出食品化妆品不合格 26 批；监管进出口法检工业品货值同比增长 47%，检出不合格进出口商品 87 批，国门安全屏障持续巩固。三是高压严打走私战果丰硕。深入开展“国门利剑 2022”联合行动，2022 年打击走私立案 444 起，案值 88.7 亿元，涉税 3.7 亿元，接连破获出口骗退税、跨境电商渠道走私、走私化妆品、走私燕窝等高档滋补品和骗取政府补贴等一批大要案，破获的“4·22”涉嫌逃避商检出口冻海产品、骗取出口退税案入选 2022 年全国缉私十大典型案例，有力维护粤东国门安宁。

**【汕头海关聚焦促进外贸保稳提质，着力推动粤东外贸高质量发展】** 一是开展“十项行动”务实有效。“访千企解千难行动”回应解决企业诉求和问题 1 398 个。执行国家减税享惠政策惠及关区企业超过 1 000 家，带动就业近 30 万人。支持煤炭、天然气顺畅进口，监管进口煤炭占广东全省的 37.5%。帮扶中药材等 24 种农产品实现首次出口，助力乡村振兴。监管供港活猪数量居全国海关第 4 位，同比增长 59.2%。发布 29 篇 RCEP 技贸措施政策解读，对 RCEP 成员方进出口同比增长 60.4%。二是抓增量促开放取得重大进展。积极研究海关支持汕头经济特区进一步发展若干措施，所提出的政策措施建议获海关总署、广东省采纳转化。支持汕头综合保税区实现全域通过验收，支持梅州综合保税区顺利封关运作。靠前指导广东石油炼化一体化项目原油码头临时开放，3 个月监管进口原油 209.4 万吨、货值 93.7 亿元。积极支持深汕特别合作区小漠国际物流港通过开放验收，实现汽车滚装外贸首航，为临港经济蓬勃发展打下坚实基础。三是口岸营商环境持续优化。支持关区 7 个码头顺利通过开放验收，2 个码头成为全国第 5 批试行更开放管理措施对台小额贸易点。推动广澳港区开拓海运国际转运业务，潮汕港小红山码头开展内外贸同场、同船运输业务，落实进口货物船边直提、进口原油先放后检和高资信企业优先查验等便利措施，关区口岸货物本地申报率达到 93.1%，提升 12.7 个百分点。支持跨境电商企业设立出口海外仓 8 个、退货中心仓 1 个，支持中小微企业开展市场采购贸易，2022 年监管跨境电商 B2B 出口同比增长 3.6 倍、市场采购出口同比增长 2.1 倍，新业态规模效应逐步显现。2022 年，关区进出口整体通关时间和“两步申报”“提前申报”应用率均保持在全国海关前列。

**【江门海关全面强化海关监管】** 2022 年，着力强化口岸正面监管，禁止“洋垃圾”入境，查发及依法退运固体废物 238 吨，加强关区再生金属、再生纸浆监管风险管控。着力提升政治把关能力，持续加强“扫黄打非”工作，建立反宣品现场审核、截获反宣品定期移送等制度，寄递渠道查获反宣品 648 件。着力加强贸易禁限监管，寄递渠道查获安全准入情事 1 527 起、管制类精神药品 1.4 千克、枪支配件和管制刀具 13 件；截获旧电子产品等“洋垃圾”50 批次、涉濒危动植物及其制品 571 批次、其他涉食品安全和涉检等 835 批次，编发关区查发的典型案例 4 个。着力防范贸易碎片化衍生的监管风险，建立快件揽货商管理、动态风险排查和业务数据复核等机制，移交案件线索 10 条。着力风险防范精准有效，细化盯紧重大、系统性风险点 38 个，制订预案 95 个，做到有预判、有预警、有预案、有预演，建立“吹哨人”预警机制，开展安全生产检查 15 次，化解风险隐患 380 个。

**【江门海关全力优化口岸营商环境】** 2022 年，完善压缩整体通关时间机制，进口通关效率连续 3 年保持全国海关首位。深入实施“两步申报”“提前申报”等通关模式改革，便利企业提前办理通关手续，快速提离进口货物，减少企业口岸通关时间和物流成本。持续推动多元化税款担保改革，进口企业缓缴税款 25.54 亿元，占税款总量的 36.8%，有效提升企业资金运作效率。落实“十四五”期间进口税收优惠政策，高质量推动 RCEP 等自贸协定落地见效，2022 年，江门海关共为江门市企业输 RCEP 成员方货物签发优惠贸易协定原产地证书 3.61 万份，货值 139.12 亿元。强化知识产权海关保护，年内共截获涉嫌侵权货物（物品）40批次，合计1 114.4万元。其中，查获的涉嫌侵权摩托车发动机及零配件货值约942万元，为自1995年以来全国海关截获案值最大的摩托车涉嫌侵权案件。

**【江门海关加快推进科技创新】** 加快推进智慧物流监管平台建设，试点口岸逐步实现场内作业物流管理信息化和智能化。积极推进智能审图应用，制标图2 021幅、CT机智能审图识别商品品种数增加至1 171种、加载安全准入智能算法5个、统一智能算法阈值设置8项。承担全国海关“云擎”大数据业务管理，推进“云擎”实战应用。2022年，全国海关利用“云擎”查获海南离岛免税“套代购”走私、“洋垃圾”走私、跨境电商“水客”走私、涉枪涉毒走私等大要案438起、案值9.58亿元、涉税1.11亿元。

**【江门海关支持服务地方经济发展】** 支持江门地区开通首条跨境电商海运通道，支持阳江市获批跨境电商综合试验区。成功试点江门高新港至广州南沙港“湾区一港通”业务模式，有力提升跨关区物流运转效能。推动首列“江门号”中欧、中老班列开行并常态化运行，2022年关区对RCEP成员方、共建“一带一路”国家和地区贸易同比分别增长23.3%、26.8%。推广“船边直提”和“抵港直装”试点覆盖关区全部水运口岸。支持大湾区“菜篮子”生产基地和优质农产品供应基地建设，培育发展“菜篮子”优质经营主体，累计推动49家企业被认定为“广东省农产品出口示范基地”企业、“粤港澳大湾区‘菜篮子’生产基地”企业。加大出境活鳗、荔枝、富贵竹企业“全链条”技术帮扶，实施出口申报前预约、快速核放、优先办理签证等措施，助推关区出口鳗鱼重量同比增长42%、金额同比增长67%，荔枝出口英国、迪拜、印度尼西亚等国家，富贵竹首次出口伊拉克，推动共建“一带一路”国家和地区贸易取得新突破。指导“新会陈皮”“阳江豆豉”等特色农副产品办理地理标志证明商标知识产权备案，保障更多传统优质农产品走出国门。参与江门200强企业服务工作，助力摩托车、印刷电路等支柱产业出口稳步增长。

**【江门海关严格落实进出口物品检验监管】** 一是严格落实进出口食品安全监督抽检及风险监测，检出不合格10批，发现风险隐患11例。扎实开展进口食品“国门守护”行动，严格落实境外输华食品准入制度，拦截不符合准入要求食品18批。加强供港澳食品检验监管，服务粤港澳大湾区“菜篮子”建设，供港澳冰鲜禽肉产品货值5.92亿元，供港海捕水产品货值10.2亿元，水产品占香港市场份额超过80%。二是扎实开展“口岸危险品综合治理”百日专项行动。形成18条常态化措施、26项责任清单。关区危险品进出口通关时间均压减50%，查发伪瞒报情事4起。有力支援香港抗疫，优化供港消毒水检验监管水陆快速验放通道，有力保障2.9万吨消毒水稳定供港。监管进口铁矿223.1万吨，压缩检验时长超50%。主动开展“先放后检”模式评估，联合广东分署和广州、黄埔海关加强政策执行与政策优化研究。建立煤炭通关与检测监测机制，检验监管进口煤炭量、货值同比分别增长1.6倍、2倍。依法退运申报为再生铸造铝合金的固体废物238吨。发挥监测点“哨点”作用，报送风险信息554条、专题监测报告3篇、特别贸易关注措施1条，报送信息数量同比增长58.3%。三是落实高致病性禽流感等重大动物疫病监测各项措施，安全监管供港澳活猪6.89万头、供港活种鸡苗235.23万只，有力保障供港澳活猪、供港活鸡苗安全供应。开展“跨境电商寄递‘异宠’综合治理”“国门绿盾2022”行动，截获有害生物185种，同比增长30.28%，其中检疫性有害生物21种，全国首次检出3种有害生物：检疫性有害生物金双线窄吉丁、活体昆虫斑腿皮亚大眼象和粗胸美蜥象。在非贸渠道截获活体动植物53种次，其中截获6头活体昆虫“日本大锹甲”、26条活体鱼苗“青鳉”。加强进境粮食安全管控，在进口巴西黄大豆中检出混入种衣剂大豆1批次。

**【江门海关坚持严格落实国境卫生检疫】** 坚持抓严人员卫生检疫，严格落实口岸疫情防控措施，2022年检疫进出境人员6万人次，妥善处置4起入境船舶船员聚集性疫情。坚持“人、物、环境”同防，创建“非冷链商品监控”模型，口岸命中相关布控集装箱货物13批次，对172个位点开展环境监测，核酸检测结果阳性3次。坚持“多病共防”，检出肝炎、流感等其他传染病5例，同步严防埃博拉、猴痘等传染病疫情叠加。严密特殊物品监管，截获非法入境特殊物品11批次。提升实验室检测能力，首次开展入境船员猴痘样本PCR检测，实现关区截获病媒生物携带病原体检测“零突破”。开展国境口岸卫生监督和病媒监测，首次在来自香港装载惰性物料的入境船舶中截获鼠类2只。坚持生物安全风险防控，在邮快件渠道查获涉生物安全准入物品496批。坚持联防联控机制，参加联防联控工作会议176次，联合地方疾控部门完成5例输入性疟疾病例回顾性调查。

**【江门海关严厉打击走私】** 围绕突出走私问题深入开展“国门利剑”行动，制订“国门利剑2022”专项行动方案，全力以赴推进打击走私各项工作。严厉打击“洋垃圾”走私，打掉走私团伙2个，查证利用他人许可证走私进口废塑料1万余吨。严厉打击濒危物种走私，打掉走私团伙4个，查扣石首鱼鱼胶103只及其他濒危野生动物制品1批，获公安部副部长陈思源批示肯定；对1起濒危红木走私案持续深挖扩线，案值4 079.66万元，被列为海关总署缉私局二级挂牌管理案件。严厉打击水客、海南离岛免税“套代购”走私，主动加强横向联系和经验交流，广辟渠道开展情报信息搜集，严防过境走私，立案侦办海南离岛免税“套代购”走私化妆品案1起，案值138万元。严厉打击粤港澳海上跨境走私，甄选水上缉私业务骨干和3艘缉私艇持续参加轮战，扼守珠江口反走私“第二道防线”，共出动缉私艇495艘次、警力2 467人次，航程24 321海里，查获水上违法案件39件，查获“大飞”37条，冻品3 631吨。2022年，刑事立案36起，同比下降30.8%，案值11.42亿元，同比上升173%，涉税2.7亿元，同比上升275%；行政立案191起，同比下降24.5%，案值8 591.7万元，同比下降67.6%，涉税327.7万元，同比下降57.1%。3起案件被列为海关总署缉私局挂牌管理案件。

**【湛江海关科学精准抓好疫情防控，坚决守住外防输入关口】** 2022年，湛江海关共检疫监管入出境交通工具3 261艘次、入出境人员5.97万人次。筑牢口岸检疫防线。严格落实海关总署各项疫情防控措施，毫不放松加强口岸卫生检疫，严格执行“三查三排一转运”7个100%，强化入境人员健康申报，做到每项必核、有疑必问，对于下船船员等有采样指征的船员严格实施“应采尽采”。坚持实施“一卡一单”，要求入境船员如实填报健康申明卡、阅知海关普法宣传单，要求船长完整如实申报船舶健康管理情况，承诺遵守《中华人民共和国国境卫生检疫法》等法律法规。坚持“多病共防”，在做好新冠疫情防控的同时，做好猴痘、不明原因肝炎以及霍乱、黄热病、登革热等其他传染病的检疫排查，坚决防止疫情叠加。做好安全防护和内部防控。严格做好一线人员安全防护，进一步压紧压实“一把手负总责、业务条线各负其责、一线部门具体负责”的安全防护管理主体责任，严格做到确保防护机制有效运行、确保严格防护监督、确保严格规范操作。落实一线人员封闭管理要求，及时优化调整一线高风险岗位工作人员封闭管理。建立党委委员视频督导检查工作制度，每天由1名党委委员到监控指挥中心检查一线安全作业情况。成立“常态化疫情防控监督检查问题确认专家组”，做好检查结果运用，督查发现问题及时反馈被督查单位。深化口岸联防联控。落实“属地、部门、单位、个人”四方责任，严格落实精准做好国际航行船舶船员疫情防控工作的要求，强化与地方政府联系配合和应急处置，切实做到无缝对接、闭环管理、信息共享。

**【湛江海关主动服务国家发展战略，大力推进高水平开放】** 积极服务国家发展战略。服务海南自由贸易港建设，支持湛江与海南相向而行，支持湛江港开通联通海南的2条内外贸同船运输航线和1条水运中转航线。服务共建“一带一路”高质量发展，支持湛江融入西部陆海新通道建设，“湛江—广州国际港—欧洲”中欧接续班列实现首发。2022年，湛江、茂名两市对共建“一带一路”国家和地区进出口值合计344.4亿元，同比增长26.7%。服务粤港澳大湾区建设，积极推动与深圳、广州拓展“组合港”，支持开展经粤港澳大湾区中转的水运转关业务。出台10项措施支持用好RCEP政策红利，湛江、茂名两市对RCEP成员方进出口值同比增长27.7%。对8家“专精特新”中小企业开展精准培育，关区AEO企业占比0.89%，居全国海关第2位。全力推动开放平台建设。支持湛江综合保税区顺利通过预验收，推动茂名化州保税物流中心（B型）申建。支持道道全粮油（茂名）有限公司获批进境油菜籽指定加工企业资质，推动茂名广港码头进境粮食指定监管场地启用。支持中国（广东）自由贸易试验区湛江、茂名联动发展区建设，复制推广66项国务院、广东省自贸试验区海关监管创新制度落地。支持湛江港口岸霞山港区通用码头获批正式对外开放和雷州大唐电厂码头、茂名博贺新港区广港码头临时对外开放延期。促进湛江、茂名跨境电商综合试验区建设，粤西首票跨境电商出口海外仓业务成功落地。持续优化口岸营商环境。扩大“船边直提”“抵港直装”试点，涉及货运量2 803.4万吨，为企业节省费用约4 000万元。加强知识产权海关保护，查获2批次4 279件侵权货物，查获数量同比增长11.5%，并在关区首次查获涉嫌侵犯专利权案件。持续巩固压缩整体通关时间成效，2022年12月进口、出口整体通关时间分别为37.47小时和0.57小时，较2017年分别压缩76.63%和98.11%。2022年，广东省各市营商环境初核评分，湛江市跨境贸易指标名列全省第五、粤东西北第一。

**【湛江海关多措并举促进外贸保稳提质，全力服务高质量发展】** 湛江海关深入落实海关总署部署要求，与湛江、茂名两市分别召开关地合作推进会，共商统筹口岸疫情防控和促进外贸保稳提质。“一企一策”服务重大项目建设。不断线帮扶巴斯夫项目建设，实行22项便利通关措施，高效检验监管项目进口设备1.53亿元，减免税款659万元，支持巴斯夫项目首套装置于2022年9月正式投产。优化监管流程，支持中科炼化一乙醇胺等3项货物首次出口、宝钢湛江钢铁钢坯首次出口。支持中海油生产所需关键设备零件快速通关，为东华能源进口设备提供即报即受理、随到随检服务。支持宝钢湛江钢铁拓展球团矿加工贸易业务，监管球团矿出口49.1万吨，同比增长2.5倍。“量体裁衣”支持中石化集团试点多元化担保，为企业节省费用。“一业一策”帮扶特色产业发展。加大对外推荐注册力度，25家果园及包装厂获出口注册资质，“国家地理标志产品”廉江红橙实现首次出口。助力水海产品开拓国际市场，茂名虾饺点心首次出口英国、湛江冰鲜蚝首次供港。发挥技贸服务作用，推动湛江水产品技贸研究评议基地在全国率先重签协议。持续跟踪印度尼西亚SNI认证新规影响，推动印度尼西亚方优化审厂要求，促进小家电产业发展。加快进境粮食检疫审批、压缩检测周期，保障粮食顺畅通关，2022年关区进口粮食310.8万吨。茂名港采取进口原油“先放后检”监管模式和试行原油“管线采样”，原油船舶作业效率和泊位利用率大幅提高，在港原油船舶的非生产性停泊时间减少50%。对出口水果采取“优先查验、快速出证”等便利化措施，助力抢“鲜”出口。实施“船边验放及抵港直装”监管模式，实现“一站式、无停靠、零延时”通关，降低物流成本。2022年，共审批船边验放351批次，监管直装出口燃料油153船次，为企业节省费用约690万元。口岸开放时间为法定工作日8：30至17：30（提供24小时预约通关服务）。用心用情办实事解难题。落实海关总署促进外贸保稳提质、助企纾困降成本系列措施，制定湛江海关促进外贸保稳提质、帮扶中小企业纾困解难细化措施，关领导带头下沉一线，持续“讲政策、送信息、听意见、解难题”。完善“问题清零”机制，针对疫情导致进境快件退运难问题，打通海上快件退运通道，帮助4 000余件快件顺利退运出境。

2022年，湛江、茂名两市外贸进出口总值分别为624.8亿元、257.1亿元，同比分别增长14.7%、12.1%。

**【湛江海关贯彻总体国家安全观，坚决维护国门安全】** 强化实际监管。湛江海关细化“口岸危险品综合治理”百日专项行动19项任务，加强监测、创新监管模式，化解“滞”的风险，大幅压缩申报、放行、提离整体时长；开发“危险品监控模型”，强化后续监管，打击“瞒”的违法行为，查发1起擅自将保税危化品串换使用情事；制定7个方面42项督导检查清单，细化32项措施，推动常态化综合治理。严格进境快件100%机检，发挥CT、拉曼仪、毒品快速检测剂效用，强化“科技+人工”监管模式；建立“影子”商品库，强化职能、现场和风控“三位一体”联动。完成海关总署智能审图系统版本升级，自主探索开展进口冻虾制图标图，升级酒类禁限物品算法；依靠智能审图立案1起，其他处置2起。2022年，常态化制图标图总数量为1 163幅。组织开展快件“切片式”风险验证机动查验，联合组成机动查验队，11月23日—24日，随机选取湛江进出境快件监管中心整车快件，进行首次“切片式”查验，共2 470票，查获异常快件271票，占总量的11%。优化检验检疫把关。持续强化重大动植物疫情口岸防控，截获检疫性有害生物374种次；扎实开展“国门绿盾2022”行动和“跨境电商寄递‘异宠’综合治理”专项行动，从非贸渠道截获禁止携带、寄递进境动植物30种次；科学实施国门生物安全监测，全年抽检进出境动物疫病监测样品1 921份，查获实蝇近9.5万头、外来有害杂草35种。严格做好进出口食品安全监督抽检和风险监测工作，检出进出口不合格食品153批。严把进出口商品质量安全关，检验监管进出口危险化学品及其包装2 764批、重量4 599.44万吨、货值340.57亿美元，检出不合格进出口危险化学品及其包装10批次；扎实落实“先放后检”、依企业申请实施检验、危化品“批批验核+抽批检测”等改革措施，共对5 003.27万吨铁矿、4 322.17万吨原油落实改革政策。

**【湛江海关进一步深化全员打私，保持高压严打态势】** 2022年，湛江海关全面开展“国门利剑2022”“湛蓝2022”专项行动，全年缉私立案1 724起，同比增长50.70%，案值38.51亿元，同比下降18.60%。其中，刑事立案121起、行政立案1 603起。打击“洋垃圾”、濒危物种及其制品走私。2022年，湛江海关立案调查1起禁止进境固体废物案，查获“再生铝”51.97吨并退运出境；成功劝返1名“7·5”象牙走私案犯罪嫌疑人主动投案，从越南缉捕水东象牙走私第一代团伙头目归案，扩案侦破3起象牙走私案，查证象牙走私27.7吨。打击治理海南离岛免税“套代购”走私。2022年，湛江海关坚决贯彻习近平总书记重要指示批示精神，严厉打击治理海南离岛免税“套代购”走私，加快建设徐闻港反走私联防联控勤务中心、打击“套代购”走私情报中心，充分发挥现场警务室前沿阵地作用，调剂一个科级机构在徐闻缉私分局承担查私职能，建立完善关区“轮战”机制，先后抽调关警员320人次参与一线防控。综合运用“打头挖根、打财断血、打小追大”战术战法，精准打击“四同”（同航班、同日期、同店铺、同金额）高风险人员，紧盯“人货分离”“车辆转运”等新手法，查获“套代购”人员1 107名，查扣免税品5.56万件。全年组织开展5轮集中打击行动，立案971起（含刑事立案40起）。向18个兄弟海关缉私局推送“套代购”走私刑事案件线索63条；向海口海关推送26批1 185名人员名单，实施3年内不得享受离岛免税购物政策惩戒；向地方党政推送4.8万名“四同”高风险人员名单，开展反走私普法教育。

**【广州出入境边防检查总站服务广东高质量发展成绩显著】** 2022年，广州出入境边防检查总站全力以赴防风险、保安全、护稳定、促发展，在深入推进口岸疫情防控、“檬猎”行动、打击跨境涉赌诈违法犯罪活动、“三非”外国人治理等专项工作，有力维护了国家政治安全和南粤国门稳定，服务了驻地社会经济发展。2022

年，圆满完成系列安保硬仗，保障144万余人次出入境人员、9万余架（艘）次交通工具顺畅通关；组织2 100余人次进驻白云国际机场“红区”，保障159架次临时航班1.3万余人次通关，提供紧急救援等应急响应服务103批次，办理远洋船员换班手续4 300余人次，保障输港物资船舶500余艘次；联合侦办的组织他人偷越国（边）境案获公安部“檬猎”行动专项办、广东省相关部门通报表扬；深入推进打击跨境涉赌诈违法犯罪活动，依法阻止涉赌诈人员出境居全国空港口岸首位；推进“三非”外国人治理专项工作，排查发现列入国家移民管理局督办案件线索居全国边检机关前列；积极响应广东经济大省挑大梁工作部署，大力支持广州港扩大开放等重点项目建设、保税燃油加注等重点产业发展、巴斯夫项目投产等重要活动举办，开设保障大宗商品、鲜活产品通关等“快捷通道”3 800余次；深化“放管服”改革，优化锚地加注保税油外轮、在国内港口移泊外轮等边检查验手续，其中修造船舶试航后直接出境措施获国家移民管理局推广，船舶边检查验“零待时”12.0版等3项措施入选广东省跨境贸易便利案例。总站3个集体、1名个人入选全国移民管理机构重大典型库，11个集体、18名个人获省部级以上表彰奖励，涌现出“全国行政执法先进集体”白云出入境边防检查站、“全国优秀基层公安单位”白云出入境边防检查站执勤十队、“全国特级优秀人民警察”于童等一大批先进典型。

**【广州出入境边防检查总站优化边检行政许可网上窗口系统，助力提升全国海港口岸边检行政服务质效】** 2022年，在国家移民管理局指导下，广州出入境边防检查总站主动对接粤港澳大湾区发展建设，着眼促进服务中外人员往来和航运企业发展经营，深入调研广大服务对象对边检行政许可申办的意见建议，组织精干力量集中攻关，优化升级启用新版边检行政许可网上窗口系统，并在全国各海港口岸推广应用。升级后，该系统在原有功能基础上新增了区域通办通用、港澳台人员手机申请、个人代办、办理进度跟踪等功能，进一步满足了各相关地区、各年龄段群众申办边检行政许可的差异化需求，有效提升了申办便利化标准化水平。区域通办通用功能实现了“一地办证、全省（区域）通用”便利措施与系统有效衔接，促进服务企业发展经营举措进一步落地见效。港澳台人员手机申请功能支持港澳台人员注册个人账号，并通过手机实名认证后申办，便利港澳台人员申办边检行政许可。个人代办功能支持个人为60周岁以上老人或14周岁以下儿童代办上下外国船舶许可，为不熟悉智能手机操作的船员家属提供了便捷有效的申办方法。新增撤回申请、证件自动识别回填、扫码收集人员信息、常见问题知识库、服务通知等模块，丰富了系统辅助功能，增强了运行效率。

**【广州出入境边防检查总站全力支持广州市发展国际航行船舶保税加油业务】** 2022年2月28日，广州市举办“广州国际航行船舶保税加油加注启动暨国际油商合作发展大会”，正式启动广州市国际航行船舶保税加油业务。广州出入境边防检查总站主动对接广州市商务主管部门，为广州加注保税油的国际航行船舶提供全方位移民边检政策保障。一是船舶搭靠外轮许可“一地办理，全省通用”。全面推行船舶搭靠外轮许可“网上办、就近办、马上办”，为符合条件的保税油供应企业签发全广东省内通用的船舶搭靠外轮许可，实行“一地办理，全省通用”，为船舶加注保税油作业提供便利。二是船舶查验“零待时”再升级。在“船舶查验零待时”边检服务措施入选2021年中国国际服务贸易交易会服务贸易成就展示范案例的基础上，针对国际航行船舶加注保税油“快出”需求和广州港码头泊位紧张的特点，升级推出“船舶查验零待时2.0版”，所辖各港口边防检查站全面实行“7×24小时”全天候通关服务，开设快捷通道、试行无纸化通关、提供预约通关服务，优先快速办理出入境手续，确保加注保税油的国际航行船舶随到随检，营造船舶“加完即走”“即加即走”的高效通关环境。三是锚地外轮加注保税油“三个一”办理边检手续。进一步简化锚地加住保税油国际航行船舶的边检手续，全面实施“一次申报、一次审批、一次办结”，尽量节约船舶在锚地的等候时间，节省候检成本。

**【广州出入境边防检查总站推动中国边检登轮码启用，纳入广东省港口口岸疫情常态化防控体系】** 根据国家移民管理局统一部署，广州出入境边防检查总站主动与广州市新型冠状病毒肺炎疫情防控指挥部办公室、广州市境外疫情经水路输入联防联控工作专班加强沟通协调，积极推动将中国边检登轮码启用等有关要求纳入广州市港口口岸疫情常态化防控体系。2022 年 1 月 10 日，广州市境外疫情经水路输入联防联控工作专班印发《广州市国际（含港澳）港口及其一线人员新冠肺炎疫情常态化防控工作指引》，纳入中国边检登轮码启用有关要求，有效提升了上下外轮人员管理能力水平。

**【广州出入境边防检查总站全力做好输港物资保障】** 2022 年，广州出入境边防检查总站全力以赴做好内地供港物资跨境运输保障工作，为“海上专线”船舶设置 24 小时“绿色通道”，提供快速备案、网上预检、优先办理、随到随检等便利，确保援港物资通关“零等待”“零延时”，为香港战胜疫情提供了强有力支持，获援港抗疫中央专班赠送荣誉奖章。

**【深圳出入境边防检查总站维护口岸边境安全】** 2022 年，深圳出入境边防检查总站坚持“管理优先”，坚决做到“五个严防、三个确保”，坚决打赢党的二十大等重大活动安保维稳硬仗。牢牢坚持国家总体安全观，严密海、陆、空、铁、边“五线盯防”，全年查验出入境人员 465.6 万人次、出入境交通运输工具 231 万辆（艘、架、列）次，精准摸排违法犯罪人员 3 361 人。统筹推进集中打击妨害国（边）境管理犯罪专项斗争、“三非”外国人专项治理、依法阻止出境涉赌诈人员、夏季治安打击整治“百日行动”、精准清查打击专项行动“五项攻坚”，查获违法违规人员 2 098 人次、违规物品 103 件，提交线索促成刑事立案 96 起，联合侦破特大偷渡团伙案获公安部副部长、国家移民管理局局长许甘露批示肯定。

深圳出入境边防检查总站举行党的二十大安保誓师大会

**【深圳出入境边防检查总站筑牢外防输入防线】** 2022 年，深圳出入境边防检查总站组建实战型扁平化指挥部，高标准制定疫情防控 10 项制度、严密高风险岗位人员闭环管理 9 项措施以及做好疫情防控 18 项工作措施，在海、陆、空、铁口岸同步加强人防、物防、技防措施，全力筑起反偷渡、反走私、防输入“两反一防”战线，严密从“国门”到“家门”疫情防护，有效推动口岸边检防疫“条状”融入地方防疫“块状”，实现风险联控、信息联享、勤务联动。推动在深港岸线海域架设 188 千米围油栏，有力阻断了疫情经口岸边境的输入性风险。

**【深圳出入境边防检查总站优化边检服务】** 2022 年，深圳出入境边防检查总站立足中直机关角色定位，深度服务“双区”建设、融入“双区”叠加、助力“双改”示范，贡献边检力量。聚焦服务促进经济发展国内国际双循环战略，最大限度地释放国家移民管理局服务便利企业生产经营活动举措红利，创新打造数字政务“五大平台”，大力推行国际货运船舶出入港即到即检、机场国际客运航线复航即开即验、“中英街”通行证办理跨境车辆及“快捷通”边检备案即申即办等一揽子“零等待、零延时、零跑腿”“三零举措”，为超过 15 万人次提供通关、办证便利。深度参与皇岗、沙头角口岸重建改造和粤东海港口岸加开建设，积极推进深圳湾口岸承接危化品通关功能建设、蛇口邮轮母港国际旅客中转功能增设，相关举措获国家发展和改革委员会推广。

全力支持深圳市“大口岸”区域管理，主动加强引智引才、移民管理机构深化改革深圳试点工作等重点课题综合研究，用好党政信息、联席会议、要情专报等途径主动反映“边检声音”、提出“边检见解”，总站课题“面向粤港澳大湾区口岸的智享联通关键技术研究”被公安部推荐申报国家重点研发计划，服务“双区”发展经验做法获中办国办宣传肯定。服务香港构建“良政善治”“由治及兴”新局面，用心落实新型业态发展、引航互认落实、援港资源通关“三项保障”，常态做好赛马、游艇等湾区特色业态要素查验，支持推动驻地建设跨境直升机起降点，为 2 700 余艘次引航船舶、8 400 余人次航员船员优化办理手续，有效节省通关时间 4 100 余小时。

深圳出入境边防检查总站深圳湾出入境边防检查站保障中建科工首批援建香港应急医院管理人员快速通关

**【深圳出入境边防检查总站提升边检科技水平】** 2022 年，深圳出入境边防检查总站锚定打造“智慧边检”，创新研发边检互联网应用身份证接入平台、快捷通关“免脱口罩”人脸识别算法等新技术。“‘合作查验，一次放行’出入境旅客快捷查验通道”项目入选国家文物局、中央广播电视总台、中央网信办联合组织的“见证新时代——晒晒我们的新物件”主题展播和广东省直机关“先锋杯”十周年优秀作品线上展示；“粤港澳大湾区口岸高效通关与风险预警技术研究及应用示范”研究课题代表国家移民管理局申报“十四五”国家重点研发计划“社会治理与智慧社会科技支撑”重点项目；“RFID——万物互联的通行证”主题演讲代表公安部参加全国科普讲解大赛并获优秀奖；4 项技术研发成果在国家移民管理局科技创新大赛获奖居全系统第一。

深圳出入境边防检查总站执法执勤装备展示

**【深圳出入境边防检查总站大力支持援港抗疫】** 2022 年，深圳出入境边防检查总站参加国家移民管理局驻内地支援香港抗疫工作专班前方工作组，全力保障平湖南国家物流枢纽基地援港班列开行、文锦渡口岸延长通关时间、莲塘口岸旅检场地临时开放，积极服务中央援港应急医院和落马洲方舱设施项目建设，开通援港抗疫“绿色通道”，累计为各类援港抗疫人员 2.7 万人次提供通关便利，保障 1.9 万辆（艘、架、列）次

深圳出入境边防检查总站服务保障内地援港医疗队员高效通关

载运援港物资的交通运输工具、价值逾 20 亿元医疗物资、50 万吨生活物资顺畅通关，工作成效获中央港澳工作领导小组办公室、香港特别行政区政府高度肯定。

**【珠海出入境边防检查总站加强口岸管控】**

2022 年，珠海出入境边防检查总站坚持把维护国家政治安全放在首位，牢固树立总体国家安全观，将党的二十大安保维稳工作“一条主线”贯穿全年，严密口岸查缉管控，高标准开展出入境人员边防检查，研究制定全流程全要素全方位跨境车辆检查监管模式，着力打造职能明晰、运转顺畅、反应快速、预警精准的情报搜集、数据研判防控网络，切实做到“数据研判服务一线、情报信息引领实战”；严格口岸限定区域管理，持续加强“三非”外国人专项整治，深入推进打击跨境违法犯罪，圆满完成北京冬奥会、冬残奥会，全国“两会”，香港回归 25 周年，党的二十大等重大安保维稳任务。坚持科学高效用警，开展执勤模式和警力配置专项调研，动态平衡力量编成与执勤任务。深化港口管理改革，开展海港口岸和开放水域管理专项调研，系统推进锚地预警管控系统建设，形成实战化、精细化、分区化管理思路，打造立体化海港管控格局。

**【珠海出入境边防检查总站强化口岸处突联防】** 2022 年，珠海出入境边防检查总站高标准完成“情指勤舆”一体化指挥中心升级改造，实现情报全面准确、指挥集成统一、勤务协同高效、舆情管控有力。完善多方协同联动处突体系，加强与口岸驻地公安机关、海警、海关、海事等部门协作配合，进一步增强口岸维稳、客流疏导、海上搜救等应急处置工作合力。全面会审并分类指导完善各单位处突预案库，配齐配强应急处突装备器材，全流程、全要素开展跨站应急处置联合演练、警情模拟测试、紧急拉动 11 次，组建机动处突队，提升突发事件应急处置能力，强化应急队伍保障。5 月 31 日，集中组织相关边防检查站开展远程视频调度演练，全方位检验相关边防检查站处置突发事件的组织指挥、预案设置、力量摆布和战法战术。

**【珠海出入境边防检查总站科学精准落实疫情防控】** 2022 年，珠海出入境边防检查总站坚持防控总策略和总方针，统筹口岸防输入、队伍防感染“两大重点”，科学精准落实常态化防控和应急处置工作措施，坚决守住“三个零”工作目标。根据境内外疫情发展态势和通关防疫政策变化，召开疫情防控领导小组会议 6 次、专题会议 10 次。研究制定优化跨境车辆查验岗位安全防护、规范海港口岸“无接触式”验放等具体措施，提升防控科学化精准化水平。深度融入省市两级联防联控体系，积极参与粤港澳通关防疫政策调整、陆路和水运方向疫情防控措施优化等方面政策研究制定。常态化研判入境船舶、粤港跨境货车涉疫风险，年内共计推送共享数据 20 万余条。主动靠前服务，为援澳医疗队、援港抗疫物资、澳门保供物资开设“绿色通道”，提供快速高效通关保障。因时因势优化勤务部署、风险等级，周密应对瞬时客流变化，及时启用独立作战执勤极简模式，有力应对属地多轮规模性疫情。严密防范香港第 5 波疫情，配合做好入境人员闭环管理，深入排查整改港珠澳大桥口岸防疫隐患漏洞。加强反偷渡、防输入工作，圆满完成专项勤务。加强风险预警，畅通信息共享和配合协作机制，妥善处置涉疫旅客、船员、船舶，切实筑牢防控安全屏障。

**【珠海出入境边防检查总站提升边检管理服务】** 2022 年，珠海出入境边防检查总站严格落实口岸建设分级对接协调工作机制，全力配合拱北口岸安改工程建设，持续跟进珠海机场口岸设计规划，推动解决九洲港口岸边检执勤保障需求，有序完成跨境工业区口岸取消夜间通关功能、港珠澳大桥口岸珠澳货运通道临时对外开放续期工作，协调完善湾仔、万山等渔港边检查验监管设施，推动实施珠澳口岸分流限次措施，口岸建设管理工作更加科学规范。2022 年，珠海出入境边防检查总站 12367 服务平台坚持人民至上，严格落实措施，严格落实一号接听、“7×24 小时”人工在线、限时办结等服务措施，做到了移民管理领域政策、事务咨询的“一号通答”和“应接尽接”；通过建立和市 12345 热线联动机制，实现诉求受理和业务办理的紧密衔接和高效协同，累计受理各类疑难问题和诉求事项 100 余件，有效推动解决群众“急难愁盼”问题；全年共接听旅客咨询电话40 045通，成功解决旅客各种诉求400余件，咨询满意度达98.86%，有力保障了平台持续稳定高效运行，有效服务促进高水平开放高质量发展。2022年，珠海出入境边防检查总站贯彻落实国家移民管理局服务便利企业生产经营举措、促进服务航运企业发展16项措施，优化通关流程，积极营造高效便利通关环境，提升战略物资、大宗货物通关效率，助力海上风电项目、香港填海工程等顺利施工建设，累计为相关企业节省在港靠泊时间近8 000小时，节省成本达5 000余万元，保障产业链供应链安全稳定畅通。

**【珠海出入境边防检查总站创新查验模式】** 2022年，珠海出入境边防检查总站围绕党的二十大安保任务目标，以服务口岸安全管控、疫情防控和经济社会发展重点，大力加强数字边检、智慧口岸建设，显著提高科技信息化应用水平。年内，圆满完成国家移民管理局部署的全国出入境边防检查信息系统研发、升级任务3次，自主研发出入境查验相关辅助软件10项，为现场查验和重点管控工作高效开展提供科技支撑；紧跟疫情防控需要，全力配合做好口岸高风险涉疫人员筛查，为疫情动态评估预警提供数据支撑，确保口岸通行安全顺畅；全国首创研发并成功试点移动查验，使横琴口岸车辆查验效率提升近30%，明显缓解高峰期拥堵状况，并在香港回归25周年安保工作中高效应用；服务“澳车北上”研发配套边检查验模块和备案数据管理软件，确保政策落地见效；做好横琴口岸“联合一站式”查验系统设计研发和跟进建设，推动车辆“合作查验，一次放行”查验模式创新；服务港珠澳大桥东岛旅游开发，修订完善边检信息化系统设计方案，为大湾区发展贡献边检智慧。

**【广东海事局稳步推进粤港澳大湾区非公约船舶协同检查机制建设】** 一是深化与港澳海事管理机构的对口衔接，在疫情各方难以集中磋商的不利条件下，多次组织粤港和深圳、广西等大湾区海事管理机构开展线上工作推进会，推动各项协同检查措施的修订完善。二是开展粤港澳大湾区非公约船舶协同检查信息系统建设，根据船舶信息共享、检查信息互通、执法结果互认的建设目标，完成信息系统的建设开发，并进入试运行。三是加快推进机制建设和成果落地，及时评估机制和信息系统试运行的成效，广东海事局与港澳海事管理机构建立工作组交流机制，每月定期举行工作组推进会，及时通报协商机制建设、执法标准互认、检查机制试运行情况，为粤港澳大湾区非公约船舶协同检查机制建设奠定坚实合作基础。

**【广东海事局全力保障香港居民生活和防疫物资物流供应链稳定畅通】** 一企一策，深度对接企业需求。成立供港物资船舶保障协调工作专班，了解供港船舶信息及需求，制订运输保障方案，合力打造供港物资运输“水上高速公路”。一船一策，量身定制船舶“体检方案”。加强对供港物资船舶远程安全检查和配员核查，确保船舶适航、船员适任。一事一策，提升口岸查验通关速度。为每一批供港物资配备一名“海事服务专员”，专人受理船舶进出口岸审批，当场受理、当场审批，实现口岸审批“零等待”。一航一策，护航船舶进出港安全。运用电子巡查与现场巡航相结合的手段，加强船舶交通组织管理，保障供港船舶高效靠泊和进出港口。措施出台以来，共保障2 814艘次供港物资运输船舶，生鲜食品、医用物资、隔离板房、方舱建筑材料等143万吨、10.88万标箱物资安全抵港。

**【广东海事局试点实施船舶转籍“不停航办证”服务】** 组织起草《广东海事局关于在粤港澳大湾区试点实施船舶转籍“不停航办证”服务的通告》，制定了不停航办证的具体措施、流程和指南，实现大湾区船舶过户转籍相关业务协同办理、多种证书并联办理，同步出证，办理期间不影响船舶正常航行，减少船舶营运成本，促进航运要素在湾区有序便捷流动，推动大湾区经济高质量发展。该项服务措施于2022年7月初开始在广东局及广州、珠海、佛山、东莞、惠州、中山、江门和肇庆海事局开始试点实施。截至2022年11月25日，大湾区内辖区局共办理88艘次，约占船舶所有权登记数量的18%。

**【广东海事局中新电子证书先导项目取得新进展】** 加强与新加坡海事及港务管理局、丹麦海事局、法国达飞轮船公司沟通研讨，分享船舶口岸查验系统数据要求，探讨海事口岸查验数据交换标准，拟定海事口岸查验数据交换范围、商榷交换技术标准，共同编写中国新加坡跨国海事电子证书交换先导项目提案，进一步提升了口岸通关效率，切实减轻航运企业和船舶负担，促进海上物流供应链畅通。截至 2022 年 11 月 27 日，中新船员和船舶电子证书交换先导项目已进行实船测试 323 艘次。中新电子证书先导项目已列入《广东省 2022 年贸易高质量发展十大工程工作要点》，并入选了《2022 年促进跨境贸易便利化专项行动典型案例汇编》作为经验推广。

**【广东海事局全力保障重点项目建设和重点物资安全高效运输】** 全力支持广东 2022 年最大重点项目揭阳市石化码头临时对外开放，有力推动地方经济发展。2022 年以来，累计支持口岸临时对外开放 12 座次，服务地方重大项目建设成效显著。支持省相关部门印发广东省进一步深化跨境贸易便利化改革优化口岸营商环境的若干措施，全面提升通关便利化水平，实现更高水平对外开放。2022 年以来，发挥海事部门专业优势，主动对接服务企业，实施港口国监督远程检查，通过非接触方式开展对外籍船舶到港检查，减少疫情接触传播风险，尽可能减少船舶迎检时间和营运成本，2022 年以来共开展港口国监督检查 408 艘次。

**【深圳海事局优化供港物资运输船舶服务举措】** 成立供港物资船舶保障专班，为供港物资运输船舶提供“一对一”政务服务，通过优先安排进出港、开通海事通关“绿色通道”、解决防疫医疗产品出口“陆转水”运输难题等服务，实现供港物资运输船舶“全业务秒办、全时段保障、全过程跟踪”，确保供港物资专线船舶通关“零等候”。2022 年，供港物资专线共运行14 163 班次，共保障运送物资 689.5 万吨、144.8 万标箱。

**【深圳海事局强化重点物资运输船舶安全保障】** 充分发挥全要素水上“大交管”监管效能，综合运用夜间护航、错峰巡航、AIS 和 CCTV 实时监控等手段，对重点物资运输船舶进出港全过程保驾护航，确保重点船舶航行安全有序。2022 年，优先保障 3 791 艘次重点物资运输船舶进出港口，保障 455.6 万吨煤炭、1 412.4 万吨 LNG 等能源物资以及 915.9 万吨粮食等重点物资安全、高效进出港。

**【深圳海事局保障船员换班“应换尽换”】** 建立与口岸单位、地方政府常态化信息通报和应急联络机制，持续优化国际航行船舶船员换班流程，保障船员换班“应换尽换”。积极推动地方政府统筹考虑辖区国际航行船舶进出口岸数量及船员换班需求，为国际船员提供集中隔离的专用酒店，确保换班船员及时入住隔离。2022 年，共保障船员正常换班 2 392 人次。

**【深圳海事局提供便民利企海事政务服务】** 持续优化推广深圳西部三港区（SCT、CCT、MCT）间国际集装箱班轮进出口岸便民措施，实现国际集装箱班轮快速通关。以“减材料、减环节”为基础，试点实施国际航行船舶进出口岸审批“容缺办理”。积极推动“单一窗口”应用，助力打通口岸联检信息共享“最后一公里”。启用海事政务自助服务站，不间断为相对人提供“7×24 小时”海事服务。

**【深圳海事局妥善解决大鹏湾水域“二次引航”问题】** 为解决国际航行船舶进出大鹏湾水域须接受深圳、香港两地双重引航而导致的船舶通关效率降低问题，深圳海事局会同深圳市交通运输局、深圳市口岸办、深圳海关、深圳出入境边防检查总站共同推动大鹏湾水域深港引航合作工作。一是对香港引航船提供海事通关便利。针对香港引航船因频繁进出深圳水域所面临的多次申报海事进出口岸手续问题，深圳海事局对香港引航船提供海事通关便利，允许其办理有效期 7 天的定期出口岸许可证，且在许可证有效期内可免办海事进口岸手续，极大提升了香港引航船在深圳水域的作业效率。二是保障深港引航船通航安全。组织深圳港引航技术骨干提前做好技术保障工作，研究制定“深圳港东部港区引航推荐路线图”及“深圳港东部港区靠泊指引”，供香港引航员参考；同时针对紧急交通事故的处理、台风及雾季等应急情况下的工作程序，拟订工作方案，有效保障深港两地引航船在大鹏湾水域作业的通航安全。三是推进深港引航员资质互认。深圳海事局加快推进深圳港引航员考取香港一级领港员证书有关工作，同时积极协助香港引航员在大鹏湾水域随深圳港引航员完成跟船见习，实现深港引航员取得双方互认的引航适任证书并正常开展引航工作。2022年3月15日，深港双方签署了《关于大鹏湾水域引航合作的框架协议》。深港引航合作自2022年6月1日起正式实施以来，总体运作顺畅，船舶通行效率极大提升。

**【广东省口岸应急指挥中心进一步完善口岸应急指挥网，服务支撑防疫处突工作更高效】**一是支持防疫检查精细高效。对接防疫检查需求，及时协调新增文锦渡、深圳湾、皇岗、莲塘4个口岸货车接驳点及深圳机场工作人员集中居住点视频镜头，提供视频直播和回看功能，为专班提供全方位、多角度、近距离防疫检查功能。2022年服务保障机场入境航班全流程远程视频及跨境货车全接驳流程检查超20次，有效提高防疫检查效率，避免因现场检查带来的染疫风险。二是加强口岸运行异常及时报告。在防疫政策调整期，驻守监控机房，及时发现港珠澳大桥因核酸检测原因，深圳湾因接驳模式调整原因堵塞等情况，为专班评估政策调整效果提供支撑。三是坚持做好日常监测和数据统计分析。利用应急指挥平台汇聚各方数据，建立防疫通关数据库，快速生成防疫报表，加快数据编报效率，坚持每日数据报送；及时分析防疫节点数据，利用数据分析平台监测出入境人数、车次趋势，用数据反映防疫措施效果；在五一、国庆、党的二十大等重大节日活动期间，赴深圳、东莞、惠州等市参与开展商务口岸安全生产及防疫工作检查，并确保应急车辆24小时可用，充分发挥应急作用。

## 开放口岸

**【广州空运口岸（广州白云国际机场）】**广州白云国际机场位于广州市北部，白云区人和镇和花都区新华镇交界处，机场距离广州市中心约28千米。广州白云国际机场于2004年8月5日正式投入使用，是国家战略定位重点发展的三大国际航空枢纽机场之一，是国家定位的“一带一路”国际枢纽机场之一，更是推进民航强国战略和粤港澳大湾区协同发展的重要引擎。白云国际机场飞行等级为4F级，现有2座航站楼和1座GTC交通中心，总面积达到138万平方米，拥有3条跑道，可满足年起降航班62万架次、旅客吞吐量8 000万人次和货邮吞吐量250万吨的运营需求。商务航空服务基地于2017年12月建成启用，国际旅客设计容量为每年2.5万人次。一号航站楼、二号航站楼和商务航空服务基地具备口岸功能。亚洲运输和机队规模最大的中国南方航空以此为主运营基地。白云国际机场也是中国东方航空公司、海南航空、深圳航空公司、九元航空公司等基地机场，与近80家中外航空公司结成合作伙伴关系，航线通达国内外230多个通航点，其中国际及地区航点超过90个，航线网络覆盖全球五大洲。2019年5月1日起，白云国际机场正式实施过境144小时免办签证政策。

广州白云国际机场综合保税区于2010年3月3日经国务院批准设立，批复面积7.385平方千米，包括中区、北区、南区3个区块。一期建设规划面积1.645平方千米，于2014年7月29日正式封关运作。2018年1月，国务院批复同意广州白云国际机场综合保税区整合方案，核减后规划面积为2.943平方千米，分为中区和南区2个片区。

2022年，白云国际机场全力以赴投入疫情防控“阻击战”，艰苦奋斗，勇毅前行，出色地完成防疫任务，守住了中国空港南大门。逆境中谋求发展，生产业务快速恢复，服务质量稳步提升，在全球机场服务质量满意度评价中再次并列第一，年度亚太地区旅客吞吐量4 000万人次级以上最佳机场；获得SKYTRAX2022年度“全球4 000万人次级最佳机场第1位”，“中国最佳机场奖”，“中国最佳清洁机场奖”，“全球最佳机场百强榜”全球第18位、中国第1名。白云国际机场入选国务院国资委创建世界一流专精特新示范企业，“春风服务”品牌建设案例入选国务院国资委年度100个国有企业品牌建设典型案例名单；服务创新项目入选2022年中国国际服务贸易交易会“业态创新示范案例”；获得年度民用机场服务质量评价“1 000万以上量级服务质量优秀机场奖”；CAPSE第八届航空服务奖“最佳机场奖”。2022年，广州白云国际机场飞机起降26.7万架次，运输旅客2 611万人次，年旅客吞吐量蝉联国内机场第一，货邮吞吐量188万吨；开通20条国内航线，新增10个国内客运通航点；推动开通、恢复29条国际航线，新增2个国际通航点。航班正常管理成效显著，航班放行正常率95.21%，安全保障能力稳步提升，实现第30个安全年，智慧机场建设行业领先，在国内率先推出全流程“One ID”服务与易安检服务，航空出行更轻松。

**【深圳空运口岸（深圳宝安国际机场）】** 深圳宝安国际机场位于深圳市宝安区，距深圳市南山区前海市中心20千米，距深圳福田区市民中心32千米，配套水陆交通运输网络，是集海、陆、空、铁于一体的空运口岸，深圳宝安国际机场是我国第一家以地方投资为主兴建的机场，一期工程于1989年5月动工兴建，1991年10月正式开通国内航线。1992年2月，经国务院批准对外开放；2013年11月28日，正式启用；自2015年11月12日起，实行24小时通关。新建航站楼建筑面积45万平方米，设计旅客年吞吐量4 500万人次（其中国内旅客3 600万人次、国际地区旅客900万人次），拥有我国现代化程度高的航空货站和货运停机坪，货站内建有现代化的立体散货及集装货处理系统，启用了货物存放、存取机械化自动系统。与机场配套的福永码头，建设规模为3个1 000吨级多用途泊位和4个500吨级的客运泊位。已开通深圳—香港、深圳—澳门、深圳—珠海、深圳—中山等航线。

2022年，深圳空运口岸出入境旅客15.30万人次，日均419人次；国际空运货物71.24万吨，累计同比增长19.40%。

**【湛江空运口岸（湛江吴川机场）】** 湛江机场位于广东省湛江市，是连接广东、广西和海南的重要交通枢纽。湛江机场始建于1936年，系当年的法国殖民者侵占和租用“广州湾（1943年8月22日定名湛江市）”时兴建，距今80多年；1953年，中国民用航空湛江站获批成立；1987年7月7日，湛江机场经国务院批准对外开放；2019年9月，经国务院批准扩大对外籍飞机开放。2022年3月24日，湛江机场正式转场至湛江吴川机场，湛江机场同步关闭，湛江吴川机场飞行区等级标准为4E级，已建成1条长3 200米、宽45米跑道和1条等长平行滑道，6.18万平方米航站楼、0.6万平方米货库和30个机位，以及相关配套设施，满足旅客年吞吐量510万人次、货邮年吞吐量3.06万吨的使用要求。

2022年，受新冠疫情影响，湛江吴川机场实际完成旅客吞吐量131万人次，国际地区航线未恢复运营。

**【梅州空运口岸（梅州梅县机场）】** 梅州梅县机场位于梅州市梅江区三角镇境内，地处闽、粤、赣三省交界处，于1985年6月动工兴建，1987年9月建成投入使用，梅州梅县机场原名梅县机场，2019年4月更名为梅州梅县机场。梅州梅县机场占地面积约118.33万平方米，停机坪面积2.04万平方米，机场跑道为长2 400米、宽45米，飞行等级为4C级，可以满足A320、B737-800等主力机型的起降要求，停机坪设有5个机位（3个B型和2个C型），机场规模设计为旅客年吞吐量30万人次。

梅州航空口岸于1989年3月经国务院批准对外开放，1989年11月28日正式通航，开始仅有梅州至香港直航包机航线。2014年，梅州梅县机场进行全面维修升级改造，国际候机楼也由原来的出入境单向通道改为出入境同时验放双向通道。近年来，梅州梅县机场积极拓展航空口岸业务，提高口岸吞吐量，突出抓好航空口岸建设发展，推动航空口岸扩大对外开放，提升口岸对外开放水平。梅州市已开通7条国际（地区）航线。2020年，执飞香港、台中两条航线，受新冠疫情影响，航班于2020年2月8日暂停运行，2022年保持暂停运作。

**【揭阳空运口岸（揭阳潮汕国际机场）】** 揭阳潮汕国际机场位于揭阳市榕城区登岗镇，地处揭阳、汕头、潮州三市中心，距离分别为22千米、28.5千米、24千米，为中国南部沿海地区重要的干线机场、汕头外砂机场的迁建机场。机场于2011年12月15日正式启用，定名为揭阳潮汕机场，并承接原汕头外砂机场口岸功能与机场同步投入使用，同时关闭汕头外砂机场口岸，汕头外砂机场口岸原有查验机构转设入揭阳空运口岸，为客货运口岸。揭阳空运口岸于2013年12月16日经国务院批准对外开放，2014年7月10日通过国家验收正式对外开放。2014年9月12日，揭阳潮汕机场正式更名为揭阳潮汕国际机场。截至2022年年底，跑道延长及站坪、航站区经扩建，揭阳潮汕国际机场拥有航站楼总建筑面积超11万平方米，停机坪总面积超40万平方米，停机位46个，跑道长3 200米，飞行区等级4E级，可满足B747、B777等E类飞机运行条件和旅客年吞吐量1 450万人次、货运年吞吐量超过9万吨、飞机年起降量10万架次的运输需求。2019年5月1日，揭阳潮汕国际机场正式实施外国人过境144小时免办签证政策。共开通国际及地区航线8条（澳门、台北、芽庄、金边、西港、吉隆坡、新加坡、曼谷）。

**【广州天河陆路（铁路）客运口岸】** 广州天河铁路客运口岸位于广州市天河区广州东站，东站为天河铁路客运口岸设置了专门的粤港直通车售票窗口、候检区、候车室、站台。其中，售票窗口共3个；候检区面积约500平方米，可容纳约400人；候车室面积约1 000平方米，可同时容纳约900人；专用站台长548米、宽12米、高1.1米。共配置出、入境检查通道各23条（人工13条、自助9条、员工1条）。

2022年，受新冠疫情影响，广州天河铁路客运口岸继续临时关闭。

**【广深港高铁西九龙站陆路（铁路）口岸】** 广深港高铁西九龙站铁路口岸位于香港特别行政区境内西九龙站内，为国际性常年开放铁路客运口岸，于2018年9月23日正式对外开放。西九龙站口岸分为香港口岸区和内地口岸区。香港口岸区由香港特别行政区依据特别行政区法律设立和管辖，实行过境限制区管理。内地口岸区由内地根据《内地与香港特别行政区关于在广深港高铁西九龙站设立口岸实施“一地两检”的合作安排》和内地法律法规设立和管辖，实行口岸管理制度。双方分别按照各自法律法规，对往来内地和香港特别行政区的出入境人员及其随身物品和行李进行出入境边防检查、海关监管、检验检疫等出入境监管。广深港高铁西九龙站口岸共有4层地下楼层，总建筑面积为38万平方米。地下一层为售票大厅，地下二层为抵达层，地下三层为离港层，地下四层为列车站台，口岸日设计通关流量为20万人次。其中，内地口岸区总建筑面积约10.9万平方米，出入境大厅各设置50条自助和18条人工查验通道；香港口岸区总面积约2.41万平方米，入境大厅设置人工柜台66个、自助通道22条，离境大厅设置人工柜台32个、自助通道29条。

广深港高铁西九龙站口岸运行时间为每日6：30至23：30，运行17小时。疫情期间高铁暂停服务。2022年全年保持暂停服务。

**【东莞陆路（铁路）口岸】** 东莞铁路（客运）口岸位于东莞市常平镇。1994年8月，国务院批准开设东莞常平铁路客运口岸；1994年10月，正式对外开放。1997年5月至2003年9月，经国务院批准，京九、沪九直通旅客列车经停东莞常平铁路客运口岸，并在此办理出入境手续。1997年12月，国务院批准常平铁路客运口岸更名为东莞铁路口岸。现设有进出境通关通道各10条，其中4条自助通关通道、6条人工通关通道，每天停靠广九直通车“8进8出”。

2022 年，受新冠疫情影响，东莞铁路（客运）口岸暂停运营。

**【深圳陆路（铁路）口岸】** 1962 年 2 月，广州铁路局在深圳站、布吉站之间增设笋岗站；同年 3 月，获批从湖北、上海、河南始发“三趟快车”，负责供港鲜活商品运输，海关进驻开展监管工作，具备了部分口岸功能，由商务部驻广州特派员办事处管理。2007 年 10 月，相关部门将生鲜供港模式全部切换为中转仓接驳公路模式，深圳北站停止发运南向“三趟快车”业务。2010 年 6 月，因港铁公司终止铁路货运过轨业务，笋岗站南下货运停止。2016 年，深圳城市规划调整，进入笋岗站的相关道路禁行货车，北向出口货运业务随之停止。

2022 年 3 月，根据内地支援香港抗疫工作专班指示精神，在支援香港抗疫期间临时恢复深圳（笋岗）铁路口岸货运通关，在平湖南铁路货场设置临时作业点，开辟供港物资铁路运输渠道。3 月 1 日，铁路援港班列成功开展空车试运行。3 月 2 日，首趟“中央援港 同心抗疫”铁路援港班列满载防疫物资顺利开行，通关快捷顺畅，援港跨境物资运输再添新通道。班列单程用时约 35 分钟，主要运送防疫物资和生鲜产品。至 2022 年 5 月 20 日，援港班列共开行 45 列，发送 570 标箱，货重 1 565.64 吨，货值 5 430.53 万美元。自 2022 年 6 月起，援港班列暂停运营转为备用模式。

**【罗湖陆路（公路）口岸】** 罗湖公路口岸位于深圳罗湖商业中心南侧，与香港新界一河之隔，深港两地由一座双层人行桥和一座铁路桥相连。罗湖口岸是改革开放前深圳仅有的两个陆路口岸之一。1887 年九龙海关正式建立，1949 年九龙关起义，中华人民共和国成立初期主动后撤至现在位置。新联检大楼于 1984 年 1 月开始动工兴建，1986 年 6 月 14 日竣工启用，主楼高 12 层（含地下一层），南、北附楼各 3 层，总建筑面积共 70 623 平方米。楼内地下 B 层和一层为入境（北行）查验场地，建筑面积 18 107 平方米；二层和三层为出境（南行）查验场地，建筑面积 17 558 平方米。该口岸出入境验证通道共有 189 条，其中人工查验通道 74 条、自助查验通道 115 条，具体设置如下：地下 B 层和一层为入境查验通道，分别为 53 条、40 条；二层和三层为出境查验通道，分别为 39 条、57 条。口岸设计通过能力由 20 世纪 80 年代每日 20 万人次，提高到每日 40 万人次。

罗湖公路口岸通关服务为每日 6：30 至 00：00,运行 17.5 小时（疫情期间临时停止通行）。2022 年，受新冠疫情影响，该口岸暂停服务。

**【文锦渡陆路（公路）口岸】** 文锦渡公路口岸位于深圳市罗湖区南面、香港新界北面，由一座公路桥与香港新界相连。该口岸是改革开放前深圳仅有的两个陆路口岸之一，是以供港鲜活产品及进口水果通关为特点的客、货运综合性公路口岸，1978 年经国务院批准对外开放。改革开放前，文锦渡口岸只是供港鲜活商品的贸易口岸，1978 年 10 月建成公路桥，1985 年 2 月新建一座公路桥，实行出入境车辆分桥行驶。配合治理深圳河工程，原出入境桥被拆除，新建一座出入境双向桥于 2005 年 2 月正式投入使用。文锦渡口岸区域占地面积 13.8 万平方米。其中，出入境旅检场地 3 万平方米、出入境货物查验场地 10 万平方米（入境 6 万平方米、出境 4 万平方米）。共有 28 条车辆检查通道，其中，货车通道 18 条（入境 10 条、出境 8 条）、小（客）车查验通道 10 条（出入境各 5 条，其中小车通道 3 条、客车 2 条）。

2010 年，文锦渡口岸开始进行旅检场地改造。从 2010 年 2 月 22 日零时起，文锦渡口岸客运区域改造期间实行临时关闭。原从文锦渡口岸出入境的客车（含过境巴士、私家车、公务车及商务车），按其已选择的口岸出入境。2013 年 8 月 26 日，文锦渡口岸客运区域改造完成并恢复运行。改造后，设计日过境旅客通过能力 3 万人次、日过境车辆通过能力 1 万辆次。

文锦渡口岸运行时间为每日 7：00 至 22：00（疫情期间客运临时停止通行，货运正常）。2022

年，该口岸出入境车辆 57.28 万辆次，日均1 569 辆次。

**【皇岗陆路（公路）口岸】** 皇岗公路口岸是配合广深高速公路建设开设的口岸，位于深圳市福田区南端，与香港新界落马洲隔河相望，口岸南面的皇岗—落马洲大桥横跨深圳河连接深港两地，于 1985 年 5 月开始建设，1988 年 11 月 30 日经国务院批准对外开放，1989 年 12 月 29 日货运部分启用通车，1991 年 8 月 8 日客运部分开通使用。1994 年 11 月 3 日起，开辟两条货检通道试行 24 小时通关，并设置了空车验放专用通道。1997 年 3 月 20 日，开通皇岗—落马洲穿梭巴士服务，为方便旅客过境开辟了一条新的途径。1999 年 10 月，实行货车自然分流通关，即除部分货物、车辆按照有关规定维持现行做法从指定口岸进出境外，其他行走文锦渡口岸、沙头角口岸的货车在原行走口岸晚上关闸以后，可行走皇岗口岸 24 小时通关的货车通道。2003 年 1 月 27 日零时起，皇岗口岸实行旅检通道 24 小时通关。2003 年 10 月 8 日始，允许持有文锦渡口岸、沙头角口岸两地牌的私家车、公务车和商务车在每日零时至 6：30 时从皇岗口岸出入境。2020 年 4 月 17 日，皇岗口岸临时旅检大楼完成竣工验收。该口岸临时旅检区旅客出入境通道共 40 条。其中，出境人工通道 5 条、自助通道 15 条；入境人工通道 5 条、自助通道 15 条，客车通道出入境各 4 条。货运通道共 40 条，出境海关 10 条、入境海关通道 18。设计通关能力为每日车辆 3 万辆次（标准车）、旅客 3 万人次。

皇岗公路口岸全天候通关（疫情期间客运临时停止通行，货运正常全天）。2022 年，该口岸出入境车辆 46.52 万辆次，日均 1 275 辆次。

**【沙头角陆路（公路）口岸】** 沙头角公路口岸位于深圳市盐田区沙头角西面，东接沙头角保税区和盐田港，北邻梧桐山公路隧道，是服务于深圳市盐田区、龙岗区及珠江三角洲东部地区的辅助性客货综合性口岸，于 1984 年 9 月经国务院批准对外开放，1985 年 3 月建成使用，2005 年 1 月 28 日启用新的口岸跨境大桥。口岸管理区占地面积约 4.3 万平方米，其中出入境旅客查验场地 5 700 平方米、出入境货物查验场地 3.6 万平方米。旅检大厅设在口岸区中间，东侧是出境货检场，西侧是入境货检场。共设有出入境车辆检查通道 24 条（出境海关、边检车道各 5 条，入境海关车道 9 条、边检车道 5 条）；查验货台 3 个共有 21 个查车位；出入境旅客检查通道双向各 12 条（人工查验通道 6 条、自助查验通道 5 条、工作人员通道各 1 条）。此外，还建有专门供香港灵柩入境的检查服务设施，为港澳同胞前往大鹏湾“华侨墓园”办理安葬和扫墓活动提供方便。设计通关能力每日车辆 1 500 辆次、人员 1 500 人次。

沙头角口岸旅检和货检场地的通关服务时间为每日 7：00 至 22：00，运行 15 小时（疫情期间客运临时停止通行，货运正常）。从 2020 年 1 月 30 日起，沙头角口岸旅检通关服务暂停。2022 年 3 月 13 日，深圳市口岸办发布通告，跨境货车司机需按照指定路线行驶，闭环管理，经沙头角口岸出、入境属超范围行驶，现沙头角口岸暂无跨境货检业务。

**【深圳湾陆路（公路）口岸】** 深圳湾公路口岸位于深圳市南山区蛇口东角头，经深圳湾跨海大桥连接香港鳌勘石。该口岸于 1997 年 12 月获国家批准立项，2003 年 8 月奠基，2007 年 7 月 1 日正式开通启用，是经全国人民代表大会授权、国内首个实施“一地两检”查验新模式的现代化、智能化口岸，深港双方口岸区域均在深圳境内，双方口岸查验单位均在一栋大楼内完成查验工作。该口岸总占地面积 117.9 万平方米，其中深方口岸占地面积 76.3 万平方米、港方口岸占地面积 41.6 万平方米。设计通关能力为每日车辆 5.86 万辆，设计旅客流量为每日 6 万人次。旅客出入境查验通道共 106 条，其中出境查验通道 52 条（自助通道 37 条、人工通道 15 条）、入境查验通道 54 条（自助通道 37 条、人工通道 17 条）。大客车查验通道 8 条，海关出、入境各 2 条，边检出、入境各 2 条。小汽车查验通道 68 条，海关出、入境各 17 条，边检出、入境各 17

条。货检区查验通道，其中海关出境通道 27 条、入境通道 26 条，货检二道 12 条，边检出境通道 22 条、入境通道 22 条。

深圳湾公路口岸通关服务时间为每日（旅检）6：30 至 24：00、（货检）00：00 至24：00。2022 年，该口岸出入境旅客 92.90 万人次，日均2 545人次；出入境车辆 85.29 万辆次，日均 2 337 辆次。

**【福田陆路（公路）口岸】** 福田公路口岸位于福田区裕亭路，由人行通道桥和旅检大楼组成。该口岸于 2004 年 12 月正式开工建设，2007 年 8 月 15 日开通启用，总占地面积 62 962 平方米，总建筑面积 84 198 平方米。设入出境大厅各 1 层，出入境通道共 146 条。出境大厅内设有通道 78 条（自助式通道 20 条、人工验放通道 58 条），入境大厅内设有通道 68 条（自助式通道 20 条、人工验放通道 48 条），设计过境旅客通过能力为每日 25 万人次。人行通道桥工程连接福田口岸联检大楼和香港九广铁路落马洲管制站，是连接深圳地铁 4 号线和香港轻铁东部支线的口岸枢纽工程，桥长 240 米，其中深方 116 米、港方 124 米，桥宽 16.5 米，上下两层，单向行走，桥内有自动步行梯（深圳一方每层有一部长 80.5 米的自动步行梯），分别供深港出入境旅客使用（上层为出境，下层为入境）。

福田口岸通关服务时间为每日 6：30 至 22：30，口岸运行 16 小时（疫情期间临时停止通行）。2022 年，该口岸未开放。

**【莲塘陆路（公路）口岸】** 莲塘公路口岸位于罗湖区莲塘街道西南角，北临罗沙路，南至深圳河，是粤港合作重点项目之一，先后列入《国家“十二五”发展规划》《珠三角地区改革发展规划纲要（2008—2020）》《粤港合作框架协议》等战略规划。作为深圳“十三五”规划重点项目和粤港澳大湾区建设重点工程，口岸定位为客货运综合口岸，承担香港与深圳东部、惠州以及粤东、赣南、闽南之间的跨界货运兼顾客运，是实现深港跨界交通“西进西出、东进东出”总体格局的东部重要口岸。口岸主体建筑采用架空设计，一层为货检区，二层高架平台为旅检区，货检、旅检在空间上垂直分布，最大限度地集约化利用场地空间。2008 年 9 月，深港边界区发展专责小组公布，深港双方决定共同兴建莲塘口岸。2010 年 8 月，莲塘口岸获批立项；2013 年 11 月，动工建设；2019 年 10 月，经国务院批复同意对外开放；2020 年 5 月，通过国家验收。2020 年 8 月 26 日，莲塘口岸正式开通。粤港两地政府在莲塘口岸现场联合举行新口岸开通仪式，国家港澳办、中联办等中央部委领导以及省委省政府、市委市政府主要领导共同出席仪式，香港特别行政区行政长官率特区政府 23 个主要部门负责人前来参加活动。莲塘口岸采用“两地两检”查验方式和车辆“一站式”通关模式，设计通关能力为每日旅客 3 万人次、每日车辆 17 850辆次，其中货车 1.5 万辆次、小客车 2 000 辆次、大客车 850 辆次。

莲塘公路口岸通关服务时间为每日 7：00 至 22：00，运行 15 小时。2022 年，该口岸出入境车辆 25.45 万辆次，日均 697 辆次。

**【拱北陆路（公路）口岸】** 拱北口岸于 1992 年开始迁建，迁建后的拱北口岸于 1999 年 10 月 2 日正式对外开放，占地 16.2 万平方米，口岸建设总投资 8.3 亿元，建筑面积 12.8 万平方米，设计日通关能力为旅客 15 万人次、车辆 8 000辆次。2013 年 6 月 28 日，拱北口岸扩建的新出境、入境联检楼建成启用，设计日通关能力提升至 50 万人次。拱北口岸是全国旅客通关量最大的口岸，设有出入境旅客通道共 344 条（旧联检楼出境大厅 66 条，其中人工 14 条、自助 52 条；旧联检楼入境大厅 76 条，其中人工 18 条、自助 58 条；新联检楼出境大厅一层 45 条，其中人工 8 条、自助 37 条；新联检楼出境大厅二层 42 条，其中人工通道 14 条、自助通道 28 条；新联检楼入境大厅一层 53 条，其中人工 6 条、自助 47 条；新联检楼入境大厅二层 53 条，其中人工 18 条、自助 35 条；出境随车人员验放厅 4 条，其中人工 2 条、自助 2 条；入境随车人员验放厅 5 条，其中人工 3 条、自助 2 条）。“一站式”客车通道共 12 条，其中出境 6 条、入境 6 条。口岸通关服务时间为每日6：00至次日凌晨1：00。

2022年，拱北公路口岸出入境人员7 287.78万人次，同比减少17.5%；交通工具95.5万辆次，同比减少30.4%。

**【横琴陆路（公路）口岸】** 横琴公路口岸于1999年6月经国务院批准对外开放，2000年3月28日正式对外开放。2018年10月12日，国务院原则同意澳门莲花口岸迁至横琴并实行“合作查验、一次放行”通关查验模式。建设中的新横琴口岸总建筑面积33.9万平方米，设计日通关量22.2万人次、年通关量8 000万人次。横琴口岸一期工程（新旅检区域）于2020年8月18日开通启用，澳门莲花口岸旅检区域已搬迁至横琴口岸澳方口岸区，珠澳旅检通道采用“合作查验，一次放行”查验模式，设置出入境旅客通道69条（出境大厅34条，其中传统人工6条、合作人工4条、自助24条；入境大厅35条，其中传统人工7条、合作人工4条、自助24条）。横琴口岸二期工程建设（客货车道、查验场、随车人员验放厅、澳方二层平台、澳大引桥等）正在建设，主体结构已基本完成，客货车“合作查验、一次放行”（“联合一站式”）查验模式创新工作正在推进。横琴口岸旅客出入境大厅、客车通道全天24小时开放，货车通道开放时间为每日8：00至20：00。

2022年，横琴公路口岸旅客通关量为819.99万人次，同比增加1.5%；进出境交通工具123.18万辆次，同比增加15.3%。

**【港珠澳大桥珠海陆路（公路）口岸】** 港珠澳大桥跨越伶仃洋，东接香港特别行政区，西接广东省珠海市和澳门特别行政区，总长约55千米，是“一国两制”下粤港澳三地首次合作共建的超大型跨海交通工程。港珠澳大桥珠海公路口岸位于珠澳口岸人工岛珠海口岸管理区，于2018年10月24日正式对外开放。港珠澳大桥珠海公路口岸管理区总占地面积107.33万平方米，口岸工程建筑面积为32.7万平方米。珠海与香港之间设计日流量为出入境旅客15.33万人次、出入境车辆4万辆次，并按最大日流量出入境旅客30万人次、出入境车辆6万辆次预留发展空间。珠海与澳门之间设计日流量为出入境旅客10万人次，出入境车辆0.3万辆次，并按最大日流量出入境旅客15万人次预留发展空间。

截至2022年年底，港珠澳大桥珠海公路口岸珠港旅检大厅出入境设有通道共84条（出境大厅52条，其中人工12条、自助40条；入境大厅32条，其中人工12条、自助20条）；珠澳旅检大厅出入境设通道共68条（出、入境大厅各34条，其中传统人工各6条、合作人工各8条、自助各20条）；随车验放厅24条（其中出境人工4条、自助8条；入境人工4条、自助8条）；车辆通道78条（货车通道30条，其中出、入境各15条；客车通道48条，其中小客车通道出、入境各22条，大客车通道出、入境各2条）。口岸通关服务时间为24小时。

2022年，港珠澳大桥珠海公路口岸旅客通关量为279.5万人次，同比减少8.8%；进出境交通工具146.24万辆次，同比减少13.6%。

**【珠澳跨境工业区专用陆路（公路）口岸】** 2003年12月5日，国务院正式批准设立珠澳跨境工业区。珠澳跨境工业区设在珠海拱北茂盛围与澳门西北区的青洲之间，分为珠海、澳门两个园区，园区之间开设专门口岸通道连接。珠澳跨境工业区专用口岸于2006年12月8日正式开通启用。口岸占地面积约为2.8万平方米，总建筑面积3 350平方米，对园区工作人员及车辆实行24小时开放。2014年，根据国务院的工作部署，完成口岸临时扩大开放改造项目，自2014年12月18日起在每日0：00至7：00临时对步行的澳门居民和在澳内地劳工及学生开放，设置出入境旅客查验通道16条，其中出、入境各设人工2条、自助6条，设置出、入境车辆通道各1条。2021年12月，国家口岸管理办公室批复同意取消珠澳跨境工业区专用口岸每日0：00至7：00临时向粤澳两地人员（主要为两地务工、务学人员）开放的通关安排。经报请广东省政府批准，并经珠澳双方协商一致，自2022年5月21日零时起，珠澳跨境工业区专用口岸通关服务时间由

24小时临时调整为每日7：00至24：00。

2022年，珠澳跨境工业区专用口岸旅客通关量为49.31万人次，同比减少66.9%；进出境交通工具5.92万辆次，同比减少11.8%。

**【青茂陆路（公路）口岸】** 2017年7月14日，国务院批复同意广东粤澳新通道设立青茂口岸。青茂口岸位于珠海市香洲区拱北片区鸭涌河上方，粤海国际花园以东，澳门边界以西，广珠城轨珠海站以南。青茂口岸是澳门特别行政区政府报请中央同意支持实施的涉澳重要项目，项目由澳门特别行政区政府全额投资并委托南粤集团组织建设，建设用地由粤方提供。口岸联检大楼和交通连接通道总用地面积为40 195.25平方米，总建筑面积为64 869平方米，建筑高度60米。青茂口岸于2021年9月8日正式对外开放，实施24小时通关及“合作查验，一次放行”通关模式，设计日通关客流量20万人次，仅供自助通关旅客通行，不设通关车辆通道。截至2022年年底，出入境旅客查验通道共有112条，其中出、入境各设置自助通道50条、人工通道6条。

2022年，青茂公路口岸旅客通关量为1 218.9万人次。

**【广州水运（海港）口岸】** 广州港口岸历史悠久，早在2 000多年前的秦汉时期，广州古港就是中国对外贸易的重要港口，是中国古代“海上丝绸之路”的起点之一。唐宋时期，“广州通海夷道”是世界上最长的远洋航线。至清朝，广州成为中国唯一的对外通商口岸和对外贸易的最大港口。改革开放以来，社会经济飞速发展使广州港发展成为国家综合运输体系的重要枢纽和华南地区对外贸易的重要口岸。广州港由海港和内河港组成。海港由南沙港区、黄埔港区、新沙港区、内港港区和珠江口水域、航道、锚地组成。内河港由番禺港区、花都港区、新塘港区组成。南沙港区是广州港核心港区，主要承担集装箱、能源、石化、粮食、造船、滚装汽车和国际邮轮运输，已建成集装箱、滚装汽车、粮食、石油化工、船舶修造等专业化深水泊位。新沙港区主要承担集装箱、煤炭、矿石、粮食、商品汽车等物资运输。黄埔港区主要承担集装箱和煤炭、粮食、石油化工、件杂货运输，主要服务广州开发区临港工业和内陆腹地。内港港区位于广州中心城区，大部分码头已随城市发展逐步搬迁、改造，逐步向游船游艇旅游、商贸娱乐、文化景观等滨水休闲产业转型发展。

2022年，广州港全港完成货物吞吐量6.56亿吨，完成集装箱吞吐量2 485.8万标箱，同比分别增长0.7%、1.6%，两项指标分别位列国际港口第五位、第六位。其中，外贸货物吞吐量完成1.43亿吨，同比下降10.0%；外贸集装箱吞吐量完成1 030.7万标箱，同比增长4.8%。2022年，广州港开通集装箱航线260条，其中外贸班轮航线154条、内贸航线106条，年内净增外贸航线13条。

**【广州南沙水运（海港）口岸】** 广州南沙客运口岸于1992年2月正式对外开放，2005年4月28日新客运码头投入使用。口岸位于南沙区东部，珠江出海口虎门水道西岸，地处省、港、澳金三角的中心。南沙客运码头岸线长约300米，设有3个大型高速客船停靠泊位，港口年客运量设计标准为160万人次，旅客日集聚量约1 600人。共配置出境检查通道13条（7条人工、5条自助、1条员工），入境检查通道14条（7条人工、6条自助、1条员工），共计27条。从2019年6月1日起，南沙客运港每日往返香港中港城码头航班为12个，往返香港机场码头航班为6个，即航班总数为18个。受新冠疫情影响，自2020年3月起香港航线暂停。2022年，香港航线保持暂停。

**【广州莲花山水运（海港）口岸】** 广州莲花山海港客运口岸于1985年6月正式对外开放，属双边性口岸（广州与香港），位于广州市番禺区石楼莲花山，拥有岸线171米，水深5米，泊位2个，码头吨位1 200吨。该口岸是广东省最早开放的粤港水陆口岸之一，共配置出、入境检查通道各11条（10条人工、12条自助）。受新冠疫情影响，自2020年以来来往番禺和香港的客船停航。2022年，香港航线保持暂停。

**【盐田水运（海港）口岸】** 盐田港位于深圳大鹏湾海域西北部，南与香港九龙半岛隔海相望，分为盐田港区、下洞港区、广东大鹏液化天然气（LNG）专用码头和深圳液化天然气专用码头。

盐田港区于1990年6月经国务院批准对外国籍船舶开放，1994年7月正式开港。该港区位于距深圳市区13千米，距大鹏湾口22.22千米。岸边水深15~20米。由于大鹏半岛与九龙半岛天然的屏障掩护，湾内水深浪小，无淤积，大型船舶可以自由进出锚地，是少有的天然良港，并被列为中国沿海重点发展的4大国际深水港之一。盐田港区划分为西、中、东3个港区，共有20个对外开放泊位。其中，西港作业区4个，3.5吨~7吨级。中港作业区16个，3#~5#10万吨级，6#~9#15万吨级，10#~13#20万吨级，另9#、16#可减载靠泊20万吨级，航道宽400米，水深17.6米，泊位水深15~17.6米，码头岸线长8千米，堆场面积417万平方米。

下洞港区位于大鹏湾畔，为深圳市东部石油、液化气等危险品码头专用作业区。2002年12月，国务院批准下洞港区作为盐田水运口岸危险品作业区对外开放，港区内共建有3个独立的栈桥式码头共9个泊位。

广东大鹏液化天然气（LNG）专用码头位于深圳东部大鹏半岛秤头角，是“十一五”期间广东省口岸发展规划中主要建设项目之一。2007年3月，经国务院批准盐田水运口岸大鹏液化天然气专用码头对外国籍船舶开放。LNG码头建有1个靠泊能力为8万吨级的LNG船专用的栈桥式码头泊位和1个5 000吨级的工作船舶。

深圳液化天然气项目（迭福站址）是深圳市政府与中国海洋石油总公司战略合作重点内容，列入深圳市“十二五”能源基础设施重大建设项目。该项目位于深圳东部大鹏湾东北岸迭福片区，毗邻广东大鹏LNG项目，接收站占地约27万平方米，项目总投资规模为80.7亿元，达产后天然气年周转量为400吨，项目配套建设1座可靠泊8万~26.6万立方米LNG船舶的专用码头。2016年11月18日，深圳液化天然气专用码头通过了由省口岸办牵头组织的对外开放前准备工作验收；2016年11月21日，正式对外开放。

盐田海港口岸全天候运行，2022年，该口岸集装箱吞吐量1 404.07万标箱，同比下降0.85%。

**【大亚湾水运（海港）口岸】** 大亚湾核电站专用码头位于深圳市东部大亚湾畔的大坑村麻岭角，距深圳市直线距离约45千米，距香港岛约50千米。大亚湾核电站是由广东核电投资有限公司和香港核电投资有限公司合营组成的广东核电合营有限公司负责建设和经营。经国务院批准，大亚湾核电站专用码头于1986年1月1日起对外国籍船舶开放。1987年3月和1989年6月，核电站专用码头和相关配套设备相继竣工投入使用，该码头建有4个泊位，该口岸由大亚湾核电站专用。

**【蛇口水运（海港）口岸】** 蛇口港位于珠江口东岸、深圳市西部南头半岛南端，东临深圳湾，南与香港隔海相望，西邻珠海、澳门及深圳机场，北靠南山内陆腹地。蛇口港陆路距深圳市区27千米，水路距香港40.74千米，陆路可与广深、广惠公路干道以及广深高速公路、平南铁路进而由广深线、广九线与国内衔接，由招商局蛇口工业区公司投资兴建，于1981年1月经国务院批复对外开放，是改革开放初期第一个由企业自筹资金建设、管理和经营的对外开放口岸，已发展成为集铁路、公路、水路等运输方式于一体的大型综合性的客货运港口口岸。蛇口口岸共有31个对外开放泊位，其中10个集装箱专用泊位。择其中部分码头介绍如下：

招商港务（深圳）有限公司客货运码头。该码头拥有陆域面积75万平方米，岸线总长4 100米（其中客运岸线1 050米），是拥有35个客、货运泊位的中国沿海大型综合性港口，港口年货物通过能力2 000万吨、集装箱100万标箱、客运500万人次，成为珠三角及华南地区重要的海上门户。2022年，该码头集装箱吞吐量56.58万标箱，同比下降30.41%。

蛇口集装箱码头。该码头建有10个泊位。

其中，一期工程建设规模为 2 个集装箱专用泊位，设计年吞吐能力为 100 万标箱，于 1991 年 8 月建成投产；二、三期工程项目，于 2001 年上半年动工兴建，共建成 8 个集装箱专用泊位，其中二期工程 2 个集装箱专用泊位已于 2003 年建成并投入使用，三期工程 6 个集装箱专用泊位于 2010 年 3 月前建成并陆续投入使用。蛇口港区（货运）全天候运行。2022 年，该码头集装箱吞吐量 614.93 万标箱，同比增长 7.89%。

太子湾邮轮母港。该邮轮母港是由招商局蛇口工业区控股有限公司于 2011 年 12 月正式动工建设。邮轮码头建设 22 万吨级邮轮泊位 1 个、10 万吨级邮轮泊位 1 个，新建 800 吨级客轮泊位 12 个（其中港澳线泊位 6 个）、2 万吨级客货滚装泊位 1 个，共计 15 个泊位，其中 8 个对外开放泊位。蛇口邮轮中心大楼工程占地面积约 4.26 万平方米，总建设面积为 13.8 万平方米。出境大厅位于二层，边检出入境查验通道包括 16 条人工查验通道（出入各 8 条）和 20 条自助查验通道（出入各 10 条）。邮轮母港于 2016 年 9 月项目工程建设基本完工，2016 年 10 月 11 日通过由省口岸办牵头组织的对外开放前准备工作验收，2016 年 10 月 12 日正式对外开放。2016 年 10 月 31 日起蛇口客运码头搬迁至太子湾邮轮母港客运码头运作。

香港友联船坞（深圳）有限公司专用码头。该码头为中外合资公司投资建设的，可为中外客商提供 30 万吨级的修船业务，是深圳市西部港区唯一的修船基地，建有 4 个泊位（其中 2 个干船坞、2 个浮船坞）。目前孖洲岛修船专用码头运作正常。2022 年。修船数量 258 艘（其中外国籍船舶 227 艘）。

2022 年，蛇口水运口岸（含赤湾、妈湾口岸）出入境交通工具 3.1 万艘次，同比增长 8%。

**【赤湾水运（海港）口岸】** 赤湾港位于中国（广东）自由贸易试验区深圳前海蛇口自贸片区范围内，珠江口东岸、深圳市西部的南头半岛西南端。赤湾港东连蛇口港，位于蛇口港西侧；南面向伶仃洋，与香港、澳门、珠海隔海相望；西接妈湾电厂和妈湾港区；北靠南山半岛。赤湾港陆路距深圳市中心 30 千米，可与广深、广惠公路干道以及广深高速公路、平南铁路衔接；水路与香港、澳门、珠海均在约 37 千米范围。赤湾码头于 1982 年 8 月动工兴建，1983 年 10 月建成 1 个 1 万吨级泊位并开港，1984 年 5 月经国务院批准对外国籍船舶开放。港区现有泊位 17 个，其中集装箱专用泊位 6 个，码头岸线总长 3 176 米。赤湾海港口岸是我国主要的散装化肥及粮油进出口中转基地之一，是深圳西部港口群中规模仅次于蛇口港，功能集铁路、公路、水路等运输方式于一体的大型综合性口岸。

赤湾海港口岸全天候运行。2022 年，该口岸集装箱吞吐量 699.96 万标箱，同比增长 10.79%。

**【妈湾水运（海港）口岸】** 妈湾港位于中国（广东）自由贸易试验区深圳前海蛇口自贸片区范围内，地处珠江口东岸，深圳市西部的南头半岛西侧，东接赤湾港，南面向伶仃洋，与珠江口主航道对接，西邻深圳机场，北以南山半岛为腹地。妈湾港陆路距深圳市区 24 千米，可与广深、广惠等公路干道以及广深高速公路、平南铁路衔接；水路距香港、澳门、珠海约 37 千米。妈湾港于 1987 年开始建设；1990 年 7 月，建成第 1 个 3.5 万吨级多用途泊位；1990 年 2 月，经国务院批准对外国籍船舶开放，码头岸线总长 3 877米；2021 年 6 月 28 日，妈湾海港口岸妈湾码头 0 号、3 号、4 号泊位 3 个泊位通过了对外开放的验收，0 号、3 号、4 号泊位所在妈湾智慧港是全国首个集合人工智能、5G 应用、北斗系统、自动化、智慧口岸、区块链、绿色低碳等大智慧元素于一体的 5G 智慧港，也是目前世界最高等级 20 万吨级、自动化程度最高的集装箱码头。

**【大铲湾水运（海港）口岸】** 大铲湾港位于珠江口伶仃洋矾石水道东南部，深圳西部妈湾港区以北的大铲湾内，港区地理位置优越，水、陆路交通便捷，水路南距香港 20 海里，北至广州 40 海里；陆路通过广深高速、机荷高速、107

国道以及在建的广深沿江高速公路联系腹地。大铲湾港区岸线总长为 11.6 千米，陆域面积为 10.28 平方千米，拟建 17 个大型集装箱深水泊位、7 个中型泊位及 19 个驳船泊位，设计年吞吐能力为1 250万标箱，总投资约 450 亿元。港区整体工程分四期建设。其中，大铲湾港区集装箱码头（一期）工程于 2005 年 9 月正式开工兴建，其建设规模为 3 个 10 万吨级和 2 个 7 万吨级集装箱专用泊位，占地为 112 万平方米，泊位岸线总长为1 830米，设计年吞吐能力为 250 万标箱，整体工程于 2009 年 11 月全部工程完工。2009 年 5 月，国务院批准深圳港大铲湾港区对外国籍船舶开放。2011 年 11 月，大铲湾海港口岸正式通过国家口岸验收。

大铲湾海港口岸全天候运行。2022 年，集装箱吞吐量 217.55 万标箱，同比增长 22.52%。

**【湾仔水运（海港）口岸】** 湾仔轮渡客运口岸位于珠海市香洲区湾仔街道，对面为澳门内港，因珠澳两地边境小额贸易繁荣发展而来。1984 年 12 月 23 日，经国务院批准，湾仔轮渡客运口岸对澳门开放。2016 年 1 月 17 日，因安全原因暂停关闭。2019 年，因发展需要，经珠澳两地政府协商恢复重建。2020 年 1 月 23 日，经国家口岸管理办公室同意恢复开通，通关时间为每日 7：00 至 22：00。设置出入境旅客查验通道 16 条，其中出、入境各设人工查验通道 2 条、自助查验通道 6 条。

2022 年，湾仔轮渡客运口岸旅客通关量为 63.37 万人次，同比下降 3.6%；进出境交通工具 2.32 万艘次，同比减少 20.2%。

**【九洲水运（海港）口岸】** 九洲港位于珠江口西岸，距香港 36 海里，距澳门 4 海里，于 1981 年 9 月经国务院批准为对外开放口岸。九洲港口岸客运码头于 1982 年开通珠海九洲港至香港市区和香港机场航线，码头长 436.7 米，水深 5.5~6.5 米，泊位 12 个，可供 8 艘双体高速客轮同时靠泊。年最高客流量 230 万人次，逢节假日人流高峰期航班每天可增至 60 班次。2017 年 8 月受台风“天鸽”影响，九洲港口岸联检楼损毁严重，珠海市政府决定在原址拆除重建。为保障口岸正常运作，已搬迁至原址西侧 8 362 平方米的临时口岸联检楼，于 2020 年 5 月经广东省口岸办验收启用，现正常承接客运口岸功能。

九洲海港口岸的水陆中转运输交通方便。陆路方面，九洲港客运站设有长途客运站，配备各式豪华班车行驶市内各旅游点及佛山、广州、江门、台山等地；水运方面，设有九洲港至深圳蛇口航班。根据珠海市政府将九洲港口岸建成集水上交通、轨道交通运输和旅游业发展于一体的综合中心枢纽的要求，珠海市正在重新整体规划建设九洲港口岸新客运联检大楼及广场。

2022 年，受新冠疫情影响，九洲海港口岸香港航线全年停航。

**【珠海水运（海港）口岸】** 珠海港地处珠海市西部，位于珠江三角洲西侧、黄茅海东部沿岸及高栏列岛海域，东距澳门 23 海里，距香港 45 海里，地理优势得天独厚，处珠江出海口的虎跳门、崖门和鸡啼门之间，外临南海，距国际航线大西水道 1 海里，内通西江，具备发展江海联运、南北航运和近远洋运输的优势。珠海海港口岸于 1994 年 6 月经国务院批准设立，1996 年 7 月 28 日正式对外开放。港口主要贸易种类为煤炭、铁矿石、石化品、液化气、集装箱、先进装备等。口岸正式开放码头 16 个，共有泊位 58 个，现有国际地区航线 9 条（含内支线 3 条），通达阿联酋、马来西亚、泰国、越南和中国香港、台湾地区。2022 年，珠海海港口岸进出境船舶 3 657 艘，进出口货运量 2 246 万吨。

珠海高栏港综合保税区于 2018 年 2 月经国务院批准设立，规划面积 2.514 平方千米，具备“双桥双港两铁多高速”和毗邻港澳的区位优势，距珠海港口岸 2 千米，距广珠铁路高栏港站 500 米，与珠海机场直线距离 16 千米，具备江海、海铁、海公、海空、管道多式联运体系，与珠三角地区形成 1 小时经济圈，辐射范围可延伸至华南、西南以及东南亚地区。

**【万山水运（海港）口岸】** 万山港位于珠海市万山群岛港区，包括桂山岛、外伶仃岛和大万山岛三大作业区，于 1995 年 4 月 6 日经国务院批准对外国籍船舶开放。万山群岛处于珠江出海口下游，是船舶由南海进出珠江三角洲的必经之地，紧临香港和澳门，多条国际航线从港区通过，港区有特殊的地域优势，适合开展大型油品储存和集装箱、大宗散货水运中转业务。万山港口岸主要进出口货物种类为燃料油。

万山港桂山十三湾第一、第二作业区客货运口岸于 2003 年 4 月正式对外开放。2015 年桂山一湾的口岸新联检楼和新码头由省口岸办组织有关单位顺利通过验收并投入使用，2016 年 7 月恢复桂山至香港客运航线，2017 年 8 月因受“天鸽”台风影响停航，至今未恢复航线。

2022 年，因万山海港口岸未恢复境外航线及受疫情影响，万山港口岸无进出口货物，出入境人员主要为港澳流动渔民，全年出入境人数超 1 万人次。

**【汕头水运（海港）口岸】** 汕头港地处广东省东部沿海，美丽富饶潮汕平原的南部。港口东距高雄 214 海里，西南距香港 187 海里，扼韩江、榕江、练江出海口，素有“岭东之门户，华南之要冲”的称誉。

汕头港是中国华南地区对外贸易的重要口岸，是沿海 25 个国家级主要港口之一，是广东省东翼的主要港口。汕头港历史悠久，是中国最早对外开放的港口之一，航道全长 17.25 千米，外航道基准面水深为 9.5 米。主要泊位水深分别是：马山港区泊位 10.8 米、珠池港区泊位 8 米、广澳港区泊位 15 米。2020 年 5 月，汕头市政府因建设需要，对内海湾实施整治。截至 2022 年年底，现有泊位 17 个，其中 1 000 吨级泊位 3 个、5 000 吨级泊位 2 个、1 万吨级泊位 3 个、5 万吨级泊位 4 个、7 万吨级泊位 1 个、10 万吨级泊位 2 个、其他泊位 2 个，堆场总面积 70.46 万平方米。设计年通过能力 240 万标箱。近年来，汕头市大力发展港口物流和海运业，与东南亚很多国家（或地区）有集装箱定期货运班轮。2022 年 4 月 7 日，法国达飞轮船公司东南亚（菲律宾）航线“正利青岛”轮靠泊广澳港区一期码头，从雅加达装运集装箱，通过国际集装箱转运出口至香港，标识着广澳港区国际集装箱中转业务正式开展。2022 年 12 月起，正式开展整船换装业务。

2022 年，汕头海港口岸货物吞吐总量 2 879 万吨。

**【潮阳水运（海港）口岸】** 潮阳港地处汕头市潮阳区海门镇，港口自然条件优越，属波浪庶敝带内等角螺旋线海岸，港池、航道水深 12 米，是天然的深水良港。潮阳港距香港 161 海里，距台湾恒春港 210 海里，陆上至潮阳区 14 千米，由疏港公路连接深汕高速公路 3 千米，至广梅汕铁路汕头站 15 千米，交通、疏运条件优越。主航道水深 7.2～12 米。1996 年 8 月，国务院批复同意潮阳港对外国籍船舶开放，海门港更名潮阳港。潮阳港已建成码头 7 个泊位，分布在澳内码头、弗兰克油库码头、大明液化石油气码头、华能海门煤炭中转基地煤码头，港口年通过能力 1 385 万吨杂散货和集装箱 8 万标箱。潮阳港拥有仓库、堆场 11.10 万平方米，建成5 000吨级油料码头泊位 1 个、储油量 2.4 万立方米油库 1 座。

2022 年，潮阳港货物吞吐总量 1 140 万吨。

**【汕尾水运（海港）口岸】** 汕尾海港口岸是中华人民共和国成立后首批对外开放的 16 个沿海港口之一。1988 年汕尾建市初期，市委市政府就确定了以港立市、港城共荣的方针。建设 2 个 5 000 吨级泊位码头。随着汕尾市的经济社会发展，2009 年 11 月汕尾港红海湾港区获得国务院批准同意扩大对外开放，主要包括红海湾发电厂专用码头泊位、万聪船舶修造厂专用码头（船坞）和东洲通用码头泊位及白沙湖商贸通用码头泊位 4 个码头泊位区。截至 2022 年年底，已建成的码头泊位有：红海湾电厂 7 万吨级煤炭专用码头、3 000 吨级重件码头和 1 000 吨级油码头各 1 个；万聪船舶修造厂 1 万吨级和 5 000 吨级船坞各 1 个，500 吨级船坞 4 个。2019 年 11 月，国务院批复同意汕尾海港口岸扩大开放，扩大开放范围包括海丰港区和陆丰港区。海丰港区主要有华润电力（海丰）有限公司专用码头（已建成1个10万吨级码头泊位和1个3 000吨级重件码头泊位，并已投入商业运行）、小漠国际物流港区码头（项目规划建设2个5万吨级多用途泊位和1个工作船泊位）和海丰华城能源有限公司专用码头（规划建设3 000吨级和1 000吨级石化泊位各1个、50吨杂货泊位1个，3 000吨级码头泊位已经建成）。陆丰港区主要有陆丰宝丽华新能源电力有限公司专用码头（已建成1个10万吨级煤炭码头和1个3 000吨级重件码头，投入商业运行）。

2022年，汕尾海港口岸进口货运量约734.59万吨。

**【湛江水运（海港）口岸】** 湛江港位于中国大陆最南端的雷州半岛，是汉代“海上丝绸之路”始发港，是中国大陆通往东南亚、非洲、欧洲和大洋洲海上航程最短的港口，已与世界100多个国家（地区）通航。自1956年开港以来，历经60多年的建设，湛江港已成为全国沿海12个战略枢纽港和原油、铁矿石物流集散中心，是西南沿海港口群的龙头港和我国中西部地区货物进出口的主通道，是广东省连接东盟自由贸易区的最佳海上物流平台，是国家建设“一带一路”重要支点口岸，是中国重要的远洋门户，在亚太经济圈中具有重要的战略地位。湛江海港口岸主要包括霞山港区、调顺港区、霞海港区、宝满港区、东海岛港区、南海西部石油公司专用码头等港区和5个原二类口岸，拥有对外开放码头泊位57个，设计年吞吐能力近2亿吨。

霞山港区岸线6 387米，陆域纵深1 500米，用地面积3.932平方千米，生产性泊位27个（其中万吨级以上泊位17个，40万吨级铁矿石码头1个、30万吨级陆岸原油码头2个）。开通航线主要是原油运输航线（中东航线、非洲航线、新加坡中转航线）、铁矿石运输航线（东盟航线、东南亚航线、非洲航线、美洲航线、澳大利亚航线）。进出口货物有铁矿石、原油、成品油、集装箱、杂矿、化肥、粮食、钢材、木材等。

调顺港区岸线1 315.4米，陆域纵深660米，用地面积79.5万平方米，生产性泊位7个，开通航线主要是煤炭运输航线（东盟航线、非洲航线），进出口货物有煤炭、杂矿等。

霞海港区原拥有对外开放码头泊位5个，但由于城市扩容提质，该港区货运功能已腾退。湛江市已调整该港区港口功能为客运功能，并计划配建2个邮轮码头泊位。

宝满港区岸线10 290米，陆域纵深1 000米，用地面积67.2万平方米，规划重点发展集装箱运输业务，已完成一期工程，建成2个5万吨级集装箱专用泊位，设计年吞吐能力80万标箱。2021年，集装箱外贸航线11条，主要至新加坡、越南、泰国、马来西亚、柬埔寨及中国香港等国家和地区，至欧美、非洲、中东等区域的货物主要通过新加坡及中国香港进行中转。

东海岛港区岸线34 110米，系湛江钢铁基地、中科合资广东炼化一体化项目和巴斯夫一体化项目生产配套的港区，已建成并对外开放生产性泊位11个，以大宗能源、原材料运输为主。

南海西部石油公司专用码头岸线384米，陆域纵深584米，用地面积17.5万平方米，生产性泊位5个，主要业务是进口大型海上钻井平台配件。

徐闻港区和大唐雷州电厂码头于2021年4月14日经国务院批准对外开放。大唐雷州电厂码头已临时对外开放运作。

**【惠州水运（海港）口岸】** 惠州港位于南海大亚湾西北隅，毗邻港澳。惠州港拥有超大型原油接卸泊位和具有可建大型干散货泊位的自然条件及丰富的土地资源，对发展石化、电力等能源型临港工业有独特优势。惠州港于1993年4月16日正式对外国籍船舶开放，包括荃湾港区、东马港区、港口碧甲作业区和亚婆角作业区，现有开放码头20座（其中亚婆角码头按二类口岸运作）共61个泊位，设计年吞吐能力13 903万吨及90万标箱，其中万吨级以上泊位27个。荃湾港区是惠州港的起步港区，是多功能综合性港区，以承担大宗散货物资转运和集装箱运输为主。东马港区是惠州港的大型石化港区，建有30

万吨级石化泊位 3 个、15 万吨级石化泊位 2 个，主要承担大亚湾石化区内生产企业的原材料及产成品装卸和广石化原油接卸服务，同时也为周边地区提供石化货物运输服务以及为海上石油钻井平台提供物资输送服务。港口碧甲作业区主要为临港工业区提供港口配套服务，以承担临港工业所需的工业煤炭、矿石等大宗散货接卸服务为主。亚婆角作业区现为沿海砂石出口作业点，主要提供矿建材料和非金属矿石等装卸服务。惠州港口岸开通中国台湾、中国香港、美国货运航线。

2022 年，惠州海港口岸进出口货运量为 3 497.70万吨，同比减少 18.3%；进出口集装箱 54 642 标箱（其中通过组合港方式 8 199 标箱），同比减少 8.8%；入出境船舶 2 409 艘次，同比减少 58.3%；入出境服务员工 35 843 人次，同比减少 54.1%。

**【广海水运（海港）口岸】** 广海港位于台山市广海湾华侨投资开发试验区，面临南海，原址在台山广海镇海港码头，距澳门 52 海里、香港 96 海里。广海港口岸于 1985 年 10 月经国家批准对外国籍船舶开放，客运于 1988 年 8 月开通香港客运航线，年客运量曾超过 10 万人次。1996 年 11 月该口岸客运迁往公益港，2007 年起暂停运行。货运于 1996 年规划迁建于鱼塘货运港区，可靠泊万吨级轮船。2014 年，台山市政府根据大广海湾的规划发展，拟将该港区规划调整升级为建设 5 万吨级泊位、规模更大的广海湾货运港区。广海海港口岸开放水域范围新增的国华粤电台山电厂进口煤专用码头，于 2012 年 12 月获准正式对外开放。该码头位于台山市广海湾东侧铜鼓湾内，建有 2 个 5 万吨级泊位（水工设计为 10 万吨级），港口接卸能力达到 1 300 万吨。

2022 年，国华粤电台山电厂累计完成 185 航次 1 249.06 万吨燃煤接卸，其中完成 40 航次 250.54 万吨进口煤接卸。

2022 年，国华粤电台山电厂已累计完成 2 324航次 15 123.50 万吨燃煤接卸，其中，累计接卸进口煤 228 航次 1 474.86 万吨。口岸的绿色畅通，确保了国能台山电厂电煤稳定供应，为广东省能源保供做出贡献。

**【阳江水运（海港）口岸】** 阳江港主要港区海陵湾港区位于广东省阳江市西南平冈镇，处于海陵湾的中部，水路东距香港 180 海里，距澳门 140 海里，距珠江口 190 海里，西距湛江 110 海里，海口 160 海里，北距广州 220 海里，陆路至广湛公路（325 国道）25 千米、广州 256 千米、湛江 230 千米，是广湛水陆交通线的中心点，在广州港、湛江港两个主枢纽港之间，与主枢纽港一起构成层次分明的水运体系，成为粤西中部和内陆地区重要出海门户，地理位置十分优越。1993 年 3 月 9 日，阳江港经国务院批准对外开放。2020 年 7 月 29 日，国务院批复同意阳江港口岸扩大对外开放。

海陵湾港区现有对外开放码头 6 个，其中：通用码头 1 个（由广东阳江港港务有限公司建设经营，码头岸线长 608 米，已建成 1 万吨级泊位 2 个、3.5 万吨级泊位 1 个，设计年吞吐量 395 万吨）；粮食码头 1 个（由阳江良港码头有限公司建设经营，码头岸线长 300 米，已建成 3 万吨级泊位 1 个，设计年吞吐量 180 万吨）；公用散杂货码头 1 个（由阳江市保丰港务有限公司建设和经营，码头岸线长 510 米，已建成 5 万吨级泊位 2 个，设计年吞吐量 381 万吨）。

阳江港主航道水深 12 米，港池和码头前沿水深 8.5~14.5 米，已按 10 万吨级航道进行疏浚改造，可满足载重 7 万吨船舶航行。

2022 年，阳江海港口岸进出口货运总量为 1 658.28万吨，同比增长 38.3%。其中，进口 1 633.25万吨，同比增长 38.5%；出口 25.03 万吨，同比增长 28.5%。进出境船舶 750 艘次，出入境人员 1.3 万人次。

**【潮州水运（海港）口岸】** 潮州港位于广东省东南部沿海，是广东省最东端的一个天然良港，它包括三百门、西澳、金狮 3 个港区，海岸线总长 136 千米，港区规划水域面积 230 平方千米。1994 年 11 月，国务院同意将三百门港更名为潮州港，并列为独立对外开放口岸；2003 年

12月28日，潮州港经广东省政府（受国务院委托）验收合格正式对外开放，对外开放水域115平方千米。潮州港可利用建码头、泊位岸线39千米，其中可建10万~30万吨级码头、泊位岸线10.4千米。截至2022年年底，潮州港已拥有对外开放码头6座，分别为三百门港务公司码头、广东大唐潮州三百门电厂5万吨级专用煤码头、华丰5万吨级和2 000吨级油气专用2个码头、潮州港亚太通用码头、小红山码头。

2022年，潮州港货运吞吐量646.8万吨，同比下降9.98%。

**【茂名水运（海港）口岸】** 茂名港位于广东省茂名市东南水东湾、博贺湾及北山岭，地处中国南部沿海、广东省西部，东接珠三角，西临北部湾，南濒南海，面向东南亚，北靠广阔的大西南、中南地区，是中国中南、西南地区的主要出海口，也是中国大陆距离马六甲海峡和南海油气田最近的港口，是广东省沿海地区性重要港口和地区综合运输体系的重要枢纽。茂名港陆路至广州380千米、湛江100千米；水路东距香港178海里、广州246海里，西距湛江68海里、海口134海里。规划茂名港划分为水东港区、博贺新港区、吉达港区，形成以水东港区为依托、博贺新港区为重点、吉达港区为重要组成的“一主两副”总体发展格局。茂名港水东港区已开通港澳驳船班轮航线。主要进出口货物包括原油、成品油、煤炭、粮食、矿建材料、化工原料及制品、钢铁等。茂名港是广东省沿海地区重要港口和地区综合运输体系的重要枢纽，是粤港澳大湾区、广东省沿海经济带西翼新增长极、茂名市经济社会发展和对外开放的重要依托，是茂名滨海新区开发建设的重要引擎，是茂名市调整产业结构、承接产业转移、发展临港产业的重要支撑。

2022年，茂名海港口岸进出口货运总量为1 435.3万吨，同比增长5.8%。其中，进口1 315.9万吨，同比增长7.2%；出口119.4万吨，同比下降7.8%。

**【揭阳水运（海港）口岸】** 2010年12月9日，国务院批复同意揭阳港神泉港区对外开放。同年，广东省人民政府批复同意《揭阳港总体规划》，揭阳港定位为广东省沿海地区性重要港口，规划港口岸线75.8千米，其中榕江港区岸线32.7千米、惠来沿海港口岸线43.1千米，总体布局为“两港（港区）十区（作业区）”，即惠来沿海港区和榕江港区。2019年4月27日，国务院批复同意揭阳港口岸扩大开放惠来沿海港区和榕江港区。截至2022年12月31日，揭阳港口岸拥有正式对外开放码头共2个，分别为中海油粤东LNG项目15万吨级专用码头和广东粤电靖海发电公司专用煤码头；已获批临时对外开放的码头1个，为中委合资广东石化原油码头。

2017年2月7日，揭阳港神泉港区通过国家验收，实现正式开放。神泉港区主体工程项目为中海油粤东LNG项目15万吨级专用码头（简称中海油粤东LNG码头），设计货运年吞吐能力为600万吨，可靠泊8万~26.7万立方米液化天然气船舶的泊位及1 000吨级重件泊位各1个。该项目主要为满足液化天然气（LNG）的装卸作业及气化输出，按照设计要求，项目LNG来源全部从国外进口。2017年4月25日，装载进口天然液化气的首艘境外货轮顺利停靠中海油粤东LNG码头，中海油粤东LNG码头投入正式运营。2022年，中海油粤东LNG码头共进口天然液化气51航次318.19万吨。

2021年2月1日，广东粤电靖海发电公司专用煤码头通过国家验收，实现正式开放。码头岸线长563米，建设有2个10万吨级泊位煤码头（按15万吨级船舶设计）、1个3 000吨级泊位综合码头，共3个泊位。2022年，惠来电厂码头共进口煤14航次106.3万吨，货值10.41亿元。

2022年9月8日，交通运输部批复同意中委合资广东石化原油码头临时开放，期限为2022年9月8日至2023年3月3日。码头位于惠来县靖海镇石碑山灯塔东侧海域，项目建设30万吨级原油泊位1个（水工结构按靠泊40万吨油轮设计），设计年通过能力为2 000万吨。截至2022年年底，已有8船次进口原油船安全靠泊原油码头，进口原油约209万吨，货值约94亿元。

**【南海水运（河港）口岸】** 南海港三山港区位于佛山市南海区三山港经济开发区，于1996年经国务院批准将南海客运港与三山装卸点合并为客货运对外开放口岸，港区码头岸线长420米，3 000吨级泊位7个，港区总面积40万平方米，堆场面积23万平方米，开通接驳航线有南海—香港/盐田/蛇口/赤湾/南沙/大铲等班轮。港区配备CCTV、X光机货物查验系统、闸口集装箱自动识别系统等查验设备。进出口货物种类主要为再生金属、木材、家电、汽车零配件等。口岸实行全天24小时运作。现由和黄港口南海有限公司与佛山市南海瀚和投资有限公司共同投资设立的南海国际货柜码头有限公司负责经营。

2022年，南海港完成集装箱吞吐量28万标箱，进出口货运量199.5万吨。

**【斗门水运（河港）口岸】** 斗门港位于广东省珠海市斗门区珠江出海口的磨刀门水道，客、货运码头岸线总长950米，河面宽1 300米，航道水深3~8米，无须清淤。内河可直达广东江门五邑、粤西腹地，外可直达香港（54海里）、澳门（17海里）。陆路有宽阔的输港公路直达珠海市区、澳门、珠海机场，以及与省内主要交通干道相连，水陆交通十分便捷畅顺，天然条件优良，是港澳连接珠海西部地区、粤西地区重要的对外开放口岸。斗门港口岸是客货运综合港口口岸，包括斗门港客运口岸和斗门港货运口岸。

斗门河港口岸客运码头于1987年10月31日经国务院批准对外开放，1991年1月28日建成试航，1992年11月8日国务院口岸办组织验收，并批准正式通航。建有4 800平方米的客运联检大楼，有客运经营公司、商场、车队等经营服务单位。近年来，随着珠海和港澳交通的便利化，斗门港客运进出境客流下滑，但客运口岸仍保持正常运营。受新冠疫情影响，自2020年1月27日起停运。

斗门河港口岸货运码头属于原二类口岸，位于斗门港客运口岸的北侧，占地5万多平方米，查验管理由斗门港客运口岸的查验机构覆盖，于1993年2月获批设立，1994年6月18日建成试航。港口经营单位珠海斗门珠船集装箱码头有限公司，其母公司为珠江船务企业（集团）有限公司（为省属国企广东省航运集团有限公司属下在香港设立的上市公司），码头配套设施设备完善，所处地理位置优越，具有良好水域条件、优良的通关环境和强大的集疏运能力。码头经营范围包括但不限于港区内货物（包括建筑材料，不限于沙石）装卸、仓储（不含危险品仓储）；道路货物专用运输（集装箱）业务。主要有码头装卸、散货拼箱、甩挂运输、拖车服务、仓储服务、综合物流、港珠澳大桥查验服务，拥有进口水果口岸资质，粤港车业务以及内贸业务。货运口岸经营公司拥有1个3 000吨级、1个1 000吨级的集装箱码头，码头场地面积5.3万平方米，码头泊位岸线203米，可同时靠泊3艘船舶，码头的货运年吞吐量能力达到15万标箱。

2022年，斗门港货物吞吐量1 106 174吨，集装箱吞吐量61 122标箱。

**【容奇水运（河港）口岸】** 顺德港客运口岸（原容奇港客运口岸）于1986年经国务院批准开设，1987年12月通过国家验收正式对外开放启用。容奇港于1995年9月经广东省政府批准搬迁至现址并易名为顺德港。顺德港位于顺德大良德胜河板沙尾，距香港62海里，陆路距广州和佛山各40千米，距东莞50千米、珠海90千米，城际轻轨经港口而过，水路、陆路交通十分便利。港口岸线长260米，港区占地7.28万平方米，建筑面积2.93万平方米。顺德河港口岸现建成有10条自助查验通道及一套信息采集系统，也是佛山市内最大的水路客运口岸，平均每天有7个以上航班往返顺德港至香港中港城码头。现由佛山市顺德区顺港客运联营有限公司负责经营。

受新冠疫情影响，自2020年1月30日起顺德港客运口岸往返香港航线暂停营运，2022年保持停运。

**【高明水运（河港）口岸】** 高明港位于佛山市西翼的西江之滨，水路距香港101海里，分为高明港客运口岸、高明外贸货物装卸点。高明港客运口岸于1992年12月经国务院批准对外开放。高明港客运口岸现有直接通航航点（航线）到香港中港城。现由佛山市高明区明珠客运联营有限公司负责经营。受新冠疫情影响，自2020年1月30日起高明港客运口岸往返香港航线暂停营运，2022年香港航线保持停运。

**【虎门水运（河港）口岸】** 虎门港位于珠江口东岸，于1997年6月27日经国务院批准设立。2003年9月28日，虎门港口岸经国务院批准正式对外开放；2016年，虎门港经交通部批准虎门港更名为东莞港，口岸暂未更名。虎门港口岸开放范围自北向南包括麻涌、沙田、沙角和长安4个港区，截至2022年12月31日，纳入虎门港对外开放的货运码头有28座，泊位71个。集装箱外贸直航7条，其中2条中国台湾地区航线、2条越南海防线、1条越南胡志明线、1条柬埔寨/泰国航线、1条马来西亚航线。

虎门港（太平）客运口岸于1982年6月24日经国务院港口工作领导小组批准开通，1984年7月2日正式通航。现有2条航线：一是2003年9月29日开通东莞至香港机场航线，每日5进5出，共10个航班，1 996个座席；二是2019年10月11日开通东莞至澳门氹仔码头航线，每天两进两出，有800个座席。受新冠疫情影响，2022年，虎门太平客运口岸暂停运营。

2022年，虎门港完成货物吞吐量1.70亿吨，同比下降9.92%，其中，外贸货物吞吐量累计完成2 928.57万吨，同比下降17.32%；集装箱吞吐量累计完成361.48万标箱，同比下降1.90%，其中，外贸集装箱吞吐量累计完成45.51万标箱，同比增长71.40%。

**【中山水运（河港）口岸】** 中山港自1985年建成通航。2016年8月10日，中山河港口岸扩大开放通过国家验收，其中中山港区、神湾港区（含盛世游艇码头）对外籍船舶开放，小榄港区、黄圃港区对国内船舶开放。经过30多年的发展，中山市已形成东部有中山港区（含中港客运码头）、南部有神湾港区（含神湾游艇码头）、北部有黄圃港区、西北部有小榄港区的环形码头布局。另外，在东部的民众镇设有中山保税物流中心车检场，在西北部的小榄镇设有小榄车检场。

中山港港区对外籍船舶开放。该港区位于中山市火炬开发区，水路距香港54海里、澳门51海里，向东进入伶仃洋与国际航线相通，内河接珠江水网，公路以广珠东线、京珠高速公路为骨干线，中山港港区河宽平均400米，水深7～10米，现可通航3 000吨级江海轮。港区内设客运码头1个，经营方为中港客运联营有限公司；公共货运码头2个，分别为中山港国际货柜码头和中外运码头，经营方分别为中山港货运联营有限公司和中山中外运仓码有限公司。中山港港区已开设的固定航线有中山港—香港、中山港—深圳、中山港—南沙，已发展为集客货运于一体，年均入出境旅客100多万人次、进出口货物600多万吨的综合性水运口岸，服务区域覆盖了全市各个镇区及中山周边城市。

神湾港区对外籍船舶开放。该港区位于中山市南部神湾镇，陆路距中山港区48千米，水路距香港52海里，主要辐射神湾、三乡、坦洲、板芙等镇区。神湾港区内设公共货运码头1个和游艇码头1个，货运码头经营方为中山市神湾港货运联营有限公司；游艇码头位于神湾镇磨刀岛磨刀门水道东岸，经营方为广东盛世游艇会有限公司，该码头拥有齐全的查验配套设施供游艇进出境查验使用，已开通中山与澳门游艇自由行。

小榄港区对国内船舶开放。该港区位于中山市西北部的小榄镇，陆路距中山港区35千米，水路距香港75海里，主要辐射中山市小榄、南头、古镇、东凤、黄圃、阜沙、东升等镇区以及顺德等周边地区。小榄港码头岸线长度364米，建有1 000吨级货轮泊位8个，经营方中山市小榄港货运联营有限公司。

黄圃港区对国内船舶开放。该港区位于中山市北部的黄圃镇洪奇沥水道南岸，主要服务于中山市北部镇区，同时辐射佛山市顺德区和广州市番禺区。设计年吞吐能力190万吨，其中集装箱9万标箱、件杂货100万吨，经营方中山市黄圃港货运联营有限公司。

2022年，中山河港口岸进出口货物318.47万吨，其中集装箱运输97.12万标箱。

**【江门水运（河港）口岸】** 江门河港口岸是江门市具有百年悠久历史的客运口岸（通航香港、澳门），原位于江门北街，1997年6月迁至西江河段江门外海大桥下游1.5千米处新港，地址为江门市江海区金瓯路1号，水路距香港75海里、澳门38海里。口岸占地面积8万平方米，码头长度133米，500吨泊位3个，设计年客运通过能力100万人次。查验综合大楼建筑面积4万平方米，大楼内出入境查验通关大厅、候船厅、免税商场、地下车库等口岸功能设施齐全，港口广场及绿化面积6.5万平方米。中华人民共和国成立以来，该口岸大部分时段保持通航澳门，1982年5月扩大开放通航香港。20世纪90年代最鼎盛的时候码头有5艘高速客船，年客运量达52万人次，随着陆路交通网络发展、便捷，江门港客运量逐年下降，至2017年只余1艘船舶“蓬莱湖”，且于2017年12月29日到期报废。2017年3月18日，经市政府研究同意，造船保港；新船于2018年8月底投入营运，客位199个，与珠海斗门港挂港联运，日常每天2个航班往返于江门至香港，直航单程需2小时50分钟左右，节假日进出境客流高峰时，每天进出航班会增开到4个。2017年，出入境旅客84 719人次；2018年为空档期；2019年，出入境旅客44 349人次。受疫情影响，从2020年1月30日起停航，2022年继续停航。

**【新会水运（河港）口岸】** 新会河港口岸位于潭江下游的银洲湖左岸，于1992年9月2日经国务院批准客运对外开放，2003年暂停运行。2001年9月23日，新会河港口岸经国务院批准货运对外开放，包括天马货运港区及口岸开放水域范围的双水发电厂进口煤专用码头、银湖船舶维修专用码头、宜大化工品专用码头。其航道经崖门出南海，天然水深8~13米，是少有的内河优良建港水域，交通便利，水路距香港98海里、澳门47海里，陆路紧靠广东西部沿海高速公路和广珠铁路。天马货运港区可靠泊外国籍船舶，一期工程于2001年12月建成通过验收对外开放启用，建成使用的港区占地面积12.80万平方米，基本设施建有长323米的码头，含5 000吨级泊位2个、500吨级泊位1个，仓库4 800平方米，集装箱及件杂货堆场共5万平方米，建筑面积近4 000平方米的综合联检办公大楼，进出港道路为6车道一级水泥公路。港口运作配套设施较先进、齐备，装卸运输设备主要有门座起重机4台（最大起重能力45吨），各型集装箱牵引车、叉车和运输车50多辆，港口作业船1艘。设计年货物吞吐能力100万吨，其中集装箱10万标箱。二期工程（2个1万吨级泊位，兼顾3万吨级功能）于2019年11月建成通过验收对外开放启用。现天马港区共建有5个泊位，岸线总长678米，设计年货物吞吐量为177万吨，其中集装箱19万标箱。港区面积27.2万平方米，堆场面积12万平方米，仓库面积2万平方米。5 000吨级海轮可全潮、1万吨级海轮可乘潮进出港。

2022年，新会河港口岸进出口货物107.07万吨，同比下降31.5%；进出口集装箱5.68万标箱，同比下降22.7%。

**【鹤山水运（河港）口岸】** 鹤山河港客运口岸位于广东省鹤山市西江河段、325国道九江大桥侧的沙坪河口与西江的汇合处（通航香港），鹤山沙坪镇口岸路，于1988年4月27日经国务院批准对外开放，1989年1月28日开通鹤山至香港的水路客运航线。港区岸线长260米，码头长48米，泊位1个；建有旅检大楼300平方米，内设6条旅客进出境通道，候船厅、免税商场、停车场等设施齐备。目前由佛山高明港高速客轮挂港联运，每天1进1出共2个航班，每航次约需2小时30分钟。

受新冠疫情影响，2022年，鹤山河港客运口岸暂停运作。

**【三埠水运（河港）口岸】** 三埠河港客运口岸位于广东省开平市三埠镇长沙港口路、潭江中下游左岸，距香港146海里、澳门80海里，于1982年6月24日经国务院批准对外开放，1984年4月1日建成并开放使用，通航港澳。码头长度82米，泊位2个，旅检大楼面积4 049平方米。年客运量曾达到20多万人次。2007年9月起，因客运量不足，取消直航航班，通过与中山港合作开展“三埠—中山—香港”水陆联运模式接送旅客。2009年6月起，暂停客运业务，2010年7月三埠港客运码头暂改为内贸集装箱装卸区，并于同年8月开始兼营内贸集装箱装卸业务。

## 原二类口岸

截至2022年年底，广东省共有保留运作的原二类口岸84个。择其中部分介绍如下：

**【容奇装卸点】** 容奇装卸点内设容奇码头，是1987年12月经广东省口岸办批准正式启用的二类口岸，地处西江下游的容桂水道，位于广珠公路容奇大桥东侧，距香港63海里、深圳48海里，现有泊位10个，码头岸线长636米，港区面积为12万平方米，货物年吞吐量200万吨、80万标箱。每天有多班往来香港的集装箱船、件杂货船和多班往来深圳、南沙的进出口直航驳船。码头内还设有进出境货运车辆查验场。2022年，进出口货运量30.8万吨，主要出口货物为家用电器、五金制品，主要进口货物为装饰材料（亚克力板）、塑料粒、塑料化工品。现由佛山市顺德区容奇港集装箱码头有限公司经营。

**【北滘装卸点】** 北滘装卸点内设北滘码头和勒流码头。北滘码头于1992年10月动工兴建，是1993年3月经广东省口岸办批准设立的原二类口岸，1994年12月通过验收投入使用，2011年完成扩建。码头位于北江顺德水道的北岸，105国道三洪奇大桥东面，碧桂路西面的北滘工业园内。港口泊位岸线长800米，港区面积31万平方米，货物年吞吐量280万吨、80万标箱。港区内设有进出境货运车辆查验场。2022年，北滘码头进出口货运量153万吨，主要出口货物为家用电器、五金配件，主要进口货物为塑料粒、再生五金料、水果。北滘码头一期、二期现分别由佛山市顺德区北滘港货运联营有限公司和佛山市顺德区盛湖投资有限公司经营。勒流码头是1993年3月经广东省口岸办批准设立的原二类口岸，地处顺德区北江水道南岸的稔海—黄连段，距香港70海里、深圳55海里、广州黄埔港68海里，现有泊位9个，码头岸线长600米，港区面积为30万平方米，货物年吞吐量200万吨、80万标箱。港区内设有进出境货运车辆查验场。2022年，勒流码头进出口货运量125万吨，主要出口货物为五金配件、家用电器、集装箱货柜，主要进口货物为原木、再生塑料、塑料粒。现由佛山市顺德区勒流港货柜码头有限公司经营。

**【了哥山港装卸点】** 佛山港了哥山港区内设顺德新港码头，是2019年3月经广东省口岸办批复同意对外开放的原二类口岸，2019年4月正式对外开放。了哥山港（即顺德新港）一期位于广东省佛山市顺德区西江干流杏坛南华岸线，是招商局港口控股有限公司和广东顺德控股集团有限公司联合打造的第一个内河港口。了哥山港水域条件优厚，港口设施齐全，功能布局合理，总投资超8亿元，拥有岸线长度438米，陆域堆场18.4万平方米，4个3 000吨~5 000吨级的多用途泊位，货物年吞吐量200万吨、50万标箱。2022年，进出口货运量47万吨，主要出口货物为家用电器、五金制品、机械设备，主要进口货物为木方、再生五金料、再生塑料。现由广东颐德港口有限公司经营。

**【佛山新港装卸点】** 佛山新港装卸点内设新港码头，是1993年经广东省口岸办批复同意对外开放的原二类口岸。自2019年6月30日起，佛山新港码头关闭。

**【澜石装卸点】** 澜石装卸点内设澜石码头，是1979年经广东省省口岸办批复同意对外开放的原二类口岸。自2019年12月31日起，佛山澜石码头关闭。

**【九江装卸点】** 九江装卸点内设九江码头，是1979年经广东省省口岸办批复同意对外开放的原二类口岸，位于南海区九江镇东南段，现有 45 吨轨道门座机 6 台，集装箱龙门吊 6 座，码头岸线长 330 米，驳船泊位 5 个（其中外贸 5 000 吨级泊位 3 个、内贸 5 000 吨级泊位 2 个），集装箱年吞吐量达 60 万标箱。2022 年，进出口货运量 269.7 万吨，主要进出口货物为木材、家电、钢材等。现由佛山中外运仓码有限公司经营。

**【平洲装卸点】** 平洲装卸点内设南港码头，是 1989 年经广东省省口岸办批复同意对外开放的原二类口岸，位于南海区永安路 1 号。自 2021 年 8 月 19 日起，南港码头关闭。

**【北村装卸点】** 北村装卸点内设北村码头，是 1987 年经广东省省口岸办批复同意对外开放的原二类口岸，位于珠江口水道广州珠江大桥上游，码头岸线长 119.5 米，设有 1 000 吨级的集装箱泊位 1 个、500 吨级的散货船泊位 2 个，集装箱堆场面积 1.48 万平方米，仓库面积 147 平方米；口岸实行“6+1”工作制（即星期一至星期六正常上班，星期天预约上班）。2022 年，进出口货运量 46.2 万吨，主要进出口货物为大米、钢材等。现由佛山北村珠江货运码头有限公司经营。

**【高明港装卸点】** 高明港装卸点内设珠江货运码头和食出码头。珠江货运码头是 1992 年经广东省口岸办批准设立的原二类口岸，位于高明区荷城沿江路 11 号，建有 4 个 3 000 吨级泊位。2022 年，进出口货运量 269.62 万吨，主要进出口货物为再生金属、木方、面纱、瓷砖、家电、陶瓷机械等。现由佛山高明珠江货运码头有限公司负责经营。食出码头是 1985 年经广东省口岸办批准设立的原二类口岸，位于高明区荷城沿江路 253 号，设有 1 500 吨级泊位 1 个，集装箱堆场 1.6 万平方米，拥有物流仓库 4 000 平方米、保税仓出口监管仓 1 200 平方米、冷冻仓库 400 平方米。2022 年，进出口货运量 7.51 万吨，主要进出口货物为塑料、陶瓷泥、瓷砖等。现由海晏（广州）国际货运代理有限公司经营。

**【三水港装卸点】** 三水港装卸点内设三水港码头，是 1996 年 4 月经广东省口岸办批准设立的原二类口岸，码头位于西江马口段，2000 年 6 月正式启用，外贸集装箱年吞吐能力 30 万标箱。三水口岸三水港地处珠江—西江经济带黄金水道中游，扼西江、北江、绥江三江交汇的咽喉要道，距香港 114 海里、深圳 100 海里、南沙 85 海里，驳船航班星期一至星期六每天往返香港、南沙、深圳西部港区。2022 年，三水港年货运量 225.6 万吨，主要进口货物为大宗生产原材料如棉纱、塑胶粒、金属原料等，主要出口货物为陶瓷、小家电、玻璃制品等。现由佛山三水中外运货运港口有限公司经营。

**【西南装卸点】** 西南装卸点内设西南码头，是 1986 年经广东省口岸办批复同意迁建并更名的原二类口岸，位于北江下游东平水道左岸，码头岸线长 400 米，有 1 000 吨级泊位 4 个。

**【江门高新区公共码头】** 江门高新区公共码头是江门主城区高新区公共码头的一期项目，由江门市江海区政府和招商局集团旗下的统一物流运营平台中国外运联合开发。码头位于江门市江海区连海路 433 号，中江高速、江珠高速外海收费站附近，具有良好的公路集疏运条件，处于珠江水系“一横一网三线”的航道布局之中，沿西江干线上行，可通往广东西北部、广西和贵州等港口，沿珠三角航道网可穿航珠三角各港口，其中距离南沙港约 50 海里、深西码头约 55 海里、虎门港约 58 海里、香港约 65 海里、盐田约 100 海里。此项目占地面积约 40 万平方米（自北向南），岸线约 732 米，码头前沿停泊水深 7.7 米，拟建 6 个 3 000 吨级多用途泊位，设计年吞吐能力为集装箱 70 万标箱、件杂货 120 万吨，项目总投资约 11.89 亿元，建成之后将是江门地区最大的智慧环保型内河二类口岸。

江门高新港分期建设，2021 年先期项目落成，投入使用岸线长度 432 米，3 000 吨级多用途泊位 3 个，重型吊装设备 11 台（3 台桥式岸吊、2 台门机岸吊、6 台堆场龙门吊），堆场面积 40 万平方米，集装箱堆位超 2 万标箱，仓储面积 1.6 万平方米，主要进口木方、胶粒等货物，主要出口家用电器、摩托车、纸制品等货物。截至

2022 年年底，高新港已开通有 4 条航线，包括香港线、南沙线、深西线和盐田线。码头场内应用了人工智能电子闸口、RMG 远程操控、AI 视频监控、电子围栏、水上智慧物流系统等先进技术，实现业务线上化、结算自动化、操作智能化、监管电子化，为大湾区乃至粤西和整个西江水系的产业链稳定和供应链安全提供物流保障。

**【台山公益装卸点】** 台山公益装卸点是国家二类口岸，港口位于台山北部的潭江南岸，水路距香港 144 海里，陆路距新台高速 3.5 千米、开阳高速 3.0 千米，地理位置优越，货源腹地可辐射珠三角及粤西地区。码头岸线长达 435 米，有 4 个 2 500 吨级泊位，堆场面积达 19.6 万平方米（外贸码头面积 4.8 万平方米、内贸码头面积 14.8 万平方米），仓储面积 5 000 平方米。码头共安装有 4 台 GQ4026 国定式 40T 起重机和 4 台 40T 龙门吊；配套集装箱正面吊运机 8 台和叉车等场内中转机械 1 批；拥有 37 台集装箱拖车和配有 45 台集装箱自卸车及拖卡 68 台，码头年吞吐能力可达 370 万吨。

**【三埠港货运码头装卸点】** 1985 年 5 月建成启用，1998 年 10 月经省人民政府与海关总署确认为继续保留运作的原二类口岸，内设海关监管货运场和来往港澳货运车辆检查场各 1 个。港区陆域面积约 33 197.34 平方米，岸线 305 米，拥有 3 个 1 000 吨级泊位。现有三埠—香港，三埠—南沙、蛇口 2 条进出口货运航线。

**【鹤山港装卸点货运码头】** 鹤山港装卸点货运码头长 160 米，拥有集装箱泊位数 3 个，船舶最大可停载 3 000 吨，堆场面积 10 万平方米，仓库面积 4 500 平方米，主要经营鹤山往返香港的进出口集装箱以及散杂货全程多式联运业务，主要进出口货物有儿童图书、线路板、原纸、铝易拉罐、橡胶木方等。2022 年，鹤山口岸进出口货物 46.36 万吨，水运进出口集装箱吞吐量稳步提升。

**【湛江港长桥作业区】** 湛江港长桥作业区位于湛江市霞山区，由霞山长桥码头、渔业公司旧码头和富多石油液化气专用码头 3 个码头组成。霞山长桥码头、渔业公司旧码头是 1982 年经广东省口岸办批准设立的原二类口岸。霞山长桥码头为湛江口岸对台小额贸易点。

**【湛江港北潭作业区】** 湛江港北潭作业区位于雷州半岛西北部的英罗湾，是 1993 年经广东省口岸办批准设立的原二类口岸装卸点，1998 年被广东省政府列为暂停运作需进行调整的口岸装卸点，2003 年经广东省政府批准恢复运作。

**【湛江港营仔作业区】** 湛江港营仔作业区位于雷州半岛北部，是 1993 年经广东省口岸办批准设立的原二类口岸装卸点，1998 年被广东省政府列为暂停运作需进行整顿的口岸装卸点，2004 年经广东省政府批准恢复运作。

**【湛江港流沙作业区】** 湛江港流沙作业区位于雷州半岛西南端，是 1989 年经广东省口岸办批准设立的原二类口岸装卸点，1998 年被广东省政府列为暂停运作需进行整顿的口岸装卸点，2004 年经广东省政府批准恢复运作。

**【湛江港海安作业区】** 湛江港海安作业区位于祖国大陆最南端，是 1981 年经广东省口岸办批准设立的原二类口岸装卸点，1995 年被广东省政府批准为对越南小额贸易试点口岸，2008 年改扩建 1 000 吨级件杂货综合性码头，并于 2015 年 1 月 8 日被广东省口岸办批准为海安作业区新址，同年 1 月 28 日该作业区开通“湛江—海安—香港”集装箱航线，正式开展对外业务。

**【肇庆港口岸肇庆港区（新港码头、三榕港码头）】** 新港码头为保留运作的原二类货运口岸，位于肇庆市鼎湖区广利镇，国道 321 线鼎湖路段院主处向南 6 千米，是交通运输部确定的全国 28 个内河主要港口之一，西江流域枢纽港口；常年水深 6 米，有 5 000 吨级泊位 2 个；地处珠江水系的西江中下游，上游可至梧州、贵港、南宁、百色，下游通过虎跳门的出海航道可通航 5 000吨级江海轮，是珠三角重要的内河枢纽港口；主要进出口货物种类为松香、再生金属、纸浆、瓷砖。新港码头已开通往返香港的外贸定期班、往返深圳西部港口及广州南沙港的外贸内支线驳船航班服务，其中，往返香港航线为每周

一、三、五新港码头开航，每周二、四、六香港开航（22 小时到肇庆），西部港口（蛇口、赤湾、妈湾、大铲湾）及广州南沙港按实际需要开航。2021 年 12 月，新港码头开通了“新港码头—深圳蛇口港”组合港通关模式。三榕港码头为保留运作的原二类货运口岸，位于肇庆市端州区西侧的端州八路，西江的中下游，毗邻 G321 国道，距离 S8 广佛肇高速路口 6.7 千米，可以通航3 000吨～5 000 吨级驳船，是东引西连的枢纽门户。外贸集装箱以石材、陶瓷、粮食、机械设备货种为主，外贸散杂货以石粉、散竹、松香货种为主；具备进境粮食指定口岸资质。三榕港码头已开通航线有三榕港码头—香港、三榕港码头—广州南沙港、三榕港码头—深圳西部港区（蛇口、赤湾、妈湾、大铲湾）。

**【肇庆港口岸四会港区】** 四会港区为保留运作的原二类货运口岸，位于肇庆市四会市进港路，地处西江和北江交汇处附近，毗邻佛山三水，连接珠江三角洲核心经济区，是肇庆地区各港口中距离区域性枢纽港（海港）最近的一个港口。主要进出口货物种类有纸浆、糖浆、棉纱、松香、橡胶、再生金属原材料、胶粒、陶瓷、铝锭、板材、电池、厘竹、纸巾、饭盒、玻璃瓶等。四会港区已开通航线有四会港区—香港、四会港区—广州南沙港、四会港区—深圳西部港区（蛇口、赤湾、妈湾、大铲湾）、四会港区国际中转（经香港）—深圳盐田港。2021 年 12 月，四会港区开通了“四会港区—深圳蛇口港”组合港通关模式。

**【肇庆港口岸高要港区】** 高要港区为保留运作的原二类货运口岸，位于肇庆市高要区南岸镇，上游连接云浮、广西梧州等地，下游达中山、江门、广州、香港、澳门，主要承接西江以南的货物进出口业务。高要港区周边地区的厂家主要以石材、陶瓷、五金、土特产（桂皮、松香）及家禽饲料产业为主。港口提供进出口货物装卸、配送、水陆中转、水转水、仓储、拼箱、代理报关等“一站式”服务业务。主要进出口货物种类为石材、陶瓷、土特产以及米糠等。高要港区已开通航线有高要港区—香港、高要港区—广州南沙港、高要港区—蛇口港、高要港区—妈湾港等。2020 年，高要港区借助 AI 人工智能识别等技术设备，建成“数字智能化”内外贸分流管控系统，通过“同泊位、同堆场、同吊机和分时分区管理”，实现生产要素内外贸共享，24 小时自动判别集装箱属性，满足口岸按需调整内外贸经营的实际需求，降低口岸生产经营的合规成本。2021 年 10 月，高要港区开通了“高要港区—深圳蛇口港”组合港通关模式。

**【清远港装卸点】** 清远港装卸点位于北江四路 10 号，107 国道旁，距离广州约 70 千米，水路距离香港约 160 海里，航时约 18 小时。1993 年 4 月，经广东省口岸办公室批准设立为清远港进出口货物装卸点；1998 年，经广东省人民政府、海关总署确认为继续保留运作的原二类口岸。码头作业区占地面积约 4.1 万平方米，其中堆场总面积约 3.2 万平方米、监管仓库 1 300 平方米，码头岸线 236 米，拥有 4 个 1 000 吨级泊位，配备有 50 吨、45 吨、35 吨集装箱岸吊各 1 台，集装箱正面吊车 4 台，集装箱拖车和多功能叉车 20 多辆，码头设计年吞吐能力为 120 万吨。现开通清远港往返香港、澳门小型船舶运输以及外贸内河中转运输航线。主要进出口货物种类为塑胶料、高岭土、硼钙石、锆英砂、陶瓷、纸巾等。根据清远港经营企业统计，2022 年，进出口货运量 51.42 万吨，集装箱吞吐量 3.668 7 万标箱。口岸实行“5+2”工作制（即星期一至星期五正常上班；星期六、星期日及法定节假日预约上班）。现由清远珠江货运码头有限公司经营。

**【英德港装卸点】** 英德港装卸点位于英德市大站镇北江中游，码头拥有岸线 319 米，千吨级泊位 5 个，占地总面积约 7 万平方米。英德明珠货运码头是持有内外贸经营资质的综合性公共港口码头，持有清远市交通运输局颁发的 1#泊位“港口经营许可证”，由于英德港务所退出、北江千吨级航道整治、北江二线船闸修建等原因，导致英德港装卸点长期未运作。目前英德明珠港主营内贸，码头现有设施设备齐全，并与多家公司建立长期合作关系。码头年平均水深能达到3米以上，常年保载2 000载重吨船舶的正常装卸运营。2022年，散货类吞吐量约300万吨，主要货种为煤、石子、砂、石矿、木材木片等。英德明珠货运码头是北江英德段连接韶关和珠三角地区的主要物流装卸点，已与省港航集团、金光集团等达成了合作意向，在内、外贸集装箱运营方面做出了前期的部署。

**【云浮水运（河港）口岸】** 云浮新港口岸位于西江中游南岸云安区六都镇，地处两广航运节点，且航道水深优良，水陆铁交通十分便利，下达广州113海里、珠海149海里、香港177海里，上溯广西梧州60海里。云浮新港口岸陆路与国道324线相连，距广梧高速公路云安区出口7.5千米、云浮市区18千米、广州178千米，是连接沿海与内地、连接珠三角与大西南的交通要冲，是云浮建设两广（广东、广西）交通纽带的重要节点。2021年4月22日，广东省口岸办批复同意将云浮六都装卸点的口岸功能整体搬迁至云浮港都骑通用码头口。该码头正在建设中。

云浮新港口岸现开通云浮新港至香港、深圳蛇口、广州南沙、珠海高栏等港口的船舶往来航线，在“云浮—香港”定期航班的基础上，开通了“云浮—南沙”出口航线。开通梧州赤水—云浮水运（河港）口岸内支航线及云浮水运（河港）口岸—梧州大利口航线。主要进口货物种类为石材、纸浆等，主要出口货物种类为石材、陶瓷、电池、钛白粉等。

**【惠州红海港水运（河港）口岸】** 惠州红海港装卸点是1985年11月5日经广东省人民政府批准开设的原二类口岸，是东江流域的重要河港口岸之一，1998年10月经广东省人民政府、海关总署确认为继续保留运作的原二类口岸，2005年作为新开口岸项目列入《国家“十一五”口岸发展规划》。该装卸点包含恒盛集装箱码头和宏兴码头，2010年6月经广东省人民政府审核后定名为“博罗港口岸”（含红海港区和宏兴港区），并上报国务院审批。其中，恒盛集装箱码头位于博罗县石湾镇江滨路，设有500吨级泊位2个，设计年吞吐能力为60万吨；宏兴码头位于博罗县龙溪镇，始建于1998年10月，建有500吨级泊位10个，设计年吞吐能力为500万吨。经广东省口岸办组织验收合格，宏兴港区从2013年3月6日起对来往港澳国轮开放启用，按原二类口岸模式运作。近年，随着对外贸易发展模式的改变和口岸通关政策的调整，该装卸点业务量大幅下降，码头经营困难，资金投入不足，口岸查验设施升级改造不到位，无法满足查验监管要求。红海港区和宏兴港区分别于2012年和2017年起暂停运作。

## 深圳市

**【口岸数量及分布】** 截至2022年年底，深圳市拥有经国务院批准的对外开放口岸16个。其中，空运口岸1个，即深圳空运口岸（深圳宝安国际机场）；陆路（公路）口岸7个，分别为罗湖、文锦渡、皇岗、沙头角、深圳湾、福田、莲塘公路口岸；陆路（铁路）口岸2个，分别为广深港高铁西九龙站、深圳（笋岗）铁路口岸；水运（海港）口岸6个，分别为盐田、大亚湾、蛇口、赤湾、妈湾、大铲湾海港口岸。

**【口岸运行数据】** 2022年，经深圳口岸出入境人员445.7万人次，日均1.2万人次；出入境车辆218.5万辆次，日均0.59万辆次；深圳海港口岸集装箱吞吐量3 003.6万标箱，当年累计同比上涨4.41%；进出口货物21 052万吨，当年累计同比上涨0.96%。深圳机场空港口岸出入境旅客15.3万人次，当年累计同比上涨65.2%；国际空运货物71.2万吨，当年累计同比上涨19.4%。

**【口岸综合管理】** 口岸规划建设。一是高质量编制完成深圳口岸“十四五”规划。与海关、边检、海事等中央驻深查验单位共同开展“十四五”规划编制工作，成为全国首例由地方口岸主管部门与中央驻深查验单位共同发布的专项规划，同时也是首次与港方交流口岸专项规划编制，突出深港口岸独特的功能定位和历史使命。高效推进皇岗口岸重建。二是新皇岗口岸综合楼项目已完成全部报批报建手续，总投资估算18.68亿元。截至2022年12月31日，项目土石方开挖已完成，大楼核心筒已施工至地面，地下室主体结构已施工至地下负一层，联检大楼基坑南坑已施工至第三道支撑梁，土石方开挖累计完成约70万立方米。三是加快老旧口岸改建重建。推进罗湖口岸改造规划，结合香港北部都会区发展策略，形成“常旅客”计划首个试点口岸改造方案。推进沙头角口岸重建，支持沙头角深港国际旅游消费合作区建设。四是推进新口岸规划研究。推进河套专用口岸、福邻口岸、港深西部铁路口岸、前海客运口岸等规划，为河套深港科技创新合作区、前海深港现代服务业合作区建设提供支撑。五是优化调整口岸功能布局。推动文锦渡口岸鲜活货检功能转移，推进莲塘等更多口岸实现24小时通关，让口岸功能定位与城市发展、深港融合匹配度更高，通关更便捷。

口岸营商环境。一是创新监管方式，全力提升口岸通关时效。开发“直装直提”业务线上办理模块，实现“一次申请、同步确认、快速办理”。创新推出深港无缝清关服务，实现“一次录入、两地申报”。2022年，深圳关区平均进口通关时间8.67小时、出口通关时间0.86小时，较2017年分别压缩66.67%、92.81%。深圳市外贸进出口3.67万亿元，规模创历史新高，出口规模连续第30年居内地外贸城市首位。深圳“跨境贸易”指标在2022年广东省营商环境评估中位列全省第一。二是强化科技赋能，提升口岸信息化水平。在国际贸易“单一窗口”成功上线航空物流公共信息平台，实现空运业务“一次录入、一单多报、一站获取”，2022年共有4 684票预约查验单实现线上办理。开发上线海运口岸业务委托系统，推广出口联系单智能申报服务，东西部港区成功申报14 145条，累计24 732条。三是规范口岸收费，降低进出口环节费用。多部门联合印发《深圳市开展涉企违规收费专项整治行动方案》《关于规范海运口岸收费有关事项的通知》，开展交通物流领域涉企违规收费问题专项整治，规范相关企业的经营服务性收费行为。四是聚焦市场主体关切，高效利企便民。打造深圳口岸营商环境讲坛品牌，2022年共举办11场跨境贸易政策宣讲会，共宣讲43个主题。持续加大信用培育力度，深圳关区达到高级认证企业400家。建立口岸营商环境“问题清零”机制，该机制下问题建议反馈率达100%，实现问题发现、解决、反馈、评估的闭环。

口岸信息化建设。一是优化智慧口岸总体规划。2022年12月，启动《深圳市智慧口岸总体规划（2023—2025）》修订工作，落实国家、省、市对数字政府建设提出的新要求，全面衔接深圳智慧城市、数字政府总体架构，进一步优化口岸信息化建设顶层设计。二是推进智慧口岸一体化服务平台规划建设。依托智慧城市和数字政府建设，做好智慧口岸顶层设计，推进建设大口岸综合服务网、口岸智慧大脑、口岸协同运行平台。梳理口岸政务数据资源，整合“海陆空铁”口岸通关量、通关时间、工作人员、口岸资产等口岸一期数据清单200余项，逐步打造口岸数据中台，推进口岸数字化转型。三是推进口岸疫情防控一体化平台建设。完成平台“一个中心六个应用”功能设计，首次实现口岸区域全部工作人员的白名单管理，涵盖18家用户单位、12 479名口岸白名单人员和5 557名同住人信息，为大口岸区域疫情防控提供有力支撑。四是试点口岸科技抗疫应用。在口岸部署自动消杀设备、空气消毒、识别感知设备。在各口岸部署电子哨兵，落实口岸区域扫码通行。完成口岸“视频补盲”一期建设，首次实现口岸区域视频监控全覆盖、无死角。五是保障莲塘口岸一站式通关信息系统旅检启用。实现海关边检信息采集设备和数据共享，做到通关车辆和司机一次停车、一次查验、一次放行，大幅提高通关效率。

口岸综合改革。一是加强深港口岸合作，探

索更加便利的口岸通关模式，深港双方已确定皇岗口岸重建采用“一地两检”模式，并就实施“合作查验、一次放行”等更加高效的通关查验模式达成共识。二是推动口岸立法修法工作，加快《深圳经济特区口岸管理条例》立法调研，探索建立口岸区域场地设施“分区分类”管理基本制度，规范各类场地设施使用行为。三是提升口岸管养服务水平，全面完成口岸管养体制改革，修订口岸管养服务委托协议，实行一正两副协议模式，健全和完善绩效考核体系，强化契约精神和合同管理；研究引入外部竞争机制，加强和规范财政资金监管，实现口岸管理服务效能整体提升。四是推动国家综合改革试点首批授权事项落地，蛇口邮轮母港国际旅客中转区一期项目正式验收，成为国内第一个具备旅客国际中转功能的海港客运口岸，被列入国家发展和改革委员会推广借鉴深圳综合改革试点首批授权事项典型经验和创新举措。

口岸疫情防控。2022 年，经深圳口岸出入境人员 445.7 万人次，累计货车出入境 218.5 万辆次，司机累计核酸检测 119.7 万人次，保持入境人员零脱控、卫生检疫零漏检、核酸检测零失误、陆路口岸一线工作人员零感染，通关安全零事故。一是深化深港联防联控机制。坚持深港紧密协同，从严从细落实严防输入措施，在疫情管住的前提下，更好地保障两地人员货物顺畅往来，切实维护疫情防控和“一国两制”两个大局。协调港方配合在香港侧完成旅客快检，验核健康驿站预约码，确保预约制度有效落实。建立跨境司机“四道防线”，实行 24 小时核酸证明+香港侧快检+内地侧快检+内地侧常规检测。保障香港回归祖国 25 周年等重大任务通关。二是统筹大口岸区域全要素、全对象、全时空管理。在市领导挂点口岸督导组的支持下，强化大口岸区域疫情防控体系，补齐口岸防控短板弱项，严密口岸围合管理，实现卡口电子哨兵+24 小时值班值守，优化完善“三区两通道”管理，落实围合区工作人员全员集中闭环管理，全力排查管控隐匿传播链。三是保障陆路口岸防控和通关。实施口岸检疫、核酸检测、转运分流等全流程闭环管理，建立专业化职业化分拨转运队伍进行转运安置。自 9 月 13 日起，所有自香港入境人员在深圳湾口岸现场落实核酸采样。牵头建成全省“跨境安”系统，涵盖 1.8 万人跨境司机、1.4 万辆跨境货车、3 000多个作业场所。全面落实“全接驳”管控，并根据省市部署优化调整跨境运输为“点对点”模式。四是全面提升航空口岸防控。建设1 700平方米国际旅客接转分流点，改造原 D 航站楼作为国际客运航班专用航站楼，率先实施国际国内客货运“硬隔离”“双分开”。加强国际客货运航班防控，严格执行机场全员分类管理，对机场区域 887 人高风险人员严格实施“四件套”措施。

## 2022 年广东省口岸大事记

1 月 1 日

拱北海关签发关区首份 RCEP 原产地证书。

1 月 1 日

汕头海关所属龙湖海关为一批出口日本的日用瓷签发原产地证书，成为 RCEP 协定正式生效后粤东首份原产地证书。

1 月 5 日

广州海关通过担保放行方式验放该关首票 RCEP 项下进口货物。

1 月 11 日

拱北海关验放 RCEP 生效后关区首票进口享惠货物。

1 月 11 日

东莞市虎门港口岸沙田港区同舟石化码头扩建工程通过验收对外开放。

1 月 26 日

由海关总署委托广州海关与乌拉圭海关进行互认实施磋商工作的《中国—乌拉圭海关 AEO

互认安排》正式实施。即日起，两国 AEO 企业在进出口环节享受两国海关实施的互认便利措施。

2月14日

深圳海关所属蛇口海关在货运出口渠道查货仿真枪9.3万支。

2月21日

湛江海关破获一起特大走私冻海产品案，案值约24.6亿元，涉嫌偷逃税款约2亿元。

3月9日

湛江港口岸通用码头泊位（603#）通过验收对外开放。

3月30日

“印度—湛江”快捷航线成功首航。航线由印度清奈港出发，途经马来西亚巴生北港、越南海防港至湛江港。

3月31日

湛江港口岸霞山港区通用码头（603#泊位）获批正式对外开放。

3月25日—4月8日

深圳海关缉私局联合香港海关开展“云战—断流”行动，查获冰毒253千克，斩断一条由中北美洲至香港中转到澳大利亚等地的跨国毒品走私渠道。

4月7日

江门海关在原产地为苏里南的进境原木中截获的1种活体昆虫（雌虫）为检疫性有害生物金双线窄吉丁（Agrilus lamatus），依程序审核确认为全国首次截获。

4月28日

深圳海关缉私局联合深圳市公安局开展打击治理粤港澳海上走私行动，抓获犯罪嫌疑人20名，初估案值2.3亿元、涉税约3 000万元。

5月25日

皇岗出入境边防检查站执勤十三队被党中央、国务院授予“全国模范公安单位”称号。

5月30日

广州出入境边防检查总站研提的“出港试航后即交付的新造或完成维修国际航行船舶可直接办理出境边检手续”措施，纳入国家移民管理局服务便利企业生产经营活动若干举措对外发布并在全国边检机关推行。

6月17日

深圳海关缉私局开展打击出口骗退税专项查缉行动，抓获犯罪嫌疑人4名，案值约3.9亿元，涉及出口退税款6 000万元。

6月20日

广州海关首票国际班列“铁路快速通关”货物顺利从广州大朗铁路集装箱场站发运。

7月19日

珠海市人民代表大会常委会党组书记、主任潘江带队到访珠海出入境边防检查总站，总站党委书记、政委袁斌，总站党委副书记、总站长陈宏军与潘江主任一行座谈交流。

7月26日

深圳海关缉私局开展打击贵金属走私行动，抓获犯罪嫌疑人13名，打掉涉案团伙9个，初步查明上述团伙涉嫌从香港走私钯金、铑粉6 265千克入境，案值约23亿元，涉税约3亿元。

8月1日

广州海关技术中心主持制定的《铁矿石 全铁含量的测定 EDTA 光度滴定法 第1部分：微波消解法》国际标准（ISO 21826-1：2022）正式发布，为铁矿石国际贸易提供准确、可靠、快速的新测试方法，对提升我国在铁矿石国际标准领域的国际影响力和话语权具有重要意义。

8月3日

湛江海关缉私局打击整治走私犯罪“百日行动”破获3起走私冻海产品案，涉嫌走私冻品产品货值约1亿元。

8月4日

广州国际港正式启用开展中欧班列海关监管业务。

8月11日

湛江海关破获1起走私海产品案，案值约

5 000万元。

8月19日

深圳海关缉私局开展打击治理粤港澳跨境走私行动，抓获犯罪嫌疑人20名，初估案值约7.3亿元、涉税约9 100万元。

8月26日

深圳海关缉私局开展打击电子产品走私行动，抓获犯罪嫌疑人34名，打掉走私犯罪团伙8个，初估案值8亿元、涉税9 000万元。

9月2日

深圳海关所属大鹏海关在美国进口糖槭木原木中首次截获输入性病媒生物硬蜱。

9月2日

深圳海关所属蛇口海关在荷兰进口百合种球中首次截获草莓潜隐环斑病毒。

9月4日

国务院批复同意广东广州港口岸（包括琶洲港澳客运码头等）扩大开放。

9月14日

东莞玖龙散杂货码头通过验收对外开放。

9月15日

深圳海关缉私局开展特大贵重金属走私“330”专案第四轮集中收网行动。联合广州、汕头、厦门海关缉私局，在广东深圳、广州、汕头、汕尾、福建厦门等地抓获犯罪嫌疑人30人，打掉走私、洗钱团伙6个。初估走私入境钯金5 955千克，案值约33亿元，涉税约3.8亿元；走私出境黄金7 854千克，案值约30亿元；初步查证涉嫌洗钱约20亿元，合计案值达83亿元。

9月30日

国务院批复同意广州港口岸扩大开放。

10月3日

湛江海关保健中心P2实验室首次开展入境船员猴痘病毒核酸检测。

10月12日

湛江海关“龙腾行动2022”查获涉嫌侵犯商标专用权小家电4 000余件。

10月13日

湛江海关在快件渠道查获濒危花旗参1 447.4克。

10月16日—18日

江门、深圳、广州、拱北海关联合开展南部协作区专项稽查行动，查获深圳某润滑油公司、中山某印刷公司、江门某科技公司3家企业生产的外包装违反“一个中国”原则标识的摩托车润滑油60 095瓶，印刷模版3套16个。

10月24日

江门海关对某贸易发展有限公司申报进口的46万个来自台湾、货值共63.74万元的蜗杆进行查验，发现该批货物发票、装箱单及货物外包装印刷违反“一个中国”原则。

11月1日

惠州港荃湾港区5万吨级石化码头通过验收对外开放。

11月2日

深圳海关顺利完成“跨境贸易大数据平台”寄售贸易模块首票报关单线上运行，将传统的事中审价验估调整为后续集约式审价，有效节省行政资源，保障企业水果货物通关效率。

11月4日

广州海关成功完成全国首票跨境电商零售出口跨关区退货业务。

11月17日

国务院批复同意在广东省暂时调整实施有关行政法规规定，对“港车北上”“澳车北上”机动车实行免担保政策。

11月22日

深圳海关保障深圳首单国际航行船舶LNG顺利加注。

11月23日

湛江海关首票陆路“两步申报”货物顺利通关。

12月2日

深圳海关全链条保障关区售票深圳航空承租的

飞机保税融资租赁通关监管，货值约 4.37 亿元。

12 月 5 日

《广东省关于澳门机动车经港珠澳大桥珠海公路口岸入出内地的管理办法》出台。

12 月 26 日

汕尾港口岸海丰港区小漠国际物流港码头获批正式对外开放。

（撰稿人：丁学芝、王凡、齐港、胡洋、井海鸿、马贺、李晓璐、孙雪、祝超漾、蔡立、蔡玮、田建功、王枣、钟政文）

# 2022 年广东省口岸流量统计表

| 口岸名称 | | 人员（万人次） | | | | 交通工具（万辆、艘、架、列次） | | | |
|---|---|---|---|---|---|---|---|---|---|
| | | 入境 | 出境 | 合计 | 同比（%） | 入境 | 出境 | 合计 | 同比（%） |
| 公路口岸 | 罗湖公路口岸 | | | | | | | | |
| | 皇岗公路口岸 | 21.2 | 24.7 | 45.9 | -73.3 | 20.1 | 23.7 | 43.8 | -74.1 |
| | 文锦渡公路口岸 | 28.6 | 28.7 | 57.3 | -28.7 | 28.6 | 28.7 | 57.3 | -28.7 |
| | 深圳湾公路口岸 | 87.4 | 90.3 | 177.7 | -42 | 43.7 | 41.7 | 85.4 | -61.8 |
| | 沙头角公路口岸 | 10.4 | 9.5 | 19.9 | -59.6 | 2 | 1.1 | 3.2 | -87.5 |
| | 福田公路口岸 | 0 | 0 | 0 | | | | | |
| | 福田保税区 | 4.3 | 4.3 | 8.5 | -47.9 | 4.3 | 4.3 | 8.5 | -47.9 |
| | 莲塘公路口岸 | 13 | 12.5 | 25.5 | -49.3 | 13 | 12.5 | 25.5 | -49.3 |
| | 拱北公路口岸 | 3 694.2 | 3 616.2 | 7 310.4 | -17.3 | 51.6 | 56.5 | 108.1 | -21.2 |
| | 横琴公路口岸 | 404.5 | 417.9 | 822.4 | 1.8 | 63.2 | 60.4 | 123.6 | 15.6 |
| | 港珠澳大桥珠海公路口岸 | 140.4 | 140 | 280.4 | -8.5 | 79.4 | 80.7 | 160.1 | -5.4 |
| | 珠澳跨境工业区专用口岸 | 22.7 | 26.5 | 49.3 | -66.9 | 4.7 | 1.2 | 5.9 | -11.5 |
| | 青茂口岸 | 582.8 | 640.1 | 1 222.9 | 276.7 | | | | |
| | 合计 | 5 009.6 | 5 010.7 | 10 020.2 | -9.7 | 310.5 | 310.9 | 621.4 | -36.9 |
| 铁路口岸 | 广州铁路口岸 | | | | | | | | |
| | 深圳铁路口岸 | 0 | 0 | 0.1 | | 0 | 0 | 0 | |
| | 广深港高铁西九龙站口岸 | 1.3 | 1.3 | 2.6 | -59.2 | 0 | 0 | 0.1 | -0.1 |
| | 东莞铁路口岸 | | | | | | | | |
| | 合计 | 1.3 | 1.3 | 2.7 | -58.3 | 0 | 0 | 0.1 | 12.5 |
| 空运口岸 | 广州空运口岸 | 40 | 57 | 97 | 15.5 | 2.1 | 2 | 4.1 | 4.4 |
| | 深圳空运口岸 | 13.2 | 13 | 26.3 | 40.5 | 1.1 | 1.1 | 2.2 | 23.2 |
| | 梅州空运口岸 | | | | | | | | |
| | 湛江空运口岸 | | | | | | | | |
| | 揭阳空运口岸 | | | | | | | | |
| | 合计 | 53.2 | 70 | 123.2 | 19.9 | 3.2 | 3.1 | 6.3 | 10.3 |
| 水运口岸 | 莲花山水运口岸 | 1.1 | 1 | 2 | -22.5 | 0.2 | 0.2 | 0.4 | -17.4 |
| | 南沙水运口岸 | 1.1 | 1 | 2 | 10.2 | 0.1 | 0.1 | 0.2 | 48.9 |
| | 广州水运口岸 | 5.9 | 4.7 | 10.6 | -16.4 | 0.6 | 0.5 | 1.1 | -12.5 |
| | 洲头嘴口岸 | 0.4 | 0.4 | 0.8 | -16.5 | 0.1 | 0.1 | 0.1 | -11.7 |

续表

| 口岸名称 | | 人员（万人次） | | | | 交通工具（万辆、艘、架、列次） | | | |
|---|---|---|---|---|---|---|---|---|---|
| | | 入境 | 出境 | 合计 | 同比（%） | 入境 | 出境 | 合计 | 同比（%） |
| 水运口岸 | 新塘水运口岸 | 0 | 0 | 0.1 | -5.4 | 0 | 0 | 0 | 11 |
| | 龙穴岛 | 8 | 9.2 | 17.2 | 34.2 | 0.7 | 0.8 | 1.4 | 32.7 |
| | 盐田水运口岸 | 8.1 | 8.5 | 16.5 | 9.6 | 0.7 | 0.7 | 1.4 | 40.4 |
| | 深圳大铲湾水运口岸 | 1 | 1.5 | 2.5 | 70.7 | 0.1 | 0.1 | 0.2 | 80.5 |
| | 蛇口水运口岸 | 28.9 | 46.6 | 75.5 | -2.5 | 1.4 | 1.7 | 3.1 | 8 |
| | 九洲水运口岸 | 0 | 0 | 0 | -99.7 | 0 | 0 | 0 | -98.1 |
| | 湾仔轮渡客运口岸 | 31.2 | 32.4 | 63.6 | -3.3 | 1.5 | 1.4 | 2.9 | -1.5 |
| | 斗门水运口岸 | 0.3 | 0.3 | 0.6 | 30 | 0 | 0 | 0.1 | 28 |
| | 万山水运口岸 | 0.1 | 0 | 0.1 | -93.4 | 0 | 0 | 0 | -92.1 |
| | 珠海水运口岸 | 2.4 | 2.4 | 4.8 | -11.1 | 0.2 | 0.2 | 0.3 | -12.7 |
| | 汕头水运口岸 | 0.2 | 0.2 | 0.4 | -43.5 | 0 | 0 | 0 | -40.7 |
| | 潮阳水运口岸 | 0.9 | 1.3 | 2.3 | 6.1 | 0.1 | 0.1 | 0.1 | 8.1 |
| | 惠州水运口岸 | 1.5 | 1.5 | 2.9 | -43.8 | 0.1 | 0.1 | 0.2 | -51.4 |
| | 汕尾水运口岸 | 0.3 | 0.2 | 0.5 | -8.7 | 0 | 0 | 0 | -43.2 |
| | 虎门水运口岸 | 4.2 | 3.9 | 8.1 | 21.2 | 0.4 | 0.4 | 0.8 | 44.9 |
| | 中山水运口岸 | 2.2 | 2.1 | 4.2 | -4.4 | 0.4 | 0.3 | 0.7 | -0.3 |
| | 江门水运口岸 | 1 | 1.2 | 2.2 | 11.3 | 0.2 | 0.2 | 0.3 | 11.1 |
| | 三埠水运口岸 | 0.2 | 0.2 | 0.4 | 9.3 | 0 | 0 | 0.1 | 3.8 |
| | 广海水运口岸 | 0.7 | 0.7 | 1.4 | 65.1 | 0.1 | 0.1 | 0.1 | 45.9 |
| | 鹤山水运口岸 | | | | | | | | |
| | 新会水运口岸 | 0.3 | 0.6 | 0.9 | 10.8 | 0 | 0.1 | 0.1 | 2.4 |
| | 高明水运口岸 | 0.5 | 0.5 | 1 | 0.6 | 0.1 | 0.1 | 0.1 | 1.9 |
| | 南海水运口岸 | 1.4 | 1.3 | 2.8 | -6.4 | 0.2 | 0.2 | 0.4 | -6.3 |
| | 容奇水运口岸 | 1.3 | 1.3 | 2.6 | -27.3 | 0.2 | 0.2 | 0.4 | -22 |
| | 阳江水运口岸 | 0.7 | 0.6 | 1.3 | 31.9 | 0 | 0 | 0.1 | 36.8 |
| | 湛江水运口岸 | 2.6 | 2.3 | 4.9 | -3.2 | 0.1 | 0.1 | 0.3 | -3.5 |
| | 茂名水运口岸 | 0.6 | 0.7 | 1.3 | 5.2 | 0 | 0 | 0.1 | 2.4 |
| | 肇庆水运口岸 | 0.8 | 0.8 | 1.6 | -22.4 | 0.1 | 0.1 | 0.2 | -14.7 |
| | 潮州水运口岸 | 0.3 | 0.4 | 0.7 | -22.8 | 0 | 0 | 0 | -24.7 |
| | 揭阳水运口岸 | 0.3 | 0.3 | 0.5 | 18.3 | 0 | 0 | 0 | 15.8 |
| | 合计 | 108.8 | 128.6 | 237.4 | -2.9 | 7.6 | 7.8 | 15.5 | 0.9 |
| 总计 | | 5 172.9 | 5 210.6 | 10 383.5 | -9.3 | 321.4 | 321.8 | 643.2 | -36.1 |

（广东省口岸办提供）

## 2022 年广东省内海关主要数据统计表

| 项　目 | | 2022 年 | 2021 年 | 同比（%） |
| --- | --- | --- | --- | --- |
| 进出口货运量（万吨） | 合计 | 141 037. 93 | 146 709. 79 | -3. 9 |
| | 进口 | 35 736. 93 | 39 535. 23 | -9. 6 |
| | 出口 | 105 301 | 107 174. 56 | -1. 7 |
| 进出口贸易总值（万美元） | 合计 | 124 703 514. 4 | 127 956 691. 3 | -2. 5 |
| | 进口 | 44 708 281. 87 | 49 770 740. 63 | -10. 2 |
| | 其中：江、海运输 | 15 941 029. 27 | 13 778 509. 08 | 15. 7 |
| | 铁路运输 | 113 991. 33 | 63 224. 74 | 80. 3 |
| | 汽车运输 | 23 768 610 | 32 282 779. 46 | -26. 4 |
| | 航空运输 | 4 852 680 | 3 569 039. 11 | 36 |
| | 邮件运输 | 24 137. 47 | 54 480. 24 | -55. 7 |
| | 其他运输 | 7 833. 43 | 22 706. 74 | -65. 5 |
| | 出口 | 79 995 232. 5 | 78 185 950. 7 | 2. 3 |
| | 其中：江、海运输 | 51 234 450. 66 | 43 088 609. 53 | 18. 9 |
| | 铁路运输 | 809 656. 41 | 857 188. 59 | -5. 5 |
| | 汽车运输 | 19 617 967. 98 | 28 226 211. 73 | -30. 5 |
| | 航空运输 | 5 792 411. 9 | 4 625 031. 17 | 25. 2 |
| | 邮件运输 | 40 901. 55 | 92 036. 63 | -55. 6 |
| | 其他运输 | 2 456 087. 89 | 1 273 179. 42 | 92. 9 |
| 税收（万元） | 两税合计 | 45 518 948. 61 | 42 890 673. 24 | 6. 1 |
| | 关税入库 | 5 384 012. 26 | 5 328 414. 07 | 1 |
| | 进口环节税入库 | 40 134 936. 35 | 37 562 259. 17 | 6. 8 |

（海关总署广东分署提供）

# 2022年广州海关主要数据统计表

| 项　目 | | 2022年 | 2021年 | 同比（%） |
|---|---|---|---|---|
| 进出口货运量（万吨） | 合计 | 7 551.6 | 8 970.4 | -15.8 |
| | 进口 | 4 027.6 | 5 109.9 | -21.2 |
| | 出口 | 3 523.9 | 3 860.4 | -8.7 |
| 进出口贸易总值（万美元） | 合计 | 25 645 213.6 | 24 933 882.2 | 2.9 |
| | 进口 | 7 951 666.2 | 7 987 477.2 | -0.4 |
| | 其中：江、海运输 | 4 829 939.8 | 4 861 747.4 | -0.7 |
| | 铁路运输 | 991.9 | 564.4 | 75.7 |
| | 汽车运输 | 1 109 314.3 | 1 363 229.8 | -18.6 |
| | 航空运输 | 1 984 553.1 | 1 708 990.2 | 16.1 |
| | 邮件运输 | 20 986.5 | 50 171.9 | -58.2 |
| | 其他运输 | 5 880.6 | 2 773.5 | 112 |
| | 出口 | 17 693 547.4 | 16 946 405 | 4.4 |
| | 其中：江、海运输 | 11 804 452.3 | 10 822 715.3 | 9.1 |
| | 铁路运输 | 109 726.6 | 58 363.5 | 88 |
| | 汽车运输 | 1 225 627.3 | 1 426 199.7 | -14.1 |
| | 航空运输 | 3 426 960.5 | 3 974 605.9 | -13.8 |
| | 邮件运输 | 27 170.7 | 62 936.3 | -56.8 |
| | 其他运输 | 1 099 610 | 601 584.4 | 82.8 |
| 税收（万元） | 两税合计 | 6 674 265.5 | 6 202 453.5 | 7.6 |
| | 关税入库 | 1 157 752.1 | 1 199 607.6 | -3.5 |
| | 进口环节税入库 | 5 516 513.3 | 5 002 845.9 | 10.3 |

（广州海关提供）

# 2022 年深圳海关主要数据统计表

| 项　目 | | 2022 年 | 2021 年 | 同比（%） |
|---|---|---|---|---|
| 进出口货运量（万吨） | 合计 | 95 091.1 | 97 372.9 | -2.3 |
| | 进口 | 7 684.6 | 8 513.6 | -9.7 |
| | 出口 | 87 406.5 | 88 859.3 | -1.6 |
| 进出口贸易总值（亿元） | 合计 | 64 652.9 | 63 448.4 | 1.9 |
| | 进口 | 19 770.8 | 21 293.4 | -7.2 |
| | 其中：江、海运输 | 4 632.8 | 3 210.3 | 44.3 |
| | 铁路运输 | 17.1 | 2 | 756.8 |
| | 汽车运输 | 13 320.6 | 17 195.4 | -22.5 |
| | 航空运输 | 1 782.1 | 878.5 | 102.9 |
| | 邮件运输 | 1.7 | 2.2 | -23.4 |
| | 其他运输 | 16.5 | 4.8 | 243.1 |
| | 出口 | 44 882.1 | 42 155 | 6.5 |
| | 其中：江、海运输 | 29 854.8 | 24 324.5 | 22.7 |
| | 铁路运输 | 38 | 28.1 | 35.2 |
| | 汽车运输 | 10 559.6 | 15 219.4 | -30.6 |
| | 航空运输 | 2 044.6 | 1 096.1 | 86.5 |
| | 邮件运输 | 6.5 | 11.2 | -41.6 |
| | 其他运输 | 2 378.7 | 1 475.7 | 61.2 |
| 税收（亿元） | 两税合计 | 1 841.5 | 1 893.3 | -2.7 |
| | 关税入库 | 106.4 | 126.3 | -15.8 |
| | 进口环节税入库 | 1 735.1 | 1 767 | -1.8 |

（深圳海关提供）

## 2022 年拱北海关主要数据统计表

| 项　目 | | 2022 年 | 2021 年 | 同比（%） |
|---|---|---|---|---|
| 进出口货运量（万吨） | 合计 | 13 899.92 | 14 384.83 | -3.37 |
| | 进口 | 2 181.61 | 2 636.14 | -17.24 |
| | 出口 | 11 718.31 | 11 748.69 | -0.26 |
| 进出口贸易总值（万美元） | 合计 | 8 269 423.17 | 6 898 175.08 | 19.88 |
| | 进口 | 2 718 010.72 | 2 587 811.17 | 5.03 |
| | 其中：江、海运输 | 2 118 050.37 | 1 977 712.37 | 7.1 |
| | 铁路运输 | 0 | 0 | — |
| | 汽车运输 | 572 677.17 | 575 105.01 | -0.42 |
| | 航空运输 | 26 294.59 | 24 430.23 | 7.63 |
| | 邮件运输 | 193.69 | 266.59 | -27.35 |
| | 其他运输 | 794.91 | 10 296.97 | -92.28 |
| | 出口 | 5 551 412.45 | 4 310 363.91 | 28.79 |
| | 其中：江、海运输 | 3 630 060.84 | 3 080 260.24 | 17.85 |
| | 铁路运输 | 14.85 | 251.93 | -94.11 |
| | 汽车运输 | 1 849 863.34 | 1 179 609.32 | 56.82 |
| | 航空运输 | 39 572.93 | 8 343.87 | 374.28 |
| | 邮件运输 | 528.26 | 1 922.84 | -72.53 |
| | 其他运输 | 31 372.23 | 39 975.71 | -21.52 |
| 税收（万元） | 两税合计 | 1 532 398.06 | 1 395 387.9 | 9.82 |
| | 关税入库 | 163 003.61 | 177 413.08 | -8.12 |
| | 进口环节税入库 | 1 369 394.45 | 1 217 974.82 | 12.43 |

（拱北海关提供）

# 2022 年汕头海关主要数据统计表

| 项　目 | | 2022 年 | 2021 年 | 同比（%） |
|---|---|---|---|---|
| 进出口货运量（万吨） | 合计 | 3 600.0 | 3 830.4 | -6.0 |
| | 进口 | 3 385.0 | 3 621.6 | -6.5 |
| | 出口 | 215.0 | 208.8 | 3.0 |
| 进出口贸易总值（万美元） | 合计 | 2 643 502.1 | 2 017 157.6 | 31.1 |
| | 进口 | 1 074 144.3 | 809 513.1 | 32.7 |
| | 其中：江、海运输 | 993 334.9 | 695 285.5 | 42.9 |
| | 铁路运输 | — | — | — |
| | 汽车运输 | 75 294.8 | 111 631.7 | -32.6 |
| | 航空运输 | 5 282.6 | 2 309.1 | 128.8 |
| | 邮件运输 | 232.0 | 286.5 | -19 |
| | 其他运输 | 0.0 | 0.3 | -100.0 |
| | 出口 | 1 569 357.8 | 1 207 644.4 | 30.0 |
| | 其中：江、海运输 | 1 421 160.2 | 994 096.0 | 43.0 |
| | 铁路运输 | 12.7 | — | — |
| | 汽车运输 | 145 727.4 | 212 825.9 | -31.5 |
| | 航空运输 | 2 457.4 | 721.8 | 240.4 |
| | 邮件运输 | 0.1 | 0.7 | -81.2 |
| | 其他运输 | 0.0 | 0.0 | — |
| 税收（万元） | 两税合计 | 790 188.7 | 465 560.9 | 69.7 |
| | 关税入库 | 37 302.0 | 35 913.4 | 3.9 |
| | 进口环节税入库 | 752 886.7 | 429 647.5 | 75.2 |

（汕头海关提供）

# 2022 年黄埔海关主要数据统计表

| 项　目 | | 2022 年 | 2021 年 | 同比（%） |
|---|---|---|---|---|
| 进出口货运量（万吨） | 合计 | 7 504.9 | 9 239 | -18.8 |
| | 进口 | 6 112.6 | 7 788.3 | -21.5 |
| | 出口 | 1 392.3 | 1 450.7 | -4 |
| 进出口贸易总值（万美元） | 合计 | 25 815 732.1 | 27 623 535 | -6.5 |
| | 进口 | 13 034 189.1 | 14 308 018.1 | -8.9 |
| | 其中：江、海运输 | 7 770 514.5 | 6 962 058.3 | 11.6 |
| | 铁路运输 | 8 680 | 2 836.7 | 206 |
| | 汽车运输 | 4 865 273.9 | 7 023 437.2 | -30.7 |
| | 航空运输 | 388 818.2 | 320 664.7 | 21.3 |
| | 邮件运输 | 9.1 | 2.6 | 250 |
| | 其他运输 | 893.4 | 18.5 | 4 729.2 |
| | 出口 | 12 781 543.4 | 13 314 517 | -4 |
| | 其中：江、海运输 | 7 362 378.1 | 5 355 232.9 | 37.5 |
| | 铁路运输 | 126 439.3 | 79 298.5 | 59.4 |
| | 汽车运输 | 4 712 201.9 | 7 314 025.5 | -35.6 |
| | 航空运输 | 449 687.9 | 344 088.7 | 30.7 |
| | 邮件运输 | 3 416.5 | 10 044.4 | -66 |
| | 其他运输 | 127 419.8 | 211 827 | -39.8 |
| 税收（万元） | 两税合计 | 13 764 309.4 | 12 740 476 | 8 |
| | 关税入库 | 2 729 797 | 2 454 620 | 11.2 |
| | 进口环节税入库 | 11 034 512.3 | 10 285 856 | 7.3 |

（黄埔海关提供）

# 2022 年江门海关主要数据统计表

| 项　目 | | 2022 年 | 2021 年 | 同比（%） |
|---|---|---|---|---|
| 进出口货运量（万吨） | 合计 | 2 549. 3 | 1 931. 8 | 32 |
| | 进口 | 2 069. 5 | 1 513. 5 | 36. 7 |
| | 出口 | 479. 8 | 418. 3 | 14. 7 |
| 进出口贸易总值（万美元） | 合计 | 2 246 958. 3 | 2 142 838. 9 | 4. 9 |
| | 进口 | 805 199. 5 | 684 666. 9 | 17. 6 |
| | 其中：江、海运输 | 747 547. 6 | 616 886. 3 | 21. 2 |
| | 铁路运输 | 7. 5 | — | — |
| | 汽车运输 | 54 811. 2 | 61 224. 5 | -10. 5 |
| | 航空运输 | 2 828. 8 | 6 553. 1 | -56. 8 |
| | 邮件运输 | 4. 3 | 3. 1 | 41. 4 |
| | 其他运输 | 0 | 0 | — |
| | 出口 | 1 441 758. 8 | 1 458 171. 9 | -1. 1 |
| | 其中：江、海运输 | 1 294 165. 2 | 1 191 776. 5 | 8. 6 |
| | 铁路运输 | 810. 5 | 0 | — |
| | 汽车运输 | 91 545. 2 | 174 087. 6 | -47. 4 |
| | 航空运输 | 1. 7 | 4 | -56. 8 |
| | 邮件运输 | — | — | — |
| | 其他运输 | 55 236. 2 | 92 303. 8 | -40. 2 |

（江门海关提供）

# 2022年湛江海关主要数据统计表

| 项　目 | | 2022年 | 2021年 | 同比（%） |
|---|---|---|---|---|
| 进出口货运量（万吨） | 合计 | 10 841.41 | 10 980.56 | -1.27 |
| | 进口 | 10 276.18 | 10 352.2 | -0.73 |
| | 出口 | 565.23 | 628.36 | -10.05 |
| 进出口贸易总值（万美元） | 合计 | 4 910 954.62 | 3 818 827.63 | 28.6 |
| | 进口 | 4 367 527.98 | 3 360 916.29 | 29.95 |
| | 其中：江、海运输 | 4 354 236.9 | 3 348 811.78 | 30.02 |
| | 铁路运输 | 0 | 0 | — |
| | 汽车运输 | 12 576.9 | 11 949.29 | 5.25 |
| | 航空运输 | 714.17 | 155.23 | 360.08 |
| | 邮件运输 | 0 | 0 | — |
| | 其他运输 | 0 | 0 | — |
| | 出口 | 543 426.65 | 457 911.34 | 18.68 |
| | 其中：江、海运输 | 533 040.25 | 455 134.78 | 17.12 |
| | 铁路运输 | 0 | 0 | — |
| | 汽车运输 | 904.91 | 2 582.21 | -64.96 |
| | 航空运输 | 1 942.11 | 194.35 | 899.27 |
| | 邮件运输 | 0 | 0 | — |
| | 其他运输 | 7 539.38 | 0 | — |
| 税收（万元） | 两税合计 | 3 649 407.49 | 2 598 132.48 | 40.46 |
| | 关税入库 | 167 097.75 | 128 701.31 | 29.83 |
| | 进口环节税入库 | 3 482 309.74 | 2 469 431.17 | 41.01 |

（湛江海关提供）

# 2022年广州出入境边防检查总站主要数据统计表

| 项　目 | | | 2022年 | 2021年 | 同比（%） |
|---|---|---|---|---|---|
| 出入境人员（万人次） | 出入境人员总数 | | 146.8 | 135.8 | 8.1 |
| | 入境人员 | | 65.1 | 69.2 | -6 |
| | 出境人员 | | 81.7 | 66.6 | 22.7 |
| | 出入境旅客 | | 81.9 | 69.3 | 18.2 |
| | 出入境员工 | | 64.9 | 66.5 | -2.5 |
| | 中国公民 | 小计 | 117.4 | 109.7 | 7.1 |
| | | 内地居民（因公） | 50.9 | 50.3 | 1.1 |
| | | 内地居民（因私） | 65.6 | 58.5 | 12.2 |
| | | 港澳居民 | 0.4 | 0.4 | -11.6 |
| | | 台湾同胞 | 0.5 | 0.4 | 32.9 |
| | 外籍人员 | | 29.3 | 26.1 | 12.3 |
| | 从海港出入境人数 | | 49.8 | 51.8 | -3.9 |
| | 从陆港出入境人数 | | | | |
| | 从空港出入境人数 | | 97 | 84 | 15.5 |
| 交通运输工具（万辆、艘、架、列次） | 总计 | | 9.4 | 9.3 | 1.3 |
| | 船舶 | | 5.4 | 5.4 | -0.9 |
| | 飞机 | | 4.1 | 3.9 | 4.4 |
| | 火车 | | | | |
| | 机动车辆 | | | | |

（广州出入境边防检查总站提供）

# 2022年深圳出入境边防检查总站主要数据统计表

<table>
<tr><th colspan="3">项　目</th><th>2022年</th><th>2021年</th><th>同比（%）</th></tr>
<tr><td rowspan="9">出入境人员<br>（万人次）</td><td colspan="2">出入境人员总数</td><td>465.6</td><td>807</td><td>-42.3</td></tr>
<tr><td colspan="2">入境人员</td><td>220.9</td><td>387.3</td><td>-43</td></tr>
<tr><td colspan="2">出境人员</td><td>244.7</td><td>419.7</td><td>-41.7</td></tr>
<tr><td colspan="2">出入境旅客</td><td>167.5</td><td>171.6</td><td>-2.4</td></tr>
<tr><td colspan="2">出入境员工</td><td>298.1</td><td>635.4</td><td>-53.1</td></tr>
<tr><td rowspan="3">中国公民</td><td>内地居民</td><td>171.5</td><td>233.8</td><td>-26.7</td></tr>
<tr><td>港澳居民</td><td>251.8</td><td>537.4</td><td>-53.1</td></tr>
<tr><td>台湾同胞</td><td>5.1</td><td>3.4</td><td>48.2</td></tr>
<tr><td colspan="2">外籍人员</td><td>37.2</td><td>32.4</td><td>15</td></tr>
<tr><td rowspan="5">交通运输工具<br>（万辆、艘、<br>架、列次）</td><td colspan="2">总计</td><td>231</td><td>571.3</td><td>-59.6</td></tr>
<tr><td colspan="2">船舶</td><td>5.1</td><td>4.6</td><td>10.7</td></tr>
<tr><td colspan="2">飞机</td><td>2.2</td><td>1.8</td><td>23</td></tr>
<tr><td colspan="2">火车</td><td>0.08</td><td>0.07</td><td>12.5</td></tr>
<tr><td colspan="2">机动车辆</td><td>223.6</td><td>564.8</td><td>-60.4</td></tr>
</table>

（深圳出入境边防检查总站提供）

# 2022年珠海出入境边防检查总站主要数据统计表

| 项目 | | | 2022年 | 2021年 | 同比（%） |
|---|---|---|---|---|---|
| 出入境人员（人次） | 出入境人员总数 | | 97 710 000 | 105 200 000 | -7.10 |
| | 入境人员 | | 48 860 000 | 52 610 000 | -7.12 |
| | 出境人员 | | 48 840 000 | 52 560 000 | -7.08 |
| | 出入境旅客 | | 95 750 000 | 104 230 000 | -7.18 |
| | 出入境员工 | | 960 000 | 940 000 | 2.08 |
| | 中国公民 | 小计 | 97 570 000 | 105 080 000 | -7.15 |
| | | 内地居民（因公） | 870 000 | 1 050 000 | -16.67 |
| | | 内地居民（因私） | 53 230 000 | 60 990 000 | -12.73 |
| | | 港澳居民 | 43 260 000 | 42 800 000 | 1.06 |
| | | 台湾同胞 | 190 000 | 220 000 | -10.65 |
| | 外籍人员 | | 130 000 | 90 000 | 45.53 |
| | 从海港出入境人数 | | 850 000 | 910 000 | -6.76 |
| | 从陆港出入境人数 | | 96 850 000 | 104 250 000 | -7.10 |
| | 从空港出入境人数 | | 44 | 55 | -20 |
| 交通运输工具（辆、艘、架、列次） | 总计 | | 4 020 000 | 4 250 000 | -5.34 |
| | 船舶 | | 50 000 | 55 000 | -9.74 |
| | 飞机 | | 4 | 1 | 300 |
| | 火车 | | 0 | 0 | — |
| | 机动车辆 | | 3 970 000 | 4 190 000 | -5.28 |

（珠海出入境边防检查总站提供）

## 2022 年广东海事局进出港船舶统计汇总表

| 船舶类别 | 进港船舶 | | | | | | | 出港船舶 | | | | | | |
|---|---|---|---|---|---|---|---|---|---|---|---|---|---|---|
| | 艘数（艘） | 总吨（吨位） | 总载重量（吨） | 载客量（客位） | 船员人数（人次） | 货物到达量（吨） | 旅客到达量（人） | 艘数（艘） | 总吨（吨位） | 总载重量（吨） | 载客量（客位） | 船员人数（人次） | 货物发送量（吨） | 旅客发送量（人） |
| 总计 | 258 510 | 986 657 212 | 1 326 860 400 | 7 051 893 | 2 209 937 | 621 536 579 | 2 539 936 | 254 294 | 988 757 460 | 1 331 994 874 | 7 154 355 | 2 181 556 | 253 182 621 | 2 322 253 |
| 中国籍船舶 | 242 583 | 600 442 367 | 791 415 130 | 7 016 335 | 1 932 305 | 396 513 395 | 2 518 142 | 239 186 | 599 707 701 | 791 206 188 | 7 133 119 | 1 914 968 | 201 561 899 | 2 299 336 |
| 其中：外贸船 | 3 472 | 26 238 131 | 40 625 149 | | 38 920 | 24 605 245 | | 3 664 | 27 731 069 | 43 483 999 | | 42 235 | 5 857 379 | |

（广东海事局提供）

## 2022 年深圳海事局进出港船舶统计汇总表

| 船舶类别 | 进港船舶 | | | | | | | 出港船舶 | | | | | | |
|---|---|---|---|---|---|---|---|---|---|---|---|---|---|---|
| | 艘数（艘） | 总吨（吨位） | 总载重量（吨） | 载客量（客位） | 船员人数（人次） | 货物到达量（吨） | 旅客到达量（人） | 艘数（艘） | 总吨（吨位） | 总载重量（吨） | 载客量（客位） | 船员人数（人次） | 货物发送量（吨） | 旅客发送量（人） |
| 总计 | 72 688 | 693 495 236 | 784 737 159 | 2 600 902 | 706 013 | 73 350 179.5 | 639 803 | 74 494 | 698 017 958 | 792 023 744 | 2 653 683 | 718 166 | 72 019 119.23 | 746 308 |
| 中国籍船舶 | 62 226 | 66 546 548 | 72 999 746 | 2 600 902 | 483 304 | 22 968 977.99 | 639 803 | 64 008 | 66 935 906 | 74 512 924 | 2 653 683 | 493 136 | 16 810 317.39 | 746 308 |
| 其中：外贸船 | 5 467 | 12 673 269 | 14 888 076 | 616 050 | 38 401 | 2 983 819.69 | 50 944 | 5 764 | 17 965 338 | 22 231 598 | 634 011 | 41 955 | 3 304 479.2 | 137 764 |

（深圳海事局提供）

# 广西壮族自治区口岸分布示意图

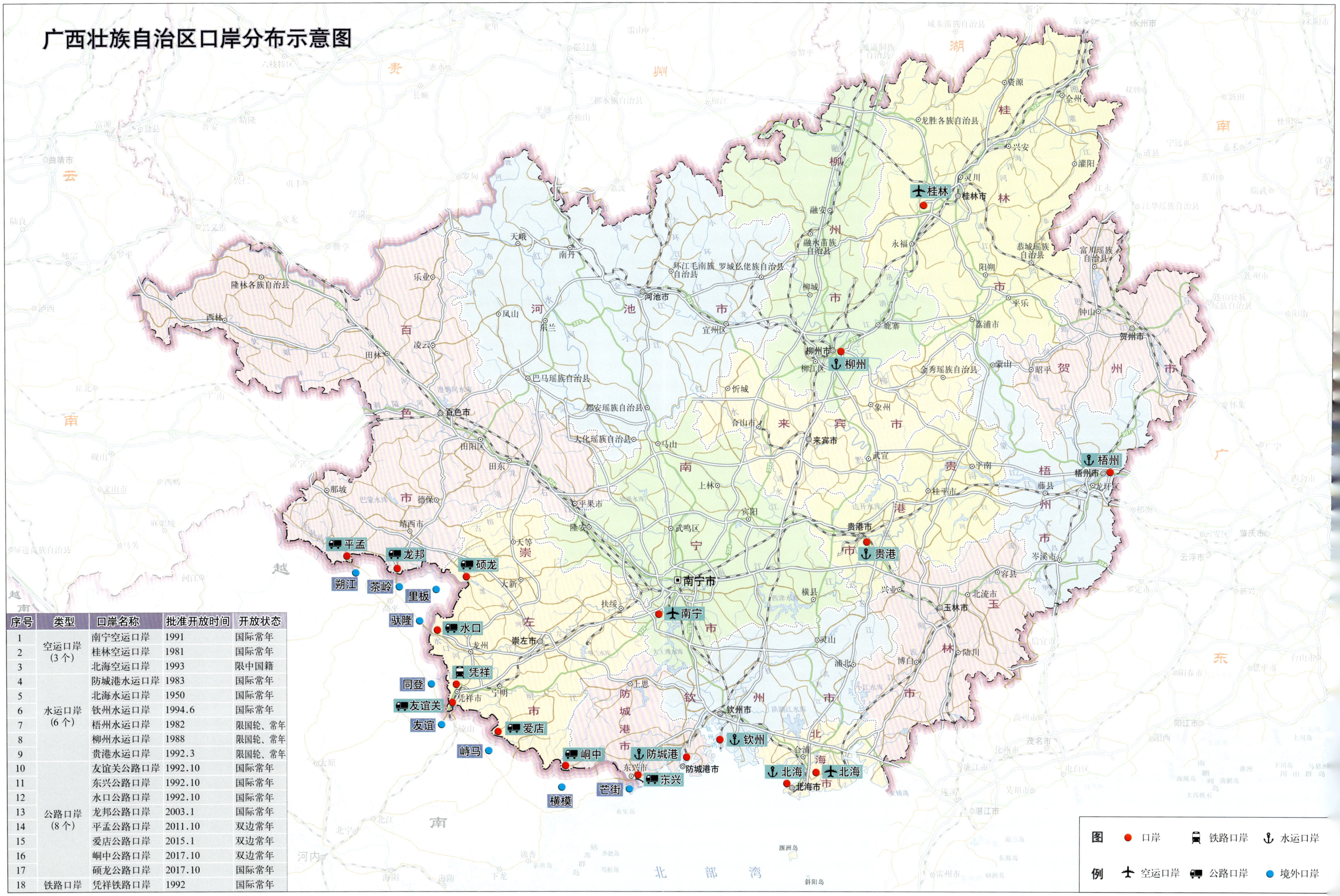


| 序号 | 类型 | 口岸名称 | 批准开放时间 | 开放状态 |
|---|---|---|---|---|
| 1 | 空运口岸（3个） | 南宁空运口岸 | 1991 | 国际常年 |
| 2 | | 桂林空运口岸 | 1981 | 国际常年 |
| 3 | | 北海空运口岸 | 1993 | 限中国籍 |
| 4 | 水运口岸（6个） | 防城港水运口岸 | 1983 | 国际常年 |
| 5 | | 北海水运口岸 | 1950 | 国际常年 |
| 6 | | 钦州水运口岸 | 1994.6 | 国际常年 |
| 7 | | 梧州水运口岸 | 1982 | 限国轮、常年 |
| 8 | | 柳州水运口岸 | 1988 | 限国轮、常年 |
| 9 | | 贵港水运口岸 | 1992.3 | 限国轮、常年 |
| 10 | 公路口岸（8个） | 友谊关公路口岸 | 1992.10 | 国际常年 |
| 11 | | 东兴公路口岸 | 1992.10 | 国际常年 |
| 12 | | 水口公路口岸 | 1992.10 | 国际常年 |
| 13 | | 龙邦公路口岸 | 2003.1 | 国际常年 |
| 14 | | 平孟公路口岸 | 2011.10 | 双边常年 |
| 15 | | 爱店公路口岸 | 2015.1 | 双边常年 |
| 16 | | 峒中公路口岸 | 2017.10 | 双边常年 |
| 17 | | 硕龙公路口岸 | 2017.10 | 国际常年 |
| 18 | 铁路口岸 | 凭祥铁路口岸 | 1992 | 国际常年 |

# 广西壮族自治区

## 口岸数量及分布

截至2022年年底，广西壮族自治区（以下简称“广西”）共有经国务院批准的对外开放口岸18个。其中，空运口岸3个，分别为南宁空运口岸（南宁吴圩国际机场）、桂林空运口岸（桂林两江国际机场）、北海空运口岸（北海福成机场）；水运（海港）口岸3个，分别为防城港、北海、钦州海港口岸；水运（河港）口岸3个，分别为梧州、贵港、柳州河港口岸；陆路（公路）口岸8个，分别为友谊关、东兴、水口、龙邦、平孟、爱店、峒中、硕龙公路口岸；陆路（铁路）口岸1个，即凭祥铁路口岸。

## 口岸运行数据

2022年，广西口岸进出口总值8 681亿元，同比下降8.7%。其中，进口4 582亿元，同比下降13.67%；出口4 099亿元，同比下降2.45%。进出口货运量1.57亿吨，同比下降6%。其中，进口1.4亿吨，同比下降5.2%；出口0.17亿吨，同比下降12%。出入境人员101.49万人次，同比下降53.92%。其中，出境48.31万人次，同比下降55.47%；入境53.18万人次，同比下降52.41%。出入境交通工具57.87万辆（艘、架、列）次，同比下降59.33%。其中，出境29.74万辆（艘、架、列）次，同比下降58.75%，入境27.93万辆（艘、架、列）次，同比下降60.13%。水运口岸外贸集装箱吞吐量98.13万标箱，同比增长25.35%。其中，入境46.70万标箱，同比增长25.48%，出境51.43万标箱，同比增长25.24%。

## 口岸综合管理

**【口岸开放实现新突破】** 2022年，公路口岸方面，国务院批复硕龙口岸扩大开放为国际性口岸并扩大开放岩应通道，国家口岸管理办公室批复友谊关口岸浦寨货运通道继续临时开放；海港口岸方面，突破完成11个海港泊位开放验收，分别新增集装箱、散货、液体化工品年通关能力131万箱、3 729万吨、346万吨。

**【口岸建设和升级改造加快】** 持续实施边境口岸建设大会战三年行动计划，多渠道筹集资金4.8亿元，支持友谊关、东兴、水口、峒中、硕龙、龙邦等边境口岸查验基础设施建设和疫情防控设备升级改造。

**【口岸营商环境持续优化】** 口岸进出口通关时间保持全国前列。根据国家口岸管理办公室通报，2022年，广西进口整体通关时间为11.65小时，比全国平均水平快28.53小时，在全国各省（自治区、直辖市）排名第3位；出口整体通关时间0.38小时，比全国平均水平快0.88小时，在全国各省（自治区、直辖市）排名第8位。指导并督促各市加强口岸收费目录清单公示和动态管理，进出口环节收费主体在经营场所显著位置和国际贸易“单一窗口”全国口岸收费及服务信息发布系统全面、完整、准确公示收费目录清单，确保清单之外不得收费。

**【口岸疫情精准防控，多举措保障通关运行畅通】** 一是严格落细落实国家以及自治区疫情防控各项措施，坚持“人货分离，分段运输”，在边境公路口岸采取接驳、吊装、甩挂等非接触式货物交接模式，创新实施分级分区管控，依据风险程度将口岸区域划分为风险区、缓冲区、清洁区，实施差别管理，得到国务院大督查第十三督查组刊文表扬。新冠疫情期间，广西口岸没有发生一起疫情外溢情况。二是创新举措保障边境口岸通关顺畅。2022年上半年，广西边境公路口岸通关作业受疫情影响严重。广西迅速成立边境口岸贸易畅通工作专班，实行日监测、日报告和日调度制度，严格落实口岸闭环管理，创新实施边境口岸区域分级分区管控措施，快速处置口岸区域疫情，推动边境口岸应开尽开、不间断运行，5月5日起全区海运口岸、7个具备通货能力的边境公路口岸全部正常运行。从5月下旬至6月上旬，连续实施两个阶段的边境口岸提升通关能力攻坚行动，边境口岸通关能力全面恢复提升，友谊关、东兴等重点口岸实现即到即出或次日出境。三是科学精准调度全力保障口岸畅通。针对2022年1月中越边境口岸发生1万多辆货车在口岸拥堵的情况，仅用10天时间实现积压货车清零。持续优化路线合理分流，充分利用中国（广西）国际贸易单一窗口及时发布口岸通关信息，优化车辆物流线路，通过创新设置水口汽车出口通道、东兴互市区水产品进口通道、浦寨水果进口通道等专业通道，最大限度地保障全国急需货物顺利通关。突出重点攻坚提升口岸通关能力，2022年在全区范围开展通关能力提升攻坚行动，通过工作日延长通关时间、周末节假日正常通关以及创新查验方式等措施，大幅提升公路口岸通关量，重车日最大通关能力超2 000辆，超过疫情前水平。其中，友谊关、东兴等重点公路口岸实现即到即出或次日出境。

**【中国（广西）国际贸易单一窗口建设不断深化】** 新增11个地方版应用功能，建设完成并上线应用口岸通关协同系统（公路舱单协同系统）、口岸智能物流服务系统、口岸运行监测系统、贸易大数据分析展示平台、市场采购“单一窗口”、边民互市“单一窗口”等系统，不断丰富拓展功能。广西边民互市贸易“单一窗口”建成投入使用并获得国内多家权威媒体报道宣传。深化“单一窗口”互联互通建设，参与中国—新加坡国际贸易“单一窗口”国际合作，钦州港列入中新通关物流全程状态跟踪功能试点港口；实现与中国（广东）国际贸易单一窗口对接，建设应用桂粤港澳小船业务协同功能，优化往来桂粤港澳航行通关流程；深化与中国（重庆）国际贸易单一窗口对接合作，开展海港、公路口岸通关与物流信息合作，2022年在报关数据、舱单数据、运输工具、查验信息、物流信息5大类17个方面开展数据共享交换，共同打造西部陆海新通道物流信息共享平台，助力提升区域通关效率。

## 口岸监管与服务

**【南宁海关持续加强口岸监管】** 毫不松懈做好口岸疫情防控工作，全力抓好安全生产，严厉打击“洋垃圾”走私，强化口岸反恐工作，严密筑牢国门安全防线。推动边境口岸应用甩挂、吊装等无接触式货物交接模式，全力保障跨境物流通畅，创新“先供后报、一船多地多供、锚地供应、跨关区直供等措施，持续推进西部陆海新通道建设；全力支持边民互市企稳回暖，创新互市“药食同源”商品免药品通关单申报改革，推动南宁临空经济区建设，支持跨境电商等新业态高质量发展。

**【南宁海关全力服务口岸通关】** 加强与广西外事办、卫健委联系，指导口岸海关快速验放多批次对外援助医疗物资；实现北部湾启运港退税政策落地实施，确保西安—钦州港首票启运港退税货物通关顺畅；按照“三保三控”原则组织落实进口煤炭管控工作，对保暖保供进口电煤开通绿色通道快速通关，保障全区能源供应。

**【南宁海关持续优化口岸营商环境】** 参与国际贸易“单一窗口”建设，联合相关部门制定38项细化措施，研究制定南宁海关优化口岸营商环境15条措施，组织推动改革落地见效；在广西所有口岸全面推广进出口货物“提前申报”通关模式，助力企业节省货物装卸、存储、转运环节成本和时间。2022年，关区进口、出口货物“提前申报”应用率分别为89.09%、92.79%，“两步申报”应用率37.98%。

**【南宁海关持续推进口岸通关改革】** 2022年，南宁海关实施“11+2”项重点改革，进一步优化监管流程、提高作业效率，其中“集矿优化”、“进境动物生皮检疫监管”、属地查验远程视频辅助检查等项目成效显著，受到企业好评；深化药食同源食品用商品进口通关便利化改革，进一步扩大参与改革城市，参与改革企业范围及进境口岸数量，有效释放改革红利；积极参与自治区改革攻坚，重点推进“广西茧丝绸产品技术性贸易措施应对机制改革”落地见效，获广西2022年度“改革攻坚十佳成果”“改革攻坚优秀成果”。

**【南宁海关不断加强区域通关合作】** 持续

深化西部陆海新通道沿线海关合作，推进“陆海通”系统建设取得关键突破，2022年西部陆海新通道新开通线路已达78条，北部湾港集装箱吞吐量702万标箱、同比增长16.78%，全国排名第九，海铁联运班列累计开行8 800列。

**【广西出入境边防检查总站凝聚力量促发展】** 积极争取国家移民管理局政策支持，在出台了服务西部陆海新通道和中国（广西）自由贸易试验区“六免六通”措施的基础上，研究实施“六优六加”12项措施2.0版。各级边检机关通过简手续、优流程、压时间，力促口岸通关提效率、港口航运降成本、群众办事少跑腿，助力全区外贸逆势增长，助推广西融入新发展格局。

**【广西出入境边防检查总站纵横联动强合力】** 会同广西外事办推动解决外籍船员跨省换班难问题，全力做好3 286名中国籍船员换班、48名外籍染疫船员救治转运工作。会同广西联防联控机制统筹实行“一口岸一对策”应对疫情冲击，推进甩挂、吊装通关模式，助力广西外贸进出口连续7个月保持环比增长。加快钦州、北海、防城港码头泊位验收开放，保障全国首个海铁联运自动化集装箱码头投产作业，助力国际物流扩能增效。通过开设货运司机快速通道，对频繁出入境的1 300余名备案中国司机简化查验手续，有效降低换证时间和经济成本。建立重点外贸企业通关联动机制，共为立讯电子、富桂精密等602家区内外企业8 000余名援外项目、对外投资、技术支援人员提供快速通关服务，助力企业复工复产。

**【广西出入境边防检查总站服务发展见实效】** 先后调配500余名警力支援重点口岸，2022年累计延长通关时间、周末及节假日加班超1 600余小时，全力支持外贸攻坚，确保重点口岸通道流量快速回升。在中国（广西）自由贸易试验区崇左片区（凭祥）口岸通道率先全面应用跨国出入境车辆快捷通关系统，车辆通关从人工查验1分钟缩短至10秒，释放执勤警力40%，出入境货车实现“零接触、秒通关”，验放数量居全国沿边口岸首位。全面实行空港、铁路、海港、内河港口岸“7×24小时”通关保障模式，保证出入境交通工具随到随检，2022年货机、列车、船舶出入境量同比分别增长182%、22.6%、4.4%，有效疏解保通保畅压力。共为2 300余艘次短时作业船舶、北部湾港内移泊船舶、保税燃油船舶简化边检通关手续，有效减少码头占用时间和船舶在港时间约3 700余小时，创造经济价值超过5 000万元。全面推行业务手续“网上办”、行政许可“一证通”、业务咨询“便利化”，边检手续99%实现“网上办”“掌上办”，签发边检行政许可数量压缩40%，12367咨询热线的服务对象满意度达99.6%，稳居全国边检机关前列。

**【广西海事局大力打造便利通关模式，提升通航效能】** 为集装箱船舶制订专项进出港计划，并根据船舶生产计划实时调整集装箱船舶靠离泊安排，减少船舶靠离泊待时。为集装箱船舶提供便利一对一服务，优先保障集装箱船舶进出港，初步实现集装箱船舶零待时目标，集装箱船舶待时明显减少，集装箱船舶进出港艘次大幅增长，集装箱吞吐量序时进度达到年初既定目标。聚焦提升北部湾船舶进出港效率，研究提出了深化船舶联合登临检查机制、提升北部湾港航道通航能力、提高智慧监管效能、实施北部湾政务一体化服务、建立联防协作机制，推出危险货物集装箱班轮进出港审批手续“无假日”“全天候”24小时办结制、调整优化引航登轮点，加快推进落实海港引航员适任证书在广西沿海三港通用等系列务实举措，为西部陆海新通道和自由贸易试验区建设提供优良的营商环境。

**【广西海事局助力港口航道建设，优化北部湾海域通航环境秩序】** 一是组织西部陆海新通道（平陆）运河钦州湾航区划分方案通过专家评审。2022年5月17日，广西海事局组织交通运输、海事、港航、船检、气象、水文、海洋等部门及科研院所、港航企业的代表及特邀专家共计51人召开西部陆海新通道（平陆）运河钦州湾航区划分评审会。经过专家的综合评议，提出了钦州湾相当A级航区水域范围的建议，认为申报资料数据来源可靠、技术路线合规、分析论证严谨、研究结论可信，符合《航区划分规则（2021）》要求，资料完整齐全，满足申报河海交界区相当 A 级航区的要求，一致同意申报资料通过评审，为下一步运河船舶的设计、建造、检验、营运和监管等打下扎实基础。二是开展《广西北部湾沿海船舶航路（修编）》研究。随着中国（广西）自由贸易试验区、西部陆海新通道建设的不断推进，北部湾海上通航资源日趋紧张。为给北部湾港航运发展提供空间，进一步统筹利用北部湾海洋资源，在充分考虑船舶交通流现状及北部湾发展规划等因素的基础上，印发调整广西北部湾沿海船舶航路的公告，优化形成了“四干四支”的北部湾航路格局。

**【广西海事局大力支持口岸开放建设，服务广西开放经济发展】** 一是加快推进口岸对外开放，大力支持和指导北部湾港口岸开放建设，支持地方经济发展。2022 年，公告了防城港口岸企沙港区赤沙作业区 3#、5#泊位和渔澫港区第五作业区 401#、501#泊位，北海港口岸铁山港区 5#、6#泊位，钦州港口岸金鼓江作业区液体化工码头 17#、19#等泊位对国际航行船舶开放。二是全面支持国际贸易“单一窗口”建设，服务船舶通关便利化。对国际航行船舶进出口岸申请审批实行“7×24 小时”全年无休式工作模式，国际航行船舶进口岸审批平均用时 1.01 小时、出口岸审批平均用时 0.66 小时，极大地减少了船舶等待进港、留港时间，提高了船舶的经济效益，对助力北部湾港实现年吞吐量 700 万标箱目标，提质升级北部湾国际门户港起到了重要作用。

**【广西海事局持续深化海事政务服务改革，推行北部湾区域内海事政务服务一体化便利服务】** 印发《广西海事局关于扩大北部湾区域海事政务一体化服务实施范围的通告》，将广西辖区所有海船登记区域纳入一体化服务范围，推行“一体化政务服务规范化管理”“一体化政务服务举措”“一体化线上线下办理”“一体化政务服务自助办理”“一体化政务服务事项跨区域通办”便利举措，为企业和群众办理海事业务提供更多便利。

**【广西海事局加强打击走私行为，强化疫情防控工作】** 贯彻落实《全区打击治理走私暨海上疫情防控“亮剑·清边靖海”专项行动方案》工作要求，坚决贯彻落实习近平总书记关于打击走私、疫情防控系列重要指示批示精神，认真贯彻落实自治区党委、政府决策部署，严格执行“亮剑·清边靖海”专项行动工作要求，积极协同海警、渔政、海监、海关缉私、交通运输等海上执法部门联合开展海上封控专项打击行动，全力打好海上反走私、疫情防控阻击战，相关工作取得积极成效，有效保证了北部湾港口岸的安全。

## 开放口岸

**【南宁空运口岸（南宁吴圩国际机场）】** 南宁吴圩国际机场位于南宁市良庆区，距南宁市区 32 千米，为军民合用国际机场。南宁吴圩国际机场占地 259.73 万平方米，1958 年由南宁机场迁建，1962 年 11 月投入。机场共 2 座航站楼，T1 航站楼于 1998 年 4 月启用，T2 航站楼于 2014 年 9 月启用，建筑面积共 21.48 万平方米。机场主平行滑道长 3 200 米，共有 50 个机位的停机坪，可满足旅客年吞吐量 1 600 万人次、货邮年吞吐量 16.4 万吨、飞机年起降量 13.76 万架次。南宁吴圩国际机场开通地区和国际航线共计 28 条，其中地区航线 5 条、国际航线 23 条。直飞香港、澳门、台北、台中、高雄以及岘港、曼谷、河内、金边、万象、仰光、首尔、济州、甲米、普吉、新加坡、暹粒等城市，与东盟国家的通航城市在全国仅次于广州、上海、北京，排名第 4 位，为南宁打造面向东盟的门户枢纽机场奠定坚实基础。

2022 年，南宁空运口岸出入境人员 5.16 万人次，同比增长 113.70%；出入境航班 6 113 架次，同比增长 156.42%；进出口货物 4.19 万吨，同比增长 200.31%。

**【桂林空运口岸（桂林两江国际机场）】** 桂林两江国际机场位于桂林市西南方向临桂区两

江镇境内，距市中心约28千米。1981年，桂林空运口岸正式对外开放；1996年，正式对外籍飞机开放。2012年，桂林空运口岸被原国家质检总局授予“世界卫生组织口岸核心能力建设达标单位”，成为广西首个符合《国际卫生条例》要求的空港口岸。获批进境水果指定监管场地，拥有51国外国人72小时过境免签和东盟十国团队旅游144小时入境免签两项免签政策。已开通国际（地区）定期航班13条（新加坡、马来西亚吉隆坡、日本大阪、泰国曼谷、泰国廊曼、韩国首尔、韩国济州、韩国釜山、韩国大邱、韩国清州、中国台北、中国高雄、中国香港）。桂林两江国际机场T2航站楼于2018年9月正式启用，机场飞行区面积约212.58万平方米，拥有1条长3 200米的4E级跑道、48个停机位和31座廊桥，总设计满足旅客年吞吐量1 200万人次、货邮年吞吐量9.5万吨、飞机年起降量10.12万架次的保障需求。2020年，两江国际机场运营航司32个，国内外飞行航线119条，通航城市机场83个。2022年，因疫情原因，桂林两江机场国际航班全部停航。

**【北海空运口岸（北海福成机场）】** 北海福成机场位于北海市银海区福成镇，距北海市区约24千米。1993年2月，北海空运口岸经国务院批复对外开放，同年3月通过国家验收。机场飞行区等级为4D标准，可全天候起降B737、A320等同类机型。北海福成机场航站楼建筑面积2.78万平方米，跑道全长3 200米，停机坪10万平方米，停机位8个；可满足旅客年吞吐量270万人次，高峰小时吞吐量1 350人次。据机场官网显示，北海福成机场开通航线33条，通航城市32个，运营航空公司17家。2022年，因疫情原因，北海福成机场国际航班全部停航。

**【防城港水运（海港）口岸】** 防城港位于广西南部沿海北部湾北岸，是中国大陆海岸线最西南端的深水良港，是沟通中国与东盟各国的桥头堡，是全国西南沿海主要海运口岸之一，具有连接云贵川重庆渝最便捷铁路干线。1983年7月，经国务院批准对外国籍船舶开放；2018年2月，防城港口岸扩大开放获国务院批复；2019年3月，通过国家验收。防城港口岸包括渔澫港区、企沙港区和江山港区。

2022年，防城港海港口岸进出口货物9 133.92万吨，同比下降4.9%；出入境人员4.39万人次，同比下降7.36%；出入境集装箱824标箱，同比下降58.47%；出入境船舶2 143艘次，同比下降9.92%。

**【北海水运（海港）口岸】** 北海港是中国沿海对外开放的重要港口之一，地处北部湾北面，南流江入海口之南，北海半岛西端，处于广西海岸线的中心位置，是一个以对外贸易为主的综合性港口，是中国西南中南地区最便捷的出海口。北海港于1950年开港；北海港口岸于2015年3月经国务院批复扩大开放，2017年6月通过国家验收。北海港包括石步岭港区、铁山港区、涠洲岛港区。北海港域共有泊位61个，其中对外开放泊位18个，石步岭作业区生产泊位11个，泊位最大靠泊能力为15万吨级，货物通过能力为4 000万吨，集装箱为100万标箱，既是中国首家获得出口澳大利亚化肥低风险港口证书的港口，也是中国两个烟花爆竹出口离岸港口之一。

2022年，北海海港口岸进出口货物1 587.46万吨，同比增长3.6%；出入境集装箱3.13万标箱，同比下降13.77%；出入境人员2.24万人次，同比增长3.25%；出入境船舶1 137艘次，同比增长2.62%。

**【钦州水运（海港）口岸】** 钦州港位于北部湾的钦州湾内，三面环陆，南面向海，是中国西南、中南及华南地区最便捷的出海通道。1994年6月，钦州港经国务院批准对外开放；1997年6月18日，通过验收正式宣布对外开放。2010年11月，钦州港口岸扩大开放获国务院批复。钦州港口岸包括西港区、中港区。截至2022年12月底，钦州港口岸对外开放泊位共39个；已开通至中国香港、中国台湾、越南海防、泰国、马来西亚、新加坡、西非、韩国仁川、印度、中东等国际（地区）集装箱航线，至天津港、营口港的南北直航以及厦门直航、广州南沙港直航、上海港直航等内贸航线，共计开通运营内外贸集装箱班轮航线 47 条，其中外贸 24 条、内贸 23 条。钦州港建成投产件杂货、散货、油气、滚装、集装箱功能等公用、工业泊位 81 个，其中 30 万吨级泊位 1 个，10 万吨级泊位 8 个，1 万~10 万吨级泊位 39 个，万吨级以下 33 个，港口设计年吞吐能力超过 1.7 亿吨，集装箱设计年吞吐能力超过 600 万标箱。

2022 年，钦州海港口岸进出口货物 4 439.97 万吨，同比下降 8.7%；出入境人员 7.45 万人次，同比增长 12.3%；出入境集装箱 88.77 万标箱，同比增长 27.27%；出入境船舶 0.42 万艘次，同比增长 14.59%。

**【梧州水运（河港）口岸】** 梧州港位于梧州市李家庄码头，为常年开放的限制性河港口岸，是广西最早开放的河港口岸。2015 年 10 月，梧州港口岸扩大开放至赤水作业区获国务院批复；2018 年 6 月，通过国家验收。梧州港口岸主要运营梧州至香港航线，有李家庄码头、赤水码头共 2 个口岸监管作业码头。

2022 年，梧州河港口岸进出口货物 72.65 万吨，同比增长 31%；出入境人员 3 970 人次，同比增长 0.63%；出入境集装箱 5.74 万标箱，同比增长 35.33%；出入境船舶 634 艘次，同比增长 4.11%。

**【贵港水运（河港）口岸】** 贵港河港口岸于 1992 年 3 月经国务院批准对外开放，1994 年 1 月通过验收正式对外开放，为常年开放的限制性口岸。贵港口岸下辖罗泊湾作业区，有贵港—香港 1 条外贸集装箱航线。港口配备 2 000 吨级集装箱泊位 3 个、1 000 吨级件杂货泊位 4 个，码头前沿水深 3.69~7.61 米，设计年通过能力为集装箱 21.51 万标箱、件杂货 202 万吨；5 股铁路专用线长3 181米，与南昆、黔桂铁路相连接；港区与 3.5 千米进港公路连接。

2022 年，贵港河港口岸进出口货物 9.83 万吨，同比下降 54%；出入境人员 922 人次，同比下降 34.14%；出入境集装箱 0.41 万标箱，同比下降 11.78%；出入境船舶 173 艘次，同比下降 30.52%。

**【柳州水运（河港）口岸】** 柳州河港口岸于 1988 年经国务院批准对外开放，1990 年 5 月通过验收正式对外开放，是常年开放的限制性内河水运口岸。柳州港口岸海关监管区位于鹧鸪江港口码头，鹧鸪江码头实际用地 1.2 万平方米，开放岸线长度 230 米。

2022 年，柳州河港口岸进出口货物 0.4 万吨，同比增长 9.4%；出入境人员 173 人次，同比下降 38.65%；出入境船舶 46 艘次，同比下降 26.98%。

**【友谊关陆路（公路）口岸】** 友谊关公路口岸距离凭祥市区 18 千米，距离越南谅山 18 千米，中越边境 1116-1117 号界碑处，与越南谅山省高禄县友谊口岸相对应，距广西首府南宁和越南首都河内均为 170 千米，为常年开放的国际性口岸。1951 年开通，1979 年一度关闭，1992 年 4 月经国务院批准恢复对外开放。2017 年 2 月 1 日，国务院批复同意友谊关口岸扩大开放浦寨、弄尧 2 个通道，通道性质为双边性常年开放公路客货运输通道。因疫情原因，浦寨—新清货运专用通道建设缓慢，4 次获批临时开放。

2022 年，友谊关公路口岸进出口货物 273.98 万吨，同比下降 34.9%；出入境人员 31.12 万人次，同比下降 62.26%；出入境车辆 20.92 万辆次，同比下降 51.47%。

**【东兴陆路（公路）口岸】** 东兴公路口岸位于东兴市东兴镇新华街，中越边境 1369-1370 号界碑处，为常年开放的国际性口岸，与越南广宁省芒街市芒街口岸相对应。东兴口岸距南宁 168 千米，距越南首都河内 308 千米，是中越最大的人员出入境口岸。1958 年，经国务院批准对外开放；1979 年 2 月，因北仑河大桥被炸毁关闭；1994 年 4 月，新北仑河大桥建成通车，东兴口岸恢复对外开放。2011 年，国务院批准设立东兴开发开放试验区，东兴口岸同东盟各国的贸易、旅游交流进一步发展。2013 年 11 月，东兴口岸正式启动外国人口岸签证业务，成为广西第一个陆路口岸签证处。2017 年 6 月，国务院批复同意东兴口岸扩大开放北仑河二桥。2019 年，国家口岸管理办公室先后 2 次批复同意北仑河二桥临时开放。2020 年 6 月 17 日，国务院同意东兴口岸扩大开放北仑河二桥，口岸性质为国际性常年开放公路客货运输口岸。

2022 年，东兴公路口岸（北仑河二桥）进出口货物 81 万吨，同比下降 22.3%；出入境人员 23.18 万人次，同比下降 36.9%；出入境车辆 8.02 万辆次，同比下降 40.3%。

**【水口陆路（公路）口岸】** 水口公路口岸位于龙州县水口镇新街，中越边界 943-944 号界碑附近，与越南高平省复和县驮隆口岸相对应，1978 年曾一度关闭，1992 年 10 月经国务院批准恢复对外开放。2016 年 7 月，国务院批复同意水口口岸升格为国际性口岸并扩大开放水口二桥。

2022 年，水口公路口岸进出口货物 27.51 万吨，同比增长 12.6%；出入境人员 4.16 万人次，同比增长 28.34%；出入境车辆 1.92 万辆次，同比增长 0.1%。

**【龙邦陆路（公路）口岸】** 龙邦公路口岸位于靖西市龙邦镇，中越边境 741-742 号界碑处，与越南高平省重庆县茶岭口岸对应，距靖西市城 42 千米，距越南茶岭县城 5 千米。2003 年 1 月，国务院批准龙邦公路口岸为常年开放的双边性口岸。2007 年 10 月，龙邦口岸通过验收正式对外开放。2021 年 5 月 3 日，国务院批复同意龙邦口岸升格为国际性口岸并扩大开放那西通道；5 月 12 日，国家口岸管理办公室批复同意那西通道临时开放；5 月 26 日，那西通道临时开放验收通过并投入使用。那西通道位于中越边境 736 号界碑处，与越南那弄通道相对应。龙邦口岸是桂西、滇东、黔南通往越南及东南亚其他各国便捷陆路通道之一。

2022 年，龙邦公路口岸进出口货物 11.79 万吨（含以互市贸易方式进出口货物 3.49 万吨），同比下降 11.22%；出入境人员 1.25 万人次，同比增长 71.23%；出入境车辆 4 809 辆次，同比下降 34.25%。

**【平孟陆路（公路）口岸】** 平孟公路口岸位于那坡县平孟镇，中越边界 647 号界碑处，与越南高平省河广县朔江口岸相对应，是广西最西端的陆路口岸。2011 年 10 月，国务院批复平孟公路口岸对外开放，性质为常年开放的双边性口岸。2016 年 3 月，平孟口岸正式对外开放。平孟口岸开放以来，主要以互市贸易为主。

2022 年，平孟公路口岸以互市贸易方式进出口货物 1.97 万吨，同比下降 10.45%；出入境人员 6 454 人次，同比增长 18%；出入境交通工具 1 296 辆次，同比下降 11.23%。

**【爱店陆路（公路）口岸】** 爱店公路口岸位于崇左市宁明县爱店镇，中越边境 1223-1224 号界碑处，与越南谅山省禄平县峙马口岸相对应。爱店口岸距宁明县城 53 千米、南宁市 230 千米，距越南禄平县 17 千米、谅山市 34 千米。1957 年，国家批准爱店口岸升格为边境陆路二类口岸。2015 年 1 月，国务院批准爱店公路口岸对外开放性质为常年开放的双边性口岸。2018 年 6 月，爱店口岸对外开放通过国家验收。

2022 年，爱店公路口岸进出口货物 21.86 万吨，同比下降 6.1%，其中以互市贸易方式进出口货物 6.8 万吨；出入境人员 3.29 万人次，同比下降 36.39%；出入境交通工具 2.76 万辆次，同比下降 46.63%。

**【峒中陆路（公路）口岸】** 峒中公路口岸位于防城区峒中镇旧街，中越边境 1317-1318 号界碑处，与越南广宁省平辽县横模口岸相对应，距东兴市区 26 千米，距越南海河县城 23 千米。里火通道位于广西防城港市防城区那良镇里火村，与越南广宁省海河县北风生互市点隔江相望。峒中公路口岸于 20 世纪 50 年代就已对外开放，1979 年一度关闭，1991 年恢复贸易往来，1996 年 8 月作为原二类口岸恢复开通。2017 年 6 月，国务院批复峒中公路口岸（含里火通道）对外开放，口岸性质为双边性常年开放公路客货运输口岸。

2022 年，峒中公路口岸进出口货物总量 22.81 万吨，同比下降 50.7%；出入境人员为

3.47万人次，同比下降84.5%；出入境交通工具1.24万辆次，同比下降19.6%。

**【硕龙陆路（公路）口岸】** 硕龙公路口岸位于广西崇左市大新县硕龙镇，中越边境847号界碑处，与越南高平省里板口岸相对应，西与越南高平省接壤，距越高平市105千米，距高平省重庆城38千米，下琅县城30千米。该口岸于1954年作为原二类口岸对越开放，1978年一度关闭，1991年恢复贸易往来。2017年10月，国务院批复硕龙公路口岸对外开放，口岸性质为双边性常年开放公路客货运输口岸。2022年4月，国务院批复同意硕龙公路口岸升格为国际性口岸并扩大开放岩应通道，口岸性质为国际性常年开放公路客货运输口岸，其中硕龙通道为人员和客运车辆通行通道，岩应通道为货物和货运车辆通行通道。2022年，硕龙口岸因建设未开放运行。

**【凭祥陆路（铁路）口岸】** 凭祥铁路口岸位于凭祥市南区，与越南同登口岸相对应，于1953年经国务院批准对外开放，对外开放性质为常年开放的国际性口岸，是湘桂铁路的终点，也是广西唯一的边境铁路口岸，是中国通往东盟最便捷的铁路大通道，是连接欧亚大陆与东盟的铁路大陆桥的桥头堡。1955年8月，中越国际联运正式开办货运客运。2020年1月，凭祥铁路口岸进境水果指定监管场地通过海关总署验收运行；2月，凭祥铁路口岸开通中越水果冷链集装箱班列；5月，凭祥铁路口岸开通中泰水果冷链集装箱班列。

2022年，凭祥铁路口岸进出口货物67.99万吨，同比增长39.82%；出入境人员1.56万人次，同比增长9.82%；出入境火车2 235列次，同比增长14.85%。

## 原二类口岸

**【平而关公路口岸】** 平而关口岸位于广西崇左市凭祥市西北端，中越边境1036（1）号界碑处，距凭祥市区23千米，与越南平宜口岸对应，1979年一度关闭，1991年恢复贸易往来。2009年，中越两国政府在签订的《关于中越陆地边境口岸及其管理制度的协定》中同意“平而关—平宜”口岸在条件具备时开放。2017年，中越陆地边境口岸管理合作委员会第五次会议双方同意进一步研究“平而关—平宜”口岸开放。

**【科甲公路口岸】** 科甲公路口岸位于广西崇左市龙州县武德乡，中越边境911号界碑处，距龙州县城39千米，与越南下琅口岸对应。科甲口岸于1953年对越开放，1978年一度关闭，1991年恢复贸易往来。2009年，中越两国政府在签订的《关于中越陆地边境口岸及其管理制度的协定》中同意“科甲—下琅”口岸在条件具备时开放。科甲口岸进出口的货物主要为农产品、土特产品、日用品和药材等。

**【岳圩公路口岸】** 岳圩公路口岸位于广西百色市靖西市，中越边境791号界碑处，离靖西市城28千米，与越南坡标口岸对应。岳圩口岸于1952年10月对越开放，1979年一度关闭，1991年恢复贸易往来。2009年，中越两国政府在签订的《关于中越陆地边境口岸及其管理制度的协定》中同意“岳圩—坡标”口岸在条件具备时开放。岳圩口岸进出口货物主要有水泥、饲料、锰矿、药材等50多种。

**【南宁内河水运外贸货物装卸点】** 南宁内河水运外贸货物装卸点位于南宁市邕江河段，1987年正式对外开放。随着南宁市的逐步发展，南宁内河水运外贸货物装卸点现有的软硬环境设施已逐渐不能满足南宁市水运业发展的需要，南宁港码头已于2008年下半年拆除，南宁内河水运外贸货物装卸点因为码头拆迁而暂停业务。

## 2022年广西壮族自治区口岸大事记

1月28日

国务院总理在广西做好口岸疫情防控及口岸保通保畅致信上做出肯定批示。

4月19日

广西壮族自治区口岸办组织并通过防城港口岸企沙港区防钢基地5#泊位和渔澫港区501#泊

位对外开放验收。

4 月 26 日

硕龙口岸获国务院批复扩大开放为国际性口岸并扩大开放岩应通道。

5 月 27 日

友谊关口岸浦寨货运通道获国家口岸管理办公室批复同意继续临时开放。

6 月 2 日

广西壮族自治区口岸办组织并通过北海港口岸铁山港区 5#、6#泊位对外开放验收。

7 月 12 日—14 日

交通运输部海事局党组书记、局长李国平到广西调研。

8 月 1 日

广西壮族自治区口岸办组织并通过钦州港口岸金鼓江作业区液体化工码头 17#泊位对外开放验收。

9 月 29 日

国务院总理在广西抓好中越经贸合作、口岸保通保畅致信上做出肯定批示。

11 月 18 日

广西壮族自治区口岸办组织并通过钦州港口岸金谷港区金鼓江作业区 19#泊位对外开放验收。

12 月 1 日

广西壮族自治区口岸办组织并通过防城港口岸企沙港区赤沙作业区 3#泊位对外开放验收。

12 月 2 日

广西壮族自治区口岸办组织并通过防城港口岸渔澫港区 401#和 404#~406#泊位对外开放验收。

（撰稿人：蒋云丽、蹇伟、康佳宁、辛春明、赵文胜）

# 2022 年广西壮族自治区口岸流量统计表

| 口岸类型 | | 口岸名称 | 货运量（万吨） | | | | 集装箱量（万标箱） | | | | 人员（人次） | | | | 交通工具（辆、艘、架、列次） | | | |
|---|---|---|---|---|---|---|---|---|---|---|---|---|---|---|---|---|---|---|
| | | | 出口 | 进口 | 合计 | 同比（%） | 出口 | 进口 | 合计 | 同比（%） | 出境 | 入境 | 合计 | 同比（%） | 出境 | 入境 | 合计 | 同比（%） |
| 空运口岸 | | 南宁 | 2.65 | 1.54 | 4.19 | 200.31 | | | | | 22 433 | 29 227 | 51 660 | 113.7 | 3 060 | 3 053 | 6 113 | 156.42 |
| 空运口岸 | | 桂林 | 0.000 | 0.000 | 0.000 | — | | | | | 0 | 0 | 0 | — | 0 | 0 | 0 | — |
| 空运口岸 | | 北海 | 0.000 | 0.000 | 0.000 | — | | | | | 0 | 0 | 0 | — | 0 | 0 | 0 | — |
| 空运口岸 | | 分计 | 2.650 | 1.540 | 4.190 | 201.44 | | | | | 22 433 | 29 227 | 51 660 | 113.7 | 3 060 | 3 053 | 6 113 | 156.42 |
| 陆路口岸 | 公路口岸 | 友谊关 | 220.25 | 53.73 | 273.98 | -34.87 | | | | | | | 311 200 | -62.26 | 106 966 | 102 250 | 209 216 | -51.47 |
| 陆路口岸 | 公路口岸 | 东兴 | 68.56 | 12.45 | 81.00 | -22.30 | | | | | | | 231 752 | -36.9 | 40 206 | 39 959 | 80 165 | -40.3 |
| 陆路口岸 | 公路口岸 | 峒中 | 22.77 | 0.04 | 22.81 | -50.70 | | | | | | | 34 706 | -84.5 | 6 109 | 6 260 | 12 369 | -19.6 |
| 陆路口岸 | 公路口岸 | 水口 | 17.13 | 10.38 | 27.51 | 12.60 | | | | | | | 41 645 | 28.34 | 15 163 | 4 082 | 19 245 | 0.1 |
| 陆路口岸 | 公路口岸 | 爱店 | 20.63 | 1.23 | 21.86 | -6.10 | | | | | | | 32 913 | -36.39 | 13 808 | 13 805 | 27 613 | -46.63 |
| 陆路口岸 | 公路口岸 | 龙邦 | 6.84 | 1.46 | 8.31 | 103.90 | | | | | | | 12 485 | 71.23 | 2 552 | 2 257 | 4 809 | -34.25 |
| 陆路口岸 | 公路口岸 | 平孟 | 0.00 | 0.00 | 0.00 | — | | | | | | | 6 454 | 18 | 646 | 650 | 1 296 | -11.23 |
| 陆路口岸 | 公路口岸 | 硕龙 | 0.00 | 0.00 | 0.00 | — | | | | | | | 0 | — | 0 | 0 | 0 | — |
| 陆路口岸 | 公路口岸 | 分计 | 356.18 | 79.29 | 435.47 | -30.09 | | | | | | | 671 155 | -55.46 | 185 450 | 169 263 | 354 713 | -45.8 |
| 陆路口岸 | 铁路口岸 | 凭祥 | 47.00 | 20.99 | 67.99 | 39.82 | | | | | | | 15 594 | 9.82 | 1 117 | 1 118 | 2 235 | 14.85 |
| 陆路口岸 | 铁路口岸 | 分计 | 47.00 | 20.99 | 67.99 | 39.82 | | | | | | | 15 594 | 9.82 | 1 117 | 1 118 | 2 235 | 14.85 |
| 水运口岸 | 河港口岸 | 梧州 | 35.07 | 37.57 | 72.65 | 31 | 2.93 | 2.80 | 5.74 | 35.33 | 1 980 | 1 990 | 3 970 | 0.63 | 325 | 309 | 634 | 4.11 |
| 水运口岸 | 河港口岸 | 贵港 | 9.16 | 0.66 | 9.83 | -54 | 0.25 | 0.16 | 0.41 | -11.78 | 512 | 410 | 922 | -34.14 | 96 | 77 | 173 | -30.52 |
| 水运口岸 | 河港口岸 | 柳州 | 0.36 | 0.03 | 0.40 | 9.4 | | | | | 82 | 91 | 173 | -38.65 | 22 | 24 | 46 | -26.98 |
| 水运口岸 | 河港口岸 | 分计 | 44.60 | 38.28 | 82.88 | 22.62 | 3.18 | 2.96 | 6.14 | 30.7 | 2 574 | 2 491 | 5 065 | -9.99 | 443 | 410 | 853 | -7.38 |
| 水运口岸 | 海港口岸 | 防城港 | 451.73 | 8 682.19 | 9 133.92 | -4.9 | 0.044 | 0.038 | 0.082 | -58.47 | | | 43 895 | -7.36 | | | 2 143 | -9.92 |
| 水运口岸 | 海港口岸 | 钦州 | 733.58 | 3 706.39 | 4 439.97 | -8.7 | 46.93 | 41.840 | 88.77 | 27.27 | 33 753 | 40 704 | 74 457 | 12.3 | 1 911 | 2 290 | 4 201 | 14.59 |
| 水运口岸 | 海港口岸 | 北海 | 90.50 | 1 497.00 | 1 587.46 | 3.6 | 1.27 | 1.86 | 3.13 | -13.77 | 11 522 | 10 901 | 22 423 | 3.25 | 583 | 554 | 1 137 | 2.62 |
| 水运口岸 | 海港口岸 | 分计 | 1 275.81 | 13 885.58 | 15 161.35 | -5.27 | 48.25 | 43.74 | 91.98 | 25.01 | | | 140 775 | 3.97 | | | 7 481 | 4.59 |
| 合计 | | | 1 679.24 | 14 004.69 | 15 751.88 | -5.93 | 51.43 | 46.70 | 98.13 | 25.35 | | | 884 249 | -47.56 | | | 371 395 | -44.31 |
| 同比（%） | | | -13.78 | -5.36 | -5.93 | | 25.24 | 25.48 | 25.36 | | | | -47.56 | | | | -44.31 | |

备注：统计数据不含互市贸易方式进出口货运量。

（广西壮族自治区口岸办提供）

# 2022 年南宁海关主要数据统计表

| 项　目 | | 2022 年 | 2021 年 | 同比（%） |
|---|---|---|---|---|
| 进出口货运量（万吨） | 合计 | 15 751.05 | 16 755.81 | -6.00 |
| | 进口 | 14 025.60 | 14 795.00 | -5.20 |
| | 出口 | 1 725.45 | 1 960.81 | -12.00 |
| 进出口贸易总值（万美元） | 合计 | 11 613 507.50 | 13 194 245.16 | -11.98 |
| | 进口 | 6 344 859.43 | 7 115 632.76 | -10.83 |
| | 其中：江、海运输 | 5 091 507.55 | 4 534 509.16 | 12.28 |
| | 铁路运输 | 50 595.98 | 14 052.30 | 260.05 |
| | 汽车运输 | 769 093.77 | 1 869 433.42 | -58.86 |
| | 航空运输 | 144 294.24 | 125 059.87 | 15.38 |
| | 邮件运输 | 406.26 | 574.64 | -29.30 |
| | 其他运输 | 288 961.64 | 572 003.38 | -49.48 |
| | 出口 | 5 268 648.07 | 6 078 612.40 | -13.32 |
| | 其中：江、海运输 | 1 190 975.16 | 852 821.11 | 39.65 |
| | 铁路运输 | 84 475.45 | 54 129.07 | 56.06 |
| | 汽车运输 | 3 550 924.17 | 4 909 632.04 | -27.67 |
| | 航空运输 | 413 878.52 | 182 229.23 | 127.12 |
| | 邮件运输 | 153.10 | 3 362.55 | -95.45 |
| | 其他运输 | 28 241.66 | 76 438.40 | -63.05 |
| 税收（万元） | 两税合计 | 4 459 829.41 | 4 037 592.71 | 10.46 |
| | 关税入库 | 276 465.24 | 316 693.54 | -12.70 |
| | 进口环节税入库 | 4 183 364.17 | 3 720 899.17 | 12.43 |

（南宁海关提供）

# 2022年广西壮族自治区口岸出入境主要数据表

<table>
<tr><th colspan="3">项　目</th><th>2022年</th><th>2021年</th><th>同比（%）</th></tr>
<tr><td rowspan="14">出入境人员<br>（万人次）</td><td colspan="2">出入境人员总数</td><td>101.49</td><td>220.25</td><td>-53.92</td></tr>
<tr><td colspan="2">入境人员</td><td>53.18</td><td>111.75</td><td>-52.41</td></tr>
<tr><td colspan="2">出境人员</td><td>48.31</td><td>108.49</td><td>-55.47</td></tr>
<tr><td colspan="2">出入境旅客</td><td>10.35</td><td>9.43</td><td>9.75</td></tr>
<tr><td colspan="2">出入境员工</td><td>91.14</td><td>210.82</td><td>-56.77</td></tr>
<tr><td rowspan="5">中国公民</td><td>小计</td><td>76.49</td><td>149.67</td><td>-48.89</td></tr>
<tr><td>内地居民（因公）</td><td>0.289 5</td><td>0.202 4</td><td>43.03</td></tr>
<tr><td>内地居民（因私）</td><td>75.97</td><td>149.23</td><td>-49.09</td></tr>
<tr><td>港澳居民</td><td>0.128 8</td><td>0.141 7</td><td>-9.1</td></tr>
<tr><td>台湾同胞</td><td>0.108 6</td><td>0.090 7</td><td>19.74</td></tr>
<tr><td colspan="2">外籍人员</td><td>24.99</td><td>70.58</td><td>-64.59</td></tr>
<tr><td colspan="2">从海港出入境人数</td><td>14.20</td><td>13.73</td><td>3.42</td></tr>
<tr><td colspan="2">从陆港出入境人数</td><td>82.09</td><td>204.08</td><td>-59.77</td></tr>
<tr><td colspan="2">从空港出入境人数</td><td>5.19</td><td>2.43</td><td>113.84</td></tr>
<tr><td rowspan="5">交通运输工具<br>（万辆、艘、<br>架、列次）</td><td colspan="2">总计</td><td>57.87</td><td>142.29</td><td>-59.33</td></tr>
<tr><td colspan="2">船舶</td><td>0.847 9</td><td>0.794 2</td><td>6.76</td></tr>
<tr><td colspan="2">飞机</td><td>0.613 3</td><td>0.238 6</td><td>157.04</td></tr>
<tr><td colspan="2">火车</td><td>0.224 3</td><td>0.194 7</td><td>15.2</td></tr>
<tr><td colspan="2">机动车辆</td><td>56.18</td><td>141.06</td><td>-60.17</td></tr>
</table>

（广西出入境边防检查总站提供）

## 2022 年广西海事局进出港船舶统计汇总表

| 船舶类别 | 进港船舶 | | | | | | | 出港船舶 | | | | | | |
|---|---|---|---|---|---|---|---|---|---|---|---|---|---|---|
| | 艘数（艘） | 总吨（吨位） | 总载重量（吨） | 载客量（客位） | 船员人数（人次） | 货物到达量（吨） | 旅客到达量（人） | 艘数（艘） | 总吨（吨位） | 总载重量（吨） | 载客量（客位） | 船员人数（人次） | 货物发送量（吨） | 旅客发送量（人） |
| 总计 | 53 385 | 268 436 973 | 421 214 380 | 1 969 466 | 657 533 | 237 926 690. 7 | 1 182 901 | 53 057 | 269 663 856 | 422 928 643 | 1 982 959 | 653 710 | 132 510 100. 9 | 1 188 213 |
| 中国籍船舶 | 49 810 | 149 424 908 | 215 315 905 | 1 968 506 | 585 504 | 105 425 102. 3 | 1 182 901 | 49 476 | 150 178 878 | 216 409 153 | 1 981 999 | 581 504 | 117 453 713. 3 | 1 188 213 |
| 其中：外贸船 | 916 | 9 165 058 | 15 785 612 | 0 | 12 973 | 11 334 530.55 | 0 | 881 | 9 239 113 | 15 916 410 | 0 | 12 630 | 1 787 964. 62 | 0 |

（广西海事局提供）

# 海 南 省

# 海南省口岸分布示意图

| 序号 | 类型 | 口岸名称 | 批准开放时间 | 开放状态 |
|---|---|---|---|---|
| 1 | 空运口岸（3个） | 海口空运口岸 | 2003 | 国际常年 |
| 2 | | 三亚空运口岸 | 1994 | 国际常年 |
| 3 | | 博鳌空运口岸 | 2020.10 | 国际常年 |
| 4 | 水运口岸（5个） | 海口水运口岸 | 1957 | 国际常年 |
| 5 | | 三亚水运口岸 | 1984.7 | 国际常年 |
| 6 | | 洋浦水运口岸 | 1990.5 | 国际常年 |
| 7 | | 八所水运口岸 | 1988.9 | 国际常年 |
| 8 | | 清澜水运口岸 | 1996 | 国际常年 |

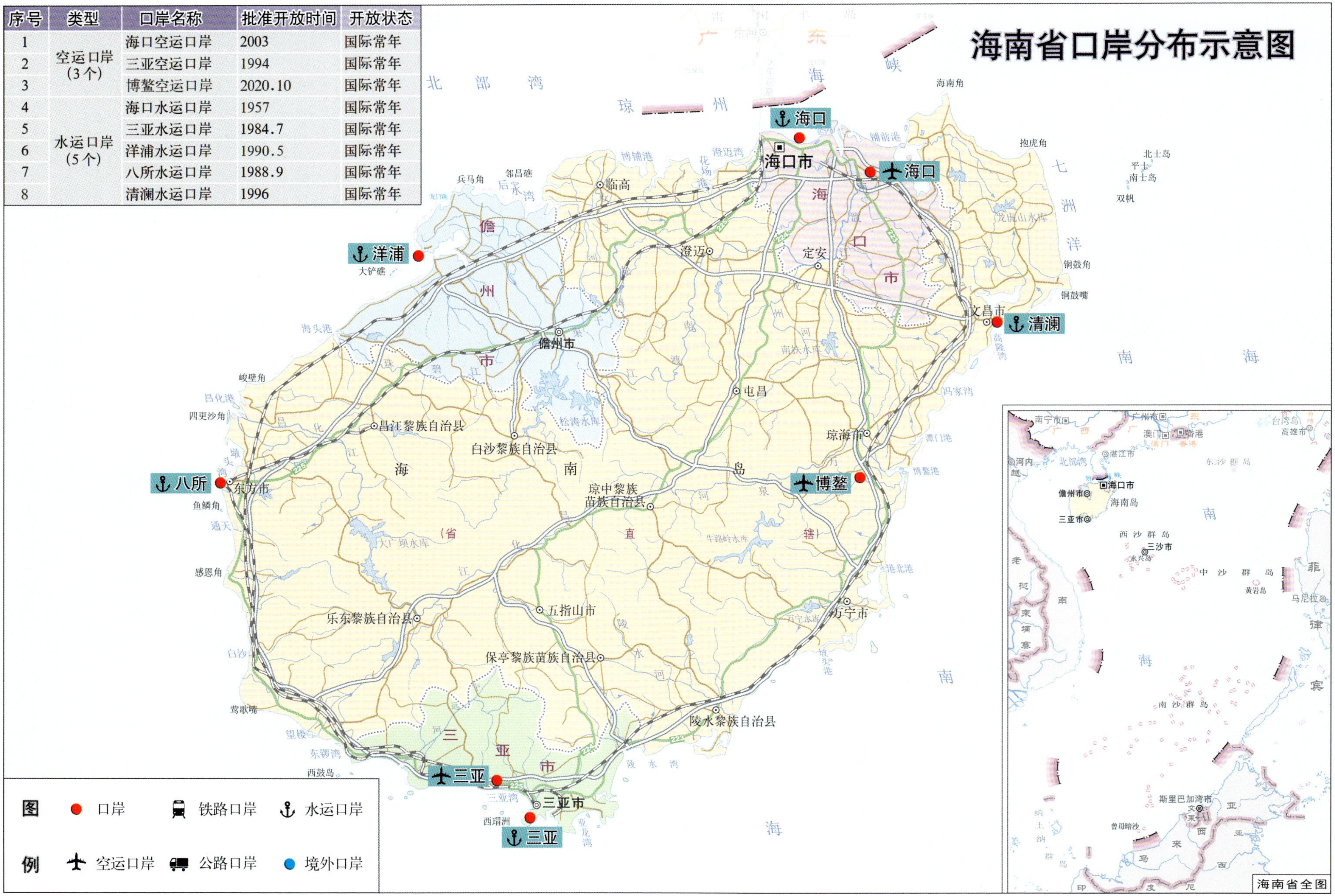


图例
- 口岸
- 铁路口岸
- 水运口岸
- 空运口岸
- 公路口岸
- 境外口岸

## 口岸数量及分布

截至2022年年底，海南省共有经国务院批准的开放口岸8个。其中，空运口岸3个，分别为海口空运口岸（海口美兰国际机场）、三亚空运口岸（三亚凤凰国际机场）、博鳌空运口岸（待验收后启用）；水运（海港）口岸5个，分别为海口（秀英港区、马村港区）、洋浦（洋浦港区、神头港区）、八所、三亚（三亚港区、南山港区、莺歌海港区、清水湾港区）、清澜海港口岸。

## 口岸运行数据

2022年，海南省口岸出入境旅客累计2 143人次，同比增长315.31%；出入境航班累计512架次，同比下降19.62%；进出口货物3 781.59万吨，同比增长0.48%；进出口集装箱累计54.17万标箱，同比增长16.09%；出入境运营船舶累计5 073艘次，同比增长2.28%；进出境邮轮累计0艘次、进出境游艇累计17艘次。

## 口岸综合管理

**【推进全岛封关准备口岸规划与建设工作】** 一是建立工作机制。按照《海南自由贸易港建设总体方案》《海南自由贸易港口岸布局方案》有关要求，成立海南省推进全岛封关准备工作专班口岸规划与建设工作组，制订《海南省推进全岛封关准备工作专班口岸规划与建设工作组工作方案》《全岛封关运作口岸建设有关工作推进方案》，明确任务目标，扎实推进各项任务落实。二是指导推动口岸项目建设。根据国家批复的《海南自由贸易港全岛封关运作项目建设方案及第一批项目清单》20个口岸项目（总投资62.38亿元），多次赴8个对外开放口岸和10个“二线口岸”进行业务指导，开展口岸业务培训，明确各开放口岸和“二线口岸”建设规模等级。三是研究制定游艇专用码头查验基础设施建设指南。在国家口岸管理办公室大力支持和具体指导下，海南省口岸办、海南省发展和改革委员会、海南省住建厅等单位编制了全国首部《海南游艇专用码头查验基础设施建设指南（暂行）》，经海南省政府审定印发实施。

**【持续做好口岸对外开放管理和服务工作】** 一是按照国务院已批复开放的博鳌机场空运口岸、三亚海港口岸（南山港区、清水湾港区、莺歌海港区）的有关要求，积极指导三亚、琼海、乐东、陵水等市县加快推动口岸查验设施建设。同时推进博鳌机场开放验收前期准备工作，协调海南省财政厅投入资金加强博鳌机场海关卫生检疫流动方舱和口岸实验室建设。二是组织海口海关、海口出入境边防检查总站、海南海事局对海口海港口岸马村港区三期散货码头对外开放启用验收。为做好国际客运航班复航准备工作，组织推进美兰机场T2国际航站楼出境通道临时对外启用工作。三是继续推动海南省东营等8个海上游览景区对境外游艇临时开放，实现了自2014年以来连续17次获批，为境外游艇来琼游览观光活动提供条件和便利。协调交通运输部批复同意国际航行船舶临时进入海南省非开放水域装运鱼苗出品及乐东电厂码头进口煤炭。2022年，共有40艘次国际航行船舶临时进入海南省文昌、万宁、陵水等非开放水域装运鱼苗出口，货值1.5亿元；共有24艘次国际航行船舶临时进靠乐东电厂码头，接卸进口煤炭约61.5万吨。有效解决海南省部分渔民的生产生活和企业生产运营的困难问题。四是做好直通港澳货运车辆服务工作，2022年共为2家企业办理了直通香港货运车辆指标续期服务。

**【持续优化口岸营商环境】** 一是努力压缩通关时间。对标国内先进地区改革经验，制订印发《2022年优化海南口岸营商环境行动计划》《复制推广借鉴优化口岸营商环境促进跨境贸易便利化改革举措》《提升跨境贸易便利化水平支持外贸高质量发展若干措施》等文件，提出2022—2025年海南自由贸易港进一步优化营商环境领跑行动路线图。2022年，海南口岸进口整体通关时间为31.04小时，低于全国平均进口整体通关时间9.14小时；出口整体通关时间为0.89小时，低于全国平均出口整体通关时间0.37小时。二是降低企业生产经营成本。印发《关于更新完善口岸收费目录清单工作的函》，并及时在海南国际贸易口岸收费栏对“单一窗口”（以下简称：贸易“单一窗口”）口岸收费目录清单进行公示，定期开展口岸合规收费检查。会同海南省财政厅，免除查验没有问题外贸企业吊装移位仓储费用（海口市89.32万元、洋浦经济开发区116.68万元），减轻了外贸企业的负担。三是推动通关模式改革。在国家口岸管理办公室的指导下，组织实施国家航空物流海南试点工作，推动海南省空港口岸取消托运书、运单等10种通关业务纸质单证。4月12日，海口美兰机场完成了通关作业全流程单证电子化改造，进一步提高了海南省空港口岸跨境货物的通关效率。持续深化贸易“单一窗口”码头无纸化应用，推动“海口—洋浦”一体化通关模式创新，便利琼北地区外贸企业办理进出口报关业务。2022年，“海口—洋浦”一体化模式进口报关单15 005票（同比下降11.75%，占关区进口报关单的55.66%），出口报关单9 272票（同比上升1 025.03%，占关区出口报关单的49.03%）。

**【持续优化国际贸易“单一窗口”功能应用】** 按照“全省一盘棋，全岛同城化”的信息化建设理念，坚持公共服务建设模式，先后实现了“一线”进出境径予放行、“二线”进出区单侧申报、“一企一册”数据池、加工增值、物码溯源等功能应用。完成洋浦经济开发区试点企业ERP系统与海南自由贸易港公共服务管理平台及海关监管系统的联网对接，确保了加工增值30%内销免关税政策试点扩区任务完成。同时结合自由贸易港早期政策落地工作需要，主动谋划贸易“单一窗口”项目建设，先后提出并完成海南国际贸易“单一窗口”2023年新增项目、海南国际贸易“单一窗口”试点扩区配套功能应用（加工增值）项目、海南国际贸易“单一窗口”、“海口—洋浦”一体化通关数字化管理系统建设等项目的立项工作。截至2022年年底，贸易“单一窗口”已累计实现货物申报371 501单，舱单申报1 265 449单，运输工具申报230 323单。货物申报、运输工具申报、舱单申报三大主要申报业务应用率均保持100%。

**【推进海关特殊监管区建设】** 一是根据《海关总署关于印送〈综合保税区申请设立工作指引〉的函》，指导相关市县对综合保税区申请设立明确申报流程。二是指导儋州市（洋浦）和海口市做好海关综合指定监管场地的论证和申报准备工作。三是加强对海口综合保税区和洋浦保税港区发展绩效评估的指导。根据海关总署2022年公布的2021年度全国综合保税区发展绩效评估结果，在全国137个综合保税区中洋浦保税港区排名A类（27名），得到省政府的表扬。

**【统筹做好口岸疫情防控及通关保障工作】** 按照海南省疫情防控指挥部的统一部署，及时做好疫情防控上传下达及沟通协调工作，确保口岸经营安全顺畅。先后7次协助查验单位开展口岸安全和疫情防控专项督导检查，加强对进出境运输工具、货物和物品检验检疫及安全准入风险防控。稳妥处理洋浦港、马村港进境船舶涉疫问题。协调做好博鳌亚洲论坛年会、消博会、世界新能源汽车大会等重大活动的通关保障；完成国家男子足球队、国家女子乒乓球队、“蓝鲸一号”钻井平台航行作业以及国际活体动物货机通关服务保障工作；配合海南省社管平台领导小组办公室，协调文昌市口岸办做好“1013清澜港外籍机帆船和两名人员临时入境突发事件”的复盘工作。

## 口岸监管与服务

**【海口海关全力支持海南自由贸易港建设】** 一是稳步推进自由贸易港早期政策落地实施发挥实效。全力推动原辅料、交通工具及游艇、自用生产设备“零关税”政策落地实施，不断完善风险防控机制及协同管理机制。自“零关税”三张清单政策实施至 2022 年 12 月，共监管“零关税”货物进口 149.6 亿元，减免税款 26.6 亿元。参与制订实施方案及配套风险防控措施，研究制定海关监管办法；加大企业信用培育，关区高级认证企业数量突破 50 家；创新实施 ERP 联网监管，提前完成海南自由贸易港公共信息服务平台及配套海关监管辅助系统升级改造，成功推动加工增值免关税政策扩大至海关特殊监管区域外试点实施。2022 年，监管加工增值免关税货物 22.3 亿元，减免关税 2.1 亿元。不断创新优化离岛免税监管模式，支持在海口综合保税区创新开展免税、保税衔接业务，保障免税店扩至 11 家，进一步激发离岛免税市场活力。2022 年，监管离岛免税购物金额 349 亿元，购物人数 422.4 万人次，购物件数 4 944.1 万件。二是稳步推进封关运作软硬件准备。积极参与优化升级海南自由贸易港 8 个开放口岸和 10 个“二线口岸”建设工作，结合海关实际监管研究提出海关监管设施设备、非查验设施设备以及缉私建设需求，配合省商务厅（口岸办）研究制定《海南游艇码头查验基础设施建设指南》。配合海关总署相关司局做好海南自由贸易港海关智慧监管平台立项审批工作，加快推动海南国际旅行卫生保健中心等 4 个重点项目建设。三是提前谋划重大风险防控机制。坚决贯彻习近平总书记重要指示批示精神，深入落实署省为期一年的打击治理专项行动，成功推动建立免税品溯源管理、失信惩戒立法、“六进”宣教等长效机制，推动实现与海南省 32 项数据共享，免税商品“套代购”走私总体可防可控。2022 年，累计侦办离岛免税走私犯罪案件 79 起，案值约 2.61 亿元，涉税约 3 866.6 万元，打掉团伙 67 个。

**【海口海关优化口岸营商环境促进跨境贸易便利化】** 2022 年，海口海关全面贯彻海关总署促外贸保稳提质工作部署，落实海南省政府进一步优化口岸营商环境各项要求，深入开展压缩口岸通关时间专项行动，推动海南口岸 2022 年进口、出口整体通关时间分别压缩至 31.04 小时、0.89 小时，较 2021 年分别压缩 30.28%、39.46%，均明显快于全国平均时间，进口时间在沿海地区省（市）当中排名第 4 位，取得近年来最优水平。一是持续推进改革创新。实施进口货物“船边直提”和出口货物“抵港直装”改革，深入推广“两步申报”“提前申报”等改革措施，出口“提前申报”应用率超 50%。“一票多车”便捷通关、扫码高速过卡和出区“预检验”等首创措施落地洋浦保税港区。深化综合保税区“区港直通”改革，实现进出口货物“一次运抵、一次申报、一次装卸、一次验放”。二是保障产业链供应链循环畅通。对进口原油实施“先放后验”，对出口成品油创新“即检即放”监管模式，为企业节省运营成本千万余元，充分释放经济效益。主动采取措施及时应对疫情影响，着力优化免税品货物通关手续，首次将分送集报等担保业务纳入“不见面”办理事项范围，打通研发用生物物品的进口堵点，保障进口特许药械异地顺利通关。三是畅通口岸物流通道。发展智能化口岸物流，大力建设海南自由贸易港智慧监管平台，深入推进洋浦口岸 AR 全景可视应用试点，推广应用“单一窗口”航空物流平台，实现空港查验、放行等环节单证电子化流转，全面推广口岸“无陪同查验”、非侵入式查验，无纸化查验达 100%，推动海南口岸整体查验时间压缩 50%。四是加大为企业纾困力度。落实“问题清零”机制，开展为企业送“服务包”活动，主动协调海关总署相关司局优化通关系统逻辑，畅通“货站—企业—海关”沟通渠道，及时解决企业报关过程“急难愁盼”问题。强化可视化外贸统计解读，联合发布《海口海关 海南省商务厅提升跨境贸易便利化水平支持外贸高质量发展若干措施》《海口海关 海口市人民政府促进外贸保稳提质若干措施》《关于促进海南热带特色农业外贸发展的若干措施》等，积极引导社会预期，提振外贸企业信心。

**【洋浦保税港区监管建设】** 一是推进自由贸易港政策在区内落地生效。积极推动“一线放开、二线管住”进出口政策制度在洋浦保税港区先行先试，推进径予放行、单侧申报、加工增值免关税等8项早期安排政策在洋浦保税港区率先落地并发挥实效，2022年洋浦保税港区新增海关备案企业474家，在政策红利加持下，洋浦保税港区在2022年公布的2021年度全国综合保税区发展绩效评估中首次进入A类行列。二是持续提高监管效能。推出洋浦保税港区“一票多车”便捷通关、扫码高速过卡、出区“预检验”“分送集报”等创新举措，通关便利化程度大幅提升。对洋浦保税港区内进口大宗散货油菜籽、黄大豆、小麦等植物产品，实行“先入区，后检测”提升通关效率，2022年保障41.3万吨进口粮食顺利通关。探索洋浦保税港区营利性设施消费等新业态试点开展，推动区内消费业态落地实施，2022年洋浦保税港区新增3家完税商品销售企业、2家跨境电商新零售企业，主要商品为服饰、红酒、洋酒等。

**【海口综合保税区监管建设】** 一是夯实基础促外贸保稳提质。积极落实促进外贸保稳提质各项措施。持续为企业送“服务包”，提供“个性化”服务；引导企业用足用好“提前申报”“两段准入”等便利化举措，不断优化营商环境；强化通关时效监控分析，不断压缩整体通关时间。2022年，海口综合保税区进出口外贸总值279.1亿元，同比增长1.7%，占同期海口市的46.1%，占海南省的13.9%；持续规范海口综合保税区卡口管理，不断推进区内“高非冷”专用查验场地、公共查验平台建设，提升规范化作业水平；设立工作专班规范区内保税仓储管理；落实跨境电商进口走私“断链刨根”专项整治行动和跨境电商寄递“异宠”综合治理部署要求，2022年监管放行跨境电商进口清单68.4万份、进口货值5.4亿元。二是激发自由贸易港政策示范效应。打造保税、免税衔接打造国内国际双循环。充分发挥综合保税区免税品监管业务产业优势，不断优化监管流程，助力免税品业务做大做强，2022年共办理保税转离岛免税业务3 586票，货值96.6亿元；受理“批次进出，集中申报”进口报关单6.7万份、货值101.7亿元、税款20.8亿元。9月26日，海关总署批复同意在海口综合保税区内开展保税、免税衔接业务模式，截至2022年年底共监管放行免税品进口报关单1 624票，货值32.42亿元。简化一线通关流程，扎实做好“一线放开、二线管住”政策制度扩大试点工作，不断扩大“径予放行”政策运用领域和服务场景，推动“零关税”三张清单业务落地，7月8日完成首单“区港直通联动”径予放行模式业务；保障路威酩轩、戴比尔斯等品牌落地综合保税区，引导企业继续利用好加工增值免关税政策，企业最高可享受20%关税减免，2022年监管放行加工增值货物47票，货值1.87亿元。

**【海口出入境边防检查总站圆满完成各类重大安保工作任务】** 一是召开党的二十大决战决胜动员部署会，成立安保工作领导小组，研究制订了关于党的二十大、北京冬奥会（冬残奥会）、博鳌亚洲论坛年会、香港回归祖国25周年庆祝活动、第二届国际消费品博览会5项安保维稳工作方案，全力以赴确保口岸安全稳定有序。二是研究制定维护国家政治安全、强化口岸管控防控、做好出入境通关保障、严防境外疫情输入、及时应对处置重大安全风险等8个方面28条措施，建立了一体化实战指挥运行工作机制，有效发挥情报先导预警作用。三是制定出入境通关保障、口岸管控防控、防范境外疫情输入、突发事件处置等7个方面21条措施，为北京冬奥会、冬残奥会圆满举办营造稳定和谐的社会政治环境。四是有针对性强化情报搜集研判、接布控和查控甄别处置、口岸检查、往来内地与香港交通运输工具检查、严密海港口岸管控等9个方面的工作，部署重大敏感时期海港口岸全部实施梯口监护的工作，加强往来香港船舶的检查监护管理，全力保障了香港回归祖国25周年庆祝活动安全顺利举办。

**【海口出入境边防检查总站强化管控合力确保国门口岸安全无虞】** 一是编制“十四五”边检业务工作规划，围绕加强科学管控能力、提升管理服务质效、推进勤务规范化建设等6个方面，制定24条重点工作措施和各项业务工作推进时间表，持续推进会议精神高效贯彻落实。二是主动汇报走访，积极争取协调省商务厅、发展和改革委员会等部门，将8个对外开放口岸边检基础查验设施升级改造、2个“二线口岸”离岛管控执勤用房需求纳入全省封关运作重点项目推动落实，与省公安厅出入境管理部门建立了联合办案机制。三是组织开展口岸安全隐患排查、党的二十大安保专项督导等活动，现场督导检查各单位口岸限定区域安全隐患排查、执勤差错问题专项整治、疫情防控、勤务组织、安保维稳等“9类27项”重点内容，提升全省边检机关依法管理口岸限定区域的履职能力。四是加快边检口岸智慧化管理应用，推进三亚智慧邮轮、游艇管控系统建设，提升在港邮轮游艇智能化管理水平；协调省级有关部门支持“智慧口岸数字边检”项目建设，利用无人机辅助开展口岸巡查、锚地监管工作，促进边检口岸管控信息化、智能化管控提档升级。五是围绕“国门铸盾—2022”应急综合演练，完善各类方案11个、预案45类，研究拟制边检总站《处置海上大量人员偷渡或搭乘外轮、货轮非法出境突发事件工作预案》，开展口岸疫情防控、反暴恐、防闯关偷渡等全流程、全要素图上推演、应急拉动演练70余次，有效提升指挥、战术、技能、协同、保障方面的应急处置能力。

**【海口出入境边防检查总站全力保障服务海南自由贸易港建设】** 一是牢牢把握省委“一本三基四梁八柱”的总体战略框架，成立服务海南自由贸易港建设领导小组，调整优化总站服务自由贸易港建设办公室，并进行实体化运作，制定了出台“一个工作要点”，建立了“三个任务清单”，做到工作项目化、项目清单化、清单责任化。二是聚焦自由贸易港“一线放开、二线管住”和“五个自由便利、一个安全有序流动”的制度设计，研究制定重大风险防控的措施和两项“工作指引”，部署开展边检管理服务创新试点工作，总结提炼8个制度集成创新案例。三是在疫情防控常态化形势下，推出国际货机“四无一合并”检查流程、口岸船舶“零等待”快速通关等创新举措。三亚站运用智能管控系统创新邮轮游艇监管的先进举措被中央政法委秘书长陈一新在全省干部会议上予以充分表扬和肯定；秀英站推动管理服务前移助力海南鱼苗企业出口创汇1.6亿元的做法被海南省工作要情刊发；洋浦站持续优化加注保税燃油船边检查验手续，为企业节约运营成本2 790余万元，相关工作措施被海南省纳入“中国洋浦港”船籍港制度集成创新案例内容。四是协调争取海南省发展和改革委员会、海南省口岸办等职能部门支持，将8个对外开放口岸边检基础查验设施升级改造及2个“二线口岸”离岛管控执勤用房需求1.7亿元纳入全省封关运作重点项目推动落实，有效推进口岸查验场所规范化建设。五是积极贯彻落实国家移民管理局在海南试点开展边检机关办理口岸签证和“二线口岸”外国人离岛管控工作，与省公安厅出入境管理局签订深度合作协议，建立信息共享、联勤协作、联合办案等8项工作机制，派出32名民警在全省9个离岛管控执勤点常态化开展工作，选派16名民警协助省、市两级出入境管理部门开展妨害国（边）境管理犯罪案件侦办工作。六是严格落实“前台受理”和“后台办理”衔接工作，修订完善总站《12367服务平台工作规范（试行）》，主动对接省政务中心（12345热线）和省厅出入境管理局，定期开展话务员业务培训，有效推进12367服务平台规范运行。

**【海口出入境边防检查总站慎终如始抓实疫情防控】** 一是修订完善《总站应对突发疫情口岸勤务工作方案》，定期开展疫情防护专项培训，动态调整独立作战单元勤务模式，对高风险勤务采取“一船一策”“一机一案”的措施，圆满完成国家足球队、国家乒乓球队等航班8架次、旅客590人次包机检查勤务，为船员办理换班入境手续729人次。二是严格落实闭环执勤岗前培训考核制度，闭环执勤民警需全部通过穿脱防护服、疫情防控应知应会考核方能上岗执勤，指导督促各边防检查站积极协调驻地政府、口岸管理部门保障足够的边检执勤隔离用房，最大限度地降低交叉染疫风险，确保勤务开展有序、队伍安全稳定。三是积极配合地方政府有序恢复国际客运航班，协调机场及有关部门支持保障民警闭环执勤场所及隔离用房；升级完善现场查验设施，推动美兰T2国际厅验收进度；多次组织现场踩点和全流程模拟通关推演，确保如期落实国际客运航班复航计划。11月16日复航后，顺利完成航班6架次、旅客552人次边检勤务工作。

**【海南海事局推动国际船舶登记制度优化升级】** 一是会同儋州市政府（洋浦管委会）共同牵头建立国际船舶登记制度优化升级专题研究工作专班，持续完善境外船舶移籍"一事联办"有关工作机制，推进国际船舶登记制度优化升级工作。二是启动国际船舶登记制度优化升级专题研究，全面分析海南自由贸易港国际海运业相关制度、政策现状，开展调研，广泛征求意见，系统梳理制约海南自由贸易港国际船舶登记制度发展的堵点、短板，提出建议，形成制度优化升级专题报告。三是海南省副省长倪强主持召开"中国洋浦港"船籍港政策聚集效应事宜专题会议，对国际船舶登记制度优化升级专题报告提出的完善国际船舶登记制度建议措施予以肯定，并对报告中所提问题和建议进行了研究。2022年，海南海事局共办理"中国洋浦港"籍国际船舶登记7艘。

**【海南海事局深化船舶保税油便利化监管措施】** 持续落实《海南海事局关于深化海南自由贸易港船舶保税油便利化海事监管措施的公告》要求，实施告知承诺制，优化保税油供油船舶危险货物申报制度，开辟船舶燃油装载和使用信息报告便捷通道，实施国际航行受油船舶"即加即走"管理模式。缩减行政相对人的办事流程和时间，降低其经营成本，进一步优化海事营商环境。船舶保税油供受作业单位备案申请材料提交数量从原11项减少到现5项，减免提交申请材料54.5%，通过实施船舶保税油便利化海事监管措施，大幅提升了船舶保税油加注效率。

**【海南海事局不断优化口岸海事政务服务营商环境】** 积极推动海事政务信息化建设，提升口岸服务效率。一是推进国际船舶移籍"一事联办"信息共享平台建设工作，提升国际船舶移籍注册效率，促进海南自由贸易港航运要素聚集。二是充分利用海南省政府"海政通"平台，开发海事政务服务小程序，实现信息共享，减免行政相对人提交的相关材料。2022年，海南海事局实现零跑动办理事项25项，承办12345热线转接办件按时办结率和热线平台回访满意率均达100%，位列海南省65个省直和中央驻琼单位前列。在全国范围内率先向外籍人员签发外国船员适任证书承认签证，实现了允许外籍船员在"中国洋浦港"籍船舶上任职的历史性突破，助力海南自由贸易港航运要素聚集。

**【海南海事局改革升级船舶证书"多证合一"】** 一是扩大试点范围和试点船舶种类。"多证合一"改革试点从三亚扩大至海南各个船籍港，适用航行水域覆盖到整个海南水域，试点船舶类型扩展到所有船舶。二是增加合并证书范围。将"船舶国籍证书""船舶最低安全配员证书"等9个证书整合为统一的"海南省船舶安全与防污染证书"，合并证书种类增加到9个。三是精简审批流程、材料。优化流程，减少审批层级，新登记船舶申请材料数量由12项缩减为最少3项。四是加强信息化支撑。业务流程全网上运行，以信息化赋能政务办理便捷高效。2022年，海南海事局共为239艘船舶办理"多证合一"手续，进一步改善营商环境，提升企业运营效益。

## 开放口岸

**【海口空运口岸（海口美兰国际机场）】** 海口美兰国际机场位于海口市美兰区演丰镇，于1999年5月25日正式通航，是我国重要的国内干线机场之一。机场占地面积11.40平方千米，站坪面积125.02万平方米，停机位125个。其中，T1航站楼（含国际航站楼）近15万平方米，一期含67个运行机位，飞行区等级为4E级，跑道长3 600米、宽45米，可满足波音747-400等大型飞机全重起降要求；T2航站楼近30

万平方米，二期含 58 个运行机位，飞行区设计等级为4F 级，二跑道长 3 600 米、宽 60 米，可起降世界上最大型号的民航客机 A380。美兰机场二期项目于 2016 年 9 月 6 日开工建设，2021 年 12 月 2 日正式投运，设计容量为到 2025 年美兰机场可满足旅客年吞吐量 3 500 万人次、货邮年吞吐量 40 万吨的运行需求，其中 T2 航站楼国际区域设计能力可满足 2025 年国际及地区旅客年吞吐量 420 万人次的运行需求，并预留东北指廊作为远期流程扩容区域，可满足国际及地区旅客年吞吐量 800 万~1 000 万人次的目标。自此，美兰机场跨入“双航站楼，双跑道”全新发展时代，致力于打造面向太平洋、印度洋的航空区域门户枢纽。2022 年，美兰机场共开通航线 227 条，其中国内航线 221 条、地区航线 1 条、国际货运航线 5 条；通航城市共 122 个，其中国内城市 115 个、地区通航城市 1 个、国际货运通航城市 6 个。此外，2022 年，美兰机场顺利开通跨境电商“9610”“9710”“9810”等出口模式，实现跨境电商出口全业态落地，填补了海南省内空港口岸跨境电商业务的空白，为国际货运航线的开通新增货源类型及渠道。

位于海口美兰国际机场东南侧的海口空港综合保税区，于 2021 年 5 月 4 日获国务院批复设立，2021 年 12 月 2 日通过正式验收，2021 年 12 月 2 日通过海关总署及有关部门联合验收组的正式验收。海口空港综合保税区面积约 0.44 平方千米，承接“一线放开、二线管住”进出口管理制度扩大试点。区内主要产业为飞机保税维修、飞机融资租赁、航材贸易、保税仓储加工等。2022 年，海口空港综合保税区注册企业 125 家。扬子江融资租赁进驻，成为海南首家飞机融资租赁总部企业。一站式飞机维修基地总计维修 160 架飞机、完成整机喷涂 11 架，累计产值约 3.34 亿元，实现境外飞机维修零突破。

**【三亚空运口岸（三亚凤凰国际机场）】** 三亚凤凰国际机场位于三亚市凤凰镇，占地面积约 466.67 万平方米，现有航站楼总面积 10.7 万平方米（其中，国内 T1 航站楼 5.83 万平方米、T2 航站楼 2 万平方米、国际航站楼 1.57 万平方米、贵宾航站楼 1.3 万平方米），机场于 1994 年建成使用，1995 年正式对外开放。三亚凤凰国际机场为国际航空 4E 级标准热带海岛滨海花园式机场，跑道长 3 400 米、宽 45 米，可满足波音 747、空客 340 等大型飞机全载起降的要求，停机坪可同时停放 66 架大中型客机。

**【海口水运（海港）口岸】** 海口海港口岸位于海南省海口市北部，地处南海航运中枢，是交通运输部规划的 25 个沿海主枢纽港之一，由秀英港区和马村港区组成。

秀英港区主要经营大宗散杂货、集装箱、车客滚装运输等。有码头泊位 20 个（不含海军码头），其中 3 万吨级集装箱泊位 2 个、万吨级散杂泊位 3 个、5 000 吨级以下杂货泊位 5 个、客货泊位 1 个、车客滚装泊位 9 个。设计年吞吐能力为件杂货 225 万吨、集装箱 70 万标箱、旅客 478 万人次、滚装车辆 65 万辆。

马村港区位于海南岛西北部，琼州海峡澄迈湾之西，在省级开发区——海南澄迈县老城经济开发区内，于 2005 年对外开放。马村港水深浪平，拥有得天独厚的自然条件。马村港区现有 4 个锚地，13 个泊位。其中，3.5 万吨级泊位 2 个、2 万吨级泊位 5 个、5 000 吨级泊位 5 个、500 吨级泊位 1 个。

2022 年，海口海港口岸出入境集装箱吞吐量 113 733 标箱；出入境货物 65.56 万吨。

**【三亚水运（海港）口岸】** 三亚海港口岸位于海南岛南端三亚市内，以国际客运为主、货运为辅，自古以来是著名的盐海港口，1953 年改为商港，1984 年对外开放，是海南省东南部对外贸易和游客往来的主要口岸，与世界 30 多个国家和地区通航。三亚港口岸现有：客运泊位 3 个，分别为 2 个 15 万吨级邮轮泊位、1 个 8 万吨级邮轮泊位；货运泊位 7 个，分别为 2 个 5 000

吨级泊位、2个3 000吨级泊位、1个1 500吨级泊位、2个500吨级泊位。主要为客运口岸。2022年，三亚海港口岸出入境游艇17艘次，同比下降5.56%。

**【清澜水运（海港）口岸】** 清澜海港口岸位于海南省东岸北部，文昌市清澜镇内，1996年对外开放，主要经营矿产、天然气、海产品、航天发射、文昌鸡以及椰子产品进出口等，也是三沙市主要的保障基地。清澜港拥有渔业码头1座、1万吨级泊位2个、5 000吨级泊位3个。截至2022年年底，已开通航线8条，主要通往我国香港、台湾、澳门及东南亚等国家和地区。清澜新港码头港口设计年吞吐量50万吨。3 000吨货轮可安全进出，5 000吨货轮可乘潮水满载进出。按照文昌市清澜港总体规划，文昌清澜港占地面积为142.4万平方米。其中，清澜新港首期建设用地约41.01万平方米，码头岸线长942米，已建5个5 000吨级码头，包括油气泊位1个、通用泊位2个、旅游泊位1.5万吨级1个、通用兼火箭发射场设备运载泊位1.5万吨1个。2022年，清澜港内贸吞吐量302万吨，同比增长9%。

**【洋浦水运（海港）口岸】** 洋浦海港口岸位于海南岛西北部洋浦经济开发区境内，是规划与建设中的区域国际航运枢纽和物流中心，由洋浦、神头两大港区组成，开放海域面积扩大到55平方海里，开通国内外航线40条。其中，洋浦港区于1991年对外开放，素有“天然深水良港”之称，以集装箱和通用件杂货为主，共建有泊位12个，其中国投洋浦港已建成码头泊位9个，包括2万吨级通用散杂货泊位5个、2万吨级集装箱泊位1个、2万吨级多用途泊位2个、3 000吨级工作船泊位1个；洋浦国际集装箱码头已建成码头泊位3个，均为5万吨级多用途泊位。神头港区位于洋浦湾内，北依洋浦开发区，南面隔海与白马井港区相望。神头港水深浪平，拥有很好的自然条件，是海南省的重要能源进出口港口，于2012年正式对外开放。神头港区现有3 000吨级至30万吨级码头泊位共29个。2022年，洋浦海港口岸出入境船舶4 436艘次，同比增长9.58%；货物吞吐量3 078.24万吨，同比增长5.56%；集装箱吞吐量42.63万标箱，同比增长19.98%。

**【八所水运（海港）口岸】** 八所海港口岸位于海南省西部东方市八所镇境内，北黎湾的西南部，于1958年对外开放。八所港是海南省重要的工业港，是集装卸、仓储、运输、配送、贸易于一体、功能齐全的综合性深水良港，也是环北部湾经济圈主要的贸易港口，主要输出海南铁矿石。八所海港口岸现有3个作业区共12个泊位，其中万吨级以上泊位9个、千吨级以上2个，设计年综合吞吐能力2 248万吨。与国内沿海各港口以及20多个国家和地区通航。2022年，八所海港口岸出入境船舶187艘次，同比减少24.3%；出入境货物385万吨，同比减少15.9%。

## 2022年海南省口岸大事记

1月11日

海南省政协主席毛万春一行到海口海关调研指导工作。

1月11日

海南省政协主席毛万春一行到海南海事局调研指导工作。

2月24日

国务委员王勇到洋浦检查进口冷链食品疫情防控工作。

2月28日

时任海南省委书记沈晓明到海口海关调研社会信用体系建设情况，省长冯飞，省领导沈丹阳、孙大海参加调研。

4月15日

海南省政协主席毛万春到海口海关调研。

6月1日

海南省政协主席毛万春到隔检中心文昌基地

调研。时任海口海关关长施宗伟，文昌市委书记、市长参加调研。

9月28日

时任海南省委书记沈晓明、海南省人民政府沈丹阳常务副省长莅临海南海事局视察调研“三防”工作，并慰问海事一线值班人员。

（撰稿人：吴丽蕾、崔瑞康、汪鸣飞、林亮宇）

## 2022 年海南省口岸流量统计表

| 口岸类型 | 口岸名称 | 货运量（万吨） | | | | 集装箱量（万标箱） | | | | 人员（万人次） | | | | 交通工具（辆、艘、架、列次） | | | |
|---|---|---|---|---|---|---|---|---|---|---|---|---|---|---|---|---|---|
| | | 出口 | 进口 | 合计 | 同比（%） | 出口 | 进口 | 合计 | 同比（%） | 出境 | 入境 | 合计 | 同比（%） | 出境 | 入境 | 合计 | 同比（%） |
| 空运口岸 | 海口 | | | 0.62 | -30.34 | | | | | 0.240 2 | 0.344 4 | 0.584 6 | 6.50 | 259 | 253 | 512 | -19.62 |
| | 三亚 | | | 0.06 | 39.16 | | | | | | | | | | | | |
| | 博鳌 | | | | | | | | | | | | | | | | |
| | 分计 | | | 0.63 | -33.04 | | | | | | | | | | | | |
| 水运口岸 海港口岸 | 海口 | | | | | 8.00 | 3.37 | 11.37 | 18.44 | 0.36 | 0.29 | 0.65 | -17.72 | | | | |
| | 三亚 | | | | | | | | | 0.08 | 0.06 | 0.14 | -62.16 | | | | |
| | 八所 | | | | | 0.173 3 | | 0.173 3 | | 0.18 | 0.20 | 0.38 | -26.92 | | | | |
| | 洋浦 | | | | | 20.35 | 22.27 | 42.63 | -37.32 | 3.40 | 3.15 | 6.55 | -9.35 | | | | |
| | 清澜 | | | | | | | | | | | | | | | | |
| | 分计 | 743.36 | 3 037.61 | 3 780.97 | 0.48 | | | | | | | | | 2 579 | 2 494 | 5 073 | 2.28 |
| 合计 | | | | 3 781.60 | | 28.53 | 25.64 | 54.17 | 16.09 | 4.25 | 4.04 | 8.29 | | | | | |
| 同比（%） | | | | | | | | | | | | | | | | | |

（海南省商务厅提供）

# 2022 年海口海关主要数据统计表

| 项　目 | | 2022 年 | 2021 年 | 同比（%） |
|---|---|---|---|---|
| 进出口货运量（万吨） | 合计 | 3 447 | 3 526 | -2.2 |
| | 进口 | 2 755 | 2 916 | -5.5 |
| | 出口 | 692 | 610 | 13.4 |
| 进出口贸易总值（万美元） | 合计 | 2 623 413.14 | 1 956 911 | 34.1 |
| | 进口 | 1 849 034.43 | 1 540 548.14 | 20.0 |
| | 其中：江、海运输 | 1 424 053.41 | 1 022 858.32 | 39.2 |
| | 铁路运输 | 2 842.13 | 0 | |
| | 汽车运输 | 41 587.79 | 37 376.39 | 11.3 |
| | 航空运输 | 379 118.06 | 477 280.07 | -20.6 |
| | 邮件运输 | 274.88 | 3 005.11 | -90.9 |
| | 其他运输 | 1 158.16 | 28.25 | 3 999.2 |
| | 出口 | 774 378.71 | 416 362.86 | 86.0 |
| | 其中：江、海运输 | 660 518.07 | 319 112.26 | 107.0 |
| | 铁路运输 | 0 | 0 | — |
| | 汽车运输 | 23 979.01 | 18 496.04 | 29.6 |
| | 航空运输 | 4 141.46 | 4 718.89 | -12.2 |
| | 邮件运输 | 34.1 | 83.08 | -59.0 |
| | 其他运输 | 85 706.07 | 73 952.58 | 15.9 |
| 税收（亿元） | 两税合计 | 126.42 | 78.19 | 61.68 |
| | 关税入库 | 9.37 | 6.55 | 43.05 |
| | 进口环节税入库 | 117.05 | 71.64 | 63.39 |

（海口海关提供）

## 2022年海南省口岸出入境主要数据表

| 项目 | | | 2022年 | 2021年 | 同比（%） |
|---|---|---|---|---|---|
| 出入境人员（人次） | 出入境人员总数 | | 82 919 | 82 681 | 0.29 |
| | 入境人员 | | 41 310 | 40 095 | 3.03 |
| | 出境人员 | | 41 609 | 42 586 | -2.29 |
| | 出入境旅客 | | 2 185 | 540 | 304.63 |
| | 出入境员工 | | 80 734 | 82 141 | -1.71 |
| | 中国公民 | 小计 | 28 842 | 28 441 | 1.41 |
| | | 内地居民（因公） | 26 671 | 27 953 | -4.59 |
| | | 内地居民（因私） | 936 | 246 | 280.49 |
| | | 港澳居民 | 1 081 | 216 | 400.46 |
| | | 台湾同胞 | 154 | 26 | 492.31 |
| | 外籍人员 | | 54 077 | 54 020 | 0.11 |
| | 从海港出入境人数 | | 77 031 | 76 553 | 0.62 |
| | 从陆港出入境人数 | | | | |
| | 从空港出入境人数 | | 5 888 | 6 128 | -3.92 |
| 交通运输工具（辆、艘、架、列次） | 总计 | | 5 567 | 5 589 | -0.39 |
| | 船舶 | | 5 055 | 4 954 | 2.04 |
| | 飞机 | | 512 | 635 | -19.37 |
| | 火车 | | | | |
| | 机动车辆 | | | | |

备注：内地居民（因公）包含内地交通运输工具员工。

（海口出入境边防检查总站提供）

## 2022 年海南海事局进出港船舶统计汇总表

| 船舶类别 | 进港船舶 | | | | | | | 出港船舶 | | | | | | |
|---|---|---|---|---|---|---|---|---|---|---|---|---|---|---|
| | 艘数（艘） | 总吨（吨位） | 总载重量（吨） | 载客量（客位） | 船员人数（人次） | 货物到达量（吨） | 旅客到达量（人） | 艘数（艘） | 总吨（吨位） | 总载重量（吨） | 载客量（客位） | 船员人数（人次） | 货物发送量（吨） | 旅客发送量（人） |
| 总计 | 94 888 | 403 707 467 | 230 659 661 | 30 831 080 | 1 279 888 | 93 703 712 | 7 655 683 | 90 027 | 407 860 229 | 230 971 823 | 30 487 766 | 1 274 030 | 65 727 179 | 7 377 967 |
| 中国籍船舶 | 92 838 | 368 061 624 | 174 351 388 | 30 831 080 | 1 247 119 | 68 483 412 | 7 655 683 | 87 985 | 372 386 869 | 175 049 710 | 30 487 766 | 1 241 193 | 58 331 263 | 7 377 967 |
| 其中：外贸船 | 446 | 5 458 579 | 8 362 271 | 0 | 6 270 | 4 362 556 | 0 | 502 | 6 825 443 | 10 625 133 | 0 | 9 937 | 1 519 404 | 0 |

（海南海事局提供）

# 重 庆 市

# 重庆市口岸分布示意图

| 序号 | 类型 | 口岸名称 | 批准开放时间 | 开放状态 |
| --- | --- | --- | --- | --- |
| 1 | 空运口岸（2个） | 重庆空运口岸 | 1994 | 国际常年 |
| 2 | | 万州空运口岸 | 2022.7 | 国际常年 |
| 3 | 水运口岸 | 重庆水运口岸 | 2010 | 限中国籍 |

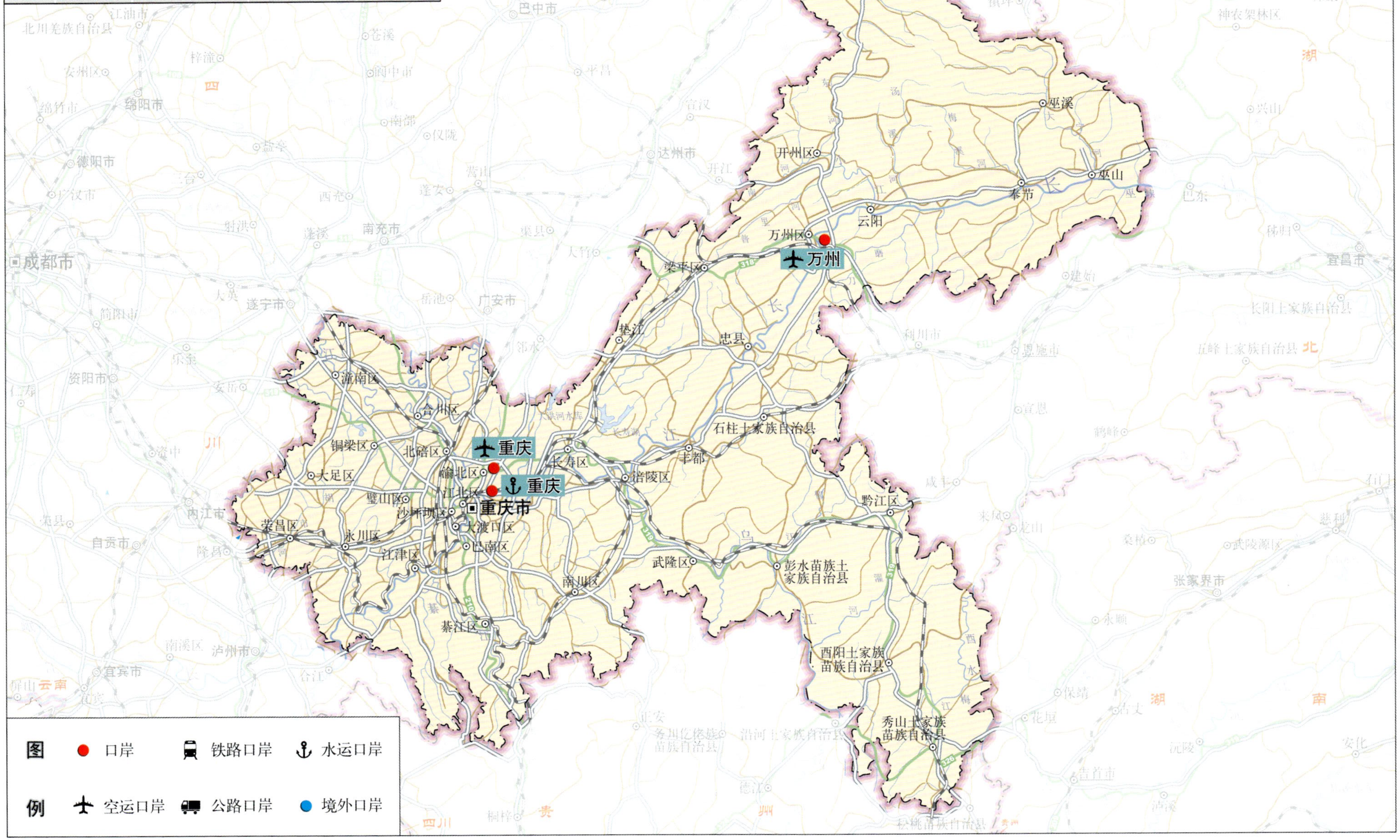

## 口岸数量及分布

截至2022年年底，重庆市共有经国务院批准的对外开放口岸3个。其中，空运口岸2个，分别为重庆空运口岸（重庆江北国际机场）、万州空运口岸（万州五桥机场）；水运口岸1个，即重庆水运（河港）口岸。

## 口岸运行数据

2022年，重庆市空运口岸新开和恢复国际航线11条，累计开通国际（地区）航线109条（其中客运80条、货运29条，直飞航线96条、非直飞航线13条），通航国家和地区36个，通航城市80个。重庆空运口岸（重庆江北国际机场）出入境人员11.57万人次（占机场整体吞吐量的0.53%），同比增加80.50%；检查出入境航班5 626架次，同比增加18.32%；国际货邮吞吐量21.62万吨，同比减少2.38%。

水运口岸方面，全市完成外贸集装箱运输42.91万标箱，同比减少10.15%。其中，果园港完成37.75万标箱，同比增加418.35%；寸滩港完成1.21万标箱，同比减少96.68%；万州港完成0.26万标箱，同比减少72.05%；涪陵港完成1.33万标箱，同比增加14.25%；永川理文码头完成2.35万标箱，同比增加22.09%。

铁路口岸（临时开放）方面，完成外贸集装箱运输28.12万标箱，同比增加19.25%；汽车整车进口3 808辆，同比减少49.66%。中欧班列（重庆）单年开行3 101列，同比增长26%；开行渝满俄班列2 145列，同比增长105%；稳定开行渝甬、渝沪班列近500列，同比增长30%，新开行渝穗班列。

公路方面，跨境公路班车共计开行3 373车次，同比增加2.03%；总货值约22.03亿元，同比增加8.84%。

跨境电商累计完成交易1.71亿单，交易额441.73亿元，征收税款33.32亿元。

## 口岸综合管理

**【扎实拓展口岸开放空间】** 一是构建内陆口岸高地基础支撑。2022年7月，万州五桥机场成功获国务院批复对外开放，重庆市正式开放口岸达3个，正式开放口岸数量居西部内陆地区第1位。二是构建良好的口岸开放体系。紧扣全市“一区两群”协调发展战略部署，推动口岸开放由主城都市区向渝东北三峡库区城镇群、渝东南武陵山区城镇群全域拓展延伸，持续实施机场和港口对外开放，助力打造重庆市第1个双口岸区域和长江水运口岸群，充分满足全市开放发展需求。三是构建特色产业发展口岸功能体系。继海关总署一次性批复同意在重庆口岸设立9个指定监管场地后，果园港口岸进境粮食和水果指定监管场地、航空口岸综合性指定监管场地、铁路口岸进境肉类指定监管场地相继通过重庆海关预验收，现正按照要求申报海关总署验收，届时投入运营后将进一步增强重庆口岸集聚辐射能力，助力全市特色产业发展。

**【持续优化口岸营商环境】** 落实国务院营商环境创新试点、海关总署2022年促进跨境贸易便利化专项行动要求，认真对标新一轮世界银行营商环境国际贸易指标评估体系，坚持从企业需求出发，持续深化改革创新，推动促进跨境贸易便利化各项工作走深走实。一是抓改革，形成一批先进做法。2022年3月，经市政府审定同意，会同重庆海关制定出台《重庆市贯彻落实国务院营商环境创新试点和海关总署2022年促进跨境贸易便利化专项行动工作措施》，推出21条改革举措，持续提升跨境贸易便利化水平。二是抓公开，进一步稳定企业预期。指导口岸相关收费主体通过中国（重庆）国际贸易单一窗口更新、维护、发布收费目录清单，会同市发展和改革委员会、市财政局、市市场监管局等单位，常态化开展口岸收费联合督导。细化公开重庆口岸作业流程，会同各口岸经营单位，再次优化完善重庆口岸作业环节和时限标准，督促各口岸经营单位在服务窗口、作业现场和相关网站对外公布，便利进出口企业合理安排生产和物流计划。三是抓宣讲，持续增强企业获得感。会同重庆海关等单位分片区、分行业对各区县、进出口企业开展全覆盖集中辅导，印送政策汇编、典型案例等资料，帮助企业用好用活各项改革措施，共培训企业 300 余家。同时，通过重庆电视台、《重庆日报》、华龙网、当代党员等媒体对外宣传改革成效 30 余期，营造全社会知晓、支持和参与优化口岸营商环境的良好氛围。

**【深入做好口岸服务管理】** 一是做好口岸安全联合防控。会同重庆海关、市发展和改革委员会等 10 部门，联合出台《建立健全重庆口岸安全联合防控工作制度的实施意见》，完善口岸安全联合防控机制，明确相关安全责任，规范安全应急处置程序，切实提升口岸安全防控能力。此外，在新冠疫情非常时期，扎牢进口非冷货物疫情防控防线，处置阳性事件 53 起，在履职期间未发生一起“物传人”。二是保障产业链和供应链稳定。受新冠疫情影响，重庆市政府口岸物流办会同有关部门及时协调解决重庆航空口岸爆仓问题，采取“快处快放”、“即到即提”、扩充货物堆放场地、优化理货流程、开辟“绿色通道”等措施，有效保障了重点产业链供应链稳定。三是推动口岸平稳有序运行。面对新冠疫情不利影响，重庆市政府口岸物流办积极通过协调政策支持、推动新一轮署市合作、优化疫情期间作业流程等措施，帮助口岸企业减负减压，推动口岸平稳运行。

**【持续强化西部陆海新通道建设】** 一是运输规模稳步扩大。2022 年，重庆经西部陆海新通道运输货物 14.8 万标箱，货值约 251 亿元，同比分别增长 32%、34%。其中，重庆西部陆海新通道铁海联运班列开行 2 553 列、运输 12.8 万标箱、货值 185.3 亿元，同比分别增长 24%、25%、34%。重庆西部陆海新通道国际铁路联运班列开行 555 列、运输 1.2 万标箱、货值约 43.9 亿元，同比分别增长 531%、472%、51%。二是通道覆盖范围大幅拓展。西部陆海新通道新开重庆、贵州、宁夏、甘肃等地与老挝、越南、缅甸等国家间 70 多条物流新线路，创造了通道运营 5 年来的新高，实现西部地区全覆盖，并拓展至湖南、湖北、江西等中部省份，通道物流网络已覆盖 118 个国家和地区的 393 个港口。西部陆海新通道海铁联运班列运输品类也由最初的陶瓷、板材等十几种，增加至 640 多种。

**【持续提升中欧班列服务水平】** 一是有效应对俄乌冲突影响。在全国率先开通中欧班列南通道线路、开辟中吉乌公铁联运通道，班列运营线路超 50 条，覆盖欧亚超 100 个城市节点。创新出台“战争险”，累计投保笔电等重点货物 2 380标箱、保额 40 亿元，有力提振了重点客户信心。完善中欧班列联合执法安全合作机制，事故率控制在总发运箱量的 0.02%以内，处于全国领先水平。二是区域联动深化拓展。开展成渝两地德国杜伊斯堡海外仓共建共享试点，成功推动北线大宗商品回程班列互为境外代理，中欧班列（成渝）累计开行超 1 万列，占全国开行总量的 30%。发挥重庆平台运营优势，与湖南岳阳，新疆喀什、伊宁等地区实现深度合作。三是带动效益稳步提升。深入 38 个区县、700 余家重点企业开展宣传推介，实现中欧班列服务区县、开放平台全覆盖，累计为长安、惠普、华为等 2 000 家以上国有、外资和民营企业提供国际物流服务，有力维护了产业链供应链稳定。2022 年，运输货值超 800 亿元，约占全市外贸进出口总值的 10%。

**【持续聚焦铁路运输集成创新】** 一是国际铁路货邮功能持续完善。在全国率先开展中欧班列回程邮包南通道测试，完成回程邮件“一点清关”运输测试，累计发运国际邮包近 3 000 万件、货值 21 亿元，位居全国第一。重庆成为全国首个中欧班列双向运邮政策落地城市，重庆铁路口岸（临时开放）成为全国首个国际铁路邮件进口第一口岸。二是整车运输范围持续拓展。完成首批“重庆造”新能源汽车出口运输。推动中欧班列笼车班列常态化开行，提升运能 50%、降低成本 20%，全年实现整车进出口近万辆，货值约 30

亿元。三是班列金融赋能持续增强。获批成为铁路运输单证金融服务试点省市之一，2022 年签发铁海联运提单 1 159 票、国际铁路提单 3 333 票，签发量同比增长 139.4%。完成全国中欧班列首笔跨境人民币支付业务。创新开展“区块链+跨境金融”应用试点，2022 年为中小企业提供运费贷等融资 1.5 亿元。四是数字班列创新持续深入。持续推动铁路运单物权化试点，累计签发提单超 5 000 份，开具渝新欧首张铁路电子提单。投用中欧班列集结中心示范工程智慧铁路口岸项目，完成班列运营平台信息化改造，实现 100%全程物流可视化监控。五是关务创新持续推进。重庆渝新欧公司成为全市唯一获得海关总署 AEO 高级认证的国企平台。铁路快通在全国率先实现全进出口双向贯通，累计完成 3 000 票，位居全国第一。六是重点产业物流支撑持续加强。启动惠普全球物流竞争性谈判，协同制定智能终端企业保链稳链措施，及时核兑物流产业政策资金，促成宏碁、华硕等企业恢复班列运输。2022 年，共计运输笔电产品 8 000 万台，货值约 3 500 亿元。

## 口岸监管与服务

**【重庆海关积极助力外贸保稳提质】** 认真落实海关总署促进外贸保稳提质、助企纾困降成本系列措施，分批制定细化举措 32 条，切实提振市场信心。全面对接 RCEP 经贸规则，积极落实抵达前处置、经核准出口商、海关预裁定等海关程序和贸易便利化制度，2022 年共签发 RCEP 原产地证书 975 份，签证金额 4.84 亿元；对 RCEP 其他成员方进出口 2 585.3 亿元，同比增长 9.2%。支持地方开放口岸建设，助力万州机场经国务院批复同意成为正式对外开放口岸，助推水、铁、空 8 个指定监管场地完成预验收，果园港肉类指定监管场地通过正式验收并投用。支持充分发挥团结村铁路口岸邮件处理中心作用，中欧班列（重庆）运邮频次提升至每周 2 列，实现邮包当天集结、当天验放、当天转运，推动重庆成为全国首个通过中欧班列双向运邮的城市。2022 年，重庆外贸进出口 8 158.4 亿元，同比增长 2%。

**【重庆海关着力提高口岸通关便利度】** 认真贯彻国务院关于推进营商环境创新试点工作要求，深入落实海关总署促进跨境贸易便利化专项行动部署，联合重庆市政府口岸物流办出台实施 21 项具体措施。推进“提前申报”“两步申报”模式叠加应用，推广应用铁路快速通关业务模式，将进口转关“离港确认”模式推广到重庆关区所有水运口岸。联合机场集团推出“分批理货+舱单分票+分单提货”快处快放举措，在做好口岸疫情防控的同时，保证跨境贸易供应链安全顺畅。针对高级认证企业推行减少查验比例等 5 大类 27 条便利化措施，2022 年重庆关区高级认证企业增至 86 家。深化行政审批“放管服”改革，做到限时办结 100%、“好差评”好评率 100%。全国首创“以航空公司为单元”保税航材监管新模式，企业航材保障运营成本降低。联合市级有关部门建立生物医药企业研发用物品“白名单”制度，对保税进口药品实行“一批一证、多次出区”便利化通关，助力生物医药产业发展。

**【重庆海关扎实筑牢国门安全防线】** 坚持“‘人、物、环境’同防”“内外同防”“多病同防”，不断织密重庆口岸疫情防控网。2022 年，检疫查验进境航班 2 614 次，检疫入境人员 65 095人次。开展进口冷链食品风险监测检测 254 批，检出 1 例进口非冷链货物核酸阳性案例。2022 年，海关监管货运量 847.1 万吨，货值 1 001亿美元；监管进出境人员 11.6 万人次；监管进出境快件 231.6 万件；监管邮递物品 227.8 万件。落实“国门绿盾 2022”专项行动部署，口岸截获有害生物 171 种、485 种次，截获“异宠”等外来物种和禁止进境物 220 批次。全年查获不合格进出口食品化妆品 20 批次。检出进出口危险化学品及其包装不合格 236 批，汇总分析 82 批次进口婴童用品不合格典型案例。

**【重庆出入境边防检查总站切实筑牢疫情外**

**防输入防线】** 一是强化涉疫风险预警。深度融入重庆疫情防控机制，深入开展境外风险监测、重点人员预警、涉疫信息采集、活动轨迹追溯，固化实施以边检机关数据核查预警为先导的防控协作机制，完善与海关、卫健、外办等联动处置，及时推送涉疫人员信息 4.5 万余条，为全市疫情防控提供了边检支撑。二是严防境外疫情输入。严密疫情防控常态化条件下勤务组织，加强关键点位进出平衡监测、突发情况快速感知处置，组建常态化应急备勤组，建立勤务响应和备勤支援机制，优化分区查验、独立作战单元勤务组织模式，按照“一航班一策略”原则，扎实开展央企接返和分流航班入境工作，为 2 627 名在外央企员工提供了优质高效通关保障。三是严守内部防控底线。健全三级防控机制，配套建设应急隔离场所，核酸检测、闭环管理全面纳入地方保障，严格高风险岗位管理，加强防疫物资储备、疫苗接种、人员管控，开展极端情况下桌面推演、应急演练，实现境外疫情零输入、零感染、零传播。

**【重庆出入境边防检查总站大力提升移民管理服务水平】** 一是服务开放大局。主动融入重庆经济社会发展，加强服务成渝地区双城经济圈边检警务合作，推动实现万州机场正式开放，推动实现重庆港扩大开放至果园港区。主动对接重庆市政府口岸物流办和相关区县，实地考察调研、深入座谈研讨，全力推进重庆港扩大开放至江津珞璜港、涪陵龙头港口岸建设申报工作。高质量推进 12367 政务服务平台工作，15 秒接通率在全国排名靠前。二是促进地方经济发展。充分发挥服务业扩大开放综合试点牵头单位统筹协调作用，针对出入境货运航班大幅增长态势，建立边检、海关、机场、航空公司四方协作保障机制，推出载运重要战略物资货运航班零等待通关等措施，实现口岸“7×24 小时”全时段通关，为产业链供应链安全稳定提供有力保障。三是提高口岸通关质效。严格落实优化疫情防控 20 条措施，着眼国际客货运航班逐步恢复的实际，进一步优化申报、查验、放飞流程，高效服务重庆市“一带一路”中新战略性互联互通示范项目等重大外事经贸活动，2022 年货运航班、货邮吞吐量同比分别增长 38%和 51%。

**【重庆海事局持续强化安全监管工作】** 积极推进三年行动暨防范化解长江航运安全生产重大风险专项工作，落实 24 小时应急值守和夜间值班，对拟在果园港作业船舶实施动态监控，对交管未覆盖的重点水域实施盯屏监管，主动掌握辖区重点水域通航秩序，有效宣传警示过往船舶，预防事故发生。2022 年，实施水上搜救行动 13 次，成功救助人员 3 人次、遇险船舶 5 艘次，救助意外落水人员 1 人次。累计检查外贸集装箱船舶 257 艘次，核查进出港船舶信息 916 艘次，核查外贸集装箱重量信息超 1 万箱次，出动执法人员超 1 400 人次，巡航巡查时间超 1 000 小时，安全维护进出港口船舶 913 艘次、货物 385 万吨、集装箱 108 万标箱（其中外贸集装箱 46.8 万标箱）。

**【重庆海事局全力做好进出口岸船舶安全服务工作】** 一是优化口岸服务质量。探索水上物流提质增效新途径，与三峡通航管理局沟通协作，保障“渝申直达快线”班轮优先过闸，实现船舶“即到即检”“即检即过”。二是提高政务服务水平。创建果园港政务服务窗口，实施船舶登记、船员证书网上受理，现场办结，为航运企业、船员提供近距离的政务服务。开展“春风行动”，落实“四个一律优先”“七项特别服务举措”等放管服措施，创新实施“政务十办”，试行“不停航办证”，政务办理时间平均压减 55%，实施“不予处罚”“首违可不罚”，实现行政处罚“快速办”，个案办结时间由 24 天压缩至 1 天，大幅缩短船舶等待时长，服务水上物流降本增效。

## 开放口岸

**【重庆空运口岸（重庆江北国际机场）】** 重庆江北国际机场位于重庆市渝北区两路街道，距离市中心 19 千米。机场于 1990 年 1 月 22 日正式建成通航；1987 年，开通香港包机航班；1995 年，经国务院批准对外国籍飞机开放，重庆空运口岸正式开放。

重庆江北国际机场为 4F 级民用国际机场，于 2005 年 10 月完成二期扩建工程，2010 年 12 月完成三期扩建工程，2017 年 8 月完成四期扩建工程。机场现拥有 T1、T2、T3 航站楼共 3 座，共计 73 万平方米；跑道 3 条，长度分别为 3 200 米、3 600 米、3 800 米；停机坪 166 万平方米、机位 209 个、货运区 23 万平方米，可保障旅客年吞吐量 4 500 万人次、货邮年吞吐量 110 万吨、飞机年起降 37.3 万架次。

**【万州空运口岸（万州五桥机场）】** 万州五桥机场位于重庆市万州区长江南岸毡帽山顶，距万州城区直线距离约 5 千米、公路距离约 15 千米。万州机场于 1997 年 11 月经国家批准立项，2000 年初正式开工建设，2003 年 5 月 29 日建成通航，2015 年 1 月首次获批临时对外开放。2022 年 7 月 12 日，国务院批复同意重庆万州机场对外开放。

万州机场按 4D 级规划，按 4C 级建设，海拔高程为 567 米，属高挖高填类机场，飞行区长 3 000米、宽 300 米。机场跑道全长 2 400 米、宽 45 米，停机坪 28 800 平方米，停机位 5 个，可满足 A320、B737 同类及其以下机型的起降，航站楼面积 5 780 平方米，设计旅客年吞吐量 50 万人次。

**【重庆水运（河港）口岸】** 重庆港地处长江上游，于 2010 年获批对外开放寸滩港区，2019 年获批扩大开放果园港区，2021 年年底果园港区通过国家验收。

寸滩港区位于重庆市江北区寸滩镇，重庆朝天门下游约 6 千米的长江北岸，始建于 2003 年。港区水域条件优越，陆域开阔，通过重庆内环快速干道与成渝、渝黔、渝遂、渝临、渝宜、渝武等多条高速公路相连，紧邻渝怀铁路唐家沱铁路货运站，距重庆江北国际机场约 16 千米，是长江上游内河深水港区。

果园港区位于重庆市两江新区，采用直立式码头，分为港前作业区和后港物流园区，占地共 4 平方千米，港口岸线 2 800 米，已建成前沿 16 个 5 000 吨级泊位，其中多用途泊位 10 个、散货泊位 3 个、商品汽车滚装泊位 3 个，设计年通过能力可达到 3 000 万吨，其中集装箱 200 万标箱、散杂货 600 万吨、商品滚装车 100 万辆，铁水联运规划设计年通过能力 650 万吨。

**【重庆陆路（铁路）口岸（临时开放）】** 重庆铁路口岸前身是团结村铁路集装箱中心站，地处襄渝线（兴隆场站—珞璜站）东侧，始建于 1975 年，2013 年 12 月 25 日由国家口岸管理办公室批准临时对外开放。重庆陆路（铁路）口岸规划建设用地面积约 7.7 万平方米，监管场所围网面积约 7.3 万平方米，总建筑面积超过 1.5 万平方米。

## 2022 年重庆市口岸大事记

1 月 29 日

重庆水运口岸果园港区进境肉类指定监管场地通过海关总署验收。

5 月 12 日

印度香料航空公司开通每周 2 班重庆—新德里货运直飞航线。

6 月 7 日

经国务院同意，国家口岸管理办公室将重庆港水运口岸扩大开放万州新田港区、涪陵龙头港区、江津珞璜港区一次性纳入国家口岸开放年度审理计划。

6 月 7 日

印度香料航空公司开通每周 1 班重庆—孟买货运直飞航线。

6 月 28 日

海南航空公司开通每周 1 班重庆—马德里客运直飞航线。

7 月 12 日

国务院批复同意万州五桥机场口岸对外开放。

（撰稿人：施汉琼、柏舒桐、孙超）

# 2022 年重庆市口岸流量统计表

| 口岸类型 | 口岸名称 | 货运量（万吨） | | | | 集装箱量（万标箱） | | | | 人员（人次） | | | | 交通工具（辆、艘、架、列次） | | | |
|---|---|---|---|---|---|---|---|---|---|---|---|---|---|---|---|---|---|
| | | 出口 | 进口 | 合计 | 同比（%） | 出口 | 进口 | 合计 | 同比（%） | 出境 | 入境 | 合计 | 同比（%） | 出境 | 入境 | 合计 | 同比（%） |
| 空运口岸 | 重庆 | 14.8 | 2.7 | 17.5 | -24.3 | — | — | — | — | 48 272 | 67 446 | 115 718 | 80.5 | 2 775 | 2 521 | 5 296 | 11.38 |
| | 分计 | 14.8 | 2.7 | 17.5 | -24.3 | — | — | — | — | 48 272 | 67 446 | 115 718 | 80.5 | 2 775 | 2 521 | 5 296 | 11.38 |
| 水运口岸 河港口岸 | 重庆 | 293.5 | 331.0 | 624.5 | 4.1 | 29.3 | 14.6 | 43.6 | -1.6 | — | — | — | — | 37 878 | 38 087 | 75 965 | -11.72 |
| | 分计 | 293.5 | 331.0 | 624.5 | 4.1 | 29.3 | 14.6 | 43.6 | -1.6 | — | — | — | — | 37 878 | 38 087 | 75 965 | -11.72 |
| 陆路口岸 铁路口岸 | 重庆（临时开放） | 70.1 | 131.1 | 201.2 | 53.0 | 10.4 | 11.2 | 21.6 | 26.1 | — | — | — | — | — | — | — | — |
| | 分计 | 70.1 | 131.1 | 201.2 | 53.0 | 10.4 | 11.2 | 21.6 | 26.1 | — | — | — | — | — | — | — | — |
| 合计 | | 380.2 | 466.9 | 847.1 | 9.5 | 40.0 | 26.1 | 66.1 | 4.0 | 48 272 | 67 446 | 115 718 | 80.5 | 40 653 | 40 608 | 81 261 | -10.51 |
| 同比（%） | | 9.6 | 9.5 | 9.5 | — | 5.6 | 1.7 | 4.0 | — | 32.23 | 144.34 | 80.5 | — | -11.01 | -10.01 | -10.51 | — |

备注：货运量、集装箱量数据来源于重庆海关，人员数据来源于重庆出入境边防检查总站。

（重庆市政府口岸物流办提供）

# 2022 年重庆海关主要数据统计表

| 项　目 | | 2022 年 | 2021 年 | 同比（%） |
|---|---|---|---|---|
| 进出口货运量（万吨） | 合计 | 847.10 | 773.40 | 9.53 |
| | 进口 | 466.90 | 426.40 | 9.50 |
| | 出口 | 380.20 | 347.00 | 9.57 |
| 进出口贸易总值（万美元） | 合计 | 10 010 031.27 | 10 341 877.03 | -3.21 |
| | 进口 | 3 431 697.53 | 3 560 803.71 | -3.63 |
| | 其中：江、海运输 | 545 482.14 | 634 754.83 | -14.06 |
| | 铁路运输 | 263 274.77 | 285 266.49 | -7.71 |
| | 汽车运输 | 151 345.52 | 317 854.43 | -52.39 |
| | 航空运输 | 2 471 494.14 | 2 322 886.80 | 6.40 |
| | 邮件运输 | 100.96 | 41.16 | 145.27 |
| | 其他运输 | | | |
| | 出口 | 6 578 333.74 | 6 781 073.32 | -2.99 |
| | 其中：江、海运输 | 2 563 199.75 | 1 811 916.26 | 41.46 |
| | 铁路运输 | 785 625.94 | 1 088 539.01 | -27.83 |
| | 汽车运输 | 280 570.81 | 613 613.46 | -54.28 |
| | 航空运输 | 2 948 907.40 | 3 266 987.45 | -9.74 |
| | 邮件运输 | 29.85 | 17.12 | 74.29 |
| | 其他运输 | | | |
| 税收（万元） | 两税合计 | | | |
| | 关税入库 | | | |
| | 进口环节税入库 | | | |

（重庆海关提供）

## 2022年重庆市口岸出入境主要数据表

<table>
<tr><th colspan="3">项　目</th><th>2022年</th><th>2021年</th><th>同比（%）</th></tr>
<tr><td rowspan="14">出入境人员<br>（人次）</td><td colspan="2">出入境人员总数</td><td>115 718</td><td>64 110</td><td>80.50</td></tr>
<tr><td colspan="2">入境人员</td><td>67 446</td><td>27 603</td><td>144.34</td></tr>
<tr><td colspan="2">出境人员</td><td>48 272</td><td>36 507</td><td>32.23</td></tr>
<tr><td colspan="2">出入境旅客</td><td>80 828</td><td>38 744</td><td>108.62</td></tr>
<tr><td colspan="2">出入境员工</td><td>34 890</td><td>25 366</td><td>37.55</td></tr>
<tr><td rowspan="5">中国公民</td><td>小计</td><td>102 047</td><td>53 003</td><td>92.53</td></tr>
<tr><td>内地居民（因公）</td><td>20 972</td><td>12 218</td><td>71.65</td></tr>
<tr><td>内地居民（因私）</td><td>73 403</td><td>32 062</td><td>128.94</td></tr>
<tr><td>港澳居民</td><td>5 371</td><td>6 562</td><td>-18.15</td></tr>
<tr><td>台湾同胞</td><td>2 301</td><td>2 161</td><td>6.48</td></tr>
<tr><td colspan="2">外籍人员</td><td>13 671</td><td>11 107</td><td>23.08</td></tr>
<tr><td colspan="2">从海港出入境人数</td><td>—</td><td>—</td><td>—</td></tr>
<tr><td colspan="2">从陆港出入境人数</td><td>—</td><td>—</td><td>—</td></tr>
<tr><td colspan="2">从空港出入境人数</td><td>115 718</td><td>64 110</td><td>80.50</td></tr>
<tr><td rowspan="5">交通运输工具<br>（辆、艘、架、列次）</td><td colspan="2">总计</td><td>5 626</td><td>4 755</td><td>18.32</td></tr>
<tr><td colspan="2">船舶</td><td>—</td><td>—</td><td>—</td></tr>
<tr><td colspan="2">飞机</td><td>5 626</td><td>4 755</td><td>18.32</td></tr>
<tr><td colspan="2">火车</td><td>—</td><td>—</td><td>—</td></tr>
<tr><td colspan="2">机动车辆</td><td>—</td><td>—</td><td>—</td></tr>
</table>

（重庆出入境边防检查总站提供）

## 2022 年重庆海事局进出港船舶统计汇总表

| 船舶类别 | 进港船舶 | | | | | | | 出港船舶 | | | | | | |
|---|---|---|---|---|---|---|---|---|---|---|---|---|---|---|
| | 艘数（艘） | 总吨（吨位） | 总载重量（吨） | 载客量（客位） | 船员人数（人次） | 货物到达量（吨） | 旅客到达量（人） | 艘数（艘） | 总吨（吨位） | 总载重量（吨） | 载客量（客位） | 船员人数（人次） | 货物发送量（吨） | 旅客发送量（人） |
| 总计 | 38 087 | 187 912 559 | 282 959 014 | — | — | 46 094 621 | 1 601 158 | 37 878 | 103 403 552 | 133 686 446 | — | — | 25 922 813 | — |
| 中国籍船舶 | 38 087 | 187 912 559 | 282 959 014 | — | — | 46 094 621 | 1 601 158 | 37 878 | 103 403 552 | 133 686 446 | — | — | 25 922 813 | — |
| 其中：外贸船 | — | — | — | — | — | — | — | — | — | — | — | — | — | — |

（重庆海事局提供）

# 四 川 省

# 四川省口岸分布示意图

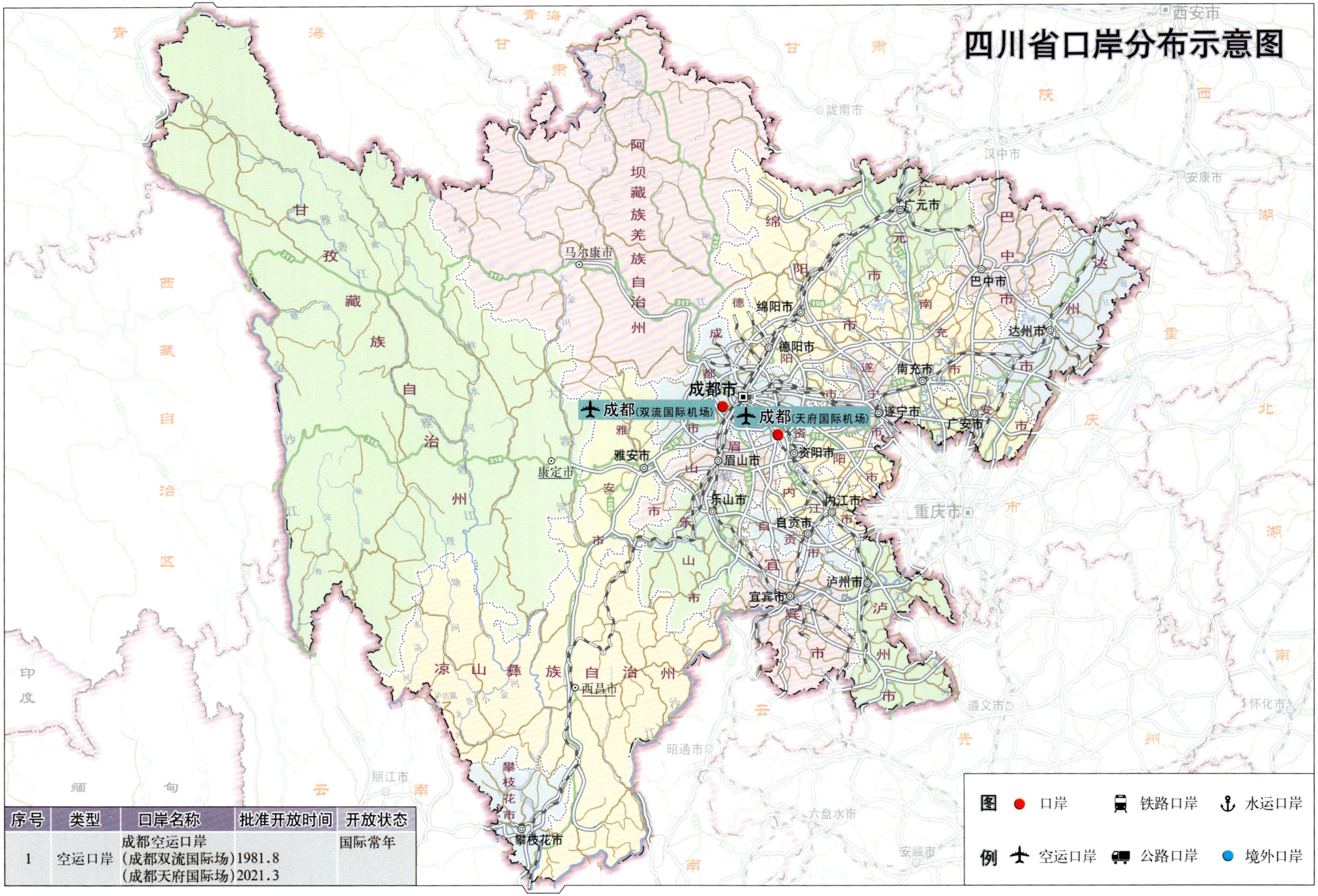


| 序号 | 类型 | 口岸名称 | 批准开放时间 | 开放状态 |
| --- | --- | --- | --- | --- |
| 1 | 空运口岸 | 成都空运口岸<br>(成都双流国际场)<br>(成都天府国际场) | <br>1981.8<br>2021.3 | 国际常年 |

## 口岸数量及分布

截至2022年年底，四川省有经国务院批准的对外开放口岸1个，即成都空运口岸（成都双流国际机场、成都天府国际机场）。

## 口岸运行数据

2022年，成都空运口岸共监管出入境航班11 348架次，同比增长48.37%；进出境旅客吞吐量35.7万人次。空港口岸监管货量23.1万吨，同比增长12.08%。

成都青白江铁路口岸（临时开放）共监管进出口货运量270.17万吨，同比下降19.45%；进出口总值337.9亿元，同比下降28.89%；集装箱11.26万标箱，同比下降18.99%。成都公路口岸进出口货运量17.44万吨。

泸州河港口岸（临时开放）共监管进出口货运量49.25万吨，同比下降13.22%；外贸箱量6.13万标箱，同比增长10.03%。宜宾河港口岸（临时开放）共监管进出口货运量10.51万吨，同比下降37.99%；外贸箱量0.97万标箱，同比下降17.09%。

## 口岸综合管理

**【不断提升口岸开放能级】** 结合党中央赋予成渝地区双城经济圈“一极两中心两地”的目标定位，完成《四川省口岸发展三年行动计划（2023—2025年）》，引导、指导成都等有关市（州）加快推进口岸申建工作。成都航空口岸天府国际机场项目加快建设，通过省级验收并正式申请国家验收。泸州水运口岸、宜宾水运口岸第8次临时开放获批延期。2022年，口岸货物进出境达374.77万吨，实现进出口货物总值1 511.71亿美元，同比增长2.7%。其中，出口931.46亿美元，同比增长5.7%；进口580.25亿美元，同比下降1.7%。

**【加强申建海关特殊监管区域】** 规划建设口岸进境商品指定监管场地，成都天府机场国际空港综合保税区申建相关工作持续推进，天府国际机场口岸进境植物种苗指定监管场地成功获批，进境水果、食用水生动物、冰鲜水产品指定监管场地立项前期已获海关总署批复同意。支持攀枝花、德阳、内江、眉山、达州等市申建保税物流中心（B型）。2022年，全省综合保税区和保税物流中心实现进出口总值5 905.5亿元，成都高新综合保税区连续4年排名全国第一。

**【加速构建立体国际通道】** 一是积极拓展空中物流通道，支持成都建设全球性航空门户枢纽、洲际航空中转枢纽和航空货物转运中心。2022年，成都航空口岸货邮吞吐量22.1万吨，同比增长53.7%，双流国际机场2022年新开国际（地区）定期货运航线数量创历年新高。二是持续完善“亚蓉欧”国际班列通道体系，力推中欧班列、西部陆海新通道班列、中老班列等四川省“四向”国际班列齐头并进，加快“南向陆桥新走廊”建设研究。全省中欧班列年度累计开行超2 700列，以西部陆海新通道班列、中老班列为代表的南向班列开行增长超20%，年度累计开行约1 600列。中亚班列稳步发展，“蓉欧非”班列首发，四川省首条连接非洲的国际通道建成。

**【深化中国国际贸易单一窗口建设】** 一是持续优化完善“单一窗口”服务功能。截至2022年年底，中国（四川）国际贸易单一窗口接入国家标准版向四川地区开放的18类764项服务功能，上线28项地方特色功能。平台注册企业数达12 895家，2021—2022年新增注册企业4 784家，占注册企业总数的37.1%。申报业务量达8 338万票，2021—2022年申报业务增长5 340万票，占总申报业务量的64.04%。自2020年1月正式运行以来，累计申报出口退税金额达53.55亿元，退税金额位列中西部地区第一、全国第六，平台连续17个月获得国家口岸管理办公室地方客服绩效考核满分的优异成绩。

**【切实优化口岸营商环境】** 持续巩固整体

通关时效，深入推广“提前申报”“两步申报”等便利通关模式，节省货物流转时间。2022 年，全省进口、出口货物整体通关时间分别为 48.82 小时、0.63 小时，较 2017 年分别压缩 59.66%和 82.83%。规范口岸收费项目，全面实行口岸收费目录清单公示制度，在口岸现场和中国（四川）国际贸易单一窗口公布收费项目和标准。泸州水运口岸下调了船舶供应服务费等 3 项收费，平均降幅达到 34.2%。提升进出口货物流转效率。制定四川省水运、航空、铁路口岸外贸进出口货物标准作业程序参考，提高水运、航空、铁路口岸等环节进口货物流转效率。

**【推进成渝地区双城经济圈建设】** 与重庆方紧密协作，共同落实《共建成渝地区双城经济圈口岸物流体系实施方案》，高质量构建双城经济圈现代口岸物流体系。双方积极开展中欧班列（成渝）定价机制、运行路线、货物资源、海外仓库等领域深度合作，2022 年开行量超 5 200 列。川渝两地“单一窗口”自开展数据互联互通与应用合作以来，通过川渝“单一窗口”通关申报功能，为 1 470 家企业提供业务办理服务近 7 万票；通过联合建设推广的西部陆海新通道“单一窗口”平台，为企业提供制单服务超 3 000 票。

**【认真履行疫情防控职责】** 充分发挥应对新冠肺炎联防联控机制作用，协调、督促相关单位全力做好成都航空口岸出入境人员检疫工作，严格落实进口非冷链货物疫情防控措施。

**【大力开展对外交流推广】** 组织召开成渝地区双城经济圈口岸物流体系对接洽谈会、2022 年中国西部国际口岸物流开放发展大会等重要活动，促进西部地区口岸物流交流合作。

## 口岸监管与服务

**【成都海关全力促进外贸保稳提质】** 一是提振市场主体信心。抓好海关总署和四川出台的促进外贸保稳提质、助企纾困降成本等一揽子措施的宣传落实，制定促进四川外贸保稳提质措施。开展促进跨境贸易便利化专项行动，持续优化口岸营商环境。加大企业信用培育力度，新增 AEO 高级认证企业。指导企业用足用好国家税收优惠政策。二是支持拓展国际市场。指导企业用好成员方降税、区域原产地累积规则、经核准出口商等协定条款，帮助企业出口货物在 RCEP 成员方享受关税优惠。助力川茶、川果等特色食品农产品走向国际市场。支持跨境电商、海外仓、市场采购贸易等外贸新业态健康发展，助力拓展新兴市场。三是维护产业链供应链稳定。积极参与“外贸进口年”行动，持续创新优化对大宗商品、高新技术产品监管查验机制，推进“船边直提”“抵港直装”试点，支持企业开展水运转关“离港确认”模式试点，加快电子信息、生物医药、锂电池等产业链货物及关键物料的口岸通关速度，助力大宗商品、高新技术产品等稳定供应。支持矿产品、粮食进口及优质种质资源引进。

**【成都海关积极服务建设改革开放新高地】** 一是服务深度融入“一带一路”建设。支持成都双流国际机场新开、加密航线，支持成都天府国际机场通过省级口岸管理部门组织的预验收。推进国际班列“快速通关”模式扩大试点，支持中欧班列、中老班列等扩大开行，推动铁路运邮实现突破。支持推进西部陆海新通道高质量建设，提升通道通关效率。支持泸州港、宜宾港依靠长江黄金水道进一步扩大物流网络。二是支持成渝地区双城经济圈建设。深入贯彻落实《成渝地区双城经济圈建设规划纲要》，持续落实海关总署制定的支持成渝地区双城经济圈建设重点措施。深化进出口商品质量安全风险一级监测点（成渝地区双城经济圈）建设。推进成渝地区知识产权侵权风险信息共享，开展联合执法行动。三是推动开放平台能级提升。支持综合保税区做大做强加工制造业态，补齐研发设计、检测维修、销售服务等短板。支持确有需要且符合条件的地区申建综合保税区和保税物流中心，支持进境指定监管场地立项建设，推动开放平台协同发展。

**【成都海关坚决筑牢国门安全屏障】** 毫不放松抓好口岸疫情防控，坚持“人、物、环境”

同防、多病同防。开展“口岸危险品综合治理”百日专项行动。加强进出口重点敏感商品检验、动植物检验检疫。

**【四川出入境边防检查总站融入重大区域发展战略，推进更高水平对外开放】** 精准把握成渝地区双城经济圈建设总体要求，深化川渝两地边检机关警务合作成效，推动12条边检措施落地见效。围绕天府国际机场国际航线转场，建立“两场一体”支撑下的航班、客流、警力值匹配模型，完善执勤队相互支援、重大勤务相互保障等警力配置方案，开展综合性演练12次，确保天府国际机场对外开放后各项工作高效顺畅运转。

**【四川出入境边防检查总站优化口岸营商通关环境，助力全面复工复产复航】** 参与完成四川省境外川籍人员数据库建设可行性报告，精准有效服务四川关心关爱海外川籍人员工作。推行“一航司一策略”帮扶机制，实行运输防疫物资、进出口商品、鲜活农产品“零等待”服务，助力恢复国际（地区）航线60条，累计查验货机1万余架次、同比增长1.75%。高标准推进12367出入境管理服务平台建设，累计接单5 760起，解决问题3 000余项，接通率、办结率均达100%，服务对象好评率达99.98%。

**【四川出入境边防检查总站聚焦口岸常态化疫情防控，全力固守外防输入“第一阵地”】** 坚持每周报送外防疫情输入情况，协调航空公司落实“72小时预报、48小时复核、24小时核准”人员预报机制，制定《应对突发疫情事件五级勤务应急响应预案》等5个规范性文件，全面启动一线执勤人员“7×5”闭环管理模式和独立作战单元勤务组织形式。2022年，累计预报预警入境涉“疫”高风险人员21万余人次、航班5 000架次。

## 开放口岸

**【成都空运口岸（成都双流国际机场、成都天府国际机场）】** 成都双流国际机场位于成都市双流区，距离成都市中心16千米，于1984年获批正式对外开放。机场拥有2座航站楼，2个国际货站设施，总面积50万平方米，为4F级国际航空枢纽。机场相继建成了植物种苗、冰鲜水产品、食用水生动物、水果、肉类等空运进境指定监管场地，获批药品、生物制品等空运进境指定口岸功能，拥有通达欧、美、非、亚、大洋洲的便捷航线网络，截至2022年年底共开通国际（地区）客货运航线131条，其中2022年新开通国际（地区）定期货运航线5条、总数增至20条，主要进出口货物种类为电子产品、航材、汽车配件等。

成都双流机场不断完善基础设施和服务体系建设。建成国际快件中心货站安检前置项目，通过延伸货站安检和海关查验功能，实现货物“一次装卸、一次查验、一次通关”。建立海关、边检、航空公司、场站运营企业、报关企业之间的信息预报机制，共享货物到发信息，优化口岸操作作业流程。通过增配协管员、改造升级设施设备、改善口岸一线工作保障条件，建立支撑“7×24小时”通关的长效保障机制，在抓好疫情防控的同时，实现进出境货物快速通关；建成“智慧空港”综合信息服务系统，进一步提升口岸信息化水平。

成都天府国际机场位于成都市简阳市芦葭镇空港大道（属成都东部新区建设范围），北距成都市中心50千米、西北距成都双流国际机场50千米、东北距简阳市中心约14.5千米，为4F级国际机场、国际航空枢纽、成都国际航空枢纽的主枢纽 。机场拥有2座航站楼，建筑面积共71.96万平方米，可满足旅客年吞吐量6 000万人次、货邮年吞吐量130万吨的使用需求。

**【青白江陆路（铁路）口岸（临时开放）】** 青白江铁路口岸位于成都市青白江区，距离成都市中心30余千米，毗邻成都铁路集装箱中心站，口岸占地面积约22万平方米，总建筑面积3.7万平方米。成都铁路集装箱中心站是原铁道部在全国范围内规划的18个中心站之一，占地约142.67万平方米，是亚洲规模最大的铁路集装箱中心站，于2014年4月获批临时对外开放，2016

年被《国家口岸发展“十三五”规划》列为“十三五”中欧班列铁路场站对外开放项目之一，现已具备进口汽车整车、肉类、粮食3项指定监管场地（口岸）功能，获批药品、生物制品等进境指定口岸功能。2022年，成都国际铁路港国际班列开行4 755列，成都铁路港始发中欧班列开行约2 608列。

青白江铁路口岸不断推进基础设施建设。在口岸监管区查验作业场全面推广大型集装箱查验设备（H986）应用，会同海关推动传统人工查验转向机检查验模式，开展非侵入式机检查验、智能审图，提升成都铁路口岸集装箱货物查验通关效率及智能化水平。完成铁路口岸4 000平方米熏蒸场地改造，增加铁路口岸整车操作场地及集装箱堆存能力。同时持续做好通关保障。创新实现中欧、中老“双通道”铁路快通，及时获取铁路口岸进出场、堆存及运抵信息，同时利用海关总署和铁总的“总对总”系统数据对接契机，成功开展中欧和中老班列铁路快通业务。创新“转关+车边直提”模式，实行货物运抵申报前置，海关创新开展基于转关模式的车边直提内陆试点，实现进口非查验货物放行后直接自铁路线束提离至企业目的地。向运营平台购买国际业务操作服务，实现海关监管区国际集装箱基本操作“零收费”，支持提供“7×24小时”预约通关服务；推动中心站、口岸、综合保税区高效联动，优化新能源车出口查验流程，切实提升通关效率，降低企业成本；加快推动智慧陆港建设，提升“9610”等跨境电商货物出口通关效率。

**【泸州水运（河港）口岸（临时开放）】**

泸州河港口岸位于泸州市龙马潭区，距离成都市263千米，距离重庆市169千米，地处长江上游，是中国（四川）自由贸易试验区的重要组成部分。依托进境粮食指定监管场地，建设西南大宗商品交易中心。2022年，泸州港进口粮食104.65万吨，同比增长35.79%，业务量居长江上游港口第一。

畅通国内国际物流大通道。泸州港始发至重庆、武汉、九江、南京、太仓、上海的内支线班轮每周约13班，新签以色列以星海船公司箱管代理协议，持续丰富泸州港箱源。稳定开行“泸州—宜宾—重庆”集装箱水水中转班轮。充分运用港口型国家物流枢纽承载城市优势，推动开行以铁水联运为特色的泸州中欧班列，并成功列入图定站点。2022年，开行班列10列，总货重超过8 200吨，总货值突破2亿元，成功打造全省唯一具备东向国际水运、西向国际铁路双物流大通道的城市。不断优化口岸营商环境。泸州市2022年口岸营商环境优化工作被评为省级优秀，口岸提效降费工作机制稳定实施，深化“三公示”。推动建立以分管市领导为召集人的市政府口岸联席会议制度，促进部门间协同配合。提升通关贸易便利化水平。探索推出“江上申报、抵港验放”作业模式、“保税物流中心与港口出口联动”模式、口岸查验多方协同服务等系列改革举措，平均为查验箱减少转场调箱次数2次左右，节约查验成本600元/箱，减少货物平均在港滞留时间1天以上，压缩查验至放行平均时间至2小时以内。

**【宜宾水运（河港）口岸（临时开放）】**

宜宾河港口岸位于宜宾市翠屏区，距离成都市242千米，距离重庆市285千米，地处长江上游北岸，可利用深水岸线3.5千米，是目前四川省岸线资源最好的港口作业区。2022年，宜宾水运口岸进出外贸船舶679班次，实现外贸箱量0.97万标箱，完成外贸货物吞吐量10.51万吨。

加快智慧港口建设。宜宾港大力推进四川首个5G智慧港口项目——宜宾港5G智慧港口建设。现已完成集装箱生产作业系统、集装箱智能闸口系统、港口业务大数据可视化展示平台建设，港口用人成本减少了10%，事故发生率下降了15%，集装箱港口作业效率提高了15%。提升口岸通关效率。深入推动进出口货物“船边直提”“抵港直装”等通关模式落地落实，2022年宜宾港采用“船边直提”通关模式2批次，“抵港直装”通关模式3批次。实施进口粮食属地查检快速响应机制，强化对铬矿、锂辉矿、高钛矿石的“先放后检”通关处置。提升企业服务水平。协助天宜锂业、宜宾极米等多家本地企业办理担保联网备案，企业可在所有备案范围内的海关通用。大力发展多式联运。畅通多式联运通道，稳定开行南向班列，2022年“宜宾—钦州”南向班列累计上下行共计122列。

## 2022年四川省口岸大事记

1月25日

泸州首发中欧班列并于同年10月成功列入图定站点。

3月1日、16日

四川省委常委、副省长李云泽主持召开研究推进成都天府国际机场对外开放专题会议。

3月11日

重庆市政府办公厅、四川省政府办公厅共同印发实施《共建成渝地区双城经济圈口岸物流体系实施方案》。

3月23日

四川省委常委、副省长李云泽主持召开全省综合保税区发展绩效评估视频调度会议。

3月28日

口岸联检单位和省直有关部门（单位）联合完成成都天府国际机场对外开放省级验收。

4月8日

统一品牌、协同联动的“四川西部陆海新通道班列”首次同时从成都（双流）、自贡、广元、遂宁多点齐发，满载“川货”的列车通过铁海联运到往广西钦州、老挝万象、泰国曼谷林查班、越南海防、印度尼西亚雅加达等地。

4月21日

四川现代物流产业重点项目合作协议云签约仪式在成都举行，中外运—敦豪西南国际航空快件转运中心、厦门象屿区域总部、泽耀冷链物流、福建物泊科技（雅安）互联网平台4个项目通过“云签约”落户四川。四川省委常委、副省长李云泽出席活动。

4月28日

满载家用电器、日用百货等货物的铁路班列从四川省内江市资中火车站驶出，标志着中欧班列（甜城号）正式首发。

5月13日

成都—马德里—圣保罗国际货运航线正式通航，西南地区首条连接南美洲货运航线通航。

5月31日

途经哈萨克斯坦—里海—阿塞拜疆—格鲁吉亚的成都中欧班列南通道“欧洲通”公共班列首次开行。

6月20日

中欧班列成渝号（绵阳）从绵阳市涪城区皂角铺铁路物流基地正式发车。

6月30日

成渝两地中欧班列累计开行量突破2万列大关。

7月4日

由川渝两地口岸物流办主办的成渝地区双城经济圈口岸物流体系对接洽谈会在重庆举行，签订了《共建西部陆海新通道班列运输品牌协议》《开放平台共建战略合作协议》等5项协议，并举行跨境公路班车联盟（成渝跨境运输平台）首发仪式。

7月22日

四川省参与建设的国际贸易“单一窗口”西部陆海新通道平台正式上线。

8月1日

下诺夫哥罗德—成都—胡志明国际班列从成都国际铁路港正式发车，成都国际铁路港打通俄罗斯至东南亚跨境通道。

8月3日

成都国际铁路港多式联运项目顺利通过竣工验收。

8月24日

中欧班列成渝号（广元）首发班列从广元南站出发，奔向俄罗斯圣彼得堡。

9月15日

满载着中国跨境电商平台的近100吨订单包

裹的全货机从成都双流国际机场飞往美国纽约，标志着“成都—北美”出口跨境电商全货机航线正式开通。

9 月 29 日

首趟成都至越南同登铁路直达班列顺利开行。这是继成都至安员国际货运班列开行后打通的第 2 条面向越南的国际货运通道。

10 月 15 日

“蓉欧非”铁海多式联运首发仪式在青白江铁路港隆重举行，标志着四川省与非洲铁海联运国际物流通道正式建立。

11 月 6 日

亚蓉欧开放合作峰会暨项目签约仪式在位于上海的国家会展中心举行，集中签约 eBay 青白江基地、法铁 AREP 青白江区 TOD 项目等一批重大项目。

11 月 16 日

西部陆海新通道中老铁路（达州）国际货运列车从达州高新区出发，奔向老挝万象。

11 月 29 日

2022 中外知名企业四川行专项活动——2022 中国西部国际口岸物流开放发展大会暨西部陆海新通道高质量发展论坛在蓉成功举行。

12 月 13 日

宜宾水运口岸监管验放首票“离港确认”+“船边直提”+“入区保税”货物 。

12 月 29 日

中老国际货运班列（攀枝花）从四川省攀枝花火车站首发，为成昆铁路复线开通后的第一列以火车整列形式组织川货出川的国际货运班列。四川省委副书记、省长黄强出席并致辞。

（撰稿人：敖太飙、宋小春、陈彪、徐洪波、傅裕、杨仲琳、彭菲）

# 2022年成都海关主要数据统计表

| 项　目 | | 2022年 | 2021年 | 同比（%） |
|---|---|---|---|---|
| 进出口货运量（万吨） | 合计 | 666.5 | 700.2 | -4.81 |
| | 进口 | 440.5 | 486.5 | -9.46 |
| | 出口 | 226 | 213.8 | 5.71 |
| 进出口贸易总值（万美元） | 合计 | 15 117 138 | 14 713 731 | 2.74 |
| | 进口 | 5 802 495 | 5 902 296 | -1.69 |
| | 其中：江、海运输 | 1 248 438 | 880 388 | 41.81 |
| | 铁路运输 | 88 652 | 82 700 | 7.20 |
| | 汽车运输 | 313 007 | 689 233 | -54.59 |
| | 航空运输 | 4 149 652 | 4 246 457 | -2.28 |
| | 邮件运输 | 1 596 | 2 133 | -25.18 |
| | 其他运输 | 1 150 | 1 384 | -16.91 |
| | 出口 | 9 314 643 | 8 811 434 | 5.71 |
| | 其中：江、海运输 | 3 575 019 | 2 495 401 | 43.26 |
| | 铁路运输 | 461 194 | 690 606 | -33.21 |
| | 汽车运输 | 412 074 | 787 646 | -47.68 |
| | 航空运输 | 4 797 540 | 4 828 236 | -0.64 |
| | 邮件运输 | 312 | 1 274 | -75.51 |
| | 其他运输 | 68 503 | 8 271 | 728.23 |
| 税收（万元） | 两税合计 | 2 316 195 | 1 890 445 | 22.52 |
| | 关税入库 | 175 110 | 166 945 | 4.89 |
| | 进口环节税入库 | 2 141 085 | 1 723 500 | 24.23 |

（成都海关提供）

## 2022 年四川省口岸出入境主要数据表

| 项目 | | | 2022 年 | 2021 年 | 同比（%） |
|---|---|---|---|---|---|
| 出入境人员（人次） | 出入境人员总数 | | 454 751 | 290 938 | 56. 31 |
| | 入境人员 | | 266 925 | 142 891 | 86. 80 |
| | 出境人员 | | 187 826 | 148 047 | 26. 87 |
| | 出入境旅客 | | 357 995 | 228 774 | 56. 48 |
| | 出入境员工 | | 96 756 | 62 164 | 55. 65 |
| | 中国公民 | 小计 | 401 385 | 250 394 | 60. 30 |
| | | 内地公民（因公） | 73 526 | 34 414 | 113. 65 |
| | | 内地居民（因私） | 272 480 | 188 643 | 44. 44 |
| | | 港澳居民 | 22 988 | 16 871 | 36. 26 |
| | | 台湾同胞 | 32 391 | 10 466 | 209. 49 |
| | 外籍人员 | | 53 366 | 40 544 | 31. 62 |
| | 从海港出入境人数 | | | | |
| | 从陆港出入境人数 | | | | |
| | 从空港出入境人数 | | 454 751 | 290 938 | 56. 31 |
| 交通运输工具（辆、艘、架、列次） | 总计 | | 11 348 | 7 941 | 42. 90 |
| | 船舶 | | | | |
| | 飞机 | | 11 348 | 7 941 | 42. 90 |
| | 火车 | | | | |
| | 机动车辆 | | | | |

（四川出入境边防检查总站提供）

## 2022 年四川省地方海事局进出港船舶统计汇总表

| 船舶类别 | 进港船舶 | | | | | | | 出港船舶 | | | | | | |
|---|---|---|---|---|---|---|---|---|---|---|---|---|---|---|
| | 艘数（艘） | 总吨（吨位） | 总载重量（吨） | 载客量（客位） | 船员人数（人次） | 货物到达量（吨） | 旅客到达量（人） | 艘数（艘） | 总吨（吨位） | 总载重量（吨） | 载客量（客位） | 船员人数（人次） | 货物发送量（吨） | 旅客发送量（人） |
| 总计 | 26 733 | 13 976 316 | 2 964 370 | 548 927 | | 2 871 201 | 481 775 | 19 236 | 11 388 013 | 9 795 193 | 113 285 | | 9 717 805 | 107 584 |
| 中国籍船舶 | | | | | | | | | | | | | | |
| 其中：外贸船 | | | | | | | | | | | | | | |

（四川省交通运输厅提供）

# 贵　州　省

# 贵州省口岸分布示意图

| 序号 | 类型 | 口岸名称 | 批准开放时间 | 开放状态 |
|---|---|---|---|---|
| 1 | 空运口岸 | 贵阳空运口岸 | 1992.9 | 国际常年 |
| 2 | (2个) | 遵义空运口岸 | 2019.12 | 限中国籍 |

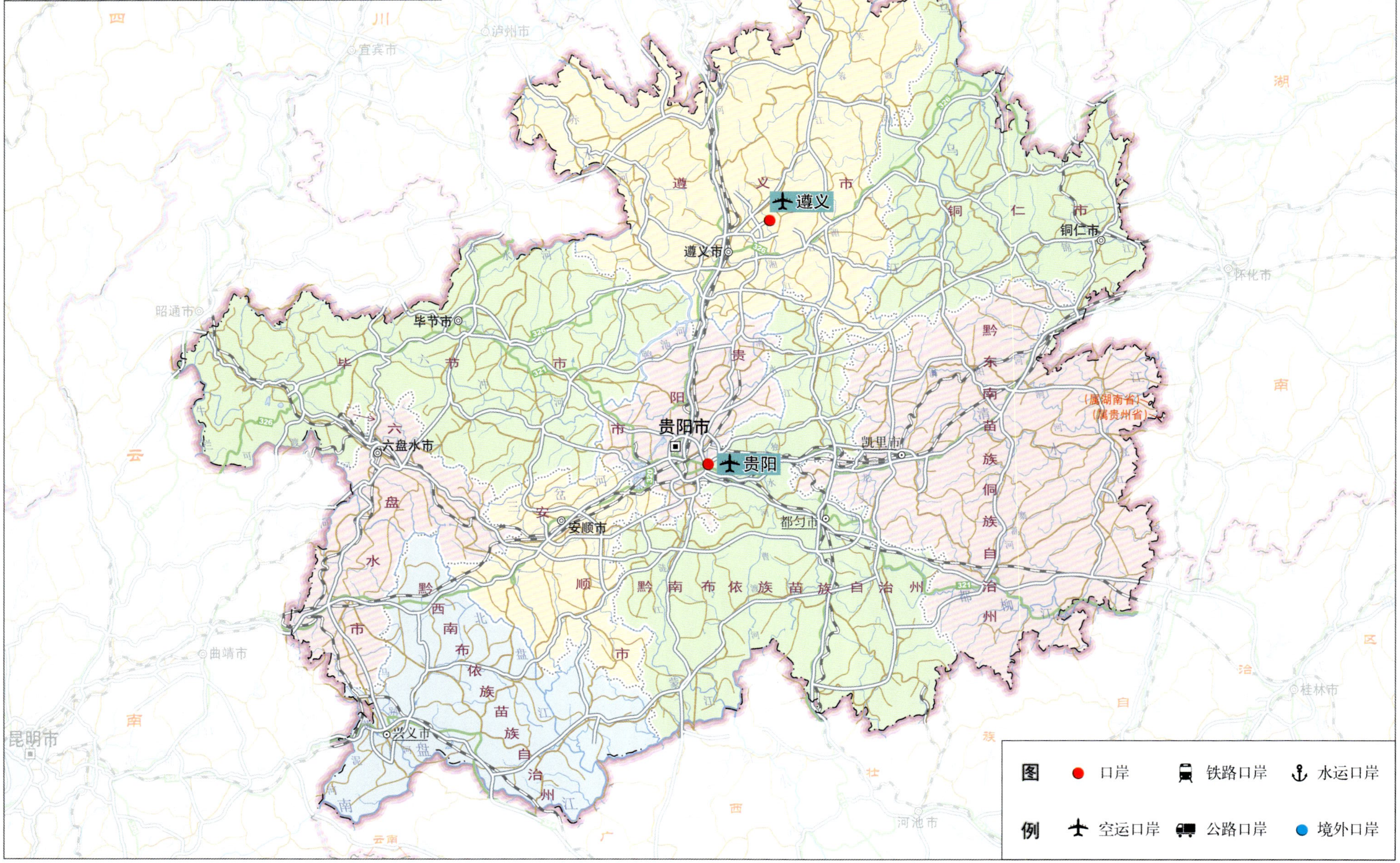

## 口岸数量及分布

截至2022年年底，贵州省有经国务院批准的对外开放口岸2个，分别为贵阳空运口岸（贵阳龙洞堡国际机场）、遵义空运口岸（遵义新舟机场）。

## 口岸运行数据

2022年，贵州省对外开放口岸仅有贵阳龙洞堡机场口岸运行包机、货机，全年出入境人员共计798人次、出入境航班8架次。

2022年，贵州省3个综合保税区进出口总额290.75亿元，同比增长153.49%。其中，贵阳综合保税区进出口总额143.27亿元，同比增长152.37%；贵安综合保税区进出口总额78.06亿元，同比增长147.62%；遵义综合保税区进出口总额69.42亿元，同比增长162.92%。

## 口岸综合管理

**【加强对外开放平台建设】** 争取海关总署批复同意贵州“一局四中心”项目3个指定监管场地建设申请。推动“贵阳综保型国际陆港”建成运营。推动综合保税区整改项目验收，贵阳、贵安综合保税区围网整改项目获海关总署批复同意，补齐综合保税区发展绩效评估短板。督促综合保税区强化年度发展评估绩效结果运用，建立入区项目风险评估机制。加大自由贸易试验区海关监管创新制度复制推广力度，融资租赁海关监管制度成功在贵阳综合保税区落地。持续推动航空口岸建设，深化贵阳龙洞堡国际机场航空口岸核心能力建设，进一步优化遵义新舟机场航空口岸入境旅客卫生检疫流程，督促铜仁凤凰机场加快开展海关功能区域改造。强化风险研判，深化智能监管设备运用，在寄递渠道查获象牙、沉香等濒危物种及其制品，2022年查获政治类非法出版物、淫秽色情类出版物47册（件），查获毒品大麻花及多起国家管制类精神药品，查获枪支1支、子弹171发。

**【筑牢口岸检验检疫防线】** 优化健康申报移动端和健康码应用，推动智慧卫生检疫系统整合升级，做好监控指挥中心系统联动功能和运维工作。严格入境人员检疫和口岸一线卫生检疫人员封闭管理，2022年共开展两轮、35人次集中封闭管理工作，封闭人员实现零感染。严格实施入境客运航空器终末消毒，并做好监督工作，顺利完成入境航班检疫监管任务。开展“关长走进口岸封管区”活动，有效应对属地疫情，严格落实关心关爱举措，首次在贵州口岸入境人员中检出新冠病毒核酸阳性样本。强化口岸卫生检疫监管，持续完善“境外、口岸、境内”三道防线，坚持“人、物、环境”同防、多病同防，全年检疫出入境航班8架次、798人次。织牢国门生物安全防线，持续推进“国门绿盾”“跨境电商寄递‘异宠’综合治理”专项行动，累计检出检疫性有害生物16种次，查获“异宠”6种、63只。加强进出口商品检验，严把质量安全关，聚焦重点敏感商品、“安卫环”项目，检出不合格进出境工业品27批。

**【抓好对外开放通道建设】** 推动国际货运班列开行取得新突破。积极参与西部陆海新通道建设，组织开行贵阳都拉营、贵阳改貌、遵义阁老坝至钦州、湛江等港口的陆海新通道海铁联运班列，2022年开行171列，发运集装箱9 089标箱。持续推进中欧班列运行，中欧班列开行34列，发运集装箱3 368标箱；图定中欧班列落地贵州，每周四固定开行，车次为X8096，装车站都拉营，经阿拉山口口岸出境。根据实际情况增开临时班列。聚力打造黔粤主通道，组织指导有关企业开行贵阳至深圳、遵义至佛山等地的黔粤班列，开行黔粤班列48列，发运集装箱2 534标箱。组织中老班列与中欧班列衔接测试。2022年5月18日，组织中老铁路与中欧班列在国内的首次衔接测试，共有5个集装箱货物自越南发运，以多式联运方式先后搭乘中老铁路国际货运列车、中欧班列，在贵阳都拉营进行中转，从霍尔果斯口岸出境，途经哈萨克斯坦、阿塞拜疆等国家，最终抵达匈牙利布达佩斯。中老班列到发 38 标箱。

**【全力打造贵阳国际陆港】** 组建国际陆港工作专班，印发工作方案、工作要点、重点任务清单。推动省铁投集团与广州港、盐田国际签署战略合作框架协议。2022 年 9 月 29 日，深圳蛇口、妈湾、赤湾贵阳内陆港正式挂牌，贵阳国际陆港正式成为招商港口深西岗区的内陆港。贵阳综合保税区铁路运输类海关监管作业场所于 2022 年 6 月 1 日通过海关验收，取得海关监管作业场所代码，贵阳国际陆港具备报关、转关、监管仓、保税等功能。同年 6 月 28 日、7 月 15 日、7 月 31 日，先后组织发运 3 列黔粤测试货物列车。通过测试运营，贵阳国际陆港可出具正式海运提单，可顺利办理结汇退税业务。海关、税务、银行、外综服平台、湛江港入驻贵阳国际陆港，中远海运和安通控股已在贵阳国际陆港设立操作点。贵阳国际陆港于 2022 年 8 月 27 日正式开港运营，首次实现了贵阳国际陆港—广州港黔粤班列的双向开行，标志着黔粤大通道正式打通。

贵阳国际陆港

**【促进综合保税区发展】** 2022 年，全省 3 个综合保税区通过抓开放能力、抓辐射带动能力、抓创新发展能力、抓产业集群建设、抓园区配套建设、抓综合服务能力等多项措施，实现进出口总值 290.75 亿元，占全省进出口总值的 36.29%。其中，贵阳综合保税区进出口总值 143.27 亿元，全国排名第 80 位，同比增长 152.4%，增速全国排名第 25 位；贵安综合保税区进出口总值 78.06 亿元，在全国排名第 108 位，同比增长 147.6%，增速在全国排名第 27 位；遵义综合保税区进出口总值 69.42 亿元，全国排名第 109 位，同比增长 162.9%，增速在全国排名第 23 位。

贵阳综合保税区

**【抓好电子口岸建设】** 持续抓好国际贸易“单一窗口”标准版推广运维。“单一窗口”集成了货物申报、加工贸易申报、出口退税等 20 项功能，2022 年累计完成各类业务 26.97 万票，收到企业问题 5 017 个，问题处置率达 100%。加快跨境电商公共服务平台建设，保障跨境电商业务顺利开展。平台现有跨境电商注册企业 77 家，在“1210”“9610”业务模式下已完成申报清单 94.63 万单，涉及金额约 7 756.88 万元；在“9710”业务模式下已完成申报订单 6 527 单，涉及金额约 65.38 亿元；在“9810”业务模式下已完成申报订单 5 单，涉及金额约 774 万元。完成电子口岸平台迁移工作。

## 口岸监管与服务

**【贵阳海关提升口岸监管效能】** 扎实开展“口岸危险品综合治理”百日专项行动，与地方部门开展联合执法 31 次，通报、移送安全隐患问题 14 项。构建业务风险立体防控体系，深化“风险信息情报+大数据”运用，货运渠道人工布控查获率35.3%，高于全国平均水平，首次在跨境电商渠道查获并退运8批次未纳入正面清单商品。落实检验检疫行政处罚案件职能管理改革要求，办结行政处罚案件9起，货值169万元。严格落实综合治税，引导税源回流成效明显，2022年税收入库8.19亿元，超额完成税收预算目标，创8年来新高。严格依法征管，确保税收安全，向海关总署报送税收风险防控建议19条，实现补税2 731万元。加强知识产权海关保护，查获侵权货物1 020件，实现货运渠道查发零的突破。技术中心实验室顺利通过CNAS、CMA“二合一”评审，获认可检测能力新增180项。

**【贵阳海关持续优化口岸营商环境】** 深化全国通关一体化改革。汇编45万字的重点业务作业指导书，提高关区业务的统一性和规范性。大力推广“提前申报”“两步申报”便捷通关模式，推动落实自报自缴等改革便利措施，提升跨境贸易便利化水平。持续巩固压缩整体通关时间成效，加强报关单运行监控。2022年，贵阳海关进口、出口货物整体通关时间分别为6.73小时、0.42小时，在全国31个省（区、市）分别排名第1位、第11位。落实减免税、税收优惠政策和RCEP自贸协定等措施，全年共减免税6 793.7万元，签发原产地证书6 346份，货值14亿美元，其中RCEP原产地证书396份。持续推进智慧航空口岸建设，开通贵阳海关省数据共享平台账号并申请获取外单位数据资源23项，完成数据中台应用的数据对接并发布数据资源137项。持续推进“关银一KEY通”业务申请，全年办理电子口岸卡1 559张，新增企业874家。加强技术性贸易措施研究，推动遵义绿茶、白酒产品技术性贸易措施研究评议基地正式挂牌，推动解决贵州省出口欧盟电池材料注册评估、出口越南鲟鱼受阻问题，鲟鱼全国首次出口老挝。

**【贵阳海关助力外贸产业发展】** 认真落实海关总署和贵州省委省政府稳经济一揽子措施，推动签署新一轮署省合作备忘录。研究出台促进贵州外贸保稳提质16条措施、进一步支持中欧班列发展10条措施，深入开展大调研活动，完善关长联系企业机制，建立企业动态“问题清零”台账。组建外贸政策宣讲队，开展多次集中培训、上门宣讲。继续支持贵州12个农业特色产业和10大工业产业健康发展，为轮胎、化肥、茶叶等特色商品制订个性化监管方案。支持贵州生猪首次自营供港、首次供澳。2022年，全省货物贸易进出口总值793亿元，同比增长21.3%，关区进出口企业总数6 988家，新增974家，同比增长51%。发挥商品检验技术执法优势，管住、管好出口化肥，助力磷化集团出口磷肥100.5万吨，货值48.8亿元。支持跨境电商新业态发展，指导备案6个跨境电商海外仓，推动跨境电商“1210”新业态试点工作、“9710”业务在全关区落地、“9610”出口业务快速发展。推动加工贸易持续发展，积极落实海关总署轮胎加工贸易单耗管理等改革措施，全年加工贸易进出口总值167.3亿元。

**【贵州出入境边防检查总站筑牢口岸坚固防线】** 贵州出入境边防检查总站以维护国门安全为立足点，以防范化解重大风险为基点，大力提升维护国家安全和口岸稳定能力，强化口岸和社会面一体防控，与国安、地方公安等相关单位签订警务合作协议，主动融入地方，积极开展打击妨害国（边）境犯罪专项斗争，并纳入驻地反恐体系。紧盯跨境违法犯罪新形势，组建信息巡查工作专班，形成“七位一体”闭环工作机制，2022年共计开展网上巡查5 000余小时，研究构建4类具有可操作性的预警筛查模型，协助查办多起案件。同时，紧跟口岸城市疫情防控和“外防输入”工作要求，专题研究口岸疫情防控工作措施，成立口岸城市新冠疫情防控工作专班，充分发挥自身数据优势，全年累计推送涉疫人员信息3.5万余条，协助属地排查出入境人员信息2 122人次，全力服务外防疫情输入工作大局。

**【贵州出入境边防检查总站优化执法执勤体系】** 贵州出入境边防检查总站以建成科学高效的勤务模式为抓手，加强特色勤务改革，充实一线执勤力量，盘活警力资源，制定出台新冠疫情期间贵阳机场T1航站楼国际客运航班边检工作规范，强化口岸执勤人员、装备、勤务保障，细化现场管控、防范处置等工作预案，圆满完成塞尔维亚考察团、巴基斯坦撤侨包机等重要敏感勤务组织工作。以持续推进执法规范化建设为引领，落实严格规范公正文明执法要求，全面强化执法队伍建设。在贵阳龙洞堡国际机场 T3 航站楼建成功能完备、科技领先、标准规范的执法办案区，实现案件全流程规范管理、全要素智能采集、全方位动态监管。加强执法岗位练兵和执法培训，狠抓队伍执法资格等级考试工作，组建公职律师团队，修订公职律师管理办法，配套出台加强和改进公职律师团队建设的实施意见，推进执法执勤工作规范化、专业化和制度化，以加强法治建设推动各方面制度更加成熟定型。

**【贵州出入境边防检查总站推动构建智慧口岸】** 贵州出入境边防检查总站主动服务促进国家以及贵州省重大发展战略，将贯彻落实《国务院关于支持贵州在新时代西部大开发上闯新路的意见》（国发〔2022〕2 号）作为融入贵州经济社会发展大局的有力抓手，在“推进开放平台建设”重点任务中主动担当作为，积极参加贵州省推进 144 小时过境免签工作专班、遵义和铜仁机场口岸建设专班，主导签订针对享受过境免签政策外国人管理工作的专项合作协议。大力推进贵州省出入境管理工作现代化，切实加强科技信息化基础建设，优化口岸查验监管环节。高标准建成以边检智慧化口岸运行管控平台和数据分析中心、证件研究中心为主的“一平台、两中心”勤务指挥格局。将边检智慧口岸大数据项目融入贵州“一网一云一平台”政务大数据中，实现“全网感知、一图指挥、全局调度”。进一步深化 12367 服务平台建设，多次开展情景式、案例式培训座席话术运用及应答技巧，提高服务质效，为中外出入境人员和广大人民群众提供更加优质的政务服务。

## 开放口岸

**【贵阳空运口岸（贵阳龙洞堡国际机场）】** 贵阳龙洞堡国际机场位于贵州省贵阳市东郊龙洞堡地区，公路距贵阳市约 11 千米，于 1997 年 5 月 28 日建成通航，为 4E 级国际机场，是中国西部地区重要航空枢纽、区域枢纽机场、西南机场群成员，机场管理机构为贵州省机场集团有限公司。

贵阳龙洞堡国际机场旅客年吞吐量已突破 2 190万人次，执飞航线 215 条，通航城市 119 个，航线网络通达全国所有直辖市、省会城市、副省级城市、重要旅游城市及部分三、四线城市；疫情前，国际航线覆盖法国巴黎、澳大利亚墨尔本、俄罗斯莫斯科、尼泊尔加德满都等；铜仁、兴义、黎平、黄平、荔波 5 家直管支线机场不断拓宽通用及客货航空，加大航旅结合开发力度，着力打造“贵阳飞”中转联程品牌。

截至 2022 年年底，贵阳机场有 3 座航站楼，双跑道同步运行，航站楼总面积达到 38.14 万平方米。T3 航站楼于 2021 年 12 月 15 日正式投入使用，按 2025 年旅客年吞吐量 3 000 万人次、货邮年吞吐量 25 万吨、飞机年起降量 24.3 万架次的目标设计。主要建设内容包括新建 1 条长4 000 米的东跑道，并将西跑道由 3 200 米不停航施工向北延长 300 米达到 3 500 米；新建 16.7 万平方米的 T3 航站楼，62 个机位的站坪；新建货运、机务维修、航空食品、消防救援、塔台、航油等配套附属设施。

贵阳龙洞堡国际机场

**【遵义空运口岸（遵义新舟机场）】** 遵义新舟机场位于遵义市新蒲新区新舟镇境内，距离遵义市中心城区东部 35 千米。由原遵义新舟军用机场改扩建而成。2010 年 9 月遵义机场正式动工进行改扩建，2012 年 8 月 28 日正式建成通航。机场飞行区等级指标为 4C，共有 10 个 C 类停机位，跑道长 2 800 米，可满足波音 737、空客 A319、A320 系列等机型飞机全载起降。2015 年航站楼改扩建后，现航站楼面积约 1.06 万平方米。2019 年 12 月 30 日，遵义新舟机场经国务院批复对外开放。

遵义市于 2015 年年初启动了遵义机场二期改扩建工程前期工作，规划机场近期 2030 年旅客年吞吐量为 450 万人次（国内 415 万人次、国际 35 万人次），远期 2050 年旅客年吞吐量为 730 万人次（国内 675 万人次、国际 55 万人次）；规划方案近期（2030 年）将机场民航国内航站区整体搬移至现跑道西侧进行新建，二期改扩建将建设 26 个 C 类停机位，将现有的 2 800 米跑道延长至 3 000 米，新建一条与跑道等长的平行滑行道，同时将建设旅客过夜用房、货运设施、机场公司业务用房、海关业务用房、边检业务用房、公安业务用房、安检业务用房等相关配套设施；航站楼近期规划建设 6 万平方米，其中国内 4.9 万平方米，国际 1.1 万平方米；可容纳最大国内吞吐量为 415 万人次，最大国际吞吐量为 35 万人次；可起降的最大机型为 B737-800。

遵义新舟机场

## 2022 年贵州省口岸大事记

1 月 1 日

贵州省商务厅副厅长、省政府口岸办副主任李康弘与湄潭县人民政府副县长钟发辉及部分茶叶龙头企业负责人座谈，分析国际市场、商讨产能提升、做好政策保障，拟打造贵州—世界茶叶出口中心。

1 月 4 日

贵阳海关所属贵安新区海关签发了贵州省首份 RCEP 协定原产地证书。

1 月 6 日

贵州省商务厅与贵阳海关召开协同推进外贸高质量发展厅关领导联席调度会。

1 月 14 日

贵州省人民政府副省长蔡朝林到贵阳海关调研，实地参观海关办公场所并召开座谈会。

1 月 17 日

贵阳海关所属兴义海关首单跨境电商 B2B 业务成功落地，标志着跨境电商业务在贵州省全面铺开。

1 月 18 日

贵州省商务厅厅长、省政府口岸办主任马雷主持召开燕窝进口工作专题会，就相关事项与客商座谈。

1 月 18 日

贵州省中欧班列首次实现跨境电商申报出口。该单是兴义海关辖区企业通过跨境电商 B2B（“9710”模式）将申报货值 401 万元的 2 批次茶叶通过中欧班列出口至俄罗斯。

1 月 20 日

贵阳海关审核认证通过关区首个 RCEP 经核准出口商，该企业为贵安新区海关辖区高级认证企业富贵康精密电子（贵州）有限公司。成为经核准出口商后，该企业可自主出具原产地申明享受进口国关税优惠，大大降低企业关税享惠成本、提高通关效率。

1 月 25 日

贵阳海关所属贵安新区海关实现自主查发关区“涉濒危物种”稽查案件零突破。

1 月 26 日

贵州省委副书记、省长李炳军走访慰问贵阳海关，看望慰问海关干部职工，感谢海关长期以来对贵州发展给予的支持和做出的贡献，向大家致以美好的新春祝福。

1月26日

贵阳海关所属贵安新区海关助推贵州特色风味米粉首次走出国门。该单是贵州黄果树中央厨房有限公司出口至澳大利亚的6万盒米粉。

1月29日

贵州省委副书记、省长李炳军到省商务厅（省政府口岸办）走访，看望慰问干部职工，向大家致以新春祝福，勉励全体干部深入学习贯彻习近平总书记视察贵州重要讲话精神，扎实抓好《国务院关于支持贵州在新时代西部大开发上闯新路的意见》贯彻落实，为推进贵州高质量发展再创佳绩。副省长陶长海参加。

2月14日

时任贵州省委书记、省人民代表大会常委会主任谌贻琴深入贵阳市、贵安新区，调研第一季度“开门稳”及项目建设、复工复产等工作。

2月15日

贵州省人民政府副省长蔡朝林带队实地调研改貌铁路海关监管场所、都拉营国际陆海通物流港建设情况。

2月16日

贵州省商务厅厅长、省政府口岸办主任马雷带队调研中柔燕窝进出口情况。

2月24日

海关行邮税征管应用系统成功在贵阳海关落地。

2月25日

贵州省人民政府副省长蔡朝林赴双龙实地调研贵州“一局四中心”项目建设情况。

3月1日

贵州省人民政府副省长蔡朝林带队调研贵州“一局四中心”项目，听取省机场集团、双龙航空经济区管委会、省商务厅（省政府口岸办）等单位的工作推进情况汇报，并根据贵阳海关提出的建议和需求进行现场协调办公，对项目申报、向上协调、建成验收等时间节点提出了具体要求。

3月1日—3日

海关总署副署长王令浚一行来黔调研，先后赴贵阳海关所属六盘水海关、毕节海关、遵义海关了解基层党建、疫情防控、维护国门安全、边关建设、服务地方外向型经济发展等工作开展情况，亲切看望慰问基层干部职工，并到有关外贸企业开展调研。

3月2日

贵州省商务厅厅长、省政府口岸办主任马雷主持审议《贵州省“十四五”口岸发展规划》。

3月9日—10日

贵州省商务厅厅长、省政府口岸办主任马雷带队调研广西龙滩水电站至贵州望谟蔗香码头、贞丰百层码头水运航道，了解航道建设和规划情况，加快打通南下珠江水运通道。

3月11日

贵阳出入境边防检查站与贵阳市公安局反恐怖工作支队签署了《贵阳边防检查站、贵阳市公安局反恐怖工作支队警务协作协议书》，标志着双方警务协作机制正式建立。

3月15日

贵阳海关签发2022年首份归类预裁定决定书，签发商品为“钽电解电容器专用钽盖”。

3月15日

贵阳海关所属筑城海关顺利完成关区的首票进口水果属地申报业务。

3月19日

《贵州省“十四五”口岸发展规划暨贵州省口岸经济高质量发展行动计划》正式印发（黔岸函〔2022〕1号）。

3月29日

贵阳海关所属贵安新区海关应用“海关涉检行政案件处置系统”办理该关首例涉检快办案件。

3月29日

贵阳海关完成贵州省首单电子口岸IC卡线上办理业务。

4月5日

贵州省人民政府省长李炳军在《贵州省无水港建设发展情况调研报告》上批示：请朝林、马雷并少波阅研。建议内陆口岸应加紧推动。

4 月 7 日

贵阳海关关长王松青赴筑城海关调研指导工作，现场调研拟申建监管作业场所情况。

4 月 8 日

贵阳海关关长王松青带队赴贵安新区海关调研指导工作。

4 月 8 日

贵州中欧班列正式纳入图定运行。

4 月 13 日

贵阳海关所属贵安新区海关为辖区某具有进出口货物收发货人资格的企业办理了报关企业备案，这是《中华人民共和国海关报关单位备案管理规定》实施以来，贵阳关区办理的首个双重身份报关单位备案。

4 月 14 日

贵州省商务厅（省政府口岸办）召开党组会议，认真贯彻落实省政府主要领导对《关于贵州省图定中欧班列工作进展情况的报告》批示精神，研究部署相关工作。

4 月 21 日

贵州省商务厅厅长、省政府口岸办主任马雷主持召开贵州无水港建设发展视频研讨会，研究推进贵州省与广州港、深圳盐田港、北部湾港共建无水港等事宜。

4 月 22 日

贵阳海关关长王松青陪同贵州省人民政府省长李炳军赴贵阳西南国际商贸城开展专题调研。

5 月 10 日

贵州省人民代表大会常委会党组书记、副主任慕德贵一行赴贵阳海关和贵州“一局四中心”开展实地调研。

5 月 15 日

贵州省委常委、贵阳市委书记、贵安新区党工委书记胡忠雄到贵安综合保税区、贵安产控集团宣讲省第十三次党代会精神并调研。

5 月 18 日

贵州省商务厅（省政府口岸办）组织中老铁路与中欧班列在国内的首次衔接测试，共有 5 个大柜货物自越南发运，以多式联运方式先后搭乘中老铁路国际货运列车、中欧班列，在贵阳都拉营进行中转，从霍尔果斯口岸出境，途经哈萨克斯坦、阿塞拜疆等国家，最终抵达匈牙利布达佩斯。

5 月 19 日

贵阳海关顺利完成“518”外事包机任务，关长王松青深入一线现场指挥，副关长马琨全程参与一次航班监管和封闭管理工作。

5 月 20 日

黔粤通道“遵义号”陆海联运班列首发。

6 月 1 日

贵州首个“综保型国际陆港海关监管作业场所”通过贵阳海关验收。

6 月 2 日

广东省与贵州省在广州市就推进贵阳国际陆港建设、推动贵州开放型经济发展举行座谈交流会。会上，省铁投集团分别与广州港集团有限公司、盐田国际集装箱码头有限公司签署了战略合作协议。广东省委常委、副省长王曦，贵州省人民政府副省长蔡朝林出席相关活动并见证签约。省商务厅副厅长、省政府口岸办副主任李康弘参会。

6 月 6 日

贵州出入境边防检查总站与贵州省公安厅出入境管理局建立过境免签外国人管控协作机制，双方签署《贵阳航空口岸过境免签外国人管控协作机制》，建立了责权明晰、协调联动、运转高效的外国人过境免签入出境动态管控协作机制。

6 月 7 日

贵阳海关所属贵阳龙洞堡机场海关“9610”跨境电商出口单日突破 500 件。

6 月 13 日

《贵阳海关综合保税区业务运行状况专题评估报告》被海关总署评为“2021 年直属海关优秀自选专题评估报告”。

6 月 28 日

载着 36 车“黔货”的黔粤班列经贵阳国际陆港发往广州南沙港、深圳盐田港，这是贵阳国际陆港发出的首列测试班列。

7月4日

贵州省人民政府副省长蔡朝林带队赴商务部对接工作，与商务部副部长盛秋平座谈，积极争取贵州省商务领域落实国发〔2022〕2号文件的政策支持。

7月5日

贵州省人民政府副省长蔡朝林带队拜会海关总署副署长孙玉宁，双方就落实国发〔2022〕2号文件指示工作座谈交流。

7月5日

中国电子科技委委员、海关总署原总工程师兼科技发展司司长吴幼毅赴贵州“一局四中心”项目现场调研指导工作。

7月7日

海关总署批复同意贵阳海关在贵阳龙洞堡国际机场设立进境水果、冰鲜水产品、食用水生动物指定监管场地。

7月8日

贵阳海关关长王松青带队赴龙洞堡机场海关调研。

7月12日

贵州省商务厅厅长、省政府口岸办主任马雷率队到广州实地踩点，对贵阳国际陆港、广州港—贵阳国际陆港开港运营见证活动进行安排部署。

7月22日

贵州省委常委、遵义市委书记李睿带队到贵阳海关开展工作调研并座谈。

7月29日

贵阳海关在遵义新舟机场举办口岸监管环节核辐射突发事件应急处置演练，为该口岸正式验收打下基础。

8月8日—12日

贵阳海关顺利通过贵州省联防联控机制综合组疫情防控情况综合督查。该关风险职业人群核酸检测完成率是所有被督查单位中唯一达到100%的单位。

8月11日

贵州省委副书记、省长李炳军主持召开省政府专题会议，深入学习贯彻习近平总书记视察贵州重要讲话精神，落实国发〔2022〕2号文件要求，研究建设内陆开放型经济新高地工作。副省长蔡朝林出席，省商务厅厅长、省政府口岸办主任马雷汇报《贵州内陆开放型经济新高地建设实施方案》。

8月21日

经贵阳海关风控部门布控，贵阳海关缉私局、贵阳海关所属龙洞堡机场海关成功查获一起走私大麻毒品案，抓获犯罪嫌疑人1名，查获涉嫌走私大麻500余克。

8月23日

贵州省人民政府副省长蔡朝林赴贵阳综合保税区调研贵阳国际陆港项目。

8月27日

在时任贵州省委书记谌贻琴、时任广东省委书记李希，贵州省人民政府省长李炳军和广东省人民政府省长王伟中的见证下，贵阳国际陆港正式开港运营，首次实现贵阳国际陆港—广州港黔粤班列的双向开行，标志着黔粤大通道正式打通。

9月2日

贵阳海关所属毕节海关助力贵州省苹果首次出口越南。

9月8日

印发《贵阳海关贯彻落实〈海关总署 贵州省人民政府合作备忘录〉实施方案的通知》。

10月10日

贵州省人民政府副省长蔡朝林带队实地调研贵州“一局四中心”及贵阳国际陆港建设工作。

10月14日

遵义市湄潭县举行的贵州绿茶6 000万美元订单出口乌兹别克斯坦首发仪式，仪式上湄潭县栗香茶业有限公司与乌兹别克斯坦客商签订了6 000万美元的贵州绿茶订单。

10月19日

贵州省人民政府副省长蔡朝林赴省邮政管理局调研座谈，贵阳海关副关长詹水旭及相关部门负责同志陪同调研。

10月20日

贵州省人民政府副省长蔡朝林组织召开综合保税区专题会，围绕2021年度全国综合保税区发展绩效评估情况，研究推动综合保税区发展有关工作。

10月28日

贵州省商务厅（省政府口岸办）主持召开贵阳龙洞堡机场国际客运航班复航通关保障协调会，研究讨论复航疫情保障工作及修改完善工作方案。

11月2日

遵义海关对遵义新舟机场口岸入境旅客通道海关卫生检疫作业区、防护脱卸区达标整改项目进行验收。

11月8日

贵阳海关所属凯里海关助力贵州省首批自营出口活猪安全供港。

11月12日

贵阳海关参加全国海关疫情防控工作视频会议。海关总署副署长吕伟红出席会议并提出意见。贵阳海关副关长詹水旭、马琨参会。

11月14日

贵阳海关顺利完成跨境电商公共服务平台二级节点升级改造工作，改造后数据交换平台实现了申报数据解析落地功能，数据传输速率峰值可达800票/秒，完全满足贵州跨境电商业务快速发展的需求。

11月14日—15日

第十三届全国人民代表大会常委会委员、全国人民代表大会财政经济委员会主任委员徐绍史，全国人民代表大会财政经济委员会副主任委员孙志刚一行到贵州开展西部陆海新通道重大工程项目专题调研，并实地调研贵阳国际陆港。

11月18日

贵阳海关所属凯里海关助力贵州省鲟鱼首次出口老挝，这也是全国近5年以来鲟鱼首次出口老挝。

11月23日

贵阳海关副关长孙永泉与遵义市副市长李旭共同为“中国WTO/TBT-SPS国家通报咨询中心绿茶产品技术性贸易措施研究评议基地”“中国WTO/TBT-SPS国家通报咨询中心白酒产品技术性贸易措施研究评议基地”挂牌。

11月24日

贵阳海关所属综合技术中心（保健中心）获得“CATL”资质认证，标志着该中心成为具备法定检测资格的农产品质量安全检测机构。

11月25日

贵阳海关自主开发的“退税报关单查询”云擎模型首次在全国上线运行，该模型对查处全国商品申报不实影响出口退税管理情况提供数据支持。

11月25日

贵阳海关所属龙洞堡机场海关邮递业务现场顺利通过海关总署进境邮件税款信息联网项目试点工作。

11月29日

内陆开放型经济学院揭牌仪式在贵州商学院举行。贵州省商务厅厅长、省政府口岸办主任马雷出席活动并讲话。

12月19日

贵州省商务厅（省政府口岸办）的贵阳国际陆港项目获评2022年度省级机关服务高质量发展创新项目一等奖，在全省38个省政府部门中排名第5位。贵阳海关的全国首个综保型国际陆港项目获评省级机关服务高质量发展创新项目一等奖。贵州出入境边防检查总站的边检大数据智能分析系统获评2022年度省级机关服务高质量发展创新项目二等奖。

12月22日

一台崭新的空客A320NEO飞机发动机在贵阳综合保税区通过筑城海关关员成功查验，标志着贵州省首单航空器保税融资租赁项目正式落地贵阳综合保税区。

12月22日

贵阳海关署级科研项目“纳米酶应用出口茶叶中草甘膦的快速检测研究”顺利通过海关总署验收，共产生3项成果。

12月24日

贵阳龙洞堡机场开通贵阳—曼谷国际客运航班。

12月27日

贵阳海关所属凯里海关助力贵州菌草首次出口南非。

12月28日

贵州省人民政府副省长蔡朝林赴双龙调研贵州“一局四中心”建设项目，并对相关工作提出要求。

（撰稿人：汪汝会、付玉、张鉴）

# 2022 年贵州省口岸流量统计表

| 口岸类型 | | 口岸名称 | 货运量（万吨） | | | | 集装箱量（万标箱） | | | | 人员（万人次） | | | | 交通工具（辆、艘、架、列次） | | | |
|---|---|---|---|---|---|---|---|---|---|---|---|---|---|---|---|---|---|---|
| | | | 出口 | 进口 | 合计 | 同比（%） | 出口 | 进口 | 合计 | 同比（%） | 出境 | 入境 | 合计 | 同比（%） | 出境 | 入境 | 合计 | 同比（%） |
| 空运口岸 | | 贵阳 | 0.013 3 | 0.004 3 | 0.017 6 | -53.93 | | | | | 0.007 5 | 0.072 3 | 0.079 8 | 35.02 | 3 | 5 | 8 | -78.94 |
| | | 分计 | | | | | | | | | | | | | | | | |
| 陆路口岸 | 公路口岸 | | | | | | | | | | | | | | | | | |
| | | 分计 | | | | | | | | | | | | | | | | |
| | 铁路口岸 | | | | | | | | | | | | | | | | | |
| | | 分计 | | | | | | | | | | | | | | | | |
| 合计 | | | | | | | | | | | | | | | | | | |
| 同比（%） | | | | | | | | | | | | | | | | | | |

（贵州省口岸办提供）

# 2022 年贵阳海关主要数据统计表

| 项　目 | | 2022 年 | 2021 年 | 同比（%） |
|---|---|---|---|---|
| 进出口货运量（万吨） | 合计 | 321.56 | 285.68 | 12.56 |
| | 进口 | 313.50 | 281.91 | 11.21 |
| | 出口 | 8.06 | 3.77 | 114.01 |
| 进出口贸易总值（万美元） | 合计 | 458 520.45 | 317 437.97 | 44.44 |
| | 进口 | 225 434.34 | 180 090.58 | 25.18 |
| | 其中：江、海运输 | 71 065.87 | 60 100.50 | 18.25 |
| | 铁路运输 | 18.79 | 58.25 | -67.745 |
| | 汽车运输 | 52 272.70 | 44 917.00 | 16.38 |
| | 航空运输 | 102 072.01 | 74 995.47 | 36.10 |
| | 邮件运输 | 4.97 | 7.97 | -37.615 |
| | 其他运输 | 0.00 | 11.40 | -100 |
| | 出口 | 233 086.11 | 137 347.39 | 69.71 |
| | 其中：江、海运输 | 96 442.01 | 42 250.99 | 128.26 |
| | 铁路运输 | 12 382.13 | 1 535.34 | 706.47 |
| | 汽车运输 | 48 315.67 | 43 083.01 | 12.15 |
| | 航空运输 | 75 943.00 | 50 478.04 | 50.45 |
| | 邮件运输 | 0.00 | 0.00 | — |
| | 其他运输 | 3.29 | 0.00 | — |
| 税收（万元） | 两税合计 | 81 854.17 | 69 223.76 | 18.25 |
| | 关税入库 | 9 973.93 | 8 206.63 | 21.54 |
| | 进口环节税入库 | 71 880.25 | 61 017.13 | 17.80 |

（贵阳海关提供）

# 2022 年贵州省口岸出入境主要数据表

<table>
<tr><th colspan="3">项　目</th><th>2022 年</th><th>2021 年</th><th>同比（%）</th></tr>
<tr><td rowspan="14">出入境人员<br>（人次）</td><td colspan="2">出入境人员总数</td><td>798</td><td>591</td><td>35.02</td></tr>
<tr><td colspan="2">入境人员</td><td>723</td><td>398</td><td>81.16</td></tr>
<tr><td colspan="2">出境人员</td><td>75</td><td>193</td><td>-61.13</td></tr>
<tr><td colspan="2">出入境旅客</td><td>682</td><td>296</td><td>130.40</td></tr>
<tr><td colspan="2">出入境员工</td><td>116</td><td>295</td><td>-60.67</td></tr>
<tr><td rowspan="5">中国公民</td><td>小计</td><td>650</td><td>278</td><td>133.81</td></tr>
<tr><td>内地居民（因公）</td><td>54</td><td>68</td><td>-20.58</td></tr>
<tr><td>内地居民（因私）</td><td>596</td><td>184</td><td>223.91</td></tr>
<tr><td>港澳居民</td><td>0</td><td>24</td><td>-100.00</td></tr>
<tr><td>台湾同胞</td><td>0</td><td>2</td><td>-100.00</td></tr>
<tr><td colspan="2">外籍人员</td><td>148</td><td>313</td><td>-52.71</td></tr>
<tr><td colspan="2">从海港出入境人数</td><td></td><td></td><td></td></tr>
<tr><td colspan="2">从陆港出入境人数</td><td></td><td></td><td></td></tr>
<tr><td colspan="2">从空港出入境人数</td><td>798</td><td>591</td><td>35.02</td></tr>
<tr><td rowspan="5">交通运输工具<br>（辆、艘、架、列次）</td><td colspan="2">总计</td><td>8</td><td>38</td><td>-78.95</td></tr>
<tr><td colspan="2">船舶</td><td></td><td></td><td></td></tr>
<tr><td colspan="2">飞机</td><td>8</td><td>38</td><td>-78.95</td></tr>
<tr><td colspan="2">火车</td><td></td><td></td><td></td></tr>
<tr><td colspan="2">机动车辆</td><td></td><td></td><td></td></tr>
</table>

（贵州出入境边防检查总站提供）

# 云南省口岸分布示意图

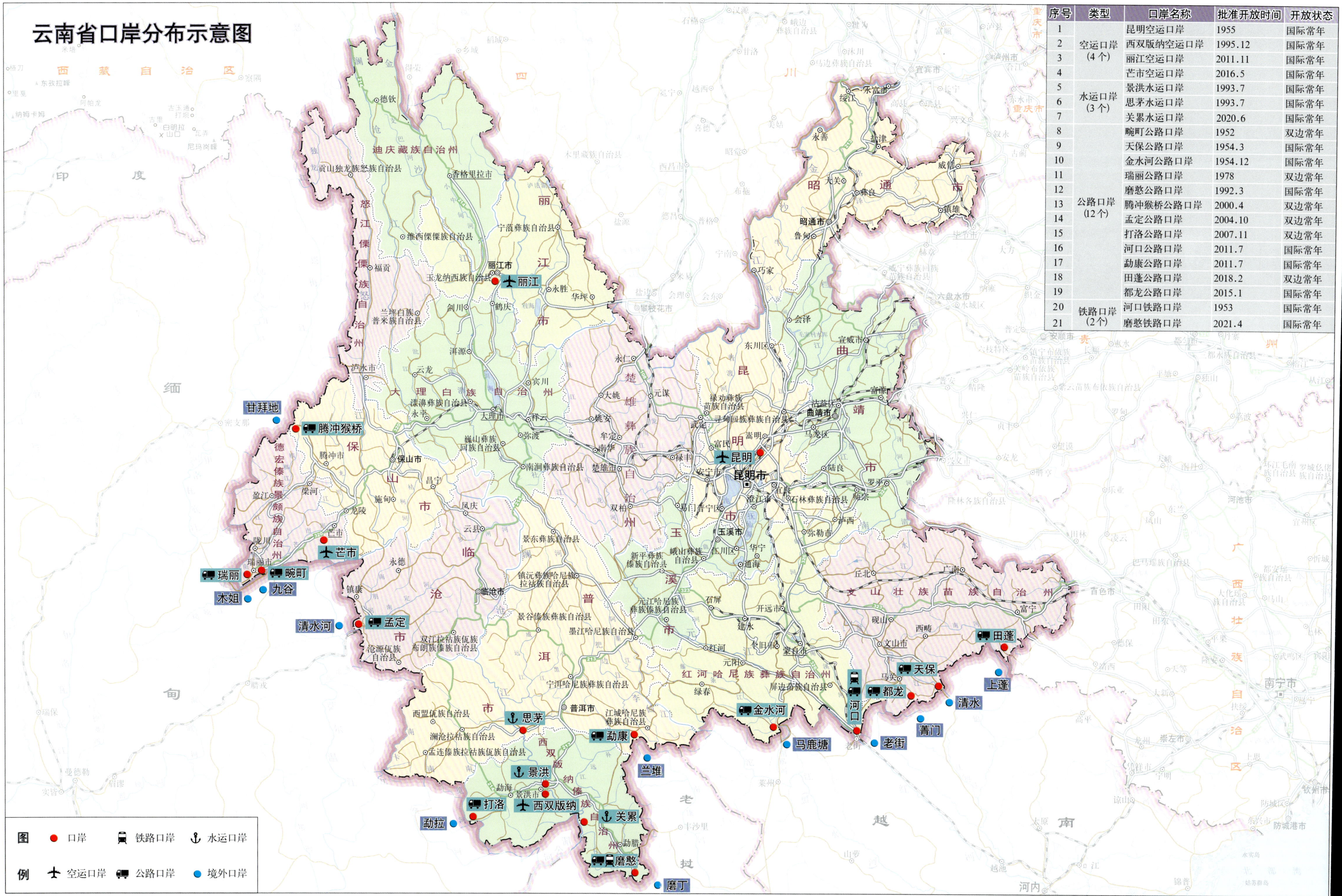


| 序号 | 类型 | 口岸名称 | 批准开放时间 | 开放状态 |
|---|---|---|---|---|
| 1 | 空运口岸（4个） | 昆明空运口岸 | 1955 | 国际常年 |
| 2 | | 西双版纳空运口岸 | 1995.12 | 国际常年 |
| 3 | | 丽江空运口岸 | 2011.11 | 国际常年 |
| 4 | | 芒市空运口岸 | 2016.5 | 国际常年 |
| 5 | 水运口岸（3个） | 景洪水运口岸 | 1993.7 | 国际常年 |
| 6 | | 思茅水运口岸 | 1993.7 | 国际常年 |
| 7 | | 关累水运口岸 | 2020.6 | 国际常年 |
| 8 | 公路口岸（12个） | 畹町公路口岸 | 1952 | 双边常年 |
| 9 | | 天保公路口岸 | 1954.3 | 国际常年 |
| 10 | | 金水河公路口岸 | 1954.12 | 国际常年 |
| 11 | | 瑞丽公路口岸 | 1978 | 双边常年 |
| 12 | | 磨憨公路口岸 | 1992.3 | 国际常年 |
| 13 | | 腾冲猴桥公路口岸 | 2000.4 | 双边常年 |
| 14 | | 孟定公路口岸 | 2004.10 | 双边常年 |
| 15 | | 打洛公路口岸 | 2007.11 | 双边常年 |
| 16 | | 河口公路口岸 | 2011.7 | 国际常年 |
| 17 | | 勐康公路口岸 | 2011.7 | 国际常年 |
| 18 | | 田蓬公路口岸 | 2018.2 | 双边常年 |
| 19 | | 都龙公路口岸 | 2015.1 | 国际常年 |
| 20 | 铁路口岸（2个） | 河口铁路口岸 | 1953 | 国际常年 |
| 21 | | 磨憨铁路口岸 | 2021.4 | 国际常年 |

# 云　南　省

## 口岸数量及分布

截至2022年年底，云南省有经国务院批准的对外开放口岸21个。其中，空运口岸4个，分别为昆明空运口岸（昆明长水国际机场）、西双版纳空运口岸（西双版纳嘎洒国际机场）、丽江空运口岸（丽江三义国际机场）、芒市空运口岸（德宏芒市机场）；陆路（铁路）口岸2个，分别为磨憨铁路口岸、河口铁路口岸；陆路（公路）口岸12个，分别为瑞丽、畹町、孟定清水河、腾冲猴桥、打洛、磨憨、勐康、河口、天保、金水河、都龙、田蓬公路口岸；水运（河港）口岸3个，分别为景洪、思茅、关累河港口岸。

## 口岸运行数据

2022年，云南省口岸进出口货值313.89亿美元，同比增长12.86%；进出口货运量2 952.41万吨，同比增长1.34%；出入境人员144.28万人次，同比下降34.79%；出入境交通工具92.55万辆（架、列、艘）次，同比下降39.25%。

2022年，云南省对缅甸口岸进出口货值58.78亿美元，同比下降15.4%；进出口货运量627.72万吨，同比上升18.74%；出入境人员50.73万人次，同比下降42.49%；出入境交通工具30.64万辆（架、列、艘）次，同比下降42.41%。云南省对越南口岸进出口货值26.12亿美元，同比下降41.4%；进出口货运量219.73万吨，同比下降45.06%；出入境人员16.11万人次，同比下降60.22%；出入境交通工具14.56万辆（架、列、艘）次，同比下降60.68%。云南省对老挝口岸进出口货值49.22亿美元，同比增长39.86%；进出口货运量486.91万吨，同比增长37.47%；出入境人员25.61万人次，同比下降20.54%；出入境交通工具17.26万辆（架、列、艘）次，同比下降19.28%。

## 口岸综合管理

**【抓口岸疫情防控，扛牢口岸安全管控责任】**按照云南省应对疫情工作领导小组指挥部要求，云南省口岸（通道）从严从紧做好口岸疫情防控工作，主动应对边境口岸新冠疫情，全力保障口岸安全通畅运行，在推进“保货畅通”方面取得明显成效。一是按照云南省应对疫情工作领导小组指挥部要求，统筹疫情防控和社会经济发展，在境外病毒传播形势严峻的情况下对口岸（通道）实施动态管理，切实做好口岸（通道）疫情防控工作。二是认真贯彻应对新冠疫情稳定经济运行的工作措施，加强口岸疫情防控监督检查，积极参与疫情防控和口岸全面复工复产，全面做好“六保”“六稳”工作，在确保边境口岸疫情可防可控的前提下，统筹推进疫情防控和经济社会发展，圆满完成云南省委省政府“客停货通”任务。截至2022年年底，全省口岸未发生规模性疫情和疫情外溢事件。三是服从国家外交大局，有序推进口岸“能开尽开”。积极推动口岸物流、人流尽快恢复，着力提升口岸服务贸发展的能力。货运方面，按照“疫情不输入、物流不中断”要求，牵头成立云南省有序恢复口岸（通道）通关货运业务工作领导小组，制订有序恢复边境陆路口岸（通道）通关货运业务相关实施方案，通过压实属地政府责任、组织现场评估验收等手段，分重点、分批次恢复口岸（通道）通关货运业务。截至2022年年底，实现了全省19个口岸和14条通道货物运输安全畅通，进出口货运量恢复至疫情前同期水平。客运方面，口岸政策从“客停货通”向“客货两通”转变，按照恢复客运功能口岸数量“一国一省一口岸一对策”和“一省一国控制在1～2个”的原则，分批分类推进。四是严格口岸跨境运输管理，加强对跨境货运车辆、货物、路线及分段运输管理。严格执行口岸闭环管理要求，加强对口岸区域及监管场所严管严控，强化口岸闭环管理区域工作人员健康管理，加强口岸重点区域、人员核酸检测，严格强化口岸重点区域消杀环节，压实企业防控责任，严格执行云南省应对疫情工作领导小组指挥部关于进一步加强进口冷链食品疫情防控的通知相关要求，强化进口冷链食品监管。

**【抓口岸开放（扩大开放），不断提高沿边开放水平】** 云南是全国同时拥有航空、铁路、公路、水运4类口岸的5个省（区）之一，此外，还有6个原二类口岸和40条有一定规模过货量的边民通道。2022年，云南省全面围绕国家“十四五”口岸发展规划，科学合理配置全省口岸资源，加快推动口岸（通道）开放或扩大开放，加快建设集航空、铁路、公路和水运口岸于一体，国家级口岸、省级口岸和边境通道相互补充的立体口岸体系，提升云南沿边开放水平。6月16日，国家批准金水河口岸扩大开放；8月24日，田蓬口岸正式通过国家开放验收；9月2日，国家批准临沧110（勐捧）通道临时开放。创新实施昆明市托管西双版纳州勐腊县磨憨镇，昆明成为全国唯一拥有边境口岸的省会城市。完成将畹町芒满通道、瑞丽滨江通道扩大开放和南伞口岸升格开放列入国家2023年度开放审理计划申报工作。

**【抓口岸发展规划，加快推进智慧口岸建设】** 2022年，按照“一年见成效，两年上规模，三年大变样”的目标分期分类推进口岸改造提升，制订《云南省智慧口岸建设总体方案》和5个实施方案，以磨憨、河口、瑞丽3个核心枢纽口岸为先行试点，从口岸基础设施改造和智慧化提升2个方面发力，大力推进口岸基础设施建设和数字化转型。截至2022年年底，磨憨、河口试点项目已全面建设完成并取得明显成效，口岸通关智慧化、指挥协同可视化、通关服务便捷化、综合管理高效化得到较大提升；瑞丽、腾冲猴桥、孟定清水河试点项目正在加快推进。磨憨试点项目在中老铁路通车一周年活动中进行了展示，初步实现货车快进快出，口岸通关效率和通行能力得到有效提升。

**【抓口岸项目建设，完善提升口岸查验能力和口岸功能】** 积极统筹资金，加大对磨憨、瑞丽、河口等核心枢纽口岸基础设施改造升级支持力度。加大支持昆明市、西双版纳州共建磨憨国际口岸城市，顺利开通磨憨—磨丁口岸货运专用通道，完成磨憨铁路口岸综合指定监管场地、磨憨新边民互市场等项目建设。截至2022年年底，21个国家批准对外开放口岸和6个原二类口岸的联检查验设施、查验货场及配套设备基本健全，河口、磨憨、瑞丽3个核心枢纽口岸还建有人员自助查验通道，40条重点边民通道联检查验设施基本能满足通关查验需求。完成磨憨、河口智慧口岸建设一期工程，口岸信息化、智能化水平有效提升。同时，交通物流配套体系建设持续加强，磨憨、瑞丽、畹町、河口、章凤、腾冲猴桥6个公路口岸已通高速公路，昆明、丽江、西双版纳、芒市4个国家级口岸机场与南亚东南亚国家的43个城市通航，全省共有29条国际地区道路客货运输线路。

**【抓“单一窗口”建设，持续提升口岸通关效率】** 持续完善中国（云南）国际贸易单一窗口平台应用服务，部署18项服务、112个系统功能，形成了以国家标准版为主，边民互市管理系统等地方特色应用为辅的进出口服务平台，基本覆盖全省所有贸易需求和所有口岸，实现全天候24小时业务办理。货物申报数据项目由229个减少到105个，货物申报、舱单申报等主要业务应用率达到100%，企业进出口货物平均申报时间由10分钟减少至3~5分钟。一是加强云南“单一窗口”功能部署和培训。2022年，为帮助已注册的13 313个用户和9 132家企业更好使用云南“单一窗口”国家标准版服务和系统功能，共组织开展了1 030人次培训，其中线上培训830人次、线下培训40人次、一对一培训160人次。二是认真做好边民互市系统建设。为加快全省边民互市贸易发展，支持云南省边境地区经济发展和边民脱贫攻坚，会同昆明海关，按照“分步实施、有序推进、安全可控”的原则，积极推进“全省边民互市管理系统”与国家统一版实现对接。截至2022年年底，边民互市共成交168.79万票，货值超过132.04亿元。三是多方位全链条梳理优化通关环节。将通关前审批环节和通关后查验环节均纳入时限管理，最大限度地压缩通关环节办理时限。推动河口、磨憨口岸建立农副产品快速通关“绿色通道”，采取“即到、即检、即放”的快速通关放行模式，缩短农副产品通关时间。积极推进“提前申报”和“两步申报”通关改革，试点运行关区“运抵直通”模式，不断提高通关效率，降低企业通关成本，口岸营商环境持续优化。

**【抓口岸营商环境，持续优化口岸服务水平】** 根据全国口岸提效降费工作会议精神，印发《云南省人民政府关于印发云南省优化口岸营商环境促进跨境贸易便利化工作实施方案的通知》，提出25项具体工作措施和任务分工，在全省口岸贯彻实施。按照国家口岸管理办公室的口岸收费公示模板，认真组织各州市口岸办开展口岸收费公示，在口岸收费现场显著位置和中国（云南）国际贸易单一窗口向社会公开公布收费目录清单，每月对口岸收费清单内容进行全面梳理，做到清单与收费实际相符，清单之外无收费。同时，对重点口岸收费及公示情况进行检查，持续清理整顿口岸收费，对公示格式不规范、内容不全面、表述不准确的限期整改，持续优化口岸营商环境。

**【持续探索“铁路快通”模式，助力通关效率升级】** 磨憨铁路口岸通过积极探索“澜湄快线”+跨境电商、中老铁路+中欧班列、中老铁路+西部陆海新通道等铁路国际运输模式的应用，实施“全国通关一体化”、“铁路快通”、“两步申报”、24小时窗口预约等便民措施，大幅提升通关效率、压缩运输时间。推广运用的“铁路快通”模式，海关可通过对铁路舱单电子数据进行审核、放行、核销，实现对铁路列车所载进出口货物转关运输监管。在该模式下，企业无须另行办理转关手续，海关部门就可以完成对进出口货物转关运输的监管，在内地具备监管场地的铁路车站完成海关查验，火车出境前、入境后无须在口岸停留查验。2022年6月份组织入境的一列装载钾肥的火车采取该模式仅用时1小时33分完成海关放行，不到1小时完成铁路技检、机车挂运，总用时2小时30分即完成列车开车出发。截至2022年年底，磨憨铁路口岸的通关时效在全国已位列前茅，出入境货物通关时间已由运营初期的平均40小时压缩至目前的5小时。

## 口岸监管与服务

**【昆明海关深化改革创新，优化通关监管流程】** 结合边关贸易特点和陆路口岸实际，统筹疫情防控“一口岸一方案”制订通关保障方案，协同推进边境陆路口岸（通道）恢复货运通关。建立健全口岸通关引导员、问题清零、改革问题联系等工作机制，畅通与企业、职能部门间沟通联络渠道，及时处置困难问题和通关堵点。对符合条件的进口鲜花产品、食品实施“附条件提离”便捷模式，推行进口棉花“依企业申请”实施检验、五类矿产品“先放后验”、进口原油集中申报等快速通关举措，将通关作业前推后移，加快口岸货物放行速度。2022年12月，云南省进口、出口整体通关时间分别为5.05小时、0.06小时，分别仅为全国同期平均通关时长的七分之一、十七分之一，较2017年同期分别大幅压缩94.01%、97.17%。

**【昆明海关落实减税降费，降低合规成本】** 严格落实口岸环节降费要求和特定减免税税收政策，协同配合地方政府对重点口岸经营服务性收费开展实地检查，及时查找风险、堵塞漏洞。全力支持云南重点工程项目建设、替代种植农产品返销进口、花卉种子进口、企业技术改造项目建设和科研科教文卫项目的发展，合计减免税款15.27亿元。签发出口原产地证书8.3万份，为出口企业在海外节约税款0.8亿美元；签发RCEP项下优惠原产地证书3 833份，货值1.37亿美元，助力企业享受RCEP成员方税收优惠约0.03亿美元。执行税收改革减征政策，减征进口环节增值税25.41亿元。落实租赁飞机不征进口增值税政策，免征2.48亿元。2022年，共计为企业减免各类税款84.39亿元。

【**昆明海关强化科技赋能，提高口岸通关效能**】 深化国际贸易“单一窗口”功能应用，持续加强与建行合作推广“关银一KEY通”项目，提高线下网点覆盖面，全省代理点增至7家，通过扩大“单一窗口”企业用户认证卡代理网点范围，打通服务基层“最后一公里”，为全省3 600余家外贸企业提供“就近办、多点办、一站办”全新体验，累计有750家外贸企业通过“单一窗口”平台享受到银行提供的金融服务，产生近20亿元的线上国际结算和结售汇业务量，其中50家小微外贸企业获得了近1.12亿元的跨境快贷资金支持。将电子口岸制卡功能链接到云南“单一窗口”网站，扩大线上办理业务覆盖范围，助力企业无纸化开展业务。克服疫情影响，开通“加急办”绿色办理通道主动服务企业，为1 115家企业提供“快递办”服务。协同推动云南智慧口岸规划建设，参与《云南省智慧口岸建设总体方案》编制，协同推进云南边境口岸功能提升3年行动，将口岸海关建设需求融入属地政府智慧口岸规划，推动河口、瑞丽、磨憨智慧口岸建设试点。

【**昆明海关高效利企便民，提升贸易服务环境**】 以云南特色行业龙头企业、专精特新“小巨人”企业为重点，筛选20家重点培育对象，通过信用建设助力企业稳定经营、享受政策红利。发挥技贸措施助企纾困作用，与云南省商务厅开展技贸措施研究评议基地共建，完成关区533家企业国外技贸措施影响调查，建立助企纾困企业库15家。联合地方政府面向93家企业组织关企座谈，为223家企业开展线上守法规范培育，推动企业提升国际化、制度化管理水平。2022年，新增2家AEO认证企业，共有AEO认证企业14家。开展“龙腾行动2022”和“蓝网行动”知识产权海关保护专项行动，严厉打击货运、边民互市和寄递等渠道进出境侵权行为，查扣侵权商品556批次，查获涉嫌侵权商品23.4万件。深化部门协作，向公安机关移送涉嫌侵权犯罪案件线索5起。联合南宁、重庆、成都、贵阳等海关，为800余人次举办在线主题培训。

【**昆明海关助力开放平台建设**】 加大中国（云南）自由贸易试验区海关政策创新和国家政策复制推广力度，自由贸易试验区涉及海关11项试点任务全部完成，国务院复制推广6批改革试点经验及海关61项全部完成复制推广，国发〔2019〕3号文中海关牵头12项政策已有7项落地实施，因地制宜推进改革创新，推动自由贸易试验区创新制度“出境竹木草制品检疫监管新模式”在关区落地实施。落实国家“十四五”口岸发展规划，推动大理机场航空口岸、龙富公路口岸、瑞丽铁路口岸、金水河口岸（扩大开放）前期方案编制规划，完成田蓬公路口岸通过国家级验收。推动“企业集团加工贸易保税监管”“国际航行船舶转港数据复用模式”复制推广。深入云南锡业、农垦集团、闻讯实业、金瑞种业等重点企业调研，解决企业保税维修、保税研发、保税物流等困难诉求，推进综合保税区高质量发展。赴海关总署专题汇报磨憨—磨丁经济合作区政策诉求，印发《昆明海关支持昆明市托管西双版纳州磨憨镇共同建设国际口岸城市的八项措施》，协同地方推进跨合区建设。

【**云南出入境边防检查总站坚持扛牢疫情防控重任**】 坚持“外防输入、内防反弹”总策略和“动态清零”总方针不动摇，全警动员、全力以赴、严防死守，依法履行移民管理机构口岸边境管控职责，认真贯彻落实从严从紧限制性出入境政策，动态调整防控措施，妥善应对老挝磨丁中国籍人员抵边聚集事件和11个口岸边境城市突发疫情，移民管理机构抗疫斗争重要方面军作用进一步凸显。完成3 000余架次涉疫高风险航班入境检查任务，推送涉疫信息9.3万余条，协同做好2.2万名回国自首和8 700名遣返入境人员全流程闭环管理，实现了“少输入、不外溢”的目标。

【**云南出入境边防检查总站高效统筹安全和发展**】 坚决贯彻落实党中央关于“疫情要防住、经济要稳住、发展要安全”部署要求，优化调整边检勤务组织模式和跨境货物入境查验流程，边检服务保障口岸顺畅通关更显贴心和温度。采取预警提示、增设通道、货物分流、预约通关等方式，推动实施重要战略物资、大宗商品、鲜活产品、抗疫和民生物资“零等待”边检服务措施，坚持用好12367移民管理咨询服务平台，全力保障疫情形势下“人员交往不断、经贸往来不停”。2022年，累计开通“绿色通道”1 300次，高效保障1.3万名“五类”人员和1 670万吨货物、1 406万件防疫物资顺畅通关，通关货物价值超历史同期，受理群众通关政策咨询6万次，群众对平台服务满意率达98%。

**【云南出入境边防检查总站勇毅担当主动作为，积极服务地方经济发展】** 一是深度融入国家“一带一路”倡议和云南面向南亚东南亚辐射中心等重大发展战略，找准边检职能定位，服务国家对外开放战略和云南高质量跨越式发展更加坚实有力。加强昆明托管磨憨镇涉移民管理等新型业态政策研究，积极参与云南“智慧口岸”规划、昆明—磨憨陆港型国家物流枢纽建设、3个航空口岸补充报列国家口岸发展2022年度审理计划工作，研提助力沿边开放发展意见建议150余条，推动实现田蓬口岸对外开放顺利通过国家验收、金水河口岸实现扩大开放、22个边民通道检查室抵边设置，全力保障中老铁路顺畅运营，在服务促推云南高质量跨越式发展中积极贡献边检新力量。二是坚持高位统筹，主动对接国家和云南重大发展战略，加强边检机关服务“四区”（自由贸易试验区、跨境边境经济合作区、边境经济合作区、开发开放试验区）建设，推动口岸现代化建设，助推云南高水平开放，助力构建云南开放格局。积极参与云南高质量跨越式发展建设畅想规划。加快推进口岸科技设施设备智慧化建设，着力推动河口、磨憨、瑞丽（畹町）等重点口岸基础设施建设和口岸功能提升，实现口岸通关更加便捷高效。同时，推广探索“智慧口岸”建设经验，找准“智慧口岸”目标定位，转变建设理念，逐步形成一套有效的“智慧口岸”标准体系，积极推进建设“智慧口岸”大数据分析与预警系统和分级管理中枢系统，促推口岸管理运行数字化建设。

**【云南出入境边防检查总站探索构建查缉管控模式】** 树牢“管理优先”工作理念，口岸（通道）违法违规发生率同比大幅下降，捍卫国家政治安全和完成重大活动安保任务交出新答卷。旗帜鲜明树牢“管理优先”工作理念，强化风险意识和斗争意识，探索构建“边检+边管”“边检+出入境”查缉模式，圆满完成3批柬埔寨集中遣返中国公民接收工作，核查重点国家地区人员信息1.01万条，排查发现多重国籍人员4 800余人、重点地区出境长期未归人员1 600余人、拟赴澳门参赌嫌疑人员223人，推送跨境违法犯罪嫌疑线索3.2万条实施落地管控；依法拦截劝返疑出境从事跨境违法犯罪人员1 300余人，规范报列不准入境人员1 500余人、重点关注人员7.9万人，在维护国家政治安全和完成重大安保活动中展现边检担当。

## 开放口岸

**【昆明空运口岸（昆明长水国际机场）】** 昆明长水国际机场位于云南省昆明市官渡区，距市中心直线距离约24.5千米，为4F级国际机场。昆明机场于1955年经国务院批准对外开放，原址为昆明巫家坝机场，坐落在昆明主城以南的巫家坝；2012年6月28日，巫家坝机场退出历史舞台，转场至新建成的昆明长水国际机场继续运营。昆明长水机场国际旅客吞吐量居西南地区第2位，国际航线开通数量位居全国第7位，是我国面向东南亚、南亚和连接欧亚的国家门户枢纽机场，也是全国继北京首都国际机场、上海浦东国际机场、广州白云国际机场之后第4家实现双跑道独立运营模式的机场。在航线布局方面，昆明长水国际机场已初步形成以昆明为中心，覆盖全国大部及东南亚、南亚主要国家地区城市（除不丹及巴基斯坦）的航线网络结构，提升了昆明作为面向东南亚、南亚辐射中心的国家门户枢纽作用。

2022年，昆明机场口岸保障飞机运输起降19.3万架次、旅客吞吐量2 123.8万人次、货邮吞吐量

31万吨，同比分别下降30.8%、34%、17.8%。

**【西双版纳空运口岸（西双版纳嘎洒国际机场）】** 西双版纳嘎洒国际机场位于云南省西双版纳州府景洪市，距离市中心约5.6千米，为4D级民用国际机场，于1990年4月建成通航。西双版纳空运口岸属国际性航空口岸，于1995年12月3日经国务院批准为对外国籍飞机开放，1996年12月10日通过国家验收，1997年1月1日正式对外开放。机场设计旅客年吞吐量350万人次、货物年吞吐量1.09万吨，飞行区指标为4D，可满足B767、A300系列类型飞机，配有I类灯仪表着陆系统及夜航灯光设备。机场已开通国内外航线61条，通航56个城市，共有老挝琅勃拉邦，泰国清迈、清莱，柬埔寨暹粒、西哈努克港5条国际航线。随着西双版纳州社会经济的不断发展，航空业务量的不断增长，机场进行了3次扩建，西双版纳国际机场已成为国内重要的干线机场和连通东南亚、南亚的中型枢纽机场。

**【丽江空运口岸（丽江三义国际机场）】** 丽江三义国际机场位于丽江市古城区七河乡，距离市区约28千米，于2012年5月31日正式通航，机场占地面积120万平方米，机场飞行区等级为4D，跑道长度3 000米、宽45米，成南北向，国际候机楼建筑面积5 300平方米，有3座登机廊桥。机场拥有平行滑行道1条、仪表着陆系统、助航灯光等通信导航设备，可保障A300/B767-300同类型及以下的机型起降机场。2011年11月11日，国务院正式批准丽江机场对外开放。2012年2月22日，丽江海关正式挂牌成立；3月15日，丽江出入境边防检查站正式挂牌成立。截至2022年年底，机场已开通中国香港和泰国2条航线。

**【芒市空运口岸（德宏芒市机场）】** 德宏芒市机场位于德宏州芒市坝子中部，距芒市约6.6千米。2016年5月17日，国务院正式批准德宏芒市机场对外开放。芒市机场始建于1937年，是著名“驼峰航线”主要起降机场之一。1990年4月10日，经国家民航局批准，芒市机场正式运营通航。通航后，芒市机场于2009年年底完成第一次改扩建，机场等级由3C升格为4C级，机场占地约173.93万平方米，机坪面积5.64万平方米，航站楼总面积达1.3万平方米。随着西部大开发、面向南亚东南亚辐射中心和瑞丽国家重点开发开放试验区建设，机场航班量迅猛发展。为确保德宏芒市机场航班安全，开辟更多航线，更好地为地方经济发展提供服务，芒市机场于2016年5月启动改扩建工程，2018年10月改扩建工程完成，2018年11月德宏芒市机场空运口岸通过国家验收，实现正式开放。

**【瑞丽陆路（公路）口岸】** 瑞丽公路口岸位于云南省西部、德宏傣族景颇族自治州西南，与缅甸木姐口岸相对应，边境线长141.4千米，距云南省省会昆明750千米，距缅甸木姐市4千米、腊戍160千米、缅甸仰光900千米，是中缅铁路通道（昆明—大理—瑞丽—腊戍—曼德勒—印度洋）、中缅公路通道（昆明—瑞丽—仰光）和中缅陆水联运大通道（昆明—瑞丽—八莫港）上的重要口岸。瑞丽口岸还是中国唯一一个实行“境内关外”（入境：货物、车辆可入境不入关。出境：货物、车辆出关不出境）特殊管理的口岸。

瑞丽口岸于1978年经国务院批准对外开放，1985年经德宏州政府批准为边境贸易区。1991年2月，云南省政府批准瑞丽姐告设立边境贸易经济区。1992年6月，国务院批准为沿边开放城市；1993年撤县设市，国务院特区办批准在瑞丽口岸设经济合作区。2000年，经国务院批准按照“境内关外”的方式设立“姐告边境贸易区”；2001年10月26日，经国务院批准瑞丽口岸对第三国人员开放；2010年，国务院将瑞丽批准为瑞丽开发开放试验区。

瑞丽口岸是中缅边境口岸中人员、车辆、货物流量最大的口岸，其东、南与缅甸棒赛、木姐、南坎3个城市相毗邻，东有畹町经济开发区国家对外开放口岸，西有章凤原二类口岸。姐告是起于上海320国道的终点，是昆瑞公路与缅甸的史迪威公路相接点，是云南省实施国际大通道战略的试验区和示范区，是中国大西南沿边开放的主要城市，是通往南亚、东南亚的重要门户。

瑞丽口岸边民互市贸易、边境小额贸易、一般贸易发展迅速，出口商品达 2 000 多种，进口商品达 200 多种，中国商品通过缅甸转口到孟加拉国、泰国、新加坡、印度和中东国家，国外各种商品也源源不断通过瑞丽口岸进入中国内地。

**【畹町陆路（公路）口岸】** 畹町公路口岸位于云南省西部德宏傣族景颇族自治州南部。畹町于 1932 年设镇，1938 年滇缅公路通车，畹町成为驰名中外的军事重镇；1950 年 4 月 29 日和平解放，1952 年年初政务院批准设立县级镇，同年 8 月 17 日政务院批准为新中国首批一类口岸；1985 年 1 月国务院批准设立县级市；1992 年 5 月国务院批准为沿边对外开放城市，1992 年 9 月国务院特区办批准设立 5 平方千米的国家级边境经济合作区；1999 年 1 月区划调整，国务院批准撤销畹町市，并入瑞丽市，设立畹町经济开发区。畹町南与缅甸相邻，西北与瑞丽隔江相望，与缅甸的九谷口岸相对应，两国村寨相望，山水相连，国境线长 28.6 千米。

畹町是中国历史上较早通向东南亚、南亚的主要贸易通道是“南方丝绸之路”的重要驿站。抗日战争时期，滇缅公路通车后，成为当时中国大后方对外联系唯一的国际陆运口岸。1993 年，畹町—九谷新桥建成，畹町口岸的优势得到进一步发挥。从畹町口岸出境，可直达缅甸中部，水、陆、空设施齐全的曼德勒市。由昆明经畹町、曼德勒至仰光和印度的加尔各答运距要比从昆明经广州绕马六甲海峡到仰光和加尔各答分别缩短 4 651 千米和 4 331 千米，是中国大西南通往东南亚、南亚和西亚的捷径。

**【河口陆路（公路）口岸】** 河口公路口岸位于红河哈尼族彝族自治州河口瑶族自治县，与越南老街口岸相对应，国境线长 193 千米。2011 年 7 月，国务院批准河口公路口岸对外开放。河口公路口岸具有“口岸就是县城，县城就是口岸”的天然优势，是滇越铁路、昆河公路、红河航道与越南乃至东南亚地区铁路、公路、航道连接的交通枢纽，距昆明市 469 千米，距越南首都河内 296 千米，距出海口——越南北方最大的海防港 416 千米，是中国西南进入东南亚、南太平洋的便捷通道。在中国—东盟自由贸易区和“昆明—河内—海防”经济走廊的规划中，处于“咽喉”的重要地位，是西南地区与东南亚国家发展对外贸易的窗口，是云南省建立国际大通道中越铁路、中越公路 4 条出境通道上的重要口岸。

**【磨憨陆路（公路）口岸】** 磨憨公路口岸位于云南省西双版纳州勐腊县南端，中国老挝磨憨—磨丁经济合作区内，属国际客货公路运输口岸，是中国与老挝双边协议口岸。磨憨公路口岸是中国—东盟自由贸易区的最佳结合部，也是中国通往东南亚各国重要的昆曼国际大通道出境的起点，泛亚铁路中线也将由磨憨口岸出境，贯穿老挝、泰国，直达新加坡。1992 年 3 月，经国务院批准为国家对外开放口岸，是首批被列为国家沿边开放的地区之一。1993 年 12 月 22 日，中老两国共同宣布正式开通磨憨—磨丁国际口岸。2000 年 6 月，云南省人民政府批准磨憨口岸为边境贸易区，并赋予优惠政策。2004 年 9 月 6 日，国务院批准磨憨口岸开展口岸签证工作，并对第三国人员实行开放。2016 年 3 月 4 日，国务院批准设立中国老挝磨憨—磨丁经济合作区。磨憨口岸是集一般贸易、边境小额贸易、边民互市贸易、过境贸易、境外罂粟替代种植和对外经济技术合作等多种经济形式并存的综合型贸易口岸。进口货物主要有水果、粮食、坚果等农副商品，出口货物主要有水果、蔬菜、花卉、百货、建材、机电产品、金属及制品、化工产品等。

磨憨公路口岸

**【金水河陆路（公路）口岸】** 金水河公路口岸位于红河哈尼族彝族自治州金平苗族自治县城西南38千米金水河镇。金水河口岸于1954年12月17日经中越双方会谈同意正式开放为边民互市口岸，1978年12月关闭。1993年2月25日，经国务院批准设立开放口岸；1993年11月10日，正式对外开放，允许中越双方人员、车辆持有效证照通行。

金水河公路口岸与越南莱州省封土县马鹿塘口岸相对应，东、南、西三面临藤条河、藤条江，距金平县城33千米，距红河州府蒙自市160千米，距越南封土县城18千米，距越南莱州省会莱州市51千米，距越南奠边省奠边府市206千米，距老挝丰沙里省勐迈县270余千米（经越南奠边府市西南行30余千米，通过越南西庄口岸和老挝丰沙里省勐迈县班岗口岸可进入老挝），是国家西南战略安全节点的重要组成部分，是云南省主要对越南开放口岸之一。金水河公路口岸重点开展以进口玉米、木薯、稻谷、茶叶、咖啡为主的对外贸易。

**【天保陆路（公路）口岸】** 天保公路口岸位于云南省文山州麻栗坡县，距麻栗坡县城40千米，与越南河江省清水口岸相对应，口岸距越南河江省省会河江市23千米、首都河内341千米。该口岸于1954年3月1日开通，1960年12月关闭，1963年3月恢复对外开放，1978年再次关闭。1993年2月25日，经国务院批准恢复天保口岸正式对外开放。2011年6月12日，国务院同意天保口岸扩大对外开放，口岸性质为国际公路客货运输口岸。2013年12月，天保口岸扩大对外开放通过国家级验收。

**【腾冲猴桥陆路（公路）口岸】** 腾冲猴桥公路口岸位于腾冲市猴桥镇的槟榔江畔，距腾冲市区65千米，距中缅边界南4号界桩19千米，与缅甸甘拜地口岸相对应。口岸距缅甸北部重镇密支那133千米。1991年8月，经云南省人民政府批准为原二类口岸。2000年4月，经国务院批准为对外开放口岸。2003年1月，正式对外开放。该口岸是历史上“南方丝绸之路”的重要通商口岸，是抗日战争时期史迪威公路（中印公路）的枢纽，是云南省通向南亚的大通道之一。腾冲有经云南省人民政府批复的重点通道3条（滇滩、自治、胆扎通道），还有腾冲—密支那、腾冲—板瓦2条二级国际公路通往缅甸克钦邦。作为云南省五大重点口岸之一，腾冲猴桥公路口岸是中国连接南亚、东南亚的重要门户和节点，是中缅贸易的重要前沿，区位优势独特，随着腾冲公路、航空、铁路三位一体的立体化口岸开放格局的逐步形成，腾冲猴桥公路口岸在中缅两国经贸发展和人员交往中的促进作用日益显现，在对外开放中发挥着越来越重要的窗口和支撑作用。

**【孟定清水河陆路（公路）口岸】** 孟定清水河公路口岸位于耿马傣族佤族自治县孟定镇，与缅甸掸邦第一特区接壤，边境线长47.35千米，与缅甸清水河口岸相对应，距耿马县城83千米，平均海拔510米。该口岸是中国西南地区通往缅甸和东南亚的重要陆路通道。1957年，孟定清水河口岸正式对外开展边境贸易进出口业务；1991年8月，被云南省人民政府批准为原二类口岸；2004年10月，经国务院批复同意对外开放；2007年11月8日，经国家验收正式对外开放，允许中国和缅甸双方人员、车辆持有效证、照、签证或边境通行证通行，并对各种贸易货物开放。得天独厚的地理位置优势、热带的自然风光、古朴文雅的民俗风情、丰富的旅游资源和热带经济作物，使孟定清水河口岸有“黄金口岸”之称。孟定清水河口岸边境贸易辐射面广，公路交通十分便利。从清水河到缅甸重镇户板、滚弄分别为15千米和24千米，到缅北重要商品集散地腊戌161千米，到缅甸仰光1 136.9千米；从盘姑公路到昆明750千米。孟定清水河口岸自建成投入使用以来，一直是国内外经济贸易活动的窗口，对缅甸边境贸易的辐射面主要是第一特区、第二特区、清水市、滚弄镇区、户板镇区、腊戌、佤城、仰光等5省1市10个镇区，经营方式也由易货贸易发展为边境贸易、转口贸易和一般贸易。

**【打洛陆路（公路）口岸】** 打洛公路口岸

位于云南省西双版纳州勐海县西南端打洛镇，属国际客货公路运输口岸，距勐海县城66千米，与缅甸掸邦东部第四特区勐拉县接壤，国境线长36.5千米。由打洛出境经缅甸，可达泰国、越南、马来西亚、新加坡、印度等国家，距缅甸掸邦东部首府景栋86千米，经东枝到仰光1 270千米，到泰缅边界重镇大其力240千米，距泰国清迈550千米，是云南省国际大通道的重要口岸之一。1950年11月，成立海关打洛支关。1956年，打洛口岸正式对外开展边境小额贸易进出口业务。1991年8月10日，经云南省人民政府批准为原二类口岸；1992年，被列为国家首批沿边开放的地区之一。1997年3月25日，中华人民共和国政府和缅甸联邦政府签订《关于中缅边境管理与合作的协定》，中国打洛—缅甸勐拉口岸被列为对第三国人员开放的口岸。2007年11月13日，经国务院批准为对外开放口岸。2018年，打洛口岸联检楼、查验货场、出入境车辆快速通关系统、电子监控综合应用系统、货运专用通道及边民互市场等查验设施已改扩建完成投入使用。2020年1月14日，通过国家验收正式对外开放。

**【勐康陆路（公路）口岸】** 勐康公路口岸位于云南省普洱市江城县，与老挝丰沙里省兰堆口岸相对应，距约乌县城52千米，距省城丰沙里186千米，距首都万象830千米，是云南省通往老挝及通向东南亚最便捷的陆路通道之一。2011年7月24日，国务院批准勐康口岸对外开放，口岸性质为双边公路客货运输口岸。2013年11月12日，勐康口岸通过国家级验收。结合“一城连三国”的特殊区位优势，江城县提出把江城建成云南省对越南、老挝开放的黄金前沿门户，普洱市面向东盟的商贸流通基地，努力构建以江城为中心，辐射老挝、越南边境经济圈的发展战略，加快勐康口岸、龙富通道建设，实现口岸活县。2019年10月7日，国务院批准云南勐康公路口岸扩大开放为国际性口岸。

**【都龙陆路（公路）口岸】** 都龙公路口岸位于马关县都龙镇、中越边境线二段5号界碑老国门处，距马关县城47千米，距越南箐门县城40千米，是马关县通往越南的重要通道。1953年8月25日，中越两国政府在北京签订了《关于开放两国边境小额贸易的议定书》，双方同意开放中国都龙—越南箐门和漫美边境通商口岸，并于1954年3月正式开通；1974年，都龙口岸关闭。中越关系正常后，两国政府于1991年签订临时协定，决定在条件具备时逐步开放21对陆地出入境口岸，中国都龙—越南箐门口岸就是其中之一。2015年1月12日，国务院正式批准都龙口岸开放为国际性常年公路客运货运口岸。2022年12月30日，中越双方交通部门已签署《新增中越国际道路客货运输线路和国际道路运输车辆通行口岸的协议》，将都龙口岸纳入国际道路运输线路新增线路，都龙口岸国际道路运输管理站（临时）已获批。

**【田蓬陆路（公路）口岸】** 田蓬公路口岸于1954年3月1日对外开放，与越南苗旺、同文两县接壤，国境线长60千米。口岸对内距富宁县城80千米、文山州府235千米、昆明680千米，对外距越南同文县24千米、苗旺县35千米、河江省会110千米、河内451千米。通道有公路通往国内外，交通便利。1979年，口岸关闭。1996年9月27日，经云南省人民政府批准对外开放。2016年，被纳入国家“十三五”口岸发展规划。2018年2月13日，国务院批复同意田蓬公路口岸对外开放，性质为双边常年开放公路客货运输口岸。2022年8月24日，田蓬公路口岸通过国家验收。

田蓬公路口岸

**【磨憨陆路（铁路）口岸】** 磨憨铁路口岸位于云南省西双版纳州勐腊县南端，中国老挝磨憨—磨丁经济合作区内，磨憨站位于中老铁路国内段的末端，是中老国际铁路进出中国的第一站。2021 年 4 月 25 日，国务院批复同意云南磨憨铁路口岸对外开放，口岸性质为国际常年开放铁路客货运输口岸。2021 年 11 月，通过国家口岸办联合验收；12 月 3 日，磨憨铁路口岸与中老铁路同步开通。2022 年 11 月 30 日，磨憨铁路口岸水果进境指定监管场地通过海关总署验收并投入使用。磨憨铁路口岸自开通运营以来，持续优化出入境货物运输组织，刚开通时每天交接出入境货物列车仅 1~2 对，现已稳步实现每天交接 5 对及以上出入境货物列车（最高时达到 8 对），具备国际联运年发到 400 万~500 万吨的能力。

磨憨铁路口岸为国际口岸站，占地约 121.47 万平方米，距中国老挝磨憨—磨丁经济合作区约 3.5 千米，距离勐腊县城约 38 千米，距离景洪市约 176 千米。车站前方为老挝境内的磨丁口岸站，距离磨丁口岸站约 13 千米，距离万象约 422 千米。靠城市侧设客车到发场，依次横列布置国际货车到发场、国内货车到发场及调车场，调车场外侧横列布置国际货物列车监管区及货运中心。在万象端纵列布置海关前置拦截及边检联合作业区，站房对侧的磨丁端，设机务折返段 1 处。客场设旅客列车到发线 3 条，预留 2 条，旅客站台 2 座（预留 1 座）；国内货车到发场近期设到发线 3 条，预留 3 条；国际货车到发场近期设到发线 3 条，预留 3 条；调车场设调车线 3 条，预留 2 条；国际货物列车监管区设作业线 3 条。磨憨铁路口岸设有站房 1 座，建筑面积 15 971 平方米，设有国际货物列车监管区 1 处，监管区占地约 20 万平方米，内设贯通式货物作业线 3 条，设货物站台 1 座。口岸查验部门业务用房由查验现场和配套设施业务用房组成。海关建有查验现场业务用房和配套设施业务用房 10 819 平方米，其中检验检疫用房 4 306 平方米。边检建有查验现场业务用房和配套设施业务用房 1 873 平方米，另由地方配套建设边检生产生活设施 5 085 平方米。

中老铁路首列全铁路运输水果冷链车
于 2022 年 12 月 1 日驶入磨憨站

磨憨铁路口岸水果指定监管场地查验区

**【河口陆路（铁路）口岸】** 河口铁路口岸位于云南省东南端，与越南老街省山水相邻，国境线长 193 千米。河口历史上就是中国与越南、东南亚各国进行经济文化交流的门户和咽喉，是“南方丝绸之路”的第二条通道。1895 年，河口被辟为商埠。1910 年，随着滇越铁路的建成通车，云南省进出口物资有 80%以上经河口口岸进出，河口成为中国西南对外商贸的最大集散地。1992 年，河口被国务院批准为沿边开放县；同年 12 月，国务院特区办批准在河口设立 4.02 平方千米的边境经济合作区；1996 年，河口口岸复通，河口迎来了千载难逢的发展机遇，进出口贸易焕发出勃勃生机与活力，带动了河口经济社会事业快速发展。

**【景洪水运（河港）口岸】** 景洪水运口岸属国际客货水运口岸，是澜沧江・湄公河国际航道上重要的港口，辖景洪港区中心码头和勐罕 2

个开放码头，距中老缅三国交界处101千米，距老缅泰三国交界处金三角335千米，距老挝会晒（泰国清孔）402千米，是可辐射3个以上国家的国际性水运口岸。1993年7月24日，经国务院批准为对外开放口岸；2000年4月20日，中、老、缅、泰四国签署《四国商船通航协定》；2001年6月13日，通过国家验收；2001年6月21日，宣布正式对外开放；2001年6月，获批对外国籍船舶开放，港口与老挝、缅甸、泰国多个港口开通了散杂货、集装箱、客运航线。自2018年以来，景洪港基本无人员及货物进出口。2020年6月前，关累港属景洪港开放码头，所有数据均纳入景洪港统计；自6月关累港被批准为对外开放口岸后，关累港数据不再纳入景洪港统计。受疫情影响，根据云南省应对疫情工作领导小组指挥部要求，景洪港暂时关停。

景洪水运口岸

**【思茅水运（河港）口岸】** 思茅水运口岸位于普洱市思茅港镇，距离普洱市区87千米，于1993年7月经国务院批准对外开放，2001年4月1日起正式对外国籍船舶开放。思茅港是澜沧江—湄公河国际航运中国境内的第一港，可达老、缅、泰、柬、越5个国家，是至东南亚地区最便捷的一条黄金水道，是云南乃至大西南通往东南亚的重要通道。港口规模为年货运30万吨、客运10万人次，有大小船只43艘，国际航运船只31艘，载货能力3 000吨，客位449个，查验设施配套齐全。由于修建国家重点项目——小白塔电站，从2005年1月起暂停航运。

**【关累水运（河港）口岸】** 关累水运口岸，属国际客货水运口岸，是中、老、缅、泰四国政府签署的《澜沧江·湄公河商船通航协定》中开放港口，位于云南省西双版纳州勐腊县西部的澜沧江与湄公河结合部，地处东经101°08′31″、北纬21°40′39″，海拔510米，受孟加拉湾暖流及北部湾暖流的影响，气温较高，雨量充沛，属热带雨林、季雨林气候，具有“长夏无冬”的特点，年均降雨量为1 600毫米，平均气温约26℃。辖区段澜沧江最高水位为502.811米，最低水位484.314米，水位变幅18.497米，枯水期平均河面宽约100米。关累港西与缅甸隔江相望，南与老挝陆地相连，中缅边境线长30.8千米，港口中心区规划面积4平方千米，常住人口3 000人，沿澜沧江上距景洪港84千米，顺江而下距中、老、缅三国界碑20千米，距缅甸梭累码头78千米、“金三角”250千米、泰国清盛府256千米、缅甸大其力市280千米、老挝会晒321千米、琅勃拉邦618千米。关累港对外开放，将充分释放澜沧江·湄公河一江连六国“黄金水道”和关累港的区位优势，有效满足中、缅、老、泰的经贸往来需求，助力国家“一带一路”建设在东南亚实现中路突破。2020年6月28日，国务院批准关累港口岸对外开放。受疫情影响，根据云南省应对疫情工作领导小组指挥部第15号通告要求，关累港于2020年4月停航。2021年，关累港仅有少量巡航人员出入。2022年9月15日，关累港水运口岸恢复货运功能。

关累水运口岸

## 原二类口岸

**【片马陆路（公路）口岸】** 片马公路口岸位于怒江傈僳族自治州泸水市正西 66 千米的片马镇人民政府所在地，地处高黎贡山西麓，属边境陆路通道，与缅甸大田坝口岸相对应，边界线长 64 千米，距泸水县城 96 千米，距缅甸北部城市密支那 224 千米，通道有 3 条公路通向国外，交通十分便利。1991 年 8 月 10 日，云南省人民政府批准片马口岸对外开放，是中缅边界北段 10 号至 47 号界碑 638 千米长的边界线唯一的通道，成为中国滇藏两省、区通往南亚的一个重要通道。片马是中国古西南丝绸之路的重要组成部分，边境贸易源远流长。由于它在中缅边界北段具有独特的区位优势，所以，在第二次世界大战前和第二次世界大战中曾几度被英、日两国侵占，直至 1961 年才回归祖国。

**【盈江陆路（公路）口岸】** 盈江公路口岸位于云南省德宏傣族景颇族自治州西部的盈江县城，与缅甸拉咱口岸相对应，属边境陆路通道，与缅甸克钦邦第二特区接壤，国境线长 214. 6 千米，距缅北八莫 150 千米，距密支那 180 千米，距仰光 1 200 千米，距印度雷多 540 千米。口岸有公路通往国内外，交通十分便利，成为中国西南地区通往缅甸的一个重要通道。1991 年 8 月 10 日，经云南省人民政府批准对外开放，成为国内外经济贸易活动通道，对缅甸边境贸易的辐射面逐步扩大，由原来边境一线的集镇，发展到八莫、密支那、仰光、印度雷多等重镇，形成了以边境贸易、一般贸易、对外经济技术合作和转口贸易等多种贸易相结合、多渠道并举的大经贸新格局。

**【章凤陆路（公路）口岸】** 章凤公路口岸地处德宏傣族景颇族自治州陇川县人民政府所在地章凤正西 4 千米的拉影，与缅甸雷基（洋人街）口岸相对应，距缅甸重镇八莫 80 千米。章凤自古以来就是南方丝绸路上的重点门户之一，于 1991 年 8 月 10 日经云南省人民政府批准对外开放。章凤通道是中缅两国重要陆路通道之一，也是缅甸政府唯一指定进口棉纺织通道。

**【南伞陆路（公路）口岸】** 南伞公路口岸位于云南省临沧市镇康县南伞镇，与缅甸掸邦第一特区接壤，国境线长 47 千米，距缅甸首都内比都 750 千米、第一大城市仰光 1 142 千米、第二大商业城市曼德勒 484 千米、缅北重镇腊戌 197 千米、掸邦果敢自治区老街仅 9 千米，距昆明 784 千米、临沧 232 千米、保山市龙陵县城 238 千米，北上保山，南往普洱，公路四通八达，是通往南亚、西亚的内陆通道之一。1991 年 8 月，经云南省人民政府批准对外开放；1996 年，被列为边境经济开发实验区。2002 年开始把通道建设纳入新县城规划统筹进行建设，逐步改善了基础设施和联检部门办公条件。

**【孟连陆路（公路）口岸】** 孟连公路口岸位于普洱市孟连县西南部，地处南马河与南卡江的汇合处，以南卡江心为界，江东岸为中国，江西岸为缅甸。口岸距云南省会昆明 690 千米，距普洱市 230 千米，距孟连县城 51 千米。通道与缅甸掸邦第二特区政府（佤邦）邦康市隔江相望，自然条件优越，地理位置独特，区位优势明显，从邦康市经丹阳、腊戌、曼得勒达缅甸原首都仰光约 1 300 千米，勐阿是普洱市客、货吞吐量最大的通道，对缅贸易占全市的三分之二以上，是中缅两国交往的通道之一，也是中国通往东南亚各国的陆路通道之一。1991 年，经云南省人民政府批准对外开放。孟连通道具备较为完善的联检查验功能和设施，金融、通信、市政、交通等配套设施齐全，通道人流、物流通关顺序流畅。中缅双边友好往来频繁，边民互市、经贸交流与合作不断深入，孟连县对外贸易得到了迅猛发展。进口货物以木材、矿产品为主，出口货物以建材、百货、成品油、机电产品、生活用品等为主。

**【沧源陆路（公路）口岸】** 沧源公路口岸位于临沧市沧源县，于 1996 年 9 月 27 日云南省人民政府批准对外开放，有芒卡和永和2个出境通道，与缅甸掸邦第二特区接壤，国境线长达147.08千米。芒卡贸易区位于沧源县南腊乡人民政府所在地，中缅边界146号界碑处，距县城110千米，距缅甸佤邦南登特区4.07千米。永和贸易区距县城14千米，距缅甸佤邦绍帕区3千米，永和连接着班歪—龙潭—中国西盟，班歪—营盘—邦康—大其力或瓦城，班歪—勐冒—腊戌等境外公路干线，是云南省通往缅甸的通道之一。两个贸易区都有公路通往国内外，交通十分便利，是中国西南地区通往东南亚的一个重要通道。

## 2022年云南省口岸大事记

1月6日

云南省委常委、省委政法委书记杨亚林到腾冲猴桥口岸调研疫情防控工作，并亲切看望慰问边境一线执勤人员。

1月25日—27日

云南省委书记王宁、省长王予波、省委副书记石玉钢等领导带队组成的春节慰问团，分赴德宏、文山、怒江、西双版纳、普洱、红河等边境州市看望慰问奋战疫情防控一线的执勤人员。

2月1日、4日

云南省委副书记、省长王予波先后到西双版纳州和临沧市，看望慰问边境一线值守人员并调研边境管控、疫情防控等工作。

2月19日

云南省副省长、省公安厅党委书记、厅长任军号带队到河口边境检查指导疫情防控工作，看望慰问一线执勤民警。

3月9日

云南省委常委、省委政法委书记杨亚林一行到勐阿通道、阿里通道调研指导工作。

3月15日

云南省委副书记、省长王予波率队到德宏边境督导检查疫情防控工作，看望慰问一线值守人员。

3月16日

国务院联防联控工作组组长张国新一行在云南省李玛琳副省长和州、县领导陪同下到河口站坝洒通道、金水河口岸调研指导边境管控和疫情防控工作。

4月12日

云南省委副书记石玉钢一行到勐康出入境边防检查站大黑山分站调研指导疫情防控、边境管控和禁毒工作。

6月28日

云南省委书记王宁到红河州河口县坝洒边境一线调研指导工作并看望慰问河口出入境边防检查站民辅警。

7月7日

全国人民代表大会外事委员会副主任委员赵宗岐一行到畹町口岸视察指导工作。

7月7日

国务院联防联控机制综合组云南工作组到猴桥口岸调研疫情防控及跨境货物运输工作。

8月9日

云南省委常委、省委政法委书记杨亚林带工作组深入沧源县永和口岸调研督导口岸通关工作。

8月11日

云南省副省长张治礼一行到清水河口岸调研。

8月24日

国家口岸管理办公室副主任党晓红率国家验收工作组一行对田蓬口岸对外开放开展验收工作。

9月16日

中国驻缅大使陈海一行到清水河口岸调研。

10月12日

云南省人民政府副省长李玛琳在普洱市副市长胡剑荣等领导陪同下到勐康口岸调研。

10月23日

云南省人民政府副省长李玛琳陪同国务院疫情防控专家组到瑞丽出入境边防检查站银井通道

调研指导工作。

10月27日

云南省委常委、省人民政府常务副省长刘非一行到瑞丽口岸、银井通道督导疫情防控工作。

11月9日

云南省委常委、省委政法委书记杨亚林同志率工作组到勐康口岸、龙富通道调研指导工作。

（撰稿人：胡嘉麟、浦同益、付缘军）

# 2022 年云南省口岸流量统计表

| 口岸类型 | 口岸名称 | 货运量（吨） | | | | 出入境人员（人次） | | | | 交通工具（辆、艘、架、列次） | | | |
|---|---|---|---|---|---|---|---|---|---|---|---|---|---|
| | | 出口 | 进口 | 合计 | 同比（%） | 出境 | 入境 | 合计 | 同比（%） | 出境 | 入境 | 合计 | 同比（%） |
| 空运口岸 | 昆明机场 | 50 330 | 28 675 | 79 005 | 36.89 | 65 079 | 85 649 | 150 728 | 47.73 | 3 376 | 3 419 | 6 795 | 15.42 |
| | 丽江机场 | 1 019 | — | 1 019 | 702.36 | 0 | 0 | 0 | -100.00 | 0 | 1 | 1 | -50.00 |
| | 版纳机场 | — | — | — | — | — | — | — | — | — | — | — | — |
| | 芒市机场 | 890 | 158 993 | 159 883 | -9.02 | — | — | — | — | — | — | — | — |
| | 分计 | 52 239 | 187 668 | 239 907 | 2.71 | 65 079 | 85 649 | 150 728 | 47.65 | 3 376 | 3 420 | 6 796 | 15.40 |
| 陆路口岸 公路口岸 | 瑞丽 | 32 938 | 19 468 | 52 406 | -92.43 | 9 253 | 811 | 10 064 | -84.89 | 2 600 | 98 | 2 698 | -94.35 |
| | 河口公路 | 1 239 666 | 356 564 | 1 596 230 | -49.17 | 69 651 | 68 887 | 138 538 | -58.94 | 65 545 | 64 245 | 129 790 | -59.66 |
| | 磨憨 | 1 048 727 | 2 033 589 | 3 082 316 | -12.49 | 106 852 | 124 409 | 231 261 | -23.47 | 78 479 | 77 743 | 156 222 | -21.99 |
| | 畹町 | 407 877 | 532 509 | 940 386 | 125.94 | 33 370 | 33 368 | 66 738 | -26.80 | 21 346 | 26 433 | 47 779 | -37.23 |
| | 腾冲猴桥 | 580 628 | 1 353 720 | 1 934 348 | 13.15 | 28 535 | 21 996 | 50 531 | 42.74 | 13 345 | 13 262 | 26 607 | -9.82 |
| | 孟定清水河 | 277 949 | 714 383 | 992 332 | 102.74 | 29 595 | 27 045 | 56 640 | -56.56 | 18 047 | 17 533 | 35 580 | -49.69 |
| | 天保 | 67 795 | 52 472 | 120 267 | -56.13 | 7 132 | 6 842 | 13 974 | -71.34 | 4 550 | 4 552 | 9 102 | -75.78 |
| | 打洛 | 245 751 | 109 401 | 355 152 | -24.78 | 28 553 | 32 381 | 60 934 | -52.49 | 23 596 | 23 791 | 47 387 | -36.42 |
| | 金水河 | 30 708 | 609 | 31 317 | 801.73 | 3 156 | 2 953 | 6 109 | -49.74 | 1 752 | 1 742 | 3 494 | -61.84 |
| | 勐康 | 6 287 | 108 552 | 114 839 | 490.07 | 9 402 | 9 131 | 18 533 | -8.03 | 6 412 | 6 276 | 12 688 | -6.77 |
| | 都龙 | — | — | — | — | 46 | 0 | 46 | 228.57 | 0 | 0 | 0 | — |
| | 田蓬 | — | — | — | — | 20 | 0 | 20 | — | 0 | 0 | 0 | — |
| | 分计 | 3 938 326 | 5 281 267 | 9 219 593 | -14.15 | 325 565 | 327 823 | 653 388 | -44.19 | 235 672 | 235 675 | 471 347 | -46.45 |

续表

| 口岸类型 | | 口岸名称 | 货运量（吨） | | | | 出入境人员（人次） | | | | 交通工具（辆、艘、架、列次） | | | |
|---|---|---|---|---|---|---|---|---|---|---|---|---|---|---|
| | | | 出口 | 进口 | 合计 | 同比（%） | 出境 | 入境 | 合计 | 同比（%） | 出境 | 入境 | 合计 | 同比（%） |
| 陆路口岸 | 铁路口岸 | 河口铁路 | 224 842 | 224 743 | 449 585 | -22.77 | 1 221 | 1 227 | 2 448 | -63.45 | 1 329 | 1 839 | 3 168 | 84.19 |
| | | 磨憨铁路 | 44 332 | 1 627 592 | 1 671 924 | — | 3 010 | 3 325 | 6 335 | — | 1 864 | 1 869 | 3 733 | — |
| | | 分计 | 269 174 | 1 852 335 | 2 121 509 | 264.39 | 4 231 | 4 552 | 8 783 | 7.32 | 3 193 | 3 708 | 6 901 | 172.98 |
| 水运口岸 | 河港口岸 | 景洪港 | — | — | — | — | 1 227 | 1 140 | 2 367 | 14.51 | 90 | 74 | 164 | 115.79 |
| | | 思茅港 | — | — | — | — | — | — | — | — | — | — | — | — |
| | | 分计 | 0 | 0 | 0 | — | 1 227 | 1 140 | 2 367 | 14.51 | 90 | 74 | 164 | 115.79 |
| 合计 | | | 4 259 739 | 7 321 270 | 11 581 009 | 0.23 | 396 102 | 419 164 | 815 266 | -36.46 | 242 331 | 242 877 | 485 208 | -45.40 |
| 同比（%） | | | | | | | | | | | | | | |

（云南省商务厅提供）

# 2022 年昆明海关主要数据统计表

| 项　目 | | 2022 年 | 2021 年 | 同比（%） |
|---|---|---|---|---|
| 进出口货运量（万吨） | 合计 | 2 952.4 | 2 913.5 | 1.34 |
| | 进口 | 2 368.2 | 2 274.8 | 4.11 |
| | 出口 | 584.2 | 638.7 | -8.53 |
| 进出口贸易总值（万美元） | 合计 | 3 139 433.5 | 2 782 720.2 | 12.82 |
| | 进口 | 1 915 029.8 | 1 559 047.5 | 22.83 |
| | 其中：江、海运输 | 38 034.9 | 72 848.8 | -47.79 |
| | 铁路运输 | 64 711.6 | 6 432.9 | 905.95 |
| | 汽车运输 | 671 148.1 | 521 138.7 | 28.78 |
| | 航空运输 | 96 328.6 | 77 266.7 | 24.67 |
| | 邮件运输 | 362.4 | 469.5 | -22.81 |
| | 其他运输 | 1 044 444.2 | 880 890.9 | 18.57 |
| | 出口 | 1 224 403.7 | 1 223 672.7 | 0.06 |
| | 其中：江、海运输 | 60 510.6 | 62 507.8 | -3.20 |
| | 铁路运输 | 123 484.4 | 20 694.3 | 496.71 |
| | 汽车运输 | 748 441.9 | 826 944.7 | -9.49 |
| | 航空运输 | 210 525.2 | 161 299.9 | 30.52 |
| | 邮件运输 | 174.6 | 1 016.8 | -82.83 |
| | 其他运输 | 81 267 | 151 209.2 | -46.26 |
| 税收（亿元） | 两税合计 | 141.79 | 84.2 | 68.40 |
| | 关税入库 | 5.08 | 3.82 | 32.98 |
| | 进口环节税入库 | 136.71 | 80.38 | 70.08 |

（昆明海关提供）

## 2022 年云南省口岸出入境主要数据表

| 项　目 | | | 2022 年 | 2021 年 | 同比（%） |
|---|---|---|---|---|---|
| 出入境人员（人次） | 出入境人员总数 | | 1 519 915 | 2 091 929 | -27.34 |
| | 入境人员 | | 780 584 | 1 108 079 | -29.56 |
| | 出境人员 | | 739 331 | 983 850 | -24.85 |
| | 出入境旅客 | | 497 563 | 629 939 | -21.01 |
| | 出入境员工 | | 1 022 352 | 1 461 990 | -30.07 |
| | 中国公民 | 小计 | 1 447 960 | 1 972 414 | -26.59 |
| | | 内地居民（因公） | 26 088 | 16 404 | 59.03 |
| | | 内地居民（因私） | 654 920 | 787 389 | -16.82 |
| | | 港澳居民 | 849 | 71 | 1 095.77 |
| | | 台湾同胞 | 288 | 85 | 238.82 |
| | 外籍人员 | | 71 952 | 119 515 | -39.80 |
| | 从海港出入境人数 | | 2 398 | 1 979 | 21.17 |
| | 从陆港出入境人数 | | 1 364 316 | 1 994 614 | -31.60 |
| | 从空港出入境人数 | | 153 198 | 95 336 | 60.69 |
| 交通运输工具（辆、艘、架、列次） | 总计 | | 984 272 | 1 433 188 | -31.32 |
| | 船舶 | | 170 | 73 | 132.88 |
| | 飞机 | | 6 915 | 5 712 | 21.06 |
| | 火车 | | 5 263 | 1 765 | 198.19 |
| | 机动车辆 | | 971 924 | 1 425 638 | -31.83 |

（云南出入境边防检查总站提供）

# 西藏自治区

# 西藏自治区口岸分布示意图

| 序号 | 类型 | 口岸名称 | 批准开放时间 | 开放状态 |
|---|---|---|---|---|
| 1 | 空运口岸 | 拉萨空运口岸 | 1993.6 | 国际常年 |
| 2 | 公路口岸（4个） | 普兰公路口岸 | 1961 | 国际常年 |
| 3 | | 吉隆公路口岸 | 1961 | 国际常年 |
| 4 | | 樟木公路口岸 | 1961 | 国际常年 |
| 5 | | 里孜公路口岸 | 2019.11 | 双边常年 |

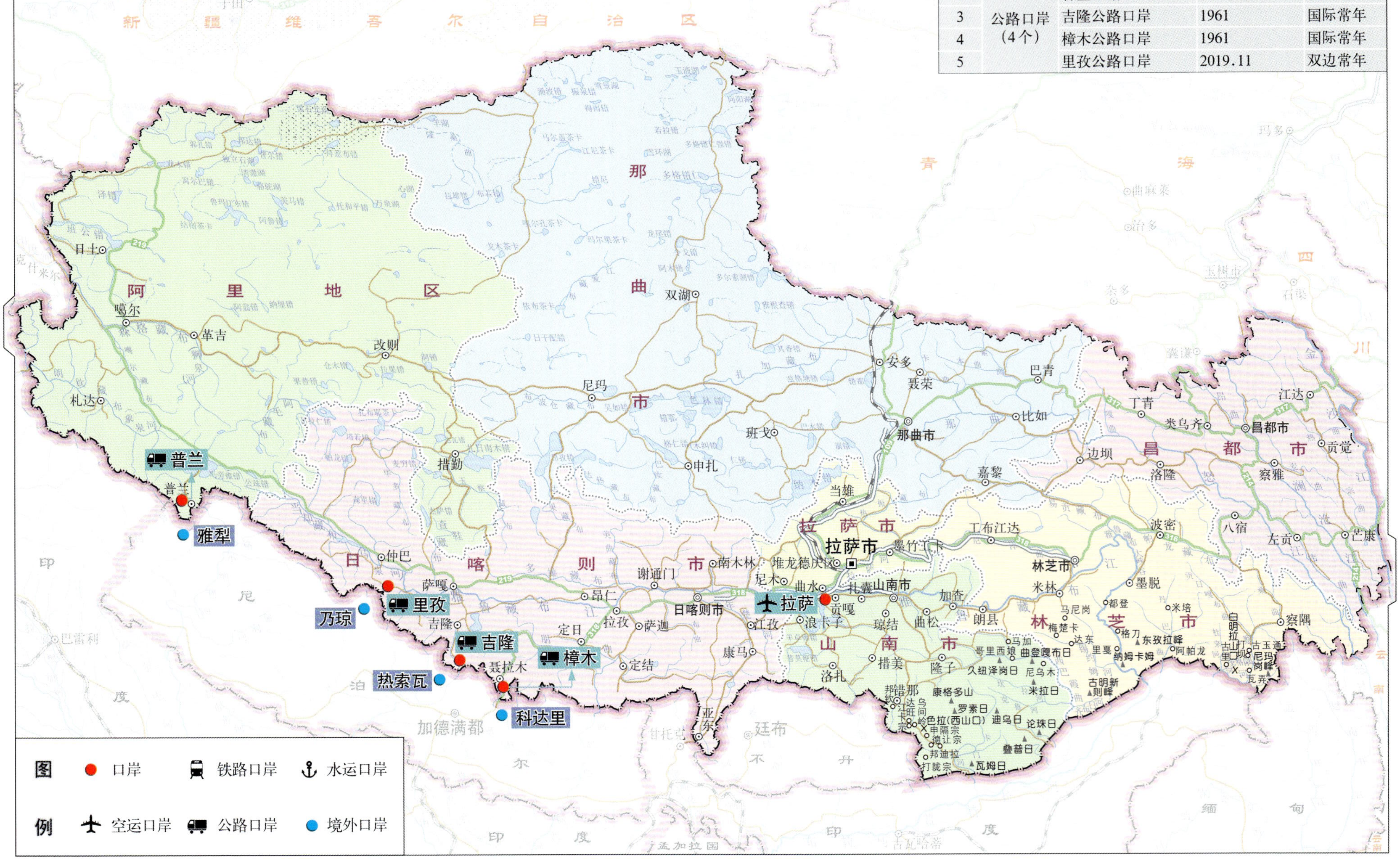

## 口岸数量及分布

截至2022年年底，西藏自治区有经国务院批准的对外开放口岸5个。其中，空运口岸1个，即拉萨空运口岸（拉萨贡嘎机场）；陆路（公路）口岸4个，分别为樟木、吉隆、普兰、里孜公路口岸，均为中尼（泊尔）边境口岸。

## 口岸运行数据

2022年1月至12月25日，西藏自治区口岸按照新冠疫情防控要求，实施“客停货通”政策，仅樟木、吉隆口岸开通对尼泊尔单向出口货物的情况下，采取“甩挂”“倒装”不同通关模式，提升通关能力。2022年，全区口岸对尼出口货物9.73万吨，同比增长5%；出口货值28.06亿元，同比下降1.3%；出境车辆5 850辆次，同比增长9.6%。其中，樟木口岸出口货物4.96万吨，货值9.3亿元，出境车辆2 786辆次；吉隆口岸出口货物4.77万吨，货值18.76亿元，出境车辆3 064辆次。

## 口岸综合管理

**【口岸开放建设】** 随着国家疫情防控政策的调整优化，根据国家关于稳妥有序恢复边境口岸客货功能的总体部署，2022年12月26日，普兰口岸恢复对尼货物单向出口，当日对尼出口货物69.02吨、货值216.18万元。2022年12月28日，吉隆口岸正式恢复双向贸易，当日进口货物38.7吨、货值82.58万元，出口货物135.8吨、货值412.3万元。

**【口岸基础及配套设施建设】** 印发实施《西藏自治区“十四五”口岸发展规划》，明确了以吉隆口岸为核心，以边境口岸带为主体，以拉萨航空口岸和拉萨综合保税区、阿里机场口岸为辅助的“一核一带两翼”口岸发展思路。2022年，支持新建项目5个，总投资2.87亿元，主要用于日喀则里孜口岸大型查验设备采购及附属设施、日喀则市出口货物查验场、樟木口岸封闭设施及配套设施、吉隆口岸二线区域封闭设施建设项目、吉隆口岸国门联检备勤用房二期建设项目建设。

**【“单一窗口”建设】** 大力推广国际贸易“单一窗口”，不断减少企业申报时间成本，提高企业申报效率，提升便利化水平。截至2022年年底，西藏“单一窗口”货物申报45 199票；舱单申报71 369票（其中水运0票、空运0票、公路71 369票）；运输工具申报3票（其中水运0票、空运0票、公路3票）；原产地证申领32票；许可证件申领254票；企业资质办理3 535票；税费支付8 122票；加工贸易56票；展览品0票；物品通关26票。

**【提升口岸通关效率】** 一是破解口岸通关瓶颈。对影响樟木口岸通关的扎美拉山崩塌、泥石流灾害进行了全面细致的勘查，制订了聂拉木县樟木口岸扎美拉山崩塌、泥石流灾害防治相关方案，积极协调自治区自然资源厅进行扎美拉山自然灾害治理。二是与尼沟通对接更加顺畅。对口岸运行中遇到的困难和问题，积极与尼泊尔驻拉萨总领馆进行沟通对接，并充分利用地方会晤机制等，多层次加强与尼方的沟通协调，进一步提升口岸尼方一侧装卸转运效率。三是顺利完成滞留物资通关。西藏自治区高度重视尼方在华采购物资滞留边境地区问题，自治区党政主要领导多次做出重要指示批示，召开专题会进行研究部署，通过采取“三班倒”作业、24小时通关，协调大型吊车用于尼方倒装场地装卸超重工程物资，督促尼方及时支付滞留物资货款等措施，樟木、吉隆口岸滞留的120车物资分别于9月19日和25日全部完成通关。四是克服困难保持口岸常态化通关。根据口岸通关情况，与外贸企业、物流公司、报关企业及尼泊尔驻拉萨总领事馆多次进行沟通，指导口岸按照“即到即出”“即报即过”原则，及时组织出口货物通关。

## 口岸监管与服务

**【拉萨海关多举措支持地方外经贸发展】** 2022 年，拉萨海关全力促进西藏外贸保稳提质。助推尼泊尔青贮饲料输华安全卫生条件议定书完成签署，推进尼泊尔输华中药材准入进程，推动海关总署启动 16 种药材准入程序。实施促进外贸保稳提质 12 项措施，对接支持拉萨综合保税区封关运作、拉萨市国家跨境电商综合试验区、里孜口岸开放、吉隆边合区建设等工作。支持吉隆口岸开展边民互市贸易进口商品落地加工试点。签发西藏首份 RCEP 原产地证明书。为西藏“水茶乳蜜菌”和“地球第三极”等特色产品提供实验室检测服务 1 500 余批次。3 项地方标准批复立项。参与的藏香国家标准通过审查。推广“提前申报”“两步申报”“担保放行”等通关便利化措施叠加应用，关区进出口整体通关时间均优于全国平均水平。压缩审批、审核事项办理时限，减免税业务审核期限压缩至 3 个工作日内。服务保障拉萨综合保税区国家验收、封关运作。2022 年，西藏自治区外贸进出口总值 46.01 亿元，同比增长 14.6%；对共建“一带一路”国家和地区外贸进出口值 23.79 亿元，同比增长 20%。累计监管验放进出境车辆 6 060 辆次，监管进出口货物 104.41 吨，总值 34.72 亿元，监管对尼出口货物货值 27.5 亿元，监管保障援尼物资 3 批。

**【拉萨海关强化监管，守卫国门安全】** 拉萨海关慎始如终，严防死守，坚持“人、物、环境”同防、多病同防，守住了西藏“口岸零输入、内部零感染”，得到了国务院联防联控机制督察组充分肯定；主动承担社会责任，海关实验室累计核酸检测地方样本近 16 万人份，58 名海关志愿者下沉社区一线开展志愿服务，以实际行动彰显人民海关本色；樟木、吉隆口岸分别采取“甩挂”、倒装模式，确保了对尼单向货物出口安全顺畅。全力支持提升口岸过货能力，保障普兰口岸于 2022 年 12 月 26 日恢复单向货通，吉隆口岸于 12 月 28 日恢复双向货通。吉隆、聂拉木海关采取“7+7+7”昼夜监管作业模式，确保了 1.03 亿元尼方因疫情滞留货物提前通关，得到了中央领导以及海关总署、自治区领导的高度肯定；查获政治违禁品 585 件。强化“一会两机制”，深化风险防控协同，查处出口危险货物伪瞒报案件 2 起，案值 10.4 万元。深化知识产权海关保护，查获涉嫌侵权货物货值 54.7 万元；全国反走私综合治理调查研究中心西藏工作站挂牌运行。巩固打击“洋垃圾”、象牙等濒危物种及其制品走私成效，查获疑似象牙制品 147 克。破获“721 案件”查获黄金 7 千克，案值 300 余万元。

**【西藏出入境边防检查总站强化疫情防控，服务口岸通关】** 为服务国家外交大局，服务西藏自治区长治久安和高质量发展，西藏出入境边防检查总站认真研究论证对尼单向货物出口工作中存在的风险隐患，及时制定整改措施，一线执勤人员按照最高标准穿戴防护装具，确保勤务全程“零接触”，坚决防范境外疫情输入，营造安全高效的通关环境。2022 年共检查单向货物出口作业人员 1.8 万余人次，作业车辆 1 万余辆次，同比分别增长 55%、30%。积极配合驻地党委政府，完成尼方滞留吉隆、樟木口岸货物出境查验监管，充分保障尼德赛节价值约 2 亿元滞留物资通关，得到了外交部的充分肯定。

**【西藏出入境边防检查总站创新通关监管模式】** 西藏出入境边防检查总站首次建成集数据研判、动态感知、热点分析、教学培训于一体的亚东数据分析研判中心，举办 2 期数据核查研判业务培训。依托出入境综数平台、公安云搜、警综平台，多维度、多频次开展涉疫、涉宗、涉稳风险研判 20 余次，累计核查信息数据 5 万余条，形成数据核查简报快报 17 期，情况报告 12 份。全区 45 名民警通过公安大学警务数据分析初、中级培训。数据分析研判成果创历史新高、数据分析研判人才队伍得到有效充实。充实与成都、昆明、乌鲁木齐出入境边防检查站等的警务合作项目，加大与尼方涉边部门在涉藏风险、口岸维稳、跨境违法犯罪等方面的联勤联动、热线联络、视频会商，筑牢“聚点成线、拉网成片”的口岸及两翼管控铜墙铁壁。2022 年，与友邻单位、部门开展联勤联动演练 40 余次、信息会商 200 余次，口岸拦截劝返抵边可疑人员 37 起 73 人，得到了国家移民管理局有关领导的高度重视和专门批示。

**【西藏出入境边防检查总站提高口岸规范化管理】** 西藏出入境边防检查总站围绕口岸发展机遇，强化顶层设计，积极推动亚东乃堆拉边贸通道限定区域划定，积极协调地方党委政府加大口岸限定区域投入力度，争取日喀则市政府专项资金用于樟木口岸限定区域封闭设施及配套设施建设，争取吉隆县政府专项资金建成吉隆口岸限定区域二期项目和沿河一侧隔离网，争取普兰县政府专项资金用于 9 号至 10 号界桩监控布建，完成乃堆拉边贸通道限定区域技防设施设计申报。组建派遣里孜口岸基建小组前往仲巴县实地办公，协调推动落实里孜边防检查站机关项目建设和口岸基础设施建设，完成了里孜口岸代码设置、4 对验讫章配发和边检执法执勤装备资金落实，有效助力里孜口岸开放。指导普兰出入境边防检查站针对阿里昆莎机场航站区改扩建项目中边防检查执勤场地、用房、设施，提出 16 条意见建议，确保昆莎机场临开满足边防检查工作需求。全程跟进拉萨贡嘎机场 T1/T2 航站楼综合改扩建工程项目，受邀参加改扩建项目相关会议 10 余次，专门派员前往北京大兴国际机场、成都天府国际机场参观学习，充分借鉴智慧边检查验建设方案。指导拉萨出入境边防检查站项目建设专班研究绘制 T1/T2 航站楼综合改扩建项目边检功能用房布局设计初稿，同步争取民航资金支持，用于边检设施设备和查验信息系统建设，确保了拉萨贡嘎机场国际厅符合法定标准和实际需求。

## 开放口岸

**【拉萨空运口岸（拉萨贡嘎机场）】** 拉萨贡嘎机场位于西藏自治区山南市贡嘎县甲竹林镇，距西藏自治区首府拉萨市 60 千米，是西藏自治区唯一对外开放的机场。拉萨航空口岸以人员出入境为主。2022 年，因拉萨贡嘎机场 T1/T2 航站楼改扩建原因，无口岸运行数据。

**【樟木陆路（公路）口岸】** 樟木公路口岸位于西藏自治区日喀则市聂拉木县樟木镇，与尼泊尔科达里口岸相对，距日喀则市 470 千米，距拉萨市 780 千米。

2022 年，樟木公路口岸出口货物 4.96 万吨，货值 9.3 亿元，出境车辆 2 786 辆次。

**【吉隆陆路（公路）口岸】** 吉隆公路口岸位于西藏自治区日喀则市吉隆县吉隆镇，距日喀则市 560 千米，距拉萨市 830 千米。吉隆口岸自古就有商道、官道、战道之称，历史上曾是西藏与尼泊尔最大的陆路通商口岸之一，是中尼双方政治、经济、文化交流的主要通道，也是中尼间的传统边贸市场。2015 年，国务院正式批准吉隆口岸扩大开放；2017 年，通过验收并正式启用。经过多年建设，吉隆口岸功能日趋完备。

2022 年，吉隆公路口岸出口货物 4.77 万吨，货值 18.76 亿元，出境车辆 3 064 辆次。

**【普兰陆路（公路）口岸】** 普兰公路口岸位于西藏自治区阿里地区普兰县普兰镇，县域西南与印度毗邻，南与尼泊尔接壤，普兰口岸与尼泊尔和印度两国接壤，对尼为正式开放的国际性口岸，对印为印度官方香客朝圣和边民互市贸易通道。2022 年 12 月 26 日，普兰口岸正式恢复对尼单向出口，首批出口货物主要为日用百货、工程设备、农副产品等，货重 69.02 吨，货值 216.18 万元。

**【里孜陆路（公路）口岸】** 里孜公路口岸位于西藏自治区日喀则市仲巴县，根据《国务院关于同意西藏里孜公路口岸对外开放的批复》（国函〔2019〕123 号）精神，2019 年 11 月 30 日国务院批复里孜口岸为双边常年开放公路客运运输口岸。2022 年，投入中央预算内国家口岸查验设施资金用于日喀则里孜口岸大型查验设备采购及附属设施建设。2022 年，因疫情原因，未能申请里孜口岸国家验收，无口岸运行数据。

## 2022年西藏自治区口岸大事记

3月21日

西藏自治区副主席坚参率工作组深入樟木口岸督导检查口岸管控和疫情防控工作。

5月8日

西藏自治区党委常委、政法委书记刘江一行工作组深入樟木口岸指导调研边境管控和疫情防控工作。

5月18日

西藏自治区党委副书记、自治区主席严金海同志一行工作组到樟木口岸调研疫情防控和边境管控工作，并看望慰问基层一线执勤民警。

5月19日—22日

西藏自治区党委王君正书记一行工作组在西藏出入境边防检查总站政委王常宝陪同下在普兰口岸进行调研。

6月22日

西藏自治区党委副书记、自治区常务副主席陈永奇一行工作组到樟木口岸调研疫情防控和边境管控工作，并看望慰问基层一线执勤民警。

6月25日

西藏自治区副主席孟晓林莅临吉隆口岸检查指导工作。

8月5日

公安部第四督察组蒋明祥一行莅临吉隆出入境边防检查站指导工作。

9月13日

西藏自治区主席严金海一行赴吉隆口岸检查指导疫情防控工作。

12月26日起

普兰口岸恢复货物单向出口贸易。

12月28日

吉隆口岸举行恢复双向贸易启动仪式。

（撰稿人：尼旺、次德吉、赵雪芹）

## 2022 年西藏自治区口岸流量统计表

| 口岸类型 | | 口岸名称 | 货运量（万吨） | | | | 集装箱量（万标箱） | | | | 人员（人次） | | | | 交通工具（辆、艘、架、列次） | | | |
|---|---|---|---|---|---|---|---|---|---|---|---|---|---|---|---|---|---|---|
| | | | 出口 | 进口 | 合计 | 同比（%） | 出口 | 进口 | 合计 | 同比（%） | 出境 | 入境 | 合计 | 同比（%） | 出境 | 入境 | 合计 | 同比（%） |
| 空运口岸 | | 拉萨 | 0 | 0 | 0 | | 0 | 0 | 0 | | 0 | 0 | 0 | | 0 | 0 | 0 | |
| | | 分计 | 0 | 0 | 0 | | 0 | 0 | 0 | | 0 | 0 | 0 | | 0 | 0 | 0 | |
| 陆路口岸 | 公路口岸 | 吉隆 | 4.77 | 0.003 | 4.773 | 10.2 | | | | | 6 108 | 6 079 | 12 187 | 646 | 3 038 | 3 028 | 6 066 | |
| | | 樟木 | 4.96 | 0 | 4.96 | 0.4 | | | | | 3 972 | 3 972 | 7 944 | 945 | 3 249 | 3 247 | 6 496 | 878 |
| | | 普兰 | 0.006 | 0 | 0.006 | 100 | | | | | 22 | 0 | 22 | | 0 | 0 | 0 | |
| | | 里孜 | 0 | 0 | 0 | | | | | | 0 | 0 | 0 | | 0 | 0 | 0 | |
| 合计 | | | 9.736 | 0.003 | 9.739 | 5 | | | | | 10 102 | 10 051 | 20 153 | 742.16 | 6 287 | 6 275 | 12 562 | 1 791.87 |
| 同比（%） | | | 4.83 | | | | | | | | 734.19 | 750.34 | | | | | | |

（西藏自治区口岸办提供）

# 2022年拉萨海关主要数据统计表

| 项　目 | | 2022年 | 2021年 | 同比（%） |
|---|---|---|---|---|
| 进出口货运量（万吨） | 合计 | 10.14 | 9.97 | 1.7 |
| | 进口 | 0.33 | 0.38 | -13.8 |
| | 出口 | 9.81 | 9.59 | 2.3 |
| 进出口贸易总值（万元） | 合计 | 460 118.48 | 401 615.89 | 14.6 |
| | 进口 | 29 175.00 | 176 419.95 | -83.5 |
| | 其中：水路运输 | 15 066.26 | 15 154.36 | -0.6 |
| | 铁路运输 | 1 524.34 | 3 600.96 | -57.7 |
| | 公路运输 | 82.58 | 905.57 | -90.9 |
| | 航空运输 | 12 473.40 | 156 717.83 | -92.0 |
| | 邮件运输 | 28.41 | 41.23 | -31.1 |
| | 其他运输 | 0 | 0 | — |
| | 出口 | 430 943.48 | 225 195.94 | 91.4 |
| | 其中：水路运输 | 270 323.89 | 42 317.27 | 538.8 |
| | 铁路运输 | 3 433.01 | 1 149.27 | 198.7 |
| | 公路运输 | 156 430.29 | 179 666.12 | -12.9 |
| | 航空运输 | 516.92 | 1 585.97 | -67.4 |
| | 邮件运输 | 30.44 | 94.28 | -67.7 |
| | 其他运输 | 208.93 | 383.03 | -45.5 |
| 税收（万元） | 两税合计 | 5 767 | 20 427.15 | -71.77 |
| | 关税入库 | 727.51 | 7 280.55 | -90.01 |
| | 进口环节税入库 | 5 039.49 | 13 146.60 | -61.67 |

（拉萨海关提供）

# 2022年西藏自治区口岸出入境主要数据表

| 项　目 | | | 2022年 | 2021年 | 同比（%） |
|---|---|---|---|---|---|
| 出入境人员（人次） | 出入境人员总数 | | 20 153 | 2 393 | 742.16 |
| | 入境人员 | | 10 051 | 1 182 | 750.34 |
| | 出境人员 | | 10 102 | 1 211 | 734.19 |
| | 出入境旅客 | | 22 | 10 | 120.00 |
| | 出入境员工 | | 20 131 | 2 383 | 744.78 |
| | 中国公民 | 小计 | | | |
| | | 内地居民（因公） | | | |
| | | 内地居民（因私） | | | |
| | | 港澳居民 | | | |
| | | 台湾同胞 | | | |
| | 外籍人员 | | 22 | 10 | 120.00 |
| | 从海港出入境人数 | | | | |
| | 从陆港出入境人数 | | | | |
| | 从空港出入境人数 | | | | |
| 交通运输工具（辆、艘、架、列次） | 总计 | | 12 562 | 664 | 1 791.87 |
| | 船舶 | | | | |
| | 飞机 | | | | |
| | 火车 | | | | |
| | 机动车辆 | | 12 562 | 664 | 1 791.87 |

（西藏出入境边防检查总站提供）

# 陕　西　省

| 序号 | 类型 | 口岸名称 | 批准开放时间 | 开放状态 |
| --- | --- | --- | --- | --- |
| 1 | 空运口岸 | 西安空运口岸 | 1983.1 | 国际常年 |

# 陕西省口岸分布示意图

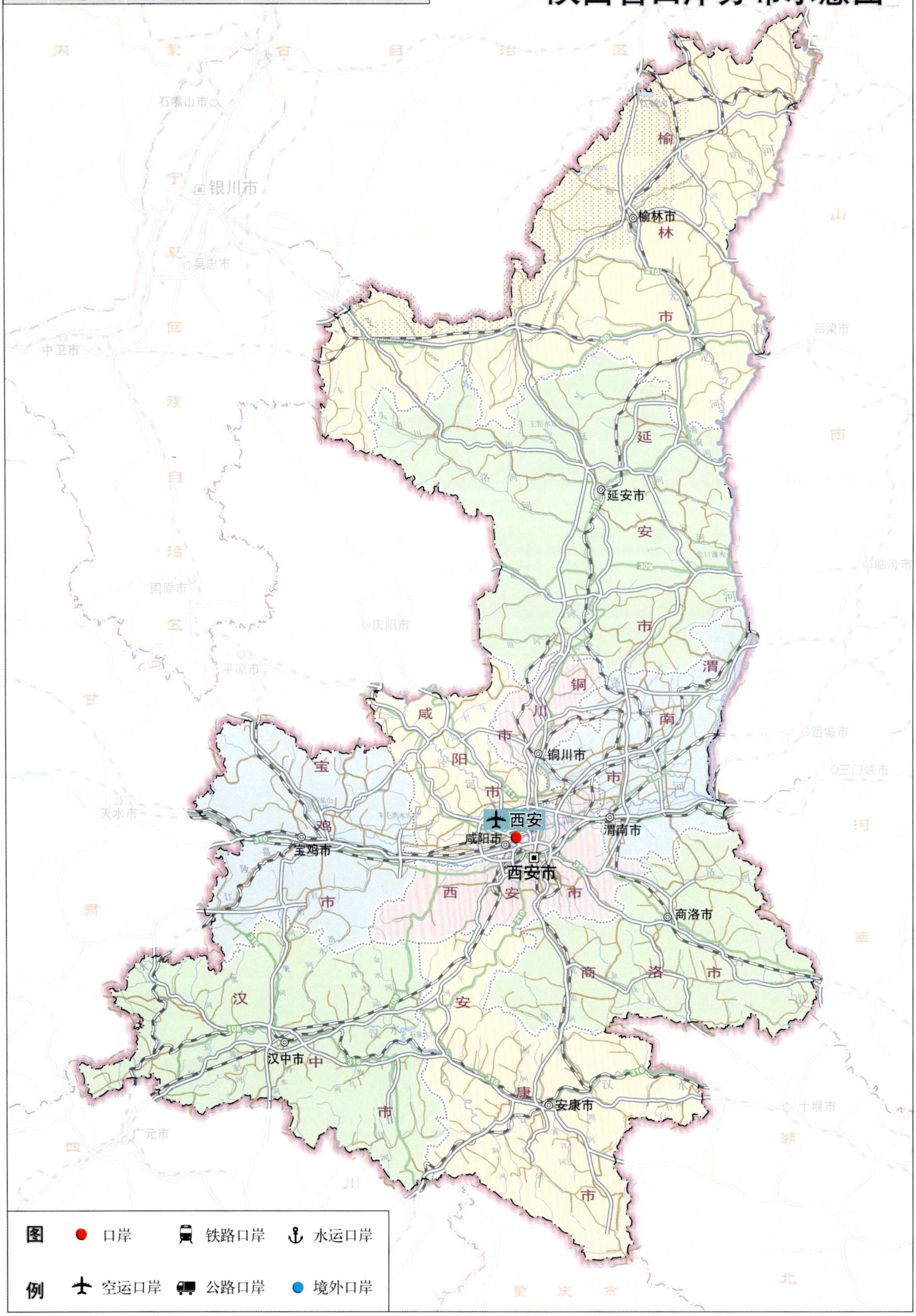

## 口岸数量及分布

截至2022年年底，陕西省有经国务院批准的对外开放口岸1个，即西安空运口岸（西安咸阳国际机场）。

## 口岸运行数据

2022年，西安空运口岸共监管进出口货邮5.6万吨，同比下降25.6%；共验放国际航班0.2万架次，同比下降36.4%；保障旅客4.2万人次，同比下降50.4%；航班、旅客分别恢复至2019年的10.1%和1.4%，货邮较2019年增长10.0%。

2022年，西安陆路（铁路）口岸（临时开放）中欧班列“长安号”共开行4 639列，同比增长20.8%，运送货物总重411.7万吨，同比增长43.3%，重箱率100%。全国首个“陆路启运港退税”试点实施达效，长安号数字金融综合服务平台融资金额共计57.2亿元，跨境人民币结算突破600亿元，海关税收收入30.46亿元，累计超136亿元。

据西安海关数据统计，2022年陕西进出口总值4 835.3亿元人民币，同比增长2%，总值列全国第19位。

## 口岸综合管理

**【有序开展口岸疫情防控工作】** 一是加大口岸疫情防控工作的督导检查力度。多次组织口岸相关单位赴口岸现场和口岸运营单位督导检查口岸疫情防控工作，严格落实防控责任，严格按程序开展查验和消杀工作。二是加强对进口非冷链物品的监管。2022年，陕西省空运口岸完成消杀航空器2 424架次，铁路口岸完成消杀集装箱5 287箱；陕西省口岸环节开展进口高风险非冷链集装箱货物新冠病毒核酸抽样检测10 938个，全部为阴性，开展货物外包装预防性消毒监督2.45万件。三是健全口岸安全联合防控工作制度。会同省级各相关部门单位制订了陕西省进口非冷链物品疫情防控工作方案，进一步规范了全省进口高风险非冷链集装箱货物新冠疫情防控工作。四是加大督导检查力度。协调安排省应对办调研组赴西安国际港务区，就做好中欧班列“长安号”疫情防控工作进行实地调研督导。

**【加速推动航空口岸发展】** 一是加快恢复国际（地区）客运货运业务。在国际疫情依然严峻的形势下，坚守运营了7条国际（地区）客运航线，开拓运营了15条国际（地区）货运航线。2022年，西安咸阳国际机场完成国际（地区）运输起降2 424架次，国际（地区）旅客吞吐量42 036人次，国际（地区）货邮吞吐量5.6万吨。二是加快推动省内支线机场口岸开放工作。6月24日，指导榆林市制定榆林申报开放航空口岸可行性研究报告并通过了专家评审，为下一步榆林空运口岸正式开放奠定了基础。三是加快推进西安咸阳国际机场三期工程口岸项目建设工作。5月，省政府批复：由省商务厅牵头负责机场三期扩建工程口岸项目建设，总投资10.5亿元。6月完成了立项项目可行性研究报告（代项目建议书）。9月，厅领导带领相关单位赴杭州萧山国际机场，考察学习航空口岸项目建设情况。已完成初步设计和概算编制工作并进行报审。四是组织开展航空口岸大通关课题研究工作。2022年年初，委托中国国际工程咨询公司开展陕西省航空口岸大通关课题研究。前期调研和资料收集工作已经完成。五是完成省航空口岸业务楼竣工验收工作。6月17日，由厅领导带队，组织厅内相关处室、项目施工单位、监理单位和咨询单位等工程相关人员，对省航空口岸业务楼进行竣工验收并获通过。

**【加快推进铁路口岸发展】** 一是持续推进中欧班列“长安号”通关便利化工作。2022年，中欧班列“长安号”累计开行4 639列，同比增长20.8%，运送货物总重411.7万吨，其中中欧方向开行3 974列（去程1 971列、回程2 003列），中亚方向开行665列（去程517列、回程

148 列），开行量、重箱率、货运量等核心指标均稳居全国前列。二是持续用好中欧班列“长安号”物流车辆实行“绿色通道”政策。在司乘人员“全程不逗留、司机不离舱，卸货即走、互不交叉”的前提下，保障中欧班列物流车辆顺畅通行。三是持续推进中欧班列（西安）集结中心建设。构建了“襄西欧”“徐西欧”等 18 条“+西欧”集结线路，实现了与长三角、珠三角、京津冀、晋陕豫黄河三角洲等地的互联互通，集结中心作用显著增强。

**【有序推进电子口岸建设】** 一是持续做好陕西“单一窗口”运维工作。陕西“单一窗口”已上线运行标准版所有功能。2022 年，共举办陕西“单一窗口”线上培训班 9 期，培训企业 600 余家。二是完成陕西“单一窗口”航空物流公共信息平台试点建设工作。截至 2022 年年底，航空物流公共信息平台已经上线试运行，累计申报舱单 14.97 万单，汇聚各类物流数据共 34.42 万条。三是上线运行“陕单宝典”、陕西“单一窗口”智能客服平台、金融服务平台（二期）、全景数据展示平台（二期）4 个特色服务功能。

**【加快推进综合保税区建设和发展】** 一是全省综合保税区工作稳步推进。2022 年 5 月 27 日，杨凌综合保税区通过国家正式验收；8 月 24 日，正式封关运作。西安高新综合保税区资源优化整合顺利推进。二是配合完成全省综合保税区发展绩效评估工作。按照海关总署印发的《综合保税区发展绩效评估办法》，对列入发展绩效评估的陕西省 4 个综合保税区的规模效益、开发利用、质量效益、辐射服务、业态创新等进行系统评估，高质量完成了全省综合保税区发展绩效评估工作。三是全力做好陕西省综合保税区的招商引资工作。利用投洽会、杨凌农高会、长三角经济合作活动等平台开展了招商引资和宣传推介活动，吸引外向型产业落户陕西省。四是全省综合保税区进出口额再创新高。2022 年，全省综合保税区实现进出口额 2 940.48 亿元，同比下降 9.2%，占同期全省外贸进出口额的 60.81%。入驻企业 365 家。五是研究制定推进全省综合保税区高水平开放高质量发展的政策措施。

陕西杨凌综合保税区正式封关运作

**【持续优化口岸营商环境】** 一是持续推广陕西“单一窗口”全国口岸收费及服务信息发布系统。多次举办中国（陕西）国际贸易单一窗口全国口岸收费及服务信息发布系统线上培训班，对全省 15 家口岸收费相关企业进行培训，引导口岸收费企业自行在“单一窗口”网站动态更新口岸收费目录清单内容。二是全面实行口岸收费目录清单制度。完善了口岸收费目录清单和动态公开公示制度，提高了公开公示质量，及时查处违规自立收费项目、超标准收费、滥用市场支配地位乱收费等行为，确保清单以外一律不得收费。三是不断提高通关效率。会同口岸各部门单位，研究制定有效措施，巩固压缩进出口整体通关时间工作成效。

## 口岸监管与服务

**【西安海关着力推动陕西深度融入共建“一带一路”大格局】** 2022 年，陕西对共建“一带一路”国家和地区进出口值 1 128.9 亿元，同比增长 41%，占全省进出口总值的 23.3%，提升 6.3 个百分点。积极支持中欧班列（西安）集结中心建设，在全国率先设立铁路散货（出口）集拼中心监管场所，争取全国首个“陆路启运港退税”试点政策落户陕西，保障中欧班列“长安号”在全国率先试行境内外全程时刻表。2022 年，中欧班列“长安号”开行 4 639 列，运送货物总重411.7万吨，核心指标持续领跑全国。积极支持西部陆海新通道建设，保障“西部陆海新通道+中欧班列（西安）集结中心互联互通”班列、陕桂海铁联运班列常态化开行，有力促进与东盟贸易往来。2022年，陕西对东盟进出口660.1亿元，同比增长44.5%。积极支持打造空中丝绸之路，全年监管进出境全货运航班2 018架次、货运量6.4万吨。积极支持打造跨境电商网上丝绸之路，支持跨境电商监管场所扩区运营，助力陕西首家跨境电商网购保税退货中心仓落地陕西西咸空港综合保税区。

**【西安海关着力推动综合保税区、自由贸易试验区建设】** 深化落实国务院21项任务、《中华人民共和国海关综合保税区管理办法》。2022年，陕西省综合保税区进出口值2 940.5亿元，占全省进出口总值的60.8%。推动全国首个农业特色综合保税区陕西杨凌综合保税区（一期）封关运作，全省7个综合保税区全部封关运作，数量列中西部第一、全国第六。大力支持自由贸易试验区创新发展，创新举措“西安航空口岸国际货物24小时机坪‘直装直提’”获评中国（陕西）自由贸易试验区“最佳实践案例”，“企业集团加工贸易保税监管模式”在全省复制推广。

**【西安海关着力帮助企业纾困解难】** 深入贯彻落实海关总署促进外贸保稳提质10项措施，结合陕西外贸发展实际制定“35+N”项细化措施。完善“关长联系企业”机制，推广现场“一站式”办理、通关政策深度解读等经验做法，切实为企业办实事、解难题。深化“放管服”改革，落实企业备案“全国通办”“全程网办”，2022年新增备案企业1 770家，同比增长9.1%。大力宣传落实AEO互认优惠措施，培育企业50家，新增高级认证企业3家。落实RCEP和自贸协定税收优惠政策，加强技贸措施研究和咨询服务，推广原产地证书自助打印，签发RCEP证书853份，签证金额4 883.2万美元。积极推广“减免税快速审核+ERP联网”新模式，减免税款2.4亿元。

**【西安海关着力促进外贸保稳提质】** 持续优化口岸营商环境，推广“关银一KEY通”服务，“单一窗口”主要业务应用率保持100%。2022年12月，关区进口、出口整体通关时间分别为37.91小时、1.66小时，较2017年分别压缩58.13%、74.06%。建立月度外贸形势分析会制度，对陕西外贸运行及未来走势、海关监管重点问题进行深入分析研判，全力服务稳外贸稳外资大局。加强进出口监测预警，主动开展趋势性、动态性、前瞻性专题分析。2022年，陕西进出口总值4 835.3亿元，同比增长2%。

**【西安海关着力保障跨境物流通畅】** 全力保障先进技术、重要设备、关键零部件等进出口，深化真空包装等高新技术货物一体化布控查验模式试点，支持陕西半导体重点项目建设，2022年进出口机电产品货值3 755.2亿元。全力保障优质农产品扩大进口，落实海关支持优质农产品检疫准入措施，指导地方用好粮食等指定监管场地，检疫保障陕西首次进口新西兰种用奶山羊2 032头，2022年进口农产品3.1万吨、货值3亿元。全力保障能源资源产品进口，优化进出口商品检验监管要求和模式，不断降低进口煤炭、原油抽样送检比例，2022年进口能源类商品988.7万吨、货值90亿元，同比分别增长6.1%、38.8%。全力保障陕西优势产品出口，协调保障陕重汽等工程用车出口，支持富平柿饼、大荔冬枣拓展国际市场，助力陕西苹果种苗首次出口非洲，商洛菌棒首次出口，保障活牛供港澳3 284头，占全国供应量的27.5%。

**【陕西出入境边防检查总站践行国门战疫使命】** 始终保持对疫情防控的高度警觉，敏锐感知周边国家疫情暴发、国内疫情多点散发，尤其是属地疫情防控形势，把住守牢陕西外防输入卡口。自2022年1月5日西安口岸国际客运航班停航以来，陕西出入境边防检查总站紧抓停航空窗期，积极配合省、市、机场三级疫情联防联控部门，认真梳理查找疫情防控各环节短板与不足，协调机场相关部门新建边检室外专用洗消区、发热等有症状人员执勤点，组织边检入境执勤办公区搬迁外移，将办公区主要功能用房迁移至机坪。持续优化疫情防控常态化条件下，高风险岗位人员闭环管理和独立作战单元勤务组织模式，刚性落实国家移民管理局“五个一”“四分流”等防护要求，细化完善执法执勤防疫操作规范，指挥中心加强对执勤一线民警“一证一消”、防护装具穿脱规范情况视频督导，把紧关键人员、关键岗位，切实提高安全责任意识和风险防范意识。按照总站应急响应机制，妥善应对 3 次本土疫情散发等突发情况，有效保障勤务运行顺畅。

**【陕西出入境边防检查总站筑牢口岸管控防线】** 始终把防范化解重大风险作为首要政治责任，不断提升应对风险挑战的能力，构筑坚不可摧的安全防线。召开贯彻落实全国边检工作会议精神推进会，全面回顾总结改革转隶以来总站边检工作开展情况，分析面临形势，查找存在问题与不足，对当前和今后一个时期边检工作做出部署，深入开展“大学习、大讨论”活动，确保学习传达全国边检工作会议精神持续有力。研究制订西安口岸党的二十大安保维稳工作方案、总站深入学习贯彻全国边检工作会议精神实施方案，做到责任逐级细化、任务逐级分解、压力逐级传导。制订总站口岸限定区域风险隐患大排查方案，开展执勤差错问题专项整治，建立常态化执勤差错督导检查工作机制，促进勤务质量稳步提升。围绕打击妨害国（边）境管理犯罪“獴猎”行动、“三非”外国人治理、打击治理跨境赌博电诈违法犯罪、夏季治安打击整治“百日行动”等专项行动，及时上报国家移民管理局专项办清理整治涉偷渡有害信息，协助出入境管理局核查专案涉案人员信息、排查案件信息，向公安机关推送涉赌诈线索、“三非”外国人线索，发挥数据分析研判作用，打击工作成效不断提升，时任陕西省副省长、省公安厅厅长徐大彤对总站阶段工作开展情况予以批示肯定。

**【陕西出入境边防检查总站助力陕西对外开放】** 始终树牢以人民为中心的发展思想，坚持“经济发展到哪里，边检服务就跟进到哪里”，为地方经济发展注入“边检动能”。根据《“十四五”移民管理事业发展规划》和《陕西省国民经济和社会发展第十四个五年规划》，精准领会把握规划的深远意义和丰富内涵，结合总站边检工作实际，研究制定内容涵盖服务国家重大发展战略、深化边检“放管服”改革、推进口岸基础设施环境等 20 项具体工作措施。组织航空公司召开边检工作座谈会，进一步密切与联检单位及航空公司协作。围绕保障陕西省产业链、供应链安全稳定，持续实施重要战略物资、抗疫物资、民生物资“零等待”边检查验服务，为陕西经济提速向好发展展现边检作为。与西安咸阳国际机场三期扩建工程指挥部开展多轮次工作座谈，科学编制边检查验设施设备、执法办案场所、旅客查验流程。加强与陕西省政府口岸办、榆林市政府沟通，协助开展榆林机场国际航站楼改造规划设计等工作，助力口岸加速发展。

**【陕西出入境边防检查总站淬炼精湛过硬本领】** 始终坚持实战实用实效导向，狠抓能力素质提升，为边检事业发展注入人才动力。紧贴执法执勤实战化需要，突出业务练兵重点难点，举办警务数据分析师、执法办案岗位骨干、技术运维岗位骨干等 6 类 14 期专题培训，12 名民警取得国家数据分析资格证书，执法执勤能力显著提升。持续推进基础信息平台、边检业务网数据导出系统建设，整合建造统一虚拟化资源平台，减轻总站各类核心业务服务器运载压力，提升信息科技创新能力和边检信息化水平。排查总站及执勤现场各类设施设备、优化防火墙策略，对照网络安全风险隐患排查清单逐一自查，及时查找修复漏洞。高标准推进指挥中心、数据中心、业务培训室建设，聚焦“实战指挥、信息处理、研判预警、应急响应”工作目标，投入 800 余万元进行指挥中心和数据中心改扩建，打造机制更畅、反应更快、预警更准的一体化实战型边检指挥平台。投入 160 余万元进行业务培训室升级改造项目，培训室面积由 140 平方米扩大至 700 余平方米，优化基层民警学习培训环境。

# 开放口岸

**【西安空运口岸（西安咸阳国际机场）】**

西安咸阳国际机场位于西安市西北方向的咸阳市渭城区，距西安市区 25 千米，是中国西北地区最大的空中交通枢纽，也是中国民用航空局规划建设的 8 大国际枢纽机场之一。机场现有 2 条跑道，南飞行区等级为 4F 级，北飞行区等级为 4E 级，可起降空客 380 等大型客机；现有 3 座航站楼，总面积 39.5 万平方米，设有登机廊桥 50 个，安检通道 47 条；2 座货站，货运库房面积共 5.07 万平方米，设有海关监管库、危险品库、贵重物品库、冷冻冷藏库及鲜活库等，可满足多种货物的存储和运输要求。机场保障设施可满足旅客年吞吐量5 000万人次、货邮年吞吐量 40 万吨的保障需求，硬件设施达到国际先进水平。机场三期扩建工程已于 2020 年 7 月 22 日正式开工，建成后可满足旅客年吞吐量 8 300 万人次、货邮年吞吐量 100 万吨的保障需求。国际旅客服务区位于 T3 航站楼，总建筑面积约 2 万平方米，设登机廊桥 7 个，安检通道 6 条，国际航班专用停机位 11 个，可保障波音 747 和空客 340 型飞机停靠。国际货物保障区位于机场南飞行区航空货运区内，包括共 3.1 万平方米的 A02 国际货站区和 A03 国际快件监管中心，9 个货机专用机位，可用于国际货物监管、快件分拨、运输等，设计年保障能力 12.5 万吨。其中，国际快件监管中心拥有环形查验线 300 米，具有专业化、一站式清关监管服务功能，每小时可处理快件 1 800 件，快件处理能力在全国机场处于领先水平。2022 年，机场运营东京、首尔、布鲁塞尔、莫斯科、塔什干 5 个客货运航点，济州、新加坡、里斯本、巴库、哥本哈根、斯德哥尔摩、伊斯兰堡 7 个客运航点，阿拉木图、河内、洛杉矶、新西伯利亚、叶卡捷琳堡、大阪、布拉格、乌兰巴托、圣彼得堡、纳沃伊、比什凯克、第比利斯等 13 个货运航点（包含包机），2022 年运营国际通航点 25 个、航线 25 条、机场已具有进境药品、食用水生动物、水果、肉类、植物种苗 5 类指定监管场地。2022 年，进境货物共 8 吨，其中药品 7.9 吨、水生动物 0.1 吨。

**【西安陆路（铁路）口岸（临时开放）】**

2014 年 10 月，国家口岸管理办公室批准位于西安国际港务区内的铁路车站作为临时口岸对外开放，西安成为陕西省唯一的铁路货运型国家对外开放口岸。2014 年 12 月，西安港双代码先后获批，标志着西安港正式成为国际国内认可的内陆港。西安铁路集装箱中心站位于西安铁路枢纽北环线新筑车站南侧，箱区占地面积约 70 万平方米。2022 年铁路场站功能提升改造基本完成，集装箱中心站三线束、爱菊铁路专用线、改造的 12 条国际铁路货运线、64 万平方米集装箱堆场投入使用，西安集装箱中心站成为全国第一个拥有三束六线的场站，集装箱到发线达到 18 条，国际港站已具备年开行 1 万列国际班列的能力。中林、中远海运、陕林等重点项目陆续建成并投入使用。投资 2.1 亿元的西安综合保税区 A8 仓库已完成建设并通过验收，新增保税仓储库房面积 4 万平方米，可满足园区下一步业务发展需求。中欧班列“长安号”新开通了跨黑海、里海线路，南向开通中老、中越班列，国际运输干线达到 17 条；新增“粤陕”、武西欧等国际班列，“+西欧”集结线路从原来 15 条增加至现在 18 条；东向开通了西安至青岛的国际海铁联运五定班列（即定点、定线、定车次、定时、定价的货运班列），有效满足日韩过境货运输需求，实现南北、东西国际物流通道在西安聚集融合。利用大数据区块链技术，搭建了班列综合服务平台，企业足不出户就可实现线上订舱、报关等一站式、一票制国际联运全程服务；开行了全国唯一的境内外全程时刻表中欧班列，西安至德国仅需 9.8 天；中亚方向已完全实现市场化运行，脱离政府补贴。

## 2022年陕西省口岸大事记

2月10日

西安港集拼中心铁路运输类海关监管作业场所正式获批。

2月18日

陕西省副省长方光华一行赴西安咸阳国际机场调研检查疫情防控工作。

3月3日

陕西省首单国际起落架保税维修业务在西咸空港综合保税区落地。

3月4日

陕西省委常委、常务副省长王晓一行赴西安咸阳国际机场检查常态化疫情防控工作。

3月22日

中国（陕西）国际贸易单一窗口微信小程序“陕单宝典”上线运行，为外贸企业提供更高效、更便捷的一站式查询服务。

3月28日

西安至大阪全货运航线开通。

4月13日

中欧班列“长安号”跨里海、黑海班列（西安—波季—康斯坦察—曼海姆）从西安国际港站首开。

4月14日

陕西杨凌综合保税区（一期）通过预验收。

5月27日

陕西杨凌综合保税区（一期）通过国家正式验收。

6月5日

西安至阿拉木图全货运航线开通。

6月24日

西安至塔什干全货运航线开通。

6月30日

西安至圣彼得堡全货运航线开通。

7月1日

陕西出入境边防检查总站编制印发了《陕西出入境边防检查总站关于贯彻落实〈“十四五”移民管理事业发展规划〉的意见》。

8月12日

陕西邮政西安国际邮件互换局暨中国（西安）邮政跨境电商产业园揭牌，标志着陕西省首个国际邮件、商业快件、跨境电商“三关合一”的海关监管场地正式落户。

8月19日

西咸空港综合保税区一般纳税人资格试点首单业务正式开展。

8月24日

陕西杨凌综合保税区正式封关运作。

9月28日

西安至比什凯克特种货物包机工作圆满完成，标志着西安咸阳国际机场首次同中亚地区国家实现了特种货物包机航线的联通。

10月8日

陕西出入境边防检查总站召开党的二十大安保誓师大会和党的二十大安保维稳决战决胜阶段动员部署会。

10月18日

中国（陕西）国际贸易单一窗口智能客服平台、全景数字展示平台（二期）正式上线运行。

10月25日

陕西出入境边防检查总站被国家机关事务管理局、中共中央直属机关事务管理局、国家发展和改革委员会、财政部四部委联合授予国家级“节约型机关”荣誉称号。

11月19日

西安至新西伯利亚国际全货运航线复航。

11月25日

陕西出入境边防检查总站获评陕西省“2021年度服务陕西经济社会发展优秀中央驻陕单位”。

12月1日

西咸空港综合保税区内陕西跨境电子商务零售进口退货中心仓（菜鸟仓）正式启用，标志着陕西首个跨境电商零售进口退货中心仓正式启用。

12月11日

由泰国曼谷采购的商品经“阿拉木图—西安”自营全货运航线运抵西安咸阳国际机场，标志着国际贸易首单业务正式落地，“国际采购+自营运输”商贸模式趋于常态化运营。

12月16日

商洛海关综合业务技术用房及服务保障设施建设项目建成并正式投入使用，标志着商洛市外向型经济发展迈上新台阶。

12月26日

中国（陕西）国际贸易单一窗口航空物流公共信息平台上线试运行。

12月27日

中国（陕西）国际贸易单一窗口金融服务平台（二期）上线试运行。

（撰稿人：尹安治、裴杨、田原）

# 2022 年陕西省口岸流量统计表

| 口岸类型 | | 口岸名称 | 货运量（万吨） | | | | 集装箱量（万标箱） | | | | 人员（万人次） | | | | 交通工具（辆、艘、架、列次） | | | |
|---|---|---|---|---|---|---|---|---|---|---|---|---|---|---|---|---|---|---|
| | | | 出口 | 进口 | 合计 | 同比（%） | 出口 | 进口 | 合计 | 同比（%） | 出境 | 入境 | 合计 | 同比（%） | 出境 | 入境 | 合计 | 同比（%） |
| 空运口岸 | | 西安 | 1. 93 | 3. 69 | 5. 62 | -25. 58 | | | | | 0. 74 | 3. 46 | 4. 20 | -50. 37 | 1 163 | 1 261 | 2 424 | -36. 38 |
| 空运口岸 | | 分计 | | | | | | | | | | | | | | | | |
| 陆路口岸 | 公路口岸 | | | | | | | | | | | | | | | | | |
| 陆路口岸 | 公路口岸 | 分计 | | | | | | | | | | | | | | | | |
| 陆路口岸 | 铁路口岸 | 西安（临时开放） | 220. 61 | 191. 09 | 411. 70 | 43. 3 | 20. 40 | 17. 64 | 38. 04 | 20. 69 | | | | | 2 488 | 2 151 | 4 639 | 20. 78 |
| 陆路口岸 | 铁路口岸 | 分计 | | | | | | | | | | | | | | | | |
| 合计 | | | 222. 54 | 194. 78 | 417. 32 | | 20. 40 | 17. 64 | 38. 04 | | 0. 74 | 3. 46 | 4. 20 | | 3 651 | 3 412 | 7 063 | |
| 同比（%） | | | 24. 99 | 66. 76 | 41. 54 | | 9. 68 | 36. 53 | 20. 69 | | -67. 26 | -44. 28 | -50. 37 | | -10. 97 | -3. 89 | -7. 69 | |

（陕西省口岸办提供）

# 2022年西安海关主要数据统计表

| 项　目 | | 2022年 | 2021年 | 同比（%） |
| --- | --- | --- | --- | --- |
| 进出口货运量（万吨） | 合计 | 278.6 | 222.7 | 25.11 |
| | 进口 | 91.7 | 86.1 | 6.41 |
| | 出口 | 186.9 | 136.6 | 36.90 |
| 进出口贸易总值（万美元） | 合计 | 6 239 235.7 | 6 871 653.1 | -9.20 |
| | 进口 | 2 243 462.2 | 3 083 130.2 | -27.23 |
| | 其中：江、海运输 | 253 388.0 | 306 343.8 | -17.29 |
| | 铁路运输 | 289 538.7 | 489 101.3 | -40.80 |
| | 汽车运输 | 219 275.4 | 11 683.1 | 1 776.85 |
| | 航空运输 | 1 479 822.2 | 2 274 510.6 | -34.94 |
| | 邮件运输 | 1 327.3 | 1 408.2 | -5.74 |
| | 其他运输 | 110.6 | 83.1 | 33.05 |
| | 出口 | 3 995 773.6 | 3 788 522.9 | 5.47 |
| | 其中：江、海运输 | 116 200.9 | 87 909.2 | 32.18 |
| | 铁路运输 | 1 041 511.8 | 1 104 272.4 | -5.68 |
| | 汽车运输 | 102 724.4 | 248 469.3 | -58.66 |
| | 航空运输 | 2 734 027.4 | 2 344 876.7 | 16.60 |
| | 邮件运输 | 196.0 | 1 488.1 | -86.83 |
| | 其他运输 | 1 113.0 | 1 507.2 | -26.15 |
| 税收（万元） | 两税合计 | 645 764 | 870 792 | -25.84 |
| | 关税入库 | 119 407 | 216 337 | -44.81 |
| | 进口环节税入库 | 526 357 | 654 455 | -19.57 |

（西安海关提供）

# 2022年陕西省口岸出入境主要数据表

| 项　目 | | | 2022年 | 2021年 | 同比（%） |
|---|---|---|---|---|---|
| 出入境人员（人次） | 出入境人员总数 | | 57 391 | 115 398 | -50.27 |
| | 入境人员 | | 43 770 | 80 248 | -45.96 |
| | 出境人员 | | 13 621 | 35 150 | -61.25 |
| | 出入境旅客 | | 41 849 | 86 594 | -51.67 |
| | 出入境员工 | | 15 542 | 28 804 | -46.04 |
| | 中国公民 | 小计 | 44 248 | 94 476 | -53.16 |
| | | 内地居民（因公） | 9 420 | 17 163 | -45.11 |
| | | 内地居民（因私） | 34 731 | 77 103 | -54.96 |
| | | 港澳居民 | 62 | 140 | -55.71 |
| | | 台湾同胞 | 35 | 70 | -50.00 |
| | 外籍人员 | | 13 143 | 20 922 | -37.18 |
| | 从海港出入境人数 | | | | |
| | 从陆港出入境人数 | | | | |
| | 从空港出入境人数 | | | | |
| 交通运输工具（辆、艘、架、列次） | 总计 | | | | |
| | 船舶 | | | | |
| | 飞机 | | 2 369 | 3 718 | -36.28 |
| | 火车 | | | | |
| | 机动车辆 | | | | |

（陕西出入境边防检查总站提供）

# 甘 肃 省

# 甘肃省口岸分布示意图

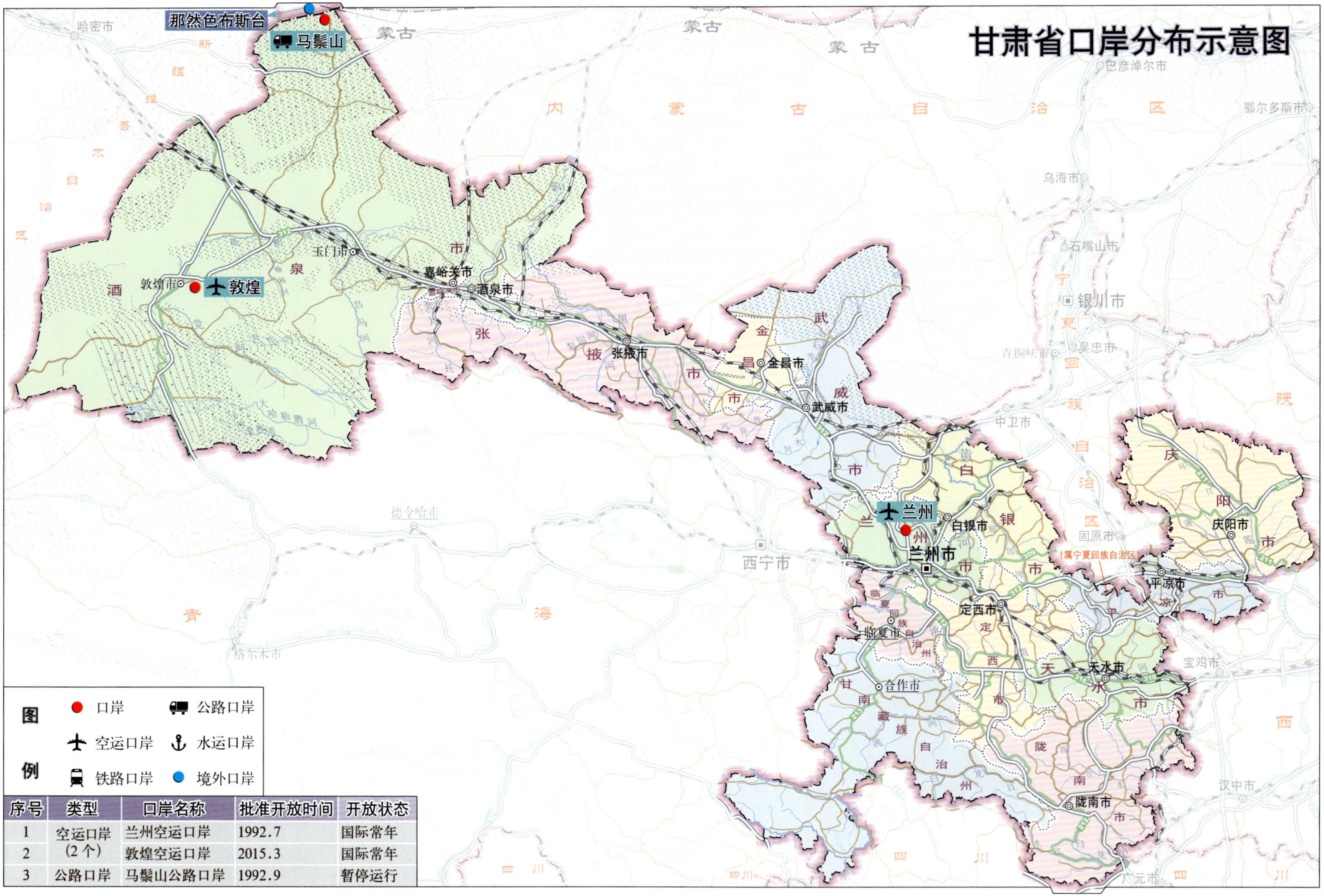


| 序号 | 类型 | 口岸名称 | 批准开放时间 | 开放状态 |
|---|---|---|---|---|
| 1 | 空运口岸（2个） | 兰州空运口岸 | 1992.7 | 国际常年 |
| 2 | | 敦煌空运口岸 | 2015.3 | 国际常年 |
| 3 | 公路口岸 | 马鬃山公路口岸 | 1992.9 | 暂停运行 |

## 口岸数量及分布

截至2022年年底，甘肃省共有经国务院批准的对外开放口岸3个。其中，空运口岸2个，分别为兰州空运口岸（兰州中川国际机场）和敦煌空运口岸（敦煌莫高国际机场）；陆路（公路）口岸1个，即马鬃山公路口岸。

## 口岸运行数据

2022年，兰州空运口岸完成出入境人员3 139人次，同比增长31.2%，出入境飞机16架次，同比下降78.08%；受疫情影响，敦煌空运口岸出入境航班暂停。

2022年，兰州海关共监管进出口货物147.8万吨，同比增长19.29%。其中，进口货物146.2万吨，同比增长19.06%；出口1.6万吨，同比增长45.45%。

## 口岸综合管理

**【完善口岸平台功能】** 甘肃省口岸办协调相关单位加快推动进境植物种苗、冰鲜水产品、肉类等4个海关指定监管场地问题整改，会同兰州海关等相关单位于2022年2月中旬赴兰州新区实地调研对接，制订了海关指定监管场地问题整改方案，明确了整改任务分工和推进时序，完成了海关指定监管场地及监管仓库改造提升。协调推进兰州中川国际机场三期项目口岸基础设施建设，组织相关单位学习兄弟省市航空口岸查验设施建设和开放验收经验，印发兰州机场三期口岸改扩建验收推进工作方案。

**【推进兰州新区综合保税区稳步运营】** 省级促进兰州新区综合保税区高水平开放高质量发展工作协调机制办公室印发了兰州新区综合保税区2022年度高水平开放高质量发展提升行动计划，全力推动综合保税区提质增效。兰州新区综合保税区强化精准招商，加大政策创新及复制推广，聚力提升服务水平，初步形成电子产品加工、粮油加工、木材加工、跨境电商等多元化发展的新格局。2022年，区内活跃企业70家，新落地项目9个，完成进出口贸易77.5亿元，同比增长0.4%，进出口值占省、市外贸比重分别为13.3%、45.9%；首批哈萨克斯坦亚麻籽保税加工业务及分拨中心投产落地并开展业务；完成300辆汽车整车保税仓储首单业务；跨境电商业务快速发展，“1210”模式完成业务36万单，同比增长31.2%，“9710”模式跨境电商业务成功落地，完成贸易额约7亿元，占省、市跨境电商贸易额分别为近50%、70%。在2022年公布的2021年度全国综合保税区发展绩效评估中，兰州新区综合保税区全国排名71位，比2020年提升15位。

**【推动兰州新区综合保税区创新发展】** 在兰州新区综合保税区全面推行“提前申报”“两段准入”“两步申报”等通关模式，玉米、亚麻籽专列通过“归并舱单”“多车一票”等模式申报通关，积极压缩通关时效，降低企业运输成本和滞留费用。创新运用“区区流转”“全流程品质监测”“分送集报”制度，为进口粮油保税加工业务量身定制了监管模式，促进进口粮油加工产业集聚发展。创新“木材委托加工绿色通道监管模式”，实现全国首次综合保税区木材委托加工业务，推动木材产业落地。探索“保税+整车口岸”的通关模式，实现西北地区首批“国六”排放标准进口整车顺利通关，完成300台进口整车保税存储业务。

**【武威保税物流中心拓宽对外交流渠道】** 武威陆港积极与俄罗斯、格鲁吉亚、哈萨克斯坦等共建“一带一路”国家和地区在国际贸易、国际物流、跨境电商等方面开展深度合作。2022年，开拓跨里海、黑海南线新线路（“两海”通道），开通了甘肃省首列单一品名跨境电商国际货运专列、武威—莫斯科多式联运班列和首个“TIR”中欧卡车线路，开展甘肃省首次新能源汽车搭乘中欧班列出口业务和武威市首批跨境电商B2B 直接出口（9710）通关业务，开辟了对外经贸合作新领域，2022 年累计发运班列 21 列，货运总值约 2.3 亿元。武威陆港与匈牙利布达佩斯中欧商贸物流合作园区有限公司（CECZ）签订海外保税仓“双区联动”合作协议，共建“武威—布达佩斯”数字供应链服务体系。

**【深化国际贸易“单一窗口”应用】** 2022 年，进一步推进国际贸易“单一窗口”拓展功能、便利申报、业务培训，推动棉花进口配额、粮食进口关税配额、金融服务、代理报关委托书电子化、在线缴费、自主打印证件等口岸和跨境贸易领域相关业务统一通过“单一窗口”办理，国际贸易“单一窗口”基本功能已扩大到 29 项，涵盖了口岸和跨境贸易相关业务的主要环节。全年举办线上培训班 7 期，培训人数 832 人，实现申报近 43 万票，累计申报业务量约 102 万票。不断完善系统运维保障服务，聘请第三方专业机构开展信息系统安全等级保护（三级）测评，并完成系统安全等级测评发现问题整改。组织云平台服务单位对系统进行 2 次渗透性测试、4 次安全漏洞扫描。组织技术人员对系统日志、网络访问日志进行检查，全面排查可疑或违规批量查询导出数据行为。开展专题安全教育培训 2 次，组织应急演练 3 次。完成 2022 年度安全检查及护网行动，有效排除了甘肃“单一窗口”安全隐患，堵塞了安全漏洞，确保系统安全稳定运行。

**【持续优化口岸营商环境】** 甘肃省口岸办印发了甘肃省口岸收费清理规范自查自纠工作方案，开展口岸收费清理规范专项行动，对兰州航空口岸、兰州铁路口岸（东川铁路物流中心作业区、中川北站作业区）、兰州新区综合保税区、武威陆港等口岸平台口岸收费情况开展实地监督检查，督促相关收费主体更新完善收费项目清单，做好备案及网上公示工作，进一步规范口岸收费；根据《国务院办公厅关于进一步优化营商环境降低市场主体制度性交易成本的意见》（国办发〔2022〕30 号）要求，2022 年印发通知，指导督促口岸经营服务企业健全完善场内转运、吊箱移位、掏箱和货方提箱等口岸物流作业时限标准及流程，按规定的统一格式在作业现场进行公示，做到公开透明；加强与兰州海关协同配合，简化通关手续，优化作业流程，加快推广实施“两步申报”通关模式和“两段准入”信息化监管模式，持续巩固压缩通关整体时间成效。2022 年，实现“两步申报”结关报关单 1 352 票，应用率 50.75%；“两段准入”进口货物 2 票，货值 20.3 万美元。2022 年 12 月，甘肃省进口、出口货物整体通关时间分别为 14.43 小时，0.67 小时，较 2017 年基准值分别压缩 70.44%、99.31%。

## 口岸监管与服务

**【兰州海关持续加强正面监管能力】** 兰州海关聚焦“发展要安全”，充分发挥企管、风险、稽查三位一体业务优势，通过集约化运作模式，强化事前、事中、事后全方位监管，坚决维护国门安全。风险防控效能不断提升。坚持风险整体防控与精准防控有机结合，深化全风险要素防控，实现涉关风险与涉检风险的同步防控，关区人工分析查获率 15.71%。健全完善风险联合研判和机制，持续推进省级口岸安全风险联合防控机制建设，先后开展联合研判 6 次，接收处置移交线索 17 起。强化风险、稽查、缉私部门的联系配合，风险移交后续监管处置有效率 75%，向缉私部门提供虚假贸易、海南离岛免税“套代购”案件线索 2 起。依托稽查北部协作区平台，学习吸收兄弟海关先进工作经验，及时掌握全系统稽查“热点”；2022 年办结稽查作业 13 起，查发率 100%，追补税 2 413.34 万元。持续优化核查作业模式，充分应用“线上核查”系统，克服疫情防控人员流动限制对工作影响，全年办结核查作业 251 起，核查有效率 60.56%，核查补税 4.41 亿元。稽核查追补税共计 4.65 亿元，同比增长 97.9%。深入开展“口岸危险品综合治理”百日专项行动，检验出口危化品683批次，包装鉴定882批次，不合格检出19批次。

**【兰州海关深入推进“全员打私”工作】** 兰州海关优化完善防控、监管、打击一体化打私工作机制，立体化查缉模式初步建立，打私整体效能得到提升。全力开展“国门利剑2022”联合行动，持续深化全员打私、综合治理，2022年共刑事立案3起，抓获犯罪嫌疑人2名，案值149万元，涉税75万元，移送审查起诉案件1起2人，其中立案侦办的海南离岛免税“套代购”案件系兰州关区首次查获。新立行政案件4起，案值8 104.87万元，涉税78.64万元，罚没入库266.3万元。全年共办理协查案件34起，接收情报线索17起，核查相关企业、人员百余次，分析各类数据共计4TB，线索10条。

**【兰州海关不断深化综合治税能力】** 2022年，兰州海关税收入库26.45亿元，同比增长45.4%，其中关税入库4 865.59万元、消费税入库1.19亿元、增值税入库24.77亿元，主要税源商品为大宗矿产品；估价征补税4 904.7万元，其中，公式定价商品延续性征税4 502.7万元、稽查补税328.2万元、特许权使用费申报纳税56.8万元，特殊经济关系影响成交价格估价补税17万元。落实税收优惠政策，签发“进出口货物征免税确认通知书”543份、同比增长6.5倍，减免税款4 763.1万元、同比增长1.4倍，主要享惠商品为进口科研仪器、成套生产设备等。积极推进原产地签证管理，签发各类原产地证书4 622份，签证金额3.9亿美元，原产地证书自助打印率达74.38%，帮助企业享受进口国关税优惠约700万美元，其中，签发RCEP原产地证书133份，签证金额1 103万美元。引导甘肃外贸企业应用汇总征税担保本地税款16.9亿元，占同期关区入库税额的63.7%，其中应用企业集团财务公司担保本地税款12.4亿元，占同期担保总税额的73.7%，全年为企业节省直接担保成本约200万元。

**【兰州海关持续优化口岸营商环境】** 兰州海关深化落实“多证合一”“注销便利化”改革。海关报关单位全面实现备案管理，2022年报关单位备案4 491家，同比增长10%，全部通过网上“无接触”渠道办理，平均办理时长不超过半天。对海关涉企经营许可事项持续推行“证照分离”改革全覆盖，编制兰州海关行政许可事项清单并对外公开。压缩出口食品生产企业备案办理时限，按照海关总署相关规定持续压缩出口食品生产企业备案办理时限，从原来的5个工作日压缩到3个工作日内完成。制定关区促进外贸保稳提质14条措施和37项具体工作举措，实现方案清单化、任务项目化、责任时限化，制度实施以来，有效解决企业问题45个。组织关区内外贸企业开展“促进外贸保稳提质措施实施效果评价及企业需求问卷调查”。取消进口肉类收货人、进口化妆品收货人备案，取消出口食品原料种植场备案第三方检测证明要求。持续推进加工贸易监管改革，落实海关总署精简和规范加工贸易作业要求，取消13个加工贸易作业单证审核环节，企业办理加工贸易业务的时效大幅提高。落实内销便利化措施，允许符合条件的企业按月集中办理内销申报和纳税手续，支持企业统筹国际国内市场，对无法复出口的剩余料件、边角料、副产品，按照实际状态办理内销申报和纳税手续。推广落实“主动披露”制度，引导企业守法自律，营建良好的执法环境。

**【兰州海关积极服务经济健康发展】** 兰州海关畅通关企沟通交流渠道，建立关领导联系企业机制，以“纾困解难、助力发展”为主题，聚焦企业痛点、难点问题组织开展调查研究，对高级认证企业和关区重点进出口企业实施“一企一策”个性化服务。发挥关企桥梁纽带优势，通过“中国海关信用管理”微信平台、12360海关服务热线、门户网站、问卷调查、实地走访、宣传手册等多种方式，帮助企业知晓政策、理解政策、享受政策，提高政策知晓率和惠及面。完善“问题清零”机制，通过“线上+线下”多种途径为企业解决各类通关问题100余个，“中国海关信用管理”微信平台企业提问满意度100%。对企帮扶培育取得实效。推动《海关认证企业管理措施目录》在关区落地实施，省内AEO高级认证企业数量扩展到8家，推荐1家企业为全国首批AEO互认观摩对象名录企业。2022年高级认证企业进出口额、纳税额分别占到全关区的56.76%和63.73%，为稳住全省外贸外资基本盘发挥了积极作用。积极开展RCEP全方位政策宣介，建立RCEP专项联络员制度，全年对RCEP成员方进出口137.8亿元，同比增长49.3%。深化区域关际合作。积极推进黄河流域关际合作，细化28个方面195项具体措施，为黄河流域特色优势产业“靶向”开展关税减让政策推介和原产地技术服务。强化西部陆海新通道区域海关协作，共同研究制定6个方面16项重点工作，参与“共同推动区域海关税收征管一体化”等12项具体工作事项。与南京、乌鲁木齐等海关签订合作协议，共建“一带一路”，促进“双循环”新发展格局。

**【兰州海关助推特色产业蓬勃发展】** 兰州海关实施“报核前申报单耗”监管模式，支持金属矿加工产业发展，保障产业链供应链稳定。全力保障种子、粮油等重要资源产品转关进口，2022年检疫监管转进口油籽类产品1.3万吨，货值782万美元。推动20多个特色农产品首次出口，出口农产品批次、货值同比分别增长13.19%、21.21%。促进贸易新业态健康发展。落地“9610”“9710”“9810”“1210”等海关监管跨境电商业务模式。实现甘肃省“跨境电商+中欧班列”业务零的突破。全年跨境电商贸易额14.4亿元，同比增长84.4%。

**【兰州海关坚决筑牢国门安全】** 兰州海关推进智慧口岸建设，强化科技设施配备，优化卫生检疫流程，旅客通关时间、人力资源同步压缩三分之一，2022年共监管入境客运航班16架次，监管入境人员3 139人。在规定时限内完成22批次特殊物品卫生检疫审批。在1个边境口岸（未开放）、2个航空口岸开展病媒生物监测，捕获并送检病媒生物2 842只。在出入境人员中开展艾滋病、传染性肺结核、病毒性肝炎和性病等监测体检工作，检出传染病7例。开展口岸卫生监督抽检、口岸食品安全抽检工作，检测合格率为100%，实现监督全覆盖。全年完成进出境动植物及其产品检验检疫5 772批，货值2.72亿美元。检疫监管供港澳活牛1 539头，全年无疫病检出。检疫监管进出境种子3 009批，检出检疫性有害生物5种类15种次。完成进出口食品检验检疫3 130批次，货值1.69亿美元。其中，出口2 926批次，货值1.59亿美元，产品主要为浓缩苹果汁、脱水蔬菜、肠衣、杂粮杂豆、中药材等；转关进口亚麻籽、葵花籽等32批次，货值632万美元；通关一体化保税入区监管方式进口亚麻籽172批次，货值403万美元。2022年度关区进出口食品未发生任何质量安全事故。

**【兰州海关持续推进特色亮点工作】** 兰州海关支持甘肃省深度融入共建“一带一路”。助推武威国际货运班列常态化发运，保障5条国际班列顺利首发。依托“西部陆海新通道”海关合作框架，研究制定6个方面16项重点工作，“一带一路”立体开放通道有效拓宽。2022年甘肃对共建“一带一路”国家和地区进出口值278.3亿元，同比增长23.8%，占全省外贸总值的47.6%。着力促进外贸保稳提质。探索优化进口铁路运输铜精矿监管通关模式试点。聚焦甘肃省支柱产业有色金属产业链供应链安全，深入金川集团股份有限公司等关区重点企业开展专题调研，开展全国首个进口铁路运输铜精矿监管通关模式试点，入选全国海关促进外贸保稳提质典型案例。试点实施以来，货物通关时间由5~10天缩短为25小时，为企业节约费用6 000万元。扩大应用真空包装高新技术货物一体化布控查验模式试点。针对甘肃省集成电路封装测试企业原料进口面临的实际困难，积极联系协调海关总署相关部门，将省内相关企业纳入真空包装高新技术货物一体化布控查验模式试点范围内，封装芯片交货周期缩短40%，支持高新技术企业产能释放。2022年，甘肃省外贸进出口总值584.2亿元，同比增长18.8%。其中，出口总值127.3亿元，同比增长31.4%；进口总值456.9亿元，同比增长15.7%。

兰州海关所属金昌海关关员检验监管进口铜精矿

**【甘肃出入境边防检查总站筑牢口岸安全防线】** 2022年，甘肃出入境边防检查总站坚持以习近平新时代中国特色社会主义思想为指导，深入学习贯彻党的二十大精神，全面践行为人民服务理念，牢固树立总体国家安全观，以口岸安全管控和境外疫情防控为主线，以防范化解各类重大风险隐患为基点，全力打造口岸立体化防控体系，科学全面提升了人民群众口岸通关满意度、顺畅感和重大活动通关保障能力水平。全年，验放出入境人员3 139人，国际航班16架次，先后完成了乌克兰撤侨包机和北京分流航班入境检查等勤务工作，并在全国移民管理系统率先研发“入境旅客防疫信息申报系统”App，实现入境旅客通关时长平均缩短50%以上；创新开设“陇原国门”微信公众号，及时公布提示相关工作信息；加强12367移民管理服务热线运营维护，第一时间回应人民群众诉求；便捷网上报备工作流程，主动走访口岸企事业单位、联检单位，提升“放管服”工作效能。

**【甘肃出入境边防检查总站做好常态化疫情防控】** 甘肃出入境边防检查总站按照“四分流”原则合理安排独立作战单元警力，持续优化跨站警力支援机制和加强警力调配，从严落实入境人员闭环管控，严把执勤人员疫情防护关口，细化、固化涉疫客机、货机、公务机等勤务的检查方案，细致排查染疫风险隐患，坚决确保口岸疫情防控不破环、不溢出。

**【甘肃出入境边防检查总站维护口岸安全稳定】** 按照国家移民管理局统一部署，甘肃出入境边防检查总站全力开展系列专项打击整治行动，充分发挥边检“数据赋能”优势，采取专案经营、专班侦办、“边检+出入境”联合办案模式，会同地方公安开展“边检+出入境”联合办案，构建“以数据为关键要素，以情报导侦为主攻方向，以合成研判为主要手段，以服务实战为主要目标”的数据化情报导侦新机制，联合兰州、酒泉、天水、临夏等地公安机关打掉了一批组织偷渡犯罪团伙，有力维护了甘肃省口岸边境安全稳定。

## 开放口岸

**【兰州空运口岸（兰州中川国际机场）】** 兰州中川国际机场位于甘肃省兰州市兰州新区中川镇，距市区约75千米，飞行区等级4E，是西北地区主干机场之一，省会兰州市的空中门户、西北地区的重要航空港、国际备降机场。兰州中川国际机场始建于20世纪60年代末，于1970年7月正式建成通航，定名兰州中川机场；2001年，完成一期扩建工程；2013年，正式提升为空运口岸，更名为兰州中川国际机场；2015年年初，完成二期扩建工程。为了更好地打造西部区域枢纽机场，促进全省对外贸易的快速发展，省委、省政府于2017年正式启动兰州中川国际机场三期扩建工程，该项目是列入国家重点基础设施建设三年滚动计划（2018—2020年）的重点实施项目、国家民航“十三五”发展规划的区域枢纽机场扩建项目和省列重大建设项目。2020 年 9 月 9 日，兰州中川国际机场三期扩建工程正式开工建设，以 2030 年为设计目标年，按照旅客年吞吐量 3 800 万人次、货邮年吞吐量 30 万吨、飞机年起降架次 30 万架次的目标进行设计，机场工程核定概算投资 334.38 亿元，建设工期为 4 年。2023 年 2 月 18 日，兰州中川国际机场三期扩建工程 T3 航站楼主体结构顺利合拢。截至 2022 年年底，兰州空运口岸开通兰州至泰国、越南、日本、马来西亚等 36 条国际（地区）客运航线，开通兰州至迪拜、墨尔本、曼谷、新加坡等 14 条国际（地区）货运航线，2022 年，兰州空运口岸完成出入境人员 3 139 次，同比增长 31.2%；出入境飞机 16 架次，同比下降 78.08%。

**【敦煌空运口岸（敦煌莫高国际机场）】** 敦煌莫高国际机场，位于甘肃省酒泉市敦煌市，机场设施齐备，功能完善，是乌鲁木齐国际机场的主要备降场。敦煌机场始建于 1982 年 2 月，按能起降 An-24 及以下飞机建造，1982 年 7 月试飞成功，机场等级为 3C 级，之后机场不断扩建。2015 年 3 月 6 日，国务院下发《国务院关于同意甘肃敦煌机场对外开放的批复》（国函〔2015〕45 号），标志着敦煌空运口岸获批临时对外开放。T3 航站楼扩建工程于 2015 年 12 月 31 日开工，2016 年年末完工，其中新建航站楼 1.02 万平方米，跑道向东延长 600 米至 3 400 米，飞行区等级由 4C 提升为 4D 并满足 E 类飞机备降，总投资达 10 亿元。2019 年 2 月 18 日，海关总署正式公布敦煌空运口岸对外开放。2019 年，省政府批复《大敦煌文化旅游经济圈发展规划（2019—2030 年）》《甘肃（敦煌）国际空港总体规划（2019—2030 年）》，围绕敦煌航空口岸重点培育集客货集散、旅游服务、物流仓储、综合贸易、会议展览、园艺农业和文娱体育等功能于一体的临空产业。截至 2022 年年底，敦煌空运口岸开通敦煌至柬埔寨、中国香港 2 条国际（地区）客运航线。2022 年，受疫情影响，敦煌空运口岸国际客运航班暂停。

**【马鬃山陆路（公路）口岸】** 马鬃山公路口岸位于甘肃省酒泉市肃北蒙古自治县马鬃山镇，西邻新疆，南接酒泉玉门市、酒泉瓜州县，东靠内蒙古自治区的额济纳旗，西北部与蒙古国戈壁阿尔泰省相连，边境线长约 65 千米。马鬃山公路口岸是甘肃省唯一边境口岸，向西约 300 千米与新疆哈密老爷庙口岸相邻，向东 350 千米与额济纳旗策克口岸相邻。1992 年 9 月，国务院批准设立马鬃山公路口岸并正式对外开放。1993 年 8 月，由于蒙古国单方面原因，关闭了那染色布斯台口岸，致使马鬃山口岸关闭至今。近年来，甘肃省将推进马鬃山公路口岸复通作为融入“一带一路”建设和“兴边富民、强边固防”的重要举措，制订工作方案，积极为马鬃山口岸复通创造条件。在外交部、国家口岸管理办公室大力支持下，多次通过外交途径推进马鬃山公路口岸复通。省政府外事办协调争取外交部将马鬃山口岸复通列入中蒙联席机制会晤议题，分别于 2015 年、2017 年、2019 年中方连续多次在中蒙口岸司局级会晤时向蒙方提出口岸复通要求，蒙方均以自然保护区为由未同意。在 2020 年和 2022 年中蒙联委会视频会议上，中方向蒙方提出口岸复通要求，蒙方未做出回应。

## 2022 年甘肃省口岸大事记

5 月 12 日

甘肃省副省长张锦刚赴兰州新区综合保税区及益海嘉里兰州粮油食品加工基地调研并组织召开座谈会，专题研究外向型经济发展和进出口贸易有关工作。

6 月 27 日

兰州中川国际机场顺丰分拨中心投入运营。

7 月 5 日

甘肃（兰州）国际陆港—普洛斯管理物流

园、中白工业园姊妹园、上合组织（连云港）国际物流园友好园揭牌及开园仪式在甘肃（兰州）国际陆港举行。

8 月

兰州海关与南京海关签署《深化推进“一带一路”建设促进“双循环”新发展格局合作协议》。

10 月 9 日

兰州空运口岸海关监管仓库改造提升项目通过验收。

10 月 16 日

兰州新区综合保税区内首个进口亚麻籽加工项目——西部粮源油料加工项目正式开工投产。

10 月

海关总署同意兰州海关对有色金属冶炼企业金川集团股份有限公司开展进口铁路运输铜精矿监管通关模式试点。

（撰稿人：杨雯菲、陈怡文、柳哲宇）

## 2022 年甘肃省口岸流量统计表

| 口岸类型 | | 口岸名称 | 货运量（万吨） | | | | 集装箱量（万标箱） | | | | 人员（万人次） | | | | 交通工具（辆、艘、架、列次） | | | |
|---|---|---|---|---|---|---|---|---|---|---|---|---|---|---|---|---|---|---|
| | | | 出口 | 进口 | 合计 | 同比（%） | 出口 | 进口 | 合计 | 同比（%） | 出境 | 入境 | 合计 | 同比（%） | 出境 | 入境 | 合计 | 同比（%） |
| 空运口岸 | | 兰州 | 1.60 | 146.20 | 147.80 | 19.30 | | | | | 0 | 0.313 9 | 0.313 9 | 30.90 | 16 | 0 | 16 | -78.38 |
| | | 分计 | | | | | | | | | | | | | | | | |
| 陆路口岸 | 公路口岸 | 马鬃山 | | | | | | | | | | | | | | | | |
| | | 分计 | | | | | | | | | | | | | | | | |
| 合计 | | | 1.60 | 146.20 | 147.80 | | | | | | 0 | 0.313 9 | 0.313 9 | | 16 | 0 | 16 | |
| 同比（%） | | | 45.45 | 19.06 | 19.30 | | | | | | -100.00 | 40.83 | 30.90 | | -52.94 | -100.00 | -78.38 | |

（甘肃省口岸办提供）

# 2022 年兰州海关主要数据统计表

| 项　目 | | 2022 年 | 2021 年 | 同比（%） |
|---|---|---|---|---|
| 进出口货运量（万吨） | 合计 | 147.8 | 123.9 | 19.29 |
| | 进口 | 146.2 | 122.8 | 19.06 |
| | 出口 | 1.6 | 1.1 | 45.45 |
| 进出口贸易总值（万美元） | 合计 | 882 994.83 | 759 730.06 | 16.22 |
| | 进口 | 692 142.48 | 609 665.47 | 13.53 |
| | 其中：江、海运输 | 362 108.023 | 265 804.12 | 36.23 |
| | 铁路运输 | 247 003.277 3 | 238 588.28 | 3.53 |
| | 汽车运输 | 11 568.552 9 | 24 308.684 | -52.41 |
| | 航空运输 | 71 462.624 3 | 79 859.482 | -10.51 |
| | 邮件运输 | 0 | 0.457 4 | -100.00 |
| | 其他运输 | 0 | 1 104.445 9 | -100.00 |
| | 出口 | 190 852.353 | 150 064.59 | 27.18 |
| | 其中：江、海运输 | 107 740.016 8 | 81 731.498 | 31.82 |
| | 铁路运输 | 8 214.249 8 | 6 962.980 6 | 17.97 |
| | 汽车运输 | 25 177.325 | 33 503.633 | -24.85 |
| | 航空运输 | 49 615.911 | 26 545.389 | 86.91 |
| | 邮件运输 | 16.246 2 | 34.815 | -53.34 |
| | 其他运输 | 88.604 2 | 1 286.275 4 | -93.11 |
| 税收（万元） | 两税合计 | 264 463 | 181 906 | 45.38 |
| | 关税入库 | 4 872 | 2 175 | 124.00 |
| | 进口环节税入库 | 259 591 | 179 731 | 44.43 |

（兰州海关提供）

## 2022 年甘肃省口岸出入境主要数据表

<table>
<tr><th colspan="3">项　目</th><th>2022 年</th><th>2021 年</th><th>同比（%）</th></tr>
<tr><td rowspan="14">出入境人员（人次）</td><td colspan="2">出入境人员总数</td><td>3 139</td><td>2 398</td><td>30.90</td></tr>
<tr><td colspan="2">入境人员</td><td>3 139</td><td>2 229</td><td>40.83</td></tr>
<tr><td colspan="2">出境人员</td><td>0</td><td>169</td><td>-100.00</td></tr>
<tr><td colspan="2">出入境旅客</td><td>2 703</td><td>1 813</td><td>49.09</td></tr>
<tr><td colspan="2">出入境员工</td><td>436</td><td>585</td><td>-25.47</td></tr>
<tr><td rowspan="5">中国公民</td><td>小计</td><td>3 026</td><td>2 168</td><td>39.58</td></tr>
<tr><td>内地居民（因公）</td><td>629</td><td>694</td><td>-9.37</td></tr>
<tr><td>内地居民（因私）</td><td>2 397</td><td>1 444</td><td>66.00</td></tr>
<tr><td>港澳居民</td><td>0</td><td>4</td><td>-100.00</td></tr>
<tr><td>台湾同胞</td><td>0</td><td>26</td><td>-100.00</td></tr>
<tr><td colspan="2">外籍人员</td><td>113</td><td>230</td><td>-50.87</td></tr>
<tr><td colspan="2">从海港出入境人数</td><td></td><td></td><td></td></tr>
<tr><td colspan="2">从陆港出入境人数</td><td></td><td></td><td></td></tr>
<tr><td colspan="2">从空港出入境人数</td><td>3 139</td><td>2 398</td><td>30.90</td></tr>
<tr><td rowspan="5">交通运输工具（辆、艘、架、列次）</td><td colspan="2">总计</td><td></td><td></td><td></td></tr>
<tr><td colspan="2">船舶</td><td></td><td></td><td></td></tr>
<tr><td colspan="2">飞机</td><td>16</td><td>74</td><td>-78.38</td></tr>
<tr><td colspan="2">火车</td><td></td><td></td><td></td></tr>
<tr><td colspan="2">机动车辆</td><td></td><td></td><td></td></tr>
</table>

（甘肃出入境边防检查总站提供）

# 宁夏回族自治区

# 宁夏回族自治区口岸分布示意图

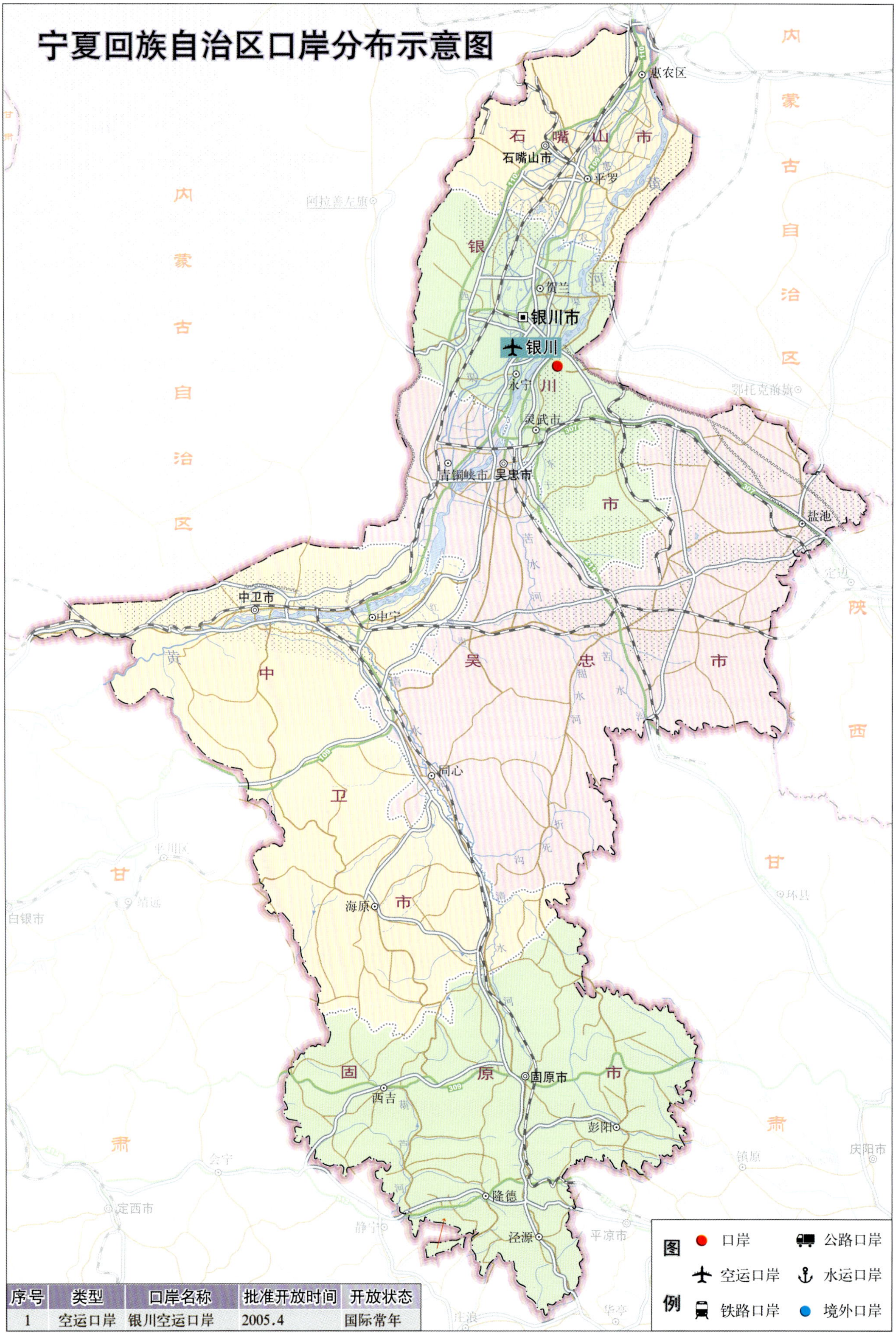


| 序号 | 类型 | 口岸名称 | 批准开放时间 | 开放状态 |
|---|---|---|---|---|
| 1 | 空运口岸 | 银川空运口岸 | 2005.4 | 国际常年 |

## 口岸数量及分布

截至2022年年底，宁夏回族自治区有经国务院批准的对外开放口岸1个，即银川空运口岸(银川河东国际机场)。

## 口岸运行数据

2022年，银川海关监管进出口货物运输量137.7万吨，同比增长1161.52%。其中，进口122.35万吨，同比增长4 954.53%；出口15.35万吨，同比增长80.71%。监管进出口货物货值13.2亿美元，同比增长109.1%。其中，进口4.4亿美元，同比增长128.14%；出口8.8亿美元，同比增长100.73%。以国际段运输方式分类，进口方面，江海运输方式进口货物货值4.15亿美元，铁路运输方式进口货物货值94.91万美元，航空运输方式进口货物货值2 342.32万美元；出口方面，江海运输方式出口货物货值3.44亿美元，铁路运输方式出口货物货值4 621.78万美元，汽车运输方式出口货物货值4.83亿美元，航空运输方式出口货物货值743.65万美元。关税入库8 342.41万元，进口环节税入库3.04亿元，两税合计38 744.76万元。

2022年，受新冠疫情影响，银川空运口岸(银川河东国际机场)国际航线全部处于停航状态，无口岸出入境人员。

2022年，宁夏进口整体通关时间为12.75小时，比全国平均水平快27.43小时，位居全国第5位；出口整体通关时间为0.55小时，比全国平均水平快0.71小时，居全国第14位。

## 口岸综合管理

**【口岸基础设施不断完善】** 在银川公铁物流园、石嘴山惠农陆港、石嘴山富海物流建设了3个海运集装箱箱管点，提供中远海运、马士基航运、达飞轮船、地中海航运、现代商船、海丰国际等14家船公司海运集装箱箱源，用箱时间由原来的7天延长至50天，有效满足企业用箱需求。在银川航空口岸旅检现场配置3台旅客健康申报验核一体机，开展辐射探测设备校准，提升了CT及智能审图系统使用效率。银川河东国际机场改扩建项目总体规划正式获批，将满足银川河东国际机场2035年运送旅客2 800万人次、货邮吞吐量20万吨的发展需求。推动宁夏首家种牛进口隔离场顺利通过验收。在银川市内建设跨境电商体验店，提供“线上销售+线下展示”新零售服务。

**【国际货运班列有序运行】** 一是西向国际货运班列目的地持续拓展。2022年5月26日，成功开行宁夏—布达佩斯国际货运班列，首次将班列目的地拓展至欧洲；6月20日，成功开行银川—伊朗德黑兰“跨里海”铁海运输线路，进一步丰富了通道运输模式。2022年，西向国际货运班列共发运4列335车，货重1.12万吨，货值约1 549万美元，其中出口2列247车，货重0.9万吨，货值1 298.85万美元，主要货物为钢材、番茄酱、玻璃纤维纱、自行车散件、摩托车配件、搅拌机配件、风扇、三明治机、吸尘器、乙烯—醋酸乙烯共聚物等，主要目的国为哈萨克斯坦、乌兹别克斯坦、塔吉克斯坦、吉尔吉斯斯坦、匈牙利、伊朗、俄罗斯；进口2列88车，货重约0.22万吨，货值250万美元，主要货物为亚麻籽，进口货源国为哈萨克斯坦。二是南向国际货运班列运行线路不断丰富。2022年1月，成功开行银川—老挝万象点对点国际铁路货运班列，进一步丰富了宁夏至RCEP成员方运输通道线路，为企业提供了高时效运输通道选择。2022年，南向陆海新通道班列共计发运3列332车，货重1.75万吨，货值约2 142万美元，全部为出口，主要货物为腐殖酸、硫酸铵、赖氨酸、PVC等特色化工产品，主要目的国为老挝、越南、泰国。三是北向多式联运运行模式创新拓展。2022年12月9日，会同银川海关、银川综合保税区创新建立亚麻籽“一线进境、二线监管”“一线检疫、二线检验”监管方式，成功打通俄罗斯—黑龙江绥芬河—宁夏进口国际货运通道，首次实现境外亚麻籽保税进口，搭建起进口亚麻籽保税监管模式新通道。四是东向多式联运班列运行模式大幅优化。2022年3月28日，首发银川—天津港“一单制”铁海联运班列；4月20日，首发石嘴山—天津港—印度蒙德拉“一单制”铁海联运专列，实现了全程“一单到底”“一箱到底”，大幅减少了单据填报种类、货物倒载换装环节。2022年，东向铁海联运班列共发运956列4.7万车，货重297.59万吨，货值约3.98亿美元。其中，出口13列1 386车，货重约4.51万吨，货值约7 566.27万美元，主要货物为硅锰合金、增碳剂、双氰胺、枸杞、赖氨酸盐酸盐、电极糊，出口目的国为印度尼西亚、日本、美国、越南、泰国、马来西亚、缅甸、柬埔寨；进口943列45 797车，货重293.07万吨，货值约32 219.41万美元，主要货物为铁矿粉，进口货源国为澳大利亚、巴西、印度。

**【口岸营商环境不断优化】** 一是推出“一单制”铁海联运模式。深度对接宁夏、天津两地口岸、商务、铁路、港口以及地中海、马士基、达飞、中远、赫伯罗特等7家船公司，联合推出“一单制”铁海联运业务，将银川、石嘴山作为起运港纳入相关船公司全球海运系统，海运提单货物装卸目的地由天津港延伸至宁夏，签发具有物权凭证的全程联运提单，由单一承运人承担“宁夏—天津港—国外目的地”全程责任，有效避免了传统运输模式的单证流转和货物倒载换装，大幅减少了企业对接环节，降低了相关手续办理难度以及全程物流成本，提升了运输时效。二是创新推出“一口价”口岸收费模式。推动宁夏兴华互通供应链、宁夏宁津国际物流、宁夏天盛源供应链3家“一单制”铁海联运班列公司开展简化收费模式改革，将集装箱从宁夏场站运出直至上船全过程所涉及的铁路、港口、码头、堆场、船公司以及报关、报检等十几种收费项目进行打包，创新推出至天津港“一单制”铁海联运“一口价”收缴费服务，有效解决了进出口环节收费主体多、收费项目杂、收费随意性大等弊端。三是开展金融服务创新。推动人保财险宁夏分公司推出了“一单制”铁海联运全程运输保险产品，将海运险、陆运险将海运险、陆运险两个产品、两段承保业务整合为一种承保模式、一个保险产品；费率由多种费率、多段费率统一为全程单一费率，企业仅凭“一单制”提单和发票即可办理全程货运保险业务，最大限度地减少了单证资料，简化了办理流程。持续推进“多证合一”“多报合一”和注销便利化改革落地，精简进出口环节监管证件和随附单证。四是推进通关便利化改革。持续推进“多证合一”“多报合一”和注销便利化改革落地，精简进出口环节监管证件和随附单证。大力推行“不见面、网上办”模式，实施预约通关服务制度。持续推进减免税政策、“汇总征税”、“一保多用”、自报自缴等措施落地见效。2022年，共为企业办理减免税免表266份，涉及进口货物货值8 818.83万美元，审批减免关税3 082.68万元，审批减免增值税1 559.8万元；办理“一保多用”担保备案3 128.6万元。

**【国际贸易“单一窗口”建设不断推进】** 一是不断拓展服务功能。依托国际贸易“单一窗口”标准版，优化升级出口退税、进口食品境外生产企业注册系统，上线海关、贸促会RCEP原产地证书申领，RCEP项下输泰国、日本、新加坡、新西兰、澳大利亚、韩国证书自助打印，以及经核准出口商管理信息化系统、报关单舱单入境检验检疫证书出证全流程查询、进口代收、出口托收、押汇以及技术贸易措施服务企业点对点直通车、进出口商品检验采信、边角料网上拍卖、出境检验检疫证书云签发、属地查验申请、预约查验等服务，实现除保密等特殊情况外，其余38种进出口环节监管证件全部通过“单一窗口”一口受理和在线申请办理。二是积极开展“送政策、送服务、进企业”活动。先后赴伊品生物、神华宁煤、盾源聚芯、共享装备、友信实业、宝丰能源、启元药业、茂华活性炭等大型外贸企业现场讲解“单一窗口”出口退税、RCEP原产地申领、许可证件申领、AEO高级认证等便利化措施，指导宁夏伊品生物科技股份有限公司成为宁夏首家 RCEP 经核准出口商，推动启元药业获批 AEO 高级认证，实现“单一窗口”RCEP 海关原产地证和贸促会原产地证申领、生产企业免抵扣退税等业务功能在宁夏全面落地。

2022 年，国际贸易“单一窗口”标准版宁夏注册用户申报量 6.13 万票，其中，货物申报 2.45 万票、运输工具申报 19 票、企业资质 2 495 个、原产地证 5 408 份、许可证件 863 份、税费支付 844 笔、加贸保税 2.33 万票、物品通关 42 票、跨境电商 3 711 票、出口退税 121 笔。货物申报、舱单申报、运输工具申报以及农药进出口放行通知单、海关原产地证等业务应用率均达到了 100%。引导企业自助打印原产地证书 2 590 份，自助打印签证金额 5.26 亿美元，自助打印利用率（份数和金额）分别达到 53.5% 和 60.06%。国际贸易“单一窗口”宁夏 95198 服务热线共为宁夏 302 家外贸企业解决各类问题 592 条。

## 口岸监管与服务

**【银川海关全力筑牢口岸防线维护国门安全】** 一是精准高效抓好常态化疫情防控。密切关注国内外疫情形势变化，调整完善口岸防控方案，定期开展口岸卫生检疫人员技能培训和实操演练，优化口岸卫生检疫流程，完善与属地联防联控工作机制，全力做好口岸复航准备工作。二是着力提升正面监管效能。加强智慧海关建设，实施数字化监管，共查获禁限类物品 7 批次。加强口岸危险品综合治理，首次查获伪瞒报锂电池组共计 798 个。三是加强国门生物安全防治。深入开展“国门绿盾 2022”行动，加强口岸病媒生物监测，完成 2 次外来物种普查工作，采集动植物标本 2 300 余个。开展“跨境电商寄递‘异宠’综合治理”专项行动，加强信息收集和风险研判，防范“异宠”非法入境，助力打造绿色生态宝地。四是严厉打击走私违法行为。深入开展“国门利剑 2022”联合专项行动，全年侦办涉毒案件 2 起，查获疑似毒品 5 包 1 140 粒、各类新型精神类致幻药物 10 余种，在进口跨境渠道查发涉濒危野生植物情事 7 起。五是持续开展打击“洋垃圾”走私专项稽查。以进口再生金属企业、进口再生塑料企业、新增进口再生资源企业为重点，对 2020—2022 年进口商品进行筛查，深入研判最新的走私手法、渠道和漂移路径，严厉打击伪瞒报走私入境“洋垃圾”等行为。2022 年，共开立稽查作业 8 起，办结 6 起，实现关区涉检案件零突破，稽查补税 455.44 万元。六是开展 2022 年供港活牛疫病风险监测。全年采样 120 头份，检测项次共计 160 项。

**【银川海关助力重点产业高质量发展】** 一是主动发挥海关贸易统计分析和监测预警作用。聚焦“六新六特六优”现代产业发展，对重点产业贸易情况加强统计分析、深度挖掘解读当前贸易形势。2022 年向地方政府报送统计分析报告 25 篇，提供统计服务 100 余次，涉及数据 30 余万条。二是加强技术贸易措施应对和指导。对国外海关法规和技术性贸易措施进行收集研究，组织指导关区 141 家企业就中药材产品、木制品、葡萄酒和纺织产品开展年度技贸调查。三是扩大优势特色产品出口。围绕宁夏回族自治区优势特色产业发展布局，先后助推西甜瓜、冷冻薯条、乙酸乙烯酯、拉丝蛋白、魔芋胶等多个本地特色产品实现首次出口。四是保供稳链推动优质资源引进。支持小麦、亚麻籽安全进口，备案进口粮食定点加工企业 4 家、进口亚麻籽定点加工企业 15 家，保障农产品供应链安全稳定。指导灵武市进境种畜隔离场通过检验审批。五是强化海关技术支撑作用。发挥国家级枸杞、葡萄与葡萄酒重点检测实验室技术优势，有效服务特色产业高质量发展，实验室检测能力大幅提升达到 4 638 项，全年累计为全区枸杞、葡萄酒、冷凉蔬菜、牛奶、肉牛等产品提供品质鉴定、土壤、农残及重金属检测服务 10 万项次。报送“调降风力发电设备零件和酿酒用橡木桶关税税率”被采纳，上述两类商品进口税率降幅均超 50%，有力地支持了宁夏回族自治区风电、葡萄酒业发展。

**【宁夏出入境边防检查总站持续提升服务管控能力】** 2022年，利用边检大数据优势，接收处理各边防检查总站横向推送入境涉宁信息612起1 600条，通报宁夏籍非法出入境人员案件信息70条。顺利完成12367服务平台与12345政务便民热线整合归并、电话转接和工单流转工作，建立“双平台”信息共享机制，实现出入境业务咨询双向反馈，群众满意度和12367平台服务效能得到有效提升。

## 开放口岸

**【银川空运口岸（银川河东国际机场）】** 银川河东国际机场位于银川市灵武市临河镇黄河东岸，距银川市区19千米，为4E级民用国际机场 。2005年4月1日，国务院正式批准设立银川航空口岸。2008年4月1日银川河东机场获批正式对外籍飞机开放，并于2013年获准对阿联酋开放第三、四、五航权，成为全国第9个开放第五航权的省区。银川机场口岸旅检区面积1.54万平方米，设计旅客年吞吐能力为50万人次，设置有国际进港、国际出港以及国际出港中转流程，增加了海关、边检等联检单位相关配套办公和业务用房，配置了电子门控、身份识别、人脸识别、证件阅读器以及智能检疫查验台、智能检疫自助查验通道、热成像式红外测温仪、固定式微小气候监测仪等智能化监管设备。2018年6月4日，银川航空口岸国际新货站正式通过海关总署验收，同年7月13日正式投运，面积4 000平方米。其中，海关监管库1 000平方米。经营企业为西部机场集团航空物流有限公司宁夏分公司，库内硬件设施齐全，配有大型安检仪，出入通道卡口，与海关实现数据传输的银川机场货运海关信息管理系统，与海关总署对接的视频存储等设备，具有功能完善、流程合理、信息化程度高等特点。

2022年，银川河东国际机场共有驻机场运营航空公司27家，驻场运力18架，开通了79个城市的113条航线，建成银川至北京、上海、广州、乌鲁木齐4条快线和银川至成都、郑州等12条准快线，至全国省会城市直航比率达100%，旅客吞吐量为378.58万人次。受新冠疫情影响，银川河东国际机场国际航线全部处于停航状态。

## 2022年宁夏回族自治区口岸大事记

1月4日

埃肯碳素（中国）有限公司通过“单一窗口”向兴庆海关申领到了2份RCEP项下输日本原产地证书，这是宁夏企业首次通过“单一窗口”申领到RCEP项下原产地证书。

1月6日

银川海关签发宁夏首份中柬自贸协定原产地证书。

1月9日

哈萨克斯坦—银川公铁物流园亚麻籽专列顺利到达银川南站货场。本列专列共计44柜，总重1 114.95吨，货值820万元。

1月10日

兴庆海关为宁夏锦绣供应链有限公司在已取得进出口收发货人备案的基础上办理了报关企业备案。这是自《中华人民共和国海关报关单位备案管理规定》施行后，银川关区备案的首个双重身份报关单位。

1月11日

宁夏回族自治区商务厅会同天津港集团有限公司共同举办宁夏“一单制”东向铁海联运班列筹备会。

1月20日

宁夏首趟中老铁路国际货运列车正式开行。该列车载有出口货物赖氨酸和硫酸铵500多吨，总货值320.85万元。从宁夏银川货运中心银川南货场启程，经云南磨憨铁路口岸出境，最终到达老挝首都万象，全程运行里程3 000多千米。

3月8日

宁夏茂华活性炭有限公司通过国际贸易“单一窗口”成功申领RCEP项下出口日本的贸促会原产地证书，签证金额2万美元。这是宁夏企业首次通过“单一窗口”申领到 RCEP 项下贸促会原产地证书，标志着国际贸易“单一窗口”RCEP 海关原产地证和贸促会原产地证申领功能在宁夏全面落地。

3 月 23 日

奇瑞汽车股份有限公司生产的 4 辆汽车，货值 5.86 万美元，经查验合格后由银川综合保税区发往口岸出口，这是银川河东机场海关首次查验出口汽车。

3 月 25 日

银川综合保税区海关综合监管中心跨境电商处理区顺利通过海关验收。

3 月 31 日

山东港口宁夏（吴忠）内陆港在宁夏盐池县德昌铁路物流中心正式挂牌。石嘴山海关首次监管出口乙烯基三甲氧基硅烷。

4 月 6 日

宁夏伊品生物科技股份有限公司获批 RCEP 项下经核准出口商，成为 RCEP 实施后宁夏地区的首家经核准出口商，企业在货物出口时无须逐票向海关申领原产地证书，可随时自主出具效力等同于原产地证书的原产地声明。

4 月 10 日

银川海关技术中心中卫实验室通过 CMA 资质认定扩项现场评审，专家组推荐了食品中农药残留、重金属和土壤重金属 2 大类 24 项参数的资质认定，扩项后中卫实验室检测能力达到 888 项。

4 月 19 日

首票多式联运“一单制”出口报关单在银川海关顺利申报并完成单证放行，标志着宁夏海铁联运“一单制”改革首票试单已顺利完成。该批货物从石嘴山市惠农站起运，经 48 小时到达天津港后直接下海，21 天后到达印度钦奈。

6 月 20 日

宁夏（银川）至伊朗（安扎利）“跨里海”国际货运班列开行。本次班列从新疆霍尔果斯口岸出境，经哈萨克斯坦跨越里海到达伊朗安扎利港。班列共 51 个标准集装箱，货重约 1 400 吨，货值约 306 万美元，全程约 8 500 千米，运行约 20 天。

6 月 24 日

宁夏首票跨境电商零售出口跨关区转关物品在银川综合保税区综合监管查验中心完成申报、查验，由海关监管车转运至杭州萧山国际机场，搭乘航班发往美国，标志着宁夏正式开通跨境电商零售出口跨关区转关监管模式。

8 月 10 日

兴庆海关完成 2022 年宁夏首个出境水果果园及包装厂备案审核。

9 月 20 日

银川综合保税区首家市内跨境新零售体验店在悦海新天地投入运营。该店依托跨境电商进口试点政策及银川综合保税区保税政策，通过“线上销售+线下展示”相融合的新零售模式，在银川市内为消费者打造优质的进口商品购物平台。

9 月 22 日

石嘴山海关首次查验出口供澳冷冻羊肉，石嘴山冷冻羊肉产品首次出口中国澳门。

10 月 22 日

雪川六盘山（宁夏）有限公司生产的 85.8 吨、货值 74.24 万元的冷冻薯条由中卫海关监管合格后，顺利出口泰国。该批冷冻薯条是固原地区首次出口此类产品。

10 月 25 日

宁夏回族自治区口岸办组织宁夏兴华互通供应链有限公司、宁夏宁津国际物流有限公司、宁夏天盛源供应链有限公司、嘉里互通（宁夏）国际物流有限公司、中国外运华中共有限公司宁夏分公司 5 家班列运营公司公示了《进出口环节收费目录清单》。推动宁夏兴华互通供应链、宁夏宁津国际物流、宁夏天盛源供应链 3 家“一单制”铁海联运班列公司同步开展简化收费模式改革，创新推出了“一口价”收费模式。

11 月 11 日

中国人民财险保险股份有限公司宁夏分公司为北京斯隆生物技术有限责任公司从银川南站发往越南胡志明市的出口化工原料货物正式签发了

"一单制"铁海联运班列货物全程运输保险单，标志着宁夏围绕"一单制"铁海联运业务开发的首个金融创新产品正式落地。

12 月 8 日

由宁夏上方生物科技有限公司生产的 2 吨魔芋胶经银川海关所属兴庆海关查验合格后，顺利起运发往俄罗斯，宁夏魔芋胶实现首次出口。

12 月 9 日

一批 1 600 吨货值超 600 万元的俄罗斯亚麻籽从绥芬河口岸入境，通过铁路运输方式顺利运抵兰州局银川货运中心南货场站，并以保税状态运至银川综合保税区。首次实现境外亚麻籽保税进口。

12 月 19 日

宁夏启元药业获得海关高级认证企业资质，这是自 2022 年 11 月 1 日起新《海关高级认证企业标准》实施后宁夏获得海关高级认证企业资质的第一家企业。

12 月 29 日

宁夏富康源黑果花楸科技有限公司生产的 0.25 吨"黑果花楸浓缩汁"，经银川海关所属中卫海关检验合格后顺利发往台湾，实现了该产品在大陆的首次出口。

（撰稿人：王华、吴文涛、贾斌）

## 2022 年宁夏回族自治区口岸流量统计表

| 口岸类型 | 口岸名称 | 货运量（吨） | | | | 集装箱量（万标箱） | | | | 人员（万人次） | | | | 交通工具（辆、艘、架、列次） | | | |
|---|---|---|---|---|---|---|---|---|---|---|---|---|---|---|---|---|---|
| | | 出口 | 进口 | 合计 | 同比（%） | 出口 | 进口 | 合计 | 同比（%） | 出境 | 入境 | 合计 | 同比（%） | 出境 | 入境 | 合计 | 同比（%） |
| 空运口岸 | 银川 | 0 | 0 | 0 | -100 | | | | | 0 | 0 | 0 | -100 | 0 | 0 | 0 | -100 |
| | 分计 | | | | | | | | | | | | | | | | |
| 合计 | | | | | | | | | | | | | | | | | |
| 同比（%） | | | | | | | | | | | | | | | | | |

备注：2022 年，受疫情影响，国际航线停航，因此口岸运行数据为零。

（宁夏回族自治区口岸办提供）

# 2022年银川海关主要数据统计表

| 项　目 | | 2022年 | 2021年 | 同比（%） |
|---|---|---|---|---|
| 进出口货运量（万吨） | 合计 | 137.70 | 10.92 | 1 161.52 |
| | 进口 | 122.35 | 2.42 | 4 954.53 |
| | 出口 | 15.35 | 8.49 | 80.71 |
| 进出口贸易总值（万美元） | 合计 | 131 975 | 63 116 | 109.10 |
| | 进口 | 43 960 | 19 269 | 128.14 |
| | 其中：江、海运输 | 41 523 | 12 957 | 220.47 |
| | 铁路运输 | 95 | 0 | — |
| | 汽车运输 | 0 | 0 | — |
| | 航空运输 | 2 342 | 6 312 | -62.89 |
| | 邮件运输 | — | — | — |
| | 其他运输 | — | — | — |
| | 出口 | 88 015 | 43 847 | 100.73 |
| | 其中：江、海运输 | 34 373 | 30 706 | 11.94 |
| | 铁路运输 | 4 622 | 931 | 396.45 |
| | 汽车运输 | 48 277 | 10 020 | 381.80 |
| | 航空运输 | 744 | 2 190 | -66.04 |
| | 邮件运输 | — | — | — |
| | 其他运输 | — | — | — |
| 税收（万元） | 两税合计 | 38 745 | 22 948 | 68.84 |
| | 关税入库 | 8 342 | 7 259 | 14.93 |
| | 进口环节税入库 | 30 402 | 15 689 | 93.78 |

（银川海关提供）

# 2022 年宁夏回族自治区口岸出入境主要数据表

| 项目 | | | 2022 年 | 2021 年 | 同比（%） |
|---|---|---|---|---|---|
| 出入境人员（人次） | 出入境人员总数 | | 0 | 1 242 | -100 |
| | 入境人员 | | 0 | 767 | -100 |
| | 出境人员 | | 0 | 475 | -100 |
| | 出入境旅客 | | 0 | 1 176 | -100 |
| | 出入境员工 | | 0 | 66 | -100 |
| | 中国公民 | 小计 | 0 | 408 | -100 |
| | | 内地居民（因公） | 0 | 74 | -100 |
| | | 内地居民（因私） | 0 | 334 | -100 |
| | | 港澳居民 | 0 | 0 | — |
| | | 台湾同胞 | 0 | 0 | — |
| | 外籍人员 | | 0 | 834 | -100 |
| | 从海港出入境人数 | | 0 | 0 | — |
| | 从陆港出入境人数 | | 0 | 0 | — |
| | 从空港出入境人数 | | 0 | 1 242 | -100 |
| 交通运输工具（辆、艘、架、列次） | 总计 | | 0 | 22 | -100 |
| | 船舶 | | 0 | 0 | — |
| | 飞机 | | 0 | 22 | -100 |
| | 火车 | | 0 | 0 | — |
| | 机动车辆 | | 0 | 0 | — |

（宁夏出入境边防检查总站提供）

# 新疆维吾尔自治区口岸分布示意图

| 序号 | 类型 | 口岸名称 | 批准开放时间 | 开放状态 |
|---|---|---|---|---|
| 1 | 空运口岸（3个） | 乌鲁木齐空运口岸 | 1973.9 | 国际常年 |
| 2 | | 喀什空运口岸 | 1993.4 | 国际常年 |
| 3 | | 伊宁空运口岸 | 2016.8 | 国际常年 |
| 4 | 公路口岸（14个） | 老爷庙公路口岸 | 1992.2 | 双边常年 |
| 5 | | 乌拉斯台公路口岸 | 1992.2 | 双边季节 |
| 6 | | 塔克什肯公路口岸 | 1988.9 | 国际常年 |
| 7 | | 红山嘴公路口岸 | 1992.2 | 双边季节 |
| 8 | | 吉木乃公路口岸 | 1994.3 | 国际常年 |
| 9 | | 巴克图公路口岸 | 1994.3 | 国际常年 |
| 10 | | 霍尔果斯公路口岸 | 1983.11 | 国际常年 |
| 11 | | 都拉塔公路口岸 | 1994.3 | 国际常年 |
| 12 | | 吐尔尕特公路口岸 | 1983.12 | 国际常年 |
| 13 | | 伊尔克什坦公路口岸 | 1998.1 | 国际常年 |
| 14 | | 卡拉苏公路口岸 | 2007.9 | 国际常年 |
| 15 | | 红其拉甫公路口岸 | 1982.8 | 国际季节 |
| 16 | | 阿黑土别克公路口岸 | 1994.3 | 未开通 |
| 17 | | 木扎尔特公路口岸 | 1994.3 | 未开通 |
| 18 | 铁路口岸（2个） | 霍尔果斯铁路口岸 | 2014.2 | 国际常年 |
| 19 | | 阿拉山口铁路口岸 | 1990.6 | 国际常年 |

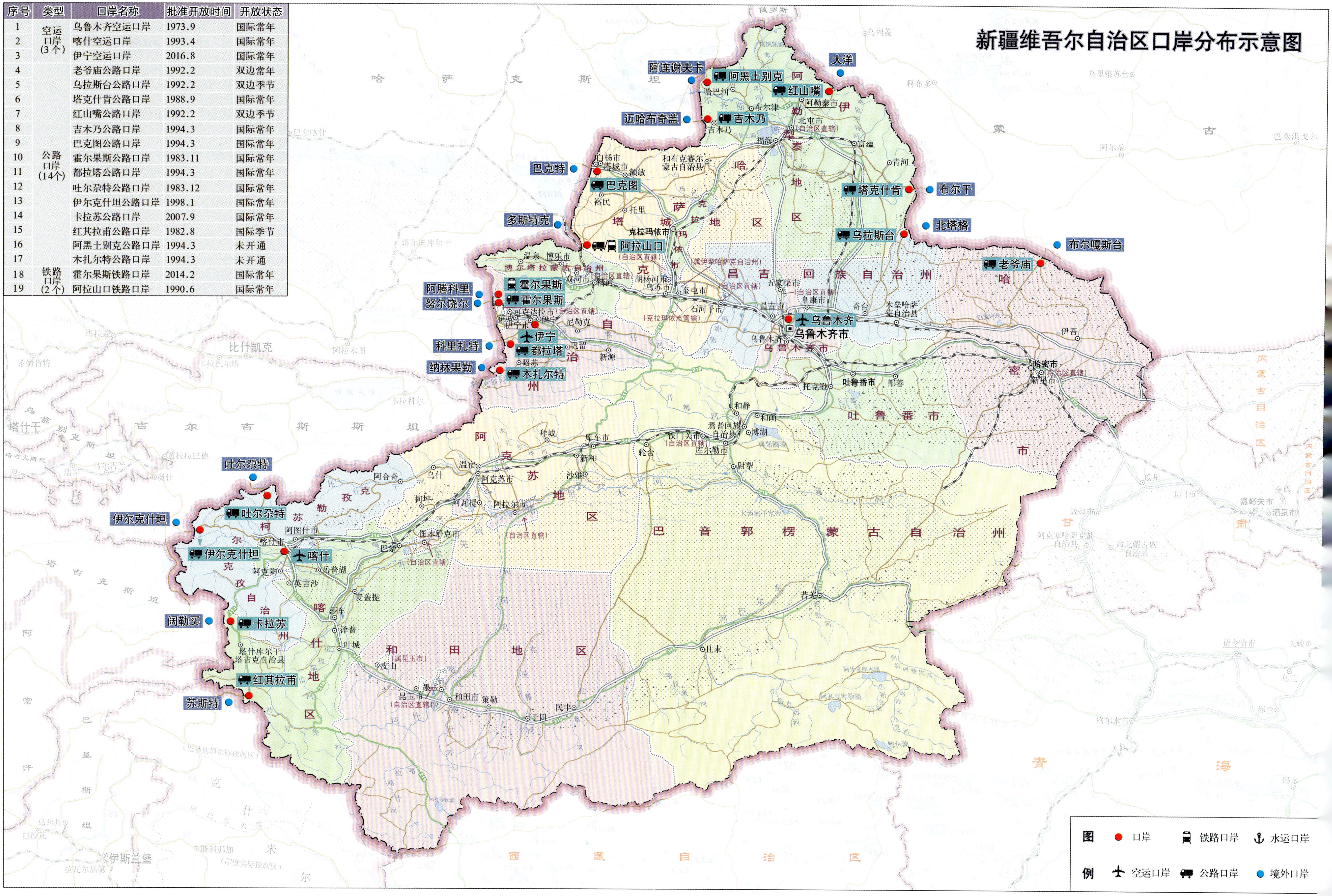

# 新疆维吾尔自治区

## 口岸数量及分布

截至2022年年底，新疆维吾尔自治区（以下简称“新疆”）现有经国务院批准的对外开放口岸19个。其中，空运口岸3个，分别为乌鲁木齐空运口岸（乌鲁木齐地窝堡国际机场）、喀什空运口岸（喀什国际机场）和伊宁空运口岸（伊宁机场）。陆路（公路、铁路）口岸16个，其中，中蒙（蒙古国）边境口岸4个，分别为老爷庙、乌拉斯台、塔克什肯和红山嘴公路口岸；中哈（哈萨克斯坦）边境口岸8个，分别为霍尔果斯、吉木乃、巴克图、都拉塔、阿黑土别克和木扎尔特公路口岸，阿拉山口（公路、铁路）口岸以及霍尔果斯铁路口岸；中吉（吉尔吉斯斯坦）边境口岸2个，分别为吐尔尕特和伊尔克什坦公路口岸；中塔（塔吉克斯坦）边境口岸1个，即卡拉苏公路口岸；中巴（巴基斯坦）边境口岸1个，即红其拉甫公路口岸。其中，阿黑土别克和木扎尔特公路口岸未开通使用；伊宁空运口岸于2016年8月3日经国务院批准对外开放，2022年年底正在申请国家口岸管理部门验收，未正式对外开放。

## 口岸运行数据

2022年，据海关统计，新疆口岸进出口货运量6 877万吨，同比增长10.5%；其中，进口5 759.49万吨，同比增长6.6%；出口1 117.51万吨，同比增长36.3%。进出口贸易额11 682 344.7万美元，同比增长15.9%；其中，进口3 937 720.4万美元，同比增长16.5%；出口7 744 624.3万美元，同比增长15.6%。

2022年，据边检统计，出入境人员329 486人次，同比增长109.77%。其中，入境165 312人次，同比增长110.24%；出境164 174人次，同比下降109.29%。出入境旅客10 605人次，同比增长87.73%；出入境员工318 881人次，同比增长110.59%。出入境交通工具468 944辆（列、架）次，同比增长159.35%。其中，机动车辆435 482辆次，同比增长189.68%；火车32 661列次，同比增长8.81%；飞机801架次，同比下降31.07%。

## 口岸综合管理

**【筑牢口岸疫情防控防线】** 2022年，新疆周边国家与国内局部新冠疫情形势依然复杂，口岸疫情防控作为“外防输入”重中之重，新疆各级口岸管理部门认真贯彻落实国务院联防联控机制工作要求，坚持依法科学精准防控，严格口岸闭环管理，落实“客货分离、分段运输、封闭管理”防控措施，实行甩挂、吊装、界桥交接等非接触式货运通关模式，强化口岸运行监测和分析，保证口岸货运通关安全有序。2022年全区各口岸封闭区未发生疫情。

非接触式货运通关模式保证口岸通关安全有序

**【保障口岸货运通关畅通】** 2022年，新疆口岸管理部门统筹疫情防控和货运通关，发挥口岸在国内国际双循环中的重要节点作用，保障“中欧班列”主动脉安全运营，促进通关便利化，完善货物“绿色通道”，确保产业链完整、供应链不断。一是按照“应开尽开”原则，新疆17个建成运行的口岸中，除红山嘴、乌拉斯台季节性开放口岸外，其余口岸均实现货运通关，积极推动口岸实行双向通关，做到应进尽进、快进快出。二是铁路口岸以保障中欧、中亚班列畅通运输为重点，科学调整、持续优化班列运输组织，提高宽、准轨班列接发效率；海关、边检、铁路等部门开展进出境 24 小时不间断作业，口岸实现“一票到底，一站办理”便利通关；推广“关铁通”、中哈铁路信用交换、返程班列交付方口岸换装等模式，实现各环节并联作业，保障班列运行提质增效。2022 年，经阿拉山口口岸、霍尔果斯口岸开行中欧（中亚）班列连续突破 1 万列。三是公路口岸多措并举提升货运量，塔克什肯口岸增加周六周日临时开关，霍尔果斯、巴克图、伊尔克什坦、吐尔尕特、卡拉苏口岸延长每日工作时间，各口岸综合实施甩挂、吊装、直通等多种运输方式和作业模式，开展“关检”联合查验，实现“一次查验、一次放行”，压缩整体通关时间，2022 年，公路口岸进出口贸易额同比增长 1 倍以上。四是乌鲁木齐、喀什空运口岸开通飞往中亚、西亚、南亚和欧洲等 22 条国际地区货运包机航线，乌鲁木齐空运口岸恢复对哈、吉、塔客运航线，在助力物资流通、人员交往上发挥积极作用。五是在认真落实防疫措施的前提下，新疆各口岸为中亚各国重要货物通关提供便利，同时新疆外事部门做好与我驻外使领馆、周边国家驻华使馆、重点央企的沟通联络工作，保障重点物资通关顺畅。

**【加大口岸设施建设力度】** 新疆积极融入国家“一带一路”倡议、打造亚欧黄金通道和向西开放桥头堡战略，持续改善口岸硬件设施，科学有序推进口岸建设，结合重点口岸发展定位，2022 年年底前完成阿拉山口、霍尔果斯、伊尔克什坦、吐尔尕特等口岸查验设施、集装箱换装站、周转仓、多式联运以及道路和保障设施改造等 11 个项目建设，改善了枢纽口岸通关设施。

**【优化口岸营商环境】** 在助企纾困、优化口岸营商环境等方面持续发力，强化问需于企，完善相关服务措施，开展空集装箱空挂车入境循环使用、及时调整口岸经营服务性收费、落实口岸收费目录清单公示制度、做好口岸进出口整体通关时间监测等措施，解决集装箱收费“贵”、通关排队“久”、进口货运恢复“慢”等问题，促进外贸进出口稳定增长。

**【推动对外通道建设】** 2022 年上半年，新疆口岸管理部门会同有关单位对开通中吉别迭里口岸组织前期研究论证，初步确定了口岸性质、道路建设、设计规模、位置选址和投资规模等内容；2022 年 9 月，与吉尔吉斯斯坦有关方面召开视频会议，共同商讨推动别迭里口岸对外开放工作。2022 年下半年，新疆口岸管理部门会同阿勒泰地区开展中俄吉克普林口岸对外开放前期准备工作。

**【巩固口岸国际合作】** 新疆认真贯彻落实党中央关于统筹疫情防控和经济社会发展精神，重点加强同周边国家边境口岸防疫和货运通关方面的沟通与合作，在前期建立中哈、中吉、中塔边境口岸联防联控机制基础上，2022 年与巴基斯坦、蒙古国建立边境地州间会晤机制。2022 年，召开边境口岸合作国际会议 9 次，与周边国家相关部门商讨解决边境口岸货运通关重点、难点问题，共同提升口岸通关能力，共同营造物流通畅国际环境。

**【中国（新疆）国际贸易单一窗口运行情况】** 2022 年 3 月，中国（新疆）国际贸易单一窗口政务平台迁入新疆电子政务外网。2022 年，中国（新疆）国际贸易单一窗口办理各类国际贸易业务共计 216.7 万票（不含跨境电商），其中货物申报 406 542 票、舱单申报 1 449 366 票、运输工具 43 548票、企业资质办理16 387票、原产地证申领 16 493 票、贸易许可证件办理 392 票、税费支付 21 273 票、加贸保税213 395票。

## 口岸监管与服务

**【乌鲁木齐海关提升外防输入质效，防止境外疫情输入】** 一是以专业支撑提质效。充分发挥乌鲁木齐海关卫生检疫专业力量，及时解读疫情防控政策最新要求，研判各类风险点，坚持“一货一策”科学施策。乌鲁木齐海关参加国务院疫情防控督导 1 次。二是以压减环节提质效。

深化对《新冠肺炎防控方案（第九版）》和各类规范性文件的学习，确保各类政策理解、执行、落实到位。2022年，新疆各口岸基本取消出口货物预防性消毒和进口货物采样、消毒、静置等作业环节，有效提高了货物跨境通行效率。2022年，新疆口岸进口、出口整体通关时间分别为15.28小时、0.10小时，比全国同期分别快24.9小时、1.16小时。三是以监督检查提质效。充分运用“四不两直”工作机制，成立关区口岸疫情防控“挑毛病”专家组，通过实地检查以及视频远程督导，有效保障口岸防疫工作按最新规定落实。

**【乌鲁木齐海关提升监管通关时效，统筹“防”“放”兼顾】** 一是优化返空箱监管模式。充分发挥口岸进出“大通道”功能作用，推动进一步优化防疫措施、规范入境流程，有效提升公路口岸空箱（厢）返回通行效率。2022年，新疆公路口岸共返回5 275个标准集装箱，有效缓解了出口企业用箱难、成本高等问题。二是强化海关国际合作。密切与周边国家海关的联系合作，坚持“无事常联系，有事勤商量”。2022年，与外方对应口岸海关举行边境会晤21次，在保障口岸畅通等方面取得了积极成效。积极寻求海关合作与促进开放型经济发展的结合点，保障海关总署、新疆与周边国家各类视频会议11场，有力服务了国际疫情防控协作和口岸通行协调。三是深化“智慧海关、智能边境、智享联通”合作的部署要求。巩固深化关区“三智”建设工作成果，促进国内国际双循环、加快构建新发展格局的重要举措，推动共建“一带一路”高质量发展。

**【乌鲁木齐海关落实“问题清零”工作机制，推动构建关企“亲、清”合作关系】** 乌鲁木齐海关搭建“企业直通车服务平台”，建立服务企业工作机制，实现互联网端和海关政务网间的信息交互功能，企业足不出户就可以在网上将问题困难提交给海关，关区各职能部门和隶属海关单位可以直接通过政务网接收企业的问题困难，快速回应企业诉求。平台自2022年5月正式运行以来，截至2022年12月31日，疆内3 000余家企业已纳入平台服务范围，平台共注册海关端用户110个，覆盖关区35个单位和部门，累计登录次数9 341次，处理问题次数374次，解决企业困难诉求74件，通过平台与关企合作委员会工作机制的有效衔接，针对2家AEO企业提出的困难诉求，创新落实AEO企业“留样提离”优惠措施，保障企业便捷通关，成为关区助企纾困典型案例，受到媒体高度关注和报道。充分发挥平台效能，通过平台向近3 000余家企业法人、联系人发送宪法、海关相关法律法规、海关优惠政策宣传短信3万余条。

**【乌鲁木齐海关突出叠加效应，打造口岸优质“软环境”】** 一是坚持“一盘棋”发力，推动政策叠加。乌鲁木齐海关持续深化“两步申报”“两段准入”等业务改革，保障“铁路快通”“关铁通”业务率先落地。积极落实新疆促进外贸发展、惠企助企各项举措，出台一系列疫情期间促进区域内开放型经济高质量发展的措施，凝聚政策合力。二是坚持“一站式”办理，推动效率叠加。在全国率先实施公路口岸“甩挂”“吊装”等不见面通行模式，鼓励并指导企业实施远程“无纸化”通关，口岸通关安全性和时效性显著提升。三是坚持“一体化”行动，推动服务叠加。深入推进减税降费，督促地方政府充分发挥优化营商环境的主体作用，推动进一步规范口岸各环节费用、降低企业通关成本。2022年，乌鲁木齐海关累计为企业减免税款2.44亿元。

**【乌鲁木齐海关突出协同效应，激发高效通行“动力源”】** 一是协同提升“两个能力”。紧紧围绕“海关监管服务能力”与“口岸通行能力”的同步提升，助力强化新疆陆上边境口岸型国家物流枢纽建设，主动融入口岸通关能力和通关效率“双提升”工程，参与各口岸铁路综合查验T场、公路综合查验场、甩挂场、综合保税区准轨编组站等项目建设，确保与海关监管机制、查检需求等相契合。二是协同强化“两个支撑”。紧紧围绕“制度支撑”与“科技支撑”的进一步强化，不断在健机制、增动能上下功夫。紧扣自治区“一港、两区、五大中心、口岸经济带”建设部署，针对新贸易模式、新通关业务以及各方面新要求新特点，完善监管机制，确保科技保障跟得上机制的调整，确保机制与科技的结合跟得上发展的需求。三是紧紧围绕“关地合作”与“关关合作”的进一步深化，切实为“优执法强监管、优环境强服务”打造良好基础。聚焦中欧班列高效集约开行、业务交流、队伍建设等，密切与海关总署职能司局、其他直属海关的合作共建；聚焦新疆各地州、各口岸的不同区位特点、资源禀赋、发展方向等，共同谋划和推动更高水平的全面开放。

**【乌鲁木齐海关突出服务效应，激发市场主体“新活力”】** 一是用好“一企一策”。乌鲁木齐海关常态化走访调研新疆八钢、特变电工、冠农等疆内重点企业，召开关企座谈会，有效解决大宗商品通关、跨境电商政策适用、公式定价管理等具体问题。积极开展政策宣讲，重点解读企业关切的综合保税区管理办法、RCEP 原产地政策、危化品申报等内容，现场解决企业问题，支持企业用活用好“提前申报”“预约查验”等便利化举措。二是坚持“问题清零”。依托“企业直通车服务平台”、12360 海关服务热线等，实施首问负责、一次性告知、限时办理等工作模式，精准聚焦企业及改革发展难题。2022 年，累计服务企业 2 800 余家，受理解决关于冷链肉类进口、危险品通关、食品企业注册备案、一体化通关查检等 100 余项困难诉求。三是做好精准帮扶。推动企业“白名单”制度落地，将“企业协调员”等高级认证企业优惠措施，逐步扩大至受疫情影响较大的一般认证企业，将对关区高级认证生产型企业“两步申报”申请免担保优惠措施，扩展至关区所有高级认证企业均可申请，释放政策红利。2022 年，1 655 家企业完成新注册，新疆高级认证企业增加至 33 家。

**【乌鲁木齐海关统筹兼顾探索模式联动“增量”】** 一是优化公铁联运模式。深入贯彻落实习近平总书记重要指示批示精神，以及上合组织撒马尔罕峰会中关于构建中国—中亚陆运新通道的全新倡议，创新公铁联运“一单到底、并联作业”方式，会同发改、交通、商务、工信、铁路等部门，加大对“中吉乌”公铁联运方式的探索与研究。二是推行“区港联动”模式。引导企业使用“两步申报”“两段准入”等通关模式，将进口木材、粮食等货物自口岸提离至国际陆港区实施海关检查，在有效缓解口岸货物通行压力的同时，支持提升班列集结中心货物集聚效应。三是激活沿边经济模式。支持地方政府用好农副产品快速通关优惠政策，发挥边民互市与进境粮食、水果等指定监管场地叠加优势。主动对接地方政府和运营单位提供业务指导，积极向地方政府提出口岸边民互市贸易长短期发展建议，推进塔城巴克图边民互市新模式落地运行。

**【乌鲁木齐海关抢抓机遇激发新兴业态发展“增量”】** 一是积极推进市场采购贸易试点。认真落实国务院以及海关总署关于加快推进市场采购贸易方式试点的部署，紧密结合新疆已有 2 个市场采购贸易方式试点的基础及区位、物流等优势，梳理、预研海关简化申报等便利举措，协助地方政府推动交易中心设计、联网信息平台开发等。完成市场采购贸易首单业务试点，在实践中不断总结新的经验做法，进一步培育增长新动能。二是积极推动跨境电商规模化发展。充分发挥新疆“东联西出”国际物流通道优势，倡导组合运用“跨境电商+中欧班列”“跨境电商+货运包机”“跨境电商+TIR”等多种运输模式，保障跨境电商运输便利化。开辟跨境电商“绿色通道”，实行 24 小时预约通关等服务举措，确保合规商品 100% 当日清关。支持关区跨境电商业务稳健发展，以阿拉山口市、喀什地区获批跨境电商综合试验区为契机，落实“清单核放，汇总统计”、简化申报等措施，组合运用“跨境电商+ ”运输方式，提高跨境电商商品通关时效和运输便利化水平。全力推进市场采购贸易取得突破，指导阿拉山口海关、乌昌海关辖区内的 2 个市场采购贸易试点通过评审并完成实单测试，推进试点单位信息化系统开发等准备工作。

**【乌鲁木齐海关守正创新深挖产业发展“增**

量”】 一是以综合保税区带动产业创新发展。积极推进自由贸易试验区海关监管制度创新经验在新疆的复制推广落地，已复制推广“四自一简”、分送集报、先出区后报关等17条自由贸易试验区监管创新制度。紧扣地方政府关于综合保税区发展的产业规划，支持内销选择性征税、委内加工、保税展示等优惠政策落地。2022年，新疆4个综合保税区进出口贸易额714.84亿元，同比增长4倍。二是以“绿色通道”带动农副产品快速通关。针对疫情期间本地商品“出行难”问题，因地制宜设立口岸专用“绿色通道”，按照顺势监管工作导向制订专门监管方案。发挥区域内集结中心货源的优势，量身打造“和田—喀什—乌鲁木齐”货运班列监管模式，助力新疆特色农副产品加速走出国门。三是以中欧班列保障跨境物流高效顺畅。研究提出促进国际陆港区高质量发展的45项措施，积极探索并实践“产地组货集结”“内外贸货物混编运输”等创新举措，量身定制监管方案，促进货物在疆集结，不断增强丝绸之路经济带核心区外贸承载力和吸引力。据铁路部门数据，2022年，经新疆口岸进出境中欧（中亚）班列13 275列，同比增长8.7%，列数位居全国首位。

**【乌鲁木齐海关紧盯企业关切，持续提升对企服务质效】** 一是落实对不同信用等级企业的差异化查验率。落实海关总署对AEO企业的“22+6”项便利通关措施，进一步压缩AEO企业通关时间，提高AEO企业通关效率。设立“高级认证企业（AEO）优先办理”窗口，相关企业可在海关各业务现场获得优先办理、海关协调员专人对接等优惠服务；AEO企业进出口查验率保持在常规管理措施企业的20%以下。二是加强海关信用体系机制建设，完善相关制度安排。根据海关总署部署安排，深化开展企业信用培育和信用修复工作，重点教育引导失信企业树立诚信意识转变，宣传推广实施企业信用修复，2022年共办理失信企业信用修复39家，帮助企业强化诚信守法意识，提高诚信经营水平，畅通企业信用修复渠道，为企业向好发展送上“定心丸”。三是多维度发力，实现AEO工作新突破。扎实开展信用培育，稳步提升关区AEO企业数量。乌鲁木齐海关与兵团商务局协商并联合发文，给予新增AEO企业奖补资金政策首次出台；扎实开展企业信用培育工作，将专精特新企业、“白名单”企业等纳入重点培育企业库，通过线上线下培育、一对一重点辅导等方式开展政策宣传，引导企业提升自主管理意识和自我规范能力，促进培育成果转化，截至2022年年底，新疆现有海关AEO企业33家。

**【乌鲁木齐海关落实“放管服”改革要求，保外贸市场主体稳步增长】** 扎实推进“多证合一”改革，加强同市场监管部门的协同配合，建立有效联系工作机制，疏通“多证合一”数据传输渠道，进一步提高报关单位备案全程网办水平，优化、简化报关单位备案流程。实现备案企业数量和“多证合一”渠道备案企业占比双突破。2022年，新增备案企业1 655家，同比增长30%，其中通过多证合一渠道办理的企业524家，占比31.7%。

**【乌鲁木齐海关压缩备案时限，助力食品生产企业开拓国际市场】** 减少特定资质备案事项，取消进口肉类收货人和进口化妆品进口商备案，简化企业备案材料，取消出口食品原料种植场备案申请人提高土壤和灌溉用水检查报告的要求，压缩出口食品生产企业备案时限，实现当日办结率68.7%。创新工作模式，开展“零接触”式出口食品生产企业境外注册推荐工作，2022年完成进口食品化妆品进口商备案98家，出口食品原料种植基地备案13家，出口食品生产企业备案72家。办理对巴拿马推荐注册水产品企业4家，对俄罗斯推荐注册水产品企业1家，对越南推荐注册水产品企业2家，对印度推荐注册肉制品、乳制品、水产品企业8家。

**【乌鲁木齐海关多措并举，综合保税区呈现高速增长态势】** 一是推动区港联动、保税融资租赁、保税展示3项业务改革，区港联动目前分为公路、铁路、航空3部分有序推进；新疆首家保税融资租赁公司已经入驻霍尔果斯综合保税区；保税展示已经在乌鲁木齐开了两个点位，形成良好展销效应。二是以紧盯业务发展态势为重点，建立综合保税区发展绩效评估定期监测通报机制，进一步压紧压实地方政府主体责任、现场主管海关管理责任，督促引导各单位关注综合保税区发展状况，推动其高质量发展。2022 年，新疆 4 个综合保税区进出口值（贸易额）850.23 亿元，同比增长 433.43%，占新疆外贸总值的 34.51%。其中，进口 124.91 亿元，同比增长 86.54%；出口 725.32 亿元，同比增长 684.72%。4 个综合保税区贸易值及同比情况依次为：喀什综合保税区 282.85 亿元，同比增长 661.8%；霍尔果斯综合保税区 233.97 亿元，同比增长 550.2%；阿拉山口综合保税区 195.33 亿元，同比增长 192.5%；乌鲁木齐综合保税区 138.08 亿元，同比增长 635.3%。

**【新疆出入境边防检查总站服务支持口岸通关，助力地方经济发展】** 2022 年，新疆出入境边防检查总站把移民管理工作置于新疆“丝绸之路经济带”核心区建设战略大局，持续深化放管服改革，推行边检机关优化口岸营商环境促进跨境贸易 7 条便利化举措等服务举措，为新疆高水平开放高质量发展贡献边检智慧方案。2022 年，全区口岸开放及通关情况交出了亮眼的成绩单。其中，11 个陆地口岸恢复了货运通关，9 个口岸单日通关流量刷新了历史最高纪录，乌鲁木齐空港口岸实现了疫情发生 3 年来首次客运通航，疫情形势下的旅客检查业务日臻完善。全年服务保障 32.95 万人次出入境人员通关，同比增长 109.8%。全年服务保障 46.89 万辆（列、架）次出入境交通工具通关，同比增长 158.4%。累计查验出入境货运列车 3.3 万列次，同比增长 8.8%，占全国铁路口岸通关总量的 40% 以上。累计查验出口商品车 5.8 万辆，同比增长 155%，助力中国制造走出国门、走向世界。中蒙塔克什肯、老爷庙口岸累计进口煤炭、铁矿资源突破 310 万吨，较疫情之前实现了反超，全区口岸通关流量持续逆势上扬。

霍尔果斯出入境边防检查站执勤民警保障跨境电商货物出口

**【新疆出入境边防检查总站严密口岸安全管控，提高口岸规范化管理】** 2022 年，新疆出入境边防检查总站以做好党的二十大安保维稳工作为主线，认真贯彻“管理优先”理念，以出入境边防检查、监护管理为核心职能，严格依法履行查疑查假查伪、交通工具检查监护和限定区域管理职责，守牢口岸安全管控底线。全面提高口岸规范化管理水平，优化完善独立执勤单元建设，规范统一业务类型相同口岸的勤务组织模式。实行勤务值班领导全程全时跟进一线勤务，实现清单化、标准化、流程化的勤务运行监督管理，勤务组织管理更加高效顺畅。建立动态化疫情防控任务清单，以执勤民警的“零输入、零感染、零传播”，有力保障口岸安全连续畅通。围绕业务需求和智能化、规范化目标，全面强化科技、装备保障，赋能推动边检工作提质增效。深度推进业务与信息科技融合，实现勤务管理智能化转型。与海关共享共用 H986 检查结果，实现陆地口岸“关检协作”全覆盖。配备无线微震生命探测仪，建设车辆安全检查系统，以科技赋能为防范打击跨境违法犯罪提供强大支持。牢牢把握“做好新时代边检工作，队伍建设是根本也是保证”工作要求，以实战化练兵为牵引，全面提升履职能力，边检队伍专业化、职业化建设迈出新步伐。

## 开放口岸

**【乌鲁木齐空运口岸（乌鲁木齐地窝堡国际机场）】** 乌鲁木齐地窝堡国际机场位于新疆首府乌鲁木齐市郊西北地窝堡，距乌鲁木齐市区16.8千米，飞行区等级为4E。口岸国际区域约1.8万平方米，其中商业区域面积920平方米、候机区域面积17 080平方米；国际货物监管场地占地1.75万平方米，其中天翼物流公司国际货运监管库1.5万平方米、南航国际货运监管库0.25万平方米，年处理货物能力最高可达5万吨。乌鲁木齐国际机场始建于1939年，从1950年至今经历数次扩建和续建。1973年9月，国务院批准机场对外开放。乌鲁木齐地窝堡国际机场定位为全国民航运输机场布局规划的五大门户枢纽机场之一，是国际定期航班机场，未来的航空货运及快件集散中心之一、各大航空公司的基地公司之一。截至2022年年底，乌鲁木齐地窝堡国际机场已开通国际地区客运航线4条、货运航线19条，通达俄罗斯、哈萨克斯坦、土库曼斯坦、乌兹别克斯坦、吉尔吉斯斯坦、伊朗等11个国家和地区；进出口货物主要为纺织口、小五金、鞋靴、机电产品、日用百货等。

2022年，乌鲁木齐空运口岸进出口货运量9 419吨，同比下降41.3%，其中进口92吨、出口9 327吨；进出口贸易额25.77亿元，同比下降39.9%，其中进口0.16亿元、出口25.61亿元；出入境人员15 654人次，同比增长46.08%，其中出境7 298人次、入境8 356人次；出入境飞机720架次，同比下降34.25%，其中出境377架次、入境343架次。

**【喀什空运口岸（喀什国际机场）】** 喀什国际机场位于新疆喀什地区喀什市北郊，机场距市中心9千米，飞行区等级为4E。1993年4月23日，喀什空运口岸经国务院批准对外开放；2004年4月，喀什国际机场临时对外开放；2005年12月16日，喀什空运口岸正式对外开放，先后开通喀什至伊斯兰堡货运包机、喀什至伊斯兰堡客货直航、喀什至阿联酋沙迦旅游包机、喀什至比什凯克客货直航、喀什至卡拉奇货运包机。2013年，国务院批准同意在喀什国际机场开办口岸签证业务；2016年9月19日，正式开办签证业务。2019年11月13日，开通喀什至卡拉奇货运包机。2021年5月18日，经海关总署批准设立进境水果、肉类、冰鲜水产品、食用水生动物综合性指定监管场地。2022年，喀什空运口岸开通喀什至巴基斯坦拉合尔和喀什至匈牙利布达佩斯、比利时列日3条国际货运包机航线。2022年以出口为主，出口货物主要为日用百货、电子产品、服装、布匹等，当年无进口货物。

2022年，喀什空运口岸进出口货运量277吨，均为出口；进出口贸易额0.46亿元；出入境人员2 580人次，同比下降34.77%，其中出境1 242人次、入境1 338人次；出入境飞机81架次，同比增长44.64%，其中出境40架次、入境41架次。

**【伊宁空运口岸（伊宁机场）】** 伊宁机场位于新疆伊犁哈萨克自治州伊宁市，机场距伊宁市5千米，占地面积2.99平方千米，飞行区等级为4C。2016年8月3日，伊宁机场经国务院批准对外开放。机场可满足B737-800及以下机型的安全起降，设计旅客年吞吐量200万人次、货邮年吞吐量7 400吨；口岸区域面积10 729.71平方米，其中旅检区域面积7 999.7平方米（入境6条通道、出境4条通道）、货检区域面积2 730.01平方米。2021年12月23日，伊宁机场改扩建项目通过自治区预验收，待通过国家对外开放验收后正式对外开放。

**【老爷庙陆路（公路）口岸】** 老爷庙公路口岸位于新疆哈密市巴里坤哈萨克自治县境内，地处中蒙边界354号界标附近，与蒙古国戈壁阿尔泰省毗邻。口岸距巴里坤县城172千米，距哈密市308千米，距乌鲁木齐市773千米；距蒙古国布尔嘎斯台口岸57千米，距布格特县280千米，距戈壁阿尔泰省阿尔泰市484千米。1991年6月24日，中蒙两国政府达成协议同意开放老爷庙公路口岸；1992年2月，老爷庙公路口岸经国务院批准对外开放，为双边季节开放口岸。2012 年 2 月 2 日，新疆维吾尔自治区人民政府批复老爷庙公路口岸向北迁移 14 千米；新查验区于 2015 年 8 月建成启用。2014 年 8 月 10 日，老爷庙公路口岸经国务院批复同意扩大对外开放，为国际性常年开放口岸。2018 年，获批进口肉类指定口岸。2020 年 11 月，中蒙双方通过外交渠道确认该口岸由双边性季节开放口岸扩大为双边性常年开放口岸。2021 年 4 月 1 日起，实现常年开放。协议口岸开放时间每周一至周五通关 5 天，逢双方法定节假日闭关，工作时间为北京时间 10：00—18：00。口岸历年主要以进口蒙古国铁矿砂为主，铁矿砂进口量占口岸进出口总量的 99%。2022 年，进口货物主要为铁矿砂，出口货物主要为水泥、无烟煤、轮胎、汽车零部件、建材、新商品车辆、日用百货、打印耗材、化工产品等。

2022 年，老爷庙公路口岸进出口货运量 86.79 万吨，其中进口 86.61 万吨、出口 0.18 万吨；进出口贸易额 6.61 亿元，其中进口 6.45 亿元、出口 0.16 亿元；出入境人员 31 474 人次，其中出境 15 737 人次、入境 15 737 人次；出入境车辆 31 494 辆次，其中出境 15 757 辆次、入境 15 737 辆次。

**【乌拉斯台陆路（公路）口岸】** 乌拉斯台公路口岸位于新疆昌吉回族自治州奇台县北塔山区域，地处中蒙边界 163 号界标附近，与蒙古国科布多省布尔干县毗邻。口岸距奇台县城 248 千米，距乌鲁木齐市 446 千米，距昌吉市 485 千米；距蒙方北塔格口岸 6.5 千米，距布尔根县 140 千米，距科布多省 550 千米。1991 年 6 月 24 日，中蒙两国政府达成协议同意开放乌拉斯台公路口岸；1992 年 2 月，经国务院批准对外开放，为双边季节开放口岸。1995 年，确定乌拉斯台口岸开放时间为每年 3 月、6 月、9 月、12 月 1 至 20 日。2004 年 9 月起，开关次数由 4 次调整为 3 次，开关 45 天。协议口岸开放时间每年 5 月、7 月、9 月 16 日至 30 日，工作时间为北京时间 10：00—19：00。口岸历年出口货物主要为水泥和出境施工企业携带的大米、清油、面粉等生活物品，进口的货物主要为煤炭（焦煤）、羊毛、羊绒。2022 年未过货。

**【塔克什肯陆路（公路）口岸】** 塔克什肯公路口岸位于新疆阿勒泰地区青河县境内，地处中蒙边界 124 号界标附近，与蒙古国科布多省布尔干县毗邻。口岸距中蒙边界线 15.5 千米，距青河县 90 千米，距阿勒泰市 380 千米，距乌鲁木齐市 510 千米；距蒙古国布尔干口岸 25 千米，距布尔干县 65 千米，距科布多省 265 千米。1988 年 9 月，塔克什肯公路口岸经国务院批准对外开放，属双边季节开放口岸。2011 年 1 月，扩大为国际性常年开放口岸。协议口岸开放时间每周一至周五通关 5 天，逢双方法定节假日闭关，工作时间为北京时间 10：00—19：00，2022 年临时增加周六、周日开关，采取甩挂通关模式。进口货物主要为焦煤和铁矿石，出口货物主要为花卉果蔬、日用百货、服装鞋帽、家电家具、化工原料、电缆电气、车辆汽配、机械设备等。

2022 年，塔克什肯公路口岸进出口货运量 230.17 万吨，同比增长 109.7%，其中进口 221.3 万吨、出口 8.87 万吨；进出口贸易额 29.18 亿元，同比增长 298.1%，其中进口 18.04 亿元、出口 11.14 亿元；出入境人员 69 164 人次，其中出境 34 582 人次、入境 34 582 人次；出入境车辆 70 411 辆次，其中出境 35 829 辆次、入境 34 582 辆次。

**【红山嘴陆路（公路）口岸】** 红山嘴公路口岸位于新疆阿勒泰地区福海县境内，地处中蒙边界 17 号界标附近，与蒙古国巴彦乌列盖省萨格赛县毗邻。口岸距中蒙边界线 2 千米，距阿勒泰市 192 千米，距福海县 240 千米，距乌鲁木齐市 896 千米；距蒙方大洋口岸 5 千米，距萨格赛县 160 千米，距巴彦乌列盖省乌列盖市 180 千米，距离俄罗斯塔尚塔口岸 210 千米。1991 年 6 月 24 日，中蒙两国政府达成协议同意开放红山嘴公路口岸；1992 年 2 月，红山嘴公路口岸经国务院批准对外开放，为双边性季节开放口岸；1992 年 7 月，口岸正式开放，每年开关 50 天。

2014 年，红山嘴公路口岸延长开关时间至 90 天。协议口岸开放时间每年 6 月 1 日至 6 月 20 日、6 月 26 日至 7 月 10 日、7 月 16 日至 8 月 9 日、8 月 15 日至 9 月 25 日，其间周六、周日不闭关，工作时间为北京时间 11：00—19：00。口岸历年进口货物主要为毛皮、废金属品等，出口货物主要为水泥、蔬菜、建材、砂糖、日用百货等。2022 年未过货。

**【吉木乃陆路（公路）口岸】** 吉木乃公路口岸位于新疆阿勒泰地区吉木乃县境内，与哈萨克斯坦东哈州毗邻。口岸距吉木乃县 24 千米，距阿勒泰市 198 千米，距乌鲁木齐市 650 千米；距哈方迈哈布奇盖口岸 0.5 千米，距斋桑县 60 千米，距东哈州首府乌斯季缅 500 千米。1991 年，中哈两国政府达成协议同意吉木乃公路口岸临时过货；1992 年 8 月，中哈两国政府签署协定同意吉木乃公路口岸对外开放；1994 年 3 月，吉木乃公路口岸经国务院批准对外开放，为双边常年开放口岸；1997 年 11 月，吉木乃公路口岸正式对外开放；2002 年 3 月 1 日，吉木乃公路口岸扩大为国际性开放口岸。2013 年 6 月，外交部批准吉木乃公路口岸对哈萨克斯坦公民进入边民互市贸易区实行“三日免签”政策；2014 年 8 月 12 日，“三日免签”正式实施。2019 年 4 月 29 日，进口肉类指定监管场地通过国家验收。协议口岸开放时间每周一至周六通关 6 天，逢双方法定节假日闭关，工作时间为北京时间 10：00—14：00 及 15：00—19：00。2022 年 2 月 15 日，恢复货运通关，采用甩挂、吊装、界桥交接作业模式通关。口岸以出口为主，出口货物主要为机械设备、汽车配件、鞋靴、商品车、日用百货等；口岸管道以进口天然气为主。

2022 年，吉木乃公路口岸进出口货运量 11.35 万吨，其中进口 0.15 万吨、出口 11.2 万吨；进出口贸易额 45.54 亿元，同比增长 3 787.8%，其中进口 1.11 亿元、出口 44.43 亿元；出入境人员 9 846 人次，其中出境 4 923 人次、入境 4 923 人次；出入境车辆 16 530 辆次，其中出境 11 608 辆次、入境 4 922 辆次。

**【巴克图陆路（公路）口岸】** 巴克图公路口岸位于新疆塔城地区塔城市境内，与哈萨克斯坦阿拜州毗邻。口岸距塔城市 12 千米，距乌鲁木齐市 560 千米；距哈方巴克特口岸 800 米，距马坎赤市 60 千米。巴克图公路口岸已有 200 多年通商历史，1962 年以后口岸关闭。1990 年 10 月，巴克图公路口岸恢复开放为临时过货口岸。1992 年 8 月，中哈两国政府达成协议同意巴克图公路口岸对外开放；1994 年 3 月，巴克图公路口岸经国务院批准对外开放，为国际性常年开放口岸；1995 年 7 月 1 日，巴克图公路口岸正式对外开放。2010 年 12 月 28 日，外交部同意巴克图边民互市贸易区对哈公民由“一日免签”延长至“三日免签”。2013 年 12 月 23 日，中哈巴克图—巴克特口岸农产品快速通关“绿色通道”开通。2019 年 4 月 29 日，进口肉类指定监管场地通过国家验收。2019 年 6 月 18 日，巴克图边民互市贸易区投入运营。2020 年，国务院批准俄罗斯、格鲁吉亚、韩国等 18 国商品，在巴克图口岸边民互市区进行贸易。协议为口岸每周一至周六通关 6 天，工作时间为北京时间 10：00—14：00 及 15：00—19：00。2022 年，口岸采取甩挂、界桥交接作业模式通关，出口货物主要为果蔬类、百货类、电商类、设备类、大型风电设备、商品车等，进口货物主要为葵花籽、葵花籽毛油、大麦等。

2022 年，巴克图公路口岸进出口货运量 34.39 万吨，同比增长 61.3%，其中进口 1.69 万吨、出口 32.7 万吨；进出口贸易额 181.02 亿元，同比增长 38.5%，其中进口 0.57 亿元、出口 180.45 亿元；出入境人员 29 640 人次，其中出境 14 820 人次、入境 14 820 人次；出入境车辆 35 019 辆次，其中出境 20 146 辆次、入境 14 873 辆次。

**【阿拉山口陆路（公路、铁路）口岸】** 阿拉山口公路口岸位于新疆博尔塔拉蒙古自治州阿拉山口市境内，与哈萨克斯坦杰特苏州毗邻。口岸距博乐市 79 千米，距乌鲁木齐市 500 千米；距哈方多斯特克口岸 12 千米，距阿拉木图 580

千米。1990 年 6 月 27 日，阿拉山口口岸经国务院批准对外开放；1995 年 12 月，公路口岸正式对外开放。2006 年 7 月，中哈原油管道一期工程建成运营。2011 年 5 月，国务院批准设立阿拉山口综合保税区；2014 年 6 月，阿拉山口综合保税区正式封关运作。2012 年 12 月，设立阿拉山口市。公路口岸开放时间每周一至周六通关 6 天，逢双方法定节假日闭关，工作时间为北京时间 10：00—14：00 及 15：00—19：00。2022 年，口岸采取甩挂作业模式通关，进口货物主要为液化石油气、冷冻牛肉、冷冻鸡爪、设备、卤虫卵等，出口货物主要为日用百货、纺织品、机械、设备、生活用品等。

2022 年，阿拉山口公路口岸进出口货运量 38.97 万吨，同比增长 335%，其中进口 1.42 万吨、出口 37.55 万吨；出入境人员 48 622 人次，其中出境 24 311 人次、入境 24 311 人次；出入境车辆 48 644 辆次，其中出境 24 333 辆次、入境 24 311 辆次。

阿拉山口铁路口岸位于新疆博尔塔拉蒙古自治州阿拉山口市境内，与哈萨克斯坦杰特苏州毗邻。口岸距中哈两国边防会晤点（即铁路接轨点）4.4 千米，距博乐市 79 千米，距乌鲁木齐市 477 千米；距哈方多斯特克口岸 12 千米，距阿拉木图 580 千米。1990 年 6 月 27 日，阿拉山口口岸经国务院批准对外开放。1992 年 12 月 1 日，铁路口岸正式开放。2016 年，纳入国家中欧班列枢纽。2019 年，经阿拉山口开行的中欧班列运行线增加到 14 条。铁路口岸年换装能力 20 万标箱，设有准轨场 2 个 41 条站线、宽轨场 1 个 25 条站线、20 组换装线，先后获批整车进口、进境粮食、国际邮件交换站、进口活畜、进口植物种苗、进口肉类、进境水果、进口冰鲜水产品、危化品等 11 项口岸进口资质。铁路口岸常年 24 小时通关。2022 年，阿拉山口口岸通行中欧（中亚）班列 6 211 列，进口货物主要为金属矿石、集装箱、钢材、化工品、粮食、石油焦等，出口货物主要为集装箱、钢材、化工品、饮食品及烟草、工业机械、焦炭、建材等。

2022 年，阿拉山口铁路口岸进出口货运量 1 197.48 万吨，同比增长 25.6%，其中进口 845.08 万吨、出口 352.4 万吨；出入境人员 34 319人次，其中出境 17 161 人次、入境 17 158 人次；出入境车辆 17 100 列次，其中出境 8 549 列次、入境 8 551 列次。

2022 年，阿拉山口口岸管输 1 124.96 万吨。

2022 年，阿拉山口陆路（公路、铁路、管输）口岸进出口贸易额 3 183.28 亿元，同比增长 4.3%，其中进口 1 525.99 亿元、出口 1 657.29 亿元。

**【霍尔果斯陆路（公路）口岸】** 霍尔果斯公路口岸位于新疆伊犁哈萨克自治州霍尔果斯市境内，与哈萨克斯坦杰特苏州毗邻。口岸距伊宁市 90 千米，距乌鲁木齐市 670 千米；距哈方阿拉木图 378 千米。自 1881 年起，霍尔果斯公路口岸为中俄两国间通商口岸；1962 年，因国际形势影响停止进出口贸易。1983 年 11 月 16 日，霍尔果斯公路口岸经国务院批准恢复开放；1986 年，开通地方和边境贸易；1992 年 8 月，中哈两国政府同意霍尔果斯公路口岸扩大为国际性开放口岸。2014 年 6 月 26 日，国务院同意设立霍尔果斯市。2006 年 11 月，中哈两国共同提出建设“双西公路”；2012 年 5 月 15 日，在中哈两国“双西公路”对接点开工建设霍尔果斯南部联检区（第六代公路口岸）；2018 年 9 月 27 日，南部联检区与哈方努尔饶尔口岸同步开通启用。2006 年 3 月，经国务院批准建立首个跨境中哈霍尔果斯国际边境合作中心；2012 年 4 月 18 日，面积 5.28 平方千米的中哈霍尔果斯国际边境合作中心正式运营。2019 年 4 月 29 日，进口肉类指定监管场地通过国家验收。2019 年 9 月 28 日，中哈霍尔果斯—努尔饶尔口岸农副产品快速通关“绿色通道”开通。口岸每周 7 天 12 小时工作制，逢双方法定节假日闭关。2022 年，采取甩挂、界桥交接通关模式，以出口为主，出口货物主要为商品车、水果、百货、机械设备等，进口货物主要为机械设备等。

2022 年，霍尔果斯公路口岸进出口货运量

83.59万吨，同比增长67.6%，其中进口0.91万吨、出口82.68万吨；出入境人员45 192人次，其中出境22 595人次、入境22 597人次；出入境车辆85 540辆次，其中出境62 940辆次、入境22 600辆次。

**【霍尔果斯陆路（铁路）口岸】** 霍尔果斯铁路口岸位于新疆伊犁哈萨克自治州霍尔果斯市境内，与哈萨克斯坦杰特苏州毗邻。2011年12月2日，中哈霍尔果斯—阿腾科里口岸站接轨；2012年12月22日，口岸临时开放；2014年2月21日，霍尔果斯铁路口岸经国务院批准对外开放，为国际性常年开放口岸；2016年6月7日，口岸正式对外开放。2017年6月8日，乌鲁木齐—霍尔果斯—阿斯塔纳国际旅客换乘列车首趟开行。2017年10月1日，乌鲁木齐—霍尔果斯—阿拉木图换轮班列首趟开行。口岸全年24小时通关。2022年，进出境中欧（中亚）班列达7 064列，进口货物主要为粮食、矿类、设备等，出口货物主要为工程机械、百货、建材、水果等。

2022年，霍尔果斯铁路口岸进出口货运量775.97万吨，同比增长5.1%，其中进口326.63万吨、出口449.34万吨；出入境人员31 186人次，其中出境15 594人次、入境15 592人次；出入境车辆15 561列次，其中出境7 781列次、入境7 780列次。

2022年，霍尔果斯口岸管输3 139.8万吨。

2022年，霍尔果斯陆路（公路、铁路、管输）口岸进出口贸易额2 967.66亿元，同比增长4.7%，其中进口1 074.93亿元、出口1 892.73亿元。

**【都拉塔陆路（公路）口岸】** 都拉塔公路口岸位于新疆伊犁哈萨克自治州察布查尔县境内，与哈萨克斯坦阿拉木图州毗邻。口岸距察布查尔县县城53千米，距伊宁市70千米，距乌鲁木齐市714千米；距哈方科里扎特口岸3.8千米，距阿拉木图市247千米。1992年8月，中哈两国政府签署协议同意都拉塔公路口岸为双边常年开放口岸；1994年3月，经国务院批准对外开放；1998年7月，批准建立边民互市。2006年2月15日，口岸正式对外开放；2016年5月，经国务院批准扩大为国际性开放口岸；2019年5月15日，正式扩大为国际性开放口岸。协议口岸开放时间每周一至周六通关6天，逢双方法定节假日闭关，工作时间为北京时间10：00—14：00及15：00—19：00。2022年3月30日恢复货运通关，采取正面吊装作业模式通关，以出口为主，出口货物主要为百货、鞋帽、服装、家电、玩具、皮革制品等，进口货物主要为葵花子、原油、亚麻籽等。

2022年，都拉塔公路口岸进出口货运量13.63万吨，其中进口0.06万吨、出口13.57万吨；进出口贸易额164.05亿元，其中进口58万元、出口164.05亿元；出入境车辆16 286辆次，其中出境8 143辆次、入境8 143辆次。采取正面吊装作业模式无出入境人员。

**【木扎尔特陆路（公路）口岸】** 木扎尔特公路口岸位于新疆伊犁哈萨克自治州昭苏县西南109千米处，与哈萨克斯坦阿拉木图州纳林果勒区毗邻。口岸距伊宁市296千米；距哈方纳林果勒口岸4千米，距阿拉木图320千米。1953年，口岸曾作为中苏两国临时过货点。1962年，口岸关闭。1992年8月，中哈两国政府签订协议同意开放木扎尔特公路口岸为双边常年开放口岸；1994年3月，木扎尔特公路口岸经国务院批准对外开放。截至2022年年底，该口岸尚未正式开通。

**【阿黑土别克陆路（公路）口岸】** 阿黑土别克公路口岸位于新疆阿勒泰地区哈巴河县西部，与哈萨克斯坦东哈州毗邻。口岸距哈巴河县117千米，距阿勒泰市284千米，距乌鲁木齐市829千米。1992年8月，中哈两国政府签订协议同意开放阿黑土别克公路口岸为双边常年开放口岸；1994年3月，阿黑土别克公路口岸经国务院批准对外开放。截至2022年年底，该口岸尚未正式开通。

**【吐尔尕特陆路（公路）口岸】** 吐尔尕特公路口岸位于新疆克孜勒苏柯尔克孜自治州乌恰

县境内，海拔3 795米，与吉尔吉斯斯坦纳伦州毗邻。口岸距乌恰县42千米，阿图什市62千米，距喀什市57千米；距吉方纳伦州296千米，距吉首都比什凯克720千米。早在汉代，吐尔尕特即是“丝绸之路”上的一个重要驿站，1881年起正式与沙俄通商。中华人民共和国成立后，根据中苏两国签订的贸易协定和换货合同，1950年4月正式对苏联开放，开展边境贸易，1969年通商贸易停止，1983年12月23日经国务院批准双边开放。1995年11月，吐尔尕特公路口岸联检厅经国务院批准下迁至现址托帕。2009年1月，经国务院批准扩大开放，为国际性常年开放口岸。协议口岸开放时间每周一至周五通关5天，工作时间为北京时间10：00—14：00及16：00—19：30。2022年，受新冠疫情影响，口岸采取吊装作业模式通关，以出口为主，出口货物主要为服装、鞋靴、水果及坚果、机电产品、塑料及其制品等，进口货物主要为草料、皮毛。

2022年，吐尔尕特公路口岸进出口货运量48.99万吨，同比增长261.4%，其中进口81吨、出口48.99万吨；进出口贸易额574.56亿元，同比增长241.8%，其中进口76万元、出口574.55亿元；出入境人员111人次，其中出境55人次、入境56人次；出入境车辆46 687辆次，其中出境23 386辆次、入境23 301辆次。

**【伊尔克什坦陆路（公路）口岸】** 伊尔克什坦公路口岸位于新疆克孜勒苏柯尔克孜自治州乌恰县境内，与吉尔吉斯斯坦奥什州毗邻。距克州乌恰县146千米，阿图什市250千米；距吉方奥什州220千米，距吉首都比什凯克350千米。1996年，中吉两国政府达成协议同意开放伊尔克什坦公路口岸；1997年7月21日，伊尔克什坦公路口岸临时开放；1998年1月26日，伊尔克什坦公路口岸经国务院批准对外开放，为国际性常年开放口岸；2002年5月20日，伊尔克什坦公路口岸正式对外开放。2011年12月9日，口岸联检厅下迁146千米至乌恰县。2011年9月，国务院出台《关于支持喀什、霍尔果斯经济开发区建设的若干意见》（国发〔2011〕33号）；2013年5月，国家发展和改革委员会印发《喀什经济开发区总体发展规划》（发改地区〔2013〕914号），批准喀什特殊经济开发区规划面积50平方千米，其中伊尔克什坦口岸园区10平方千米。2019年7月1日，进境水果指定监管场地通过国家验收，主要进口吉国樱桃、甜瓜等。2019年10月18日，边民互市贸易区正式运营。2021年6月8日，海关总署批复同意在伊尔克什坦公路口岸设立进境肉类指定监管场地。2021—2022年，完成“中吉乌”公铁联运车辆通关412辆次。协议口岸开放时间每周一至周五通关5天，工作时间为北京时间10：00—14：00及16：00—19：30。2022年，口岸采取甩挂、吊装通关模式，进口货物主要为干果、羊牛皮、矿石、煤炭等，出口货物主要为服装鞋帽、日用百货、纺织坯布、汽车及配件、机械设备、家用电器等。

2022年，伊尔克什坦公路口岸进出口货运量65.52万吨，同比增长271.8%，其中进口11.23万吨、出口54.29万吨；进出口贸易额469.38亿元，同比增长164.6%，其中进口0.7亿元、出口468.68亿元；出入境人员9 022人次，其中出境4 511人次、入境4 511人次；出入境车辆67 514辆次，其中出境34 939辆次、入境32 575辆次。

**【卡拉苏陆路（公路）口岸】** 卡拉苏公路口岸位于新疆喀什地区塔什库尔干塔吉克自治县境内，海拔4 050米，与塔吉克斯坦斯坦戈尔诺-巴达赫尚自治州毗邻。口岸距塔什库尔干县城65千米，距喀什市235千米；距塔方边境城市穆尔加布市9千米，距戈尔诺-巴达赫尚州政府所在地霍罗格市417千米，距塔首都杜尚别850千米。2004年5月25日，卡拉苏公路口岸临时对外开放；2007年9月12日，国务院批准卡拉苏公路口岸为国际性对外开放口岸；2011年12月29日，中塔两国政府签署协定，确定卡拉苏公路口岸为国际性常年开放口岸；2014年5月30日，卡拉苏公路口岸正式对外开放。受当地自然环境和天气影响，每年冬季开放的具体时间实行预约通关。2016年12月1日，卡拉苏公路口岸实行常年开放。口岸设计年出入境人员4.5万人次、过货量30万吨。协议口岸开放时间每周一至周五通关5天，工作时间为北京时间12：00—18：30。2022年，口岸采取吊装作业模式通关，以出口为主，出口货物主要为五金建材、机械设备、日用百货、商品车、汽车配件、服装鞋帽、厨房用品，家用电器、医用物资等，进口货物主要为金精矿石、锑精矿、伏特加酒、烟花燃放架、安哥拉羊毛、大理石等。

2022年，卡拉苏公路口岸进出口货运量18.54万吨，同比增长16.4%，其中进口0.11万吨、出口18.43万吨；进出口贸易额118.81亿元，同比增长52.7%，其中进口0.01亿元、出口118.8亿元；出入境人员26人次，其中出境13人次、入境13人次；出入境车辆14 721辆次，其中出境8 153辆次、入境6 568辆次。

**【红其拉甫陆路（公路）口岸】** 红其拉甫公路口岸位于新疆喀什地区塔什库尔干塔吉克自治县境内，口岸海拔4 500米，与巴基斯坦北部地区吉尔吉特—巴尔蒂斯坦省毗邻。口岸距塔什库尔干县城130千米，距喀什市420千米，距乌鲁木齐市1 890千米；距巴方苏斯特125千米，距吉尔吉特市270千米，距首都伊斯兰堡870千米。1981年9月，中巴两国政府达成协议同意红其拉甫公路口岸为双边季节开放口岸；1982年8月27日，红其拉甫公路口岸经国务院批准对外开放；1986年5月1日，红其拉甫公路口岸正式扩大为国际性开放口岸。由于红其拉甫公路口岸海拔较高，严重缺氧，气候恶劣，1993年口岸查验机构下迁至塔什库尔干县，新联检区于2011年10月建成启用。口岸设计年出入境人员15万人次、过货量30万吨。协议口岸开放时间每年4月1日至11月30日，工作时间为北京时间11：00—19：00。2022年，口岸采取甩挂作业模式通关，以出口为主，出口货物主要为日用百货、服装鞋帽、五金建材、汽车配件、工程机械等，当年无进口货物。

2022年，红其拉甫公路口岸进出口货运量2.26万吨，同比增长275.4%，均为出口；进出口贸易额26.25亿元，同比增长625.4%；出入境人员2 650人次，其中出境1 332人次、入境1 318人次；出入境车辆2 636辆次，其中出境1 318辆次、入境1 318辆次。

## 2022年新疆维吾尔自治区口岸大事记

1月1日

全国首票中哈“关铁通”项目出口货物经阿拉山口口岸顺利通关。

1月10日

喀什至巴基斯坦伊斯兰堡定期货运航线开通。

1月14日

邮局海关获得2021年全国“扫黄打非”先进集体。

1月15日

喀什至匈牙利首都布达佩斯货运包机航线实现首航。

1月17日

喀什至比利时列日货运包机航线实现首航。

1月17日—19日

红其拉甫口岸临时开放3天。

1月19日

新疆维吾尔自治区党委书记马兴瑞在霍尔果斯口岸调研。

1月27日

时任海关总署署长倪岳峰视频连线慰问霍尔果斯海关。

1月28日

新疆维吾尔自治区党委书记马兴瑞在巴克图口岸调研。

2月11日

霍尔果斯海关获得2016—2020年全国普法工作先进单位。

2月12日

新疆维吾尔自治区党委书记马兴瑞在阿拉山口口岸调研。

2 月 15 日

吉木乃口岸恢复货运通关。

2 月 27 日

阿拉山口口岸首发跨境电商综合试验区“阿拉山口—塔什干跨境电商班列”。

2 月 28 日

巴克图口岸自疫情以来恢复货运进口业务。

3 月 30 日

都拉塔口岸恢复货运通关。

4 月 22 日

霍尔果斯出入境边防检查站执勤八队被国家移民管理局评为“五四”青年节成绩突出青年集体。

5 月 1 日

霍尔果斯海关获得全国五一劳动奖。

5 月 7 日

新疆维吾尔自治区党委书记马兴瑞在伊尔克什坦口岸调研。

5 月 23 日

新疆维吾尔自治区党委副书记、政府主席艾尔肯·吐尼亚孜在都拉塔口岸调研。

5 月 25 日

卡拉苏口岸自疫情以来恢复货运进口业务。

5 月 30 日

召开中巴边境口岸疫情联防联控机制视频会议。

6 月 6 日

时任中共中央政治局委员、国务院副总理胡春华在霍尔果斯、阿拉山口口岸调研。

6 月 11 日

新疆维吾尔自治区党委副书记、政府主席艾尔肯·吐尼亚孜在巴克图口岸调研。

6 月 30 日

乌鲁木齐空运口岸国际客运航班复通。

7 月 4 日

新疆维吾尔自治区党委书记马兴瑞，党委副书记、政府主席艾尔肯·吐尼亚孜在乌鲁木齐海关调研并召开座谈会。

7 月 18 日

乌鲁木齐地窝堡国际机场海关获得全国“安康杯”竞赛活动先进集体。

7 月 19 日

阿拉山口口岸通关实现“区港联动”，在保税区和港区之间实现直通式放行。

7 月 27 日

阿拉山口口岸恢复冷链货物常态化进口。

8 月 2 日

中央宣传部副部长，文化和旅游部党组书记、部长胡和平在红其拉甫口岸调研。

8 月 16 日

新疆维吾尔自治区党委书记马兴瑞在老爷庙口岸调研。

9 月 7 日

喀什外事办公室代表新疆向巴基斯坦北部地区捐赠救灾物资 1 批，主要为各类羽绒服、鞋子、帐篷、被子、褥子。

10 月 6 日

新疆维吾尔自治区人民政府批复同意阿拉山口边民互市贸易区正式运营。

10 月 31 日

首次经新疆口岸出口的新能源汽车专列从阿拉山口口岸出境。

11 月 30 日

塔城海关荣获国家级节约型机关。

12 月 30 日

公安部授予乌鲁木齐出入境边防检查站执勤六队集体一等功，表彰乌鲁木齐出入境边防检查站执勤四队为“全国公安系统疫情防控先进集体”。红其拉甫出入境边防检查站被命名为第十批全国民族团结进步示范区示范单位。

（撰稿人：张杨、张鹏冲、梁昉）

# 2022年新疆维吾尔自治区口岸流量统计表

| 口岸类型 | | 口岸名称 | 货运量（万吨） | | | | 人员（万人次） | | | | 交通工具（辆、艘、架、列次） | | | |
|---|---|---|---|---|---|---|---|---|---|---|---|---|---|---|
| | | | 出口 | 进口 | 合计 | 同比（%） | 出境 | 入境 | 合计 | 同比（%） | 出境 | 入境 | 合计 | 同比(%) |
| 空运口岸 | | 乌鲁木齐 | 0.932 7 | 0.009 2 | 0.941 9 | -41.30 | 0.729 8 | 0.835 6 | 1.565 4 | 46.08 | 377 | 343 | 720 | -34.25 |
| | | 喀什 | 0.027 7 | | 0.027 7 | — | 0.124 2 | 0.133 8 | 0.258 0 | -34.77 | 40 | 41 | 81 | 44.64 |
| | | 分计 | 0.960 4 | 0.009 2 | 0.969 6 | | 0.854 0 | 0.969 4 | 1.823 4 | 17.37 | 417 | 384 | 801 | -31.07 |
| 陆路口岸 | 公路口岸 | 老爷庙 | 0.183 5 | 86.610 7 | 86.794 2 | — | 1.573 7 | 1.573 7 | 3.147 4 | | 15 757 | 15 737 | 31 494 | |
| | | 乌拉斯台 | | | | — | | | | | | | | |
| | | 塔克什肯 | 8.879 3 | 221.295 1 | 230.174 4 | 109.70 | 3.458 2 | 3.458 2 | 6.916 4 | 145.58 | 358 29 | 34 582 | 70 411 | 126.53 |
| | | 红山嘴 | | | | — | | | | | | | | |
| | | 吉木乃 | 11.199 2 | 0.148 8 | 11.348 0 | — | 0.492 3 | 0.492 3 | 0.984 6 | | 11 608 | 4 922 | 16 530 | |
| | | 巴克图 | 32.701 3 | 1.687 3 | 34.388 6 | 61.30 | 1.482 0 | 1.482 0 | 2.964 0 | 44.22 | 20 146 | 14 873 | 35 019 | 62.44 |
| | | 阿拉山口 | 37.548 4 | 1.417 0 | 38.965 4 | 335.00 | 2.431 1 | 2.431 1 | 4.862 2 | 348.79 | 24 333 | 24 311 | 48 644 | 325.66 |
| | | 霍尔果斯 | 82.682 2 | 0.907 8 | 83.590 0 | 67.60 | 2.259 5 | 2.259 7 | 4.519 2 | 116.27 | 62 940 | 22 600 | 85 540 | 93.58 |
| | | 都拉塔 | 13.568 6 | 0.061 0 | 13.629 6 | — | | | | | 8 143 | 8 143 | 16 286 | |
| | | 吐尔尕特 | 48.990 1 | 0.008 1 | 48.998 2 | 261.40 | 0.005 5 | 0.005 6 | 0.011 1 | 5 450.00 | 23 386 | 23 301 | 46 687 | 269.71 |
| | | 伊尔克什坦 | 54.294 4 | 11.234 6 | 65.529 0 | 271.80 | 0.451 1 | 0.451 1 | 0.902 2 | 3 628.10 | 34 939 | 32 575 | 67 514 | 312.15 |
| | | 卡拉苏 | 18.426 2 | 0.113 4 | 18.539 6 | 16.40 | 0.001 3 | 0.001 3 | 0.002 6 | | 8 153 | 6 568 | 14 721 | 16.20 |
| | | 红其拉甫 | 2.259 0 | | 2.259 0 | 275.40 | 0.133 2 | 0.131 8 | 0.265 0 | 549.51 | 1 318 | 1 318 | 2 636 | 559.00 |
| | | 分计 | 310.732 2 | 323.483 8 | 634.216 0 | | 12.287 9 | 12.286 8 | 24.574 7 | 202.96 | 246 552 | 188 930 | 435 482 | 189.64 |
| | 铁路口岸 | 阿拉山口 | 352.406 5 | 845.077 8 | 1 197.484 3 | 25.60 | 1.716 1 | 1.715 8 | 3.431 9 | 10.59 | 8 549 | 8 551 | 17 100 | 11.11 |
| | | 霍尔果斯 | 449.342 9 | 326.628 7 | 775.971 6 | 5.10 | 1.559 4 | 1.559 2 | 3.118 6 | 6.05 | 7 781 | 7 780 | 15 561 | 6.39 |
| | | 分计 | 801.749 4 | 1 171.706 5 | 1 973.455 9 | 16.65 | 3.275 5 | 3.275 0 | 6.550 5 | 8.38 | 16 330 | 16 331 | 32 661 | 8.81 |
| 合计 | | | 1 113.442 0 | 1 495.199 5 | 2 608.641 5 | | 16.417 4 | 16.531 2 | 32.948 6 | 109.76 | 263 299 | 205 645 | 468 944 | 158.35 |
| 同比（%） | | | 36.10 | 34.40 | 22.30 | | 109.29 | 110.24 | | | 157.98 | 158.77 | | |

（新疆维吾尔自治区口岸办提供）

# 2022 年乌鲁木齐海关主要数据统计表

| 项　目 | | 2022 年 | 2021 年 | 同比（%） |
| --- | --- | --- | --- | --- |
| 进出口货运量（万吨） | 合计 | 6 877 | 6 221.17 | 10.54 |
| | 进口 | 5 759.49 | 5 401.16 | 6.63 |
| | 出口 | 1 117.51 | 820.01 | 36.28 |
| 进出口贸易总值（万美元） | 合计 | 11 682 344.70 | 10 078 553.80 | 15.90 |
| | 进口 | 3 937 720.40 | 3 381 181.90 | 16.50 |
| | 其中：江、海运输 | | | |
| | 铁路运输 | 1 879 170.90 | 1 986 647.10 | -5.41 |
| | 汽车运输 | 45 609.60 | 9 979.00 | 357.06 |
| | 航空运输 | 236 | 206.80 | 14.12 |
| | 邮件运输 | 68.10 | 97 | -29.79 |
| | 其他运输 | 2 012 617.20 | 1 384 251.90 | 45.39 |
| | 出口 | 7 744 624.30 | 6 697 371.90 | 15.60 |
| | 其中：江、海运输 | | | |
| | 铁路运输 | 4 304 875.50 | 5 170 556.60 | -16.74 |
| | 汽车运输 | 3 397 890.60 | 1 451 603.80 | 134.08 |
| | 航空运输 | 39 094.30 | 66 150.80 | -40.90 |
| | 邮件运输 | 625.20 | 976.50 | -35.98 |
| | 其他运输 | 2 112.10 | 8 083.40 | -73.87 |
| 税收（万元） | 两税合计 | 1 489 944.96 | 1 009 973.27 | 47.52 |
| | 关税入库 | 46 579.57 | 30 311.64 | 53.67 |
| | 进口环节税入库 | 1 443 365.39 | 979 661.63 | 47.33 |

（乌鲁木齐海关提供）

# 2022 年新疆维吾尔自治区口岸出入境主要数据表

<table>
<tr><th colspan="3">项　目</th><th>2022 年</th><th>2021 年</th><th>同比（%）</th></tr>
<tr><td rowspan="14">出入境人员<br>（人次）</td><td colspan="2">出入境人员总数</td><td>329 486</td><td>157 074</td><td>109.76</td></tr>
<tr><td colspan="2">入境人员</td><td>165 312</td><td>78 631</td><td>110.24</td></tr>
<tr><td colspan="2">出境人员</td><td>164 174</td><td>78 443</td><td>109.29</td></tr>
<tr><td colspan="2">出入境旅客</td><td>10 605</td><td>5 649</td><td>87.73</td></tr>
<tr><td colspan="2">出入境员工</td><td>318 881</td><td>151 425</td><td>110.59</td></tr>
<tr><td rowspan="5">中国公民</td><td>小计</td><td>53 630</td><td>42 178</td><td>27.15</td></tr>
<tr><td>内地居民（因公）</td><td>44 918</td><td>41 704</td><td>7.71</td></tr>
<tr><td>内地居民（因私）</td><td>8 708</td><td>474</td><td>1 737.13</td></tr>
<tr><td>港澳居民</td><td></td><td></td><td></td></tr>
<tr><td>台湾同胞</td><td>4</td><td></td><td></td></tr>
<tr><td colspan="2">外籍人员</td><td>275 856</td><td>114 896</td><td>140.09</td></tr>
<tr><td colspan="2">从海港出入境人数</td><td></td><td></td><td></td></tr>
<tr><td colspan="2">从陆港出入境人数</td><td>311 252</td><td>141 539</td><td>119.91</td></tr>
<tr><td colspan="2">从空港出入境人数</td><td>18 234</td><td>15 535</td><td>17.37</td></tr>
<tr><td rowspan="5">交通运输工具<br>（辆、艘、架、列次）</td><td colspan="2">总计</td><td>468 944</td><td>181 512</td><td>158.35</td></tr>
<tr><td colspan="2">船舶</td><td></td><td></td><td></td></tr>
<tr><td colspan="2">飞机</td><td>801</td><td>1 162</td><td>-31.07</td></tr>
<tr><td colspan="2">火车</td><td>32 661</td><td>30 016</td><td>8.81</td></tr>
<tr><td colspan="2">机动车辆</td><td>435 482</td><td>150 334</td><td>189.68</td></tr>
</table>

（新疆出入境边防检查总站提供）

# 第四篇

## 口岸相关法规

# 中华人民共和国海关总署

## 中华人民共和国海关综合保税区管理办法

（2022 年 1 月 1 日海关总署令第 256 号公布，自 2022 年 4 月 1 日起施行）

### 第一章　总　则

**第一条**　为了规范海关对综合保税区的管理，促进综合保税区高水平开放、高质量发展，根据《中华人民共和国海关法》《中华人民共和国进出口商品检验法》《中华人民共和国进出境动植物检疫法》《中华人民共和国国境卫生检疫法》《中华人民共和国食品安全法》及有关法律、行政法规和国家相关规定，制定本办法。

**第二条**　海关依照本办法对进出综合保税区的交通运输工具、货物及其外包装、集装箱、物品以及综合保税区内（以下简称区内）企业实施监督管理。

**第三条**　综合保税区实行封闭式管理。

除安全保卫人员外，区内不得居住人员。

**第四条**　综合保税区的基础和监管设施应当符合综合保税区基础和监管设施设置规范，并经海关会同有关部门验收合格。

**第五条**　区内企业可以依法开展以下业务：

（一）研发、加工、制造、再制造；

（二）检测、维修；

（三）货物存储；

（四）物流分拨；

（五）融资租赁；

（六）跨境电商；

（七）商品展示；

（八）国际转口贸易；

（九）国际中转；

（十）港口作业；

（十一）期货保税交割；

（十二）国家规定可以在区内开展的其他业务。

**第六条**　海关对区内企业实行计算机联网管理，提升综合保税区信息化、智能化管理水平。

### 第二章　综合保税区与境外之间进出货物的管理

**第七条**　除法律法规另有规定外，国家禁止进口、出口的货物、物品不得在综合保税区与境外之间进、出。

**第八条**　综合保税区与境外之间进出的货物不实行关税配额、许可证件管理，但法律法规、我国缔结或者参加的国际条约、协定另有规定的除外。

**第九条**　综合保税区与境外之间进出的货物，其收发货人或者代理人应当如实向海关申报，按照海关规定填写进出境货物备案清单并办理相关手续。

**第十条**　境外进入综合保税区的货物及其外包装、集装箱，应当由海关依法在进境口岸实施检疫。因口岸条件限制等原因，海关可以在区内符合条件的场所（场地）实施检疫。

综合保税区运往境外的货物及其外包装、集装箱，应当由海关依法实施检疫。

综合保税区与境外之间进出的交通运输工具，由海关按照进出境交通运输工具有关规定实施检疫。

**第十一条**　境外进入综合保税区的货物予以保税，但本办法第十二条、十四条规定的情形除外。

**第十二条** 除法律法规另有规定外，下列货物从境外进入综合保税区，海关免征进口关税和进口环节税：

（一）区内生产性的基础设施建设项目所需的机器、设备和建设生产厂房、仓储设施所需的基建物资；

（二）区内企业开展本办法第五条所列业务所需的机器、设备、模具及其维修用零配件；

（三）综合保税区行政管理机构和区内企业自用合理数量的办公用品。

自国务院批准设立综合保税区之日起，从境外进入综合保税区的区内企业自用机器、设备按照前款规定执行。

**第十三条** 本办法第十二条所列货物的监管年限，参照进口减免税货物的监管年限管理，监管年限届满的自动解除监管；监管年限未满企业申请提前解除监管的，参照进口减免税货物补缴税款的有关规定办理，属于许可证件管理的应当取得有关许可证件。

**第十四条** 境外进入综合保税区，供区内企业和行政管理机构自用的交通运输工具、生活消费用品，海关依法征收进口关税和进口环节税。

**第十五条** 除法律法规另有规定外，综合保税区运往境外的货物免征出口关税。

## 第三章 综合保税区与区外之间进出货物的管理

**第十六条** 综合保税区与中华人民共和国境内的其他地区（以下简称区外）之间进出的货物，区内企业或者区外收发货人应当按照规定向海关办理相关手续。

货物属于关税配额、许可证件管理的，区内企业或者区外收发货人应当取得关税配额、许可证件；海关应当对关税配额进行验核，对许可证件电子数据进行系统自动比对验核。

**第十七条** 除法律法规另有规定外，海关对综合保税区与区外之间进出的货物及其外包装、集装箱不实施检疫。

**第十八条** 综合保税区与区外之间进出的货物，区内企业或者区外收发货人应当按照货物进出区时的实际状态依法缴纳关税和进口环节税。

区内企业加工生产的货物出区内销时，区内企业或者区外收发货人可以选择按照其对应进口料件缴纳关税，并补缴关税税款缓税利息；进口环节税应当按照出区时货物实际状态照章缴纳。

**第十九条** 经综合保税区运往区外的优惠贸易协定项下的货物，符合相关原产地管理规定的，可以适用协定税率或者特惠税率。

**第二十条** 以出口报关方式进入综合保税区的货物予以保税；其中，区内企业从区外采购的机器、设备参照进口减免税货物的监管年限管理，监管年限届满的自动解除监管，免于提交许可证件；监管年限未满企业申请提前解除监管的，参照进口减免税货物补缴税款的有关规定办理相关手续，免于提交许可证件。

前款规定货物的出口退税按照国家有关规定办理。

**第二十一条** 区内企业在加工生产过程中使用保税料件产生的边角料、残次品、副产品以及加工生产、储存、运输等过程中产生的包装物料，运往区外销售时，区内企业应当按照货物出区时的实际状态缴纳税款；残次品、副产品属于关税配额、许可证件管理的，区内企业或者区外收发货人应当取得关税配额、许可证件；海关应当对关税配额进行验核、对许可证件电子数据进行系统自动比对验核。

**第二十二条** 区内企业产生的未复运出境的固体废物，按照国内固体废物相关规定进行管理。需运往区外进行贮存、利用或者处置的，应按规定向海关办理出区手续。

**第二十三条** 区内企业依法对区内货物采取销毁处置的，应当办理相关手续，销毁处置费用由区内企业承担。销毁产生的固体废物出区时按照本办法第二十二条办理。

**第二十四条** 区内企业可以按照海关规定办理集中申报手续。

除海关总署另有规定外，区内企业应当在每季度结束的次月 15 日前办理该季度货物集中申报手续，但不得晚于账册核销截止日期，且不得跨年度办理。

集中申报适用海关接受集中申报之日实施的税率、汇率。

**第二十五条** 综合保税区与其他综合保税区等海关特殊监管区域、保税监管场所之间往来的货物予以保税。

综合保税区与其他综合保税区等海关特殊监管区域或者保税监管场所之间流转的货物，不征收关税和进口环节税。

## 第四章 综合保税区内货物的管理

**第二十六条** 综合保税区内货物可以自由流转。区内企业转让、转移货物的，双方企业应当及时向海关报送转让、转移货物的品名、数量、金额等电子数据信息。

**第二十七条** 区内企业可以利用监管期限内的免税设备接受区外企业委托开展加工业务。

区内企业开展委托加工业务，应当设立专用的委托加工电子账册。委托加工用料件需使用保税料件的，区内企业应当向海关报备。

委托加工产生的固体废物，出区时按照本办法第二十二条办理。

**第二十八条** 区内企业按照海关规定将自用机器、设备及其零部件、模具或者办公用品运往区外进行检测、维修的，检测、维修期间不得在区外用于加工生产和使用，并且应当自运出之日起 60 日内运回综合保税区。因故不能如期运回的，区内企业应当在期限届满前 7 日内书面向海关申请延期，延长期限不得超过 30 日。

前款规定货物因特殊情况无法在上述规定时间内完成检测、维修并运回综合保税区的，经海关同意，可以在检测、维修合同期限内运回综合保税区。

更换零配件的，原零配件应当一并运回综合保税区；确需在区外处置的，海关应当按照原零配件的实际状态征税；在区外更换的国产零配件，需要退税的，企业应当按照有关规定办理手续。

**第二十九条** 区内企业按照海关规定将模具、原材料、半成品等运往区外进行外发加工的，外发加工期限不得超过合同有效期，加工完毕的货物应当按期运回综合保税区。

外发加工产生的边角料、残次品、副产品不运回综合保税区的，海关应当按照货物实际状态征税；残次品、副产品属于关税配额、许可证件管理的，区内企业或者区外收发货人应当取得关税配额、许可证件；海关应当对有关关税配额进行验核、对许可证件电子数据进行系统自动比对验核。

**第三十条** 因不可抗力造成综合保税区内货物损毁、灭失的，区内企业应当及时报告海关。经海关核实后，区内企业可以按照下列规定办理：

（一）货物灭失，或者虽未灭失但完全失去使用价值的，办理核销和免税手续；

（二）境外进入综合保税区或者区外进入综合保税区且已办理出口退税手续的货物损毁，失去部分使用价值的，办理出区内销或者退运手续；

（三）区外进入综合保税区且未办理出口退税手续的货物损毁，失去部分使用价值，需要向出口企业进行退换的，办理退运手续。

**第三十一条** 因保管不善等非不可抗力因素造成区内货物损毁、灭失的，区内企业应当及时报告海关并说明情况。经海关核实后，区内企业可以按照下列规定办理：

（一）境外进入综合保税区的货物，按照一般贸易进口货物的规定办理相关手续，并按照海关审定的货物损毁或灭失前的完税价格，以货物损毁或灭失之日适用的税率、汇率缴纳关税、进口环节税；

（二）区外进入综合保税区的货物，重新缴纳因出口而退还的国内环节有关税收，已缴纳出口关税的，不予退还。

**第三十二条** 区内企业申请放弃的货物，经海关及有关主管部门核准后，由海关依法提取变卖，变卖收入按照国家有关规定处理，但法律法规规定不得放弃的除外。

**第三十三条** 除法律法规另有规定外，区内货物不设存储期限。

## 第五章 区内企业的管理

**第三十四条** 区内企业及其分支机构应当取得市场主体资格，并依法向海关办理注册或者备案手续。

区内从事食品生产的企业应当依法取得国内生产许可。

**第三十五条** 区内企业应当依照法律法规的规定规范财务管理，并按照海关规定设立海关电子账册，电子账册的备案、变更、核销应当按照海关相关规定执行。

**第三十六条** 海关对区内企业实行稽查、核查制度。

区内企业应当配合海关的稽查、核查，如实提供相关账簿、单证等有关资料及电子数据。

**第三十七条** 区内企业开展涉及海关事务担保业务的，按照海关事务担保相关规定执行。

## 第六章 附 则

**第三十八条** 进出综合保税区货物的检验按照相关规定执行。

**第三十九条** 综合保税区与区外之间进出的交通运输工具、人员应当通过指定通道进出，海关根据需要实施检查。

综合保税区与境外之间进出的交通运输工具服务人员携带个人物品进出综合保税区的，海关按照进出境旅客行李物品的有关规定进行监管。

**第四十条** 海关在综合保税区依法实施监管不影响地方政府和其他部门依法履行其相应职责。

**第四十一条** 除法律法规另有规定外，海关对境外与综合保税区之间进出的货物实施进出口货物贸易统计；对区外与综合保税区之间进出的货物，根据管理需要实施海关单项统计和海关业务统计；对与综合保税区相关的海关监督管理活动和内部管理事务实施海关业务统计。

**第四十二条** 区内开展增值税一般纳税人资格试点的，按照增值税一般纳税人资格试点政策有关规定执行。

**第四十三条** 对境内入区的不涉及出口关税、不涉及许可证件、不要求退税且不纳入海关统计的货物，海关对其实施便捷进出区管理。

**第四十四条** 对违反本办法规定的行为，由海关依照相关法律法规规定予以处罚；构成犯罪的，依法追究刑事责任。

**第四十五条** 综合保税区设立审核、建设验收、监督管理等要求按照国家相关规定执行。

**第四十六条** 本办法由海关总署负责解释。

**第四十七条** 本办法自2022年4月1日起施行。2007年9月3日海关总署令第164号发布、根据2010年3月15日海关总署令第191号、2017年12月20日海关总署令第235号、2018年5月29日海关总署令第240号、2018年11月23日海关总署令第243号修改的《中华人民共和国海关保税港区管理暂行办法》，2005年11月28日海关总署令第134号发布、根据2010年3月15日海关总署令第190号、2017年12月20日海关总署令第235号、2018年5月29日海关总署令第240号、2018年11月23日海关总署令第243号修改的《中华人民共和国海关对保税物流园区的管理办法》同时废止。

# 中华人民共和国海关进出口商品检验采信管理办法

（2022年9月20日海关总署令第259号公布，自2022年12月1日起施行）

## 第一章 总 则

**第一条** 为了规范海关进出口商品检验采信

工作，根据《中华人民共和国进出口商品检验法》及其实施条例的规定，制定本办法。

**第二条** 海关在进出口商品检验中采信检验机构的检验结果，以及对采信机构的监督管理，适用本办法。

**第三条** 海关总署主管进出口商品检验采信工作。

直属海关和隶属海关在进出口商品检验中依法实施采信工作。

**第四条** 本办法所称采信，是指海关在进出口商品检验中，依法将采信机构的检验结果作为合格评定依据的行为。

本办法所称采信机构，是指具备海关要求的资质和能力，被海关总署列入采信机构目录的检验机构。

**第五条** 海关总署根据进出口商品质量安全风险评估结果，确定并公布可实施采信的商品（以下简称“采信商品”）范围及其具体采信要求，并实施动态调整。

采信要求包括：采信商品名称及其商品编号、适用的技术规范、检验项目、检验方法、抽样方案、检验报告有效期以及其他与进出口商品质量安全有关的要求。

**第六条** 海关总署建立采信管理系统，提升采信工作信息化水平。

## 第二章 采信机构管理

**第七条** 符合以下条件的检验机构可以向海关总署申请列入采信机构目录：

（一）具有所在国家或者地区合法经营资质；

（二）具备相关采信商品的检验能力；

（三）在中华人民共和国境内注册的检验机构，应当取得检验检测机构资质认定（CMA）等国内相应资质认定，或者获得中国合格评定国家认可委员会（CNAS）实施的 ISO/IEC 17025 和 ISO/IEC 17020 认可；在中华人民共和国境外注册的检验机构，应当获得由国际实验室认可合作组织互认协议（ILAC-MRA）签约认可机构实施的 ISO/IEC 17025 和 ISO/IEC 17020 体系认可；

（四）熟悉并遵守中华人民共和国商品检验相关法律法规及标准；

（五）具备独立、公正、客观开展检验活动的能力；

（六）近三年在国内外无与检验相关的违法记录。

海关总署另有规定的，从其规定。

**第八条** 检验机构申请列入采信机构目录的，应当通过采信管理系统向海关总署提交下列材料：

（一）申请表；

（二）检验机构法人信息和投资方信息；

（三）相关资质认定或者认可证书以及相关证明材料；

（四）技术能力范围声明，包括相关资质的检验范围、采用的检验方法以及检验标准；

（五）从事检验活动的独立性声明以及相关证明材料；

（六）近三年在国内外无与检验相关违法记录的声明；

（七）商品检验报告的签发人名单。

有关材料为外文的应当随附中文译本。

**第九条** 海关总署组织专家评审组对检验机构申请材料进行评估审查，评估审查可以采用书面审查或者现场检查等形式。

**第十条** 经审查，符合本办法规定的，海关总署应当将检验机构列入相关采信商品对应的采信机构目录；不符合本办法规定的，通过采信管理系统告知检验机构。

**第十一条** 海关总署负责公布采信机构目录，并实施动态调整。

采信机构目录包括：采信商品名称及其商品编号、适用的技术规范、检验项目、采信机构名称及其代码、所在国家或者地区以及联络信息。

## 第三章 采信的实施

**第十二条** 采信机构可以接受进出口货物收

发货人或者其代理人的委托，对采信商品实施检验并出具检验报告。

根据需要，经委托人书面同意，采信机构可以将部分检验项目分包给其他采信机构。承担分包项目的采信机构应当具备相应的检验能力，并不得再次分包。

**第十三条** 采信机构出具的检验报告除满足检验检测资质规定的内容要求外，还应当包含以下内容：

（一）采信机构名称及其代码；

（二）检验报告编号；

（三）商品信息，包括商品名称、型号规格、对应的批次编号或者产品序列号码以及其他产品追溯信息；

（四）采信要求规定的检验项目、检验方法以及抽样方案等；

（五）委托人名称以及联络信息；

（六）受理日期、检验地点、检验时间以及签发日期；

（七）检验结果；

（八）签发人签字。

采信机构认为存在其他可能对检验结果造成影响情况的，可以在检验报告中注明。

采信机构将部分检验项目分包给其他采信机构实施检验的，还应当在检验报告中注明分包的检验项目以及承担分包项目的采信机构名称及其代码。

**第十四条** 采信机构应当根据进出口货物收发货人或者其代理人的委托，在相关进出口货物申报前，通过采信管理系统向海关提交检验报告，但是采信要求另有规定的除外；未按照规定时限提交的，海关不予采信。

除采信要求另有规定，在已提交的检验报告有效期内，进出口相同规格型号货物的，无需重复提交检验报告。

**第十五条** 进出口货物收发货人或者其代理人应当按照规定向海关提供检验报告编号以及出具检验报告的采信机构代码，海关根据采信要求对相应检验报告进行审核。符合要求的，对检验结果予以采信；不符合要求的，不予采信。

**第十六条** 海关采信检验结果的，进出口货物收发货人或者其代理人应当向海关提交质量安全符合性声明，海关不再对进出口货物抽样检测，但是海关根据风险防控需要实施检验的除外。

**第四章 监督管理**

**第十七条** 采信机构信息发生变更的，应当及时通过采信管理系统向海关总署提交信息变更材料。

**第十八条** 采信机构应当按照以下规定保存与采信活动相关的原始文件：

（一）本办法第八条规定的申请材料应当长期保存；

（二）与开展采信业务相关的检验报告、检验记录，保存期限不得少于六年；

（三）采信机构的内部文件，包括说明、标准、手册、指南和参考数据等，保存期限不得少于六年。

**第十九条** 海关可以通过以下方式，对采信机构实施监督：

（一）对采信机构的检验能力进行验证；

（二）依法查阅或者要求采信机构报送有关材料；

（三）开展实地检查或者专项调查。

海关依照前款规定对采信机构实施监督的，采信机构应当按照海关规定的期限向海关提交有关材料。有关材料为外文的，应当随附中文译本。

**第二十条** 直属海关和隶属海关发现采信机构出具的检验报告存在不实或者虚假情况的，应当立即报告海关总署。

海关总署可以决定暂停采信相关机构出具的检验报告，并采取其他必要的处置措施。

**第二十一条** 采信机构主动退出采信机构目录的，应当通过采信管理系统提出申请。

**第二十二条** 采信机构主动申请退出采信机构目录，或者存在下列情形之一的，海关总署可以将其移出采信机构目录：

（一）签发不实或者虚假检验报告的；

（二）向海关提供超出采信机构目录规定的商品范围的检验报告的；

（三）检验能力不符合海关要求的；

（四）拒不配合海关监督管理工作，情节严重的；

（五）存在其他不符合采信机构条件情形的。

自移出目录并公布之日起，海关不再采信该检验机构的检验结果。

被海关总署移出采信机构目录的检验机构，一年内不得重新申请成为采信机构。

采信机构存在本条第一款第一项、第二项规定情形的，海关总署可以将有关情况通报国内外相关部门。

**第二十三条** 检验机构被依法移出采信机构目录的，海关根据工作需要，可以对其被移出前实施的检验活动进行追溯调查。

**第二十四条** 在中华人民共和国境内注册的采信机构存在本办法第二十二条第一款第一项、第二项规定情形的，海关依法给予行政处罚；构成犯罪的，依法追究刑事责任。

**第二十五条** 进出口货物收发货人或者其代理人违反本办法规定的，海关依法给予行政处罚；构成犯罪的，依法追究刑事责任。

**第五章 附则**

**第二十六条** 在中华人民共和国香港特别行政区、澳门特别行政区、台湾地区注册登记的检验机构，参照本办法对中华人民共和国境外注册的检验机构的规定执行。

**第二十七条** 本办法由海关总署负责解释。

**第二十八条** 本办法自2022年12月1日起施行。

## 中华人民共和国海关过境货物监管办法

（2022年9月26日海关总署令第260号公布，自2022年11月1日起施行）

**第一条** 为了加强海关对过境货物的监督管理，维护国家的主权、安全和利益，促进贸易便利化，根据《中华人民共和国海关法》《中华人民共和国生物安全法》《中华人民共和国进出境动植物检疫法》及其实施条例、《中华人民共和国国境卫生检疫法》及其实施细则以及相关法律法规的有关规定，制定本办法。

**第二条** 本办法所称过境货物是指由境外启运，通过中国境内陆路继续运往境外的货物。

同我国缔结或者共同参加含有货物过境条款的国际条约、协定的国家或者地区的过境货物，按照有关条约、协定规定准予过境。其他过境货物，应当经国家商务、交通运输等主管部门批准并向进境地海关备案后准予过境。法律法规另有规定的，从其规定。

**第三条** 下列货物禁止过境：

（一）来自或者运往我国停止或者禁止贸易的国家或者地区的货物；

（二）武器、弹药、爆炸物品以及军需品，但是通过军事途径运输的除外；

（三）烈性毒药，麻醉品和鸦片、吗啡、海洛因、可卡因等毒品；

（四）危险废物、放射性废物；

（五）微生物、人体组织、生物制品、血液及其制品等特殊物品；

（六）外来入侵物种；

（七）象牙等濒危动植物及其制品，但是法律另有规定的除外；

（八）《中华人民共和国进出境动植物检疫法》规定的禁止进境物，但是法律另有规定的除外；

（九）对中国政治、经济、文化、道德造成危害的；

（十）国家规定禁止过境的其他货物。

**第四条** 过境货物自进境起到出境止，应当接受海关监管。

过境货物，未经海关批准，任何单位和个人不得开拆、提取、交付、发运、调换、改装、抵押、质押、留置、转让、更换标记、移作他用或者进行其他处置。动植物、动植物产品和其他检疫物过境期间未经海关批准不得卸离运输工具。

**第五条** 承担过境货物境内运输的运输工具负责人（以下简称“运输工具负责人”），应当经国家有关部门批准开展过境货物运输业务，并按照规定在海关备案。

**第六条** 过境货物自进境起到出境止，应当按照交通运输主管部门规定的路线运输，交通运输主管部门没有规定的，由海关规定。

运输动物过境的，应当按照海关规定的路线运输。

**第七条** 过境动物以及其他经评估为生物安全高风险的过境货物，应当从指定的口岸进境。

**第八条** 运输工具负责人应当提交过境货物运输申报单，向进境地海关如实申报。

过境货物为动植物、动植物产品和其他检疫物的，应当提交输出国家或者地区政府动植物检疫机关出具的检疫证书；过境货物为动物的，还应当同时提交海关签发的动物过境许可证；过境货物为两用物项等国家限制过境货物的，应当提交有关许可证件。

**第九条** 过境货物运抵进境地，经进境地海关审核同意，方可过境运输。依法需要检疫的，应当在检疫合格后过境运输。过境动物的尸体、排泄物、铺垫材料及其他废弃物，必须依法处理，不得擅自抛弃。

过境货物运抵出境地，经出境地海关核销后，方可运输出境。

**第十条** 过境货物不得与其他进出境货物、物品混拼厢式货车或者集装箱进行运输。

**第十一条** 海关可以对载运过境货物的境内运输工具或者集装箱加施封志，任何人不得擅自开启或者损毁。

**第十二条** 过境货物运离进境地后、运抵出境地前需要换装运输工具、集装箱的，运输工具负责人应当向换装地海关申请办理过境运输换装手续。

过境货物应当在经海关指定或者同意的仓库或者场所内进行换装作业，危险化学品、危险货物应当在有关部门批准的具备安全作业条件的地点进行换装作业。

**第十三条** 具有全程提运单的过境货物，境内运输期间需要换装运输工具、集装箱的，运输工具负责人可以一次性向进境地海关和换装地海关申请办理过境运输以及换装手续。

**第十四条** 海关根据工作需要，可以派员押运过境货物，运输工具负责人应当提供方便。

**第十五条** 海关认为必要时，可以查验过境货物，运输工具负责人应当到场配合。

**第十六条** 除不可抗力原因外，过境货物在境内发生灭失或者短少的，运输工具负责人应当向进境地海关办理相关海关手续。

**第十七条** 过境货物自运输工具申报进境之日起超过三个月未向海关申报的，视为进口货物，按照《中华人民共和国海关法》等法律法规的有关规定处理。

**第十八条** 过境货物应当自运输工具申报进境之日起六个月内运输出境；特殊情况下，经进境地海关同意可以延期，但是延长期限不得超过三个月。

过境货物超过前款规定期限三个月未运输出境的，由海关提取依法变卖处理。法律法规另有规定的，从其规定。

**第十九条** 过境货物不列入进出口货物贸易统计，由海关实施单项统计。

**第二十条** 过境货物未申报或者申报不实的，海关可以予以警告或者处三万元以下罚款。

其他违反本办法规定的，海关按照相关法律法规予以处罚；构成犯罪的，依法追究刑事责任。

**第二十一条** 本办法由海关总署负责解释。

**第二十二条** 本办法自 2022 年 11 月 1 日起施行。1992 年 9 月 1 日海关总署令第 38 号公布、根据 2010 年 11 月 26 日海关总署令第 198 号、2018 年 5 月 29 日海关总署令第 240 号修改的《中华人民共和国海关对过境货物监管办法》同时废止。

# 中华人民共和国交通运输部

## 中华人民共和国交通运输部令

2022 年第 19 号

《港口基础设施维护管理规定》已于 2022 年 6 月 22 日经第 16 次部务会议通过，现予公布，自 2022 年 9 月 1 日起施行。

部长　李小鹏

2022 年 6 月 30 日

## 港口基础设施维护管理规定

### 第一章　总　则

**第一条**　为了加强和规范港口基础设施维护管理，保障港口安全稳定运行，根据《中华人民共和国港口法》等法律、行政法规，制定本规定。

**第二条**　在中华人民共和国境内从事港口基础设施的维护活动，适用本规定。

本规定所称港口基础设施，是指在港口规划范围内，经验收合格后交付使用的码头及其同步立项的配套设施、防波堤、锚地、护岸等。

本规定所称港口基础设施维护，是指为了保持或者恢复港口基础设施良好技术状态而采取的检查、检测评估、维修等活动。

**第三条**　交通运输部负责指导全国港口基础设施维护管理工作。

省级人民政府交通运输主管部门负责指导本行政区域内港口基础设施维护管理工作。

港口所在地的港口行政管理部门负责具体实施港口基础设施维护的监督管理工作。

**第四条**　港口公用的防波堤、锚地等基础设施由县级以上人民政府确定的部门或者单位负责维护。其他港口基础设施由港口经营人负责维护。

前款负责港口基础设施维护的部门和单位，统称维护单位。

**第五条**　港口基础设施维护应当落实全生命周期维护要求，坚持预防为主、防治结合、规范及时、安全环保的原则，提高港口基础设施使用寿命。

**第六条**　维护单位应当落实安全生产责任制，按照核定功能、设计要求、使用说明书以及相关法规、标准规范等合理使用和维护港口基础设施。

鼓励港口基础设施维护采用新材料、新工艺、新装备，配置自动化监测监控设施，积极推进自动化、智能化技术的应用。

### 第二章　维护计划

**第七条**　港口基础设施维护计划是维护单位对港口基础设施的检查、检测评估、维修等活动作出的工作安排。

港口基础设施维护计划应当包括维护内容、维护标准、资金筹措方案等。

**第八条**　维护单位应当根据港口基础设施运行情况、使用年限等，按照有关强制性标准和技术规范的要求组织编制维护计划。

因港口基础设施技术状态等发生变化需要变更维护计划的，维护单位应当及时调整。

**第九条**　港口行政管理部门应当积极推动县级以上人民政府保证必要的资金投入，用于港口公用的防波堤、锚地等基础设施的维护。

## 第三章　检查和检测评估

**第十条**　维护单位应当按照港口基础设施维护计划、实际运行情况等开展检查，并做好记录。

对客运码头、危险化学品码头及其配套设施，或者遇台风、风暴潮、地震等自然灾害，维护单位应当加大检查频次。

**第十一条**　港口基础设施发生下列情况之一的，维护单位应当委托具有国家规定资质的检测单位进行检测评估：

（一）地基基础、主体结构有明显或者超过有关强制性标准和技术规范规定的沉降、位移、变形、开裂破损等现象的；

（二）达到设计使用年限或者有关强制性标准和技术规范规定的检测评估周期的。

港口基础设施达到设计使用年限后继续使用的，维护单位应当加大检测评估频次。

**第十二条**　检测单位应当在检测后出具检测评估报告。

检测评估报告应当包括检测评估依据、内容和方法，港口基础设施技术状态类别以及是否符合安全使用要求的结论等。

港口基础设施技术状态不符合安全使用要求的，检测评估报告应当明确提出停止使用的意见，并提出维修建议。经评估采用限制使用措施可满足安全使用要求的，检测评估报告应当明确具体的限制使用条件。

**第十三条**　检测评估报告涉及结构安全计算的，应当由具备相应资格的注册工程师出具计算书，或者委托具有国家规定资质的设计单位出具计算书。

**第十四条**　检测单位、注册工程师和设计单位对其出具的检测评估报告或者计算书的合法性、真实性、准确性负责。

**第十五条**　任何单位和个人不得干扰正常的检测评估工作，不得伪造、篡改检测评估报告。

**第十六条**　检测评估报告提出港口基础设施应当停止或者限制使用的，维护单位应当立即停止或者限制使用，并设置必要的安全警示标志。

**第十七条**　维护单位应当自收到检测评估报告 10 个工作日内，将检测评估报告和停止、限制使用情况报送港口所在地的港口行政管理部门。港口行政管理部门作为维护单位的，应当按照要求报送上一级港口行政管理部门。

涉及停止或者限制使用码头、锚地的，港口行政管理部门应当及时通报有关海事管理机构并向社会公布。

## 第四章　设施维修

**第十八条**　经检查或者检测评估发现港口基础设施损坏或者不满足使用要求的，维护单位应当及时维修，使其保持或者处于安全、适用状态。

港口基础设施维修规模较大、技术复杂且涉及结构安全的，维护单位应当开展专项维修。

港口基础设施维修不得改变港口基础设施的使用功能、泊位性质、靠泊等级等；确需改变的，应当按照港口工程建设管理相关规定履行改建或者扩建程序。

**第十九条**　维护单位开展专项维修进行设计的，应当委托港口基础设施原设计单位或者不低于原设计单位资质等级的单位设计。

设计文件应当依据检测评估报告、港口基础设施结构型式、使用要求等出具，明确专项维修的设计标准、方案以及环境保护、质量控制等要求。设计文件深度应当达到施工图设计要求。

维护单位应当组织有关专家对设计文件进行评审。评审不通过的，应当要求设计单位重新设计或者重新委托设计单位进行设计。

**第二十条**　鼓励对港口公用基础设施、客运码头、危险化学品码头等专项维修实施监理。

**第二十一条**　港口基础设施专项维修完工后，经维护单位组织核验后方可投入使用。

停止或者限制使用的港口基础设施专项维修完工后，维护单位在核验前应当委托具有国家规定资质的检测单位进行检测评估。

**第二十二条** 维护单位应当在核验通过后20个工作日内，将核验资料报送港口所在地的港口行政管理部门。港口行政管理部门作为维护单位的，应当按照要求报送上一级港口行政管理部门。

港口行政管理部门应当将核验资料通报有关海事管理机构。

## 第五章 档案与信息报送

**第二十三条** 维护单位应当制定港口基础设施台账，明确设施的类别、数量、建设和运行情况、历史维护情况等。

**第二十四条** 维护单位应当建立健全港口基础设施维护档案管理制度，保证档案资料真实、准确和完整。

**第二十五条** 维护单位应当按照档案管理有关规定，及时收集、整理和归档维护计划、检查、检测评估、设计、维修、核验等纸质或者电子技术档案资料。

检测评估、设计、监理等单位应当按照规定做好相关资料的收集、整理和归档。

**第二十六条** 维护单位应当按照有关统计、信息报送等制度要求定期报送港口基础设施技术状态等信息。

## 第六章 监督检查

**第二十七条** 港口行政管理部门原则上应当采取随机抽取检查对象、随机选派执法检查人员方式，对港口基础设施的维护活动进行监督检查。监督检查结果应当及时向社会公布。

**第二十八条** 维护单位违反本规定有关要求的，由港口行政管理部门责令整改。港口行政管理部门作为维护单位的，由其上级港口行政管理部门责令整改。

**第二十九条** 经检查或者调查证实，港口基础设施不符合港口经营许可条件要求的，由港口行政管理部门依照《港口经营管理规定》第四十二条第一款的规定予以处罚。

**第三十条** 检测单位及相关人员弄虚作假、出具虚假报告的，由有关部门依据相关法规予以处罚。

**第三十一条** 港口行政管理部门应当加强港口基础设施维护相关单位和人员的信用管理，并按照规定将有关信息纳入信用信息共享平台。

## 第七章 附 则

**第三十二条** 与港口相关的航道养护及航标维护管理不适用本规定，依照交通运输部有关规定执行。

**第三十三条** 本规定自2022年9月1日起施行。2012年12月14日交通运输部发布的《关于印发〈港口设施维护管理规定（试行）〉的通知》（交水发〔2012〕728号）同时废止。

# 中华人民共和国交通运输部令

2022年第20号

《交通运输部关于修改〈中华人民共和国高速客船安全管理规则〉的决定》已于2022年7月5日经第17次部务会议通过，现予公布，自公布之日起施行。

部长 李小鹏

2022年7月8日

# 交通运输部关于修改《中华人民共和国高速客船安全管理规则》的决定

交通运输部决定对《中华人民共和国高速客船安全管理规则》（交通运输部令2017年第17号）作如下修改：

一、将第四条修改为：“经营高速客船的船

公司应依法取得相应的经营资质。”

二、将第六条修改为：“船公司在高速客船开始营运前，应编制下列资料：

（一）航线运行手册；

（二）船舶操作手册；

（三）船舶维修及保养手册；

（四）培训手册；

（五）安全营运承诺书。

上述各项手册所应包含的内容由主管机关确定。安全营运承诺书应包括船舶名称，船舶所有人、经营人或者管理人，营运水域或者航线等信息，并承诺依法合规安全营运。

船公司应将拟投入营运的高速客船在取得船舶国籍登记证书7日内，向主要营运地的海事管理机构备案，并附送本条第一款所列材料。”

三、增加一条，作为第七条：“海事管理机构收到高速客船备案材料后，对材料齐全且符合要求的，应当向社会公布已备案的高速客船名单和相关信息并及时更新，便于社会查询和监督。

对材料不全或者不符合要求的，海事管理机构应当场或者自收到备案材料之日起5日内一次性书面通知备案人需要补充的全部内容。”

四、增加一条，作为第八条：“高速客船备案事项发生变化的，应当向原办理备案的海事管理机构办理备案变更。

高速客船终止经营的，应当在终止经营之日30日前告知主要营运地的海事管理机构。”

五、第九条改为第十一条，删去第一款、第二款、第三款。

六、删去第二十一条。

七、增加一条，作为第二十四条：“海事管理机构应当定期公布符合上述条件的码头，督促高速客船在符合条件的码头靠泊，并落实各项安全管理措施。”

八、第二十七条改为第二十九条，修改为：“高速客船及人员遇险，应采取措施积极自救，同时立即向就近水上搜救中心报告。”

条文序号和个别文字作相应调整。

本决定自公布之日起施行。

《中华人民共和国高速客船安全管理规则》根据本决定作相应修改，重新发布。

# 中华人民共和国
# 高速客船安全管理规则

（2006年2月24日交通部发布　根据2017年5月23日交通运输部《关于修改〈中华人民共和国高速客船安全管理规则〉的决定》第一次修正　根据2022年7月8日交通运输部《关于修改〈中华人民共和国高速客船安全管理规则〉的决定》第二次修正）

## 第一章　总　则

**第一条**　为加强对高速客船的安全监督管理，维护水上交通秩序，保障人命财产安全，依据《中华人民共和国海上交通安全法》、《中华人民共和国内河交通安全管理条例》等有关法律和行政法规，制定本规则。

**第二条**　本规则适用于在中华人民共和国通航水域航行、停泊和从事相关活动的高速客船及船舶所有人、经营人和相关人员。

**第三条**　中华人民共和国海事局是实施本规则的主管机关。

各海事管理机构负责在本辖区内实施本规则。

## 第二章　船公司

**第四条**　经营高速客船的船公司应依法取得相应的经营资质。

**第五条**　船公司从境外购置或光租的二手外国籍高速客船应满足《老旧运输船舶管理规定》的要求。

**第六条**　船公司在高速客船开始营运前，应编制下列资料：

（一）航线运行手册；

（二）船舶操作手册；

（三）船舶维修及保养手册；

（四）培训手册；

（五）安全营运承诺书。

上述各项手册所应包含的内容由主管机关确定。安全营运承诺书应包括船舶名称，船舶所有人、经营人或者管理人，营运水域或者航线等信息，并承诺依法合规安全营运。

船公司应将拟投入营运的高速客船在取得船舶国籍登记证书 7 日内，向主要营运地的海事管理机构备案，并附送本条第一款所列材料。

**第七条** 海事管理机构收到高速客船备案材料后，对材料齐全且符合要求的，应当向社会公布已备案的高速客船名单和相关信息并及时更新，便于社会查询和监督。

对材料不全或者不符合要求的，海事管理机构应当场或者自收到备案材料之日起 5 日内一次性书面通知备案人需要补充的全部内容。

**第八条** 高速客船备案事项发生变化的，应当向原办理备案的海事管理机构办理备案变更。

高速客船终止经营的，应当在终止经营之日 30 日前告知主要营运地的海事管理机构。

**第九条** 经营高速客船的船公司应当建立适合高速客船营运特点的安全管理制度，包括为防止船员疲劳的船员休息制度。

## 第三章　船　舶

**第十条** 高速客船须经船舶检验合格，并办理船舶登记手续，持有有效的船舶证书。

**第十一条** 高速客船应随船携带最新的适合于本船的航线运行手册、船舶操作手册、船舶维修及保养手册和培训手册。

**第十二条** 高速客船必须按规定要求配备号灯、号型、声响信号、无线电通信设备、消防设备、救生设备和应急设备等。高速客船上所有的设备和设施均应处于完好备用状态。

## 第四章　船　员

**第十三条** 在高速客船任职的船员应符合下列要求：

（一）经主管机关认可的基本安全培训并取得培训合格证，其中船长、驾驶员、轮机长、轮机员以及被指定为负有安全操作和旅客安全职责的普通船员还必须通过主管机关认可的特殊培训并取得特殊培训合格证。

（二）船长、驾驶员、轮机长、轮机员按规定持有相应的职务适任证书。

（三）取得高速客船船员职务适任证书者，在正式任职前见习航行时间不少于 10 小时和 20 个单航次。

（四）男性船长、驾驶员的年龄不超过 60 周岁，女性船长、驾驶员的年龄不超过 55 周岁。

在非高速客船上任职的船员申请高速客船船长、大副、轮机长职务适任证书时的年龄不超过 45 周岁。

（五）船长、驾驶员的健康状况，尤其是视力、听力和口语表达能力应符合相应的要求。

**第十四条** 主管机关授权的海事管理机构负责高速客船船员的培训管理和考试、发证工作。有关培训、考试、发证的规定由主管机关颁布实施。

**第十五条** 高速客船应向办理船舶登记手续的海事管理机构申领最低安全配员证书。高速客船的最低配员标准应满足本规则附录的要求。

**第十六条** 高速客船驾驶人员连续驾驶值班时间不得超过两个小时，两次驾驶值班之间应有足够的间隔休息时间，具体由当地海事管理机构确定。

## 第五章　航行安全

**第十七条** 高速客船航行时应使用安全航速，以防止发生碰撞和浪损。高速客船进出港口及航经特殊航段时，应遵守当地海事管理机构有关航速的规定。

高速客船在航时，须显示黄色闪光灯。

**第十八条** 高速客船在航时，值班船员必须在各自岗位上严格按职责要求做好安全航行工作。驾驶台负责了望的人员必须保持正规的了望。无关人员禁止进入驾驶台。

**第十九条** 高速客船在港口及内河通航水域航行时，应主动让清所有非高速船舶。高速客船在海上航行及高速客船与其他高速船舶之间避让时，应按避碰规则的规定采取措施。高速客船在特殊航段航行时，应遵守海事管理机构公布的特别航行规定。

**第二十条** 海事管理机构认为必要时可为高速客船推荐或指定航路。高速客船必须遵守海事管理机构有关航路的规定。

**第二十一条** 遇有恶劣天气或能见度不良时，海事管理机构可建议高速客船停航。

**第二十二条** 高速客船应按规定的乘客定额载客，禁止超载。高速客船禁止在未经批准的站、点上下旅客。

## 第六章 安全保障

**第二十三条** 高速客船应靠泊符合下列条件的码头：

（一）满足船舶安全靠泊的基本要求；

（二）高速客船靠泊时不易对他船造成浪损；

（三）避开港口通航密集区和狭窄航段；

（四）上下旅客设施符合安全条件；

（五）夜间有足够的照明；

（六）冬季有采取防冻防滑的安全保护措施。

**第二十四条** 海事管理机构应当定期公布符合上述条件的码头，督促高速客船在符合条件的码头靠泊，并落实各项安全管理措施。

**第二十五条** 高速客船对旅客携带物品应有尺度和数量限制，旅客的行李物品不得堵塞通道。严禁高速客船载运或旅客携带危险物品。

**第二十六条** 高速客船应每周进行一次应急消防演习和应急撤离演习，并做好演习记录；每次开航前，应向旅客讲解有关安全须知。

**第二十七条** 高速客船应建立开航前安全自查制度，制定开航前安全自查表并进行对照检查，海事管理机构可对开航前安全自查表进行监督抽查。

**第二十八条** 高速客船应当按规定办理进出港口手续。国内航行的高速客船应当按规定办理进出港报告手续。国际航行的高速客船可申请不超过 7 天的定期进出口岸许可证。

高速客船不得夜航。但航行特殊水域的高速客船确需夜航的，应当向当地海事管理机构申请船舶进出港口许可，经批准后方可夜航。

**第二十九条** 高速客船及人员遇险，应采取措施积极自救，同时立即向就近水上搜救中心报告。

## 第七章 法律责任

**第三十条** 违反本规则的，由海事管理机构依照有关法律、行政法规以及交通运输部的有关规定进行处罚。

**第三十一条** 高速客船违反本规则经海事管理机构处罚仍不改正的，海事管理机构可责令其停航。

**第三十二条** 海事管理机构工作人员违反规定，滥用职权，玩忽职守，给人民生命财产造成损失的，由所在单位或上级主管机关给予行政处分；构成犯罪的，依法追究其刑事责任。

## 第八章 附 则

**第三十三条** 本规则所述“高速客船”系指载客 12 人以上，最大航速（米/秒）等于或大于以下数值的船舶：$3.7\nabla^{0.1667}$，式中“▽”系指对应设计水线的排水体积（$米^3$）。但不包括在非排水状态下船体由地效应产生的气动升力完全支承在水面上的船舶。

本规则所述“船公司”系指船舶所有人、经营人或者管理人以及其他已从船舶所有人处接受船舶的营运责任并承担船舶安全与防污染管理的所有义务和责任的组织。

**第三十四条** 外国籍高速客船不适用本规则第二、三、四章的规定，但应满足船旗国主管当局的要求。

**第三十五条** 本规则未尽事宜，按国家其他有关法规和我国加入的国际公约执行。

**第三十六条** 本规则自2006年6月1日起施行。交通部1996年12月24日发布的《中华人民共和国高速客船安全管理规则》（交通部令1996年第13号）同时废止。

# 中华人民共和国交通运输部令

2022年第31号

《国际道路运输管理规定》已于2022年9月21日经第22次部务会议通过，现予公布，自公布之日起施行。

部长　李小鹏

2022年9月26日

# 国际道路运输管理规定

## 第一章　总　则

**第一条** 为规范国际道路运输经营活动，维护国际道路运输市场秩序，保护国际道路运输各方当事人的合法权益，促进国际道路运输业发展，根据《中华人民共和国道路运输条例》和我国政府与有关国家政府签署的汽车运输协定，制定本规定。

**第二条** 从事中华人民共和国与相关国家间的国际道路运输经营活动的，应当遵守本规定。

本规定所称国际道路运输，包括国际道路旅客运输、国际道路货物运输。

**第三条** 国际道路运输应当坚持平等互利、公平竞争、共同发展的原则。

国际道路运输管理应当公平、公正、公开和便民。

**第四条** 交通运输部主管全国国际道路运输工作。

省级人民政府交通运输主管部门按照有关规定，负责组织领导本行政区域内的国际道路运输工作。

## 第二章　经营许可和备案

**第五条** 从事国际道路运输经营活动的，应当具备下列条件：

（一）已经取得国内道路运输经营许可证的企业法人；

（二）从事国内道路运输经营满3年，且近3年内未发生重大以上道路交通责任事故；

道路交通责任事故是指驾驶人员负同等或者以上责任的交通事故。

（三）驾驶人员和从事危险货物运输的装卸管理人员、押运员应当符合《道路运输从业人员管理规定》有关规定；

（四）拟投入国际道路运输经营的运输车辆技术要求应当符合《道路运输车辆技术管理规定》有关规定；

（五）有健全的安全生产管理制度。

**第六条** 申请从事国际道路旅客运输经营的，应当向所在地省级人民政府交通运输主管部门提出申请，并提交以下材料：

（一）国际道路旅客运输经营许可申请表（式样见附件1）；

（二）企业近3年内无重大以上道路交通责任事故证明或者承诺书；

（三）拟投入国际道路旅客运输经营的车辆的道路运输证和拟购置车辆承诺书，承诺书包括车辆数量、类型、技术性能、购车时间等内容；

（四）拟聘用驾驶员的机动车驾驶证、从业资格证；

（五）国际道路运输的安全管理制度：包括安全生产责任制度、安全生产业务操作规程、安全生产监督检查制度、驾驶员和车辆安全生产管理制度、道路运输应急预案等。

从事定期国际道路旅客运输的，还应当提交定期国际道路旅客班线运输的线路、站点、班次方案。

**第七条** 已取得国际道路旅客运输经营许可，申请新增定期国际旅客运输班线的，应当向所在地省级人民政府交通运输主管部门提出申请，提交下列材料：

（一）拟新增定期国际道路旅客班线运输的线路、站点、班次方案；

（二）拟投入国际道路旅客运输营运的车辆的道路运输证和拟购置车辆承诺书；

（三）拟聘用驾驶员的机动车驾驶证、从业资格证。

**第八条** 省级人民政府交通运输主管部门收到申请后，应当按照《交通行政许可实施程序规定》要求的程序、期限，对申请材料进行审查，并通过部门间信息共享、内部核查等方式获取申请人营业执照、已取得的道路客运经营许可、现有车辆等信息，作出许可或者不予许可的决定。

省级人民政府交通运输主管部门对符合法定条件的国际道路旅客运输经营申请作出准予行政许可决定的，应当出具《国际道路旅客运输经营行政许可决定书》（式样见附件 2），明确经营主体、经营范围、车辆数量及要求等许可事项，在作出准予行政许可决定之日起 10 日内向被许可人发放《道路运输经营许可证》。对符合法定条件的国际道路旅客运输班线经营申请作出准予行政许可决定的，还应当出具《国际道路旅客运输班线经营行政许可决定书》（式样见附件 3）。

《道路运输经营许可证》应当注明经营范围；《国际道路旅客运输班线经营行政许可决定书》应当注明班线起讫地、线路、停靠站点、经营期限以及班次。

省级人民政府交通运输主管部门予以许可的，应当向交通运输部备案。

对国际道路旅客运输经营申请决定不予许可的，应当在受理之日起 20 日内向申请人送达《不予交通行政许可决定书》，并说明理由，告知申请人享有依法申请行政复议或者提起行政诉讼的权利。

**第九条** 从事国际道路货物运输经营的，最迟不晚于开始国际道路货物运输经营活动的 15 日内向所在地省级人民政府交通运输主管部门备案，提交《国际道路货物运输经营备案表》（式样见附件 4），并附送符合本规定第五条规定条件的材料，保证材料真实、完整、有效。

**第十条** 省级人民政府交通运输主管部门收到国际道路货物运输经营备案材料后，对材料齐全且符合要求的，应当予以备案并编号归档；对材料不全或者不符合要求的，应当场或者自收到备案材料之日起 5 日内一次性书面通知备案人需要补充的全部内容。

省级人民政府交通运输主管部门应当向社会公布并及时更新已备案的国际道路货物运输经营者名单，便于社会查询和监督。

**第十一条** 非边境省、自治区、直辖市的申请人拟从事国际道路旅客运输经营的，应当向所在地省级人民政府交通运输主管部门提出申请。受理该申请的省级人民政府交通运输主管部门在作出许可决定前，应当与运输线路拟通过边境口岸所在地的省级人民政府交通运输主管部门协商；协商不成的，报交通运输部决定。交通运输部按照第八条第一款规定的程序作出许可或者不予许可的决定，通知所在地省级人民政府交通运输主管部门，并由所在地省级人民政府交通运输主管部门按照第八条第二款、第五款的规定颁发许可证件或者《不予交通行政许可决定书》。

**第十二条** 从事国际道路旅客运输的经营者应当按照承诺书的要求购置运输车辆。购置的车辆和已有的车辆经省级人民政府交通运输主管部门核实符合条件的，省级人民政府交通运输主管部门向拟投入运输的车辆配发《道路运输证》。

**第十三条** 从事国际道路运输的经营者凭《道路运输经营许可证》等许可文件或者备案文件到外事、海关、边防检查等部门办理有关运输车辆、人员的出入境手续。

**第十四条** 国际道路旅客运输经营者变更许可事项、扩大经营范围的，应当按照本规定办理许可申请。

国际道路旅客运输经营者变更名称、地址等，应当向原许可机关备案。

国际道路货物运输经营者名称、经营地址、主要负责人和货物运输车辆等事项发生变化的，应当向原办理备案的交通运输主管部门办理备案变更。

**第十五条** 国际道路旅客运输经营者在取得经营许可后，应当在180日内履行被许可的事项。有正当理由在180日内未经营或者停业时间超过180日的，应当告知省级人民政府交通运输主管部门。

国际道路运输经营者需要终止经营的，应当在终止经营之日30日前告知省级人民政府交通运输主管部门，并按照规定办理有关注销手续。

## 第三章 运营管理

**第十六条** 国际道路运输线路由起讫地、途经地国家交通运输主管部门协商确定。

交通运输部及时向社会公布中国政府与有关国家政府确定的国际道路运输线路。

**第十七条** 从事国际道路运输的车辆应当按照规定的口岸通过，进入对方国家境内后，应当按照规定的线路运行。

从事定期国际道路旅客运输的车辆，应当按照规定的行车路线、班次及停靠站点运行。

**第十八条** 外国国际道路运输经营者的车辆在中国境内运输，应当具有本国的车辆登记牌照、登记证件。驾驶人员应当持有与其驾驶的车辆类别相符的本国或国际驾驶证件。

**第十九条** 从事国际道路运输的车辆应当标明本国的国际道路运输国籍识别标志。

省级人民政府交通运输主管部门按照交通运输部规定的《国际道路运输国籍识别标志》式样（见附件5），负责《国际道路运输国籍识别标志》的印制、发放、管理和监督使用。

**第二十条** 进入我国境内从事国际道路运输的外国运输车辆，应当符合我国有关运输车辆外廓尺寸、轴荷以及载质量的规定。

我国与外国签署有关运输车辆外廓尺寸、轴荷以及载质量具体协议的，按协议执行。

**第二十一条** 我国从事国际道路旅客运输的经营者，应当使用《国际道路旅客运输行车路单》（见附件6）。

我国从事国际道路货物运输的经营者，应当使用《国际道路货物运单》（见附件7）。

**第二十二条** 进入我国境内运载不可解体大型物件的外国国际道路运输经营者，车辆超限的，应当遵守我国超限运输车辆行驶公路的相关规定，办理相关手续后，方可运输。

**第二十三条** 进入我国境内运输危险货物的外国国际道路运输经营者，应当遵守我国危险货物运输有关法律、法规和规章的规定。

**第二十四条** 禁止外国国际道路运输经营者从事我国国内道路旅客和货物运输经营。

外国国际道路运输经营者在我国境内应当在批准的站点上下旅客或者按照运输合同商定的地点装卸货物。运输车辆要按照我国交通运输主管部门指定的停靠站（场）停放。

禁止外国国际道路运输经营者在我国境内自行承揽货物或者招揽旅客。

外国国际道路运输经营者依法在我国境内设立的常驻代表机构不得从事经营活动。

**第二十五条** 国际道路运输经营者应当使用符合国家规定标准的车辆从事国际道路运输经营，并按照国家有关规定进行运输车辆维护和定期检测。

国际道路运输经营者应当对所聘用的道路运输从业人员开展有关国际道路运输法规、外事规定、业务知识、操作规程的培训。

**第二十六条** 国际道路运输经营者应当制定境外突发事件的道路运输应急预案。应急预案应当包括报告程序、应急指挥、应急车辆和设备的储备以及处置措施等内容。

**第二十七条** 国际道路旅客运输的价格，按边境口岸所在地的省级人民政府交通运输主管部门与相关国家政府交通运输主管部门签订的协议执行。没有协议的，按边境口岸所在地省级物价部门核定的运价执行。

国际道路货物运输的价格，由国际道路货物

运输的经营者自行确定。

**第二十八条** 对进出我国境内从事国际道路运输的外国运输车辆的费收，应当按照我国与相关国家政府签署的有关协定执行。

## 第四章 行车许可证管理

**第二十九条** 国际道路运输实行行车许可证制度。

行车许可证是国际道路运输经营者在相关国家境内从事国际道路运输经营时行驶的通行凭证。

我国从事国际道路运输的车辆进出相关国家，应当持有相关国家的国际汽车运输行车许可证。

外国从事国际道路运输的车辆进出我国，应当持有我国国际汽车运输行车许可证。

**第三十条** 我国国际汽车运输行车许可证分为《国际汽车运输行车许可证》和《国际汽车运输特别行车许可证》。

在我国境内从事国际道路旅客运输经营和普通货物运输经营的外国经营者，使用《国际汽车运输行车许可证》。

在我国境内从事国际道路危险货物运输经营的外国经营者，应当向拟通过边境口岸所在地的省级人民政府交通运输主管部门提出申请，由省级人民政府交通运输主管部门商有关部门批准后，向外国经营者的运输车辆发放《国际汽车运输特别行车许可证》。

**第三十一条** 《国际汽车运输行车许可证》《国际汽车运输特别行车许可证》的式样，由交通运输部与相关国家政府交通运输主管部门商定。边境口岸所在地的省级人民政府交通运输主管部门按照商定的式样，负责行车许可证的统一印制，并负责与相关国家交换。

交换过来的相关国家《国际汽车运输行车许可证》，由边境口岸所在地的省级人民政府交通运输主管部门负责发放和管理。

我国从事国际道路运输的经营者，向拟通过边境口岸所在地的省级人民政府交通运输主管部门申领《国际汽车运输行车许可证》。

**第三十二条** 《国际汽车运输行车许可证》《国际汽车运输特别行车许可证》实行一车一证，应当在有效期内使用。运输车辆为半挂汽车列车、中置轴挂车列车、全挂汽车列车时，仅向牵引车辆发放行车许可证。

**第三十三条** 禁止伪造、变造、倒卖、转让、出租《国际汽车运输行车许可证》《国际汽车运输特别行车许可证》。

## 第五章 监督检查

**第三十四条** 县级以上地方人民政府交通运输主管部门在本行政区域内依法实施国际道路运输监督检查工作。

口岸国际道路运输管理机构负责口岸地包括口岸查验现场的国际道路运输管理及监督检查工作。

口岸国际道路运输管理机构应当悬挂“中华人民共和国 XX 口岸国际道路运输管理站”标识牌；在口岸查验现场悬挂“中国运输管理”的标识，并实行统一的国际道路运输查验签章（式样见附件 8）。

县级以上地方人民政府交通运输主管部门和口岸国际道路运输管理机构工作人员在实施国际道路运输监督检查时，应当出示行政执法证件。

**第三十五条** 口岸国际道路运输管理机构在口岸具体负责如下工作：

（一）查验《国际汽车运输行车许可证》《国际汽车运输特别行车许可证》《国际道路运输国籍识别标志》和国际道路运输有关牌证等；

（二）记录、统计出入口岸的车辆、旅客、货物运输量以及《国际汽车运输行车许可证》《国际汽车运输特别行车许可证》，定期向省级人民政府交通运输主管部门报送有关统计资料；

（三）监督检查国际道路运输的经营活动；

（四）协调出入口岸运输车辆的通关事宜。

**第三十六条** 国际道路运输经营者应当接受

当地县级以上地方人民政府交通运输主管部门和口岸国际道路运输管理机构的检查。

交通运输主管部门应当依据有关法规加强对失信企业和失信人员的监督管理，督促国际道路运输经营者落实安全生产主体责任。

## 第六章　法律责任

**第三十七条**　违反本规定，有下列行为之一的，由县级以上地方人民政府交通运输主管部门或者口岸国际道路运输管理机构责令停止经营；有违法所得的，没收违法所得，处违法所得 2 倍以上 10 倍以下的罚款；没有违法所得或者违法所得不足 2 万元的，处 3 万元以上 10 万元以下的罚款；构成犯罪的，依法追究刑事责任：

（一）未取得国际道路旅客运输经营许可，擅自从事国际道路旅客运输经营的；

（二）使用失效、伪造、变造、被注销等无效国际道路旅客运输经营许可证件从事国际道路旅客运输经营的；

（三）超越许可的事项，非法从事国际道路旅客运输经营的。

**第三十八条**　从事国际道路货物运输经营，未按规定进行备案的，由省级人民政府交通运输主管部门责令改正；拒不改正的，处5 000元以上 2 万元以下的罚款。

**第三十九条**　违反本规定，非法转让、出租国际道路运输经营许可证件的，由县级以上地方人民政府交通运输主管部门或者口岸国际道路运输管理机构责令停止违法行为，收缴有关证件，处2 000元以上 1 万元以下的罚款；有违法所得的，没收违法所得。

**第四十条**　违反本规定，非法转让、出租、伪造《国际汽车运输行车许可证》《国际汽车运输特别行车许可证》《国际道路运输国籍识别标志》的，由县级以上地方人民政府交通运输主管部门或者口岸国际道路运输管理机构责令停止违法行为，收缴有关证件，处 500 元以上1 000元以下的罚款；有违法所得的，没收违法所得。

**第四十一条**　违反本规定，国际道路旅客运输经营者有下列情形之一的，由县级以上地方人民政府交通运输主管部门或者口岸国际道路运输管理机构责令改正，处 1 000 元以上 3 000 元以下的罚款；情节严重的，由原许可机关吊销道路运输经营许可证：

（一）不按批准的国际道路运输线路、站点、班次运输的；

（二）在旅客运输途中擅自变更运输车辆或者将旅客移交他人运输的；

（三）未报告原许可机关，擅自终止国际道路旅客运输经营的。

**第四十二条**　国际道路运输经营者违反道路旅客、货物运输有关规定的，按照相关规定予以处罚。

**第四十三条**　外国国际道路运输经营者有下列行为之一，由县级以上地方人民政府交通运输主管部门或者口岸国际道路运输管理机构责令改正；拒不改正的，责令停止运输，有违法所得的，没收违法所得，处违法所得 2 倍以上 10 倍以下的罚款，没有违法所得或者违法所得不足 1 万元的，处 3 万元以上 6 万元以下的罚款：

（一）未取得我国有效的《国际汽车运输行车许可证》或者《国际汽车运输特别行车许可证》，擅自进入我国境内从事国际道路运输经营或者运输危险货物的；

（二）从事我国国内道路旅客或货物运输的；

（三）在我国境内自行承揽货源或招揽旅客的；

（四）未按规定的运输线路、站点、班次、停靠站（场）运行的；

（五）未标明本国《国际道路运输国籍识别标志》的。

**第四十四条**　县级以上地方人民政府交通运输主管部门以及口岸国际道路运输管理机构有下列行为之一的，对负有责任的主管人员和责任人员，视情节轻重，依法给予行政处分；造成严重后果、构成犯罪的，依法追究其刑事责任：

（一）不按照本规定规定的条件、程序和期

限实施国际道路运输行政许可或者备案的；

（二）参与或者变相参与国际道路运输经营的；

（三）发现未经批准的单位和个人擅自从事国际道路运输经营活动，或者发现国际道路运输经营者有违法行为不及时查处的；

（四）违反规定拦截、检查正常行驶的道路运输车辆的；

（五）违法扣留运输车辆、车辆营运证的；

（六）索取、收受他人财物，或者谋取其他利益的；

（七）违法实施行政处罚的；

（八）其他违法行为。

## 第七章　附　则

**第四十五条**　本规定自公布之日起施行。2005 年 4 月 13 日以交通部令 2005 年第 3 号公布的《国际道路运输管理规定》同时废止。

附件 1

**国际道路旅客运输经营许可申请表**

| 受理申请机关专用 |
| --- |
| |

**说明**

1. 本表根据《国际道路运输管理规定》制作，申请从事国际道路运输经营应当向所在地省级人民政府交通运输主管部门提出申请，填写本表，并同时提交其他相关材料。

2. 本表可向各级交通运输主管部门免费索取，也可自行从交通运输部网站（http://www.mot.gov.cn）下载打印。

3. 有关常见问题可查询交通运输部网站。

4. 本表可手写或者打印，要求字迹工整。

**申请人基本信息**

| | | | |
| --- | --- | --- | --- |
| 申请人名称 | （与营业执照名称一致） | | |
| 经营地址 | | | |
| 企业法定代表人 | | 统一社会信用代码 | |
| 主要负责人姓名 | | 经办人姓名 | |
| 联系电话 | | 电子邮箱/传真 | |

**申请材料清单**

1. 国际道路旅客运输经营申请表（本表） □
2. 企业近 3 年内无重大以上交通责任事故证明或者承诺书 □
3. 拟投入国际道路旅客运输经营的车辆的道路运输证、机动车安全技术检验报告（“备注”栏签注车辆技术等级），拟购置运输车辆的承诺书 □
4. 现有及拟聘用驾驶员的机动车驾驶证、从业资格证 □
5. 国际道路运输的安全管理制度文本（安全生产责任制度、安全生产业务操作规程、安全生产监督检查制度、驾驶员和车辆安全生产管理制度、道路运输应急预案） □
6. 申请定期国际道路旅客运输线路的，还应提供线路、站点和班次方案（含始发地客运站、终到站客运站、途经边境口岸、途经停靠站点、班次等信息） □

**核查情况**

1. 企业法人营业执照 □
2. ______年______月取得道路运输经营许可证从事国内道路运输。 □

国际道路旅客运输申请内容

现有或者拟购置客运车辆情况

| 序号 | 道路运输证号（现有） | 厂牌型号 | 车辆数量（拟购置） | 座位（座） | 车辆技术等级 | 备注 |
|---|---|---|---|---|---|---|
| 1 | | | | | | |
| 2 | | | | | | |
| 3 | | | | | | |
| 4 | | | | | | |
| 5 | | | | | | |
| 6 | | | | | | |
| 7 | | | | | | |
| 8 | | | | | | |
| 9 | | | | | | |
| 10 | | | | | | |

现有或者拟聘用车辆驾驶员情况

| 序号 | 姓名 | 性别 | 年龄 | 取得驾驶证时间 | 从业资格证号 | 备注 |
|---|---|---|---|---|---|---|
| 1 | | | | | | |
| 2 | | | | | | |
| 3 | | | | | | |
| 4 | | | | | | |
| 5 | | | | | | |
| 6 | | | | | | |
| 7 | | | | | | |
| 8 | | | | | | |
| 9 | | | | | | |
| 10 | | | | | | |

表格不够，可另附表填写。

声明：

我声明本表及其他相关材料中提供的信息均真实可靠。

我知悉如此表中有故意填写的虚假信息，我取得的道路运输经营许可将被注销。我承诺我将遵守《中华人民共和国道路运输条例》及其他有关道路运输法规的规定。

负责人签名：__________　日期：__________

负责人职位：__________

**附件 2**

## 中华人民共和国
## 国际道路旅客运输经营行政许可决定书

______国际运输______年度______号

____________：

你单位______年______月______日已经取得____________（省、自治区、直辖市）交通运输主管部门行政许可，从事国际道路旅客运输经营。

道路运输经营许可证编号：____________________

经营范围：国际道路旅客运输

批准投入车辆情况

车辆数：__________辆　　　　车　　型：__________

座　位：__________　　　　车辆技术等级：__________

请你单位持此决定书到外事、海关、边防检查以及口岸国际道路运输管理机构，按照规定办理相关手续。

______（省、自治区、直辖市）
交通运输厅（局、委）
（印章）
××××年××月××日

抄送：××外事、海关、边防检查、口岸国际道路运输管理机构。

**附件3**

## 中华人民共和国
## 国际道路旅客运输班线经营行政许可决定书

______国际运输______年度______号

____________：

你单位______年______月______日已经取得____________（省、自治区、直辖市）交通运输主管部门行政许可，从事国际道路旅客运输班线经营。

道路运输经营许可证编号：____________________

起点及站点：____________________讫点及站点：____________________

主要途经地：____________________________________________________

停靠站点：______________________________________________________

日发班次：______车牌号码：____________________

经营期限：______年______月______日至______年______月______日

请你单位持此决定书到外事、海关、边防检查以及口岸国际道路运输管理机构，按照规定办理相关手续。

____________（省、自治区、直辖市）

交通运输厅（局、委）

（印章）

××××年××月××日

抄送：××外事、海关、边防检查、口岸国际道路运输管理机构。

**附件 4**

## 国际道路货物运输经营备案表

（□首次备案 □备案变更）

<table>
<tr><td>经营者名称</td><td colspan="4">（与营业执照名称一致）</td></tr>
<tr><td>经营地址</td><td colspan="4">××省（区、市）××市（州）××县（市、区）××街（镇、乡）××号</td></tr>
<tr><td>企业法定代表人</td><td></td><td colspan="2">统一社会信用代码</td><td></td></tr>
<tr><td rowspan="2">主要负责人<br>（填写企业法人任命的负责人）</td><td>姓名</td><td></td><td>身份证号</td><td></td></tr>
<tr><td>联系电话</td><td></td><td>电子邮箱/传真</td><td></td></tr>
<tr><td>备案事项</td><td colspan="4">□普通货运（□专用运输（集装箱、冷藏保鲜、罐式） □大型物件运输）<br>□危险货物运输</td></tr>
<tr><td>经营情况</td><td colspan="4">______年______月取得道路运输经营许可证从事道路普通货物运输<br>______年______月取得道路运输经营许可证从事道路危险货物运输</td></tr>
<tr><td>备案材料</td><td colspan="4">□ 1. 企业近 3 年内无重大以上交通责任事故证明或者承诺书<br>□ 2. 已投入或者拟投入国际道路货物运输经营的车辆的道路运输证、机动车安全技术检验报告（“备注”栏签注车辆技术等级），拟购置运输车辆的承诺书<br>□ 3. 现有及拟聘用驾驶员的机动车驾驶证、从业资格证<br>□ 4. 从事危险货物运输的，还应当提交装卸管理员、押运员的从业资格证<br>□ 5. 国际道路运输的安全管理制度文本（安全生产责任制度、安全生产业务操作规程、安全生产监督检查制度、驾驶员和车辆安全生产管理制度、道路运输应急预案）</td></tr>
<tr><td colspan="5">本经营者声明：<br>1. 已知晓《道路运输条例》《国际道路运输管理规定》等国际道路货物运输有关法律法规及标准，知晓国际道路货物运输经营条件要求和备案要求；<br>2. 所提供的备案材料信息内容真实、准确，不存在虚假记载、误导性陈述或者重大遗漏，所有文件的签名、印章真实有效。如有不实之处，愿承担相应的法律责任。<br><br>**法定代表人或主要负责人（签字）：** **单位（盖章）：** **年 月 日**</td></tr>
<tr><td colspan="2">□ 备案材料齐全且符合要求；<br>□ 备案材料不齐全或者不符合要求，请补充：<br><br>**承办人（签字）：** **年 月 日**</td><td colspan="3">复核（签字）：__________<br>备案编号：__________<br><br>**备案机关（盖章）：** **年 月 日**</td></tr>
</table>

填写说明：1. 请根据《国际道路运输管理规定》有关要求填写此表；2. 备案材料：国际道路货运经营者应依法提交第 1 至 5 项材料；3. 承办人是指备案机关受理备案并对备案材料依法进行审查的工作人员，复核人是指备案机关对备案材料进行复核并备案编号的工作人员；4. 办理备案变更的，仅需填写变更事项，并与原备案表一并存档。5. 本表一式两份，备案完成后由备案机关和备案国际道路运输经营者各留存一份。

备案表附表：

## 现有或者拟购置货物运输车辆情况

| 序号 | 车辆号牌（现有） | 道路运输证号（现有） | 厂牌型号 | 数量（拟购置） | 载重质量（吨） | 车辆技术等级 | 车辆类型 | 备注 |
|---|---|---|---|---|---|---|---|---|
| 1 | | | | | | | | |
| 2 | | | | | | | | |
| 3 | | | | | | | | |
| 4 | | | | | | | | |
| 5 | | | | | | | | |
| 6 | | | | | | | | |
| 7 | | | | | | | | |
| 8 | | | | | | | | |
| 9 | | | | | | | | |
| 10 | | | | | | | | |

## 现有或者拟聘用车辆驾驶员情况

| 序号 | 姓名 | 性别 | 年龄 | 取得驾驶证时间 | 从业资格证号 | 备注 |
|---|---|---|---|---|---|---|
| 1 | | | | | | |
| 2 | | | | | | |
| 3 | | | | | | |
| 4 | | | | | | |
| 5 | | | | | | |
| 6 | | | | | | |
| 7 | | | | | | |
| 8 | | | | | | |
| 9 | | | | | | |
| 10 | | | | | | |

表格不够，可另附表填写。

**附件 5**

## 中华人民共和国国际道路运输国籍识别标志（比例 1∶1）

（一次性标志背面）

### 中华人民共和国国际道路运输国籍识别标志

| | | | | | |
|---|---|---|---|---|---|
| 编　　号 | | | | | |
| 车籍单位 | | | | | |
| 车辆号牌 | | 车　型 | | 吨（座）位 | |
| 运输线路 | 自　　　　至 | | | | |
| 有效期限 | 从　　年　　月　　日起至　　年　　月　　日止 | | | | |
| 主管机关 | （章）<br>年　　月　　日 | | 签发机关 | （章）<br>年　　月　　日 | |

说明：

1. 中华人民共和国国际道路运输国籍识别标志分为长期性和一次性两种：长期性标志为正面带编号的冲压式铝制标牌，固定在车辆保险杠右侧；一次性标志为纸质不干胶片，背面有填写内容，贴在车辆风挡玻璃右上角。

2. 国籍识别标志也可同时用漆喷制在车厢两侧或后侧。

3. 国籍识别标志为椭圆形，长、短轴分别为 24cm 和 14.5cm。

4. 国籍识别标志缩写为大写英文“CHN”，采用“Arial-Black”字体，字号为 80。

5. 一次性标志按长期性标志式样的 1/2 比例制作。

**附件 6**

中 华 人 民 共 和 国
国 际 道 路 旅 客 运 输
行 车 路 单 存 根

（）运管（）字　№000000

| | |
|---|---|
| 领用单位 | |
| 道路运输证号 | |
| 驾驶员姓名 | |
| 车辆号牌 | |
| 车型 | |
| 运输线路 | |
| 旅客人数 | |
| 运距 | |
| 有效期 | |
| 签发人 | |
| 领用人 | |

运　管　字第　号

CHN

中华人民共和国

## 国际道路旅客运输行车路单

运输单位：　车号：　座位：　驾驶员姓名：

运输线路：从　经　到达　（　）运管（　）字　№000000

| 起运地 | | 通过口岸 | | 到达地 | | 旅客人数（人） | 行包数量（件） | 行包重量（吨） | 行驶里程（公里） |
|---|---|---|---|---|---|---|---|---|---|
| 国家 | 地点 | 出境 | 入境 | 国家 | 地点 | | | | |
| | | | | | | | | | |
| | | | | | | | | | |
| | | | | | | | | | |
| | | | | | | | | | |
| | | | | | | | | | |
| 出境签章 | | | 入境签章 | | | 备注 | | | |
| | | | | | | | | | |
| 路单有效期 | 从　年　月　日起至　年　月　日 | | | | | | | | |
| 主管机关（章） | | | 签发机关（章） | | | 签发人： | | 回收人： | |

备注：1. 本路单一次性使用；2. 此联随车携带，使用后按期交签发机关。

## 旅客清单

| 序号 | 姓名 | 国籍 | 性别 | 护照（通行证）号码 | 备注 |
| --- | --- | --- | --- | --- | --- |
| 1 | | | | | |
| 2 | | | | | |
| 3 | | | | | |
| 4 | | | | | |
| 5 | | | | | |
| 6 | | | | | |
| 7 | | | | | |
| 8 | | | | | |
| 9 | | | | | |
| 10 | | | | | |
| 11 | | | | | |
| 12 | | | | | |
| 13 | | | | | |
| 14 | | | | | |
| 15 | | | | | |
| 16 | | | | | |
| 17 | | | | | |
| 18 | | | | | |

**附件 7**

CHN

## 国际道路货物运单

№：000000

<table>
<tr><td colspan="3">1. 发货人<br>名称<br>国籍</td><td colspan="3">2. 收货人<br>名称<br>国籍</td></tr>
<tr><td colspan="3">3. 装货地点<br>国家　　　　市<br>街道</td><td colspan="3">4. 卸货地点<br>国家　　　　市<br>街道</td></tr>
<tr><td>5. 货物标记和号码</td><td>6. 件数</td><td>7. 包装种类</td><td>8. 货物名称</td><td>9. 体积（$m^3$）</td><td>10. 毛重（kg）</td></tr>
<tr><td></td><td></td><td></td><td></td><td></td><td></td></tr>
<tr><td></td><td></td><td></td><td></td><td></td><td></td></tr>
<tr><td></td><td></td><td></td><td></td><td></td><td></td></tr>
<tr><td colspan="6">11. 发货人指示</td></tr>
<tr><td colspan="6">a. 进/出口许可证号码：从　　　　在　　　　海关</td></tr>
<tr><td colspan="6">b. 货物声明价值</td></tr>
<tr><td colspan="6">c. 发货人随附单证</td></tr>
<tr><td colspan="3">d. 订单或合同号</td><td colspan="3">包括运费交货点</td></tr>
<tr><td colspan="3">e. 其他指示</td><td colspan="3">不包括运费交货点</td></tr>
</table>

<table>
<tr><td rowspan="2">12. 运送特殊条件</td><td colspan="4">13. 应付运费</td></tr>
<tr><td>发货人</td><td>运费</td><td>币别</td><td>收货人</td></tr>
<tr><td rowspan="4">14. 承运人意见</td><td></td><td></td><td></td><td></td></tr>
<tr><td></td><td></td><td></td><td></td></tr>
<tr><td></td><td></td><td></td><td></td></tr>
<tr><td></td><td></td><td></td><td></td></tr>
<tr><td>15. 承运人</td><td>共计</td><td></td><td></td><td></td></tr>
<tr><td>16. 编制日期<br>到达装货　　时　　分<br>离去　　时　　分<br>发货人签字盖章<br>承运人签字盖章</td><td colspan="4">17. 收到本运单货物日期<br>18. 到达卸货　　时　　分<br>离去　　时　　分<br>收货人签字盖章</td></tr>
<tr><td>19. 车辆号牌　　车辆吨位<br>司机姓名　　拖挂车号<br>行车许可证号　　路单号</td><td colspan="4">20. 运输里程　　过境里程<br>收货人境内里程<br>共计</td></tr>
<tr><td>21. 海关机构记载：</td><td colspan="4">22. 收货人可能提出的意见：</td></tr>
</table>

说明：1. 本运单使用中文和相应国家文字印制。2. 本运单一般使用一式四联单。第一联：存根；第二联：始发地海关；第三联：口岸地海关；第四联：随车携带。（如是过境运输可印制 6-8 联的运单，供过境海关留存）

附件 8

## 国际道路运输查验签章

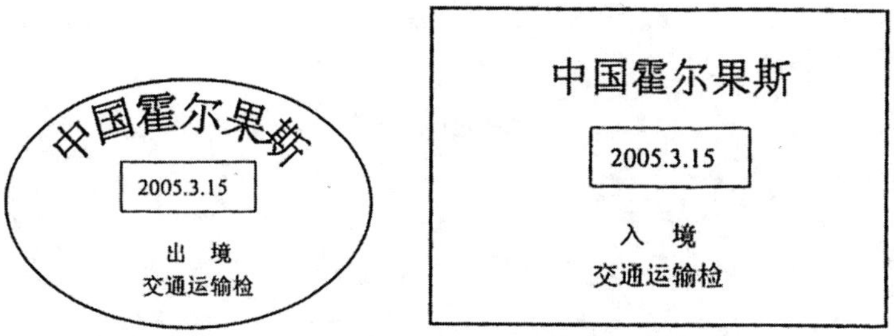


说明：

1. 出境印章为椭圆形，长、短轴分别为 4.5cm 和 3cm；入境印章为矩形，长、宽分别为 4cm 和 3cm。

2. 该印章为可拨调年月日的铜制印章。

# 第五篇

## 全国口岸运行主要数据

# 2022 年海关货运监管业务统计表

| 指标名称 | 单位 | 2022 年 | 2021 年 | 同比（%） |
|---|---|---|---|---|
| 监管进出口货运量 | 万吨 | 481 715.2 | 498 288.2 | -3.3 |
| 进口 | 万吨 | 309 706.9 | 324 588.2 | -4.6 |
| 出口 | 万吨 | 172 008.3 | 173 700.0 | -1.0 |
| 监管运输工具总数 | 辆艘 | 14 974 017 | 21 128 612 | -29.1 |
| 监管进出境总数 | 辆艘 | 12 625 578 | 18 592 817 | -32.1 |
| 其中：进出境汽车 | 辆 | 9 092 669 | 15 103 007 | -39.8 |
| 进出境火车 | 节 | 2 966 028 | 2 911 424 | 1.9 |
| 进出境船舶 | 艘 | 303 990 | 296 806 | 2.4 |
| 进出境飞机 | 架 | 262 891 | 281 580 | -6.6 |

# 进出口商品总值表

单位：百万元人民币

| 年　份 | 进出口总值 | 出口总值 | 进口总值 | 差 额（+出超、-入超） | 同比（%） | |
|---|---|---|---|---|---|---|
| | | | | | 出　口 | 进　口 |
| 1981年 | 73 534 | 36 761 | 36 773 | -12 | — | — |
| 1982年 | 77 137 | 41 383 | 35 754 | 5 629 | 12.6 | -2.8 |
| 1983年 | 86 015 | 43 833 | 42 182 | 1 651 | 5.9 | 18.0 |
| 1984年 | 120 103 | 58 056 | 62 047 | -3 991 | 32.4 | 47.1 |
| 1985年 | 206 671 | 80 886 | 125 785 | -44 899 | 39.3 | 102.7 |
| 1986年 | 258 037 | 108 211 | 149 826 | -41 615 | 33.8 | 19.1 |
| 1987年 | 308 416 | 146 995 | 161 421 | -14 426 | 35.8 | 7.7 |
| 1988年 | 382 179 | 176 672 | 205 507 | -28 835 | 20.2 | 27.3 |
| 1989年 | 415 592 | 195 606 | 219 986 | -24 380 | 10.7 | 7.0 |
| 1990年 | 556 012 | 298 584 | 257 428 | 41 156 | 52.6 | 17.0 |
| 1991年 | 722 575 | 382 710 | 339 865 | 42 845 | 28.2 | 32.0 |
| 1992年 | 911 962 | 467 629 | 444 333 | 23 296 | 22.2 | 30.7 |
| 1993年 | 1 127 102 | 528 481 | 598 621 | -70 140 | 13.0 | 34.7 |
| 1994年 | 2 038 190 | 1 042 184 | 996 006 | 46 178 | 97.2 | 66.4 |
| 1995年 | 2 349 994 | 1 245 181 | 1 104 813 | 140 368 | 19.5 | 10.9 |
| 1996年 | 2 413 386 | 1 257 643 | 1 155 743 | 101 900 | 1.0 | 4.6 |
| 1997年 | 2 696 724 | 1 516 068 | 1 180 656 | 335 412 | 20.5 | 2.2 |
| 1998年 | 2 684 968 | 1 522 354 | 1 162 614 | 359 740 | 0.4 | -1.5 |
| 1999年 | 2 989 623 | 1 615 977 | 1 373 646 | 242 331 | 6.1 | 18.2 |
| 2000年 | 3 927 325 | 2 063 444 | 1 863 881 | 199 563 | 27.7 | 35.7 |
| 2001年 | 4 218 362 | 2 202 444 | 2 015 918 | 186 526 | 6.7 | 8.2 |
| 2002年 | 5 137 815 | 2 694 787 | 2 443 027 | 251 760 | 22.4 | 21.2 |
| 2003年 | 7 048 345 | 3 628 789 | 3 419 556 | 209 232 | 34.7 | 40.0 |
| 2004年 | 9 553 909 | 4 910 333 | 4 643 576 | 266 757 | 35.3 | 35.8 |
| 2005年 | 11 692 177 | 6 264 809 | 5 427 368 | 837 441 | 27.6 | 16.9 |
| 2006年 | 14 097 474 | 7 759 789 | 6 337 686 | 1 422 103 | 23.9 | 16.8 |
| 2007年 | 16 692 407 | 9 362 714 | 7 329 693 | 2 033 020 | 20.7 | 15.7 |
| 2008年 | 17 992 147 | 10 039 494 | 7 952 653 | 2 086 841 | 7.2 | 8.5 |

续表

| 年　份 | 进出口总值 | 出口总值 | 进口总值 | 差 额（+出超、-入超） | 同比（%） | |
|---|---|---|---|---|---|---|
| | | | | | 出　口 | 进　口 |
| 2009 年 | 15 064 806 | 8 202 969 | 6 861 837 | 1 341 132 | -18.3 | -13.7 |
| 2010 年 | 20 172 234 | 10 702 284 | 9 469 950 | 1 232 334 | 30.5 | 38.0 |
| 2011 年 | 23 640 195 | 12 324 056 | 11 316 139 | 1 007 916 | 15.2 | 19.5 |
| 2012 年 | 24 416 021 | 12 935 925 | 11 480 096 | 1 455 829 | 5.0 | 1.4 |
| 2013 年 | 25 816 889 | 13 713 143 | 12 103 746 | 1 609 398 | 6.0 | 5.4 |
| 2014 年 | 26 424 177 | 14 388 375 | 12 035 803 | 2 352 572 | 4.9 | -0.6 |
| 2015 年 | 24 550 293 | 14 116 683 | 10 433 610 | 3 683 073 | -1.9 | -13.2 |
| 2016 年 | 24 338 646 | 13 841 929 | 10 496 717 | 3 345 212 | -1.9 | 0.6 |
| 2017 年 | 27 809 924 | 15 330 943 | 12 478 981 | 2 851 962 | 10.8 | 18.9 |
| 2018 年 | 30 500 813 | 16 412 781 | 14 088 032 | 2 324 749 | 7.1 | 12.9 |
| 2019 年 | 31 562 732 | 17 237 363 | 14 325 369 | 2 911 994 | 5.0 | 1.7 |
| 2020 年 | 32 221 524 | 17 927 883 | 14 293 640 | 3 634 243 | 4.0 | -0.2 |
| 2021 年 | 38 741 462 | 21 425 524 | 17 315 938 | 4 109 587 | 19.5 | 21.1 |
| 2022 年 | 41 801 160 | 23 741 154 | 18 060 006 | 5 681 147 | 10.8 | 4.3 |

# 2022 年进出口商品国别（地区）总值表

单位：万元人民币

| 进口原产国（地）<br>出口最终目的国（地） | 2022 年 | | |
|---|---|---|---|
| | 出　口 | 进　口 | 出/入超 |
| 总　计 | 2 374 115 369 | 1 806 000 629 | 568 114 740 |
| 亚　洲 | 1 121 508 830 | 990 659 204 | 130 849 626 |
| 阿富汗 | 369 429 | 29 039 | 340 390 |
| 巴林 | 1 163 954 | 164 445 | 999 509 |
| 孟加拉国 | 17 678 859 | 654 390 | 17 024 469 |
| 不丹 | 112 988 | 1 820 | 111 168 |
| 文莱 | 546 943 | 1 497 095 | -950 152 |
| 缅甸 | 8 856 997 | 7 755 650 | 1 101 347 |
| 柬埔寨 | 9 273 172 | 1 224 801 | 8 048 371 |
| 塞浦路斯 | 780 729 | 22 627 | 758 101 |
| 朝鲜 | 564 530 | 90 639 | 473 891 |
| 中国香港 | 196 358 010 | 5 201 380 | 191 156 630 |
| 印度 | 78 075 077 | 11 603 012 | 66 472 065 |
| 印度尼西亚 | 47 098 082 | 52 100 271 | -5 002 189 |
| 伊朗 | 6 250 258 | 4 195 100 | 2 055 158 |
| 伊拉克 | 9 152 974 | 26 286 341 | -17 133 367 |
| 以色列 | 10 913 626 | 5 965 552 | 4 948 075 |
| 日本 | 114 974 733 | 122 861 420 | -7 886 686 |
| 约旦 | 3 757 010 | 498 069 | 3 258 941 |
| 科威特 | 3 279 283 | 17 641 283 | -14 362 001 |
| 老挝 | 1 520 280 | 2 241 965 | -721 685 |
| 黎巴嫩 | 1 643 357 | 42 447 | 1 600 910 |
| 中国澳门 | 2 785 271 | 53 157 | 2 732 113 |
| 马来西亚 | 61 278 382 | 73 352 260 | -12 073 877 |
| 马尔代夫 | 294 292 | 36 | 294 256 |
| 蒙古国 | 1 924 247 | 6 287 419 | -4 363 172 |
| 尼泊尔联邦民主共和国 | 1 089 429 | 14 559 | 1 074 870 |
| 阿曼 | 2 756 209 | 24 091 792 | -21 335 583 |

续表1

| 进口原产国（地）<br>出口最终目的国（地） | 2022 年 | | |
|---|---|---|---|
| | 出　口 | 进　口 | 出/入超 |
| 巴基斯坦 | 15 164 047 | 2 271 099 | 12 892 948 |
| 巴勒斯坦 | 104 268 | 13 | 104 255 |
| 菲律宾 | 42 371 154 | 15 316 199 | 27 054 955 |
| 卡塔尔 | 2 626 919 | 15 061 443 | -12 434 524 |
| 沙特阿拉伯 | 25 196 825 | 51 937 963 | -26 741 139 |
| 新加坡 | 53 398 559 | 22 353 401 | 31 045 158 |
| 韩国 | 107 303 434 | 132 328 450 | -25 025 016 |
| 斯里兰卡 | 2 449 365 | 331 064 | 2 118 301 |
| 叙利亚 | 280 182 | 1 450 | 278 732 |
| 泰国 | 51 471 975 | 37 632 315 | 13 839 660 |
| 土耳其 | 22 495 539 | 2 993 245 | 19 502 294 |
| 阿联酋 | 35 679 849 | 30 354 042 | 5 325 807 |
| 也门 | 1 841 325 | 413 985 | 1 427 339 |
| 越南 | 96 002 291 | 58 846 795 | 37 155 496 |
| 中华人民共和国 | — | 80 636 577 | -80 636 577 |
| 中国台湾 | 54 256 573 | 157 616 737 | -103 360 164 |
| 东帝汶 | 186 424 | 100 335 | 86 089 |
| 哈萨克斯坦 | 10 915 163 | 9 860 852 | 1 054 310 |
| 吉尔吉斯斯坦 | 10 289 638 | 53 764 | 10 235 874 |
| 塔吉克斯坦 | 1 460 606 | 247 890 | 1 212 716 |
| 土库曼斯坦 | 574 821 | 6 906 903 | -6 332 082 |
| 乌兹别克斯坦 | 4 941 448 | 1 518 110 | 3 423 338 |
| 亚洲其他国家（地区） | 304 | 0 | 304 |
| 非　洲 | 108 259 635 | 77 834 557 | 30 425 078 |
| 阿尔及利亚 | 4 170 806 | 764 369 | 3 406 437 |
| 安哥拉 | 2 682 615 | 15 408 302 | -12 725 686 |
| 贝宁 | 1 115 206 | 167 777 | 947 429 |
| 博茨瓦纳 | 146 062 | 260 345 | -114 282 |
| 布隆迪 | 77 617 | 6 762 | 70 855 |
| 喀麦隆 | 2 084 352 | 425 449 | 1 658 903 |
| 加那利群岛 | 1 481 | 3 | 1 478 |
| 佛得角 | 61 375 | 13 | 61 362 |
| 中非 | 34 665 | 16 558 | 18 107 |

续表2

| 进口原产国（地）<br>出口最终目的国（地） | 2022 年 | | |
|---|---|---|---|
| | 出　口 | 进　口 | 出/入超 |
| 塞卜泰（休达） | 50 | 2 | 48 |
| 乍得 | 188 380 | 716 458 | -528 077 |
| 科摩罗 | 44 102 | 52 | 44 051 |
| 刚果（布） | 637 210 | 3 705 832 | -3 068 622 |
| 吉布提 | 2 129 888 | 64 515 | 2 065 373 |
| 埃及 | 11 301 654 | 677 141 | 10 624 513 |
| 赤道几内亚 | 151 842 | 1 002 089 | -850 248 |
| 埃塞俄比亚 | 1 470 127 | 303 829 | 1 166 298 |
| 加蓬 | 383 487 | 2 638 594 | -2 255 107 |
| 冈比亚 | 296 605 | 29 453 | 267 151 |
| 加纳 | 5 167 534 | 1 563 578 | 3 603 956 |
| 几内亚 | 1 486 518 | 3 018 269 | -1 531 751 |
| 几内亚比绍 | 37 145 | 2 | 37 143 |
| 科特迪瓦 | 2 292 270 | 645 705 | 1 646 565 |
| 肯尼亚 | 5 404 888 | 179 861 | 5 225 026 |
| 利比里亚 | 4 995 528 | 10 009 | 4 985 519 |
| 利比亚 | 1 562 363 | 1 948 526 | -386 163 |
| 马达加斯加 | 954 063 | 417 244 | 536 819 |
| 马拉维 | 185 045 | 8 507 | 176 538 |
| 马里 | 385 997 | 56 601 | 329 396 |
| 毛里塔尼亚 | 618 483 | 778 122 | -159 639 |
| 毛里求斯 | 638 946 | 21 024 | 617 921 |
| 摩洛哥 | 3 768 216 | 605 429 | 3 162 786 |
| 莫桑比克 | 2 161 732 | 889 983 | 1 271 749 |
| 纳米比亚 | 367 446 | 392 455 | -25 009 |
| 尼日尔 | 454 289 | 206 701 | 247 588 |
| 尼日利亚 | 14 632 666 | 1 054 863 | 13 577 803 |
| 留尼汪 | 163 741 | 71 | 163 670 |
| 卢旺达 | 269 830 | 47 033 | 222 797 |
| 圣多美和普林西比 | 10 179 | 101 | 10 078 |
| 塞内加尔 | 2 666 359 | 176 564 | 2 489 796 |
| 塞舌尔 | 61 667 | 45 | 61 622 |
| 塞拉利昂 | 372 850 | 507 850 | -134 999 |

续表3

| 进口原产国（地）<br>出口最终目的国（地） | 2022 年 | | |
| --- | --- | --- | --- |
| | 出　口 | 进　口 | 出/入超 |
| 索马里 | 683 682 | 4 960 | 678 722 |
| 南非 | 16 008 836 | 21 664 030 | -5 655 194 |
| 西撒哈拉 | 754 | 1 | 753 |
| 苏丹 | 1 342 989 | 582 021 | 760 968 |
| 坦桑尼亚 | 5 109 088 | 357 787 | 4 751 301 |
| 多哥 | 2 066 752 | 123 671 | 1 943 081 |
| 突尼斯 | 1 242 125 | 169 772 | 1 072 353 |
| 乌干达 | 712 662 | 38 803 | 673 859 |
| 布基纳法索 | 332 238 | 68 109 | 264 128 |
| 刚果（金） | 3 390 880 | 10 980 553 | -7 589 674 |
| 赞比亚 | 649 852 | 3 788 461 | -3 138 609 |
| 津巴布韦 | 747 173 | 872 239 | -125 066 |
| 莱索托 | 39 755 | 14 616 | 25 139 |
| 梅利利亚 | 30 | 0 | 30 |
| 斯威士兰 | 54 499 | 526 | 53 974 |
| 厄立特里亚 | 98 382 | 301 444 | -203 062 |
| 马约特 | 38 184 | 16 | 38 168 |
| 南苏丹共和国 | 104 628 | 151 238 | -46 609 |
| 非洲其他国家（地区） | 1 850 | 226 | 1 624 |
| 欧　洲 | 494 278 631 | 325 699 448 | 168 579 183 |
| 比利时 | 23 679 227 | 5 793 639 | 17 885 588 |
| 丹麦 | 6 749 352 | 3 813 118 | 2 936 234 |
| 英国 | 53 956 655 | 14 476 920 | 39 479 735 |
| 德国 | 77 149 767 | 73 912 182 | 3 237 585 |
| 法国 | 30 274 345 | 23 670 307 | 6 604 038 |
| 爱尔兰 | 3 429 762 | 12 061 127 | -8 631 365 |
| 意大利 | 33 598 163 | 17 954 629 | 15 643 534 |
| 卢森堡 | 349 987 | 215 601 | 134 386 |
| 荷兰 | 78 309 609 | 8 347 396 | 69 962 213 |
| 希腊 | 8 555 334 | 560 708 | 7 994 625 |
| 葡萄牙 | 3 973 249 | 2 022 081 | 1 951 168 |
| 西班牙 | 27 744 744 | 6 505 605 | 21 239 139 |
| 阿尔巴尼亚 | 469 025 | 121 790 | 347 235 |

续表4

| 进口原产国（地）<br>出口最终目的国（地） | 2022 年 | | |
|---|---|---|---|
| | 出　口 | 进　口 | 出/入超 |
| 安道尔 | 17 189 | 128 | 17 061 |
| 奥地利 | 3 411 368 | 5 495 187 | -2 083 819 |
| 保加利亚 | 1 892 425 | 844 885 | 1 047 540 |
| 芬兰 | 3 015 446 | 3 514 474 | -499 028 |
| 直布罗陀 | 12 353 | 13 | 12 340 |
| 匈牙利 | 6 969 629 | 3 366 809 | 3 602 820 |
| 冰岛 | 207 468 | 128 164 | 79 305 |
| 列支敦士登 | 42 809 | 129 056 | -86 247 |
| 马耳他 | 1 301 963 | 390 767 | 911 196 |
| 摩纳哥 | 7 819 | 9 549 | -1 730 |
| 挪威 | 3 483 744 | 5 238 632 | -1 754 887 |
| 波兰 | 25 257 263 | 3 368 012 | 21 889 251 |
| 罗马尼亚 | 4 909 888 | 2 049 768 | 2 860 121 |
| 圣马力诺 | 6 420 | 3 327 | 3 093 |
| 瑞典 | 7 570 694 | 6 103 223 | 1 467 471 |
| 瑞士 | 5 070 361 | 33 179 621 | -28 109 260 |
| 爱沙尼亚 | 627 439 | 195 191 | 432 248 |
| 拉脱维亚 | 680 359 | 250 844 | 429 515 |
| 立陶宛 | 1 190 421 | 60 808 | 1 129 613 |
| 格鲁吉亚 | 830 528 | 98 810 | 731 717 |
| 亚美尼亚 | 321 903 | 598 915 | -277 012 |
| 阿塞拜疆 | 754 207 | 159 765 | 594 442 |
| 白俄罗斯 | 2 192 045 | 1 206 354 | 985 691 |
| 摩尔多瓦 | 137 301 | 56 819 | 80 482 |
| 俄罗斯联邦 | 50 902 200 | 76 541 479 | -25 639 279 |
| 乌克兰 | 2 162 310 | 2 830 009 | -667 699 |
| 斯洛文尼亚 | 4 550 928 | 391 780 | 4 159 149 |
| 克罗地亚 | 1 500 692 | 105 437 | 1 395 255 |
| 捷克 | 12 173 184 | 3 607 954 | 8 565 229 |
| 斯洛伐克 | 2 962 842 | 5 112 196 | -2 149 354 |
| 北马其顿共和国 | 155 555 | 118 118 | 37 437 |
| 波黑 | 123 956 | 81 073 | 42 883 |
| 梵蒂冈城国 | 45 | 1 | 44 |

续表5

| 进口原产国（地）<br>出口最终目的国（地） | 2022 年 | | |
|---|---|---|---|
| | 出　口 | 进　口 | 出/入超 |
| 法罗群岛 | 1 479 | 76 141 | -74 661 |
| 塞尔维亚 | 1 441 832 | 899 418 | 542 414 |
| 黑山 | 143 724 | 31 613 | 112 111 |
| 欧洲其他国家（地区） | 9 623 | 6 | 9 617 |
| 拉丁美洲 | 167 749 743 | 154 975 131 | 12 774 612 |
| 安提瓜和巴布达 | 68 957 | 695 | 68 261 |
| 阿根廷 | 8 451 020 | 5 803 789 | 2 647 231 |
| 阿鲁巴 | 42 115 | 140 | 41 975 |
| 巴哈马 | 262 835 | 5 977 | 256 858 |
| 巴巴多斯 | 106 702 | 17 732 | 88 970 |
| 伯利兹 | 216 658 | 494 | 216 164 |
| 多民族玻利维亚国 | 712 586 | 586 215 | 126 372 |
| 博内尔 | 2 | 0 | 2 |
| 巴西 | 41 230 875 | 72 845 128 | -31 614 253 |
| 开曼群岛 | 36 782 | 9 | 36 773 |
| 智利 | 14 890 387 | 29 551 900 | -14 661 513 |
| 哥伦比亚 | 10 316 824 | 4 682 714 | 5 634 110 |
| 多米尼克 | 23 039 | 287 | 22 752 |
| 哥斯达黎加 | 1 573 259 | 1 352 475 | 220 784 |
| 古巴 | 274 409 | 300 165 | -25 756 |
| 库腊索岛 | 40 811 | 9 | 40 802 |
| 多米尼加共和国 | 2 843 067 | 352 599 | 2 490 468 |
| 厄瓜多尔 | 4 166 496 | 4 545 493 | -378 996 |
| 法属圭亚那 | 26 038 | 1 | 26 037 |
| 格林纳达 | 14 831 | 14 | 14 817 |
| 瓜德罗普 | 45 365 | 9 | 45 357 |
| 危地马拉 | 2 892 443 | 382 615 | 2 509 828 |
| 圭亚那 | 379 341 | 877 827 | -498 486 |
| 海地 | 415 615 | 1 719 | 413 895 |
| 洪都拉斯 | 1 031 327 | 19 350 | 1 011 977 |
| 牙买加 | 678 245 | 10 068 | 668 177 |
| 马提尼克 | 31 787 | 90 | 31 697 |
| 墨西哥 | 51 504 681 | 11 616 854 | 39 887 827 |

续表6

| 进口原产国（地）<br>出口最终目的国（地） | 2022 年 | | |
|---|---|---|---|
| | 出　口 | 进　口 | 出/入超 |
| 蒙特塞拉特 | 256 | 7 | 249 |
| 尼加拉瓜 | 476 393 | 23 241 | 453 153 |
| 巴拿马 | 8 343 991 | 813 850 | 7 530 141 |
| 巴拉圭 | 1 258 823 | 55 365 | 1 203 459 |
| 秘鲁 | 8 936 727 | 16 020 824 | -7 084 097 |
| 波多黎各 | 644 441 | 880 148 | -235 707 |
| 萨巴 | 5 | — | 5 |
| 圣卢西亚 | 24 032 | 34 | 23 997 |
| 圣马丁岛 | 3 150 | 2 | 3 147 |
| 圣文森特和格林纳丁斯 | 14 312 | 2 | 14 310 |
| 萨尔瓦多 | 1 099 553 | 153 473 | 946 081 |
| 苏里南 | 209 844 | 30 105 | 179 738 |
| 特立尼达和多巴哥 | 360 292 | 509 894 | -149 602 |
| 特克斯和凯科斯群岛 | 6 690 | 61 | 6 629 |
| 乌拉圭 | 1 974 234 | 2 975 396 | -1 001 162 |
| 委内瑞拉 | 1 985 984 | 557 644 | 1 428 340 |
| 英属维尔京群岛 | 70 608 | 40 | 70 568 |
| 圣其茨和尼维斯 | 9 616 | 431 | 9 185 |
| 圣皮埃尔和密克隆 | 12 | 0 | 11 |
| 荷属安地列斯 | 16 837 | 4 | 16 832 |
| 拉丁美洲其他国家（地区） | 37 445 | 241 | 37 204 |
| 北美洲 | 419 665 741 | 146 665 632 | 273 000 109 |
| 加拿大 | 35 412 271 | 28 544 659 | 6 867 612 |
| 美国 | 384 194 342 | 117 874 045 | 266 320 297 |
| 格陵兰 | 523 | 246 769 | -246 245 |
| 百慕大 | 55 324 | 31 | 55 293 |
| 北美洲其他国家（地区） | 3 281 | 129 | 3 153 |
| 大洋洲 | 62 652 708 | 109 269 826 | -46 617 118 |
| 澳大利亚 | 52 269 452 | 94 621 922 | -42 352 470 |
| 库克群岛 | 7 442 | 557 | 6 885 |
| 斐济 | 331 943 | 29 296 | 302 647 |
| 盖比群岛 | 4 | — | 4 |
| 马克萨斯群岛 | 17 | — | 17 |

续表7

| 进口原产国（地）<br>出口最终目的国（地） | 2022 年 | | |
|---|---|---|---|
| | 出　口 | 进　口 | 出/入超 |
| 瑙鲁 | 8 162 | 72 | 8 090 |
| 新喀里多尼亚 | 112 275 | 1 265 286 | -1 153 012 |
| 瓦努阿图 | 63 541 | 7 220 | 56 321 |
| 新西兰 | 6 069 620 | 10 599 535 | -4 529 915 |
| 诺福克岛 | 1 173 | 0 | 1 173 |
| 巴布亚新几内亚 | 939 247 | 2 542 806 | -1 603 559 |
| 社会群岛 | 444 | — | 444 |
| 所罗门群岛 | 129 653 | 199 879 | -70 225 |
| 汤加 | 36 916 | 1 | 36 915 |
| 土阿莫土群岛 | 1 | — | 1 |
| 土布艾群岛 | 0 | — | 0 |
| 萨摩亚 | 80 920 | 611 | 80 309 |
| 基里巴斯 | 28 208 | 1 | 28 207 |
| 图瓦卢 | 21 998 | 8 | 21 990 |
| 密克罗尼西亚联邦 | 19 987 | 66 | 19 921 |
| 马绍尔群岛 | 2 325 199 | 121 | 2 325 078 |
| 帕劳 | 35 111 | 81 | 35 030 |
| 法属波利尼西亚 | 100 409 | 2 301 | 98 109 |
| 瓦利斯和浮图纳 | 1 318 | 0 | 1 318 |
| 大洋洲其他国家（地区） | 69 667 | 64 | 69 603 |
| 国别（地区）不详 | 81 | 896 830 | -896 750 |
| 东南亚国家联盟 | 371 817 836 | 272 320 752 | 99 497 085 |
| 欧洲联盟 | 372 608 809 | 189 736 356 | 182 872 453 |
| 亚太经济合作组织 | 1 430 179 064 | 1 147 656 924 | 282 522 141 |

备注：1. 东南亚国家联盟包括：文莱、缅甸、柬埔寨、印度尼西亚、老挝、马来西亚、菲律宾、新加坡、泰国、越南。

2. 欧洲联盟包括：比利时、丹麦、德国、法国、爱尔兰、意大利、卢森堡、荷兰、希腊、葡萄牙、西班牙、奥地利、芬兰、瑞典、塞浦路斯、匈牙利、马耳他、波兰、爱沙尼亚、拉脱维亚、立陶宛、斯洛文尼亚、捷克、斯洛伐克、保加利亚、罗马尼亚、克罗地亚。

3. 亚太经济合作组织包括：文莱、中国香港、印度尼西亚、日本、马来西亚、菲律宾、新加坡、韩国、泰国、越南、中华人民共和国、中国台湾、俄罗斯、智利、墨西哥、秘鲁、加拿大、美国、澳大利亚、新西兰、巴布亚新几内亚。

# 2022 年进出口商品构成表

单位：万元人民币

| 商 品 | 出 口 | | 进 口 | |
|---|---|---|---|---|
| | 金 额 | 比重（%） | 金 额 | 比重（%） |
| 总 值 | 2 374 115 369 | 100.0 | 1 806 000 629 | 100.0 |
| 一、初级产品 | 112 907 530 | 4.8 | 725 833 408 | 40.2 |
| 0 类 食品及活动物 | 49 061 281 | 2.1 | 87 395 386 | 4.8 |
| 00 章 活动物 | 364 063 | 0.0 | 596 532 | 0.0 |
| 01 章 肉及肉制品 | 1 940 970 | 0.1 | 20 631 594 | 1.1 |
| 02 章 乳品及蛋品 | 288 352 | 0.0 | 5 885 866 | 0.3 |
| 03 章 鱼、甲壳及软体类动物及其制品 | 14 713 871 | 0.6 | 12 801 969 | 0.7 |
| 04 章 谷物及其制品 | 1 692 999 | 0.1 | 13 893 864 | 0.8 |
| 05 章 蔬菜及水果 | 17 331 720 | 0.7 | 14 988 512 | 0.8 |
| 06 章 糖、糖制品及蜂蜜 | 2 099 263 | 0.1 | 2 555 303 | 0.1 |
| 07 章 咖啡、茶、可可、调味料及其制品 | 3 016 793 | 0.1 | 1 952 522 | 0.1 |
| 08 章 饲料（不包括未碾磨谷物） | 2 590 112 | 0.1 | 5 647 763 | 0.3 |
| 09 章 杂项食品 | 5 023 140 | 0.2 | 8 441 461 | 0.5 |
| 1 类 饮料及烟类 | 2 050 868 | 0.1 | 4 712 568 | 0.3 |
| 11 章 饮料 | 1 539 880 | 0.1 | 3 618 098 | 0.2 |
| 12 章 烟草及其制品 | 510 988 | 0.0 | 1 094 470 | 0.1 |
| 2 类 非食用原料（燃料除外） | 16 523 798 | 0.7 | 267 784 723 | 14.8 |
| 21 章 生皮及生毛皮 | 37 426 | 0.0 | 916 928 | 0.1 |
| 22 章 油籽及含油果实 | 880 925 | 0.0 | 43 731 420 | 2.4 |
| 23 章 生橡胶（包括合成橡胶及再生橡胶） | 1 245 426 | 0.1 | 8 694 416 | 0.5 |
| 24 章 软木及木材 | 427 628 | 0.0 | 13 629 520 | 0.8 |
| 25 章 纸浆及废纸 | 278 756 | 0.0 | 15 015 082 | 0.8 |
| 26 章 纺织纤维及其废料 | 3 209 777 | 0.1 | 6 676 616 | 0.4 |
| 27 章 天然肥料及矿物（煤、石油及宝石除外） | 3 003 052 | 0.1 | 10 938 430 | 0.6 |
| 28 章 金属矿砂及金属废料 | 2 919 684 | 0.1 | 165 688 168 | 9.2 |
| 29 章 其他动、植物原料 | 4 521 124 | 0.2 | 2 494 145 | 0.1 |
| 3 类 矿物燃料、润滑油及有关原料 | 42 904 969 | 1.8 | 357 237 095 | 19.8 |
| 32 章 煤、焦炭及煤砖 | 3 458 395 | 0.1 | 28 824 262 | 1.6 |

续表1

| 商品 | 出口 | | 进口 | |
|---|---|---|---|---|
| | 金额 | 比重（%） | 金额 | 比重（%） |
| 33 章 石油、石油产品及有关原料 | 35 773 965 | 1.5 | 267 607 487 | 14.8 |
| 34 章 天然气及人造气 | 2 617 451 | 0.1 | 60 611 228 | 3.4 |
| 35 章 电流 | 1 055 159 | 0.0 | 194 118 | 0.0 |
| 4 类 动植物油、脂及蜡 | 2 366 614 | 0.1 | 8 703 637 | 0.5 |
| 41 章 动物油、脂 | 234 490 | 0.0 | 342 475 | 0.0 |
| 42 章 植物油、脂 | 299 154 | 0.0 | 7 756 884 | 0.4 |
| 43 章 已加工的动植物油、脂及动植物蜡 | 1 832 971 | 0.1 | 604 278 | 0.0 |
| **二、工业制品** | 2 261 207 839 | 95.2 | 1 080 167 221 | 59.8 |
| 5 类 化学成品及有关产品 | 207 390 638 | 8.7 | 177 499 472 | 9.8 |
| 51 章 有机化学品 | 61 158 965 | 2.6 | 40 232 336 | 2.2 |
| 52 章 无机化学品 | 25 767 858 | 1.1 | 16 738 288 | 0.9 |
| 53 章 染料、鞣料及着色料 | 6 757 576 | 0.3 | 3 407 955 | 0.2 |
| 54 章 医药品 | 23 087 081 | 1.0 | 31 912 385 | 1.8 |
| 55 章 精油、香料及盥洗、光洁制品 | 7 868 353 | 0.3 | 17 100 452 | 0.9 |
| 56 章 制成肥料 | 7 561 887 | 0.3 | 3 305 348 | 0.2 |
| 57 章 初级形状的塑料 | 24 078 832 | 1.0 | 37 336 261 | 2.1 |
| 58 章 非初级形状的塑料 | 17 839 907 | 0.8 | 8 782 804 | 0.5 |
| 59 章 其他化学原料及产品 | 33 270 179 | 1.4 | 18 683 643 | 1.0 |
| 6 类 按原料分类的制成品 | 393 837 652 | 16.6 | 131 636 830 | 7.3 |
| 61 章 皮革、皮革制品及已鞣毛皮 | 1 977 651 | 0.1 | 1 602 423 | 0.1 |
| 62 章 橡胶制品 | 18 352 172 | 0.8 | 3 357 890 | 0.2 |
| 63 章 软木及木制品（家具除外） | 11 631 919 | 0.5 | 1 160 747 | 0.1 |
| 64 章 纸及纸板；纸浆、纸及纸板制品 | 21 804 846 | 0.9 | 4 839 716 | 0.3 |
| 65 章 纺纱、织物、制成品及有关产品 | 97 895 305 | 4.1 | 8 061 504 | 0.4 |
| 66 章 非金属矿物制品 | 44 189 144 | 1.9 | 16 508 587 | 0.9 |
| 67 章 钢铁 | 65 809 489 | 2.8 | 30 325 447 | 1.7 |
| 68 章 有色金属 | 29 921 997 | 1.3 | 55 925 727 | 3.1 |
| 69 章 金属制品 | 102 255 129 | 4.3 | 9 854 788 | 0.5 |
| 7 类 机械及运输设备 | 1 128 454 618 | 47.5 | 624 591 841 | 34.6 |
| 71 章 动力机械及设备 | 34 903 902 | 1.5 | 16 237 109 | 0.9 |
| 72 章 特种工业专用机械 | 53 888 074 | 2.3 | 39 961 674 | 2.2 |
| 73 章 金工机械 | 8 589 023 | 0.4 | 6 374 174 | 0.4 |
| 74 章 通用工业机械设备及零件 | 116 199 009 | 4.9 | 34 860 887 | 1.9 |

续表2

| 商　品 | 出　口 | | 进　口 | |
|---|---|---|---|---|
| | 金　额 | 比重（%） | 金　额 | 比重（%） |
| 75章 办公用机械及自动数据处理设备 | 160 853 126 | 6.8 | 41 305 985 | 2.3 |
| 76章 电信及声音的录制及重放装置设备 | 223 015 356 | 9.4 | 33 735 951 | 1.9 |
| 77章 电力机械、器具及其电气零件 | 401 007 239 | 16.9 | 390 504 119 | 21.6 |
| 78章 陆路车辆（包括气垫式） | 107 968 785 | 4.5 | 53 552 460 | 3.0 |
| 79章 其他运输设备 | 22 030 104 | 0.9 | 8 059 482 | 0.4 |
| 8类 杂项制品 | 495 861 116 | 20.9 | 89 401 733 | 5.0 |
| 81章 活动房屋；卫生、水道、供热及照明装置 | 39 063 157 | 1.6 | 671 107 | 0.0 |
| 82章 家具及其零件；褥垫及类似填充制品 | 52 701 189 | 2.2 | 1 395 977 | 0.1 |
| 83章 旅行用品、手提包及类似品 | 23 348 452 | 1.0 | 3 644 946 | 0.2 |
| 84章 服装及衣着附件 | 120 482 090 | 5.1 | 7 226 474 | 0.4 |
| 85章 鞋靴 | 40 822 917 | 1.7 | 4 161 292 | 0.2 |
| 87章 专业、科学及控制用仪器和装置 | 31 097 194 | 1.3 | 38 469 789 | 2.1 |
| 88章 摄影器材、光学物品及钟表 | 14 841 220 | 0.6 | 14 104 495 | 0.8 |
| 89章 杂项制品 | 173 504 897 | 7.3 | 19 727 652 | 1.1 |
| 9类 未分类的商品 | 35 663 816 | 1.5 | 57 037 344 | 3.2 |

# 2022 年进出口商品类章总值表

单位：万元人民币

| 商 品 | 出 口 | | 进 口 | |
|---|---|---|---|---|
| | 金 额 | 比重（%） | 金 额 | 比重（%） |
| 总 值 | 2 374 115 369 | 100.0 | 1 806 000 629 | 100.0 |
| 第一类 活动物；动物产品 | 10 998 331 | 0.5 | 41 017 308 | 2.3 |
| 01 章 活动物 | 364 063 | 0.0 | 596 532 | 0.0 |
| 02 章 肉及食用杂碎 | 662 616 | 0.0 | 20 629 170 | 1.1 |
| 03 章 鱼、甲壳动物、软体动物及其他水生无脊椎动物 | 8 146 634 | 0.3 | 12 565 741 | 0.7 |
| 04 章 乳品；蛋品；天然蜂蜜；其他食用动物产品 | 473 758 | 0.0 | 6 325 058 | 0.4 |
| 05 章 其他动物产品 | 1 351 261 | 0.1 | 900 807 | 0.0 |
| 第二类 植物产品 | 18 930 742 | 0.8 | 75 429 387 | 4.2 |
| 06 章 活树及其他活植物；鳞茎、根及类似品；插花及装饰用簇叶 | 376 092 | 0.0 | 160 067 | 0.0 |
| 07 章 食用蔬菜、根及块茎 | 6 776 373 | 0.3 | 2 565 940 | 0.1 |
| 08 章 食用水果及坚果；甜瓜或柑橘属水果的果皮 | 3 689 306 | 0.2 | 11 085 610 | 0.6 |
| 09 章 咖啡、茶、马黛茶及调味香料 | 2 550 364 | 0.1 | 1 051 963 | 0.1 |
| 10 章 谷物 | 715 887 | 0.0 | 12 850 024 | 0.7 |
| 11 章 制粉工业产品；麦芽；淀粉；菊粉；面筋 | 709 828 | 0.0 | 1 670 711 | 0.1 |
| 12 章 含油子仁及果实；杂项子仁及果实；工业用或药用植物；稻草、秸秆及饲料 | 2 109 250 | 0.1 | 45 563 454 | 2.5 |
| 13 章 虫胶；树胶、树脂及其他植物液、汁 | 1 831 747 | 0.1 | 352 707 | 0.0 |
| 14 章 编结用植物材料；其他植物产品 | 171 896 | 0.0 | 128 910 | 0.0 |
| 第三类 动、植物油、脂及其分解产品；精制的食用油脂；动、植物蜡 | 2 391 581 | 0.1 | 10 320 980 | 0.6 |
| 15 章 动、植物油、脂及其分解产品；精制的食用油脂；动、植物蜡 | 2 391 581 | 0.1 | 10 320 980 | 0.6 |
| 第四类 食品；饮料、酒及醋；烟草、烟草及烟草代用品的制品 | 31 502 943 | 1.3 | 22 469 703 | 1.2 |
| 16 章 肉、鱼、甲壳动物、软体动物及其他水生无脊椎动物的制品 | 7 844 285 | 0.3 | 249 850 | 0.0 |
| 17 章 糖及糖食 | 1 706 640 | 0.1 | 2 434 127 | 0.1 |
| 18 章 可可及可可制 | 290 627 | 0.0 | 636 326 | 0.0 |

续表1

| 商　品 | 出　口 | | 进　口 | |
|---|---|---|---|---|
| | 金　额 | 比重（%） | 金　额 | 比重（%） |
| 19章　谷物、粮食粉、淀粉或乳的制品；糕饼点心 | 1 634 736 | 0.1 | 4 563 511 | 0.3 |
| 20章　蔬菜、水果、坚果或植物其他部分的制品 | 6 611 732 | 0.3 | 1 229 005 | 0.1 |
| 21章　杂项食品 | 4 219 566 | 0.2 | 3 633 362 | 0.2 |
| 22章　饮料、酒及醋 | 1 564 001 | 0.1 | 3 627 943 | 0.2 |
| 23章　食品工业的残渣及废料；配制的动物饲料 | 2 586 187 | 0.1 | 4 968 334 | 0.3 |
| 24章　烟草、烟草及烟草代用品的制品 | 5 045 170 | 0.2 | 1 127 244 | 0.1 |
| 第五类　矿产品 | 48 333 348 | 2.0 | 517 284 835 | 28.6 |
| 25章　盐；硫黄；泥土及石料；石膏料、石灰及水泥 | 2 813 801 | 0.1 | 11 276 727 | 0.6 |
| 26章　矿砂、矿渣及矿灰 | 2 587 575 | 0.1 | 148 740 331 | 8.2 |
| 27章　矿物燃料、矿物油及其蒸馏产品；沥青物质；矿物蜡 | 42 931 972 | 1.8 | 357 267 776 | 19.8 |
| 第六类　化学工业及其相关工业的产品 | 163 346 619 | 6.9 | 132 426 298 | 7.3 |
| 28章　无机化学品；贵金属、稀土金属、放射性元素及其同位素的有机及无机化合物 | 26 143 031 | 1.1 | 17 394 745 | 1.0 |
| 29章　有机化学品 | 67 471 591 | 2.8 | 38 563 601 | 2.1 |
| 30章　药品 | 9 287 079 | 0.4 | 26 726 171 | 1.5 |
| 31章　肥料 | 7 598 321 | 0.3 | 3 310 808 | 0.2 |
| 32章　鞣料浸膏及染料浸膏；鞣酸及其衍生物；染料、颜料及其他着色料；油漆及清漆；油灰及其他类似胶粘剂；墨水、油墨 | 6 937 533 | 0.3 | 3 471 780 | 0.2 |
| 33章　精油及香膏；芳香料制品及化妆盥洗品 | 4 857 056 | 0.2 | 14 380 560 | 0.8 |
| 34章　肥皂、有机表面活性剂、洗涤剂、润滑剂、人造蜡、调制蜡、光洁剂、蜡烛及类似品、塑型用膏、“牙科用蜡”及牙科用熟石膏制剂 | 4 707 996 | 0.2 | 4 487 717 | 0.2 |
| 35章　蛋白类物质；改性淀粉；胶；酶 | 3 240 459 | 0.1 | 3 111 009 | 0.2 |
| 36章　炸药；烟火制品；火柴；引火合金；易燃材料制品 | 814 425 | 0.0 | 81 516 | 0.0 |
| 37章　照相及电影用品 | 948 452 | 0.0 | 2 336 375 | 0.1 |
| 38章　杂项化学产品 | 31 340 677 | 1.3 | 18 562 016 | 1.0 |
| 第七类　塑料及其制品；橡胶及其制品 | 115 013 591 | 4.8 | 62 318 702 | 3.5 |
| 39章　塑料及其制品 | 94 138 913 | 4.0 | 49 960 282 | 2.8 |
| 40章　橡胶及其制品 | 20 874 678 | 0.9 | 12 358 421 | 0.7 |
| 第八类　生皮、皮革、毛皮及其制品；鞍具及挽具；旅行用品、手提包及类似品；动物肠线（蚕胶丝除外）制品 | 27 310 008 | 1.2 | 6 488 117 | 0.4 |

续表2

| 商　品 | 出　口 | | 进　口 | |
|---|---|---|---|---|
| | 金　额 | 比重（%） | 金　额 | 比重（%） |
| 41 章　生皮（毛皮除外）及皮革 | 644 246 | 0. 0 | 2 161 462 | 0. 1 |
| 42 章　皮革制品；鞍具及挽具；旅行用品、手提包及类似容器；动物肠线制品 | 25 291 408 | 1. 1 | 4 003 885 | 0. 2 |
| 43 章　毛皮、人造毛皮及其制品 | 1 374 354 | 0. 1 | 322 769 | 0. 0 |
| 第九类　木及木制品；木炭；软木及软木制品；稻草、秸秆、针茅或其他编结材料制品；篮筐及柳条编结品 | 13 311 122 | 0. 6 | 14 805 512 | 0. 8 |
| 44 章　木及木制品；木炭 | 12 033 737 | 0. 5 | 14 763 188 | 0. 8 |
| 45 章　软木及软木制品 | 25 811 | 0. 0 | 27 079 | 0. 0 |
| 46 章　稻草、秸秆、针茅或其他编结材料制品；篮筐及柳条编结品 | 1 251 574 | 0. 1 | 15 244 | 0. 0 |
| 第十类　木浆及其他纤维状纤维素浆；回收（废碎）纸或纸板；纸板及其制品 | 23 855 337 | 1. 0 | 21 178 298 | 1. 2 |
| 47 章　木浆及其他纤维状纤维素浆；回收（废碎）纸或纸板 | 278 756 | 0. 0 | 15 015 082 | 0. 8 |
| 48 章　纸及纸板；纸浆、纸或纸板制品 | 20 700 981 | 0. 9 | 4 651 807 | 0. 3 |
| 49 章　书籍、报纸、印刷图画及其他印刷品；手稿、打字稿及设计图纸 | 2 875 600 | 0. 1 | 1 511 409 | 0. 1 |
| 第十一类　纺织原料及纺织制品 | 211 188 686 | 8. 9 | 20 929 713 | 1. 2 |
| 50 章　蚕丝 | 620 559 | 0. 0 | 54 505 | 0. 0 |
| 51 章　羊毛、动物细毛或粗毛；马毛纱线及其机织物 | 1 490 719 | 0. 1 | 2 062 123 | 0. 1 |
| 52 章　棉花 | 8 785 848 | 0. 4 | 6 152 875 | 0. 3 |
| 53 章　其他植物纺织纤维；纸纱线及其机织物 | 1 084 438 | 0. 0 | 718 618 | 0. 0 |
| 54 章　化学纤维长丝；化学纤维纺织材料制扁条及类似品 | 19 621 981 | 0. 8 | 1 526 008 | 0. 1 |
| 55 章　化学纤维短纤 | 9 611 373 | 0. 4 | 1 041 424 | 0. 1 |
| 56 章　絮胎、毡呢及无纺织物；特种纱线；线、绳、索、缆及其制品 | 5 232 172 | 0. 2 | 820 610 | 0. 0 |
| 57 章　地毯及纺织材料的其他铺地制品 | 2 541 377 | 0. 1 | 59 661 | 0. 0 |
| 58 章　特种机织物；簇绒织物；花边；装饰毯；装饰带；刺绣品 | 4 020 577 | 0. 2 | 227 174 | 0. 0 |
| 59 章　浸渍、涂布、包覆或层压的纺织物；工业用纺织制品 | 6 776 300 | 0. 3 | 1 004 063 | 0. 1 |
| 60 章　针织物及钩编织物 | 15 777 908 | 0. 7 | 604 328 | 0. 0 |
| 61 章　针织或钩编的服装及衣着附件 | 60 072 623 | 2. 5 | 2 795 979 | 0. 2 |
| 62 章　非针织或非钩编的服装及衣着附件 | 50 738 669 | 2. 1 | 3 606 310 | 0. 2 |

续表3

| 商　品 | 出　口 | | 进　口 | |
|---|---|---|---|---|
| | 金　额 | 比重（%） | 金　额 | 比重（%） |
| 63 章　其他纺织制成品；成套物品；旧衣着及旧纺织品；碎织物 | 24 814 142 | 1.0 | 256 035 | 0.0 |
| 第十二类　鞋、帽、伞、杖、鞭及其零件；已加工的羽毛及其制品；人造花；人发制品 | 55 821 671 | 2.4 | 5 012 585 | 0.3 |
| 64 章　鞋靴、护腿和类似品及其零件 | 40 822 917 | 1.7 | 4 161 292 | 0.2 |
| 65 章　帽类及其零件 | 4 559 567 | 0.2 | 168 233 | 0.0 |
| 66 章　雨伞、阳伞、手杖、鞭子、马鞭及其零件 | 2 376 203 | 0.1 | 6 746 | 0.0 |
| 67 章　已加工羽毛、羽绒及其制品；人造花；人发制品 | 8 062 984 | 0.3 | 676 314 | 0.0 |
| 第十三类　石料、石膏、水泥、石棉、云母及类似材料的制品；陶瓷产品；玻璃及其制品 | 48 469 846 | 2.0 | 7 359 140 | 0.4 |
| 68 章　石料、石膏、水泥、石棉、云母及类似材料的制品 | 10 117 220 | 0.4 | 1 469 370 | 0.1 |
| 69 章　陶瓷产品 | 20 943 847 | 0.9 | 1 074 140 | 0.1 |
| 70 章　玻璃及其制品 | 17 408 779 | 0.7 | 4 815 629 | 0.3 |
| 第十四类　天然或养殖珍珠、宝石或半宝石、贵金属、包贵金属及其制品；仿首饰；硬币 | 20 000 586 | 0.8 | 69 756 252 | 3.9 |
| 71 章　天然或养殖珍珠、宝石或半宝石、贵金属、包贵金属及其制品；仿首饰；硬币 | 20 000 586 | 0.8 | 69 756 252 | 3.9 |
| 第十五类　贱金属及其制品 | 197 820 678 | 8.3 | 106 660 244 | 5.9 |
| 72 章　钢铁 | 50 273 433 | 2.1 | 29 132 253 | 1.6 |
| 73 章　钢铁制品 | 72 121 094 | 3.0 | 6 311 150 | 0.3 |
| 74 章　铜及其制品 | 7 037 094 | 0.3 | 45 624 705 | 2.5 |
| 75 章　镍及其制品 | 785 355 | 0.0 | 8 529 352 | 0.5 |
| 76 章　铝及其制品 | 27 819 416 | 1.2 | 7 800 266 | 0.4 |
| 78 章　铅及其制品 | 207 293 | 0.0 | 63 054 | 0.0 |
| 79 章　锌及其制品 | 321 934 | 0.0 | 397 930 | 0.0 |
| 80 章　锡及其制品 | 264 750 | 0.0 | 764 415 | 0.0 |
| 81 章　其他贱金属、金属陶瓷及其制品 | 4 306 172 | 0.2 | 4 742 789 | 0.3 |
| 82 章　贱金属工具、器具、利口器、餐匙、餐叉及其零件 | 15 888 007 | 0.7 | 1 993 083 | 0.1 |
| 83 章　贱金属杂项制品 | 18 796 130 | 0.8 | 1 301 248 | 0.1 |
| 第十六类　机器、机械器具、电气设备及其零件；录音机及放声机、电视图像、声音的录制和重放设备及其零件、附件 | 997 164 232 | 42.0 | 561 983 221 | 31.1 |

续表4

| 商　品 | 出　口 | | 进　口 | |
|---|---|---|---|---|
| | 金　额 | 比重（%） | 金　额 | 比重（%） |
| 84 章　核反应堆、锅炉、机器、机械器具及其零件 | 366 001 685 | 15.4 | 134 072 201 | 7.4 |
| 85 章　电机、电气设备及其零件；录音机及放声机、电视图像、声音的录制和重放设备及其零件、附件 | 631 162 547 | 26.6 | 427 911 021 | 23.7 |
| 第十七类　车辆、航空器、船舶及有关运输设备 | 132 988 773 | 5.6 | 61 723 825 | 3.4 |
| 86 章　铁道及电车道机车、车辆及其零件；铁道及电车道轨道固定装置及其零件、附件；各种机械（包括电动机械）交通信号设备 | 12 178 137 | 0.5 | 360 467 | 0.0 |
| 87 章　车辆及其零件、附件，但铁道及电车道车辆除外 | 100 086 253 | 4.2 | 53 561 276 | 3.0 |
| 88 章　航空器、航天器及其零件 | 3 117 068 | 0.1 | 6 874 946 | 0.4 |
| 89 章　船舶及浮动结构体 | 17 607 315 | 0.7 | 927 137 | 0.1 |
| 第十八类　光学、照相、电影、计量、检验、医疗或外科用仪器及设备、精密仪器及设备；钟表；乐器；上述物品的零件、附件 | 50 874 608 | 2.1 | 57 564 780 | 3.2 |
| 90 章　光学、照相、电影、计量、检验、医疗或外科用仪器及设备、精密仪器及设备；上述物品的零件、附件 | 46 250 541 | 1.9 | 54 340 628 | 3.0 |
| 91 章　钟表及其零件 | 3 181 730 | 0.1 | 2 846 663 | 0.2 |
| 92 章　乐器及其零件、附件 | 1 442 337 | 0.1 | 377 488 | 0.0 |
| 第十九类　武器、弹药及其零件、附件 | 180 075 | 0.0 | 2 695 | 0.0 |
| 93 章　武器、弹药及其零件、附件 | 180 075 | 0.0 | 2 695 | 0.0 |
| 第二十类　杂项制品 | 170 480 381 | 7.2 | 4 837 043 | 0.3 |
| 94 章　家具；寝具、褥垫、弹簧床垫、软坐垫及类似的填充制品；未列名灯具及照明装置；发光标志、发光铭牌及类似品；活动房屋 | 85 362 484 | 3.6 | 1 886 163 | 0.1 |
| 95 章　玩具、游戏品、运动用品及其零件、附件 | 67 415 580 | 2.8 | 1 863 318 | 0.1 |
| 96 章　杂项制品 | 17 702 317 | 0.7 | 1 087 562 | 0.1 |
| 第二十一类　艺术品、收藏品及古物 | 637 853 | 0.0 | 1 216 669 | 0.1 |
| 97 章　艺术品、收藏品及古物 | 637 853 | 0.0 | 1 216 669 | 0.1 |
| 第二十二类　特殊交易品及未分类商品 | 33 494 356 | 1.4 | 5 215 322 | 0.3 |
| 98 章　特殊交易品及未分类商品 | 29 463 149 | 1.2 | 5 215 322 | 0.3 |
| 99 章　跨境电商 B2B 简化申报商品 | 4 031 207 | 0.2 | — | — |

# 2022 年进出口商品贸易方式总值表

单位：万元人民币

| 贸易方式 | 进出口 | 出　口 | 进　口 |
|---|---|---|---|
| 总　值 | 4 180 115 998. 3 | 2 374 115 369. 2 | 1 806 000 629. 1 |
| 一般贸易 | 2 662 737 984. 0 | 1 507 001 257. 0 | 1 155 736 727. 1 |
| 国家间、国际组织间无偿援助和赠送的物资 | 441 279. 3 | 441 223. 2 | 56. 2 |
| 其他捐赠物资 | 34 377. 6 | 31 011. 0 | 3 366. 5 |
| 加工贸易 | 844 689 637. 7 | 539 303 620. 4 | 305 386 017. 2 |
| 　来料加工贸易 | 115 086 409. 8 | 55 363 592. 2 | 59 722 817. 6 |
| 　进料加工贸易 | 729 603 227. 9 | 483 940 028. 2 | 245 663 199. 6 |
| 寄售代销贸易 | 106 976. 7 | 4 839. 1 | 102 137. 6 |
| 边境小额贸易 | 29 889 602. 0 | 24 652 869. 7 | 5 236 732. 3 |
| 加工贸易进口设备 | 175 436. 3 | — | 175 436. 3 |
| 对外承包工程出口货物 | 7 148 134. 5 | 7 148 134. 5 | — |
| 租赁贸易 | 1 360 021. 6 | 809 792. 3 | 550 229. 4 |
| 外商投资企业作为投资进口的设备、物品 | 832 415. 7 | — | 832 415. 7 |
| 出料加工贸易 | 205 227. 5 | 91 105. 0 | 114 122. 6 |
| 易货贸易 | 231 289. 9 | 108 782. 7 | 122 507. 2 |
| 免税外汇商品 | 1 422. 5 | — | 1 422. 5 |
| 保税物流 | 522 474 783. 8 | 199 773 722. 7 | 322 701 061. 1 |
| 　海关保税监管场所进出境货物 | 170 079 429. 7 | 51 053 593. 7 | 119 025 836. 0 |
| 　海关特殊监管区域物流货物 | 352 395 354. 1 | 148 720 129. 0 | 203 675 225. 1 |
| 海关特殊监管区域进口设备 | 4 952 786. 6 | 0. 0 | 4 952 786. 6 |
| 其他贸易 | 102 761 531. 8 | 94 749 011. 6 | 8 012 520. 2 |
| 免税品 | 2 073 090. 6 | — | 2 073 090. 6 |

# 2022年出口商品贸易方式企业性质总值表

单位：万元人民币

| | 国有企业 | 中外合作企业 | 中外合资企业 | 外商独资企业 | 集体企业 | 私营企业 | 个体工商户 | 报关企业 | 其他企业 |
|---|---|---|---|---|---|---|---|---|---|
| 合　计 | 188 933 408. 7 | 4 121 147. 9 | 211 256 730. 8 | 532 215 535. 2 | 32 497 101. 9 | 1 401 051 878. 3 | 1 231 018. 7 | 265 433. 1 | 2 543 114. 6 |
| 一般贸易 | 118 883 743. 1 | 2 701 623. 1 | 103 693 105. 8 | 177 084 040. 4 | 29 297 365. 8 | 1 073 175 509. 2 | 987 305. 3 | 262 749. 9 | 915 814. 4 |
| 国家间、国际组织无偿援助和赠送的物资 | 312 591. 1 | — | — | 67 673. 9 | 11 020. 1 | 36 691. 6 | — | — | 13 246. 5 |
| 其他捐赠物资 | 3 452. 7 | — | 367. 0 | 668. 1 | 2 340. 0 | 19 992. 7 | — | — | 4 190. 5 |
| 来料加工贸易 | 1 321 175. 6 | 457 285. 6 | 7 262 193. 3 | 35 254 019. 7 | 189 085. 9 | 10 866 277. 5 | 13 554. 6 | — | — |
| 进料加工贸易 | 20 080 365. 3 | 949 427. 1 | 86 700 321. 5 | 274 893 951. 0 | 2 463 736. 9 | 98 596 652. 5 | 5 448. 5 | — | 250 125. 5 |
| 寄售、代销贸易 | — | — | 4 118. 4 | — | — | 720. 7 | — | — | — |
| 边境小额贸易 | 283 175. 6 | — | — | — | 8 275. 1 | 24 356 264. 5 | 5 154. 4 | — | — |
| 对外承包工程出口货物 | 6 124 295. 3 | 575. 5 | 70 973. 5 | 117 701. 2 | 68 625. 2 | 747 204. 2 | — | — | 18 759. 8 |
| 租赁贸易 | 110 219. 1 | — | 4 473. 2 | 3 861. 5 | 6 605. 9 | 684 632. 6 | — | — | — |
| 出料加工贸易 | 14 134. 7 | 4. 1 | 9 467. 7 | 28 609. 7 | 272. 2 | 38 616. 7 | — | — | — |
| 易货贸易 | 108 191. 9 | — | — | — | — | 590. 9 | — | — | — |
| 保税监管场所进出境货物 | 25 804 862. 0 | 489. 7 | 5 418 392. 4 | 3 469 477. 1 | 440 462. 5 | 15 909 137. 4 | 442. 5 | — | 10 330. 1 |
| 海关特殊监管区域物流货物 | 15 566 746. 5 | 9 624. 6 | 7 778 505. 6 | 40 416 587. 3 | 2 102. 5 | 84 946 562. 5 | — | — | — |
| 其他贸易 | 320 455. 8 | 2 118. 4 | 314 812. 4 | 878 945. 4 | 7 209. 7 | 91 673 025. 5 | 219 113. 4 | 2 683. 2 | 1 330 647. 9 |

# 2022 年进口商品贸易方式企业性质总值表

单位：万元人民币

| | 国有企业 | 中外合作企业 | 中外合资企业 | 外商独资企业 | 集体企业 | 私营企业 | 个体工商户 | 报关企业 | 其他企业 |
|---|---|---|---|---|---|---|---|---|---|
| 合　计 | 486 361 449.4 | 2 183 581.4 | 161 669 701.0 | 470 258 199.2 | 16 262 402.9 | 664 067 895.8 | 114 779.8 | 2 060.8 | 5 080 558.7 |
| 一般贸易 | 405 225 827.7 | 1 440 498.4 | 88 363 639.9 | 234 292 106.9 | 14 413 220.0 | 411 724 023.6 | 92 430.9 | 1 089.8 | 183 889.9 |
| 国家间、国际组织无偿援助和赠送的物资 | 12.1 | — | — | — | — | 44.0 | — | — | — |
| 其他捐赠物资 | 109.6 | — | 1 879.0 | 713.6 | — | 655.1 | — | — | 9.3 |
| 来料加工贸易 | 12 294 021.5 | 384 408.3 | 6 083 468.8 | 32 194 658.3 | 104 698.1 | 8 659 599.7 | 1 963.0 | — | — |
| 进料加工贸易 | 9 955 917.8 | 332 636.6 | 38 761 397.2 | 130 760 395.9 | 1 099 242.4 | 64 708 629.3 | 5 471.6 | — | 39 508.8 |
| 寄售、代销贸易 | 2 292.3 | — | — | 100.7 | — | 99 744.6 | — | — | — |
| 边境小额贸易 | 184 508.1 | — | — | — | 60 055.9 | 4 992 038.2 | 130.2 | — | — |
| 加工贸易进口设备 | 5 067.7 | 58.6 | 28 551.6 | 120 532.0 | 32.8 | 21 193.7 | — | — | — |
| 租赁贸易 | 282 155.5 | — | 2 290.7 | 79 554.7 | — | 186 228.6 | — | — | — |
| 外商投资企业作为投资进口的设备、物品 | — | 1 122.7 | 300 490.7 | 530 802.4 | — | — | — | — | — |
| 出料加工贸易 | 30 788.6 | 5.9 | 10 652.0 | 28 752.5 | 151.1 | 43 772.6 | — | — | — |
| 易货贸易 | 122 396.8 | — | — | — | — | 110.4 | — | — | — |
| 免税外汇商品 | 1 422.5 | — | — | — | — | — | — | — | — |

续表

| | 国有企业 | 中外合作企业 | 中外合资企业 | 外商独资企业 | 集体企业 | 私营企业 | 个体工商户 | 报关企业 | 其他企业 |
|---|---|---|---|---|---|---|---|---|---|
| 保税监管场所进出境货物 | 31 467 673. 2 | 1 354. 5 | 20 405 937. 0 | 5 230 032. 8 | 541 302. 5 | 61 353 800. 2 | 14 594. 3 | — | 11 141. 6 |
| 海关特殊监管区域物流货物 | 24 795 649. 4 | 20 067. 3 | 6 992 493. 4 | 61 956 828. 4 | 35 947. 5 | 109 650 817. 1 | — | — | 223 422. 0 |
| 海关特殊监管区域进口设备 | 35 282. 8 | — | 210 392. 5 | 3 740 376. 8 | — | 966 734. 5 | — | — | — |
| 其他贸易 | 225 059. 1 | 3 429. 1 | 290 641. 5 | 1 323 344. 4 | 7 752. 7 | 1 538 545. 4 | 189. 9 | 971. 0 | 4 622 587. 2 |
| 免税品 | 1 733 264. 8 | — | 217 866. 9 | — | — | 121 959. 0 | — | — | — |

# 2022 年进出口商品收发货人所在地总值表

单位：万元人民币

| 收发货人所在地 | 进出口金额 | 出口金额 | 进口金额 |
|---|---|---|---|
| 总　值 | 4 180 115 998 | 2 374 115 369 | 1 806 000 629 |
| 北京市 | 364 201 443 | 58 842 040 | 305 359 403 |
| 中关村国家自主创新示范区 | 7 817 245 | 2 997 827 | 4 819 418 |
| 北京经济技术开发区 | 17 196 763 | 4 807 861 | 12 388 902 |
| 天津市 | 83 023 122 | 37 291 492 | 45 731 630 |
| 天津滨海新区 | 57 809 939 | 20 887 321 | 36 922 618 |
| 天津经济技术开发区 | 25 027 071 | 11 798 728 | 13 228 342 |
| 河北省 | 55 006 921 | 32 889 314 | 22 117 607 |
| 石家庄市 | 11 713 908 | 7 450 321 | 4 263 587 |
| 石家庄高新技术产业开发区 | 8 474 | 6 650 | 1 824 |
| 唐山市 | 15 025 067 | 5 780 294 | 9 244 774 |
| 曹妃甸经济技术开发区 | 45 510 | 45 216 | 294 |
| 秦皇岛市 | 4 444 044 | 2 712 837 | 1 731 207 |
| 秦皇岛经济技术开发区 | 3 214 468 | 1 817 868 | 1 396 599 |
| 保定市 | 4 434 615 | 4 035 480 | 399 135 |
| 保定高新技术产业开发区 | 26 199 | 24 738 | 1 461 |
| 廊坊市 | 5 410 678 | 2 119 810 | 3 290 869 |
| 廊坊经济技术开发区 | 533 881 | 213 334 | 320 547 |
| 雄安新区 | — | — | — |
| 山西省 | 18 313 089 | 12 007 635 | 6 305 454 |
| 太原市 | 14 631 987 | 9 680 893 | 4 951 094 |
| 太原经济技术开发区 | 10 451 109 | 7 981 228 | 2 469 881 |
| 太原高新技术产业开发区 | 173 560 | 76 227 | 97 333 |
| 大同市 | 451 787 | 328 187 | 123 600 |
| 大同经济技术开发区 | 356 135 | 249 835 | 106 299 |
| 晋中市 | 407 837 | 347 119 | 60 718 |
| 晋中经济技术开发区 | 51 139 | 48 308 | 2 831 |
| 长治市 | 148 272 | 130 951 | 17 321 |
| 长治高新技术产业开发区 | 50 959 | 49 598 | 1 360 |

续表1

| 收发货人所在地 | 进出口金额 | 出口金额 | 进口金额 |
|---|---|---|---|
| 内蒙古自治区 | 15 065 702 | 6 134 310 | 8 931 392 |
| 呼和浩特市 | 1 829 547 | 932 590 | 896 957 |
| 包头市 | 2 419 601 | 1 135 678 | 1 283 923 |
| 包头高新技术产业开发区 | 27 861 | 26 050 | 1 811 |
| 二连浩特市 | 690 674 | 279 517 | 411 157 |
| 满洲里市 | 1 512 186 | 512 302 | 999 884 |
| 辽宁省 | 79 008 916 | 35 760 555 | 43 248 361 |
| 沈阳市 | 14 040 871 | 5 203 190 | 8 837 681 |
| 沈阳经济技术开发区 | 2 086 300 | 1 234 570 | 851 729 |
| 沈阳高新技术产业开发区 | 1 042 451 | 626 912 | 415 540 |
| 大连市 | 47 909 247 | 20 860 468 | 27 048 779 |
| 大连经济技术开发区 | 17 290 924 | 8 038 518 | 9 252 406 |
| 大连市高新技术产业园区 | 603 567 | 505 811 | 97 756 |
| 鞍山市 | 3 947 109 | 1 957 916 | 1 989 193 |
| 鞍山高新技术产业开发区 | 41 779 | 35 103 | 6 675 |
| 丹东市 | 1 579 340 | 1 341 342 | 237 998 |
| 营口市 | 4 685 280 | 2 629 330 | 2 055 950 |
| 营口经济技术开发区 | 20 552 | 10 054 | 10 498 |
| 吉林省 | 15 594 227 | 5 022 080 | 10 572 147 |
| 长春市 | 11 077 245 | 2 084 482 | 8 992 763 |
| 长春经济技术开发区 | 1 313 010 | 416 280 | 896 730 |
| 长春高新技术产业开发区 | 669 557 | 261 575 | 407 982 |
| 吉林市 | 806 900 | 558 327 | 248 572 |
| 吉林高新技术产业开发区 | 51 979 | 33 608 | 18 371 |
| 珲春市 | 1 536 448 | 562 738 | 973 710 |
| 黑龙江省 | 26 515 104 | 5 456 679 | 21 058 426 |
| 哈尔滨市 | 3 878 049 | 1 364 723 | 2 513 326 |
| 哈尔滨经济技术开发区 | 1 217 897 | 180 905 | 1 036 992 |
| 哈尔滨高新技术产业开发区 | 766 289 | 238 377 | 527 912 |
| 大庆市 | 14 128 168 | 669 837 | 13 458 331 |
| 大庆高新技术产业开发区 | 595 998 | 346 153 | 249 845 |
| 黑河市 | 1 653 502 | 248 782 | 1 404 720 |
| 绥芬河市 | 1 853 655 | 681 555 | 1 172 099 |
| 绥化市 | 650 766 | 273 225 | 377 541 |

续表2

| 收发货人所在地 | 进出口金额 | 出口金额 | 进口金额 |
|---|---|---|---|
| 绥化经济技术开发区 | 75 674 | 75 673 | 1 |
| 上海市 | 418 107 641 | 171 015 371 | 247 092 270 |
| 上海漕河泾浦江高科技园区 | 6 651 091 | 2 735 687 | 3 915 404 |
| 上海经济技术开发区 | 983 | 976 | 7 |
| 上海闵行经济技术开发区 | 1 014 517 | 533 683 | 480 834 |
| 上海浦东新区 | 246 030 997 | 89 062 024 | 156 968 973 |
| 江苏省 | 542 181 691 | 345 906 531 | 196 275 160 |
| 南京市 | 62 436 116 | 37 787 667 | 24 648 449 |
| 南京高新技术外向型开发区 | 1 054 334 | 890 362 | 163 972 |
| 无锡市 | 73 685 445 | 48 472 379 | 25 213 066 |
| 无锡高新技术产业开发区 | 38 803 746 | 23 052 297 | 15 751 449 |
| 常州市 | 32 254 050 | 25 055 405 | 7 198 646 |
| 常州高新技术产业开发区 | 700 969 | 528 540 | 172 430 |
| 苏州市 | 257 048 201 | 154 677 677 | 102 370 525 |
| 苏州工业园 | 71 509 745 | 34 794 334 | 36 715 410 |
| 苏州高新技术产业开发区 | 28 350 294 | 18 888 063 | 9 462 231 |
| 南通市 | 36 590 713 | 23 466 585 | 13 124 128 |
| 南通经济技术开发区 | 7 343 111 | 4 461 661 | 2 881 450 |
| 连云港市 | 10 696 521 | 3 929 891 | 6 766 630 |
| 连云港经济技术开发区 | 3 084 447 | 1 109 800 | 1 974 647 |
| 浙江省 | 468 279 179 | 343 333 178 | 124 946 001 |
| 杭州市 | 75 699 491 | 51 518 048 | 24 181 443 |
| 杭州经济技术开发区 | 7 902 316 | 4 448 645 | 3 453 671 |
| 杭州高新技术产业开发区 | 1 861 502 | 1 255 666 | 605 836 |
| 宁波市 | 126 686 997 | 82 266 871 | 44 420 126 |
| 宁波经济技术开发区 | 18 220 772 | 8 122 767 | 10 098 005 |
| 宁波高新技术产业开发区 | 2 841 813 | 2 032 904 | 808 909 |
| 宁波杭州湾经济技术开发区 | 1 022 831 | 746 401 | 276 429 |
| 温州市 | 29 441 060 | 25 018 110 | 4 422 950 |
| 温州经济技术开发区 | 1 638 190 | 1 621 281 | 16 909 |
| 湖州市 | 16 279 283 | 14 988 475 | 1 290 808 |
| 湖州经济技术开发区 | 20 596 | 8 876 | 11 720 |
| 湖州莫干山高新技术产业开发区 | 43 208 | 20 893 | 22 316 |
| 金华市 | 68 383 097 | 59 560 142 | 8 822 955 |

续表3

| 收发货人所在地 | 进出口金额 | 出口金额 | 进口金额 |
|---|---|---|---|
| 金华经济技术开发区 | 628 960 | 569 910 | 59 049 |
| 安徽省 | 75 287 223 | 47 588 250 | 27 698 974 |
| 合肥市 | 36 091 030 | 23 002 133 | 13 088 897 |
| 合肥经济技术开发区 | 13 939 523 | 8 069 430 | 5 870 094 |
| 合肥高新技术产业开发区 | 5 918 253 | 4 713 446 | 1 204 807 |
| 芜湖市 | 9 068 468 | 6 322 340 | 2 746 128 |
| 芜湖经济技术开发区 | 5 208 882 | 3 923 238 | 1 285 643 |
| 芜湖高新技术产业开发区 | 160 355 | 137 255 | 23 101 |
| 蚌埠市 | 1 997 040 | 1 213 652 | 783 388 |
| 蚌埠高新技术产业开发区 | 298 580 | 201 456 | 97 124 |
| 淮南市 | 792 190 | 768 539 | 23 651 |
| 淮南经济技术开发区 | 196 019 | 194 108 | 1 910 |
| 淮南高新技术产业开发区 | 19 511 | 19 511 | — |
| 马鞍山市 | 4 435 150 | 2 106 615 | 2 328 535 |
| 马鞍山经济技术开发区 | 286 076 | 240 880 | 45 196 |
| 马鞍山慈湖高新技术产业开发区 | 352 998 | 333 848 | 19 151 |
| 铜陵市 | 6 583 668 | 742 722 | 5 840 946 |
| 铜陵经济技术开发区 | 302 615 | 240 399 | 62 216 |
| 安庆市 | 2 630 482 | 2 074 206 | 556 277 |
| 安庆经济技术开发区 | 556 889 | 375 906 | 180 983 |
| 桐城经济技术开发区 | 4 981 | 3 277 | 1 704 |
| 滁州市 | 4 170 614 | 3 457 197 | 713 418 |
| 滁州经济技术开发区 | 1 513 068 | 1 115 027 | 398 041 |
| 六安市 | 1 012 966 | 943 385 | 69 582 |
| 六安经济技术开发区 | 269 647 | 260 503 | 9 144 |
| 宣城市 | 2 219 028 | 2 038 582 | 180 445 |
| 宁国经济技术开发区 | 479 390 | 442 837 | 36 553 |
| 宣城经济技术开发区 | 102 077 | 97 020 | 5 057 |
| 池州市 | 1 144 466 | 328 153 | 816 314 |
| 池州经济技术开发区 | 382 500 | 116 741 | 265 759 |
| 福建省 | 198 214 520 | 121 412 058 | 76 802 461 |
| 福州市 | 36 599 903 | 25 695 082 | 10 904 821 |
| 福州经济技术开发区 | 4 093 832 | 2 461 032 | 1 632 800 |
| 福州高新技术产业开发区 | 31 369 | 31 230 | 139 |

续表4

| 收发货人所在地 | 进出口金额 | 出口金额 | 进口金额 |
|---|---|---|---|
| 厦门市 | 92 269 858 | 46 583 307 | 45 686 551 |
| 厦门火炬高技术产业开发区 | 3 227 243 | 1 806 491 | 1 420 752 |
| 平潭 | 2 111 666 | 1 217 497 | 894 169 |
| 平潭综合实验区 | 2 111 666 | 1 217 497 | 894 169 |
| 江西省 | 66 248 474 | 50 323 693 | 15 924 781 |
| 南昌市 | 13 239 890 | 9 372 316 | 3 867 574 |
| 南昌经济技术开发区 | 1 418 172 | 810 146 | 608 026 |
| 南昌小蓝经济技术开发区 | 567 393 | 562 728 | 4 665 |
| 景德镇市 | 2 410 253 | 1 695 210 | 715 043 |
| 景德镇高新技术产业开发区 | 86 563 | 82 011 | 4 551 |
| 萍乡市 | 2 212 054 | 2 165 501 | 46 554 |
| 萍乡经济技术开发区 | 880 523 | 879 253 | 1 269 |
| 九江市 | 9 668 961 | 7 938 867 | 1 730 094 |
| 九江经济技术开发区 | 2 093 314 | 1 579 033 | 514 282 |
| 九江共青城高新技术产业开发区 | 170 765 | 169 859 | 906 |
| 新余市 | 4 696 909 | 2 148 024 | 2 548 885 |
| 新余高新技术产业开发区 | 209 205 | 190 795 | 18 410 |
| 鹰潭市 | 4 255 140 | 1 182 446 | 3 072 695 |
| 鹰潭高新技术产业开发区 | 257 450 | 161 760 | 95 690 |
| 赣州市 | 9 840 434 | 8 001 322 | 1 839 112 |
| 赣州经济技术开发区 | 3 135 100 | 2 339 906 | 795 195 |
| 龙南经济技术开发区 | 194 325 | 188 863 | 5 462 |
| 瑞金经济技术开发区 | 311 833 | 308 122 | 3 711 |
| 赣州高新技术产业开发区 | 578 381 | 248 975 | 329 406 |
| 宜春市 | 4 994 124 | 4 699 872 | 294 252 |
| 宜春经济技术开发区 | 638 540 | 583 352 | 55 188 |
| 宜春丰城高新技术产业开发区 | 199 318 | 148 811 | 50 506 |
| 上饶市 | 4 956 300 | 4 406 923 | 549 377 |
| 上饶经济技术开发区 | 11 421 | 11 334 | 87 |
| 吉安市 | 7 132 741 | 6 039 905 | 1 092 836 |
| 井冈山经济技术开发区 | 1 420 999 | 1 220 044 | 200 955 |
| 吉安高新技术产业开发区 | 2 252 | 2 252 | — |
| 抚州市 | 2 841 668 | 2 673 308 | 168 360 |
| 抚州高新技术产业开发区 | 414 845 | 397 236 | 17 609 |

续表5

| 收发货人所在地 | 进出口金额 | 出口金额 | 进口金额 |
|---|---|---|---|
| 山东省 | 321 996 631 | 192 389 867 | 129 606 763 |
| 济南市 | 21 639 585 | 13 977 042 | 7 662 543 |
| 济南高新技术产业开发区 | 11 155 926 | 5 816 253 | 5 339 673 |
| 青岛市 | 84 584 653 | 46 988 575 | 37 596 079 |
| 青岛经济技术开发区 | 26 403 910 | 9 409 738 | 16 994 172 |
| 青岛高新技术产业开发区 | 880 547 | 393 794 | 486 753 |
| 淄博市 | 12 333 802 | 7 284 076 | 5 049 726 |
| 淄博高新技术产业开发区 | 2 460 840 | 2 146 752 | 314 088 |
| 日照市 | 13 837 757 | 5 334 570 | 8 503 188 |
| 日照经济技术开发区 | 2 378 138 | 1 447 462 | 930 676 |
| 烟台市 | 45 003 170 | 27 036 136 | 17 967 034 |
| 烟台经济技术开发区 | 11 747 185 | 6 601 080 | 5 146 104 |
| 潍坊市 | 33 970 824 | 24 533 372 | 9 437 452 |
| 潍坊高新技术产业开发区 | 8 798 753 | 6 042 405 | 2 756 348 |
| 威海市 | 20 761 279 | 15 471 038 | 5 290 242 |
| 威海火炬高技术产业开发区 | 3 180 931 | 2 502 786 | 678 145 |
| 河南省 | 84 708 024 | 52 009 580 | 32 698 444 |
| 郑州市 | 60 739 017 | 36 017 808 | 24 721 209 |
| 郑州航空港经济综合实验区 | 47 075 034 | 26 408 800 | 20 666 234 |
| 郑州高新技术产业开发区 | 814 071 | 760 425 | 53 646 |
| 洛阳市 | 2 092 075 | 1 753 064 | 339 011 |
| 洛阳高新技术产业开发区 | 224 410 | 123 047 | 101 363 |
| 湖北省 | 61 282 799 | 41 669 699 | 19 613 101 |
| 武汉市 | 35 115 998 | 21 329 077 | 13 786 922 |
| 武汉经济技术开发区 | 3 751 882 | 2 629 427 | 1 122 455 |
| 武汉东湖新技术开发区 | 18 082 804 | 9 820 897 | 8 261 908 |
| 黄石市 | 4 016 145 | 1 911 457 | 2 104 689 |
| 黄石经济技术开发区 | 556 077 | 445 701 | 110 376 |
| 襄阳市 | 3 711 178 | 3 455 981 | 255 196 |
| 襄阳经济技术开发区 | 41 354 | 23 704 | 17 650 |
| 襄阳高新技术产业开发区 | 539 262 | 446 526 | 92 735 |
| 枣阳经济技术开发区 | 361 966 | 361 670 | 296 |
| 孝感市 | 1 732 184 | 1 479 040 | 253 143 |
| 汉川经济技术开发区 | 236 174 | 234 156 | 2 018 |

续表6

| 收发货人所在地 | 进出口金额 | 出口金额 | 进口金额 |
| --- | --- | --- | --- |
| 荆州市 | 4 373 758 | 2 732 911 | 1 640 847 |
| 荆州经济技术开发区 | 623 685 | 469 627 | 154 057 |
| 湖南省 | 70 349 264 | 51 449 284 | 18 899 980 |
| 长沙市 | 31 481 606 | 23 123 728 | 8 357 878 |
| 长沙经济技术开发区 | 5 593 007 | 5 010 228 | 582 779 |
| 长沙高新技术产业开发区 | 5 083 719 | 3 506 021 | 1 577 698 |
| 株洲市 | 1 657 854 | 1 158 866 | 498 988 |
| 株洲高新技术产业开发区 | 571 636 | 526 634 | 45 001 |
| 湘潭市 | 3 597 391 | 2 582 468 | 1 014 923 |
| 湘潭经济技术开发区 | 1 616 046 | 1 440 962 | 175 084 |
| 湘潭高新技术产业开发区 | 294 133 | 292 052 | 2 081 |
| 衡阳市 | 4 857 610 | 3 086 118 | 1 771 492 |
| 衡阳高新技术产业开发区 | 89 605 | 71 671 | 17 935 |
| 岳阳市 | 7 357 580 | 3 243 463 | 4 114 118 |
| 常德市 | 2 432 014 | 2 091 035 | 340 979 |
| 常德经济技术开发区 | 932 385 | 766 941 | 165 445 |
| 常德高新技术产业开发区 | 313 017 | 313 014 | 3 |
| 益阳市 | 2 092 830 | 1 948 128 | 144 702 |
| 益阳高新技术产业开发区 | 673 086 | 588 374 | 84 712 |
| 郴州市 | 4 964 637 | 3 687 035 | 1 277 602 |
| 郴州高新技术产业开发区 | 2 223 605 | 1 658 860 | 564 744 |
| 浏阳市 | 1 664 313 | 1 512 968 | 151 345 |
| 浏阳经济技术开发区 | 726 876 | 602 689 | 124 187 |
| 广东省 | 830 018 245 | 532 657 697 | 297 360 548 |
| 广州市 | 109 945 817 | 62 398 640 | 47 547 176 |
| 广州经济技术开发区 | 13 953 671 | 5 160 219 | 8 793 452 |
| 广州高新技术产业开发区 | 9 707 062 | 5 809 146 | 3 897 916 |
| 广州南沙新区 | 30 183 689 | 16 505 923 | 13 677 766 |
| 深圳市 | 365 959 806 | 218 398 595 | 147 561 211 |
| 深圳科技工业园 | 10 493 | 1 418 | 9 075 |
| 珠海市 | 30 920 356 | 19 686 660 | 11 233 695 |
| 珠海经济技术开发区 | 94 489 | 27 356 | 67 133 |
| 珠海高新技术产业开发区 | 178 633 | 95 287 | 83 346 |
| 珠海横琴新区 | 3 449 336 | 2 132 668 | 1 316 668 |

续表7

| 收发货人所在地 | 进出口金额 | 出口金额 | 进口金额 |
|---|---|---|---|
| 汕头市 | 7 709 335 | 6 348 730 | 1 360 605 |
| 佛山市 | 66 656 803 | 55 904 837 | 10 751 966 |
| 江门市 | 17 710 212 | 14 433 557 | 3 276 655 |
| 湛江市 | 6 177 926 | 2 069 250 | 4 108 676 |
| 湛江经济技术开发区 | 2 992 172 | 933 612 | 2 058 560 |
| 湛江高新技术产业开发区 | 145 | 145 | — |
| 茂名市 | 2 099 810 | 1 326 383 | 773 427 |
| 茂名高新技术产业开发区 | 10 994 | 2 426 | 8 569 |
| 惠州市 | 30 922 069 | 20 446 362 | 10 475 707 |
| 惠州高新技术产业开发区 | 12 623 458 | 8 706 815 | 3 916 643 |
| 阳江市 | 2 681 844 | 1 785 243 | 896 601 |
| 东莞市 | 139 699 882 | 92 908 550 | 46 791 332 |
| 东莞松山湖高新技术产业开发区 | 961 100 | 777 717 | 183 383 |
| 中山市 | 27 390 610 | 22 683 000 | 4 707 610 |
| 中山火炬高技术产业开发区 | 3 579 | 1 209 | 2 370 |
| 广西壮族自治区 | 64 641 671 | 35 873 074 | 28 768 598 |
| 南宁市 | 14 755 659 | 7 233 925 | 7 521 734 |
| 南宁高新技术产业开发区 | 638 026 | 310 469 | 327 557 |
| 桂林市 | 957 412 | 883 918 | 73 494 |
| 桂林新技术产业开发区 | 400 207 | 373 998 | 26 209 |
| 北海市 | 3 437 854 | 1 179 850 | 2 258 004 |
| 崇左市 | 21 501 715 | 18 005 671 | 3 496 044 |
| 防城港市 | 7 794 479 | 608 656 | 7 185 822 |
| 海南省 | 20 050 764 | 7 219 139 | 12 831 625 |
| 海口市 | 6 054 631 | 1 702 479 | 4 352 152 |
| 海南国际科技工业园 | 103 890 | 65 722 | 38 168 |
| 洋浦经济开发区 | 4 536 750 | 2 609 083 | 1 927 667 |
| 重庆市 | 81 028 158 | 51 962 238 | 29 065 919 |
| 重庆高新技术产业开发区 | 177 549 | 121 461 | 56 088 |
| 重庆两江新区 | 29 992 213 | 18 168 510 | 11 823 703 |
| 万州经济技术开发区 | 484 200 | 120 084 | 364 116 |
| 重庆经济技术开发区 | 293 724 | 88 516 | 205 208 |
| 长寿经济技术开发区 | 209 792 | 184 764 | 25 028 |
| 四川省 | 100 443 159 | 61 877 391 | 38 565 768 |

续表8

| 收发货人所在地 | 进出口金额 | 出口金额 | 进口金额 |
|---|---|---|---|
| 成都市 | 83 291 147 | 49 874 092 | 33 417 055 |
| 成都经济技术开发区 | 1 902 325 | 1 224 488 | 677 837 |
| 成都高新技术产业开发区 | 62 376 867 | 34 069 651 | 28 307 216 |
| 泸州市 | 1 886 093 | 1 108 264 | 777 829 |
| 泸州高新技术产业开发区 | 1 080 382 | 565 228 | 515 153 |
| 绵阳市 | 2 575 249 | 1 664 861 | 910 388 |
| 绵阳经济技术开发区 | 539 437 | 512 625 | 26 812 |
| 绵阳高新技术产业开发区 | 1 024 554 | 600 719 | 423 835 |
| 广元市 | 148 393 | 123 208 | 25 184 |
| 广元经济技术开发区 | 101 241 | 100 831 | 410 |
| 乐山市 | 1 104 301 | 952 856 | 151 445 |
| 乐山高新技术产业开发区 | 875 | 460 | 415 |
| 宜宾市 | 3 172 652 | 2 040 136 | 1 132 516 |
| 宜宾临港经济技术开发区 | 2 098 257 | 1 525 821 | 572 436 |
| 贵州省 | 7 299 320 | 4 585 282 | 2 714 038 |
| 贵阳市 | 4 400 826 | 2 675 871 | 1 724 955 |
| 贵阳高新技术产业开发区 | 244 752 | 78 971 | 165 781 |
| 云南省 | 32 439 594 | 15 334 165 | 17 105 430 |
| 昆明市 | 19 129 375 | 8 820 630 | 10 308 745 |
| 昆明经济技术开发区 | 4 389 681 | 4 144 272 | 245 409 |
| 昆明嵩明杨林经济技术开发区 | 47 773 | 43 460 | 4 313 |
| 昆明高新技术产业开发区 | 3 672 793 | 771 537 | 2 901 256 |
| 红河州 | 3 306 177 | 1 774 029 | 1 532 148 |
| 蒙自经济技术开发区 | 1 888 030 | 995 681 | 892 349 |
| 曲靖市 | 872 449 | 796 859 | 75 590 |
| 曲靖经济技术开发区 | 78 514 | 59 473 | 19 042 |
| 西藏自治区 | 460 573 | 431 398 | 29 175 |
| 拉萨市 | 445 037 | 418 641 | 26 396 |
| 拉萨经济技术开发区 | 82 839 | 59 654 | 23 185 |
| 陕西省 | 47 546 173 | 29 760 973 | 17 785 199 |
| 西安市 | 43 565 220 | 27 347 969 | 16 217 251 |
| 陕西航天经济技术开发区 | 1 499 023 | 462 235 | 1 036 788 |
| 陕西航空经济技术开发区 | 195 407 | 17 984 | 177 423 |
| 陕西西安经济技术开发区 | 1 827 990 | 1 086 737 | 741 253 |

续表9

| 收发货人所在地 | 进出口金额 | 出口金额 | 进口金额 |
|---|---|---|---|
| 西安新技术产业开发区 | 15 096 202 | 8 630 173 | 6 466 029 |
| 宝鸡市 | 1 130 304 | 604 316 | 525 988 |
| 宝鸡高新技术产业开发区 | 294 132 | 144 388 | 149 744 |
| 咸阳市 | 1 269 290 | 739 089 | 530 201 |
| 杨凌农业高新技术产业示范区 | 84 693 | 60 339 | 24 355 |
| 汉中市 | 358 165 | 305 572 | 52 593 |
| 汉中经济技术开发区 | 238 072 | 216 870 | 21 202 |
| 榆林市 | 332 386 | 264 785 | 67 600 |
| 榆林经济技术开发区 | 56 569 | 46 277 | 10 291 |
| 甘肃省 | 5 679 370 | 1 198 828 | 4 480 543 |
| 兰州市 | 1 536 794 | 587 684 | 949 110 |
| 兰州新技术产业开发区 | 24 468 | 13 050 | 11 418 |
| 青海省 | 404 504 | 240 107 | 164 397 |
| 西宁市 | 303 800 | 145 007 | 158 793 |
| 西宁经济技术开发区 | 133 790 | 29 317 | 104 473 |
| 青海高新技术产业开发区 | — | — | — |
| 海西州 | 61 050 | 59 350 | 1 701 |
| 格尔木昆仑经济技术开发区 | 1 684 | 1 648 | 37 |
| 宁夏回族自治区 | 2 145 503 | 1 610 058 | 535 445 |
| 银川市 | 1 143 191 | 872 728 | 270 463 |
| 银川经济技术开发区 | 91 043 | 29 407 | 61 636 |
| 新疆维吾尔自治区 | 24 574 994 | 20 863 403 | 3 711 591 |
| 乌鲁木齐市 | 5 126 847 | 3 885 010 | 1 241 836 |
| 乌鲁木齐经济技术开发区 | 2 845 918 | 2 315 659 | 530 259 |
| 乌鲁木齐高新技术产业开发区 | 309 598 | 254 800 | 54 798 |
| 博乐市 | 3 359 710 | 1 569 978 | 1 789 731 |
| 伊宁市 | 5 850 351 | 5 765 518 | 84 833 |
| 石河子市 | 359 141 | 321 068 | 38 072 |
| 石河子经济技术开发区 | 269 951 | 232 183 | 37 768 |

# 2022 年进出口商品境内目的地/货源地总值表

单位：万元人民币

| 境内目的地/货源地 | 进出口 | | 出　口 | | 进　口 | |
|---|---|---|---|---|---|---|
| | 金　额 | 比重（%） | 金　额 | 比重（%） | 金　额 | 比重（%） |
| **总　值** | 4 180 115 998 | 100.0 | 2 374 115 369 | 100.0 | 1 806 000 629 | 100.0 |
| 北京市 | 96 629 364 | 2.3 | 22 635 629 | 1.0 | 73 993 735 | 4.1 |
| 中关村国家自主创新示范区 | 2 219 963 | 0.1 | 1 112 444 | 0.0 | 1 107 519 | 0.1 |
| 北京经济技术开发区 | 15 832 655 | 0.4 | 4 077 965 | 0.2 | 11 754 690 | 0.7 |
| 天津市 | 109 280 989 | 2.6 | 37 186 575 | 1.6 | 72 094 414 | 4.0 |
| 天津滨海新区 | 78 181 994 | 1.9 | 16 762 749 | 0.7 | 61 419 245 | 3.4 |
| 天津经济技术开发区 | 20 591 108 | 0.5 | 9 192 041 | 0.4 | 11 399 068 | 0.6 |
| 河北省 | 93 751 942 | 2.2 | 49 093 114 | 2.1 | 44 658 827 | 2.5 |
| 石家庄市 | 10 968 475 | 0.3 | 7 960 182 | 0.3 | 3 008 293 | 0.2 |
| 石家庄高新技术产业开发区 | 20 999 | 0.0 | 10 623 | 0.0 | 10 376 | 0.0 |
| 唐山市 | 35 937 700 | 0.9 | 7 495 315 | 0.3 | 28 442 385 | 1.6 |
| 曹妃甸经济技术开发区 | 8 266 210 | 0.2 | 28 781 | 0.0 | 8 237 429 | 0.5 |
| 秦皇岛市 | 6 308 185 | 0.2 | 4 417 320 | 0.2 | 1 890 865 | 0.1 |
| 秦皇岛经济技术开发区 | 2 586 564 | 0.1 | 1 355 577 | 0.1 | 1 230 987 | 0.1 |
| 保定市 | 6 387 875 | 0.2 | 5 490 751 | 0.2 | 897 124 | 0.0 |
| 保定高新技术产业开发区 | 38 685 | 0.0 | 36 051 | 0.0 | 2 634 | 0.0 |
| 山西省 | 21 190 841 | 0.5 | 15 663 834 | 0.7 | 5 527 007 | 0.3 |
| 太原市 | 13 317 406 | 0.3 | 9 238 820 | 0.4 | 4 078 586 | 0.2 |

续表1

| 境内目的地/货源地 | 进出口 | | 出口 | | 进口 | |
|---|---|---|---|---|---|---|
| | 金额 | 比重（%） | 金额 | 比重（%） | 金额 | 比重（%） |
| 太原经济技术开发区 | 10 218 711 | 0.2 | 7 825 849 | 0.3 | 2 392 862 | 0.1 |
| 太原高新技术产业开发区 | 2 848 | 0.0 | 1 684 | 0.0 | 1 164 | 0.0 |
| 大同市 | 475 923 | 0.0 | 446 020 | 0.0 | 29 903 | 0.0 |
| 晋中市 | 904 678 | 0.0 | 795 629 | 0.0 | 109 049 | 0.0 |
| 内蒙古自治区 | 21 849 700 | 0.5 | 7 977 585 | 0.3 | 13 872 116 | 0.8 |
| 呼和浩特市 | 1 906 439 | 0.0 | 826 218 | 0.0 | 1 080 221 | 0.1 |
| 包头市 | 2 883 844 | 0.1 | 1 428 955 | 0.1 | 1 454 889 | 0.1 |
| 包头高新技术产业开发区 | 23 902 | 0.0 | 20 090 | 0.0 | 3 812 | 0.0 |
| 二连浩特市 | 923 106 | 0.0 | 371 749 | 0.0 | 551 358 | 0.0 |
| 满洲里市 | 1 637 584 | 0.0 | 122 691 | 0.0 | 1 514 894 | 0.1 |
| 辽宁省 | 105 080 812 | 2.5 | 42 891 525 | 1.8 | 62 189 288 | 3.4 |
| 沈阳市 | 13 618 618 | 0.3 | 5 008 829 | 0.2 | 8 609 789 | 0.5 |
| 沈阳经济技术开发区 | 1 877 849 | 0.0 | 984 769 | 0.0 | 893 079 | 0.0 |
| 沈阳高新技术产业开发区 | 594 948 | 0.0 | 341 153 | 0.0 | 253 795 | 0.0 |
| 大连市 | 53 575 829 | 1.3 | 23 421 025 | 1.0 | 30 154 804 | 1.7 |
| 大连经济技术开发区 | 13 944 294 | 0.3 | 5 095 787 | 0.2 | 8 848 507 | 0.5 |
| 大连市高新技术产业园区 | 677 877 | 0.0 | 529 176 | 0.0 | 148 701 | 0.0 |
| 鞍山市 | 2 946 236 | 0.1 | 2 438 987 | 0.1 | 507 249 | 0.0 |
| 鞍山高新技术产业开发区 | 65 808 | 0.0 | 59 793 | 0.0 | 6 015 | 0.0 |
| 丹东市 | 2 147 761 | 0.1 | 1 484 741 | 0.1 | 663 019 | 0.0 |
| 吉林省 | 15 377 389 | 0.4 | 5 330 401 | 0.2 | 10 046 987 | 0.6 |
| 长春市 | 9 329 823 | 0.2 | 1 826 955 | 0.1 | 7 502 869 | 0.4 |
| 长春经济技术开发区 | 1 242 860 | 0.0 | 374 615 | 0.0 | 868 244 | 0.0 |

续表2

| 境内目的地/货源地 | 进出口 | | 出　口 | | 进　口 | |
|---|---|---|---|---|---|---|
| | 金　额 | 比重（%） | 金　额 | 比重（%） | 金　额 | 比重（%） |
| 长春高新技术产业开发区 | 200 266 | 0.0 | 157 703 | 0.0 | 42 563 | 0.0 |
| 吉林市 | 1 359 305 | 0.0 | 792 331 | 0.0 | 566 973 | 0.0 |
| 吉林高新技术产业开发区 | 37 195 | 0.0 | 16 330 | 0.0 | 20 864 | 0.0 |
| 珲春市 | 1 844 427 | 0.0 | 574 196 | 0.0 | 1 270 231 | 0.1 |
| 黑龙江省 | 23 102 373 | 0.6 | 5 532 870 | 0.2 | 17 569 502 | 1.0 |
| 哈尔滨市 | 2 349 755 | 0.1 | 1 758 795 | 0.1 | 590 960 | 0.0 |
| 哈尔滨经济技术开发区 | 211 164 | 0.0 | 149 599 | 0.0 | 61 565 | 0.0 |
| 哈尔滨高技术开发区 | 91 374 | 0.0 | 68 894 | 0.0 | 22 480 | 0.0 |
| 大庆市 | 14 465 362 | 0.3 | 966 913 | 0.0 | 13 498 449 | 0.7 |
| 大庆高新技术产业开发区 | 435 909 | 0.0 | 234 248 | 0.0 | 201 661 | 0.0 |
| 黑河市 | 1 382 905 | 0.0 | 49 993 | 0.0 | 1 332 912 | 0.1 |
| 绥芬河市 | 843 842 | 0.0 | 76 571 | 0.0 | 767 271 | 0.0 |
| 上海市 | 401 000 726 | 9.6 | 138 106 285 | 5.8 | 262 894 441 | 14.6 |
| 上海漕河泾浦江高科技园区 | 1 263 968 | 0.0 | 531 909 | 0.0 | 732 059 | 0.0 |
| 上海经济技术开发区 | 19 912 | 0.0 | 9 553 | 0.0 | 10 358 | 0.0 |
| 上海闵行经济技术开发区 | 1 274 378 | 0.0 | 597 530 | 0.0 | 676 848 | 0.0 |
| 上海浦东新区 | 194 486 242 | 4.7 | 48 769 581 | 2.1 | 145 716 661 | 8.1 |
| 江苏省 | 592 349 758 | 14.2 | 360 963 929 | 15.2 | 231 385 829 | 12.8 |
| 南京市 | 50 641 013 | 1.2 | 24 292 327 | 1.0 | 26 348 686 | 1.5 |
| 南京高新技术外向型开发区 | 2 556 401 | 0.1 | 978 043 | 0.0 | 1 578 358 | 0.1 |
| 无锡市 | 54 982 522 | 1.3 | 36 799 542 | 1.6 | 18 182 980 | 1.0 |
| 无锡高新技术产业开发区 | 36 411 209 | 0.9 | 20 791 544 | 0.9 | 15 619 665 | 0.9 |
| 常州市 | 36 378 794 | 0.9 | 29 525 256 | 1.2 | 6 853 538 | 0.4 |

续表3

| 境内目的地/货源地 | 进出口 | | 出　口 | | 进　口 | |
|---|---|---|---|---|---|---|
| | 金　额 | 比重（%） | 金　额 | 比重（%） | 金　额 | 比重（%） |
| 常州高新技术产业开发区 | 832 541 | 0.0 | 665 466 | 0.0 | 167 075 | 0.0 |
| 苏州市 | 264 590 654 | 6.3 | 156 136 036 | 6.6 | 108 454 618 | 6.0 |
| 南通市 | 42 771 023 | 1.0 | 27 822 369 | 1.2 | 14 948 654 | 0.8 |
| 南通经济技术开发区 | 6 184 771 | 0.1 | 3 264 736 | 0.1 | 2 920 035 | 0.2 |
| 连云港市 | 19 665 923 | 0.5 | 4 332 318 | 0.2 | 15 333 606 | 0.8 |
| 连云港经济技术开发区 | 733 325 | 0.0 | 551 635 | 0.0 | 181 690 | 0.0 |
| 浙江省 | 454 834 186 | 10.9 | 331 352 574 | 14.0 | 123 481 612 | 6.8 |
| 杭州市 | 52 643 119 | 1.3 | 38 553 899 | 1.6 | 14 089 220 | 0.8 |
| 杭州经济技术开发区 | 3 969 458 | 0.1 | 2 503 920 | 0.1 | 1 465 537 | 0.1 |
| 杭州高新技术产业开发区 | 1 786 225 | 0.0 | 687 205 | 0.0 | 1 099 020 | 0.1 |
| 宁波市 | 117 357 368 | 2.8 | 66 796 013 | 2.8 | 50 561 354 | 2.8 |
| 宁波经济技术开发区 | 9 784 770 | 0.2 | 3 059 131 | 0.1 | 6 725 639 | 0.4 |
| 宁波高新技术产业开发区 | 609 | 0.0 | 442 | 0.0 | 167 | 0.0 |
| 温州市 | 24 831 146 | 0.6 | 23 132 852 | 1.0 | 1 698 294 | 0.1 |
| 温州经济技术开发区 | 647 016 | 0.0 | 632 032 | 0.0 | 14 984 | 0.0 |
| 金华市 | 71 351 897 | 1.7 | 64 001 215 | 2.7 | 7 350 682 | 0.4 |
| 金华经济技术开发区 | 78 050 | 0.0 | 73 305 | 0.0 | 4 744 | 0.0 |
| 安徽省 | 76 188 620 | 1.8 | 51 965 868 | 2.2 | 24 222 752 | 1.3 |
| 合肥市 | 29 760 650 | 0.7 | 20 076 089 | 0.8 | 9 684 560 | 0.5 |
| 合肥经济技术开发区 | 4 850 688 | 0.1 | 2 425 271 | 0.1 | 2 425 417 | 0.1 |
| 合肥高新技术产业开发区 | 2 594 249 | 0.1 | 2 054 652 | 0.1 | 539 597 | 0.0 |
| 芜湖市 | 8 886 069 | 0.2 | 6 438 260 | 0.3 | 2 447 809 | 0.1 |
| 芜湖经济技术开发区 | 3 644 451 | 0.1 | 2 797 248 | 0.1 | 847 203 | 0.0 |

续表4

| 境内目的地/货源地 | 进出口 | | 出　口 | | 进　口 | |
|---|---|---|---|---|---|---|
| | 金　额 | 比重（%） | 金　额 | 比重（%） | 金　额 | 比重（%） |
| 芜湖高新技术产业开发区 | 143 836 | 0.0 | 116 463 | 0.0 | 27 373 | 0.0 |
| 蚌埠市 | 1 789 212 | 0.0 | 1 443 374 | 0.1 | 345 839 | 0.0 |
| 蚌埠高新技术产业开发区 | 95 612 | 0.0 | 64 622 | 0.0 | 30 990 | 0.0 |
| 淮南市 | 355 045 | 0.0 | 333 801 | 0.0 | 21 244 | 0.0 |
| 马鞍山市 | 4 740 350 | 0.1 | 2 503 947 | 0.1 | 2 236 403 | 0.1 |
| 马鞍山经济技术开发区 | 45 039 | 0.0 | 27 489 | 0.0 | 17 550 | 0.0 |
| 马鞍山慈湖高新技术产业开发区 | 3 | 0.0 | 0 | 0.0 | 3 | 0.0 |
| 铜陵市 | 6 696 449 | 0.2 | 876 379 | 0.0 | 5 820 071 | 0.3 |
| 铜陵经济技术开发区 | 157 272 | 0.0 | 123 156 | 0.0 | 34 116 | 0.0 |
| 安庆市 | 2 660 285 | 0.1 | 2 318 149 | 0.1 | 342 137 | 0.0 |
| 安庆经济技术开发区 | 35 234 | 0.0 | 13 278 | 0.0 | 21 956 | 0.0 |
| 滁州市 | 6 387 787 | 0.2 | 5 419 464 | 0.2 | 968 323 | 0.1 |
| 滁州经济技术开发区 | 1 102 487 | 0.0 | 784 075 | 0.0 | 318 412 | 0.0 |
| 六安市 | 1 254 876 | 0.0 | 1 135 167 | 0.0 | 119 709 | 0.0 |
| 六安经济技术开发区 | 33 497 | 0.0 | 27 726 | 0.0 | 5 771 | 0.0 |
| 宣城市 | 3 037 096 | 0.1 | 2 793 724 | 0.1 | 243 372 | 0.0 |
| 宁国经济技术开发区 | 64 | 0.0 | 55 | 0.0 | 9 | 0.0 |
| 池州市 | 1 658 704 | 0.0 | 662 694 | 0.0 | 996 010 | 0.1 |
| 池州经济技术开发区 | 52 639 | 0.0 | 36 893 | 0.0 | 15 746 | 0.0 |
| 福建省 | 177 452 983 | 4.2 | 115 728 539 | 4.9 | 61 724 444 | 3.4 |
| 福州市 | 28 439 537 | 0.7 | 19 674 518 | 0.8 | 8 765 019 | 0.5 |
| 福州经济技术开发区 | 759 679 | 0.0 | 620 732 | 0.0 | 138 946 | 0.0 |
| 福州高新技术产业开发区 | 32 810 | 0.0 | 32 792 | 0.0 | 18 | 0.0 |

续表5

| 境内目的地/货源地 | 进出口 | | 出口 | | 进口 | |
|---|---|---|---|---|---|---|
| | 金额 | 比重（%） | 金额 | 比重（%） | 金额 | 比重（%） |
| 厦门市 | 48 224 336 | 1.2 | 31 058 717 | 1.3 | 17 165 618 | 1.0 |
| 厦门火炬高技术产业开发区 | 2 182 134 | 0.1 | 1 218 950 | 0.1 | 963 185 | 0.1 |
| 平潭 | 1 185 953 | 0.0 | 830 379 | 0.0 | 355 574 | 0.0 |
| 平潭综合实验区 | 1 127 799 | 0.0 | 774 990 | 0.0 | 352 809 | 0.0 |
| 江西省 | 63 171 538 | 1.5 | 46 488 544 | 2.0 | 16 682 994 | 0.9 |
| 南昌市 | 10 915 045 | 0.3 | 7 927 833 | 0.3 | 2 987 212 | 0.2 |
| 南昌经济技术开发区 | 353 761 | 0.0 | 116 606 | 0.0 | 237 155 | 0.0 |
| 南昌高新技术产业开发区 | 3 391 051 | 0.1 | 2 120 507 | 0.1 | 1 270 545 | 0.1 |
| 景德镇市 | 2 218 639 | 0.1 | 1 531 940 | 0.1 | 686 699 | 0.0 |
| 景德镇高新技术产业开发区 | 2 389 | 0.0 | 895 | 0.0 | 1 494 | 0.0 |
| 萍乡市 | 1 224 444 | 0.0 | 1 004 506 | 0.0 | 219 938 | 0.0 |
| 萍乡经济技术开发区 | 89 834 | 0.0 | 58 913 | 0.0 | 30 921 | 0.0 |
| 九江市 | 7 432 448 | 0.2 | 5 041 800 | 0.2 | 2 390 649 | 0.1 |
| 九江经济技术开发区 | 231 012 | 0.0 | 192 663 | 0.0 | 38 349 | 0.0 |
| 新余市 | 4 417 441 | 0.1 | 2 056 705 | 0.1 | 2 360 736 | 0.1 |
| 新余高新技术产业开发区 | 173 733 | 0.0 | 111 109 | 0.0 | 62 623 | 0.0 |
| 鹰潭市 | 4 472 671 | 0.1 | 1 041 876 | 0.0 | 3 430 795 | 0.2 |
| 鹰潭高新技术产业开发区 | 128 546 | 0.0 | 84 383 | 0.0 | 44 163 | 0.0 |
| 赣州市 | 8 230 886 | 0.2 | 6 403 117 | 0.3 | 1 827 769 | 0.1 |
| 赣州经济技术开发区 | 364 433 | 0.0 | 245 101 | 0.0 | 119 332 | 0.0 |
| 宜春市 | 3 431 974 | 0.1 | 3 108 123 | 0.1 | 323 850 | 0.0 |
| 宜春经济技术开发区 | 60 882 | 0.0 | 50 124 | 0.0 | 10 758 | 0.0 |
| 上饶市 | 4 793 812 | 0.1 | 4 186 630 | 0.2 | 607 182 | 0.0 |

续表6

| 境内目的地/货源地 | 进出口 | | 出口 | | 进口 | |
|---|---|---|---|---|---|---|
| | 金额 | 比重（%） | 金额 | 比重（%） | 金额 | 比重（%） |
| 上饶经济技术开发区 | 2 873 540 | 0.1 | 2 636 015 | 0.1 | 237 525 | 0.0 |
| 吉安市 | 5 601 551 | 0.1 | 4 459 300 | 0.2 | 1 142 251 | 0.1 |
| 井冈山经济技术开发区 | 333 379 | 0.0 | 260 466 | 0.0 | 72 913 | 0.0 |
| 山东省 | 387 928 012 | 9.3 | 207 932 438 | 8.8 | 179 995 574 | 10.0 |
| 济南市 | 15 204 130 | 0.4 | 11 544 327 | 0.5 | 3 659 803 | 0.2 |
| 济南市高技术产业开发区 | 5 929 613 | 0.1 | 3 452 151 | 0.1 | 2 477 462 | 0.1 |
| 青岛市 | 110 891 465 | 2.7 | 42 729 005 | 1.8 | 68 162 460 | 3.8 |
| 青岛经济技术开发区 | 22 223 341 | 0.5 | 7 397 540 | 0.3 | 14 825 801 | 0.8 |
| 青岛高新技术产业开发区 | 330 031 | 0.0 | 149 138 | 0.0 | 180 893 | 0.0 |
| 烟台市 | 45 941 999 | 1.1 | 25 014 106 | 1.1 | 20 927 892 | 1.2 |
| 烟台经济技术开发区 | 11 190 392 | 0.3 | 5 411 014 | 0.2 | 5 779 378 | 0.3 |
| 潍坊市 | 31 210 607 | 0.7 | 23 659 158 | 1.0 | 7 551 450 | 0.4 |
| 潍坊高技术产业开发区 | 6 204 175 | 0.1 | 4 690 625 | 0.2 | 1 513 550 | 0.1 |
| 威海市 | 14 106 621 | 0.3 | 11 554 083 | 0.5 | 2 552 537 | 0.1 |
| 威海火炬高技术产业开发区 | 2 918 945 | 0.1 | 2 325 790 | 0.1 | 593 155 | 0.0 |
| 河南省 | 93 780 404 | 2.2 | 59 862 519 | 2.5 | 33 917 886 | 1.9 |
| 郑州市 | 59 169 215 | 1.4 | 34 816 380 | 1.5 | 24 352 836 | 1.3 |
| 郑州航空港经济综合实验区 | 51 381 960 | 1.2 | 28 436 494 | 1.2 | 22 945 466 | 1.3 |
| 郑州高新技术产业开发区 | 467 224 | 0.0 | 433 248 | 0.0 | 33 976 | 0.0 |
| 洛阳市 | 3 888 271 | 0.1 | 2 171 605 | 0.1 | 1 716 666 | 0.1 |
| 洛阳高新技术产业开发区 | 235 318 | 0.0 | 119 037 | 0.0 | 116 280 | 0.0 |
| 湖北省 | 61 599 151 | 1.5 | 39 389 040 | 1.7 | 22 210 111 | 1.2 |
| 武汉市 | 33 073 645 | 0.8 | 19 043 010 | 0.8 | 14 030 635 | 0.8 |

续表7

| 境内目的地/货源地 | 进出口 | | 出　口 | | 进　口 | |
|---|---|---|---|---|---|---|
| | 金　额 | 比重（%） | 金　额 | 比重（%） | 金　额 | 比重（%） |
| 武汉经济技术开发区 | 2 127 736 | 0.1 | 1 164 873 | 0.0 | 962 864 | 0.1 |
| 武汉东湖新技术开发区 | 17 406 514 | 0.4 | 9 439 786 | 0.4 | 7 966 728 | 0.4 |
| 黄石市 | 4 019 397 | 0.1 | 1 540 401 | 0.1 | 2 478 996 | 0.1 |
| 黄石经济技术开发区 | 667 980 | 0.0 | 190 497 | 0.0 | 477 483 | 0.0 |
| 襄阳市 | 2 631 880 | 0.1 | 2 276 951 | 0.1 | 354 929 | 0.0 |
| 襄阳经济技术开发区 | 69 682 | 0.0 | 68 764 | 0.0 | 917 | 0.0 |
| 襄阳高新技术产业开发区 | 379 048 | 0.0 | 268 379 | 0.0 | 110 669 | 0.0 |
| 荆州市 | 2 009 321 | 0.0 | 1 594 090 | 0.1 | 415 232 | 0.0 |
| 荆州经济技术开发区 | 264 916 | 0.0 | 154 794 | 0.0 | 110 122 | 0.0 |
| 湖南省 | 46 524 089 | 1.1 | 35 138 392 | 1.5 | 11 385 697 | 0.6 |
| 长沙市 | 14 499 534 | 0.3 | 11 169 977 | 0.5 | 3 329 557 | 0.2 |
| 长沙经济技术开发区 | 802 999 | 0.0 | 500 931 | 0.0 | 302 069 | 0.0 |
| 长沙高新技术产业开发区 | 319 279 | 0.0 | 180 361 | 0.0 | 138 918 | 0.0 |
| 株洲市 | 1 553 219 | 0.0 | 1 245 765 | 0.1 | 307 454 | 0.0 |
| 株洲高新技术产业开发区 | 302 287 | 0.0 | 266 982 | 0.0 | 35 304 | 0.0 |
| 湘潭市 | 3 397 937 | 0.1 | 2 465 902 | 0.1 | 932 036 | 0.1 |
| 湘潭经济技术开发区 | 31 775 | 0.0 | 10 639 | 0.0 | 21 136 | 0.0 |
| 湘潭高新技术产业开发区 | 6 751 | 0.0 | 5 317 | 0.0 | 1 433 | 0.0 |
| 衡阳市 | 4 692 681 | 0.1 | 2 781 869 | 0.1 | 1 910 812 | 0.1 |
| 衡阳高新技术产业开发区 | 53 120 | 0.0 | 34 780 | 0.0 | 18 340 | 0.0 |
| 岳阳市 | 3 701 473 | 0.1 | 2 141 569 | 0.1 | 1 559 903 | 0.1 |
| 常德市 | 1 280 785 | 0.0 | 1 088 146 | 0.0 | 192 639 | 0.0 |
| 常德经济技术开发区 | 96 748 | 0.0 | 20 068 | 0.0 | 76 679 | 0.0 |

续表8

| 境内目的地/货源地 | 进出口 | | 出　口 | | 进　口 | |
|---|---|---|---|---|---|---|
| | 金　额 | 比重（%） | 金　额 | 比重（%） | 金　额 | 比重（%） |
| 益阳市 | 1 210 507 | 0.0 | 1 120 799 | 0.0 | 89 708 | 0.0 |
| 益阳高新技术产业开发区 | 73 159 | 0.0 | 21 241 | 0.0 | 51 917 | 0.0 |
| 浏阳市 | 1 119 186 | 0.0 | 940 353 | 0.0 | 178 833 | 0.0 |
| 浏阳经济技术开发区 | 442 384 | 0.0 | 297 588 | 0.0 | 144 797 | 0.0 |
| 广东省 | 948 037 700 | 22.7 | 589 103 970 | 24.8 | 358 933 730 | 19.9 |
| 广州市 | 124 023 398 | 3.0 | 68 083 176 | 2.9 | 55 940 222 | 3.1 |
| 广州经济技术开发区 | 12 922 372 | 0.3 | 6 055 678 | 0.3 | 6 866 694 | 0.4 |
| 广州高新技术产业开发区 | 5 438 295 | 0.1 | 2 379 345 | 0.1 | 3 058 950 | 0.2 |
| 广州南沙新区 | 17 777 510 | 0.4 | 8 804 604 | 0.4 | 8 972 906 | 0.5 |
| 深圳市 | 389 482 162 | 9.3 | 235 364 766 | 9.9 | 154 117 396 | 8.5 |
| 深圳科技工业园 | 11 779 | 0.0 | 6 757 | 0.0 | 5 022 | 0.0 |
| 珠海市 | 32 021 620 | 0.8 | 20 097 482 | 0.8 | 11 924 138 | 0.7 |
| 珠海横琴新区 | 1 181 370 | 0.0 | 1 141 102 | 0.0 | 40 268 | 0.0 |
| 汕头市 | 11 531 098 | 0.3 | 9 730 929 | 0.4 | 1 800 169 | 0.1 |
| 佛山市 | 70 176 483 | 1.7 | 57 799 773 | 2.4 | 12 376 710 | 0.7 |
| 湛江市 | 18 082 525 | 0.4 | 2 966 727 | 0.1 | 15 115 798 | 0.8 |
| 湛江经济技术开发区 | 6 461 572 | 0.2 | 1 358 512 | 0.1 | 5 103 060 | 0.3 |
| 惠州市 | 45 583 015 | 1.1 | 26 824 302 | 1.1 | 18 758 712 | 1.0 |
| 惠州高新技术产业开发区 | 13 494 529 | 0.3 | 9 446 032 | 0.4 | 4 048 497 | 0.2 |
| 东莞市 | 152 655 313 | 3.7 | 99 356 562 | 4.2 | 53 298 751 | 3.0 |
| 东莞松山湖高新技术产业开发区 | 1 925 710 | 0.0 | 1 398 775 | 0.1 | 526 935 | 0.0 |
| 中山市 | 29 818 261 | 0.7 | 25 033 380 | 1.1 | 4 784 881 | 0.3 |
| 中山火炬高技术产业开发区 | 1 075 815 | 0.0 | 665 888 | 0.0 | 409 927 | 0.0 |

续表9

| 境内目的地/货源地 | 进出口 | | 出　口 | | 进　口 | |
|---|---|---|---|---|---|---|
| | 金　额 | 比重（%） | 金　额 | 比重（%） | 金　额 | 比重（%） |
| 广西壮族自治区 | 70 963 201 | 1.7 | 26 624 635 | 1.1 | 44 338 566 | 2.5 |
| 南宁市 | 12 268 332 | 0.3 | 6 856 492 | 0.3 | 5 411 841 | 0.3 |
| 南宁高新技术产业开发区 | 635 325 | 0.0 | 318 385 | 0.0 | 316 940 | 0.0 |
| 桂林市 | 1 403 110 | 0.0 | 1 169 533 | 0.0 | 233 577 | 0.0 |
| 桂林新技术产业开发区 | 201 243 | 0.0 | 188 692 | 0.0 | 12 551 | 0.0 |
| 北海市 | 8 363 760 | 0.2 | 1 207 399 | 0.1 | 7 156 361 | 0.4 |
| 崇左市 | 12 616 313 | 0.3 | 8 517 488 | 0.4 | 4 098 825 | 0.2 |
| 防城港市 | 12 731 056 | 0.3 | 713 003 | 0.0 | 12 018 053 | 0.7 |
| 海南省 | 18 394 810 | 0.4 | 5 699 326 | 0.2 | 12 695 484 | 0.7 |
| 海口市 | 3 730 931 | 0.1 | 691 091 | 0.0 | 3 039 839 | 0.2 |
| 海南国际科技工业园 | 36 324 | 0.0 | 6 286 | 0.0 | 30 039 | 0.0 |
| 海南洋浦经济开发区 | 11 086 282 | 0.3 | 3 871 370 | 0.2 | 7 214 912 | 0.4 |
| 重庆市 | 69 934 619 | 1.7 | 46 546 863 | 2.0 | 23 387 756 | 1.3 |
| 重庆高新技术产业开发区 | 115 816 | 0.0 | 88 605 | 0.0 | 27 211 | 0.0 |
| 重庆两江新区 | 19 674 737 | 0.5 | 12 164 260 | 0.5 | 7 510 476 | 0.4 |
| 万州经济技术开发区 | 56 674 | 0.0 | 10 770 | 0.0 | 45 904 | 0.0 |
| 长寿经济技术开发区 | 2 | 0.0 | 2 | 0.0 | 0 | 0.0 |
| 四川省 | 102 835 358 | 2.5 | 59 579 839 | 2.5 | 43 255 519 | 2.4 |
| 成都市 | 82 062 537 | 2.0 | 45 750 440 | 1.9 | 36 312 098 | 2.0 |
| 成都经济技术开发区 | 1 867 279 | 0.0 | 1 134 635 | 0.0 | 732 644 | 0.0 |
| 成都高新技术产业开发区 | 60 501 974 | 1.4 | 34 150 104 | 1.4 | 26 351 870 | 1.5 |
| 绵阳市 | 2 328 902 | 0.1 | 1 466 812 | 0.1 | 862 090 | 0.0 |
| 绵阳高新技术产业开发区 | 624 119 | 0.0 | 196 378 | 0.0 | 427 741 | 0.0 |

续表10

| 境内目的地/货源地 | 进出口 | | 出口 | | 进口 | |
|---|---|---|---|---|---|---|
| | 金额 | 比重（%） | 金额 | 比重（%） | 金额 | 比重（%） |
| 广元市 | 94 918 | 0.0 | 31 444 | 0.0 | 63 475 | 0.0 |
| 宜宾市 | 4 824 303 | 0.1 | 3 420 369 | 0.1 | 1 403 934 | 0.1 |
| 宜宾临港经济技术开发区 | 831 849 | 0.0 | 638 285 | 0.0 | 193 564 | 0.0 |
| 贵州省 | 6 987 448 | 0.2 | 4 651 173 | 0.2 | 2 336 275 | 0.1 |
| 贵阳市 | 2 726 513 | 0.1 | 1 966 504 | 0.1 | 760 009 | 0.0 |
| 贵阳高新技术产业开发区 | 10 194 | 0.0 | 5 737 | 0.0 | 4 458 | 0.0 |
| 云南省 | 33 920 354 | 0.8 | 16 353 302 | 0.7 | 17 567 053 | 1.0 |
| 昆明市 | 17 470 961 | 0.4 | 7 247 628 | 0.3 | 10 223 333 | 0.6 |
| 红河州 | 3 803 893 | 0.1 | 1 562 776 | 0.1 | 2 241 117 | 0.1 |
| 蒙自经济技术开发区 | 135 888 | 0.0 | 65 551 | 0.0 | 70 337 | 0.0 |
| 畹町市 | 303 775 | 0.0 | 1 685 | 0.0 | 302 090 | 0.0 |
| 瑞丽县 | 245 173 | 0.0 | 138 766 | 0.0 | 106 407 | 0.0 |
| 河口县 | 307 776 | 0.0 | 33 178 | 0.0 | 274 598 | 0.0 |
| 曲靖市 | 1 065 048 | 0.0 | 822 956 | 0.0 | 242 092 | 0.0 |
| 曲靖经济技术开发区 | 12 230 | 0.0 | 763 | 0.0 | 11 467 | 0.0 |
| 西藏自治区 | 239 180 | 0.0 | 226 261 | 0.0 | 12 919 | 0.0 |
| 拉萨市 | 223 053 | 0.0 | 213 972 | 0.0 | 9 081 | 0.0 |
| 拉萨经济技术开发区 | 9 555 | 0.0 | 9 431 | 0.0 | 124 | 0.0 |
| 陕西省 | 41 586 475 | 1.0 | 27 304 971 | 1.2 | 14 281 504 | 0.8 |
| 西安市 | 36 513 903 | 0.9 | 23 557 212 | 1.0 | 12 956 691 | 0.7 |
| 陕西航天经济技术开发区 | 278 539 | 0.0 | 209 771 | 0.0 | 68 769 | 0.0 |
| 西安新技术产业开发区 | 2 432 204 | 0.1 | 1 322 673 | 0.1 | 1 109 531 | 0.1 |
| 宝鸡市 | 969 007 | 0.0 | 731 447 | 0.0 | 237 560 | 0.0 |

续表11

| 境内目的地/货源地 | 进出口 | | 出　口 | | 进　口 | |
|---|---|---|---|---|---|---|
| | 金　额 | 比重（%） | 金　额 | 比重（%） | 金　额 | 比重（%） |
| 宝鸡高新技术产业开发区 | 65 095 | 0.0 | 43 875 | 0.0 | 21 220 | 0.0 |
| 汉中市 | 164 293 | 0.0 | 140 708 | 0.0 | 23 586 | 0.0 |
| 甘肃省 | 6 416 773 | 0.2 | 1 882 888 | 0.1 | 4 533 885 | 0.3 |
| 兰州市 | 1 307 109 | 0.0 | 779 794 | 0.0 | 527 314 | 0.0 |
| 兰州新技术产业开发区 | 9 401 | 0.0 | 4 789 | 0.0 | 4 612 | 0.0 |
| 青海省 | 430 799 | 0.0 | 380 873 | 0.0 | 49 926 | 0.0 |
| 西宁市 | 222 188 | 0.0 | 185 921 | 0.0 | 36 268 | 0.0 |
| 西宁经济技术开发区 | 25 677 | 0.0 | 22 603 | 0.0 | 3 074 | 0.0 |
| 青海高新技术产业开发区 | 52 | 0.0 | 44 | 0.0 | 7 | 0.0 |
| 宁夏回族自治区 | 3 856 058 | 0.1 | 3 079 149 | 0.1 | 776 909 | 0.0 |
| 银川市 | 1 510 930 | 0.0 | 1 054 763 | 0.0 | 456 167 | 0.0 |
| 银川经济技术开发区 | 72 371 | 0.0 | 10 797 | 0.0 | 61 574 | 0.0 |
| 新疆维吾尔自治区 | 35 420 346 | 0.8 | 19 442 459 | 0.8 | 15 977 888 | 0.9 |
| 乌鲁木齐市 | 12 509 288 | 0.3 | 12 115 951 | 0.5 | 393 338 | 0.0 |
| 乌鲁木齐经济技术开发区 | 257 270 | 0.0 | 133 357 | 0.0 | 123 913 | 0.0 |
| 乌鲁木齐高新技术产业开发区 | 126 634 | 0.0 | 10 510 | 0.0 | 116 124 | 0.0 |
| 博乐市 | 1 713 069 | 0.0 | 459 388 | 0.0 | 1 253 682 | 0.1 |
| 伊宁市 | 10 860 677 | 0.3 | 2 486 984 | 0.1 | 8 373 693 | 0.5 |
| 石河子市 | 325 170 | 0.0 | 263 142 | 0.0 | 62 029 | 0.0 |
| 石河子经济技术开发区 | 153 752 | 0.0 | 138 652 | 0.0 | 15 100 | 0.0 |

# 2022 年进出口商品关别总值表

单位：万元人民币

| 关　别 | 进出口 | 出　口 | 进　口 |
|---|---|---|---|
| 总　值 | 4 180 115 998. 3 | 2 374 115 369. 2 | 1 806 000 629. 1 |
| 北京海关 | 73 223 027. 6 | 18 164 811. 5 | 55 058 216. 1 |
| 天津海关 | 197 397 843. 8 | 103 183 831. 3 | 94 214 012. 5 |
| 石家庄海关 | 44 880 082. 2 | 9 370 029. 3 | 35 510 053. 0 |
| 太原海关 | 2 847 138. 2 | 433 390. 3 | 2 413 747. 9 |
| 满洲里海关 | 6 302 754. 2 | 2 746 825. 2 | 3 555 929. 0 |
| 呼和浩特海关 | 8 840 887. 1 | 2 267 881. 7 | 6 573 005. 4 |
| 沈阳海关 | 13 587 197. 7 | 2 578 743. 9 | 11 008 453. 9 |
| 大连海关 | 96 031 909. 8 | 41 137 645. 6 | 54 894 264. 2 |
| 长春海关 | 6 397 378. 1 | 1 755 823. 2 | 4 641 554. 8 |
| 哈尔滨海关 | 20 936 046. 6 | 4 358 260. 3 | 16 577 786. 3 |
| 上海海关 | 769 863 916. 5 | 454 289 872. 5 | 315 574 044. 0 |
| 南京海关 | 354 044 483. 4 | 179 864 492. 9 | 174 179 990. 5 |
| 杭州海关 | 155 779 678. 6 | 85 443 665. 4 | 70 336 013. 1 |
| 宁波海关 | 249 191 798. 7 | 178 909 123. 8 | 70 282 675. 0 |
| 合肥海关 | 34 525 548. 2 | 14 846 681. 3 | 19 678 866. 9 |
| 福州海关 | 38 529 847. 9 | 16 492 757. 2 | 22 037 090. 7 |
| 厦门海关 | 126 677 535. 9 | 85 777 452. 1 | 40 900 083. 8 |
| 南昌海关 | 21 140 185. 3 | 9 148 523. 0 | 11 991 662. 3 |
| 青岛海关 | 325 993 369. 3 | 167 837 713. 2 | 158 155 656. 1 |
| 济南海关 | 59 363 405. 2 | 32 657 836. 5 | 26 705 568. 6 |
| 郑州海关 | 73 052 062. 8 | 43 231 694. 8 | 29 820 368. 0 |
| 武汉海关 | 35 537 996. 2 | 20 378 731. 1 | 15 159 265. 1 |
| 长沙海关 | 19 047 160. 7 | 9 216 434. 9 | 9 830 725. 8 |
| 广州海关 | 169 552 292. 7 | 116 543 057. 4 | 53 009 235. 3 |
| 黄埔海关 | 171 850 441. 0 | 85 368 849. 9 | 86 481 591. 1 |
| 深圳海关 | 635 076 271. 5 | 437 745 636. 3 | 197 330 635. 2 |
| 拱北海关 | 55 485 422. 2 | 37 423 352. 1 | 18 062 070. 1 |
| 汕头海关 | 17 465 411. 8 | 10 244 324. 0 | 7 221 087. 8 |

续表

| 关 别 | 进出口 | 出 口 | 进 口 |
|---|---|---|---|
| 海口海关 | 17 526 838. 5 | 5 206 391. 3 | 12 320 447. 1 |
| 湛江海关 | 32 605 493. 7 | 3 576 811. 8 | 29 028 681. 9 |
| 江门海关 | 14 915 561. 9 | 9 531 356. 9 | 5 384 205. 0 |
| 南宁海关 | 76 721 044. 0 | 34 458 081. 1 | 42 262 962. 9 |
| 成都海关 | 78 661 103. 2 | 44 334 763. 5 | 34 326 339. 7 |
| 重庆海关 | 65 472 871. 4 | 42 901 288. 4 | 22 571 583. 1 |
| 贵阳海关 | 3 022 022. 4 | 1 530 584. 2 | 1 491 438. 2 |
| 昆明海关 | 20 845 527. 2 | 8 000 406. 1 | 12 845 121. 1 |
| 拉萨海关 | 284 871. 4 | 273 519. 7 | 11 351. 7 |
| 西安海关 | 39 380 493. 9 | 25 486 324. 9 | 13 894 169. 0 |
| 乌鲁木齐海关 | 44 630 870. 7 | 26 880 976. 3 | 17 749 894. 3 |
| 兰州海关 | 2 887 501. 9 | 242 861. 9 | 2 644 640. 0 |
| 银川海关 | 482 051. 7 | 256 881. 2 | 225 170. 5 |
| 西宁海关 | 58 653. 1 | 17 681. 2 | 40 972. 0 |

# 2022年进出口商品运输方式总值表

单位：万元人民币

| 运输方式 | 进出口 | 出　口 | 进　口 |
|---|---|---|---|
| 总　值 | 4 180 115 998.3 | 2 374 115 369.2 | 1 806 000 629.1 |
| 水路运输 | 2 745 622 004.4 | 1 671 409 640.9 | 1 074 212 363.4 |
| 铁路运输 | 63 286 101.6 | 40 512 179.5 | 22 773 922.1 |
| 公路运输 | 472 804 448.1 | 243 515 543.9 | 229 288 904.2 |
| 航空运输 | 808 729 631.2 | 367 806 351.6 | 440 923 279.6 |
| 邮件运输 | 2 101 531.6 | 1 081 775.5 | 1 019 756.1 |
| 其他运输 | 87 278 231.1 | 49 495 827.4 | 37 782 403.7 |
| 固定设施 | 293 940.3 | 293 940.3 | — |
| 旅客携带 | 110.2 | 110.2 | — |

# 2022年进出口商品前40位国别（地区）总值表

单位：万元人民币

| 名次 | 最终目的国（地区） | 出　口 | 原产国（地区） | 进　口 |
|---|---|---|---|---|
| | 总　值 | 2 374 115 369.2 | 总　值 | 1 806 000 629.1 |
| 1 | 美国 | 384 194 341.5 | 中国台湾 | 157 616 737.1 |
| 2 | 中国香港 | 196 358 010.1 | 韩国 | 132 328 450.2 |
| 3 | 日本 | 114 974 733.2 | 日本 | 122 861 419.6 |
| 4 | 韩国 | 107 303 434.3 | 美国 | 117 874 044.7 |
| 5 | 越南 | 96 002 291.3 | 澳大利亚 | 94 621 922.5 |
| 6 | 荷兰 | 78 309 609.4 | 中华人民共和国 | 80 636 576.6 |
| 7 | 印度 | 78 075 077.4 | 俄罗斯 | 76 541 478.7 |
| 8 | 德国 | 77 149 766.8 | 德国 | 73 912 181.6 |
| 9 | 马来西亚 | 61 278 382.5 | 马来西亚 | 73 352 259.8 |
| 10 | 中国台湾 | 54 256 572.6 | 巴西 | 72 845 128.0 |
| 11 | 英国 | 53 956 654.8 | 越南 | 58 846 795.0 |
| 12 | 新加坡 | 53 398 559.0 | 印度尼西亚 | 52 100 271.1 |
| 13 | 澳大利亚 | 52 269 452.4 | 沙特阿拉伯 | 51 937 963.3 |
| 14 | 墨西哥 | 51 504 681.3 | 泰国 | 37 632 314.8 |
| 15 | 泰国 | 51 471 974.8 | 瑞士 | 33 179 620.8 |
| 16 | 俄罗斯 | 50 902 199.9 | 阿联酋 | 30 354 041.9 |
| 17 | 印度尼西亚 | 47 098 081.6 | 智利 | 29 551 899.5 |
| 18 | 菲律宾 | 42 371 154.2 | 加拿大 | 28 544 659.4 |
| 19 | 巴西 | 41 230 875.0 | 伊拉克 | 26 286 341.3 |
| 20 | 阿联酋 | 35 679 848.6 | 阿曼 | 24 091 791.7 |
| 21 | 加拿大 | 35 412 271.5 | 法国 | 23 670 307.5 |
| 22 | 意大利 | 33 598 162.8 | 新加坡 | 22 353 400.9 |
| 23 | 法国 | 30 274 345.3 | 南非 | 21 664 029.9 |
| 24 | 西班牙 | 27 744 743.9 | 意大利 | 17 954 628.7 |
| 25 | 波兰 | 25 257 263.2 | 科威特 | 17 641 283.5 |
| 26 | 沙特阿拉伯 | 25 196 824.6 | 秘鲁 | 16 020 824.5 |
| 27 | 比利时 | 23 679 226.5 | 安哥拉 | 15 408 301.6 |
| 28 | 土耳其 | 22 495 539.2 | 菲律宾 | 15 316 199.3 |

续表

| 名次 | 最终目的国（地区） | 出　口 | 原产国（地区） | 进　口 |
|---|---|---|---|---|
| 29 | 孟加拉国 | 17 678 859.4 | 卡塔尔 | 15 061 443.3 |
| 30 | 南非 | 16 008 835.6 | 英国 | 14 476 919.5 |
| 31 | 巴基斯坦 | 15 164 047.2 | 爱尔兰 | 12 061 127.5 |
| 32 | 智利 | 14 890 386.9 | 墨西哥 | 11 616 854.2 |
| 33 | 尼日利亚 | 14 632 666.0 | 印度 | 11 603 011.9 |
| 34 | 捷克 | 12 173 183.6 | 刚果民主共和国 | 10 980 553.5 |
| 35 | 埃及 | 11 301 654.2 | 新西兰 | 10 599 535.1 |
| 36 | 哈萨克斯坦 | 10 915 162.5 | 哈萨克斯坦 | 9 860 852.3 |
| 37 | 以色列 | 10 913 626.3 | 荷兰 | 8 347 396.2 |
| 38 | 哥伦比亚 | 10 316 824.3 | 缅甸 | 7 755 649.6 |
| 39 | 吉尔吉斯斯坦 | 10 289 638.2 | 土库曼斯坦 | 6 906 903.3 |
| 40 | 柬埔寨 | 9 273 172.2 | 西班牙 | 6 505 605.1 |

# 2022 年出口商品排序表（前 100 位）

单位：万元人民币

| 商品编码 | 商品名称 | 第一数量单位 | 第二数量单位 | 第一数量 | 第二数量 | 金　额 |
|---|---|---|---|---|---|---|
| | 总　值 | | | — | — | 2 374 115 369. 2 |
| 85171300 | 智能手机 | 台 | 千克 | 577 155 729. 0 | 177 605 001. 0 | 92 736 323. 1 |
| 84713090 | 其他重量不超过 10 千克的便携式自动数据处理设备 | 台 | 千克 | 165 596 604. 0 | 365 914 945. 0 | 64 400 765. 5 |
| 85423290 | 其他用作存储器的集成电路 | 个 | 千克 | 23 278 831 340. 0 | 4 186 741. 0 | 43 710 919. 2 |
| 85076000 | 锂离子蓄电池 | 个 | 千克 | 3 769 124 685. 0 | 1 775 648 355. 0 | 34 248 991. 0 |
| 85423190 | 其他用作处理器及控制器的集成电路 | 个 | 千克 | 78 957 768 546. 0 | 15 509 781. 0 | 33 273 629. 2 |
| 98040000 | 低值简易通关商品 | 千克 | | 30 271 432 648. 0 | 149 462 760. 0 | 28 648 690. 1 |
| 85414300 | 已装在组件内或组装成块的光电池 | 个 | 千克 | 439 377 979. 0 | 8 805 200 758. 0 | 28 157 914. 9 |
| 84733090 | 品目 8471 所列其他机器的零件、附件 | 千克 | | 501 052 117. 0 | — | 21 154 681. 0 |
| 84713010 | 平板电脑 | 台 | 千克 | 130 792 394. 0 | 92 735 667. 0 | 20 634 985. 8 |
| 85423990 | 其他集成电路 | 个 | 千克 | 150 446 714 356. 0 | 13 605 983. 0 | 16 877 088. 7 |
| 95030089 | 未列名玩具及模型 | 个 | 千克 | 36 723 465 340. 0 | 1 906 237 942. 0 | 16 687 077. 3 |
| 85176299 | 其他接收、转换并且发送或再生声音、图像或其他数据用的设备 | 台 | 千克 | 913 681 360. 0 | 187 807 105. 0 | 16 367 269. 8 |
| 39269090 | 未列名塑料制品 | 千克 | | 2 985 992 233. 0 | — | 14 727 645. 3 |
| 87038000 | 仅装有驱动电动机的主要用于载人的机动车 | 辆 | 千克 | 941 923. 0 | 1 238 888 420. 0 | 13 621 520. 8 |
| 84715040 | 微型机的处理部件 | 台 | 千克 | 37 723 937. 0 | 103 021 186. 0 | 13 302 796. 5 |
| 64029929 | 未列名塑料制鞋面的鞋靴 | 千克 | 双 | 1 563 267 568. 0 | 3 535 549 471. 0 | 12 671 841. 7 |
| 85249190 | 未列名液晶平板显示模组 | 个 | 千克 | 564 511 470. 0 | 402 183 202. 0 | 10 901 056. 3 |
| 85177990 | 品目 8517 所列设备用其他零件 | 千克 | | 285 195 814. 0 | 300. 0 | 10 459 831. 7 |
| 73089000 | 其他钢铁结构体；钢结构体用部件及加工钢材 | 千克 | | 7 071 045 572. 0 | — | 10 327 749. 7 |

续表1

| 商品编码 | 商品名称 | 第一数量单位 | 第二数量单位 | 第一数量 | 第二数量 | 金 额 |
|---|---|---|---|---|---|---|
| 85177930 | 手持式无线电话机用零件（天线除外） | 千克 | | 61 319 231.0 | — | 10 164 232.7 |
| 27101922 | 5~7号燃料油，不含有生物柴油 | 千克 | 升 | 18 042 614 495.0 | 18 313 255 289.0 | 9 185 420.0 |
| 85437099 | 未列名具有独立功能的电气设备及装置 | 台 | 千克 | 1 914 121 428.0 | 263 457 766.0 | 8 833 906.3 |
| 64041990 | 橡胶或塑料制外底，纺织材料制鞋面的其他鞋靴 | 千克 | 双 | 968 832 042.0 | 1 838 631 668.0 | 8 665 937.8 |
| 61103000 | 化纤制针织钩编套头衫、开襟衫、外穿背心等 | 件 | 千克 | 1 929 505 372.0 | 683 438 245.0 | 8 605 246.2 |
| 95045030 | 其他视频游戏控制器及设备 | 台 | 千克 | 46 879 869.0 | 139 893 681.0 | 8 450 957.7 |
| 85285212 | 其他可直接连接品目8471的自动数据处理设备的彩色液晶监视器 | 台 | 千克 | 93 752 517.0 | 519 967 691.0 | 8 168 231.6 |
| 42021290 | 以塑料或纺织材料作面的提箱、小手袋、公文箱、公文包、书包及类似容器 | 千克 | 个 | 1 219 437 473.0 | 2 148 323 975.0 | 7 900 364.0 |
| 94032000 | 其他金属家具 | 件 | 千克 | 365 849 952.0 | 3 073 184 469.0 | 7 755 406.8 |
| 27101210 | 车用汽油和航空汽油，不含有生物柴油 | 千克 | 升 | 12 572 234 985.0 | 17 450 262 099.0 | 7 736 888.5 |
| 27101923 | 柴油，不含生物柴油 | 千克 | 升 | 10 930 364 440.0 | 12 854 059 886.0 | 7 212 327.3 |
| 73269090 | 未列名非工业用钢铁制品 | 千克 | | 2 426 265 973.0 | — | 7 128 249.7 |
| 27101911 | 航空煤油，不含有生物柴油 | 千克 | 升 | 10 907 358 968.0 | 13 590 733 133.0 | 7 063 111.9 |
| 94054290 | 非光伏的且设计为仅使用发光二极管（LED）光源的其他电灯及照明装置 | 千克 | | 747 726 066.0 | — | 7 058 595.9 |
| 38221900 | 其他附于衬背上的诊断或实验用试剂及不论是否附于衬背上的配制试剂 | 千克 | | 298 720 874.0 | — | 7 019 083.8 |
| 85044099 | 未列名静止式变流器 | 个 | 千克 | 1 896 796 651.0 | 330 007 226.0 | 7 012 243.3 |
| 85176294 | 无线耳机、无线耳塞 | 个 | 千克 | 525 946 425.0 | 63 611 771.0 | 6 832 739.1 |
| 42029200 | 以塑料片或纺织材料作面的其他类似容器 | 千克 | 个 | 849 729 658.0 | 9 904 772 574.0 | 6 785 288.8 |
| 85340010 | 四层以上的印刷电路 | 块 | 千克 | 4 317 694 911.0 | 102 705 659.0 | 6 779 358.9 |
| 39241000 | 塑料制餐具及厨房用具 | 千克 | | 1 908 094 864.0 | — | 6 755 194.6 |
| 94054990 | 其他电气灯具及照明装置 | 千克 | | 796 914 143.0 | — | 6 625 233.1 |

续表2

| 商品编码 | 商品名称 | 第一数量单位 | 第二数量单位 | 第一数量 | 第二数量 | 金　额 |
|---|---|---|---|---|---|---|
| 84718000 | 自动数据处理设备的其他部件 | 台 | 千克 | 116 819 772.0 | 58 379 481.0 | 6 535 848.8 |
| 85287222 | 液晶显示器彩色数字电视接收机 | 台 | 千克 | 72 112 975.0 | 548 789 792.0 | 6 455 986.9 |
| 54075200 | 聚酯变形长丝≥85%染色布 | 米 | 千克 | 9 557 677 635.0 | 1 868 291 413.0 | 6 412 186.1 |
| 85371090 | 其他电气控制或电力分配盘板台等，电压≤1 000V | 个 | 千克 | 519 674 856.0 | 234 290 772.0 | 6 392 335.6 |
| 85340090 | 四层及以下的印刷电路 | 块 | 千克 | 39 032 292 331.0 | 227 877 789.0 | 6 323 490.9 |
| 95051000 | 圣诞节用品 | 千克 | | 606 005 756.0 | — | 6 201 695.6 |
| 40112000 | 客车或货运机动车辆用新的充气橡胶轮胎 | 千克 | 条 | 4 040 791 988.0 | 109 285 541.0 | 6 113 860.9 |
| 85044030 | 逆变器 | 个 | 千克 | 50 449 791.0 | 304 353 067.0 | 6 035 794.0 |
| 71131919 | 其他黄金制首饰及其零件 | 克 | | 104 421 488.0 | — | 5 949 495.9 |
| 84717011 | 固态硬盘（SSD） | 台 | 千克 | 130 142 638.0 | 3 808 103.0 | 5 908 816.8 |
| 69101000 | 瓷制固定卫生设备 | 千克 | 件 | 1 866 031 637.0 | 101 810 433.0 | 5 888 888.1 |
| 94036099 | 未列名木家具 | 件 | 千克 | 183 594 781.0 | 2 477 138 675.0 | 5 831 231.3 |
| 84295212 | 上部360度旋转的履带式挖掘机 | 台 | 千克 | 161 681.0 | 2 063 421 866.0 | 5 399 767.9 |
| 84818040 | 其他阀门 | 套 | 千克 | 1 899 186 178.0 | 892 618 112.0 | 5 381 867.2 |
| 84314999 | 品目8426、8429及8430所列机械的未列名零件 | 千克 | | 2 849 027 822.0 | — | 5 336 274.2 |
| 94017190 | 其他带软垫的金属框架坐具 | 个 | 千克 | 175 555 150.0 | 1 274 294 914.0 | 5 225 663.4 |
| 61102000 | 棉制针织钩编的套头衫、开襟衫、外穿背心等 | 件 | 千克 | 1 037 324 242.0 | 395 057 019.0 | 4 906 775.6 |
| 64039900 | 其他橡、塑或再生皮革外底，皮革鞋面的鞋靴 | 千克 | 双 | 350 298 501.0 | 496 810 838.0 | 4 897 112.7 |
| 87089999 | 品目8701至8704所列其他车辆用未列名零、附件 | 千克 | | 916 134 699.0 | — | 4 840 806.1 |
| 86090029 | 其他40英尺集装箱 | 个 | 千克 | 1 352 197.0 | 5 048 162 366.0 | 4 837 523.9 |
| 69111019 | 其他瓷制餐具 | 千克 | | 1 820 549 501.0 | — | 4 774 592.2 |
| 73239300 | 不锈钢制餐桌、厨房或其他家用器具及其零件 | 千克 | | 786 989 196.0 | — | 4 741 515.5 |
| 87082990 | 车身（包括驾驶室）的未列名零件、附件 | 千克 | | 661 140 112.0 | — | 4 706 046.2 |

续表3

| 商品编码 | 商品名称 | 第一数量单位 | 第二数量单位 | 第一数量 | 第二数量 | 金　额 |
|---|---|---|---|---|---|---|
| 40111000 | 机动小客车用新的充气橡胶轮胎 | 千克 | 条 | 2 380 304 061.0 | 250 987 459.0 | 4 488 592.5 |
| 24041200 | 其他含尼古丁的非经燃烧吸用的产品 | 千克 | | 131 609 318.0 | — | 4 443 851.2 |
| 39249000 | 塑料制其他家庭用具及卫生或盥洗用具 | 千克 | | 1 098 130 397.0 | — | 4 429 617.2 |
| 62024090 | 化学纤维制女式其他大衣、短大衣、斗篷、短斗篷、带风帽的防寒短上衣、防风衣、防风短上衣及类似品 | 件 | 千克 | 365 190 842.0 | 276 980 119.0 | 4 347 229.4 |
| 85412900 | 耗散功率≥1 瓦的晶体管 | 个 | 千克 | 40 829 670 706.0 | 22 222 906.0 | 4 304 416.6 |
| 72104900 | 其他镀或涂锌普通钢铁板材 | 千克 | | 6 411 815 667.0 | — | 4 270 427.6 |
| 42022200 | 以塑料片或纺织材料作面的手提包 | 千克 | 个 | 457 459 970.0 | 1 850 337 992.0 | 4 228 506.2 |
| 38249999 | 未列名化学工业及其相关工业的化学产品及配制品 | 千克 | | 3 919 893 978.0 | — | 4 197 269.8 |
| 87141000 | 摩托车（包括机器脚踏两用车）用零件、附件 | 千克 | | 1 014 596 283.0 | — | 4 183 691.4 |
| 87032230 | 仅装有点燃式活塞内燃发动机的小轿车，1 000cc<排量≤1 500cc | 辆 | 千克 | 635 099.0 | 806 078 211.0 | 4 177 261.2 |
| 85044014 | 其他功率<1kW 直流稳压电源，精度<1/10 000 | 个 | 千克 | 1 128 815 433.0 | 201 082 042.0 | 4 166 956.6 |
| 84818090 | 龙头、旋塞及类似装置 | 套 | 千克 | 831 108 463.0 | 457 035 509.0 | 4 151 837.2 |
| 39181090 | 氯乙烯聚合物制铺地制品 | 千克 | | 5 067 356 077.0 | — | 4 132 537.4 |
| 85098090 | 其他家用电动器具 | 台 | 千克 | 432 383 729.0 | 385 974 621.0 | 4 120 454.7 |
| 62046200 | 棉制女裤 | 条 | 千克 | 899 615 844.0 | 385 735 004.0 | 4 101 504.3 |
| 84798999 | 未列名具有独立功能的机器及机械器具 | 台 | 千克 | 373 316 915.0 | 623 544 287.0 | 4 083 454.7 |
| 85249210 | 其他专用于或主要用于品目8517所列装置的有机发光二极管（OLED）平板显示模组 | 个 | 千克 | 196 552 671.0 | 6 314 356.0 | 4 064 028.4 |

续表4

| 商品编码 | 商品名称 | 第一数量单位 | 第二数量单位 | 第一数量 | 第二数量 | 金　额 |
|---|---|---|---|---|---|---|
| 94051100 | 设计为仅使用发光二极管(LED）光源的枝形吊灯及天花板或墙壁上的其他电气照明装 | 个 | 千克 | 929 385 952. 0 | 477 166 269. 0 | 4 007 760. 9 |
| 72107010 | 厚度小于 1. 5 毫米的涂漆或涂塑的铁或非合金钢平板轧材，宽≥600mm | 千克 | | 4 833 252 047. 0 | — | 3 973 503. 3 |
| 94016190 | 其他带软垫的木框架坐具 | 个 | 千克 | 60 441 344. 0 | 1 166 496 921. 0 | 3 957 284. 0 |
| 84439990 | 品目 8443 所列设备用其他零件及附件 | 千克 | | 355 890 535. 0 | — | 3 955 824. 8 |
| 85369011 | 工作电压不超过 36 伏的接插件 | 千克 | | 70 642 615. 0 | — | 3 939 712. 5 |
| 63079090 | 第一分章的未列名制成品，包括服装裁剪样 | 千克 | 个 | 831 483 249. 0 | 17 741 879 705. 0 | 3 926 738. 6 |
| 60063200 | 合成纤维制染色其他针织或钩编织物 | 米 | 千克 | 4 114 406 643. 0 | 1 120 559 624. 0 | 3 895 038. 9 |
| 87032250 | 仅装有点燃式活塞内燃发动机的小客车（9 座及以下），1 000cc<排量≤1 500cc | 辆 | 千克 | 541 383. 0 | 710 554 727. 0 | 3 893 475. 6 |
| 85285910 | 其他彩色监视器 | 台 | 千克 | 32 145 996. 0 | 155 306 077. 0 | 3 859 557. 9 |
| 39264000 | 塑料制小雕塑品及其他装饰品 | 千克 | | 630 495 907. 0 | 19. 0 | 3 783 054. 0 |
| 95030083 | 带动力装置的其他玩具及模型 | 个 | 千克 | 606 781 898. 0 | 263 294 958. 0 | 3 766 204. 6 |
| 38180019 | 直径 > 15. 24cm 的单晶硅切片 | 千克 | 片 | 67 875 535. 0 | 5 609 975 493. 0 | 3 735 993. 7 |
| 84159090 | 84151022、84152000、84158120、84158220 及 84158300 设备的零件 | 千克 | | 645 845 009. 0 | — | 3 723 935. 4 |
| 76061220 | 铝合金矩形板、片，0. 2mm<厚<0. 28mm | 千克 | | 1 423 657 652. 0 | — | 3 617 254. 3 |
| 85444219 | 其他有接头电导体，额定电压≤80V | 千克 | | 201 186 803. 0 | — | 3 576 272. 6 |
| 94051900 | 其他枝形吊灯及天花板或墙壁上的电气照明装置 | 个 | 千克 | 367 508 699. 0 | 307 099 620. 0 | 3 554 591. 6 |

续表5

| 商品编码 | 商品名称 | 第一数量单位 | 第二数量单位 | 第一数量 | 第二数量 | 金　额 |
|---|---|---|---|---|---|---|
| 87116000 | 装有驱动电动机的摩托车及脚踏车 | 辆 | 千克 | 16 116 159.0 | 421 396 233.0 | 3 540 931.3 |
| 85081100 | 电动真空吸尘器功率≤1 500W集尘器容积≤20L | 台 | 千克 | 121 344 652.0 | 418 881 002.0 | 3 536 150.7 |
| 85389000 | 品目 8535、8536 或 8537 所列装置的其他零件 | 千克 | | 329 403 154.0 | — | 3 508 996.8 |
| 95030060 | 智力玩具 | 套 | 千克 | 2 010 649 632.0 | 554 114 202.0 | 3 489 189.4 |

# 2022 年进口商品排序表（前 100 位）

单位：万元人民币

| 商品编码 | 商品名称 | 第一数量单位 | 第二数量单位 | 第一数量 | 第二数量 | 金　额 |
|---|---|---|---|---|---|---|
| | 总　值 | | | — | — | 1 806 000 629. 1 |
| 27090000 | 石油原油及从沥青矿物提取的原油 | 千克 | | 508 230 956 658. 0 | — | 243 673 326. 0 |
| 85423190 | 其他用作处理器及控制器的集成电路 | 个 | 千克 | 139 491 593 274. 0 | 23 291 934. 0 | 117 927 347. 8 |
| 85423290 | 其他用作存储器的集成电路 | 个 | 千克 | 40 650 640 206. 0 | 8 397 171. 0 | 64 625 802. 1 |
| 85423990 | 其他集成电路 | 个 | 千克 | 303 030 646 912. 0 | 21 564 629. 0 | 57 658 958. 0 |
| 26011120 | 平均粒度≥0. 8mm，<6. 3mm 未烧结铁矿砂及精矿 | 千克 | | 776 761 609 425. 0 | — | 56 154 529. 4 |
| 71081200 | 其他未锻造金，非货币用 | 克 | | 1 328 731 605. 0 | — | 51 189 331. 9 |
| 12019019 | 转基因黄大豆 | 千克 | | 88 842 348 752. 0 | — | 39 936 047. 3 |
| 26030000 | 铜矿砂及其精矿 | 千克 | | 25 232 939 026. 0 | — | 37 128 330. 0 |
| 27111100 | 液化天然气 | 千克 | | 63 362 890 277. 0 | — | 34 871 744. 9 |
| 74031111 | 未锻轧铜含量>99. 993 5%的精炼铜阴极 | 千克 | | 3 258 405 924. 0 | — | 19 449 268. 8 |
| 85423119 | 其他用作处理器及控制器的多元件集成电路 | 个 | 千克 | 2 656 698 013. 0 | 939 599. 0 | 17 434 120. 0 |
| 26011190 | 平均粒度≥6. 3mm 未烧结铁矿砂及其精矿 | 千克 | | 188 602 093 834. 0 | — | 15 858 144. 6 |
| 85249210 | 其他专用于或主要用于品目 8517 所列装置的有机发光二极管（OLED）平板显示模组 | 个 | 千克 | 273 499 088. 0 | 8 024 346. 0 | 13 804 487. 3 |
| 84733090 | 品目 8471 所列其他机器的零件、附件 | 千克 | | 34 080 735. 0 | — | 13 592 467. 5 |
| 27112100 | 天然气 | 千克 | | 45 805 232 804. 0 | — | 11 963 352. 3 |
| 33049900 | 其他美容品或化妆品及护肤品 | 千克 | 件 | 174 940 625. 0 | 4 233 962 378. 0 | 11 127 169. 4 |
| 26011110 | 平均粒度<0. 8mm 未烧结铁矿砂及其精矿 | 千克 | | 124 691 964 819. 0 | — | 11 035 032. 3 |
| 72026000 | 镍铁 | 千克 | | 5 929 776 424. 0 | — | 10 835 268. 5 |

续表1

| 商品编码 | 商品名称 | 第一数量单位 | 第二数量单位 | 第一数量 | 第二数量 | 金 额 |
|---|---|---|---|---|---|---|
| 27111200 | 液化丙烷 | 千克 | | 20 775 106 980.0 | — | 10 657 075.0 |
| 02023000 | 冻去骨牛肉 | 千克 | | 2 203 181 223.0 | — | 10 429 643.2 |
| 30049090 | 未列名混合或非混合产品构成的药品，已配定剂量或制成零售包装 | 千克 | | 52 036 982.0 | — | 10 374 057.7 |
| 27011210 | 炼焦煤 | 千克 | | 63 862 908 688.0 | — | 10 099 509.3 |
| 84717011 | 固态硬盘（SSD） | 台 | 千克 | 189 931 084.0 | 3 582 577.0 | 9 694 699.6 |
| 85299042 | 非特种用途的取像模块 | 千克 | | 1 682 422.0 | — | 9 242 722.7 |
| 74040000 | 铜废料及碎料 | 千克 | | 1 770 757 925.0 | — | 9 068 638.6 |
| 27021000 | 褐煤，不论是否粉化，但未制成型 | 千克 | | 130 322 982 214.0 | — | 8 260 931.7 |
| 29024300 | 对二甲苯 | 千克 | | 10 582 386 926.0 | — | 7 642 975.8 |
| 87032362 | 仅装有点燃式活塞内燃发动机的越野车（4 轮驱动），2 500cc<排量≤3 000cc | 辆 | 千克 | 118 949.0 | 288 065 560.0 | 6 911 302.4 |
| 74020000 | 未精炼铜；电解精炼用的铜阳极 | 千克 | | 1 164 035 217.0 | — | 6 798 164.7 |
| 85412900 | 耗散功率≥1 瓦的晶体管 | 个 | 千克 | 49 095 327 084.0 | 19 216 559.0 | 6 534 086.1 |
| 85241100 | 液晶平板显示模组，不含驱动器或控制电路 | 个 | 千克 | 1 306 570 028.0 | 131 318 725.0 | 6 118 096.2 |
| 87084091 | 品目 8703 所列车辆用自动换挡变速箱及其零件 | 个 | 千克 | 484 039 563.0 | 449 960 971.0 | 6 040 175.4 |
| 47032900 | 半漂白或漂白非针叶木烧碱木浆或硫酸盐木浆 | 千克 | | 12 790 562 544.0 | — | 6 022 798.9 |
| 25309099 | 未列名矿产品 | 千克 | | 4 210 758 726.0 | — | 5 967 451.0 |
| 85423390 | 其他用作放大器的集成电路 | 个 | 千克 | 35 559 081 819.0 | 2 342 524.0 | 5 749 451.7 |
| 27011290 | 其他烟煤 | 千克 | | 51 191 985 892.0 | — | 5 449 259.1 |
| 71023900 | 其他非工业用钻石 | 克拉 | | 8 382 311.0 | — | 5 392 140.5 |
| 30021500 | 免疫制品，已配定剂量或制成零售包装 | 千克 | | 1 509 319.0 | — | 5 305 318.0 |
| 84717019 | 硬盘驱动器（固态硬盘除外） | 台 | 千克 | 83 842 131.0 | 37 804 852.0 | 5 178 454.4 |
| 27150000 | 以天然沥青等为基本成分的沥青混合物 | 千克 | 升 | 16 965 754 747.0 | 17 207 763 298.0 | 5 138 571.0 |
| 26060000 | 铝矿砂及其精矿 | 千克 | | 125 275 884 087.0 | — | 4 912 378.6 |
| 27101220 | 石脑油，不含有生物柴油 | 千克 | 升 | 9 262 428 168.0 | 12 828 463 022.0 | 4 772 583.0 |

续表2

| 商品编码 | 商品名称 | 第一数量单位 | 第二数量单位 | 第一数量 | 第二数量 | 金　额 |
|---|---|---|---|---|---|---|
| 38249999 | 未列名化学工业及其相关工业的化学产品及配制品 | 千克 | | 1 652 799 860.0 | — | 4 770 906.8 |
| 85423910 | 其他多元件集成电路 | 个 | 千克 | 11 068 815 393.0 | 2 649 900.0 | 4 750 191.5 |
| 10059000 | 玉米，种用除外 | 千克 | | 20 618 140 724.0 | — | 4 671 638.6 |
| 85322410 | 片式多层瓷介电容器 | 千克 | 千个 | 15 476 621.0 | 2 133 704 698.0 | 4 633 534.0 |
| 28369100 | 锂的碳酸盐 | 千克 | | 136 093 017.0 | — | 4 559 024.6 |
| 27101922 | 5～7 号燃料油，不含有生物柴油 | 千克 | 升 | 12 226 969 216.0 | 12 410 373 758.0 | 4 516 136.3 |
| 85423310 | 用作放大器的多元件集成电路 | 个 | 千克 | 4 413 039 458.0 | 312 289.0 | 4 478 972.4 |
| 39012000 | 初级形状的聚乙烯，比重≥0.94 | 千克 | | 5 934 219 291.0 | — | 4 448 259.3 |
| 85369011 | 工作电压不超过 36 伏的接插件 | 千克 | | 62 602 797.0 | — | 4 379 665.8 |
| 87032341 | 仅装有点燃式活塞内燃发动机的小轿车，1 500cc<排量≤2 000cc | 辆 | 千克 | 186 665.0 | 308 769 319.0 | 4 321 537.6 |
| 47032100 | 半漂白或漂白的针叶木烧碱木浆或硫酸盐木浆 | 千克 | | 7 169 107 909.0 | — | 4 317 885.0 |
| 87032361 | 仅装有点燃式活塞内燃发动机的小轿车，2 500cc<排量≤3 000cc | 辆 | 千克 | 71 087.0 | 146 154 124.0 | 4 192 133.8 |
| 84798999 | 未列名具有独立功能的机器及机械器具 | 台 | 千克 | 61 271 668.0 | 106 057 238.0 | 4 082 910.6 |
| 90318090 | 未列名测量或检验仪器、器具及机器 | 台 | 千克 | 730 731 645.0 | 24 345 964.0 | 3 824 459.2 |
| 26020000 | 锰矿砂及其精矿 | 千克 | | 29 856 362 286.0 | — | 3 811 090.7 |
| 85340010 | 四层以上的印刷电路 | 块 | 千克 | 5 513 979 587.0 | 22 839 864.0 | 3 789 627.4 |
| 85177930 | 手持式无线电话机用零件(天线除外) | 千克 | | 6 058 270.0 | — | 3 745 838.5 |
| 85414100 | 发光二极管（LED） | 个 | 千克 | 226 245 110 270.0 | 3 417 407.0 | 3 716 088.5 |
| 40028000 | 品目 4001 所列产品与本编码所列产品的混合物 | 千克 | | 3 359 074 106.0 | — | 3 712 241.0 |
| 84718000 | 自动数据处理设备的其他部件 | 台 | 千克 | 14 541 297.0 | 5 801 299.0 | 3 705 577.4 |

续表3

| 商品编码 | 商品名称 | 第一数量单位 | 第二数量单位 | 第一数量 | 第二数量 | 金　额 |
|---|---|---|---|---|---|---|
| 39014020 | 初级形状的线型低密度聚乙烯，比重<0. 94 | 千克 | | 4 507 736 099. 0 | — | 3 680 391. 6 |
| 84869099 | 品目 8486 所列设备用未列名零件及附件 | 千克 | | 22 833 905. 0 | — | 3 633 059. 8 |
| 88024020 | 空载重量>45 000kg 的飞机等航空器 | 架 | 千克 | 62. 0 | 5 326 559. 0 | 3 600 816. 8 |
| 03061790 | 其他冻小虾及对虾，虾仁除外 | 千克 | | 818 219 682. 0 | — | 3 557 523. 5 |
| 38221900 | 其他附于衬背上的诊断或实验用试剂及不论是否附于衬背上的配制试剂 | 千克 | | 21 230 522. 0 | — | 3 529 174. 6 |
| 81052010 | 钴湿法冶炼中间产品 | 千克 | | 346 809 444. 0 | — | 3 520 610. 4 |
| 52010000 | 未梳的棉花 | 千克 | | 1 927 196 559. 0 | — | 3 477 660. 3 |
| 98040000 | 低值简易通关商品 | 千克 | | 139 311 474 099. 0 | — | 3 383 377. 6 |
| 85340090 | 四层及以下的印刷电路 | 块 | 千克 | 29 904 764 838. 0 | 28 409 381. 0 | 3 343 374. 4 |
| 87032342 | 仅装有点燃式活塞内燃发动机的越野车（4 轮驱动），1 500cc<排量≤2 000cc | 辆 | 千克 | 99 478. 0 | 205 505 161. 0 | 3 317 610. 4 |
| 27011900 | 其他煤 | 千克 | | 36 763 635 840. 0 | — | 3 197 833. 1 |
| 26080000 | 锌矿砂及其精矿 | 千克 | | 4 114 143 906. 0 | — | 3 137 294. 6 |
| 85176299 | 其他接收、转换并且发送或再生声音、图像或其他数据用的设备 | 台 | 千克 | 515 841 665. 0 | 15 015 364. 0 | 3 136 184. 3 |
| 85371090 | 其他电气控制或电力分配盘板台等，电压≤1 000V | 个 | 千克 | 104 276 337. 0 | 36 319 632. 0 | 3 128 586. 4 |
| 87082990 | 车身（包括驾驶室）的未列名零件、附件 | 千克 | | 327 960 786. 0 | — | 3 055 403. 0 |
| 85437099 | 未列名具有独立功能的电气设备及装置 | 台 | 千克 | 622 830 610. 0 | 17 084 793. 0 | 3 032 556. 7 |
| 26040000 | 镍矿砂及其精矿 | 千克 | | 39 812 581 346. 0 | — | 3 026 676. 6 |
| 21069090 | 未列名食品 | 千克 | | 227 573 676. 0 | — | 3 023 340. 2 |
| 90328990 | 其他自动调节或控制仪器及装置 | 台 | 千克 | 43 165 562. 0 | 42 551 904. 0 | 2 990 806. 5 |
| 85249190 | 未列名液晶平板显示模组 | 个 | 千克 | 121 034 744. 0 | 54 355 864. 0 | 2 988 795. 2 |
| 29053100 | 1,2-乙二醇 | 千克 | — | 7 510 663 510. 0 | — | 2 966 871. 0 |

续表4

| 商品编码 | 商品名称 | 第一数量单位 | 第二数量单位 | 第一数量 | 第二数量 | 金　额 |
|---|---|---|---|---|---|---|
| 19011010 | 供婴幼儿食用的零售包装配方奶粉，全脱脂可可含量低于5%的乳品制 | 千克 | | 265 563 247.0 | — | 2 965 248.0 |
| 39011000 | 初级形状的聚乙烯，比重<0.94 | 千克 | | 3 023 343 874.0 | — | 2 943 760.5 |
| 27111390 | 其他液化丁烷 | 千克 | | 5 822 019 304.0 | — | 2 938 188.9 |
| 75012010 | 镍湿法冶炼中间产品 | 千克 | | 907 468 133.0 | — | 2 935 223.5 |
| 85389000 | 品目8535、8536或8537所列装置的其他零件 | 千克 | | 77 439 241.0 | — | 2 824 092.5 |
| 31042090 | 其他氯化钾 | 千克 | | 7 934 918 578.0 | — | 2 810 942.1 |
| 29051100 | 甲醇 | 千克 | | 12 192 951 083.0 | — | 2 767 395.0 |
| 71039910 | 经其他加工的翡翠 | 克拉 | | 1 420 021 543.0 | — | 2 717 932.0 |
| 15119010 | 棕榈液油（熔点19℃~24℃） | 千克 | | 3 385 734 346.0 | — | 2 704 943.3 |
| 08106000 | 鲜榴莲 | 千克 | | 824 888 493.0 | — | 2 698 228.5 |
| 39074000 | 初级形状的聚碳酸酯 | 千克 | | 1 386 127 791.0 | — | 2 665 492.5 |
| 85177990 | 品目8517所列设备用其他零件 | 千克 | | 16 756 908.0 | — | 2 643 748.9 |
| 30024100 | 人用疫苗 | 千克 | | 1 300 619.0 | — | 2 638 958.0 |
| 85411000 | 二极管，但光敏二极管或发光二极管除外 | 个 | 千克 | 168 748 141 224.0 | 10 760 113.0 | 2 601 979.9 |
| 87032343 | 仅装有点燃式活塞内燃发动机的小客车（9座及以下），1 500cc<排量≤2 000cc | 辆 | 千克 | 83 167.0 | 166 847 929.0 | 2 542 480.4 |
| 44012200 | 非针叶木的木片或木粒 | 千克 | | 17 577 433 810.0 | — | 2 532 613.3 |
| 90189099 | 其他医疗、外科或兽医用仪器及器具 | 台 | 千克 | 521 471 441.0 | 9 039 305.0 | 2 529 226.4 |

# 第六篇

## 附　录

# 全国对外开放口岸分地区一览表

截至2022年12月31日

| 序号 | 省级行政区 | 数量 | 水运口岸 | 航空口岸 | | 铁路口岸 | 公路口岸 | |
|---|---|---|---|---|---|---|---|---|
| | | | | 对中外飞机全开放 | 限制性 | | （国际） | （双边） |
| 1 | 北京 | 2 | | 北京 | | 北京 | | |
| 2 | 天津 | 3 | 天津、渤中 | 天津 | | | | |
| 3 | 河北 | 4 | 秦皇岛、唐山、黄骅 | 石家庄 | | | | |
| 4 | 山西 | 3 | | 太原、大同、运城 | | | | |
| 5 | 内蒙古 | 20 | | 呼和浩特、海拉尔、满洲里、鄂尔多斯、包头、二连浩特 | | 二连浩特、满洲里 | 珠恩嘎达布其、满洲里、二连浩特、阿尔山 | 阿日哈沙特、额布都格、策克、满都拉、甘其毛都、黑山头、室韦、乌力吉 |
| 6 | 辽宁 | 13 | 大连、营口、丹东*、庄河、葫芦岛*、旅顺新港、锦州、长兴岛、盘锦 | 沈阳、大连 | | 丹东 | 丹东 | |
| 7 | 吉林 | 16 | | 长春、延吉 | | 集安、图们、珲春 | 珲春、集安、圈河 | 临江、开山屯、三合、南坪、长白、古城里、沙坨子、双目峰 |
| 8 | 黑龙江 | 27 | （哈尔滨、富锦、佳木斯、同江、黑河、漠河、呼玛、逊克、抚远、孙吴、萝北、嘉荫、饶河） | 哈尔滨、佳木斯、齐齐哈尔、牡丹江 | | 绥芬河、哈尔滨、同江 | 绥芬河、黑瞎子岛、黑河、黑河（索道） | 东宁、密山、虎林 |
| 9 | 上海 | 3 | 上海 | 上海 | | 上海 | | |
| 10 | 江苏 | 26 | 连云港、（张家港、南通、南京、镇江、江阴、扬州、泰州、常熟、太仓、常州、如皋、靖江）、大丰、如东、启东、盐城 | 南京、盐城、徐州、常州、淮安、无锡、扬泰、南通、连云港 | | | | |
| 11 | 浙江 | 10 | 温州、宁波、舟山*、台州、嘉兴 | 杭州、宁波、温州、义乌、舟山 | | | | |

续表1

| 序号 | 省级行政区 | 数量 | 水运口岸 | 航空口岸 | | 铁路口岸 | 公路口岸 | |
|---|---|---|---|---|---|---|---|---|
| | | | | 对中外飞机全开放 | 限制性 | | （国际） | （双边） |
| 12 | 安徽 | 7 | （芜湖、铜陵、安庆、池州、马鞍山） | 合肥、黄山 | | | | |
| 13 | 福建 | 11 | 福州*、厦门、泉州、漳州、宁德、莆田、平潭 | 厦门、福州、泉州 | 武夷山# | | | |
| 14 | 江西 | 2 | （九江） | 南昌 | | | | |
| 15 | 山东 | 18 | 青岛、烟台、威海、龙口、石岛、日照、东营、蓬莱、莱州、龙眼、潍坊、董家口、滨州 | 青岛、济南、烟台、威海、临沂 | | | | |
| 16 | 河南 | 3 | | 郑州 | 洛阳# | 郑州 | | |
| 17 | 湖北 | 4 | （武汉、黄石） | 武汉、宜昌 | | | | |
| 18 | 湖南 | 3 | （城陵矶） | 长沙、张家界 | | | | |
| 19 | 广东 | 56 | 广州*、湛江、汕头、汕尾、九洲、广海、蛇口、莲花山、赤湾、惠州、妈湾、盐田、茂名、阳江、大亚湾、珠海、潮州、万山、南沙、潮阳、（虎门、新会）、揭阳、深圳大铲、湾仔#、（三埠#、江门#、肇庆#、南海#、斗门#、鹤山#、中山、容奇#、高明#、新塘#） | 广州、深圳、揭阳、湛江 | 梅州# | 深圳、广州、东莞、广深港 | 文锦渡、拱北、沙头角、皇岗、罗湖、横琴、深圳湾、珠澳工业区、福田、港珠澳、莲塘 | 青茂 |
| 20 | 海南 | 8 | 海口、三亚、八所、洋浦、清澜 | 三亚、海口、博鳌 | | | | |
| 21 | 广西 | 18 | 防城港、北海、钦州、（梧州#、柳州#、贵港#） | 南宁、桂林 | 北海# | 凭祥 | 友谊关、东兴、水口、龙邦、硕龙* | 平孟、爱店、峒中 |
| 22 | 四川 | 1 | | 成都 | | | | |
| 23 | 重庆 | 3 | （重庆#） | 重庆、万州* | | | | |
| 24 | 贵州 | 2 | | 贵阳 | 遵义# | | | |
| 25 | 云南 | 21 | （思茅、景洪、关累） | 昆明、西双版纳、丽江、芒市 | | 河口、磨憨 | 瑞丽、磨憨、打洛、河口、天保、都龙、勐康、金水河* | 畹町、腾冲、孟定、田蓬 |

续表2

| 序号 | 省级行政区 | 数量 | 水运口岸 | 航空口岸 | | 铁路口岸 | 公路口岸 | |
|---|---|---|---|---|---|---|---|---|
| | | | | 对中外飞机全开放 | 限制性 | | （国际） | （双边） |
| 26 | 西藏 | 5 | | 拉萨 | | | 吉隆 | 普兰、樟木、里孜 |
| 27 | 陕西 | 1 | | 西安 | | | | |
| 28 | 甘肃 | 3 | | 兰州、敦煌 | | | | 马鬃山 |
| 29 | 新疆 | 19 | | 乌鲁木齐、喀什、伊宁 | | 阿拉山口、霍尔果斯 | 红其拉甫、伊尔克什坦、霍尔果斯、巴克图、吉木乃、卡拉苏、都拉塔、吐尔尕特、塔克什肯、老爷庙 | 红山嘴、乌拉斯台、木扎尔特、阿黑土别克 |
| 30 | 宁夏 | 1 | | 银川 | | | | |
| 31 | 青海 | 1 | | 西宁 | | | | |
| 合计 | | 314 | 129（其中内河53） | 77 | 5 | 21 | 47 | 35 |

备注：1. 口岸名称后带“＊”为当年度批准、扩大开放口岸；

2. 口岸名称后带“#”为限中国籍（飞机、船舶）出入境口岸；

3. 水运口岸中带（）的为河港口岸。